承德年鉴

CHENGDE NIANJIAN

2021

承德年鉴编纂委员会 编

方志出版社

图书在版编目（CIP）数据

承德年鉴.2021/承德年鉴编纂委员会编.--北京：方志出版社，2021.12

ISBN　978-7-5144-5040-8

Ⅰ.①承…　Ⅱ.①承…　Ⅲ.①承德—2021—年鉴
Ⅳ.①Z522.23

中国版本图书馆CIP数据核字（2021）第265519号

承德年鉴（2021）

编　　者：承德年鉴编纂委员会
责任编辑：齐　笑

出 版 者：方志出版社
　　　　　地址　北京市朝阳区潘家园东里9号（国家方志馆4层）
　　　　　邮编　100021
　　　　　网址　http://www.zgfzcb.cn
发　　行：方志出版社图书经销中心
　　　　　电话（010）67110500
经　　销：各地新华书店
印　　刷：围场满族蒙古族自治县宏源印刷有限责任公司

开　　本：889×1194　　1/16
印　　张：42.75
字　　数：1114千字
版　　次：2021年12月第1版　　2021年12月第1次印刷
印　　数：0001～1000册

ISBN 978-7-5144-5040-8　　定价：296.00元

编辑说明

一、《承德年鉴（2021）》以马克思列宁主义、毛泽东思想、邓小平理论、“三个代表”重要思想、科学发展观和习近平新时代中国特色社会主义思想为指导，坚持辩证唯物主义和历史唯物主义的立场、观点和方法，记述承德市自然、政治、经济、文化、社会、生态文明建设等方面情况，为各级领导科学决策提供参考资料，为国内外读者了解承德提供年度最新信息，为纂修承德市志积累资料。

二、本年鉴采用分类编纂，分为类目、分目、条目 3 个层次。

三、凡在本年度逝世的副市级以上领导干部、省级以上劳动模范、专家学者及对承德发展有突出贡献的知名人士以人物简介形式入年鉴。

四、本年鉴计量单位以《中华人民共和国法定计量单位》为准，土地面积延用“亩”。

五、本年鉴各稿均由市直各有关部门及各县（市、区）地方志编纂委员会专人撰写，并经主管领导审定。全局性综合数据以市统计局提供为准，个别采用部门数据。

六、本年鉴中图片除特邀拍摄外，均为供稿单位提供。

承德市地方志编纂委员会

马广春　市市场监管局局长

遇建军　市统计局局长

任溧馨　市档案馆馆长

杨　振　承德军分区政治工作处主任

奚晓红　市地方志办公室主任

《承德年鉴(2021)》编辑部

主　　　编	奚晓红
副　主　编	迟卫国　　路海红
编　　　辑	路海红　　蔡国栋　　兰　岚　　袁　芳 孙　杰　　程艳玲　　王海琦
图片设计	王海琦
摄　　　影	王海琦
翻　　　译	王　斌
索引编排	袁树森

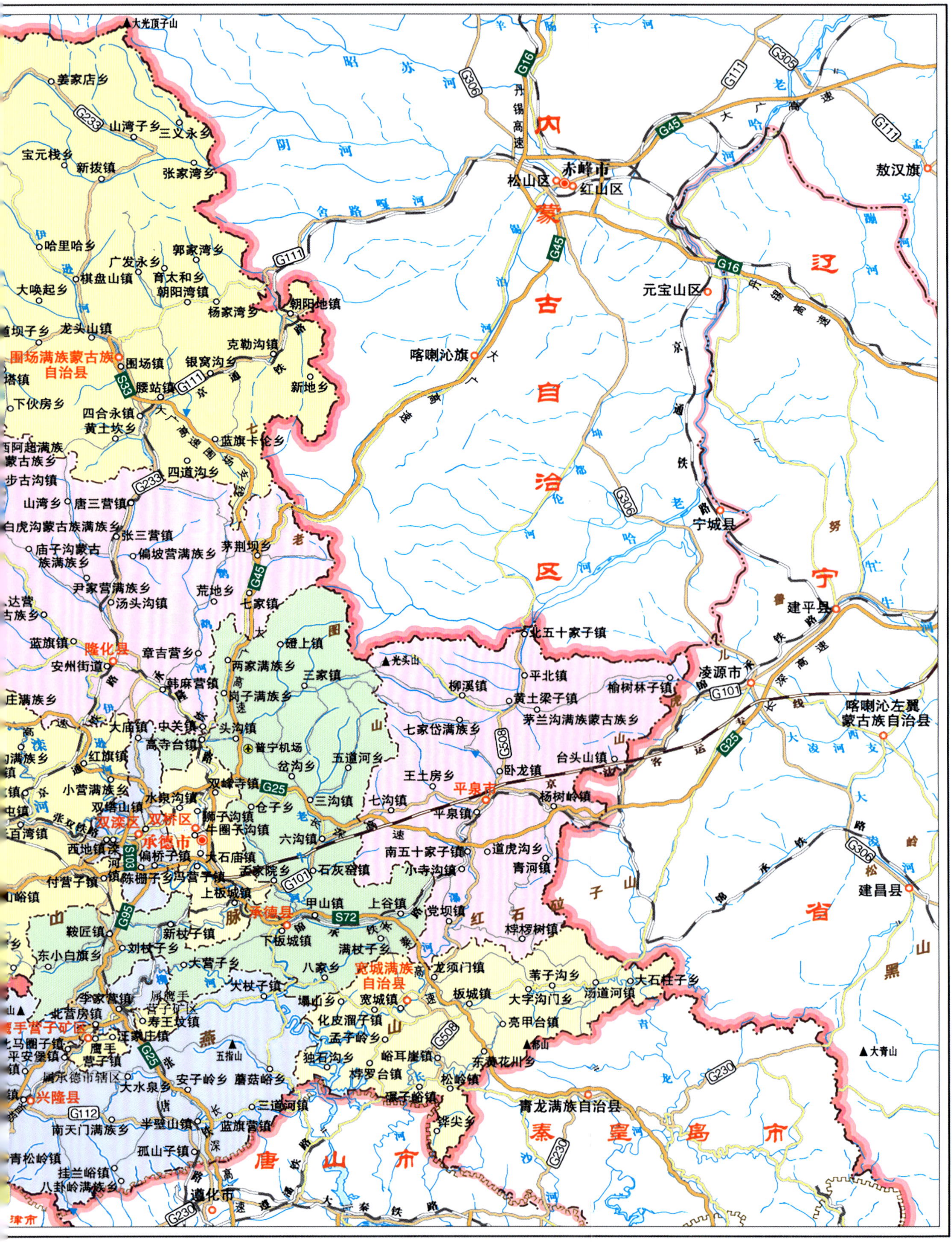
大光顶子山
姜家店乡
山湾子乡
三义永乡
宝元栈乡
新拨镇
张家湾乡
哈里哈乡
郭家湾乡
广发永乡
棋盘山镇
育太和乡
大唤起乡
朝阳湾镇
杨家湾乡
朝阳地镇
龙头山镇
克勒沟镇
围场满族蒙古族自治县
围场镇
银窝沟乡
腰站镇
新地乡
下伙房乡
四合永镇
黄土坎乡
蓝旗卡伦乡
四道沟乡
唐三营镇
山湾乡
白虎沟蒙古族满族乡
张三营镇
庙子沟蒙古族满族乡
偏坡营满族乡
茅荆坝乡
尹家营满族乡
汤头沟镇
荒地乡
七家镇
蓝旗镇
隆化县
章吉营乡
安州街道
碱上镇
两家满族乡
韩麻营镇
三家镇
岗子满族乡
大庙镇
中关镇
头沟镇
高寺台镇
普宁机场
红旗镇
五道河乡
岔沟乡
小营满族乡
双峰寺镇
水泉沟镇
双塔山镇
仓子乡
三沟镇
狮子沟镇
双滦区
双桥区
牛圈子沟镇
承德市
六沟镇
西地镇
偏桥子镇
大石庙镇
付营子镇
陈栅子乡
冯营子镇
孟家院乡
石灰窑镇
上板城镇
甲山镇
上谷镇
承德县
党坝镇
鞍匠镇
新杖子镇
下板城镇
满杖子乡
刘杖子乡
东小白旗乡
大营子乡
八家乡
宽城满族自治县
龙须门镇
大杖子镇
塌山乡
宽城镇
板城镇
李家营镇
北营房镇
寿王坟镇
化皮溜子镇
鹰手营子矿区
汪家庄镇
孟子岭乡
亮甲台镇
鹰手营子镇
五指山
独石沟乡
峪耳崖镇
东黄花川乡
安子岭乡
蘑菇峪乡
碾子峪镇
松岭镇
大水泉乡
兴隆县
三道河镇
南天门满族乡
半壁山镇
蓝旗营镇
孤山子镇
青松岭镇
挂兰峪镇
八卦岭满族乡
遵化市
唐山市
秦皇岛市
青龙满族自治县
都山
大青山
光头山
柳溪镇
七家岱满族乡
王土房乡
平泉市
七沟镇
平泉镇
南五十家子镇
小寺沟镇
道虎沟乡
青河镇
北五十家子镇
平北镇
黄土梁子镇
榆树林子镇
茅兰沟满族蒙古族乡
台头山镇
卧龙镇
杨树岭镇
桲椤树镇
苇子沟乡
大字沟门乡
大石柱子乡
汤道河镇
内蒙古自治区
赤峰市
松山区
红山区
敖汉旗
喀喇沁旗
元宝山区
宁城县
辽宁省
建平县
凌源市
喀喇沁左翼蒙古族自治县
建昌县
G16
G306
G111
G305
G45
G233
S33
G25
G101
S103
G95
S72
G508
G112
G230
大广高速
丹锡高速
京通铁路
津市

审图号：冀S（2020）067号

2020年拍摄的俯瞰承德市行政中心　　（王海琦 摄）

2020年，在创建全国文明城市活动中，承德市创城工作呈现出提高站位、科学摆位、合力攻坚、快速推进的良好态势，创建全国文明城市成为承德人民追求美好生活的有力依托。图为航拍日新月异的承德市市区一角

（王海琦 摄）

2020年拍摄的俯瞰山清水秀避暑山庄湖区 （王海琦 摄）

塞罕坝三代人在几近人类生存禁区的荒原上，克服重重困难，攻克道道难关，依靠科技创新造林育林，建成了百万余亩人工林海，为京津冀地区乃至全国改善生态环境做出了突出贡献。他们锲而不舍、无私奉献，铸就了塞罕坝精神，成为全国生态文明建设的生动范例，荣获“地球卫士”称号。（王海琦 摄）

2020 年，新冠疫情爆发。在湖北武汉危难之际，承德市 64 名来自基层一线的医生护士，积极响应习近平总书记和党中央号令，服从统一安排，义无反顾分四批驰援武汉前线，开展抗疫救治工作，留下“最美逆行者”的坚毅身影。

1 月 26 日（农历正月初二），派往武汉的首批 9 名医疗队员踏上没有硝烟的战场，进驻武汉市第七医院，参加第三病区和重症医疗病区的救治工作。他们分别是来自承德医学院附属医院的赵志伟、卢秋玲、施燕、李国斌、张起昌，承德市中心医院的曲宝亮、殷朝惠、凌坤、梁华桥。

2 月 3 日，围场大都医院在接到中国非公立医疗机构协会要求派遣护理专业医疗队援助湖北的通知后，经选拔，由吴涛、张灵慧、史向宇、高丽丽、徐艳 5 人组成医疗队前往武汉首佳耳鼻喉医院开展医疗支援工作。

2 月 9 日，从市、县医疗机构抽调的 40 名优秀医疗队员再次出征，进入武汉市江岸方舱医院开展救治工作。他们分别是承德医学院附属医院张国民，承德市中心医院郭金鹏，承德市第六医院郭金琢、张晨义，围场满族蒙古族自治县医院赵海洋、于晓梅，围场满族蒙古族自治县中医院王凌宇、于海华，承德县医院胡小政、杨明杰，承德县中医院樊金明、盖宗杰，隆化县医院施建民、张轩毓，隆化县中医院彭硕、王敏，兴隆县人民医院田立平、王艳辉，兴隆县中医医院何海龙、关力山，丰宁满族自治县医院姜海波、吕莹，丰宁满族自治县中医院魏胜利、武姗姗，承钢职工医院王亚秋、赵彦东、朴丽丽、段希平，滦平县医院董二飞、王云鹤，滦平县中医院王文龙、仇磊，宽城满族自治县医院杜春来、韩立军，宽城满族自治县中医院崔宏印、王会丽，平泉市医院蒋玉柱、李倚天，平泉市中医院孙鹏翔、于慧。

2 月 19 日，承德市第三批驰援武汉 10 名医疗队员出发，先后支援武汉大学中南医院、武汉市第七人民医院和雷神山医院，整建制接管 3 个病区。他们是承德医学院附属医院张延红、刘英、王春青，承德市中心医院王久魁、崔艳艳、许伟园，承德市中医院赵宾、姜威、邢天逸、高超。

白衣战士们在援鄂期间面对危险，毫不畏惧，勇敢担当，身体力行诠释“敬佑生命、救死扶伤、甘愿奉献、大爱无疆”的职业精神和使命担当。他们舍小家顾大家，不辱使命、听从指挥，坚决做到了“打胜仗、零感染”。援鄂抗疫医疗队被评为 2020 年“新时代承德榜样”。

2020 年 1 月 26 日（正月初二），承德医学院附属医院感染性疾病科护师施燕（右一）作为承德市首批医疗队队员之一驰援武汉。启程前，面对儿子挥起的小手和泪眼，她对儿子说："这是妈妈的职责所在！妈妈爱你！"（王海琦 摄）

2020 年 4 月 2 日，凯旋而归的爸爸张国民经过 14 天的调整修养后，终于隔离结束，3 岁女孩墨墨手拿自己精心给爸爸画的欢迎爸爸回家的画，扑向爸爸怀抱（王海琦 摄）

↑ 2020 年 2 月 14 日中午，承德市双桥区温家沟社区副书记张玉华（左）冒雪坚守抗疫一线　　（王海琦 摄）

↑ 2020 年 2 月 17 日，承德市中心血站的党员志愿者李刚（左）与他正在上高二的女儿李欣悦义务在小区口执勤防疫情　　（王海琦 摄）

2020年2月14日中午，承德市农林科学院药用动植物研究所所长周志杰（右）与同事风雪中坚守防疫一线

（王海琦 摄）

2020年2月27日下午，曾参加对越自卫反击战老兵西大街常王府社区党员李胜国（左一）与杨建军（左二）坚守望防疫一线，居民通过扫码登记信息，方可进入小区

（王海琦 摄）

2020 年 2 月 10 日，党员志愿者与火车站公安干警对刚刚下火车准备进入承德市区的旅客身份信息进行详细登记，严防严控新冠肺炎疫情传播 （王海琦 摄）

2020 年 2 月 10 日，京沈高铁承德南站用红外体温检测仪对旅客进行精准体温检测 （王海琦 摄）

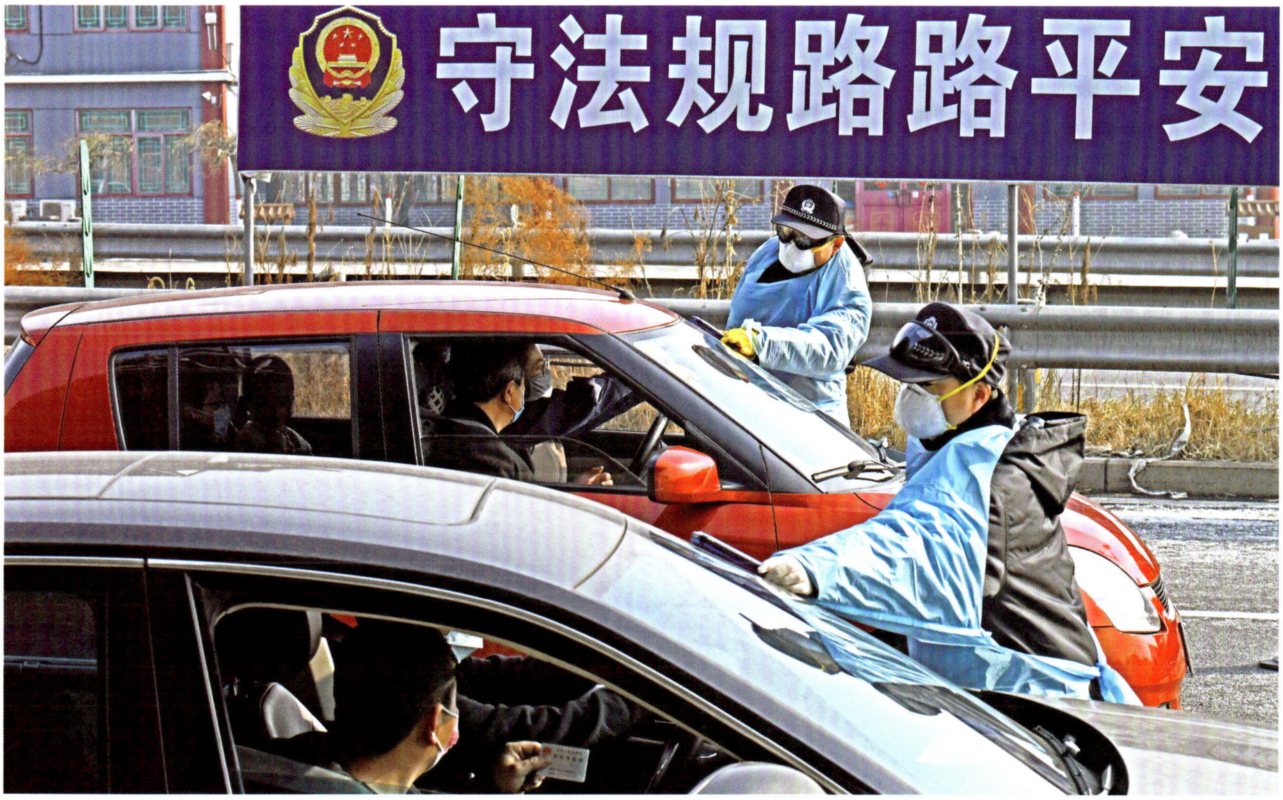

2020 年 2 月 12 日，承德市公安局公安干警在金山岭检查站对过往车辆司乘人员进行身份核查　（王海琦 摄）

2020 年 2 月 12 日，卫生防疫医务工作者在金山岭检查站对过往车辆司乘人员进行体温检测　（王海琦 摄）

兴隆县安子岭乡的诗上庄村已实现脱贫摘帽，形成了以诗歌文化为核心，以乡村文化生态旅游为支撑，从而带动周边更多乡村共同发展的特色之路。图为诗上庄俯瞰（衣志坚 摄）

2020 年 6 月 26 日，新杖子村是有名的水果种植采摘名村，村民靠种果树实现脱贫。图为游客在承德县新杖子村采摘（王海琦 摄）

2020 年 6 月 12 日，围场城子镇八顷村探索发展生物多样性保护与减贫产业项目，推广有机金莲花种植。图为游客在金莲花种植基地拍照 （王海琦 摄）

2020 年 5 月 16 日，村民抱着新添的羊羔喜气洋洋。津承携手在围场实施的“百万只优质肉羊产业化扶贫项目”，正在帮助越来越多群众走上致富路 （王海琦 摄）

2020年6月12日，培育地方特色产业是发展产业扶贫的良方，围场城子镇八顷村依据自身特点建立了玲珑瓜种植基地 （王海琦 摄）

2020年6月13日，村民在种植菊芋 （王海琦 摄）

2020 年 7 月 5 日，70 岁的李秀兰在制作绢花 （王海琦 摄）

绢花制作机械压制花瓣、定型 （王海琦 摄）

2020 年 7 月 5 日，韩三沟门村制作绢花现场　　（王海琦 摄）

外出打工的妇女看到村里有了绢花项目安心留在家里，图为 2020 年 7 月 5 日，周丽佳正在送货　　（王海琦 摄）

2020 年 9 月 27 日，隆化县东升村村民在收割谷子　（王海琦 摄）

2020 年 10 月 14 日，隆化县张三营镇东风村村民正在田地边加工水稻　（王海琦 摄）

为国家地理标志产品的国光苹果，已走俏市场并销往全国各地。图为 2020 年 10 月 8 日承德县一家果园内果农正在采摘国光苹果

（衡晓博 摄）

2020年拍摄的围场满族蒙古族自治县机械化收获青贮。（市农业农村局）

2020年拍摄的丰宁满族自治县坝上观光农业万亩油菜花（市农业农村局供图）

2020 年 9 月 23 日，丰宁满族自治县鱼儿山镇的马铃薯种植大户收马铃薯 （王海琦 摄）

2020 年 9 月 26 日，承德各地开展“拾穗”行动，确保颗粒归仓 （王海琦 摄）

2020 年拍摄的围场坡耕地水土流失综合治理工程　（市农业农村局供图）

2020年3月21日，颈复康药业集团有限公司工业园区的综合制剂车间内，工作人员将特制黄酒和药板通过外包装生产线进行包装 （王海琦 摄）

2020年3月11日，承德市双桥区市场监督管理局督查小组的工作人员在一家超市检查企业落实索证索票，进货查验记录台账等 （王海琦　赵木子 摄）

2020 年 7 月 5 日，工作人员对进山庄游客查验健康码、行程码，并进行登记 （郎朗 摄）

2020 年 7 月 12 日，游客在皇家广场小吃街购买糖人 （郎朗 摄）

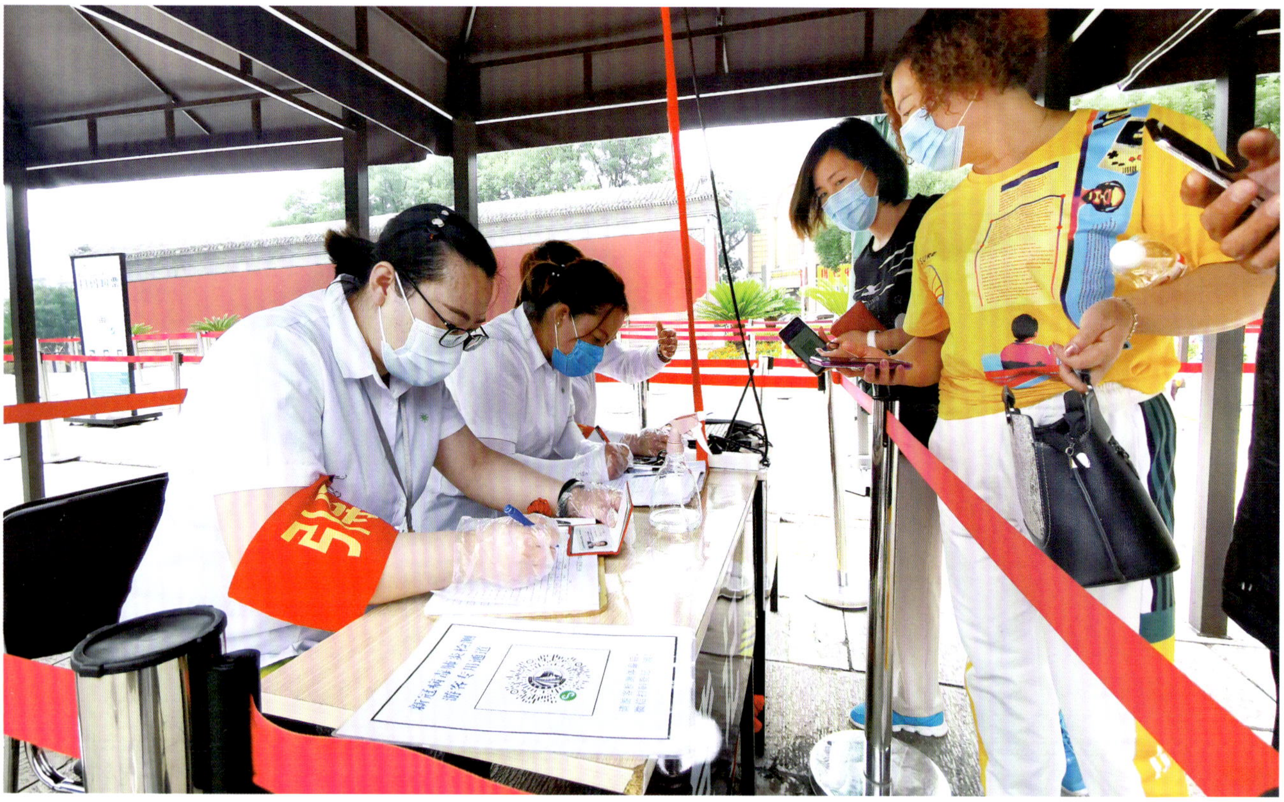

2020 年 7 月 5 日，工作人员对进山庄游客查验健康码、行程码，并进行登记 （郎朗 摄）

2020 年 7 月 5 日，山庄游客日渐增多 （郎朗 摄）

目 录

特　载

专　文

大 事 记

市情概览

中共承德市委

承德市人大

承德市人民政府

承德市政协

纪检监察

民主党派·工商联

群众团体

法　治

军　事

综合经济管理

农　业

工业和信息化

商　　务

旅游 文化 广电

文　物

交　通

自然资源和城乡规划

城乡建设与管理

生态环境保护

银　行　业

保 险 业

教　　育

科　技

卫健　医保　体育

社会生活

县（市、区）发展概况

人　物

附　录

索　引

Catalogue

Special records

Feature articles

Chronicle of events

Overview of the city

Chengde Municipal Committee of CPC

Chengde Municipal People's Congress

Chengde Municipal People's Governmen

Chengde committee of CPPCC

Discipline inspection and supervision

Democratic parties·Federations of industry and commerce

Business

Tourism, culture, radio and TV

Cultural relics

Transportation

Natural resources and urban-rural planning

Urban and rural construction and management

Ecological environment protection

Banking sector

Insurance industry

Education

Science and technology

Health, medical insurance and sports

Social life

General situation of Counties (cities or districts)

Personages

Appendix

Indexes

政府工作报告

——在承德市第十四届
人民代表大会第六次会议上
2021年1月26日

承德市人民政府市长　常丽虹

各位代表：

现在，我代表市人民政府向大会报告工作，并将《承德市国民经济和社会发展第十四个五年规划和二〇三五年远景目标纲要（草案）》提交大会，请予审议，并请政协委员和列席会议的同志提出意见。

一、“十三五”时期经济社会发展回顾

“十三五”时期在承德发展历程中极不平凡。面对严峻复杂形势和艰巨繁重的改革发展稳定任务，全市上下坚持以习近平新时代中国特色社会主义思想为指导，深入贯彻习近平总书记对河北对承德重要指示，全面落实中共中央、国务院、省委、省政府和市委决策部署，团结一心、攻坚克难、砥砺前行，全力推动经济社会发展取得历史性成就，“十三五”规划任务圆满完成，全面建成小康社会胜利在望，为开启新时代生态强市、魅力承德现代化建设新征程奠定坚实基础。

——综合经济实力显著提升。坚定不移贯彻新发展理念，全市经济实现量的稳定增长和质的稳步提升。经济规模跃上新台阶。生产总值实现1550.3亿元，一般公共预算收入达到116.1亿元，分别是2010年的2倍和2.1倍；城镇和农村居民人均可支配收入达到33983元、13069元，分别是2010年的2.6倍和3倍，圆满实现全面建成小康社会翻番目标。结构调整取得新成效。三次产业结构由19.9∶41.3∶38.8调整优化为21.7∶32.1∶46.2，第三产业增加值占比提高7.4个百分点，钢铁、煤炭去产能任务全面完成，绿色产业增加值占GDP比重从“十二五”末的35%提高到50%。创新能力得到新提升。高新技术企业和科技型中小企业分别达到221家和2130家，是“十二五”末的8.8倍和3.6倍；科技进步对经济增长的贡献率达到56%，提高10个百分点，高新技术产业增加值年均增长12%。主导参与和制订修订国际、国家和行业标准108项，中国驰名商标达到13件，创新发展的势头更加强劲。

——脱贫攻坚取得决定性胜利。坚持把脱贫攻坚作为重大政治任务和第一民生工程，紧紧围绕“两不愁、三保障”，深入落实精准扶贫精准脱贫方略，持续深化“八措并举”组合拳，7个贫困县全部摘帽，936个贫困村全部出列，所有贫困人口全部脱贫，累计减贫45.6万人。贫困群众收入大幅提高。突出产业扶贫，累计投入

财政扶贫资金74.15亿元，实施产业扶贫项目1.5万个、东西部扶贫协作产业项目238个，扶贫产业覆盖率达到100%。18.5万贫困群众稳定就业，贫困人口人均纯收入由“十二五”末的2982元提高到10016元，年均增长27.4%。“三零”产业扶贫、“政银企户保”金融扶贫等特色扶贫模式在全国全省推广，全国产业扶贫现场会在我市召开。贫困群众生活保障显著增强。落实“两免一补”“三免一助”等各类教育扶助资金20.9亿元，惠及建档立卡贫困家庭学生56.2万人次。全面推行“632”医疗保障救助模式，为460.1万人次提高医疗补助10.65亿元。改造农村危房8.8万户，对30461名建档立卡贫困人口实施易地搬迁，“一方水土养活不了一方人”问题彻底解决。全面完成农村饮水安全巩固提升工程，9.57万贫困人口受益。贫困乡村面貌明显改善。大力实施“双基”工程，新建改建贫困村道路4500公里，所有贫困村通村通组路全部实现硬化，生活垃圾处理率、卫生厕所普及率分别达到98.9%和85%，宽带光纤和4G网络实现全覆盖，贫困乡村的基本公共服务水平显著提高，贫困群众的精神面貌焕然一新。

——**生态环境质量持续提升**。认真学习贯彻习近平生态文明思想，牢记习近平总书记对塞罕坝林场建设者感人事迹重要指示，坚决扛起水源涵养、生态支撑重大责任，以前所未有的决心和力度坚决向环境污染宣战，推进生态环境优势进一步巩固扩大。绿色矿山建设力度空前。累计关闭矿山291家，压减矿权608个，矿山修复62平方公里，建成国家级绿色矿山32个，被自然资源部确定为国家绿色矿业发展示范区。山水林田湖草系统治理成效显著。累计完成营造林617万亩，修复草地133.8万亩，治理水土流失3035平方公里，森林覆盖率从56.7%提高到60%。大气质量创近年最好水平。实施节能改造和污染减排项目159个，取缔燃煤锅炉6597台，淘汰老旧机动车1.2万辆，全域推进清洁取暖，市区PM2.5平均浓度由“十二五”末的43微克下降到27微克，优良天数由275天增加到322天。水环境质量持续改善。统筹推进滦潮河流域综合治理，潘家口水库网箱养鱼全面取缔，水污染防治“三年百项重点工程”全部完成，19个地表水国省考断面水质优良率从“十二五”末的88%提高到100%。生态文明体制机制日趋完善。推动建立滦潮河流域上下游横向生态补偿机制，累计争取生态补偿资金23.68亿元。编制并综合利用《自然资源资产负债表》，领导干部自然资源资产审计实现全覆盖。组建塞罕坝生态开发集团，积极探索生态产业化的有效路径。

——**新旧动能转换迈出坚实步伐**。坚持把产业转型升级作为重中之重，“3+3”主导产业和“1+2”特色产业体系初步建成。传统优势产业迈向中高端。文化旅游产业加快提档升级。高水平承办第三届河北省旅发大会，连续举办三届市旅发大会，成功打造国家“一号风景大道”、兴隆山、中国马镇、金山岭国际滑雪度假区等48个旅游新业态新项目，旅游接待人数和综合收入年均增长15%以上。钒钛新材料及制品产业加快强链延链步伐。建成世界上第一条亚熔盐法清洁提钒生产线，钒钛产品扩规提质，营业收入比“十二五”末增长41.3%。绿色食品及生物医药产业加快培育壮大。市级以上农业产业化龙头企业增加到485家，国家地理标志产品、绿色有机认证产品分别达到31个和306个，“承德山水”区域公用品牌影响力显著提升。战略性新兴产业积蓄新动能。大数据产业从无到有。德鸣大数据、博彦科技、华明服务外包等一批项目落地实施，承德县被工信部确定为“国家新型工业化（大数据）产业示范基地”。清洁能源产业加快发展。丰宁抽水蓄能电站主体竣工，远景能源、金风电控等清洁能源装备制造企业健康发展，清洁能源装机规模达到754万千瓦、年发电132亿千瓦时，分别是“十二五”末的2.3倍和2.6倍。特色智能制造产业日益壮大。新能源汽车及汽车零部件企业加快成长，仪器仪表、输送装备制造提档升级，新建成工业互联网应用创新、两化融合示范企业50家。县域特色产业加快集群化。深入开展县域“1+2”特色产业振兴行动。全域联动创建国家旅游示范市县（区），兴隆营子果品加工、隆化温泉休闲养生等10大特色产业集群加快发展，营业收入达到485亿元，平泉食用菌获评全国示范产业集群，县域经济发展活力进一步增强。

——**基础设施实现重大改善**。坚持把基础设施建设作为打基础、利长远的关键之举，全力破瓶颈、补短板、强弱项。现代立体综合交通网络初步形成。高速公路通车里程达到759千米，承平高速全面开工，承克高速获批立项。新建改建国省干线公路717千米、农村公路5930千米，公路通车总里程达到24047千米，比“十二五”末增长10.7%。承德机场实现通航，通达国内各大区域15个城市。京哈高铁全线贯通，承德正式进入高铁时代。中心城区基础设施全面提速。累计投资46.7亿元，实施高新区“四桥七路”、钓鱼台路、单大线等道路桥梁项目83个，新建改建城市道路115千米。新建和改造供排水、供气、供热管网815千米，建成上板城热电等一批热源工程，新增集中供热面积883万平方米。双峰寺水库竣工运行，双峰寺地表水厂一期工程正式投产，西区供水工程全面完成，中心城区水源保障能力大幅提升。城乡一体化进程明显加快。累计投资287亿元，实施县城建设重点项目254项。主要乡镇通达二级以上公路，省级以上“四好农村路”示范县（市）达到7个。中心城区和县城污水集中处理率分别达到98.5%和95.6%，生活垃圾无害化处理率分别达到100%和99%。创建省级园林县城7个，省级卫生县城实现全覆盖。平泉撤县建市。全市常住人口城镇化率达到55%，比“十二五”末提高8.2个百分点。

——**改革创新取得新的突破**。获批国家可持续发展议程创新示范区，改革开放、创新驱动迈出重要步伐。协同发展成果丰硕。深入落实京津冀协同发展战略，186个重大事项纳入国家和京津冀协同发展规划。建立“五合一”精准对接机制，累计实施合作项目210个、总投资2086亿元。丰宁怀丰、兴隆兴谷等共建园区初具规模。承德应用技术职业学院建成投用。营商环境明显改善。“承德办事一次成”改革取得突破性成果，92.5%的行政审批事项和全部公共服务事项实现“一次办成”，网上可办率达到97%。工程建设项目审批时限平均压减65%以上，企业开办时间由15天压减至1天，市场主体从“十二五”末的15.56万户增加到28.25万户。重点领域改革持续深化。大力推进国资国企改革，盘活整合国有资产组建市国控、国投集团，总资产达到321亿元，完成投融资105亿元，有力支撑了全市经济和社会事业发展。财政预算绩效管理实现全覆盖。农村综合改革扎实推进，农村经济合作组织和家庭农场分别达到1.2万家和8653家。国有林场牧场改革全面完成，平泉市获评全国农村承包地确权登记颁证工作先进集体，双滦区肖店村农村集体产权制度改革经验在全国推广。对外开放不断拓展。与“一带一路”沿线50多个国家建立经贸关系，外贸备案企业达到541家，实际利用外资、外贸进出口总额分别比“十二五”末增长37.9%和56%。

——**民生福祉不断增进**。牢固树立以人民为中心的发展思想，每年实施一批民生工程民生实事，用心用情用力保障和改善民生。社会保障水平持续提升。不断加大财政投入力度，民生支出占财政支出比重年均保持在80%以上。城镇新增就业累计25.3万人次，农村劳动力转移就业20.72万人次，城镇登记失业率控制在4.5%以内。城乡居民养老和基本医疗保险参保率分别达到98%和95%以上。城镇和农村年低保标准提高到7800元和4800元，分别增长44.4%、71.4%。社会事业全面进步。义务教育“改薄”工程全面完成，新建改扩建中小学校623所、幼儿园300所，中心城区新建改扩建中小学校16

所、新增学位1.7万个，是“十二五”末的1.4倍。大力实施医疗卫生“雨润工程”，选派医师1317名、帮扶209所乡镇卫生院，培训乡村医生1515名，增加大中型医疗设备1280件，基层医疗卫生服务能力显著增强。积极促进文化事业繁荣发展，电视剧《最美的青春》、话剧《塞罕长歌》获国家“五个一工程奖”，承德博物馆清盛世民族团结展获“全国博物馆十大陈列展览精品奖”。社会大局保持和谐稳定。深入开展扫黑除恶专项斗争，社会治理水平不断提升，连续四届获得“全国社会治安综合治理优秀市”称号。荣膺全国未成年人思想道德建设工作先进城市，实现“国家双拥模范城”九连冠。安全生产、食品药品安全形势继续保持平稳。平安承德、法治承德建设迈出坚实步伐。人口计生、民族宗教、新闻出版广电、外事侨务、人民防空、史志档案、统计调查、气象地震、防灾减灾、援藏援疆、邮政通信、妇女儿童、老龄、残疾人等事业都取得了新进步，人民群众获得感、幸福感、安全感进一步提升。

五年来，我们始终坚持党的全面领导，深入学习贯彻习近平新时代中国特色社会主义思想，认真落实中共十九大和十九届二中、三中、四中、五中全会精神，把准政治方向，提高政治能力，扎实开展“两学一做”学习教育和“不忘初心、牢记使命”主题教育，严格执行中央八项规定及其实施细则精神，深化纠正“四风”和作风纪律专项整治，深入开展“双创双服”“三深化三提升”“三创四建”活动,政府自身建设进一步加强。自觉接受人大法律监督、工作监督和政协民主监督，办理人大代表建议1106件、政协委员提案1600件，办复率100%，满意率98%以上。

各位代表！刚刚过去的2020年，面对严峻复杂形势和新冠肺炎疫情严重冲击，全市上下深入学习贯彻习近平总书记重要指示，全面落实中共中央、国务院、省委、省政府和市委决策部署，因时因势精准施策，经过艰苦努力，实现了疫情防控和经济社会发展“双胜利”。一是疫情防控阻击战精准有效。面对突如其来疫情，坚持把人民群众生命安全和身体健康放在第一位，迅速建立科学高效的指挥体系，构建排查、隔离、管控、救治“四位一体”工作机制，筑牢“三道防线”，群防群治、联防联控，交出了一份全省确诊人数最少、病例清零最早、患者零死亡和医护人员零感染的成绩单。二是经济运行平稳健康。全面做好“六稳”“六保”工作，全力推动复工复产，密集出台支持企业健康发展相关政策措施，减免企业税费和社保医保缴费21.7亿元，减免国有房屋租金5745万元，争取各类债券资金72.56亿元，新增企业贷款突破100亿元，有力支持了实体经济发展。大力推进投资和项目建设，深入实施重点项目“63218”工程，全面推行“两线四牵引”、会商会诊等机制，140个省市重点项目加快建设，完成投资308.6亿元。大力开展企业精准帮扶，创建企业发展服务中心和政府工作服务站、政府服务代表“三位一体”帮扶模式，覆盖1132家“四上”企业和3.15万家中小微企业，帮助企业解决困难问题3.4万个。大力促进消费回补，谋划实施夜经济、后备箱经济，中心城区启动二仙居美食街、莲花山欢乐谷等夜经济示范项目7个，各县（市）建设夜经济商圈、特色街区10个。加快培育“承德山水”“承德好礼”两大品牌，拉动消费40亿元。克服疫情影响，全市经济逐月企稳回升、持续向好，主要指标增速在全省实现位次前移。三是“三大攻坚战”成果丰硕。脱贫攻坚成果进一步巩固，剩余4554名贫困人口实现稳定脱贫。继续强化易地扶贫搬迁后续扶持，全面建立防贫监测机制，顺利通过国家普查和国省考核。持续打好“蓝天、碧水、净土、环境安全”四大攻坚战，启动实施800里滦河百项水质保护工程，建立密云水库上游潮河流域联建联防联治机制。基本淘汰35蒸吨及以下燃煤锅炉，完成钢铁、水泥行业超低排放改造和深度治理任务。持续强化矿山资源整合，大力推进清洁取暖，大气环境主要指标创近十年最好水平。坚决守住不发生系统性区域性风险底线，最大限度减存量、控增量，非法集资、互联网金融、政府债务、房地产遗留问题等一批风险点依法有效化解。六个领域专项治理取得明显成效。群众安全感评价指数继续保持全省第一。四是绿色主导产业发展势头强劲。坚持“特色化、集约集群化、现代化”方向，强化“五个一”机制，强力推进“五大工程”，实施重点产业项目136个。“21世纪避暑山庄”文化旅游产业园区荣获国家十大文化产业示范园区，金山岭长城晋升国家AAAAA级景区，丰宁七彩森林、山庄老酒文化产业园等4家景区晋升国家AAAA级，集中推出“避暑山庄之夜”等一批旅游精品项目。组建河北燕山钒钛产业技术研究院，建龙120万吨钒钛新材料升级改造项目建成投产、无缝钢管智能制造项目顺利推进。打造亚欧果仁杏仁苷粉、瑞泰山楂黄酮等一批精深加工项目，新增市级以上绿色食品龙头企业23家。与中国信通院、阿里巴巴集团等开展大数据领域战略合作，建设工业互联网、物联网应用等5个大数据创新应用智库，数据光纤与北京实现直联直通。承德百万千瓦风电基地二期项目加快建设，500千伏御金线高压输送项目取得实质性进展，新增清洁能源电力装机127万千瓦，136万千瓦风电项目实现并网发电。绿色主导产业加速向园区集聚，产业层级水平和质量效益大幅提升。五是民生工程民生实事全面完成。坚持用行动兑现承诺、用成果取信于民。建立月调度、月发布机制，主动接受人大和社会监督，统筹各方面资源力量，动态完善推进方案，投入财政资金372.7亿元，扎实推进民生工程实施，市十四届人大五次会议确定的10项民生工程24件民生实事全面完成。

各位代表！五年来，我们一起走过的历程令人难忘，我们共同奋斗的成就来之不易。成绩的取得，最根本的是有以习近平同志为核心的中共中央坚强领导，有习近平新时代中国特色社会主义思想科学指引，是省委、省政府和中共承德市委正确领导的结果，是市人大、市政协和社会各界监督支持的结果，是全市广大干部群众同心同德、拼搏努力的结果。在此，我代表市人民政府，向全市382万人民，向人大代表、政协委员，向各民主党派、工商联、无党派人士和人民团体，向驻承人民解放军、武警部队官兵、政法干警和消防救援队伍指战员，向一直以来关心和支持承德经济社会发展的国内外各界朋友，表示衷心的感谢并致以崇高的敬意！

各位代表，在看到成绩、增强信心的同时，我们也清醒认识到，我市经济社会发展中还面临一些困难和问题，主要是：经济总量小、产业层级低，产业集约集群化程度不高，转型升级、绿色发展任务依然繁重；创新人才短缺，创新驱动发展模式尚未形成，企业创新机制尚待完善，科技创新能力亟待提升；改革开放深度广度需要进一步拓展，营商环境需要进一步优化，高质量发展的体制机制需要进一步完善；民生领域补短板任务依然较重，公共服务水平有待进一步提升。我们一定坚持目标导向、问题导向，调高工作标尺，采取更加有力有效措施认真加以解决，努力把政府工作做的更实更好，决不辜负全市人民的期望。

二、“十四五”时期经济社会发展主要任务

“十四五”时期是全面开启社会主义现代化建设新征程、向第二个百年奋斗目标进军的关键时期。当今世界正经历百年未有之大变局，我国发展仍处于重要战略机遇期，承德的发展面临着一系列重大机遇和有利因素。生态文明进入新时代，以国内大循环为主体、国内国际双循环相互促进的新发展格局加速构建，国家可持续发展议程创新示范区建设全面推进，承德“高铁时代”已经到来，承德的区位、生态、历史文化和资源等各方面优势将全面激活、叠加释放，给承德发展带来历史性、全方位的影响。我们要始终胸怀“两个大局”，准确识变、科学应变、主动求变，不断提高新时代生态强市、魅力承德现代化建设水平。

“十四五”时期我市经济社会发展的指导思想是：高举中国特色社会主义伟大旗帜，坚持以习近平新时代中国特色社会主义思想为指导，深入贯彻中共十九大和十九届二中、三中、四中、五中全会精神，全面落实习近平总书记对河北对承德重要指示，坚决落实中共中央、国务院、省委、省政府和市委决策部署，统筹推进“五位一体”总体布局，协调推进“四个全面”战略布局，坚定不移贯彻新发展理念，坚持稳中求进工作总基调，以推动高质量发展为主题，以深化供给侧结构性改革为主线，以改革创新为根本动力，以满足人民日益增长的美好生活需要为根本目的，统筹发展和安全，突出“三区一城”发展定位，深入实施“1266”发展战略，不断增强人民群众获得感、幸福感、安全感，加快推进新时代生态强市、魅力承德现代化建设。

按照市委十四届八次全会精神，未来五年重点做好 7 个方面工作：

（一）坚定不移推进“两区”建设，开创高质量发展新局面。深入践行习近平生态文明思想，以“两区”建设为引领，持之以恒保护、建设和经营生态，进一步巩固拓展承德生态优势。全面提升生态系统质量。坚持保护优先、自然恢复为主，严守生态红线，大力实施山水林田湖草综合治理、森林质量精准提升、水生态治理修复、国家绿色矿业发展示范区建设四大工程，完成草地修复治理 75 万亩，新增营造林 250 万亩，林木蓄积量达到 1.2 万亿立方米，森林覆盖率保持在 60% 以上。全面提升污染治理水平。突出依法精准科学治污，统筹“三水共建”，实施污水处理提标扩容、水土流失综合治理等重点工程，全域水质优良率实现 100%。以减污降碳协同控制为主线，突出抓好细颗粒物和臭氧协同控制、挥发性有机物和氮氧化物协同治理，大气环境质量进一步提升。加强重金属减排和危险化学品防控，继续实施化肥、农药使用量“零增长”行动，土壤环境质量持续改善。全面推进绿色低碳发展。制定实施 2030 年前碳达峰行动方案，加快调整能源、产业、运输和用地结构，进一步提升碳减排水平。加大光伏、风电、氢能等新能源推广应用力度，推进重点行业低碳节能技术改造，清洁能源占电力消费总量 65% 以上。积极探索碳排放权、排污权、用能权、用水权交易的市场化路径，建设节约型节能型社会。全面强化生态环境机制建设。完善自然资源产权制度，深化自然资源资产负债表应用，加强能源、水、土地、矿产等战略性资源管控，落实自然资源资产离任审计、生态环境损害赔偿和责任终身追究制度，努力形成系统完整的生态文明体制机制。

（二）坚定不移建设现代产业体系，实现高质量发展新跨越。坚持以供给侧结构性改革为主线，深入推进质量强市和标准化战略，大力实施产业基础提升和强链补链延链行动计划，绿色主导产业占生产总值比重达到 60%。做大做强“三大优势产业”。围绕建设国家全域旅游示范区和国际旅游城市，深入实施文旅康养融合发展、旅游服务体系提升、骨干景区培育等六大工程，加快推进崔梨沟国际滑雪度假区、班夫国际旅游度假区等一批重点项目建设，大力发展智慧旅游，新增国家 AAAA 级以上景区 5 个。加快建设临空经济区医疗康养城，打造中国北方高端医疗康养中心，力争文化旅游医疗康养产业综合收入达到 2000 亿元以上。围绕打造“中国钒谷”，以关键技术创新为驱动，发挥承钢、建龙龙头作用，推动钒钛产业实现由普钢向含钒特钢、由初级材料向高端材料、由原材料向装备制造全面转型升级，加快建设国际一流钒钛产业研发制造基地，力争钒钛新材料及制品产业营业收入达到 1000 亿元以上。围绕建设京津绿色农产品供应、加工基地，加大休闲保健、药食同源食品研发力度，实施朴诚乳业、颈复康中药标准提升等一批重点项目，培育一批“健字号”品牌，力争绿色食品及生物医药产业营业收入达到1000亿元以上。培育壮大“三大支撑产业”。围绕打造“京津冀大数据走廊”重要节点城市，深入实施“上云用数赋智”行动，培育软件开发、数据运维、工业互联网、服务外包等一批骨干企业，推动大数据产业全链条拓展，力争大数据及相关产业营业收入达到120亿元。围绕打造京津冀清洁能源输送、应用示范和装备制造基地，加快推进制氢产业战略布局，探索“清洁能源＋储能＋大数据＋微电网”融合发展，引进建设一批清洁能源装备、基础材料、制氢等重点示范项目，力争清洁能源装机规模达到2500万千瓦，营业收入达到300亿元以上。围绕打造中国北方新能源汽车及零部件、智能输送装备生产基地和仪器仪表城，以数字化网络化智能化为方向，加快特变电工、德重电子等重点项目建设，力争特色智能制造产业营业收入达到200亿元以上。着力提升“1+2”县域特色产业。坚持全域发展文化旅游医疗康养产业，加快特色产业提层级、上水平，每个县（市）区培育2−3家领军企业。全力推进“特色产业＋园区”发展模式，力争十大特色产业集群占县域经济比重达到20%以上，形成立县强县的“四梁八柱”。

（三）坚定不移实施扩大内需战略，增强高质量发展新动能。牢牢把握扩大内需这个战略基点，坚持供给侧结构性改革与需求侧管理双向发力，加快融入以国内大循环为主体、国内国际双循环相互促进的新发展格局。积极扩大有效投资，充分发挥投资对优化供给结构的关键作用，加大“两新一重”项目投资力度，加快5G、工业互联网等新型基础设施项目布局，大力实施中心城区南北“两个新城”和棚户区、老旧小区改造等城市建设项目，加快推进承平、承克、赤曹高速等重大交通基础设施建设。加强重大项目谋划储备，建立动态管理机制。降低民营企业准入门槛，激发民间投资活力。全面促进消费升级。积极适应消费新需求新趋势，以高质量供给提升传统消费，扩大汽车、住房、家电等消费规模。着力培育新兴消费，加快发展教育医疗、育幼养老、文化娱乐、体育健康消费以及时尚、定制消费，加快壮大“夜经济”“后备箱经济”，建成一批特色商业街区。着力拓展乡村消费，积极推进工业品下乡，大力发展农村电商，加快建设农村物流配送体系，提高双滦承德国际商贸物流、平泉华北物流、丰宁现代物流三个省级园区水平，实现城乡消费联动升级。加快发展高铁经济。充分发挥高铁辐射带动作用，大力发展高端旅游、康养度假、商务会展、总部经济等新业态，加大项目和人才引进力度，加快打造高铁经济产业带。

（四）坚定不移实施乡村振兴战略，迈出高质量发展新步伐。坚持把解决好“三农”问题作为重中之重，全面实施乡村振兴战略，加快促进农业高质高效、乡村宜居宜业、农民富裕富足。巩固拓展脱贫攻坚成果。严格落实“四个不摘”和5年过渡期稳定帮扶政策要求，进一步深化产业、就业、科技帮扶，不断增强贫困乡村和群众稳定脱贫、可持续发展能力。健全完善农村防贫动态监测长效机制，深化易地扶贫搬迁后续扶持，坚决防止发生规模性返贫。落实乡村振兴重点任务。大力实施“藏粮于地、藏粮于技”战略，实行最严格的耕地保护制度，坚决遏制耕地“非农化”、防止“非粮化”。大力实施农业产业振兴计划，加快农业产业结构调整，加大农业科技推广力度，滚动实施重点产业项目750个，力争农业产业化经营率达到75%以上。大力实施乡村建设行动，加快补齐道路交通、公共服务、环境容貌等短板，建设省级以上美丽乡村150个，争创乡村振兴示范区10个以上。统筹推进农村生态文明建设和思想道德建设，加强和改进乡村治理。深化农业农村改革。持续推进“三权”分置改革，积极探索宅基地、林权等重点领域和关键环节改革，落实新一轮土地承包政策，激发农村各类资源要素活力，农村土地流转率达到45%。深化农村集体产权制度改革，发展新型农村集体经济，实施新型农业市场主体培育工程，建立现代农业经营体系。

（五）坚定不移加快新型城镇化，打造高质量发展新引擎。主动融入以首都为核心的世界级城市群，大力推进以人为核心的新型城镇化，加快构建中心城区辐射、县城带动、小城镇支撑的城镇发展格局，力争常住人口城镇化率达到63%。大力优化国土空间布局。建立“三位一体”空间规划体系，严格划定落实“三区三线”，制定管控清单，构建科学完备的国土空间开发保护体系。科学构建城镇发展体系。着力提升中心城区综合能级。深入实施“一带三区”发展战略，推进南北“两个新城”建设，培育城市发展增长极。加快城市更新改造，大力提升城市品质。着力提升县城综合承载能力。加快县城基础设施建设，实现以城带产、以产兴城、产城融合。着力提升特色小城镇发展水平。重点培育32个中心镇、30个特色小镇，打造一批各具特色、具有较强聚集能力的示范小城镇。健全完善可持续发展机制。有序推进农业转移人口市民化，完善同等享受公共服务保障机制。进一步提升城镇规划建设管理水平，促进规划管理科学化、城镇基础设施智能化、公共服务便捷化和社会治理精细化。力争到“十四五”末，全国文明城市、国家卫生城市创建成功，创建国家级园林县城1个、卫生县城4个。

（六）坚定不移推进改革开放创新，集聚高质量发展新优势。坚持创新引领、改革突破、开放带动，全面激发高质量发展的活力、动力、竞争力。强化创新驱动发展。以国家可持续发展议程创新示范区建设为引领，大力实施科技创新行动，加快企业创新、产业创新、协同创新，深入推进科技英才“双百双千”工程和高端人才“千人计划”，强化知识产权保护，着力构建企业主体、政府支持、社会参与的科技创新机制，科技进步对经济增长贡献率达到60%。深化重点领域改革。全面启动实施“承德办事网上行”，全市政务服务网上可办率达到100%，所有行政权力事项实现“一次不用跑”。启动实施国有企业改革三年行动计划，加大国有资产整合力度，建立国有资本运营现代管理制度。大力推进事业单位、财政金融、投融资等领域改革，构建有为政府和有效市场协同发力的体制机制。扩大对内对外开放。深入实施京津冀协同发展战略，积极承接非首都功能疏解和产业转移，深化与京津多领域、全方位、深层次合作，拓展与长三角、粤港澳大湾区等重点区域合作，探索多元化合作机制。积极融入“一带一路”战略，建设县域特色产业外贸基地10个以上，跨境电子商务示范园区10个以上，提高利用外资规模质量，构建高水平对外开放格局。

（七）坚定不移保障和改善民生，共享高质量发展新成果。始终把人民放在心中最高位置，尽心竭力解民忧、纾民困、惠民生，不断满足人民群众新期待。持续加大民生投入。不断增加各级财政对民生领域投入，保持财政支出80%以上用于民生事业，逐步扩大民生保障范围，切实提高保障水平。倾力办好民生实事。聚焦就业创业、社会保障、教育医疗、文化体育、道路交通、生活环境等人民群众的操心事、烦心事、揪心事，每年实施一批民生工程，办成一批民生实事。坚决兑现民生承诺。认真落实人大民生实事决议，加大推进力度，健全推进机制，办理情况及时向人大报告、向社会公开，认真接受人大及其常委会和人民群众监督，确保高质量完成。

三、2021年主要工作

今年是实施“十四五”规划、开启全面建设社会主义现代化国家新征程第一年，是中国共产党成立100周年，做好今年工作意义重大、责任重大。我们要立足新发展阶段、贯彻新发展理念、构建新发展格局，统筹推进疫情防控和经济社会发展，在开局之年迈好第一步、见到新气象。重点完成好以下九项工作任务：

（一）全力打好疫情防控阻击战。始终坚持人民至上、生命至上，思想不松、防控措施不松、应急准备不松、责任落实不松，慎终如始抓好常态化疫情防控。认真落实外防输入、内防反弹要求，坚持人、物、环境同防，强化大数据、电子围栏和农村社区等精准排查，持续巩固扩大疫情防控成果。立足防大疫、打大仗，强化核酸检测、隔离场所、流行病学调查、定点医院等应急准备，备足备齐防疫物资，积极稳妥推进疫苗接种，以万全之准备应对万一之可能。筑牢“三道防线”，坚决守好“承德阵地”，当好首都政治“护城河”。

（二）全力推进经济运行持续向好。着力增投资上项目。深入开展“重点项目建设提升年”活动，实施“64158”工程，争列省重点项目40个以上，实施市重点项目160个以上，重点推进超10亿元项目50个以上，谋划储备重点项目800个以上。持续深化“两线四牵引”、会商会诊工作机制，实化领导包联机制，量化督导考核机制，压实责任，营造氛围，形成“四个一批”滚动发展格局。着力帮企业提效益。全面落实减税降费、援企稳岗、利企惠企政策，强化金融服务，全力纾困解困，帮助企业破解难题。深化市县乡领导包联，更好发挥企业发展服务中心和政府工作服务站、政府服务代表作用，当好企业发展的“亲友团”。大力实施民营企业振兴“211”工程，制定出台激励政策，降低市场准入门槛，支持民营经济做大做强。着力挖潜力促消费。稳定汽车、成品油、家电家居等传统大宗消费，拓展教育、康养、家政等服务消费，培育线上线下消费新业态新模式，网络零售额达到140亿元以上、增长21.5%以上。持续培育壮大“夜经济”“后备箱经济”，加快推动“承德山水”“承德好礼”市场布局，打造鼎盛满蒙风情街、承德老街等22个“夜经济”示范街区，形成一批“引爆点”项目。消费对经济增长的贡献率达到50%以上。

（三）全力推进生态环境质量持续改善。精准提升水环境质量。全面启动“三河共治”，深入推进800里滦河百项水质保护工程，扎实开展五项集中整治行动，严格“一断面一策”管控，实现“三河”流域水质进一步改善，国省考断面水质达标率稳定在100%。精准推进大气治理。突出抓好承钢、建龙等企业工业污染清洁治理，推进“六尘共治”行动，着力加强臭氧防控。高质量推进农村洁净煤取暖，有序推进城市清洁取暖，确保空气质量持续改善。精准实施净土行动。加强土壤污染状况调查溯源和治理，加强危废、医废处置管理，完成省下达农用地、建设用地安全利用率目标。持续推进矿山综合治理行动，完成矿山治理修复30处。

（四）全力推进绿色主导产业发展壮大。文化旅游医疗康养产业，加快实施长城国家文化公园等34个重点项目，举办第四届市旅发大会，中心城区开通旅游专线和高速公交。扎实推进北部新城医疗康养城基础设施建设。钒钛新材料及制品产业，力促总投资60亿元的建龙含钒无缝钢管智能制造项目一期投产，启动双滦承钢钒钛产业园建设，推动锦科科技、建龙清洁能源用钢项目建设，筹备举办第二届国际钒钛产业链对接大会。绿色食品及生物医药产业，扶持华素菌菇、宇航人沙棘饮品等一批重点项目，打造10个精深加工产业集群，积极培育中国驰名商标和地标产品，支持天原药业、奇滦药业等骨干企业成长壮大。大数据产业，深入推进与中国信通院、阿里巴巴集团深度合作，以5G、区块链等新基建新技术催生新产业新业态。加快推进德鸣大数据、中经承园、斐讯数据中心等项目建设，深入实施奥斯力特、河姆渡工业互联网等一批产业链优化项目，力促大数据及相关产业加快发展。清洁能源产业，百万千瓦风电基地二期项目建成投运，丰宁抽水蓄能电站首台机组发电，全市清洁能源电力装机达到850万千瓦。编制完成《承德市氢能产业发展规划》，积极引进清洁能源制氢示范项目。着力发展清洁能源装备制造，特变电工、金风电控二期实现投产。特色智能制造产业，加强与京仪集团合作，力促联东U谷项目落地，推动高新区仪器仪表城建设取得实质进展。依托丰宁怀丰、津冀六沟、平泉西青、兴隆兴谷等协同产业园区，引进落地一批新能源汽车、汽车零部件等装备制造产业项目。加大产学研合作力度，提升工业设计中心、仪器仪表、智能制造等开放性创新平台服务水平。

（五）全力推进乡村振兴战略落地见效。大力促进乡村产业发展。加快打造10条特色产业示范带，推动实施160个农业产业化项目。强化“菜篮子”“米袋子”责任制，新建高标准农田20万亩，良种覆盖率稳定在96%以上，粮食产量保持在28亿斤以上。大力实施乡村建设行动。推进30个特色产业乡村建设，争创省级乡村振兴示范区2个。新建改建农村公路150千米，改造无害化卫生厕所3.5万座以上，完成50个行政村生活污水有效治理，基本实现农村生活垃圾治理全覆盖。大力深化农村改革。稳步推进平泉宅基地改革国家试点，积极推动围场、丰宁等五个县（市）土地经营权抵押贷款试点，探索“三权”分置实现路径。加快培育农村新型市场经营主体，新评定市级示范家庭农场50家、争创省级30家以上。大力提升乡村治理水平。开展文明风尚培育行动，健全完善道德评议会、红白理事会等村民自律组织，持续推进农村移风易俗。充分利用信息化技术，加强农村网格化管理，全面提升乡村治理水平。

（六）全力推进新型城镇化提速提质。加快完善中心城区功能。科学谋划高铁时代生态、产业、城市等功能布局，启动实施南北“两个新城”建设，市图书馆开工建设，积极引进万达城市广场等重大项目落地。加快推进基础设施建设，大力实施交通治堵工程，承下线、凤凰山大桥拓宽改造、闫营子大桥工程竣工通车，会龙山隧道实现贯通，启动实施国道101改线、元雹线拓宽改造工程。新建公共停车场10个、增加停车泊位3500个。海绵城市、韧性城市建设加快推进，中心城区承载力、辐射力显著提升。全面促进县城扩容提质。坚持“三城同创”，推进县城功能提升工程。实施县城建设项目44个、总投资56亿元。宽城建成省级生态园林县城，兴隆、丰宁、滦平、承德县争创国家卫生县城。着力提升城镇建设品位。突出中心镇建设，以鞍匠、七沟等10个中心镇为带动，完善基础设施和公共服务功能。推广“三区同建”模式，推动农村人口向中心镇聚集。突出产业支撑，建设塞罕坝森林小镇、兴隆天文科普小镇等12个特色小镇。

（七）全力推进可持续发展议程创新示范区建设。强化企业创新。健全完善“1+9+N”创新政策体系，探索推行科技项目“揭榜挂帅”机制，实施高新技术企业和科技型中小企业“双提升”计划，新认定高新技术企业30家、科技型中小企业100家以上。深入推进“百企转型”行动和“百项技改”工程，完成高质量技改项目50个以上。强化产业创新。用足用好省市“30+36”支持政策，聚焦“3+3”主导产业，启动实施优势传统产业升级、战略性新兴产业振兴、特色产业提质、未来产业培育“四大创新工程”。新增省级重点实验室、产业技术研究院等各类创新平台10家以上，实施省级重大科研项目30个以上。强化协同创新。积极探索“京津研发、承德转化”创新模式，推行周末专家、周末工程师等柔性引进方式，组织开展京津研发机构与承德企业对接活动，引进数字经济、智能装备制造等重大科技合作项目10个以上，技术合同交易额达到20亿元以上。

（八）全力推进重点领域改革取得突破。持续深化行政审批改革。开展“营商环境提升年”活动，推进“承德办事一次成”向“一次不用跑”提档升级。全面推行“承德办事网上行”，完善提升“满意承德”平台功能，启动实施“一码通”改革，推行企业项目承诺制，打造一流营商环境。持续深化国有企业改革。实施国企改革三年行动计划，健全完善国有资本管理制度和监管体系，建立综合绩效评价机制，推动与资本市场全方位对接，提高国有资本运营能力和效益。持续深化财税改革。完善预算绩效管理，大力压减“三公”经费支出，强化依法综合治税，科学防控财政风险，确保各级财政平稳运行。持续深化金融创新。积极发展普惠金融，探索金融支持实体经济有效路径，推动企业多层次资本市场融资。常态化开展金融服务团帮扶、政银企对接活动，力争金融业增加值增长6%。

（九）全力推进对外开放向深度广度拓展。纵深推进协同发展。积极谋划“十四五”协同发展重大项目，加快承平、承克高速建设，抓住高铁全线贯通机遇，加大招商引资力度，新引进合作项目40个以上。高质量完成雄安绿博园“承德林”及承德展园建设。精准实施对外招商。完善部门联动机制，创新小团组、一对一招商模式。继续举办百家京企、津企进承德活动。积极参加中国数博会、京港洽谈会、厦门投洽会等重大招商活动，引进市外资金260亿元，实际利用外资2.3亿美元以上。全面提升园区水平。启动实施开发区“双优化双提升”工程，制定出台支持园区发展政策措施，加快补齐基础设施短板，提升开发区项目落地能力。积极推动企业和项目向园区集群集聚，新增入园企业200家以上，力争全市开发区营业收入增长10%以上，对经济增长贡献率达到60%以上。

各位代表！民之所盼，政之所向。为进一步增进人民福祉，经过反复征求意见，我们谋划了12项民生工程22件民生实事，提交大会审议表决。我们将根据大会决定，逐项认真制定实施方案，逐月公开发布进展情况，自觉接受监督，确保圆满完成。同时，我们将统筹发展与安全，树牢底线思维，着力做好财政金融、安全生产、森林草原防火等各领域风险防范化解工作，常态化开展扫黑除恶，强化基层治理，坚决守住不发生系统性区域性风险底线，确保社会大局和谐稳定。

各位代表！站在“两个一百年”历史交汇点，展望承德“十四五”发展的美好前景，我们深感责任重大、使命光荣。我们将始终坚持以习近平新时代中国特色社会主义思想为指导，坚持和加强党的全面领导，不断提高政治判断力、政治领悟力、政治执行力，确保承德各项事业始终沿着正确方向前进。我们一定坚持为民施政、践行初心使命。强化宗旨意识，坚守人民情怀，注重调查研究，认真倾听人民群众所想所急所盼，着力解决广大群众和市场主体的堵点、痛点、难点问题。坚持为人民服务、对人民负责、受人民监督，全面推进政府治理体系和治理能力现代化，加快创新行政方式，不断提高服务质量和效能，着力建设人民满意的政府。我们一定坚持依法行政、履行法定职责。认真学习贯彻习近平法治思想，忠实履行宪法和法律赋予的职责，以法治思维、法治方式深化改革、推动发展、化解矛盾、维护稳定，推动法治承德建设。自觉接受人大法律监督、工作监督和政协民主监督，完善政府信息公开发布机制，及时回应社会关切，让权力在阳光下运行。我们一定坚持实干实政、勇于担当作为。大力弘扬塞罕坝精神，永葆“闯”的精神、“创”的劲头、“干”的作风，咬定青山不放松、脚踏实地加油干，以永不懈怠的精神状态、一往无前的奋斗姿态，努力在贯彻新发展理念、构建新发展格局中展现新作为。我们一定坚持从严治政、保持清廉本色。将全面从严治党要求贯穿到政府工作全过程、各方面，严格执行中央八项规定及其实施细则精神，深化纠正“四风”和作风纪律专项整治，力戒形式主义、官僚主义，推进党风廉政建设和反腐败斗争取得新成效。大力营造风清气正、干事创业的施政环境，树立为民务实清廉的良好形象。

各位代表！立足新起点、奋进新征程，承德未来无限美好、发展大有可为。让我们更加紧密地团结在以习近平同志为核心的中共中央周围，在省委、省政府和市委坚强领导下，不忘初心、牢记使命，勠力同心、勇往直前，奋力谱写新时代生态强市、魅力承德现代化建设新篇章，为夺取全面建设社会主义现代化国家新胜利作出新的更大贡献，以优异成绩庆祝中国共产党成立100周年！

关于承德市2020年国民经济和社会发展计划执行情况与2021年国民经济和社会发展计划（草案）的报告（书面）

——在承德市第十四届
人民代表大会第六次会议上
2021年1月26日

承德市发展和改革委员会主任　刘海峰

各位代表：

受市政府委托，现将承德市2020年国民经济和社会发展计划执行情况与2021年国民经济和社会发展计划（草案）提请大会审议，并请市政协委员和列席会议的同志提出意见。

一、2020年计划执行情况

2020年是我市发展历程中极不平凡的一年，面对新冠肺炎疫情的严重冲击和外部形势深刻变化的严峻挑战，全市上下坚持以习近平新时代中国特色社会主义思想为指导，在市委的坚强领导下，按照市十四届人大五次会议部署，扎实做好“六稳”工作、全面落实“六保”任务，统筹常态化疫情防控和经济社会发展各项工作，重点攻坚、靶向发力，全市经济运行保持回升向好态势，年初计划确定的约束性指标全部完成，生态类、创新类、民生类等预期性指标达到或超额完成，各项重点工作顺利推进，实现了“三个圆满收官”。

（一）疫情防控有力有效。毫不放松抓好常态化疫情防控，建立科学高效指挥体系，认真落实外防输入、内防反弹工作举措，坚决筑牢“三道防线”，坚持关口前移、全力排查，率先启用大数据等信息化手段，突出农村、社区两个重点，实现了全市来承返承人员排查全覆盖。科学统筹安排核酸检测和救治工作，全市具备发热门诊、核酸检测实验室、隔离病区“三位一体”条件的二级以上医院达到13所，覆盖所有县市区。对疑似病例和确诊病例集中收治，不惜一切代价，全力以赴科学救治，经过努力实现了全省确诊病例最少、病例清零最早、患者零死亡和医护人员、一线人员零感染，切实守好“承德阵地”、当好首都政治“护城河”。

（二）经济运行企稳向好。制定出台了支持企业稳定经营持续发展15条、加快投资和重点项目建设12条等31个政策文件，实施了“1+6”调度、市领导包联、经济运行擂台赛等有效机制，深入开展“三包四帮六保五到位”活动，全面落实中央和省各项惠企政策，减免企业税费和社保医保缴费21.7亿元。积极争取国家政策支持，争取各类债券资金72.56亿元，为加大投资拉动、企业扶持和民生保障力度提供了有力支持。精准实施企业帮扶，企业发展服务中心、驻企政府工作服务站和政府服务代表实现重点企业全覆盖，有效促进了主要经济指标企稳回升。地区生产总值达到1550.3亿元，增长4%，高于全省和全国0.1和1.7个百分点，城镇和农村居民人均可支配收入分别达到33983元和13069元，是2010年的2.6倍和3倍，顺利实现了全面建成小康社会“翻番”目标。

（三）**脱贫攻坚全面胜利**。坚持把脱贫攻坚作为第一民生工程，紧盯剩余的4554名贫困人口，全面实施精准扶贫脱贫，逐户建立帮扶台账，逐人完善帮扶举措，做到领导干部包联、帮扶责任人帮扶、因户因人施策“三个全覆盖”。落实教育、医疗、住房和饮水安全各项政策，深入推进产业、就业、科技和消费扶贫，全力做好易地扶贫搬迁后续工作，拆旧复绿任务全部完成。严格落实“四个不摘”要求，创新设立防贫保险、防贫基金，将1.15万脱贫不稳定户和低收入边缘户、2.87万人纳入防贫监测帮扶范围，没有发生因疫因病因灾等返贫致贫问题，脱贫成果持续巩固提升，顺利通过了国家和省考核，切实做到小康路上不落一户一人。

（四）**重点项目稳步推进**。扎实开展“重点项目落实年”活动，深入推进“63218”工程，组织了4次重点项目集中开工，开展了“重点项目观摩”“项目建设擂台赛”“冬季攻坚”等活动，全面推行“两线四牵引”工作法，着力优化项目审批流程，取消审批环节27个、削减申请要件16个。实行重大问题会商会诊，定期开展“重点项目清仓盘点”，对存在问题进行全面梳理，建立工作台账，逐项盯办解决。进一步实化包联帮扶机制，及时破解土地、审批等瓶颈制约，有效推动了重点项目提速建设。28个项目列入生态环境监管正面清单，确保在重污染天气预警期间不再实行停工管控。140个省、市重点项目完成投资308.6亿元，占年计划的107.3%，固定资产投资增长4.2%，高于全省平均增速1个百分点。一批重点项目取得突破，承平高速开工建设，围场通用机场正式运营，丰宁抽水蓄能电站主体竣工，双峰寺地表水厂一期工程投产，京哈高铁全线贯通，我市正式步入高铁时代。

（五）**产业结构不断优化**。积极落实“五个一”工作机制，强力实施五大工程，建龙钒钛升级改造、特变电工新能源装备制造等136个重点产业项目加快实施，“3+3”主导产业和“1+2”县域特色产业稳步发展，主导产业占GDP比重提高到50%，高新技术产业增加值增长14.4%，高于规模以上工业增加值增速10.5个百分点。坚定不移去产能，压减退出炼铁产能306万吨、炼钢产能290万吨，全面完成省下达的钢铁去产能目标任务。信息技术、租赁和培训服务等现代服务业加快发展，顺利通过全国服务业综合改革试点市评估验收，三次产业比重调整为21.7:32.1:46.2。产业创新能力不断增强，国家可持续发展议程创新示范区稳步推进，争取省政府出台支持政策30条，我市制定配套政策36条，“四大行动”16项工程96个示范项目加快推进，建成省级产业技术研究院、重点实验室、创新中心12家，新认定高新技术企业50家、科技型中小企业300家。

（六）**生态环境持续改善**。坚持生态优先理念，全力推进蓝天、碧水、净土、环境安全保卫战。狠抓燃煤污染治理，大力推广洁净型煤，落实“543”工作举措，配送炉具14.79万台、洁净煤54.18万户，在全省率先实现洁净煤和炉具全覆盖，确保了农村人民清洁温暖安全过冬。推行大气环境监测“点位长”责任制，全域禁售烟花爆竹，PM2.5平均浓度下降至27微克／立方米。严格落实河湖长制，水污染防治“三年百项重点工程”全面完成，800里滦河百项水质保护工程启动实施，密云水库上游联建联防联治机制正式建立，19个国省考断面水质达标率保持100%。扎实推进绿色矿山建设，关停矿山100家。统筹山水林田湖草系统治理，新增营林造林167.7万亩、草地治理修复49万亩、治理水土流失647.6平方公里，森林覆盖率达到60%。生态文明体制机制更加完善，成立了市创建国家生态文明建设示范市工作领导小组，组建了塞罕坝生态研究院，“两区”建设研究承德工作站，领导干部自然资源资产审计全面推开。

（七）**改革开放不断深化**。持续深化“放管服”改革，扎实推进“承德办事一次成”向“承德办事不用跑”转变升级，创新实施容缺受理、并联审批等工作机制，压减61个审批环节，92.5%行政审批事项和全部公共服务事项实现“一次办成”。大力推进国资国企改革，整合行政事业单位经营性国有资产和企业资产，进一步提升国控、国投集团规模和实力，总资产达到321亿元。深化投融资改革，组建政府性融资担保集团，市级国有金融资本出资人职责进一步明确。扎实深化农村综合改革，组建农村集体合作经济组织2468家，新增土地流转10.3万亩，平泉获评全国农村承包地确权登记颁证典型地区。持续深化金融改革，全市存、贷款余额分别增长10.5%和9.2%。京津冀协同发展加快推进，与京津开展对接活动127场次，签署合作协议94项，新增合作项目37个、总投资131亿元。开放水平不断提高，组建了市招商服务中心暨投资促进局，举办“百家京企进承德”“津企承德行”等大型招商活动24次，签约项目75个，引进到位资金132亿元，新增外贸备案等级企业46家，实际利用外资2.2亿美元。

（八）**社会消费稳步回升**。积极应对疫情影响，实施了促进消费“八大活动”和搞活流通“五大工程”，认真落实鼓励汽车、石油等消费政策，组织开展了“承德欢乐购”“网购狂欢节”“油滴惠享节”“第一届国际车展”等系列促销活动，促进消费持续回暖。采取有效措施支持文旅企业复工复产，实施错峰游、预约游、云端游等多种方式推动景区景点有序开放，天门山景区、清河源漂流等旅发大会项目竣工开放，成为新的旅游增长点。大力发展“夜经济”“后备箱经济”，中心城区谋划了“一核一带三个精品片区”的“夜经济”发展布局，设立1000万元财政引导资金，着力提升“承德山水”“承德好礼”品牌影响力，166家企业、871种产品入驻“承德山水”平台，在京津设立农产品销售专柜2700余个。积极构建“线上+线下”消费模式，建成电子商务园区9个、国字头单品电商平台33个，县、乡、村三级电子商务网络体系基本建成。

（九）**民生保障坚实有力**。坚持以人民为中心，实施民心工程进展月发布机制，年初确定的10项民生工程、24件惠民实事全面完成，民生支出占一般公共预算支出比重达到81.7%。坚持就业优先，突出抓好高校毕业生、农民工等重点群体就业，高校毕业生就业率达到90%以上，实现就业困难家庭动态清零，城镇新增就业4.6万人。城乡居民养老和基本医疗保险参保率达到98%和95%以上，城镇和农村年低保标准提高到7800元和4800元。启动实施“教育质量提升三年行动计划”，大力实施名师、名校长、名校领军团队工程，承德石油高专升本工作取得重大进展。改造棚户区1380套、老旧小区259个，104个中心城区小区物业水平明显提升。牢牢守住防风险底线，风险防控工作有力有效。安全生产形势持续稳定向好，打赢防汛抗灾、森林草原防火硬仗，扫黑除恶专项斗争成效显著，法治承德、平安承德建设扎实推进，群众安全感评价指数继续保持全省第一。

虽然全市经济运行呈现平稳回升态势，但不可忽视的是，受国际复杂形势和疫情冲击多种因素影响，经济运行中仍然存在一些矛盾和问题，导致生产总值、规模以上工业增加值、固定资产投资等9项发展类预期性指标与年度计划有一定差距。从需求端看，投资和项目工作仍存在短板，企业投资意愿和能力下降，资金紧张状况依然存在，民间投资下降7.9%、工业技改投资下降5.9%。消费回暖未达预期，部分行业客源不足、销售不旺问题突出，旅游总收入同比下降71%、限额以上企业消费品零售额下降3.2%，服务业增加值增速从2014年以来首次低于GDP增速。出口不容乐观，国际客户减量停产，我市主要出口产品承钢五氧化二钒需求量萎缩、价格下滑，企业出口意愿下降，全年出口总值下降36.1%。从供给端看，规上工业保持低位运行，中滦煤化工压减产能59.1万吨，产值同比下降近30%；

盛丰、兆丰全面关停，减少产值22亿元；承钢公司5号高炉检修，减少产值24.6亿元，以上合计下拉工业产值4.8个百分点。虽然钒钛新材料、清洁能源、智能装备制造、大数据等新兴产业蓬勃发展，但产业层级不高、新旧动能转换缓慢、转型升级仍待提速等问题依然突出。科技创新短板亟待补齐，R&D投入强度、万人发明专利拥有量等指标低于全省平均水平，创新成果转化力度不足，成效还不明显。此外，新形势下我市民生保障、生态保护、基层治理等任务依然艰巨。以上问题对我们提出了更高的要求，需要付出更加艰苦的努力，认真加以解决。

二、2021年经济社会发展主要目标

今年是中国共产党成立100周年，是“十四五”开局之年，也是新时代全面建设社会主义现代化国家新征程的开启之年，做好经济社会发展工作至关重要。

（一）总体要求

2021年全市经济和社会发展的总体要求是：坚持以习近平新时代中国特色社会主义思想为指导，全面贯彻中共十九大和十九届二中、三中、四中、五中全会精神，深入落实习近平总书记对河北对承德工作重要指示批示，深入落实中央经济工作会议和省委九届十二次全会精神，坚持稳中求进工作总基调，立足新发展阶段，贯彻新发展理念，构建新发展格局，以推动高质量发展为主题，以深化供给侧结构性改革为主线，以改革创新为根本动力，以满足人民日益增长的美好生活需要为根本目的，坚持“三区一城”定位，坚持“1266”发展战略，坚持系统观念，巩固拓展疫情防控和经济社会发展成果，更好统筹发展和安全，继续做好“六稳”工作、落实“六保”任务，科学精准执行国家宏观政策，努力保持经济运行在合理区间，坚持扩大内需战略，强化科技战略支撑，扩大高水平对外开放，认真开展“三重四创五优化”活动，确保经济行稳致远、社会安定和谐，确保“十四五”开好局，以优异成绩庆祝中国共产党成立100周年。

（二）主要目标

今年经济社会发展计划指标设置注重了连续性和稳定性，突出了“三区一城”发展定位和“1266”发展战略，衔接了省2021年计划和市“十四五”规划目标，共设置7方面26项指标。具体目标为：

——综合实力类，生产总值增长6.5%，固定资产投资增长6.5%，社会消费品零售总额增长8%以上，公共财政预算收入增长5%。

——创新发展类，研发经费支出占生产总值比重提高0.2个百分点，技术合同成交额20亿元，每万人发明专利拥有量达到2件。

——协调发展类，规模以上工业增加值增长5%，高新技术产业增加值增长10%，服务业增加值增长8%以上，常住人口城镇化率提高1.6个百分点。

——绿色发展类，每万元生产总值能耗、PM2.5平均浓度、城市平均优良天数比例、二氧化碳排放量、用水量完成省下达任务。

——开放发展类，进出口总值增长5%，实际利用外资增长5%，开发区营业收入增长10%。

——共享发展类，居民人均可支配收入增长8%，城镇新增就业4.3万人，城镇登记失业率控制在4.5%以内，居民消费价格涨幅3%左右。

——安全保障类，粮食综合生产能力保持在28亿斤，能源综合生产能力稳定在200万吨标准煤左右。

（三）基本原则

全面完成今年经济社会发展的各项目标任务，需着重把握以下原则：

——坚持把贯彻新发展理念作为行动先导。深刻认识、精准把握国内外经济社会发展大势，积极适应主动融入以国内大循环为主体、国内国际双循环相互促进的新发展格局，树立全面、整体的观念，遵循经济社会发展规律，坚定不移把创新、协调、绿色、开放、共享的新发展理念贯

穿经济社会发展各领域各环节。

——坚持把生态优先理念作为基本遵循。树立践行“绿水青山就是金山银山”理念，切实扛起“两区”建设政治任务，完善绿色制度，筑牢绿色屏障，发展绿色经济，有序开展“碳达峰碳中和”工作，力促大气水土壤质量明显改善、山水林田湖草环境明显改观，以良好生态环境为人民群众提供更绿色、更普惠、更优质的民生福祉。

——坚持把推动高质量发展作为根本要求。坚持扩大内需战略，深入实施供给侧结构性改革，注重需求侧管理，大力发展“3+3”主导产业和“1+2”县域特色产业，增强投资和消费拉动能力，在稳增长和提质量上统筹发力，在优供给和促需求上双向施策，大力提高有效供给，推动产业结构、区域结构、城乡结构调整优化，走高质量发展新路。

——坚持把改革开放创新作为发展动力。以“承德办事一次成”为牵引，推动集成式改革创新，打造政务服务升级版。加快国家可持续发展议程创新示范区建设，在创新链、价值链、供应链上稳步攀升、勇争上游，加快建设创新承德。着力扩大高水平对外开放，增强吸引力和凝聚力，构筑开放发展新高地。

——坚持把改善民生作为根本目的。围绕满足人民群众日益增长的美好生活需要，持续加大民生投入，持续增加居民收入，持续抓好民心工程，持续解决群众关切，让人民群众获得感、幸福感、安全感更加充实、更有保障、更可持续。

三、工作重点和主要措施

围绕全年经济社会发展目标，重点做好十一个方面工作：

（一）着力抓好常态化疫情防控。时刻绷紧疫情防控这根弦，坚持常态化精准防控和局部应急处置有机结合，慎终如始抓好“外防输入、内防反弹”各项工作。一是加大排查管控力度。严格落实网格化管控、群防群控、联防联控措施，坚持人、物、环境同防，突出农村、社区等重点区域和机场、车站等重点部位，严格入境人员、国内中高风险地区人员闭环管理，强化冷链物品食品和非冷链物品监测消毒，确保及时排查管控到位。二是强化防控能力建设。持续加强物资人员力量、核酸检测能力，有序推进疫苗接种，扎实做好隔离点、康复医院、医疗救治等各项工作，确保有备无患。健全重大疾病特别是重大传染病防控体系，加强基层防控能力建设。三是坚决筑牢“三道防线”。倡导群众原地过年，尽量减少外出聚集，紧盯社区门诊、个体诊所、村卫生室，落实好发热人员报告制度，杜绝隐瞒、迟报、漏报。充分利用大数据、电子围栏等信息化手段，加强与北京联防联控，严格落实测体温、验健康码、查核酸证明等措施，切实当好首都政治“护城河”。

（二）着力保持经济健康平稳运行。坚持稳字当头，全面落实中共中央、国务院、省委、省政府各项决策部署，确保“十四五”开好局、起好步。一是强化政策引导。坚持发展第一要务，全面做好“六稳”“六保”工作，认真落实国家、省确定的各项决策部署和重点工作，用足用好“财政＋金融”政策工具，全力争取中央投资、专项债券等上级支持，引导经济平稳健康运行。二是强化规划衔接。做好“十四五”规划与年度计划衔接，按要求组织开展“十四五”规划年度监测工作，科学分解任务，建立工作台账，切实压实责任，确保各项工作扎实开展。三是强化监测调度。对年度发展目标，逐项制定推进方案，明确职责分工和月度、季度目标，及时制定“开门红”“双过半”“全年胜”等政策措施，逐月逐季开展运行分析调度，确保各项年度任务落到实处，顺利完成。四是强化纾困解难。切实发挥企业发展服务中心、政府工作服务站、政府服务代表作用，制定“一企一策”工作方案，完善有序用电预案、天然气迎峰度冬应急预案等各项要素保障预案，加强与铁路、供电等部门和煤源企业沟通协调，全力以赴保障企业正常生产经营。

（三）着力加强生态文明建设。坚决扛起“两区”建设重大政治责任，以争创生态文明范市为引领，全力做好“碳达峰、碳中和”工作，持续放大生态优势，确保生态环境质量保持京津冀领先。一是加快实施“两区”建设。全力推进“两区”规划各项建设任务，以“两河六路四区”为重点，统筹推进山水林田湖草系统修复治理，全方位全地域全过程实施生态保护修复，实施好京津风沙源治理、坝上地区营造林、京冀水源林等项目建设，新营造林90万亩以上。二是持续强化污染治理。扎实推进“三河共治”，深入推进“一断面一策”和季节性差异化管控措施，实现水质持续稳定达标。实施PM2.5和臭氧共同治理，深化固定源和移动源协同控制，加强城市扬尘精细管控，大力推广洁净煤清洁取暖，确保空气质量持续改善。加大土壤污染排查修复、农村面源污染防治等工作力度，持续推进矿山环境达标整治，完成30处修复治理任务。三是不断完善生态文明机制。推进生态资源资本化，逐步推动林权、碳排放权、用能权、用水权、排污权市场化运营。严格贯彻《承德市水源涵养功能区保护条例》，落实“河湖长”“林长”制，强化自然资源资产离任审计、生态环境损害赔偿和责任终身追究制度落实。

（四）着力推进现代产业体系建设。贯彻高质量发展要求，把着力点放在实体经济上，进一步提高经济质量效益和竞争力。一是推动三大优势产业提质升级。着力推动文化旅游、医疗康养、钒钛新材料及制品、绿色食品及生物医药产业等优势产业向精品化、优质化、高端化发展，加快推进双滦钒钛产业园、美富淦、宽城氧化球团等项目工作，力争开工建设，重点抓好长城国家文化公园（滦平段）、建龙特钢无缝管装备、金稻田食用菌深加工等项目建设。二是壮大三大支撑产业规模。积极培育大数据、清洁能源、智能装备制造等重点产业向特色化、专精化、现代化发展，鼓励德鸣大数据产业园、易骋云金融大数据中心等项目提高数据中心资源利用率和运行效益，重点抓好维特智能电子终端、金风电控迁建技改扩能、滦平东伟硅砂生产等项目建设，支持企业实施智能改造，培育数字化车间15家以上。三是提高产业链供应链稳定性。实施系列三年行动计划，着力打造钒钛新材料及制品、清洁能源、大数据、绿色食品、生物医药、高端智能测控装备及仪表、智能输送及仓储物流装备7个重点产业链，开展产业链供应链稳定性和竞争力提升行动，贯通生产、分配、流通、消费各环节，增强产业链供应链自主可控能力。四是促进产业集群发展。突出承德高新区龙头效应，强化各县市区高新区、经济开发区支撑作用，实施改革创新、强筋壮骨、提档升级、特色园区建设、综合实力提升“五大工程”，提高市场化开发运营水平。力争开发区主营业务收入增长10%以上。

（五）着力实施重点项目攻坚。开展“重点项目建设提升年升级加力”行动，实施“64158”工程，即精准聚焦6大主导产业谋项目推项目，争列省重点项目40个以上，安排市重点项目160个以上，推进超10亿元项目50个，谋划储备重点项目800个以上。一是聚焦主导产业建一批。围绕“3+3”主导产业和县域“1+2”特色产业，加快建设一批主导产业、战略新兴产业、传统产业升级等领域的示范项目。二是聚焦协同发展引一批。抢抓京哈高铁全线贯通机遇，围绕承接北京非首都功能疏解，积极引进一批精品项目落地实施。三是聚焦民生保障推一批。围绕持续扩大就业、推进教育事业高质量发展、提升医疗卫生保障水平，实施保障性安居工程和文化惠民工程，谋划推进一批民生项目。四是聚焦短板建设补一批。围绕“两新一重”建设，优化功能、补齐短板，推进高新技术、市政设施、公共服务项目。五是聚焦增添后劲谋一批。紧紧围绕国家和省重大战略，结合全市“十四五”规划，谋划实施一批强弱项、增后劲的强市立县的重大项目。

（六）着力促进消费提质升级。落实扩大内需战略，主动融入新发展格局，坚持供给侧需求侧并重，提升供给质量，激发消费潜力，确保社会消费稳定回升。一是巩固提升传统消费。认真贯彻落实消费扩容提质17条措施，开展搞活流通“五大工程”、促进消费“八大活动”，继续组织“魅力承德欢乐购”，引导企业通过发放消费券、打折让利电子券等措施，提高供给质量，加大促销力度，释放群众消费需求，力争批发零售业消费增长20%以上。二是培育壮大新型消费。以城乡高效配送专项行动试点市建设为抓手，深入推进“互联网＋流通”行动，谋划设立电子商务发展专项资金，鼓励支持发展区域电商，加速5G场景应用等新兴消费发展，大力促进教育、医疗、养老、家政等服务消费线上线下融合发展。全年网络零售额达到140亿元以上。三是积极发展热点消费。努力挖掘乡村市场潜力，积极拓展农村消费。鼓励主要商圈和特色商业街延长营业时间，建设一批深夜营业专区、24小时便利店和“深夜食堂”等特色街区，繁荣发展“夜经济”“后备箱经济”，做优做强“承德山水”“承德好礼”两大品牌，力争入驻“承德山水”平台企业达到260家以上。

（七）着力实施乡村振兴战略。准确把握“三农”工作新的历史方位，全面落实乡村振兴战略，实现农业农村优先发展。一是巩固脱贫攻坚成果。推动巩固拓展脱贫攻坚成果和乡村振兴有效衔接，全面落实衔接过渡期政策，严格落实“四个不摘”要求，建立健全防贫脱贫长效机制，大力发展特色优势扶贫产业，培育壮大龙头企业、专业合作社、致富带头人等带贫主体，深化就业、科技、金融帮扶，做好易地扶贫搬迁后续扶持，确保农民持续稳定增收。二是加快发展农业产业。围绕“一环六带”产业布局，深入实施“农业＋”战略，重点打造10条乡村特色产业示范带、10个龙型经济产业集群和10个农业现代化示范区。深入实施“扶龙行动”，实施农业产业化项目160个，完成投资85亿元以上，力争省级龙头企业达到100家。新建高标准农田20万亩，粮食总产量保持在28亿斤以上。三是补齐农村发展短板。加大农村人居环境整治力度，新（改）建农村公路150公里，改造厕所3.5万座，改善农村水、电、路、讯、房、暖等条件，以15个市级乡村振兴示范区为重点，打造一批美丽宜居乡村和片区，争创省级乡村振兴示范区2个。四是深化农业农村改革。深化农业供给侧结构性改革，推动农村集体资产公开入场交易，发展壮大新型农村集体经济。稳步推进农村土地制度改革，加快确权登记颁证成果转化应用，力争土地流转率达到44%。完善农业社会化服务体系，发展多种形式的适度规模经营，力争农民合作社监测合格率达到90%以上。

（八）着力加快新型城镇化步伐。积极融入以首都为核心的世界级城市群，统筹城市规划、建设、管理，不断提升城市管理效能，推动城镇可持续发展。一是提升中心城区带动能力。加快推进“一带三区”发展战略，稳步推进城市更新行动，加快实施19个棚户区、3个城中村、47.82千米市政管网、169个老旧小区改造工作，提升宜居质量。加强城市排水防涝、地下综合管廊、海绵城市建设，增强辐射带动能力。二是加强县城和中心城镇建设。全面加强县城基础设施、公共服务配套设施建设，谋划实施总投资56亿元的44个县城建设项目，大力提升县城承载能力。加强特色小镇建设，力争5个以上市级特色小镇新列入省级名录。支持各县以“特色产业园区＋城区”为主导，深化产城融合，引导产业向园区集聚、园区向县城集中，增强“1+2”特色产业支撑，带动县域经济增比进位。三是提升城市基础设施公共服务水平。加快推动智慧城市建设，实施智慧水务、智慧城管工程，抓好全国供热智能化基础设施专项试点建设，实现全方位、动态化管理。积极推进垃圾分类，加快垃圾处理设施建设，确保全市实现垃圾焚烧全覆盖。强化交通拥堵治理，落实主干道机动车非机动车分离、重点路口拓宽改造等措施，新建公共停车场10个，增加泊位3500个，满足市民和游客停车需求。

（九）着力提升改革创新动力。深化“放管服”改革，大力实施创新驱动，激发高质量发展活力。一是推动重点领域改革。深化国企国资改革，完善国有企业法人治理结构和市场化经营机制。推进现代财税体制改革，强化预算约束和预算绩效管理。深化投融资体制改革，发展普惠金融，构建金融有效支持实体经济体制机制。深化事业单位改革，实现政事分开、事企分开、管办分离。二是建立更优营商环境。实施“营商环境提升年”活动，全面开展各县（市、区）营商环境评价，推动“承德办事一次成”向“办事不用跑”提档升级，全面实施“承德办事网上行”，提供“24小时不打烊”在线政务服务，启动实施“一码通”改革，强化“一网一窗一次”应用，在更大范围实现政务服务“一网通办”。完善“满意承德”城市综合服务平台功能，努力实现一部手机“畅享承德”，提高企业群众办事的便利度和满意度。加强市场监管，推进“双随机一公开”监管模式，实施涉企经营许可事项清单管理，加强事中事后监管。三是强化创新配套体系。全力推进国家可持续发展议程创新示范区建设，落实好省30条、市36条支撑政策，完善“1+9+N”科技创新政策体系，探索实行科技项目“揭榜挂帅”机制，鼓励企业开展关键环节“卡脖子”技术攻关，增强企业创新能力，激发人才创新活力，力争新认定高新技术企业30家以上，科技型中小企业100家以上，实施省级以上重大科研项目30项以上，技术合同交易额达到20亿元以上，打造省级以上创新创业团队17个以上。

（十）着力加大对外开放力度。立足京津，放眼全国，加速构建全方位、多层次、多元化的开放合作格局。一是持续推进京津冀协同发展。深入落实“五合一”对接机制，密切与京津两市重点部门以及重点区的合作，常态化开展百家京企、津企、名企进承德等系列活动，加强公共服务对接，建立健全合作交流机制，新引进合作项目40个以上。二是大力拓展重点区域合作。强化与长三角、珠三角、粤港澳大湾区等重点区域合作，围绕六大主导产业，建立战略合作联盟，探索“园区共建、项目共管、收益共享”合作模式，组织参加“深商承德行”“9·8厦门投洽会”等招商对接活动，吸引资金、技术、人才等各类优势生产要素向承德聚集，力争引进市外到位资金增长6.5%。三是切实提升招商引资实效。进一步整合招商力量，加快“两库一图一网”建设，大力实施云招商、产业链招商、以商招商等新模式，多形式搭建对外开放交流平台，实施招商引资项目实时跟踪和动态管理机制，提高项目签约率、开工率和资金到位率，全年组织小团组洽谈30次、“云招商”20次以上，确保实际利用外资2.3亿美元以上。

（十一）着力保障和改善民生。坚持以人为本的中心思想，继续实施省市民生工程，织密民生保障网。一是坚持就业优先政策。积极推进“市县乡村”四级公共就业服务平台建设，突出抓好重点群体就业，继续实施青年见习、“三支一扶”和就业启航等计划，加强高校毕业生就业服务；抓好农民工就业，确保农民工及时返城就业；抓好退役军人、残疾人、零就业家庭等特殊群体就业，确保零就业家庭动态清零。全年开展职业技能培训2.4万人次以上，城镇新增就业4.3万人，失业人员再就业1.2万人，城镇登记失业率控制在4.5%以内。二是健全社会保障体系。持续扩大保障范围，大力实施全民参保计划，将新业态就业人员、机关事业单位临时工等人员纳入参保范围。全面推进机关事业单位养老保险制度改革落地，落实养老保险基金缺口政府分担机制和风险储备金制度，确保按月足额发放。三是加快发展社会事业。实施全民健身提升工程，组织开展大型赛事、活动20次以上，建设惠民健身体育设施100个。推进医疗健康“雨润工程”，完善基层医疗帮扶机制，鼓励社会办医，加快推进医联体建设，强化突发公共卫生事件监测预警。实施学前教育扩容增量、义务教育优质均衡、普通高中教育质量崛起工程，改善提升幼儿园、中小学等基础办学条件，全力推动教育教学质量进入全省先进行列。认真贯彻总体安全观，统筹推进政府债务、金融、房地产等重点领域风险防范化解，加强平安承德建设，做好安全生产、森林草原防火、粮食能源安全保供、信访维稳等工作，确保社会和谐稳定。

各位代表，做好2021年全市经济社会发展工作任务艰巨、意义重大、使命光荣。让我们更加紧密地团结在以习近平同志为核心的中共中央周围，全面贯彻落实市委十四届九次全会决策部署，自觉接受人大的指导和监督，虚心听取政协的意见和建议，奋发作为、锐意进取，全面开启建设“生态强市、魅力承德”新征程，以优异成绩向建党100周年献礼！

关于承德市2020年市本级预算和市总预算执行情况与2021年市本级预算和市总预算草案的报告（书面）

——在承德市第十四届
人民代表大会第六次会议上
2021年1月26日
承德市财政局局长　栾志宏

各位代表：

受市人民政府委托，我向大会报告承德市2020年市本级预算和市总预算执行情况与2021年市本级预算和市总预算草案，请予审议，并请市政协委员和列席会议的同志提出意见。

一、2020年预算执行情况

2020年，面对复杂严峻的宏观经济形势和艰巨繁重的改革发展任务，特别是新冠肺炎疫情的严重冲击，全市各级各部门坚持以习近平新时代中国特色社会主义思想为指导，坚决贯彻落实国家、省市重大决策部署，认真执行市人大各项决议，坚持稳中求进工作总基调，贯彻新发展理念，以供给侧结构性改革为主线，牢牢把握“三区一城”发展定位和“12345”总体思路目标，全面落实积极财政政策，持续强化预算执行、深化财政改革、防控化解风险，较好地完成了市十四届人大五次会议目标任务，财政收支实现“双增长”，为实现“三个圆满收官”奠定了坚实财政支撑。

（一）全市预算执行情况

2020年，全市一般公共预算收入完成116.1亿元，占“十三五”目标任务的101%，同比增长3.3%，其中税收收入完成77亿元，占一般公共预算收入的66.3%。政府性基金预算收入完成110.5亿元，占预算的60.9%，同比增长8.7%。国有资本经营预算收入完成14.9亿元，占预算的136.8%，同比增长276%。社保基金预算收入完成98.6亿元，占调整预算的107.2%，同比增长1.6%。

全市一般公共预算支出完成456.4亿元，占调整预算的97.4%，同比增长9.9%。政府性基金预算支出完成141.4亿元，占调整预算的92.2%，同比增长37.3%。国有资本经营预算支出完成4.7亿元，占预算的84.4%，同比增长15.3%。社保基金预算支出完成94.8亿元，占调整预算的97.8%，同比增长2.5%。

（二）市本级预算执行情况

2020年，市本级一般公共预算收入完成13.8亿元，占预算的125.3%，同比增长45.1%。政府性基金预算收入完成36.1亿元，占调整预算的112.5%，同比增长49.3%。国有资本经营预算收入完成1.8亿元，占预算的60.4%，同比下降53.6%。社保基金预算收入完成25.2亿元，占调整预算的111.6%，同比下降1.2%。

市本级一般公共预算支出完成84.7亿元，占调整预算的95.4%，同比增长18%。政府性基金预算支出完成15.7亿元，占调整预算的92.3%，是2019年的4.6倍。国有资本经营预算支出完成1.8亿元，占预算的59.6%，同比下降50%。社保基金预算支出完成28.8亿元，占调整预算的104.4%，同比增长7.8%。

回顾过去的一年，全市各级各部门在市委坚强领导和市人大监督下，凝心聚力，锐意进取，推动各项工作取得显著成效。

一是疫情防控实现全面保障。严格落实“坚定信心、同舟共济、科学防治、精准施策”总要求，积极筹措拨付资金，及时制发保障政策，迅速开启绿色通道，特事特办、急事急办，确保资金和政策落地见效，共制发经费保障、税费减免、援企稳岗等政策文件20余件，安排疫情防控资金5.74亿元，全力保障各类防疫物资储备、核酸检测室建设等支出，保障实现了全市及来承返承人口排查全覆盖、确诊病例最少、病例清零最早、患者零死亡、医护和一线人员零感染。

二是向上争取实现再创新高。共争取上级各类转移支付资金265.3亿元，较上年增加35.3亿元，增长15.3%。其中争取中央抗疫特别国债16.9亿元、中央新增赤字资金31.13亿元，支出进度居全省第2位；争取省级每年安排资金1.5亿元，支持我市建设国家可持续发展议程创新示范区；分别争取潮河、滦河流域横向生态补偿资金4.03亿元、3.83亿元，占全省总量的67.1%、71.5%，为历年最高；争取省级特色农业保险专项奖补资金4710万元，位列全省第1位；争取省级PPP示范项目奖补资金958.5万元，居全省第3位；争取省首批新能源公交车推广试点城市奖补资金3000万元。在此基础上，争取新增政府债务限额72.56亿元、再融资债券40.55亿元，合计113.13亿元，再创新高。

三是助力经济实现提质增效。累计筹集资金100余亿元支持502个亿元以上项目建设，并参与制定支持复工复产复市政策文件31个，减轻企业税费负担21.7亿元、减免市场主体房租5745.4万元。安排资金5000万元支持国投集团设立规模2亿元的市级企业纾困基金；安排资金1000万元降低中小企业贷款担保费率，撬动金融机构贷款4.3亿元，支持150余家企业融资33.6亿元。农业产业发展引导基金、农业产业化增信基金、科技型中小企业创新增信基金、省农担承德分公司效用有效发挥，累计带动社会资本近300亿元支持经济社会发展，年纳税千万元以上企业达到250家，国家金融服务综合改革试点城市工作获得财政部充分肯定。

四是财政风险实现有效防控。建立实行“一案一会两函一报告”债务管控机制，共偿还政府债务81.64亿元、隐性债务33.46亿元，偿还棚改贷款本息4.04亿元，市本级、滦平退出债务高风险警示地区名单，平泉与滦平列为财政部2020年建制县区隐性债务风险化解试点，全市债务风险水平逐年下降。消化暂付款42.2亿元，占锁定2018年底暂付款余额的22%；新增暂付款控制在一般公共预算和政府性基金预算之和的4%，均达到省定考核目标；建立“分区设立、市区共管、资金共筹”的市区两级工资和基本运转共管机制，基层财政运行风险底线兜实兜牢。

五是财政改革实现稳妥推进。全方位、全过程、全覆盖的预算绩效管理体系基本建成，社保领域“四个一”工作成果推广应用，开展部门重点评价和财政重点评价项目158个，涉及资金60.4亿元。行政事业单位国有资产管理体制改革深入推进，国有资产运营公司组建成立，划转国控集团资产2.4亿元、总资产达到321亿元。纳入市县级国有金融资本管理企业19家，总规模达到1648.2亿元。公共文化、生态环境、自然资源、应急救援、交通运输、国防等领域市以下财政事权和支出责任划分改革扎实推进。资源税、消费税改革启动实施，财政电子票据正式启用，财政投资评审实现资金节约率12.7%、政府采购资金节约率2.9%，差旅电子凭证网上报销覆盖率达100%。

六是民生福祉实现大幅增进。民生支出完成372.7亿元，占比达到81.7%，教育、医疗、社保、就业等领域财政政策全面落地，其中筹集资金2.1亿元，全力保障各类学校疫情防控、奖助学资助、住宿费退费等政策落实；安排资金49.4亿元，支持脱贫攻坚顺利通过国家省考核；安排资金11.4亿元，助力生态环境质量创历史最好水平，其中山水林田湖草生态保护修复试点24个项目全部完工，已通过省级综合评估；安排资金41.82亿元，全面落实城乡低保、特困补助、医保补助、养老保险等民生提标和就业创业支持政策；安排资金2亿元，支持254个老旧小区改造；着力保障10项民心工程、24件惠民实事落地完成。

在总结成绩的同时，我们也清醒地看到，财政经济运行仍面临着诸多困难和挑战，主要有：一是财政收支压力前所未有，财政收入增长支撑不足，疫情防控、“三保”等刚性支出大幅增加，加之债券争取受限额管理制度约束，财政运转压力空前。二是政府债务余额规模偏大，且已进入偿债高峰期，受土地出让限制、政策空间趋紧等因素影响，化解财政风险任务十分艰巨。三是资金监管压力前所未有，部门“三公两费”超支等违反财经纪律的现象仍时有发生，预算管理主体责任意识还需增强，等等。针对这些问题，我们将高度重视，采取有效举措加以认真解决，推进财政事业行稳致远。

二、2021年预算安排情况

2021年是“十四五”开局之年，也是两个一百年奋斗目标交汇和转换之年，编制执行好2021年预算，对促进经济社会高质量发展具有重要意义。

（一）预算编制的指导思想和基本原则

2021年预算编制的指导思想：坚持以习近平新时代中国特色社会主义思想为指导，全面贯彻党的十九大和十九届二中、三中、四中、五中全会精神，深入落实习近平总书记对河北对承德工作重要指示批示，深入落实中央经济工作会议、省委九届十二次全会和市委十四届九次全会精神，坚持稳中求进工作总基调，立足新发展阶段，贯彻新发展理念，构建新发展格局，以推动高质量发展为主题，以深化供给侧结构性改革为主线，以改革创新为根本动力，以满足人民日益增长的美好生活需要为根本目的，坚持“三区一城”定位，坚持“1266”发展战略，坚持系统观念，巩固拓展疫情防控和经济社会发展成果，更好统筹发展和安全，继续做好“六稳”工作、落实“六保”任务，科学精准执行国家宏观政策，努力保持经济运行在合理区间，提质增效财政政策，调整优化支出结构，持续强化资金管理，扎实深化财税改革，防范化解财政风险，努力为全面建设新时代生态强市、魅力承德和“十四五”起好步、开好局提供强有力的财政支撑。

2021年预算编制基本原则：

——依法理财。全面贯彻落实《预算法》及《实施条例》等法律法规，规范预算编制，明确工作责任，强化刚性约束，推动预算工作法治化、制度化和规范化。

——优化结构。调整优化支出结构，坚持“三保”支出优先，统筹保障“六稳”“六保”和防范化解风险等重点领域支出。

——统筹兼顾。坚持尽力而为、量力而行，统筹整合各类资产、资源和资金，打破支出基数固化格局，集中财力办大事，全面实行零基预算和综合预算。

——厉行节约。发扬艰苦奋斗优良传统，落实政府过紧日子要求，开源节流、精打细算、细化标准，严格控制各项支出，厉行节约办一切事业。

——讲求绩效。突出绩效导向，将绩效管理融入预算管理全过程，科学合理编制绩效目标指标，加强绩效监控和评价结果应用，全面实施预算绩效管理。

（二）全市预算草案（代编）

1.一般公共预算。按照与主要经济指标相适应原则，并结合我市经济发展实际，2021年全市一般公共预算收入安排增长5%，即一般公共预算收入122亿元，加上上级补助收入、调入资金等329.8亿元，收入总计451.8亿元。支出预算安排409.4亿元，加上上解支出、调出资金、债务还本支出等42.4亿元，支出总计451.8亿元。年度预算收支安排平衡。

2. 政府性基金预算。收入预算安排198.7亿元，加上上级补助收入、调入资金等11.3亿元，收入总计210亿元。支出预算安排129.6亿元，加上调出资金、债务还本支出等80.4亿元，支出总计210亿元。年度预算收支安排平衡。

3. 国有资本经营预算。收入预算安排11.8亿元。支出预算安排6.8亿元，加上调出资金5亿元，支出总计11.8亿元。年度预算收支安排平衡。

4. 社会保险基金预算。2021年，承德市社保基金预算总收入106.97亿元、增长8.5%；总支出100.47亿元、增长6%。年度收支结余6.5亿元，年末滚存结余72.9亿元。

（三）市本级预算草案

1. 一般公共预算

（1）收入和财力情况。2021年市本级一般公共预算收入安排15.5亿元，加上上级补助收入、下级上解收入和调入资金等47.3亿元，财力总计62.8亿元。

（2）支出预算安排情况。在支出预算安排上，一方面充分体现政府带头过“紧日子”的思想，大力压减行政机关公用经费定额10%，另一方面在本级财力十分紧张的情况下，对涉及基本民生保障、法定支出要求、支持经济社会可持续发展等方面均给予统筹保障，尤其是加大对科技、节能环保、教育、卫生健康、农业、城市运维及建设等重点领域的投入力度。2021年共安排支出预算62.8亿元，增长13.2%，其中基本支出37.9亿元，占比60.4%；偿债支出6.5亿元，占比10.3%；政策性补助及运维类支出9.6亿元，占比15.3%；专项项目支出8.8亿元，占比14%。民生支出安排51.5亿元，占一般公共预算支出的82%。

（3）预算平衡情况。一般公共预算收入155000万元，加上上级补助收入、下级上解收入、调入资金等879369万元，收入总计1034369万元。一般公共预算支出920065万元（含上级转移支付），加上上解支出、补助下级支出、债务还本支出等114304万元，支出总计1034369万元。年度预算收支安排平衡。

2. 政府性基金预算

（1）收入情况。收入预算安排530023万元，其中国有土地使用权出让收入526235万元、污水处理费收入2038万元、福利彩票公益金收入780万元、体育彩票公益金收入600万元、彩票发行机构和彩票销售机构的业务费用收入370万元，加上下级上解收入17000万元、上级转移支付收入26112万元，收入总计573135万元。

（2）支出情况。支出预算安排60988万元，主要包括双峰寺水库PPP运营期付费26013万元、偿还政府专项债券利息及支付发行费支出14160万元、污水处理厂运营补贴4761万元、中心区建成区内清洁取暖替代补贴2000万元、天然气掺混价格补贴1262万元、园林局绿地养护经费1150万元、生活垃圾和餐厨废弃物处理补贴920万元、提前和延长供热补贴362万元，加上补助下级支出、调出资金、债务还本支出等512147万元，支出总计573135万元。年度预算收支安排平衡。

3. 国有资本经营预算

（1）收入情况。收入预算安排19999万元，其中国控集团上缴下营房回购对价资产收入12900万元，承德银行上缴股息股利收入2685万元，矿业集团上缴国有资本经营收入1232万元，热力集团上缴利润收入700万元，国有资产运营公司上缴国有资本经营收入2482万元。

（2）支出情况。支出预算安排19999万元，其中国有企业资本金注入15900万元，解决历史遗留问题及企业改制支出2714万元（包括独生子女奖励、遗属补助、军转干部工资等支出），解决其他历史遗留问题支出1385万元。

4. 社会保险基金预算

2021年，承德市本级社保基金预算总收入31.29亿元、增长24.3%；总支出29.13亿元、增长1.1%。年度收支结余2.16亿元，年末滚存结余21.9亿元（因企业养老保险从2020起实行省级统筹，2021年预算由省本级负责具体编制，市本级不作安排）。

（1）机关事业养老保险基金收支情况。2021年机关事业养老保险基金预算总收入10.61亿元、增长30.1%；总支出10.24亿元、增长16.2%。年度收支结余0.37亿元，年末滚存结余2.06亿元。

（2）职工医疗保险基金（含生育保险）收支情况。2021年职工医保基金预算总收入10.38亿元、增长6.6%；总支出10.51亿元、增长6.1%。年度收支结余-0.13亿元，年末滚存结余10.69亿元。

（3）城乡居民基本医疗保险基金收支情况。2021年城乡居民医保基金预算总收入4.36亿元、增长15.5%；总支出2.89亿元、下降18.8%。年度收支结余1.47亿元，年末滚存结余6.14亿元。

（4）工伤保险基金收支情况。根据省财政厅有关文件要求，从2021年起工伤保险由省级统筹。预计 2021年全市工伤保险基金预算总收入4.61亿元、增长75.7%；总支出4.61亿元、下降0.9%。年度收支结余43.6万元，年末滚存结余43.6万元。

（5）失业保险基金收支情况。我市失业保险由市级统筹，2021年全市失业保险基金预算总收入1.33亿元、增长52.1%；总支出0.89亿元、下降51%。年度收支结余0.44亿元，年末滚存结余3.01亿元。

（四）高新区2020年预算执行情况与2021年预算草案

1.2020年预算执行情况

2020年，高新区一般公共预算收入完成87533万元，占预算的94.2%，同比增长0.3%，其中税收收入完成74260万元，占一般公共预算收入的84.8%，同比增长9.4%。政府性基金预算收入完成154890万元，占调整预算的103.3%，同比下降22.2%。社保基金预算收入完成10736万元，占预算的61.7%，同比下降32.1%。

高新区一般公共预算支出完成85639万元，占调整预算的97.3%，同比下降12.2%。政府性基金预算支出完成115358万元，占调整预算的84.8%，同比下降36.1%。社保基金预算支出完成21344万元，占预算的101.7%，同比增长43.6%。

2.2021年预算草案

按照《河北省预算审查监督条例》第三十七条“各级政府设立的各类开发区应当编制预算，并编入市级政府预算，报本级人民代表大会审查批准，接受本级人民代表大会及其常委会的监督”要求，高新区编制了2021年预算草案，同时提请市十四届人民代表大会第六次会议审议。

（1）一般公共预算安排。2021年高新区一般公共预算收入安排91910万元，同比增长5%，加上上级补助收入、调入资金等89416万元，收入总计181326万元。

支出预算安排112067万元，加上上解支出、债务还本支出等69259万元，支出总计181326万元。年度预算收支安排平衡。

（2）政府性基金预算安排。收入预算安排305000万元，主要包括国有土地收益基金收入10000万元，国有土地使用权出让收入290000万元、城市基础设施配套费收入5000万元，加上债务转贷收入62000万元，收入总计367000万元。

支出预算安排206325万元，主要包括高新区高铁商圈整体提升PPP项目付费31405万元、四季度假滑雪小镇PPP项目680万元、偿还2021年到期政府债券利息及支付发行费支出21650万元，加上上解支出、调出资金、债务还本支出等160675万元，支出总计367000万元。年度预算收支安排平衡。

（3）国有资本经营预算。收入预算安排40700万元，全部为创元集团上缴产权转让收入40700万元。支出预算安排40700万元，其中创元集团资本金注入16000万元、其他国有资本经营预算支出24700万元。年度预算收支安排平衡。

（4）社会保险基金预算安排。收入预算安排4771万元、下降72.6%。支出预算安排5845万元、下降72.1%。年度收支结余 -1074万元，年末滚存结余19178万元（因企业养老保险从2020年起实行省级统筹，2021年预算由省本级负责编制，区本级未作安排）。

（五）御道口牧场管理区2020年预算执行情况与2021年预算草案

1.2020年预算执行情况

2020年，一般公共预算收入完成5091万元，占预算的115.2%，同比增长63.6%。一般公共预算支出完成13518万元，占调整预算的100%，同比增长24.2%。政府性基金预算收入完成20843万元，政府性基金预算支出完成20843万元。

2.2021年预算草案

按照《河北省预算审查监督条例》第三十七条“各级政府设立的各类开发区应当编制预算，并编入市级政府预算，报本级人民代表大会审查批准，接受本级人民代表大会及其常委会的监督”要求，御道口牧场管理区编制了2021年预算草案，同时提请市十四届人民代表大会第六次会议审议。

（1）一般公共预算安排。2021年御道口牧场管理区一般公共预算收入安排5500万元，同比增长8%，加上上级补助收入8424万元，收入总计13924万元。支出预算安排13924万元。年度预算收支安排平衡。

（2）政府性基金预算安排。收入预算安排9449万元，主要包括国有土地收益基金收入300万元、农业土地开发资金收入519万元、国有土地使用权出让收入8530万元、城市基础设施配套费收入100万元，加上上级补助收入26500万元，收入总计35949万元。

支出预算安排35949万元，主要包括国有土地使用权出让收入安排的支出7200万元、2021年农业产业引导资金溢价款439万元、用于体育事业的彩票公益金支出26500万元、偿还2021年到期政府债券利息及支付发行费支出717万元、其他支出1093万元。年度预算收支安排平衡。

三、2021年预算执行重点工作

2021年，我们将围绕上述预算安排，以开展“三重四创五优化”活动为抓手，重点抓好以下六方面工作，确保完成全年预算任务。

（一）抓好疫情防控，保障群众身体健康。坚持把疫情防控作为首要政治任务牢牢抓在手上，慎终如始抓紧抓实抓细各项防控工作，为打赢疫情防控主动战攻坚战贡献“财政力量”。一是根据疫情态势和防控需要，千方百计筹集资金，按照“急事急办、特事特办”的原则，畅通资金支付业务“绿色通道”，持续提高疫情防控资金拨付时效，确保资金及时、足额、安全拨付到位，确保不因资金问题而影响医疗救助和疫情防控。二是最大限度简化政府采购流程，对使用财政性资金采购疫情防控相关货物、工程和服务的，以满足疫情防控工作需要为首要目标，建立采购“绿色通道”。督促各采购单位建立健全紧急采购内控机制，既确保采购时效，又保证采购质量，提高采购资金使用效益。三是加强疫情防控财政资金监管，督促指导相关部门规范疫情防控资金财务管理和会计核算，对涉及违法违纪问题，及时移交有关部门处理，切实保障资金使用安全合规有效。

（二）抓好预算执行，增强财政保障能力。 一是充分发挥综合治税平台作用，持续强化税源动态分析，落实好财税部门协调联动机制，盯紧房地产、矿山冶金、建筑业等重点行业，深入开展综合治税专项清理行动,并探索创新挖潜增收、堵塞漏洞体制机制，确保依法征收、应收尽收，着力提升财政综合实力。二是及时深入分析研判国家、省宏观经济政策走向，协同有关部门加大跑省进厅、跑部进京力度，争取上级更多政策、资金、试点支持，特别是打破地域部门限制，探索建立跨地区项目组合申报机制，提高争取竞争力。同时，采取发函、通报等方式加快支出进度，压实部门预算执行主体责任，督促项目建设单位加快施工进度，尽快形成实物工作量，确保资金到位后具备资金拨付条件。三是加大一般公共预算、政府性基金预算、国有资本经营预算、社会保险基金预算“四本预算”有效衔接，切实打通政府预算、资产、债务管理链条，推动收支实行“一个盘子”管理，做到先有预算、后有支出、无预算不支出，并加快建设项目支出标准化体系，提高支出质效。四是带头树牢过“紧日子”思想，大幅压减“三公经费”、非刚性、非重点项目支出，从严控制新增项目支出，坚决取消不必要的项目支出，原则上不开新的支出口子，坚决把该压的压下来，该减的减下去，挤出更多资金用于重点领域，确保“三公经费”只减不增。

（三）抓好政策运用，助推经济高质量发展。 一是充分发挥财政逆周期调节作用，加强财政资金统筹平衡，克服财政收支紧平衡压力，继续保持一定的财政支出强度，促进积极的财政政策提质增效，巩固提升经济社会发展“基本盘”。二要深入实施新财源建设工程，充分发挥国控、国投以及政府性融资担保集团作用，构建多元化投融资机制，推动有效市场和有为政府更好结合，支持“64158”工程，做大做强“3+3”主导产业和县域“1+2”特色产业，增强产业链供应链自主可控能力，构建一批新的财源增长点。三是充分发挥政府投资撬动作用，规范运作 PPP 模式，鼓励支持民间投资与政府投资、信贷资金等协同联动，支持实施扩大内需战略、创新型承德建设、“两新一重”等部署落实，推动加快构建新发展格局。四是不折不扣落实国家省减税降费政策，巩固提升省立涉企行政事业性“零收费”成果，动态公开减税降费政策和政府性基金、行政事业性收费目录清单，坚决把该减的税减到位、该降的费降到位，持续激发实体经济发展活力。

（四）抓好改革落地，健全现代财政制度。 一是强化预算约束和绩效管理，带头树牢“花钱必问效、低效必问责”理念，将预算绩效管理贯穿财政资金使用全过程，严格落实预算执行和预算绩效“双监控”工作机制，不断提高财政资源配置效率和使用效益。二是对接国家省财政事权和支出责任划分改革，研究制定市以下财政事权和支出责任划分改革，形成稳定的事权、支出责任和财力相适应的制度，增强基层公共服务保障能力。三是深入推进行政事业单位国有资产管理改革，分类分批将优质资产注入市属国有企业集团运营，并履行好国有金融资本出资人职责，推进国有金融机构治理现代化，做强做优做大国有资本,防止国有资产流失。四要持续推进增值税、消费税、资源税，以及财政投资评审、政府采购、财政电子票据管理等改革，进一步创新突破、对标争先，不断将财政改革推向前进，激发财政内生动力。

（五）抓好风险管控，坚决守住安全底线。 一是严格执行“一案一会两函一报告”债务管控机制，探索建立债券项目协调联动、项目库滚动循环机制，强化专项债券及项目全生命周期风险管理，确保法定限额内政府债务不出任何风险，坚决杜绝通过新增隐性债务上新项目、铺新摊子。二是严格落实财政暂付款消化方案，实行“清单制 + 责任制 + 台账制”管理模式，做到“处置一笔、销号一笔”，确保消化锁定 2018 年暂付款余额的 40%，新增的不超过一般公共预算和政府基金预算支出之和的5%。三是兜牢“保工资、保运转、保基本民生”底线，认真落实月报告和“重点关注名单”制度，健全市区两级工资共管机制，并分清轻重缓急，合理安排财政支出，确保国家省定工资、民生政策落到实处。四是坚定不移依法理财，认真贯彻落实预算法及预算法实施条例等法律规章，增强红线和高压线意识，强化内控制度建设，充分发挥财会监督职能，严格财政资金使用管理，不断提升依法行政、依法理财水平。

（六）抓好民生保障，办好惠民利民实事。持续加大民生领域资金投入，让人民群众有更多、更直接、更实在的获得感、幸福感。一是围绕民心工程和民生实事常态化、制度化，精准落实各项民生财政保障措施，在巩固提升全面小康社会发展成果基础上，进一步筑牢基本民生安全网，全面推进教育、医疗、社保、养老等社会事业全面健康发展。二是健全财政巩固提升脱贫攻坚成果长效机制，并加快建立脱贫攻坚与乡村振兴相衔接的财政优先保障、金融重点倾斜、社会积极参与的多元化投入机制，促进农业全面升级、农村全面进步、农民全面发展。三是以推动“两区”建设为抓手，支持打好蓝天、碧水、净土保卫战，持续深化滦河、潮河上下游横向生态补偿机制，建立省内滦河流域横向生态补偿机制，保障生态环境质量持续改善。四是积极助推新型城镇化和城乡融合发展，促进城乡基本公共服务均等化，加快补齐短板，不断提升人民群众的获得感、幸福感、安全感。

各位代表，做好2021年财政工作艰巨而繁重，我们将在市委坚强领导和市人大监督下，以“开局就是决战，起步就要冲刺”的奋斗姿态，务实重干、克难攻坚，全面落实市十四届六次全会决议和要求，努力完成各项目标任务，为谱写新时代生态强市、魅力承德新篇章做出新的更大贡献，以优异成绩庆祝建党100周年！

承德市中级人民法院工作报告

——在承德市第十四届
人民代表大会第六次会议上
2021 年 1 月 27 日

承德市中级人民法院院长　刘福明

各位代表：

现在，我代表市中级人民法院向大会报告工作，请予审议，并请市政协各位委员和其他列席同志提出意见。

2020 年工作回顾

2020 年，全市法院在市委的坚强领导下，市人大及其常委会的有力监督下，市政府、市政协及社会各界的大力支持下，坚持以习近平新时代中国特色社会主义思想为指导，紧扣“司法为民、公正司法”主线，抓班子、带队伍，强审判、促发展，积极推进各项工作开展，取得突出成绩，得到各级领导同志多次批示肯定。市中院被省委、省政府评选为“省级文明单位”。全市法院先后涌现出了市中院未成年人案件综合审判庭、宽城县法院峪耳崖法庭等全国法院先进集体，市中院李胜利、承德县法院王玉杰、兴隆县法院王冰等全国法院先进个人。司法宣传、司法调研工作被最高院表彰。全市法院共受理各类案件 81749 件，同比下降 13.61%，审执结 79110 件，结案率 96.77%，同比上升 1.43 个百分点。其中，市中院共受理各类案件 7176 件，同比下降 12.36%，审执结 7050 件，结案率 98.24%，同比上升 0.45 个百分点。全市法院结案率和服判息诉率在全省位居前列。

一、提高政治站位，着力维护社会稳定

一是依法维护国家政治安全。坚持总体国家安全观，全市法院共受理各类刑事案件 3224 件，审结 3112 件，判处罪犯 4857 人。其中，市中院受理 388 件，审结 377 件，判处罪犯 925 人。依法严厉打击“法轮功”等邪教组织渗透破坏活动。共审结涉邪教性质案件 9 件，判处罪犯 26 人。依法审结王某某等 13 人利用邪教组织破坏法律实施案。扎实推进反腐败斗争。依法审结国家开发银行原董事长胡怀邦，河北省残疾人联合会原党组成员、副理事长李国忠等受贿案，得到最高院和省法院的充分肯定。

二是依法维护社会和谐稳定。纵深推进扫黑除恶专项斗争。坚持“打伞破网”与“打财断血”并重，扎实开展“案件清结”和“黑财清底”等工作。全市法院共依法审结涉黑恶案件 115 件，判处罪犯 903 人，清理涉黑恶财产 11729.28 万元，对 9 起涉黑恶案件 119 人集中公开宣判。平泉市法院执行局因黑财清底工作成绩突出被评为全国扫黑除恶专项斗争先进集体。市中院刑二庭被省法院工作嘉奖。依法保障人民群众财产安全。依法审理了参与人员多、集资数额大、影响范围广的“百合贷”“北极泉”等案件，主动作为，勇于担当，最大限度挽回人民群众的实际损失，消除社会影响。认真做好信访维稳工作。扎实开展“最多访一次”活动和信访积案“清仓见底”行动，全市接待涉诉信访案件 287 件，同比减少 54.37%。全国“两会”等重大敏感时期全

市法院未发生一起进京上访。市中院立案二庭被省法院荣记集体二等功。承德法院信访工作，被最高院作为典型经验在全国法院交流。

三是积极参与社会综合治理。坚持把非诉讼纠纷解决机制挺在前面，强化诉源治理，有效整合力量，加大矛盾纠纷化解力度。推动将“万人成讼率”纳入平安建设考核指标，助力“无讼乡镇（村）”创建。全市法院特色人民法庭共调解纠纷6336件，移送3058件，司法确认670件。全市共创建无诉讼村488个，占全市行政村总数的20.76%。一审民事新收案件同比减少19.29%，诉源治理取得积极成效。隆化县法院依托特色人民法庭大力开展司法确认工作，得到省法院肯定。强化行政争议实质化解决。坚持支持与保护并重，建立实施行政争议案件快审快判和败诉案件通报机制。全市行政争议化解中心全部挂牌成立并有效运行，成功化解行政争议案件118件。全市法院共受理行政案件945件，同比下降19.09%，审结851件，结案率90.05%。加强司法大数据建设，依托智慧法院系统，首次形成《2019年承德经济社会司法指数大数据分析研究》，服务全市经济社会发展科学决策，引起市委、市政府主要领导关注，并给予批示肯定。落实“谁执法谁普法”。把社会主义核心价值观融入司法审判，以案说法、以案释法，采取微视频、微电影等形式，讲好法治故事，传递法治声音。在全国法院“第七届微电影微视频金法槌奖”评选中，承德法院有3部作品入选，全省法院最多。

二、积极主动作为，着力推进经济发展

一是精准保障经济发展。围绕“三区一城”发展定位和“1266”发展战略，聚焦“三大攻坚战”和“创新示范区”建设，分解细化服务保障举措，增强服务保障工作精准度。研究制定具体举措，加强企业和企业家合法权益保护，统筹推进疫情防控和复工复产。扎实开展“深入学习贯彻党的十九届五中全会精神，共谋高铁时代高质量发展”大讨论，整合高新区人民法庭，助力承德南部新城建设。全市法院共受理各类商事案件14435件，审结14156件，结案率98.07%，调撤率53.98%，位居全省法院第1名。双桥区法院强化责任担当，依法保障承德高铁等市重点项目建设。滦平县法院依法妥善化解饮马川企业系列纠纷案件，促进潮河上游滦平段生态环境整治。双滦区法院平稳推进滨河湾项目纠纷等涉众型案件，努力维护全区全市稳定。营子区法院依法审结一起以售卖口罩为名的网络诈骗案，着力维护疫情防控秩序。

二是助力生态环境建设。与市检察院、公安局、环保局等7部门联合进行环境司法执法，开展打击大气污染犯罪专项活动。出台《关于充分发挥环境资源审判职能作用为新时代“生态强市、魅力承德”建设提供强有力司法服务和保障的意见》，助力打赢蓝天、碧水、净土保卫战。全市法院共审结一、二审涉环境资源类案件160件，其中，审结破坏农用地、滥伐林木、非法采矿等涉环境资源类犯罪133件，判处罪犯280人。严格管控缓刑适用，实刑率79.29%。判处罚金和生态修复金1100余万元。审结涉环境资源类民事、行政案件49件，公益诉讼案件10件。依法指导推进省环保厅与某公司达成生态损害赔偿协议。宽城县法院依法审结佟某等9人在承德、秦皇岛、辽宁绥中等地非法倾倒废酸的环境污染案件。

三是加大产权保护力度。加强各类市场主体平等保护，依法审慎采取查封、扣押等强制措施，为企业发展留足空间，帮助企业渡过难关。共执结党政机关、国有企业拖欠民营企业、中小企业案件28件，执行到位金额3356.79万元。对暂时经营困难，但具发展潜力和经营价值的企业，综合运用重整、和解等手段，盘活企业资产，激发企业再生动力，努力做到“审理一个案件，救活一个企业”。承德县法院依法裁定批准承德县泰森矿业有限公司重整计划，使停产3年多的企业获得新生。建立府院联动机制，大力推进“执

转破”工作，加快“僵尸企业”市场出清。

四是护航企业创新发展。出台《关于加强知识产权审判领域改革创新若干问题的实施细则》，着力破解知识产权类案件“举证难、赔偿低、周期长”问题。推广类型化知识产权案件快审机制，实施知识产权民事、行政和刑事案件“三合一”审判模式，着力提高知识产权司法保护效能。依法审结侵犯著作权、信息网络传播权、注册商标专用权等案件71件，保护企业创新发展。成功化解以“六神”花露水为代表的系列知识产权案件，维护了知识产权权利人的合法权益。

三、践行为民宗旨，着力保障民生福祉

一是构建现代化诉讼服务体系。加快一站式多元解纷和诉讼服务体系建设，深化“分调裁审”改革，将多元解纷、速裁快审、繁简分流、审判辅助等事务全部纳入诉讼服务中心，推动实现诉讼事项“一站式”办理，线上线下融合，诉讼事务一次办一次成。“一站式”建设质效在全省一直名列前茅。围场县法院将巡回审判融入“一站式”建设，丰宁县法院建立类型化专业化调解平台，兴隆县法院深化“1 + 4 + 15”多元诉前调解模式，提升了“一站式”诉讼服务水平。

二是维护人民群众合法权益。全市法院共受理各类民事案件25257件，审结24461件。其中，受理婚姻家庭、教育、医疗、社会保障等涉民生案件10657件，审结10409件。与市总工会、人力资源和社会保障局、律师协会等联合开展劳动争议纠纷诉调对接工作，推进劳动争议化解。各部门合力成功调解43起历史遗留问题复杂、涉及部门多、时间跨度大的劳动争议系列案件，收到良好效果。与市公安局、司法局、保险协会等联合推进“道交一体化”改革。全市“道交一体化”调解中心共接收案件614余件，调解成功率78%，达成调解总金额2679.35万元。

三是兑现对人民的司法承诺。努力推进全面解决执行难，综合运用网络查控、开展专项执行行动、规范执行行为等举措，强化执行效果。全市法院共受理执行案件32099件，执结30831件，实际执行到位金额41.87亿元。其中，执结涉农民工工资案件872件，执行到位金额1亿余元。扎实开展长期未结执行案件清理活动，共清理长期未结案件798件，长期未结案件大幅减少。加强司法救助工作。全市法院共发放司法救助款500万元，减缓免诉讼费517.38万元，让打赢官司特困当事人的合法权益得到及时兑现。

四、狠抓执法办案，着力增强法治本领

一是强化管理提升质效。扎实开展“案件质量年”活动，完善审判质效类型化考核和绩效奖金管理使用办法，加大评查通报和督办问责力度，狠抓案件质量提升。在省委政法委组织的全省政法系统案件评查中，承德法院案件瑕疵率全省最低。扎实开展“精品文书、精品庭审、精品案件”培树活动，在全省法院评选的20篇精品文书和20场精品庭审中，承德法院有3篇精品文书和3场精品庭审入选，位居全省法院首位。扎实开展虚假诉讼专项治理。全面甄别排查，重点整治与“套路贷”违法犯罪活动相关联的虚假诉讼案件，全市法院共甄别“套路贷”案件120件，排查涉黑恶成员“套路贷”案件9件73人。

二是深化改革推进发展。深化司法责任制综合配套改革，严把员额法官入口，畅通出口。全市法院新入员额法官48名，退出26名。出台《关于进一步加强院、庭长监督管理的实施细则》，强化院庭长监管。成立法官权益保障委员会，强化法官履职保障。通过社会购买服务和过渡性招录等方式补充司法辅助人员73名，充实司法辅助人员队伍。强化小额诉讼、简易程序适用，全市法院简易程序适用率85.24%，位于全省法院第3位。深化刑事诉讼制度改革。全市法院依法改判刑事案件50件，判处无罪3人。依法判处认罪认罚从宽案件2438件，占结案数的88.12%。积极推进司法辅助事务集约化、社会化、信息化管理。

三是智慧司法增加效能。强化电子诉讼平

台、执行指挥综合管理平台、移动微法院和刑事三方远程庭审等信息化平台深度应用，着力开展跨域立案、远程立案、云端调解、网上开庭、线上执行等工作。全市法院网上立案28494件、网上缴费17451件、网上送达19819件、网上调解17034件、网上开庭2144件、网上查控21547件。扎实开展司法公开，增强司法工作透明度。全市法院庭审公开直播率37.81%、裁判文书公开率116.18%、审判流程公开率100%，均位居全省法院前列。

五、全面从严治院，着力加强队伍建设

一是抓党建带队建。实施理论强基工程。坚持把政治建设摆在首位，深入学习习近平新时代中国特色社会主义思想，学习和践行习近平法治思想以及《中国共产党政法工作条例》，认真开展“两个坚持”专题教育，有效利用理论中心组学习研讨、党支部理论学习以及借助专家授课、学习强国平台、网络课堂等载体，加强政治理论学习，在思想上政治上行动上同以习近平同志为核心的党中央保持高度一致，坚定党的领导，确保法院正确政治方向。加强意识形态工作，坚决摒弃“司法独立”、“三权分立”等错误思潮影响，坚守中国特色社会主义司法阵地。开展特色党建活动。扎实开展“党支部规范化建设年”、“机关学习分享”、“六优同创”等活动，推行“党员先锋指数”积分制管理，发挥党支部战斗堡垒和党员先锋模范作用。组建党员志愿者先锋队，累计派出干警1063人次，深入双桥区新园社区参加一线新冠肺炎疫情防控，得到一致好评。打造党建工作品牌。新建党建长廊、扩建党建活动室，市中院被市直工委评为“党建工作示范单位”。

二是抓素质提能力。加强干部队伍培养。通过深入开展调研，建立全市法院年轻干部人才库，为法院发展积蓄力量。出台《关于加强年轻干部基层锻炼的意见》。坚持从优待警，不断强化队伍职业保障。市中院机关全年共调整提拔正科级领导干部12人，择优选升三级高级法官10人，按期晋升四级高级以下法官7人（包括高级法官助理、高级警长）；晋升二级调研员6人，三、四级调研员5人。加强业务知识培训。扎实开展民法典等业务培训，夯实司法根基，提高司法能力。加强职业道德培育。深入开展“假如我是当事人，假如我家有官司”换位思考大讨论，激发为民服务热情，增强司法为民本领，提升人民群众满意度和司法公信力。

三是抓廉政守公正。坚持从严教育。压实全面从严治党政治责任和党风廉政建设主体责任，认真开展“三个以”警示教育，督促落实“一岗双责”，全市法院通报4起违纪违法典型案例，以身边事教育身边人。坚持从严监督。借助信访举报、司法巡查、审务督察、案件评查等方式，深入查找队伍突出问题，督促整改。坚持从严问责。紧盯重点人员、重点岗位，加大问题线索核查追责力度，全市法院共受理问题线索109件，通报批评18人，查处14人。

四是抓作风树形象。以“四型”创建为依托，认真执行中央八项规定，聚焦“六难三案”，扎实开展“三个规定”和作风纪律专项整治，会风会纪、执行案款和聘用制书记员管理专项督察，对3个法院进行司法巡查，8个法院进行审务督察，实现全市法院司法巡查和审务督察全覆盖，着力推进干警学风、会风、作风的转变。

一年来，全市法院不断强化接受监督意识，自觉主动将法院工作置于人大及社会各界的监督之下。积极开展邀请人大代表、政协委员旁听庭审和见证执行活动，积极配合市人大常委会开展刑事审判专项视察以及员额法官评议等活动。坚持人大代表联络和登门走访制度，认真办理代表、委员意见建议提案，通过多种形式向代表、委员汇报全市法院工作。同时，自觉接受政协民主监督、检察机关法律监督、新闻媒体舆论监督和广大人民群众社会监督，及时回应社会各界司法关切。

各位代表，全市法院工作所取得的成绩，离

不开市委的坚强领导，离不开市人大及其常委会的有力监督，离不开市政府、市政协和社会各界的大力支持。在此，我代表全市法院表示衷心地感谢！

同时，我们也清醒地看到法院工作中还存在一些问题，一是服务大局意识和能力有待进一步增强。个别案件“三个效果”还不够统一；二是司法责任制综合配套改革推进力度有待进一步加大。改革效能发挥还不够充分；三是队伍教育管理工作有待进一步加强。群众对司法作风的反映仍比较强烈。对于上述问题，我们将予以高度重视，认真加以整改。

2021年工作任务

各位代表，2021年，全市法院基本工作思路是，坚持以习近平新时代中国特色社会主义思想为指导，认真贯彻落实中共十九大和十九届二中、三中、四中、五中全会，中央政法工作会议以及市委十四届八次、九次全会精神，认真落实中央和省、市委以及上级法院的决策部署，全面贯彻习近平法治思想，立足新发展阶段，坚持新发展理念，构建新发展格局，紧扣推动高质量发展主题，坚持服务大局、司法为民、公正司法，深化司法体制改革和智慧法院建设，全面锻造过硬队伍，不断开拓全市法院工作新局面，为“高铁时代高质量发展”和新时代“生态强市、魅力承德”建设作出新的更大贡献。

一要在服务保障发展大局上展现新作为。坚持总体国家安全观，巩固深化扫黑除恶专项斗争成果，推动构建大安全格局。坚持围绕中心、服务大局，着眼“三区一城”发展定位和“1266”发展战略，统筹发展和安全两件大事，依法服务保障经济社会高质量发展，努力让经济更安全、社会更安定、人民更安宁。强化人民法庭建设，有效服务全面推进乡村振兴和基层社会治理。坚持以习近平法治思想为引领，切实加强法治建设，维护社会公平正义，着力推进法治承德建设进程。

二要在落实以人民为中心发展理念上推出新举措。实施宣传好《中华人民共和国民法典》，准确把握《中华人民共和国民法典》核心要义，大力践行和弘扬社会主义核心价值观。深入推进一站式多元解纷和诉讼服务体系建设，坚持和发展新时代“枫桥经验”，深化便民服务举措。加强民生司法保护，综合运用司法手段，解决好人民群众关注的难点堵点痛点问题。

三要在提升公正司法能力上取得新成效。严格公正司法，狠抓执法办案第一要务，进一步提升审判执行质效。深化司法责任制综合配套改革，注重系统观念，坚持问题导向、目标导向，进一步落实各项改革任务。深化智慧法院建设，整合优化信息系统，强化平台应用，进一步推进审判体系和审判能力现代化。

四要在加强干警队伍建设上实现新跨越。深入开展“四型”创建活动，着眼德才兼备的高素质法院队伍建设，围绕中心抓党建、抓好党建促审判，涵养干警忠诚干净担当的政治品性，提升干警政治判断力、政治领悟力、政治执行力。加强专业化能力建设，完善高层次审判人才培养机制。坚持全面从严治党、从严治院、从严管理，深入开展队伍教育整顿，以更严标准、更高要求加强法院队伍管理，以零容忍的态度严惩司法腐败，确保公正廉洁司法。

各位代表，全市法院将坚持以习近平新时代中国特色社会主义思想为指导，全面贯彻落实习近平法治思想，担当作为、积极有为、奋力而为，不断开拓全市法院工作新局面，努力为新时代“生态强市、魅力承德”建设作出新的更大贡献！

承德市人民检察院工作报告

——在承德市第十四届
人民代表大会第六次会议上
2021 年 1 月 27 日

承德市人民检察院检察长　白振平

各位代表：

现在，我代表市人民检察院向大会报告工作，请予审议，并请各位政协委员和其他列席人员提出意见。

2020 年主要工作

2020 年，全市检察机关以习近平新时代中国特色社会主义思想为指导，坚决贯彻市委决战决胜全面建成小康社会的决策部署，认真落实市十四届人大五次会议决议，坚持把增强“四个意识”、坚定“四个自信”、做到“两个维护”作为检察工作的灵魂贯彻始终，全力把深化主题教育、开展“四型”创建的激情，转化为忠诚履职的扎实行动，讲政治、顾大局、谋发展、重自强，推动各项工作取得新的成效。

一、保安全促发展，全力为中心大局服务

坚持在保障发展与安全中展现检察担当，积极投入新时代平安承德、法治承德建设，用精准服务为全市高质量发展保驾护航。

助力疫情防控和“六稳”“六保”。把打赢疫情防控阻击战作为重大政治任务，全体干警闻令而动、逆风而行，下沉社区开展治安管控、入户排查等工作 6300 余人次。制定落实《疫情防控期间打击违法犯罪工作方案》，建立涉疫情案件快速反应、报备、指导机制，依法从快批捕 20 人，从严起诉 23 人。强化疫情源头防控，办理医疗废物处理、野生动物保护等涉疫公益诉讼 19 件。制定落实《深化专项工作服务保障“六稳”“六保”实施意见》，依法严惩危害复工复产秩序犯罪 5 件。

坚决维护国家政治安全和社会稳定。制定落实维护政治安全、推进平安建设、加强社会治理等指导性文件，批捕各类刑事犯罪 1947 人，起诉 4492 人。把维护国家政治安全作为头等大事，依法严惩邪教组织犯罪 22 人；以市人大常委会视察职务犯罪检察工作为契机，深化监检衔接，对监委移送案件起诉 41 人，依法办理国家开发银行原党委书记、董事长胡怀邦受贿案等一批重大交办案件，7 件案件获评全省职务犯罪检察精品案件。全力保障社会大局稳定，批捕涉枪涉爆等危害公共安全犯罪 166 人，起诉 1084 人；批捕故意杀人、抢劫、盗窃等侵犯公民人身财产权益犯罪 785 人，起诉 1391 人，提前介入重大案件 69 件。深入践行新时代“枫桥经验”，稳妥处理群众来信来访 811 件次，实现涉检进京零上访。

全力打好扫黑除恶专项斗争收官战。严格推进“六清”行动，对 44 件 427 人黑恶犯罪全部提起公诉，吴振兴、王海军等一批民愤极大的黑恶团伙受到严惩。坚守法治底线，不拔高、不凑数、不放过，依法追加认定 37 件、不认定 11 件，追捕追诉 62 人、不捕不诉 25 人。坚持“破网打伞”、“打财断血”，移送“保护伞”等线索 71 件，

提出财产处置意见17件，追缴涉案财产979万元。坚持深挖根治、长效常治，制定落实《关于扫黑除恶斗争常态化机制的意见》，制发推进源头治理的检察建议104件。

主动服务打好“三大攻坚战”。推动落实最高检“三号检察建议”，起诉非法吸收公众存款、集资诈骗、洗钱等金融领域犯罪232人，涉案金额104亿元，协助追赃挽损2.88亿元。坚决惩治扶贫领域腐败犯罪，隆化县检察院办理的方某某挪用公款、滥用职权案，入选最高检扶贫领域职务犯罪五大典型案例；以司法救助服务脱贫攻坚，向32名因案致贫群众发放司法救助金83.5万元；两级院帮扶的15个贫困村全部脱贫摘帽。主动融入生态强市建设，起诉破坏环境资源犯罪277人，办理环保公益诉讼357件，提出污染防治检察建议193件，督促治理受污染土地、林地、水域7.1万亩，清除固体废物2.4万吨，平泉市检察院办理的赵某某等4人污染环境案，入选最高检服务保障打好污染防治攻坚战四大典型案例。

依法平等保护民营经济健康发展。制定落实《关于发挥刑事检察职能服务和保障民营经济健康发展的意见》，开通服务民营企业绿色通道；起诉欺行霸市、强揽工程等破坏公平竞争犯罪52人；起诉涉民营企业职务侵占、内部盗窃等犯罪40人，为企业追赃挽损150万元；起诉生产假冒“山庄老酒”等侵犯民营企业知识产权犯罪9人；起诉合同诈骗、强迫交易等扰乱市场秩序犯罪109人。依法审慎办理民营企业和民营企业家涉嫌犯罪案件，组织开展清理“挂案”专项活动，不捕不诉17人。服务民营经济做法得到省人大常委会副主任、承德市委书记周仲明等领导批示肯定。

二、守初心担使命，全力做好检察为民实事

坚持以人民为中心的司法办案理念，积极推动解决群众反映强烈的突出问题，不断增强人民群众获得感、幸福感、安全感。

坚决打击侵害民生犯罪。精心守护舌尖安全，深入落实“四个最严”要求，依法严惩危害食品药品安全违法犯罪，批捕30人，起诉90人，公益诉讼立案86件。倾力护好百姓“钱袋子”，严厉打击电信网络诈骗、传销、“套路贷”等犯罪，批捕212人，起诉345人。坚决遏制涉民生犯罪从网下向网上蔓延势头，加大惩治利用网络实施的买卖公民个人信息、赌博等犯罪力度，起诉98人。切实保障人民群众“脚下的安全”，推动落实最高检“四号检察建议”，督促整改问题管井、消除窨井盖安全隐患235件。

依法保障特殊群体合法权益。持续推动落实最高检“一号检察建议”，严惩侵害未成年人犯罪，批捕98人，起诉175人，市检察院办理的孙某某强奸案，入选河北省第五届维护妇女儿童合法权益十大典型案例。与市县团委会签未检工作社会支持体系框架协议，与民政部门建立“司法救助+民政救助”模式，大力推行未成年人被侵害强制报告等制度，开通全省首条12355-4“检爱热线”，组织法治公开课98场，覆盖师生近5万人次。加强老年人合法权益司法保障，依法打击虐老、骗老等犯罪，批捕21人，起诉65人，监督纠正服刑人员违规领取基本养老金200人次。严惩侵害妇女、残疾人等群体权益犯罪，批捕88人，起诉118人。开展打击恶意拖欠农民工工资专项检察活动，起诉拒不支付劳动报酬犯罪10人，支持农民工起诉44件，帮助追讨工资30余万元。坚决维护国防利益和军人军属合法权益，开展法治宣传进军营活动，依法办理破坏军婚等涉军犯罪4人。

大力提升司法办案质效。深化繁简分流、轻重分离、快慢分道等机制，认罪认罚从宽制度适用率和量刑建议采纳率，分别达89.4%和81.9%，同比分别上升53和18个百分点，上诉率保持在4.5%以内。坚持以最少环节和最短时限办结案件，努力降低个“案”因程序多次流转产生的“件”数，延期审查和退回补充侦查较上年减少 21.6%,反映司法办案效果的“案－件比”下降至 1.38。邀请人大代表、政协委员、人民监督员、社区代表等参加公开听证活动，快速办结疑难案件 75 件，推动效率提升、公正提速。

不断加强检察公共服务。深入落实“群众来信件件有回复”制度，七日内程序性回复率达 100%。开展信访积案清理攻坚活动，化解“骨头案”18 件。深化 12309 检察服务中心建设，借助网上信访系统办理群众诉求 496 件。强化保障律师执业权利专项监督，优化升级在线服务系统，办理律师阅卷 1241 次。强化检务公开，发布案件信息 164 条，公开法律文书 2733 份，邀请人民监督员监督办案 59 件次。常态化开展“检察开放日”活动,面对面听取各界司法诉求 19 次。常态化开展送法下基层活动，做实检察官以案释法、以案普法工作，市检察院被评为全省“七五”普法先进集体。

三、抓主业强监督，全力推进“四大检察”全面协调充分发展

坚持公平正义价值追求，秉持客观公正立场，全面加强法律监督工作，积极向社会提供更实更优的检察产品。

强化刑事检察监督。组织开展毒品犯罪、危险驾驶犯罪等专项监督活动，对涉嫌犯罪的追捕追诉 243 人，监督立案 30 件；对不构成犯罪和证据不足的不捕不诉 970 人，监督撤案 19 件。纠正侦查活动违法 72 件，建议变更强制措施 49 人。提出刑事抗诉 15 件，已审结改判 6 件。完善“巡回＋派驻”机制，纠正刑事执行违法违规 700 余人次，其中纠正减刑、假释、暂予监外执行不当 162 人，纠正财产刑执行不当 233 件，促进执行结案 1192 万元，9 件案件获评全省刑事执行监督精品案件。立案侦查司法工作人员滥用职权等职务犯罪 4 人，实现刑诉法修订以来全市检察自侦工作“零的突破”。

强化民事检察监督。对生效民事裁判提请抗诉 16 件，提出抗诉和再审检察建议 27 件。对民事审判人员违法行为发出检察建议 67 件。对消极执行、选择性执行等违法行为发出检察建议 154 件。坚决维护司法权威，对不符合监督条件的案件释法息诉 179 件，起诉拒不执行判决裁定犯罪 6 件。开展涉虚假诉讼专项监督，立案整治“假官司”5 件，涉及资金 1 亿多元，丰宁县检察院办理的王某某等虚假诉讼监督案，被最高检编入指导性案例适用指引。

强化行政检察监督。主动融入依法治市进程，办理行政生效裁判监督案件 41 件，依法作出不支持监督决定 33 件，坚决维护行政公信力；对 1 件符合监督条件的提出再审检察建议，促进行政机关依法规范履职。对行政审判人员违法行为提出检察建议 26 件。对行政执行活动违法行为提出检察建议 39 件。开展自然资源领域非诉执行专项监督，提出检察建议 76 件。深化行政争议实质性化解专项活动，化解行政争议 23 件，营子区检察院办理的吕某某等 54 人与营子区医保局医保纠纷案，获评全省行政检察精品案件。

强化公益诉讼检察工作。努力当好公共利益的代表，公益诉讼立案 525 件，发出诉前检察建议 458 件，提起诉讼 49 件，督促追回各类资金 404 万元。开展水源地保护、长城保护等专项监督活动，提出检察建议 225 件，监督行政机关履职 359 件次，“1+2”工作机制在全省推广。与市生态环境局制定《检察公益诉讼与生态环境损害赔偿制度衔接实施意见》，督促索赔污染赔偿金 385 万元。召开承德、朝阳、赤峰三市检察公益诉讼交流会，推进“祖国北部绿水青山蓝天护航联合行动”，督促坝上风电场建设管理单位投入资金 1.47 亿元、补植复绿 22.5 万亩，《检察日报》头版头条进行了报道。

四、高标准严要求，全力打造过硬检察队伍

坚持把政治建设摆在首位，努力建设一支让党放心、让人民满意的检察铁军。检察队伍群众满意度提升到 85.7%,同比增加 4.7 个百分点，连续四年位居全省检察系统前两名。

强化政治引领。深入学习贯彻习近平总书记对政法工作的指示批示精神，大力推进“不忘初心、牢记使命”主题教育常态化制度化建设，迅速掀起学习贯彻党的十九届五中全会精神和习近平法治思想热潮，筑牢高举旗帜、听党指挥、忠诚使命的思想基础。坚持党对检察工作绝对领导，出台《市检察院党组工作细则》，向市委请示报告重大事项37件次。大力推进两级院党组织标准化规范化建设，以高质量党建引领队伍建设，“四型”创建经验被中政委《长安》杂志刊发。大力推进检察文化建设，充分发挥先进典型示范引领作用，6个集体、23名个人受到省级以上表彰。

提升专业素能。围绕高素质专业化要求，开展实训练兵110期3500余人次，新增“全省十佳公诉人”等省级业务人才17名，市检察院荣获全省检察机关民法典知识竞赛一等奖。推动入额领导干部直接办案2592件，检察长定期接待群众、主持公开听证、列席同级审委会实现全覆盖。聚焦办案质效，对237名员额检察官进行业绩考评，评查纠正不规范办案问题2120处。加强理论研究、经验总结和案例运用，完成最高检理论应用课题3个，5个案件入选最高检典型案例，30个案件入选全省检察精品案件。

严明纪律作风。制定落实《关于深化全面从严治党主体责任落实持续加强党风廉政建设的实施意见》，对3个基层院和市院1个内设机构进行系统内巡察，开展检察人员违规从事营利活动等6个专项整治，督促整改问题56个。自觉接受最高检、省检察院巡视，对照问题落实整改措施150项。严格执行“三个规定”，记录报告过问插手干预检察办案情况119条。自行和配合纪委监委处理违纪违法27人。

夯实基层基础。注重强基导向，组织开展“基层建设年”活动，制定落实《市院党组成员联系基层检察院工作办法》，启动18名基层院班子成员的推荐提拔、交流调整工作，为办案任务重的基层院招录检察人员89名。积极推进统一业务应用系统2.0、公益诉讼支持体系等智慧检务建设，高标准完成远程智能提讯系统等工程，检察信息化水平进一步提升。承德县检察院、宽城县检察院分别被评为“全国先进基层检察院”“全省先进基层检察院”。

各位代表，检察工作的点滴进步，离不开各级党委坚强领导、人大有力监督以及政府、政协大力支持，离不开各级监委和法院的配合与制约，离不开代表委员和各界人士的关心帮助。一年来，市县党委、人大、政府、政协主要领导对检察工作指示批示43次，各位代表委员提出意见建议260余条，为我们做好各项工作提供了强大动力。在此，我代表全市检察机关表示衷心的感谢！

同时，我们也清醒地认识到，检察工作还存在一些短板和不足。一是服务全市高质量发展的能力水平还不够高，与市委要求和人民群众的期待相比仍有差距。二是参与社会治理的实效性还不够强，依托司法办案推动解决突出社会问题做得还不到位。三是“四大检察”发展还不平衡，民事、行政检察相对薄弱，法律监督力度、质效有待提升。四是检察队伍建设仍然存在薄弱环节，检察人员违纪违法问题仍有发生。对此，我们将认真研究解决。

2021年工作安排

2021年，是中国共产党成立100周年，也是实施“十四五”规划、开启全面建设社会主义现代化国家新征程的第一年。全市检察机关将以习近平新时代中国特色社会主义思想为根本指引，深入贯彻习近平法治思想和党的十九届五中全会精神，全面履职担使命，以贯之促发展，转理念、抓落实、求极致，以高水平的监督办案为全市“十四五”开好局、起好步提供有力法治保障。

一是以更高站位护航承德高质量发展。深入贯彻落实市委十四届八次、九次全会精神，紧紧围绕“三区一城”发展定位、“1266”发展战略优化服务，围绕构建新发展格局、扶持民营经济、优化营商环境强化办案，围绕建设生态文明、构建现代产业体系、乡村振兴等重点深化监督，切实扛起保障高质量发展的政治责任。

二是以更大力度保障民生福祉。聚焦更高水平的平安承德建设，深度融入全市市域社会治理现代化进程，依法严厉打击危害政治安全犯罪，从严惩治侵害民生民利犯罪，持续办好涉疫情防控刑事案件，深入推进扫黑除恶常态化，积极做好地方换届选举法治保障，以实际行动和扎实成效筑牢首都政治“护城河”。

三是以更高标准增强法律监督效能。牢牢把握《民法典》实施有利契机，抓重点、补短板、强弱项，做实做好民事、行政、公益诉讼检察，做足做深重点领域、重点问题专项监督，健全完善执法司法监督配合体系，狠抓法律监督能力建设，以系统观念、法治思维、开放姿态充分发挥“四大检察”“十大业务”职能作用。

四是以更实举措提升检察履职能力。深学笃用习近平法治思想，倾力打造“四个工程”，把融为一体的政治和业务建设力推到位。强化从严治党、从严治检主体责任，深化以党建带队建促业务。以实战实用实效为导向，大力培养“检察工匠”，夯实基层基础。全面开展检察队伍教育整顿，彻底根治顽瘴痼疾。

各位代表，极不平凡的2020年已成过往，前进中的承德已快速驶入高铁新时代。承德检察人初心不改、使命不怠。我们将在市委和省检察院的坚强领导下，认真落实本次大会决议，以直面挑战的勇气、敢于担当的精神、奋发有为的干劲、务实管用的举措，为全面开启“生态强市、魅力承德”现代化建设新征程，作出新的更大的贡献，以优异成绩向党的100华诞献礼！

决胜脱贫攻坚的“承德答卷”

承德贫困面大、贫困程度深，是全国全省脱贫攻坚的主战场之一。党的十八大以来，在省委、省政府的坚强领导下，市委、市政府始终把脱贫攻坚作为重大政治任务和第一民生工程，以贫困不除愧对历史的责任担当、不获全胜绝不收兵的坚定意志，攻克了一个又一个贫中之贫、坚中之坚，高质量打赢脱贫攻坚战，向党和人民交出了一份满意答卷。截至2020年年底，全市45.6万建档立卡贫困人口全部脱贫，7个贫困县全部摘帽，936个贫困村全部出列，区域性整体贫困问题得到解决，完成了消除绝对贫困的艰巨任务，老百姓的日子过得更有甜头、更有奔头。

——**生产生活条件明显改善**。脱贫地区行路难、用电难、通信难、上学难、就医难、住房难、吃水难等问题得到历史性解决。新建改建农村公路5500多公里，完成农村电网改造项目2344个，所有行政村光纤宽带和4G网络全覆盖。深入实施乡村教育“三提两培”行动计划，全面落实“两免一补”“三免一助”等各项资助政策，持续推进控辍保学“七长”责任制和五级包保工作机制，贫困家庭义务教育阶段适龄儿童学生无因贫失学辍学，累计落实资助资金30亿元，受助学生1017万人次。实施医疗保障救助“632”模式，创新基层医疗能力提升“雨润工程”，落实先诊疗后付费、“一站式”即时结算等政策，乡村医疗卫生机构和人员空白点全部消除，村村有标准化卫生室，贫困人口基本医疗保险、大病保险、医疗救助“三重保障”全覆盖，累计为494.18万人次落实医疗保障救助政策待遇11.19亿元。深入实施农村危房改造工程，完成40243户贫困户危房改造任务，农村危房改造动态清零，全面完成“十三五”易地扶贫搬迁安置任务，建成易地扶贫搬迁集中安置区134个、配套产业园区155个，30461名搬迁贫困人口全部入住并落实后续扶持。实施农村饮水安全巩固提升工程，建立乡镇政府、水利行业、村级工程三级管护制度，惠及农村人口112.77万人。推动农村低保扩面提标，兜底保障更加有力。

——**持续稳定增收能力增强**。加大产业帮扶力度，围绕全市“一环六带”产业布局，发展壮大9大特色扶贫产业，打造“五个百万基地”，实施“一村一品”行动，越来越多的产业项目落户贫困地区，培育省级扶贫龙头企业134家、农民专业合作社1.27万个，形成县有扶贫支柱产业、村有扶贫主导产业、户有增收致富产业的发展格局。加大就业帮扶力度，落实就业创业扶持政策，实施“515”就业扶贫模式，建立县乡村三级公共就业服务平台，技能培训、劳务输出、扶贫车间、公益岗位等扶持措施有效实施，对接京津市场打造“承德钻井工”“热河嫂”等劳务品牌，18.48万贫困劳动力实现稳定就业。加大科技帮扶力度，结合国家可持续发展议程创新示范区建设，大力推进科技扶贫“百千万”工程，建立涉农院士工作站10个、国家和省级综合试验推广站14个、省级以上星创天地41家，引导科技人才资源成果向贫困地区转移转化。组建专家服务团队29个、乡镇科技服务站245个，每年选派科技特派员110人到贫困地区开展服务。据统计，全市贫困群众居民人均可支配收入由2013年的2472元增长到2020年的10019元，年均增长22.13%，增速连续4年高于全省平均水平。其中，来自产业和就业收入占比达到72%，群众自我发展能力稳步提高。

——**群众精神风貌焕然一新**。坚持扶贫和扶志扶智相结合，创新改进帮扶方式，越来越多的脱贫群众依靠勤劳双手致富，实现物质和精神“双脱贫”。推行“1+3+4”就业扶贫培训模式，本着“缺什么，补什么”的原则，对贫困户实施订单式、点菜式、个性化培训，培训贫困劳动力7.9万名，培育创业致富带头人3428人，确保实现每一个有培训意愿的贫困人口都能得到有针对性的培训，群众增收致富本领不断增强。强化宣传教育，通过驻村工作组、帮扶责任人等进行广泛正面宣传，加强对贫困群众思想、文化、道德、感恩等方面教育，倡导勤劳光荣、赖贫可耻的价值导向，让贫困群众知晓政策、更好地参与政策落实的同时，激发靠双手改变命运的主体意识和参与意识，群众战胜贫困的信心不断增强。创新实施“孝心养老”扶贫模式让“家庭孝心养老、社会善心敬老”成为风尚，有效解决农村老人“老有所养”问题。

——**合力攻坚氛围更加浓厚**。北京、天津两市加大扶贫协作帮扶力度，累计投入帮扶资金20.6亿元，实施帮扶项目576个，超过20万贫困群众直接受益；唐山市加大省内对口帮扶力度，投入帮扶资金5.4亿元，实施项目185个；民建中央、生态环境部、人民日报社、国家邮政局4家中央单位不断加大定点扶贫力度，累计投入和引进帮扶资金15.26亿元，实施帮扶项目212个；“千企帮千村”行动深入开展，全市1015家企业与贫困村结成对子，累计实施帮扶项目1377个；各类机关、团体、企事业单位和各界爱心人士积极参与扶贫事业，形成了打赢脱贫攻坚战的浓厚社会氛围。

——**党的基层基础持续夯实**。坚持四级书记抓扶贫，全党动员促攻坚。深入开展“脱贫攻坚党旗红”活动，实施堡垒示范、能力提升、致富先锋、能人返乡、结对帮扶“五大工程”。通过“树旗”，让每一个农村党组织都成为脱贫攻坚的战斗堡垒；通过“亮星”，让每一名党员都成为带领群众脱贫致富的开路先锋；通过“带富”，让每一名群众都积极参与脱贫攻坚的伟大实践。全市共建立产业型党组织1145个，党员与贫困户常年结对19万个，充分发挥了基层党组织的战斗堡垒作用和党员的先锋模范作用。累计选派936个驻村工作队、11200余名党员干部到贫困村担任第一书记或驻村队员，安排5.8万名帮扶责任人入户开展帮扶。广大扶贫干部扎根基层、奋战一线，用无私奉献的“辛苦指数”换来贫困群众的“幸福指数”，让党群关系、干群关系更加密切，党在基层的执政基础更加牢固。

——**打造脱贫攻坚承德样本**。在脱贫攻坚实践中大胆探索，勇于创新，量身打造了一批具有承德特色的扶贫脱贫模式，为高质量打赢脱贫攻坚战提供了有力支撑。针对承德贫困特点和实际，精准把脉会诊，打出“八措并举”组合拳，加速脱贫进程，提升脱贫质量；深入开展“脱贫攻坚党旗红”五大工程，坚持党建引领促脱贫，得到汪洋、赵乐际等中央领导批示肯定；实施基础工作规范提升“八步工作法”，创新“三账三图四类户”分类管理、挂图作战、精准施策模式，实现了精准识别、精准施策、精准管理、精准脱贫，受到省委省政府主要领导充分肯定；创新实施“三零”“一地生四金”“万户阳光”等产业扶贫模式，取得了显著的带贫益贫效果，多个模式入选全国优秀扶贫案例；在全国首创“政银企户保”金融扶贫模式，为贫困群众发展增收产业提供金融活水，被农业农村部评为十大机制创新典型；创新“智慧分级诊疗”健康扶贫模式，有效解决了农村贫困群众看病远、看病难、看病贵的问题，入选“大国攻坚”中国优秀扶贫案例；实施易地扶贫搬迁“五区同建”，确保贫困户搬得出、稳得住、能致富、可持续，切实解决了“一方水土养育不了一方人”的问题；以承德精准扶贫、精准脱贫为题材，与省直有关部门联合摄制的电视剧《最美的乡村》在央视播出，在全国引发强烈反响，为助力决战脱贫攻坚发挥了积极作用；“道德银行＋爱心超市”、“三有一书”孝心养老等扶贫模式从精神文化层面有效激发了贫困群众自主脱贫、善心敬老的内生动力。攻坚期间，我市有6项扶贫模式被评为全国扶贫优秀典型案例，20多项经验做法得到了中央领导及国家部委领导批示肯定，走出了一条绿色、生态、可持续减贫发展之路，为全省乃至全国脱贫攻坚提供了可复制、可借鉴、可推广的承德样本。

——**乘势而上衔接乡村振兴**。习近平总书记指出，脱贫摘帽不是终点，而是新生活、新奋斗的起点。承德市将大力弘扬脱贫攻坚精神，巩固拓展好脱贫攻坚成果，接续推进脱贫地区发展和乡村振兴。着力在持续稳定增加农民群众收入、持续巩固“两不愁三保障”成果、持续加强农村基础设施和基本公共服务建设、持续发挥扶贫资产效益上下功夫，把脱贫攻坚成果巩固住、拓展好，让脱贫基础更加稳固、成效更可持续；进一步健全防贫动态监测和帮扶机制、农村低收入人口常态化帮扶机制，坚决守住防止发生规模性返贫底线；巩固发展脱贫攻坚期间形成的领导体制、工作机制、责任政策工作体系等行之有效的制度，完善乡村振兴领导体制和工作体系，推进巩固拓展脱贫攻坚成果同乡村振兴有效衔接；全力实施“八项行动”，加快推进脱贫地区乡村产业、人才、文化、生态、组织等全面振兴。

（此文由市扶贫办提供）

联防联控战疫情　同心同德显担当

2020年1月，新冠病毒肺炎疫情突袭湖北省武汉市，承德市委、市政府认真落实国家、省疫情防控安排部署，把人民群众生命安全放在第一位，按照“坚定信心、同舟共济、科学防治、精准施策”“内防输入、外防反弹”“做好疫情常态化防控”等工作要求，始终把疫情防控工作作为头等大事和最重大的政治任务，保持战时状态、战时思维、战时担当、战时效率，打赢疫情防控战争，及时派出医疗队驰援武汉。在本市疫情防控中，严控人员流动、强化宣传引导，严格交通管制，扩大流调范围，严抓环京防线检测，严抓城乡社区排查，严抓重点人群管控，有效阻止了疫情输入、传播和蔓延。承德市在全省确诊人数最少、住院病人清零最早，实现了全市来承及返承人员排查“全覆盖”、患者“零死亡”、医护“零感染”三大目标。各类企业有序复工复产，实现了疫情防控和社会经济发展双胜利。市卫生健康委被河北省委、省政府命名为全省抗击新冠肺炎疫情先进集体。

——领导重视，迅速行动。采取最果断措施，积极应对疫情防控。1月21日，在河北省疫情防控视频会议后，承德市委、市政府衔接召开会议，对疫情防控工作立即安排部署。会议要求：要实现防控监测到位、防范措施到位、应急准备到位、值班值守到位、舆情引导到位，织密全市疫情防控网络。成立以市委书记、市长为双组长，各分管副市长为副组长，35个单位主要负责人为成员的疫情防控工作领导小组，下设办公室，办公室设在市卫生健康委，主任、副主任分别由分管副市长、市卫生健康委主任兼任。组建了疫情监测组、防疫处置组、医疗救治组、市场供应与监管组、物资保障组等12个专项工作组。1月22日，召开市疫情防控工作领导小组第一次全体会议，听取市卫健委关于全国疫情发展情况汇报，对全市防控提出明确要求，进行安排部署，全面启动疫情防控工作。下发《关于进一步做好承德市不明原因肺炎防治管理工作的通知》，紧急制定承德市新型冠状病毒感染的肺炎控制应急预案和医疗救治工作应急预案，成立疫情控制和医疗救治等工作组，指导各县（市、区）立即开展风险评估，监测和落实定点收治医院，储备应急防护物资，做好应对疫情各项准备工作。

——科学研判，精准施策。市委、市政府多次召开市委常委会、常委扩大会、政府常务会和疫情防控领导小组会议，研究部署疫情防控工作。根据疫情发展态势，及时组织疫情防控和救治专家召开疫情形势分析研判会，针对疫情防控不同阶段工作重点，采取相应防控措施。以市委书记、市长名义向各县（市、区）党政一把手发函，要求严格落实属地责任，层层压实本级责任。以领导小组办公室名义印发《建立新型冠状病毒感染的肺炎疫情防控工作四级联保制度的通知》。市委、市政府先后发出关于从细从快从实做好新冠肺炎防控工作、新冠肺炎疫情深度排查全覆盖工作、城乡社区疫情防控常态化工作、秋冬季疫情防控工作等12个指令，实现了对全市防控工作的及时有效安排部署。市政府派出11个督查组，每组配备1名卫健委科级干部，分赴各县（市、区）监督指导疫情防控。在各级党组织中“开展抗击疫情党旗红”活动，抽调机关党员干部到社区、乡村协助开展疫情防控。

——白衣执甲，逆行出征。在湖北武汉遭受新冠肺炎疫情突袭的危难之际，承德市积极落实国家、省卫健委安排部署，先后分3批选派59名医护人员援鄂。农历正月初二(1月26日)，本应是阖家团圆的日子，但为了抗击疫情，承德医学院附属医院的赵志伟、卢秋玲、施燕、李国斌、张起昌，承德市中心医院的曲宝亮、殷朝惠、凌坤、梁华桥等主动报名出征，派往武汉的首批9名医疗队员踏上了没有硝烟的战场。他们于1月27日（大年初三）凌晨，在茫茫夜色中抵达武汉市，并于28日进驻武汉市第七医院，参加第三病区和重症医疗病区的救治工作。赵志伟作为医疗队医疗救治第三组组长，带领医护人员支援三病区，每天都会进入病区，查房、会诊、讨论危重患者的治疗方案，还要对住院、出院、重症、轻症等人数分别进行统计，还要负责一些事物性工作，每天连续工作都不少于12小时，不仅是组长有这样的工作强度，副组长、护士长等几乎也是一样。大家用“以命换命”来形容奋战在抗击疫情一线的医护人员的工作状态。经过昼夜奋战，历经艰辛，圆满完成任务，向党和人民交出一份满意的答卷。承德医学院附属医院感染科护士施燕，因救治患者期间用宣传承德的方法缓解病人痛苦，拉近承德人民和武汉人民的关系，3月21日，被承德市文物局聘为“避暑山庄荣誉使者”。

2月9日，按照河北省卫健委统一安排，第二批从市、县医疗机构抽调的40名优秀医疗队员再次出征。承德医学院附属医院张国民，承德市中心医院郭金鹏，承德市第六医院郭金琢、张晨义，围场满族蒙古族自治县医院赵海洋、于晓梅，围场满族蒙古族自治县中医院王凌宇、于海华，承德县中医院樊金明、盖宗杰，承德县医院胡小政、杨明杰，隆化县医院施建民、张轩毓，隆化县中医院彭硕、王敏，兴隆县人民医院田立平、王艳辉，兴隆县中医医院何海龙、关力山，丰宁满族自治县中医院魏胜利、武姗姗，丰宁满族自治县医院姜海波、吕莹；承钢职工医院王亚秋、赵彦东、朴丽丽、段希平，滦平县医院董二飞、王云鹤，滦平县中医院王文龙、仇磊，宽城满族自治县医院杜春来、韩立军，宽城满族自治县中医院崔宏印、王会丽；平泉市医院蒋玉柱、李倚天，平泉市中医院孙鹏翔、于慧等于12日进入武汉市江岸方舱医院开展救治工作。经过不懈努力，所在的河北支援湖北第五批医疗队管理的患者，实现了入仓病人零死亡、医护人员零感染、治愈病人零复发、安全管理零事故的“四零”目标。用仁心仁术和守望相助的精神，赢得了国家和武汉人民的赞扬。3月5日，承德医学院附属医院感染性疾病科副主任张国民被国家卫生健康委、人力资源和社会保障局、国家中医药管理局授予“全国卫生健康系统疫情防控工作先进个人”称号。

2月19日，承德市第三批驰援武汉10名医疗队员出发。承德市中心医院王久魁、崔艳艳、许伟园，承德医学院附属医院张延红、刘英、王春青，承德市中医院赵宾、姜威、邢天逸、高超踏上了武汉医疗救治战场。他们先后支援了武汉大学中南医院、武汉市第七人民医院和雷神山医院，整建制接管了3个病区。严格遵守操作规程，日日夜夜坚守在病房，视患者为亲人，实现了患者“零死亡”、医护人员“零感染”、治愈出院患者“零回头”的救治任务。

更为感人的是，承德围场大都民营医院吴涛、张灵慧、史向宇、高丽丽、徐艳于2月3日前往武汉首佳耳鼻喉医院驰援。

白衣战士们以最大限度提高治愈率、降低病亡率，与武汉人民一道同心抗疫，为湖北省武汉市疫情救治防控工作做出了重大贡献。

——上下联动，全力排查。1月22日，市疫情防控领导小组办公室印发《关于切实做好新型冠状病毒感染的肺炎排查工作的紧急通知》，深入开展大排查。一是强化地毯式敲门见人大排查。突出农村和社区两个重点，各县（市、区）对农村、社区排查工作负主体责任，统筹安排，上下联动，并及时准确填报相关信息。组织县（市、区）直机关和乡镇（街道）下派干部、村（居）两委班子成员、党员和社会志愿者等6方面力量，形成网格化管控格局。全市开展两轮地毯式“敲门见人”大排查，实现了全市来承和返承人员排查全覆盖。二是强化大数据联动排查。为提高排查精准度，建立了环环相扣的落地查人运行机制。由公安机关和三大运营商及时接收上级推送的数据；专业技术人员精细分析数据后报指挥部；公安机关电话查询精准核查到人；各县（市、区）党委、政府组织基层单位逐一排查到人；市领导小组根据核查清单向各级党政主要领导下达督办指令；各县（市、区）根据督办指令采取隔离等管控措施；各县（市、区）将分类管控情况上报市领导小组办公室，形成信息反馈闭环。三是强化医疗机构排查。加强对全市23个发热门诊和211个医疗留观室管理，做好社区服务站、卫生室、门诊部、个体诊所等医疗机构发热患者排查工作，对购买退烧、止咳类药物人员实行实名登记。四是群众举报与单位排查相结合。安排专人受理群众举报，对确认属实的给予奖励，发挥群众举报监督作用。强化机关单位“自主排查”，发现发热及特殊情况及时上报。同时，落实京津冀疫情联防联控机制，严防疫情由承德市输入北京，当好首都政治“护城河”。加强与北京协调联动力度，以车站、机场、环京检查站为重点，落实人防物防技防措施，精准核对重点人群信息，对发热人员一律就地就近由发热门诊分类诊治。

——抗击疫情，大爱无疆。企业和个人纷纷捐款捐物，表达爱心，共同抗疫。自2月8日起，承德避暑山庄企业集团、宝御翰府商贸承德股份有限公司、承德阿那亚房地产开发有限公司、承德板城酒业销售有限公司、承德畅达生物科技有限公司、承德鸿泰百川（三一重工）工程机械销售有限公司、承德建龙特殊钢有限公司、承德九隆醉酒业有限公司、承德宽广超市集团有限公司、承德龙志达智能仪器仪表科技有限公司、承德神栗食品有限公司、承德市茶文化研究会、承德市工程爆破协会、承德市国控投资集团有限责任公司、承德市郊区农村信用合作联社、承德市律师协会、承德市普宁寺教务管理委员会、承德市伟旭商贸有限公司、承德市中小企业协会、承德天大钒业有限责任公司、承德伊逊山泉饮品有限公司、承德银行股份有限公司、承德远东建设集团有限公司、承德兆丰钢铁集团有限责任公司、国栋新鲸（北京）生物科技有限公司、河北省承德军分区、河北省地矿局第四地质大队、河北省烟草公司承德市公司、如意州集团承德如意酒业有限公司、陕西海天制药有限公司、中诚鸿泰集团公路工程有限公司、中共承德金龙集团委员会、承德奥龙集团有限责任公司、承德吉丰路桥工程有限责任公司、承德热力集团有限责任公司、承德市贵宾文化发展有限公司、承德德美圣康医院有限公司、承德锦绣滦阳文化旅游发展有限公司、承德利奥健身服务有限公司、承德奥林匹克体育中心、承德市青年企业家协会、承德女企业家协会等100多个企业通过市红十字会累计捐赠款物总价值6500余万元。

承德翠兴房地产开发有限责任公司总经理于沛君个人捐款10万元。全国人大代表、河钢承钢物流公司党支部副书记鲍守坤得知武汉新冠肺炎疫情后，于1月26日，第一时间带着妻子李雪松通过市红十字会捐款2000元。

——疫情防控，党员先行。疫情就是命令，岗位就是“战位”，面对突如其来的疫情，市直卫生健康、交通运输、城市管理、市场监管、发展改革、工业信息等单位纷纷组建了“党员抗疫突击队”“党员抗疫志愿服务队”等，党员领导干部主动请缨，既当指挥员又当战斗员，市直机关抽调4000多名党员干部带头深入医院、场站、企业、学校、街道、社区，战斗在抗击“新冠肺炎疫情”第一线，留下了无数党员干部、社区工作者们忙碌疲惫的身影。他们坚定信心、不畏艰险、冲锋在前，发挥先锋作用。他们夜以继日的守护在防控点上，只为全力以赴做好疫情防控，给辖区群众坚定的信心。为备战疫情防控，市直机关党员踊跃参加“抗击疫情党旗红，无偿献血我先行”活动，捐献血液6.22万毫升，缓解承德市血库血浆短缺的燃眉之急。交一次特殊党费助防控、献爱心，市直机关9620名党员自愿交纳特殊党费，用一份份特殊党费诠释着党员对党、对人民的特殊情怀，凝聚着党组织的磅礴力量。

——**集中资源，积极救治**。集中核酸检测设备，培训检测人员。全市通过省临检中心备案核酸实验室36个，具备检测资质429人。建立市、县（市、区）两级核酸检测基地9个，日最高检测量35000人份，可在5至7天完成划定区域全员核酸检测。全市具备发热门诊、核酸检测实验室、隔离病区“三位一体”条件的二级以上医院达到13所，覆盖所有县（市、区）。共有负压病房25间、负压病床33张、负压救护车17辆，确保救治需要。全市23所二级以上医院全部设立发热门诊和发热患者隔离留观室，204个乡镇卫生院全部设立发热预检分珍点，4035家“四类”基层医疗机构、1506家药店全部启动发热患者监测，凡是确定为密切接触者的，全部进行流调和医学观察。疫情发生后，立即腾空市第三医院作为市级定点救治医院，对疑似病例和确诊病例集中收治。遵照提高收治率和治愈率，降低感染率和病亡率，坚持“四集中”的原则，全力做好救治工作。组建了以三级医疗机构呼吸、重症、中医等专业为主的医疗救治专家组，指导定点医院（第三医院）医疗救治和各县（市、区）的病例筛查、检测、隔离、治疗等工作。组织各级各类医务人员培训千余人次，有效提升医疗救治能力。明确各县（市、区）定点医院10家、后备定点医院12家。由于科学及时救治，7例患者全部治愈出院。

——**不负重托，平安凯旋**。3月18日凌晨，武汉天河机场的广播里，传来湖北人民最真挚的谢意。承德市第二批驰援武汉抗击肺炎疫情医疗队40名医护人员在这一天离鄂返乡。当日20时许，搭载着承德支援湖北医疗队员的大巴缓缓驶入承德路和国际酒店，安全返回承德市。

3月20日，山庄宾馆内悬挂着红色条幅，热烈欢迎承德第一批支援湖北救治工作的9名医疗队员圆满完成武汉市第七医院医疗救治工作任务，平安凯旋。

3月31日，承德市第三批支援湖北医疗队10名医护人员不辱使命，圆满完成医疗救治任务，平安归来。当日下午，载着承德市第三批驰援湖北武汉医疗队10名医护人员的大巴车驶入承德，一路到处是“欢迎支援湖北医疗队平安凯旋”“热烈欢迎逆行英雄凯旋”等标语。执勤交警向白衣战士们致以庄严的敬礼。在山庄宾馆举行欢迎仪式，第三批支援湖北医疗队队长、市中心医院神经外科监护室护士长王久魁代表全队讲述在武汉的工作经历。

至3月31日，承德组建的3支医疗队共59名驰援湖北的医疗队员和围场大都民营医院5名医务工作者一个不少，全都健健康康回来了！有3名队员还在一线光荣地加入了中国共产党，成为一名中共党员。市委、市政府举行欢迎仪式，欢迎白衣战士回家。时任副市长郭士刚出席欢迎仪式并讲话，热烈欢迎驰援湖北武汉的医护人员平安凯旋，向他们表示衷心的感谢和诚挚敬意。

——**巩固成果，常态防控**。从疫情初期，在机场、车站国省主干道设立湖北来承返承人员和发热病人检测点，执行疫情日报告制度，在农村和社区开展“敲门见人”大排查以及对武汉来承、返承及其密切接触人员、发热人员进行集中隔离观察，对重点人群疫情排查实行台账管理等防控措施；在全省率先通过大数据精准排查重点人群人员信息，取得阶段性成果，转入常态化防控。3月29日，根据形势变化，承德市新冠肺炎疫情防控工作领导小组发出通知，承德市全面恢复正常生产生活、交通秩序。在做好疫情常态化防控的同时，全面做好复学复工等相关工作。与公安、司法、民政、外事等部门建立点对点联系机制，进一步强化特殊场所和重点人群防护措施，确保防护药品、物资分类全面到位。做好重点人群和特殊人群管控，强化入境人员管控，严防无症状感染者。强化农村、社区常态化防控队伍建设和网格化管理；严格机关企事业单位日常防控；严格火车站、客运站、民航、公共交通、宾馆饭店、商场超市、农贸集市等公共场所基础防控；严格发热人员管理，全面恢复医疗机构正常服务。针对秋冬季疫情防控特点，制定相关措施和防控方案。全市疫情防控由应急性超常规转为科学精准常态化。

（此文由承德市地方志办公室根据市卫健委、市防控办、市直机关工委、市红十字会、《承德日报》相关资料编辑）

大事记

1 月

6 日

以“相约魅力冬奥，触梦冰嬉之都”为主题的承德市首届冰雪运动旅游文化节在承德市冰上运动中心拉开帷幕。同时，由承德避暑山庄旅游集团在承德市冰上运动中心打造的雪乐园正式开园纳客。

同日

由河北日报报业集团主办的 2019 年（第十六届）河北十大新闻、年度十大新闻人物评选正式揭晓。塞罕坝林场建设者、忘我建设家乡的最美退伍兵范振喜和为人民抒写的剧作家孙德民入选。

9 日

承德市首届迎春书法美术作品大展在承德市文化馆举行。

15 日

丰宁满族自治县公安局大阁派出所被河北省公安机关授予省级“枫桥式公安派出所”称号，承德市公安局双桥分局头道牌楼派出所所长张涛被授予“全省十佳派出所所长”称号。

16 日

政协承德市第十四届委员会第四次会议选举刘众民、董旭明为政协承德市第十四届委员会副主席。

17 日

承德市第十四届人民代表大会第五次会议选举武力斌为承德市监察委员会主任，方志勇为承德市第十四届人民代表大会常务委员会副主任。

18 日

承德市首届“承德山水”年货文化节开幕。此次年货文化节以“生态、绿色、品牌”为主题，来自承德各地的农业龙头企业和电商公司携本土特色农副产品及县域扶贫产品等近千款尖货走进市区。

24 日

根据新型冠状病毒感染的肺炎疫情预防控制工作需要，为避免人员聚集引发交叉感染风险，承德市图书馆实行闭馆。

26 日

省人大常委会副主任、市委书记周仲明到双桥区、高新区检查疫情防控工作落实情况。他强调，要思想认识到位、发动群众到位、全面排查到位、联防联控到位、监测管控到位、隔离防护到位，全方位精准精细落实各项防控举措，决不遗漏任何一个环节，严防疫情在承德扩散传播。

同日

市委副书记、市长常丽虹赴双滦区检查新型冠状病毒感染的肺炎疫情防控工作时强调，众志成城、全力以赴做好疫情防控各项工作，全力维护人民群众生命安全、身体健康和社会稳定，坚决筑牢首都政治“护城河”。

同日

承德市组织承德医学院附属医院、承德市中心医院共 9 名医务人员组成首批医疗队驰援武汉。

同日

为预防“新冠肺炎”传播，避暑山庄和外八庙暂停接待游客。

28 日

承德市发现首例“新冠肺炎”患者。

同日

为预防“新冠肺炎”传播，承德市区公交车暂停营运。

2 月

8 日

承德市 13 家企业和个人通过市红十字会捐赠款物 1489.78 万元，用于支援全市新型冠状病毒感染的肺炎疫情防控工作，其中承德建龙特殊钢有限公司捐赠物资 1000 万元，爱心人士于沛君个人捐赠 10 万元。

同日

河北全省 2019 年大气污染综合治理工作考核结果出炉，承德市在考核中获“优秀”等次。

9 日

承德市首例“新冠肺炎”患者治愈出院。

12 日

承德市新型冠状病毒感染肺炎疫情防控工作领导小组办公室下发关于切实保障企业复工复产复市的紧急通知。

同日

承德市第二批支援湖北医护人员进入武汉江岸方舱医院开展救治工作。

16 日

市长常丽虹赴河钢集团承钢公司、市蔬菜果品批发市场、福满家丽水超市，就疫情防控工作进行督导检查，看望慰问一线工作人员并为他们送去口罩等防护物资。

同日

承德远东建设集团有限公司为承德市疫情防控工作捐赠在日本采购的价值 70 万元人民币的疫情防护物资一批，包括定向用于承德市新冠肺炎疫情防控工作的杜邦 1422A 防护服 700 套、100EA 防护服 300 套，N95 口罩 1000 只，医用护目镜 200 只和定向用于鹰手营子矿区新冠肺炎疫情防控工作的防护服 500 套、N95 口罩 485 只、普通口罩 5000 只。

19 日

承德市第三批支援湖北的 10 名医护人员出发。

21 日

著名作家何申因病医治无效，在承德逝世，享年 69 岁。

28 日

承德市区恢复 6 路、20 路、25 路、28 路公交车运营。

29 日

河北省政府发出通知，经省扶贫开发和脱贫工作领导小组同意，批准丰宁满族自治县、围场满族蒙古族自治县、隆化县退出贫困县。

3 月

5 日

承德市首套热成像非接触式人体测温系统在双滦区启用，该设备可对进出人员的体温进行自动化测量及预警，实现精准抗疫。

同日

国家卫生健康委、人力资源社会保障部、国家中医药管理局印发《关于表彰全国卫生健康系统新冠肺炎疫情防控工作先进集体和先进个人的决定》，承德医学院附属医院感染性疾病科副主任张国民荣获“全国卫生健康系统新冠肺炎疫情防控工作先进个人”称号。

同日

河钢承钢物流公司检修作业区党支部副书记鲍守坤荣获“第十六届全国职工职业道德建设标兵”称号。

18 日

承德市举行新冠肺炎疫情防控物资捐赠仪式。天宏阳光新能源有限公司捐赠医用口罩 10 万只，价值 34 万元；承德奥龙集团有限责任公司捐赠款物 20 万元；承德市律师协会捐款 11.1509 万元；视联动力信息技术股份有限公司捐赠视频会议设备 20 套，价值 138.312 万元；如意洲集团伊逊山泉有限公司捐赠款物 116.852 万元；承德市阿那亚房地产开发有限公司捐款

20 万元。

同日

承德市支援湖北抗击新冠肺炎疫情医疗队 40 名医务工作者安全返回承德市。

19 日

承德市招商服务中心、承德市投资促进局同时挂牌。

20 日

承德市支援湖北第一批抗击新冠肺炎疫情医疗队 9 名医护人员完成任务，返回承德。

21 日

省人大常委会副主任、市委书记周仲明到承德火车站、车站路餐饮企业进行调研检查时强调，要坚决落实中共中央和省委决策部署，坚持“两手抓”“两手硬”，在继续抓好疫情防控工作的同时，推进餐饮企业有序复工复产，提振消费者消费信心，奋力夺取疫情防控和经济社会发展双胜利。市委副书记、市长常丽虹出席检查活动并体验在饭店就餐。

同日

河北省首批支援湖北医疗队队员、承德医学院附属医院感染科护士施燕，因在湖北武汉参与新冠肺炎患者救治期间用宣传承德的方法缓解病人痛苦，拉近承德人民和武汉人民的关系，被承德市文物局党组聘为“避暑山庄荣誉使者”。

23 日

由河北省气象局科研所协助承德市气象局开发的承德市热源点遥感实时监测系统投入使用。该系统将为承德市提供实时森林草原热点卫星遥感监测信息。

25 日

市长常丽虹赴双桥区、双滦区就商贸流通行业复工复产复市情况进行督导调研。强调要毫不放松落实落细疫情防控各项措施，积极推动商贸流通企业安全有序复工复产复市，确保正常生产生活秩序。

同日

承德市第十四届人民代表大会常务委员会第二十四次会议，决定任命张华为承德市人民政府副市长，决定免去任武军承德市人民政府副市长职务。

同日

承德市第十四届人民代表大会常务委员会第二十四次会议决定，接受王素芝辞去承德市第十四届人民代表大会常务委员会副主任和承德市第十四届人民代表大会民族侨务外事委员会主任委员职务的请求。

29 日

承德市新冠肺炎疫情防控工作领导小组宣布，承德市全面恢复正常生产生活、交通出行秩序。

31 日

承德组建的 3 支医疗队共 59 名驰援湖北的医护人员全部返回承德。

同日

《小康》杂志社联合多个国家权威部门和专业机构开展的“中国夏季休闲百佳县市”排行榜揭晓，丰宁满族自治县获“2020 中国夏季休闲城市十佳”第一名，兴隆县、围场满族蒙古族自治县进入百佳榜单。

4 月

2 日

河北省水污染防治工作领导小组办公室发布《关于 2020 年 1 月全省地表水环境质量达标情况排名的通报》，对排名第 1 位的承德市奖励 300 万元。

4 日

清明节期间，为避免人员聚集，减少交叉感染风险，承德市各类殡仪馆、公墓、公益性骨灰堂等殡葬服务机构暂停祭扫服务。

5 日

根据河北省委办公厅、省政府办公厅联合

印发《关于2019年度河湖长制工作考核结果的通报》，承德市在2019年度河湖长制工作考核中荣获优秀等次，全市地表水断面水质优良（达到或优于Ⅲ类）比例达到100%、水质达标率100%，县级以上集中式饮用水水源地水质达到或优于Ⅲ类比例为100%，受到河北省政府500万元奖励。

6日

避暑山庄有限度对游客开放（限制人流量）。

13日

承德尚泽果业有限公司的“短周期、高效益、省力化、现代抗寒苹果产业”项目在河北省第七届创新创业大赛上获得一等奖，获得河北省奖励资金70万元。

同日

由承德市区发往兴隆、平泉、宽城、承德县的县际客运线路恢复运营。

14日

根据河北省妇女联合会发布关于2019年寻找“美丽河北·十佳百优美丽庭院”活动结果的通报，兴隆县安子岭乡安子岭村姜书君（家）获评2019年“美丽河北·十佳美丽庭院”。

同日

承德市高飞、刘凯、富艳丽、刘宏伟、马国儒、金秋芳6人荣登2—3月“时代新人·河北好人”敬业奉献类和抗疫专类榜单。

同日

农业农村部办公厅下发《关于开展学习第二批全国农村集体产权制度改革试点典型经验活动的通知》，在全国农村集体产权制度改革试点单位中，选择60个工作扎实、成效明显、具有引领作用的县（市、区）作为第二批全国农村集体产权制度改革经验交流典型单位。承德市双滦区入选。

17日

承德市第三医院初级护师康红英、承德市疾控中心副主任技师王蒋丽因在抗击疫情中表现突出被河北省卫生健康委员会、河北省总工会评选为“抗疫最美医生”。

21日

2022年北京冬奥会配套工程——河北承德塞罕坝国家冰上项目训练中心正式开工建设。本项目建在海拔1300米处，是世界首个亚高原冰上运动训练馆。该项目位于围场御道口草原森林风景区，总占地面积4.1万平方米，总建筑面积2.4万平方米，是备战2022年北京冬奥会的专属训练场地，预计工程竣工时间为2020年10月18日。

同日

由中国承德市委网信办、承德市防火办联合推出的“承德市森林草原防灭火矩阵平台”（互联网＋防火矩阵）在全市范围内正式投入使用，该平台的功能是提供防灭火工作中的联防技防，以及各区域网格化管理服务。

23日

科技部公布2020年度国家备案众创空间名单，全国共498家众创空间被认定为国家级众创空间，承德市和合众创空间和滦平县泰融众创空间名列其中。

同日

承德全市高中三年级正式复课。

27日

承德市区凤凰山大桥拓宽改造工程开工建设，该工程拆除现有大桥两侧人行道，向东侧单幅加宽8.5米，将凤凰山大桥改造为双向4车道，工期660天。

28日

承德市第十四届人民代表大会常务委员会第二十五次会议决定任命陆文龙为承德市人民政府副市长。

5月

7日

河北省首批“北京2022年冬奥会和冬残奥会张家口赛区餐饮业务领域人才储备”名单出炉，承德市17名餐饮人才入选，其中一级技师2名、二级技师15名。

同日

承德全市初三年级、中职毕业年级正式复课。

10日

承德市重点项目建设工程御道口牧场200MW光伏+牧光互补平价上网试点项目正式开工，该项目位于承德市御道口牧场管理区黄土山，是河北省单体最大的平价上网试点项目，是承德市政府重大项目，可有效开发当地太阳能资源。项目建成投产实现全容量并网发电后，年均发电量约3.5亿度，投资回收期预计约10年，建设期为半年。

13日

首家避暑山庄主题邮局开市。

14—16日

生态环境部党组成员、副部长庄国泰带队对围场满族蒙古族自治县、隆化县开展定点扶贫慰问调研，了解疫情防控期间两县脱贫攻坚进展情况，指导推动脱贫攻坚工作。

15日

全国妇联举办“最美我的家抗疫‘家’力量”全国抗疫最美家庭云发布活动，揭晓“全国抗疫最美家庭”，承德医学院附属医院呼吸与危重症医学科护士长卢秋玲家庭获此荣誉。

16日

中国环境科学研究院、生态环境部生态规划院、承德市人民政府“两区”战略合作签约暨“两区”（京津冀水源涵养功能区和国家可持续发展议程创新示范区）建设研究承德工作站揭牌仪式举行。

18日

2020年“5·18国际博物馆日”中国主会场活动开幕式在南京博物院举办。承德博物馆申报的“和合承德”清盛世民族团结展从114项符合申报条件的陈列展览中脱颖而出，荣获第十七届（2019年度）“全国博物馆十大陈列展览精品奖”。

21日

山庄老酒文化产业园正式成为国家AAAA级旅游景区，是承德市第一家国家AAAA级工业旅游景区。

24—27日

天津市副市长李树起率天津市脱贫攻坚工作组及部分企业代表到承德，对接推动津承合作和对口帮扶工作。

26日

承德市双桥区韭菜沟社区获2019年“全国防灾综合示范社区”称号。

27日

农业农村部命名平泉市桲椤树镇食用菌产业园为全国农村创新创业孵化实训基地。

28日

“承德市爱国拥军联合会”和“承德市拥军优属联合会”正式成立。

6月

3—5日

中共河北省委常委、统战部部长到承德市就确保实现“双过半”、省领导包联重点项目和重点企业等情况开展调研并召开座谈会。

6日

由承德籍导演郭靖宇监制，巨兴茂、米牧笕联合执导的当代农村剧《最美的乡村》在央视一套八点黄金档首播。

8日

承德欢乐江山C地块项目成为承德市首例“交房即发证（房本）”的房地产项目。

9日

国家林业和草原局、民政部、国家卫生健康委员会、国家中医药管理局四部门公布第一批国家森林康养基地，丰宁森林康养小镇位列其中。

12 日

国家体育总局命名河北承德御道口雪上项目训练基地为“国家河北承德体育训练基地”。

16 日

承德市散煤治理网上举报平台正式上线启用。

22 日

“创意承德·2020”文创产品设计大赛在承德博物馆正式启动。

22—23 日

中共河北省委书记、河北省人大常委会主任王东峰到承德市调研检查。他强调，要深入学习贯彻习近平总书记重要指示精神和中共中央决策部署，坚定不移走生态优先、绿色发展之路，大力发展特色产业和龙头企业，凝心聚力坚决打赢脱贫攻坚战，确保如期全面建成小康社会。

23 日

在迈点研究院独家发布的“2019 年度 5A 景区品牌 100 强榜单”发布，承德避暑山庄及周围寺庙景区上榜。

30 日

承德全国劳动模范展在承德市总工会职工服务中心正式首展。该展集中宣传展示新中国成立以来承德市 82 位全国劳动模范和先进工作者的事迹，本展是河北全省首家以展示劳模风采为主题的永久性展。

同日

承德市所有剩余贫困人口（4726 人）已全部达到脱贫条件。

7 月

1 日

“2020 中国秋季休闲百佳县市”出炉。河北省承德市围场满族蒙古族自治县居榜首。

同日

中央宣传部、财政部、文化和旅游部、国家文物局公布第二批革命文物保护利用片区分县名单，确定 22 个革命文物保护利用片区，具体分县名单涉及 31 个省的 228 个市 988 个县(市、区)。其中，兴隆县、滦平县、隆化县、丰宁满族自治县、宽城满族自治县列入冀热辽片区。

同日

承德市实现京津冀就医门诊费用直接结算。

23 日

2020 年河北省高考成绩公布，承德一中的邢雨菡以裸分 721 分的成绩成为河北省 2020 年的理科状元。

24 日

为解决市区新华路与桃李街交叉口行人过街不便问题，新华路过街天桥工程开工建设。

26 日

国家体育总局局长苟仲文一行来到河北承德国家雪上项目训练基地，检查指导加压训练比赛、助推分解训练和运动员康复中心、训练基地卫生服务站等，并与短大训练营和越野滑雪国家集训队运动员代表座谈。

8 月

1 日

《承德市城市供热条例》实施。

同日

夜游避暑山庄活动启动。

同日

承德市开通交通事故处理进度和结果网上查询服务。

4 日

新华大数据基于“新华睿思·城市旅游属性（避暑）评价指标体系”发布 2020 避暑城市榜单，昆明、承德、丽江荣登三甲。承德市排在第二名。

5 日

在 2019 中国文化和旅游总评榜颁奖典礼上，

河北旅投集团丰宁永太兴疏林草原生态旅游度假区获评“2019 年中国有影响力的全域旅游示范区”。

同日

由中共承德市委宣传部、承德市老区建设促进会主办的《全国革命老区县发展史丛书·河北·承德卷》在承德市首发。

同日

承德博物馆恢复开放。

5—8 日

河北省政协主席叶冬松到承德市调研。

6 日

丰宁满族自治县中医院护士武珊珊、围场满族蒙古族自治县医院医生赵海洋分别获得 2020 年度河北省“最美军嫂”“最美退役军人”称号。

7 日

避暑山庄及周围寺庙景区吉祥物正式发布命名为康康、呦呦。“康”字即取自康熙年号,“康康”也是当下热门网络语，是“看看”之意。同时，“康”字释义安宁、安康、丰盛。“呦呦”出自《诗经·小雅》中的《鹿鸣》，意为鹿鸣之音。朱熹《诗集传》中有“呦呦，声之和也”。意为鹿的叫声彼此应和，有和谐之意。吉祥物的服饰以康熙皇帝和孝诚仁皇后朝服像为设计蓝本。

同日

京津冀首趟旅游班列从石家庄始发，目的地隆化。到站后，组织旅客游览位于承德围场的塞罕坝，此次行动标志着“爱家乡，游河北——发现身边的美”畅游京津冀旅游班列正式开启。

14 日

承德市慢性病管理学会正式成立。

17 日

2020 年中国医师节庆祝会议暨第一届“河北医师奖”颁奖典礼在石家庄举行，承德医学院附属医院重症医学科主任滑立伟获得首届“河北医师奖”。承德市中心医院的陈治国、孙建利、景卫革，承德市第三医院的冯亮、韩磊、杜海峰、高健、蔡静清、李晓东，承德市中医院的项英杰，宽城满族自治县县医院的杜春来，宽城满族自治县中医院的王春超，滦平县中医院的李晓丽，滦平县虎什哈中心卫生院的史国义获得“最美抗疫者”荣誉称号。

18—19 日

全国人大常委会副委员长、民建中央主席郝明金到丰宁满族自治县开展脱贫攻坚实地考察，并出席民建助力丰宁决战脱贫攻坚暨非公经济前沿圆桌会议。

20 日

旨在实现“帮扶创业者、让创业更简单”的承德市创业服务之家正式启动运营。

21 日

由中共中央机关刊《求是》主管主办的综合类新闻刊物《小康》杂志，联合多个国家权威部门和专业机构,评选出“百县榜单工程”之“2020 中国最具安全感百佳县市”，隆化县入选。

24—25 日

河北省人大常委会副主任张妹芝带领省人大常委会科技创新三项法规检查组一行，到承德市就《河北省专利条例》《河北省促进科技成果转化条例》《河北省科学技术进步条例》三项法规进行执法检查。

24—26 日

河北省政协副主席曹素华带领调研组到承德市就省政协 2020 年重点提案《关于深入推进中药材产业高质量发展的建议》进行督办调研，进一步推动提案办理落实。

25 日

由河北省文化和旅游厅策划的网络评选活动——2020 年“河北旅游百人人气目的地”评选结果公布，承德市 9 个景区入围，具体结果如下:塞罕坝国家森林公园、国家“一号风景大道”、兴隆山景区入围自然深呼吸主题景区；避暑山庄及周围寺庙、金山岭长城、京北草原大汗行宫入围文化漫步者主题景区；中国马镇旅游度假区入围潮流畅玩家主题景区；鼎盛王朝文化产业园入围京畿不夜城主题景区；七家温泉入围康养微度假主题景区。

同日

河北省省长许勤在承德调研检查。

27 日

承德非物质文化遗产展示中心（研学基地）对外开放。

9 月

1 日

承德市区小学二年级至六年级、初中八年级和九年级、高中高二年级和高三年级开学，全面恢复正常教育教学秩序。

6—8 日

河北省人大常委会副主任王会勇率领省人大常委会规范性文件备案审查执法检查组就《河北省各级人民代表大会常务委员会规范性文件备案审查条例》贯彻实施情况到承德市进行检查。

7 日

在 2020 年河北省短道速滑锦标赛上，代表承德市参赛的承德体校短道速滑队共获得奖牌 13 枚，其中，金牌 9 枚、银牌 1 枚、铜牌 3 枚，金牌总数位居全省第一位。

同日

京冀两省市密云水库水源保护工作调研组来承德市调研，并召开京冀两地共商贯彻落实习近平总书记回信精神，共同行动保护好密云水库座谈会。

8 日

承德市双桥区西大街街道碧园社区党支部书记支润芳作为承德市唯一一名全国抗击新冠肺炎疫情先进个人在北京人民大会堂接受表彰。

9 日

2020 年津企承德行暨津承东西部扶贫协作产业合作推进会议在承德市召开。会上有 33 个项目签约，总投资 53.9 亿元。

10 日

首个国家训练营基地揭牌仪式暨国家田径训练营开营仪式在河北承德国家雪上项目训练基地举行。国家体育总局局长苟仲文出席活动，与训练营基地运营方承德御道口雍乾狩猎有限公司总经理崔成志共同为国家训练营基地揭牌，并向国家田径训练营训练总监张蓓授旗。

10—11 日

生态环境部党组书记孙金龙在承德市开展定点扶贫调研。

15 日

承德市开通承德南站至承德机场公交专线（机场 2 号线），该线路单边里程约 38 公里，中途设置 11 个站点，4 台新能源车辆在线运行。

16 日

故宫博物院与承德市避暑山庄博物馆“古钟表联合修复室”揭牌仪式在避暑山庄博物馆举行。国家文化和旅游部党组成员、故宫博物院院长王旭东，承德市政府市长常丽虹为“古钟表联合修复室”揭牌。

同日

庆祝紫禁城建成 600 年“须弥福寿・当扎什伦布寺遇上避暑山庄”文物展在承德博物馆开展。本次展览展出来自故宫博物院、西藏日喀则扎什伦布寺、承德避暑山庄及须弥福寿之庙馆藏珍贵文物 127 件。其中故宫博物院遴选 70 件，扎什伦布寺提供 10 件，承德市文物局提供 47 件。

16—19 日

2020 年河北省青少年武术散打锦标赛在保定市举行，承德市代表队共有 20 余名选手参赛，先后摘得 1 金、4 银、1 铜，并且包揽女子甲组 60 公斤级冠亚军。

19 日

中国首部沉浸式皇家园林体验剧《梦入避暑山庄》在承德避暑山庄万树园举行全球公演

新闻发布会，自此本剧正式公演。《梦入避暑山庄》真实还原土尔扈特部东归的历史故事，通过历史＋艺术＋科技＋创新的方式，围绕“家国情怀”与“民族团结”两大主题，以沉浸式实景生动地再现当年避暑山庄内发生的历史事件和民族风情。

同日

承德市山西商会在承德行宫大酒店正式成立，并对《承德市山西商会会徽》进行解读，通过《承德市山西商会章程》，推选齐合集团董事长吉效波为首任山西商会会长。

21 日

中央文明办集中发布 2020 年 2 月至 7 月“中国好人榜”，承德市双滦区钢城街道凤凰社区党员金秀芳、马国儒夫妇因在社区抗疫第一线为群众筑牢安全堡垒而上榜，入选敬业奉献类“中国好人”。

22 日

由承德市文物局主办，外八庙管理中心承办，避暑山庄管理中心、避暑山庄博物馆、普宁寺管理中心协办的《拓片·佛画文化展》在普陀宗乘之庙大红台御座楼正式开展。展览以“保护文化遗产，传播中华文明”为主题，共展出避暑山庄及周围寺庙御碑拓片及佛画 65 件。

23 日

承德市江苏商会成立大会在丰宁马镇召开。本商会自 2015 年开始筹备，现有会员单位 100 余个，涉及文旅康养、教育投资、房地产开发、能源环保等数十个行业。

24 日

京沈高铁京冀段全线完成铺轨。

25 日

避暑山庄松鹤斋近年来首次面向市民及游客开放。开放后的松鹤斋展区主要推出避暑山庄七十二景文化长廊、“松鹤延禧——避暑山庄及周围寺庙吉祥图案展”“龙气致祥”展览三个项目。松鹤斋占地 7400 平方米，原有殿堂 162 间，为乾隆三十六景之第三景，布局与正宫相仿，只是规制略小，为八进院落。这组建筑自南而北分别是：大宫门、二宫门、松鹤斋、乐寿堂、十五间照房、屏门、继德堂、畅远楼等。

27 日

河北省文明办发布 2020 年 9 月“时代新人·河北好人”榜单。承德市司玉广、杨印聪获评敬业奉献类“时代新人·河北好人”。

28 日

36 集电视剧反映塞罕坝建设历程的《最美的青春》获第 32 届电视剧“飞天奖”优秀电视剧奖。颁奖典礼由国家广播电视总局、河北省人民政府主办，中国电视艺术委员会、河北省广播电视局、衡水市人民政府等承办在衡水市举行。

10 月

1 日

承德市首个消防宣传主题公园正式投入使用。

10 日

“世界旅游联盟旅游减贫案例 100”新闻发布会在北京举办，世界旅游联盟旅游减贫案例名单在会上发布，承德市“一号风景大道”——打造风景道品牌，推进“非遗＋扶贫”试点入选。

12 日

承德市首届文创论坛在市博物馆鹿鸣讲堂举办，相关专家和业内人士分别在论坛上作专题演讲。该论坛是“创意承德·2020”文创产品设计大赛的重要组成部分，旨在搭建文创产业互动交流、思想碰撞、人才聚集、推动合作平台，促进文创产业跨界发展。

13 日

农业农村部、国家林业和草原局等 7 部门联合下发通知，对评选出的中国特色农产品优势区（第四批）进行公示，宽城满族自治县宽城板栗中国特色农产品优势区上榜。

16 日

河北省抗击新冠肺炎疫情表彰大会在河北会堂隆重举行，承德市共19家单位和24名个人受到表彰。其中，承德市卫生健康委等15个单位荣获“全省抗击新冠肺炎疫情先进集体”称号；刘雁翔等20人荣获“全省抗击新冠肺炎疫情先进个人”称号；承德市卫生健康委机关党委等4个单位荣获“全省先进基层党组织称号”；郭金琢等4人荣获“全省优秀共产党员“称号。

20日

全国双拥模范城（县）命名暨双拥模范单位和个人表彰大会在北京举行，承德市被授予“全国双拥模范城”称号、承德金航商贸有限公司董事长曲纪双（女）被授予“全国爱国拥军模范”称号。

23日

中国旅游协会旅游教育分会举办第三届四次理事会暨中国旅游教育论坛，该论坛评选出第二届“旅游教育人物”，河北旅游职业学院教师马磊获评“旅游教育名师”，盖陆祎获评“旅游教育杰出青年教师”。

24日

全国妇联发布“2019年度全国三八红旗手”“2019年度全国三八红旗集体”名单，承德市看守所女子大队荣获“全国三八红旗集体”荣誉称号。

29日

承德市版权服务站在承德日报社揭牌成立。

30日

农业农村部公布2020年度农民教育培训“百名优秀学员”扶贫先锋资助项目人选名单，承德县刘伟获此殊荣。

11月

5日

根据中央、河北省文件精神，中共承德市委调整完善森林公安机关管理体制，将承德市森林公安局及其直属分局、派出所和双桥、双滦、营子三区森林公安局划转市公安局统一领导管理，其编制和人员均整建制划转，市公安局统一领导全市森林公安工作。自即日起，承德市公安局森林公安局正式挂牌成立。

10—12日

第四届“中国创翼”创业创新全国总决赛在江西省景德镇市举行，全国共有200个项目参加了此次比赛。经过激烈角逐，代表承德市参赛的高效可柔晶硅太阳能电池材料项目夺得创业组冠军，笤帚苗手编工艺品项目获得扶贫组优秀奖。

16日

“2020中国最美县域榜单”在第十六届深圳文博会上发布，兴隆县榜上有名。

20日

全国精神文明建设表彰大会在北京举行，承德市获得“全国未成年人思想道德建设工作先进城市”称号；平泉市卧龙镇、兴隆县安子岭乡诗上庄村、宽城满族自治县梓罗台镇新甸子村、承德县八家乡梓椤台村、丰宁满族自治县黄旗镇城根营村、围场满族蒙古族自治县四道沟乡庙宫村获评第六届“全国文明村镇”；河北丰宁抽水蓄能有限公司、中国农业银行承德分行、承德市财政局、双桥区桥东街道世纪城社区、双滦区秀水街道万和城社区获评第六届“全国文明单位”；滦平县张百湾镇周台子村范振喜家庭获评第二届“全国文明家庭”；承德市民族中学和承德高新区凤凰山学校获评第二届“全国文明校园”。

同日

由国家林业和草原局指导，中国林业生态发展促进会主办的“中国生态旅游产业高峰论坛”在中国（深圳）国际旅游博览会上举行。塞罕坝国家森林公园与四川九寨沟、湖北神农架等国内顶级生态旅游区一起获得首批“中国生态旅游十大示范景区”称号。

24日

全国劳动模范和先进工作者表彰大会在北京人民大会堂举行，承德市3人获“全国劳动模范”荣誉称号，1人获“全国先进工作者”荣誉称号。获“全国劳动模范”的是原国网冀北电力有限公司承德供电公司副总经理庞博、承德宇航人高山植物应用技术有限责任公司技术质量部经理岳丽华、承德九龙醉酒业股份有限公司健康白酒研究院院长张春；获“全国先进工作者”的是承德市公安局交通警察支队副支队长付钰棕。

同日

承德银行河北雄安分行揭牌。

27—28日

生态环境部部长黄润秋到围场、隆化两县开展扶贫调研。

30日

现代农业承德研究院揭牌仪式在承德市举行。

12月

1日

“2018—2019绿色中国年度人物”评选活动在北京举行颁奖仪式。塞罕坝机械林场荣获“2018—2019绿色中国年度人物”。

同日

农业农村部公布第十批全国“一村一品”示范村镇名单，宽城满族自治县碾子峪镇艾峪口村、兴隆县蓝旗营镇因板栗种植名列其中。

同日

丰宁满族自治县、滦平县、平泉市获得“河北省慢性病综合防控示范区”称号。

同日

《承德市工业遗产保护与利用条例》施行。

2日

承德旅游商品企业协会正式揭牌成立。

4日

全国政协副主席、民建中央常务副主席辜胜阻到丰宁满族自治县，就巩固脱贫成果开展调研。

7日

河北省妇联命名100个2020年河北省“五好家庭”，承德殷丽君家庭、翟桂兰家庭、王滢竹家庭、邢志国家庭、潘越家庭、张鑫家庭、魏强家庭入选。

12—14日

由承德市商务局、双滦区商务局协办的“2020承德首届室内车展”在红星美凯龙举办。

13日

承德市区桃李街北口过街天桥交付使用。

14日

滦平县鸿福养老护理院、中国工商银行股份有限公司承德分行获得全国“敬老文明号”称号。围场满族蒙古族自治县民政局王文学、平泉市小寺沟南仓子村卫生所村医林玉才、宽城满族自治县鹤鑫巢养老服务中心衡秀梅获得全国“敬老爱老助老模范人物”称号。

16日

承德市首届残疾人艺术汇演在畅达大剧院举行。

23日

2020年河北省最美农民工宣讲报告活动在石家庄市举行。承德市刘百丽、律秀梅、闫志远3人荣获2020年“河北省最美农民工”称号。

24日

承德市人社医保公共服务中心正式揭牌成立。

25日

承德金山岭长城景区被文旅部确定为国家AAAAA级旅游景区。

同日

承德市第9次荣获“全国无偿献血先进城市”称号。

29日

河北承德塞罕坝国家冰上项目训练中心开训仪式在御道口举办。

同日

承德圆通公司总经理褚文学获得2020年全国邮政行业劳动模范称号。

同日

双峰寺水库通过竣工验收。

30日

首都地区环线高速公路(G95)承德(李家营)至平谷(京冀界)段(承平高速公路)正式开工建设。承平高速公路是首都大外环的重要组成部分，本项目起自承唐高速李家营互通，经承德市鹰手营子矿区、兴隆县，至兴隆县青松岭镇水厂村京冀界，全长59.325千米，采用双向六车道高速公路标准建设，设计速度80千米/小时，全线设置服务区2处，停车区1处，隧道管理站3处，匝道收费站5处；设四条连接线，全长22.428千米；全线桥隧比达到68%，为承德公路项目施工难度之最。项目概算总投资146.08亿元，建设工期3年6个月。

同日

由河北省文化和旅游厅主办、河北省旅游协会承办的全国优秀导游员到承宣讲交流活动在承德市盛华大酒店举办。全市100余名优秀导游员代表参加此次活动。

31日

2020年承德市空气环境质量再创历史新高，全年优良天数为322天，同比增加14天，高于全省平均值66天。

市情概览

建置区划

【地理位置】 承德市位于北纬 40°11′24.75″～42°37′04″，东经 115°54′10″～119°14′24.71″。地处河北省东北部，华北与东北地区过渡带。东、东南与辽宁省朝阳市、河北省秦皇岛市相邻，南、西南隔长城与北京市、天津市、河北省唐山市毗邻，西与张家口市相连，西北、北、东北与内蒙古自治区锡林郭勒盟、赤峰市接壤。距省会石家庄 540 千米，距首都北京 251 千米。辖区东西最大距离 278 千米，南北最大距离 270 千米，总面积 39489.54 平方千米。

【建置沿革】 **旧石器时代** 承德境内已有人类活动。1988 年，承德市鹰手营子矿区营子镇东北四方洞出土了石器 575 件、动物遗骨 1765 件，这是在河北省境内发现的第一处旧石器时代洞穴遗址，也是在燕山山脉深处首次发现的旧石器时代的遗迹，距今约有 3 万～5 万年。四方洞遗址现为国家级文物保护单位。

新石器时代 丰宁、承德县、平泉、围场等地先后发现了原始人使用过的生产和生活工具。如 2008 年 6 月发现的凤凰山遗址，位于承德市双桥区冯营子镇冯营子村西北约 700 米处的凤凰山坡下，出土了石斧、石刀等磨制石器约 200 件，经专家鉴定，这些石器为约 7000 年前新石器时代赵宝沟文化的器物，这一发现填补了承德新石器时代考古的空白。距今约 6660～4870 年的内蒙古赤峰红山文化已经存在于今承德地域。近年，辽宁省朝阳市、内蒙古赤峰市考古新发现，说明承德境内的辽河流域已经成为中华文明在北方的扩展之地，也是东北渔猎文化和中原农耕文化的结合部。4000～3400 年前，承德地域的原始人，逐渐从母系氏族过渡到父系氏族，私有制逐渐产生。

商朝时期 境内仍然生活着若干氏族部落，在丰宁黄旗镇二道桥子村发现的亚鼎，说明亚氏部落已归附于商王朝。经考证，当时承德地域的土方氏族，也从属于商朝，其范围在今丰宁、隆化、承德、平泉一带。

周朝时期 北方少数民族开始进入今承德地区。春秋战国时期，山戎、东胡逐渐占据了今承德地域。后来，山戎衰落，逐渐被东胡吞并。历史上，山戎曾与燕国多次发生战事，齐桓公也曾多次征伐山戎。山戎战败之后，逐渐依附燕国，承德地域逐渐成为燕国统治地区。因此，战国时期，承德属燕国右北平郡、渔阳郡。此时，东胡逐渐衰落，匈奴逐渐兴盛，并严重威胁燕国的安全。燕国为了抵御匈奴，开始修筑长城。秦始皇二十六年（前 221），秦国消灭了齐、楚、燕、韩、赵、魏六国，今承德地域纳入秦的版图，仍属右北平郡、渔阳郡，为东胡民族生活之地。

秦汉时期 秦王朝在承德地域继续利用燕北长城防御匈奴，并不断修建新城。在围场发现的 3 件秦代铁权，证明了秦王朝对承德拥有统辖权。秦末汉初，今承德境属匈奴左地。西汉王朝建立以后，今承德境域尽入西汉的版图。汉武帝元封五年（前 106），境属汉幽州刺史部渔阳郡、右北平郡（基地）。为防御匈奴，汉朝修建了若干段长城，主要以烽燧为主，穿越今丰宁、滦平、隆化、承德县境域，以丰宁境内最多。西汉末年，承德今境属乌桓民族的势力范围。建武元年（25），东汉建立以后，今承德地域归东汉统治。此时，承德全境被乌桓民族占据。东汉末年，曹操北征乌桓，大获全胜。三国魏时，今承德全境属鲜卑轲比能部。

西晋时期 今承德境域先后被鲜卑族宇文部、段部、慕容部、拓跋部控制。东晋时期，北方先后建立16国，为匈奴、鲜卑、羯、氐、羌“五胡”控制，今承德境先后为前燕、前秦、后燕等统治。

北魏时期 太元十一年（386），鲜卑拓跋部建立北魏政权，今承德地域尽归北魏统治，元嘉十五年（438）后，为北魏拓跋鲜卑索头部统治。设立州郡后，今承德属安州广阳郡。北魏诸帝多次沿丰宁、隆化、平泉等地征伐北燕，最终灭掉北燕。

隋唐时期 隋朝时，北方的少数民族有柔然、契丹、库莫奚等。库莫奚，又称奚族，散居在今丰宁、围场、承德县和兴隆东北、滦平西北部，与汉人和平相处。唐朝，承德地域居住着契丹、库莫奚两个游牧民族。

宋辽金时期 建隆元年（960），后周大将赵匡胤建立宋朝。与此同期，天祐四年（907），契丹贵族耶律阿保机建立契丹国，清泰三年（936），改称辽国，今承德全境均被辽国统治，为辽中京道北安州兴化县属地。承德地处辽中京（今内蒙古赤峰市宁城县大明城）与南京（今北京）、西京（今山西省大同市）之间，位置重要。辽在此修有驿道，并建有多处驿馆。前后有7位辽帝36次到今丰宁的炭山（今滦河源头猴顶山一带），或避暑游猎，或接见外国使节，处理军政大事。同时，承德也成为当时辽宋两国互访的必经之路。政和五年（1115），女真族完颜部首领阿骨打建立大金国，绍兴二十三年（1153），迁都燕京（今北京），今承德地域为北京路大定府统辖。金国为了防御蒙古族入侵，修建规模宏大的长城，实际上，只是界壕、边堡、堑壕。金代界壕在今丰宁尚存7.5千米，并有边堡1座。金与辽国、北宋战事不断，今承德地域曾发生过数次大型战事。

元朝时期 开禧二年（1206），成吉思汗于漠北建立蒙古汗国，咸淳七年（1271），改国号为大元，定都燕京（今北京），又称大都。元先后灭掉金和南宋，统一中国，今承德地域尽入元境，属中书省上都路兴州宜兴县、兴化县。当时，在丰宁、滦平、隆化、围场等县，有大批蒙古人集中居住。在承德境域，有两条通往元上都（原名开平，今内蒙古自治区正蓝旗境内）的通道，也是军事要道。元帝曾多次在凉陉（今丰宁滦河上游金莲川）驻跸，以纪念祖宗发迹之地。

明朝时期 大将常遇春曾率军经承德地域追击元军残余兵力，大败元军。元朝的残余势力被驱逐至漠北（内蒙古高原）。数十年后，承德境域由接受明廷封号的蒙古诸部统治，属大宁都指挥司兴州卫，后改属诺音卫。明迁都北京后，承德直属京师管辖。明中后期，境内大部分为兀良哈三卫中的朵颜部辖地。为了防御元朝蒙古族残余势力南侵，明廷下令重建万里长城，称为明长城。承德境内的明长城位于今宽城、兴隆、承德县、滦平4县，有敌楼860余座、墩台301座、关隘55处，著名的金山岭长城即在此列。万历四十四年（1616），女真首领努尔哈赤建立后金。崇祯元年（1628），后金占领今承德境地。崇祯九年（1636），后金改为大清。崇祯十七年（1644），清军占领北京后，今承德地域全部纳入清朝版图。

清朝时期 清代初期，今承德境域属直隶省。雍正元年（1723），以今承德市为中心设立热河厅（今承德市双桥区和承德县），西北设喀喇河屯厅（今双滦区和滦平县），再往西北设四旗厅（今丰宁、隆化县），东设八沟厅（今平泉及兴隆、宽城一部分），再往东设塔子沟厅（今朝阳市凌源县、喀左县）。雍正十一年（1733），热河厅改设直隶承德州，清廷取“承先祖德泽”之意，命名为承德。乾隆七年（1742），直隶承德州又改为热河厅，后从八沟厅划出乌兰哈达厅（今赤峰市区），从塔子沟厅划出三座塔厅（今朝阳市区）。乾隆四十三年（1778），升热河厅为承德府，下辖的八沟厅改称平泉州，喀喇河屯厅改称滦平县，四旗厅改称丰宁县，乌兰哈达厅改称赤峰县，三座塔厅改称朝阳县，塔子沟厅改称建昌县。嘉庆十五年（1810），设热河都统，驻承德府，治所在今境。光绪二年（1876），设立围场厅。光绪二十九年(1903),升朝阳县为朝阳府，建昌县归属其下。光绪三十一年（1905），围场厅划归宣化府。宣统二年（1910），设立隆化县。宣统三年（1911），围场厅还归承德府。清末，承德府共辖平泉州、滦平县、丰宁县、隆化县、围场厅，计1州、3县、1厅。

热河省时期　1914年，设热河特别行政区，今承德、滦平、隆化、丰宁、围场、平泉归其管辖。1928年，撤区建热河省，省会设于今承德市区,今承德市全境归热河省管辖。1933年3月，日本侵略军侵占承德,热河省所属各县相继沦陷。1945年8月，抗战胜利，人民政权接管热河省，10月，建承德市，为热河省省会。热河省下辖1市5区。1946年8月，国民党军进攻热河，中共热河省委坚持领导敌后斗争，曾成立中共承德工委。解放战争时期，热河各县属冀察热辽解放区。1948年11月，承德第二次解放后，成立承德市政府，今承德境域隶属热河省。1949年10月1日，中华人民共和国成立，承德仍属于热河省。当时，热河省管辖承德及赤峰2个市18个县7个旗，承德市及其下辖的丰宁、滦平、隆化、围场、兴隆（1930年批准设置兴隆县，1933年4月始为抗日联合县；日本投降后兴隆县建制恢复,隶属冀热辽区辖,1949年3月隶属热河省辖）、平泉、青龙、承德县均在热河省管辖之内。

热河省撤销之后　1955年12月，撤销热河省，承德境域划归河北省管辖。1956年建立承德专区，辖上述8县1市。1958年12月承德县建制撤销。1960年3月承德专区与承德市合并，1961年5月承德专区与承德市分设，恢复承德县建制。1963年，设立宽城县，划归承德专区管辖。1983年5月6日，青龙县划归秦皇岛市管辖。1984年承德市改为省辖市，辖承德县、双桥区、双滦区、鹰手营子矿区。1993年6月，承德地区与承德市合并，设立新的承德市。承德市下辖3区8县，即双桥区、双滦区、鹰手营子矿区和承德县、兴隆县、平泉县、滦平县、隆化县、丰宁满族自治县、宽城满族自治县、围场满族蒙古族自治县。近年来，经国家及省民政部门陆续批准，承德县冯营子、东西营、双峰寺、上板城划归双桥区；滦平县西地、陈栅子划归双滦区。

【行政区划】　2020年年末辖双桥区、双滦区、鹰手营子矿区3个市辖区，承德、兴隆、滦平、隆化、丰宁、宽城、围场7个县（其中3个民族县：丰宁满族自治县、宽城满族自治县、围场满族蒙古族自治县），代管平泉1个县级市。共有14个街道办事处、115个镇、88个乡（其中20个民族乡）、2459个村民委员会。

表1　**2020年承德市行政区划一览表**

县(市、区)	所含建置镇	所含乡	所含街道办事处
双桥区	水泉沟镇、狮子沟镇、牛圈子沟镇、大石庙镇、冯营子镇、双峰寺镇、上板城镇	—	西大街街道办事处 头道牌楼街道办事处 潘家沟街道办事处 中华路街道办事处 新华路街道办事处 石洞子沟街道办事处 桥东街道办事处

续表 1

县(市、区)	所含建置镇	所　含　乡	所含街道办事处
双滦区	双塔山镇、滦河镇、大庙镇、偏桥子镇、西地镇、陈栅子镇	—	元宝山街道办事处 钢城街道办事处 秀水街道办事处
鹰手营子矿区	鹰手营子镇、北马圈子镇、寿王坟镇、汪家庄镇	—	铁北路街道办事处
承德县	下板城镇、甲山镇、六沟镇、三沟镇、头沟镇、高寺台镇、三家镇、鞍匠镇、上谷镇、磴上镇、新杖子镇、石灰窑镇	东小白旗乡、刘杖子乡、孟家院乡、大营子乡、八家乡、满杖子乡、五道河乡、岔沟乡、岗子满族乡、两家满族乡、仓子乡	—
兴隆县	兴隆镇、半壁山镇、挂兰峪镇、青松岭镇、六道河镇、平安堡镇、北营房镇、孤山子镇、蓝旗营镇、雾灵山镇、李家营镇、大杖子镇、三道河镇、大水泉镇、蘑菇峪镇	南天门满族乡、八卦岭满族乡、陡子峪乡、上石洞乡、安子岭乡	—
滦平县	滦平镇、长山峪镇、红旗镇、金沟屯镇、虎什哈镇、巴克什营镇、张百湾镇、付营子镇、大屯镇、火斗山镇、小营镇、两间房镇	平坊满族乡、安纯沟门满族乡、西沟满族乡、邓厂满族乡、五道营子满族乡、马营子满族乡、付家店满族乡	中兴路街道办事处
隆化县	韩麻营镇、中关镇、七家镇、汤头沟镇、张三营镇、唐三营镇、蓝旗镇、步古沟镇、郭家屯镇、苔山镇、茅荆坝镇	荒地乡、章吉营乡、尹家营满族乡、庙子沟蒙古族满族乡、偏坡营满族乡、山湾乡、八达营蒙古族乡、太平庄满族乡、旧屯满族乡、西阿超满族蒙古族乡、碱房乡、韩家店乡、湾沟门乡	安州街道办事处
丰宁满族自治县	大阁镇、大滩镇、鱼儿山镇、土城镇、黄旗镇、凤山镇、波罗诺镇、黑山咀镇、天桥镇、胡麻营镇、将军营镇	万胜永乡、四岔口乡、苏家店乡、外沟门乡、草原乡、窟窿山乡、小坝子乡、五道营乡、选将营乡、西官营乡、王营乡、北头营乡、石人沟乡、汤河乡、杨木栅子乡	新半路街道办事处
宽城满族自治县	宽城镇、龙须门镇、峪耳崖镇、板城镇、汤道河镇、椁罗台镇、碾子峪镇、亮甲台镇、化皮溜子镇、松岭镇	塌山乡、孟子岭乡、独石沟乡、铧尖乡、东黄花川乡、苇子沟乡、大字沟门乡、大石柱子乡	—

续表 2

县(市、区)	所含建置镇	所 含 乡	所含街道办事处
围场满族蒙古族自治县	围场镇、四合永镇、克勒沟镇、棋盘山镇、半截塔镇、朝阳地镇、朝阳湾镇、腰站镇、新拨镇、龙头山镇、御道口镇、城子镇	道坝子乡、黄土坎乡、四道沟乡、蓝旗卡伦乡、银窝沟乡、新地乡、广发永乡、育太和乡、郭家湾乡、杨家湾乡、大唤起乡、哈里哈乡、张家湾乡、宝元栈乡、山湾子乡、三义永乡、姜家店乡、下伙房乡、燕格柏乡、牌楼乡、老窝铺乡、石桌子乡、大头山乡、南山嘴乡、西龙头乡	—
平泉市	平泉镇、黄土梁子镇、榆树林子镇、杨树岭镇、七沟镇、小寺沟镇、党坝镇、卧龙镇、南五十家子镇、北五十家子镇、桲椤树镇、柳溪镇、平北镇、青河镇、台头山镇	王土房乡、七家岱满族乡、茅兰沟满族蒙古族乡、道虎沟乡	—

（供稿　靳适维）

地质地貌

【地质】 **区域大地构造位置** 承德市区域大地构造位置处于兴蒙地槽和华北地台两个Ⅰ级构造单元内，即以北纬42°线的康保—围场—赤峰东西向深大断裂为界，以北为内蒙古—大兴安岭地槽褶皱带，以南是华北地台。华北地台又以丰宁—隆化深断裂及密云—喜峰口深断裂两个东西向断裂为界，进一步分为三个Ⅱ级构造单元，自北向南依次为内蒙地轴、燕山台褶带和迁西陆块。承德市幅员辽阔，区内地质构造复杂，地层出露齐全，岩浆活动强烈，地质条件优越，岩石多样，矿产丰富。

地层 区内地层可以分为变质表壳岩和未变质的沉积地层。从构造演化角度来看可分为两套构造层，下部的变质表壳岩及其中的变质深成侵入体为结晶基底（以吕梁运动为界，距今约18.5亿年），上部为沉积盖层，由中—新元古代、古生代、中生代至新生代地层组成，其中中生代主要为火山－沉积岩地层。从老至新为：古老结晶基底。区域结晶基底可以分为两套地层。下部为太古界迁西岩群。上部为元古界单塔子群、红旗营子群地层。沉积盖层。在古老结晶基底之上，依次沉积形成中—上元古代海相碳酸盐及碎屑岩交互沉积、早古生代稳定的浅海台地碳酸盐岩沉积、晚古生代的稳定海陆交互相－陆相碎屑岩沉积、中生代陆相火山岩、火山沉积岩组合和新生代山前和山间沉积岩夹火山岩组合，构成区域沉积盖层。

构造 承德区域地质构造发育且复杂多样，主要构造表现形式有断裂构造、韧性剪切带、推覆构造、褶皱构造等。

岩浆岩 区内地质历史时期岩浆活动曾剧烈而频繁，持续时间较长，从早前寒武纪岩浆岩侵入体到新时代火山活动均有出露。

【地貌】 承德市为华北平原与内蒙古高原的过渡地带，大马群山脉尾闾的东猴顶山、宜肯坝、豪松坝、塞罕坝从西部伸向东北，把全市分割成两大部分。西北为内蒙古高原的边缘,俗称“坝上”;东北部为七老图岭、努鲁儿虎和杜岭山脉;西南与南部为燕山山脉。从而构成全市西北高,东南低的地势。就地貌单元而论,全市分为坝上高原与冀北山地两大地貌类型。冀北山地由高到低依次为中山、低山、丘陵和盆地顺序排列。这种由西北向东南阶梯下降的地势,明显地影响全市的气候、水文、土壤和植被等自然因素,从而形成土地利用上的地域差异。这种特定的土地资源条件,对农业生产的立体布局,充分和合理利用土地资源具有重要意义。

坝上高原 坝上高原位于丰宁、围场两县的西北部,属于内蒙古高原的一部分。其南缘以东猴顶山、老窝铺、姜家店一线为界,其他部分止于省、市界。总面积663.65万亩,占全市土地总面积的11.2%,占全省坝上高原总面积的25.9%。坝上高原平均海拔为1000～1700米,地势南高北低,坝缘翘起,属典型的波状高原。坝头地带切割较碎,多呈垄状低山,相对高度在200米左右,坡度较陡,一般为20°～40°。坝头以北为低山和缓丘相间分布,丘陵坡度一般为5°～10°,多呈台状分布,相对高度为50～100米。山丘之间有黄土分布,河谷两侧为耕地分布区。其内分布有固定和半固定沙丘,风蚀洼地和花岗岩、变质岩残丘。加之湖泊(泡子)点缀在其间,使高原呈现疏缓丘陵散布的景象,不仅具有一般高原的状态,又有多湖淖滩梁的特点。

冀北山地 冀北山地主要由燕山、七老图岭和阴山山脉的余脉构成,总面积5264.04万亩,占全市土地总面积的88.8%。其地貌由中山、中低山、低山及河流谷地、山间盆地组成。其中,中山、低山类型面积较大。境内有海拔1000～2000米的山峰30余座,2000米以上的山峰10座。东猴顶山海拔2293米,为全市最高峰;其次为小梁山,海拔2206.5米,两座高山都分布在丰宁满族自治县的西部边陲。位于兴隆县境内的雾灵山为燕山主峰,海拔2116.2米,居第六位。综观整个山区,群山环绕,流水切割侵蚀作用强烈,地表支离破碎,沟谷纵横,河流交错,影响太阳辐射和水热资源的再分配,形成不同的小气候,使全市土地利用和农业生产呈现多样性的特点。冀北山地又可分为坝下山地和燕山山地两大部分。坝下山地:主要由中山、低山、丘陵、山间盆地和河流谷地组成。包括丰宁、围场两县的坝下地区,以及隆化县、滦平县、承德县、平泉县和双桥区、双滦区的大部分地区,总面积4483.8万亩,占全市土地总面积的75.6%,占坝下地区总面积的85.3%。全区地势自西北向东南呈阶梯式倾斜,一般海拔在1300～1500米,相对高度500～800米,山势坡度多在25°～35°以上。北部坝根地区,河谷多为“V”形谷,狭窄,阶地不发育,山体阴坡森林植被保存较多。中南部地势降低,由低山丘陵和较宽的河流谷地组成,耕地多分布在滦河、潮河等干流及其支流的两侧阶地上,是全市农产品的主产区。燕山山地:位于承德市的最南部,长城北侧,包括兴隆、宽城两县和鹰手营子矿区,总面积780.24万亩,占全市总面积的13.2%,占坝下地区总面积的14.7%,属长城以北燕山山脉主脉区。该区山地面积较广,海拔一般为400～1200米,高差多在150～700米之间,坡度在40°以上。山高谷深,沟川并列,地势复杂。燕山山脉主峰雾灵山位于本区西部,海拔2116.2米,为最高控制点。其东部最高峰为都山,海拔1846米。该区耕地较少,且多为坡地,水土流失严重。

【土壤】 承德市土壤类型,按全国第二次土壤普查时的发生学分类,共13个土类,31个亚类。其中地带性土壤5个土类,包括棕壤、褐土、灰色森林土、栗钙土和黑土;隐域性土壤8个亚类,包括潮土、风沙土、粗骨土、新积土、石质土、草甸土、山地草甸土和沼泽土。棕壤,是承德市分布面积最大的土壤类型。总面积1917314.6公顷,占全部土类面积的47.6%,广泛分布于坝下地区海拔约700m以上的山地垂直带上，包括典型棕壤、棕壤性土、潮棕壤3个亚类。褐土，是承德市坝下地区的基带土壤，总面积1485216.5公顷，占全部土类面积的36.9%，包括5个亚类：淋溶褐土、典型褐土、石灰性褐土、潮褐土和褐土性土。灰色森林土，呈带状分布于围场、丰宁坝上地区，总面积183867.7公顷，占全部土类面积的4.56%。分典型灰色森林土、暗灰色森林土2亚类。栗钙土，是坝上地区的地带性土壤之一，全部分布在丰宁县北部坝上地区，总面积128148.7公顷，占全部土类面积的3.2%，含暗栗钙土，典型栗钙土、淡栗钙土、草甸栗钙土和栗钙性土，共5个亚类。黑土，是坝上地区的地带性土壤，仅分布于围场坝上红松洼一带的高原面上，仅典型黑土1个亚类。总面积16152.1公顷，占全部土类面积的0.40%，主要分布在围场东北部地区。潮土，广泛分布于坝下地区的河谷低阶地上，总面积77372.7公顷，占全部土类面积的1.92%。分典型潮土、盐化潮土2个亚类。风沙土，分布在围场丰宁两县北部，坝上地区分布较集中。仅草原风沙土1个亚类。总面积49425.6公顷，占全部土类面积的1.23%。粗骨土，分布于坡度较大，侵蚀严重的山地阳坡，中南部分布较多，其他地区呈零星分布。仅中性粗骨土1个亚类。总面积28824.6公顷，占全部土类面积的0.72%。新积土，主要分布在承德中南部河漫滩阶地上，总面积28217.3公顷，占全部土类面积的0.70%。分典型新积土和冲积土2个亚类。石质土，主要分布于中南部的石灰岩、砂砾岩山地。仅中性石质土1个亚类。总面积21647.0公顷，占全部土类面积的0.54%。草甸土，主要分布在围场，丰宁坝上和接坝地区，隆化县西北部有少量分布。总面积21300.9公顷，占全部土类面积的0.53%。分典型草甸土、石灰性草甸土、潜育草甸土和盐化草甸土4个亚类。山地草甸土，主要分布在围场北部，平泉、隆化、滦平也有少量分布，分布于棕壤以上的山地垂直带上，仅典型山地草甸土1个亚类。总面积20489.6公顷，占全部土类面积的0.51%。沼泽土，分布在围场、丰宁坝上地区的河谷，洼地上，总面积19357.4公顷，占全部土类面积的0.48%。分草甸沼泽土、泥炭沼泽土、腐泥沼泽土3个亚类。

表2　**2020年承德市主要土类面积及占比情况一览表**

土　类	面积（公顷）	百分比	主要分布	其他备注
棕　壤	1917314.6	47.6%	全部（除坝上）	主要土类
褐　土	1485216.5	36.9%	全部（除坝上）	主要土类
灰色森林土	183867.7	4.56%	围场、丰宁坝上	带状分布
栗钙土	128148.7	3.2%	丰宁北部坝上	
潮　土	77372.7	1.92%	河流水域	
风沙土	49425.6	1.23%	围场、丰宁坝上	
粗骨土	28824.6	0.72%	中南部集中	
新积土	28217.3	0.70%	承德中南部	
石质土	21647.0	0.54%	承德中南部	
草甸土	21300.9	0.53%	围场、丰宁坝上	隆化条状分布
山地草甸土	20489.6	0.51%	围场北部	

续表 1

土　类	面积（公顷）	百分比	主要分布	其他备注
沼泽土	19357.4	0.48%	围场、丰宁坝上	
黑土	16152.1	0.40%	围场东北部	
未分类	32088.7	0.71%		

表 3　　2020 年承德市土壤养分平均值一览表

养分种类	有机质	全氮	有效磷	速效钾	有效锰	有效铁	有效锌	有效铜	pH
单位	克/千克	克/千克	毫克/千克	毫克/千克	毫克/千克	毫克/千克	毫克/千克	毫克/千克	
平均含量	18.98	0.94	18.73	143.32	21.44	24.59	1.59	1.22	7.02

（供稿　王亚军）

河流水系

承德市河流分属三大流域，即滦河流域、潮白蓟运河流域、辽河流域。滦河流域集水面积为 28878 平方千米，占全市总面积的 72.5%，主要一级支流有小滦河、兴洲河、伊逊河、武烈河、老牛河、柳河、瀑河、潵河等。潮白蓟运河流域集水面积为 6777 平方千米，占全市总面积的 17%，主要一级支流有潮河、白河等。辽河流域集水面积 4154 平方千米，在承德市分为辽河南和辽河北两部分，分别占全市总面积的 7.0% 和 3.4%，主要一级支流有大凌河、阴河、西路嘎河、老哈河等。

【滦河流域】　滦河流域内流域面积大于 1000 平方千米的一级支流 8 条，分别为小滦河、兴洲河、伊逊河、老牛河、瀑河、柳河、潵河、武烈河；二级支流 1 条，为蚁蚂吐河。

小滦河　小滦河是滦河一级支流，发源于围场县坝上陡林子，在隆化县郭家屯镇西屯村汇入滦河。河长 152.1 千米，流域面积 2038 平方千米，多年平均径流量 1.1 亿立方米，实测最大 1.39 亿立方米，最小 0.57 亿立方米，年平均流量 4.38 立方米／秒。1917 年调查测算最大洪峰流量达 924 立方米／秒。

兴洲河　兴洲河是滦河一级支流，发源于丰宁县选将营乡杨树底下村北，在滦平县张百湾镇张百湾村汇入滦河。河长 125.95 千米，流域面积 1965 平方千米，多年平均径流量 1.42 亿立方米。1939 年调查测算最大洪峰流量为 940 立方米／秒。

伊逊河　伊逊河是滦河一级支流，发源于围场县哈里哈乡老岭山，在双滦区西地乡下湾子村汇入滦河。河长 236.73 千米，流域面积 6734 平方千米，多年平均径流量 3.98 亿立方米。1958 年实测最大洪峰流量为 2020 立方米／秒。

武烈河　滦河一级支流，发源于围场满族蒙古族自治县道至沟，在双桥区雹神庙村汇入滦河。河长 118.63 千米，流域面积 2606 平方千米，多年平均径流量 2.63 亿立方米。1938 年历史调查最大洪峰流量 4500 立方米／秒。

老牛河　老牛河是滦河一级支流，发源于承德县五道沟乡圣祖庙，在下板城镇中磨村汇入滦河。河长80.94千米,流域面积1686平方千米，多年平均径流量1.75亿立方米。1983年实测历史最大洪峰流量为3570立方米／秒。

柳河　柳河是滦河一级支流，发源于兴隆县南双洞乡八拨子岭，在柳河口村汇入滦河。河长156.23千米，流域面积1195平方千米，多年平均径流量2.54亿立方米。1962年实测历史最大洪峰流量为2740立方米／秒。

瀑河　瀑河是滦河一级支流，发源于平泉县七老图山南麓，在宽城县瀑河口村汇入滦河。河长155.77千米，流域面积1991平方千米，多年平均径流量2.54亿立方米。1962年实测历史最大洪峰流量为3830立方米／秒。

潵河　潵河是滦河一级支流，发源于兴隆县樟帽山林场，在迁西县潵河桥镇北汇入滦河。河长98.3千米，流域面积1136平方千米，多年平均径流量2.47亿立方米。1962年实测历史最大洪峰流量2180立方米／秒。

蚁蚂吐河　蚁蚂吐河是滦河二级支流，又称伊玛图河，发源于围场县燕格柏乡大骡马沟，在隆化县山咀村汇入伊逊河。河长143.13千米，流域面积2422平方千米，多年平均径流量1.456亿立方米。1985年调查测算最大洪峰流量为546立方米／秒。

【潮白蓟运河流域】　由潮河、白河及蓟运河三条河流汇聚而成。潮河干流发源于丰宁满族自治县上黄旗哈拉海沟，经过丰宁满族自治县城、滦平县部分乡镇汇入密云水库，干流全长253千米，在承德市境内205.21千米。白河干流发源于张家口市大马群山，其两条支流汤河和天河均发源于丰宁满族自治县西部的东猴顶；蓟运河支流沟河、州河发源于兴隆县南部。潮白河流经承德市丰宁、滦平、兴隆和承德县4个县，境内总面积6776.74平方千米，占密云水库上游流域面积的38.7%，是首都北京的主要水源地。

潮河　潮河是潮白河的上源之一，发源于丰宁县哈拉海湾村，经古北口南入密云水库。河长205.21千米，流域面积4787.39平方千米，地处燕山山脉中段，北高南低，年降雨量550～650毫米，多年平均径流量3.51亿立方米。1961年实测实测历史最大洪峰流量484立方米／秒。

汤河　汤河是白河支流，发源于丰宁满族自治县南台子村，于汤河乡大草坪村汇入北京市怀柔县，在汤河口入白河。在丰宁满族自治县境内河长65.99千米，流域面积622平方千米，地处燕山山脉中段，西北高东南低，多年平均径流量0.48亿立方米。

【辽河流域】　发源于平泉和围场，境内流域面积3568.9平方千米，干流全长64.93千米。辽河水系支流老哈河、阴河、西路嘎河及大凌河，西路嘎河和老哈河为辽河水系上源,老哈河为主源，是辽河源头，大凌河属山溪性河流，直接入海。大凌河发源于平泉东北部的榆树林子和九神庙分水岭，境内流域境内面积434.9平方千米，干流全长4.87千米。小凌河（大凌河西支）为大凌河一级支流，在平泉东北部有两支上源，两源汇流后汇入小凌河，于喀喇沁左翼蒙古族自治县汇入大凌河。在平泉境内河长4.87千米，流域面积434.9平方千米，多年平均降雨量576毫米，承德市境内多年平均径流量0.38亿立方米。

阴河　发源于围场庙子沟，经围场张家湾乡至内蒙古自治区的蒙古营子汇入赤峰境内。是老哈河二级支流，下游汇入老哈河的一级支流英金河，在围场境内部分又称新拨河，在围场县内河长71.23千米，流域面积1534.8平方千米，源头高程1500米，出境高程990米，流域属半干旱半湿润地区，年降水量490毫米，承德市境内多年平均径流量0.79亿立方米。1958年调查测算最大洪峰流量为415立方米／秒。

西路嘎河　位于围场境内，也称乌拉岱河，发源于围场东部夹皮川漫甸山，于杨家湾乡兴巨德村北汇入内蒙古自治区赤峰市入辽河。在围场满族蒙古族自治县河长 61.73 千米，流域面积 685 平方千米，源头高程 1300 米，出境高程 874 米，流域属半干旱半湿润地区，年降水量 460 毫米，承德市境内多年平均径流量 0.23 亿立方米。

老哈河 位于辽河水系西辽河南源，发源于平泉柳溪乡光头山，于内蒙古宁城县甸子乡入西辽河。在平泉境内河长 64.93 千米，流域面积 914.2 平方千米，源头高程 1520 米，出境高程 610 米，流域属中温带丘陵盆地半干旱区，大陆性季风气候，年降水量 550 毫米，年平均径流量 0.84 亿立方米。

表 4　　**2020 年承德市主要河流情况一览表**

流域名称	河流名称	河流等级	流域面积（平方千米）	起点	终点	长度（千米）
滦河流域	小滦河	一级支流	2038	围场西北部塞罕坝上	滦河	152.1
	兴洲河	一级支流	1965	丰宁选将营子川	滦河	125.95
	伊逊河	一级支流	6734	围场哈里哈乡	滦河	236.73
	武烈河	一级支流	2606	围场道至沟	滦河	118.63
	老牛河	一级支流	1686	承德县五道沟乡	滦河	80.94
	柳河	一级支流	1195	兴隆南双洞乡	滦河	156.23
	瀑河	一级支流	1991	平泉七老图山南麓	滦河	155.77
	潵河	一级支流	1136	兴隆樟帽山林场	滦河	98.3
	蚁蚂吐河	二级支流	2422	围场燕格柏乡	伊逊河	143.13
潮白蓟运河流域	潮河	一级支流	4787.39	丰宁上黄旗哈拉海沟分水岭	密云水库	205.21
	汤河	一级支流	622	丰宁南台子村	白河	65.99
	安道木河 清水河	一级支流	494	承德县、兴隆	密云水库	
	白河	一级支流	820	丰宁	黑河	54
	洵河	一级支流	289	兴隆		
	沙河	一级支流	386	兴隆		
辽河流域	大凌河	一级支流	434.9	平泉榆树林子	辽河	4.87
	阴河	一级支流	1534.8	围场庙子沟	英金河	71.23
	西路嘎河	一级支流	685	围场东部	辽河	61.73
	老哈河	一级支流	914.2	平泉柳溪乡光头山	辽河	64.93

（供稿　滕树海　刘玉铭）

气候气象

【概况】 承德属于暖温带向寒温带、半湿润向半干旱过渡的大陆季风型燕山山地气候，年平均气温 8.0℃，年平均降雨量 531.0mm，年平均日照时数 2638.1 小时。2020 年，全市年平均气温 8.1℃，较常年偏高 0.1℃ ，春季、夏季、秋季气温接近常年，冬季气温偏高；全市年平均降水量 628.1 毫米，属于降水偏多年份，冬季降水异常偏多，春季降水显著偏多，夏季、秋季降水属于正常年份；全市年平均日照时数 2973.9 小时，属于日照异常偏多年份，春季异常偏多，夏、秋季接近常年。2020 年天气气候事件有干旱、强降水、高温、冰雹、大风、沙尘、大雾、寒潮、降雪等。

【气温】 2020 年，全市各县（市、区）年平均气温在 4.9 ～ 10.1℃之间，平均为 8.1℃，与常年值（8.0℃）相比偏高 0.1℃，与 2019 年（8.4℃）相比降低 0.3℃。2020 年，全市年平均气温分布为：北部 4.9 ～ 7.5℃，中部 8.0 ～ 9.7℃，南部 8.4 ～ 10.1℃。全市各县（市、区）气温距平在 −0.9 ～ 0.7℃之间，除围场、隆化和承德县偏低外，其他县（市、区）均偏高。承德县偏低最多，偏低 0.9℃，市区偏高最多，偏高 0.7℃。根据气候异常度划分标准，2020 年，围场、隆化和承德县气温偏低，市区、兴隆和宽城气温偏高，丰宁、平泉和滦平气温正常。

【降水】 2020 年，全市年平均降水量 628.1 毫米，较常年（531.0 毫米）偏多 97.1 毫米，降水距平百分率为 18.3%，根据气候异常度的划分标准，属于降水偏多年份。从全市各县（市、区）年降水量来看，北部 536.6 ～ 610.7 毫米，中部 519.1 ～ 731.5 毫米，南部 752.9 ～ 818.1 毫米。各县（市、区）年降水均超过常年。根据气候异常度的划分标准，2020 年，丰宁、承德县和宽城降水显著偏多，围场降水偏多，其余县（市、区）降水均属于正常年份。

【日照】 2020 年，全市年平均日照时数 2973.9 小时，较常年（2638.1 小时）偏多 335.8 小时，属日照异常偏多年份。各县（市、区）日照时数在 2645.2 ～ 3264.7 小时之间，平泉日照时数最多，隆化日照时数最少。从各县（市、区）日照时数距平来看，丰宁、平泉、滦平、市区、兴隆和承德县日照异常偏多，围场和宽城显著偏多，隆化接近常年。

【干旱】 2020 年，承德市气象干旱（轻旱及以上）日数为 30.8 天，较常年（119.6 天）偏少 88.8 天，为 1991 年以来最少。各县（市、区）干旱日数分布不均，其中市区最多，为 59 天；承德县未出现干旱。

【强降水】 2020 年，全市平均降水日数 76 天，较常年偏少 3.6%。小雨（0.1 ～ 9.9 毫米）526 站次，中雨（10.0 ～ 24.9 毫米）98 站次，大雨（25.0 ～ 49.9 毫米）42 站次，暴雨（≥ 50.0 毫米）18 站次。暴雨较常年偏多 102.2%，大雨较常年偏多 22.1%，小雨和中雨接近常年。夏季全市共发生暴雨 8 次：强降水过程主要出现在 7 月 5 日、8 月 12 ～ 13 日和 23 ～ 24 日，其中 8 月 12 ～ 13 日的暴雨过程影响较大。

【高温】 2020 年，承德平均高温日数 2.3 天，较常年（2.5 天）偏少 0.2 天。空间分布上，高温集中在中部地区，市区高温日数最多，为 13 天，其次是承德县和宽城，为 2 天。7 月 24 日高温影响范围最广，隆化、平泉、滦平、市区、承德县和宽城均出现高温。其中，7 月 21 日，市区出现了年内全市最高气温，为 37.1℃。

【冰雹】 2020 年，承德市共出现 17 站次冰雹，较常年偏少 22.7%，其中丰宁、围场、平泉、兴隆、承德县和宽城均出现冰雹。最强风雹灾害出现时间为 7 月 13 日，出现地区为兴隆，最大冰雹直径为 0.6 厘米。

【大风】 2020 年，承德市平均大风日数 19.9 天，较常年值（8.2 天）偏多 11.7 天，已经连续四年偏多一倍以上。丰宁出现大风日数最多，为 69 天，其次隆化 24 天，宽城 18 天，平泉 15 天，市区 14 天，围场 13 天，兴隆 10 天，其他各县在 10 天以内。

【沙尘】 2020年，承德市平均沙尘日数1.1天，较常年偏少57.7%。全年出现扬沙10次，未出现浮尘和沙尘暴。沙尘天气主要出现在春季，全市有3个国家站出现沙尘，分别为丰宁、围场和市区，丰宁的沙尘日数最多，为5天。

【大雾】 2020年承德市平均大雾日数14.1天，较常年偏多3.6天，集中出现在夏末秋初。丰宁出现大雾日数最多，为25天，其次宽城22天，承德县19天，隆化15天，兴隆14天，滦平12天，其他县（市、区）在10天以内。

【寒潮】 2020年，全市平均寒潮日数14.8天，较常年偏多2.7天。春季最后一次寒潮发生在5月19日，秋季最早的寒潮出现在10月3日。3月发生寒潮最多。影响范围超过4个县（市、区）的寒潮降温过程共12次，其中3月26～28日寒潮持续时间长，影响范围广，降温幅度大。

【降雪】 2020年，承德市年平均降雪日数为14.6天，较常年（20.5天）偏少28.8%，春季降雪过程较多。全年降雪日数，丰宁、隆化、市区和承德县最少，为13天，围场最多，为20天。各县（市、区）降雪日数均低于常年值。2月13日夜间到14日白天，承德市出现大范围强雨雪天气。市区、丰宁、围场、隆化、滦平和兴隆过程降水量均达10毫米以上，平泉、承德县7毫米以上，宽城最小3.7毫米。此次过程最大降水量和最大积雪深度均出现在兴隆县，分别为17.6毫米和19厘米。

（供稿　于　超）

自然资源

【土地资源】 承德市土地总面积3948953.23公顷，其中农用地3091265.38公顷，占辖区总面积的78.28%；建设用地123831.34公顷，占辖区总面积的3.14%；未利用地733856.51公顷，占辖区总面积的18.58%。

【矿产资源】 承德市已发现各类矿产90种（能源矿产6种，金属矿产30种，非金属开采52种，水汽矿产2种），经勘查并有储量记载的有59种，开发利用的52种，探明矿产地353处。其中，油页岩、钒、钛、钼、银、铅、铂、钯、萤石、磷矿、金、矿泉水等12种矿产资源储量居全省首位；铁、铜、硫铁、沸石、锌5种居全省第二位；地热资源也有一定优势。

矿产资源分布。铁矿资源分布：单一磁铁矿（鞍山式）主要分布在兴隆南部、丰宁的杨营子—石灰窑、滦平的周台子、宽城的豆子沟；钒钛磁铁矿（大庙式）主要分布在承德县、双滦区和隆化县的大乌苏沟；超贫钒钛磁铁矿主要分布在滦平的红旗和小营、宽城的孤山子和亮甲台、平泉的娘娘庙和沙坨子。金、银矿、铂钯矿主要分布在宽城满族自治县、平泉市、丰宁满族自治县；铜、钼矿主要分布在丰宁满族自治县、平泉市。油页岩分布在丰宁满族自治县、围场满族蒙古族自治县。

优势矿产资源储量。黑色金属矿产储量，钒、钛矿产资源储量居全省首位，铁矿占全省储量的36%，按矿石类型分类，主要分单一磁铁矿（鞍山式），钒钛磁铁矿（大庙式），超贫钒钛磁铁矿等3类。

（供稿　魏舜煜）

【水资源】 承德市是首都圈的“水源高地”，东有潘家口和大黑汀水库，西有潮河等流入密云水库，是京津冀首都圈的重要水源区。潘家口水库的93.4%水量和密云水库56.7%的水量来自承德。根据全国水资源综合规划评价结果，承德市多年平均（1956—2000年）地表水资源量为36.0亿立方米，地下水资源量为17.1亿立方米，扣除地表水和地下水资源重复计算量，全市水资源总量为37.6亿立方米，人均水资源量为995立方米。全市水资源具有时空分布不均，年际变化异常悬殊的特点。受降水及地形地貌等因素的影响，水资源量从北向南、从上游向下游递增，北部围场、丰宁径流深在55毫米以下，兴隆、宽城满族自治县南部沿长城一线多年平均年径流深为170～230毫米。由于全年降水量主要集中在7—9月，导致径流在年内分配也不均匀，全年径流近70%集中在汛期，特别是丰水年汛期径流占比高达80%，南部平泉、宽城、兴隆高达90%。全市水资源量的年际变化也很大，天然年径流量特征值Cv都在0.5以上，全市1959年径流量最大为109.06亿立方米，2000年最小为9.23亿立方米，两者相差近12倍。

承德境内包括3个水资源三级区，分别是滦河山区、北三河山区及和西拉木伦河及老哈河区。从境内3个区的水资源量来看，滦河流域平均年径流量26.46亿立方米，水资源量为27.22亿立方米，占全市水资源总量的73.5%。北三河区的潮白蓟运河流域在承德市境内分为两片，一片为西部的潮白河水系，平均年地表径流量为5.25亿立方米，水资源总量为5.37亿立方米，另一片为南部的蓟运河水系，是全市降水量及单位面积产水量最大的地区（单位面积产水量为全区平均值的2.7倍），平均年地表径流量为1.69亿立方米，水资源总量为1.72亿立方米。辽河流域北片的阴河、乌力代河、西路嘎河，平均年径流量为1.42亿立方米，水资源总量为1.45亿立方米，南片的大凌河和老哈河，年径流量为2.22亿立方米，水资源总量为1.25亿立方米。

承德市地下水为典型的浅层地下潜水，含水层为山间河谷盆地极薄含水层类型，含水层厚度多为5～13米，水位埋深多在1～6米，含水层水量调蓄能力极弱。受地下水含水层特性影响，承德市地下水主要为河川基流，地下水与地表水相互转化极其剧烈，其富水程度与地表径流大小密切相关，呈现丰枯同步、多寡一致的特征。

（供稿　滕树海　刘玉铭）

【能源】　截至2020年年底，全市电力总装机达到931.05万千瓦，发电量达到213.88亿千瓦时。其中，火电装机176.8万千瓦，发电量达81.64亿千瓦时；风电装机达到552.2万千瓦，发电量106.01亿千瓦时；光伏发电装机190.8万千瓦，发电量24.7亿千瓦时；小水电4.95万千瓦，发电量0.36亿千瓦时；生物质发电6.3万千瓦，发电量0.67亿千瓦时。全市共有500千瓦站4座，主变8台，变电容量6900 兆伏安；220千瓦站20座，主变37台，主变容量6060兆伏安；110千瓦站67座，主变136台，容量6243.5兆伏安。220千瓦线路91条，总长度3174千米。110千瓦线路135条，总长度2928千米。真正实现以500千瓦为主供电源、220千瓦为网架支撑、110千瓦为供电延伸、中低压配电网架结构逐步完善、新能源与电网协调发展的现代化智能电网。全市迄今已探明的地热温泉点有12处，均属低温地热（25℃～90℃），近些年后有丰宁洪汤寺、围场山湾子、隆化七家、茅荆坝、承德县头沟等地8处地热资源被开发利用。主要用于洗浴疗养、养殖及饮用水加工。浅层地热供暖面积达477万平方米，污水源热能供暖面积达19.9万平方米。

（供稿　杨　烁）

民族·宗教

【民族】　截至2020年年底，全市共有汉族、满族、蒙古族、回族等34个民族成分，少数民族人口177.40万人，占全市总人口的46.77%，占全省少数民族人口的47.25%。满族154.25万人，蒙古族18.92万人，回族3.12万人，其他少数民族1.11万人，其他少数民族均不足

3000人，其中500人以上的有5个，分别是苗族2862人，壮族2491人，朝鲜族1407人，彝族838人，土家族559人。丰宁、宽城、围场3个自治县和滦平、隆化、平泉3个民族县中，少数民族人口占全市的近90%，区域面积占全市总面积的83%。有23个民族乡，1772个民族村。除鹰手营子矿区、高新区外，其余县（市、区）均为省民族工作重点县（市、区）。是河北省少数民族和民族自治区划最多的地级市，同全国30个自治州相比，少数民族人口居第10位。

【宗教】 承德市有5个市级宗教团体，有信教群众7.4万人，认定备案教职人员188人，宗教活动场所147处，百人以上教徒聚居村189个，其中单一宗教信教人数千人以上或占全村人口30%以上的重点教徒聚居村38个。兴隆、平泉、双桥区为省宗教工作重点县（市、区）。

（供稿　胡宝发）

中共承德市委

综　述

【概况】　2020年，中共承德市委坚持以习近平新时代中国特色社会主义思想为指导，深入贯彻中共十九大和十九届二中、三中、四中、五中全会精神，认真落实中央和省委决策部署，统筹推进疫情防控和经济社会发展，扎实做好“六稳”工作，全面落实“六保”任务，坚定不移推进政治、经济、文化、社会、生态文明建设和党的建设，推动新时代全面建设“生态强市、魅力承德”迈出新步伐，为全面开启社会主义现代化建设新征程奠定坚实基础。

【强化理论武装】　市委常委会集中学习41次，市委理论学习中心组集体学习11次。深化常态化宣传宣讲，市委常委分别到联系点开展集中宣讲，带动全市各级党组织开展“六进”宣讲活动，组织各类宣讲3600余场次；30余万名党员干部通过“三会一课”“学习强国”平台自主深入学习，营造浓厚的政治氛围。认真学习贯彻党的十九届五中全会、中央经济工作会议精神。市委十四届八次全会深度谋划“十四五”发展思路，明确“三区一城”发展定位和“1266”发展战略，提出“六个显著”具体目标。市委十四届九次全会明确提出2021年全市经济工作的“九项重点任务”。扎实开展“深入学习贯彻中共十九届五中全会精神，共谋高铁时代高质量发展”大讨论，组织动员全市上下解放思想、更新观念、创新举措，为推动承德高质量发展凝聚强大合力。坚定不移做到“两个维护”，始终对党绝对忠诚。坚持把党的政治建设摆在首位，严格遵守政治纪律和政治规矩，增强“四个意识”、坚定“四个自信”、做到“两个维护”，始终在思想上政治上行动上同以习近平同志为核心的中共中央保持高度一致。认真贯彻民主集中制，班子成员加强沟通、团结协作、密切配合，坚持重大事项集体决定，自觉从政治上考量、在大局下行动。注重加强对市直部门、县（市、区）党委的管理和监督，定期听取工作汇报，广泛开展谈心谈话，带动全市上下团结一致、奋发作为。扎实推进“不忘初心、牢记使命”制度化、常态化。突出“学习教育、调查研究、检视问题、整改落实”制度机制建设，着力把学习教育成果转化为坚定理想信念、锤炼党性修养、忠诚履职尽责的行动自觉，党员干部守初心、担使命的思想根基更加牢固。

【新冠肺炎疫情防控】　市委、市政府第一时间成立疫情防控领导小组，组建12个工作专班，迅速建立横向到边、纵向到底的疫情防控体系。坚决筑牢环京“三道防线”，无一例确诊病例由承德进入北京。坚持集中医疗资源，全力实施救治，全市7例输入性病例2月23日全部治愈出院，实现全省确诊病例最少、住院病人清零最早、患者零死亡、一线人员零感染的目标。先后派出3批次69名医疗队员驰援遭受疫情突袭的武汉，拿出专项资金，动员社会力量，捐款捐物，为打赢湖北保卫战、武汉保卫战作出承德贡献。

【抢抓机遇谋项目】　紧盯国家精准投资、拉动消费的政策机遇，累计争取中央和省各类债券到位资金72.56亿元，国家和省专项转移支付资金61.7亿元；共为159个项目争取中央、省预算内资金15.41亿元，为75个项目协调贷款支持67.38亿元，为60个项目争取地方政府专项债券43.89亿元，为61个项目争取抗疫特别国债16.4亿元。

【推动企业复工复产】 认真落实中央和省纾困惠企、减税降费系列政策，制定出台投资和项目建设12项措施、支持企业健康发展15条意见、服务企业发展10条政策。深入开展“走千企帮万家”、银企对接等活动，有效解决企业发展中遇到的困难和问题。

【推动“六稳”工作，落实“六保”任务】 聚焦全年目标任务，坚持日分析、周调度，力促经济持续健康发展。预计全年全市生产总值增长4%左右，固定资产投资增长4.2%左右，规上工业增加值增长3.9%左右，一般公共预算收入增长3.3%左右，城镇、农村居民人均可支配收入分别增长5%和8%左右。

【生态文明建设】 坚持山水林田湖草系统治理，深入实施京津风沙源治理、森林质量提升等生态建设工程。2020年，全市治理水土流失面积648平方千米，治理修复草地49万亩，营造林167.7万亩，森林覆盖率达到59.4%。坚持防重于治、治防并举、关口前移，全力打好“蓝天、碧水、净土”保卫战。持续推进“减煤、治企、控车、抑尘、增绿”五大行动，全年市区PM2.5平均浓度27微克／立方米，同比下降2微克。严格落实河湖长责任制、河湖警长制、河道管理员制度，深入实施“水污染防治三年百项重点工程”，启动实施“800里滦河水质保护工程”，全市19个地表水国、省考断面水质全部达到或好于Ⅲ类标准，水环境质量持续保持全省领先。大力加强土壤污染治理与修复，面源污染得到有效控制。启动实施矿山综合治理攻坚行动，完成矿山生态修复11.05平方公里。坚持林上要果、林中要游、林下种养，强力推进生态产业化、产业生态化，林业经济成为百姓增收致富的重要支撑。积极搭建市场运营平台，做大做强塞罕坝生态开发集团，突出碳汇经营开发、森林生态旅游、苗木生产经营等五大板块，促进形成生态市场化经营新格局。借力生态优势，强力打造“承德山水”农产品区域公用品牌，健全完善质量标准、检验检测、一码追溯八大体系，全面进入京津市场，承德生态农产品的影响力日益扩大。认真落实水源涵养功能区保护条例、潮滦河流域生态环境保护规划、塞罕坝及周边生态保护规划，加快推进武烈河流域水环境保护条例、山体生态保护条例立法工作。持续深化绿色GDP考核，强化自然资源资产离任审计、生态环境损害赔偿和责任终身追究，大力倡导绿色生产生活方式，全民生态文明意识显著增强。

【力促绿色发展】 坚持把“3+3”主导产业和县域“1+2”特色产业作为高质量发展的核心支撑，严格落实“五个一”推进机制，强力实施“五大工程”，逐个产业进行调度，着力在延链、补链、强链上下功夫，持续推进产业基础高级化、产业链现代化。2020年，全市实施绿色主导产业亿元以上项目136个，完成投资142亿元。集中打造“一号风景大道”、武烈河百里休闲旅游带等7条精品线路，国家冰上训练基地、长城文化公园、“避暑山庄之夜”等40个重点文化旅游项目加快推进，金山岭长城、磬锤峰分别成功创建国家AAAAA级、AAAA级旅游景区。承德智慧旅游大数据平台上线运行，一部手机游承德正式开通，“一季游”向“四季游”转变取得实质性进展，全域旅游实现重大突破。坚持“食、药、医、健、游”五位一体融合发展，加快推进京承医养基地和中国北方高端医疗康养中心建设，努力推进全市医疗康养产业高质量发展。组建燕山钒钛产业技术研究院，实施承钢钒钛高强冷轧板、建龙100万吨钒钛高科无缝管装备等一批产业支撑项目，国家钒钛产业链现代化示范基地建设迈出坚实步伐。全力打造食用菌、功能饮品等10个精深加工产业集群，百万亩中药材花海等“五个百万”基地加快建设，一批富民强县的绿色食品、中药材深加工项目加快实施。借力京承同城化，抢抓5G、工业互联网、人工智能新机遇，组建了阿里巴巴（承德）大数据智能研究院，实现与北京光纤直连直通。重新启动德鸣大数据产业园，一批大数据产业项目落地开工。统筹推进能源开发、并网输送、装备制造，承德百万千瓦风电基地二期项目开工建设，500千伏御金线高压输送项目积极推进，丰宁抽水蓄能电站第一台机组将于明年并网发电，5个风电项目批准并网。全力打造高新区微智园、丰宁怀丰产业园等5个园区，入住企业41家，仪器仪表、智能输送装备、汽车及零部件等产业集群效应凸显。大力实施重点项目“63218”工程，全面推行“两线四牵引”、月调度月通报、擂台赛等推进机制，全年组织四次重点项目集中开工。计划开工的140个省市重点项目全部开工建设，完成投资313亿元，完成全年目标任务的108.9%。坚持提升传统消费、培育新型消费，全面落实国家促进消费19条措施，坚持线上线下结合，大力发展“夜经济”和“后备箱经济”，全力促进消费扩容升级。

【打赢精准脱贫收官战】 坚持把脱贫攻坚作为第一民生工程，紧盯“两不愁、三保障”和饮水安全目标，持续打好“八措并举”组合拳，全市7个贫困县（市）、936个贫困村全部脱贫出列，“十三五”期间，45.6万贫困人口实现稳定脱贫。坚持分类管理、挂图作战，做到领导干部包联、帮扶责任人帮扶、因户因人施策“三个全覆盖”，剩余4554名贫困人口全部达到脱贫标准。持续做大做强“一环六带”九大特色扶贫产业，贫困群众实现扶贫产业全覆盖。全面促进贫困人口就近就业，设置扶贫公益岗位6.22万个，通过组织劳务输出、建立扶贫车间等措施，18.48万贫困劳动力实现稳定就业。借势借力东西部协作扶贫、京津对口帮扶政策，用足用好各类帮扶资源。京津两市投入帮扶资金4.45亿元，实施帮扶项目190个；民建中央、生态环境部等单位投入和引进资金2.38亿元，实施帮扶项目86个。广泛开展“脱贫攻坚党旗红”“脱贫攻坚再助力，人大代表展风采”“政协委员四引四帮促脱贫”系列帮扶活动，深入开展“千企帮千村”活动，工青妇等群团组织和社会团体积极参与，形成脱贫攻坚“大合唱”。严格落实“四个不摘”要求，建立“七有”防贫机制。将不稳定脱贫户和低收入边缘户纳入防贫对象，实施监测预警、帮扶救助、退出跟踪，严防群众因灾因病因意外致贫返贫，2.87万人纳入防贫监测范围。坚持把乡村振兴作为巩固脱贫攻坚成果的重大举措，全面编制乡村振兴总体规划，加快推进中心镇、特色小镇、中心村建设。大力实施农业产业结构调整、品牌打造、园区建设等工程，持续发展壮大134家省级扶贫龙头企业、1.27万个农民合作社。深入开展农村人居环境综合整治，改造无害化卫生厕所34.9万座，生活垃圾处理体系覆盖村庄比例达到98%，370个行政村完成生活污水系统治理。

【增强发展动能】 坚持以改革破解瓶颈制约，加快推进“放管服”改革，加快推动“承德办事一次成”向“办事不用跑”转变升级，大力实施“承德办事网上行”“4611”工程全面完成，“互联网+政务服务”实现市县乡三级全覆盖，平均网上可办率达到97%以上。市县两级全面设立企业发展服务中心，政府工作服务站、政府服务代表年底将实现企业全覆盖。供给侧结构性改革、乡镇街道改革、金融财税体制改革、国有企业改革、农业农村体制改革等重点领域改革稳步推进，呈现出全面发力、重点突破、纵深推进的良好态势。创新招商机制，组建市投资促进局，选优配强招商力量。紧盯京津冀协同发展，突出承接非首都功能疏解，深化“五合一”精准对接，坚持线上线下相结合，实施精准选资、靶向招商。举办“百家央企京企进承德”“百家津企承德行”活动，积极参加“5.18”网上经洽会，与央企、京企、津企签约合作项目65个，计划投资483亿元。坚持立足京津，面向长三角、珠三角及“一带一路”沿线国家和地区，持续加大开放招商力度，取得较好成效。始终把示范区建设作为创新发展的重要抓手和重大机遇，积极争取省政府出台30条支持政策，配套制定全市36条具体支持措施，成功举办示范区建设推进大会，组建专家咨询委员会，深入实施“四大行动”、16项工程和96个重点项目，示范区建设迈出坚实步伐。加快培育创新主体，实施市级以上科技计划项目95项，全市高新技术企业、科技型中小企业分别达到221家、2160家。持续推进创新平台建设，建成2个国家级众创空间，9家省级技术创新中心成功获批。

【保障和改善民生】 积极应对疫情对就业冲击影响，制定就业创业和抗疫情稳就业16条支持政策，全力做好高校毕业生、退役军人、农民工、贫困人口等重点群体就业工作，确保就业困难家庭实现动态清零。2020年，全市城镇新增就业4.6万人，下岗失业人员实现再就业1.5万人，就业困难人员就业7032人，高校毕业生就业率94.6%，城镇登记失业率控制在3.82%，全年各项目标任务均已完成。全面贯彻党的教育方针，统筹推进学前教育、义务教育、高中教育、职业教育、高等教育高质量发展。大力加强教育基础设施建设，投入6.54亿元，新建、改扩建学校62个，义务教育由“基本均衡”全面转向“优质均衡”。大力推进教育质量提升，全市中、高考成绩取得历史性突破。承德石油高等专科学校升本工作顺利推进。有效应对新冠肺炎疫情冲击，持续深化疾病预防控制体系建设，建成核酸检测实验室36个，日最大检测能力达到4万人次。持续加大医疗卫生领域改革力度，大力加强“医联体”“医共体”建设，二级以上医院建设水平明显提升，远程医疗和智慧分级诊疗试点市建设取得积极进展。全面推进医疗卫生城乡一体化管理，村卫生室乡镇代管实现全覆盖。养老、医疗等五大社会保险实现应保尽保。社会救助、福利慈善、优抚安置等民生工作加快推进，构建了可持续、多层次的社会保障体系。年初确定的10项民心工程、24件惠民实事全面完成。老旧小区改造、物业质量提升、综合市场改造升级等重点工作取得显著成效。2020年，全市民生支出累计完成372.7亿元，占一般公共预算支出比例达到81.7%。

【维护平安稳定】 加大地方立法力度，制定出台《承德供热管理条例》《承德市旅游市场管理条例》等8部地方性法规。建立常态化学法制度，系统解读学习《民法典》《应急管理法》以及野生动物保护等系列法律法规，确保落到实处。统筹推进60余项司法体制综合配套改革，一线办案力量得到充实，公正司法效率更加凸显。深入开展“七五”普法，营造学法、懂法、守法、用法的良好局面。坚持和发展新时代枫桥经验，严格落实各项试点任务目标，扎实推进县乡村综治中心规范化建设，县乡两级行政争议化解中心实现全覆盖。密切关注融资、房地产、涉军问题等重点领域，加强矛盾纠纷排查化解，分两批对重大重复信访事项明确领导包联责任，圆满完成重要节点安保工作。打掉涉黑组织3个、涉恶组织32个，破获涉黑恶案件508起，抓获犯罪嫌疑人1040人，在全省扫黑办组织的第三方测评中，承德市5项指标均居全省前列。建立健全风险研判、评估防控、协调推进等工作机制，紧盯生态保护、金融领域等7个领域，加强风险点处置，未发生区域性风险。认真抓好安全生产、食品药品安全、森林草原防火、文物防火防盗、防汛减灾等各项工作，有效保证人民群众生命财产安全。

【抓好党的建设】 严格落实管党治党政治责任，全面推进党的建设新的伟大工程，为经济社会发展提供强有力的组织保障。认真落实新时代党的组织路线，牢固树立“六个旗帜鲜明”用人导向，全年共调整市管干部职务职级22批、1178人次，进一步优化领导班子和干部队伍结构。统筹推进干部教育培训、管理监督、考核评价工作，培训党员干部5.07万人次。健全完善分类考核、绩效考核、综合考核等指标体系，有效激发党员干部干事创业的积极性。持续开展“基层党建提升年”活动，完成180个软弱涣散基层党组织整顿转化工作。全面开展“抓党建、防疫情、促脱贫、保小康”活动，广泛开展“脱贫攻坚党旗红”“乡村振兴党旗红”“抗击疫情党旗红”活动。统筹做好农村、城市、“两新”组织、高校等各领域党建工作，基层党组织战斗堡垒作用和党员先锋模范作用显著增强。持续深化京津承人才交流合作，组织开展“双招双引”“进名校引英才”等活动，全年引进产业人才5329人，新评选市管优秀专家111人，为服务发展大局提供人才智力支撑。履行纪检监督责任，以上率下带动各级领导干部履行“第一责任人”责任和“一岗双责”。聚焦政治纪律和政治规矩、生态环保、脱贫攻坚、扫黑除恶等重点领域，持续开展专项整治。全市共处置问题线索4546件，立案1523件，党纪政务处分1813人，留置17人，移送司法机关35人。持续深化运用“四种形态”，强化政治性警示教育，加强干部监督。启动市委第九、十、十一轮巡察工作，完成届内全覆盖任务的94.4%，一体推进不敢腐、不能腐、不想腐。严格落实中央八项规定和实施细则，驰而不息纠“四风”，特别是形式主义、官僚主义问题。认真落实“三个区分开来”“四干四有”“督考问用”“重大事项专报直通车”等工作机制，全市上下干事创业的氛围日益浓厚。

重要会议

【市委全体会议】 11月12日，市委召开第十四届委员会第八次全体会议。会议坚持以习近平新时代中国特色社会主义思想为指导，深入学习贯彻习近平总书记重要讲话和党的十九届五中全会精神、省委九届十一次全会精神，紧密结合承德实际，研究部署“十四五”时期全市经济社会发展工作。全会听取和讨论了市委常委会工作报告，审议通过《中共承德市委关于制定国民经济和社会发展第十四个五年规划和二　三五年远景目标的建议》，进一步动员全市上下，不忘初心、牢记使命，抢抓机遇、乘势而上，奋力开启“生态强市、魅力承德”现代化建设新征程。

12月29日，市委召开第十四届委员会第九次全体会议。会议坚持以习近平新时代中国特色社会主义思想和习近平总书记重要讲话精神为指导，认真学习贯彻党的十九届五中全会精神、中央经济工作会议和省委九届十二次全会精神，总结今年经济工作，分析面临形势，部署明年经济工作，动员全市上下进一步抢抓机遇、乘势而上、奋发作为，确保“十四五”开好局、起好步，全面开启“生态强市、魅力承德”现代化建设新征程。

【常委及扩大会议】 1月15日，市委召开十四届常委会第115次会议。传达学习中央、省“不忘初心、牢记使命”主题教育总结大会会议精神，研究承德市总结大会召开事宜。传达学习中央农村工作会议和中央1号文件精神以及全省农村工作会议精神，研究讨论《中共承德市委承德市人民政府关于抓好“三农”领域重点工作确保如期实现全面小康的实施意见（审议稿）》。传达学习全国扶贫开发工作会议和省扶贫脱贫工作会议精神，听取2019年度国家扶贫成效考核情况汇报，研究承德市贯彻落实意见，部署相关工作。传达学习省十三届人大三次会议、省政协十二届三次会议精神，研究承德市贯彻落实意见。传达学习省委统一战线工作领导小组全体会议、全省宗教治理工作会议精神，研究承德市贯彻落实意见，部署相关工作。听取市领导春节前走访慰问活动安排情况汇报。研究讨论关于给予挂职干部记功奖励事宜。研究干部人事议题。

1月19日，市委召开十四届常委会第116次会议。传达学习全省统战部部长会议精神，研究承德市贯彻落实意见。传达学习十九届中央纪委四次全会、省纪委九届五次全会精神，研究承德市贯彻落实意见和市纪委十四届四次全会有关事项。传达学习冉万祥到承德讲话精神和落实全面从严治党“两个责任”和党风廉政建设责任制专项检查反馈意见会精神，研究承德市贯彻落实意见。传达学习全省离退休干部“双先”表彰大会和全省老干部局长会议精神，研究承德市贯彻落实意见。

1月26日，市委召开十四届常委会第117次（扩大）会议。传达学习习近平总书记在中共中央政治局常务委员会会议上的重要讲话精神，全面落实中共中央、国务院关于做好新型冠状病毒感染的肺炎疫情防控工作的决策部署，听取全市新型冠状病毒感染的肺炎疫情防控工作情况汇报，研究部署相关工作。

1月27日，市委召开十四届常委会第118次（扩大）会议。传达学习全省新型冠状病毒感染的肺炎疫情防控工作视频调度会议精神和省纪委监委有关疫情防控视频会议精神，全面落实中共、中央、国务院和省委、省政府、省纪委监委关于做好新型冠状病毒感染的肺炎疫情防控工作的决策部署。听取全市新型冠状病毒感染的肺炎疫情防控工作情况汇报，研究部署相关工作。

1月28日，市委召开十四届常委会第119次（扩大）会议。传达学习习近平总书记关于新型冠状病毒感染肺炎疫情防控的重要指示，传达学习省委常委会扩大会议精神，全面贯彻落实习近平总书记和中共、中央国务院、省委省政府关于做好新型冠状病毒感染的肺炎疫情防控工作的决策部署。听取全市新型冠状病毒感染的肺炎疫情防控工作情况汇报，研究部署相关工作。

2月4日，市委召开十四届常委会第120次（扩大）会议。传达学习中央、省委关于新型冠状病毒感染的肺炎疫情工作重要指示批示精神，研究部署相关工作。

研究讨论《中共承德市委、承德市人民政府关于贯彻落实〈中共河北省委、河北省人民政府关于开展“三创四建”活动，加快建设经济强省、美丽河北的意见〉的实施意见（审议稿）》及《工作分工（审议稿）》。传达中央领导、省委领导关于安全生产工作重要指示批示精神，研究部署相关工作。

2月11日，市委召开十四届常委会第121次（扩大）会议。传达学习中央、省委关于新型冠状病毒感染的肺炎疫情工作重要指示批示精神，研究部署相关工作。传达学习2月10日习近平总书记在北京市调研指导新冠病毒疫情防控工作重要指示精神；传达学习省委相关会议精神。听取承德市新型冠状病毒感染的肺炎疫情防控工作领导小组办公室相关情况汇报，研究部署相关工作。

2月13日，市委召开十四届常委会第122次（扩大）会议。传达学习中央、省委关于新型冠状病毒感染的肺炎疫情工作重要指示批示精神，研究部署相关工作。传达学习2月12日习近平总书记在中共中央政治局常务委员会会议上的重要讲话精神。传达学习2月12日全省疫情防控工作视频调度会议精神，研究承德市贯彻落实意见。听取承德市新型冠状病毒感染的肺炎疫情防控工作领导小组办公室相关情况汇报，研究部署相关工作。

2月17日，市委召开十四届常委会第123次（扩大）会议。传达学习省委、省政府《关于深入贯彻习近平总书记重要指示和中共中央决策部署奋力夺取疫情防控和经济社会发展双胜利的实施意见》，听取全市工作安排情况。听取全市新冠肺炎疫情防控工作汇报，研究部署相关工作。传达学习省委省政府《关于贯彻落实习近平总书记重要批示精神高标准高质量做好冬奥会和冬残奥会筹办工作的意见》，研究部署相关工作。研究讨论《承德市2020年脱贫攻坚工作要点（审议稿）》《承德市脱贫攻坚决战决胜工作方案（审议稿）》，研究部署相关工作。研究建立全市主导产业及县域特色产业专班推进机制、调整成立全市主导产业及县域特色产业发展领导小组相关事宜。研究省、市重点项目建设相关事宜。研究审议《2020年市级领导包联重点企业工作方案（审议稿）》。传达学习中央、全省政法工作会议精神，研究部署相关工作。

2月20日，市委召开十四届常委会第124次（扩大）会议。专题研究调度全市“三创四建”活动开展工作。听取“三创四建”活动领导小组9个专项推进组工作情况汇报。

2月23日，市委召开十四届常委会第125次（扩大）会议。传达学习中央和省委近期关于新冠肺炎疫情工作和经济社会发展工作重要指示精神，研究部署相关工作。传达学习2月21日中共中央政治局会议精神。传达学习全国统筹推进新冠肺炎疫情防控和经济社会发展工作部署会议精神和相关会议精神。听取全市新冠肺炎疫情防控工作情况汇报，研究部署下一步工作。听取全市交通检疫工作情况汇报，研究部署下步工作。听取全市企事业单位复工复产情况汇报，研究部署下步工作。听取全市物资保障工作情况汇报和下步工作安排情况汇报。听取论新一轮大排查“回头看”工作安排情况汇报，研究部署下一步工作。听取全市复学工作准备情况汇报和具体工作措施制定情况汇报。

2月28日，市委召开十四届常委会第126次（扩大）会议。响应中共中央对广大党员的号召，为支持新冠肺炎疫情防控工作捐款。传达学习中央、省委近期关于新冠肺炎疫情防控工作重要指示精神，研究部署相关工作。传达学习2月26日中共中央政治局常务委员会会议精神。传达学习中央文件精神和省有关会议精神。传达省委常委、统战部部长到承德督导调研精神。听取全市新冠肺炎疫情防控工作情况汇报，研究部署下一步工作。听取论新一轮大排查“回头看”工作情况汇报，研究部署下一步工作。传达学习中央全面依法治国委员会第三次会议精神和省委全面依法治省委员会第四次会议精神，审议《中共承德市委全面依法治市委员会2019年工作总结（审议稿）》《中共承德市委全面依法治市委员会2020年工作要点（审议稿）》，研究部署相关工作。传达学习全省宣传部部长会议精神，研究承德市贯彻落实意见。研究干部人事议题。

3月5日，市委召开十四届常委会第127次（扩大）会议。传达学习中央、省委近期关于新冠肺炎疫情防控工作重要指示精神，研究部署相关工作。听取全市森林草原防火工作情况汇报，研究部署相关工作。传达学习全国审计工作会议精神和省委审计委员会第三次会议及全省审计工作会议精神，听取《2019年全市审计工作完成情况和2020年重点工作汇报（审议稿）》，审议《承德市2020年度审计项目计划（审议稿）》和有关文件，研究部署相关工作。传达学习中共河北省委《关于进一步贯彻落实党内谈话制度的实施办法（试行）的通知》文件精神，研究部署相关工作。研究讨论关于印发《贯彻落实〈“抓党建、促脱贫、保小康”活动实施意见〉若干措施》的通知，研究部署相关工作。传达学习全省组织部部长会议精神，研究部署相关工作。研究干部人事议题。

3月8日，市委召开十四届常委会第128次（扩大）会议。传达学习中共中央近日关于决战决胜脱贫攻坚重要指示精神,研究部署相关工作。传达学习中央、省委近期关于新冠肺炎疫情防控工作重要指示精神,研究部署相关工作。传达学习中央、省委全面深化改革相关会议精神,研究部署相关工作。传达学习中共河北省委《关于建立健全机关党建制度机制推进机关治理和事业发展的意见》文件精神,研究部署相关工作。听取市领导包联信访案件情况汇报,研究部署相关工作。

3月16日,市委召开十四届常委会第129次(扩大)会议。传达学习中央、省委近期关于新冠肺炎疫情防控工作重要指示精神,研究部署相关工作。听取今年以来全市大气污染综合治理工作情况汇报,研究部署相关工作。研究市纪委监委提交的关于案件审理的请示。

3月19日,市委召开十四届常委会第130次(扩大)会议。传达学习中央、省委近期关于新冠肺炎疫情防控工作重要指示精神,研究部署相关工作。传达学习中共中央办公厅《党委(党组)落实全面从严治党主体责任规定》文件精神,研究部署相关工作。

3月27日,市委召开十四届常委会第131次(扩大)会议。传达学习全省经济运行视频调度会议精神,研究部署相关工作。研究审议县级乡镇和街道改革方案等有关文件,研究部署相关工作。研究干部人事议题。

3月31日,市委召开十四届常委会第132次(扩大)会议。传达学习中央、省委近期关于新冠肺炎疫情防控和经济社会发展工作重要指示精神,研究部署相关工作。研究市应急管理局党组改设党委事宜。研究干部人事议题。

4月2日,市委召开十四届常委会第133次(扩大)会议。传达学习中央、省委近期关于新冠肺炎疫情防控和经济社会发展工作重要指示精神,研究部署相关工作。听取全市深入开展重点领域清理规范工作情况汇报,研究部署下步工作。研究干部人事议题。

4月10日,市委召开十四届常委会第134次(扩大)会议。传达学习中央、省委近期关于新冠肺炎疫情防控和经济社会发展工作重要指示精神,研究部署相关工作。传达学习全省信访工作会议精神,听取全市信访工作情况汇报,研究部署相关工作。研究审议中共承德市委《认真贯彻落实习近平总书记重要批示精神进一步做好向党中央、向省委请示报告工作的意见和责任分工(审议稿)》,研究部署相关工作。研究审议《2019年国家脱贫攻坚成效考核反馈问题整改工作实施方案(审议稿)》,研究部署相关工作。传达学习全省人大系统“6+1”联动监督动员会议精神,研究承德市贯彻落实意见。

4月15日,市委召开十四届常委会第135次(扩大)会议。研究全市创建全国文明城市暨“百日攻坚”相关事宜,部署相关工作。传达学习省委近期关于新冠肺炎疫情防控工作有关重要指示精神,研究部署疫情防控常态化工作。传达学习省委人才工作领导小组第十七次会议精神,听取2019年全市人才工作汇报,审议市委人才工作领导小组《2020年工作要点》。审阅《2019年全市党的建设工作总结》,审议《市委党的建设(基层组织建设)工作领导小组2020年工作要点》,审议《市委党的建设(基层组织建设)工作领导小组工作规则》。

4月22日,市委召开十四届常委会第136次(扩大)会议。传达学习中央、省委近期关于新冠肺炎疫情常态化防控工作、当前经济形势和经济工作有关重要指示精神,研究部署疫情防控常态化工作和经济工作。听取全市一季度经济经济运行情况汇报,研究部署相关工作。传达学习省委全面深化改革相关文件精神,研究部署相关工作。传达学习省委退役军人事务工作领导小组第二次全体会议精神,研究部署相关工作。传达学习全省“抓党建、促脱贫、保小康”活动推进会议精神,研究部署相关工作。研究干部人事议题。

4月28日，市委召开十四届常委会第137次会议。研究干部人事议题。

5月7日，市委召开十四届常委会第138次（扩大）会议。通报全省2019年脱贫攻坚成效考核情况，听取市直相关单位和相关县（市）工作汇报，研究部署相关工作。传达学习中央、省委近期关于新冠肺炎疫情常态化防控工作、当前经济形势和经济工作有关重要指示精神，研究部署疫情防控常态化工作和经济工作。传达学习省委、省政府办公室厅《关于认真贯彻落实习近平总书记重要指示精神切实做好安全生产、森林草原防灭火、防汛抗旱和社会稳定工作的通知》精神，研究承德市贯彻落实意见。传达李克强总理近日就严把关口、过紧日子作出的重要批示，研究部署相关工作。研究审议《中共承德市委关于强化党建引领基层治理的实施意见（审议稿）》。研究讨论《承德市开展“不忘初心 牢记使命”主题教育总结报告（审议稿）》。研究审议《承德市工业遗产保护与利用条例（审议稿）》。研究干部人事议题。

5月14日，市委召开十四届常委会第139次（扩大）会议。传达学习中央、省委近期关于新冠肺炎疫情常态化防控工作、经济社会发展等工作重要指示精神，研究部署相关工作。传达学习省委、省政府主要领导近日关于全市森林防火工作的重要指示批示，研究部署相关工作。传达学习省领导在《中共河北省委办公厅河北省人民政府办公厅关于印发〈塞罕坝机械林场及周边区域森林草原生态保护规划（2020—2035年）〉的通知》批示精神和《通知》文件精神，研究部署相关工作。听取全市安全生产工作情况汇报，研究部署相关工作，听取全市信访工作情况汇报，研究部署相关工作。听取关于2019—2020年秋冬季大气污染综合治理目标未完成情况的检查报告，研究部署相关工作。研究审议《关于加快推进城市夜间经济发展的实施方案（审议稿）》。传达学习九届省委军民融合发展委员会第二次全体会议和推进会议精神，研究部署相关工作。传达九届省委军民融合发展委员会第二次全体会议和推进会议精神精神。研究讨论《关于严格落实党委（党组）落实全面从严治党主体责任规定及措施的责任分工方案（审议稿）》。研究讨论《承德市市域社会治理现代化实施意见（审议稿）》。研究审议市纪委监委提交的有关请示。研究干部人事议题。

5月22日，市委召开十四届常委会第140次（扩大）会议。传达学习中央、省委近期关于新冠肺炎疫情常态化防控工作、经济社会发展等工作重要指示精神，研究部署相关工作。研究审议《承德市积极应对人口老龄化实施方案（审议稿）》。研究审议《关于进一步加强土地管理有效提高土地利用质量效率的实施意见（审议稿）》。传达学习省委外事工作委员会第三次会议精神。研究审议《市委全面依法治市委员会2020年工作要点（审议稿）》《中共承德市委全面依法治市委员会关于加强法治乡村建设的实施意见（审议稿）》，研究部署相关工作。传达学习全省公务员工作推进会议精神，研究部署相关工作。研究干部人事议题。

5月29日，市委召开十四届常委会第141次（扩大）会议。传达学习全国“两会”精神，研究部署相关工作。研究经济运行工作。传达学习中央、省委近期关于新冠肺炎疫情常态化防控工作、经济社会发展等工作重要指示精神，研究部署相关工作。审议市发改委《关于推进全市经济领域治理体系和治理能力现代化的意见（审议稿）》。传达学习省委网络安全和信息化委员会第二次会议精神，听取市委网络安全和信息化委员会2019年工作总结，研究审议《中共承德市委网络安全和信息化委员会2020年工作要点》和《关于加快建立网络综合治理体系的若干措施》。

6月11日，市委召开十四届常委会第142次（扩大）会议。传达学习中央、省委近期关于新冠肺炎疫情常态化防控工作、经济社会发展等工作重要指示精神，研究部署相关工作。传达学习省委常委、统战部部长到承德调研时的讲话精神，研究部署经济“双过半”工作。研究全面深化改革有关工作。听取自然资源资产审计、经济责任审计有关情况汇报，研究部署相关工作。研究审议《承德市矿山综合治理攻坚行动方案》。听取脱贫攻坚普查工作进展情况汇报，研究部署相关工作。听取全市信访工作情况汇报，研究部署相关工作。传达学习省委对台工作会议暨“积极落实台胞同等待遇和各项惠台措施”联席会议精神，研究承德市贯彻落实意见。听取公务员职级晋升有关情况汇报，研究部署相关工作。

6月18日，市委召开十四届常委会第143次（扩大）会议。传达学习省委近期关于新冠肺炎疫情常态化防控工作、经济社会发展和防汛等工作重要指示精神，研究部署相关工作。研究承德市部门独立院校转设升本申报相关工作。研究审议《塞罕坝机械林场及周边区域森林草原生态保护规划推进方案(2020—2035年)(审议稿)》。

6月24日，市委召开十四届常委会第144次（扩大）会议。传达学习省委书记王东峰到承德调研重要讲话精神，研究部署相关工作。传达学习省委近期关于新冠肺炎疫情常态化防控工作重要指示精神，研究部署相关工作。听取全市平安建设工作情况汇报，研究部署相关工作。听取全市上半年意识形态工作情况汇报，研究部署相关工作。传达全省领导干部个人有关事项报告专项整治工作部署会议精神，研究部署相关工作。研究干部人事议题。

6月29日，市委召开十四届常委会第145次（扩大）会议。传达省委督查室关于王东峰到承德调研检查期间交办落实重点事项的督办通知精神，研究承德市贯彻落实意见，部署相关工作。传达省委近期关于经济责任审计和国土空间规划编制两项工作有关精神，研究部署相关工作。听取法治建设工作情况汇报，研究部署相关工作。

7月9日，市委召开十四届常委会第146次（扩大）会议。传达学习6月29日中共中央政治局会议和中央政治局第二十一次集体学习会议精神，安排部署相关工作。传达学习中央关于宣传思想和精神文明建设工作重要指示精神，安排部署承德市文明城市创建工作。传达学习省近期关于新冠肺炎疫情常态化防控相关会议精神，安排部署相关工作。研究审议《承德市脱贫攻坚普查实施细则（审议稿）》，安排部署相关工作。研究审议《关于加快推进“后备箱经济”发展的实施意见(审议稿)》，安排部署相关工作。听取全市信访工作情况汇报，安排部署相关工作。研究审议《承德市加强和改进新时代残疾人工作的实施意见》，安排部署相关工作。听取全面从严治党工作情况汇报，安排部署相关工作。研究审议2019年度市管领导班子和市管干部综合考核评价和2020年度市管领导班子考核评价分类及指标体系设置事项，安排部署相关工作。

7月14日，市委召开十四届常委会第147次会议。传达学习全省重点工作大督查汇报会精神，安排部署相关工作。研究干部人事议题。

8月7日，市委召开十四届常委会第148次（扩大）会议。传达学习习近平总书记近期在中央政治局会议、中央政治局常务委员会会议、中央政治局集体学习会、企业家座谈会、党外人士座谈会和在吉林调研时的重要讲话精神；传达学习省委财经委、防汛工作等相关会议精神；听取上半年全市经济运行、防汛工作等情况汇报，安排部署相关工作。传达学习省近期关于新冠肺炎疫情常态化防控相关会议精神，安排部署相关工作。传达学习全国安全生产电视电话会议精神，听取近期安全生产工作汇报，研究部署下一步工作。听取全市“千企帮千村”工作开展情况汇报，安排部署相关工作。听取全市信访工作情况汇报，安排部署相关工作。研究干部人事议题。

8月17日，市委召开十四届常委会第149次（扩大）会议。传达学习省委书记王东峰到承德调研重要讲话精神，安排部署相关工作。研究部署“三创四建”活动有关工作。传达学习省近期关于新冠肺炎疫情常态化防控相关会议精神，安排部署相关工作。传达学习省委审计委员会第四次会议精神，听取2019年度市本级预算执行和其他财政收支情况审计结果汇报，安排部署相关工作。

8月19日，市委召开十四届常委会第150次会议。研究干部人事议题。

8月27日，市委召开十四届常委会第151次（扩大）会议。传达学习8月18日至21日习近平总书记在安徽考察时重要讲话精神和在扎实推进长三角一体化发展座谈会上的重要讲话精神，8月24日习近平总书记在经济社会领域专家座谈会上的重要讲话精神，习近平总书记致全国青联第十三届委员会全体会议和中华全国学生联合会第二十七次代表大会的贺信精神，近日习近平总书记对制止餐饮浪费行为作出的重要指示，安排部署相关工作。传达省委督查室关于王东峰近日到承德调研检查期间交办落实重点事项的督办通知精神，研究承德市贯彻落实意见，部署相关工作。传达学习省长许勤到承德调研时的讲话精神，安排部署相关工作。传达学习省委常委、省纪委书记、省监委主任刘爽在张家口市委、政府班子专题民主生活会上的讲话精神和张家口市委政府班子专题民主生活会精神，研究承德市落实意见。传达学习省委意识形态工作领导小组办公室《关于做好当前我省意识形态领域有关工作的几点提示》，研究承德市贯彻落实意见。传达学习省近期关于新冠肺炎疫情常态化防控相关会议精神，安排部署相关工作。研究全面深化改革工作。研究审议《关于加快推进承德国家可持续发展议程创新示范区建设的若干政策措施（审议稿）》。听取全市巡察工作情况汇报，安排部署相关工作。研究市纪委提交的议题。研究干部人事议题。

9月10日，市委召开十四届常委会第152次（扩大）会议。传达学习8月31日中共中央政治局会议精神，传达学习习近平总书记在中央第七次西藏工作座谈会、9月3日在纪念中国人民抗日战争暨世界反法西斯战争胜利75周年座谈会、9月4日中国国际服务贸易交易会全球服务贸易峰会上的重要讲话精神，传达学习8月30日习近平总书记给建设和守护密云水库的乡亲们的回信精神，安排部署相关工作。传达学习中央、省近期关于新冠肺炎疫情常态化防控相关会议精神，安排部署相关工作。听取脱贫攻坚重点工作完成情况汇报，安排部署下步工作。听取关于省委、省政府第六生态环境保护督察组督察承德市生态环保工作情况汇报，安排部署相关工作。听取全市信访工作情况汇报，安排部署相关工作。听取全市平安建设工作情况汇报，安排部署相关工作。研究审议《关于理顺物业管理体制机制加强新时代城市社区治理的实施方案（审议稿）》。研究审议《关于建立健全机关党建制度机制推进机关治理和事业发展的实施意见（审议稿）》。研究干部人事议题。

9月14日，市委召开十四届常委会第153次（扩大）会议。传达学习9月11日习近平总书记在科学家座谈会上的重要讲话精神，安排部署相关工作。传达学习省委、省政府批转省发改委《关于当前全省经济运行情况和做好今年后几个月经济工作若干措施的建议》文件精神，安排部署相关工作。听取全市信访工作情况汇报，安排部署相关工作。听取全市平安建设工作情况汇报，安排部署相关工作。研究审议《关于理顺物业管理体制机制加强新时代城市社区治理的实施方案（审议稿）》。研究审议《关于建立健全机关党建制度机制推进机关治理和事业发展的实施意见（审议稿）》。

9月15日，市委召开十四届常委会第154次会议。研究干部人事议题。

9月29日，市委召开十四届常委会第155次（扩大）会议。传达学习近日习近平总书记在湖南考察、在基层代表座谈会、在教育文化卫生体育领域专家代表座谈会、在第三次中央新疆工作座谈会的重要讲话精神，安排部署相关工作。传达学习全国政协和省政协工作经验交流会精神，安排部署相关工作。传达学习全省组织系统贯彻落实新时代党的组织路线电视电话会议精神，安排部署相关工作。传达学习省近期关于新冠肺炎疫情常态化防控相关会议精神，安排部署相关工作。传达省推进京津冀协同发展工作领导小组第五次全体会议及省协同办专题会议精神，安排部署相关工作。听取全市洁净煤推进进展情况汇报，安排部署相关工作。传达全省农业特色产业暨乡村振兴工作推进会会议精神，安排部署相关工作。研究审议《承德市党委（党组）意识形态工作责任制实施细则（审议稿）》。研究审议《承德市村容村貌管理条例》《承德市快递市场管理条例》。

10月21日，市委召开十四届常委会第156次（扩大）会议。传达学习习近平总书记9月28日和10月16日分别在中央政治局第二十三、二十四次集体学习，10月10日在2020年秋季学期中央党校（国家行政学院）中青年干部培训班，10月12日至13日在广东考察，10月14日在深圳特区建立40周年大会，10月19日在参观“铭记伟大胜利 捍卫和平正义——纪念中国人民志愿军抗美援朝出国作战70周年主题展览”时的重要讲话精神，安排部署相关工作。传达学习省委书记王东峰在全省抗击新冠肺炎疫情表彰大会上的讲话精神，安排部署相关工作。传达学习省近期关于新冠肺炎疫情常态化防控相关会议精神，安排部署相关工作。研究脱贫攻坚工作，安排部署相关工作。听取全市信访工作情况汇报，安排部署相关工作。传达学习10月20日全国双拥模范城（县）命名暨双拥模范单位和个人表彰大会及全省双拥工作会议精神，安排部署相关工作。听取党外知识分子和新的社会阶层人士统战工作汇报，安排部署相关工作。研究审议《中共承德市委关于加强和做好新时代人大工作的实施意见（审议稿）》。研究干部人事议题。

10月27日，市委召开十四届常委会第157次（扩大）会议。传达学习习近平总书记10月22日在中共中央政治局常务委员会会议上的重要讲话精神，安排部署相关工作。传达学习省近期关于新冠肺炎疫情常态化防控相关会议精神，安排部署相关工作。研究全面深化改革相关工作。研究审议《承德市生态文明建设领导小组工作规则（审议稿）》《承德市2020年生态文明建设工作要点（审议稿）》。研究干部人事议题。

11月4日，市委召开十四届常委会第158次（扩大）会议。传达学习中国共产党第十九届中央委员会第五次全体会议精神，研究部署相关工作。传达学习中央、省近期关于新冠肺炎疫情常态化防控相关会议精神，安排部署相关工作。听取全市信访工作情况汇报，安排部署相关工作。研究审议《整合市级国有资产壮大市国控集团发展的实施方案（审议稿）》《承德市国有资产运营公司组建方案（审议稿）》。研究审议《承德交通发展集团有限责任公司组建方案（审议稿）》。

11月9日，市委召开十四届常委会第159次（扩大）会议。传达学习习近平总书记在党的十九届五中全会上所作的报告和重要讲话精神，在参加第七次全国人口普查登记时和在第三届中国国际进出口博览会开幕式上的重要讲话精神，对推进农村土地制度改革、做好农村承包地管理工作的重要指示精神，研究部署相关工作。传达学习中国共产党河北省第九届委员会第十一次全体会议精神，研究部署相关工作。传达学习庆祝河北省政协成立70周年座谈会精神，研究部署相关工作。传达学习全市重点工作大督查汇报会精神，研究部署相关工作。研究审议《承德市贫困村全覆盖考核市级抽查工作方案（审议稿）》。传达学习中共中央办公厅《关于做好党的十九届五中全会精神学习宣传的通知》，研究部署全市贯彻落实党的十九届五中全会精神、省委九届十一次全会精神的意见。研究讨论市委十四届八次全会相关事宜。研究审议《"深入学习贯彻党的十九届五中全会精神，高铁新时代跨越发展"大讨论活动方案（审议稿）》及起草说明。

11月22日，市委召开十四届常委会第160次（扩大）会议。传达学习习近平总书记在浦东开发开放30周年庆祝大会和中央全面依法治国工作会议上的重要讲话精神、在江苏考察调研时和在纪念中国关心下一代工作委员会成立30周年暨全国关心下一代工作表彰大会上的重要指示精神，安排部署相关工作。传达省领导在《关于承德县甲山镇村民一氧化碳中毒死亡事件调查处理情况的报告》上的批示精神，安排部署相关工作。传达学习省近期关于新冠肺炎疫情常态化防控相关会议精神，安排部署相关工作。传达学习全省贯彻落实中共中央办公厅印发的《党政领导干部考核工作条例》电视电话会议精神，安排部署相关工作。传达学习中央、省委全面深化改革会议精神，安排部署相关工作。听取生态文明建设工作进展情况汇报，安排部署相关工作。听取全市党建工作情况汇报，安排部署相关工作。听取意识形态工作情况汇报，安排部署相关工作。听取全市法治建设、综治维稳（平安建设）工作情况汇报，安排部署相关工作。听取全市巡察工作情况汇报，安排部署相关工作。传达学习全省落实中共中央办公厅印发的《2019—2023年全国党政领导班子建设规划纲要》工作推进会会议精神，安排部署相关工作。研究干部人事议题。

11月23日，市委召开十四届常委会第161次会议。研究干部人事议题。

12月1日，市委召开十四届常委会第162次会议。研究干部人事议题。

12月4日，市委召开十四届常委会第163次（扩大）会议。传达学习11月30日中共中央政治局会议和12月3日中共中央政治局常务委员会会议精神，传达学习习近平总书记在全国劳动模范和先进工作者表彰大会上、在中共中央政治局第二十五次集体学习时的重要讲话精神，安排部署相关工作。传达学习全省领导干部政治性警示教育大会会议精神，安排部署相关工作。传达学习全省经济运行视频调度会会议精神，听取全市经济运行情况汇报，安排部署相关工作。传达学习省近期关于新冠肺炎疫情常态化防控相关会议精神、听取全市近期新冠肺炎疫情常态化防控工作情况汇报，安排部署相关工作。传达学习全省做好脱贫攻坚国考准备工作动员部署会会议精神和省委办公厅、省政府办公厅印发的《关于坚决打赢脱贫攻坚战有效防止致贫返贫的通知》文件精神，听取全市贯彻落实情况汇报，安排部署相关工作。传达学习全省村（社区）"两委"换届工作会会议精神和省委办公厅、省政府办公厅印发的《关于认真做好村（社区）"两委"换届工作的意见》的通知精神，听取全市工作情况汇报，安排部署相关工作。听取全市国家安全工作情况汇报，安排部署相关工作。听取全市信访工作情况汇报，安排部署相关工作。听取《市直有关部门生态环境保护责任清单（审议稿）》编制情况汇报，安排部署相关工作。听取全市食品药品安全工作情况汇报，安排部署相关工作。传达学习省委财经委员会第五次会议精神，安排部署相关工作。研究市委组织部提交的议题。研究市纪委提交的议题。

12月16日，市委召开十四届常委会第164次（扩大）会议。传达学习12月11日中共中央政治局会议精神，传达学习习近平总书记在党外人士座谈会和中共中央政治局第二十六次集体学习时的重要讲话精神，安排部署相关工作。传达学习省近期关于新冠肺炎疫情常态化防控相关会议精神，安排部署相关工作。传达学习2020年省管领导班子和领导干部考核工作部署会议精神，听取全市工作情况汇报，安排部署相关工作。听取全市安全生产形势汇报，研究审议《关于全市安全生产专项整治三年行动工作情况的汇报（审议稿）》，安排部署相关工作。研究审议《关于认真做好全市村（社区）"两委"换届工作的实施方案（审议稿）》《关于成立承德市村（社区）“两委”换届工作领导小组及办公室的通知（审议稿）》《贯彻落实省村（社区）“两委”换届工作领导小组〈关于开展排查整治集中攻坚行动的通知〉责任分工方案（审议稿）》，安排部署相关工作。研究审议《承德市人大常委会2021年立法计划（草案）（审议稿）》，安排部署相关工作。听取市人大常委会党组、市政府党组、市政协党组和市法院党组、市检察院党组工作情况汇报。研究干部人事议题。

12月28日，市委召开十四届常委会第165次（扩大）会议。传达学习中央、省委会议精神。传达学习王东峰在省应对新型冠状病毒肺炎疫情工作领导小组会议上的重要讲话精神，省近期关于新冠肺炎疫情常态化防控相关会议精神，安排部署相关工作。研究讨论市委十四届九次全会相关事宜。传达学习省关工委工作电视电话会议精神及省委主要领导批示精神，听取全市贯彻落实情况汇报，安排部署相关工作。传达学习河北省基层党建工作述职评议会议精神、省村（社区）“两委”换届工作领导小组第二次会议精神，研究承德市贯彻落实意见，安排部署相关工作。传达学习省党风廉政建设责任制领导小组会议精神，研究承德市贯彻落实意见，安排部署相关工作。研究审议《市委常委民主生活会方案（审议稿）》。研究市纪委监委提交的议题。

12月29日，市委召开十四届常委会第166次会议。研究干部人事议题。

12月30日，市委召开十四届常委会第167次会议。研究干部人事议题。

【市委议军会议】 9月26日，召开市委议军会议暨述职评议会议。省人大常委会副主任、市委书记、军分区党委第一书记周仲明主持会议并讲话。他强调，要深入学习贯彻习近平新时代中国特色社会主义思想和习近平强军思想，认真落实省委议军会议暨述职评议会议精神，进一步凝聚军地思想共识和行动合力，加强和改进新时代党管武装工作，不断提升国防动员和后备力量建设水平，更好地促进承德市国防建设和经济社会建设持续健康发展。

周仲明肯定全市党管武装工作取得的成绩。强调要强化使命担当，坚决扛起党管武装的重大政治责任。牢固树立习近平强军思想在国防和军队建设中的指导地位，把牢政治方向，强化责任意识，严格制度落实，为全市国防动员和后备力量建设创造良好的条件。深入贯彻落实军委基层建设会议精神，进一步夯实基层武装工作基础，制定下发《加强新时代基层人民武装工作的若干措施》，规范武装工作落实。

深入贯彻习近平强军思想，坚决拥护支持国防和军队建设特别是人民海军现代化建设，申请命名海军“承德舰”，提升承德双拥工作水平，强化全市人民国防意识。

重要文件

【落实城乡融合发展】 1月17日，市委、市政府印发《关于建立健全城乡融合发展体制机制和政策体系若干措施的落实意见的通知》。为贯彻落实中共中央、国务院《关于建立健全城乡融合发展体制机制和政策体系的意见》（中发〔2019〕12号）和省委、省政府《关于建立健全城乡融合发展体制机制和政策体系的若干措施》（冀传〔2019〕8号）文件精神，结合承德市实际制定落实意见。

【开展三创四建活动】 2月13日，市委、市政府下发贯彻落实中共河北省委、河北省人民政府关于开展“三创四建”活动，加快建设经济强省、美丽河北的意见的实施意见。按照《中共河北省委、河北省人民政府关于开展“三创四建”活动，加快建设经济强省、美丽河北的意见》（冀发〔2020〕4号）要求，就开展创新、创业和创建全国文明城市、国家卫生城市、国家森林城市，建设现代化经济体系、建设城乡融合高质量发展体系、建设一流营商环境体系、建设现代化社会治理体系活动，扎实推进承德创新发展、绿色发展、高质量发展，提出实施意见。

【贯彻落实政法工作条例】 2月17日，市委下发关于贯彻落实中国共产党政法工作条例的实施意见。为全面贯彻落实《中国共产党政法工作条例》（以下简称《条例》）和省委《关于认真学习宣传贯彻〈中国共产党政法工作条例〉的实施意见》精神，结合落实党的十九届四中全会关于坚持和完善中国特色社会主义制度、推进国家治理体系和治理能力现代化的要求，坚持党对政法工作的绝对领导，坚决当好首都政治“护城河”，更好地服务和保障建设新时代“生态强市、魅力承德”，提出实施意见。

【抓好“三农”领域重点任务】 2月18日，市委、市政府下发关于抓好“三农”领域重点工作确保如期实现全面小康的实施意见。为深刻认识做好“三农”工作的极端重要性，坚持以习近平新时代中国特色社会主义思想为指导，围绕打赢脱贫攻坚战、攻克最后堡垒和补齐全面小康“三农”领域突出短板两大重点任务，大力实施乡村振兴战略，坚持农业农村优先发展总方针，深化农业供给侧结构性改革，下大力抓好农业产业化，推进乡村治理体系和治理能力现代化，千方百计增加农民收入，着力提升农民群众获得感、幸福感、安全感，确保脱贫攻坚圆满收官，确保同步建成全面小康社会，提出实施意见。

【确保十三五规划及脱贫攻坚目标完成】 2月20日，市委、市政府印发《关于确保高质量如期完成全面建成小康社会“十三五”规划及脱贫攻坚目标的通知》。通知要求，为深入贯彻落实中央经济工作会议、省委九届十次全会和市委十四届七次全会精神，按照省委办公厅、省政府办公厅印发《关于确保高质量完成全面建成小康社会“十三五”规划及脱贫攻坚目标的通知》（冀办字〔2020〕4号）要求，确保圆满完成全面建成小康社会、“十三五”规划和脱贫攻坚“三大收官”任务。

【完成32项省市民心工程】 3月2日，市委、市政府印发《关于印发承德市2020年32项省市民心工程的通知》。通知要求，要充分认识实施32项省市民心工程的重大意义，精心制定方案，明确目标任务，细化工作措施，倒排工期进度，有序组织实施，确保各项工程任务11月底前基本完成。

【抓党建促脱贫保小康】 3月5日，市委印发《关于印发贯彻落实“抓党建、促脱贫、保小康”活动实施意见若干措施的通知》。通知要求，要深入贯彻落实省委《“抓党建、促脱贫、保小康”活动实施意见》，持续深化“脱贫攻坚党旗红”和“乡村振兴党旗红”活动，切实将党的政治优势、组织优势、密切联系群众优势转化为脱贫攻坚全面建成小康社会的强大动力，把党建工作成效转化为脱贫攻坚全面建成小康社会的实际成效，保证脱贫攻坚圆满收官和全面建成小康社会。

【建立健全党建制度机制】 9月16日，市委下发《关于建立健全机关党建制度机制推进机关治理和事业发展的实施意见》。意见要求，要深入贯彻习近平总书记在中央和国家机关党的建设工作会议上的重要讲话和党的十九届四中全会精神，全面贯彻落实中共河北省委《关于建立健全机关党建制度机制推进机关治理和事业发展的意见》，根据党章和《中国共产党党和国家机关基层组织工作条例》《中国共产党党员教育管理工作条例》等党内法规，就建立健全机关党建制度机制，推进机关治理和事业发展。

【**制止餐饮浪费**】 10 月 24 日，市委、市政府印发《关于印发承德市厉行节约制止餐饮浪费专项行动实施方案的通知》。为贯彻落实习近平总书记关于厉行节约制止餐饮浪费指示精神，推动市委、市政府安排部署落地落实，根据省委办公厅、省政府办公厅《关于深入贯彻落实习近平总书记重要指示坚持厉行节约制止餐饮浪费的通知》（冀办发〔2020〕15 号）和省商务厅《河北省厉行节约制止餐饮浪费专项行动实施方案》要求，结合承德实际，印发通知。

【**共谋高铁时代高质量发展**】 11 月 12 日，市委印发《关于开展深入学习贯彻党的十九届五中全会精神共谋高铁时代高质量发展大讨论活动的实施方案的通知》。通知要求，要深入学习贯彻党的十九届五中全会精神，积极抢抓高铁时代新机遇，全力推动承德各项建设争先进位、高质量发展，奋力开启新时代全面建设“生态强市、魅力承德”新征程。

【**制定“十四五”建议**】 11 月 16 日，市委印发《关于制定国民经济和社会发展第十四个五年规划和二〇三五年远景目标的建议》。中国共产党承德市第十四届委员会第八次全体会议，认真学习贯彻党的十九届五中全会和省委九届十一次全会精神，就制定承德市国民经济和社会发展第十四个五年规划和二〇三五年远景目标提出建议。

【**深化医疗保障制度改革**】 12 月 16 日，市委、市政府印发《关于印发深化医疗保障制度改革的实施意见的通知》。为深入贯彻中共十九大关于全面建立中国特色医疗保障制度的决策部署，着力解决医疗保障发展不平衡不充分的问题，根据党中央、国务院《关于深化医疗保障制度改革的意见》（中发〔2020〕5 号）和省委、省政府《关于深化医疗保障制度改革的实施意见》（冀发〔2020〕13 号）精神，就深入推进承德市医疗保障制度改革，结合实际提出实施意见。

【**推进现代流通体系建设**】 12 月 16 日，市委、市政府印发《关于承德市统筹推进现代流通体系建设的意见的通知》。通知要求，要贯彻落实中央财经委员会第八次会议和河北省委财经委员会第五次会议精神，按照《关于河北省统筹推进现代流通体系建设的意见》文件要求，统筹推进全市现代流通体系建设，形成以国内大循环为主体、国内国际双循环相互促进的发展新格局。

【**促进医药传承创新发展**】 12 月 28 日，市委、市政府印发《关于促进医药传承创新发展的若干措施的通知》。通知要求，要深入贯彻落实中共中央、国务院《关于促进中医药传承创新发展的意见》（中发〔2019〕43 号）和河北省委、省政府《关于促进中医药传承创新发展的若干措施》（冀传〔2020〕2 号）精神，促进承德市中医药传承创新发展。

到承德视察调研领导

【**国家及部委领导到承**】 5 月 14 日至 16 日，生态环境部党组成员、副部长庄国泰带队对围场满族蒙古族自治县、隆化县开展定点扶贫慰问调研，了解疫情防控期间两县脱贫攻坚进展情况，指导推动脱贫攻坚工作。河北省人大常委会副主任、中共承德市委书记周仲明，河北省广播电视局党组书记、局长王离湘，河北省生态环境厅党组书记、厅长高建民陪同调研。生态环境部科财司司长邹首民，生态环境部办公厅副主任、机关服务中心主任王志华参加调研。市领导何军、崔万峰、陆文龙、刘众民参加调研。庄国泰一行先后深入围场城子镇八顷村、克勒沟镇元宝洼村和隆化茅荆坝乡团瓢村看望慰问基层扶贫干部和贫困群众，考察了解八顷村生物多样性减贫项目、元宝洼村冬暖大棚扶贫项目、团瓢村农业科技产业和农村环境综合治理项目、七家镇有机农业和生态康养项目，与县、乡、村扶贫干部及驻村工作队代表召开座谈会，听取基层干部对生态环保促脱贫攻坚的意见建议。庄国泰充分肯定围场、隆化脱贫攻坚和生态环保扶贫示范村共建工作，他强调要按照党中央、国务院决策部署，严格落实“四个不摘”要求，进一步加大定点扶贫工作力度，全力补齐“三保障”和饮水安全等短板，全面巩固提升脱贫攻坚战果，确保剩余贫困人口如期脱贫。要加快生态环保扶贫示范村建设和特色挖掘，提高资金使用效率，接续推进全面脱贫与乡村振兴的有效衔接，确保如期实现全面建成小康社会目标。生态环境部相关司局负责人，市生态环境局、市扶贫办主要负责人，隆化、围场两县负责人参加调研。

7月26日，国家体育总局苟仲文局长一行来到河北承德国家雪上项目训练基地，检查指导加压训练比赛、助推分解训练和运动员康复中心、训练基地卫生服务站等，并与短大训练营和越野滑雪国家集训队运动员代表座谈。冬运中心主任、党委书记倪会忠主持座谈会。总局办公厅、竞体司、经济司、反兴奋剂中心主要负责人，冬运中心在基地的负责人等参加座谈会。

8月18日至19日，全国人大常委会副委员长、民建中央主席郝明金到丰宁满族自治县开展脱贫攻坚实地考察，并出席民建助力丰宁决战脱贫攻坚暨非公经济前沿圆桌会议。全国政协常委、民建中央副主席李说，全国政协副秘书长、民建中央副主席兼秘书长李世杰，省人大常委会副主任、市委书记周仲明参加相关活动。郝明金先后到小坝子乡、土城镇、黄旗镇中心小学和乐国窝铺村，实地考察“羊光道”分户和集中养殖、户用光伏、农光互补食用菌产业园、“蔚蓝书屋”和安全校服、“双师课堂”“零钱影院”、各省民建捐赠支持村基础设施建设等项目，走访慰问贫困户，详细了解产业带动脱贫情况。会上，丰宁汇报脱贫攻坚情况，推介招商引资项目，并进行签约和捐赠。签约项目总金额达10.02亿元。民建30个省级组织共向丰宁捐赠6856万元，开展消费扶贫购买丰宁产品1148万元。嘉宾围绕“脱贫攻坚·旅游康养与绿色发展”进行演讲。中央统战部、商务部相关司局、国务院扶贫开发领导小组办公室相关处室负责人，中华职业教育社、中华思源工程扶贫基金会负责人，相关省市民建组织负责人，相关电商企业、会员企业负责人，中共河北省委统战部副部长、省侨办主任栗慧英，省商务厅党组书记、厅长张峰，省政协副秘书长、民建河北省委专职副主委范社岭，省扶贫办副主任王爱军，市领导方志勇、郭士刚出席相关活动。

9月9日，2020年津企承德行暨津承东西部扶贫协作产业合作推进会议在承德市召开。33个项目成功签约，总投资53.9亿元。国务院扶贫办党组成员、副主任洪天云，天津市政府副市长李树起，河北省人大常委会副主任、承德市委书记周仲明，河北省副省长时清霜，国务院扶贫办社会扶贫司副司长马英，天津师范大学党委书记张玲，天津合作交流办主任张庆恩，河北省扶贫办主任李志刚，承德市委副书记、市长常丽虹，市领导吴清海、杨春武、崔万峰出席会议。会议听取津承东西部扶贫协作和承德脱贫攻坚情况汇报，津承企业代表作交流发言。会上，涉及产业帮扶、文化旅游、消费扶贫、先进制造等一批具有引领性、示范性和带动性的33个项目进行现场签约，总投资53.9亿元。天津市政府办公厅、天津市直相关部门和东丽区、西青区、北辰区、武清区、津南区负责同志，天津市援承工作队，天津市企业家代表；河北省政府办公厅、省发改委、省扶贫办负责同志；市直各部门和各县（市、区）、承德高新区、御道口牧场管理区主要负责人参加会议。

9月10日至11日，生态环境部党组书记孙金龙在承德市开展定点扶贫调研。生态环境部党组成员、副部长庄国泰，河北省人大常委会副主任、承德市委书记周仲明，河北副省长时清霜，河北省生态环境厅厅长高建民，承德市领导何军、崔万峰、陆文龙、刘众民出席相关活动。孙金龙先后到隆化县团瓢村、围场满族蒙古族自治县海字村，入户慰问脱贫户，调研生态环保扶贫示范村建设、瑞兴农业科技园和农村环境整治项目。参观塞罕坝机械林场尚海纪念林和塞罕坝展览馆后，孙金龙主持召开座谈会，听取围场、隆化两县脱贫攻坚进展情况汇报。承德市生态环境局、市扶贫办负责人，生态环境部驻市、县挂职扶贫干部和驻村第一书记参加相关活动。

11 月 27 日至 28 日，生态环境部部长黄润秋到围场、隆化两县开展扶贫调研，了解决战决胜脱贫攻坚成效，以及巩固拓展脱贫攻坚成果与乡村振兴有效衔接情况，看望慰问贫困群众和基层扶贫干部，听取基层干部群众意见建议。河北省政府副省长葛海蛟、承德市政府市长常丽虹陪同调研。黄润秋一行先后到小滦河国家湿地公园、塞罕坝展览馆、元宝洼村、海岱沟村调研，看望慰问贫困群众，并召开座谈会。

11 月 30 日，现代农业承德研究院揭牌仪式在承德市举行。全国人大常委会委员、宪法和法律委员会副主任委员、九三学社中央副主席、中国工程院院士丛斌，河北省政协副主席、九三学社河北省委主委、河北省科学院院长葛会波出席仪式并为现代农业承德研究院揭牌。中共承德市委副书记、市长常丽虹出席仪式并致辞。九三学社北京市委专职副主委兼秘书长李丽萍致贺词。中共承德市委常委、统战部部长、市政府党组副书记、市政协党组副书记吴清海主持。九三学社北京市委、中国农业大学有关负责同志，承德市政协副主席、九三学社承德市委主委、市中心医院院长李建华出席。

12 月 4 日，全国政协副主席、民建中央常务副主席辜胜阻到丰宁满族自治县，就巩固脱贫成果开展调研。河北省政协主席叶冬松、承德市政协主席刘文勤、市人大常委会副主任方志勇、市政府副市长郭士刚陪同调研。怀丰产业园是承接北京非首都功能疏解、怀柔对口帮扶丰宁的重要成果，宏亭汽车部件有限公司是已竣工投产的 15 家北京外迁企业之一。辜胜阻走进公司生产车间，与“农转工”的贫困群众面对面交流，了解企业发展和带贫促增收情况。

【北京市领导到承】 5 月 17 日，北京市国资委组织北京市各大企业来到承德市召开“百家京企进承德”京承精准扶贫产业协作对接推进会。省人大常委会副主任、市委书记周仲明，北京市国资委党委书记、主任张贵林出席会议并讲话。北京市国资委副主任、一级巡视员钱凯主持会议。北京市扶贫支援合作办副主任汪兆龙出席会议并讲话。北京市国有企业负责人出席会议。市委常委、常务副市长李晋宇致辞并介绍承德市产业和招商情况。市领导吴清海、苏铁成、张华、李伟、刘宏伟、崔万峰、董旭明，市委秘书长傅海旺出席会议。会上，滦平县、首农食品集团、丰宁满族自治县、京能集团有关负责同志分别发言。承德市人民政府与华夏银行、首开集团分别签署战略合作协议。双方还召开分组对接会，开展精准扶贫产业协作对接，北京方面对承德市发布的 193 个合作项目，提出 90 项合作意向，涵盖了文化旅游、医药康养、冰雪运动、矿产资源、能源发电、农产品深加工等领域。北京市国资委和企业还赴滦平县考察京承合作项目。

6 月 10 日，承德市召开与北京泛华集团项目合作洽谈会，河北省人大常委会副主任、中共承德市委书记周仲明与泛华集团董事长杨天举围绕推动承德市区域经济快速发展进行了友好洽谈交流。泛华集团副总裁廖峰，市委常委、政法委书记苏铁成等参加洽谈会。市投资促进局、市商务局、市自然资源和规划局、市旅游和文化广电局、承德高新区管委会、承德临空经济区、承德旅游集团负责同志参加洽谈会。

8月15日，承德市人民政府与中国信息通信研究院签署战略合作协议。省人大常委会副主任、市委书记周仲明，中国信息通信研究院院长刘多出席签约仪式并致辞。市委副书记、市长常丽虹主持签约仪式。签约仪式前，周仲明、常丽虹与刘多举行工作会谈，就深层次合作交换了意见。中国信息通信研究院总工程师胡坚波，副市长崔万峰，研究院相关部所、市直有关部门及承德县、承德高新区负责同志参加签约仪式。

9月2日至3日，北京怀柔区委书记、怀柔科学城党工委书记戴彬彬率怀柔区党政代表团赴承德对接京冀对口帮扶工作。河北省人大常委会副主任、中共承德市委书记周仲明出席活动。市委常委、副市长张华，市人大常委会副主任、丰宁满族自治县委书记方志勇参加对接考察。考察团一行先后来到承德颈复康药业集团有限公司、承德博物馆、避暑山庄、千松坝国家森林公园、丰宁开发区怀丰产业园等地，深入了解承德市企业发展，以及历史文化、生态环境保护和社会发展等情况，并就做强旅游业、繁荣夜经济，以及促进怀柔外迁丰宁企业发展进行了对接。在丰宁大滩镇抬头沟村，考察团还走访慰问了贫困户。会上，丰宁满族自治县政府主要负责同志汇报了对口帮扶情况和下一步帮扶需求；怀柔区相关部门介绍了下一步帮扶丰宁工作的计划安排。会上还举行了捐赠仪式，怀柔区向丰宁捐款210万元，用于脱贫攻坚工作。市扶贫办、丰宁满族自治县主要部门负责同志参加对接考察。

9月7日，京冀两省市密云水库水源保护工作调研组来承德市调研，并召开京冀两地共商贯彻落实习近平总书记回信精神共同行动保护好密云水库座谈会。北京市政府副市长卢彦，河北省政府副省长葛海蛟出席会议并讲话。北京市水务局局长潘安君、密云区区长龚宗元、密云区副区长朱锡才、延庆区副区长刘瑞成、怀柔区副区长王国栋出席会议。河北省生态环境厅厅长高建民、河北省水利厅厅长位铁强出席会议，承德市市长常丽虹出席会议并介绍密云水库水源上游保护情况。河北省政府副秘书长郝竹山主持会议。承德市政府副市长崔万峰、张家口市副市长燕旺林出席会议。会议首先传达学习习近平总书记给建设和守护密云水库的乡亲们的回信精神。会前，与会领导赴滦平县巴克什营镇就山体修复、潮河生态综合治理和污水处理厂建设情况进行实地调研。北京市政府办公厅、北京市水务局负责同志，河北省生态环境厅、水利厅相关处室负责同志，市生态环境局、市水务局、滦平县主要负责同志参加活动。

10月22日，承德市人民政府与国家林业和草原局林产工业规划设计院签署战略合作框架协议。河北省人大常委会副主任、中共承德市委书记周仲明，国家林业和草原局林产工业规划设计院院长周岩出席签约仪式并致辞。市委副书记、市长常丽虹主持签约仪式。市委常委、统战部部长、市政府党组副书记、市政协党组副书记吴清海，国家林业和草原局林产工业规划设计院党委委员、经营开发处处长刘喜宏分别代表承德市政府和国家林业和草原局林产工业规划设计院签订战略合作框架协议。国家林业和草原局林产工业规划设计院相关部所、市直有关部门负责同志参加签约仪式。

10月30日，中共承德市委市政府举办“百家京企进承德”活动暨医疗康养和体育产业专场对接会。河北省人大常委会副主任、中共承德市委书记周仲明出席并做推介讲话。北京市投资促进中心副主任徐宗军出席并致辞。承德市委副书记、市长常丽虹主持会议。会上，与会人员观看承德市招商推介片、受邀知名企业代表致辞、现场进行重点合作项目现场集中签约和7场专场对接会。利鑫集团、国药集团上海血液制品有限公司、百济神州（北京）生物科技有限公司、阿斯利康、北京水滴公司、北京康派特医疗器械有限公司、北京市嘉毓乔体育文化发展有限公司、北京体育大学、中教云集团等9家企业及双桥区、御道口牧场管理区相关负责同志参会。

12月15日，承德市人民政府与阿里巴巴集团签署合作协议。河北省人大常委会副主任、市委书记周仲明，阿里巴巴集团阿里云物联网首席科学家丁险峰出席签约仪式并分别致辞，市委副书记、市长常丽虹主持签约仪式。活动现场，周仲明开通了承德至北京直连光纤。河北民族师范学院院长为首届大数据学院毕业生代表拨苏正冠。阿里云（承德）数据智能研究院、阿里云大学承德人才培训中心、淘宝大学承德直播人才培训基地同时揭牌。阿里云智能副总裁程璟、阿里巴巴集团傅树峰、卢强，市领导郭士刚、崔万峰，市政府秘书长，各县（市、区）政府、承德高新区、御道口牧场管理区管委会主要负责同志，市直有关部门及相关企业负责人参加活动。

【天津市领导到承】 4月1日至3日，天津市合作交流办党组书记、主任张庆恩（正厅级）一行来承德市对接考察。两地召开津承2020年东西部扶贫协作工作座谈会。河北省人大常委会副主任、承德市委书记周仲明，承德市委副书记、市长常丽虹，天津中德应用技术大学党委书记张兴会，天津市工业和信息化局二级巡视员胡旭东，天津市政府教育督导室督学闫国梁，承德市委常委、副市长、援承工作队领队杨春武出席座谈会。会议通报了国扶办向天津、向承德反馈的2019年东西部扶贫协作考核存在问题及整改方案，津承双方就东西部扶贫协作及六沟产业园区发展进行了深入交流。天津市有关部门相关处室、东丽区相关部门负责同志参加对接考察。承德市直有关部门、承德县、承德应用技术职业学院、天津帮扶承德工作队驻县（市）负责同志参加座谈。在承期间，天津合作交流办一行实地考察了承德应用技术职业学院实训车间、承德县六沟新兴产业聚集区、凯尔服装扶贫工厂、国光苹果优势特色主导产业帮扶项目和易地扶贫搬迁小区基础设施配套项目、兴隆县冷库项目和农业发展项目。

5月27日，天津市领导与承德市领导在兴隆县举行津承东西部扶贫协作联席会议。天津市政府副市长李树起，河北省人大常委会副主任、承德市委书记周仲明出席会议并讲话。承德市委副书记安国富主持会议。天津市政府副秘书长张剑，天津市合作交流办副主任王东出席会议。承德市领导董正国、杨春武、刘众民出席会议。天津对口帮扶5区政府有关负责同志参加会议。承德市政府分管副秘书长、市扶贫办、5个受援县（市）委书记、天津帮扶承德5县（市）挂职副县（市）长参加会议。

8月3日至4日，天津市政协副主席赵仲华率考察团来承考察天津市助力承德市脱贫攻坚情况及巩固脱贫成果，衔接乡村振兴工作，并主持召开津承扶贫协作工作座谈会，先后听取了天津帮扶承德工作队、兴隆县、平泉市、承德县、围场满族蒙古族自治县、隆化县等有关工作情况介绍，进行交流发言。承德市政府市长常丽虹陪同考察。市政协主席刘文勤陪同考察并出席座谈会。市领导吴清海、杨春武、王利华出席座谈会。

【河北省领导到承】 6月3日至5日，河北省委常委、统战部部长冉万祥到承德市就确保实现“双过半”、省领导包联重点项目和重点企业等情况开展调研并召开座谈会。河北省人大常委会副主任、中共承德市委书记周仲明主持座谈会，并汇报承德有关情况。省委统战部常务副部长邹平，省委统战部副部长、省宗教局局长赵明远，省交通运输厅党组书记、厅长王普清，市领导常丽虹、安国富、吴清海、崔万峰、陆文龙，市委秘书长傅海旺参加相关活动。冉万祥先后到宽城满族自治县、承德高新区、双滦区、滦平县、营子区、兴隆县等县区，调研包联企业和重点项目，同市县领导干部进行交流。随后，召开“省五包一”单位定点帮扶隆化县脱贫攻坚座谈会和统筹疫情防控和经济社会发展工作座谈会，听取市委有关工作汇报。“省五包一”单位负责同志，省直驻隆化临时党委、省直驻村工作队代表，市政府秘书长，市委办、市政府办，各相关县区、市直有关单位负责人参加相关活动。

6月22日至23日，河北省委书记、河北省人大常委会主任王东峰到承德市调研检查。他强调，要深入学习贯彻习近平总书记重要指示精神和党中央决策部署，坚定不移走生态优先、绿色发展之路，大力发展特色产业和龙头企业，凝心聚力坚决打赢脱贫攻坚战，确保如期全面建成小康社会。省领导高志立、周仲明参加调研检查。王东峰先后深入到承德市宽城满族自治县、平泉市、承德县、双滦区、鹰手营子矿区、兴隆县等地，进企业、入农村、访贫困户，实地了解承德市生态建设、产业发展、脱贫攻坚、基层党建等工作情况，提出一系列明确要求。

在宽城满族自治县，王东峰首先来到新通源新型环保材料有限公司，看到该公司利用尾矿，生产微晶石板材、发泡陶瓷等产品，形成变废为宝、绿色循环的产业链，王东峰给予充分肯定。他强调，要全面推进矿山综合治理，依法依规取缔非法开采活动，积极修复生态环境。同时，要扎实做好尾矿再利用工作，通过科技和工艺创新，丰富产品类型，延长产业链条，推进循环经济高质量发展。在神栗食品有限公司，王东峰认真观看产品展示，强调要牢固树立绿水青山就是金山银山理念，通过“公司＋基地＋农户”模式，大力发展板栗等果树种植，推进第一二三产业融合发展，提升农产品附加值，实现生态效益和经济效益双丰收。在平泉市，王东峰走进燕塞生物科技公司食用菌种植大棚，详细了解产业扶贫情况，鼓励企业负责人通过科技创新提升食用菌的产量和品质，建立健全仓储和运输体系，大力开拓市场，带动更多贫困户增收致富奔小康。在河北航研制冷设备有限公司，王东峰来到企业生产车间，认真询问企业生产运营情况，强调要积极调整产业结构，大力强化科技创新，全面提升先进装备制造业发展水平，培育新的经济增长点。在承德县，王东峰走访高新技术产业开发区下板城园区，认真征求企业意见建议。他强调，全省各地要结合产业功能定位，大力发展主导产业和特色产业，培育壮大产业龙头企业和科技领军企业，提升工业园区能级，推动产业集群集约发展。在承德县老牛河与滦河生态治理项目现场，王东峰详细询问河道治理情况。他指出，要精心做好水文章，把城市河道治理同国土空间规划编制统筹起来，优化城市沿河两岸产业布局，大力发展商业、文旅、康养等业态，打造特色亮点，提升城市品位，增加财政收入，促进强县富民。在双滦区，王东峰走进御祥园社区便民服务中心，与社区工作者和办事群众亲切交流。他强调，要充分发挥基层党组织战斗堡垒作用和党员先锋模范作用，扎实推进基层治理体系和治理能力现代化，广泛调动广大党员干部群众的智慧和力量，齐心协力，攻坚克难，为全面完成今年目标任务、实现“三个圆满收官”提供有力支撑。全省各地党委、政府要关心关爱基层党员干部，逐步提升待遇保障水平，为他们创造良好的工作环境。在鹰手营子矿区，王东峰来到河北怡达食品集团有限公司，详细询问山楂种植、加工、销售等情况。王东峰强调，要做大做强山楂等农产品深加工业，延长产业链、创新链、价值链，打造知名品牌，真正把小山楂做成大产业，带动贫困群众增收致富。在兴隆县，王东峰来到安子岭乡上庄村新建的易地扶贫搬迁小区，走进乔迁新居的群众家中，与他们促膝交谈，细心询问收入和生活情况，勉励他们坚定信心，苦干实干，用勤劳的双手创造美好生活。在半壁山镇靳杖子村，王东峰认真听取基层党组织工作汇报。他强调，基层党组织要深入开展“抓党建、防疫情、促脱贫、保小康”活动，着力解决“两不愁三保障”突出问题，扎实推进产业扶贫、就业扶贫、科技扶贫、易地搬迁扶贫，建立健全防贫常态长效机制，深入实施乡村振兴战略，全面提升农村基础设施建设和公共服务水平，促进农业增效、农民增收、农村繁荣。王东峰登上雾灵山山峰，详细了解生态环境保护情况。他强调，要深入学习贯彻习近平生态文明思想，紧密结合兴隆县实际，统筹推进生态文明建设和经济社会发展，探索出一条新时代生态县创新发展之路。要依法依规加强自然保护区建设管理，严格落实管控要求，强化人防物防技防，扎实做好森林防火工作，确保安全万无一失。王东峰还来到中国科学院国家天文台兴隆观测站，实地了解天文观测、科普教育等情况，商谈台省合作事宜，强调要大力支持配合国家天文台工作，齐心协力提升我国天文观测水平，为国家和民族天文事业发展作出积极贡献。省领导高志立、周仲明参加调研检查。

8月5日至8日，河北省政协主席叶冬松在承德市调研。叶冬松实地考察干沟门村榆树沟易地搬迁工程和部分扶贫项目，走进乔迁新居的群众家中，了解生产生活情况，与省政协机关驻村工作队员、村镇干部座谈交流，听取意见建议，为大家提士气、鼓干劲。叶冬松还到围场满族蒙古族自治县政协，看望机关干部职工，详细了解贯彻落实中央和省委政协工作会议精神情况，仔细询问履职活动开展、机构人员情况，并与部分市县政协主席座谈交流。河北省政协秘书长陈书增参加调研。承德市政协主席刘文勤，市政府副市长陆文龙，市政协副主席关继高、刘众民，市政协秘书长单化军分别参加调研。

8月15日至17日，河北省委书记、省人大常委会主任王东峰到承德市调研检查。他强调，要深入学习贯彻习近平生态文明思想和习近平总书记对塞罕坝机械林场重要指示精神，始终坚持绿水青山就是金山银山理念，大力弘扬塞罕坝精神，统筹推进生态文明建设和脱贫防贫工作，努力建设生态文明示范区，坚决打赢脱贫攻坚战，确保如期全面建成小康社会。王东峰到隆化县草莓产业园了解草莓和万寿菊种植、农产品深加工等情况。他指出，生态优势是承德市的最大优势，旅游资源是承德市的宝贵资源。要在大力发展全域旅游的基础上，做大做强生态扶贫、旅游富民产业，推进一二三产业融合发展，切实增加贫困群众收入，确保贫困户持续增收、稳定脱贫、有效防贫。王东峰来到隆化县七家镇温泉村，详细察看旅游发展情况，与游客亲切交流，并走进当地民宿，询问经营情况。王东峰强调，要扎实推进旅游产业规范化建设，实行统一规划、统一标准、统一管理，依法查处欺客宰客等违法行为，着力打造知名旅游目的地。要充分发挥旅游助推脱贫防贫作用，大力支持贫困群众通过发展特色民宿、旅游产品生产销售等方式增加收入，让贫困群众共享旅游产业发展红利。王东峰认真听取丰宁满族自治县大滩镇小北沟村抓党建促脱贫保小康和旅游产业发展工作汇报，实地察看精品民宿建设运营情况。他强调，推进脱贫攻坚，关键在党、关键在人。要充分发挥基层党组织战斗堡垒作用和党员先锋模范作用，带领群众发展旅游等脱贫产业，拓展增收渠道，不让一名贫困群众在全面小康路上掉队。王东峰先后走进围场满族蒙古族自治县的钓鱼台湿地公园和塞罕坝机械林场七星湖生态湿地，详细检查生态和湿地保护工作。他强调，湿地是生态系统的重要组成部分，承担着涵养水源、改善生态的功能。要坚持保护优先，完善湿地林、草、湖综合治理机制，强化水质常态监测，加大物种保护力度，全面提升湿地系统环境质量，为京津构筑坚强生态绿色屏障。要坚持科学开发利用，严格按照国家关于湿地保护区的相关法规规范旅游景区，根据环境承载能力合理控制游客人数，绝不以破坏生态为代价发展经济。调研检查中，王东峰在塞罕坝主持召开座谈会，认真听取承德市、省林草局、塞罕坝机械林场和有关县主要负责同志工作汇报，充分肯定承德市和塞罕坝机械林场近年来的工作成绩，对照习近平总书记重要指示批示精神进一步查找差距和不足。他强调，要坚持深入学习贯彻习近平生态文明思想，把生态文明建设放在更加突出的位置来抓，大力推进创新发展、绿色发展、高质量发展。要坚持自觉践行“两山”理念，把生态资源优势转化为产业发展优势，大力推进生态助推脱贫防贫。要坚持大力弘扬塞罕坝精神，全面加快塞罕坝创新发展步伐，努力打造生态文明建设示范区、生态经济发展创新区，统筹区域生态发展，当好首都“两区”建设排头兵。要坚持改革创新，优化林场体制机制，强化生态保护科技研发，大力推进林场各项事业迈上新台阶。要坚持加强组织领导，强化领导班子和干部队伍、人才队伍建设，大力推进资源统筹，为新时代塞罕坝改革发展提供坚强保证。省领导高志立、周仲明、时清霜参加调研检查。

8 月 24 日至 25 日，河北省人大常委会副主任张妹芝带领省人大常委会科技创新三项法规检查组到承德市就《河北省专利条例》《河北省促进科技成果转化条例》《河北省科学技术进步条例》三项法规进行执法检查。市人大常委会副主任孔庆龙，市政府副市长郭士刚陪同检查。检查组先后来到颈复康药业集团、承德苏垦银河连杆有限公司、天大钒业有限责任公司进行实地检查。随后，听取承德市及相关市直部门落实科技创新三项法规总体情况和 2020 年跟踪监督重点内容情况汇报，并就实施过程中存在的问题及意见建议与市政府及相关部门进行座谈交流。

8 月 24 至 26 日，河北省政协副主席曹素华带领调研组到承德市就省政协 2020 年重点提案《关于深入推进中药材产业高质量发展的建议》进行督办调研，进一步推动提案办理落实。市政协主席刘文勤，市委副书记安国富，市政协副主席关继高，秘书长单化军参加调研，部分驻承省政协委员参加调研。曹素华一行先后到滦平县中药材种植基地、兴隆县野生中药材保护区、承德颈复康药业集团等地实地调研承德市中药材产业发展、野生中药材利用与保护等情况。26 日召开座谈会，调研组听取省卫生健康委员会、省农业农村厅提案办理情况的汇报，与会委员与提案承办单位进行互动交流，就进一步推进全省中药材产业高质量发展提出许多新的意见和建议。

8 月 25 日，河北省政府省长许勤在承德调研检查时强调，要深入贯彻落实习近平总书记重要讲话精神，坚定不移贯彻新发展理念，坚持生态优先、绿色发展，发展壮大特色产业，持续巩固脱贫成果，高质量完成脱贫攻坚任务。许勤来到承德县高新技术产业开发区下板城园区，听取县域特色产业发展和产业扶贫工作汇报，实地查看农村电子商务综合示范项目。该园区积极引入呼叫中心、软件开发等电子信息类服务外包企业，探索出一条“园区 + 科技 + 电商”的发展路径。许勤指出，园区招商要围绕主导产业，向产业链下游延伸，带动配套产业入驻，把税收和就业岗位作为重要衡量标准，实现利企惠民双赢；要引导和鼓励第三方电商企业建立电商服务平台，提升贫困人口利用电商创业、就业能力，拓宽产品销售渠道，叫响区域农副产品公共品牌，增强市场竞争力，带动贫困人口稳定增收。许勤分别到河北燕塞生物科技有限公司和承德华净活性炭有限公司，详细了解食用菌产业、山杏产业发展现状，进大棚询问就地打工的脱贫户生产、收入等情况，入车间查看国内首个炭电热肥联产项目运行情况，充分肯定平泉投入零成本、经营零风险、就业零距离的“三零”产业扶贫模式。他强调，产业扶贫是稳定脱贫的根本之策，也是有效防止返贫的关键措施，要算清产量和价格之间的关联账，细分市场和产品，加大宣传力度，提品质、创品牌、增效益，让绿水青山变成群众致富的金山银山。许勤深入兴隆县荣盛兴城新能源汽车产业项目车间了解生产经营情况，希望企业瞄准智能制造方向发力，利用整机生产优势吸引其他零部件企业聚集，完善产业链条，不断提高企业利润率。来到兴隆县垃圾分拣厂综合处理项目检查农村垃圾处理情况，该项目采用中材国际集团独家专利技术，可实现生活垃圾无害化、减量化、资源化处理。许勤强调，要以建设美丽宜居乡村为导向，加快补上农村基础设施和公共服务短板，确保农村同步全面建成小康社会。许勤强调，承德市要积极践行习近平生态文明思想，认真落实党中央、国务院决策部署和省委、省政府工作安排，毫不松懈抓好常态化疫情防控，扎实做好“六稳”“六保”工作，强化机遇意识，用好京沈高铁即将开通实现与北京“同城”的优势，加快推动创新发展、绿色发展、高质量发展。省政府秘书长朱浩文参加调研检查。

9月6日至8日，河北省人大常委会副主任王会勇率领省人大常委会规范性文件备案审查执法检查组就《河北省各级人民代表大会常务委员会规范性文件备案审查条例》贯彻实施情况到承德市进行检查。省人大常委会执法检查组先后到市人大常委会、政府办，平泉市、宽城满族自治县人大常委会进行实地检查，对个别县区人大常委会进行随机抽查，并召开座谈会，听取市人大、市政府、市监察委、市法院、市检察院和部分县人大有关工作开展情况的汇报，部分人大代表和专家作发言。检查组对承德市规范性文件备案审查工作给予充分肯定。在执法检查组召开的座谈会上，市人大常委会副主任李伟，承德市政府副市长宁金龙就规范性文件备案审查工作情况分别进行汇报，副市长刘宏伟作了表态发言。

2020年中共承德市委领导名录

市委书记：周仲明

市委副书记：常丽虹（女）
安国富（回族，8月免）

市委常委：武力斌
李晋宇
刘新宇（满族）
吴清海（满族）
苏铁成
董正国（满族）
杨培苏（女）
刘卫平
任武军（3月免）
杨春武
何　军
张　华（3月任）

市委委员（按姓氏笔画为序）：
于　山（满族）
王　成
王　江（满族）
王　毅
王成军（满族）
王国维（满族）
王贺民（满族）
方志勇（满族）
朱守仓（满族）
任武军（3月免）
刘卫平
刘文勤
刘众民（满族）
刘志琦
刘宏伟
刘新宇（满族）
刘福明
齐建文（满族）
关利军（满族）
安国富（回族，8月免）
祁　军
苏铁成
李　东（满族）
李晋宇
杨玉甫（满族）
杨春武
杨宪军（满族）
杨海龙（满族）

杨培苏（女）
吴清海（满族）
佟伊民（满族）
谷宏健
张　华（3 月任）
陆文龙
何　军
武力斌
范振喜（满族）
周仲明
房宝占（满族）
赵春丽（女）
赵振清（满族）
段向东（满族）
秦　涛
袁丽枝（女）
栾志宏
高浚力（蒙古族）
曹佐金
常丽虹（女）
崔万峰（满族）
董正国（满族）
韩福才（满族）
傅海旺（满族）
焦　军
甄毓敏（女，满族）
薛青松（满族）

候补市委委员：
李　浩（满族）
高俊虎（满族）
宋清礼
杨宝林（满族）
李桂梅（女，满族）

市委秘书长：傅海旺（满族）
副秘书长：王泽辉
王和平（满族，12 月免）
苗立田（满族，12 月免）
杨海涛（11 月免）
胡　伟
李　勇
纪正红
孙　立

市委办公室工作

【概况】　2020 年，市委办公室紧紧围绕市委中心工作和全市发展大局，求真务实，开拓创新，主动作为，充分发挥职能作用，全面提升“三服务”工作水平，圆满完成各项工作任务，有力保证市委各项工作高效有序开展。

【以文辅政】　始终把文稿服务作为工作的重中之重，秉承精品意识和工匠精神，严把文稿服务质量关，紧密结合市委中心工作，紧跟新形势，贯彻新思想，适应新要求，切实增强文稿的思想性、针对性、指导性，更好地指导实践、解决问题、推动工作。按照“精致、细致、极致”的要求，对每一篇文稿都做到精心、细心、用心，反复推敲、精心打磨，努力起草高质量、高水平文稿，力争做到“每篇文稿都是精品”。进一步完善文稿起草集体研讨机制，牵头成立“十四五”规划编制工作起草工作专班，研究起草《市委关于制定国民经济和社会发展第十四个五年规划和二〇三五年远景目标的建议》及《说明》，为市委全会做好各项基础性工作。全年共起草各类文稿 300 余篇、120 余万字。

【调查研究】　紧扣市委中心工作，明确调研主题，改进调研方法，切实把各项工作谋在前、想在前、做在前，及早准备、主动介入、强化沟通，详细制定调研活动方案，切实把各项工作做充分、做扎实，确保不出纰漏。全年组织服务市委调研、对接座谈、现场办公等活动 90 余次。谋大事、抓大事，聚焦中共中央重大决策和省市委工作部署，聚焦承德市“1266”发展战略和“三区一城”发展定位，聚焦“3+3”主导产业、县域“1+2”特色产业发展等重点工作，深入开展调查研究活动，认真谋划推进重大战略、重点工作的思路举措，提出一些具有战略性、开创性、建设性的参谋建议。全年先后提出工作建议70余项，并梳理提炼形成相关工作举措，对全市重点工作推进起到积极作用。

【信息服务】 严格把好信息采集关、整理关、上报关，努力为市委了解情况、推动工作提供扎实有效的信息支撑。积极适应互联网融媒体时代的新形势和全省党委信息工作的新任务新要求，在原有信息种类的基础上，对上增加了涉冀舆情信息、外省市社会热点舆情信息、动态类舆情信息和调研分析类信息等上报种类，对内增设《网络舆情信息》，全年编发《每日动态》《承德情况》130余期，反映全市“生态强市、魅力承德”建设文章90篇，向省委报送涉冀舆情等各类信息6122条，上报舆情类、问题建议类信息获省领导批示达50次，市委主要领导批示19次，创历史最好水平。《承德市积极推进“承德山水”品牌建设成效显著》等一批反映全市新理念、新举措、新经验、新成果的正面信息进入省委领导视野，采用率位居全省前列，年度考核实现晋位升级。

【社情民意办理】 针对人民网网民留言数量的大幅增长，不断优化办理程序和方式，着力提升留言办理效率和质量，全年共办理群众在人民网给省市委主要领导留言事项162件，一批事关群众切身利益的操心事、烦心事、揪心事得以解决。同时，注重抓好留言办理工作经验做法总结，加大向省级以上新闻媒体的宣传推介力度，《河北日报》、河北新闻网分别以《河北承德党委办公室系统扎实做好网民留言办理工作》《畅通网上问政渠道、及时解决群众难题》为题，对承德市经验做法进行宣传报道。

【公文运转】 全面落实市委加强党内法规制度建设的要求，着力提高市委文件制定质量，圆满完成公文审核、党内规范性文件备案和审查、“七五”普法收官、党务公开等各项工作。严格执行党内规范性文件前置审核制度，突出政治性、原则性、政策性审核，全年共审核各类公文207件，约130万字。共向省委报备党内规范性文件17件，全部合法合规，继续保持全省领先水平。认真落实公文管理各项规定，健全管理制度，规范公文管理，严格按照公文运转程序，切实做到“随报随批，急件急办”，保证公文规范高效运转，维护了党委文件的时效性、严肃性和权威性。全年以“承发”“承字”“承办发”“承办字”文件形式发文61件，同比减少48%，办理上级来文800余件，平级来文100余件，办理请示、报告及转呈件400件。印制各类公文125万页，分发文件10万余件、报刊10万余份，外发和接收机要件3000余份，传输电子公文310件，整理档案资料1100余件，均做到及时、准确、规范、高效。在全市开展2次中央、省委文件落实情况专项督查，印发《通报》进一步督促规范公文运转制度程序。

【会议服务】 切实加强会议计划管理，严控计划之外增开的会议，严控市领导与会人数，无讲话、发言任务和工作联系的市领导不再陪会。市委常委会坚持做到紧贴中心、积极主动、程序规范，年初征集年度议题计划，会前安排专人做好议题收集汇总，确保会议议题有质量，会务组织高标准。会议通知实行文件通知、微信通知、电话核实三重通知法，会议组织实行专人专盯，保证会场内有人记录、会场外有人提醒、有人服务，通过不断创新方式方法，确保会议实现高质量、高效率。做好市县两级会场改造提升工作，建设完善全市广电网络视频会议系统，对市委常用会议室进行改造升级，大幅度改善会议环境，提升会议效率和质量。全年完成市委全会、市委常委会、及其他全市性大会、调度会、专题会、汇报会、座谈会等200余次的会议组织服务工作，坚持做到“零”差错。

【应急值守】 不断加大对值班应急和重要信息报送工作的重视程度，先后两次组织召开全市党委办公室主任值班应急和重要信息报送工作专题会议，专门就党委办公室系统值班应急工作作出安排部署，提出明确要求。严格按照省市委对值班工作的安排部署，迅速适应新形势下的紧急重大事件报送要求，认真做好春节、清明、“五一”、端午、国庆等假期以及“两会”等特殊重点时期的值班应急工作，确保万无一失。今年，共办理值班报告362期，创立《市委值班工作通报》，对督查检查中发现的各类问题进行通报，以此促进提升应急值班工作。根据市委、市政府疫情防控和应急指挥调度需要，建设市委应急指挥调度平台，依托市广电网络集团的专网线路和专业视频终端设备，实现市、县两级党委主要领导及市直重点部门领导的应急指挥和视频调度。

【机要保密】 开展全市保密大检查，对28个市直单位、12个县区、4个涉密资质企业开展现场保密检查。开展互联网安全保密管理专项检查，推进全市重要涉密单位互联网接入口保密监测平台改造升级。完成市级各类重要涉密会议和文件传达、重要领导调研、市“两会”等重大政务活动的保密技术服务保障工作50余次，“零”失误完成全年任务，切实发挥“生命线、保障线、指挥线”的作用。疫情防控期间，制定《新型冠状病毒疫情防控期间密码通信工作预案》，对疫情防控期间的密码通信工作作出具体安排部署。牢固树立“第一时间”观念，电报随到随办，全年共收发办理各类电报2万余份，未发生延误、错办、漏办现象，实现“无事故、无差错、无错情”的目标。

【督查督办】 认真抓好中共中央和省、市委决策部署事项督促落实，持续对贯彻落实习近平总书记对河北对承德工作重要指示批示精神进行督办，建立生态文明建设、京津冀协同发展等8方面46项工作台账，及时交办催办、收集汇总，及时向省报告反馈。对省委书记王东峰两次到承德调研检查交办重点事项进行任务分解，建立工作台账28项，并按时限要求持续盯办。建立市委、市政府2020年度重点工作台账9方面212项，各项重点工作按时序有效推进。紧盯市委主要领导调度重要事项抓落实，全年共盯办疫情防控、脱贫攻坚、“三创四建”、北部新城建设等方面共200余项，确保“事事有回音、件件有着落”。认真开展全市“双城”创建、水源地两大饮水工程建设、双峰寺水库年底验收等专项督查，压实工作责任，促进工作落实，受到市委领导肯定性批示2次。强化重点工作调度，对各县区党政主要负责同志亲自主抓的重点工作（项目）情况按月进行书面调度分析，反馈报告11期。出台《关于进一步加强督办和落实工作的意见》《市委主要领导批办、决办、交办重要事项督办反馈联动机制》，有力提升督查督办工作效果，促进重点工作的落地落实。

【运转保障】 积极探索工作中的新方法、新机制，牵头制定《关于进一步健全工作情况交流通报制度有效推动工作落实的实施意见》，推动形成一级抓一级、一级带一级工作格局，促进各级领导之间、上下级和同级部门之间的工作交流协作。制定《市委办公室制度机制汇编》，进一步完善优化文稿服务、公文办理、应急值守等12项制度机制，持续推动“三服务”工作制度化、规范化、长效化，更好地服务保障市委各项工作安全高效运转。

【推进重点专项工作】 认真协调推进“三创四建”活动。按照市“三创四建”活动要求，及时组织各县市区和各责任部门研究制定市、县两级“1+9+1”政策体系，建立完善“四清单一台账”和“旬分析、月报告、季调度、年对帐”工作制度。组织召开市级调度推进会议11次，开展专项和联合督导6次，发掘培树市级典型做法37个，其中“承德山水”等3个典型经验做法在全省推广。认真组织《中华人民共和国档案法》的学习宣传和贯彻实施，组织全市“6·9国际档案日”系列宣传活动，通过移动、联通、电信三大运营商对“6·9国际档案日”宣传短信进行推送。《承德市档案馆为“脱贫攻坚”任务提供精准脱贫档案工作服务》在《中国档案报》《档案天地》刊发。完成承德市档案局挂牌工作，指导各单位完成了2019年度文件材料立卷归档和全市档案事业统计调查等工作。全面做好沟通对接和协调服务工作。做好市委主要领导经济责任审计和自然资源资产离任（任中）审计对接协调工作。按照“热情、周到、严谨、细致”的要求，对省审计组要求提供的资料全部第一时间协调相关部门按时、准确提供到位。对接服务期间累计印发工作提示函62份，起草情况说明3份，协调50余个部门向省审计组提供政策文件、会议纪要、工作报告等材料1000余份，较好地完成与省审计组的对接服务工作。做好九届省委第九轮“四个专项”专项巡视协调服务工作。及时加强与省委巡视组沟通对接，做好巡视组进驻承德期间日常工作和外出巡视的服务保障工作，累计协调30余个部门和各县市区向省专项巡视组提供各类材料800余份，组织召开2次专题研讨会，认真指导相关部门按照省委巡视组要求修改完善汇报材料并按时上报。

【纠正“四风”】 始终坚持将作风建设作为重要政治任务常抓不懈，印发《2020年全市深化纠正“四风”和作风纪律专项整治推进方案》，深入整治、严肃查处各类问题，有效促进干部作风转变。组织成立17个暗访组，深入各单位进行明察暗访69次，发现督促解决问题39个。设立举报电话、邮箱、信箱，及时交办查处省、市问题线索，全市共查处“四风”问题68件，涉及人员96人。加大反面典型曝光力度，在新闻媒体网站点名道姓通报曝光3批9起14人，用身边事教育警醒身边人。依托市广播电台《百姓热线》节目开设纠风问政专栏，已播出156期。进一步丰富问政方式方法，联合承德广播电视台在“冀云知承德”APP打造网络问政新平台。2020年，全市实际发文1594件，同比减少60.6%；召开会议83次，同比减少52.3%；督查检查考核实际开展57项，同比减少3.4%，切实为基层松绑减负。

【狠抓国家安全】 坚持将国家安全工作与中心工作同谋划、同部署、同落实，针对党的十九届五中全会、全国全省“两会”等重大安保活动期间，及时启动每日情报会商研判机制，切实起到抓早、抓小、防患未然作用。今年以来，共组织召开国家政治安全研判会商会10次，梳理形成情报信息专报向省委国安办报送64期。组织开展以“坚持总体国家安全观，统筹传统安全和非传统安全，为决胜全面建成小康社会提供坚强保障”为主题的“4·15”全民国家安全教育日系列宣传教育活动，取得良好的宣传教育效果。

【新冠肺炎疫情防控】 以高度的政治自觉和强烈的责任意识，迅速进入战时状态，全力投身疫情防控。加强值班值守、信息报送、文件起草、通知拟定、会议活动组织协调等各项服务保障工作，为市委和市疫情防控领导小组科学高效决策提供坚强保障。突出“四类重点人员”，开展疫情防控大排查，确保排查不漏一人。市委领导带头，机关116名党员为支持疫情防控工作主动捐款16700元。成立6个志愿服务队，深入双桥区头道牌楼街道鹿栅子沟社区一线，协助开展疫情防控工作。

2020 年市委办公室领导名录

市委办公室主任：祁　军（3 月免）

王泽辉（3 月任）

市委办公室副主任（兼）、市委招待处处长：张宏生

市委研究室主任，改革办主任：李　勇

市委保密机要局局长：孙　立

市委保密机要局副局长：宋春生

市委信息中心（市委社情民意办公室）主任：孙秀军

市委督查室主任：吴小军

（供稿　杨铁瑛）

组　织

【概况】　2020 年，全市组织系统以贯彻落实党政领导班子建设《规划纲要》为统领，着力建设忠诚干净担当的高素质专业化干部队伍；以开展“基层党建质量提升年”为抓手，着力推动基层党组织全面进步全面过硬；以实施积极开放的人才政策为牵引，着力强化人才引领支撑发展作用；以深化体制机制改革为动力，着力推动组织工作改革任务圆满完成；坚持从严从实要求，着力锻造坚强的领导班子和过硬的干部队伍。党建制度改革、组织史征编、大学生村官管理、信息化建设、干部统计、信访接待、安全生产、保密和老干部等工作也都取得新成效。同时，充分发挥组织部门和组织工作职能作用，高质量完成党中央和省、市委安排部署的市县机构改革、职务与职级并行、重点工作大督查、驻村工作队和帮扶责任人管理等重点工作。

【干部选任规范化】　始终把落实全国党政领导班子建设规划纲要和省若干措施作为重要遵循，在选育管用上下功夫，优化各级领导班子和干部队伍结构、增强整体功能。承德市先后 3 次在全省干部工作专题会议上发言。坚持好干部标准和“六个旗帜鲜明”用人导向，认真编制市委管理干部职务职级任免工作流程，完善各类干部台账，理顺大中专院校、市属国企领导班子和干部队伍管理体制，建立征求市委巡察办、市考核组、省市大督查工作组对各级班子和“两头”干部评价建议机制，配套衔接的干部人事制度体系进一步完善。结合年度考核，开展县（市、区）领导班子调研，摸清干部底数、搞好数据测算，针对存在问题提出领导班子建设建议，在干部选任调配中有计划、有步骤地落实。注重在脱贫攻坚、乡村振兴、疫情防控等重大实践一线选人用人，组成专题调研组赴县（市、区）了解掌握领导班子和干部现实表现，为市委选人用人提供参考。2020 年，全市调整市管干部职务职级 22 批 1178 人次，各级各部门领导班子结构得到优化。实施乡镇优秀年轻干部培养选拔倍增计划，截至 2020 年年底，共配备 35 岁以下乡镇党政正职 18 名，“90”后领导班子成员 227 名；开展推荐选拔乡镇（街道）“90”后优秀年轻干部工作，共选配 35 名干部到岗工作。成功招录选调生 107 名，经过岗前培训，安排 92 名到村挂职锻炼。圆满完成公务员“四级联考”和遴选工作，新录用 543 名、遴选 14 名，全年新调任转任 312 名。

【干部教育培训】　深入贯彻落实《干部教育培训工作条例》《2018—2022 年全省干部教育培训规划》，制定 2020 年干部教育培训计划，抓住县（市、区）党政班子、市直单位“一把手”、重点部门成员、优秀年轻干部和村（社区）书记等“关键群体”，依托党校主阵地、河北干部网络学院等平台，采取线上线下联动、理论实践相结合等方式，举办承办学习贯彻党的十九届四中、五中全会精神、精准扶贫脱贫、新型城镇化、新提拔

县处级领导干部培训等专题班364场次，培训干部5.07万人次。落实省委调训要求，选派46名干部参加省委党校“三创四建”专题研讨班、县（市、区）委书记培训班等实地调训，线上调训干部2490名，有效带动各级干部提升政治本领和工作能力。

【干部监督管理】 严格执行干部选拔任用预审备案制，落实“凡提四必”要求，上报省预审备案17批396人次，预审县（市、区）调整干部82批3174人次，市直部门调整干部168批1375人次，有效防止干部“带病提拔”“带病上岗”。对13个县（市、区）和52个市直单位开展选人用人“一报告两评议”，对8名评议结果较低的单位主要领导进行提醒谈话。结合市委巡察，对18个单位开展选人用人专项检查，发现问题70个，逐一提出整改意见并督促落实。印发《领导干部个人有关事项报告填报提示手册》1500余册，指导市管干部举一反三、准确填报。完成64名省管干部、1347名市管干部个人事项报告集中填报工作，随机抽取137人进行核实，重点查核305名拟提拔或进一步使用干部个人事项，对填报不实的76人给予组织处理。扎实开展领导干部个人事项报告专项整治，对2019年以来查核情况梳理汇总、认定核实，并做好谈话提醒工作，对省反馈承德市21人经商办企业和14人在信用社参股分红问题进行处置，对全市在职公务员开展违规从事或参与营利性活动专项整治，做好省反馈承德市372人相关问题甄别认定和处置工作。抓好省委巡视承德反馈涉及组织工作问题整改落实，配合做好省委巡视双桥区、宽城县相关工作。高质量推进干部人事档案规范化、集中化、数字化建设，实行“1+4+13”管理模式，审核查阅、接收转出档案2604卷。高标准建成干部人事档案管理中心并投入使用，完善干部信息系统，干部管理监督基础进一步夯实。

【干部考核评价】 持续深化督考问用抓落实机制，调整完善市管领导班子和市管干部综合考核评价体系，强化对脱贫攻坚、绿色发展、高质量发展、党的建设等指标考核，在开展2019年度考核基础上，重点对市管领导班子和领导干部在疫情防控中的表现情况进行专项考核，并把结果作为评优评先、选拔任用的重要依据，激励各级干部奋发作为、创先争优。制发《关于统筹规范各类考核工作的通知》，健全干部考核指标准入机制，严控“一票否决”和签订责任状事项，为基层减负增效。制定市管领导班子2020年年度考核评价分类、绩效考核和综合考核指标体系，依托考核信息平台，实行调度预警、分析研判机制，严把考核源头关、过程关、结果关，干部考核评价体系进一步完善。把抓督查促落实作为提高党委政府执行力的重要手段，全年受理群众信访、投诉、举报187件，督查发现问题2792个，整改完成率97.14%。落实省第二督查组交办问题104个、举报件39个、转办件55个，问题整改反馈率100%，有力推动中央和省、市重大决策部署落实。

【人才队伍建设】 树立大人才观，健全完善政策，优化发展环境，着力提升人才工作效能。在全省人才强冀工程优秀项目评选中，承德市“3+3”主导产业人才集聚项目被评为二等奖。人才工作力度持续加大。召开人才工作领导小组会、人才工作调度会，制发人才工作要点，坚持人才为项目建设、为产业转型升级、为推进社会治理体系和治理能力现代化、为优化干部队伍结构服务。修改完善《人才工作考核办法》，加大平时督导、专项督导和考核力度，推动各级党委落实人才专项资金，为人才创新创业提供支持。聚焦主导产业发展，建立高层次人才库，通过重点人才选聘、市管优秀专家和农村青年拔尖人才评选等多种途径，逐步优化队伍结构，激发整体活力。全市新评出市管优秀专家111名、农村青年拔尖人才25名。引才聚才效应不断彰显。积极融入京津冀人才一体化，主动与京津对接，深化人才网升级共建、高端人才交流、人才政策对接等方面合作，全年柔性引进高端人才640余人，在科研课题立项、科研成果转化等方面取得积极成效。组织开展“双招双引”“进名校引英才”等活动，依托京津人才网、河北人才网、承德人才网等交流平台，收录急需紧缺岗位2480个，发布引才信息1664条，引进各类人才5329人。深入推进京津承扶贫协作干部人才挂职交流，达成挂职干部和专业技术人才选派合作协议并高质量完成选派任务。年内，共选派赴京津挂职干部46人，新派专业技术人才117名。接收京津挂职干部8人，专业技术人才193人。选派35名干部赴新疆尉犁开展工作。全年组织各类人才培训82期，培训4286人次。主动与西北农林科技大学对接，推进研究生社会实践基地建设，13名硕博研究生到承德市教学科研基地开展实习和就业双选。

【基层党组织建设】 坚持向责任要账、向机制问效、向质量看齐，全面提升基层党组织政治功能和组织力，承德市先后3次在全省基层党建工作推进会议上作典型发言，在第五届全国基层党建创新案例评选活动中，承德作为河北省唯一获奖城市，有2篇典型案例分获最佳案例奖和优秀案例奖。确定全市各领域基层干部基本待遇和党组织运转经费标准，推动全市村级组织运转经费由原来的村均不足10万元提高到22.3万元。坚持把党组织建在产业链上，以党建引领发展壮大村集体经济，全市累计培育农业龙头企业458个、农民合作社和家庭农场1.3万个，建立产业型党组织1145个，推动全市集体经济空白村全部“清零”，集体收入5万元以上村达72%，村党组织凝聚力战斗力不断提升。深入开展“红色领航争双强”活动，全市10人以上企业党组织覆盖率达到92.4%，社会组织综合党组织覆盖率达90%，打造党建示范点146个。扎实做好村（社区）“两委”换届选举准备工作，协调成立领导小组及办公室，抽调精干力量集中办公，组织开展督导检查，层层传导压力。开展驻村帮扶“查漏补缺、巩固提升”行动，市县开展督导检查5467队次、驻村干部1.18万人次，召回不合格干部11人，约谈派出单位主要负责人125人次，为全市脱贫摘帽提供有力的组织保证。严把发展党员政治审查关，年内发展党员3984名，党员队伍结构不断优化。建立农村发展党员“黄橙红”三级预警机制，推行党员“先锋指数”积分制管理，以兴隆县、平泉市为试点，组织开展农村发展党员违规违纪问题排查整顿，发现重点问题272个，给予出党处置、党纪处分、组织处理179人，党员队伍先进性和纯洁性进一步增强。深化党员“亮身份、上一线、当先锋”活动，推行农村党员“1+X”联户制度，实行“挂牌示范”“夺旗争星”，全市6854名党员被评为星级党员。

【职务职级和机构改革】 职务与职级并行晋升工作稳妥推进。印发《承德市公务员职务与职级并行制度实施方案》，制定市直公务员职级管理工作暂行办法，坚持职务和职级晋升相结合，统筹做好职数测算、建立台账、制定原则、考察任免等工作，最大限度调动干部积极性。截至2020年年底，全市各层级公务员职级首次晋升全部完成，累计实现综合管理类公务员职级晋升5419人；公安系统执法勤务和警务技术警员序列职级晋升2753人；法检系统按期晋升和择优选升员额法官159人、检察官156人。乡镇（街道）机构改革任务圆满完成。制定市县两级《深化乡镇和街道改革工作方案》，通过安排部署、调度督导、专题调研、落实责任，推动全市218个乡镇和街道圆满完成改革任务。统筹推进权力下放、机构规范设置、领导职数配备等工作，11个县（市、区）向乡镇（街道）平均下放审批事项72项、公共服务事项32项、执法事项70项，全市跨层级调剂补充编制2646名，平均每个乡镇（街道）编制56.6名,进一步提升基层治理能力和管理效能。

2020年市委组织部领导名录

市委常委、组织部部长：
杨培苏（女）
常务副部长：段向东（满族，3月免）
祁　军（3月任）
副部长(正处级)、市委副秘书长(挂职),市督考办主任：
王春田（满族）
部务会成员：房宝占（满族，兼）
副部长：胡伟纲（兼）
贺长青（满族，兼）
副部长、市委非公经济和社会组织工委书记：
韩跃华（满族）
副部长、市公务员局局长：贠福东
副部长：杨立君（满族）
部务会成员：佟志民（满族）
李新泽（满族）

（供稿　许海岩）

宣　传

【概况】　2020年，全市宣传思想战线坚持以习近平新时代中国特色社会主义思想为指导，在大战大考中守正创新、担当实干，紧扣决胜全面小康、决战脱贫攻坚，做好统筹新冠肺炎疫情防控和经济社会发展的宣传引导，在特殊之年展现特殊担当与作为,为全面建设新时代“生态强市、魅力承德”提供有力思想保证和强大精神力量。

【理论武装】　抓好党员干部理论学习，认真组织各级理论学习中心组集中（扩大）学习。充分运用《习近平谈治国理政》第三卷等权威教材和重点理论文章，努力做到学深悟透、融会贯通。持续加强“学习强国”学习平台的推广使用，平台学员数已达30余万人。深化常态化宣传宣讲，持续推进习近平新时代中国特色社会主义思想和党的十九届五中全会精神“六进”学习宣传工作，组建各类宣讲团360余个，开展规模以上主题宣讲活动2900余场次。加强理论研究阐释，完成思想政治工作课题研究成果40余项。广泛开展“决胜全面小康、凝聚承德力量”主题征文活动，形成理论研究成果500余篇。

【网络舆论宣传】　加强疫情防控宣传，第一时间启动新闻应急工作机制，推出“战斗在最前线”等专栏专题30余个，刊播重点报道3000余篇、新媒体作品2万余件。加强媒体正面宣传，推出“坚决打赢脱贫攻坚战”“扎实推进三创四建活动”等专栏专题30余个，建立市县两级高效协同的新媒体传播矩阵，发布各类稿件43300余条。广泛开展社会宣传，利用宣传标语、户外大屏等制作规范公益广告30000余条处。开展“全面小康、奋斗有我”365百姓故事汇宣讲活动。选树宣传各类典型42人，先进集体18个。深化媒体融合发展，完善和优化承德融媒体中心“中央厨房”运行机制，全面推广滦平县融媒体中心、新时代文明实践中心“两心同建”、双滦区“融媒＋创城”经验，9家县级融媒体中心全部通过省委宣传部验收。

【精神文明建设】　扎实抓好新时代公民道德建设，组织开展线上“新时代文明实践”大讲堂等活动50余场次。承办全省精神文化扶贫观摩交流活动，推广“道德银行＋扶贫爱心超市”工作模式。承德市获评全国未成年人思想道德建设工作先进城市（区）称号。全力推进文明城市创建“百日攻坚”十大专项行动，全市17个村镇、21个单位、5所校园、1个家庭获评全国文明村镇、文明单位、文明校园和文明家庭荣誉称号。全力推进新时代文明实践中心建设，在全市建成新时代文明实践中心6个、实践所48个、实践站418个。积极推动社会志愿服务活动常态化，成立“承德市志愿服务联合会”，建设志愿服务站点540个，注册志愿者38万余人。组织303个市直单位与农村、社区结成帮建对子，形成人人参与创建的良好氛围。

【文化事业和产业发展】 推动文艺精品创作生产，评选承德市文艺精品奖18项，有5部作品获省“五个一工程”奖，6部作品获省“文艺振兴”奖。电视剧《最美的乡村》在央视一套首播，荣获中国广播影视大奖、第32届电视剧“飞天奖”。深入实施文化惠民工程，组织第六届文化艺术展演季系列活动，持续开展传统文化进校园进乡村和“深入生活、扎根人民”主题文化惠民活动，丰富群众文化生活。全力推进文化产业发展，采取有力举措，克服疫情影响，促进文化企业健康发展。兴隆山景区、七彩森林景区获评国家AAAA级旅游景区，“二十一世纪避暑山庄文化旅游产业园区”获批国家级文化产业示范园区（河北省唯一一家），举办“创意承德·2020”走进承德博物馆文创大赛并进行产业化开发生产，打造出承德文创品牌。

【干部队伍建设】 强化理论武装，组织宣传思想文化系统党员干部认真学习习近平新时代中国特色社会主义思想和党的十九届五中全会精神，跟进学习习近平总书记最新系列重要讲话精神。严格组织生活制度，严肃党内组织生活，严格落实“三会一课”制度，认真落实民主生活会、重大事项请示报告和党员领导干部过双重组织生活等制度。抓好党风廉政建设，组织召开市直宣传文化系统党风廉政建设工作会议，把党风廉政建设工作与全市宣传思想文化工作同研究、同部署、同检查、同考核，加强党风廉政教育，引导党员干部遵规守纪。提升守正创新能力，把开展深化纠正“四风”和作风纪律专项整治与“四力”教育实践活动结合起来，在宣传思想战线深入开展“岗位大练兵”和“加强作风建设，提高‘四力’能力”教育活动，广大宣传干部勇于担当、主动作为、守正创新的能力得到进一步增强。

2020年市委宣传部领导名录

市委常委、宣传部部长：刘新宇（满族）

常务副部长、市新闻出版局（市版权局）局长、市政府新闻办公室主任：王　强

副部长、市文明办主任：冉　君（女，蒙古族）

副　部　长：刘俐宏（女，4月免）

邱亚民（满族）

李　坚（女，满族）

（供稿　张　勇）

统　战

【概况】 2020年，承德市统战系统围绕中心工作和发展大局，加快统战部门转职能、转方式、转作风，推动全市统战工作高质量发展取得明显成效，一批重大事项积极开展，重点难点工作强力推进。

【建言献策直通车】 推动民主党派继续贯彻落实建言献策“直通车”制度，及时将他们的意见建议利用专用载体《建言直报》直接报送市委、市政府主要领导，并将市委市政府主要领导批示直接转给有关市领导和相关部门。新冠肺炎疫情期间，各民主党派共提出“直通车”意见建议60件，其中19件得到河北省人大常委会副主任、承德市委书记周仲明和市长常丽虹批示，转交相关部门研究落实。市委常委会议研究党外知识分子和新的社会阶层人士统战工作4次，中共承德市委全面深化改革委员会专题会议研究党外知识分子和新的社会阶层人士统战工作1次。积极推动各行业各领域党组织通过集中、自学、线上等方式组织党外知识分子和新的社会阶层人士开展理论

学习；积极吸纳党外知识分子和新的社会阶层人士座谈交流协商；明确把党外知识分子和新的社会阶层人士纳入与市委、市政府建言献策“直通车”范围。其中，市政协建立相关机制2项，开展专题活动2次；市委召开座谈会2次；承德市网信系统共组织新媒体从业人员开展理论学习、业务培训、座谈交流23次。下发专题通知，集中部署构建“四联体系”工作，推动县市区做好党外知识分子和新的社会阶层人士统战工作。“联席会、联谊会、联络站、联络员”体系建设实现全覆盖、全落实、全推进。全市11个县（市、区）均已制定联席会制度，建立制度24项。成员单位160个，年度召开会议15次；均已成立新的社会阶层人士联谊会，成立分会51个，共有会员816名，建立制度84项，年度举办活动19次；均已建立联络站，11个县、市、区共有联络站82个；均已建立联络员队伍，11个县、市、区共有联络员223人，有效地将统战工作触角延伸到最基层。县市区党委年内均专题研究并将新的社会阶层人士统战工作考核纳入年末绩效考核。

【研究民族宗教统战举措】 市委理论学习中心组3次集中组织学习中共中央和省委出台的宗教相关政策、制度、规定；市委常委会议4次听取全市宗教工作情况汇报，研究加强和改进宗教工作的具体举措；省人大常委会副主任、市委书记周仲明4次对宗教工作进行指示批示；市级领导组织召开宗教工作专题调度会8次，研究解决宗教领域实际问题。积极引导宗教与社会主义社会相适应作为宗教工作的总体目标，全市146处宗教活动场均在醒目位置树立旗杆，升挂国旗，重要节日举行升旗仪式。各县（市、区）为各宗教活动场所统一定制“社会主义核心价值观”内容宣传展版256块，宗教教职人员行为规范120块，八项制度展版600余块，宗教活动场所工作规范180块，和谐宗教活动场所创建标准展版150块。组织承德市宗教团体、宗教干部专题学习《宗教团体管理办法》35人次，组织宗教工作“三支队伍”（宗教代表人士队伍、宗教工作领导干部队伍、宗教工作基层干部队伍）赴延安培训33人次，分期分批组织全市宗教代表人士、统战民宗干部参加省委统战部组织的培训41人次，市级宗教团体组织宗教人士培训230人次，各县区统战民宗部门组织宗教专题培训共计1572人次。结合开展“提、治、管、引、创”专项行动，成立12个督导检查组分赴各县（市、区），明确了共72项目标任务，对存在的问题逐一建立工作台账，制定整改措施，确保整改工作落地见效。

【助推非公有制经济发展】 通过举办专题讲座、开展座谈交流、组织考察调研等多种方式，引导民营经济人士和港澳台以及海外人士争做合格的中国特色社会主义事业建设者。组织民营经济人士参加主题培训班5次；开展调研活动2次；赴11个县（市）区和直属商协会，实地走访企业、商会150余家，召开座谈会14场，征集问题线索249条，收集典型案例43个，助推民营企业解决一批当前亟待解决的实际问题。开展党员领导干部与民营经济代表人士“结对子，交朋友”活动，制发活动方案及名单，帮助民营企业解决实际困难，构建亲清新型政商关系；搭建党委政府与民营企业家交流平台，并得到市委书记周仲明批示2次。组织做好泛海助学行动资金发放工作，为承德市1382名贫困大学生争取助学金322.5万元。积极争取“海联新农村卫生室”项目资金35万元，用于村卫生室的改造提升和医疗设备补充，并按要求及时将资金下拨到相关县区。开展主题教育活动、走访调研、建立人才库、加强与其他地区工商联及所属商会的沟通与联系，同时通过商协会改革契机，完善商协会职能作用，规范商协会自身建设，改进商协会党建、服务管理等职能。成立承德江苏商会和承德山西商会。

【落实港澳台优惠政策】 市委常委会议和市委对台工作领导小组会议听取全省对台工作会议暨"积极落实台胞同等待遇和各项惠台措施"联席会议精神汇报，召开全市对台工作会议和台办主任会议，制定承德市《关于进一步落实台胞同等待遇和各项惠台措施工作方案》。积极做好河北省台联主办的2020年"两岸一家亲·寻根燕赵行"活动。组织参加"第十八届冀台经济合作洽谈会"（线上）开幕式暨主题推介活动，并组织相关企业人员参加（线上）对接交流会，推介承德市相关优势企业和产品，把"承德山水"品牌推介到台湾。及时将"落实台胞同等待遇和各项惠台措施联席会议机构第二次会议"精神及时传达到台商台企。先后到11个县（市）区台办及承德德惠石油液化气有限公司、承德大润发商业有限公司和滦平县国恒房地产有限公司等台资企业走访调研，在大力宣传落实台胞同等待遇和惠台政策的同时，协调解决一批企业生产经营实际困难。持续跟进滦平县"巨室音乐小镇"台商投资纠纷，解决后续问题。

【维护海外侨权益】 印发《关于印发〈开展全市侨情核实统计的实施方案〉的通知》，为下一步充分利用侨力资源助力承德开放发展打下坚实基础。做好承德市外派教师选拔和人才库建设，协助省侨办给外派教师发放补助15余万元以及办理有关延聘事宜等。依据《侨法》和相关规定办理15项涉侨信访事件，维护广大归侨侨眷的合法权益。在河北省政务服务管理平台上认领5项行政确认和其他行政权力事项，网上作了清单维护工作。审核认证7名"四侨考生"并办理了有关手续，为侨联换届审核认证8名归侨侨眷身份及有关程序。按照规定程序办理并发放11名退休归侨职工生活补助。

【新冠肺炎疫情防控】 市委统一战线工作领导小组发挥积极作用，迅速组织动员民主党派、民营企业及商会、侨胞、台商台企、宗教界人士、互联网企业和网络从业人员积极参与抗击新冠肺炎疫情工作。六个民主党派全员参与，共捐款45.65万元和各类物资价值218.37万元；承德市民营企业及商会累计捐款捐物3505万元；海外侨胞开展国内疫情捐助价值20余万元现金和物资；全市宗教界累计捐赠善款68.1万元；互联网企业和网络从业人员共捐献抗疫善款30余万元；协调全市130家企业通过互联网向援助湖北承德医疗队的医护人员捐献总价值354万元的慰问品。市委统战部16名党员干部踊跃报名要求参加抗击疫情志愿服务队，积极参与入户排查、户情户档登记、小区值守等工作。全体党员干部、离退休老党员自发捐款10700元。此外，疫情防控期间，严格落实"双暂停一延迟"措施（暂停开放宗教活动场所，暂停一切集体宗教活动，宗教院校延迟开学），在重要宗教节日节点，引导宗教界按照疫情防控要求，不举行集体宗教活动和聚集性庆祝活动，全市宗教领域群众实现零感染目标。

【信息宣传】 印发《承德统战宣传信息工作评比表彰办法（试行）》，召开全市统战宣传信息工作调度会，进一步激发统战系统各级各部门重视统战宣传工作。全年88篇信息在中央媒体和门户网站登载，112篇在省级媒体和门户网站登载，77篇在市级媒体和门户网站登载，其中《河北丰宁探索激发村民脱贫内生动力"穷舒坦"变成"好好干"》被《人民日报》刊载，《王家沟有了美食街》被《人民日报》（海外版）刊载，《窟窿山下乐窝梦 民建中央及地方组织帮扶河北丰宁乐国窝铺村脱贫纪实》被《人民政协报》刊载。编发《承德统战》41期。

2020年市委统战部领导名录

部　　长：吴清海（满族）

常务副部长：谭玉广

副　部　长：王冰玉（满族）
郭紫金
董鹏普（满族）
杨国新（满族）
王　义

（供稿　刘海宸）

机关工委

【概况】 2020年，全市市直机关工委工作以习近平总书记在中央和国家机关党建工作会上的重要讲话为根本遵循，以党的政治建设为统领，围绕中心、建设队伍、服务群众，“争做三个表率，创建模范机关”，认真落实中央和省、市委各项决策部署，全面落实新时代党的建设总要求，市直机关党的建设质量明显提升。2020年，市直工委共有43个机关党委，2个直属党委，39个党总支（22个直属），591个支部（13个直属），共有党员12426名。

【学习理论法规】 制发《关于在市直机关进一步掀起学习宣传贯彻习近平新时代中国特色社会主义和〈习近平谈治国理政〉第三卷新热潮的实施方案》，用习近平新时代中国特色社会主义思想武装头脑，指导实践，推动工作。制发《建好用好“学习强国”学习平台的通知》，组织市直机关万余名党员干部利用“学习强国”平台进行学习。市直机关代表队获得全市“学习强国知识竞赛”活动三等奖。制发市直机关理论中心组学习指导计划，谋划15个专题，引领市直机关党组（党委）理论学习中心组和党员干部自觉主动学习。制发《关于在市直机关迅速开展宣传宣讲党的十九届五中全会精神的通知》，充分发挥各单位学习平台载体的基础作用和机关党支部的学习主体作用，学习宣传党的十九届五中全会精神覆盖率达100%。市直机关党员干部到分管部门和基层联系点、扶贫联系点与基层群众面对面、互动式宣讲200余场，受众12000余人次。认真落实市委《关于进一步加强和改进意识形态工作的意见》、“三清单四办法”，压实主体责任。加强对QQ群、微信群、公共邮箱、文件收发传阅等进行检查和管理，严密防范网上意识形态渗透。全年专题研究意识形态工作4次，及时研究部署市直机关意识形态工作。通过培训、观摩、指导、谈心谈话等方式对市直机关基层党组织意识形态工作进行检查指导，对市直机关市管领导班子和领导干部意识形态工作进行年度考核。组织开展《中华人民共和国宪法》《中华人民共和国民法典》学习活动，组织市直机关处级干部进行《中华人民共和国宪法》知识考试，加大对党章党规和国家法律法规的学习培训，积极参加“国家宪法日”集中宣传活动，营造党员干部学法、遵法、用法、守法的浓厚氛围。深入学习《中国共产党机关基层组织工作条例》《党组工作条例》等党内法规，依法依规推进机关党组织工作。

【基层党组织建设】 全面加强基层党组织管理。抓好基层党组织班子建设，严格落实基层党组织换届规定，把好书记、副书记的任免审批关及换届程序关，配齐机关党委、机关纪委及基层党支部班子，实现应换即换。严把党员发展“程序关”“质量关”，新发展党员100名，培养入党积极分子140名。规范党组织关系接转程序，审核党员身份7名。积极利用党员信息管理工作平台和12371党员教育服务平台，提高党组织和党员管理信息化的水平。通过下发文件、检查指导、答疑解惑、监督考核，使市直机关党组织党费收缴、使用、党费专户的管理得到了进一步规范。持续提升基层党组织战斗力。制发《市直机关“党支部质量提升工程”实施方案》《关于在市直机关开展争做“新时代优秀共产党员”活动的实施方案》，努力推动基层党组织在组织设置、队伍建设、制度体系方面实现整体达标的基础上，突出特色，呈现亮点。召开市直机关党建质量提升现场观摩会，组织85个市直机关党组织负责人对4个典型单位进行观摩，互相学习借鉴，推动后进赶先进、中间争先进、先进更前进。下拨党费支持新建16个标准化党员活动室，市直机关党员活动室建设标准化率达到60%。组织市直机关党务干部和党支部书记培训班1期，发展对象培训班1期，党务干部党统工作培训班1期，提高了党务干部的履职能力。起草《关于市直机关党组织和党员到驻地（共建）街道社区报到实施方案》，积极探索单位党建、行业党建和区域党建互联互动，不断提高党建工作整体水平。

【机关作风整顿】 制发《2020年持续深化市直机关作风纪律专项整治实施方案》，明确了统筹推进疫情常态化防控和经济社会发展、开展“四查四纠”、深化警示教育、改进群众评议工作、创建模范机关、狠抓监督执纪、发挥制度效能等7项具体任务，指导市直机关开展专项整治集中行动。组织市直窗口部门开展2期“电视问政”。聘请第三方机构开展市直窗口单位、重点行业部门群众满意度测评和机关作风评议，倒逼作风整治提质增效。认真落实中央办公厅《关于持续解决困扰基层的形式主义问题为决胜全面建成小康社会提供坚强作风保证的通知》精神，下大力解决形式主义问题，不作表面文章，不搞简单留痕，切实减轻基层干部负担。加强对党费使用、干部职级并行等工作进行全程监督，对市直部分机关党委使用党费慰问情况进行抽查。坚持通过微信公众平台开展廉政“微教育”“微提醒”，开展警示教育，形成常态化、全覆盖。坚持每周向市直各部门摘发《纪律处分条例》内容，由市直各部门转发到全体党员干部，使机关全体党员干部在潜移默化中受到教育。在元旦、春节、清明、“五一”、端午、中秋、国庆等重要节日节点，发送遵守中央八项规定精神作风纪律“提醒”，再转发全体党员干部，做到提醒不间断。利用市纪委监委典型案例通报和查处的本单位违纪违法案件开展警示教育，每期必组织传达学习，发案必开展集中教育，做到警钟常鸣，始终让党员干部心中有戒。

【新冠肺炎疫情防控】 面对新冠肺炎疫情，市直机关4000多名党员干部带头深入医院、场站、企业、学校、街道社区，战斗在抗击“新冠肺炎疫情”第一线，其中市直机关工委5名班子成员主动下沉参加社区防疫工作。市直机关党员踊跃参加“抗击疫情党旗红 无偿献血我先行”无偿献血公益活动，捐献血液6.22万毫升，缓解承德市血库血浆短缺的燃眉之急。市直机关9620名党员自愿多交党费1559677.22元。其中，39868元用于武汉疫情防控，453606.22元用于承德市疫情防控。市直机关工委担负着市直机关疫情防控领导小组办公室职责，具体负责统筹指导全市机关、事业单位疫情防控工作。对市直单位严格实行上岗清单制和出入证管理制度，加强各单位内部工作人员管理。对外来办事人员实行“五问、两查、两登记”，发挥门禁过滤屏障作用。通过手机运营商“到访地查询”平台，切实把14日内有外出史而未进行14天居家隔离的人员挡在机关大门以外，加强出入机关人员行程排查。对105个市直机关事业单位和县（市、区）机关事业单位的131900余名工作人员每日进行发热情况排查统计，按时上报省、市疫情领导小组办公室，累计排查上报机关事业单位发热人员175人。对各单位公车及职工个人车辆实行出入证管理，加强车辆管理。市直各单位食堂采取分散用餐、错时供餐、打包配餐等方式供餐就餐。加强餐厨人员、服务人员管理，加大从业人员防控力度，严把食品原料入口关，确保用餐安全。督促各单位每天定时对办公室、楼道、会议室、电梯、楼梯、卫生间、门把窗锁和公务用车进行消毒。关闭中央空调，压减会议活动，减少人员聚集。利用先进网络技术多次对全市机关事业单位上岗工作人员进行了出访地排查，对发热人员隔离情况进行确认。不定期检查抽查各单位防控落实情况，对组织不到位、报告不及时、落实不得力的单位进行指导和通报批评，保证了全市机关事业单位疫情防控工作及时有效。

【教育实践活动】 本着“围绕中心、建设队伍、服务群众”的原则，市直机关党组织组建了78支党员服务队与双桥73个社区结成共建对子，开展志愿服务300余次，参与人数1万余人次。开展“生态文明”志愿服务活动。7000多名党员志愿者积极参加义务植树、绿化美化、修复生态等生态文明实践活动，带头投身国家森林城市建设。开展扶贫帮困活动。党员志愿服务队深入社区访民意、解民忧，走进贫困村开展“关爱月月送”扶贫帮困活动。慰问困难党员、关爱空巢老人、关爱留守儿童和困难儿童、关爱困难职工、关爱残疾人，开展义演、义诊、送政策进家门、科普教育等志愿服务活动。开展党内关心帮扶活动。2020年筹资28.6万元对366名困难党员和5名患重特大疾病的党员进行了关心帮扶慰问。

【工委建设】 切实履行全面从严治党“两个责任”，严肃党内政治生活，年内工委理论中心组集中学习11次，开展集中交流讨论8次，加强工委干部队伍业务培训，全体干部分别按要求参加了市委组织的干部培训、“河北干部网络学院”和“学习强国”的学习。利用塞罕坝机械林场等教育基地和纪念中国人民抗日战争暨世界反法西斯战争胜利75周年等重要节点，深化对党忠诚教育，机关基层党组织的组织生活质量得到有效提高。扎实推进部门党组（党委）履行机关党建主体责任，主要负责人抓机关党建第一责任人职责，其他班子成员“一岗双责”责任，以上率下，以机关带系统，抓好职责范围内的党建工作。完善党建工作述职考核评议办法，每半年对基层党建工作进行日常考核，年终组织机关党委书记集中述职评议和党建专项考核。认真落实工委各项规章制度，提升机关工作制度化规范化科学化水平。实行工委班子成员“三联系、三促进”工作机制，面向基层、服务基层、转变作风，提高服务意识和工作效能，促进市直机关基层党建工作不断提升。

2020年中共承德市委市直机关工作委员会领导名录

常务副书记：聂红中（满族）
副　书　记：苏海玉（满族）
　　　　　　刘秀芬（女，满族）
　　　　　　常会友
　　　　　　高永阁（满族）
纪工委书记：孙宝贵

（供稿　艾志勇）

机构编制

【概况】 2020年，全市编制工作以贯彻落实《中国共产党机构编制工作条例》《中共河北省委机构编制管理规定》为着力点，紧扣中心、服务大局，积极为市域治理体系和治理能力现代化提供保障，努力为全市经济社会事业高质量发展助力护航，圆满完成各项工作任务。

【党政机构改革】 完善市委巡察机构职数设置，调整承德高新区纪检监察机构设置，充实加强纪检监察和巡视巡察力量；市委办公室加挂市档案局牌子，将市档案馆调整为市委直属事业单位，加强党对档案工作的领导；市委组织部加挂市委非公有制经济组织和社会组织工作委员会牌子，充分发挥党组织的政治引领作用；市委网信办网络管理和舆情处置科加挂网络安全应急指挥办公室牌子，提升党对突发网络舆情事件的应对处置能力；设立市政府投资项目建设服务中心，进一步规范政府投资项目管理；设立市公安局警卫支队，保障党的重大活动绝对安全；为市扶贫办和市科协核定机关党总支专职副书记职数，加强机关党的建设工作。为保持改革后机构职能体系基本稳定，加强部门“三定”规定落实和履职，积极指导和审核文物部门“三定”规定，为中央和省提供参考标准。全省率先完成森林公安机关管理体制调整工作，市公安局森林公安局挂牌成立。同时，市林业和草原局单独设置森林和草原火灾预防科，进一步加强森林草原火灾预防力量。

【乡镇街道改革】 将全市218个乡镇和街道按照人口规模分类设置机构，在统一设置“4办、1队、2中心、1站”（党政综合办公室、党建工作办公室、应急管理办公室、自然资源和生态环境办公室、综合行政执法队、行政综合服务中心、农业综合服务中心、退役军人服务站）的基础上，因地制宜单独设置必要机构，采取全市统一规范的挂牌方式设置其他工作机构。改革后全市乡镇和街道工作机构总数由2418个精简至1755个，精简比例27.4%。克服编制资源紧缺现状和乡镇街道编制不足问题，统筹各类编制资源，跨层级向乡镇和街道调剂补充编制2659名，改革后平均每个乡镇和街道编制总量达56.6名。严格在政策框架内，根据工作需要和从严控制的原则，配备乡镇党委、人大、政府领导职数7至9名，内设机构和事业单位领导职数2至3名，党建工作办公室、综合行政执法队、行政综合服务中心主要负责人配备副科级干部。全面梳理，科学评估，平均向乡镇和街道下放审批服务事项清单70.9项、基本公共服务事项清单32.6项、行政处罚事项清单68.3项，分别占省指导清单的84.4%、95.9%、79.4%，全部达到比例要求。

【综合行政执法改革】 针对不同领域特点据实施策，全面落实设区市和市辖区实行一个层级执法的改革要求，突出解决多层重复执法问题。文化市场、生态环境、农业领域实行市级统一执法、区级不设执法队伍体制；市场监管领域实行市级综合执法、派驻市辖区执法体制，区市场监管局暂加挂综合执法分局牌子，在本区域行使市级执法权；交通运输领域以区级执法为主，市交通运输局暂代管双桥区执法职责。同时，理顺特殊区域执法体制，将五个领域涉及承德高新区的执法职责全部划归相应市级执法队伍。针对以往各领域执法职能分散、权责碎片化严重现象，逐一甄别、比对梳理出市和市辖区涉及五个领域25个部门48个机构65项执法职责，实施执法职责与人员编制划转联动机制，所有执法职责一次向综合执法队伍划转到位，其他机构执法职责全部归零，通过撤销、整合、划转等方式，构建起一支队伍管执法新格局，从根本上解决多头交叉执法问题。将机构编制资源向执法主业聚焦，向执法一线、基层一线倾斜。县级实行“局队合一”体制，乡镇和街道统一组建综合行政执法机构，乡级综合行政执法队共核定编制2316名，直接从事执法人员的编制占到执法队伍编制总数的87%。以县级为单位统一制定《乡镇和街道行政处罚事项指导清单》，将执法职权分解到具体岗位，责任到人。

【经营类事业单位改革】 对划分为从事生产经营活动事业单位逐一进行调研，详细了解机构性质、经营状况、业务资质、资产状况、经费收支、人员编制等方面情况，厘清改革重点和难点，掌握第一手资料，精细分类定性，充分考虑个体差异和实际情况，逐个征求单位及其主管部门的意见，在改革时间、改革路径上与涉改单位基本达成一致意见，最大限度减少改革阻力。扎实安排部署，制定印发《推进从事经营活动事业单位改革实施方案》对改革的总体要求、工作任务、工作机制、时间节点等一一进行明确细化，确保改革有章可循、有据可依。在实施过程中，充分发挥职能作用，强化政策保障，认真审核把关，提高实施方案可操作性。紧盯目标任务，强化督导落实，建立半月报和大事件当日报制度，及时了解进展情况，积极沟通协调，分析破解问题，保障改革顺利实施。市县两级107个生产经营类事业单位全部完成改革任务，其中，11个采取转企改制、30个采取撤销方式、30个采取剥离经营职能改造为公益类事业单位方式、8个采取并入其他公益类事业单位方式、28个采取稳妥退出事业单位序列方式，收回财政性资金零补助事业编制868名。

【优化配置机构编制】 认真贯彻落实"严控总量、统筹使用、有减有增、动态平衡、保证重点、服务发展"总要求，树牢"过紧日子"意识，在严控总量对机构编制"瘦身"的基础上，注重做好"健身""强身"文章，把编制管理的注意力切实转变到充分盘活存量、优化结构上，做到向改革、向管理、向信息技术要编制。结合机构改革和事业单位改革，综合运用清理规范、"撤多建一"等措施，推动机构编制资源良性循环。全年动态调剂行政编制128名、事业编制904名，使机构编制的动态调控作用得到充分发挥，机构编制资源使用效益得到进一步提高。

【机构编制法定化建设】 牢固树立"编制就是法制"的意识，严格按照法定程序、规定步骤、审批权限开展机构编制工作，积极研究探索机构编制事项论证方式方法。在全市机构编制系统深入开展学习宣传的基础上，主动协调市委组织部、市委党校将《条例》《规定》学习纳入2021年领导干部培训主体班次。同时，结合"七五"普法，将学习宣传引向深入，在市区中心地带设置展示专栏面向广大市民进行阵地宣传，对《条例》《规定》出台背景、重要意义、突出特点、规范要求、监督方式等作出全方位解读，使党的机构编制工作走出机关、走近群众、深入人心，真正让群众知晓、得群众支持、受群众监督。

【机构编制基础管理】 实现电子政务内网接入，机关事业单位人事管理"一网通办"取得实质进展，互联互通和信息共享进程加快。充分利用网上登记管理平台，推行"一站式""不见面"办理全部行政许可业务，全市2644个事业单位年报及时在"承德事业单位在线"网站进行公告。及时处理党政机关、事业单位网站的开办审核、资格复核、挂标及注销工作，全年新增注册域名36个、续费域名573个、更名域名89个、注销域名57个。

【机构编制督查指导】 制定出台《关于进一步健全和完善机构编制实名制管理的实施意见》，进一步强化机构编制刚性约束，规范机构编制管理，充分发挥机构编制部门前置把关作用，从源头上控制机构编制和财政供养人员的增长，从制度上预防机构编制违规违纪行为的发生。同时，严格落实机构编制实名制管理，执行编制使用核准制，全年核准使用各类编制并开具编制使用卡1193张。

【权责清单制度】 全面系统梳理部门10类行政权力和责任事项，对现有"两个清单"进行动态调整和公开，最终保留行政权力3017项，责任事项1299项。印发《承德市全面开展各级政府部门权责清单编制工作实施方案》以现有行政权力清单和责任清单为基础，在政府部门实行"两单合一"，一项行政权力对应一项追责情形，进一步推进政府部门权责对等，保障行政权力清单、责任清单工作切实落地见效。

2020年市委机构编制委员会办公室领导名录

主　　任：胡伟纲

副 主 任：李松华（满族）

王　炜（满族）
陈　旭（10 月任）

（供稿　杨智松）

政策研究

【概况】 2020 年，全市政策研究工作围绕中心，服务大局，共起草市委文件、领导讲话、署名文章等重要文稿 78 篇，编发《研究与决策》12 期，其中 11 篇调研文章得到市委、市政府领导批示。编发《承德建设》12 期，修改、编排稿件 200 余篇，60 余万字。扎实推进 70 项改革任务、517 个具体改革事项，全市全面深化改革工作不断向纵深发展，全面完成各项工作任务。

【文稿起草】 起草《中共承德市委关于制定国民经济和社会发展第十四个五年规划和二〇三五年远景目标的建议》及《说明》，谋划提出承德市十四五期间“三区一城”发展定位和“1266”发展战略，被列入“十四五”规划建议，成为全市抢抓高铁时代重大机遇、推进高质量发展的指引和遵循。精心组织、编辑以市委、市政府为主体的稿件《牢记总书记嘱托 弘扬塞罕坝精神 聚力建设新时代生态强市魅力承德》，全文刊载在省委政研室党刊《河北发展》上。牵头起草《关于加快推进承德国家可持续发展议程创新示范区建设的若干政策措施》，研究谋划 36 项具体措施，为全市国家可持续发展议程创新示范区建设奠定坚实基础。牵头组织开展市级领导大调研活动，市委书记和市长带头，19 位市级领导集体参与，形成调研成果 19 篇，已辑印成册。疫情期间，牵头全市疫情防控指挥部综合材料组工作，完成每日相关工作进展情况的对上专报 61 篇，撰写疫情防控经验信息 14 篇。

【调查研究】 紧紧盯住制约承德创新发展、绿色发展、高质量发展的突出矛盾和问题，围绕人民群众反应强烈的热点难点问题，组成调研组，深入县区、部门、企业和乡村，开展调查研究，形成一批可复制借鉴和推广的调研成果。为促进承德市优势产业、潜力产业加快发展，聚焦发展要务，形成系列深度调研，推出《实现特色产业链集群精细化管理，推动承德高质量发展》《林下经济大有可为》；针对承德市经济社会发展中存在的深层次矛盾和问题，深入调研、深刻思考，形成调研报告《承德教育该怎么办》《对加快承德市中药材产业发展的建议》；注重挖掘典型、宣传典型、运用典型，指导基层改革创新，形成调研成果《管好用活农村宅基地助力乡村振兴》《如何打造“有里有面”的农村人居环境》《穷财政怎么才能干成事》《把战役当成“练兵场”，让成果铸就“大平安”》。

【实施深化改革】 全面贯彻中央和省、市重大改革部署，探索实施改革议题预审机制，全面提高市委深改会议质量。全年组织召开市委深改委会议 7 次，审议改革文件 21 个。充分发挥改革试点示范引领作用，持续推进 26 项国家级、11 项省级改革试点，滦平“童心港湾”项目试点工作被《中国改革报》刊载。编发《承德改革动态》31 期，加大改革典型培树力度，“政银企户保”金融扶贫模式改革经验在全省推广，丰宁“非遗＋扶贫”“承德市三区同建推进城镇化、产业化、生态化发展”做法被新华网、人民网等多家中央媒体报道。《河北省平泉市：筑牢堡垒树先锋 脱贫攻坚党旗红》荣获第五届全国基层党建创新案例最佳案例。

【办好《承德建设》刊物】 7 月，《承德建设》刊物全面改版，实现全彩色印刷，装帧更加精美，内容更加丰富，杂志质量有了新突破。全年编发《承德建设》12 期，60 余万字，新增设《县区专栏》《党建专栏》《承德风光》《抗疫先锋》等 9 个专栏，定期发往全国200多个主要地级市，成为宣传承德亮点工作的重要平台和载体，是全国各地了解承德的有效窗口。

2020年市委研究室领导名录

主　　任：王泽辉（3月免）

　　　　　李　勇（8月任）

副 主 任：李晓莉（女）

　　　　　杨延平（4月免）

　　　　　曹进波

　　　　　唐士国（4月任）

（供稿　宋　浩）

信　访

【概况】 2020年，全市信访系统统筹推进疫情防控和信访矛盾化解工作“两手抓，两手硬”，不断深入推动信访制度改革，坚决打好信访矛盾化解攻坚战，全面夯实信访工作基层基础，着力提升预测预警预防风险能力，信访各项工作取得历史性突破，有力地维护全市社会改革发展稳定大局。全市进京个体访、进京集体访、赴省个体访、赴省集体访和到非接待场所有关人员实现“全面大幅下降”，批次同比分别下降49%、66.75%、56.3%、73.7%、81.1%。

【同步抓好疫情防控和信访】 调整工作方式，有效做好新冠肺炎疫情防控形势下的信访工作。积极引导群众通过非接触方式信访，大力宣传和推广网上信访，着力构建网上信访事项受理、解决、反馈、督查联动工作机制，在落实涉疫网上信访事项“当日受理、当日告知、3个工作日办结答复”的基础上，对其他网上信访事项和群众来信即收即转，强化盯办落实，保障群众合理合法诉求第一时间得到妥善处理。信访接待场所关闭期间，全市未发生因信访问题处置不当引发的群体性事件、极端恶性事件和媒体负面炒作。着力强化信访事项接待调处。在严格做好疫情防护的基础上，结合“人民满意窗口”创建活动，创新实施“双交两勤一报”工作法（纸质交办，系统交办；勤督办要结果，勤反馈告进度；依据案件轻重缓急上报领导批示办理），并以领导包联、重复访治理和突出问题专项治理为突破口，进一步加大群众来访、来信和网上信访事项的攻坚化解力度，信访事项受理、办理进一步规范化，信访质效显著提升。2020年，共接待受理群众信访事项6257件，及时受理率和群众满意率评价分别为100%和96%。在做好群众信访接待受理工作的同时，积极响应“抗击疫情党旗红”活动号召，组织全系统党员干部主动下沉到社区一线，投身疫情防控工作。

【领导包联化解工作】 按照全省统一部署，上半年，先后开展了第一批省、市、县三级党政领导干部包联化解和重复信访事项专项整治工作，信访系统全体干部和各级各有关部门顶住压力、扛起责任，有效推动化解了一大批群众关心关切的热点难点问题。第一批省、市、县三级领导包联的1267件信访事项和356件进京赴省重复信访事项全部化解息访。三季度，组织开展了市、县两级第二批领导包联化解工作，755件信访突出问题得到妥善化解。四季度，按照中联办和省统一部署，承德市又开展了第三批市县两级党政领导包联化解工作。11月下旬，省里对两项重点工作完成时限作出重大调整，要求1518件省、市、县三级领导包联事项都要在2020年底前全部实现化解息访；对国家、省、市、县四级累计2042件重复信访和信访积案，有条件的要全部化解息诉，剩余案件也必须在2021年6月底前全部实现化解。面对繁重而艰巨的工作任务，全市信访干部与各级各有关单位协同配合、夙兴夜寐、昼夜奋战，高质量超额完成了化解任务，省、市、县三级领导包联案件已全部在2020年年底前化解息访，国家、省、市、县四级重复信访和信访积案化解率分别达到89.7%、94.6%、97.4%和100%。

【深化信访改革】 着力推动信访工作法治化进程,大力推进“最多访一次”。全面推进实施《承德市关于加强初次信访事项办理实现“最多访一次”实施办法（试行）》，不断压实各级各部门信访工作首接首办责任，简化工作流程，提高办理质效，推动初次信访事项依法及时就地得到一次性解决，切实提高信访公信力和群众满意度。2020年，各级有权处理机关共受理初信初访件6797件，及时受理率为98%，初次信访事项按期答复率为99.9%，群众满意率分别为96%和94%。做实律师参与。全市信访系统将律师参与信访做为推进信访工作制度改革、提升社会治理体系和治理能力现代化水平，推动信访法治化建设的强有力抓手，指导各县区、部门积极引入律师参与决策制定、信访接待、积案化解和信访听证全过程，从源头上有效避免和减少了各类信访问题的发生，尤其是律师参与化解的一大批信访积案成效稳固，真正达到了群众满意、部门认同、领导认可，实现了政治效果、法律效果和社会效果的高度统一。2020年,全市各县（市、区）律师共接待群众来访2765批15166人次，参与化解疑难复杂信访事项494件。对久拖不决、反映强烈的积案、难案，指导各县（市、区）、市直有关部门认真落实《承德市信访听证暂行办法》和《承德市重大涉法涉诉信访案件会商试行办法》，研究破解本地本部门疑难复杂信访问题和信访积案，切实减少信访存量。2020年，全市累计听证信访事项128件，会商涉法涉诉案件131件。

【严格“双向规范”】 为全面减少信访存量，严格控制信访增量，针对县（市、区）和市直部门的各自特点，分别制定《2020年度信访工作责任书》，进一步强化部门化解责任和属地主体责任；制定出台《2020年度信访工作考核评分细则》，通过抓实信访工作考核目标任务的完成，有效推进全市信访工作的总体效果，充分发挥考核的“指挥棒”作用。同时，以中共承德市委办公室、市政府办公室名义下发《承德市深化信访突出问题专项整治工作方案》，对全市24类信访突出问题开展专项整治，力促解决一批问题，完善一批制度，切实从源头上预防和减少同类信访问题的发生。严格追责问责。严格落实《河北省信访工作考核和责任追究实施办法》等相关规定，以严格考核问责推动工作责任落到实处。2020年，对因工作不到位、责任不落实，导致指标任务未能如期完成的单位或个人进行严肃追责问责，各县（市、区）累计诫勉谈话17人次，约谈3人次，通报26个责任单位，各县（市、区）、市直有关部门责任意识进一步增强。依法规范行为。针对个别信访人员以访施压等倾向，信访与公安、检察、法院、司法联合下发《关于依法打击违法信访行为的通告》，明确对11种非访、缠访闹访以及反复越级访等违法信访行为进行严厉打击。2020年,各县（市、区）依法训诫57人次，行政拘留89人次，刑事拘留15人次，全市信访秩序得到进一步规范。

【化解信访隐患】 上半年，组织各县（市、区）和市直有关部门对尚未化解的信访事项和各类矛盾隐患进行摸排兜底，共汇总梳理出1882件信访事项，经甄别核实，建立572件尚未化解信访事项和问题隐患综合台账，点对点交办至各县（市、区）委书记挂账推进化解，全部化解到位。抓实党政领导公开接访。协调指导各县（市、区）严格落实县级领导“信访接待日”制度，定期通过视频抽查、实地检查和明查暗访等方式推动落实，通过领导公开接访，切实将一大批问题解决化解在基层属地。2020年，全市县级党政主要领导共接待群众来访1034批次4131人次，接访解决 1896 件。其他县级党政领导接访 3729 批 17611 人次，协调解决 4564 件。进一步健全信访问题化解机制。制定下发《关于全力解决信访突出问题的工作方案》《关于切实做好到市行政中心集访处置工作的通知》等系列文件，抓紧抓实初信初访首接首办、信访积案攻坚化解、越级信访预警防控和定期通报调度等项工作。完善信访情况定期倒排通报机制，在对县（市、区）和市直部门单月各项工作开展情况进行通报的基础上，结合年度总体情况进行全市倒排通报，有效促进各级各部门信访工作改进提升。2020 年，全市有权处理机关共接待受理群众信访事项 6797 件，有权处理机关及时受理率、按期答复率和群众评价满意率分别为 98%、100% 和 94%。

【确保信访稳定】 开启战时模式，全力以赴做好重点敏感期信访工作。针对新冠肺炎疫情带来的不利影响，在严格落实各项疫情防控举措的前提下，通过筑牢市外和市内“两条防线”，启动“日排查零报告”“24 小时应急值守”和环京检查站点查控“三项机制”，抓实县级领导“四职”接访、重点人员属地稳控、风险预警舆情处置等工作，经受住各级“两会”、北戴河暑期安保、中共十九届五中全会等重大会议、重要活动和敏感时期维稳工作的考验，取得“四个未发生”（未发生进京集体访、未发生非接待场所人员、未发生极端个人事件、未发生有影响的负面舆情）和“三个归零”（“零进京”“零非访”“零事故”）的突出成效。

2020 年市信访局领导名录

局　　长：庄爱新
副 局 长：张俊东（满族）
　　　　　葛利军
　　　　　郝秀喜（3 月免）
　　　　　杨金松（10 月任）
党组成员：孙红升
　　　　　张　凡
　　　　　王振峰

（供稿　王振峰）

老干部工作

【概况】 截至 2020 年年末，承德市共有离退休干部 39950 人，其中离休干部 885 人，退休干部 39065 人。其中：市直单位 435 人，承德县 32 人，围场满族蒙古族自治县 46 人，丰宁满族自治县 62 人，隆化县 48 人，滦平县 47 人，平泉市 64 人，宽城满族自治县 47 人，兴隆县 59 人，双桥区 20 人，双滦区 13 人，鹰手营子矿区 12 人；行政机关 395 人，事业单位 262 人，企业单位 228 人；享受正副市（厅）级（含享受）17 人，正副处（县）级（含享受）461 人，享受正副乡（科）级待遇 407 人；抗日战争时期参加革命工作 65 人，解放战争时期参加革命工作 820 人；80 至 89 周岁 228 人，90 周岁以上 657 人。

【落实老干部政治待遇】 针对离退休干部实际，全市老干部系统围绕完善“八项制度”，以加强政治建设为统领，通过开展一系列喜闻乐见的活动，推动离退休干部政治待遇落实。春节期间，由市委常委带队分 13 个组，走访慰问 60 余名市级实职离退休干部及 30 余名遗属；受新冠肺炎疫情影响，对易地安置离休干部致电慰问，并将慰问信和慰问金以微信和转账的方式发放到其手中；抗日战争胜利 75 周年纪念日到来之际，慰问抗日时期离休干部 70 人，发放慰问金额 6.56 万元；在中国人民志愿军抗美援朝出国作战 70 周年之际，慰问参加过抗美援朝的离退休干部 145 人，发放慰问金 8.38 万元，慰问品价值 1.05 万元。利用网络创新手段，组织离退休干部近 2000 人次通过“离退休干部工作”微信公众号收听收看《学好用好民法典》《弘扬伟大抗疫精神，做好疫情防控工作》《党的十九届五中全会辅导报告》3 期网上专题报告会，引导离退休干部在政治上思想上行动上同以习近平同志为核心的中共中央保持高度一致。投资近 2 万元完善小热河门球场设施，9 月中旬，举办市直第四十三届老干部“长寿杯”门球赛，共有 11 个队伍 110 人参加比赛。重阳节期间，全市老干部系统组织了棋牌赛、文艺演出、抖音大赛等形式多样的活动，喜迎重阳佳节。10 月 30 日，组织 18 名市级实职离退休干部赴双桥区参观考察双峰寺水库、双峰寺地表水厂、卉原中学及市老干部活动中心、老年大学改造等项目，让广大老同志参观改革发展成果，为承德更好更快发展建言献策。

【落实老干部生活待遇】 4 月份，市委老干部局、组织部、财政局、人力资源和社会保障局联合下发《关于完善特困离退休干部帮扶机制的意见》，切实增强帮扶工作的规范性、精准性和时效性。经实地入户核查、筛选，研究比对往年特困帮扶对象情况，确定了 99 位特困帮扶的离退休干部，发放帮扶资金 30 万元。对纳入的特困帮扶对象建档立卡实行动态管理，做到程序规范、手续完备、专款专用、精准帮扶，把帮扶资金用到刀刃上。按照省《关于开展“串百家门、访百家亲”活动实施方案的通知》要求，把“串门访亲”工作列为 2020 年的一项重点工作，花费近五个月时间，结合组织离退休干部参观考察、党支部活动、特困帮扶调研等工作开展走访活动，共走访慰问离退休干部 24652 人。全年接待信访 35 件，解决 34 件，完成率 97%。妥善解决丰宁满族自治县离休干部刘文富之子反映的住房和住院待遇问题，受到省委老干部局主要负责同志的肯定。重阳节来临之际，做客承德广播电台百姓热线直播间，现场答疑解惑，及时解决和处理相关问题，做到件件有着落，事事有结果。

【发挥老干部作用】 将“我看脱贫攻坚新成就”专题调研作为加强老干部思想政治工作的重要抓手，印发实施方案，组织引导广大离退休干部看变化、谈成就、献良策。全市共召开小型座谈会 26 次，组织参观考察 17 次，入户走访和电话沟通 3000 余次，各级离退休干部党支部充分发挥党组织战斗堡垒作用，开展支部主题党日活动 360 余次，形成调研报告 13 篇，收集老干部征文 232 篇。由于工作成绩突出，被省委老干部局评为“我看脱贫攻坚新成就”专题调研暨征文活动优秀组织奖。承德市报送的征文作品获一等奖 1 篇，三等奖 1 篇，优秀奖 5 篇，荣誉奖 5 篇。荣获一等奖的是承德县退休干部刘朴撰写的《摆摊卖果的村书记》。

【老干部党组织建设】 按照“五好”“四有”标准，全力推进基层党组织示范点创建工作，全市共创建基层党组织示范点 14 个，其中上报省局 7 个。在离退休干部党员中组织开展“重温党的历史”主题征文活动，教育引导广大离退休干部永远听党话、颂党恩、跟党走，共收集征文 38 篇。建立银发人才库，入库专家 123 人，其中 5 人被省委老干部局评为省级“银发人才”。积极争取市委组织部和市直机关工委党费支持，投入 20 余万元，打造设备齐全、功能完善的老党员驿站，满足市直机关离退休干部党员学习活动需求。

【改造老年大学和老干部活动中心】 2018 年开始相继投资近 900 万元改造老干部活动中心和老年大学综合楼，历经两年的装修改造，已于 10 月份投入使用。市委老干部局机关与活动中心、老年大学在一起办公、活动和学习。10 月中旬，老年大学秋季学期正式开学，恢复正常教学秩序。本学期共开设 29 个专业教学班，招收学员738人。此外，为活动中心68名在职和退休职工补发2017年绩效奖和2018年、2019年精神文明奖200余万元，调动了活动中心人员工作积极性。

【新冠肺炎疫情防控】 1月29日，专门召开“强国视频会议”安排部署疫情防控工作，成立疫情防控工作领导小组。为统筹做好疫情防控和老干部工作，3月4日，采取电视电话会议的形式，召开全市老干部工作会议。市委常委、组织部部长杨培苏强调，2020年全市老干部工作要突出政治引领，倾心倾力服务，不断激发老同志积极参与中心工作的热情，为承德改革发展献策出力。关闭老干部活动中心、门球场、活动室等场所，做好办公室、干休所等重点区域的消毒清洁及值班值守工作，保证离退休干部的事情有人管，服务不间断。充分利用老干部微信群、公众号广泛宣传中央决策部署和省、市防控要求以及疫情防控防护知识，及时起草《致全市离退休干部的倡议书》，各县（市、区）先后向本区域发出倡议，引导老同志坚定信心，不信谣、不传谣，科学实施防控。“承德市老干部工作”微信公众号开设“战‘疫’行动”“抗击疫情党旗红”“银发战‘疫’”3个栏目分别刊登老干部系统抗击疫情的经验做法、典型事迹和离退休干部助力疫情防控的文艺作品，在全国涉老工作部门战疫防控宣传报道工作中发挥良好的作用，受到《中国老年报》通报表彰。老年大学停课不停学，推荐40余幅作品参加省老干部活动中心组织的《抗击新冠疫情》主题书画展览，推荐20余幅作品参加中国老年大学协会组织的全民抗疫题材书画摄影展，收到良好效果。

【关心下一代工作】 市关工委组织“五老”发挥优势作用，出资6.5万元打造12个基层五老活动阵地。发放资金7.5万元帮扶34名留守儿童和困境青少年。持续凝聚教育合力，举办“承德市青少年视力健康管理工程”推进暨实施两周年座谈会和第四届书香承德读书大赛，两项活动受到省关工委领导的多次肯定。在11月召开的纪念中国关工委成立30周年暨全国关心下一代工作表彰大会上，市关工委被中关工委和中央文明办评为“全国关心下一代工作先进集体”，平泉刘显民等5名“五老”被评为先进个人。市委常委会专题听取中关工委和省关工委会议精神、习近平总书记指示和省、市委主要领导批示精神汇报，研究了贯彻落实意见。双桥区关工委通过线上宣传新冠肺炎疫情防控健康知识，发放电子“致家长一封信”，线下通过主题展板、拍摄视频、绘制手抄报等形式开展传染病防控和卫生知识的宣传，取得良好效果。

【信息化融合】 充分利用网络宣传平台，及时刊发老干部工作政策规定、工作动态、典型事迹，增强信息宣传工作的渗透力和影响力。按照省要求持续推进“燕赵红枫·河北省离退休干部服务管理系统”精准提升，明确信息管理员，实现专人数据录入，按照工作时限完成35017名离退休干部信息的采集录入工作，同时完成1738条党支部和1566个单位名称规范设置工作。积极探索总结出5个整改步骤，圆满解决系统信息迁移问题，完成了系统组织架构的更改。召开模块管理员培训会，参照省模式，确定模块管理员，要求及时完善相关模块，不断丰富系统内容，积极引导广大离退休干部登陆学习。

2020年市委老干部局领导名录

局　　长：贺长青（满族）

副 局 长：李兆军（4月免）

　　　　　倪进能

　　　　　冯博宇（满族，10月任）

局务会成员：肖冬梅（女，满族）

　　　　　高印如（6月任）

　　　　　付海砚（女，蒙古族）

王树山

（供稿　仉青岭）

党校教育

【概况】 2020年，承德市委党校深入学习贯彻习近平总书记关于党校办学治校系列重要指示精神，以《中国共产党党校（行政学院）工作条例》为指引，以建设高素质的干部队伍为目标，紧紧围绕市委、市政府重点工作，聚焦主业主课，突出教学和科研两大重点，全面从严治校，狠抓后勤保障，扎实开展各项工作。

【培训工作】 全年举办线上线下各级各类主体班10期，培训学员2200余人次，其中新提拔县处班1期237人、全市县处级干部“高铁时代高质量发展”专题研讨班4期1300余人、基层妇联干部班1期161人、选调生班2期100人、市非公社会组织党建班1期96人、乡镇基层组织员班1期230人。配合组织部，完成全省5期培训班共2111名学员的管理工作。

【学历教育】 按照“停课不停学”要求，2020年上半年在职研究生教育由线下转至线上，为保证网络授课的顺利进行，创建钉钉授课群和微信授课群，并在群内进行试演，通过不定时打卡，严格考勤；通过直播回放，巩固提高；通过连接视频、增强互动等方式，使线上教学与线下教学无缝对接，确保线上教学质量不减、标准不降。2017级研究生圆满毕业。

【教学科研】 全年取得科研成果42项，其中国家级4项、省级12项、市级26项。编辑出版《求实论坛》4期，刊登调研文章60余篇，交流刊物3000余份，为持续推进市情研究发挥智库作用。在保证基础理论课占70%、党性教育课占30%的前提下，加快新专题的更新力度，全年开发各类新专题47个，课程体系逐步完善。创新线上教学新模式，在组织部积极协调和联通公司支持配合下，设立主会场、各县区及相关单位设立14个分会场开展线上教学培训，先后两次在县处班大规模、大范围应用。完成县级党校“四个一”工程评定申报工作，推进全省教学资源共享。以此为契机，把“四个一”工程建设纳入市级党校打造一流教学的重要内容和有力抓手，目前申报精品课17个、教学案例11个、名师10个，谋划打造现场教学点3个，取得阶段性成果。

【新冠肺炎疫情防控】 积极做好作为市疫情防控集中医学隔离观察点各项工作，组织党员130多人次到社区协助开展防疫，向重点疫区捐款8850元，坚持每日对在职职工、离退休老干部、服务公司外聘人员共240多人的行程、健康情况进行排查和信息上报，加强人员监管，组织做好核酸检测和疫苗注射摸底上报等相关工作。

【落实上级决策部署】 认真落实《省委关于建设一流党校若干举措》，推进市、县党校基础设施建设三年规划落实落地；按照“四级包联”要求，对11个县区党校开展调研指导，加大力度；抓好县级党校“四个一”工程建设督导、指导和评审工作，上报省精品课、名师、优秀案例、现场教学点共58个；部署市、县党校办学质量评估等工作。

2020年市委党校领导名录

常务副校长：杨宝林（满族，7月免）
　　　　　　裴鹏飞（满族，7月任）
副　校　长：闫　坤
　　　　　　聂志信（满族）
　　　　　　律　波（满族）
　　　　　　闫晓斌
校 委 委 员：程星辉

张　广（满族，6月任）

（供稿　刘艳南）

党史研究

【概况】　2020年，深入学习贯彻习近平新时代中国特色社会主义思想，特别是习近平总书记对河北、承德工作重要批示指示以及关于党史工作的重要论述精神，围绕中心、服务大局，扎实推进承德地方党史的研究、征编、宣教等各项工作，充分发挥其以史鉴今、资政育人的作用。

【完成上级部署任务】　组织开展社会主义革命和建设时期工业建设发展资料的征集工作。对承德市工业建设项目发展总体情况，承钢、大庙铁矿、寿王坟铜矿、兴隆煤矿、双滦电厂5个工业项目发展历程相关的回忆录、口述、访谈以及图片资料进行了前期整理，完成2篇口述资料并上报省室。完成承德市党史系统独创性成果调研上报工作。全市共上报独创性党史及文献成果共26个，包括著作7个，论文15篇，电视片2个，展览2个。其中市本级上报20个，包括专著6个（2个获得省级奖励）、论文13篇（国家级4篇、省级奖励9篇）、展览1个。完成《中国共产党组织史资料》征集上报工作。完成上报书籍材料16卷25册，电子版材料5卷。完成改革开放口述资料征集工作，由省室编辑，河北人民出版社出版的《口述河北改革开放40年》中选用承德市上报资料13篇，占全书篇幅的五分之一。组织征集解放战争时期承德市南下干部有关历史资料征集上报工作，上报承德市南下干部情况和兴隆、宽城两县等相关资料共3篇。完成《河北年鉴（2020)》承德部分编写上报工作。其中，承德市被国家、省级表彰，宣传、推广的经验做法和中央主要媒体宣传报道的稿件3篇被采用。完成徐申等4位抗美援朝人物资料征集上报工作。补充上报兴隆烈士陵园和王厂沟冀东抗战遗址2个省级爱国主义教育基地的相关资料，完成承德市拟补报的革命旧址和纪念场馆报送工作。完成抗战口述资料的上报，共上报市本级及平泉、围场、隆化、承德等四县（市）抗战口述资料40余篇、20余万字。

【党史编研】　全力编写《中国共产党承德历史·第二卷》(1949—1978)。将党史基本著作编写出版工作摆在更突出、更重要的位置，成立专班，明确专人，全力推进党史二卷的编写。分别向17名市级领导、四大班子、军分区、市级专家和5个党史工作领导小组成员单位征求意见30余份，经4次修改后报市委和省委党史研究室送审。根据送审稿的反馈意见，增删调整近10万字，形成4编16章62节175目约42万字的终审稿，即将报送中共党史出版社。加强对各县（市）区党史二卷编写出版指导。建立定期联络制度，及时沟通工作进展，推动各县（市）区党史业务工作有序展开。平泉、丰宁、滦平、隆化、围场、兴隆6个县（市）党史二卷已完成出版发行，承德县完成审稿工作，宽城县党史二卷处于专题整理阶段。完成《追逐梦想，砥砺前行——纪念改革开放40周年》一书出版印刷及赠书等后续工作。继续开展《承德市志·党史工作志》的修订工作。组织完成《承德年鉴》党史部分的撰写、报送工作。加强党史业务交流及业务资料的使用，认真接待辽宁、贵州、天津等省（市）及省、市内14批次来访及资料查询，进一步发挥本部门存史鉴今、资政育人的作用。

【党史宣教】　组织本市及县区党史部门党史信息的上报工作，全年被河北党史网刊登信息近10篇。认真做好《承德市大事记》(2019）的撰写工作，完成初稿近24万字，进入出版发行阶段。启动《疫情大事记》编写工作，真实记录在中共中央、国务院和省委、省政府正确领导下，市委市政府团结带领全市人民贯彻落实中央和省委的部署要求，坚决打赢疫情防控阻击战、统筹推进疫情防控和经济社会发展的伟大历史过程，已接收16个单位的抗击疫情材料。在市委宣传部主办全市“决胜全面小康、凝聚承德力量”主题征文活动中，《砥砺前行40年，决胜全面奔小康——从“承德山水”看承德农业发展历史跨越》获得一等奖。

2020年市委党史研究室领导名录

主　　任：赵树才（10月免）
　　　　　杨海涛（11月任）
副 主 任：杨迎春（6月免）
　　　　　李　伟
　　　　　李兴华（10月任）

（供稿　刘占广）

档案管理

【概况】 2020年，承德市档案系统认真贯彻落实习近平总书记对档案工作的重要指示和全国档案工作暨表彰先进会议精神，深化“三创四建”活动，进一步聚焦主责主业，按照“133”总体工作思路（即：坚持以政治建设为统领，聚焦“收、管、用”三个重点，抓好巡察整改、队伍建设、精准扶贫三项工作），补短板、强弱项，推动档案工作转型升级，为全面建设新时代“生态强市、魅力承德”做出档案贡献。2020年，市档案馆被评为省级精神文明单位。《中国档案报》头版头条以“不忘初心勇担当　牢记使命创佳绩”为题对承德市档案馆工作进行了专题报道，市委主要领导作出批示对市档案馆工作给予充分肯定。

【档案资源建设】 专题档案征集彰显承德特色。征集被誉为承德市“活地图”尹忠老人的手稿、日记、证书等222卷，照片478张。接收市文联副主席闫春生移交的“最美系列丛书”；接收《丰宁文史第七辑——上山下乡知识青年专辑》；对河北高考理科状元、承德一中学子邢雨菡进行口述史料采集，记录其学习成长历程；在孔子旧书网征集热河档案17册；征集中国第二历史档案馆编辑出版的《长城抗战档案汇编》30册；利用周末在碧峰门古玩市场旧书摊征集武烈河水文记录簿等一批有价值的史料。接收重大事件档案。印发《承德市新型冠状病毒肺炎疫情防控工作领导办公室关于加强文件材料收集和归档工作的通知》《关于进一步加强新冠肺炎疫情工作档案整理工作的通知》，抽调专人到防控领导小组办公室，全面负责档案的指导、整理和接收；印发《关于面向社会公开征集抗击新冠肺炎疫情档案资料的公告》，加强对重点单位、重点部门疫情档案征集；通过报纸、电视台等新闻媒体面向社会接收征集疫情档案；同时对承德市附属医院、承德市中心医院、承德市中医院3家医院的19位援鄂医护人员进行口述采访，采集反映抗疫一线工作情况口述档案时长434分22秒，照片、录像、抗疫日记、家书、感谢信等各类档案资料886件。接收重要活动档案。为完整记录全市开展“不忘初心、牢记使命”主题教育的全过程，派出专人与市主题教育活动领导小组办公室进行对接，培训并指导主题教育活动办和各单位人员按照标准整理专题档案，主题教育档案共454卷。接收市社科联社会科学研究课题档案234卷。市县联动接收脱贫攻坚档案。对天津市帮扶承德工作队精准扶贫档案工作进行跟踪指导，同时将天津帮扶承德工作队所有档案进行数字化扫描，1386条34338幅电子档案全部接收进馆，天津扶贫承德工作队的档案整理模式成为天津市精准扶贫档案的示范标杆。为更好记录全市脱贫攻坚历程，下发《关于做好脱贫攻坚收官阶段档案工作的通知》《关于做好扶贫专题档案整理移交工作的通知》，对兴隆、滦平、隆化、营子区、承德县扶贫档案进行现场培训和指导。承德县完成1114卷扶贫档案的整理、装订、存档工作，其他县区正在有序推进中。

【档案信息化建设】 强力推进档案信息化建设，按照“存量数字化，增量电子化，服务网络化”的要求，累计完成档案数字化全文约1200万幅，馆藏档案数字化达到新水平，国家级数字档案馆建设率先在全省市级档案馆中通过省委办公厅、省档案馆联合组成的测试组初测。按照省测试组的意见，完成机房升级、国产设备采购、档案管理系统目录数据库及全文数据库进行修改、补著、补扫等国家级数字档案馆测试准备工作。已初步实现“数字转型”，为更好发挥档案馆服务承德经济社会发展作用提供了条件。

【档案安全建设】 严格落实总体国家安全观，以档案安全体系建设作为践行国家总体安全观的有力抓手，全面增强安全管理观念。在做好安全培训与教育工作同时，建立人防、物防、技防三位一体档案安全防范体系。全年投入资金4万余元更换档案库房防盗门，启用密码、指纹、人脸识别门禁系统，确保档案实体安全；投入资金69万余元在市直单位中首家完成国产化服务器设备采购；投入资金6万余元完成国产电脑采购任务，确保档案信息绝对安全。

【档案法治建设】 国际档案日期间，采取在行政中心办公楼、市区大型电子显示屏、公交车车载显示屏、银行和公交站点显示屏等滚动播放档案宣传标语；在微信公众号、报刊发表《“6·9”国际档案日，带你走进市档案馆》《关于档案您了解多少》《档案见证小康路——承德市精准脱贫档案工作综述》等文章，宣传档案和档案工作，增强档案文化的传播力和影响力。

【档案编研开发】 根据档案资料编辑印刷《承德市“十五”至“十三五”国民经济和社会发展规划（2001—2020）汇编》，为制定承德市“十四五”规划提供参考。为便于市领导了解承德发展脉络和承德与周边省市城市的地缘关系，服务协同发展，根据档案资料编辑《承德行政区划沿革》，已交付出版社即将出版印刷。为延续承德文脉，根据具有“承德活地图”之称的尹忠老人口述史料整理《尹忠热河记忆》一书，已由团结出版社出版，受到社会各界好评。为服务承德经济社会发展，梳理热河历史，按照“资源共享、成果共享”的原则，与河北省民族师范学院合作开发热河省档案，《热河省要事纪略》政治军事编已交付出版社出版印刷，《热河省要事纪略》经济社会编、文化教育编初稿已经完成。为真实记录承德支援武汉抗疫勇士“白衣为甲，逆行出征，困难面前豁得出、关键时刻冲得上，以生命赴使命，用大爱护众生”的英雄壮举，在进行口述史料采集的基础上，编辑印刷《逆行者记“疫”——承德市部分援鄂人员口述纪实》一书。

【档案科研成果】 《大数据时代档案管理与服务模式的转变与挑战》《浅谈国家重点档案抢救保护工作的问题及策略》获中国档案职业发展论坛优秀奖。《声音档案中的“塞罕坝”精神》获2019年度河北省学术研究成果一等奖。《承德市数字档案馆建设调研报告》获2019年度河北省档案学术研究成果调研、应用研究报告类三等奖。《OA办公系统电子文件在线归档实现电子档案即归、即查、即用》获档案优秀服务成果二等奖。承德市档案馆馆藏热河省档案开发与研究（2019—2020）》项目获国家档案局批复。

【档案为民服务】 多措并举扎实做好疫情防控期间档案利用服务，严格消毒防疫，规范查档流程，开展预约查档、电话查档，助力平安承德建设。全年共接待查阅档案人员1059人次，提供档案2699卷1041件，为工作查考、编史修志、工龄接续、遗属补助、职称评聘、房本办理、干部信息核查等提供了重要依据。与省档案馆签订档案资源共享协议，在档案查阅利用中心安装全省红色档案资源查询系统，搭建红色档案资源共享平台，实现省馆、市馆红色档案资源共享，极大地便利了档案利用者的需求，为其提供多样化、个性化的档案服务，获得一致好评。

【新冠肺炎疫情防控】 按照统一安排，负责牛圈子沟镇石油上院社区联防联控，从2月7日至7月31日，克服种种困难，进驻社区值班值守，入户排查760余户，圆满完成防控各项工作任务。《河北日报》客户端对市档案馆夜间值守人员在恶劣天气里坚守在一线事迹进行报道。长城网、《承德日报》、承德发布、政府网站等平台对市档案馆疫情防控和业务工作“两不误”开展情况进行宣传报道。在疫情防控工作中，市档案馆韩婧同志的家庭被评为全市“抗疫最美家庭”，韩婧同志作为市直下沉社区机关党员干部代表，在全市“抗疫最美家庭”表彰会上作典型发言。在常态化防控阶段，坚持慎终如始，主动落实主体责任、强化干部职工出行管理、做好个人防护等各项要求，坚决克服麻痹思想，保障各项工作安全有序运行。

2020年市档案馆领导名录

馆　　长：任溧馨

副 馆 长：周东来（满族）

　　　　　年晓燕（女，满族）

　　　　　周书星（满族）

（供稿　朱　虹）

市直机关事务管理

【概况】 2020年，全市机关事务管理工作坚决落实中共中央和省、市重大决策部署，面对新冠肺炎疫情、经济下行、机关事务系统组织机构不健全等诸多压力和困难，迎难而上，担当作为，紧紧围绕“管理规范化、保障法制化、服务社会化”总要求，继续坚持机关事务服务保障“无处不精心、无处不精致、无处不精品”总目标，在规范管理、提升标准、提质增效上持续用力，各项工作均取得突破性进展，圆满完成年度目标任务。

【行政中心新冠肺炎疫情防控】 按照中央和省、市疫情防控工作部署，1月27日，成立新型冠状病毒肺炎疫情防控工作领导小组，负责疫情防控工作的组织协调、推进落实、督导检查，从严从紧、科学有序的做好防控工作。结合行政中心实际，研究制定了行政中心疫情防控工作方案，印发《关于做好新型冠状病毒感染的肺炎疫情防控工作的通知》，明确防控任务、牵头领导、责任部门、具体要求。建立健全行政中心日消毒工作制度、日测温工作制度、疫情直报制度、日报告工作制度等工作机制；加强工作人员疫情排查登记，共排查正式干部职工、临时用工、外包单位人员399人，以部门为单位组织全体人员填报个人疫情排查信息登记表，建档立卡，并严格落实外出返承人员居家隔离、核酸检测、社区报告等制度规定。同时，加强防控物资采购调配管理，多方协调采购防控物资，统一调配使用。加强行政中心进入车辆人员防控，研究制定《承德市行政中心疫情防控期间人员、车辆、物资出入管理办法（试行）》，对疫情防控期间行政中心院内单位人员、车辆门禁系统信息进行重新上报登记，严格控制外来车辆、人员入内，严格落实“五问”“两查”“两登记”制度，未出现拥堵、聚集、消防安全等突发事件。加强行政中心公共区域消杀，加强疫情防控工作人员业务培训，突出重点区域全面消杀，及时清理有害垃圾，定期对消杀工作记录、消杀工作开展情况、消毒液配比情况及个人防护工作进行检查。加强机关食堂餐饮服务保障，科学合理配餐，优化服务模式，强化食品安全管控，落实防疫措施，严明餐饮服务人员规定，有效确保机关食堂疫情防控安全。

【办公用房管理】 完成行政中心办公用房摸排工作。4月初开始，利用2个月的时间，采取逐间走访、重新测量登记等方式，对行政中心各单位办公用房使用情况进行再次排查，并修订行政中心办公用房使用示意图。做好行政中心建设档案整理工作。聘请专业人员，利用近一年时间，对行政中心现有建筑档案进行整理，共整理档案5大类、877卷、6115件，其中图纸类234类，投标类252卷，招中标类39类，综合文件类43卷，工程文字类309卷，圆满完成对全市党政机关办公用房的统计上报工作。严格按照国家及省、市办公用房信息统计上报的时间节点，完成市本级及7县3区1市2个管委会、205个乡镇的党政机关办公用房信息统计工作。认真做好《承德市党政机关办公用房管理实施办法》贯彻落实及党政机关权属登记工作。深入贯彻落实《承德市党政机关办公用房管理实施办法》（承办〔2020〕2号）相关规定，切实加强市直机关办公用房集中统一管理。组织召开由市机关事务管理局、市行政审批局等9个相关部门参加的市党政机关权属统一登记问题及权属登记变更涉及税费过高问题协调会议，制定推进方案、检查方案、解决问题方案并严格执行落实，承德市统一权属登记率达到54.54%。切实做好市直办公用房调剂使用工作。按照各单位用房需求，规范使用闲置房屋，2020年共调剂使用办公用房17间，总计约为867.75平方米，满足了市体育局、市组织部、市发改委等10个单位的办公用房使用需求；在老干部局搬到小南门办公后，协调24间、619.34平方米，满足市国资委入驻行政中心办公的需要。

【安全管理】 扎实做好行政中心消防系统升级改造工程。行政中心消防系统于2009年行政中心竣工时未经验收便投入使用且已运转十年时间，局部处于瘫痪状态，给行政中心消防安全造成严重安全隐患。为确保行政中心消防安全，自2014年开始筹备消防系统升级改造工作，后因主要领导更换暂时搁置。2018年，重启消防系统改造工作，应承德市消防支队要求，经市领导批准，行政中心消防系统升级改造项目按照现行消防规范标准进行设计和施工，至2020年6月，已完成项目设计、审图、固定资产投资计划、消防设计备案审核、消防检测、预算、财政评审等工作。9月9日，“研定房地产开发项目和公益公建及工业产业项目问题解决处理意见”会议在行政中心召开，同意参照市《关于解决房地块开发遗留问题的实施意见》进行消防改造。为节省财政资金，按照“从旧原则”组织对项目进行重新设计、审图及备案审核、财政评审等工作，已完成设计、审图和预算工作，正在进行财政评审报审和设计备案审核工作。快速完成行政中心人脸识别门禁系统安装工程。为提升行政中心门禁系统安全化和智能化程度，方便广大干部职工的出入，新建行政中心人脸识别门禁系统，运行效果良好。

【行政中心车辆管理】 严格执行落实《承德市行政中心人员车辆进出管理办法》，着力加强行政中心院内非正常长期停放车辆清理工作，无超期停车现象，确保正常车辆有序停放。截至年底，违规警告车辆1000余台；取消进入行政中心权限车辆300余台，大车库超时停放车辆锁车800余台，保障行政中心院内正常车辆行驶和停放秩序。

【公务用车管理】 全力抓好市直党政机关、企事业单位公务用车制度改革后续工作，完成企事业车改后取消公车拍卖工作、保留公车“三化”工作，确保公务用车规范化管理。按照省机关事务管理局部署要求，圆满完成了机关事务服务保障卡培训及办卡工作，规范全市党政机关公务用车定点加油工作。按照省车改办统一部署要求，认真研究制定实施方案，加强培训和指导，按时保质完成了省公车监管平台二期升级改造工作，进一步实现全省公务用车“一张网”规范化管理。

【公共机构节能】 制定并印发《2020年承德市公共机构节约能源资源工作要点》，推进全市公共机构能源资源节约和生态环境保护工作向纵深发展，准确统计监测能耗情况。2019年，承德市公共机构人均综合能耗同比下降1.83%，人均资源用水消费量同比下降3.86%，单位建筑面积（每平方米）综合能耗同比下降2.49%。印发《承德市节约型机关创建行动实施方案》，通过下发文件、会议推进、现场调研等方式对节约型机关创建工作进行推进落实。第一批任务计划中的市直单位已陆续把佐证材料组卷完成，正在进行初步审核。开展2019—2020年度国家级和省、市两级节约型公共机构示范单位创建工作,以节能、节水、资源循环利用、可再生能源利用和绿色消费为重点，选拔创建4个国家级、5个省级、10个市级节约型公共机构示范单位，实现“县县有示范”的工作目标。印发《承德市2020年公共机构生活垃圾分类工作全覆盖实施方案》《承德市生活垃圾分类工作指南（试行）》，转发《河北省垃圾分类工作领导小组办公室关于印发〈2020年全省生活垃圾分类工作实施方案〉的通知》等多个文件，联合市生活垃圾分类办组成联合督导检查小组，对各县（市、区）、市直各单位及其所属的二级单位进行督导检查，完成全市公共机构生活垃圾分类工作全覆盖。印发《承德市节水型机关建设实施方案》，在行政中心内开展完善节水管理制度、推广使用先进节水技术和设备等多项节水工作，积极开展节水型机关建设。印发《关于加快推进35蒸吨／小时及以下公共机构燃煤锅炉淘汰工作的通知》（承市管〔2020〕55号）至相关县区，明确专人负责盯办，加强督导，全力推进。截至到6月30日，公共机构燃煤锅炉淘汰任务总数81台全部按期完成。迅速制定《关于贯彻落实习近平总书记重要指示精神坚决制止机关餐饮浪费行为实施方案》，号召全市各公共机构党员干部职工积极参与，做出承诺，承诺点击数达1.8万余人次。同时，录制上传“拒绝餐饮浪费，晒光盘 我接力”微视频，该视频在省局点赞排名第一。

【物业维修保障】 落实“十分钟服务保障到位”品牌化工作机制，制定行政中心电气维修、水暖维修及土建维修保障流程图，编制工作预案，采取对外公示相关负责人员电话、对部门全体工作人员进行业务培训等措施，确保做到接到报修电话或通知后，10分钟内给与答复或维修。按照时间节点要求完成市老年大学综合楼装修改造工程（消防专项）、老干部活动中心（市委老干部局办公楼）装修改造等重点维修改造工程及行政中心院内外围墙灯线路重新铺设、综合楼房顶防水铺贴、综合楼东侧绿地改造生态种植园、大车库西南角步行梯维修、污水井和化粪池井清掏清洗、行政中心主干道井盖实现静音化处理等重点项目维修项目。同时，积极做好行政中心垃圾分类工作，购置垃圾分类桶68个，张贴垃圾分类标识35张，并成立垃圾分类志愿者小组，为全市公共机构实现垃圾分类规范化管理工作起到带头示范作用。

【餐饮服务保障】 深入做好行政中心机关食堂餐饮服务保障工作，圆满完成新冠肺炎疫情期间餐饮保障工作，有效保障行政中心正常运转。推行分区就餐制，行政中心提供办公及生活性服务保障人员在第二就餐区就餐，处级领导在第二就餐区就餐，单独设立清真就餐区，得到广大清真就餐者的认可。与建设银行合作对现食堂就餐管理系统进行人脸识别技术升级，全面提升食堂信息化水平，实现精准识别、精准收费。贯彻落实习近平总书记关于坚决制止餐饮浪费行为的重要指示精神，进一步健全完善厉行节约、反对食品浪费工作制度。行政中心院内新建小菜园一处，陆续播种收获 3 茬十几个品种，总产量 1040.2 斤。在扶贫“832”平台积极开展开通交易账号、预留采购份额、履行承诺采购贫困地区农副产品等工作，提前 2 个月超额完成全年贫困地区农副产品预留份额采购任务，切实以消费扶贫助力打赢脱贫攻坚战。

【会议服务保障】 着力提升行政中心会议服务水平，共保障会议 550 场，其中国家级会议 23 场，省级会议 133 场，市本级会议 394 场，总参会人数约 27000 人次。全力做好疫情防控工作，加强参会人员体温检测，在会议中心门口增设自动测温设备，自动测温与手动测温相结合，并做好抽查记录。圆满完成市委全会、承德国家可持续发展议程创新示范区建设推进大会服务保障任务。加强会议设备更新和设施完善，提供更加优质的会议环境，先后完成电视电话会议系统升级改造、政协会议室云视频会议系统建设项目，对大会议厅观众席上方照明系统进行改造和主席台两侧原拼接屏予以更换，对会议中心大会议厅、会议一室等 9 个会议室共 363 把磨损严重的椅面进行软包处理，节约资金约 24 万元。

【医疗服务保障】 成立科学研究学术委员会，科研项目《基层中西药治疗冠心病的临床疗效研究》，已于 2020 年上半年结题并获得证书。优化了口腔科的诊疗技术，增设热牙胶充填技术，购买牙片机、增建口腔科 X 光室并投入使用。严格按照医保要求，对药品购入、存贮、销售以及财务管理进行微机化系统管理，计算机管理 HIS 系统已正式投入使用。2020 年，门诊部共诊疗 2.3 万余人次，其中离退休老干部诊疗 6000 余人次，在职职工及城镇居民诊疗 1.7 万余人次。

【设施设备和周转房保障】 切实做好行政中心设施设备管理工作，顺利完成行政中心新制冷机组安装运行工作，运行效果良好。对行政中心 114 间重点办公室和机房空调末端易损件进行排查及更换，确保设备正常运行。经多方协调，推进实施东楼档案馆增加用电配置工作和机关食堂加装电梯工作，按时投入使用。按照《承德市异地调动市级干部临时周转住房管理使用暂行办法》，及时做好周转住房保障工作。

2020 年市机关事务管理局领导名录

党组书记、局长：马浩然

党组成员、副局长：张　勇（满族，7 月免）

郝瑞凯（满族）

于元振（12 月免）

梁晓红（女）

梁　巍

（供稿　毕俊奇）

承德市人大

综　述

2020年，市人大及其常委会充分发挥制度优势和代表主体作用，全面助力疫情防控和经济社会发展“双胜利”，不断丰富和拓展人民代表大会制度的承德实践，人民至上贯穿人大工作全过程，民主法治建设迈出新步伐，收获依法履职丰硕成果，为推动全市经济社会发展和民主法治建设作出新贡献。

重要会议

【人民代表大会】 1月15日至17日，承德市第十四届人民代表大会第五次会议在承德大剧院召开。15日上午9时，大会开幕，肩负380万承德人民的重托，来自全市各条战线上的人大代表认真履行宪法和法律赋予的神圣职责，共商全市发展大计。17日下午，市第十四届人民代表大会第五次会议圆满完成各项议程后，在雄壮的国歌声中闭幕。这次大会的指导思想是：以习近平新时代中国特色社会主义思想为指导，全面贯彻落实中共十九大和十九届二中、三中、四中全会精神以及省委、市委全会精神，坚持党的领导、人民当家作主、依法治国有机统一，坚持以人民为中心的发展思想，认真履行宪法和法律赋予的职责，充分发扬民主，严格依法办事，在中共承德市委的领导下，团结和动员全市人民，不忘初心、牢记使命，砥砺奋进、拼搏进取，全面推进治理体系和治理能力现代化，奋力开创新时代全面建设“生态强市、魅力承德”新局面。

本次大会应出席代表376人，实到340人，符合法定人数。周仲明、常丽虹、韩福才、安国富、王素芝、孔庆龙、李伟、丁然、李兴臣、邢书印、门玉生为主席团常务主席。

大会的主要议程是：听取和审议承德市人民政府工作报告，审查承德市2019年国民经济和社会发展计划执行情况的报告与2020年国民经济和社会发展计划草案，批准2019年国民经济和社会发展计划执行情况的报告与2020年国民经济和社会发展计划，审查承德市2019年市本级预算和市总预算执行情况的报告与2020年市本级预算和市总预算草案，批准2019年市本级预算执行情况的报告与2020年市本级预算；听取和审议承德市人民代表大会常务委员会工作报告，听取和审议承德市中级人民法院工作报告；听取和审议承德市人民检察院工作报告，选举事项，表决承德市人民政府2020年民生实事项目。

大会选举方志勇为承德市第十四届人民代表大会常务委员会副主任；武力斌为承德市监察委员会主任；闫永澜、赵鹏为承德市第十四届人民代表大会常务委员会委员。大会宣布承德市人民政府2020年民生实事候选项目表决结果为：就业和社会保障工程、医疗健康雨润工程、老旧小区改造和百姓安居工程、道路建设和治堵畅通工程、学校幼儿园建设工程、文化体育惠民工程、人居环境和管网改造工程、市场建设和食品安全工程、供水和水源地建设工程、平安承德建设工程。市人大常委会主任韩福才在闭幕式上作重要讲话。

大会共收到代表提出的建议和意见195件，

会后转交市“一府一委两院”及有关部门办理。未收到10人以上代表联名提出的议案，没有审查意见。

【常委会会议】 1月3日，市十四届人大常委会举行第二十三次会议。市人大常委会主任韩福才，副主任王素芝、李伟、李兴臣，秘书长门玉生和委员共32人出席会议。会议由市人大常委会副主任李兴臣主持。会议表决通过市十四届人大五次会议建议议程草案、建议日程草案、主席团和秘书长建议名单草案、主席团常务主席建议名单草案、执行主席分组建议名单草案、副秘书长建议名单草案、议案审查委员会组成人员建议名单草案、列席人员建议名单草案；表决通过市十四届人大五次会议选举办法草案和民生实事项目人大代表票决办法草案；表决通过市人民政府关于2020年民生实事候选项目形成情况的报告草案、市十四届人大常委会代表资格审查委员会关于个别代表的代表资格审查报告草案；表决通过市人大常委会工作报告审议稿；审议通过了人事任免案，并组织新任命人员举行了宪法宣誓仪式。

3月25日，市十四届人大常委会举行第二十四次会议。市人大常委会主任韩福才，副主任王素芝、李伟、孔庆龙、丁然、李兴臣、方志勇，秘书长门玉生和委员共40人出席会议。会议由市人大常委会副主任李伟主持。会议学习传达了习近平总书记在决战决胜脱贫攻坚座谈会和中共中央政治局常务委员会会议上重要讲话精神。表决通过市人大常委会2020年工作要点，审议通过人事任免案，并组织新任命人员向宪法宣誓。市人大常委会主任韩福才发表讲话。

4月28日，市十四届人大常委会举行第二十五次会议。市人大常委会主任韩福才，副主任李伟、孔庆龙、丁然、李兴臣、方志勇，秘书长门玉生和委员共38人出席会议。会议由市人大常委会副主任孔庆龙主持。会议学习传达习近平总书记在中央政治局常务委员会会议上的讲话精神；听取和审议市人民政府关于全市民营经济发展情况的报告及市人大常委会视察组相关的视察报告，表决通过《承德市工业遗产保护与利用条例》、《承德市人大常委会关于依法推进民营经济高质量发展的决议》；书面审议市人民政府2019年度法治政府建设情况的报告、2019年度环境质量状况和环境保护目标完成情况的报告；审议通过人事任免案，向新任命人员颁发任命书，举行宪法宣誓仪式。市人大常委会主任韩福才发表讲话。

6月29日，市十四届人大常委会举行第二十六次会议。市人大常委会主任韩福才，副主任李伟、孔庆龙、丁然、李兴臣、方志勇，秘书长门玉生和委员共38人出席会议。会议由市人大常委会副主任丁然主持。会议传达学习习近平总书记在全国“两会”期间的重要讲话和全国“两会”精神、习近平总书记重要文章《充分认识颁布实施民法典重大意义，依法更好保障人民合法权益》；听取和审议市人民政府关于贯彻落实《中华人民共和国水法》及《河北省实施〈中华人民共和国水法〉办法》情况的报告，及市人大常委会相关执法检查报告；听取和审议市人民政府关于贯彻实施《中华人民共和国非物质文化遗产法》和《河北省非物质文化遗产条例》情况的报告，及市人大常委会相关执法检查报告；听取和审议市人民政府关于贯彻实施《中华人民共和国旅游法》和《河北省旅游条例》情况的报告，及市人大常委会相关执法检查报告；听取和审议市人民政府关于提请审议《承德市快递市场管理条例(草案)》的议案，及市人大财政经济委员会的审查报告，市司法局对《条例》草案起草情况进行说明；听取和审议市人大农业和农村委员会关于提请审议《承德市村容村貌管理条例（草案)》的议案及相关情况说明；书面审议市人民政府2019年国有资产管理情况的报告；审议表决市人大常委会代表资格审查委员会关于个别代表的代表资格审查报告；对部分法官、检察官2019年度履职情况进行评议；审议通过人事任免案，向新任命人员颁发任命书，举行宪法宣誓仪式。市人大常委会主任韩福才发表讲话。

8月27日至28日，市十四届人大常委会举行第二十七次会议。市人大常委会主任韩福才，副主任李伟、孔庆龙、丁然、李兴臣、方志勇，秘书长门玉生和委员共40人出席会议。市人民政府市长常丽虹到会并作“6+1”各领域相关工作情况的全面报告，市人大常委会副主任李伟代表市人大常委会作关于检查“6+1”各领域工作情况的综合报告，市人民政府副市长郭士刚到会回答“6+1”联动监督专题询问相关问题，并代表市人民政府作表态发言。会议由市人大常委会主任韩福才、副主任李兴臣主持。会议通过相关议程后，深入学习《习近平谈治国理政》第三卷中部分内容，审议市人民政府相关责任部门关于“6+1”各领域的专项工作报告及市人大常委会“6+1”联动监督各工作专班分项检查报告。审议并批准市人民政府关于2019年市本级决算、2020年新增政府债务限额和抗疫特别国债资金分配方案、国民经济和社会发展第十三个五年规划纲要部分指标调整方案；审议市人民政府关于承德市2020年国民经济和社会发展计划上半年执行情况的汇报以及2020年市本级预算和市总预算上半年执行情况的汇报；审议市中级人民法院关于刑事审判工作情况的报告和市人大常委会视察组相关视察报告；审议《承德市武烈河流域水环境保护条例（草案）》及市人大城建环资委相关审查报告；审议并表决通过《承德市村容村貌管理条例（草案）》《承德市快递市场管理条例（草案）》。对市政府“6+1”各领域工作开展专题询问，对“6+1”整体工作和分项工作进行满意度测评，评议结果均为“满意”档次。审议通过人事任免案，向新任命人员颁发任命书，举行宪法宣誓仪式。市人大常委会主任韩福才发表讲话。

10月28日至29日，市十四届人大常委会举行第二十八次会议。市人大常委会主任韩福才，副主任李伟、孔庆龙、丁然、李兴臣，秘书长门玉生和委员共30人出席会议。会议由市人大常委会副主任李伟主持。会议学习传达市委人大工作会议精神，举办《民法典》专题讲座；听取和审议市人民政府贯彻落实《国务院优化营商环境条例》和《河北省优化营商环境条例》工作情况的报告和市人大常委会执法检查组相关工作情况的报告，并进行工作评议；听取和审议了市人民政府发展农业主导产业工作情况的报告和市人大常委会视察组相关视察报告；听取和审议市人民政府关于城市绿化工作情况的报告和市人大常委会视察组相关视察报告；听取和审议市人民检察院关于职务犯罪检察工作情况的报告和市人大常委会视察组相关视察报告；听取市人民政府关于2020年民生实事项目进展情况的报告和市人大常委会相关监督检查报告；听取市交通运输局、人力资源和社会保障局关于代表建议、批评和意见办理情况的报告，并进行满意度测评；表决通过《承德市人民代表大会代表建议、批评和意见处理办法》《承德市人大常委会立法论证工作规则》《承德市人大常委会立法评估工作规则》和市人大常委会关于废止《承德市人大常委会规范性文件备案审查办法》的决定；审议通过人事任免案，向新任命人员颁发任命书。市人大常委会主任韩福才发表讲话。

12月28日，市十四届人大常委会举行第二十九次会议。市人大常委会主任韩福才，副主任李伟、孔庆龙、丁然、李兴臣，秘书长门玉生和委员共36人出席会议。会议由市人大常委会副主任丁然主持。会议传达学习习近平总书记在中央全面依法治国工作会议上发表的重要讲话精神和栗战书委员长在第二十六次全国地方立法工作座谈会上的讲话精神；审议市人民政府关于开展严打整治工作情况的报告及市人大常委会相应的视察报告，并进行工作评议，评议结果为满意；

审议市人民政府关于提请审议《2020年市本级预算调整方案（草案）》的议案及市人大财经委相应的审查报告，并作出批准2020年市本级预算调整方案的决议；审议市人民政府关于脱贫攻坚工作情况的报告和《2019年度市本级预算执行和其他财政收支情况的审计工作报告》中有关问题整改情况的报告；审议《承德市武烈河流域水环境保护条例（草案）》；审议市人民政府关于2020年民生实事项目落实情况的报告，并进行满意度测评，结果为满意；审议市人民政府、市中级人民法院、市人大常委会选任代工委关于市十四届人大五次会议以来，代表建议、批评和意见办理情况的报告；审议市人大常委会法工委关于2020年规范性文件备案审查工作情况的报告；表决通过《承德市人大常委会2021年度立法计划》和《承德市人大常委会关于召开承德市第十四届人民代表大会第六次会议的决定》；审议通过人事任免案，向新任命人员颁发任命书，并举行宪法宣誓仪式。市人大常委会主任韩福才发表讲话。

【常委会主任会议】 3月4日，市人大常委会主任韩福才主持召开市十四届人大常委会第二十八次主任会议。市人大常委会副主任王素芝、孔庆龙、李伟、丁然、李兴臣、方志勇，秘书长门玉生出席会议。会议首先学习传达习近平总书记在统筹推进新冠肺炎疫情防控和经济社会发展工作部署会议上的重要讲话。会议决定，市十四届人大常委会第二十四次会议视疫情防控进展情况适时召开；建议议程为：审议市人大常委会2020年工作要点，审议人事任免案。

4月23日，市人大常委会主任韩福才主持召开市十四届人大常委会第二十九次主任会议。市人大常委会副主任李伟、孔庆龙、丁然、李兴臣，秘书长门玉生出席会议。会议决定，市十四届人大常委会第二十五次会议于4月28日召开，会期半天。建议会议议程为：履职学习；审议《承德市人民政府法治政府建设情况的报告》（书面）；审议《承德市人民政府关于全市民营经济发展情况的报告》，并作出相关决议；审议《承德市人大常委会财经工委关于全市民营经济发展情况的视察报告》；审议《承德市人民政府2019年度环境质量状况和环境保护目标完成情况的报告》（书面）；审议《承德市工业遗产保护与利用条例》（修改稿）；审议人事任免事项。会议学习传达习近平总书记4月8日和4月15日在中央政治局常务委员会会议上的讲话精神。

4月28日，市人大常委会主任韩福才主持召开市十四届人大常委会第三十次主任会议。市人大常委会副主任李伟、孔庆龙、丁然、李兴臣，秘书长门玉生出席会议。会议听取市人大法制委关于《承德市工业遗产保护与利用条例（草案）》修改情况的说明。机关相关部门主要负责同志列席会议。

6月23日，市人大常委会主任韩福才主持召开市十四届人大常委会第三十一次主任会议。市人大常委会副主任李伟、孔庆龙、丁然、李兴臣，秘书长门玉生出席会议。会议决定，市十四届人大常委会第二十六次会议于6月29日召开，会期一天，建议会议议程为：深入学习习近平总书记在全国“两会”期间的重要讲话和全国“两会”精神，学习习近平总书记重要文章《充分认识颁布实施民法典重大意义，依法更好保障人民合法权益》；审议《市人民政府2019年国有资产管理情况的报告》（书面）；审议市人民政府关于贯彻落实《中华人民共和国水法》及《河北省实施〈中华人民共和国水法〉办法》情况的报告，及市人大常委会执法检查组相关执法检查情况的报告，并形成审议意见；审议市人民政府关于贯彻实施《中华人民共和国非物质文化遗产法》和《河北省非物质文化遗产条例》情况的报告，及市人大常委会执法检查组相关执法检查情况的报告，并形成审议意见；审议市人民政府关于贯彻实施《中华人民共和国旅游法》和《河北省旅游条例》情况的报告，及市人大常委会执法检查组相关执法检查情况的报告，并形成审议意见；审议市人民政府关于提请审议《承德市快递市场管理条例(草案)》的议案，及市人大财政经济委员会关于该条例草案的审查报告；审议市人大农业和农村委员会关于提请审议《承德市村容村貌管理条例(草案)》的议案；审议代表资格审查委员会关于个别代表的代表资格审查报告；对部分法官、检察官2019年度履职情况进行评议；审议人事任免事项。市委组织部、市监察委、市中级人民法院相关负责同志，驻市人大常委会机关纪检监察组组长，机关各部门主要负责人及有关同志列席了会议。

8月20日，市人大常委会主任韩福才主持召开市十四届人大常委会第三十二次主任会议。市人大常委会副主任李伟、孔庆龙、丁然、李兴臣，秘书长门玉生出席会议。会议决定，市十四届人大常委会第二十七次会议于8月27日至28日召开，会期两天，建议会议议程为：学习《习近平谈治国理政》第三卷中“谱写新时代中国特色社会主义新篇章”和“积极发展社会主义民主政治”两个专题；审议市人民政府关于“6+1”各领域相关工作情况的全面报告和各专项工作报告，对“6+1”各领域工作开展专题询问，并进行满意度测评，作出决议或审议意见；审议市人大常委会关于检查市人民政府“6+1”各领域工作情况的综合报告和各工作专班专项检查报告；审议市人民政府关于2019年市本级决算和全市总决算情况的报告及市人大财经委相应审查报告，并作出决议；审议审议市人民政府关于2019年度市本级预算执行和其他财政收支情况的审计工作报告；审议市人民政府关于2020年新增政府债务限额分配方案的议案和市人大财经委相应审查报告，并作出决议；审议市人民政府《关于调整承德市国民经济和社会发展第十三个五年规划纲要部分指标方案》的议案和市人大财经委相应审查报告，并作出决议；审议市人民政府关于承德市2020年国民经济和社会发展计划上半年执行情况以及2020年市本级预算和市总预算上半年执行情况的汇报；审议市中级人民法院关于刑事审判工作情况的报告和市人大常委会相应视察报告，形成审议意见；审议市人民政府关于提请审议《承德市武烈河流域水环境保护条例（草案）》的议案和市人大城建环资委相应审查报告；审议《承德市村容村貌管理条例（草案）》（修改稿）；审议《承德市快递市场管理条例（草案）》（修改稿）；审议人事任免事项。驻市人大常委会机关纪检监察组组长，机关各部门主要负责人及有关同志列席了会议。

8月28日，市人大常委会主任韩福才主持召开市十四届人大常委会第三十三次主任会议，听取市人大法制委关于《承德市村容村貌管理条例(草案)》和《承德市快递市场管理条例(草案)》修改情况的说明。机关相关部门主要负责同志列席会议。

10月22日，市人大常委会主任韩福才主持召开市十四届人大常委会第三十四次主任会议。市人大常委会副主任李伟、孔庆龙、丁然、李兴臣，秘书长门玉生出席会议。会议决定，市十四届人大常委会第二十八次会议于10月28日至29日召开，会期一天半，建议会议议程为：传达学习市委人大工作会议精神，举办《民法典》专题履职学习讲座；审议市人民政府关于贯彻落实国务院《优化营商环境条例》和《河北省优化营商环境条例》情况的报告及市人大常委会相应执法检查报告，并进行工作评议，形成评议意见；审议市人民政府发展农业主导产业工作情况的报告及市人大常委会相应视察报告，并形成审议意见；审议市人民政府关于城市绿化工作情况的报告及市人大常委会相应视察报告，并形成审议意见；审议市人民检察院职务犯罪检察工作报告及市人大常委会相应视察报告，并形成审议意见；听取市人民政府关于2020年民生实事项目进展情况的报告及市人大常委会相应监督检查报告；听取市交通运输局和市人社局关于代表建议、批评和意见办理情况的报告，并进行满意度测评；审议《承德市人民代表大会代表建议、批评和意见处理办法（草案）》；审议《承德市人大常委会立法评估工作规则（草案）》和《承德市人大常委会立法论证工作规则（草案）》；审议市人大常委会关于废止《承德市规范性文件备案审查办法》的决定（草案）；审议人事任免事项。会议学习传达习近平总书记在深圳经济特区建立40周年庆祝大会上的讲话精神，以及在中央党校（国家行政学院）中青年干部培训班开班式上发表的重要讲话精神；传达学习市人大工作会议精神。驻市人大常委会机关纪检监察组负责同志，机关各部门主要负责人及有关同志列席会议。

12月22日，市人大常委会主任韩福才主持召开市十四届人大常委会第三十五次主任会议。市人大常委会副主任李伟、孔庆龙、丁然、李兴臣，秘书长门玉生出席会议。会议决定，市十四届人大常委会第二十九次会议于12月28日召开，会期一天，建议会议议程为：传达学习习近平总书记在中央全面依法治国工作会议上发表的重要讲话精神和栗战书委员长在第二十六次全国地方立法工作座谈会上的讲话精神；审议市人民政府关于开展严打整治工作情况的报告及市人大常委会相应的视察报告，并进行工作评议，形成评议意见；审议市人民政府关于提请审议2020年市本级预算调整方案（草案）的议案及市人大财经委相应的审查报告，并作出相应的决议；听取市人民政府关于《2019年度市本级预算执行和其他财政收支情况的审计工作报告》中有关问题整改情况的报告、关于脱贫攻坚工作情况的报告；审议《承德市武烈河流域水环境保护条例（草案）》；听取市人民政府关于2020年民生实事项目落实情况的报告，并进行满意度测评；听取市人民政府、市中级人民法院、市人大常委会选任代工委关于市十四届人大五次会议以来，代表建议、批评和意见办理情况的报告；听取市人大常委会法工委关于2020年规范性文件备案审查工作情况的报告；审议《承德市人大常委会2021年度立法计划（草案）》；审议《承德市人大常委会关于召开承德市第十四届人民代表大会第六次会议的决定（草案）》；审议人事任免事项。市委组织部、市纪委监委、市人民检察院有关负责同志，驻市人大常委会机关纪检监察组负责同志，机关各部门主要负责人及有关同志列席会议。

坚持党的全面领导

【政治引领】 牢牢把握人大是政治机关的本质属性，旗帜鲜明讲政治，毫不动摇坚持党的领导，坚定不移用习近平新时代中国特色社会主义思想引领航向。把深入学习贯彻习近平新时代中国特色社会主义思想作为首要政治任务，作为党组会议、主任会议、常委会会议“第一议题”，作为人大代表、人大干部教育培训的常设课程，与学习《习近平谈治国理政》、总书记重要讲话、党中央重要会议精神相结合，共组织集中学习24次，做到学懂弄通做实，以党的创新理论立根铸魂，以坚定立场践行“两个维护”。党的十九届五中全会闭幕后，常委会把学习贯彻中央和省委、市委全会精神作为重要政治任务，迅速启动大学习、大研讨、大宣讲活动，集中开展“共谋高铁时代高质量发展”大讨论，用“重大成就”筑牢信念意志，用“重大判断”激发斗争精神，用“战略构想”凝聚磅礴力量，用“盛世宏图”引领逐梦前行，推动全会精神深入人心、转化为人大工作的创新实践。

【坚持学习】 系统学习习近平总书记关于坚持和完善人民代表大会制度的重要思想，结合党和国家事业取得的历史性伟大成就，更加深刻认识到，人民代表大会制度具有巨大优越性和强大生命力，必须坚定不移坚持好、完善好、发展好这个根本政治制度。围绕学习贯彻习近平总书记对人大工作的重要指示，就“地方人大助力经济社会发展和改革攻坚任务”进行专题研究，获评“河北省人大制度研究一等奖”。中央全面依法治国工作会议确立习近平法治思想，主任会议、常委会会议第一时间传达学习、作出部署，坚定“两个不动摇”，吃透“十一个坚持”精髓要义，切实把这一重要思想贯穿于人大依法履职全过程，转化为法治承德建设的生动实践。

【履职尽责】 市委高度重视人大工作，专题听取常委会党组工作汇报，专门召开市委人大工作会议，印发加强人大工作的《实施意见》，常委会例会研究人大工作6次，周仲明书记作出重要批示6次。常委会党组认真履行政治领导责任，严格执行每月例会制度，召开党组会议15次，向市委请示报告工作20次；对市委批准的立法项目，精心组织，全力推动，制定地方性法规4件；对市委推进的重点工作，用心“选题”，着力“破题”，作出决议决定11件；任免国家机关工作人员83人次；年内召开常委会会议7次，听取审议专项工作报告28项，形成审议评议意见21件。

保障重大部署落实

【新冠肺炎疫情防控】 坚决响应中共中央号令，坚持“疫情就是命令、防控就是责任”，全面投入抗疫斗争，在全力抓好机关严密防控的同时，努力做好非常时期的人大工作。完善年度工作计划，把疫情防控、野生动物保护、公共卫生管理等纳入监督重点，支持政府依法实施应急处置措施。认真贯彻全国人大和省人大“两个决定”，明确执法主体，监督法律实施，为抗击疫情提供法治支撑。常委会领导分赴包联县市区和企业，督导做好“六稳”工作、落实“六保”任务，推动生产生活秩序有序恢复。机关全体干部职工深入包联社区和帮扶村，轮流值守3个月，社区群众送来锦旗誉为“抗疫钢铁长城”。周仲明书记亲临防控一线看望人大代表和人大干部，对人大抗疫工作给予充分肯定。

【助力脱贫攻坚】 紧盯全面小康建设，聚焦深度贫困这块最大短板，突出问题导向、目标导向、结果导向，助力脱贫攻坚取得决定性胜利。听取审议脱贫攻坚情况报告，督促严守“两不愁三保障”底线，筑牢致贫返贫防线，确保脱贫成果经得起历史检验。致力于脱贫攻坚与乡村振兴有效衔接，听取审议农业主导产业发展情况报告，建议加强龙头企业扶持，提高科技支撑能力，做大“承德山水”品牌。持续深化“脱贫攻坚再聚力、人大代表展风采”活动成果，周仲明书记两次作出批示；全国人大办公厅以专刊形式向全国人大系统推介。

【生态环保监督】 认真践行“两山”理念，着力加强生态环保监督。听取审议年度环境状况和环境保护目标完成情况报告，助力打好碧水、蓝天、净土保卫战，推动“建生态、保生态、营生态”取得更大成效。听取审议城市绿化情况报告，强调“建绿必养、管必到位”，全力打造“园中建城、城中有园、城园相融、人城和谐”的城市绿化体系。调研草原生态建设、土壤防治、滦河流域水资源保护情况，促进生态环境持续改善。加快推进生态环保领域立法，在连续三年跟踪监督的基础上，再次就武烈河流域水环境保护和山体生态保护情况进行调研，充分论证地方立法的必要性和可能性，切实走好“生态优先、绿色发展”法治之路。

【联动监督大会战】 开展“6+1”联动监督是省

委部署的重大监督工作。市委高度重视，周仲明书记亲自部署、重点督导，常丽虹市长亲力亲为、密集调度，各级党政主要领导高位推动、一线指挥，监督力度之大、影响范围之广、整治效果之好前所未有。常委会牢牢把握“24字”总要求，统筹各方力量，整合各方资源，合力打好县级监督“第一仗”、市级监督“攻坚仗”、问题整改“歼灭仗”。建立人大、监委、大督查“三个监督”协作机制，主任会议成员先后4轮深入一线检查督导。市、县两级人大常委会听取审议政府专项工作报告13次，组织专题询问12场，形成差异化评议结果93个，作出决议决定和审议意见81件。坚持依靠法治力量，有效化解存量，坚决遏制增量，推动解决一批历史遗留、制约发展的老大难问题，化解一批群众身边的操心事、烦心事，健全完善法规制度124件，年度整改任务全面完成，一批特色亮点工作得到省人大肯定，市人大常委会被评为全省先进单位。

推进全面依法治市

【推进地方立法】 认真贯彻《中华人民共和国立法法》，从谋划项目、明确思路、制定规则到急需先立、突出特色、务实管用，从第一部立法条例、第一部实体法规、第一个立法规划到立法协商、公众参与、专家咨询、基层联系点、第三方评估等，全市立法数量逐年递增，立法质量持续提升，立法机制加快建立，创制性立法更具特色，目前已制定7部地方性法规，承德市水源涵养功能区保护条例荣获“河北省十大法治成果”奖。2019年列入立法计划13件，《工业遗产保护与利用条例》《村容村貌管理条例》《快递市场管理条例》获省人大常委会批准实施，《武烈河流域水环境保护条例》进行两次审议，其余9件均按计划推进；强化立法主导作用，严把立项、起草和审议关；突出立法质量和特色，制定立法论证、立法评估工作规则，组织培训160人次，召开座谈会、论证会等13次，代表、专家和公民有序参与110人次、提出意见建议193条，立法工作更接地气、更聚众智。

【推动法律实施】 《中华人民共和国民法典》颁布后，常委会率先组织学习、抓好宣传贯彻，发放法典学习资料220册，举办培训班两期，对照《民法典》审查全市地方性法规4件。围绕依法治水、依法用水，就水法实施情况开展执法检查，强调加强水利基础设施建设，完善河湖生态管护体系。围绕依法兴旅、依法治游，就旅游法实施情况开展执法检查，就全市旅游业发展情况进行调研，要求大力实施智慧旅游网、旅游交通网等工程项目，加快创建国家全域旅游示范区。围绕依法保护、依法利用，就非物质文化遗产法实施情况开展执法检查，建议设立非遗保护基金，增强传承发展活力，提升文化软实力。

【提升法治效能】 听取审议法治政府建设情况报告，促进依宪施政、依法行政，加快建设法治政府。听取审议市法院刑事审判情况报告，督促推进以审判为中心的刑事诉讼制度改革，增强人民群众司法获得感。听取审议市检察院职务犯罪检察情况报告，要求加强监察检察工作衔接，充分发挥打击和惩治职能作用。对市法院6名审判员、市检察院4名检察员进行履职评议，促进依法办案、公正执法。

【文件备案审查】 按照“有件必备、有备必审、有错必纠”要求，全面加强规范性文件备案审查工作，接收报备规范性文件31件，重点审查28件，查出问题18件52条，逐一提出处理意见。对照省备案审查《条例》，作出决定废止1件。建立协调联动、核查通报、多方参与等工作机制，规范报备、审查、结果报告等工作流程，提升审查刚性和效能。

助力经济社会发展

【推动经济发展】 面对疫情带来的严重冲击，紧盯全市经济运行态势，听取审议计划执行情况报告，督促加大运行调控、项目攻坚、企业纾困力度，推动全市经济持续复苏，确保经济运行在合理区间。调研“十三五”规划实施情况，审查批准部分指标调整方案，确保实现“三个圆满收官”。视察民营经济发展情况，听取审议报告，依法作出决议，提振企业发展信心，激发民营经济发展活力。调研市属国有企业经营情况，推动相关产业向中高端水平迈进。开展优化营商环境执法检查，持续释放改革和制度红利，为市场主体鼓劲护航。

【守好“钱袋子”】 面对不确定因素对财政运行带来的负面影响，依照法定程序，听取审议财政决算、预算执行、预算调整、政府债务等报告，确保财政资金聚力增效，把有限财力用在刀刃上；审查批准新增政府债务限额和抗疫特别国债资金分配方案，助力疫情冲击下财政平稳运转。听取审议审计工作报告及审计查出问题整改情况报告，督促整改问题788个。深入推进预算联网监督，开展联网系统建设大联查，完善数据查询、分析预警等功能，实现实时在线全程监督。国有资产监督走在全国前列，被专家誉为“承德样板”，荣获“河北发展、人大尽责”主题实践活动特别奖。

【保障民生】 市十四届人大五次会议票决产生民生实事项目24项，常委会密切关注，制定监督方案，主任会议成员牵头督办，相关专委会组织代表视察，常委会会议两次审议；市政府高度重视，建立台账、定期调度、全力推进，年终测评结果为满意。针对常态化疫情防控的新形势，就公共卫生工作开展大型视察，围绕应急监测、食品安全等12个方面问题进行专题询问，及时作出决议，依法保障人民群众的生命安全和身体健康。视察全市严打整治工作，听取审议报告并进行工作评议，推动铁腕扫黑、利剑除恶，严厉打击电信诈骗、非法集资等违法犯罪，创造更加安宁的社会环境。就社区治理、养老服务、农民工权益保护等工作进行调研，促进居民生活品质提升。受理来信来访120件、210人次，维护群众合法权益。

发挥代表主体作用

【注重履职保障】 顺应疫情防控新形势，创新代表培训方式，举办代表培训班3期，组织网络专题培训7期，累计培训3万余人次。密切常委会同代表的联系，邀请代表参加视察检查、立法座谈等活动352人次，集中开展视察调研3批70人次。延伸代表联系群众触角，推动代表就近参加代表之家、代表联络站、立法联系点等活动，倾听群众呼声，反映群众诉求。加强履职平台建设，创建星级代表之家83个，其中五星级11个；代表进家入站述职4667人次，接待群众11557人次，收集社情民意1883条。民生实事项目代表票决制实现市县全覆盖，并推广至部分乡镇探索实施。

【建议督办】 制定代表建议、批评和意见处理《办法》，为建议高水平提出、高质量办理提供制度保障，填补制度空白。针对疫情影响，采取“互联网+”模式，及时提交办理。坚持办前、办中、办后“三沟通”工作法，建立跟踪督办档案，实施靶向监督，推动重点建议办理。听取审议市政府、市法院代表建议办理情况报告，对政府系统2个重点承办单位进行满意度测评。市十四届人大五次会议以来，代表提出建议204件，已全部办结答复，代表满意和基本满意率达到98%。

【代表担当尽责】 全市各级人大代表坚持党的领导，牢记人民重托，在本职岗位上建功立业，在人大履职中担当尽责，用实际行动践行“我当代表为人民”的庄严承诺。在抗击疫情中，广大代表闻令而动、挺身而出，有的奋战医疗救治、基层防控一线，有的慷慨解囊、提供物资保障，累计捐款捐物3000余万元，有的积极建言献策、组织复工复产、开展政策咨询和法律服务，彰显了责任与情怀，凝聚了同心抗“疫”的强大合力。在脱贫攻坚中，五级代表各展所长、冲锋在前，用真情、干实事、出真招、带致富，结对帮扶2.66万户贫困家庭、6.38万贫困人口，入户走访7.7万人次，引进项目1504个，争取帮扶资金5.1亿元，汇聚了决战决胜磅礴力量，展示人大代表时代风采。在联动监督中，5663名人大代表组成271个代表小组，当好“调查员”“宣传员”“监督员”和“评议员”，开展视察、暗访等656次，走访群众万余人次，征集线索3414条，转交转办1110条，为联动监督厚植民意基础，为人大工作绘就勇毅担当、忠实为民的底色。

切实加强人大建设

【从严治党】 认真履行全面从严治党主体责任，全面贯彻新时代党的建设总要求，严格执行党组、机关党建、党支部工作等党内条例，不断提升党建质量和效能。制定并严格执行年度学习计划，持续深化“不忘初心、牢记使命”主题教育成果。定期听取党建工作汇报，实施“党支部质量提升工程”，党建工作与人大工作深度融合。严格落实意识形态责任制，着力加强网络意识形态安全建设。组建10个志愿服务队，开展志愿服务30余场次，荣获“全市先进志愿服务组织”称号。

【作风建设】 认真履行党风廉政建设责任制和“一岗双责”，强化干部教育管理监督，健全廉政风险防控机制，常态化开展警示教育，支持派驻机关纪检监察组履行职责。坚持抓早、抓小、抓预防，印发各类廉政提示20余期，利用新媒体开设廉政微课堂、刊发纪律条规50余条。严格遵守中央八项规定精神，力戒形式主义、官僚主义，组织开展“作风建设提质年”活动，突出抓好严明政治纪律、“四查四纠”等专项整治行动，视察调研更接地气，依法履职更有底气，人大工作守正创新。

【干部培养】 突出“讲政治、重担当”的用人导向，严格执行选人用人标准和职务职级并行政策，大力培养有激情、扛责任、能干事的干部，优先提拔埋头苦干、默默奉献、业绩突出和坚守驻村帮扶一线的干部，注重遴选法律、财经等方面的专业干部和年轻干部，倡导多岗位历练，优化干部队伍结构，提振了干事创业精气神。突出“忠诚担当、尚法崇民”理念，发挥机关党组织、群团组织作用，培育独具特色的人大机关文化。突出履职能力建设，举办常委会履职学习两期，组织集中培训10期319人次，常委会组成人员和机关干部学习氛围浓厚，履职热情高涨，彰显新气象新风貌。

【落实重大部署】 自觉接受上级人大的指导和监督，集中力量抓好重大部署贯彻落实，配合开展视察、调研、执法检查等活动41次。抓好专门委员会建设，充实专业力量，厚植专业优势。统筹新闻媒体，办好人大内刊、网站、简报和公众微信号，刊发各类稿件680余篇。加大理论研究力度，形成研究成果21篇，获省级奖项5篇，市委主要领导作出批示5篇。加强对县级人大的联系和指导，支持基层创新实践，协同推进县乡人大工作和建设，在落实重要部署、开展重大活动、推进重点工作上，三级人大同向发力，五级代表通力合作，拧成“一股劲”、形成“大合唱”，“履职答卷”亮点纷呈。

2020年承德市第十四届人民代表大会常务委同会组成人员

主　　任：韩福才
副 主 任：王素芝（1月1日—3月25日）
秘 书 长：门玉生
委　　员：王会云
王志军
王显华
帅五宝
兰德龙
司瑞安
刘雅丽
贠连成
闫永澜
李　悦
李成彦
李建侠
杨国辉
佟伊民
谷雪芬
张　磊
张学军
邵东明
周晓燕
赵　鹏
赵宝军
赵春丽
赵喜萍
赵翠华
相文举
段向东
俞虹霞
秦　涛
徐攀慧
梁荣华
裘长安
潘艳红
魏洪如

承德市第十四届人民代表大会常务委员会副秘书长：
贠连成
黄冠毓

承德市第十四届人民代表大会专门委员会组成人员

法制委员会
主任委员：李　伟
副主任委员：相文举
毛　银（2020年1月1日–2020年4月28日）
胡凤才（2020年6月29日–2020年12月31日）
委　　员：钟玉清
张守义
洪继瑞
邙光远
徐伟华

监察和司法委员会
主任委员：李　伟
副主任委员：兰德龙
委　　员：邵东明
谷雪芬
魏　昕

财政经济委员会
主任委员：丁　然
副主任委员：司瑞安
周晓燕
张学东（2020年1月1日–2020年4月28日）
委　　员：张　磊
王　平
陈　芳
范国权
项　永

农业和农村委员会
主任委员：丁　然
副主任委员：李成彦
王　江（2020年12月28日–2020年12月31日）

委　　员：丁明亚
李国刚
李海忠

城乡建设和环境资源委员会

主任委员：丁　然
副主任委员：赵喜萍
王会云
委　　员：王兰华
帅五宝
任　霞
徐攀慧

教育科学文化卫生委员会

主任委员：李兴臣
副主任委员：孔庆龙
梁荣华（2020年1月1日—2020年4月28日）
潘艳红（2020年4月28日—2020年12月31日）
委　　员：佟伊民
张学军
赵翠华

民族侨务外事委员会

主任委员：王素芝（2020年1月1日—2020年3月25日）
副主任委员：杨国辉
董　宇（2020年12月28日—2020年12月31日）
委　　员：马四勇
管丽娟
额利布格仓

社会建设委员会

主任委员：李　伟
副主任委员：赵春丽
关利军（2020年12月28日—2020年12月31日）
成　　员：王显华
李　悦
秦　涛

承德市第十四届人民代表大会常务委员会内设机构

办公室

主　　任：贠连成
副主任：张　斌
刘　洋
信访室主任：杨　柳（2020年1月1日—2020年8月28日）
刘英伟（2020年8月28日—2020年12月31日）

研究室

主　　任：赵宝军（2020年1月1日—2020年3月25日）
（2020年12月28日—2020年12月31日）
闫永澜（2020年3月25日—2020年12月28日）
副主任：闫永澜（2020年1月1日—2020年3月25日）
王桂民（2020年3月25日—2020年12月31日）

选举任免代表工作委员会

主　　任：刘雅丽
副主任：杨宝林（2020年8月28日—2020年12月31日）
胡颖杰

监察和司法工作委员会

主　　任：兰德龙
副主任：李素娥（2020年1月1日—2020年8月28日）
甄丽华（2020年4月28日—2020年12月31日）
刘　伟（2020年8月28日—2020年12月31日）

财政经济工作委员会

主　　任：司瑞安
副主任：丁万利（2020年1月1日—2020年8月28日）
韩国祥
杨　柳（2020年8月28日—2020年12月31日）

农业和农村工作委员会

主　　任：李成彦
副主任：甄丽华（2020年1月1日—2020年4月28日）
湛桂鑫（2020年8月28日—2020年12月31日）

城乡建设和环境资源工作委员会

主　　任：赵喜萍
副主任：宋晓梅（2020年1月1日—2020年8月28日）
韩　楠（2020年8月28日—2020年12月31日）

教育科学文化卫生工作委员会

主　　任：梁荣华（2020年1月1日—2020年4月28日）
潘艳红（2020年4月28日—2020年12月31日）
副主任：高立强（2020年4月28日—2020年12月31日）

民族侨务外事工作委员会

主　　任：杨国辉
副 主 任：王　鹏（2020年3月25日—2020年12月31日）

法制工作委员会

主　　任：相文举
副 主 任：吴从凌（2020年3月25日—2020年12月31日）
　　　　　窦紫剑（2020年4月28日—2020年12月31日）

（供稿　刘英伟）

承德市人民政府

综　述

【概况】 2020年，面对严峻复杂形势和新冠肺炎疫情严重冲击，全市上下坚持以习近平新时代中国特色社会主义思想为指导，认真贯彻中央和省各项决策部署，坚持稳中求进工作总基调，统筹疫情防控和经济社会发展，全力做好“六稳”工作、全面落实“六保”任务，全面完成10项民生工程24件民生实事，经济逐步恢复，民生保障有力，为全面开启新时代生态强市、魅力承德现代化建设新征程奠定坚实基础。

【疫情防控】 面对突如其来新冠肺炎疫情，坚持把人民群众生命安全和身体健康放在第一位，迅速建立科学高效的指挥体系，构建排查、隔离、管控、救治“四位一体”工作机制，筑牢“三道防线”，群防群治、联防联控，交出一份全省确诊人数最少、病例清零最早、患者零死亡和医护人员零感染的成绩单。

【经济运行】 全力推动复工复产，密集出台支持企业健康发展相关政策措施，减免企业税费和社保医保缴费21.7亿元，减免国有房屋租金5745万元，争取债券资金72.56亿元，新增企业贷款突破100亿元，有力支持实体经济发展。大力推进投资和项目建设，深入实施重点项目“63218”工程，全面推行“两线四牵引”、会商会诊等机制，140个省、市重点项目加快建设，完成投资308.6亿元。大力开展企业精准帮扶，创建企业发展服务中心和政府工作服务站、政府服务代表“三位一体”帮扶模式，覆盖1132家“四上”企业和3.15万家中小微企业，帮助企业解决困难问题3.4万个。大力促进消费回补，谋划实施夜经济、后备箱经济，中心城区启动二仙居美食街、莲花山欢乐谷等夜经济示范项目7个，各县（市）建设夜经济商圈、特色街区10个。加快培育“承德山水”“承德好礼”两大品牌，拉动消费40亿元。克服疫情影响，全市经济逐月企稳回升、持续向好，主要指标增速在全省实现位次前移。全年实现全市生产总值1550.3亿元，比上年增长4%。其中，第一产业增加值336.3亿元，增长5.3%；第二产业增加值497.5亿元，增长5%；第三产业增加值716.5亿元，增长2.7%。三次产业增加值占生产总值的比重由上年的20.2∶32.8∶47调整为21.7∶32.1∶46.2。全年公共财政预算收入116.1亿元，比上年增长3.3%。公共财政预算支出456.4亿元，增长9.9%。381家规模以上工业企业实现工业增加值比上年增长3.9%。全年建筑业增加值110亿元，比上年增长9.6%。

【对外开放工作】 紧紧扭住非首都功能疏解这个牛鼻子，引进总投资483亿元的央企京企津企合作项目65个。组建市招商服务中心暨投资促进局，在京津沪三地设立招商办事处，举办“百家京企进承德”“津企承德行”等大型招商活动24次、开展线上招商21次，签约项目75个，引进到位资金132亿元，新增外贸备案登记企业46家，实际利用外资2.2亿美元、完成外贸出口4.5亿元，均创历史最好水平。

【改革创新】 纵深推进"承德办事一次成"改革向"办事不用跑"升级，高标准建设市级行政审批、人社医保、不动产交易大厅，"承德办事网上行"全面实施，政务服务实现线上线下"一窗一网一次"办理，92.5%的审批事项实现一次办成，网上可办率达到97%，企业开办压缩到1天以内。大力推进国资国企改革，组建成立国有资产运营公司，整合行政事业单位经营性国有资产和企业资产，进一步提升国控集团规模和实力，总资产达到321亿元、净资产100亿元。继续深化农村综合改革，组建农村集体合作经济组织2468家，新增土地流转10.3万亩，平泉获评全国农村承包地确权登记颁证典型地区。持续深化金融改革，全市贷款余额增长10%。

【农业生产】 全年粮食种植面积425.9万亩，比上年增长1.2%。全年粮食总产量146.5万吨，比上年增加1.9万吨，增长1.3%，粮食平均亩产344公斤，与上年基本持平。全年园林水果、食用坚果产量分别为109.2万吨、20.7万吨。全年猪牛羊禽肉产量38.1万吨，增长2.1%。水产品养殖面积2.4万亩。"三大攻坚战"成果丰硕。脱贫攻坚成果进一步巩固，剩余4554名贫困人口实现稳定脱贫。继续强化易地扶贫搬迁后续扶持，全面建立防贫监测机制，顺利通过国家普查和国省考核。深化实施"蓝天、碧水、净土、环境安全"四大攻坚行动，启动实施800里滦河水质保护工程，建立密云水库上游潮河流域联建联防联治机制。基本淘汰35蒸吨及以下燃煤锅炉，完成钢铁、水泥行业超低排放改造和深度治理任务。持续强化矿山资源整合，大力推进清洁取暖，大气环境主要指标创近十年最好水平，市区空气质量达标天数为322天，占全年总天数的88%，比上年提高3.6个百分点；市区PM2.5浓度年均值为27微克每立方米，减少2微克；全市5个国家考核点位城市集中式饮用水源地水质达标率保持100%。全年完成营造林167.7万亩，村庄绿化1.1万亩，草地修复治理49万亩。坚决守住不发生系统性区域性风险底线，非法集资、互联网金融、政府债务、房地产遗留问题等一批风险点被依法有效化解，群众安全感评价指数继续保持全省第一。

【发展绿色主导产业】 坚持"特色化、集约集群化、现代化"方向，强化"五个一"机制，强力推进"五大工程"，实施重点产业项目136个。"21世纪避暑山庄"文化旅游产业园区荣获国家十大文化产业示范园区，金山岭长城晋升国家AAAAA级景区，丰宁七彩森林、山庄老酒文化产业园等4家景区晋升国家AAAA级，集中推出"避暑山庄之夜"等一批旅游精品项目。组建河北燕山钒钛产业技术研究院，建龙120万吨钒钛新材料升级改造项目建成投产、无缝钢管智能制造项目顺利推进。打造亚欧果仁杏仁苷粉、瑞泰山楂黄酮等一批精深加工项目，新增市级以上绿色食品龙头企业23家。与中国信通院、阿里巴巴集团等开展大数据领域战略合作，建设工业互联网、物联网应用等5个大数据创新应用智库，数据光纤与北京实现直联直通。承德百万千瓦风电基地二期项目加快建设，500千伏御金线高压输送项目取得实质性进展，新增清洁能源电力装机127万千瓦，136万千瓦风电项目实现并网发电。绿色主导产业加速向园区集聚，产业层级水平和质量效益大幅提升。

【交通物流事业】 全年公路客运量320.2万人，客运周转量32465.7万人公里；公路货运量4390.9万吨，货运周转量1151905.8万吨公里。全年建成各等级公路989千米，投资32.8亿元。全年完成隧道提质升级等大中型工程121项。全市县城20千米范围内的农村客运线路公交化运行率达到80%，40%的乡镇基本完成农村客运班线公交化改造。交通运输污染防治有力有序，市区新增及更换200台纯电动公交车，完成省市新增及更换新能源公交车比重85%以上目标。承德普宁机场2020年新开通航线1条，累计开通航线14条，通达15个城市，全年旅客吞吐量达32.6万人次。承平高速全面开工建设，京沈高铁承德段实现全线通车。全年实现快递业务总量1755.1万件，比上年增长36.7%；邮政业务总收入6.75亿元，增长22.3%；快递业务总收入4.27亿元，增长36.9%；年末全市有邮政局（所）226处，邮路总长度（单程）4615千米，增长7.5%。电信业务总收入（移动、联通、电信公司）23.3亿元，比上年增长4.5%。移动电话年末用户411.0万户，增长1.4%；互联网宽带接入用户111.1万户，增长22.5%。

【科教体育事业】 全市新增高新技术企业40家，科技型中小企业140家。围绕"3+3"主导产业和优势特色产业发展，组织实施市级以上科技计划项目131项，投入资金1.05亿元。引进省级创新团队5个，新增河北省科技型中小企业创新英才17人。科技创新服务载体建设取得显著进步，全年新增省级科技创新服务平台23个，新建市级技术创新平台8个，和合众创空间和滦平县泰融众创空间跃升为国家级众创空间。成功举办由省政府主办的承德国家可持续发展议程创新示范区建设推进大会，成立了承德市国家可持续发展促进服务中心，组建了创新示范区建设专家咨询委员会。启动实施"教育质量提升三年行动计划"，大力实施名师、名校长、名校领军团队工程，高考成绩实现历史性突破。完成河北承德塞罕坝国家冰上项目训练中心、7.5千米冬季两项赛道等6个项目建设，河北承德塞罕坝国家冰上项目训练中心荣获"中国钢结构金奖"和"北京市结构长城杯"金质奖。启动涵盖60余项冰雪赛事活动的"2020承德冰雪嘉年华"，共直接、间接吸引150万人参与冰雪运动。成功举办2020承德"体育消费季"暨"向抗疫英雄捐赠"活动，近20家体育企业自愿向援鄂医护人员及全市医护工作者捐赠价值约1500万元的"健身大礼包"。扎实开展全民健身普及工程，为127个行政村配发健身器材，实现全市所有行政村健身器材全覆盖。2020年新增二级运动员67人，社会体育指导员（二级）182人。全年开展群众体育活动100次，约150万人参与其中。在省及以上级比赛中共获得金牌39枚、银牌31枚、铜牌31枚。

【居民生活和社会保障】 为应对防疫常态化，加强公共卫生应急体系建设，建成核酸检测实验室35个，检测能力由每天150人份提高到3万人份以上。本年民生投入占财政支出达到80%以上。改造棚户区1380套、老旧小区259个，104个中心城区小区物业水平明显提升。全市居民人均可支配收入23223元，比上年增长6.4%。按常住地分，城镇居民人均可支配收入33918元，增长4.8%；农村居民人均可支配收入13190元，增长9%。年末全市城镇职工基本养老保险参保人数83.1万人，城乡居民社会养老保险参保人数179.2万人；城镇职工基本医疗保险参保人数48.2万人，城乡居民基本医疗保险参保人数289.9万人。工伤保险参保人数70.6万人；生育保险参保人数32.4万人；失业保险参保人数33.7万人。全年城镇新增就业人员46274人，高校毕业生就业率达到90%以上。就业困难家庭实现动态清零。全年城市居民最低生活保障人数1.8万人，农村居民最低生活保障人数18万人，农村低保年标准提高500元。年末养老机构103个，床位1.3万张；社会福利院1个，福利院床位220张；城市社区服务站195个，城市社区综合服务设施覆盖率达100%。

重要会议

【市政府常务会议】 1月14日，市长常丽虹主持召开市政府第十四届第四十六次常务会议，传达学习中央农村工作会议、全国扶贫开发工作会议和河北全省农村工作会议暨扶贫脱贫工作会议精神，研究部署承德市“三农”及脱贫攻坚等工作。会议研究并原则通过《承德市关于抓好“三农”领域重点工作确保如期实现全面小康的实施意见》。会议强调，要进一步修改完善《意见》，确保与中共中央国务院、省委、省政府决策部署相衔接，与市委十四届七次全会部署要求相衔接，与承德市《政府工作报告》和今年的民心工程民心实事相衔接。要充分发挥“承德山水”品牌优势，加快推进农业产业现代化、标准化、品牌化。会议还研究了其他事项。

1月17日，市长常丽虹主持召开市政府第十四届第四十七次常务会议，研究部署健康河北承德行动等事项。会议研究并原则通过《健康河北承德行动实施方案》。会议强调，要大力推广基层医疗卫生雨润工程、智慧分级诊疗等好经验好做法，让广大群众享受到更多的健康红利。要加大宣传引导力度，营造全社会关心支持、共建共享的良好氛围。会议还研究了其他事项。

2月5日，市长常丽虹主持召开市政府第十四届第四十八次常务会议，认真传达学习贯彻习近平总书记2月3日在中共中央政治局常务委员会会议上的重要讲话精神，研究承德市贯彻落实意见。会议还传达学习《河北省人民政府关于打好新型冠状病毒感染的肺炎疫情防控阻击战促进经济社会平稳健康发展的若干措施》，对承德市相关工作进行安排部署。会议研究并通过《承德市关于应对新型冠状病毒感染的肺炎疫情支持企业稳定经营持续发展的政策措施》。

2月15日，市长常丽虹主持召开市政府党组（扩大）会议暨市政府第十四届第四十九次常务会议，认真传达学习贯彻习近平总书记在中共中央政治局常务委员会会议上的重要讲话精神，研究承德市贯彻落实意见。会议还传达学习《河北省人民代表大会常务委员会关于依法全力做好新型冠状病毒肺炎疫情防控工作的决定》（以下简称《决定》），对承德市疫情防控和经济运行工作进行安排部署。会议听取当前承德市经济运行有关情况汇报，研究部署下一步工作。会议强调，要围绕全市“3+3”主导产业和县域“1+2”特色产业发展、省市重点项目建设、东西部扶贫协作等重点工作，积极主动作为，把疫情影响降到最低，确保高质量如期完成全面建成小康社会、“十三五”规划和脱贫攻坚三个收官之年各项目标任务。会议还研究了其他事项。

3月6日，市长常丽虹主持召开市政府第十四届第五十次常务会议，深入学习贯彻习近平总书记重要讲话精神，研究部署承德市疫情防控和经济社会发展重点工作。会议研究并原则通过《关于深入贯彻习近平总书记重要讲话精神统筹做好疫情防控和经济社会发展重点工作的实施方案》。会议听取当前全市经济运行情况汇报，研究部署下一步工作。会议强调，要有效对冲疫情对经济运行带来的影响，确保一季度开好局起好步，为高质量如期完成全面建成小康社会、“十三五”规划和脱贫攻坚三个收官之年各项目标任务奠定坚实基础。会议听取当前全市复工复产情况汇报，对下步工作进行安排部署。会议强调，要在毫不放松落实疫情防控各项要求的前提下，进一步加快安全有序复工复产，提高复工复产质量，鼓励企业恢复和扩大产能，助推企业在转型升级、平台创新、模式业态创新、产业链延伸等方面迈出更大步伐，实现平稳健康发展。要深入开展企业帮扶，强化企业包联，成立工作专班，摸清底数，逐一制定帮扶措施，开展“送政策、送项目、送资金上门”活动，全力支持企业稳定经营，为企业持续发展优化环境、创造条件。会议研究并原则通过《承德市关于进一步落实分区分级差异化防控管理具体措施的实施意见》《承德市2020年大气污染综合治理工作方案》《承德市2020年水污染防治工作方案》。会议还研究了其他事项。

3月13日，市长常丽虹主持召开市政府第十四届第五十一次常务会议，认真传达学习习近平总书记在中央决战决胜脱贫攻坚座谈会上的重要讲话精神，研究承德市贯彻落实意见。会议还传达学习省、市决战决胜脱贫攻坚暨春季农业生产工作会议精神，研究部署承德市脱贫攻坚、安全生产、“三创四建”等工作。会议听取关于疫情对脱贫攻坚影响及应对措施的汇报，研究部署下步工作。会议强调，当前正处于疫情防控最吃劲的关键时期，要高度关注疫情对脱贫攻坚工作可能带来的影响，摸清底数，加强分析调度，积极安全有序推动扶贫车间、扶贫工厂复产复工，助推贫困人口持续稳定增收。要高度关注特困群体，做到精准摸底、精准建档立卡、精准施策帮扶，认真落实好兜底保障政策，坚持一户一策、分类施策，确保特困人口在特殊时期的正常生产生活秩序。要积极向上争取政策支持，进一步提升政策支持的精准性。要健全完善月对标、季对表、年对账机制，为打赢脱贫攻坚战提供强有力保障。要确保实现脱贫攻坚、全面小康圆满收官。会议听取全市安全生产工作情况汇报，安排部署下一步工作。会议研究并原则通过《承德市“三创四建”活动创新工作专项实施方案（2020年）》。会议强调，要用足用好国家可持续发展议程创新示范区这个平台，积极向上争取政策支持。要借势借力京津冀协同发展和京津对口帮扶承德的重大机遇，强化与京津的协同创新，推动京津更多的科研院所、高等院校与承德市开展合作。会议研究并原则通过《承德市关于激发市场活力推进大众创业培育经济发展新动能的实施方案》《承德市创建国家卫生城市推进方案》《2020年承德市创建国家卫生城市工作计划》《承德市2020年建设现代化经济体系实施方案》《承德市2020年建设城乡融合高质量发展体系实施方案》《承德市2020年建设一流营商环境体系实施方案》《承德市优化政府投资建设项目审批流程若干措施》《承德市优化民营投资建设项目审批流程若干措施》和《承德市内部审计工作实施办法（试行）》。会议还研究了其他事项。

3月24日，市长常丽虹主持召开市政府党组（扩大）会议暨市政府第十四届第五十二次常务会议，深入传达学习贯彻习近平总书记在中共中央政治局常务委员会会议上的重要讲话精神，研究贯彻落实意见。会议就承德市重点工作目标任务分解、民生工程、重点领域清理规范等工作进行安排部署。会议指出，要毫不放松抓紧抓实抓细各项防控工作，全面恢复正常生产生活秩序，促进企业安全有序复工复产。要加强经济运行调度，采取有力有效举措，努力把疫情影响降到最低。会议研究并原则通过了《2020年承德市政府重点工作目标任务分解方案》和《2020年承德市民生工程实施方案》。会议听取全市深入开展重点领域清理规范工作情况汇报。会议研究并原则通过了《承德国家可持续发展议程创新示范区2020年实施方案》。会议还研究了其他事项。

3月30日，市长常丽虹主持召开市政府第十四届第五十三次常务会议，认真传达学习贯彻习近平总书记在中央政治局会议上发表的重要讲话精神，研究部署承德市贯彻落实工作。会议指出，要站在确保完成“三个收官之年”各项目标任务的高度，统筹做好疫情防控和经济社会发展两手抓工作，确保一季度开好局起好步，为完成上半年和全年目标任务打下基础。要全面推进精准扶贫脱贫升级加力，强化特困群众兜底保障，坚决防止因疫致贫返贫，坚决打赢脱贫攻坚战。会议听取目前全市复工复产复市有关情况汇报，研究部署下步工作。会议强调，要大力开展企业帮扶，启动实施新一轮“走千企帮万家”行动，为企业持续发展优化环境、创造条件。要紧盯重大利好政策，抢抓机遇谋划包装实施一批重点项目，以全市项目集中开工为契机掀起项目建设高潮。要紧盯主要经济指标，力促经济社会平稳健康发展。会议研究并原则通过《承德市关于加快推动餐饮住宿服务业复工复业的若干措施》《承德市抗击疫情扩大旅游消费的若干措施》和《承德市关于应对疫情影响做好稳就业工作的若干政策措施》。会议研究并原则通过《关于贯彻落实〈改革和完善基本养老保险制度总体方案的若干措施〉的意见》。会议还研究了其他事项。

4月16日，市长常丽虹主持召开市政府第十四届第五十四次常务会议，研究部署脱贫攻坚、应急管理和洁净煤取暖等事项。会议学习《河北省突发事件应对条例》（以下简称《条例》）。会议强调，要认真总结承德市疫情防控探索出的好经验好办法，加快修订完善应急预案。要抢抓政策机遇，积极谋划包装项目，补齐应急防控基础设施短板。要突出安全生产、食品药品安全、森林草原防灭火、安全度汛等重点，全面排查整治各类风险隐患。要加强对《条例》的宣传解读，提升社会公众防灾避险意识和自救互救能力。会议听取了全市教育扶贫、健康扶贫、医疗保障扶贫、危房改造、饮水安全和兜底保障最新进展情况汇报，研究部署下一步工作。会议强调，要扎实做好疫情防控常态化下扶贫脱贫各项工作，紧盯“两不愁三保障”等重点，确保圆满、高质量完成好脱贫攻坚历史性任务。要聚焦突出问题，确保全面彻底、一体化整改到位。要加强精准扶贫和兜底保障，严防因疫情致贫返贫问题发生。会议研究并原则通过《承德市2020年采暖季洁净煤取暖工作实施方案》。会议还研究了其他事项。

5月12日，市长常丽虹主持召开市政府第十四届第五十五次常务会议，研究部署经济运行调度、“夜经济”发展和食品药品安全等事项。会议听取当前全市经济运行情况汇报，研究并原则通过了《关于进一步完善经济运行调度机制的意见》。会议研究并通过了《关于加快推进城市夜间经济发展的实施方案》。会议听取全市食品药品安全工作情况汇报，研究部署下一步工作。会议强调，要抓紧制定责任清单，建立健全网格化监管体系，确保广大群众舌尖上的安全。会议学习《优化营商环境条例》，听取全市易地扶贫搬迁后续扶持和光伏扶贫工作情况汇报，研究并原则通过《承德市服务企业发展若干措施》《承德市深化消防改革工作实施意见》和《承德市积极应对人口老龄化实施方案》。会议还研究了其他事项。

6月8日，市长常丽虹主持召开市政府第十四届第五十七次常务会议，认真传达学习贯彻全国两会精神，研究承德市贯彻落实意见。会议指出，要坚定坚决推动中共中央、国务院和省委、省政府决策部署在承德落地实施，做好常态化疫情防控各项工作，牢牢把握“六稳”“六保”着力点，坚定不移完成“双过半”和全年目标任务。要牢固树立以人民为中心的发展思想，高质量打赢脱贫攻坚收官战，大力推进“两区”建设，千方百计稳定和扩大就业，尽心竭力保障和改善民生，确保完成决战决胜脱贫攻坚目标任务，全面建成小康社会。会议研究并原则通过《调整承德市安全生产委员会成员并设立15个安全生产专业委员会的方案》和《承德市安全生产监管责任清单》。会议研究并原则通过《承德市矿山综合治理攻坚行动方案》。会议研究并原则通过《承德市快递市场管理条例》。会议还研究了其他事项。

6月22日，市长常丽虹主持召开市政府第十四届第五十八次常务会议，研究部署加强野生动物市场监管、全国文明城市创建和“后备箱经济”发展等事项。会议传达学习全国人大常务委员会《关于全面禁止非法野生动物交易、革除滥食野生动物陋习、切实保障人民群众生命安全的决定》。会议听取全市上半年争创全国文明城市工作情况汇报。会议强调，要加大工作力度，突出城市环境秩序、集贸市场管理、交通秩序和窗口行业创建等重点区域部位和重点领域，在细节管控、健全完善长效机制和加强执法监管上下更大功夫，不断提升广大群众和游客的获得感和满意度。会议研究并原则通过《承德市加快推进“后备箱经济”发展的实施意见》。会议研究并原则通过《承德市开展“三包四帮六保五到位”活动落实方案》《承德市加强和改进新时代残疾人工作的实施意见》《承德市设立企业纾困基金的指导意见（讨论稿）》，研究调度扫黑除恶专项斗争、信访和综治维稳等工作。会议还研究了其他事项。

7月6日，市长常丽虹主持召开市政府第十四届第五十九次常务会议，研究部署脱贫攻坚、防汛等事项。会议深入学习贯彻习近平总书记关于扶贫工作的重要论述，传达学习全省扶贫开发和脱贫工作领导小组（扩大）会议精神，研究承德市贯彻落实意见。会议强调，要超前做细做实普查业务培训、数据审核等各项工作，提炼总结承德特色亮点，高标准高质量完成好普查工作。要进一步提升产业扶贫质量，在扩大产业扶贫覆盖面上下功夫，吸引更多农村百姓参与到“夜经济”和“后备箱经济”建设中来，充分发挥“承德山水”和“承德好礼”两大品牌带动效应，实现更多农村人口持续稳定增收；在提升产业带动力上下功夫，积极抢抓政策机遇，推动线上线下营销企业、龙头企业和合作社紧密对接，带动更多贫困群众在家门口实现就业、创业；在完善扶贫利益联结机制上下功夫，强化项目管理，严格程序审批，降低产业扶贫风险，保障贫困群众稳定脱贫、持续增收。会议学习《中华人民共和国土地管理法》。会议听取全市防汛工作情况汇报，研究部署防汛工作。会议审议并通过《承德市人民政府规章制定办法（草案）》。会议还研究了其他事项。

8月4日，市长常丽虹主持召开市政府第十四届第六十次常务会议，深入学习贯彻习近平总书记重要讲话、重要指示精神，研究部署防汛、禁毒、经济运行等工作。会议认真传达学习习近平总书记关于防汛工作重要指示，听取承德市防汛工作情况汇报，研究部署防汛工作。会议认真传达学习习近平总书记关于禁毒工作重要指示，听取承德市禁毒工作情况汇报，研究部署下一步工作。会议强调，坚持厉行禁毒的方针，提高对毒品的治理和打击能力，深入推进无毒城市建设，确保全国首批禁毒示范城市创建成功。会议听取全市上半年经济工作完成情况和下半年工作安排。会议强调，要确保完成全年目标任务。会议学习《中华人民共和国民法典》，听取全市就业扶贫工作开展情况汇报，研究并原则通过《承德市生态环境保护委员会工作规则》，听取省委省政府第六生态环境保护督察组进驻承德市以来督察检查情况，安排部署相关工作。

8月14日，市长常丽虹主持召开市政府第十四届第六十一次常务会议，研究部署土壤污染防治、国家可持续发展议程创新示范区建设和社区治理等事项。会议学习了《中华人民共和国土壤污染防治法》，对持续深入抓好贯彻实施和土壤污染防治工作进行研究调度。会议强调，要聚焦农用地、建设用地两大重点，着力做好土壤污染详查调查、农用地分类管理、严格准入管理、整治农业面源污染、重金属行业企业减排等重点工作，进一步提高依法治理能力水平。要认真查摆问题，加快补短板强弱项，健全长效机制，推动承德市土壤污染防治、土壤修复和安全利用等工作取得新成效。会议审议并原则通过《加快推进承德国家可持续发展议程创新示范区建设的若干政策措施》。会议研究并原则通过《理顺物业管理体制机制加强新时代城市社区治理的实施方案》。会议审议并原则通过《承德市武烈河流域水环境保护条例（草案）》和《承德市居家和社区养老服务改革试点实施方案》。会议还研究了其他事项。

9月18日，市长常丽虹主持召开市政府第十四届第六十二次常务会议，研究部署安全生产、消费扶贫、经济运行等事项。会议学习《中华人民共和国民法典》第一编总则。会议研究并原则通过《承德市安全生产目标管理考核办法》。会议听取全市消费扶贫推进情况汇报，研究并原则通过《承德市全面推动消费扶贫行动暨2020年消费扶贫月活动的方案》。会议听取承德市1—8月份经济运行情况，并安排部署下一步工作。会议强调，要持续深化各项机制措施，加强经济运行调度，突出项目投资、扩大消费、企业帮扶、政策争取、民生保障、重大风险防范、营商环境改善以及“十四五”规划编制等重点工作。会议还研究部署全市信访和综治维稳工作。研究并原则通过《承德市构建现代环境治理体系的实施方案》《承德市深化要素市场化配置改革的实施方案》《承德市进一步做好无证无照经营查处工作的实施意见》。

10月29日，市长常丽虹主持召开市政府第十四届第六十四次常务会议，研究部署经济运行、金融扶贫、交通运输安全专项整治等事项。会议听取今年以来经济运行情况汇报，安排部署后两个月经济工作。会议强调，要聚焦重点区域、重点行业领域集中发力、抢抓进度。要抓好省、市民生工程扫尾，确保如期兑现民生承诺。会议听取全市金融扶贫工作开展情况汇报。会议强调，要坚决打好扶贫小额信贷“百日会战”攻坚战，进一步促进扶贫小额信贷增量提升。要强化信贷风险防控，有效防范和控制各类贷款风险。要加大督导考核力度，确保金融扶贫整体成效，确保在国家脱贫攻坚成效考核中进入“好”的行列。会议听取全市交通运输（民航、铁路、邮政、水上）安全专项整治三年行动开展情况汇报。会议强调，要按照“无缝隙、零死角、全覆盖”要求，对重点环节、关键部位开展常态化隐患排查，及时发现问题，坚决彻底整改到位。会议学习《中华人民共和国民法典》第二篇物权，研究并原则通过《深化医疗保障制度改革的实施意见》《全面加强新时代大中小学劳动教育的若干措施》。会议还研究了其他事项。

11月16日，市长常丽虹主持召开市政府第十四届第六十五次常务会议，研究部署经济运行、脱贫攻坚、食品药品安全等事项。会议传达学习省经济运行调度会议精神，安排部署下一步工作。会议强调，要全力以赴保目标、保位次，确保实现“三个圆满收官”。要抓项目会商会诊，进一步落实“两线四牵引”工作法，及时发现并解决项目推进中存在的突出问题，形成更多实物工作量。要抓项目和企业包联，落实包联责任，落细帮扶举措，加快推进政府工作服务站和政府服务代表实现中小微企业全覆盖。会议听取关于剩余贫困人口脱贫和巩固提升情况的汇报。会议听取全市食品药品安全工作情况汇报，研究下一步工作。会议学习了《民法典》合同编，听取全市燃气安全专项整治三年行动开展情况汇报，研究并原则通过《市直有关部门生态环境保护责任清单》《承德市出租汽车行业突发事件应急预案》《承德市“一码通”改革实施方案》。会议还研究了其他事项。

12月3日，市长常丽虹主持召开市政府第十四届第六十六次常务会议，研究部署经济运行、脱贫攻坚成效考核和未成年人思想道德建设等事项。会议传达学习河北省政府关于全力以赴完成全年目标任务、实现“三个圆满收官”的通知精神，研究承德市贯彻落实意见。会议强调，要聚焦中央和省、市重点任务全面展开“回头看”，对照国务院第七次大督查、“6+1”联动监督、经责审计、环保督查、扶贫成效考核等发现指出的问题，认真梳理分析，加强督导督查，确保全面高质量整改到位。要咬定目标狠抓经济运行调度，确保圆满完成各项目标任务。会议听取承德市关于做好全省脱贫攻坚成效考核反馈问题整改及国考准备工作情况汇报，研究部署下一步工作。会议强调，要坚决克服松懈麻痹和侥幸心理，围绕高质量通过国考这一目标，聚焦省考反馈问题，举一反三，全面查漏补缺，确保全部问题都高标准高质量整改落实到位，确保在国家脱贫攻坚成效考核中取得好成绩。会议听取全市未成年人思想道德建设工作情况汇报，安排部署下一步工作。会议学习了《中华人民共和国民法典》第四编人格权，听取全市消防安全专项整治三年行动开展情况、全市信访和综治维稳工作情况、全市争创全国文明城市工作情况汇报，研究并原则通过《承德市消防车通道管理办法》《承德市市政消火栓管理办法》。会议还研究了其他事项。

【市政府全体会议】 4月17日，承德市政府召开第十四届第四次全体会议。市长常丽虹出席会议并讲话。市领导李晋宇、吴清海、何军、张华、郭士刚、刘宏伟、宁金龙、崔万峰出席会议，李晋宇主持。常丽虹强调，要全力做好常态化新形势下一手抓疫情防控、一手抓经济社会发展各项工作，确保如期实现“三个圆满收官”(决战脱贫攻坚、决胜全面建成小康社会和“十三五”规划目标任务)。要在思想上、工作措施上、责任落实上保持和适应常态化，坚持防控体系全覆盖，坚持重点人员检测管理全覆盖，坚持防控措施严格落实到位；经济运行要精准调度，稳住基本盘。复工复产要提质提效，实施“暖企助企”行动，推动企业达产达效。项目建设要加快进度，强化争列储备，全力增投资。消费需求要积极培育，扩大消费和培育新消费并重，增强拉动力。新兴产业要抓住机遇，坚持规划带动、创新驱动、示范推动，积蓄新动能。重大民生要全力保障，打好脱贫攻坚收官战，保障就业和群众正常生产生活，办好惠民利民实事，提升获得感。生态建设要升级加力，打好碧水、蓝天、净土、环境安全“四大保卫战”，树牢新标尺。改革开放要创新思维，持续深化重点领域改革，推动外贸稳中提质，力促更多大项目好项目落户承德，激活动力源。风险防范要未雨绸缪，打好主动仗。市政府秘书长杨玉甫，市直部门主要负责同志在主会场参会。各县（市、区）设分会场。

【市政府廉政工作会议】 8月26日，承德市政府召开第十四届第四次廉政工作会议。市长常丽虹出席会议并讲话。市委常委、市纪委书记、市监委主任武力斌应邀出席会议，市领导李晋宇、张华、郭士刚、刘宏伟、宁金龙、崔万峰、陆文龙出席会议，李晋宇主持会议。会上，市财政局、市自然资源和规划局、宽城满族自治县作发言。市政府秘书长杨玉甫，市政府副秘书长，市政府组成部门、直属机构、部门管理机构、中省直驻承有关单位主要负责同志参加会议。市纪委监委、市委办公室、市人大常委会办公室、市政协办公室、市委有关部门、市法院、市检察院、承德军分区、市有关人民团体负责同志应邀参加会议。各县（市、区）、承德高新区、御道口牧场管理区设分会场。

【全市经济发展类会议】 1月3日，市长常丽虹主持召开座谈会，听取部分国有企业、民营企业代表对《政府工作报告（征求意见稿）》的意见建议。副市长崔万峰出席会议。市直相关部门主要负责同志参加会议。

同日，市长常丽虹主持召开会议，听取金融单位对《政府工作报告（征求意见稿）》的意见建议。副市长崔万峰参加会议。市政府秘书长杨玉甫，市人行、承德银保监分局、市地方金融监管局和有关金融机构负责同志参加会议。

1月18日，承德全市民营企业座谈会召开，河北省人大常委会副主任、市委书记周仲明出席会议并讲话。市委副书记、市长常丽虹主持会议。市领导韩福才、崔万峰、信祥、董旭明出席会议。会上，部分企业代表进行发言，与会领导、市直部门负责人与民营企业家进行交流。市委办、市政府办、市直有关部门负责同志及部分民营企业负责同志参加会议。

2月14日，市长常丽虹主持召开承德市企业家视频办公会。副市长崔万峰出席会议。崔万峰就做好疫情防控和企业复工复产工作讲了具体意见。市政府秘书长杨玉甫，市直有关部门主要负责同志参加会议。河钢集团承钢公司、建龙特殊钢有限公司、颈复康药业集团有限公司、苏垦银河连杆有限公司、露露股份有限公司、双百购物广场、升华压力容器制造有限责任公司主要负责同志在视频分会场参加会议。

2月18日，承德市召开大数据产业发展调度会议，省人大常委会副主任、市委书记周仲明主持会议并讲话。副市长崔万峰、市委秘书长傅海旺出席会议。会议听取了承德市大数据产业发展情况汇报，各有关部门围绕产业发展现状、工作推进情况、存在短板和不足、下一步思路和举措等进行了发言。

3月2日，承德市召开钒钛新材料及制品产业发展调度会议，省人大常委会副主任、市委书记周仲明主持会议并讲话。市委常委、常务副市长李晋宇，市委秘书长傅海旺出席会议。会议听取承德市钒钛新材料及制品产业发展情况汇报，市发改委、市钒钛办、双滦区、营子区主要负责同志及河钢承钢、承德建龙、天大钒业、河北钒钛研究院负责同志围绕产业发展现状、工作推进情况及下一步思路举措等进行了发言。

3月9日，承德市政府召开复工复产和清理拖欠民营企业账款视频会议。会议听取各县(市、区）两项工作进展情况的汇报，研究部署下一步工作。市委常委、常务副市长李晋宇，副市长崔万峰出席会议并讲话。会议强调，要盯住复工复产人财物、产供销和上下游的问题，强化服务保障，切实为企业解决难题。会议要求，要进一步做好清理拖欠民营企业账款工作。要在全市组织一次“回头看”工作，突出问题导向，落实资金保障，强化约束机制，坚持标本兼治，加强制度建设。要充分做好迎检准备工作，依照清偿目标要求抓好清欠工作。

3月18日，承德市召开特色装备制造产业推进调度会议，省人大常委会副主任、市委书记周仲明主持会议并讲话。市委副书记、市长常丽虹讲话。市领导李晋宇、崔万峰，市委秘书长傅海旺出席并讲意见。会议听取承德市特色装备制造产业发展情况汇报，行业专家及相关企业负责人围绕产业发展现状、科技研发、产学合作等进行了发言。承德高新区、承德县、平泉市、兴隆县、丰宁满族自治县汇报本县特色装备制造产业发展情况、工作推进情况及需要解决的问题。市直有关部门负责同志先后发言。会议强调，要突出强化“专、精、特、新、优”，走专精特道路。要突出强化集群发展、融合发展，支持产业走集群化道路，强化产业上下游链条式发展，逐步提高产业协作水平和配套能力。要强化创新发展，加快数字化、智能化改造升级，加强科技创新、平台创新、人才创新。要突出强化开放合作，推动工业服务体系建设。要继续加大项目谋划包装和储备力度，确保项目早落地早达效。要突出强化服务，营造优质服务环境。市政府秘书长，相关市直部门、县（市、区)、企业负责同志及相关专家参加会议。

4月27日，市委副书记、市长常丽虹主持召开推动“后备箱经济”发展工作座谈会议。市领导吴清海、崔万峰出席会议并讲意见。会议听取了承德市发展“后备箱经济”总体谋划和相关工作安排，企业代表、相关县（市、区）及市直相关部门负责同志分别发言。

5月15日，市长常丽虹主持召开推进“夜经济”工作调度会议，听取双桥区“夜经济”项目规划汇报，对启动落实工作进行安排部署。市委常委、常务副市长李晋宇，副市长刘宏伟出席会议。市政府秘书长杨玉甫，市直相关部门主要负责同志，双桥区政府负责同志参加会议。

5月26日，承德全市企业发展座谈会召开。省人大常委会副主任、市委书记周仲明主持会议并讲话。市领导李晋宇、崔万峰、董旭明出席会议并讲意见。全市企业家代表围绕常态化疫情防控形势下，企业发展现状、复工达产、惠企政策落实、提质增效措施以及当前需要解决的问题分别发言。

6月4日，承德市召开全市银行业金融机构工作座谈会，总结今年特别是新冠肺炎疫情以来银行业金融机构抗疫情促发展工作，深入推进“六稳”“六保”要求落实，进一步提升金融服务实体经济质效，全力助推“双过半”任务完成，为夺取双胜利和实现“三个全面收官”目标提供金融保障。副市长张华出席。市地方金融监管局、市人行、承德银保监分局主要负责人和全市12家银行业金融机构主要负责人参加座谈。

7月7日，承德市召开“承德办事一次成”改革暨政务服务标准化建设现场会。会上，与会人员参观了市政务服务中心，现场观摩不动产交易登记、行政审批、公共资源交易等工作运行情况，并观看了“承德办事一次成”改革汇报视频，市行政审批局、市自然资源和规划局、双滦区、平泉市、隆化县做交流发言。市委常委、常务副市长李晋宇出席会议并讲话。市人大常委会副主任丁然、市政协副主席王利华出席会议。

8月6日，承德全市政银企工作座谈会召开。省人大常委会副主任、市委书记周仲明主持会议并讲话。市长常丽虹出席并讲话。市领导李晋宇、张华、崔万峰，市委秘书长傅海旺出席会议并讲意见。

8月11日，市长常丽虹主持召开市政府服务企业工作座谈会。副市长崔万峰出席会议。会议听取政府工作服务代表派驻及工作开展情况汇报，与会政府工作服务代表和企业代表就如何更加精准高效服务企业进行深入交流。会前，常丽虹一行赴承德电智尚节能科技有限公司、承德天大钒业有限责任公司和市企业发展服务中心进行调研。市行政审批局、市税务局、市企业发展服务中心主要负责人，部分政府工作服务代表和企业代表参加会议。

8月12日，承德临空经济区开发建设调度会议召开。省人大常委会副主任、市委书记周仲明主持会议并讲话。市委副书记、市长常丽虹出席会议并讲话。市领导李晋宇、郭士刚、刘宏伟、李建华，市委秘书长傅海旺出席会议并讲意见。会议听取临空经济区总体规划、临空经济西区概念性规划和起步区修建性详细规划方案汇报，听取当前开发建设及重点项目选址建设情况汇报，听取市中心医院、承德护理职业学院临空经济西区院区建设工作推进情况汇报。会议强调，要全力打造京承医疗健康城，进一步完善规划，明确功能定位，突出医学、医疗、医养需求，打造养病、养老、养生品牌；留足产业空间、商业空间和学研空间，确保区域拓展和服务配套，要强化布局、引进，充分利用“互联网＋医疗”远程服务和康养平台建设，引进大企业、大项目落户临空经济区。

8月31日，承德市召开行政事业单位国资管理体制改革有关事宜调度会。省人大常委会副主任、市委书记周仲明主持会议并讲话，市委副书记、市长常丽虹出席会议并讲话，市委常委、常务副市长李晋宇，市委秘书长傅海旺出席会议。会议听取市直行政事业单位国有资产情况汇报和国有企业情况汇报。与会市领导讲意见，参会单位发言。会议强调，要摸清底数，进一步做好数据汇总、梳理、核对，切实做到国有资产底数明、所属企业家底清。要加快划转步伐，按照“分批实施”实施原则，坚持一事一议、一企一策，先易后难，逐步推进国有企业划转，确保能划则划、应转尽转。要制定行政事业单位国有资产管理体制改革工作方案，确保前期工作有序有力推进。市政府办公室、市财政局、市国资委、市国控集团主要负责同志参加会议。

9月25日，承德全市政府服务企业工作现场会议在隆化县召开。河北省政府服务管理办公室党组书记、主任李博，市长常丽虹出席会议并讲话。市领导崔万峰、陆文龙出席会议。与会人员先后到泰山石膏承德有限公司、隆化幽谷农业科技有限公司进行实地观摩。会上听取隆化、丰宁、市税务局、隆化县企业发展服务中心及隆化县政府服务代表典型发言，宣读市编办《关于成立县级企业发展服务中心的通知》，李博、常丽虹、陆文龙为隆化县企业发展服务中心揭牌。市政府秘书长杨玉甫，各县（市、区）政府、高新区管委会、御道口牧场管理区管委会及市直相关部门负责同志参加会议。

10月23日，在集中收听收看河北全省经济工作暨稳定工作会议后，衔接召开承德全市经济工作暨安全稳定工作会议。省人大常委会副主任、市委书记周仲明出席会议并讲话。市委副书记、市长常丽虹主持会议。市领导苏铁成、刘宏伟，市委秘书长傅海旺出席会议。会议强调，要持续深化企业精准帮扶，确保优势企业开足马力、以增补欠，重点企业全面达产达效，困难企业增产增收。要持续用力推动重点项目建设，尽快形成更多实物量和投资规模。抓紧谋划一批特色产业项目、重大基础设施项目、涉农加工项目，加快对接，确保更多项目列入国家和省规划。要持续促进消费拉动，努力扩大秋冬季旅游市场，大力发展“夜经济”和“后备箱经济”，提升线上线下消费，推动消费扩容提质。

10月26日，承德市召开“十四五”规划编制和二〇三五年远景目标谋划情况调度会。会议听取全市“十四五”规划建议、规划编制起草和二〇三五年远景目标情况汇报，进一步安排部署“十四五”规划编制工作。省人大常委会副主任、市委书记周仲明主持会议并讲话，市长常丽虹讲话。市领导韩福才、刘文勤、崔万峰，市委秘书长傅海旺出席会议并分别讲具体意见。会议强调，要立足“两区”建设、京津冀协同发展、高铁时代等重大战略机遇，紧密结合承德实际，科学谋划好宏伟发展蓝图。要积极借鉴“十三五”规划编制的经验，分析当前态势，把握时下发展规律，衔接国家与省的各项战略部署，精心组织编制，争取更多支持，谋求更大发展。要充分认识和把握“十四五”规划编制体系，把全市的发展重点、产业布局、重大项目纳入国、省战略，真正以项目的质和量体现编制成效。要坚持多规合一和规划衔接，注重规划、产业、项目的持续性和连贯性。要开门搞编制，深入调查研究，多方听取意见，特别是重大工程、重大项目、重大政策，要深入交流、群策群力、反复比较，下大力气做好规划编制工作。

11月22日，承德全市“深入学习贯彻党的十九届五中全会精神，共谋高铁时代高质量发展”专题研讨班开班。省人大常委会副主任、市委宣讲团团长、市委书记周仲明出席开班典礼，并作党的十九届五中全会、省委九届十一次全会和市委十四届八次全会精神宣讲报告。市委宣讲团副团长、市委副书记、市长常丽虹主持。市委、市政府领导班子成员，市委秘书长、市法院院长、市检察院检察长，市人大常委会、市政府、市政协秘书长，市直各单位、各人民团体、市属企事业单位主要负责同志等参加开班仪式并聆听宣讲。

12月10日，承德市集中收听收看全省民营经济发展大会后衔接召开承德市会议。省人大常委会副主任、市委书记周仲明出席会议并讲话。市委副书记、市长常丽虹主持，市领导韩福才、刘文勤、吴清海出席。

【全市疫情防控类会议】 1月29日，承德市集中收听收看河北全省新型冠状病毒感染的肺炎疫情防控工作电视电话会议后，衔接召开承德市会议。省人大常委会副主任、市委书记周仲明出席会议并讲话。市领导常丽虹、武力斌、李晋宇、刘新宇、苏铁成、杨春武、郭上刚、刘宏伟、宁金龙、崔万峰，市委秘书长傅海旺出席会议。各县（市、区）、承德高新区、御道口牧场管理区设分会场。

2月3日，承德市集中收听收看全省新型冠状病毒感染的肺炎疫情防控工作电视电话会议后，为认真贯彻落实省会议精神，衔接召开承德市电视电话会议，并严格控制会议时间和单元会场人数。省人大常委会副主任、市委书记、市新型冠状病毒感染的肺炎疫情防控工作领导小组组长周仲明出席并讲话。市委副书记、市长、市新型冠状病毒感染的肺炎疫情防控工作领导小组组长常丽虹主持会议。市领导刘文勤、安国富、武力斌、李晋宇、刘新宇、吴清海、苏铁成、杨培苏、杨春武、郭士刚、刘宏伟、崔万峰，市委秘书长傅海旺出席会议。市检察院检察长，市政府秘书长，市直有关单位负责同志在主会场参加会议。各县（市、区）、承德高新区、御道口牧场管理区，县（市、区）直单位和各乡镇街道设分会场。

2月7日，承德全市新型冠状病毒感染的肺炎疫情防控工作调度会议召开，听取各县（市、区）疫情防控工作的汇报。省人大常委会副主任、市委书记、市新型冠状病毒感染的肺炎疫情防控工作领导小组组长周仲明出席并讲话。市委副书记、市长、市新型冠状病毒感染的肺炎疫情防控工作领导小组组长常丽虹主持会议。省第二督查组组长李忠，省第二工作指导组组长连易水出席会议。市领导安国富、武力斌、李晋宇、杨春武、刘宏伟、宁金龙、崔万峰，市委秘书长傅海旺出席会议。市政府秘书长，市直有关单位负责同志在主会场参加会议。各县（市、区）、承德高新区、御道口牧场管理区设分会场。

2月9日，承德市召开全市新冠肺炎疫情防控工作视频调度会，对疫情防控工作进行安排部署。省人大常委会副主任、市委书记、承德市新冠肺炎疫情防控工作领导小组组长周仲明主持会议并讲话。市委副书记、市长、市新冠肺炎疫情防控工作领导小组组长常丽虹传达全省视频调度会议精神并讲话。副市长郭士刚，市委秘书长傅海旺，市政府秘书长，市疫情防控各专项工作组相关人员在主会场参加会议。

2月11日，承德市新冠肺炎疫情防控工作领导小组召开会议。省人大常委会副主任、市委书记、市新冠肺炎疫情防控工作领导小组组长周仲明主持会议并讲话。市委副书记、市长、市新冠肺炎疫情防控工作领导小组组长常丽虹，省第二指导组组长连易水出席会议。会议传达学习习近平总书记在北京市调研指导新冠肺炎疫情防控工作指示精神和2月10日晚全省疫情防控工作视频调度会议精神，研究承德市贯彻落实意见。听取物资保障等疫情防控工作汇报。市领导讲意见并安排部署下一步工作。市领导安国富、武力斌、李晋宇、刘新宇、吴清海、苏铁成、杨培苏、杨春武、郭士刚、刘宏伟、宁金龙、崔万峰，市委秘书长傅海旺出席会议。市政府秘书长，市直有关部门负责同志参加会议。

2月14日，承德市召开统筹新冠肺炎疫情防控和经济社会发展调度会议。省人大常委会副主任、市委书记周仲明主持并讲话，市委副书记、市长常丽虹出席并讲话。省第二指导组组长连易水，市领导安国富、武力斌、李晋宇、刘新宇、吴清海、苏铁成、杨培苏、杨春武、郭士刚、刘宏伟、宁金龙、崔万峰，市委秘书长傅海旺出席会议。会议听取双桥、双滦、丰宁、宽城、兴隆等区县关于疫情防控工作和经济运行情况的汇报。省第二督查组相关同志，市政府秘书长，市直有关单位负责同志在市主会场参加会议。各县（市、区），承德高新区设分会场。

2月19日，承德市新冠肺炎疫情防控工作领导小组召开疫情防控工作视频调度会议。市长、市疫情防控工作领导小组组长常丽虹主持会议并讲话。市领导郭士刚、崔万峰出席会议。会议听取了各县（市、区）、承德高新区、御道口牧场管理区关于疫情防控和有序复工复产工作的汇报。市政府秘书长杨玉甫，市直相关部门主要负责同志在主会场参加会议。各县（市、区）政府、承德高新区管委会、御道口牧场管理区管委会设分会场。

2月25日，承德市集中收听收看河北全省统筹推进新冠肺炎疫情防控和经济社会发展工作动员部署会议后，衔接召开承德市会议。市委副书记、市长常丽虹主持。市人大常委会主任韩福才、市政协主席刘文勤、省第二督查组组长王忠、市委副书记安国富，市领导武力斌、李晋宇、刘新宇、吴清海、苏铁成、杨培苏、杨春武、郭士刚、刘宏伟、宁金龙、崔万峰，市委秘书长傅海旺出席会议。市政府秘书长，市直有关部门负责同志在主会场参加会议。各县（市、区）、承德高新区、御道口牧场管理区设分会场。

3月23日，市委副书记、市长常丽虹主持召开企业复工复产复市和入境人员管控调度会议。市领导李晋宇、杨春武、宁金龙、崔万峰出席会议。会议听取了工业、商贸流通、餐饮、宾馆住宿企业复工复产复市情况和健康码推广、入境人员服务管控情况汇报。市政府秘书长杨玉甫，市直相关部门主要负责同志参加会议。

4月22日，承德市集中收听收看河北全省常态化疫情防控和经济工作推进会议后，衔接召开承德市会议。省人大常委会副主任、市委书记周仲明出席会议。市委副书记、市长常丽虹主持会议，市人大常委会主任韩福才、市政协主席刘文勤、市委副书记安国富在主会场出席会议。市委常委，市政府副市长，市委秘书长，市政府秘书长，市直有关部门主要负责同志在主会场参加会议。各县（市、区）、承德高新区、御道口牧场管理区设分会场。

6月13日，承德市召开新冠肺炎疫情防控工作领导小组会议，听取北京新发地市场发现疫情后承德市防范应对及市场供应有关情况，分析研判当前形势，安排部署应对工作。省人大常委会副主任、市委书记、市新冠肺炎疫情防控工作领导小组组长周仲明主持会议。市委副书记、市长、市新冠肺炎疫情防控工作领导小组组长常丽虹出席会议。市领导郭士刚、崔万峰，市委秘书长傅海旺参加会议。市政府秘书长，市委办、市政府办相关负责同志，市卫健委、市农业农村局、市商务局、市市场监督管理局、市供销社、市交通运输局、市公安局等相关部门负责人参加会议。

12月21日，承德市新冠肺炎疫情防控工作领导小组召开会议，认真学习贯彻习近平总书记重要讲话重要指示精神，全面落实省应对新冠肺炎疫情工作领导小组会议精神，对全市常态化疫情防控工作进行再部署、再动员。市长、市新冠肺炎疫情防控工作领导小组组长常丽虹出席会议并讲话，副市长郭士刚主持会议。会议以视频形式召开，市直相关部门主要负责同志在主会场参加会议，各县（市、区）、承德高新区、御道口牧场管理区设分会场。

12月29日，省人大常委会副主任、市委书记、市新冠肺炎疫情防控工作领导小组组长周仲明主持召开全市元旦、春节和省、市“两会”期间新冠肺炎疫情防控及疫苗接种工作调度会议，对相关工作进行安排部署。市委副书记、市长、市新冠肺炎疫情防控工作领导小组组长常丽虹讲话。副市长郭士刚出席会议。市疫情防控工作领导小组办公室副主任，市直有关单位主要负责同志，各县（市、区）党委和政府，承德高新区、御道口牧场管理区党工委和管委会主要负责同志参加会议。

【全市农业农村类会议】 1月20日，承德市召开全市农村工作会议暨扶贫脱贫工作会议，全面总结去年工作，安排部署今年任务。省人大常委会副主任、市委书记周仲明出席会议并讲话。市领导韩福才、刘文勤、安国富、李晋宇、吴清海、刘众民出席会议。安国富主持会议。会上，平泉市、围场满族蒙古族自治县、兴隆县、隆化县、市扶贫办分别就农业农村高质量发展、农产品区域公用品牌打造、人居环境整治、乡村振兴、扶贫脱贫工作等方面作典型发言。其他县区就相关工作作了书面交流。各县（市、区）、自治县和承德高新区、御道口牧场管理区设分会场。

2月15日，河北省人大常委会副主任、中共承德市委书记周仲明主持召开“承德山水”农产品区域公用品牌建设、“承德山水”农产品集团有限公司运营、承德农产品冷链物流项目建设、承德塞罕坝生态开发集团有限公司组建四项重点工作调度会。市领导安国富、吴清海，市委秘书长傅海旺出席会议并讲意见，各有关部门汇报了工作进展情况。

3月9日，河北全省决战决胜脱贫攻坚暨春季农业生产工作电视电话会议结束后，承德市衔接召开全市决战决胜脱贫攻坚暨春季农业生产工作会议，省人大常委会副主任、市委书记周仲明出席会议并讲话。市委副书记、市长常丽虹主持会议。市领导韩福才、刘文勤、安国富、吴清海出席会议。

4月3日，承德市集中收听收看全省脱贫攻坚战成效考核和专项巡视“回头看”发现问题整改暨统筹疫情防控和经济社会发展推进会议后，衔接召开承德市会议。省人大常委会副主任、市委书记周仲明出席会议并讲话。市委副书记、市长常丽虹主持会议。市领导韩福才、刘文勤、安国富、吴清海、张华、郭士刚、宁金龙、崔万峰出席会议。市直有关部门负责人在主会场参加会议，各县（市、区）、承德高新区、御道口牧场管理区设分会。

4月13日，承德市召开绿色食品产业推进调度会议，河北省人大常委会副主任、中共承德市委书记周仲明主持会议并讲话。市领导常丽虹、安国富、李晋宇、吴清海，市委秘书长傅海旺出席会议并讲意见。会议听取承德市绿色食品产业发展情况汇报，市直有关部门、兴隆宽城两县及相关企业负责人作了发言，绿色食品产业特聘专家发表了意见建议。市政府秘书长，市直有关部门、兴隆及宽城两县主要负责同志参加会议。

4月21日，河北全省扶贫脱贫“千企帮千村”工作经验交流会后，承德市衔接召开“千企帮千村”工作推进会议。省人大常委会副主任、市委书记周仲明出席会议。市委常委、统战部部长主持会议，市领导崔万峰、董旭明，市委秘书长傅海旺出席会议。市直有关部门负责同志及民营企业代表在市主会场参加会议，各县（市、区）、承德高新区设分会场。

5月7日，承德市扶贫开发和脱贫工作领导小组会议召开。省人大常委会副主任、市委书记、市扶贫开发和脱贫工作领导小组组长周仲明主持会议并讲话。市委副书记、市长、市扶贫开发和脱贫工作领导小组组长常丽虹，市委副书记、市扶贫开发和脱贫工作领导小组第一副组长安国富，其他副组长李晋宇、刘新宇、吴清海、杨培苏、杨春武、张华、郭士刚、刘宏伟、傅海旺出席会议。市政府秘书长，市直有关部门负责同志在主会场参加会议。各县（市、区）、承德高新区、御道口牧场管理区设分会场。

5月25日，省人大常委会副主任、市委书记周仲明主持召开“承德山水”农产品区域公用品牌质量标准体系、产品追溯体系建设调度会议。市领导吴清海参加会议并讲意见。各有关部门汇报了“承德山水”农产品区域公用品牌质量标准体系、产品追溯体系建设工作进展情况。

5月28日—29日，承德全市农业产业扶贫暨重点项目集中开工观摩会议在隆化县召开。省农业农村厅副厅长刘振洲，市委副书记安国富，市委常委、市政府党组副书记、市政协党组副书记吴清海，市委常委、副市长杨春武，市委常委、副市长张华，副市长、隆化县委书记陆文龙出席活动。与会人员首先来到隆化县汤头沟镇红山子村，在这里举行隆化县壹号食品10万头生猪生态楼房养殖项目开工仪式，与会领导为项目开工奠基培土。随后，与会人员先后实地观摩了张三营镇管家营村人居环境整治废弃物循环利用项目、隆化县城食品药品园区“承德山水”全景农业展示平台和中央厨房精深加工项目、蓝旗镇蓝旗村天津百利无土栽培工厂化生产项目、荒地乡荒地村东西部协作标准化肉牛养殖项目、七家——茅荆坝“结构调整＋产业振兴一二三产融合发展”项目、茅荆坝乡“物联网＋休闲农业融合发展项目”。座谈会上，刘振洲做讲话，吴清海对当前“三农”工作面临的新形势进行了分析研判，并对下一步工作进行安排部署。市委办、市政府办、市农业农村局、市发改委、市扶贫办、市供销社、市农林科学院、市供销集团及各县（市、区）、承德高新区、御道口牧场管理区相关负责同志参加会议。

8月7日—8日，河北省品牌农业工作现场会在承德市召开。省委农办主任、省农业农村厅党组书记、厅长王国发出席并讲话，市长常丽虹出席并致辞，省农业农村厅副厅长苗冰松主持会议，市领导安国富、吴清海出席会议。与会人员还实地观摩"承德山水"农产品功能马铃薯栽培示范基地、承德宇航人高山植物应用技术有限责任公司、河北津垦猎苑农业发展有限责任公司肉羊饲养基地、拾莓有稻草莓产业园项目、两家乡万亩中药材和万寿菊基地、"承德山水"品牌全景农业展示平台、中央厨房精深加工项目、上板城冷链物流园区和"承德山水"展示展销中心。会上观看"承德山水"品牌专题片，听取承德市"承德山水"品牌建设情况汇报。邢台市、石家庄市、唐山市、鸡泽县作典型发言。北京志起未来咨询集团董事长李志起、福来品牌咨询集团董事长娄向鹏就品牌建设进行讲座。全省各市农业农村局主要负责同志和分管品牌农业负责同志，省农业农村厅相关处室主要负责同志，12个重点区域公共品牌所属县农业农村局主要负责同志参加会议。

8月27日，为做好承德全市易地扶贫搬迁工作，确保高质量完成全年目标任务，承德市召开易地扶贫搬迁工作推进会议，市委常委、常务副市长李晋宇出席会议并讲话。会议听取各县（市）政府易地扶贫搬迁工作汇报，总结分析了全市易地扶贫搬迁后续帮扶管理工作进展及存在的主要问题，安排部署了下半年易地扶贫搬迁重点工作。会议指出，全市易地扶贫搬迁"搬得出"的问题已经解决，各县（市）、各有关部门要重点抓好搬迁后续工作，确保今年全面收官。一要加快推进土地复垦复绿，年底完成任务。二要高度重视信访问题，对存在的信访隐患，及时化解。三要加强后续帮扶，持续推进搬迁人口产业就业帮扶，动态管理，防止返贫。四要不断完善安置社区管理工作，确保群众尽快融入新生活。各县（市）政府、市直有关部门负责同志参加会议。

9月28日，承德全市农业产业化重点项目观摩座谈会在滦平、丰宁举行。观摩团一行先后实地考察了两县9个项目，并召开座谈会。会议传达河北省农业特色产业暨乡村振兴工作推进会议精神，总结今年以来承德市农业农村工作经验，围绕打赢脱贫攻坚战、全面建成小康社会安排部署年底前工作，并重点分析"十四五"时期发展形势，力促全市农业农村工作起好步、开好局，实现高质量发展。市委常委、市政府党组副书记吴清海出席并讲话。座谈会上，各县（市、区）、承德高新区、御道口牧场管理区相关负责同志谈了观摩感想体会，滦平、丰宁两县作典型发言。市直相关部门负责同志参加观摩及座谈会。

10月9日，承德市扶贫开发和脱贫工作领导小组扩大会议召开。省人大常委会副主任、市委书记、市扶贫开发和脱贫工作领导小组组长周仲明主持会议并讲话。市委副书记、市长、市扶贫开发和脱贫工作领导小组组长常丽虹主持会议。市领导武力斌、吴清海、杨培苏、杨春武、何军、张华、丁然、方志勇、陆文龙、王利华、刘众民出席会议。会议强调，当前脱贫攻坚到了最后冲锋冲刺的重要时刻，要着力做好扶贫对象动态管理工作，着力巩固提升"三保障""一安全"成果，着力推动产业扶贫提质增效，着力抓好贫困劳动力稳岗就业，着力组织实施好消费扶贫，着力加强扶贫资金管理和使用，着力强化易地扶贫搬迁后续帮扶，着力做好防贫监测和帮扶机制建设，着力推动东西部扶贫协作和定点帮扶机制。会议通报当前脱贫攻坚工作中存在的问题及下一步工作安排。市直有关部门负责同志，各县（市、区）、承德高新区、御道口牧场管理区党政主要负责同志和分管负责同志参加会议。

10月11日，承德市收听收看河北全省产业扶贫工作视频现场会后，衔接召开承德市会议。省人大常委会副主任、市委书记周仲明出席会议并讲话，市委副书记、市长常丽虹主持会议。市直有关部门负责同志在市主会场参加会议。各县（市、区）、承德高新区、御道口牧场管理区设分会场。

【全市生态环境类会议】 3月10日，承德市召开清洁能源产业推进调度会议，省人大常委会副主任、市委书记周仲明主持会议并讲话。市委副书记、市长常丽虹讲话，市领导李晋宇、刘宏伟，市委秘书长傅海旺出席并讲意见。会议听取承德市清洁能源产业发展情况汇报，滦平、隆化、丰宁、围场四县和市直有关部门负责同志、相关清洁能源企业负责人围绕清洁能源产业发展、政策要求、存在问题及下一步工作思路进行交流发言。会议强调，要加快修订完善全市清洁能源产业发展规划。要突出重点，分类指导，适度发展风电，重点发展光电，深度挖掘水电，同步考虑氢能源等新能源产业；要推进产业规范性建设和市场化交易改革，强化清洁能源资源管理，引导龙头企业整合资源，做大做强。要着力研究政策，加快破解产业发展的瓶颈制约问题。要强化项目支持，围绕产业发展规划、上下游产业链条谋划包装项目、招商引资，促进产业聚集。引导企业技术创新，把产业发展与装备制造、高耗能企业降耗、微电网、区域电网、智能化应用结合起来，实现共建互促。要落实部门企业定期会商会诊机制，及时解决产业发展的实际问题。市政府秘书长及相关专家参加会议。

3月12日，承德市召开全市大气污染综合治理电视电话会议。市委副书记、市长常丽虹出席并讲话。省第二环境监察专员办专员赵振兴出席并讲话，副市长崔万峰主持会议。崔万峰总结2019年全市大气污染防治工作取得的成绩，对今年工作进行安排部署。会上印发《承德市2020年大气污染防治综合治理攻坚行动方案》，滦平县作经验交流，双桥区、围场满族蒙古族自治县作约谈表态发言，双滦区、高新区、承德县作表态发言。市政府秘书长杨玉甫，市直相关部门主要负责同志在主会场参加会议。各县（市、区）政府、承德高新区管委会、御道口牧场管理区管委会设分会场。

4月14日，承德市召开全市水污染防治工作电视电话会议。市委副书记、市长常丽虹出席会议并讲话。市领导何军、崔万峰，河北省生态环境厅第二专员办处长浦明出席会议，崔万峰主持。崔万峰就做好今年水污染防治工作进行安排部署。浦明就落实“断面长”责任提出明确要求。会上通报全市地表水水质状况及2019年度水污染防治考核情况，市城管局、市水务局、承德高新区、隆化县作交流发言。市直相关部门主要负责同志参加会议。各县（市、区）、承德高新区、御道口牧场管理区设分会场。

5月12日，省人大常委会副主任、市委书记周仲明主持召开塞罕坝生态开发集团与围场木兰集团合作推进会议。市长常丽虹出席会议并讲话。市委秘书长傅海旺出席会议并讲了具体意见。市政府秘书长和分管副秘书长；市委办公室、市财政局、市国资委、市行政审批局主要负责同志，市林业和草原局主要和分管负责同志，围场满族蒙古族自治县县长、分管副县长和县财政局、县林草局主要负责同志，塞罕坝生态开发集团、围场木兰集团董事长，北京中伦律师事务所负责人参加会议。

5月13日，承德市召开承德国家可持续发展议程创新示范区政策起草工作协调会议。会议讨论了《承德国家可持续发展议程创新示范区政策起草工作方案》，对政策起草工作进行安排部署。市委副书记安国富出席会议并讲话，副市长郭士刚主持会议。

6月19日，为做好农村生活污水治理综合试点工作，探索建立典型地区可复制推广的农村生活污水治理工作思路和技术模式，承德市召开农村生活污水治理综合试点推进会暨培训会议。市委常委、副市长何军出席会议并讲话。会议学习了生态环境部关于农村生活污水治理方案及编制专项规划编制指南及要求；兴隆县农村生活污水治理经验；市环保局关于农村生活污水治理相关管理要求和围场、隆化两个县项目实施进度介绍。

同日，为进一步深入贯彻落实市委、市政府关于大气污染综合治理工作部署，确保劣质散煤管控各项工作落到实处，承德市召开全市劣质散煤管控联席会议。市委常委、副市长杨春武出席会议并讲话。会上，听取市发改委、市公安局等8家成员单位关于劣质散煤管控工作情况汇报，宣读了《承德市2020年散煤管控工作方案》，研究部署下一阶段劣质散煤管控工作。

7月2日，市委、市政府召开联席会议，专题研究讨论国土空间总体规划编制工作。省人大常委会副主任、市委书记周仲明主持并讲话，市委副书记、市长常丽虹出席并讲话。市领导李晋宇、刘宏伟，市委秘书长傅海旺讲意见。会议逐县听取规划工作情况汇报，市直有关部门作发言。市直有关部门负责同志参加会议。

7月21日，承德市召开生态环境损害赔偿制度改革工作领导小组会议，全面贯彻落实河北省生态环境损害赔偿制度改革工作领导小组会议精神，确保改革任务落实落地。副市长崔万峰出席会议并讲话。

7月24日，市长常丽虹主持召开深入推进“6+1”重点领域清理规范配合人大系统做好联动监督工作领导小组第五次会议。市领导李晋宇、郭士刚、刘宏伟参加会议。会议听取领导小组各专班班长工作推进情况汇报。市政府秘书长杨玉甫，市直相关部门主要负责同志参加会议。

7月30日，承德市召开全市清洁煤取暖工作调度会议，市委常委、常务副市长李晋宇出席会议并讲话。会议听取了市发改委、市农业农村局、市市场监管局以及各县（市、区）清洁煤取暖工作汇报。市发改委、市农业农村局、市市场监管局、市财政局、市生态环境局、市交通运输局、市城管局、市公安局（交警）分管负责同志，各县（市、区）政府常务副县（市、区）长、发改局局长参加会议。

8月23日，承德市收听收看河北全省生态文明建设工作会议后，衔接召开承德市会议。省人大常委会副主任、市委书记周仲明出席会议并讲话。市委副书记、市长常丽虹主持会议，市领导韩福才、刘文勤、吴清海、董正国、刘宏伟、崔万峰出席会议。各县（市、区）、承德高新区、御道口牧场管理区设分会场。

8月31日，承德市召开农村人居环境整治现场观摩会议。市委常委、市政府党组副书记、市政协党组副书记吴清海出席会议并讲话。与会人员先后到兴隆县南天门乡郭家庄村，半壁山镇八仙沟村、新杖子村、垃圾中转站，安子岭乡羊羔峪村、诗上庄村等地实地观摩。下午，观看兴隆县农村人居环境整治宣传片，市人居办通报全市农村人居环境整治工作进展情况，兴隆、宽城、滦平、围场作典型发言，隆化、丰宁、高新区作表态发言。市住建局、市生态环境局就专项行动完成情况进行汇报。市农业农村局主要负责同志和分管负责同志，市住建局、市卫健委、市生态环境局、市交通局、市林业和草原局、市文明办、市妇联、市民政局、市自然资源和规划局、市财政局，各县（市、区）党委政府相关负责同志参加会议。

9月15日，承德国家可持续发展议程创新示范区建设推进大会召开，深入贯彻落实习近平总书记对可持续发展工作和对河北对承德工作的重要指示精神，探讨全球城市群水源涵养功能区可持续发展承德方案、河北路径、中国经验。省人大常委会副主任、市委书记周仲明，河北省政府副省长徐建培，科技部社会发展科技司副司长杜涛，水利部水资源司副司长郭孟卓，省科技厅厅长马宇骏出席会议。联合国人居署中国项目主任张振山，联合国开发计划署助理驻华代表葛云燕到会祝贺。市委副书记、市长常丽虹主持会议。会上对省政府《关于支持承德市建设国家可持续发展议程创新示范区的若干政策措施》进行解读。17个项目进行现场签约，总投资42.6亿元。市领导杨培苏、郭士刚、刘宏伟出席会议。国家发改委、生态环境部等部委有关负责同志，省直有关部门负责同志，承德国家可持续发展议程创新示范区专家咨询委员会专家代表，太原、郴州、临沧等创新示范区城市代表，国内知名高校和企业集团代表，市直各有关部门主要负责同志在主会场参加会议。各县（市、区）、承德高新区、御道口牧场管理区设分会场。

同日，承德国家可持续发展议程创新示范区创新驱动发展专题报告会在市行政中心会议中心举行。省科技厅党组书记、厅长马宇骏以《科技创新催生新发展动能》为题，为全体与会人员作专题报告。副市长刘宏伟主持报告会。市委、市政府、市政协有关负责人，市直有关部门负责人，市科技系统全体人员在主会场听取报告。各县（市、区）参会人员在分会场通过视频听取报告。马宇骏紧紧围绕学习贯彻习近平总书记关于科技创新的重要论述精神，系统阐述什么是创新、为什么创新和怎么去创新，全面解读河北省实施创新驱动发展战略的重点举措，并就河北省县域科技创新工作情况进行了总结，对下一步开展创新驱动工作提出方向性要求。

9月15日—16日，承德国家可持续发展议程创新示范区建设推进会召开。与会领导、专家及嘉宾共同探讨全球城市群水源涵养功能区可持续发展承德方案、河北路径、中国经验。科技部、国家发展改革委、生态环境部、水利部等国家各部委有关负责人；联合国开发计划署、人居署驻华机构代表；河北省委、省政府和省直各部门负责人、专家学者、国家可持续发展议程创新示范区城市代表、国内知名高校和企业集团代表等出席大会。科技部社会发展科技司副司长杜涛在讲话中指出，承德市在推进创新示范区建设中，一定要将科技创新摆在首位，依靠创新破解现实发展难题、培育发展新动能、推进经济高质量。利用好京津冀协同发展机遇，充分运用科技手段解决制约经济发展的瓶颈问题，形成与京津资源共享、功能互补、产业链衔接的战略性新兴产业发展新格局。市委书记周仲明针对“水源涵养功能不稳固、精准稳定脱贫难度大”两大瓶颈问题强调，将大力实施水源涵养能力提升、绿色产业培育、精准扶贫脱贫和创新能力提升“四大行动”，为全国同类的城市群生态功能区实现可持续发展提供可复制、可推广的“承德模式”。到2030年，承德将全面建成“涵水产流、阻沙保土、永续利用”的京津冀水源涵养功能区、绿色发展先行区、环京津宜居宜业典范区、国际旅游城市。副省长徐建培在讲话中强调，要坚决贯彻国务院批复要求，立足资源禀赋，大力实施水源涵养能力提升、绿色产业培育、精准扶贫脱贫、创新能力提升等行动，做足生态保护、转型升级、科技创新、城乡统筹等文章，形成具有承德特色的现实样板和典型模式，为落实2030年可持续发展议程提供河北经验、承德经验。会上，对17个项目进行了现场签约，总投资33.1亿元。同时，与会嘉宾分组举行专家座谈会、专题报告会，并对承德多地进行实地考察。

10月27日，省人大常委会副主任、市委书记周仲明主持召开承德市生态文明建设领导小组第一次会议，审议《承德市生态文明建设领导小组工作规则》和《承德市2020年生态文明建设工作要点》，安排部署下一阶段任务。市领导常丽虹、韩福才出席会议。市领导刘新宇、苏铁成、杨培苏、张华、郭士刚、刘宏伟、宁金龙，市委秘书长傅海旺参加会议。市政府秘书长，市直有关部门主要负责同志参加会议。

10月31日，为加强对承德全市鸟类等野生动物保护工作的组织领导，强化部门间协调配合，及时研究解决有关重大问题，承德市召开全市鸟类等野生动物保护工作电视电话会议。会议明确承德市野生动植物保护工作局际联席会议成员单位的具体分工职责，并印发《承德市2020年秋冬季鸟类等野生动物保护专项行动方案》的通知。市委常委、市政府党组副书记吴清海出席会议并讲话。

12月1日，省科技厅会同省财政厅，在石家庄市组织召开承德国家可持续发展议程创新示范区建设科技专项实施方案论证会。省科技厅二级巡视员蒋栋出席会议并讲话。会议邀请中科院、省发改委宏观所、省水利科学研究院、省农林科学院、省科技成果转化服务中心、河北地质大学、承德工业设计研究院等单位专家组成专家组，对实施方案进行了论证。经承德市科技局汇报、审阅实施方案和相关资料、专家组质询、研究讨论，形成了论证意见，顺利通过方案论证。省科技厅社发处、监督处，省财政厅教科文处，承德市科技局、市财政局、市可持续发展促进服务中心有关负责同志参加论证会。

【全市城乡建设类会议】 2月25日，省人大常委会副主任、市委书记周仲明主持召开全市环城快速路网体系规划汇报会议，听取了相关单位工作情况汇报。市委副书记、市长常丽虹出席会议并讲话。市领导李晋宇、刘宏伟，市委秘书长傅海旺出席会议。会议强调，要坚持总体统筹规划，有序有效解决老城区“中疏”和城市交通拥堵问题和建设资金筹资难题。要将环城快速路网布局与各高速公路、铁路、机场布局结合起来，要与城市配套衔接，同步推进，进一步完善综合交通运输体系；要在环城快速路网体系规划确定后，提前做好工程项目规划环评，做好城市配套管网建设等工作。相关县区要加快与环城快速路网规划对接。市政府秘书长，分管副秘书长；市交通运输局、市自然资源和规划局、市生态环境局、市发改委、市财政局、市住建局，承德县、双桥区、双滦区政府和高新区管委会主要负责同志参加会议。

9月3日，市长常丽虹主持召开老旧小区改造提升工作调度会议。市领导李晋宇、刘宏伟出席会议。在听取市直相关部门和双桥区、双滦区汇报后，市直相关部门主要负责同志，双桥区、双滦区政府主要负责同志参加会议。

9月15日 在收听收看全省冬季清洁取暖工作视频会议后，承德市衔接召开全市冬季清洁取暖工作会议。市委常委、常务副市长李晋宇出席会议并讲话。市发改委、市城管局、市农业农村局、市市场监督管理局、市生态环境局等相关部门主要负责同志参加会议。

10月15日，承德市召开“三创四建”（创新、创业、创城，创城包括创建全国文明城市、全国卫生城市、全国森林城市；建设现代化经济体系、建设城乡融合高质量发展体系、建设一流营商环境体系、建立现代化社会治理体系）活动推进会议，对今年以来的工作进行阶段性总结，对下一步工作进行安排部署。省人大常委会副主任、市委书记周仲明出席会议并讲话，市委副书记、市长常丽虹主持会议。会议对近期疫情防控工作进行了安排部署。市领导武力斌、刘新宇、吴清海、杨培苏、崔万峰，省第二督查组相关同志在市主会场参加会议。各县（市、区）、承德高新区、御道口牧场管理区设分会场。

【全市安全稳定类会议】 1月9日，承德市召开全市根治欠薪冬季攻坚行动重点工作调度会议，就全市欠薪案件处理和隐患排查工作进行安排部署，维护好广大农民工的合法权益，确保承德市“两会”、春节期间社会和谐稳定。市委常委、常务副市长李晋宇出席会议并讲话。会上，通报了全市根治拖欠农民工工资工作进展情况，分析当前存在的突出问题。各县（市、区）有关负责同志就欠薪案件处理情况、欠薪隐患排查情况进行汇报。

3月9日，承德市召开森林草原防灭火暨疫情防控工作视频会议，省人大常委会副主任、市委书记周仲明出席会议并讲话。市委副书记、市长常丽虹主持会议，市领导安国富、吴清海、郭士刚出席会议。市政府秘书长，市森林草原防灭火指挥部成员单位主要负责同志在主会场参加会议。各县（市、区）、承德高新区、御道口牧场管理区，各乡镇、街道，各村、居委会设分会场。

3月18日，市长、市食品安全委员会主任常丽虹主持召开市食品安全委员会全体会议，认真学习贯彻习近平总书记关于食品安全重要论述重要指示精神，传达学习李克强总理在国务院常务会议上的讲话和国务院、省食安委全体会议精神，安排部署2020年重点工作。会议通报2019年度河北省对承德市食品药品安全考核情况，听取全市食品药品安全工作汇报，审议并通过《市政府食品安全委员会组成人员及食安办副主任单位调整增设方案》。市政府秘书长杨玉甫，市食安委成员单位主要负责同志参加会议。

3月27日，承德市召开全市安全生产工作会议暨一季度市安委会全体会议。市委副书记、市长常丽虹出席会议并讲话。市领导李晋宇、宁金龙出席会议，李晋宇主持。会上，常丽虹代表市政府与县（市、区）和市直部门代表签订《2020年安全生产目标管理责任书》。李晋宇就做好承德市安全生产工作讲了具体意见。会议听取全市2019年安全生产情况及2020年重点工作安排汇报，通报2019年度全市安全生产目标管理考核结果。市政府秘书长杨玉甫，市直相关部门主要负责同志参加会议。各县（市、区）、承德高新区、御道口牧场管理区设分会场。

6月23日，市长、市安委会主任常丽虹主持召开全市危险化学品安全生产工作专题调度会议。市委常委、常务副市长李晋宇出席会议。会议听取危险化学品安全监管工作情况汇报，审议并原则通过《承德市关于全面加强危险化学品安全生产工作若干措施的落实意见》。市政府秘书长杨玉甫，市直相关部门主要负责同志参加会议。

9月24日，第四届塞罕坝及周边区域森林草原防火联防联控工作联席会议在塞罕坝机械林场举行。市长常丽虹，赤峰市委常委、副市长胡庆锋出席会议并讲话。市委常委、市政府党组副书记吴清海主持会议。塞罕坝机械林场、御道口牧场管理区、围场满族蒙古族自治县，内蒙古自治区克什克腾旗、多伦县、红山军马场等有关负责同志参加会议。常丽虹代表市政府与围场满族蒙古族自治县、塞罕坝机械林场、御道口牧场管理区签订森林草原防火责任书。

【全市文教卫生体育类会议】 3月12日，承德市召开教育改革和质量提升专题会议，省人大常委会副主任、市委书记周仲明主持会议并讲话。市委副书记、市长常丽虹出席并讲话。市委秘书长傅海旺出席会议。会议听取全市教育改革和发展情况汇报，与会部门及参会学校校长分别发言，对承德市教育改革和质量提升提出意见建议。市政府秘书长，市直有关部门负责同志及中小学校长代表参加会议。

3月23日，承德市召开文化旅游产业推进调度会议。省人大常委会副主任、中共承德市委书记周仲明主持会议并讲话。市委副书记、市长常丽虹出席会议并讲话。市领导李晋宇、刘新宇、崔万峰，市委秘书长傅海旺出席会议并讲意见。会议听取了承德市文化旅游产业发展情况的汇报，文化旅游企业代表、相关县（市、区）及市直相关部门负责同志分别发言。会议强调，要围绕“吃、住、行、游、购、娱”“商、学、养、闲、情、奇”新老六要素，创新旅游新业态，开发旅游新产品，突出文化这个旅游产业核心竞争力，大力发展旅游“夜经济”；要强化旅游与科技创新、医疗康养、商务会展、休闲农业、体育运动等相融合。要加强旅游线路整合规划，以精品景区景点为龙头，以精品旅游线路为牵引，打造精品旅游目的地，积极拓展沿线旅游业态发展；要立足京津冀和全域旅游资源一体化，推进旅游景点、旅游线路相互串联，构建旅游网格。要引进龙头企业、引进重大项目，通过市场运作，盘活旅游资源。要营造良好旅游环境与平台，并强化宣传推介。

6 月 12 日，在集中收听收看全省高校毕业生就业创业视频会议后，承德市衔接召开全市高校毕业生就业创业电视电话会，贯彻落实国家和省会议精神，就做好今年承德市高校毕业生就业创业工作进行安排部署。会议强调，要充分认识促进高校毕业生就业创业是推动全市经济社会发展的重要力量，要用好用足各项政策，鼓励支持高校毕业生积极就业、自主创业，优化完善就业创业服务；要充分认识促进高校毕业生就业创业是实现人才强市战略的重要支撑，积极吸引高校毕业生等各类人才来承就业创业，为高校毕业生创造更大发展空间；要注重发挥好政府和市场两方面作用，发挥政策引导作用，加大就业创业服务供给，全力促进高校毕业生就业创业。要着力提升高校毕业生就业创业能力，加大职业技能培训力度，扩大就业见习规模，加强就业帮扶。副市长崔万峰出席会议并讲话。

8 月 6 日，市长常丽虹主持召开深化医药卫生体制改革领导小组会议。市领导李晋宇、郭士刚出席会议。会议听取全市医改、医保工作情况汇报。市深化医药卫生体制改革领导小组成员单位主要负责同志参加会议。

8 月 11 日，承德市召开高中教育高质量发展座谈会。省人大常委会副主任、市委书记周仲明出席会议并讲话。市委副书记、市长常丽虹主持会议。副市长郭士刚出席会议。会议听取全市高中教育改革发展情况汇报，县（市、区）教育局局长、高中校长、教师及优秀毕业生代表作交流发言。

9 月 13 日—14 日，承德市在兴隆县召开承德市乡村旅游与高端民宿建设推进会，观摩梨花公社、方圆居民宿、游客之家、村山秀墅、隐庐山房、山中小筑、雾灵山居等高端民宿，并召开工作会议。市政府副秘书长许建民主持会议，市政府副市长崔万峰出席会议并讲话。会上观看兴隆县乡村旅游与高端民宿建设宣传片、为 13 个列入“河北省乡村旅游重点村”的乡村授牌，兴隆县、双桥区、宽城满族自治县和雾灵山居企业代表做了典型发言，市旅游和文化广电局党组书记、局长董宇对前一阶段乡村旅游和高端民宿建设工作进行总结，对下一步工作进行安排部署。会上印发承德市旅游工作领导小组办公室《关于加快推进乡村旅游发展与高端民宿建设工作方案》。承德市旅游和文化广电局、市发改委等市直部门负责同志，各县（市、区）政府分管负责同志、旅游文化主管部门主要负责人约 40 人参加会议。

10 月 15 日，承德市召开全市中医药传承创新发展大会。省人大常委会副主任、市委书记周仲明主持并讲话，市委副书记、市长常丽虹讲话，市人大常委会主任韩福才出席。省第二督查组有关人员应邀出席会议。市直有关部门负责同志，承德军分区卫生处负责同志，承德医学院、承德职业护理学院、承德医学院附属医院、承德市中心医院、承德市中医院、承德市第三医院、中国人民解放军联勤保障部队第 981 医院、颈复康药业集团负责同志在市主会场参加会议。各县(市、区)、承德高新区、御道口牧场管理区设分会场。

12 月 18 日，中国避暑山庄外八庙保护协会召开第三届会员代表大会。市政协主席刘文勤、市政府副市长崔万峰、市政协副主席张富民出席会议。会上审议通过中国避暑山庄外八庙保护协会第二届理事会工作报告和财务情况报告，审议通过《中国避暑山庄外八庙保护协会章程》修改稿，选举出中国避暑山庄外八庙保护协会第三届理事会理事、常务理事、秘书长、副会长、会长。新当选的第三届理事会理事表决同意了中国避暑山庄外八庙保护协会法定代表人变更情况。协会第二届理事会会长于列担任协会驻会顾问，市文物局党组书记、局长高永海当选为协会第三届理事会会长。会后，与会人员共同参加了纪念避暑山庄及周围寺庙申遗成功26周年主题活动。

重要文件

【经济发展】 5月7日，市政府办公室印发《承德市优化政府投资建设项目审批流程若干措施》和《承德市优化民营投资建设项目审批流程若干措施》的通知，旨在全面深化政府投资建设项目审批管理制度改革，优化审批流程，提高审批效率。

5月28日，市政府办公室印发《承德市服务企业发展若干措施》的通知，旨在进一步做实做细服务企业发展工作，助力企业应对疫情影响。

6月9日，市政府办公室印发《关于进一步提高政务服务效能》的通知，旨在积极应对新冠肺炎疫情影响，进一步优化政务服务，保障经济社会高质量发展。

6月18日，市政府印发《承德市政府投资项目推行代建制改革的实施意见》的通知，旨在推进政府投资体制改革，进一步规范政府投资项目管理，提高投资管理水平和投资效益。

6月29日，市政府办公室印发《关于设立企业纾困基金的指导意见》，旨在着力破解制约民营经济发展的突出困难和问题，持续推进降低企业融资成本，有效防范企业流动性风险，促进全市经济平稳健康发展。

7月17日，市政府印发《关于提升建设承德国家农业高新技术产业示范区的政策措施》的通知，旨在支持以河北滦平国家农业科技园区为基础升建承德国家农业高新技术产业示范区，打造国内一流、国际有影响力的农业创新驱动发展先行区和农业供给侧结构性改革试验区。

8月11日，市政府办公室印发《承德市支持县域经济发展专项工作方案》的通知，旨在依托有利条件和资源禀赋，培育壮大县域特色优势产业，引导工业企业向园区聚集，提升产业带动能力，培育持续稳定税源，推动县域经济向规模化、集约化、市场化迈进。

9月21日，市政府印发承德市中级人民法院《关于建立府院企业破产工作统一协调机制的实施意见》，旨在进一步提高破产案件审判质效，统筹协调解决破产工作中存在的问题，加快“僵尸企业”市场出清，更好地服务和保障国家经济高质量发展。

【行政管理】 6月29日，市政府办公室印发《承德市政务服务“好差评”评价办法》的通知，对责任分工、评价工作标准、评价内容和实施、评价结果应用等方面作出明确规定。

8月10日，《承德市政府规章制定办法》印发，对规章的立项、起草、审查、决定和公布、解释和备案及其他规定等方面作出明确规定。

8月21日，市政府印发《关于在全市范围内开展“证照分离”改革全覆盖工作实施方案》的通知，旨在进一步克服“准入不准营”现象，降低企业制度性交易成本，激发市场活力和社会创造力，巩固扩大自贸试验区“证照分离”改革试点成效。

9月15日，市政府办公室印发《承德市市级财政投资评审管理办法》的通知，对职责分工、预算评审、结（决）算评审、评审意见处理、责任追究等方面作出明确规定。

9月23日，市政府办公室印发《承德市进一步做好无证无照经营查处工作的实施意见》的通知，旨在依法规范市场经营秩序，保护消费者合法权益。

9月24日，市政府办公室印发《政府服务企业工作相关制度》的通知，对该工作的工作组织、代表选派、工作职责、工作机制、工作纪律、工作保障、考核奖惩等方面作出明确规定。

11月18日，市政府办公室印发《承德市政府性融资担保集团组建方案》的通知，旨在构建上下贯通、全市统一的政府性融资担保体系和覆盖广泛、管理科学、服务优质的新型融资担保企业集团，全力打造本市政府性融资担保企业与金融机构深化合作的新平台、支持产业发展的新引擎、行业创新的新标杆。

11月27日，市政府办公室印发《承德市“一码通”改革实施方案》的通知，旨在在全市范围内推行居民服务“一码通”，推动“承德办事网上行”，加快数字政府、数字城市、数字社会建设进程，整体提升城市综合管理水平、治理水平、服务水平。

12月9日，市政府办公室印发《承德市政务公开工作考核办法》《承德市政务公开工作社会评议办法》《承德市政务公开工作责任追究办法》的通知，旨在深入推进全市政务公开工作，加强对政务公开工作的社会监督，促进政务公开工作规范有序开展，预防和纠正违反政务公开工作规定的行为。

12月24日，市政府办公室印发《承德市建立健全信用承诺制实施意见》的通知，旨在建立健全信用承诺制度，推动全市各级政府部门规范、有序推进相关工作。

12月31日，市政府办公室印发承德市重大行政决策程序暂行办法的通知，对决策草案的形成、合法性审查和集体讨论决定、决策执行和调整、法律责任等方面做出明确规定。

【疫情防控】 3月31日，市政府印发《关于加快推动餐饮住宿业复工复业的若干措施》的通知，旨在加快推动承德市恢复正常生产生活秩序，全面落实国家、省和承德市人民政府印发《关于应对新型冠状病毒感染肺炎疫情支持企业稳定经营持续发展的政策措施》的通知。

4月10日，市政府印发《应对疫情影响做好稳就业工作的若干政策措施》的通知，旨在全面做好稳就业工作。

6月17日，市政府办公室印发《关于进一步应对疫情影响促进中心城区小微企业稳增长稳就业的若干措施》的通知，旨在以更大力度支持中心城区小微企业和个体工商户克服疫情影响，提升渡过难关的信心和能力，实现稳增长、稳就业。

6月29日，市政府办公室印发《关于开展“三包四帮六保五到位”活动落实方案》的通知，旨在统筹推进常态化疫情防控和全面复工复产达产，确保实现年度经济社会发展目标任务。“三包”，市级领导干部包市县（市、区）、包项目、包重点企业；“四帮”，帮助解决企业发展资金短缺问题、用工数量不足问题、要素保障不力问题、市场销售困难问题；“六保”，保居民就业、保基本民生、保市场主体、保粮食能源安全、保产业链供应链稳定、保基层运转；“五到位”，政策到位、措施到位、责任到位、服务到位、落实到位。

【脱贫攻坚】 4月1日，市政府办公室印发《关于做好2020年易地扶贫搬迁工作的实施意见》，旨在全力克服新冠肺炎疫情影响，强力推进后续扶持各项工作，上半年完成集中安置项目配套公共服务设施建设，年内完成拆旧复垦复绿工作，搬迁贫困户实现脱贫产业全覆盖，有劳动力的贫困搬迁户至少实现1人稳定就业，社区治理和宣传教育取得明显成效。

5月28日，市政府办公室印发《承德市消费扶贫助力决战决胜脱贫攻坚2020年行动要点》的通知，旨在凝聚部门合力共同打通在消费、流通、生产各环节制约消费扶贫的痛点、难点和堵点，组织好产销对接，切实解决扶贫农产品滞销问题，多渠道促进对贫困地区旅游服务消费，最大程度化解新冠肺炎疫情对贫困地区农产品销售和贫困群众增收带来的不利影响。

【生态环境】 3月23日，市政府办公室印发《承德市自然资源统一确权登记总体工作方案》的通知，旨在坚持以不动产登记为基础，构建自然资源统一确权登记制度体系，实现自然资源统一确权登记与不动产登记有机融合。坚持发展和保护相统一，加快形成有利于节约资源和保护环境的新空间格局。

3月24日，市政府办公室印发《承德市2020年度国土绿化行动方案》的通知，旨在着力构建以森林植被为主体的国土生态安全体系；实施以中幼林抚育为主的森林质量提升行动，提高林地生产力，着力培育健康稳定优质高效的森林生态体系。

3月27日，市政府办公室印发《承德国家可持续发展议程创新示范区2020年实施方案》的通知，旨在聚焦城市群水源涵养功能区可持续发展主题，针对水源涵养功能不稳固和精准稳定脱贫难度大两个突出问题，以创新驱动为主线，以实施水源涵养能力提升、绿色产业培育、精准扶贫脱贫、创新能力提升四大行动为重点任务，强化项目支撑和政策支撑，突出体制机制创新和创新资源集成，着力打造“绿水青山就是金山银山”的成功范例和典型模式，为建设“生态强市、魅力承德”提供实践经验和示范效应。

4月25日，市政府办公室印发《承德市2020年洁净煤取暖工作实施方案》的通知，旨在坚持政府主导，群众参与，科学统筹安排，严密组织实施，持续推进冬季洁净煤取暖和农村散煤治理，确保高质量完成全年洁净煤取暖工作。

5月25日，市政府办公室印发《承德市推进全社会节水工作十项措施》的通知，旨在深入贯彻“节水优先、空间均衡、系统治理、两手发力”新时期治水方针，全力推动京津冀水源涵养功能区和生态环境支撑区建设，实施全社会节水行动。

5月29日，市政府办公室印发《承德市节约型机关创建行动实施方案》的通知，旨在健全节约能源资源管理制度，提高能源资源利用效率，降低机关运行成本，推行绿色办公，率先全面实施生活垃圾分类制度，引导干部职工养成简约适度、绿色低碳的工作和生活方式，形成崇尚绿色生活的良好氛围。到2022年底前，力争70%以上的县级及以上党政机关达到创建要求。

6月24日，市政府办公室印发《承德市巩固提升国家森林城市创建成果工作方案》的通知，旨在强化创森总体规划的执行，大力实施森林生态环境、森林生态经济、森林生态文化和森林安全保障四大体系建设工程。

7月13日，市政府办公室印发《承德市2020—2025年创建全国绿色食品原料标准化生产基地工作方案》的通知，旨在到2023年，全市绿色食品原料标准化生产基地面积达到186.6万亩，2025年达到300万亩。

10月10日，市政府办公室印发《承德市中心城区2020—2021年度清洁取暖替代工作专项实施方案》的通知，旨在实现城区清洁取暖率达到100%。

10月14日，市政府办公室印发《承德市清洁能源产业融合发展指导意见》的通知，旨在建设安全互济、清洁低碳、智慧高效、竞争有序的能源网络，科学推动清洁能源创新突破，带动新旧动能转换和战略新兴产业快速发展。

11月20日，市政府印发《关于全域禁止销售和中心城区、重点区域禁止燃放烟花爆竹》的通告，旨在进一步加强烟花爆竹安全监管和销售、燃放管理，最大程度降低燃放烟花爆竹对环境造成的影响，大力改善城市环境和空气质量。

同日，市政府印发《关于全域禁止销售和中心城区、重点区域禁止燃放烟花爆竹》的通告，旨在进一步加强烟花爆竹安全监管和销售、燃放管理，最大程度降低燃放烟花爆竹对环境造成的影响，大力改善城市环境和空气质量。(本《通告》自发布之日起执行，2018年8月31日发布的《承德市人民政府关于在中心城区禁止销售和燃放烟花爆竹的通告》同时废止。)

12月21日，市政府办公室印发《关于进一步做好塑料污染治理工作》的通知，旨在进一步加强塑料污染治理，确保完成2020年全市塑料污染工作任务。

12月31日，市政府办公室印发《承德市生态环境领域市以下财政事权和支出责任划分改革实施方案》的通知，旨在建立权责清晰、财力协调、区域均衡的市以下财政关系，形成稳定高效的市以下政府事权、支出责任和财力相适应的制度，坚决打好污染防治攻坚战。

【城乡建设】 4月3日，市政府办公室印发《关于完善建设用地使用权转让、出租、抵押二级市场的实施意见》，旨在以建立城乡统一的建设用地市场为方向，以促进土地要素流通顺畅为重点，以提高存量土地资源配置效率为目的，以不动产统一登记为基础，与国土空间规划及相关产业规划相衔接，着力完善土地二级市场规则，健全服务和监管体系。

4月9日，市政府办公室印发《承德市网络预约出租汽车经营服务管理(暂行)办法》的通知，对网约车平台公司、网约车车辆和驾驶员、网约车经营行为和权益保障、监督管理等方面作出明确规定。

4月30日，市政府办公室印发《承德市旅游旺季中心城区治堵保畅工作方案》的通知，旨在进一步规范全市中心城区城市道路交通秩序，提升避暑山庄及周围寺庙景区周边交通承载能力和管理服务水平，确保旅游旺季期间中心城区交通秩序井然。

5月29日，市政府办公室转发《承德市城市综合管理服务平台建设和联网工作推进方案》的通知，旨在分级谋划城市综合管理服务平台建设和联网工作，着力构建新形势下适应城市高质量发展要求的城市综合管理服务保障体系。

6月15日，市政府办公室印发《承德市深化农村公路管理养护体制改革实施方案》的通知，旨在深化农村公路管理养护体制改革，加快构建适应经济社会发展阶段、符合农村特点的农村公路管理养护体系，推动"四好农村路"高质量发展。

6月24日，市政府办公室印发《承德市城市马路市场治理方案》的通知，旨在以解决马路市场占道经营为重点，通过合理规划建设市场、加大马路市场执法监管力度，有力推进马路市场整治，进一步营造干净、舒适、整洁的城市环境。

7月7日，市政府办公室印发《关于完善工程建设项目施工准备函工作有关事项》的通知，旨在深化工程建设项目审批制度改革，提高行政审批效能。

8月26日，市政府办公室印发《承德市工程建设项目竣工联合验收实施细则》的通知，旨在深化工程建设项目审批制度改革工作，规范政府部门和市政公用基础设施企事业单位联合验收行为，提高建设项目审批服务效率和便利化程度。

【安全稳定】 5月8日，市政府办公室印发《2020年食品安全重点工作安排》的通知，旨在大力推进食品安全放心工程攻坚行动，确保人民群众"舌尖上的安全"。

5月28日，市政府办公室印发《承德市安全生产事故灾难应急预案等33个市级专项应急预案》的通知，旨在科学有效应对各类风险。以前印发的相应预案同时废止。33个市级专项应急预案目录如下：1. 承德市安全生产事故灾难应急预案；2. 承德市强降雪灾害总体应急预案；3. 承德市突发地质灾害应急预案；4. 承德市危险化学品事故灾难应急预案；5. 承德市地震应急预案；6. 承德市自然灾害救助应急预案；7. 承德市大面积停电应急预案；8. 承德市粮食应急预案；9. 承德市油气长输管道突发事故应急救援预案；10. 承德市政府性债务风险应急处置预案；11. 承德市突发环境事件应急预案；12. 承德市反恐防暴应急预案；13. 承德市节假日和重大活动期间安全事故应急预案；14. 承德市群体性事件应急预案；15. 承德市聚众阻断交通事件应急预案；16. 承德市食品应急预案；17. 承德市血液保障应急预案；18. 承德市鼠疫控制应急预案；

19. 承德市突发事件生活必须品市场供应应急预案；20. 承德市成品油供应中断工作预案；21. 承德市突发有害生物事件应急预案；22. 承德市防治重大动物疫情应急预案；23. 承德市通信保障应急预案；24. 承德市水上搜救应急处置预案；25. 承德市邮政业突发事件应急预案；26. 承德市液化石油气供应中断应急工作预案；27. 承德市突发燃气安全事故应急预案；28. 承德机场冰雪天气运行保障应急预案；29. 承德市重大沙尘暴灾害应急预案；30. 承德市松材线虫病防控应急预案；31. 承德市文物保护突发事件应急预案；32. 承德市药品和医疗器械安全突发事件应急预案；33. 承德市出租车行业突发事件应急预案。

6月15日，市政府印发《关于公布承德市安全生产监管责任清单》的通知，旨在厘清和落实安全生产监管责任、行业领域安全管理责任，进一步完善安全生产责任体系，规范安全生产监管工作。

同日，市政府办公室印发《2020年承德市气象防灾减灾绩效管理工作方案》的通知，旨在进一步深化气象防灾减灾绩效管理，充分发挥气象防灾减灾第一道防线作用。

7月8日，市政府办公室印发《关于全面加强危险化学品安全生产工作若干措施的落实意见》，旨在全面加强全市危险化学品安全生产工作，有效防范化解系统性安全风险，全面提升危险化学品行业安全发展水平，坚决遏制较大以上事故、减少一般事故，切实维护人民群众生命财产安全，加快实现危险化学品安全生产治理体系和治理能力现代化。

8月12日，市政府办公室印发《承德市打通消防“生命通道”集中治理工作实施方案》的通知，旨在进一步加强和提升承德市防范化解重大消防安全风险能力，有效保障消防“生命通道”保持畅通有序，最终实现消防救援车辆及人员能够第一时间抵达事故现场并实施处置。

8月18日，市政府办公室印发《承德普宁机场净空保护工作联席会议制度》的通知，旨在加强承德普宁机场净空及安全管理，保障飞行安全。

同日，市政府印发《关于加强无人机等“低慢小”飞行器安全管控》的通告，对管控类型、管控范围、管控规定等方面做出明确规定。

10月14日，市政府办公室印发《承德市第一次全国自然灾害综合风险普查工作方案》的通知，旨在摸清承德全市灾害风险隐患底数，查明重点区域抗灾能力，客观认识全市灾害综合风险水平，为各级政府有效开展自然灾害防治和应急管理工作、切实保障社会经济可持续发展提供权威的灾害风险信息和科学决策依据。

12月31日，市政府办公室印发《承德市消防车通道管理办法》的通知，对消防车通道的建设与维护、单位和居民住宅小区消防车通道管理、在建工地消防车通道管理、法律责任等方面做出明确规定。

同日，市政府办公室印发《承德市市政消火栓管理办法》的通知，旨在加强市政消火栓管理，保障消防用水。

同日，市政府办公室印发《承德市应急救援领域市与县财政事权和支出责任划分改革实施方案》的通知，旨在坚持政府在应急救援领域的主导作用，承担主要支出责任。同时，吸引、动员社会力量广泛参与，推动形成政府与社会力量、市场机制协同配合、良性互动的应急救援工作机制。

【社会民生】 4月22日，市政府办公室印发《关于设立社会救助基金的实施方案》的通知，对基本原则、管理机构、资金筹集和使用、救助范围、救助方式和救助标准、申请审批程序、监督管理、保障措施等方面作出明确规定。

5月7日，市政府办公室印发《关于贯彻落实企业职工基本养老保险省级统筹工作》的通知，旨在切实做好全市企业职工基本养老保险省级统筹工作，推进企业养老保险制度健康可持续发展。

5月14日，市政府办公室印发《关于做好国有企业退休人员社会化管理有关工作》的通知，旨在进一步做好全市各县（市、区）对国有企业退休人员社会化管理移交工作，确保国有企业退休人员社会化管理工作任务圆满完成。

6月15日，市政府办公室印发《关于建立市区两级工资和基本运转共管机制的实施意见》，旨在优先保障财政供养人员工资发放和基本运转，建立"分区设立、市区共管、资金共筹"工资共管机制，健全市、区两级财政风险管理制度体系，着力增强市辖区"六保"能力，兜牢财政支出风险底线，助力市域经济社会平稳健康发展。

8月5日，市政府办公室印发《承德市健全促进就业体制机制和操作平台的实施方案》的通知，旨在进一步健全促进就业体制机制和操作平台，促进劳动者实现更高质量更加充分就业。

9月23日，市政府印发《市直属机关企事业单位落实独生子女父母退休时3000元一次性奖励实施意见》的通知，对奖励对象、标准及条件、奖励资金来源及渠道、奖励资金的申报、审核及发放程序、奖励落实的监督检查等方面作出明确规定。

9月27日，市政府办公室印发《承德市居家和社区养老服务改革试点实施方案》的通知，旨在增进老年人福祉，提高老年人生活质量，促进社会公平和谐，推进全市居家和社区养老服务社会化、可持续发展。

10月12日，市政府办公室印发《关于支持多渠道灵活就业的若干措施》，旨在强化政策服务供给，拓宽就业新渠道，创造更多灵活就业机会，全力以赴稳定就业局势。

2020年市政府领导名录

市　　长：常丽虹（女）
常务副市长：李晋宇
副 市 长：杨春武
何　军
任武军（3月免）
张　华（3月任）
王　成
郭士刚
刘宏伟
宁金龙
崔万峰（满族）
陆文龙（4月任）
秘 书 长：崔万峰（满族，1月免）
杨玉甫（满族，1月任）
常务副秘书长：刘树华（满族，12月免）
副秘书长：薛莲蒂（蒙古族，正处级，兼）
赵长智（满族，正处级）
丛云飞（满族）
刘英杰（满族）
丁贺成（满族）
程志忠（满族）
孙大光（12月任）
宋宇宁（8月免）
张志远（蒙古族，挂职）
许建民（满族，挂职，11月任）
邢建军（满族，挂职，12月任）
王春田（满族，挂职，12月免）
刘秉奇（满族，挂职）
高　萍（女，挂职）
张立军（回族，挂职）
郭建平（女，满族，挂职，4月任）

市政府办公室工作

【当好参谋助手】 创新提出大数据信息核查"三步工作法"、境外返承人员轨迹"四清"等机制方法，谋划推动"敲门见人"等十项大排查措施，先后起草指令、预案、方案、通知等政策性文件400余个，组织全市电视电话会议、领导小组会议、指挥部集中办公会议等各类会议470余场次，千方百计筹措备齐防控物资，确保疫情防控各项工作有序有效推进。积极稳妥的服务保障承德市委、市政府交出了一份全省确诊人数最少、病例清零最早、患者零死亡和医护人员零感染的成绩单。疫情防控进入常态化新阶段后，工作重点立即转向聚精会神为企业复工复产复市、加快恢复正常生产生活秩序出谋划策上来。主要作为是：紧盯10项经济主要指标，协助市领导进行经济运行调度，推动“两线四牵引”、重点问题会商会诊等工作机制落实，督促相关部门和县市区加大经济运行分析研判力度，争取主要经济指标实现预期，最大限度减少损失；认真研究落实国家和省纾困惠企政策，结合承德实际向市委、市政府提供一批可行性方案，促进承德市在全省较早实现了复工复产率达到95%以上。进入相持阶段后，为减轻疫情对承德市文化旅游服务业造成的重创和迎接高铁开通给承德市带来的新机遇，及时组织相关部门反复调研分析，提出可行性意见。为市政府出台《关于加快推进城市夜间经济发展的实施方案》《关于加快推进“后备箱经济”发展的实施意见》提供了重要依据。

【督查督办】 共督查督办国务院、省、市政府重点工作687项，其中国务院部署重点工作涉及承德市207项、省重点工作涉及承德市305项、市政府重点工作175项，重点督办省民生工程20项、市民生工程24项；落实省政府督查事项171项（含互联网＋督查）；市政府领导批示事项32项；完成国务院、省委、省政府，市委、市政府各专项督导检查等14项；筹备组织召开市政府常务会议22次，督办落实市政府会议议定事项101项；下发督办通知52期，向市领导呈报《督查专报》17期，专报建议采纳率100%。各项督查工作均做到了“件件有着落，事事有回音”，办结率达到100%。工作举措创新。在落实“督考合一”工作机制上实现新突破。以督考领导小组为“核心”、以督考办为“平台”，以被督考单位联络员为“终端”的三级督考工作网络为基础框架，继续巩固“一级抓一级、层层抓落实”的工作格局，积极推行“1+N”综合考核，实行督查结果与班子评选评优挂钩、与干部评先评优挂钩、与干部选拔任用挂钩，有力推动重大决策部署落地生根；在“新闻媒体＋督查”上实现新突破。联合承德市新闻办一起组织召开2020民生工程进展情况新闻发布会，让全市广大人民群众更好地监督市政府工作，并对民生实事后续推进情况实时跟踪报道，全面推行民生实事月发布制度，通过召开新闻发布会，每月由各牵头单位“一把手”对本单位牵头的民生事项进展情况进行公开发布，接受社会监督，接受媒体监督；在创新方式方法上实现新突破。不断强化“暗访＋督查”的工作力度，特别是针对重点工作、民生工程推进缓慢的工作，抽调人员组成暗访组开展随机暗访，及时发现工作落实中存在的主要问题；在深化“互联网＋督查”平台应用上实现新突破。对未按标准和时限完成的督办事项，及时亮“红灯”预警，督促各承办单位按时按标准办结；对不作为、慢作为、推进力度较慢的单位，在全市范围进行通报，并将落实情况纳入年终绩效综合考核，作为干部选拔任用的重要依据；对屡次督查仍进展迟缓的单位，启动约谈问责机制。

【公文处理】 按照“办文制度程序化，办文处理制度化，办文管理规范化”的要求，建立查找迅速、运转快捷、安全保密、归档及时的新型办文模式，达到文件登记、拟办意见、传阅无周转时间差的标准，实现“文不过夜、事不隔天；随到随办，急件急办”目标。规范发文程序，保障制发公文不超时限，准确无误，质量达标、有据可查。推行电子办公，在原基础上，对凡属非涉密、且可以公开的各类来文，通过市政府办OA（office automation）系统办理的方式进一步进行创新，OA系统范围扩至各县市区，进行试运行。本年通过OA系统办理文件2000余件。依规管理档案。作为试点单位，配合市档案局推进全市档案管理数字化建设。本年数字化管理工作，与往年数字化工作相比增加了档案整理服务，对原有的档案资料进行了分类排序、编号、归档、装盒等工作，便于档案的查询利用，在全市机关档案管理工作中发挥带动、示范作用。全年无泄密事件发生。

【信息编发】 聚焦服务决策，坚持把领导关注的、思考的问题作为信息工作的切入点，确立围绕领导决策办信息的思路，特别是疫情吃紧时期，所提供的有价值信息对领导正确、果断决策提供有力依据。全市重点工作和疫情进入常态化后，第一时间采编《抗击疫情新政及外地经验做法》《疫情对承德设施蔬菜生产销售影响情况调研》等信息，为领导深入决策提供第一手资料，并得到市领导的肯定性批示。抓好动态信息。以《要情快报》为载体，重点编发承德市工业、农业、旅游等方面的动态信息，及时通过信息反映承德市经济社会发展近况，帮助领导掌握发展趋势。市领导分别对《我市1-10月份工业投资回暖步伐明显》《我市开展在建项目违法分包、挂靠等行为专项监督检查》等信息做出批示，有力地促进相关工作的推进。捕捉问题苗头。及时搜集掌握苗头性、倾向性信息，防患于未然。编发《舆情：陕西营小区部分住户反映暖气不热》等信息；第一时间反馈承德市网络舆情热点，为领导优化决策、协调操作提供辅助依据。反映基层亮点。通过《政务情况交流》及时反映各县、各部门的工作动态、阶段性工作成果，编发的《承德县“321”模式强化财政扶贫资金绩效管理》《市扶贫办创新举措大力实施消费扶贫行动助推精准扶贫》等信息，起到相互学习、交流经验、互相借鉴、共同提高的作用。全面做好信息上报工作。突出地方特色。把最能反映地区特点、上级急需了解、领导最为关注的情况及时报送上去。先后采编上报《承德市出台三项政策确保夜经济“稳就业促发展”》等有关信息，抓住了亮点、体现了工作特色，被省政府办公厅采用。预判发展趋势。注重对倾向性和苗头性问题进行超前预测、超前分析。在对基层情况进行深入剖析的基础上，针对问题提出对策和建议，力求防患于未然。编报《河北省房租减免政策执行情况、面临的梗阻难题》等信息被国办采用。积极搜集信息。主动参与各类工作会议，密切关注决策动向。同时不断强化对相关部门信息工作的调度，及时报送承德市的创新性工作举措。组织报送的《市扶贫办创新举措大力实施消费扶贫行动助推精准扶贫》等信息被省政府办公厅采用。全年共编发各类信息刊物318期，累计采用各县区、部门信息3677条。向省政府办公厅信息处报送信息960余篇，其中被采用83篇、国务院办公厅采用20篇。其中有35篇稿件引起领导的重视，签批重要意见。

【政务信息公开】 全面推进决策、执行、管理、服务和结果“五公开”，构建起信息公开、政策解读、新闻发布、舆情回应、平台建设等融合发展工作格局。指导各部门发布政府信息2万余条，仅市政府信息公开平台公开政府文件401件，未发生信息公开失泄密事件。认真做好人民网省长留言、市长留言督办工作，全年累计处理省长留言111件，市长留言347件，回复率、回访率100%，市长留言板近一年满意率100%。健全工作制度。印发《2020年政务公开工作要点》《2020年重大政策宣传解读工作方案》《承德市政务公开工作考核办法》《承德市政务公开工作社会评议办法》《承德市政务公开工作责任追究办法》五个文件，进一步建全政务公开制度，促进政务公开工作有序开展。充分利用政府网站、新闻媒体、微信和政府信息公开平台，及时主动向社会公开经济发展、社会事业、民生领域等方面信息，切实做到“应公开、尽公开，应上网、尽上网”。指导各部门发布政府信息2万余条，仅市政府信息公开平台公开政府文件162件，未发生信息公开失泄密事件。解读重大政策。下发《2020年重大政策宣传解读工作方案》，明确贯彻落实习近平总书记重要指示批示和中共中央、国务院重大决策部署的政策、统筹做好疫情防控和经济社会发展工作的重大政策、着力办好“三件大事”的重大政策、聚焦经济发展的重大政策、深化新旧动能转换的重大措施、坚决打好三大攻坚战的重大政策等11个重点解读领域。本年通过市政府门户解读市政府、市政府办公室重大政策文件24件。完善受理、审查、处理、答复以及存档备查等各个环节工作，依法依规满足人民群众的特殊信息要求。对涉及多个地方或部门的申请事项，加强会商协调，妥善处理。市政府办公室受理36件,全部按《条例》和《实施办法》规定予以答复。

【建议提案承办】 市领导召开专题会议研究建议、提案分解工作，第一时间全面了解内容、特点、热点和难点问题。意见统一后立即召集相关部门组织专门会议进行调度，并监督保障答复规范化。联系沟通，协调配合。主动与代表、委员联系，准确把握代表、委员的真实意图，做到办理有针对性。在办理中，积极与代表、委员沟通，全面系统汇报有关情况和办理进展，共商解决方案。办结后，向代表、委员汇报办理结果。加强与各承办单位的沟通，要求作为会办单位主动将会办意见提交给主办单位，作为主办单位，积极主动联系会办单位，及时汇总会办材料进行正式答复和走访。充分发挥微信群的作用，建立承办微信群，随时掌握并解决承办部门遇到的问题，协调主办单位与会办单位之间的沟通。本年度共办理建议提案640件,其中国家级建议提案3件、省级建议提案主办71件（其中建议50件，提案21件）、省级建议提案会办26件(其中建议14件，提案12件)、市级建议185件、市级提案355件，共涉及45个承办单位。

【政府热线服务】 在对旧系统进行全面改造升级基础上，率先与河北省系统互联互通和数据共享，实现全省第一个政府服务热线一号对外。探索形成了热线运行“接、转、办、访”四位一体的闭环机制，建立严格的全流程督办考核制度和责任追究办法，与纪检监察、组织等部门建立了协调推动重大民生关切落实机制。通过电话、微信、网站、省热线平台共受理群众诉求33万件次，办结率99.16%，满意率99.17%，回访率100%。12345政府服务热线已经成为各级政府联系服务群众的重要桥梁纽带，在服务市场主体和人民群众中发挥重要作用。本年热线工作荣获“承德市五四青年集体标兵”和“承德市青年文明号集体标杆”荣誉；因工作成效突出，市长常丽虹作为全省地市代表应邀参加河北全省12345政府服务热线开通仪式并作大会发言介绍经验。

【电子政务平台建设】 为满足承德市疫情防控云视频指挥调度特殊需要，依托承德市电子政务外网和专业云视频终端设备，在市政府两个会议室建设承德市政府云视频指挥调度市级平台，平台由2个市级平台，13个县（市、区）（包含高新区和御道口）子平台组成；电子政务外网IPV6升级改造工程亦于本年完成。通过采用先进技术手段，依靠态势感知平台、安全服务平台、数据分析平台共发现处理网络攻击事件12989余次，协助市直部门预警处置病毒问题计算机800余台；依托政府网站监测软件，采用“机器扫描＋人工检测”的方式对全市政府网站进行抽查、检查，共计744次。常态化人工检测共发现问题网站31家，按时整改率达到100%，同时，加强网络信息化安全保密工作。集约化平台建设。该系统嵌入到OA(office automation）系统中，各单位负责公文交换的文电人员开通权限，可以第一时间浏览收到的文件。该系统还增加手机APP浏览公文功能，该功能在疫情期间充分保障文件传输的时效性，减少人员之间接触，为部分没有条件安装PC端的部门解决实际困难，也为迅速开展工作提供新渠道保证。

【值班值守】 严格落实值班值守工作制度，规范值班室文件办理流程，认真开展全市值班值守督导检查，随机对全市政府系统的值班工作进行不定期督导检查，保证值班值守工作落实到位。在重大节假日和北京举办重大活动期间，市政府主要领导必到值班室检查值班带班情况。本年，值班室共上报值班报告936件，通过OA（office automation）系统上报各类文件721件，按照《值班人员办理涉密文件暂行办法》的要求，共办理涉密文件400余件。对全市各县市区电话抽查6次，对市直24个重点部门抽查4次，本年未发生泄密、丢件、缺岗、漏报、误时事件。

积极与省政府办公厅值班室沟通，争取上级主管领导的指导和支持，同时与市公安局、市应急局、市林草局、市交警支队、市消防救援支队建立信息互通共享机制，扩大突发事件、重大事项信息来源，增强对信息的分析研判能力，提高信息时效。本年，圆满完成16项突发事件、9项重大事项信息接收上报工作，做到全面、及时、准确，实现无迟报、无漏报、无瞒报。

【志鉴督导编纂】 推动年鉴编纂工作提质提效。下发文件大力督导各部门单位上稿，采取上门指导、电话和邮件催报等方式，确保年鉴基础资料编报工作圆满完成。统一编写规范，对各单位报送的志稿内容认真审核把关，不达标的提出意见和要求重新修改，不成体系的给予归纳完善。树立精品意识，共召开提高编纂质量调度会、分析会8次，会议听取各责任编辑关于年鉴编纂情况的汇报，协调解决存在的困难，就下一步工作进行安排，各责编按要求就年鉴编纂工作遇到的问题反复讨论交流，深入研究分析，在规定时间节点完成的同时，认真审核稿件质量，确保年鉴稿件符合要求。总纂抓实年鉴审稿，主编和副主编站在全局高度，精心把握框架结构，充分考虑机构改革和市委市政府中心工作等因素，对年鉴篇目进行认真修改完善，力求逻辑严谨、体系完备，对年鉴内容通过个人审改、交叉审核等方式开展审稿工作，并部署、指导责编也按此方式审改，严把政治关、体例关、文字关、史实关和保密关，切实做到结构合理、内容全面、详略得当、语言规范、数据准确。报送出版社返回修改意见后，对其逐条反复仔细研究，与相关单位进行核实，认真汲取专家意见，进一步修改完善。后期与印刷厂工作人员就文稿和图片全部内容进行审校修改，审订校对减少数据、漏字漏句、计量单位、标点符号使用等方面的差错和笔误，力求做到尽善尽美。《承德年鉴（2020）》数易其稿，完成出版发行。

统筹部门志专业志有序推进。制发文件对上年工作进行总结，对下年工作提出目标任务要求，并全力督导调度；同时，狠抓志稿质量，对每一部志书严格按照“三审三校”和召开评稿会程序评审。对志书需要把握的原则，编纂的规定要求，篇目结构的调整，相关内容以及大事记、附件等都进行精心的指导，提出专业审改意见。全年审改志稿40余部次，提出修改意见3000余条次。《承德市志·司法行政志》《承德市志·国防教育志》《承德市志·审计志》《承德市志·地方税务志》4部志书出版发行，《承德市志·社科联志》《承

7月10日，召开年鉴编纂调度会，研究分析如何提高质量效率

德市志·贸促会志》2部志书成书，召开《承德市志·国土资源志》《承德市志·河钢承钢志》《承德市志·工商联志》3个部门志书评稿会。此外，对已完成志稿的单位进行严审把关，对完成一稿、二稿、三稿的单位不断指导其精修完善，对编纂中的单位下大力量集中督导，分别有一批志书进入出版程序或准备召开评审会或正在加紧编纂中。在市方志办的部署和带动下，县市区部门志专业志也有效开展，其中，宽城县《京城集团志》已出版发行；《隆化县人大志》《围场政协志》《平泉市黄土梁子林场场志》已进入出版程序。

配合完成《中国影像方志》丰宁篇、宽城篇、兴隆篇的拍摄，其中丰宁篇于2020年10月20日在央视十套播出，至此，中央电视台、承德电视台总计分别播出我市5部影像志，即平泉篇、滦平篇、围场篇、隆化篇、丰宁篇。

大力研究部署乡镇村志编纂。各县区按照全市统一部署要求，认真落实，取得一定成果。宽城《孤山子村志》内部出版发行；围场《前进村志》完成排版印刷；围场《金字村志》、丰宁《上官营村志》、隆化县《张三营镇志》修改完善中；双桥区《水泉沟镇志》完成初稿；承德县《四道河村志》、丰宁《大阁镇志》《凤山镇志》《大滩镇志》启动编纂工作。

注重地方志信息化建设。承德方志网新开辟历史人物栏目，其中设置二级栏目3个，网站共增设到21个一级栏目、69个二级栏目，强化

1月20日，召开志书督导审稿调度会

地方志宣传，成为展示承德地方志事业发展、工作开展、业务指导服务以及地域文化等方面信息的平台。全年发布信息21条。

【金融服务】 减轻疫情冲击。印发《关于做好新型冠状病毒感染肺炎疫情防控金融服务保障工作的通知》《关于疫情防控期间做好企业挂牌上市融资服务工作的通知》等文件，进一步压实各金融机构、地方金融组织工作责任，对于受疫情影响较大的行业不得盲目抽贷、断贷、压贷，进一步强化金融服务保障。落实措施。出台《关于做好金融支持餐饮住宿业复工复业工作的通知》，推进全市市场消费恢复和扩容提质；针对民营小微企业精准施策，制定《承德市银行业保险业支持民营小微企业发展三十条措施》，明确对民营小微企业金融服务政策导向，纾解民营小微企业融资困难。为全力保障企业正常运转，积极落实降费让利政策，拓宽金融服务渠道。同时，谨防金融风险，本年金融风险点全部销号，全面彻底排查隐患，非法集资处置取得成效。绝不放松金融扶贫工作，制定《承德市2020年金融扶贫工作要点》《承德市金融扶贫专项推进工作实施方案》。加大创新力度。谋划沟通机制，建立重点骨干企业金融服务保障工作银行领办机制。明确市级领办银行，成立领办机制工作专班，开展精准对接服务。创新金融服务模式。牵头组织人民银行承德市中心支行、承德银保监分局和驻市各金融机构组建12个"金融服务团"，深入各县(市)区持续开展金融政策宣讲推介暨银企精准对接活动。全市13家银行机构利用金融服务平台发布69款支持企业复工复产信贷产品。承德市"金融服务团"下沉服务的创新做法得到了市委市政府领导充分肯定，得到国务院督导组的充分认可。创新政府性融资担保体系。组建承德市政府性融资担保集团公司，实现担保机构和担保业务全覆盖。集团注册资金3亿元，三年内达到5亿元，发挥市级融资担保集团行业"龙头"作用，有效

优化整合国有资本配置，充分释放市、县（市、区）担保资金放倍效应。创新企业纾困服务体系。设立市级企业纾困基金，总规模2亿元，主要为实体经济领域资金周转暂时困难企业，提供便捷、高效的应急转贷服务。推进企业上市。定期对全市企业进行调查摸底，及时将符合国家产业政策、盈利能力较强、科技含量较高、成长性较好、有上市意愿的企业纳入上市后备企业资源库。开展多种形式宣传培训活动。通过线上线下相结合的授课方式，开展培训活动，帮助企业熟悉资本市场的新政策、新动态，研究掌握直接融资的办法，拓宽企业融资的渠道。加大部门协调和政策支持。制定《承德市推动企业股改上市融资三年行动实施方案》，对承德市企业股改上市融资工作进行全面规划和部署。研究制定《拟股改上市融资企业走访调研工作方案》，及时有效解决企业上市过程中遇到各类困难和问题。

【外事活动交往】 先后与友城日本柏市、日本高崎市互发了疫情慰问信函。向日本柏市捐赠N95口罩2000个、医用外科口罩1万个，柏市市长秋山浩保先生向承德市发来感谢信函。按照《2020－2022年承德市国际友城发展实施方案》，继续发展新的国际友好城市关系。韩国庆州市是承德市的目标友城。新冠疫情期间，双方市长互致慰问信函，韩国庆州市向承德市发来《庆州市抗击新冠肺炎疫情举措事例集》，分享应对疫情的经验和技巧。通过一系列交往活动，推进了两市正式建立友好城市关系进程。通过外交部、全国友协、河北省友协、外国驻华使馆及华人华侨组织等渠道多方联系，积极在欧洲、澳洲、美洲、亚洲等地寻觅新的结好交往对象。同时，继续与俄罗斯卡尔梅克共和国拉甘区、秘鲁耶稣玛利亚市、日本轻井沢町、新西兰黑斯廷斯市、塞舌尔维多利亚市、俄罗斯乌兰乌德市、巴西梅斯基塔市等开展工作沟通，积极发展友好关系。经充分对接和协商，与河北民族师范学院签订《战略合作框架协议》，借助承德市在国外的友好城市资源，帮助师院寻觅发展国际友好院校，推动师院开展国际合作；有计划地从校方选派专业骨干教师挂职锻炼，同时为应届毕业生提供实习岗位。积极贯彻落实中央、省、市关于外籍人员疫情防控工作的安排部署，将在承外籍人员及境外来（返）承人员全部纳入常态化疫情防控管理中，按照严、细、实、准、快的要求，从八个渠道进行认真排查，将在承外籍人员和在境外承德籍人员全部建档立卡，切实做到在外人员底数清、回国人员意愿清、准备回国人员行程清、已经回国人员轨迹清。同时，动态掌握近15日拟返承人员信息和行动轨迹，将入境日期、航班及其他交通工具等相关信息，第一时间录入省疫情防控管理信息平台，确保“底数清、情况明、信息灵、数字准”。按照“省统筹、市协调、县隔离”的要求牵头市接运组工作，及时稳妥做好在第一入境口岸已隔离14天的境外来承人员的接转工作。接回境外来承人员1891人，并对近期无返程计划的境外人员建立“一包一”管理机制。遵照河北省外事办公室《关于利用“快捷通道”做好邀请外国人来冀服务复工复产的通知》的要求，按照“事由充分且确属当前必要”原则，严格审核把关，筑牢应对境外疫情输入的坚固防线。通过“快捷通道”完成4批18人次的邀请外国人来承复工复产审核报批工作。全面核查被邀请人的人员信息，严格落实疫情防控的具体措施，实施“一对一”跟踪监测机制，并建立相关的疫情防范档案资料，有效防范境外疫情输入，保障企业复工复产和产业链、供应链畅通。涉外接待服务。本年接待来承外宾2批75人次。

2020年市政府办公室领导名录

党　组　书　记：杨玉甫（满族）
党 组 副 书 记：刘树华（满族，12月免）
　　　　　　　　薛莲蒂（蒙古族，12月任）
党　组　成　员：赵长智（满族）

丛云飞（满族）
刘英杰（满族）
丁贺成（满族）
孙大光
闫　洋（女，满族）

部门副处级以上领导名录

督查室主任：耿鑫华（满族）
地方志办公室主任：奚晓红（女）
经济社会发展研究中心主任：韩永辉（3月任）
承德市地方金融监督管理局局长金融工作办公室主任：薛莲蒂（蒙古族）
仲裁委秘书长：程志刚（满族，12月免）
承德市人民政府驻天津市办事处主任：陆羽军（满族）
外事办公室主任：闫　洋（女，满族）
外事办公室副主任：徐树清

（供稿　孙　杰）

承德市政协

综　述

2020年，市政协团结带领全市政协组织、党派团体和各族各界人士，认真履行职责，广聚共识力量，积极担当作为，战疫情、助脱贫、促发展、惠民生，为推动全面建设新时代“生态强市、魅力承德”作出新贡献。截至2020年12月31日，政协承德市第十四届委员会共有委员370名，常委会组成人员74人。市级政协1个，县(市、区)政协11个，合计12个；市级政协委员370名，县（市、区）政协委员2003名，合计2373名。

重要会议

【全体委员会议】　1月14日至1月16日，政协承德市第十四届委员会举行第四次全体会议，应出席会议委员370名，因事因病请假38名，实际出席332名，列席人员100名。会议的主要任务是：听取和审议政协承德市第十四届委员会常务委员会工作报告；听取和审议政协承德市第十四届委员会常务委员会关于十四届三次会议以来提案工作情况的报告；列席承德市第十四届人民代表大会第五次会议，听取并讨论政府工作报告和其他报告；审议通过政协承德市第十四届委员会第四次会议政治决议；审议通过政协承德市第十四届委员会第四次会议关于常务委员会工作报告的决议；审议通过政协承德市第十四届委员会提案委员会关于市政协十四届四次会议提案审查情况的报告；选举事项。

【常务委员会会议】　1月3日，政协承德市第十四届委员会常务委员会召开第十八次会议，会议应出席73人，实到56人。市政协主席刘文勤主持会议。会议的主要议题是：听取市政府关于2019年提案办理工作情况的汇报；听取组织部关于委员辞去和增补的情况汇报，并报协商通过辞去和增补委员名单；审议通过关于召开市政协十四届四次会议的决定（草案）；审议通过市政协十四届四次会议议程（草案）、日程（草案）；审议通过政协承德市十四届委员会常务委员会工作报告（草案）；审议通过政协承德市第十四届委员会常务委员会关于十四届三次会议以来提案工作情况的报告（草案）；审议通过市政协主席会议工作情况的报告（草案）（书面）；审议通过市政协专门委员会工作报告（草案）（书面）；审议通过市政协十四届四次会议常委会工作报告报告人名单（草案）、提案工作报告报告人名单（草案）；审议通过市政协十四届四次会议大会执行主席名单（草案）、各次全体会议主持人名单（草案）；审议通过市政协十四届四次会议大会秘书长、副秘书长名单（草案）；审议通过市政协十四届四次会议小组召集人名单（草案）；审议通过市政协十四届四次会议列席人员名单（草案）；审议通过市政协十四届四次会议分组名单（草案）；审议通过《政协承德市委员会委员管理办法（试行）（草案）；刘文勤主席讲话。

1月15日，政协承德市第十四届委员会常务委员会召开第十九次会议，会议应出席73人，实到59人。市政协主席刘文勤主持会议。会议的主要议题是：听取各组讨论情况汇报；听取市委组织部关于辞去和增补选政协承德市第十四届委员会副主席有关情况的说明；通过接受柴山辞去政协承德市第十四届委员会副主席职务申请的决定，并审议副主席候选人名单（草案）；审议政协承德市第十四届委员会第四次会议选举办法（草案）；审议总监票人、监票人名单（草案）；审议政协承德市第十四届委员会第四次会议关于常务委员会工作报告的决议（草案）；审议政协承德市第十四届委员会第四次会议政治决议（草案）；人事事项。

1月16日，政协承德市第十四届委员会常务委员会召开第二十次会议，会议应出席73人，实到62人。市政协主席刘文勤主持会议。会议的主要议题是：听取各组讨论情况汇报；通过政协承德市第十四届委员会副主席候选人名单（草案）；通过政协承德市第十四届委员会第四次会议选举办法（草案）；通过总监票人、监票人名单（草案）；通过政协承德市第十四届委员会第四次会议关于常务委员会工作报告的决议（草案）；通过政协承德市第十四届委员会关于政协承德市第十四届委员会第四次会议提案审查情况的报告（草案）；通过政协承德市第十四届委员会第四次会议政治决议（草案）。

同日，政协承德市第十四届委员会常务委员会召开第二十一次会议，会议应出席73人，实到62人。市政协主席刘文勤主持会议。会议的主要议题是：听取选举结果。

9月3日，政协承德市第十四届委员会常务委员会召开第二十二次会议，会议应出席74人，实到56人。市政协主席刘文勤主持会议。会议的主要议题是：市社会信用体系办公室通报承德市信用体系建设工作开展情况；市政协社法委主任高纪辉就《加强诚信体系建设，进一步优化营商环境的建设（草案）》作调研和建议主要内容的说明；大会发言；审议《加强诚信体系建设，进一步优化营商环境的建设（草案）》；市政府领导讲话；市政协主席刘文勤讲话；人事事项。

【主席会议】 1月3日，政协承德市第十四届委员会召开第三十四次主席会议，市政协主席刘文勤主持。会议的主要议题是：听取组织部关于辞去和增补委员的汇报；协商通过辞去和增补委员名单；刘文勤主席讲话。

同日，政协承德市第十四届委员会召开第三十五次主席会议，市政协主席刘文勤主持。会议的主要议题是：听取各讨论组汇报；刘文勤主席讲话。

1月15日，政协承德市第十四届委员会召开第三十六次主席会议，市政协主席刘文勤主持。会议的主要议题是：听取各组讨论情况汇报；听取市委关于辞去和增补选政协承德市第十四届委员会副主席有关情况的说明；通过接受柴山辞去政协承德市第十四届委员会副主席职务申请的决定，并审议副主席候选人名单（草案）；审议政协承德市第十四届委员会第四次会议选举办法（草案）；审议总监票人、监票人名单（草案）；审议政协承德市第十四届委员会第四次会议关于常务委员会工作报告的决议（草案）；审议政协承德市委员会第四次会议政治决议（草案）；人事事项。

1月16日，政协承德市第十四届委员会召开第三十七次主席会议，市政协主席刘文勤主持。会议的主要议题是：听取各组讨论情况并报；通过政协承德市第十四届委员会副主席候选人名单（草案）；通过政协承德市第十四届委员会第四次会议选举办法（草案）；通过总监票人、监票人名单（草案）；通过政协承德市第十四届委员会第四次会议关于常务委员会工作报告的决议（草案）；通过政协承德市第十四届委员会提案委员会关于政协承德市第十四届委员会第四次会议提案审查情况的报告（草案）；通过政协承德市第十四届委员会第四次会议政治决议（草案）。

同日，政协承德市第十四届委员会召开第三十八次主席会议，市政协主席刘文勤主持。会议的主要议题是：听取大会选举结果的汇报。

4月17日，政协承德市第十四届委员会召

开第三十九次主席会议，市政协主席刘文勤主持。会议的主要议题是：传达学习《中共中央办公厅关于持续解决困扰基层的形式主义问题为决胜全面建成小康社会提供坚强作风保证的通知》；讨论市政协党组《关于进一步做好向市委请示报告工作的实施意见》；讨论《关于落实在乡（镇）街道设立委员服务召集人（联络员）制度的实施意见》；讨论《关于2020年党组理论学习中心组学习活动的安排意见》；研究人才库建设相关事宜；研究确定“双20”提案。

6月9日，政协承德市第十四届委员会召开第四十次主席会议，市政协主席刘文勤主持。会议的主要议题是：市直有关部门汇报“1号提案”办理情况；座谈交流；市政府副市长郭士刚讲话；市政协主席刘文勤讲话。

7月2日，政协承德市第十四届委员会召开第四十一次主席会议，市政协主席刘文勤主持。会议的主要议题是：讨论《关于建立“政协履职人才库”实施意见》；讨论《关于建立非公经济及商协会代表人士圆桌会、新社会组织代表人士圆桌会、党外知识分子代表人士恳谈会、民族宗教界代表人士恳谈会制度落实双向发力的暂行办法》；讨论《提案内容公开办法（试行）》《提案审查工作细则》《关于提高提案质量的意见》《重点提案遴选与督办办法》。

8月31日，政协承德市第十四届委员会召开第四十二次主席会议，市政协主席刘文勤主持。会议的主要议题是：学习全国地方政协工作经验交流会精神；通报违反中央八项规定精神典型案例；讨论《市政协常委会专题议政方案（草案）》和《关于加强社会诚信体系建设进一步优化营商环境的建议（草案）》。

9月27日，政协承德市第十四届委员会召开第四十三次主席会议，市政协主席刘文勤主持。会议的主要议题是：传达学习习近平总书记在教育文化卫生体育领域专家代表座谈会、基层代表座谈会上的讲话精神；传达学习习近平总书记在科学家座谈会、中央财经委员会第八次会议、纪念中国人民抗日战争暨世界反法西斯战争胜利75周年座谈会、中央全面深化改革委员会第十五次会议、中共中央政治局会议和省政协第十六次常委会会议精神；传达学习全国政协、省政协工作经验交流会精神；传达学习庆祝省政协成立70周年理论研讨会精神；讨论《关于加强和改进政协专门委员会工作和制度建设的意见》；讨论市政协《成立政协法律咨询小组的实施意见》；讨论市政协系统理论学习研讨会暨政协工作经验交流会方案；研究2020年度经费预算情况。

10月19日，政协承德市第十四届委员会召开第四十四次主席会议，市政协主席刘文勤主持。会议的主要议题是：讨论《关于科学编制承德市“十四五”规划的建议（草案）》；讨论全市政协系统党建工作会议暨开展“四引四帮”主题实践活动推进会方案；通报井冈山学习培训情况。

12月24日，政协承德市第十四届委员会召开第四十五次主席会议，市政协主席刘文勤主持。会议的主要议题是：传达学习习近平总书记在中央经济工作会议上的讲话精神；各委办述职；听取“四引四帮”工作情况和表彰初步意见及委员履职考核情况；听取优秀提案、优秀承办单位和政协成立以来优秀提案表彰初步意见；讨论2020年市政协工作要点；讨论市政协《协商议政质量评价工作办法（试行）》《协商成果转化落实督办工作暂行办法》《常委提交年度履职报告工作办法（试行）》；听取市政协十四届五次全会准备工作情况的汇报。

建言献策

【概况】 2020年，共征集提案439件，其中委员提案336件，集体提案37件，经审查立案373件，立案率84.9%。

【新冠肺炎疫情防控提案】 围绕统筹推进疫情防控和经济社会发展、强化公共卫生服务、完善重大疫情防控救治体系、推动复工复产复学提出提案58件。分别以提案、社情民意和建议等形式及时送交有关部门办理和参阅。《关于疫情对中小型民营企业的影响及建议》等提案精准反映中小企业在疫情防控和复工复产面临的双重压力，市政府在统筹疫情防控和推进企业复工复产中充分考虑企业的困难，在实施领导、部门包联企业、协调解决困难的同时，实施减租、免息、降税等扶持政策，为中小企业发展提供了空间。“关于做好全市疫情防控，完善应急储备机制，确保全市人民安全健康”方面的多件提案，均得到市疫情防控办公室认真研究、办理、落实。

【经济建设提案】 围绕贯彻新发展理念、产业转型升级、发展绿色产业、加快科技创新提出提案74件。《关于以建设国家可持续发展议程创新示范区为契机，推动全市创新驱动发展的建议》抓住事关承德市长远发展的重大问题，市委书记周仲明、市长常丽虹等市委市政府领导分别作出重要批示。市政协将此建议作为2020年1号提案重点协商。市科技局、市发改委、市工信局、双滦区政府、高新区管委会等单位，对标深圳、桂林、郴州等城市，着力补短板、强弱项，提高创新能力和水平，推进承德市国家可持续发展议程创新示范区建设速度。《关于银企有效对接，服务实体经济发展的建议》《关于支持小微企业稳步发展的建议》等提案，从政策支持、拓展融资渠道、优化营商环境、服务企业发展等方面提出建议，市金融、财政、企业发展服务中心等部门分别制定出台支持企业健康发展15条、金融支持实体经济10条等31个政策文件，建立2亿元企业纾困基金，为89家企业倒贷21亿元，争取抗疫特别国债等支持性资金263.8亿元，设立政府工作服务站和政府服务代表，组建金融服务团下沉服务，帮助企业渡过难关，促进经济企稳回升。

【政治建设提案】 围绕加快法治承德建设、加强和创新社会治理、提升全民素质、创建文明城市提出提案19件。对于《关于切实提升市民素质，大力推动承德市文明城市创建的建议》，市委宣传部将委员建议落实到创建文明城市具体工作之中，取得显著成效。对于《关于加强公益普法宣传，助力法治承德建设》的提案，市司法局制定《承德市全媒体公益普法制度》，将公益普法纳入各县市区和市直部门法治建设考核和检查验收内容，全民法治意识明显提升。

【文化建设提案】 围绕繁荣发展社会主义文艺、做大做强做优文化旅游产业、完善城乡公共文化服务体系、弘扬历史文化提出提案52件。《关于以“出作品、出人才”为统领，大力加强承德市文艺创作队伍建设的建议》得到有关部门的高度重视和认真落实。对于《关于突出旅游资源优势，推进全域旅游城市建设的建议》，市政府按照全域布局、全景覆盖的要求，坚持“多规合一”，用全域旅游统领交通、土地、城乡发展等各项规划，实现旅游设施、要素、功能在空间上的合理布局和优化配置，市旅游和文化广电局作为主要承办单位，积极协调，狠抓落实。

【社会建设提案】 围绕精准扶贫脱贫、办好人民满意的教育、提升社会保障水平、增强民生福祉提出提案196件。《关于巩固脱贫成果，防止因病、因灾返贫的建议》《加强农村产业谋划，提升精准扶贫质量》等提案为承德市进一步完善精准扶贫政策措施、强化脱贫攻坚保障机制，更好实施乡村振兴战略提供重要参考。中心城区交通拥堵问题，多年来委员持续建言，促进了工作落实，市公安局、市住建局、市交通运输局、市城市综合管理执法局等单位认真研究，逐项落实。会龙山至承德东连接线等市区道路建设分批开工，凤凰山大桥改造、桃李街北口过街天桥等项工程相继完工，投入使用，有凤来仪大桥正式开通。对于《关于激发办学活力，全面提升教学质量的建议》《关于推动民办幼儿园健康发展的建议》等提案，市教育局认真承办，采取有效措施，解决相关问题。针对“老旧小区改造提升”方面的多件提案，市住建局、双桥区政府等承办单位在老旧小区道路、供热、燃气、自来水、污水管网改造等方面吸纳提案建议，为推动老旧小区居民生活改善，提升居民获得感、幸福感发挥积极作用。

【生态文明建设提案】 围绕打好污染防治攻坚战、健全生态环境保护制度、农村环境综合治理提出提案32件。对于《关于建设国家公园，构造京津冀生态安全屏障的建议》，市政府在制定《承德市自然保护地整合优化方案》中予以采纳，市林业和草原局依托塞罕坝国家级自然保护区、御道口省级自然保护区等自然保护地积极做好国家公园申报工作。对于《关于加强基层生态环境机构建设，提升基层管理能力的几点建议》，市生态环境局按照省、市政府《深化生态环境保护综合行政执法改革实施方案》的安排部署，狠抓落实，承德市生态环境管理能力显著提升。

合作联谊

【搭建载体平台】 在全省率先制发《关于建立界别代表人士恳谈会（圆桌会）双向发力平台机制的暂行办法》，重点关注非公经济和商协会、新社会组织、党外知识分子和民族宗教界人士4个重要群体，紧扣中心工作和全局重大问题，邀请各界代表人士参加，扩大社会有序参与，调研视察与协商座谈相结合、建言资政与凝聚共识相贯通，召开4次恳谈会（圆桌会），坦诚协商、增进共识、建言献策。《人民政协报》分别以《圆桌会上听民声》《协商在紫塞大地开花结果》为题专题报道，《河北日报》、河北政协网相继转发。

【发挥委员主体作用】 建立健全情况通报制度，定期邀请党政领导和部门负责人通报经济社会发展形势，为委员编印学习材料，邀请专家学者解读大政方针，积极为委员搭建知情明政平台，创造条件让委员发声、为百姓代言，宣传政策举措，化解群众疑难，当好桥梁纽带，促进和谐稳定。完善委员重要建议直通车和绿色通道制度，畅通社情民意反映渠道，向市委、市政府主要领导报送专报4期、委员重要建议12条。

【加强合作共事】 落实市政协领导成员联系县市区政协、党派团体和无党派人士制度，把思想教育寓于谈心谈话、走访看望之中，在加强沟通、听取意见、了解呼声过程中不断增进共识。落实民主党派在政协发表意见建议机制，搭建学习培训、考察交流平台，重大活动通力合作，组织开展联合调研15次、联合视察4次、联动督办7次，有效发挥党派团体参政议政作用。

【加强与民宗港澳台侨联系】 认真宣传贯彻党的民族宗教政策，全力维护民族团结、促进宗教和睦。加强与港澳台侨界委员的联络联谊，推动“新侨工作站”建设，邀请10名海外侨胞代表人士列席市政协十四届四次全会，充分发挥在对外联络、招商引资、助力抗疫等方面的积极作用。

政协建设

【严格正风肃纪】 深入落实全面从严治党责任，坚持与履职工作同部署、同落实、同考核，及时组织召开推进会议，制发实施方案和责任分解清单，切实狠抓工作落实。一以贯之抓好常态化政治性警示教育，筑牢拒腐防变思想防线。持续加强和改进作风，严格执行中央八项规定精神及其实施细则和省市有关规定，力戒形式主义、官僚主义。巩固深化主题教育成果，整改任务全部落实。全力支持配合市纪委监委驻机关纪检监察组工作。

【依法依章履职】 增强法治意识，树立法治思维，带头学习《中华人民共和国宪法》《中华人民共和国民法典》等法律法规知识，积极推动普法宣传，聘请14名专业人士组成法律咨询服务小组，提高依法履职能力。认真组织学习新修订的《中国人民政治协商会议章程》，严格依章履职。

【加强制度建设】 对标中央和省、市委政协工作会议的新部署新要求，对55项具体任务制定责任分解清单，明确牵头领导、工作标准和时间要求，压实工作责任，确保落地见效。修订完善和新制定8个方面18项制度机制，不断提升履职规范化水平。

【发挥整体优势】 主动对接全国政协和省政协工作，精心组织做好来承调研视察活动，积极反映承德市重大关切和诉求。加强与省内外政协的工作交流，拓展与京津有关区县政协的协同合作。切实改进和加强对县市区政协的工作指导，增加联动调研协商、联合视察监督频次，组织召开政协主席座谈会和不同主题现场观摩推进会，推广先进典型，培树亮点工作，形成联动合力，推动政协组织优势转化为履职整体效能。

2020年市政协及工作机构领导名录

主席、党组书记：刘文勤
党组副书记：吴清海（2月任）
柴　山（满族，2月免副主席）
副主席：李建华（不驻会）
关继高（满族）
张富民（满族，不驻会）
王利华（女）
信　祥（满族）
白宝君（满族，不驻会）
郭靖涛（不驻会）
刘众民（2月任）
董旭明（1月任）
秘书长：单化军（满族）

主席会议成员（11人，按省委提名顺序排序）
刘文勤
李建华
关继高（满族）
张富民（满族）
王利华（女）
信　祥（满族）
白宝君（满族）
郭靖涛
刘众民
董旭明
单化军（满族）

常务委员会委员（63人，按姓氏笔画排序）
丁　宁（回族）
于明辉（满族）
马广春（兼）
王　强
王文龙（满族）
王冬梅（女）
王志勇
艾　铮
田永卿（满族）
代　林（蒙古族）
冯保中
司志通
邢晓冬（满族）
毕凤君（满族）
闫忠民（满族）
刘　丹（女）
刘立平（女，满族）

刘宗旭
刘翠哲（女）
孙立侠（女，满族）
孙国华
孙海丰（满族）
纪春艳（女，满族）
苏艳华（女，满族）
李　莉（女，满族）
李广安
李月明
李守山
李国华
李铁柱
李海健
杨玉艳（女，满族）
肖　冰
汪亚东（蒙古族）
张　忠
张振坤
陆　媛（女，满族）
岳方勇
郑国民
封捷然（满族）
赵　永（满族）
郝长来
胡桂才（女）
胡维俭（满族）
殷明慧
高立国（蒙古族）
高旭升（满族）
高纪辉
黄智冬（满族）
黄新民
曹　静（女）
彭兴怀（女，满族）
葛月龙（满族）
葛曙光（女）
董　昆（女，满族）
董淑琴（女）
蔡　成（满族）
蔡　静（满族）
谭玉广
暴洪颖（蒙古族）
潘宪忠
戴觐忠（回族）
傅庆元

副秘书长及各委办负责人：

副秘书长：毕凤君
葛曙光（正处级，女）
办公室主任：毕凤君
办公室副主任：刘春辉
办公室研究室主任：孙金红
提案委员会主任：潘宪忠
提案委员会副主任：陈秀东（女）
财政经济委员会主任：高立国
财政经济委员会副主任：贾　雷
农业和农村委员会主任：胡维俭
农业和农村委员会副主任：刘　峰
人口资源环境委员会主任：于明辉
人口资源环境委员会副主任：王　旭
教科卫体委员会主任：董　昆（女）
教科卫体委员会副主任：杨靖宇
社会和法制委员会主任：高纪辉
社会和法制委员会副主任：王丽英（女）
港澳台侨联络委员会、民族宗教委员会主任：
刘立平（女）
港澳台侨联络委员会、民族宗教委员会副主任：
王文戈
郝建东
文化文史和学习委员会主任：傅庆元
文化文史和学习委员会副主任：王凤才
政协承德第十四届委员会专职常委：张振坤

（供稿　王修明）

纪检监察

综　述

【概况】 2020年，全市纪检监察工作坚持稳中求进、人民至上、依规依纪依法，充分发挥监督保障执行、促进完善发展作用，“三不”一体推进正风肃纪反腐，全市纪检监察工作向高质量发展持续迈进。

【机构设置】 中国共产党承德市纪律检查委员会、承德市监察委员会合署办公，实行一套工作机构、两个机关名称，履行党的纪律检查和国家监察两项职责。内设25个职能部门，另设机关党委、派驻机构机关党委，设所属全额事业单位承德市纪检监察工作保障中心。市委巡察工作领导小组办公室为市委工作机关，设在市纪委。

【派驻机构】 设有30个派驻机构，具体为：驻市委办公室纪检监察组、驻市人大机关纪检监察组、驻市政府办公室纪检监察组、驻市政协机关纪检监察组、驻市委组织部纪检监察组、驻市委宣传部纪检监察组、驻市委统战部纪检监察组、驻市委政法委机关纪检监察组、驻市发改委纪检监察组、驻市教育局纪检监察组、驻市公安局纪检监察组、驻市国有资产监督管理委员会纪检监察组、驻市财政局纪检监察组、驻市人力资源和社会保障局纪检监察组、驻市自然资源和规划局纪检监察组、驻市生态环境局纪检监察组、驻市住房和城乡建设局纪检监察组、驻市交通运输局纪检监察组、驻市农业农村局纪检监察组、驻市林业和草原局纪检监察组、驻市商务局纪检监察组、驻市旅游和文化广电局纪检监察组、驻市卫生健康委员会纪检监察组、驻市民政局纪检监察组、驻市市场监管局纪检监察组、驻市应急管理局纪检监察组、驻市文物局纪检监察组、驻市中级人民法院纪检监察组、驻市人民检察院纪检监察组、驻市总工会纪检监察组。设有3个派出机构，具体为：中共承德市委市直机关工作委员会纪律检查工作委员会、中共承德市高新技术产业开发区纪律检查工作委员会、承德市纪委驻御道口牧场管理区纪检组。

重要会议

【纪检委全体会议】 1月20日，中国共产党承德市第十四届纪律检查委员会第四次全体会议召开。全会由市纪委常委会主持。全会以习近平新时代中国特色社会主义思想为指导，全面贯彻党的十九大和十九届二中、三中、四中全会精神，深入学习贯彻习近平总书记在十九届中央纪委第四次全体会议上的重要讲话精神，传达学习中共中央政治局常委、中央纪委书记赵乐际所作工作报告、省委书记王东峰在省纪委九届五次全会上的讲话和河北省委常委、省纪委书记、省监察委员会主任刘爽所作的工作报告，认真落实省人大副主任、市委书记周仲明讲话要求，回顾2019年全市纪检监察工作，部署2020年任务。审议通过承德市委常委、市纪委书记、市监察委主任武力斌代表市纪委常委会所作的《充分发挥监督保障执行 促进完善发展作用 持续推动全市纪检监察工作高质量发展 为全面建成小康社会提供坚强保障》工作报告。各县（市、区）党委、部分市直部门党组（党委）向全会作述责述廉报告。这次市纪委全会会期安排半天时间，分第一次会议、第二次会议、分组讨论和第三次会议四个阶段进行。

第一次会议。第一次会议以网络视频会议形式召开，各县（市、区）、承德高新区、御道口牧场管理区设分会场。市委常委、市纪委书记、市监委主任武力斌主持会议。市委常委，市人大常委会、市政府、市政协领导班子成员，市委秘书长，市法院院长、市检察院检察长出席会议。市纪委委员出席会议（应到会 37 人，实到会 33 人）。在主会场参加会议的有市政府秘书长，非市纪委委员的市委各部门主要负责人，市直各单位、各人民团体党组（党委）书记；省属以上院校、机关、企事业单位党委（党组）书记、纪委书记（纪检组长）；市属院校和市委管理领导人员企业党委书记、纪委书记（纪检组长）；市监委委员，市委巡察办副主任、正副处级巡察专员，非市纪委委员的县区纪委书记（纪工委书记），市纪委监委各单位负责人，市纪委监委派驻（出）纪检监察组长（纪工委书记）；部分市监委特约监察员。会议传达习近平总书记重要讲话精神和十九届中央纪委四次全会精神，传达省委书记王东峰讲话精神和省纪委九届五次全会精神。省人大常委会副主任、市委书记周仲明出席第一次会议并讲话。

第二次会议。市纪委委员出席会议（应到会 37 人，实到会 33 人）。非市纪委委员的市监委委员、县区纪委书记（纪工委书记），市委巡察办主任、副主任，市委正副处级巡察专员，市纪委监委各单位负责人，市纪委监委派驻（出）纪检监察组长（纪工委书记）；省属以上院校、机关、企事业单位纪委书记（纪检组长）；市属院校和市委管理领导人员企业纪委书记（纪检组长）；部分市监委特约监察员参加会议。市委常委、市纪委书记、市监察委主任武力斌代表市纪委常委会作题为《充分发挥监督保障执行 促进完善发展作用 持续推动全市纪检监察工作高质量发展 为全面建成小康社会提供坚强保障》的工作报告。全市 11 个县区党委和 30 个市直部门党组（党委）以书面形式向全会作了述责述廉报告。

分组讨论。与会的市纪委委员和列席人员分成四个讨论组，认真学习讨论河北省人大副主任、承德市委书记周仲明讲话、全会工作报告及全会《决议（草案）》，并对各县区党委、部分市直部门党组（党委）述责述廉情况进行测评。与会人员对省人大副主任、市委书记周仲明讲话和全会工作报告给予充分肯定，并对做好全市纪检监察工作提出很好的意见和建议。随后，召开市纪委常委会，认真听取各组讨论情况汇报，对分组讨论中提出的成熟的意见建议，吸纳充实到报告中来，作为今年纪检监察工作的重要举措。

第三次会议。会议表决通过《中国共产党承德市第十四届纪律检查委员会第四次全体会议决议》。承德市委常委、市纪委书记、市监察委主任武力斌在会议结束时讲话强调，全市纪检监察机关和纪检监察干部要带头讲政治守规矩，强化责任担当；要主动融入发展大局，坚持实事求是；要准确把握重点任务，制定好“时间表”和“路线图”，有序、有力、有效抓好落实，确保各项工作走在前列；要坚持严管厚爱相结合，市、县纪委监委班子成员要坚持严管就是厚爱，切实管好自己的人，看好自己的门，看到苗头就去提醒，听到反映直接过问，坚决防止“灯下黑”，带出一支忠诚、干净、担当的纪检监察铁军。

【纪检委常委及扩大会议】 1 月 3 日，受市委常委、市纪委书记、市监察委主任武力斌委托，市纪委常务副书记、市监察委员会副主任袁丽枝主持召开十四届市纪委 2020 年第一次常委会会议。会议学习讨论省纪委九届五次全会《工作报告（征求意见稿）》。

1 月 19 日，市委常委、市纪委书记、市监察委主任武力斌主持召开十四届市纪委 2020 年第二次常委会（扩大）会议。会议传达学习十九届中央纪委四次全会和省纪委九届五次全会精神，研究贯彻落实意见；审议《市纪委十四届四次全体会议方案》和《工作报告》；听取《关于纪检监察干部关怀激励工作情况的汇报》；审议《关于对受到处分或处理人员进行回访教育的工作办法（试行）》；通报《关于调整惩腐打“伞”专项工作分工的意见》；审议《关于列席市纪委常委会会议人员范围的建议方案》；审议《关于集中清理规范性文件情况的报告》；审议审理报告6件、复查复审报告1件；研究有关干部人事问题。

1月20日，市委常委、市纪委书记、市监察委主任武力斌主持召开十四届市纪委2020年第三次常委会会议。会议听取市纪委十四届四次全会《工作报告》《决议（草案）》，分组讨论情况汇报。

2月26日，承德市委常委、市纪委书记、市监察委主任武力斌主持召开十四届市纪委2020年第四次常委会（扩大）会议。会议传达学习中央纪委《关于纪检监察系统认真学习贯彻习近平总书记在十九届中央纪委四次全会上重要讲话精神的通知》；通报市纪委监委2020年度财政预算安排情况；审议《市纪委监委机关后勤服务保障规范化建设试点方案》；审议《承德市纪委监委服务保障特约监察员充分履行职责分工方案》；审议《关于市纪委监委一体化推进安全可靠应用全面替代的落实意见》；审议《关于检举举报平台建设及配套工程项目实施国产化替代的报告》；研究《关于〈纪检监察机关处理检举控告工作规则〉的贯彻落实意见》；研究《2019年度市纪委监委派驻机构综合考核评价工作方案》；研究有关干部人事问题。

3月6日，市委常委、市纪委书记、市监察委主任武力斌主持召开十四届市纪委2020年第五次常委会（扩大）会议。会议审议《承德市纪委监委派驻纪检监察组以及市直机关纪检监察工委监督检查审查调查措施使用管理办法(试行)》；审议《承德市市管企业、市管学校纪检监察机构监督检查审查调查措施使用管理办法（试行）》；研究《关于疫情期间发放专案相关人员补助补贴的报告》；审议《关于续签2020年度视频会议电路租用协议的请示》；通报2019年度市纪委机关财务收支情况；审议《承德市廉政教育培训中心改扩建工程近期工作进展情况报告》；审议审理报告1件。

3月30日，市委常委、市纪委书记、市监察委主任武力斌主持召开十四届市纪委2020年第六次常委会会议。会议审议违纪案件审理报告2件；研究有关干部人事问题。

4月14日，市委常委、市纪委书记、市监察委主任武力斌主持召开十四届市纪委2020年第七次常委会（扩大）会议。会议传达学习《党委（党组）落实全面从严治党主体责任规定》；传达学习省委《关于进一步贯彻落实党内谈话制度的实施办法（试行）》；通报市纪委监委机关2019年度监督检查审查调查工作情况；听取《关于疫情防控监督检查工作情况的汇报》；审议《关于廉政教育培训中心改扩建工程部分合同签订及相关款项支付情况的报告》；听取市纪委驻村工作队2020年第一季度工作情况汇报；审议复查报告1件；研究有关干部人事问题。

4月23日，市委常委、市纪委书记、市监察委主任武力斌主持召开十四届市纪委2020年第八次常委会会议。会议研究讨论拟晋升三级调研员事宜。

5月6日，市委常委、市纪委书记、市监察委主任武力斌主持召开十四届市纪委2020年第九次常委会（扩大）会议。会议传达学习《中央纪委国家监委关于做好失实检举控告澄清工作的意见》；传达学习国家监委办公厅公安部办公厅《关于地方纪检监察机关委托公安机关采取技术调查措施审批权限和办理程序的规定（试行）》；通报《关于办理2020年度避暑山庄年票的报告》；

审议《关于承德市廉政教育培训中心改扩建工程电力施工合同有关情况的报告》；传达全省惩腐打“伞”工作专题会议精神，研究具体贯彻落实意见；通报办理过程情况1件；研究有关干部人事问题。

5月9日，市委常委、市纪委书记、市监察委主任武力斌主持召开十四届市纪委2020年第十次常委会会议。会议审议2019年度考核结果。

5月11日，市委常委、市纪委书记、市监察委主任武力斌主持召开十四届市纪委2020年第十一次常委会会议。会议审议《关于拟定晋升二三级调研员人选的工作建议》。

5月18日，市委常委、市纪委书记、市监察委主任武力斌主持召开十四届市纪委2020年第十二次常委会会议。会议研究拟晋升二、三级调研员人选等有关干部人事事项。

5月21日，市委常委、市纪委书记、市监察委主任武力斌主持召开十四届市纪委2020年第十三次常委会会议。会议研究推荐拟晋升三级调研员人选等有关干部人事事项。

5月29日，市委常委、市纪委书记、市监察委主任武力斌主持召开十四届市纪委2020年第十四次常委会（扩大）会议。会议传达学习中央纪委办公厅《关于贯彻落实党中央决策部署紧紧围绕统筹疫情防控和经济社会发展跟进监督精准监督全程监督的工作意见》；传达学习省纪委监委《关于全省纪检监察机关支持民营企业改革发展的指导意见》；通报对接人大“6+1”联动监督工作专班组建情况；审议《问题线索处置和管理工作暂行办法》，审议《承德市纪委监委监督检查审查调查措施使用暂行规定》；传达学习市委保密机要局相关保密要求；审议《承德市纪委监委合同管理办法（试行）》《承德市纪委监委基本建设项目管理办法》《承德市纪委监委公务用车管理办法》《承德市纪委监委司勤人员管理暂行办法》《承德市纪委监委机关会议服务保障办法（试行）》《承德市纪委监委机关值班值守工作制度（试行）》《承德市纪委监委督查督办工作制度（试行）》《承德市纪委监委党员领导干部民主生活会制度》《关于进一步落实机关党建工作责任的实施意见》《承德市纪委监委理论学习中心组学习制度》等10项制度；审议《2020年市纪委监委理论中心组专题学习安排》；审议《市纪委监委机关2020年党建工作要点》；审议《关于拨付廉政教育培训中心改扩建工程相关款项的报告》；审议《关于廉政教育培训中心改扩建工程信息化改造部分招标情况的报告》；研究有关干部人事问题。

6月9日，受市委常委、市纪委书记、市监察委主任武力斌委托，承德市纪委常务副书记、市监察委员会副主任袁丽枝同志主持召开十四届市纪委2020年第十五次常委会会议。会议研究拟晋升二级调研员人选。

6月23日，市委常委、市纪委书记、市监察委主任武力斌主持召开十四届市纪委2020年第十六次常委会（扩大）会议。会议审议《市管院校领导班子主体责任专项检查结果》；审议《市纪委监委借调工作人员管理暂行办法》；审议审核报告1件；研究有关干部人事问题。

7月7日，市委常委、市纪委书记、市监察委主任武力斌主持召开十四届市纪委2020年第十七次常委会（扩大）会议。会议审议《关于切实加强检举控告件“增量随清”督办工作的通知》；通报2020年4—6月检举控告件办理情况；研究关于化解重复信访举报的有关意见；传达学习《省纪委关于核查涉黑涉恶团伙背后腐败和“保护伞”结案标准及报结程序的通知》，研究具体贯彻落实意见；审议《承德市纪委监委关于加强和规范纪检监察机关（机构）在监督检查审查调查工作中协作配合的指导意见（试行）》；审议《承德市纪委监委涉案款物管理规定（试行）》；审议《承德市纪委常委会、承德市监察委员会工作规则（试行）》《市纪委监委财务管理办法（试行）》《市纪委监委固定资产管理办法（试行）》《承德市纪委监委内部控制工作手册》《承德市纪委监委机关公文处理办法（试行）》《承德市纪检监察宣传工作规范》；审议《承德市廉政教育培训中心财务管理办法（试行）》；审议《承德市纪委监委办案专用信息技术装备使用管理办法（试行）》《承德市纪检监察涉密信息系统安全保密管理规定》《承德市纪检监察涉密信息系统相关人员管理办法》；审议《关于购买检举举报平台软件系统驻场运维服务的情况报告》；审议《关于改扩建工程信息化改造项目开标情况的报告》；审议《廉政教育培训中心改扩建工程信息化改造项目监理合同》；听取市纪委驻村工作队 2020 年第二季度工作情况汇报；审议《关于 2020 年全市案件质量评查工作情况报告》；审议审理报告 2 件；研究有关干部人事事项。

8 月 6 日，受市委常委、市纪委书记、市监察委主任武力斌委托，承德市纪委常务副书记、市监察委员会副主任袁丽枝主持召开十四届市纪委 2020 年第十八次常委会会议。会议研究有关干部人事问题。

8 月 6 日，市委常委、市纪委书记、市监察委主任武力斌主持召开十四届市纪委 2020 年第十九次常委会（扩大）会议。会议传达学习中央书记处书记、中央纪律检查委员会副书记、国家监察委员会主任杨晓渡在河北调研时的讲话精神，研究贯彻落实意见；审议续签《市纪委监委网站和微信公众号建设与运维项目合同》；研究检举控告件“增量随清”办理情况；传达学习省惩腐打“伞”专班相关工作要求，研究贯彻落实意见；审议审理报告 1 件；审议《关于市纪委监委系统晋升四级调研员职级有关问题的说明》。

8 月 13 日，市委常委、市纪委书记、市监察委主任武力斌主持召开十四届市纪委 2020 年第二十次常委会会议。会议研究干部人事事项。

8 月 21 日，市委常委、市纪委书记、市监察委主任武力斌主持召开十四届市纪委 2020 年第二十一次常委会（扩大）会议。会议传达学习《中共中央办公厅关于印发〈党委（党组）意识形态工作责任制实施办法〉的通知》；传达学习《关于对河北省纪委监委原第一纪检监察室主任李繁东严重违纪违法问题及其教训警示的通报》；传达学习《河北省纪检监察机关失实检举控告澄清工作办法》，研究贯彻落实意见；审议《关于进一步加强重复检举控告治理工作的指导意见》；审议《市纪委监委 2020 年专项工作安排》；审议《关于 2020 年度中央转移支付资金使用计划的情况报告》；审议《关于为职工安排健康体检的请示》；审议《市纪委监委 2020 年度干部培训工作方案》；审议《关于廉政教育培训中心大会议室显示屏系统的施工修改建议》；审议《关于拨付廉政教育培训中心改扩建工程相关款项的报告》；审议《关于签订廉政教育培训中心改扩建工程供热入网合同及按合同支付相关款项的报告》；审议《关于支付承德市廉政教育培训中心改造设备及软件购置项目尾款和监理费的报告》；审议审理报告 2 件；研究干部人事事项。

9 月 1 日，市委常委、市纪委书记、市监察委主任武力斌主持召开十四届市纪委 2020 年第二十二次常委会（扩大）会议。会议审议《关于为留置执勤看护队员配备蓝牙耳机的情况报告》；审议《关于拍摄巡察工作专题宣传片使用费用等有关情况的报告》；审议交办件办理情况的报告 1 件；审议审理报告 3 件。

9 月 15 日，市委常委、市纪委书记、市监察委主任武力斌主持召开十四届市纪委 2020 年第二十三次常委会（扩大）会议。会议传达学习《河北省纪检监察机关实名检举控告办理结果反馈工作办法》；审议《承德市市、县两级纪委监委在网站信息公开频道发布信息工作机制》；审议《关于监督检查室调整联系分工的情况报告》；审议审理报告 5 件；研究干部人事事项。

9 月 21 日，市委常委、市纪委书记、市监察委主任武力斌主持召开十四届市纪委 2020 年第二十四次常委会会议。会议审议审理报告1件。

9月22日，市委常委、市纪委书记、市监察委主任武力斌主持召开十四届市纪委2020年第二十五次常委会会议。会议审议《关于拨付承德市廉政教育培训中心改扩建工程进度款及预存农民工工资预储金的报告》；审议《关于电子数据取证专业技术办案装备项目进行政府采购的请示》；研究市纪委监委拟呈报的疫情防控工作省级先进个人推荐人选；审议审理报告1件、审核报告1件；研究干部人事事项。

10月13日，市委常委、市纪委书记、市监察委主任武力斌主持召开十四届市纪委2020年第二十六次常委会（扩大）会议。会议审议《承德市纪委监委安可替代工程进展情况及下步工作计划的报告》；审议《关于承德市廉政教育培训中心改扩建工程家具和厨房设备采购项目开标情况的报告》；审议《关于报送新冠病毒疫苗紧急使用（试用）重点保障对象有关情况的报告》；听取市纪委监委领导班子成员分管工作情况汇报；审议审理报告4件。

11月5日，市委常委、市纪委书记、市监察委主任武力斌主持召开十四届市纪委2020年第二十七次常委会（扩大）会议。会议传达学习党的十九届五中全会精神；传达学习中央书记处书记、中央纪律检查委员会副书记、国家监察委员会主任杨晓渡在全国纪检监察干部监督工作培训班上的讲话精神；传达省纪委监委、市委有关人事任免提名文件；传达学习上级纪委监委关于审查调查安全工作有关部署要求，研究具体贯彻落实意见；传达学习全省纪检监察系统学习贯彻检举控告工作《规则》暨信访举报工作推进会会议精神，研究具体贯彻落实意见；审议《市纪委科级以下公务员平时考核工作方案》；审议《关于电子数据取证专业技术办案装备项目支付货款的请示》；审议《关于纪检监察工作保障中心改扩建工程部分合同签订及部分款项支付（预存）的报告》；审议《关于新建宿舍楼购置布草及房间用品的报告》；审议审理报告2件；审议《关于市纪委监委领导班子成员分工的建议》；研究干部人事事项。

11月11日，市委常委、市纪委书记、市监察委主任武力斌主持召开十四届市纪委2020年第二十八次常委会（扩大）会议。会议传达学习省委九届十一次全会精神；审议《关于市纪委监委安可替代工程项目招投标情况的报告》；审议《节目制作服务合同》；审议《关于发放“两节”期间留置看护人员加班费的报告》；审议《关于留置保障支队发放执勤补助的报告》；听取《市纪委监委驻村工作队第三季度工作情况汇报》；审议《纪检监察工作保障中心关于〈承德市审计局审计报告征求意见书〉的报告》；审议《关于签订纪检监察工作保障中心改扩建工程工期延长补充协议的报告》；审议《关于缴纳保障中心改扩建工程高可靠性供电费用的请示》；审议审理报告1件。

11月19日，市委常委、市纪委书记、市监察委主任武力斌主持召开十四届市纪委2020年第二十九次常委会会议。会议研究干部人事事项；审议审理报告2件。

12月1日，市委常委、市纪委书记、市监察委主任武力斌主持召开十四届市纪委2020年第三十次常委会会议。会议审议《承德市纪委监委审查调查人才库管理使用办法》；审议《关于申请变更新建宿舍楼布草及房间用品供货单位的报告》；审议《关于支付保障中心改扩建工程农民工工资预储金的请示》；通报《关于购置一台公务用车的情况报告》；审议审理报告1件；研究干部人事事项。

12月14日，市委常委、市纪委书记、市监察委主任武力斌主持召开十四届市纪委2020年第三十一次常委会会议。会议传达学习中央纪委、国家监委案管室相关工作通报精神；审议《关于对检举举报平台及配套工程项目进行结算支付的请示》；审议《关于对检举举报平台基层综合业务应用系统运维服务合同进行支付的请示》；审议《关于续签联通电路租用补充协议及费用支付的请示》；审议《关于国产替代项目资金支付的请示》；听取《聘请市纪委监委法律顾问的情况报告》；审议《市纪委监委购买部分办公家具和办公设备的申请》；审议《市纪委监委机关与长城新媒体集团续签门户网站和微信公众号建设与运维的合同》；审议《关于市纪委监委保障中心新建宿舍楼和办案技术楼购置窗帘的报告》；听取《关于工资管理信息系统建设情况的汇报》；听取《关于增补特约监察员的汇报》；审议违纪违法案审理报告2件；研究干部人事事项。

12月24日，市委常委、市纪委书记、市监察委主任武力斌主持召开十四届市纪委2020年第三十二次常委会会议。会议审议《承德市纪委监委派驻（派出）机构与驻在单位沟通会商工作办法（试行）》；审议《关于报销第十一轮巡察费用的建议报告》；通报《关于巡察工作专题宣传片签订合同和结算费用有关工作的情况报告》；通报《关于市财政对纪检监察工作保障中心道路铺油及路两侧绿化亮化工程竣工结算审核的情况报告》；听取《关于纪检监察干部关怀激励工作情况的汇报》；审议审理报告2件。

政治和作风建设

【一体推进“三项改革”】 协助市委做好管党治党任务部署、政策把握、责任分解，会同党委部门开展落实“两个责任”和党风廉政建设责任制专项检查，推动“两个责任”贯通协同。严格落实请示报告制度，向省纪委监委、市委和市委主要领导呈报专题报告64份，向市委常委会提交反腐败工作议题23项。围绕基层“四项监督”统筹衔接等课题开展调研，有效破解基层监督贯通不畅、衔接不顺、合力不强等问题。制定审查调查措施使用、线索处置管理、涉案财物管理、失实检举控告澄清正名等规范性文件9个，纪法贯通、法法衔接机制不断完善。推动各项监督立体聚焦，以六个重点领域清理规范和人大“6+1”联动监督等为载体，督促整改问题500个2082项，整改完成率达到99.95%。

【全面从严治党】 立足大局、服务全局，高效承办国家监委、省监委指定管辖案件4件，已办结3件，留置10人，追缴涉案款物近亿元，得到上级纪委监委充分肯定。零容忍惩治腐败，全市立案1523件，党纪政务处分1813人，留置13人，移送司法机关33人。在高压震慑和政策感召下有6人选择主动投案，成功规劝最后一名外逃人员到案，在全省率先完成追逃任务。深挖案件背后的制度根源、机制缺失、管理漏洞，发出纪检监察建议173份。拍摄《改写的人生》《群众利益无小事》警示教育片，协助市委召开政治性警示教育大会。落实落细严管厚爱，为24名受到不实举报党员干部澄清正名，跟踪回访162名受处分、被问责党员干部。

【纠治“四风”】 紧盯贯彻落实上级决策部署不坚决不扎实、维护群众利益不担当不作为、服务高质量发展不务实不尽力、推进基层减负不到位不见效等问题，从讲政治高度整治形式主义、官僚主义问题214个，党纪政务处分229人。紧盯关键节点和薄弱环节，对隐形变异问题露头就打，严防老问题复燃、新问题萌发。把节约粮食、制止餐饮浪费作为重要方面靠前监督，狠刹奢侈浪费歪风。全市共查处享乐奢靡之风问题177个，党纪政务处分156人。定期梳理分析“四风”问题数据，找准症结提出建议，督促相关部门强化制度约束。教育引导党员干部带头弘扬抗疫精神，继承发扬塞罕坝精神，厚植廉洁根基，涵养清风正气。

党内监督和执纪巡察

【强化政治监督】 一以贯之学习习近平新时代中国特色社会主义思想，巩固深化“不忘初心、牢记使命”主题教育成果。推动政治监督具体化，妥善处理“督”和“战”的关系，精准监督助力“防疫大考”，因时因势调整工作重点，统筹常态化疫情防控、做好“六稳”工作、落实“六保”任务、打好“三大攻坚战”等政策落实情况，以强监督促强监管、强落实。紧盯违建别墅清查、巡视巡察和审计反馈问题整改、六个重点领域清理规范等，联动开展专项治理，督促整改问题1184个。把“两个维护”作为最根本政治纪律，共立案审查违反政治纪律案件9件，党纪政务处分10人。审慎稳妥对51件涉及疫情防控问题线索调查处置，严肃查处围场满族蒙古族自治县围场镇落实疫情防控排查责任不力、高新区行政审批局服务支持复工复产不力等问题。

【做实日常监督】 紧紧抓住红脸出汗这个关键，综合运用平时观察、谈话函询、检查抽查、督促整改等方式，把线索处置做实、把抓早抓小做细、把思想政治工作做深。精准把握政策策略和形态适用，全年累计运用“四种形态”批评教育帮助和处理6333人次，一、二、三、四种形态分别占70.9%、24.6%、2.3%、2.2%。发挥市管干部廉政档案作用，回复党风廉政意见1922人次。建立市纪委监委派驻机构综合考核评价等制度，加强对线索处置、案件查办、履职尽责等情况的领导指导，共处置线索320件，立案46件，党纪政务处分44人，“派”的权威和“驻”的优势进一步显现。

【整治腐败和作风问题】 加强对脱贫绩效考核、脱贫摘帽后“四个不摘”等政策落实情况的监督，保持发现问题动态清零，巩固提升脱贫攻坚质量成色，立案73件，党纪政务处分113人。紧盯教育医疗、生态环保、食品药品安全等民生领域，压实职能部门责任分类开展整治，共立案236件，党纪政务处分180人，推动健全制度127项。深入推进“打伞破网”，紧盯重点任务、集中攻坚、打深打透，共处置“惩腐打伞”问题线索57件，立案23件，党纪政务处分102人，移送司法机关14人。开展检举控告“存量清零、增量随清”，办结检举控告件3461件，办结率98.1%，化解“三多”件487件，经验做法在全省推广。

【推进巡察工作】 围绕巡视巡察上下联动格局制发巡察工作要点，细化政治巡察监督113项问题表现清单。开展市委第九至十一轮巡察，与省委巡视联动开展四个重点领域专项巡察，发现问题482个，交办问题线索40件，市级巡察覆盖面达到94.4%；统筹指导县级巡察，延伸村级巡察，覆盖基本面分别达到81.6%和71.6%。开展市县巡察整改情况“回头看”，整改率和线索处置率分别达到98.1%和95.4%。以省委对承德市巡察指导督导为契机，跟进指导督导5个县区深化巡察结果运用，修订完善四类46项制度，为开展高质量巡察、促进巡视巡察上下联动提供制度保障。

2020年中共承德市纪律检查委员会
承德市监察委员会领导名录

市委常委、市纪委书记、市监委主任：
武力斌（1月任市监委主任）
市纪委常务副书记、市监委副主任：
袁丽枝（女）
市纪委副书记、市监委副主任：
李铁柱
市纪委副书记、市监委副主任：
李中东（满族）
市纪委常委、市监委委员：
林国利

市纪委常委、市监委委员：
王丽萍（女，满族）
市纪委常委：王　刚（1月—4月任市监委委员，4月—6月任市纪委常委、市监委委员，6月任市纪委常委）
市纪委常委、市监委委员：
陈金辉（女，满族，4月—6月市监委委员提名人选，6月—10月任市监委委员，10月任市纪委常委、监委委员）
市纪委常委：安云成（满族，10月任市纪委常委）
市监委委员：刘长喜（10月—12月市监委委员提名人员，12月任市监委委员）
市纪委常委、秘书长：
杨树国（满族，10月免）
市纪委常委、市监委委员：
郭力天（满族，1月免市监委委员，6月免市纪委常委）
市纪委常委：夏百胜（满族，3月免）

中国共产党第十四届承德市纪律检查委员会委员（按姓名笔画为序）

于卫红（女，满族）
王　刚（4月任）
王　明（满族）
王　猛（满族）
王允昌（满族）
王东利（蒙古族）
王丽萍（女，满族）
朱铁铮（满族）
刘清海（满族）
那　红（女，满族）
孙宝贵
孙喜明（满族）
安云成（满族）（10月任）
李中东（满族）
李文江
李玉成
李国志
李铁柱
李海健
杨立君（满族）
杨树国（满族）
杨桂珍（女，满族）
宋汉生（满族）
张友余
张贺龙
陈金辉（女，满族）
武力斌
林国利
赵旭东（满族）
胡　伟（满族）
袁丽枝（女）
夏百胜（满族）
徐立新（女，蒙古族）
徐品刚（满族）
郭力天（满族）（1月—6月）
郭晓梅（女，满族）
崔雁侯（蒙古族）
惠春林
程中平

2020年市纪委监委派驻市直单位纪检监察组组长名录

市纪委监委驻市委办公室纪检监察组组长：李玉成

市委办公室［市保密机要局（市国家保密局、市国家密码管理局）、市委国家安全委员会办公室］、市委研究室（市委全面深化改革委员会办公室）、市委党史研究室、市档案馆

市纪委监委驻市委组织部纪检监察组组长：王瑞德（满族，1月—10月）、于卫红（女，满族，10月—12月）

市委组织部（市公务员局）、市委机构编制委员会办公室、市委老干部局、市委党校

市纪委监委驻市委宣传部纪检监察组组长：于卫红（女，满族，1 月—10 月）、裴宏（10 月—12 月）

市委宣传部［市精神文明建设委员会办公室、市政府新闻办公室、市新闻出版局（市版权局）］、市委网络安全和信息化委员会办公室（市互联网信息办公室）、承德广播电视台、承德日报社、市文学艺术界联合会机关、市社会科学界联合会机关

市纪委监委驻市委统战部纪检监察组组长：陈再东（满族）

市委统战部［市委台湾工作办公室（市政府台湾事务办公室）、市政府侨务办公室］、市民族宗教事务局、市工商业联合会机关、市归国华侨联合会机关

市纪委监委驻市政法委员会机关纪检监察组组长：房宝轩（1 月—3 月）、贾占军（满族，3 月—12 月）

市政法委员会机关、市信访局、市司法局、（市委全面依法治市委员会办公室）

市纪委监委驻市人大机关纪检监察组组长：任国先（1 月—7 月）、刘连祥（7 月—12 月）

市人大机关

市纪委监委驻市政府办公室纪检监察组组长：李建国（满族）

市政府办公室［市政府外事办公室、地方金融监督管理局（金融工作办公室）、市委外事工作委员会办公室］、市机关事务服务中心（市机关事务管理局）

市纪委监委驻市发展和改革委员会纪检监察组组长：邸　国（满族，1 月—7 月）、何志涛（8 月—12 月）

市发展和改革委员会（市粮食和物资储备局、市委财经委员会办公室）、市统计局、市行政审批局（市政务服务管理办公室

市纪委监委驻市教育局纪检监察组组长：凌龙

市教育局（市委教育工作委员会、市委教育工作领导小组秘书组

市纪委监委驻市公安局纪检监察组组长：耿云飞（满族）

市公安局

市纪委监委驻市人力资源和社会保障局纪检监察组组长：张召波（3 月—12 月）

市人力资源和社会保障局、市科学技术局（市外国专家局）、市科学技术协会机关

市纪委监委驻市财政局纪检监察组组长：李国志（1 月—6 月）、许树军（7 月—12 月）

市财政局、市审计局（市审计委员会办公室）

市纪委监委驻市林业和草原局纪检监察组组长：靳传新（满族，1 月—12 月）

市林业和草原局、市水务局、市森林生态开发集团有限公司

市纪委监委驻文物局纪检监察组组长：刘志媛（女，1 月—10 月）、刘金山（10 月—12 月）

市文物局、市城市管理综合行政执法局

市纪委监委驻市生态环境局纪检监察组组长：高利民

市生态环境局

市纪委监委驻市住房和城乡建设局纪检监察组组长：张　扬

市住房和城乡建设局、市人民防空办公室（民防办公室）、市住房公积金管理中心

市纪委监委驻市交通运输局纪检监察组组长：訾振华（1 月—3 月）、常万芳（3 月—12 月）

市交通运输局

市纪委监委驻市自然资源和规划局纪检监察组组长：倪宝印

市自然资源和规划局

市纪委监委驻市农业农村局纪检监察组组长：田剑丰（3 月—12 月）

市农业农村局（市委农村工作领导小组办公室）、市扶贫开发办公室、市农林科学院

市纪委监委驻市商务局纪检监察组组长：邱爱君

市商务局、市供销合作社

市纪委监委驻市旅游和文化广电局纪检监察组组长：高振国（1 月—11 月）、韩立新（11 月—12 月）

市旅游和文化广电局、市体育局

市纪委监委驻市卫生健康委员会纪检监察组组长：马青龙

市卫生健康委员会（爱国卫生运动委员会办公室）、市医疗保障局、市红十字会机关

市纪委监委驻市民政局纪检监察组组长：张士德

市民政局、市退役军人事务局、市残疾人联合会机关

市纪委监委驻市应急管理局纪检监察组组长：佟浩林（满族）

市应急管理局（市地震局）、市工业和信息化局

市纪委监委驻市政府国有资产监督管理委员会纪检监察组组长：曾建军（满族，1 月—11 月）、武子春（11 月—12 月）

市政府国有资产监督管理委员会

市纪委监委驻市场监督管理局纪检监察组组长：宫　信（蒙古族）

市场监督管理局（市知识产权局）

市纪委监委驻市政协机关纪检监察组组长：杨海儒（满族，1 月—11 月）、曾建军（11 月—12 月）

市政协机关

市纪委监委驻市中级人民法院纪检监察组组长：王　良（1 月—11 月）、刘广林（11 月—12 月）

市中级人民法院

市纪委监委驻市人民检察院纪检监察组组长：赵常林（蒙古族，1 月—7 月、赵喜普（7 月—12 月）

市人民检察院

市纪委监委驻市总工会纪检监察组组长：潘玉荣（女，1 月—3 月）、米柏波（10 月—12 月）

市总工会机关、共青团承德市委员会机关、市妇女联合会机关

（供稿　于海国）

民主党派·工商联

民革承德市委员会

【概况】　2020年,民革承德市委工作以民革“组织建设年”为契机，推进思想政治建设，夯实组织建设基础，履行参政党职能，不断深化制度建设和作风建设，各项工作迈上新台阶。发挥民革野生动物救助协会作用，以民革党员为主，组建志愿者队伍，做好保护和宣传工作。民革市委被评为全市统战宣传信息工作先进单位。12月9日，民革中央表彰抗击新冠肺炎疫情先进集体和个人，民革承德市委是河北省唯一获得表彰并被授予“民革抗击新冠肺炎疫情先进集体”荣誉称号，得到市委书记周仲明、市长常丽虹、政协主席刘文勤、统战部部长的书面批示肯定。民革党员蒋春龙被国家住建部评为抗疫先进个人，是承德住建系统唯一一位。民革法律服务中心副主任徐攀慧获得“时代新人·河北好人”殊荣。

【组织建设】　加强民革组织建设，为建设高水平新时代中国特色社会主义参政党打下坚实的组织基础。强化支部班子建设，开展“民主测评”经验成果主题实践活动，主委张富民分别参加承德民革12个支部的组织工作会议，听取支部主委工作汇报，听取与会每个党员对市委会及支部工作的意见，最后党员投票对支部工作提出建议，并推荐出后备干部。按照民革中央要求严把组织发展质量关，要求各支部最少培养一名80后支部后备干部。党员之家建设持续加强，至年底，党员之家挂牌8家，12个支部都有固定的活动场所，市委会协调帮助解决图书等问题，使党员之家真正体现家的功效。

【建言献策】　市民革人大代表、政协委员在市两会上共提出建议和提案50余件。在市政协评选的20件重点提案和20件实事提案中，承德民革重点提案3件，实事提案1件。《关于承德市公共文化数字化建设的建议》被评为优秀集体提案;李俊峰等8人获得市政协优秀个人提案。《关于我市土壤污染综合修复的建议》成为全市建言献策优秀篇目。完成党派直通车12篇，其中疫情期间上报《关于取缔我市野生动物贩卖的建议》《关于新冠肺炎疫情视角下农产品面临机遇的分析及推动创新的建议》，分别于2月13日和3月13日得到省人大常委会副主任、市委书记周仲明，市委副书记、市长常丽虹的批示和落实。参与省政协议政，市民革通过省民革上报的6件提案，被省民革采用，并在省政协大会上发言，其中提交《关于河北省土壤污染防治及综合修复的建议》被评为省政协2019年度35件好提案之一。李俊峰撰写2篇理论文章分别被省、市政协选中作为政协70周年工作研讨文章，并呈报全国政协、省政协，在《人民政协报》、人民政协网、《河北日报》《乡音》《承德日报》等媒体刊登。

【抗击新冠肺炎疫情】　突出其来的新冠疫情发生后，市委会于1月26日发出《告全体党员倡议书》，1月28日，市委会组织党员奉献爱心支持抗疫，一天时间196名党员共捐款61466元，其中李天浩个人捐款1万元。党员滑立委作为承德抗疫专家组副组长组织调度全市民革系统抗疫工作，同时舍小家为大家不顾妻子手术驰援沧州两个月；耿学丽、邢恩虹参与核酸检测；李永、张景浩坚守隔离医院排查险情，20余名党员下沉社区支援抗疫，李宪琴作为心理专家值班市长热线，对市民进行心理疏导；民革野生动物保护志愿者走上街头宣传保护野生动物有关规定；民革法律服务中心制作通俗易懂的小视频进行相关法律宣传；中山画院艺术家用画笔支持抗疫多篇作品被民革中央团结网刊登。企业家党员参与社会救助，疫情期间共捐款捐物125万余元，其中李天浩捐助抗疫物资70余万元，疫情后期支持复工复产，李俊峰捐助568万余元生物菌剂。民革合声艺术团参与疫情期间上级文化主管部门开展的线上文艺演出录制和送文艺下乡助力脱贫活动。团结网、《团结报》、团中央等报道承德民革抗疫事迹20多篇，承德电视台报道15篇，承德民革网站登载党员抗疫感人事迹50余篇。

【参与社会服务】 先后成立承德中山画院、承德民革企业家协会、承德民革野生动物救助协会、承德民革法律服务中心、承德民革和声艺术团等协会组织，号召党员广泛参与社会服务。党员宋波带领双桥爱心志愿者联盟持续助学8万余元，党员张玉田个人持续助学每年1万多元。经承德民革野生动物救助协会不懈努力，中国生物多样性保护与绿色发展基金会批准在承德市成立中国第129个中华林鸟保护地，任命高化峰为保护地承德主任，协会工作分别被《人民日报》和“学习强国”两次报道。

【助力脱贫攻坚】 民革河北省委对口民主监督隆化县，省政协副主席、民革河北省委主委卢晓光，民革河北省委副主委梁丽敏多次带队前往隆化县调研，进行脱贫攻坚民主监督。承德民革在协助民革河北省委做好民主监督工作的同时，关注隆化县的脱贫攻坚工作。民革承德市委协调民革中央等在隆化县解决扶贫资金460多万元。党员企业家隆化镇医院董事长李天浩坚持在隆化做各种惠民、帮扶活动，为民革中央扶贫点南营村修建两个门楼，价值30余万元，疫情期间在隆化捐助70多万元物资，三年累计捐出550多万元，民革中央、《团结报》头版予以报道。党员企业家尹宝玉临危受命回到老家隆化深度贫困村白羊沟村任村长，从2018年始连续三年共在村里帮扶28个贫困户，投入帮扶资金38万多元，他的旅游度假村金龙山庄常年安排贫困户14人务工，每年解决工资50多万元，金龙山庄被河北省扶贫开发办公室评为“河北省脱贫龙头企业”。党员企业家承德上农科技发展有限公司董事长李俊峰，2018—2020连续三年为隆化县捐助生物菌剂价值170万元，被民革中央授予“优秀民革党员企业家”荣誉称号；党员企业家皇家满绣董事长邹定东在隆化县建两个绣娘基地，带领60多位妇女脱贫，皇家满绣助力脱贫事迹作为剧情植入《最美乡村》走上央视。

【对台和海外华侨工作】 重视与台湾的民间交流，注重做好台胞台属接待和海外华侨工作。承德民革原副主委，省中山画院原副院长著名摄影家吉久利用手中的相机在对台民间交流方面做出贡献，荣获“华夏艺术金鸡百花奖”“全球华人摄影十杰”“亚洲‘一带一路’金丝路卓越艺术家奖”“第三届大中华金华表奖”“香港世界华人摄影金像奖”“金马艺术家”“艺术家亚太金鹰奖”等多项国际殊荣。抗疫作品《上岗》组照获2020澳大利亚第二届国际摄影展金牌奖。12月，召开承德市第六次归侨侨眷代表大会，桃李街支部陈芳当选为兼职副主席、佟山支部党员李俊峰、刘连海当选承德市归国华侨联合会第六届委员会常委；毕刚、孟祥辉、韩硕，赵佳丽当选承德市归国华侨联合会第六届委员会委员。双桥区支部赵佳丽被授予“承德市归侨侨眷先进个人”称号。

2020年民革承德市委员会领导名录

主　　委：张富民（满族，不驻会）

副 主 委：俞虹霞（女，驻会，专职）

鞠永才（满族，不驻会）

马广春（不驻会）

肖　冰（满族，不驻会）

秘 书 长：白　冰（回族）

（供稿　白　冰）

民盟承德市委员会

【概况】 2020年，民盟承德市委按照新时代“多党合作要有新气象，思想共识要有新提高，履职尽责要有新作为，参政党要有新面貌”“做中国共产党的好参谋、好帮手、好同事”的总要求，紧紧围绕民盟河北省委和中共承德市委的总体工作安排，履行参政党职能，扎实工作，锐意进取，努力为承德市如期实现小康社会奋斗目标做出新贡献。凝聚思想共识，以多种形式深入学习中国共产党领导的多党合作和政治协商制度，深化对新型政党制度的认识，把习近平新时代中国特色社会主义思想作为共同思想政治基础，引导盟员树牢“四个意识”，坚定“四个自信”，做到“两个维护”，坚定不移地走中国特色社会主义道路。

【抗击新冠肺炎疫情】 面对突如其来的严重疫情，民盟承德市委第一时间发出倡议书，号召全体盟员，坚决执行中共河北省委和中共承德市委、市政府的一系列决策部署，把做好疫情防控作为当前最紧迫、最重要的政治任务，以实际行动诠释民盟同中国共产党风雨同舟，共克时艰的好参谋、好帮手、好同事。全体盟员在不同的工作岗位，用实际行动和工作实效来践行初心和使命，共捐款29170元，捐物价值42.7万元。经与市红十字会协商沟通，捐资部分采用购物意向方式，2月12日，向承德市第三医院捐赠口罩2000个、医用手套3000副；向包联的双桥区汇水湾小区捐赠防控物资3000元；向双滦区卫健委捐赠医用手套1万副，医用口罩900个，向11个单位和社区街道捐赠消毒液8吨，康师傅碗面150箱，农夫山泉矿泉水50余箱。

【宣传阵地建设】 强化宣传阵地建设，巩固好、利用好“民盟承德市委”微信公众号，承德民盟微信群等自办宣传平台，增强对盟内重大活动，优秀盟员事迹的宣传报道力度，共刊发盟内活动报道25篇。加强与新闻媒体的合作，引导全体盟员强化“善联媒体”意识，对重大活动、重要事项的新闻宣传提前做好策划，主动邀请媒体参与；对典型人、典型事的宣传报道突出各种媒体不同特色，挖掘题材内涵，做到同样主题、多样传播，形成全方位、多层次、线上线下联动的宣传矩阵，将民盟故事讲好。《承德日报》《承德晚报》、省盟网站和省盟微信公共号共报道盟务工作稿件16篇，其中“为扶贫攻坚注入民盟之力”被推荐参评全省扶贫攻坚奖；“贫困户家的狗见我不叫”被市委统战部推荐参评全市扶贫先进事迹报告会。强化宣传队伍建设，动员各支部和思想宣传骨干力量，组建上下联动的宣传工作队伍，开办宣传骨干业务培训班2期，提升思想宣传工作队伍整体素质和能力。

【建言资政】 在省、市、县、区两会，共提交人大建议9份，政协提案36份，其中盟市委提交的《强化精准防贫机制建设全面巩固提升脱贫成果》被选为大会口头发言。盟市委重点围绕“十四五”规划，向市委统战部、市政协上报调研报告5篇；向盟省委报送调研报告2篇；盟省委采用社情民意13篇；向市委统战部上报“民盟声音”10篇，其中被市委书记、市长签批4篇。参加中国共产党领导的政治协商，开展重点领域民主监督。赴围场满族蒙古族自治县开展脱贫攻坚民主监督工作，调研组一行先后到县医院、道坝子乡卫生院、半截塔镇卫生院、永丰村卫生室进行调研。

【社会服务】 按照“菜单式”需求，持续开展“黄丝带走进狱园”帮教活动。11月13日，在上板城监狱开展中国信心“从疫情防控看中国制度优势”讲座。拓展“烛光行动”实践基地助教内容，集聚更多资源，提升助学质量与效率，11月11日，到民盟承德市委社会实践基地——宽城满族自治县塌山中心小学开展名师送教活动。“四引四帮”活动中，紧扣全面实现小康社会目标要求，动员盟员引资引智，深度参与社会服务，扶贫帮困，全年共走访联系贫困户400多户，捐资捐物2万多元，帮扶贫困学生400多名，帮扶助学金2万多元。组织医疗专家赴围场道坝子乡永丰村开展义诊并捐赠药品活动，捐赠农村科技致富、老慢病治疗、乡村旅游、农业种养殖等方面书籍400余册。

【组织建设】 坚持标准、保证质量、注重政治素质，强化界别优势，做好组织发展工作，共发展11名高素质代表性人士加入盟组织。加强后备队伍建设，注重人才梯队化，尤其是重视青年盟员的培养和任用，让有为的骨干盟员有位。动员更多盟员参加省社院、盟省委和市委统战部的各种培训。至年底，民盟承德市委盟员总数为450人，下属29个支部。

【管理机制与盟务平台建设】 按照《中共中央关于进一步加强中国共产党领导的多党合作和政治协商制度建设的意见》要求，为规范盟务活动，遵照“以健全岗位责任制为核心的管理机制，提高工作质量和工作效率”的原则，制定出台“重大事项内部请示报告制度”等9个民盟组织内部监督管理制度。加强与各县区统战、政协部门的沟通，增进与盟员所在单位的联系，为开展盟务活动获得最大的支持。发挥盟务平台优势，完善机制，激发组织活力。巩固、扩展“盟员之家”，增加“盟味”。注重“盟员之家”平台建设，推动“盟员之家”成为盟员统一思想、提高认识、加深情感的平台。

2020年民盟承德市委员会领导名录

主 任 委 员：白宝君（不驻会）

副主任委员：杨林立（驻会，专职）

张学军（不驻会）

肖　冰（不驻会）

刘翠哲（不驻会）

（供稿　侯宝泉）

民进承德市委员会

【概况】 2020年，民进市委以“不忘合作初心，继续携手前进”主题教育活动为主线，以落实《民进河北省委2020年履职能力建设主题年实施方案》为抓手，围绕市委、市政府中心工作，凝聚全会智慧和力量，求真务实、拼搏进取，为建设生态强市、魅力承德做出新贡献。加强社情民意信息机制建设，借助网络微信平台，及时发布信息采用情况，全年报送社情民意信息31篇，其中1篇被省政协采纳，多篇被民进省委采纳。承办第四届刺玫瑰国际微电影节颁奖大会，来自全国多个省市的微电影创作机构和个人齐聚承德，开启一场具有承德特色的微电影盛宴。

【思想政治建设】 组织民进系统学习中共中央总书记习近平在《中共中央党外人士座谈会上的讲话》《在中央和国家机关党的建设工作会议上重要讲话》，主委孔庆龙作《学习贯彻党的十九届五中全会精神》宣讲报告，引导全会把思想和行动统一到习近平新时代中国特色社会主义思想上来，统一到中共中央的各项决策部署上来，不断巩固多党合作共同思想政治基础。组织在职会员和退休会员到承德市博物馆参观学习，组织骨干会员参加民进省委举办的每月1次读书视频交流活动，参会人员超过200人次。推荐骨干会员参加省、市举办的各类培训班共23人次，其中6人参加中共承德市委举办的“深入学习贯彻党的十九届五中全会精神，共谋高铁时代高质量发展”专题研讨班，11人参加市委统战系统组织的十九届四中全会精神专题学习网络培训班，4人参加市政协以及市委统战部举办的“不忘初心、牢记使命”主题教育培训班”，2人参加“民进省委在平山县李家庄举办的骨干会员培训班”。为“庆祝民进河北省委成立40周年”制作短视频、会务活动展板，对市委会亮点工作给予全面展示和宣传，扩大民进市委的影响力。参加市政协系统理论研讨会，向市政协报送《立足新时代，实现新作为，依托政协平台履行民主党派职责》《浅谈习近平新时代中国特色社会主义思想之多党合作制度优势》《体现政协文化特色，履行政协委员职责》3篇理论文章。

【组织建设】 按照民进省委工作部署，结合自身发展实际情况制定《民进市委2020年履职能力建设主题年实施方案》，按照《方案》要求，带领基层支部围绕“补短板、扩优势、建机制、促提升”的整改标准，形成《以履职能力建设主题年为契机推进调查研究能力新提升》的整改方案，针对查摆出的影响调查研究能力提高等许多瓶颈问题，制定具体整改措施，深入整改，履职能力得到提高。立足时代发展变化，以会章为根本遵循，制定新的制度，废止不适应的制度，经修改完善印制的《民进承德市委制度汇编》手册囊括21项具体制度，促进民进组织规范、有序发展。按照市委统战部《关于更新完善党外知识分子和新的社会阶层人士的通知》要求，填写并报送21份《承德市党外知识分子代表人士登记表》和9份《承德市新的社会阶层人士统计表》，为市委统战部全面了解会市委骨干队伍建设情况提供详实的信息数据。全年，民进市委共发展会员6人，至2020年年底，共有会员322人。

【参政议政】 民进市委各级人大代表、政协委员在“两会”期间提交建议、提案及大会发言62件。其中，省政协常委孔庆龙在省政协会议提交的《关于对贯彻落实〈河北省终身教育促进条例〉进行执法检查的建议》《关于大力发展河北省远程老年教育的建议》《关于批准设立老年教育收费项目和标准的建议》的提案被省人大、省教育厅、省财政厅等部门采纳，提交《关于统筹提高河北省城市交通拥堵与大气污染治理水平的建议》的大会书面发言，得到省政府领导的高度重视和采纳。省人大代表王显华提交《关于重视精准扶贫工作存在突出问题的建议》等2件建议，分别被省政府办公厅和省交通厅采纳。省政协委员薛梅提交《关于提请省财政支持省重点文学文艺期刊的建议》等4份提案分别得到省财政厅、省文化和旅游厅等部门的采纳；省政协委员卢久友提交《努力使各级公共资源交易中心在阳光下运行》等2件提案分别被河北省政务服务管理办公室和河北省高级人民法院采纳。在市政协十四届四次会议期间，市政协委员左志高提交《关于突出旅游资源优势推进全域旅游建设的建议》被市政协确定为重点提案， 市政协常委刘丹提交《关于建设承德长城博物馆的建议》、市政协委员李小青提交《关于激发初中办学活力，全面提升教育教学质量的建议》、市政协委员左志高等人联合提交《关于推进城镇山体公园建设的建议》《关于积极推进共享停车场建设的建议》被市政协确定为实事提案。会市委把市政协委员董瑞琴撰写《关于改善农村人居环境 助力水源涵养功能区建设的建议》作为“最有影响力提案”推荐给市政协。民进市委各级人大代表和政协委员提交的许多建议和提案，均得到不同程度的采纳和落实。

【参与社会服务】 上下联动，调研基础教育在非常时期的教学与管理。上半年，受新冠肺炎疫情的影响，承德市基础教育遇到前所未有的困难，会市委在广泛征求教育界会员意见和建议的基础上确立2个重点调研课题，由专职副主委牵头成立2个专题调研组，一个是以聂明慧、刘肖玲、刘胜利为主要负责任人的调研小组，重点调研“空中课堂”教育教学管理情况；另一个是以李小青、王玉民、孙艳红为主要负责任人的调研小组，重点调研民办学校疫情防控监管情况。2个调研组各司其责，分别深入实地了解情况、座谈讨论、征求意见，提出解决问题的有效办法，形成《关于加强“空中课堂”教育教学管理的建议》《关于加强我市民办学校疫情防控监管的建议》2篇调研报告，会市委将这两篇调研报告转化为调研成果以建言直通车的形式报送中共承德市委，市委书记周仲明予以签批。横向协作，调研影响城市发展的重点难点问题。联系河北省驻承德人大代表和市人大专委会成员开展联合调研。治理大气主要污染物、颗粒物最直接、最有效的方法就是洒水降尘，但这样势必增加很多用水量，水源的超常开采、过度使用将严重影响未来的发展，针对这一问题，省人大代表王显华联系河北省驻承德人大代表和市人大专委会部分成员组成专题调研组，围绕“提高废水回收利用率”一题展开调查研究，调研组成员深入太平庄污水处理厂实地了解情况，在市人大代表之家听取市生态环境局、市水务局、市城管局、市农业农村局、市双桥区环卫局等部门相关情况汇报，深入了解承德市在水资源利用过程中存在的突出问题，提出解决问题的有效方案，形成《关于全市再生水利用情况的调查报告》，拟提交市人大和政协两会，以期实现废水回收利用的最大化。联系市政协专委会开展联合调研。民进市委联系市政协教科卫体委员会，针对承德市公共卫生管理工作展开联合调研，提出构建覆盖城乡的公共卫生体系，形成《关于进一步加强公共卫生管理工作的建议》，在十四届市政协第二十三次常委会议上，专职副主委王显华代表作专题发言。应邀参加市政协协商调研。针对文物古迹的周边环境受到影响和破坏，市政协邀请民进市委作为联动调研参加单位与其一同开展“加强历史文化名城保护利用”专题调研，调研组先后赴双桥区、双滦区、隆化县、围场满族蒙古族自治县实地调研，召开不同层面代表人士座谈会，邀请专家学者对承德历史文化名城保护利用进行“把脉会诊”，厘清存在的问题，提高建议的针对性和靶向性，形成《关于进一步加强我市历史文化名城保护利用的调研报告》，得到中共承德市委书记周仲明的批示。按照民进省委调研通知要求，联系市卫生监督局、生态环境保护局、市场监督管理局等多个部门针对“室内公共环境装修污染问题”进行研究讨论，形成《室内公共环境装修污染问题调查报告》提交民进河北省委。

【抗击新冠肺炎疫情】 助力打赢疫情防控阻击战。副主委王琦、双滦区人大副主任赵素娟、民进机关办公室主任刘超等26名骨干会员到防疫一线开展联防联控工作，主委孔庆龙亲临防疫一线看望慰问会员。全会捐款捐物折合人民币总计29.89万元，其中捐款总额17.835万元，捐物折合人民币总额12.055万元。文化艺术界会员为抗击疫情挥毫泼墨、书写创作，其中，承德开明书画院成员创作22幅书画精品，以书画艺术的形式为时代英雄塑像，微信公众号广为转载。王琦副主委创作的配乐诗朗诵《致敬，一座英雄的城》，在民进省委基层组织中广为流传。会员张秀玲创作的组诗《你们的红手印，是春天的邮戳》被多种刊物和媒体转载。

【开展扶贫攻坚】 主委孔庆龙包联承德县鞍匠镇后沟村和隆化县唐三营乡北大坝村，多次带领包联单位入村指导，研究宣传脱贫政策，协调包联单位办实事、促发展，每季度到包联贫困户家中走访慰问，帮助解决实际困难和问题，帮扶的两个贫困村提前脱贫出列。会市委领导带领王延洪、李光辉、刘肖玲一行赴丰宁满族自治县大滩镇老羊圈村开展扶贫慰问活动，为该村所有中小学生购买工具书、笔袋、跳绳等学习和体育用品，为该村广场舞乐队购买1套音响设备，共折合人民币3000多元。会市委领导还带领刘彦芳、郭相强赴围场满族蒙古族自治县腰站镇腰站小学开展教育帮扶活动，为该校所有教师赠送保温杯，为学生捐赠书包，为学校捐赠篮球、拔河比赛专用麻绳等许多学习和体育用品，折合人民币3000多元。郭相强还为腰站小学学生上了一节别开生面的机器人科普课，让学生们体会科技创新思想，为他们幼小心灵播撒学科技、爱科学的种子。民进机关支部和民进一中支部还为承德县上谷镇屈家沟村贫困学生王悦捐款3000余元，帮助她重返校园。

2020年民进承德市委领导名录

主　　委：孔庆龙（蒙古族，不驻会）

专职副主委：王显华（女，驻会，兼秘书长）

副 主 委：王　琦（不驻会）

刘　丹（女，不驻会）

薛　梅（女，满族，不驻会）

（供稿　刘　超　李文娟）

民建承德市委员会

【概况】　2020年，民建承德市委开展“不忘合作初心、携手前进”主题教育活动及“四引四帮”主题实践活动。不断推进思想建设，努力强化组织建设，履行参政党职能，各项工作取得显著成绩，为推动全市经济跨越发展，围绕“生态强市、魅力承德”做出新的贡献。利用“承德民建”微信公众号和微信群、QQ群编发民建承德市委学习贯彻中共中央系列文件精神心得体会。民建河北省委在“不忘合作初心　继续携手前进”主题教育活动总结汇编中，刊登民建承德市委主题教育活动总结报告。注重组织建设，全年共发展会员20人。民建承德市企业三支部荣获全省先进基层组织称号；民建承德市综合四支部荣获“聚光福　稳脱贫”光伏扶贫专项行动先进基层组织称号；民建承德市委荣获“四引四帮”主题实践活动优秀单位、抗击新冠肺炎疫情先进集体、机关工作先进单位、宣传报道工作先进单位（一等奖）、社会服务工作先进单位、反映社情民意信息工作先进集体，受到民建河北省委表彰。

【抗疫新冠肺炎疫情】　动员会员参加新冠疫情防控工作。民建承德市委共捐赠物资合计107.83万元，其中178名会员捐款5.2万元。医务人员参加一线防疫21人，参加一线执勤12人。其中杨建光下沉到狮子沟镇普宁寺社区，完成4个小区执勤任务，共执勤117天，2万多名群众安全得到保障，成为党派机关干部中唯一全勤。会员刘爱军为赴鄂医疗队6.6折销售手机，累计优惠10多万元；邢凤娟为一线人员子女免费拍影集，预计减免500多万元工本费用；邵立伟为县区免费培训1000多人次，累计免费10余万元；王冬梅创作诗歌《白衣人　战瘟神》。以“荆楚瘟疫起风浪，隆冬岁寒万众防。逆行天使着白衣，忠诚赤胆战方仓。离别难诉征事苦，抛舍身安慰国殇。待到百花烂漫时，笑迎山城是春阳”的诗句助力疫情防控；张晓飞以钢笔画的形式，宣传防疫的战斗精神，表达奉献情怀。副主委邢晓冬在防疫期间，为全市一线防疫人员提供相关车辆免费高温消毒，累计为一线人员高温洗车100辆，免费1万元，为3名援鄂医务工作人员车辆作免费终身保养，提供免费宣传车，由市文明办提供宣传片，公益宣传100天，行程2万千米。企业三支部针对新冠疫情发布《公开信》。民建承德市妇委会及各支部发动会员开展捐款活动。企业二支部发布《对白衣战士的致敬信》和小视频。与6家民主党派联合发布《倡议书》。

【参政议政】 2020年年初，副市长、民建承德市委主委郭士刚出席承德市经济工作征求意见座谈会，就承德市经济发展提出四项建议。副主委邵东明、付秋杰分别出席市政府工作报告征求意见座谈会和市政协召开的集体提案督导会议。向市政协十四届四次会议提交44件提案，占大会提案总数10%。其中《以建设国家可持续发展议程创新示范区为契机 推动全市创新驱动发展》《关于以乡村振兴为契机打造承德特色小镇的建议》《关于以乡村振兴战略为契机 促进承德“三农”发展的建议》《关于以承德市双滦区为例推进我市小微企业创新发展的建议》《关于把蓖麻产业确立为我市绿色支柱型产业的建议》集体提案5件，会员谢汉杰等提交的《关于确保食品安全的建议》等个人提案39件。《以建设国家可持续发展议程创新示范区为契机 推动全市创新驱动发展》被大会列为“1号提案”。有5件集体提案得到省人大副主任、市委书记周仲明及其他几位市领导的批示。会员张晓冬撰写《关于深入实施全民健身工程的建议》被编入《承德市国土空间总体规划（2020—2035）》并被新出台的《承德市创建全民健身模范市实施方案》采纳。副主委邵东明、付秋杰关注，会员赵永与机关干部杨建光撰写的《关于我市第二中学开设初中部的建议》得到解决。提出的《关于“十四五”期间全力推进我市创建全域旅游示范市、促进文化旅游产业快速发展的建议》《建议承德市“十四五”规划 高度重视“两水”建设》，其中《建议河北省“十四五”规划 高度重视“两水”建设》等建议，被省民建确立为拟提交省政协大会发言材料。参与国家、省“十四五规划”建言献策活动。8月18日，根据省委统战部、省政协、省民建要求，征集“十四五”规划建议，撰写并提交《呼吁河北省“十四五”规划 高度重视“两水”建设》《呼吁国家“十四五”规划 高度重视“两水”建设》的建议。9月初，向市政协报送《对承德文化产业“十四五”规划的建议》。副主委邢晓冬代表民建市委会在市政协第二十三次常委会议上作了题为《关于“十四五”期间全力推进我市创建全域旅游示范市、促进文化旅游产业快速发展的建议》的发言。向党派建言直通车《民建建言》报送的《疫情影响下期望政府出台扶持中小微企业政策的九条建议》《关于发展足具承德特色地摊经济”的建议》《呼吁打造承德“云端产业园”推行厂直优品计划》《谋划承德高铁新时代发展双翼 建设云商产业园和厂直优品基地》等19件意见建议，其中省、市领导批示12件次，落实建议1件。在市两会上民建承德市委提交《关于实践空气源热泵采暖 推进我市绿色供暖的建议》荣获优秀集体提案奖，民建会员刘宗旭提交《关于解决马路占道停车问题的建议》，刘爱军提交《关于我市建立满语文献博物馆的建议》，谢汉杰提交《关于老旧小区改造提升的建议》，张晓东提交《关于深入实施全民健身工程的建议》，赵永提交《关于避免我市高中优质生源流失的建议》，王冬梅提交《关于创新服务阳光理政推进网上审批常态化的建议》，冯保中等联名提交《关于进一步完善文化产业相关政策 促进全市文化产业发展的建议》荣获优秀个人提案奖。在省市两会前夕，副市长、民建承德市委主委郭士刚带队，副主委邵东明、邢晓冬等赴市天山桃李园教育基地走访调研。参加会外调研，与市政协开展城市建设、产业发展、清洁能源开发利用、“新侨工作站”建设、民办学前教育发展和规范提升等专题考察调研活动。撰写并上报省市关于《建议我省打造北方农家肥制造基地》《以可视化农业进一步促进京津冀协同发展》《破解冬季旅游，提升京津冀协同发展中的短板》《以疏解北京非首都功能为契机，做好建设承接“微中心”》《进一步激活小微企业，促进国家可持续发展议程创新示范区建设》的理论与工作思考调研文章。

【开展社会服务】 开展公益活动。会员邵立伟通过互联网，举办公益课堂。组织专业讲师就《战略人力资源管理》《五险一金政策解决》《代理服务产品介绍》等直播课，共开展200期次空间直播和互联网转播，有效地宣传防疫知识，助力健康惠民、医疗惠众，受到民建会员和会外企业家的一致好评。会员高立冬携手时代文化传媒，服务平泉一中6945名师生，录制空中课堂3920课时，累计浏览量超1200万次。会员邵立伟带领承德鸿雅伟业职业培训学校，组织开展各项免费职业技能培训活动。在疫情期间承德鸿雅伟业职业培训学校在各县区共组织开展16个免费培训班，培训内容有中式面点师、育婴员（月嫂）、保安员、电工、焊工等，参训人数1000余人，不收取任何费用，总减免费用超过10万元，同时还为学员发放电饭锅、电饼铛、电焊机、剪枝套装等生活物品。医药卫生支部副主委韩静联系承德市中医院骨伤科王世昌、中医院肛肠科李孜睿、中医院肿瘤科李岩等专业人员组成义诊专家组，利用业余时间，再赴隆化县韩家店乡厂沟门村进行义诊和复诊活动。捐资助学、送温暖。民建企业委员会号召骨干会员向承德县三家镇孤山中心小学捐款3万元，其中民建承德市企业委员会捐款2万元，承德金坤文化创意产业园民建会员企业家蔡成捐款1万元。承德市企业四支部副主委刘凤阳带领部分会员赴承德县孟家院骆驼山沟村走访慰问困难群众，会员自发捐款2000元。助力群众文化活动。会员张晓飞发起“最美芳华”迎新春晚会，助力双桥区群众文化生活，在副主委付秋杰的努力下，为该活动捐助1万元，会员冯保中受民建承德市委委托为相关活动免去1万元占场费用。承德市企业三支部在主委张晓东的号召下，联合张家口银行承德分行营业部为该镇舞蹈队开展“赠舞衣扮靓乡村舞蹈队活动”，会员李霖主持赠舞衣活动，共计赠送70余件舞衣，价值5000多元。会员张晓东联合河北省自驾游与露营房车协会承德分会、云山饭店和部分民建会员一起赶赴隆化县张三营镇通事营村与驻村工作组共同开展“读书增智 助推乡村振兴”图书捐赠活动，共捐赠600多册图书。为进一步满足社区群众就医问药，民建会员张晓东利用96096社区服务平台邀请爱尔眼科医院到平台进行眼科义诊，为近50位居民朋友免费视力测，进行裂隙灯显微镜和电脑验光等项目检查。

【助力扶贫攻坚】 开展消费扶贫，销售金额42453元。会员吉红萍在市委会的支持下，为隆化县厂沟门村黄花菜销售作宣传，发动民建会员、携手解决700多斤黄花菜销售中的困难。1月17日，民建开展针对扶贫对象的“消费扶贫”，两次购买隆化县张三营镇通事营村国家级7户贫困户小米总计3080斤，合计15400元。受疫情影响，隆化县中关镇东升村20亩甜玉米遭遇滞销困境，驻村第一书记联系民建承德市企业委员会副主任、民建会员张晓东，寻求帮助解决玉米销售难题。民建在“承德社区服务平台”发表《20亩甜玉米滞销，明早到桥东市场早市助农去》文章，鼓励市民到早市去购买，承德市委微信群第一时间发布信息，动员会员自购玉米并帮助宣传推广，民建承德市委副主委邢晓冬更是赶到早市购买一大袋甜玉米表示对村里的支持，并现场转发朋友圈，带动朋友们直接预定购买。在民建会员的大力支持与宣传下，原定销售一周的价值2万多元，共计3万多根甜玉米，仅用三天全部预定一空，彻底解决甜玉米滞销的难题，对此，《承德日报》、承德市电视台进行相关报道。国庆中秋长假第二天，组织会内外自驾游爱好者，赴隆化县中关镇东升村，开展消费扶贫活动。发动会员参加丰宁专项扶贫“聚光福 稳脱贫”——“建设光伏电站”捐款（承德）活动，共捐款29633.8元。吉红萍带领承德江苏商会，深入隆化县厂沟门村，开展“筑梦前行”爱心助学活动，吉红萍等爱心人士开展10个孩子长期帮扶计划。2个学前班、7个小学、1个初中的学生将得到全部资助，直至孩子大学毕业。按照小学800元，初中1000元，高中1500元，大学2500元每年的援助计划，此次为10名受助孩子带来一年的学费和棉衣、手套、帽子、米面油及小零食共1万余元。上报《发挥党派优势　扶贫助力发展》《引智立项　助力丰宁决胜脱贫》被列为第三届中国优秀扶贫案例。

【参加双拥活动】　7月28—30日，民建会员梁久龙、许宏佳、王勇、张元元、吉红萍等与爱心人士共同捐款助力参加拥军活动。由高新区退役军人事务局局长赵文华、副局长丛文带队，联合会会员、上板城镇干部、冯营子镇干部及社区干部走访慰问两个镇和社区总计16名家庭困难的退役老兵。为他们送去大米、白面、食用油和饮料，慰问物资总价值1.3万元。10月20日，民建会员在中国人民志愿军抗美援朝出国作战70周年之际，前往中国人民革命军事博物馆参观“铭记伟大胜利　捍卫和平正义——纪念中国人民志愿军抗美援朝出国作战70周年主题展览”。民建会员梁久龙倡导并组织开展慰问困难老兵“暖冬活动”，共出资3000元，慰问6户困难老兵。

【会员之家建设】　根据上级要求，民建承德市委共建设会史长廊、企业家交流、民建企业惠、电商等企业家培训、文化产业对接、艺术创作和交流等多处“会员之家”。红苹果会议室建立会史长廊和学习园地，中金证券活动室建立会员艺术创作和交流中心，96096会议室形成企业家俱乐部和高端培训中心，承德北网通信公司会议室形成会员“民建企业惠”交流与合作中心，金坤产业园会议室形成产业对接和文化旅游合作平台会员之家，进一步丰富创建内容，建设普及率、活动参与度得到双提升。举行“承德民建会员之家揭牌仪式暨企业委员会资源对接交流会”。邵东明为会员企业承德北网通讯工程有限公司颁授“会员之家”牌匾，邢晓冬颁授“民建企业惠·会员企业”牌匾。

【宣传报道及外联】　宣传骨干会员优秀事迹。向市政协上报《恪尽职守　抗击疫情　——记邢晓冬同志先进事迹》，向民建省委上报《深入社区下沉服务　忠于职守文明执勤——下派狮子沟镇民建机关干部杨建光先进事迹》，向省民建上报《抗“疫”同心曲——民建承德市委主委、河北省承德市副市长郭士刚优秀事迹》，经省民建推荐被民建中央采用并选登。承德文明网先后报道了民建会员魏玲、刘爱军、刘爱峰“承德好人”先进事迹。上报《绽放最美芳华　不断创先争优——记民建会员、双桥区政协委员张晓飞》《民建会员邵立伟带领承德鸿雅伟业培训学校　开展免费培训活动先进事迹》。发表外宣文章。利用“承德民建”公众号发布95篇信息，点击率6197次，新闻采用共53篇，其中《人民日报》1篇，民建中央网28篇，团结网3篇，省政协新闻网19篇，承德文明网（承德好人）2篇。“河北民建”公众号共刊登99篇信息，省级专业出版物刊登5篇。联合新闻媒体开展健康讲座。医疗卫生支部与承德新闻广播频道联合推出的“FM891健康大讲堂”栏目，已播出177期，参加节目的中西医专家达到近190人次，受众达10多万人。通过“承健安康”微信公众号，宣讲科学卫生知识，总计发布137次，175篇，浏览量达2万余次。对外交流合作。8月1日，为深入贯彻落实中共中央和民建各级组织关于京津冀协同发展部署要求，加强京津冀民建基层组织之间的交流合作，增强社会服务能力，更好地发挥新时期参政党作用。民建天津滨海新区高新区支部一行20人莅临承德，与民建承德市企业二支部缔结友好支部，并开展文化交流活动。

2020年民建承德市委员会领导名录

主　　委：郭士刚（不驻会）
副 主 委：邵东明（驻会、专职）
　　　　　付秋杰（女、驻会、专职副主委）
　　　　　宋立铭（不驻会）

邢晓冬（不驻会）

秘 书 长：王　萍（女，满族）

（供稿　杨建光）

农工党承德市委员会

【概况】　2020年，农工民主党承德市委坚定不移推进中国特色社会主义参政党建设，为促进承德经济社会发展做出新贡献。修订完善《农工党承德市制度汇编》，包含工作条例和制度共11项。进一步推动市委会各项工作的制度化、规范化、科学化。12月3日，农工党河北省参政议政骨干党员培训班在承德举办，市委会在会上介绍推行一二三工作法的经验和做法，受到农工党河北省委的好评。由于工作实绩突出，市委会被为先进集体，市中心医院六支部评为社会服务工作先进集体，专职副主委谷雪芬被评为先进个人，受到农工党中央表彰；承德医学院四支部、机关支部评为先进基层组织，李素婷、郭艳玲等16人评为优秀党员，李向宝、孙涛评为优秀党务工作者，受到农工党省委会表彰。

【抗击新冠肺炎疫情】　面对新冠肺炎疫情，农工党承德市委会联合市6个民主党派，发出《倡议书》，号召农工党员积极投入疫情防控。医疗卫生战线主动参与救治与防控，全体党员捐款41287元，市委委员、机关支部主任罗士洪个人捐款4000多元，张建生组织企业家捐款1.1万元，口罩5000个，李伟力向大石庙镇捐赠价值3600元的防疫物资。围绕应对疫情献良策。专职副主委谷雪芬撰写的《关于降低疫情对养殖业发展影响的建议》《关于加快公共卫生应急救援体系建设的建议》被农工党中央《信息专报》采用，并上报全国政协。《关于加强我市春季动物疾病防控工作的建议》，得到省人大常委会副主任、市委书记周仲明批示；《关于加大消毒产品正确使用引导力度的建议》，得到市委常委、统战部部长批示；农工党员、市中医院骨科护士长赵宾到武汉大学中南医院参加疫情救助。栾瑞申坚守在第三医院防疫一线，全市80多位党员坚守在医院防疫工作岗位。天津、承德农工党同心协力共抗疫情。农工党天津市委员会、滨海新区委员会为平泉市中医院捐赠11000元的5箱复方金银花；机关干部李向宝到狮子沟镇政府和普霖社区坚守抗疫一线。12月28日，农工党中央召开的抗击新冠肺炎疫情表彰大会上，表彰九支部为先进集体，赵宾、李向宝为先进个人。

【思想政治建设】　组织农工党系统学习习近平总书记系列重要讲话精神，学习全国、省、市“两会”精神，学习《中央统战工作条例》，组织参加省委统战部举办的中青年骨干培训班、省农工党举办的参政议政骨干培训班，参加市政协举办的“承德大讲堂”系列学习等。学习中结合承德发展实际建真言、谋良策、出实招。为全市“十四五”开好局、起好步凝聚最大的共识，汇聚最强的合力，奋力在全面建成生态强市、魅力承德的伟大实践中展现新担当、实现新作为。承德医学院2个支部召开座谈会，集体学习《习近平谈治国理政》第三卷，参加学院的诵读会。市中心医院2个支部，组织学习党章、党史；经济、机关、中医院和农业农村局支部联合召开学习活动，横向开展支部活动，创新活动方式。通过新闻媒体，加强对党派直通车、重大活动、参政议政成果、优秀党员先进事迹进行宣传报道。全年向上级报送信息、新闻稿件、建议等57篇，农工党中央采用4篇；报送理论文章2篇，农工党中央采用2篇；团结网采用4篇，河北政协新闻网采用7篇；农工党河北省委采用15篇；出版《承德农工党》杂志，建立“承德农工党”微信公众号。

【参政议政】 市委会领导参加市委、市政府召开的各类协商会、通报会、座谈会和征求意见会，围绕人事安排、党风廉政建设和反腐败工作、十四五规划等全市经济建设和社会发展中的一些重大问题，提出建议和意见。深入开展调研活动。参加省人大、市人大专项视察、执法检查、调研；参加市政协组织的调研活动，组织市委委员开展康养结合专题调研等。建言资政。向河北省十三届人大提交建议 2 篇，河北省十四届政协提交提案 2 件，书面发言 2 篇；向市十四届人大全会提交建议 1 件，向十四届政协四次全会提交大会发言 1 篇，书面发言 1 篇，提案 17 件。完成建言直通车《农工建言》12 篇，其中《关于加强农村食品安全监督的建议》《关于加强我市慢性病管理的建议》得到市委、市政府主要领导批示落实。报送社情民意信息近 60 多篇，采用 20 多篇。内容涵盖加快河北省实施医疗救助、服务企业发展，“十四五”规划编制，医养结合、应对人口老龄化创新养老服务体系、加快绿色农产品发展等。2020 年大会发言《关于“十四五”规划编制需关注的几个问题》《关于医养结合的建议》获优秀集体提案。《加快农产品品牌建设推进农业高质量发展的建议》被省委会推荐省政协十二届十五次常委会议书面发言；省人大常委、专职副主委谷雪芬在省十三届人大第三次会议《关于加快养殖业复工复产的建议》，省商务厅等省直单位、衡水等 11 市人民政府给予答复和落实。

【组织建设】 注重基层支部建设，按时完成支部换届工作。落实上级组织严把发展党员质量关要求，做好组织发展工作，共发展党员 4 人。至 2020 年年底，全市有基层支部 14 个，党员 331 人。创新组织活动方式，增强基层组织活力。成立青年委员会，起草章程和规定，建立优秀干部队伍人才库；成立监督委员会，开展党内监督。在机关和颈复康药业集团建立两个“党员之家”。关心关爱老领导老党员，春节前看望慰问退休老领导、老党员，共送去 5000 多元的生活用品；向农工党中央争取困难党员补助款 1 万元，发放给老副主委郎志峰。

【党员建功立业】 谷雪芬、李聪聪撰写《持续加强参政党基层组织建设永葆民主党派生机与活力》荣获庆祝中国农工民主党成立 90 周年理论征文三等奖；孙大永的摄影作品获得“美丽中国”美术摄影作品展四等奖；商亚珍被遴选为河北中医学院中西医结合博导，商亚珍、杨志新被评为河北省中医药教学名师，双滦区医院孙海波、贾秀忠到新疆尉犁县援疆；金大鹏等 3 人参加省委会“我与改革开放 40 周年”主题征文活动，文章被选用。侯瑞田、晏飞等多人被评为省级优秀教师，获得省市级自然科学和教改项目、学科带头人、科技标兵、先进工作者、提职、实用新型专利等，20 多人在国内外学术期刊发表论文 30 多篇。

【脱贫攻坚】 将脱贫攻坚与“四引四帮”主题实践活动相结合，把脱贫攻坚、京津冀协同发展作为责任所系，更好履职尽责。联系农工党北京市委、天津市委、河北省委，巩固与农工党北京市东城区委的既有合作，与农工党天津滨海新区委员会签订友好合作协议。到丰宁黄旗镇潮河源村、围场腰站镇画山村、隆化西阿超乡杨家铺村等 5 个国家级贫困县、12 个村镇社区，开展义诊捐赠助学活动，让村民在家门口就能享受到贴心的诊疗服务和健康知识普及教育，把医疗服务、药品、生活用品等送到老百姓的家中。先后有 120 多位专家参加义诊，举办知识讲座 4 次，诊治患者 1680 多人次，免费发放药品 14.83 万元，为 60 多户老党员、贫困户捐赠生活物资 4 万元。为村镇社区捐赠文体用品 28.3 万元，电脑、救护车等 38.75 万元，扶贫现金 3 万元，书籍 1050 册 1.5 万元。

【社会服务】 配合农工党中央、中国初级卫生保健基金会等在承德举办“健康中国2030”消除丙肝威胁行动宣教会，培训基层卫生人员，提供系统的丙肝防治服务。党员献爱心奉献社会。罗士洪捐款3000元帮助中华路办事处创建文明城市，捐款5000元建设承德县侨包之家读书角，资助围场新拨乡大素汰村程玉祥家一对双胞胎姐妹每年5000元，已经坚持了8年。农工党承德市委连续4年评为“四引四帮”主题实践活动优秀单位，受到市政协表彰。

2020年农工党承德市委员会领导名录

主任委员：郭靖涛（不驻会）

副主任委员：谷雪芬（女，驻会，专职）

姜皑丰（不驻会）

胡桂才（女，不驻会）

商亚珍（女，不驻会）

秘书长：李向宝（专职）

（供稿 李向宝）

九三学社承德市委员会

【概况】 2020年，以思想政治建设为核心，不断加强自身建设；履行参政党职责，参政议政；开展社会服务，勇担社会责任；投身一线，抗击疫情；广大社员，立足本岗，建功立业，在各条战线作出贡献，涌现出很多优秀科技工作者。社员王志勇主持的“BLCA-1/-4表达与膀胱癌生物学特性的相关性研究”科研课题，荣获河北省科技进步三等奖，是承德市唯一获此殊荣者，同时荣获“河北省优秀教师”荣誉称号；郝凤杰荣获承德医学院优秀硕士生导师称号；高洪成荣获承德石油高等专科学校2019—2020学年度克庸教学质量新秀奖；赵新生在中国青年创新创业大赛（河北赛区）中，以《聋哑儿童安全乘机知识普及创始者》的项目荣获铜奖，2020年当选为承德市侨联第六届委员会副主席。在抗击疫情中，姜浩、王哲荣获九三学社河北抗击新冠肺炎疫情先进个人。

【思想组织建设】 社市委组织全体成员学习《习近平谈治国理政》、中共十九届五中全会精神等，切实增强“四个意识”，坚定“四个自信”，做到“两个维护”，不断巩固多党合作的共同思想政治基础。组织社员参加社中央、省委10期专题政治辅导网络课堂，参加统战部干部培训网课，参加新闻宣传骨干网络培训等线上培训。社员李朝晖、王琳、黄智冬参加政协委员读书会经验交流活动，提交的读书心得体会取得良好反响。增强基层组织工作力量。把支社换届工作作为加强思想政治工作建设，持续夯实共同政治基础的思想教育过程，完成九三学社承德市委支社换届工作。提高新社员思想政治素质，不断提高入社标准，全年发展社员8人。截至2020年年底，九三学社承德市委员会共有市级组织1个，下辖市属医院、附属医院、教育、科技、机关、工程技术一、工程技术二、老干部8个支社。有社员207人，其中，高级职称155人，省人大代表1人，市人大代表2人，省政协委员2人，市政协委员14人。

【参政议政】 主委李建华多次参加中共承德市委、市政府组织的协商会、情况通报会、座谈会，听取有关承德市大政方针、重要情况通报等活动，围绕承德市十四五规划和2035远景目标建设等事关承德市经济社会发展的重大问题提出意见建议。社员中的政协委员和人大代表，参加各级人大、政协组织的视察、督查活动；担任各级特邀监察员、特约审计员和特约监督员的社员，通过信息交流、情况通报、视察等活动，履行职责，发挥民主监督作用。把“十四五”规划制定实施作为议政建言的重点，聚焦规划的编制实施深入调查研究。加强议政建言工作机制建设，整合调动各支社组织、各专委会提高参政议政工作标准。全年共收到支社7篇调研报告，为九三学社承德市委在各级“两会”上提交有份量的建议、提案奠定基础。王哲执笔的《关于疫情其间采取在线无接触与上门接触式相结合的形式进行排查、检查的建议》、陈欣荣执笔的《关于我市知识产权发展与保护工作的几点建议》、王琳执笔的《推进承德天然矿泉水和山泉水产业发展的建议》、王志勇委员代表九三学社承德市委在政协大会上《提速我市既有住宅加装电梯工作实现老旧小区全覆盖的建议》的发言，得到河北省人大常委会副主任、中共承德市委书记周仲明，市委副书记、市长常丽虹重要批示。每项建议提案都得到相关部门的重视和落实。参与政协“四引四帮”主题实践活动，全年共参与调研活动5次，形成《承德市生态文件建设调研与分析》《构建家庭教育服务体系的建议》《关于支持科技型企业发展，助力承德可持续发展议程创新示范区建设》3篇调研报告。

【社会服务】 与九三学社中国农业大学委员会共同筹建现代农业承德研究院，九三学社中央副主席丛斌、社河北省委主委葛会波为研究院揭牌。依靠中国农业大学的人才和科技优势，发挥科技助农新模式作用，针对承德绿色发展要求，精准对接项目。在九三学社中央的关心支持和指导下，九三学社北京市委、九三学社河北省委与中共承德市委、市人民政府协商一致，决定借鉴“九广合作”模式，开展“九承合作”工作，进一步打造统一战线凝心聚力助推承德经济转型、绿色、高质量发展的新模式。

【新冠肺炎疫情防控】 面对新冠肺炎疫情，主委李建华高度重视，把打赢疫情防控阻击战作为重大政治任务，第一时间带领全市社员提高防护意识，坚定必胜信心和决心。社市委发出倡议书，动员广大社员主动协同，自觉配合各级党委、政府投入到疫情防控工作之中。针对疫情防控建言献策，1篇建言文章得到中共承德市委主要领导批示。广大社员捐款捐物价值10余万元；10多名九三学社社员以志愿者身份赴社区包联，受到一致好评。全体社员立足本职岗位，共克时艰，捐款捐物、建言献策、投身一线，为全市疫情防控工作做出贡献。

2020年九三学社承德市委员会领导名录

主　委：李建华（兼职）

副主委：王会云（兼职）

　　　　高立国（蒙古族，兼职）

　　　　王志勇（兼职）

　　　　董焕臣（兼职）

（供稿　刘晓民）

承德市工商业联合会

【概况】 2020年，市工商联以习近平新时代中国特色社会主义思想为指导，聚焦统筹推进疫情防控和经济社会发展，充分发挥工商联职能优势，带领全市广大民营经济人士同心协力、共克时艰、砥砺前进，为全力推进新时代生态强市、魅力承德建设作出贡献。推进民营企业党建工作规范化，河北北塑管业有限公司、围场北交汽车检测服务有限公司被树立为第二批省级民营企业党建示范点。市工商联机关荣获市级文明单位称号。

【召开执委会议】 12月23日，市工商联十五届五次执委会议在滦平县庄普酒店召开。市人大常委会副主任孔庆龙、市政府副市长崔万峰、市政协副主席信祥出席会议，副市长崔万峰代表市四大班子讲话。市政协副主席、市工商联主席董旭明作工作报告。滦平县委常委、统战部部长致辞。会上免去常委7名（其中1名为副主席），增补常委6名（其中2名为驻会副主席）、执委1名。会议通报承德市基层工商联、所属商协会和会员企业受全国工商联和省工商联表彰事项，并对承德市“千企帮千村”精准扶贫行动26家基层工商联、所属商协会和民营企业予以通报表扬。

【思想政治建设】 举办中国共产党十九届五次全会精神和《中共中央关于加强新时代民营经济统战工作的意见》辅导讲座、“学习贯彻总书记习近平在企业家座谈会上讲话精神”专题研讨、“疫情之后的中国经济展望”主题讲座、民营企业家主题研讨会。邀请清华大学宋学宝教授就中国经济发展作专题讲座，近50名企业家聆听讲座，市委常委、市政府党组副书记、市政协党组副书记吴清海出席并讲话。开展民营经济人士理想信念教育，选派青年企业家赴井冈山、延安进行革命传统教育。组织企业家参加全国工商联理想信念教育推进会议精神学习会、河北省工商联民营经济人士理想信念教育培训、河北省工商联宣教工作暨民营经济人士理想信念教育总结交流会议、河北省工商联“一带一路”暨民营企业发展培训班。

8月6日，市工商联举办学习贯彻总书记习近平在企业家座谈会上讲话精神专题研讨会

【精准扶贫】 “千企帮千村”精准扶贫行动实现市、县两级执常委企业参与精准扶贫行动“全覆盖”，全部建档立卡贫困村企业帮扶“全覆盖”，全部建档立卡贫困村企业参与产业帮扶“全覆盖”。全市纳入全国工商联台账管理的民营企业1064家，实施产业帮扶项目1111个，累计投入资金11.862亿元，帮扶1401个村（含建档立卡贫困村936个），精准帮扶贫困群众27.193万人，村集体实现增加收入2086.84万元，贫困群众实现增加收入11711.58万元。其中，实施产业项目336个，累计投入资金4.8413亿元，帮扶贫困群众4.88万人。丰宁顺达矿业集团有限公司、承德双承生物科技股份有限公司荣获全国“万企帮万村”精准扶贫行动先进民营企业称号，承德神栗食品股份有限公司、承德恒信房地产开发有限公司、承德福建商会等11家民营企业（商会）荣获河北省“千企帮千村”精准扶贫行动先进民营企业称号，承德避暑山庄企业集团股份有限公司、承德宽广超市集团有限公司、承德锦科科技股份有限公司等9家民营企业被评为河北省优秀民营企业。在承德金龙广场布置2个展厅，组织38家生产消费扶贫产品的企业参加“消费扶贫产品展销会”，对承德市消费扶贫产品进行宣传。6月对接天津市工商联企业家代表团和东丽区“万企帮万村”专项工作组，为承德县捐赠“万企帮万村”专项资金及其他扶贫资金57万元。11月，对接北京市政协副主席、工商联主席燕瑛一行到丰宁和滦平考察调研。选派干部驻村开展工作，落实结对帮扶要求，出资3万元对唯一未脱贫户进行危房翻建，确保其脱贫出列。促成中华海联会出资5万元改造提升村卫生所。

【社会服务】 组织民营企业参与“四引四帮”社会服务活动。突出以商招商、乡土乡情、社会责任服务重点，结合巩固提升脱贫攻坚成果、助力乡村振兴开展社会服务活动，取得良好的经济效益和社会效益。全年，引进绿色项目27个，落实资金22.455亿元；引进发展资金9笔，落实资金2.46亿元；引进高端人才27人；引进科技成果17项；帮建脱贫项目32个，投资规模23.5亿元。帮办惠民实事100余件，累计投资500余万元；帮扶困难家庭120余万元，帮助困难学生570余万元。促成深圳市尼尔净环保科技有限公司为全市360个建档立卡贫困村无偿捐赠净水器360台，市场总价值216万元。实地考察滦平县企业，组织开展消费扶贫产品展示活动。

【参政议政】 组织承德市的全国工商联民营企业调查点企业借助“全国工商联民营企业在线调查”提交问卷近600份次，反映民营企业疫情防控、抗疫政策落实、民营企业走出去、复工复产稳产、营商环境、民营企业思想状况方面的相关情况。丰宁满族自治县被评为2020年度调查点工作先进基层工商联。河北省工商联参政议政工作会议在承德市云山宾馆召开，全国工商联研究室张明梵和省工商联畅彦周做参政议政辅导讲座。组织民营经济代表、委员借助人大政协两会的平台，提交提案建议50余篇。直接与市直部门开展议政沟通活动，8月，组织会员企业走进市检察院，了解检察工作，对相关工作提出意见建议。

【服务民营经济】 做好民营企业疫情防控和复工复产“两手抓”，做好“六稳”“六保”工作。发挥民营企业金融服务委员会和法律维权委员会作用，举办“聚力量、防疫情、促发展”银企对接圆桌会，组织市级各大银行与市工商联16家直属商协会会长和50余位企业代表进行银企对接，联合中信银行承德分行组织“银企对接线上沙龙”系列活动，联合建设银行为参与脱贫攻坚的民营企业开辟专门的融资渠道。全面推进民营经济领域纠纷多元化解机制建设，与市仲裁委联合召开仲裁与民营企业发展座谈会，与市司法局、市律师协会转发《河北省司法厅 河北省工商业联合会 河北省律师协会〈关于深入开展民营企业“法治体检”活动服务疫情防控和企业复工复产的通知〉》，并通过网络培训的方式组织企业参加疫情影响下的系列法律服务讲座。开展民营企业复工复产调研纾困活动，市工商联领导班子成员分赴11个县（市）区和直属商协会，实地走访企业、商会150余家，召开座谈会14场，了解掌握疫情影响下民营企业在财税支持、融资服务、企业负担、服务保障等方面的困难和问题，并通过政党协商、政治协商、民营企业座谈会等多渠道反映，助推民营企业解决一批当前亟待解决的实际问题。向市委主要领导报送《关于进一步做好全市复工复产企业交通运输保障的报告》《关于为承德民营企业发展营造良好的司法环境》工作专报。利用冀商E家平台、“承”心办企业发展服务平台、市工商联官方微信平台、座谈、调研、印发惠企政策宣传册等形式，将省、市关于民营经济发展的有关文件精神及时传达到民营企业。密切联络深圳、北京、天津、石家庄承德商会，参加天津市宽城商会、苏州市河北商会的成立大会，为广大承商返乡投资兴业牵线搭桥。还组织企业和县市区工商联人员参加上海进口商品博览会。

【基层组织建设】 全国工商联第八联系调研组第三小组到承德市丰宁满族自治县、平泉市、双桥区、双滦区、滦平县调研基层工商联组织建设情况。围场满族蒙古族自治县、丰宁满族自治县、滦平县被全国工商联认定为2018—2019年度全国“五好”县级工商联。围场满族蒙古族自治县、丰宁满族自治县、滦平县、双滦区工商联被河北省工商联确认为2019—2020年度全省“五好”

9月23日，承德市江苏商会在丰宁马镇成立

县级工商联。

承德市企业家联合商会荣获全国工商联抗击疫情先进商会称号，承德市浙江（温州）商会、承德市福建商会、承德市企业家联合商会、承德市酒业协会荣获河北省工商联2018—2019年度“四好”商会称号。召开全市商协会建设工作会议，推动商协会改革发展。指导承德市山西商会、承德市江苏商会、承德市山东商会、承德市湖南商会、承德市安徽商会、承德市民营经济研究会6家所属商协会完成注册（其中异地商会5个）。正在筹备唐山商会、甘肃商会、民宿行业协会、医疗器械行业商会、医药行业协会。发展承德市青年企业家协会以团体会员形式入会。新发展直属会员21人。至2020年年底，承德市工商联执行委员会有主席1名，副主席17名（其中驻会副主席3名），常务委员95名，执行委员200名。市工商联所属行业商协会21个（其中行业商会14个，异地商会7个）。

2020年市工商业联合会领导名录

主　　席：董旭明（驻会）

党组书记：王冰玉（女，不驻会）

党组副书记、副主席：帅五宝（驻会）

党组成员、副主席：侯鸿昌（驻会，4月免）

刘海学（驻会，6月免）

祁文萍（女，驻会，7月任）

唐楠松（驻会，7月任）

副　主　席：王贵玉（满族，不驻会）

王景荣（满族，不驻会）

王福国（不驻会）

尤文武（不驻会）

卢久友（不驻会）

司瑞军（满族，不驻会）

刘彦华（女、满族，不驻会）

刘焕勇（满族，不驻会）

孙士河（不驻会）

李　杰（不驻会）

李国刚（不驻会）

陈珍财（不驻会）

陈彦岗（不驻会）

周印军（满族，不驻会）

（供稿　訾新兰）

群众团体

承德市总工会

【概况】 2020年，市总工会以抓基层、强基础、创特色、扩影响为统领，统筹疫情防控和工会创新发展，各项工作取得新成效，迈出新步伐。全年开展“大学习”课堂、职工诵读等活动，开展“中国梦·劳动美”“网聚职工正能量·争做中国好网民”等主题教育实践活动，开展“创建文明城市·引领文明交通”活动、疫情防控阻击战职工志愿服务活动，开展疫情防控物资支援、援鄂医护人员和防疫一线人员慰问活动，持续开展“脱贫攻坚工会行”系列活动。加强基层工会建设，全市基层工会组织达到6638个，会员总数达到62.5万人。

【召开工会十六大】 12月9日，召开承德市工会第十六次代表大会，选举产生新一届市总工会领导机构，确立“十四五”时期工会工作的思路目标和重点任务。关继高当选为市总工会主席，佟伊民当选为常务副主席，司志通、刘忠云、杨淑华当选为副主席，张春、董晓东、鲍守坤当选为兼职副主席，米百波等9人当选为常务委员；张海富当选为经费审查委员会主任。

12月8日，市总工会召开第十六次代表大会

【基层组织建设】 坚持抓基层工作导向，通过项目扶持、定额补助等方式，加大对乡镇（街道）、开发区（园区）工会的支持力度。市总工会本级用于维权、帮扶、开展职工活动及补助下级等支出占总支出的比例达到56.6%。支持县级工会开发购买社工岗位服务，累计补助369.1万元，有效解决基层工会人员力量不足问题。开展新领域、新业态、新阶层建会入会工作专项行动，动态完成64家百人以上非公企业建会攻坚任务。推动企事业单位依法依规设置工会工作机构，配备工会干部，健全完善工作措施，为基层工会工作发展提供组织保障。指导县（市、区）做好工会换届和工会干部协管工作，选强配齐工会领导班子，培训基层工会干部2000余人次。

【建立思想政治工作体系】 健全完善思想、文化、宣传、教育四位一体思想政治工作体系。举办大学习课堂，广泛开展职工诵读活动166场次，线上直播参与职工15万余人次，多篇作品荣获全国“时代新声”职工诵读直播类优秀作品奖。投资130多万元建成全省首个以展示劳模风采为主题的永久性展馆，举办承德全国劳模事迹展首展，有序接待团体现场参观50余场次，网上VR展馆累计观展5500余人次。召开承德市全国劳模座谈会，学习贯彻习近平总书记在全国劳动模范和先进工作者表彰大会上的重要讲话精神。编辑《承德劳模》图书出版发行，并荣获全省“五个一精品工程”图书类一等奖。利用主流媒体广泛宣传工人阶级和工会工作，承德市总工会荣获第29届“全国工会好信息”奖。全年在《河北工人报》

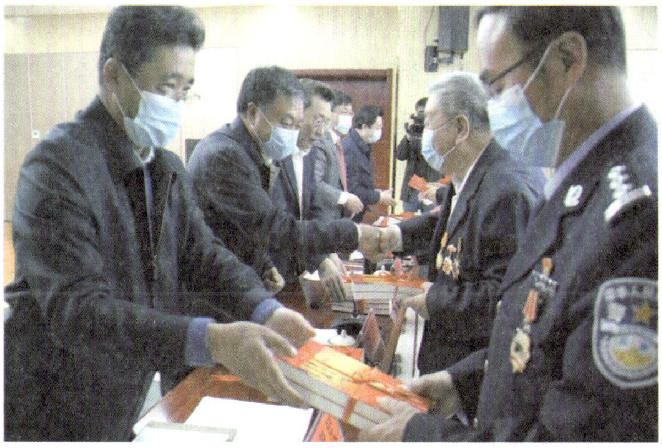

4月27日，《承德劳模》图书发行仪式

刊发宣传承德市工会工作128篇，头版头条刊发14篇，《承德日报》刊发头版5篇、专版连版1版。以“防疫有我·爱卫同行”和“厉行节约·反对浪费”为主题的“网聚职工正能量·争做中国好网民”活动在全国宣传展播并获奖，进一步扩大工会组织的影响力。

【助力职工建功立业】 统筹疫情防控和工会创新发展，筹措资金320余万元，开展疫情防控物资支援、援鄂医护人员和防疫一线人员慰问及抗击疫情职工志愿服务活动，支持小微企业复工复产，退回已缴工会经费267万元。持续开展“脱贫攻坚工会行”系列活动，印发《关于开展消费扶贫行动的实施意见》，赴北京、天津工会对接，助力推动“承德山水”品牌进京津。建立健全“三创四建”活动职工志愿服务组织领导、登记注册、专业培训等制度，组建职工志愿服务队800余个，开展社区结对帮建等志愿服务活动。围绕全市“3+3”主导产业发展，确定省、市重点竞赛项目41项，承德市推送的劳动竞赛项目荣获“十三五”期间河北省重点劳动竞赛项目第一名，全市多人多次在全省系列大赛中荣获团体和个人一等奖。争创省级创新工作室10个，涌现出一大批群众性职工创新成果。

【创新维权维稳机制】 落实稳就业措施，制定印发《关于做好“六稳”工作、强化“六保”任务落实的十项措施》和《关于深化全市工会创业就业扶持专项行动实施方案》，利用河北工匠大讲堂和农民工教育培训基地开展技能培训、就业援助、果树技术现场教学和远程视频辅导3000多人次，“春风行动”、网络招聘提供就业岗位2000余个。开展“民主管理进民企”活动，职代会和厂务公开制度实现国有企业全覆盖，全市百人以上企业职代会建制率达到85%以上，“一知三建四规范”覆盖面不断扩大。创新维权服务机制，《承德市工会“五项举措”构建维权服务机制》在《河北工人报》头版刊登，职工劳动保护和安全生产创新工作在全省经验交流会上作典型发言。做好供给侧结构性改革过程中企业职工维权工作，指导宽城兆丰、盛丰去产能企业召开职代会，稳妥做好6000多名职工安置工作。深化“安康杯”竞赛活动，承德市职工劳动保护和安全生产创新工作在全省经验交流会上作典型发言。

【增强职工服务保障】 精准实施“四个一批”帮扶措施，完成全市困难职工解困脱困目标任务。拓展多个行业的普惠化服务特约商户，开发网上缴费功能，增强会员卡的使用率和吸引力。组织开展商家普惠主题活动400余场次，会员获得优惠近千万元。按照“3+X”模式，完成市级职工服务中心功能改造，11个县（市、区）示范型职工服务中心功能更加完善，体现维权、帮扶、文体、生活和普惠五大服务功能，实现“一站式”服务。大力开展送温暖、金秋助学、职工互助一日捐、工会爱心卡救助等活动，累计走访救助困难职工1.2万人次，发放送温暖帮扶金、医疗救助金2000多万元。全市各级工会组织筹措300多万元专项资金开展暑期“送清凉”活动，为一线抗疫人员、重大建设项目建设者和快递小哥等户外劳动者送去党和政府的关怀。加强职工服务阵地建设。结合市职工综合服务中心改造，建设全市职工服务网络平台和综合管理系统，同步搭建“网上入会”“网上维权”等特色服务项目，科学有效使用冀工之家——服务职工群众、服务基层工会、工会宣传展示、重点工作管理四大平台，形成线上线下融合服务新格局。进一步拓展服务职工渠道，累计建设“爱心妈妈小屋”120个，户外劳动者驿站59个。

【工会改革创新】 制定实施《关于进一步加强企业职工代表大会制度建设的意见》和《关于进一步加强企业职工代表大会制度建设工作方案（2020—2022年）》，制定《承德市大数据产业职工技能素质提升的实施意见》，构建大数据产业职工技能形成和提升体系。落实省产业工人队伍建设改革配套政策，制定配套文件16个。深化产业改革试点工作，承钢公司在全省产业改革会议上做典型发言。建设全市职工服务网络平台和综合管理系统，出台实施《关于进一步推进全市工会网上工作的意见》。

【召开联席会议】 12月24日，市长常丽虹主持召开市政府与市总工会联席会议，会议听取市总工会工作情况汇报和需要联席会议研究解决的问题。会议议定，关于建设劳动主题公园事项。市城管局、市园林局配合市总工会对劳动主题公园进行选址。市总工会要切实做好项目建设方案的规划设计工作，提交相关会议研究论证。选址和规划设计方案完成后，各相关部门要在项目审批核准、项目手续办理、项目施工建设等方面给予大力支持。市财政局在公园设施维护和运行管理方面给予必要的资金支持。

【组建志愿服务队】 开展“创建文明城市·引领文明交通”、新时代文明实践社区结对帮建等志愿服务活动，共组建职工志愿服务队800多个，开展各类活动200余场次，参与职工4万多人次。强化结对帮建裕华路社区工作举措，拨付12万元专项资金用于完善社区活动场所和设施建设，先后开展9次不同内容的结对帮建活动，得到社区工作者和社区群众的一致好评。印发《全市工会坚持厉行节约制止餐饮浪费工作方案》，转发《河北省总工会向全省广大职工和工会干部发出制止餐饮浪费弘扬节俭美德的倡议书》，开展“制止餐饮浪费·我们共同努力”主题活动，切实培树职工的节约意识。

2020年市总工会领导名录

主　　　　席：柴　山（满族，12月免）
　　　　　　　关继高（满族，12月任）
党组书记、常务副主席：佟伊民（满族）
党组成员、副主席：司志通
　　　　　　　刘忠云
　　　　　　　杨淑华（满族，8月任）
　　　　　　　孙清江（8月免）
党　组　成　员：祁雪松（蒙古族，6月任）
　　　　　　　米百波（12月任）
经审委主任：张海富（满族，8月任）

（供稿　刘丹丹）

共青团承德市委员会

【概况】 2020年，共青团承德市委持续深化“12345”工作思路，即以改革攻坚为统领，聚焦主责主业为核心，以“思想引领跟党走、服务青年搭平台”两方面为路径，围绕团中央、团省委重点工作重点实施“思想引领、创业脱贫、志愿公益”三方面工作，以“四讲”团干部为抓手，推进从严治团、创建“五型”机关。突出“抓质量、打基础、促提升”，开展“自我提升建设年·四比四赛大比武”，不断在实现“三个圆满收官”中找准工作切入点，有力推动全市团青事业持续发展。疫情防控、未成年人检察工作支持体系等工作取得成效。青少年发展基金会引进项目资金1113万元，“小青橙”志愿服务时长超80万小时，

"承德青年"公众号关注超21万人次，相关工作在《人民日报》、人民网、中青报客户端等媒体刊发30余次，省市级媒体报道80余次。市委、团省委领导对青年团工作先后6次做出批示，给予充分肯定。

【基层团建】 理顺团干部协管流程，县区团干部配备率、在岗率持续巩固。深化"两联"工作和联系青年机制建设，设置专委会2个、代表联络站5个，"机关开放日"开展近20场次，委员履职与联系青年形成合力。实施基层团组织质量提升工程。开展基层团建示范点、活力中心建设年、智慧团建攻坚月等提升行动，建立示范县7个、示范点55个；青年中心"负载"运行，全年开展活动600余场；"冀E青春"用活用好、注册超14万，学社、升学衔接率超98%，回家及待审核率等位居前列。完善"团教协作"工作机制，中学团校建设覆盖超60%；成立学校少工委378家实现全覆盖、建立社区少工委3家、少年军校30个，依托"红领巾讲师团""名师工作室"分级培训辅导员380余名。

11月，承德市青少年宫少工委成立

【思想教育】 聚焦"青年大学习"，健全"四学"机制、创新"临时团支部"模式扩大覆盖，参与度稳步提升。抓创新。开展"云培训""互联网+青年读书班"230余期，覆盖基层骨干3000余人次。"青春心向党·建功新时代"主题活动贯穿全年，"五四精神·传承有我""绽放战疫青春 坚定制度自信""开学第一课"等特色宣教活动广泛开展。新媒体矩阵发布信息近400条、视频作品66个，疫情期间开展线上引领20余期、阅读量达60万，被省网信办通报表扬；"承德青年"关注超21万，入选全省政务微信前十。"承德好青年"等选荐活动面向抗击疫情、脱贫攻坚等领域，文明号、维权岗等创建注重基层，60余个优秀青年及集体荣获省级以上荣誉，"创青春""振兴杯"省赛国赛奖项接连斩获，彰显榜样力量。

【青春建功】 抗击疫情党旗红、团青建功展作为。突出"四聚焦、六助力"，募集捐款45.6万元、物资160余万元，207支青年突击队下沉社区，工作做法8次刊发展示，市委书记周仲明给予充分肯定。脱贫攻坚党旗红、青春建功做先锋。"一融四建八助力"专项行动持续发力，首创"寸草心"云端服务站，常态化开展活动780余场，参与人次超90万，位居全省前列；探索"团社结对帮建"模式，助推"共青团助力易地扶贫搬迁社区治理"全国示范点项目落地见效。"创业扶贫伙伴计划"结对帮扶2432户，带动1500余人脱贫；动员"青"字队伍参与消费扶贫近20万元，争取对口帮扶项目资金860余万元，青基会累计助学筹款1113余万元，协助办理助学贷款5210万元，惠及困境青少年2.6万余名。投身三创四建、勇当时代先锋。常态开展"号声嘹亮·三创四建我先行""垃圾分类·青春助力""防疫有我·爱卫同行"等200余场次，植树造林近100亩，弘扬塞罕坝精神融入日常。

【服务青年】 市、县两级青少年工作联席会议如期召开，承钢集团成为落实规划企业试点，青年发展列入"十四五"规划专节专栏，项目化理念有力推动发展规划落实落细。服务青年创新创业。团中央"青扶贷"项目实施见效，"四大办理机制"撬动贷款5000万元，现已放贷扶持60

7月17日，团市委、承德市圆梦青少年发展基金会举行圆梦助学资助项目发放仪式暨助力三创四建·追梦与爱同行助学启动仪式

笔760万元，实施情况得到团省委、市委领导批示；重点打造市级“青年创新创业中心”，未来3年将扶持青创项目300个、培育创业青年1200人。维护青少年权益。率先出台《未检工作社会支持体系建设实施方案》，“四有一护”工作模式得到团省委领导肯定批示。服务青少年现实需求。童心港湾试点作用持续壮大，“微心愿”“宝贝计划”等关爱项目广泛实施，新增受益留守儿童1.2万余名；开展招聘会23场、募集岗位6058个，“千校万岗”实施更加精准；交友联谊市场化、常态化，市、县10场活动取得良好效果。服务青年有序社会参与。打造志愿服务“3+3+3”工作模式，志愿者注册达53.5万人，突破全市总人口14%，服务时长超80万小时，“伙伴计划”上线商家800余个，建立“小青星”驿站150余个。服务覆盖更多青年群体。“县县建协会”全覆盖率先完成，市社会组织团工委成立并吸纳骨干组织16家，指导建团22家，同850名社工形成常态联系。

【培树先进典型】 深化团员队伍先进性建设。“过五关、十步走、三公示”“一证一书一档一网”成为团员管理规范制度，“学习总书记讲话 做合格共青团员”活动常态化开展，团员光荣感不断增强，涌现出很多先进典型。王莹莹荣获全国优秀共青团员称号；苗欣雨、李一柠荣获全国优秀少先队员称号；田金妤、郭容吉荣获全国优秀少先队辅导员称号；米家珊荣获中国大学生自强之星称号；胡小政、张静、徐耀先、于海生、韩小静、李云鹏荣获河北向上向善好青年称号；张静荣获全国向上向善好青年创新创业好青年称号；胡适荣获全国抗击新冠肺炎疫情青年志愿服务先进个人称号；高慧颖、张东伟、李然、刘海滨、周忠兴、李超男、吕建伟、刘士杰、郝槟、秦磊、张希腾、朴东方、贾腾飞、苗向露、刘大虎荣获第十届河北省农村青年致富带头人称号；范贺明、张宏利、段昊成、桓家兴、李卓然荣获全国青年岗位能手称号；齐菲、樊佳莹、邵玲智、张金莹、尹再欣、刘贺楠、解明旭、沈作为、李斌、王栋荣获河北省青年岗位能手称号；王玥、王方磊、李雪娇、王雅男荣获河北共青团系统优秀信息工作者称号。

2020年共青团承德市委员会领导名录

书　　记：秦　涛

副 书 记：艾　铮

刘媛媛（女，蒙古族）

吴　磊（满族）

（供稿　宁　程）

承德市妇女联合会

【概况】 2020年，市妇联面对新冠疫情防控和经济社会发展双重考验，聚焦重点工作和改革任务，强化引领联系服务，推动妇联工作高质量发展，为夺取“双胜利”，实现“三个圆满收官”贡献巾帼力量。市妇联被评为“全国家庭工作先进集体”“全国巾帼建功先进集体”；在全省年度“3+1”重点工作考核中被评为“优秀”等次；在全省妇联系统三项重点工作网上评议中排名第一，荣获全省妇联系统“争创人民满意的公务员先进集体”荣誉称号。

【主题宣传】 探索"互联网＋党建"模式，完成"承德妇女网"改版升级。开展主题活动26场次，通过"承德女性"公众号、"承德妇联"抖音号等平台，编发网络信息和宣传短片350余条，在《中国妇女报》《河北日报》等省级以上媒体刊发报道13篇，"承德女性"公众号榜单排名两次冲进全国传播指数排行榜前50强。

【培树典型】 经过培优选树，获得先进集体荣誉称号、受到表彰的有：承德市看守所女子大队荣获全国三八红旗集体；承德市机场航空护卫部检查分队、承德市财政局预算编审办公室、承德市行政审批政务服务大厅、承德市兴隆县金山湖旅游开发有限公司客房部荣获全国巾帼建功文明岗；承德县人民法院、隆化县法律援助中心法律服务管理股、双滦区大庙镇小三岔口村、双桥区人民检察院未成年人检察工作办公室、围场满族蒙古族自治县人民检察院荣获河北省妇联系统维权工作先进集体。获得先进个人荣誉称号、受到表彰的有：孟庆华、枝润芳荣获全国三八红旗手称号；白秀香荣获全国最美家庭、五好家庭称号；殷丽君、翟桂兰等24户获河北省最美家庭、五好家庭称号；卢秋玲获全国最美抗疫家庭称号；曲宝亮、仇磊、施建民荣获河北省最美抗疫家庭称号；胡慧梅、李凤琴、柴景英荣获全国巾帼建功标兵；杜向荣荣获河北省妇联系统人民满意的公务员称号；宋晓伟、许岩冰、杨海涛、苏铁英、李立新荣获河北省妇联系统维权工作先进个人；盖宗杰、刘艳诊、王静、张玉金荣获河北省榜样母亲；刘桉辛、孙鑫、周梦妍、乔奕霏、鞠佳宝获河北省妇联系统燕赵励志儿童称号。

【不让须眉抗疫情】 面对突如其来的新冠肺炎疫情，快速反应，迅速行动，发挥密切联系妇女和家庭的优势，制发致广大妇联干部、家庭、妇女的一封信，依托微信公众号刊发疫情防控战役中"她身影""我是抗议小标兵"26期，宣传抗疫先进典型，倡导健康生活方式；抽调精干力量下沉一线，全力做好联系点疫情防控工作。推动各级妇联组织及女企业家协会向红十字会捐赠款物价值267.3万元；为49名援鄂医护人员家属送慰问金4.9万元；举办第四届"魅力巾帼·最美女性"活动总决赛暨颁奖典礼，向22家援鄂医护人员选派单位颁发锦旗；召开抗疫最美家庭事迹报告会，对60户最美抗疫家庭进行表彰。召开巾帼力量助推复工复产座谈会；深入巾帼示范基地开展调研，帮助解决实际问题，推动妇字号企业复工复产。

【实施巾帼创业】 举办市级女性素质提升培训班3期、县区培训班80期，累计培训巾帼脱贫示范基地负责人、妇女发展大户、女性致富带头人4442人次。依托省市巧手脱贫示范基地开播"巾帼脱贫攻坚"大讲堂16期，为有就业需求和意愿的妇女群众提供服务，惠及城乡妇女近万人。创建国家级"巾帼脱贫示范基地"2个，省级18个，市级20个；创办市级"乡村振兴巾帼实践基地"20个，新命名市级"热河嫂"家政服务实训就业基地3个，全市达到6个；发放农村"两癌"患病妇女救助款181万元；争取天津市妇联东西部扶贫协作物资16.3万元；举办巾帼脱贫攻坚成果交流活动，开启消费扶贫"巾帼互助"模式，全市62家企业的16个品类、500余款产品在会上参展销售。

11月5日，市妇联召开承德市巾帼脱贫攻坚成果交流会

【美丽庭院创建】 将美丽庭院创建作为“一把手”工程来抓，实施“126”思路，构建“三依托、三结合、一集中”模式，突出“五美”标准，做足绿色生态、民族民俗文章，通过制定创建方案、下发考核细则、实地督导调研推动落地见效。全年创建美丽庭院10.1万户、精品庭院2.5万户，完成率100%；打造示范村25个、示范片区7个，评选表彰市级“十佳美丽庭院”10户、“百优美丽庭院”190户并挂牌示范；有7户获省级“百优美丽庭院示范户”，1户获“十佳美丽庭院示范户”；在滦平县召开县级妇联改革暨美丽庭院创建观摩推进会，学习借鉴于营村、孙营村、古城川村经验做法，推动美丽庭院创建再上新台阶。

9月8日，市妇联在滦平县召开全市县级妇联改革暨美丽庭院创建观摩推进会

【家庭教育家风建设】 将绿色家庭创建融入家风建设，举办家风建设大讲堂50余场次，1.3万余人聆听讲座；开展以“赡养老人巾帼展风采”为主题的寻找最美家庭、绿色家庭创建活动，评选市级以上优秀典型200户；开展“绿色生活我先行”亲子环保实践活动，征集“绿色家庭”作品974件，498件被“心中有祖国、心中有他人”教育活动官微等媒体发布。持续巩固“妇联+志愿者+社区（学校）+家庭”工作机制，依托快乐家园、小候鸟图书角等阵地开展亲子阅读、家庭教育活动170期，参与儿童1.7万人次；开设空中课堂15期，累计1.5万人参与阅读；加强家庭教育指导服务站点和家长学校建设，城市社区建设率达90%、农村社区建设率达80%；在承德女性公众号展播“凝聚正能量、打赢抗疫战”亲子实践活动12 期，参与省妇联亲子朗读作品征集活动，其中12部作品获奖。

【妇女儿童权益保护】 在“3•8”“6•26”“12•4”等重要节点，开展妇女儿童法律法规宣传活动，制作视频30余个；在网上开展“木兰有约”法律宣讲20场次，参与人数近1万人；开展普法宣传进社区活动，邀请公益律师讲解《妇女权益保障法》《反家庭暴力法》等法律知识；完善政策法规性别平等咨询评估机制，修改实施方案，调整成员单位及专家组人员；加强基层维权干部培训，争取省示范婚姻家庭纠纷专业调解室项目2个，印发工作手册3000余本，录制《我与我的维权》工作短片，培训干部100余人，不断提高妇联维权干部基本素质和工作本领。

【落实妇女儿童规划】 调整市妇女儿童工作委员会，明确联络员，健全联络制度，密切成员单位间的工作联系。做好妇女儿童规划指标数据年统工作，召开妇女儿童工作会议暨妇女儿童规划终期监测统计培训会，对终期评估指标进行自查，为迎接国家、省终期评估验收做好准备。建设省级儿童之家示范点8个、市级示范点22个并授牌；完成第四期中国妇女社会地位承德区域抽样调查工作，为落实男女平等基本国策及规划纲要落地提供重要参考。

【家政及志愿服务】 打造“热河嫂”家政服务品牌。召开巾帼家政工作推进会，董国珍等7名市级巾帼基地负责人和优秀“热河嫂”代表传授经验做法，1人获省级表彰并在全省家政会上做典型发言。采取线上线下相结合的方式，开展家政培训156场次，1.2万人受益；对获得“热河嫂”称号人员培训44期，1400余名参训人员全部就业，其中到京津就业 130 余人。打造巾帼志愿服务专业化、网络化、项目化品牌。全市线上新增注册巾帼志愿者 2033 人、志愿服务队 13 支，累计开展“普法宣传”“关爱健康”“清洁环境”“慰问困境老人儿童”等文明城市创建志愿服务活动 800 余次、参与志愿者 5000 余人次。

【妇女儿童关爱救助】 开展关爱老区革命母亲活动，为刘素侠等 3 位革命母亲送去节日祝福和慰问；开展困境妇女儿童救助工作，发放救助金 3 万元，惠及 15 名妇女儿童；开展“把爱带回家”“微心愿”“六一”国际儿童节慰问活动，累计发放物资 21.1 万元，慰问金 7.7 万元，惠及留守、困境儿童 1375 名；发放福彩救助金 8 万元，惠及 16 名困境高考学生；争取省妇女儿童发展基金会捐赠的美赞臣奶粉、洗衣液等物资价值 186.3 万元，惠及 2000 个家庭；承办“全国儿童食品安全守护行动”河北启动仪式，接受沃尔玛基金会捐赠学习用品等物资 58.9 万元，惠及 10680 名学生。

【县级妇联改革】 坚持“党建带妇建，妇建服务党建”的原则，推进妇联组织改革。深入基层调研，印发指导意见，推动丰宁满族自治县、围场满族蒙古族自治县妇联按时完成换届工作。落实妇联干部联系妇女群众制度，班子成员发挥率先垂范作用，每人带头联系 1 个县（市、区）、10 名妇女儿童、1 个妇女儿童社会组织，带动妇联干部执行，为联系对象办实事万余件。组织各县（市、区）开展破难争星自评、互评和星级评定工作，7 个县（市、区）推荐到省妇联认定；开展“五亮双评”活动，评议优秀乡村妇联 859 个、乡村妇联执委 5926 人；在“四新”组织中妇联组织 24 个、妇联执委 98 人；开展县级妇联改革观摩，推动改革任务落地见效。

【妇联组织阵地建设】 争取资金 24 万元，维修改造市妇女儿童活动中心，打造 4 个省级乡镇（街道）妇联组织区域化示范点，全市达到 21 个，滦平县西沟乡妇联在省级妇联组织区域化建设网上“擂台赛”中被评为优胜单位。争取省级建设资金 135 万元，新建省级示范妇女之家 22 个、市级 23 个；新建市级挂牌妇女微家示范点 165 个，全市达到 1318 个，实现了引领联系服务妇女群众零距离、无盲区。实施妇联干部素质提升行动，培训市妇联执委、基层妇联干部 161 人。推动县级妇联发挥主体作用，采取集中分片结合、线上线下互动的模式，累计培训 8000 余人。开展“争做争创”“双十佳”评选，形成勤勉尽责、创先争优、事争一流的良好局面。

2020 年市妇女联合会领导名录

党组书记、主席：李建侠（女，满族）

党组成员、副主席：彭兴怀（女，满族，6 月免）

郭蕾蕾（女）

闫赛春（女，满族）

党组成员：宋晓伟（女）

冯艳秋（女，11 月任）

（供稿　张　洋）

承德市文学艺术界联合会

【概况】 2020 年，市文联坚持“二为”方向、“双百”方针，自觉承担起举旗帜、聚民心、育新人、兴文化、展形象的使命任务。以改革攻坚为统领，以聚焦“加强对文艺工作者、爱好者的思想政治引领和努力推精品推人才”为核心，围绕重点工作任务，创新工作理念和路径，团结带领各文艺家协会及各县（市区）文联组织坚持正确方向，提高政治站位，全力抗击疫情，聚焦精品创作，为繁荣社会主义文艺、培养新时代文艺人才，促进新时代“生态强市　魅力承德”建设做出贡献。完成了首部《承德市志·文学艺术志》编写工作。

【抗击新冠肺炎疫情】 新冠肺炎疫情突发后，第一时间按照国家、省、市决策部署，调动各县（市区）文联、各文艺家协会、广大文艺工作者的积极性，号召全市6000余名文艺工作者参与抗击疫情“宣传员”“守门员”“信息员”“劝阻员”“配合员”的“五大员”文艺志愿服务活动。《河北日报》、《承德日报》、长城网等专业媒体对此进行宣传报道了抗击疫情文艺志愿服务“五大员”做法，得到市委、市政府领导的批示肯定。先后组织书画作品义捐义卖两次，筹集抗疫资金10万元。

【强化政治引领】 强化意识形态工作责任制。将意识形态工作向县（市、区）文联和市属各文艺家协会延伸，杜绝有害信息、网络谣言、“三观”不正文艺作品。充分利用主流宣传阵地，文联公众号开辟党史学习教育宣传专栏，全年累计发布信息277篇；《热河》杂志第一期刊登文章近300篇。以创建全国文明城市为契机，依托全市6000余名文艺志愿者广泛参与抗击疫情、爱国卫生、文明交通、结对帮建、戏曲进校园进乡村等志愿服务。先后开展“防疫有我爱卫同行”，节日系列“清明诗歌朗诵”“端午品读赠书”“庆七一关爱空巢老人”“七夕诗会”“决胜脱贫攻坚决战全面小康 双城墨韵”——河北承德·深圳罗湖书法联展等主题活动，培育和践行社会主义核心价值观。坚持以党建带群建，加强文艺战线党建工作。全市20个文艺家协会全部成立临时党支部或临时联合党支部，加强党对文艺工作的全面领导。

【深化文联改革】 将文联改革事项纳入全市改革重点，成立由市委常委、宣传部部长担任第一责任人的改革领导小组。各县（市、区）委宣传部作为责任单位，市县级文联为指导落实单位，各乡镇（街道）党委均为改革领导小组成员单位，乡镇（街道）党委书记为领导小组成员，形成市委宣传部、县（市、区）委宣传部、乡镇（街道）党委三级组织网络，为改革运行提供强大的组织保障。明确承德基层文联改革原则：“坚持灵活机动、突出因地制宜；不求组织人员占编制、但求全部实现有机构；不求文艺类别面面俱到、但求文艺工作全覆盖”。通过制定改革工作流程图，文联组织建设实现“读图作业”，并在各县（市、区）文联推广使用。全市各县（市、区）均成立文联并实现归口党委序列管理，全市218家乡镇和街道实现基层文联全覆盖，并探索成立村和社区文联188家、企业文联10家，形成市、县、乡、村、企业文联统筹联动的组织架构。对已成立的乡镇街道文联，按照“五有”（有标识、有机构、有章程、有制度、有档案）标准要求，均配备专（兼）职工作人员，完善后续管理，扎实开展文艺工作，做到事事有回应。双滦区在全区6个乡镇63个行政村建起农村书屋、2个村史馆，25个社区建起文化活动室。承德文联改革主要做法得到中国文联、省文联领导的肯定，在全省通报表扬。在中国文联新时代文明实践文艺志愿服务项目扩大试点工作会议上作典型发言，并在承德召开“河北省推进基层文联建设现场会”。

【文学艺术精品创作】 组织创作抗击疫情文艺作品，共创作各类文艺作品3600 余件（篇），其中文学作品 1300多篇；书法作品510件；美术作品 480件；民间文艺作品 387件；摄影作品 650件；歌曲 70 首；其他作品170 多件。其中多件作品被省、市网络媒体采用，《英雄》《你来的时候》等歌曲和书画作品在中宣部“学习强国”、《人民日报》客户端推出，剧本《惊心门客栈》在《中国作家》发表。组织全市文艺工作者“深入生活、扎根人民”创作活动，一批文艺精品获得国家、省级奖项。电视剧《最美的青春》获中宣部第十五届精神文明建设“五个一工程”奖，第三十二届电视剧“飞天奖”；文艺评论《一只牛顿的苹果砸在了诗人的头上》、歌曲《热河传说》、音乐会《绿乐交响》获第十三届河北省文艺振兴奖；歌曲《妈妈 喜鹊 山桃花》获第十三届河北省“五个一”工程奖；诗集《马在暗处嘶鸣》获孙犁文学奖；歌曲《寻梦的太阳》《爱远方》获中国音乐小金钟优秀原创作品奖。文学作品在省级以上刊物发表作品171篇，国家级以上刊物发表作品82篇；舞蹈作品《行宫稚影》荣获舞向未来——第十届校园舞蹈汇演河北赛区少儿组“一等奖”，并荣获“优秀编导奖”；60位美术家作品入选河北省美术家协会主办的“庆祝中华人民共和国成立七十周年河北省美术作品展览（承德展区）”，14幅美术作品入选“庆祝中华人民共和国成立七十周年河北省优秀美术作品展览”，12幅美术作品入选国家级、省级展览；摄影作品《中国园林》《岩石》入选28届奥赛；6幅书法作品获国家级奖项，11幅书法作品获省级奖项；相声作品《卖估衣》在第二届“马季杯”全国大学生相声展演中获创新才俊奖。《最美的乡村》在央视一套黄金档首播，爱奇艺、央视网同步播出，取得较高的收视率和广泛的社会关注度，中国视听大数据收视率数次破2%，开播后一直保持收视第一，在全国引发强烈社会反响，省委书记王东峰先后四次作出批示表扬，省委宣传部专门通报表扬剧组主创人员。出版反映生态环保、脱贫攻坚、文化旅游先进典型的“最美风采系列”图书《最美的旗帜——脱贫攻坚党旗红优秀党员风采集》《最美的守护——生态强市优秀人物风采集》《最美的风景——国家“一号风景大道”风采集》，由河北省委组织部向中组部推荐参加第五届全国党员教育培训教材展示交流活动。

【文艺人才队伍建设】 组织开展承德市第五届文艺创作暨文艺理论骨干和“青峰计划”培训班；召开学习传达贯彻省十次文代会、七次作代会座谈会；举办第五届书法重点作者训练营活动；开展“加强爱国主义教育，助力脱贫攻坚奔小康”承德市期刊联盟采风采访活动，举办报告文学《雾灵丰碑》研讨会、电视剧《最美的乡村》研讨会和《最美系列丛书》研讨会。落实“千百成峰”名家名作双推宣传工作，向省文联“千百成峰”工程报送各门类优秀文艺人才34名，同时注重充分挖掘乡土文艺人才，吸收以网红“守山大叔”为代表的300余名农民会员加入市、县两级文艺家协会。年内成立新音乐群体、微电影、文艺评论家等文艺家协会。

【文艺服务七有一建】 发挥文联在服务新时代文明实践中心建设中的作用。制定下发《市文联关于充分发挥基层文联作用，服务新时代文明实践中心试点建设实施方案》。明确承德市服务新时代文明实践中心试点建设“文艺服务七有一建”的目标，即“有实践阵地、有实践队伍、有实践内容、有实践活动、有实践方法、有实践制度、有实践保障，建设新时代文明实践中心站”。有序推进新时代文明实践中心试点建设。有文艺服务实践阵地。整合现有基层公共服务阵地资源，开设“服务新时代文明实践公益大讲堂”，通过实施“村民点单，文联应单、文艺志愿者接单”精准服务，打通宣传群众、教育群众、关心群众、服务群众“最后一公里”，全年开展国家、省文艺名家讲堂12次，市文艺名家讲堂23次。有文艺服务实践队伍。组建市县乡村四级文艺志愿服务队伍，形成“市级有文艺志愿服务总队，县（市区）有文艺志愿服务分队，乡（镇）街道有文艺志愿服务小分队，村有群众文艺社团”四级文艺志愿组织体系。有文艺服务实践内容。持续打造文艺志愿“五大员”活动品牌，引导志愿者争做服务新时代文明实践“五大员”，即科学理论宣传员、党的政策宣讲员、核心价值观践行员、文艺志愿服务员、文明新风倡导员。走社区、走农村、走城镇，以文艺的形式传播知识、宣讲政策、开创新风。有文艺服务实践活动。组织开展“文艺走基层、文艺登高峰、文艺铸青峰、文艺种文化”四项活动项目，重点打造“农民丰收节”“公益大讲堂”“艺术星火·三一行动”等文艺志愿服务项目，以“戏曲乡村小舞台”“村村乐广场舞小擂台”“书香门第”“公益大讲堂”“戏曲进乡村”等子品牌开展服务活动。平泉市南五十家子村、雅图沟村、滦平县孙营村、承德县郑栅子村、兴隆县大碌洞村等十余个村开展“脱贫攻坚文艺轻骑兵文化惠民演出”。文艺宣讲走基层，开展“非遗培训 助力乡村振兴”等活动20余场，惠及基层群众万余人。有文艺服务实践方法。以加强党对文艺工作的全面领导为工作主线，通过开展市、县、乡三级文联基层党组织规范化建设，形成“一联一”工作方法，指导市级各文艺家协会制定对点帮扶方案，明确责任领导、目标任务、具体措施。有文艺服务实践制度。围绕“传、评、帮、乐、建”总体要求，探索有关文艺培训、激励机制、文艺创作和志愿服务等方面的机制建设，着力解决文艺志愿服务“谁来干、为谁干、干什么、怎么干”的问题，建立健全精准、高效、常态的文艺志愿服务机制。有文艺服务实践保障。持续加强协调沟通，争取党政领导支持，推动文艺资源整合和工作落实。利用“文艺刊物、各级公众号、各县（市、区）融媒体、各实践站、微信群、村广播”六块宣传阵地，扩大文艺志愿服务影响力。鼓励引导基层文艺人才通过多种方式参与支持新时代文明实践中心工作，对文艺志愿服务工作中涌现的先进典型和经验及时选树表彰。在行政村、社区建设“文艺服务新时代文明实践站”。由村、社区党组织主要负责人担任站长，以离退休老干部中文艺骨干为代表，把党员群众中相对活跃的各个层面、各个类别的文艺力量团结起来、组织起来，引导他们成为文艺服务新时代文明实践站的重要力量。

11月24日，市文联举办传承非遗民间艺术培训

【文艺志愿服务】 在文艺志愿“五大员”活动上持续拓展服务手臂，全市县、乡两级均建立文艺志愿服务分会，逐渐探索出基层文联改革与文艺志愿服务相融相促的文艺工作发展新路径，形成文艺志愿服务从自发到自觉、从零星分散到成规模有组织的根本性变化，实现了基层群众文艺活动自我运转，由“输血”到“造血”的根本性转变。10月，中国文联文艺志愿服务培训班在承德举办，承德市文艺志愿服务工作得到中国文联和省文联的认可，并入选省文联新时代文明实践文艺志愿服务四个试点市之一。平泉市南五十家子镇文联作为唯一基层文联代表在北京中国文联文艺志愿服务项目扩大试点工作培训会上发言。立足承德实际，探索具有承德特色的文艺服务新模式，印发《承德市文联开展文艺志愿服务“五大员”活动倡议书》，围绕“生态文明、森林防火、脱贫攻坚、水源涵养、文明城市”五个方面，提出争当“生态文明宣传员、精准扶贫宣传员、护林防火宣传员、治水保水宣传员、文明城市创建宣传员”的“五大员”文艺志愿服务活动倡议，全年参与活动的各级文艺家协会会员累计4650人次，组织或联合组织各类文艺宣传活动420次，书写各类标语8000余条，直接服务群众16万余人次。充分发挥报刊、广播、电视等新闻媒体的宣传主渠道作用，广泛宣传“五大员”文艺志愿服务活动，累计撰写及发表各类稿件20余篇。充实扩大基层文艺志愿服务队伍。在乡镇（街道）文联全覆盖的基础上，挖掘基层文艺力量，将“隐藏”在乡村的文艺人才汇聚起来，筛选一批重点文艺骨干，破格加入市各文艺家协会，成立一支守在百

京津冀一家春承德市少儿春节晚会

姓身边不走的文艺志愿服务队伍。市级各文艺家协会破格吸收农民会员97名，县级文艺家协会吸收会员200余名。成立乡村（社区）文艺志愿服务小分队168支，这些文艺志愿服务小分队活跃在农村基层每个角落，极大丰富群众业余文化生活。文艺志愿服务活动丰富多彩。以各文艺家协会为主体，精心组织市、县、乡三级文艺骨干，开展面向基层、面向群众的文艺志愿服务活动，“庆丰收迎小康”中国农民丰收节系列演出。作协、影视协开展“聚焦决胜全面建成小康社会 决战脱贫攻坚采风创作”；戏协开展“戏曲乡村小舞台”“戏曲进乡村进校园”“彩色周末”巡演活动；音协开展“高雅音乐进校园”“梦想在路上”声乐下基层活动；舞协开展“广场舞小擂台”志愿服务活动；民协开展“展非遗培训 助力乡村振兴”活动；书协开展“书香门第”家训家规书写活动；美协开展“彩绘美丽乡村”写生创作活动，摄协“聚焦美 发现美 展示美”摄影万家兴活动，以及各协会“迎国庆、庆丰收”等文艺志愿活动，“京津冀一家春”承德市少儿春节晚会，受到基层群众的普遍欢迎，多家新闻媒体进行宣传报道。

2020年市文联领导名录

党组书记、副主席：杨　勇

主　　　　席：王　琦

党组成员、副主席：何英华

许建军（8月任）

（供稿　苏志欣）

承德市科学技术协会

【概况】 2020年，市科学技术协会团结引领全市各级科协组织和广大科技工作者，围绕中心、服务大局、开拓创新、锐意进取，各项工作取得明显成效。开展承德市“全国科技工作者日”“全国科普日”“科普进机关”等一系列活动；中科协地方改革课题申报成功；荣获“全国科普日”优秀组织奖、“河北省创新方法大赛”优秀组织奖等多项奖励。

【科技服务】 组建承德市科技志愿者支队，注册成立承德市科技志愿者服务中心（民办非企业法人单位），开展科技志愿服务活动。在政治上、思想上、组织上、服务上、实体上、网络上等方面建设科技工作者之家，全市已建成“科技工作者之家”13个，其中6个被省科协命名为省级科技工作者之家示范单位。出台《承德市科协个人会员分级管理办法》，吸纳众多知名科技专家、行业领军人才和科技工作者加入到科协队伍中，全市会员总数达3805人，超额完成年度个人会员发展目标任务。开展“最美科技工作者”选树活动。在全市科技战线评选出20名承德市“最美科技工作者”，并推荐王丽英、张庆、冯建芬3人参加河北省“最美科技工作者”选树宣传活动，被评为河北省“最受关注的科技创新人物”。全年累计刊发市级以上外宣稿件134篇，报送市委、市政府信息20篇，其中在河北省科协网站、市科协网站、“今日头条”及微信公众号同步进行宣传发稿129篇，被中科协网站采用24篇，《河北科协》采用14篇，并在中国网、承德电视台等多家新闻媒体进行宣传报道。

【创新驱动】 申报中科协地方科协深化改革工作试点项目并成功获批，是全省唯一一个地方科协改革试点项目，到位项目资金10万元。通过试点，凝练出承德典型经验、典型案例，探索形成工作机制和模式等高质量制度成果，发挥地方试点对科协系统全局性改革的示范、突破和带动作用。开展提升基层科协组织力“3+1”（“3”指吸纳基层医院院长、学校校长、农技站站长进入乡镇、街道、科协领导机构兼挂职，“1”指县、区科协加强领导）试点工作。成立专项领导小组，出台《提升基层科协组织力“3+1”试点工作实施方案》，提出五大任务（推动乡镇科协组织和科协工作全覆盖、加强县级学会建设、加强农技协建设、加强企业园区科协建设、大力发展个人会员）。组织开展青少年科技活动，荣获“第12届河北省青少年机器人竞赛优秀组织奖”，承德市选手包揽了该项目冠亚军。第35届河北省青少年科技创新大赛承德市推荐的作品获省级一等奖27个，二等奖72个，三等奖36个。推荐的承德县实验小学、市高新区阳光四季小学被中科协青少年科技中心评为“全国青少年人工智能活动特色单位”。支持科技创新，市科协牵头联合7家单位主办“链接世界，互联未来”第六届承德市互联网大会，打造“京津冀大数据走廊”，完善大数据产业布局，引进培养网络人才，发展数字经济等科技创新的重要性。牵头联合3家单位主办以“科技改变未来”为主题的“首届承德市青少年人工智能编程竞赛”。组织中小学生参加中国青少年虚拟机器人在线体验活动，荣获全国一等奖2名、二等奖2名、三等奖12名。

【全民科学素质提升】 选派90名科技特派员到7个县开展科技服务，带动农民科技致富。开展全国科普日活动，营造良好科普氛围。全市共开展各类科普活动80多场次，参与人员达3.2万多人。承德市科协被中科协和省科协评为“全国科普日优秀组织单位”“河北省全国科普日优秀组织单位”，2个科普活动被评为“全国科普日优秀活动”、5个科普活动被评为“河北省全国科普日优秀活动”。组织开展“科普进机关展览活动”，展览历时20多天，引起强烈反响，收到良好效果。开展科普大篷车项目20周年主题活动。推荐的平泉市科普大篷车车队获中科协“明星车队”称号。开展建立农村科技馆活动。协调督导各农村中学科技馆开展活动，丰富学生科技生活，在全省农村中心中学科技馆项目网站积分排名中，承德县第二中学在全省排名第一，受到省科协通报表扬并被推荐参加中科协“普惠之星”评选。基层科普行动计划项目稳步实施。全年共确定平泉市、丰宁满族自治县、兴隆县和滦平县8个重点项目，支持资金97万元。开展科普讲座进基层活动。深入农村、社区、学校开展科普讲座。平泉市少数民族科普工作队和姚志红分别荣获中科协科技助力精准扶贫工程领导小组办公室授予的“先进团队”和“先进个人”称号。

【为科学决策服务】 完成承接政府转移职能试点工作。承担承接试点工作的市医学会，明确开展承接政府转移职能工作的总体安排和目标任务，严格按照有关政策法规和制度规范要求，取得职业病鉴定新的组织网络、技术平台、工作模式与运行机制，经过几年试点，进行综合评估验收，按时完成承接政府转移职能工作。开展学术交流活动，建言献策，开展多层次、全方位的学术交流、课题研究、撰写调研报告等，取得丰硕成果。全市共举办各类学术活动27次，开展课题研究16个，其中“新冠肺炎疫情下社区居民自我防护急救知识需求现状及对策研究”和“乡村振兴战略背景下承德市农业农村科技需求与科技供给问题研究”两个课题，副市长郭士刚分别作出批示。服务地方经济，搭建人才发展服务平台。组织省科技下基层系列活动。省科协在滦平县设主会场，滦平裕达果品专业合作社等12家单位的代表参加此次会议。同时重视文化科技卫生“三下乡”活动并积极参与。

【新冠肺炎疫情防控】 市科协选派3名党员干

部，深入桥东街道会龙山社区扎实做好疫情防控工作。入户排查登记，宣传疫情防控科普知识，建立“一户一档”台帐，受到会龙山社区居民高度赞扬，彰显了科协党员干部在打赢疫情阻击战中强大的正能量和无私忘我的责任担当。组织所属学会科技工作者投身疫情防控工作，市医学会感染病专业委员会主任委员、感染病质控中心主任刘耀敏，在市电视台健康栏目连续进行防控冠状病毒知识公益讲座。承德市健康服务业协会会长洪查理，为广大医务工作者解读新冠肺炎诊疗方案。为承德惠济公益心理热线的专业人员进行新冠肺炎相关知识心理干预培训，开通惠济公益心理热线。并受邀承钢电台，开展《如何走过抗击疫情的非常时期》的电视讲座。承德市中心医院呼吸科主任景卫革，为社区居民讲解预防新冠肺炎防护措施等。市互联网协会组织技术攻关小组，昼夜研发 ESRS 疫情检录系统并紧急投入使用。此系统在承德、北京等多家企事业单位应用，中科协网站对承德的做法予以刊发。

2020 年市科学技术协会领导名录

党组书记、主席：李云腾
党 组 成 员：李建华
党组成员、副主席：李宝春（女，满族）
王 飞（满族，10 月任）

（供稿 张 一）

承德市归国华侨联合会

【概况】 2020 年，承德市侨联团结动员广大归侨侨眷和海外侨胞投身“三创四建”活动，为全面建设新时代“生态强市、魅力承德”贡献侨界智慧力量。推进侨联改革任务，把力争每个县（市区）成立 1 个“侨胞之家”作为自主改革创新项目列入到《中共承德市委全面深化改革委员会 2020 年工作要点》，通过制发《承德市侨联基层组织能力提升年活动方案》和《承德市侨联关于开展“侨胞之家”创建活动的通知》等文件，2020 年指导县、区扎实开展“侨胞之家”创建工作。年底，经验收，各县（市区）均完成创建任务。抗疫助企复工复产、海外重要人士联系联谊、侨法宣传等项工作均得到较好落实。

【思想政治引领】 组织全市归侨侨眷、新侨创新创业代表、海外高层次人才代表、侨企及侨胞之家负责人、基层侨联干部，开展全市侨联系统党的十九届五中全会精神学习宣讲活动。运用“今日头条”、省侨联网站、市侨联微信公众号等各级各类媒体发表宣传稿件 60 余篇。讲好中国故事、河北故事、承德故事，唱响主旋律，进一步凝聚广大侨界群众思想、团结侨界群众力量，最广泛的引导、团结侨界群众听党话、跟党走。组织侨界群众到承德劳模馆参观学习承德籍全国劳动模范先进事迹。加强与党外干部，海归高层次人才，新的社会阶层党外代表人士，非公有制经济代表人士等党外代表人士结对交友，引导侨界党外代表人士与党同心、同向、同行。搭建互联网平台，承德市侨联网站基本建成，上线运行。开设侨联概况、侨联动态、通知公告、服务发展、维护侨益、海外联谊、社会建设、机关党建、基层建设、侨界风采等栏目，及时发布侨联工作信息。通过互联网思维和技术，联系引导服务归侨侨眷和海外侨胞，不断扩大侨联组织社会影响力。

【表彰宣传典型事迹】 表彰侨务工作先进工作者。下发《关于表彰承德市侨联工作先进集体、侨务工作先进工作者和承德市归侨侨眷先进个人的通报》，对在服务经济发展、依法维护侨益、参政议政、传播中华文化、拓展海外联谊、参与社会建设等方面涌现出的先进集体和先进个人进行表彰。授予中共承德县委统战部等 5 个单位“承德市侨联工作先进集体”称号；授予于乃云等15人“承德市侨务工作先进工作者”称号；授予于淑华等20人“承德市归侨侨眷先进个人”称号。宣传侨界典型事迹。通过“承德侨之家”微信公众平台宣传优秀侨界群众典型事迹展示活动，先后刊登《科技创新促发展立足本职做贡献——河北省归侨侨眷先进个人李俊峰》《他用爱心善举点亮贫困学生人生的明灯——印尼侨眷颜耿结》《留学青年的“基层医疗梦”——记多克多健康助理公众平台创始人高鹏》等典型事迹，展现侨界群众风采。

【召开换届大会】 召开承德市第六次归侨侨眷代表大会，会议听取并审议了以“同心奋进新征程，筑梦谱写新华章”为主题的工作报告，研究部署未来五年的目标任务，选举产生新一届委员会和领导班子，聘请海外顾问，建立专、兼、挂相结合的侨联委员队伍。徐毅等9人当选为市侨联第六届委员会主席、副主席。河北省侨联党组成员、副主席孙晋康，市委常委、市政府党组副书记、市政协党组副书记吴清海出席大会开幕式并讲话。为更直观地展现往届委员会工作，市侨联收集整理了以“不忘初心、牢记使命、书写新时代侨联工作新篇章”为主题的承德市第六次归侨侨眷代表大会纪念册。纪念册分“历届侨代会”“侨联历任主席”“思想政治引领”“服务经济发展”“依法维护侨益”“拓展海外联谊”“积极参政议政”“弘扬中华文化”“参与社会建设”“获得奖励荣誉”“联合表彰通报”11部分，全面客观地反映侨联所作的工作和取得的成绩。

【开展侨法宣传】 围绕国家宪法日组织开展“法治中国你我同行”侨法宣传进社区、进校园等系列活动，赴帮建社区开展“共创文明城市 侨法宣传进社区”志愿服务活动，印发“贯彻实施侨法、依法维护侨益、弘扬法治精神、构建和谐社会”字样的环保手提袋及《侨务法律法规学习手册》，组织承德市侨联法律服务中心律师和承德留联会法律工作站负责同志为社区居民和侨界群众进行法律咨询、答疑解惑，切实增进社区居民及归侨侨眷对《保护法》的认识和理解。组队参加法律知识竞赛。由侨联干部、留联会法律服务工作站法律顾问、归侨侨眷代表组成的承德市侨联代表队参加在石家庄举行的首届“侨商杯”全省侨联系统法律知识竞赛决赛，最终获得竞赛优秀奖。推进侨法宣传角建设。在承德县“侨胞之家”建成侨法宣传角1个，为全市11个侨胞之家配备一套侨法宣传书籍，加强基层普法宣传教育。

【关心侨眷生活】 开展“送温暖献爱心”走访慰问活动。向省侨联争取慰问资金，开展“送温暖献爱心”走访慰问活动。共慰问困难归侨侨眷25户，发放慰问金1.3万元。市侨联党组书记、主席徐毅带队，赴宽城、平泉督导调研“侨胞之家”建设完成情况。分别在两县(市)召开座谈会，听取侨联“侨胞之家”建设进展情况汇报，与两地归侨侨眷代表座谈，参加“侨胞之家”揭牌仪式，到困难归侨侨眷家中走访慰问。省侨联党组成员、副主席任卓平一行赴承德市开展调研活动，先后赴承德县参加“侨胞之家”揭牌仪式，实地查看侨法宣传角的建设情况，召开座谈会，到困难归侨家中慰问，了解归侨生活情况，送去慰问金。承德市侨联主席徐毅赴侨企力海企业港、承德多克多网络科技公司及河北民族师范学院新侨工作站实地考察座谈，与承德市归侨侨眷、新侨创新创业代表、海外高层次人才代表、侨企及侨胞之家负责人、基层侨联干部等座谈交流。全年确定华侨事务经费14万元。为因患有慢性疾病或重大疾病丧失劳动能力、身体残障影响导致生活困难的以及特殊关怀群体归侨侨眷100人，发放生活困难补助和临时救助慰问金99300元；拨付归侨侨眷职业技能培训10700元、基层组织建设经费3万元。在全市七县一市四区共新建侨胞之家12个，新建新侨工作站1个。推荐省华商会人选。组织承德市侨商侨企代表参加河北省国际华商会第三次会员代表大会，推荐承德市8名侨界人士为会员、4名为理事，推动承德市优秀侨商“走出去”。

【抗疫助企复工复产】 在全市侨界营造“党有号召 侨有行动 共抗疫情”的氛围。疫情期间，主动聚焦疫情防控任务，在各类媒体平台发布《坚定信心 团结奋战 同舟共济 你我同行—承德市侨联致归侨侨眷、海外侨胞和留学人员的一封信》《承德市侨联号召向海外侨胞及留学生捐赠防疫医疗物资的倡议书》，组织侨界群众创作诗歌、歌曲、书法、摄影等一批“战疫”题材文艺作品，讴歌抗疫精神，引导广大侨界群众科学理性对待疫情防控工作。向海外邮寄侨爱心防疫包。做好承德籍境外人员及国内眷属的安抚工作，向美、英、日等国家的承德籍海外侨胞及留学生邮寄侨爱心防疫包30份。通过线上、实地考察调研等多种方式助力侨企复工复产。开展侨界直播电商技能培训。结合本市产业发展实际及趋势，量身定制抖音账号打造、短视频运营、直播带货等培训课程，侨企负责人、归国留学人员代表、侨界青年电商创业者等50余人参加培训。通过数字经济蓬勃发展的时代契机，切实帮助侨界群众提升创新创业能力，拓宽就业创业渠道。动员引导侨界力量助力服务疫情防控，通过省侨联、中国华侨公益基金会为承德县医院、丰宁满族自治县医院和中医院、滦平县医院、承德市第六医院共5家医院争取到价值人民币275万元的“天启新冠肺炎人工智能CT快速辅助诊断系统”并全部安装完毕。该系统可快速筛查新冠肺炎病例，在短时间内对新冠肺炎疑似CT影像进行判读，为一线医生提供准确、可靠的AI辅助诊断，缩短临床响应时间，切实提升基层医疗单位疫情防控临床诊断及治疗力度和速度，为一线战疫医院提供强有力技术支持。发动海内外侨胞捐款捐物，累计折合人民币达400多万元，携手共抗疫情，展现侨界责任担当。

【联谊交流】 重点加强“三新四有”(新华侨华人、华裔新生代、社团新力量，政治上有影响、经济上有实力、社会上有地位、专业上有造诣）人士和知识型、科技型等留学人员、华侨华人的联谊交流。举办海外侨情交流座谈会。举办首期（东欧区域）海外侨情交流座谈会，邀请来自俄罗斯、乌克兰等东欧国家的10余名侨界代表，共同交流海外工作、生活和学习情况，并对开展服务新侨创新创业工作提出许多中肯建议。邀请海外侨领列席市政协会。邀请德国、比利时、俄罗斯、波兰、乌干达、加拿大、新西兰等国家的7名海外侨领作为承德市政协首批海外代表列席市政协十四届四次会议，参与承德市协商活动和基层民主实践，为承德经济社会建设献计出力。

【文化活动】 组织第二十一届世界华人学生作文大赛，共有12279名高中学生参赛，甄选上报征文1015篇，获得大赛一等奖16个，二等奖42个，三等奖72个，78人获优秀指导教师奖，4人获优秀教师组织奖，2人获优秀组织个人奖，滦平一中、围场一中获优秀组织示范校，市侨联、围场满族蒙古族自治县、滦平县统战部获优秀组织单位。承办“亲情中华·为你讲故事”网上夏令营活动。通过在线授课、播放视频、聆听音频等方式，为来自英国的20余名华裔青少年授课，使海外新生代亲切感悟到承德丰厚的多民族历史文化内涵、良好的生态优势与绿色发展魅力。组织市内各级侨联委员、代表和侨务工作者参与省侨联纪念“省侨联成立60周年”主题征文书画作品征集活动，围绕“我与河北侨联”“侨”“冀侨在海外”主题进行文章和书画作品创作。活动中，共收集报送书法作品22幅、绘画作品15幅、主题征文10篇，市侨联荣获纪念“省侨联成立60周年”主题征文书画作品征集活动一等奖。

【建言献策】 参政议政，建言献策。在全市侨联系统组织开展“我为抢抓高铁新机遇、高质量发展献一策”意见建议征集活动，重点围绕抢抓高铁时代新机遇，着力加强生态文明建设、着力构建现代产业体系、着力推进乡村振兴和新型城镇化、着力强化改革开放创新、着力提升社会治理水平、着力保障和改善民生发挥侨界资源，扩大海外联系等方面展开，各级侨联干部、基层侨联工作者、广大归侨侨眷和海外侨胞积极踊跃参与。围绕海外人才创新创业、促进国际人文交流、培育壮大“3+3”绿色主导产业、打造冰雪国际旅游城市、加快智慧城市建设等领域，侨界政协委员先后建言献策86件，4件获市委书记、市长的批示落实；参加市政协对口协商会，撰写《积极履职、主动作为，在政协工作中发挥侨联应有作用》等研讨文章5篇。市侨联获评市政协“四引四帮”主题实践活动优秀单位。

【助学慈善援建援助】 申报“捡回珍珠计划”项目。在省、市侨联的助力下，平泉一中申报的第10个珍珠班与浙江省新华爱心基金会签署了2020年“捡回珍珠计划”珍珠班合作协议书，资助45名家庭相对困难，品学兼优的珍珠生，给予每人每年2500元的生活补助，共计33.75万元，完成高中3年的学业。通过省侨联争取“澳洲魏基成慈善列车”棉被捐赠项目，接收首批捐赠的30条棉被。援建“华侨冬奥冰雪博物馆”。响应中国侨联、河北省侨联援建“华侨冬奥冰雪博物馆”的倡议，组织实施本市“感知冬奥 助力冬奥 共建华侨冰雪博物馆”活动，参与捐建的侨界群众达1130人，募集资金15090元。

2020年市侨联领导名录

党组书记、主席：徐　毅（驻会，12月任主席）
副　主　席：武国庆（兼，12月免）
李海军（兼，12月免）
马　莉（女，驻会，12月任）
王丽英（女，兼，满族，12月任）
任立群（女，兼，满族，12月任）
陈　芳（女，兼，12月任）
单振广（男，满族，兼，12月任）
赵新生（男，兼，12月任）
秦冬烨（女，壮族，兼，12月任）
吴晓光（男，满族，挂职，12月任）

（供稿　陈　燕）

承德市社会科学界联合会

【概况】 2020年，市社科联有计划组织广大社科工作者开展年度社会发展课题研究工作和学术交流活动；定期组织开展全市性的社会科学优秀科研成果评奖工作；动员和组织各级各类社科力量依法开展社会科学知识宣传、普及和咨询服务工作，建设和管理社会科学普及基地和哲学社会科学研究基地；搭建社科学术交流、成果推介平台，编发《承德社会科学》会刊，编报《社科成果专报》，主办“承德社会科学网站”，出版《智库研究文集》、组织社科学术“沙龙”活动、开展理论宣讲活动。应对疫情防控。第一时间发布《致全市社科工作者的倡议书》，各学会筹集疫情防护物资、开展心理疏导服务、组织捐款捐物累计价值达30多万元。组织人员到一线为基层社区疫情防控工作贡献力量。

【宣讲宣传】 开展疫情防控知识、新颁布的《中华人民共和国民法典》、十九届五中全会精神等专题研讨、讲座、宣讲活动。深入基层，全面系统宣传解读党的创新理论，确保家喻户晓、深入人心。组织成立承德市社会科学学术委员会，召开“两山”（“金山银山”）理念与承德“生态强市、魅力承德”建设学术研讨会。组织编写承德市哲学社会科学研究和发展“十四五”规划纲要，为未来五年社科事业改革发展提供行动指南。

【聚焦学术引导】 围绕党和政府的重大决策、经济社会发展的重点难点热点问题，年初制定下发《社会科学研究课题指南》，提出社科研究的主攻方向和重点领域，社科工作者积极参报，共批准立项 200 项。同时，做好社会科学成果奖评奖工作，组织第十五届“社会科学优秀成果奖”评选活动，共有 164 项成果受到表彰。

【强化平台建设】 办好《承德社会科学》会刊，刊发有创见的理论研究成果，市内发放到 600 多个部门单位，对外交流到全国 180 多个大中城市；编报《社科研究成果专报》12 期，述学立论、资政建言，得到市委主要领导的肯定性批示；选编近年来承德社科工作者优秀研究成果 53 篇，集成《承德市经济社会发展研究文集》公开出版发行。

【强化社团管理】 坚持以“党建 + 服务”为引领，规范执行年度工作报告制度、活动备案制度、挂靠单位联系制度、民间学会约谈制度，依法、依规履行业务主管部门的职责。丰富社科普及，坚持开展为民服务活动，不断提高社科服务载体的覆盖率和普及率。

【社科普及宣传】 组织河北省社会科学普及月启动仪式，围绕“决胜全面小康、决战脱贫攻坚”主题，加强典型引导，体现地方特色，获得省、市领导的肯定和参会人员的好评。在创新载体手段上下功夫，开设“社科讲堂”，讲好中国故事，

5 月，市社科联志愿者服务队深入社区开展志愿服务活动

弘扬民族精神。实施“互联网 + 科普”，加强媒体合作，在媒体网站、公众号开设“社科普及”专栏，形成社科普及的整体合力和强大声势。5 月以来，承德社科联志愿服务队，下沉基层、社区、乡村，开展科普宣传、卫生治理、绿化美化等志愿服务活动 10 余次。

2020 年市社科联领导名录

党组书记、主　席：王景山

党组成员、副主席：付喜宗（满族，12 月免）

申　奕（12 月任）

（供稿　袁　野）

承德市贸促会

【概况】 2020 年，市贸促会克服新冠疫情全球蔓延带来的不利影响，紧扣“三区一城”发展定位和“12345”总体思路目标，推进“稳外贸送服务”活动，持续深化服务企业的能力和水平，发挥贸促部门的桥梁纽带作用。在扎实强化基础工作的同时，贯彻落实法治建设工作，切实加强法治宣传教育，通过理论中心组学习、支部会议等形式，开展《行政复议法》《行政复议法实施条例》《公务员法》等与经济社会发展和生产生活密切相关的法律法规的学习宣传，特别邀请承天律师事务所杜广生主任进行授课，讲解《中华人民共和国民法典》。落实各项防控措施，指导战疫情、防风险、促发展、保稳定，党员干部深入社区，开展“防疫有我 爱卫同行 清洁家园”志愿服务活动。发挥统战资源优势，凝心聚力。通过不断强化理论学习，切实提升做好统战工作的能力水平；进一步拓宽统战工作的宣传渠道，在微信工作群发布统战信息，使党的统一战线理论政策和统战工作基本知识得到推广，增强干部群众的统战意识。

【提升业务素质】 组织参加国家贸促系统培训，提高业务能力。受新冠疫情影响，走出去、会议会展、法律服务等业务均受较大影响。为更好的强化自身业务能力，及时适应新的工作形势和工作要求，组织各相关业务科室，参加中国贸促会组织的“全面拓展贸易促进工作培训”“涉外法律风险防范培训”“贸促系统自贸协定推广实施系列培训”，以及中国国际商会组织的“用好线上展会、走出贸易困境”等一系列贸促系统内部培训，进一步提高业务素质。

【项目库和客户库】 为更好地利用外部企业、商协会等客户资源，集中利用2个月时间，一方面与各县区招商部门、企业进行对接、走访，整理出重点对外推介项目42个，在市贸促网、全国贸促平台进行发布；另一方面，梳理几年来持续跑办的对接的客商资源，分门别类进行整理入库，现已整理完成客商资源300余个，后续还将持续进行更新。经过整合，项目库和客户库资源持续优化，项目对接的精准性进一步提升。

【深入企业调研】 在4月份疫情相对缓和期间，集中走访兴隆、围场、丰宁等县外贸企业，以及经济开发区和双滦区帮扶企业等，实地察看企业的生产情况和疫情防控措施，协助企业解决疫情防控、复工复产以及生产经营中存在的问题和困难。发挥桥梁纽带作用和熟悉国际商事规则等独特优势，协调各级专业委员会及相关部门解决企业生产经营中遇到的实际困难。同时围绕服务和指导，在做好企业摸底排查、审批管理的同时，强化帮办服务，确保企业平稳有序进入正常运转轨道。

【迪拜世博会筹备】 相关部门自收到省会关于推迟至2021年举办迪拜世博会的通知后，立即开展筹备工作，沟通情况，明确责任分工、联络人，以及重点工作事项，印发《承德市2021年参与迪拜世博会总体方案》。组织企业参加线上、线下会议会展，拓展交流合作渠道。

【促进企业交流合作】 2020年，中国·廊坊国际经济贸易洽谈会受疫情影响以线上形式于5月18日在廊坊举办。为更好地促进企业、协会开展交流合作，对接国内外客商和承德国际商会会员，邀请蒙古国国际体育旅游协会、东京信浓贸易株式会社、蒙古国蒙龙公司、西布伦珍宝公司、中冶天工有限公司、承德亿财制衣有限公司、承德市如意酒业有限公司等11家国外商协会组织，国外客商及承德国际商会会员企业参加了线上河北省特色农产品及农业机械采购对接会、国际商协会圆桌会暨会员企业对接会两项活动，推动国内外客商共同探讨国际商协会合作，农业市场新渠道拓展等方面进行线上对接交流。除此之外，还有针对性的邀请企业参加中国贸促会举办的“外贸企业出海在线论坛”“在德企业解除劳动合作和疫情期间风险防范”“2020外贸企业出海论坛——跨境电商发展”等线上培训会，为外贸企业提供业务指导和帮助。为帮助企业拓展对外贸易渠道，开拓国际市场，组织企业在线参加“2020忠清南道企业和产品线上洽谈会”及“意大利企业精准对接交流会”。重点组织企业参加省贸促会举办的“国际动漫游戏产业博览会”“国际医疗器械展览会暨大健康产业大会”“2020会展产业展洽会暨河北特色会展产业推介恳谈会”“河

11月5日，会长张庆来、副会长江涛参加第十二届中国（无锡）国际新能源大会暨展览会

北省会展业研讨会”；赴无锡参加“第十二届中国（无锡）国际新能源大会”，赴广西南宁参加了“第十八届中国广西东盟食品糖酒博览会”“第十七届东盟博览会”等重点活动。

【招商引资与项目合作】　制定《2020 年贸促会精准招商实施方案》，顺应新常态下全市招商引资工作的新要求。围绕全市“3+3”绿色主导产业，持续深化“五合一”精准对接，坚持精准招商、靶向招商、点对点招商、产业链招商，切实提升精准招商工作水平。实施线上对接磋商，全力推进外资项目签约。4 月 29 日，福川未来交通科技（中国）有限公司北京分公司、福川未来交通科技（中国）有限公司湖南总部、滦平县政府 4 个部门，共同召开网络视频会议进行项目磋商。福川未来交通科技（中国）有限公司首席执行官周楠、滦平县政府领导、部门负责人、矿山企业一同参加了视频会议。通过组织视频磋商，福川公司与滦平县政府就加快推进项目合作进程，进行多方面磋商，完善双方的合作条件。并就线路方案、运量测算、投资运营成本达成一致意见，已推进到具备签定合同阶段。同时赴九江实地考察南非在九江的生产基地，推动福川滦平货运和市区客运项目进展。

【境外高新技术合作】　在 2019 年出访瑞士，与瑞士索罗图恩州经济促进局建立合作的基础上，2020 年先后多次向该局发送电子邮件商谈合作事宜，最终在其协助下，推动承德市龙志达公司与瑞士 AG 智能仪表公司建立了直接对接。经磋商后，双方在合作生产智能燃气表项目上交换了合作意见。疫情发生后，持续帮助企业与瑞方开展沟通，并在国家贸促会驻瑞士代表处的协助下与瑞士驻华使馆负责人建立联络，一同协助推进该项目。

【推动农产品深加工项目】　协助内蒙古牧野农业科技有限公司与承德市宇航人饮品有限公司、森源食品、露美达等农业深加工企业进行实地考察和磋商，为企业合作开拓渠道。借助参加东盟博览会机会，帮助承德市河北龙庆生物科技有限公司联系广西育苗育种、对基质有需求的现代农业企业，并就楼宇绿化项目与当地楼宇绿化有关企业深入对接交流。

【助力城市新区建设】　为助力市新城区快速发展，对接客户库资源，定期向客户发布承德市招商引资情况。通过对接，7 月 17 日，福建隆德集团北京分公司到承德市实地考察。根据隆德集团提出的项目选址需求，先后与双桥区空港办、平泉市政府对接，相继考察北区空港新城的 J02-07-05 地块、平泉市高铁新城地块，并于当地主管领导深入对接。

【提供出证服务】　疫情较重期间，实施“不见面”出证服务工作，宣传推动“不可抗力证明书”等涉外法律服务举措，助力企业出口业务的顺利开展。全年共向企业发送《国际贸易预警信息》150 余期，出具一般原产地证明书 176 份，办理优惠原产地证 26 份，商事证明书 24 份，新注册企业 2 家。

【推进会展中心项目】　因受疫情影响，相关展会未能如期举办，同时各县、区的节庆展会也都相继取消，展会经济受影响较大。但是，缺少会展中心设施仍旧是承德市发展会展经济的短腿和硬伤。为此，一方面继续与廊坊会展集团保持联络，推荐北区空港办、双滦区等适合发展会展中心的地块。另一方面，与本市企业进行对接，帮助红星美凯龙、畅达、鼎盛等有意愿发展会展中心的企业，协助进行项目谋划，填补承德市市内没有专业展馆的空白，打破桎梏承德市会展业发展的硬件瓶颈。承德市双滦区物流园区的红星美凯龙家居广场，已将其一层共计 1.1 万平方米商场改建为会展中心，并计划于2021年初完成并举办全国药膳大赛活动，赴项目方进行实地考察和对接。同时，继续推进建设畅达集团体育馆、鼎盛集团在双滦区设计建设小型会展中心工作。提升承德的展会水平，扩大承德产品的美誉度。

2020年市贸促会领导名录
党组书记、会　长：张庆来
党组成员、副会长：姜　涛（满族）
　　　　　　　　　姚洪涛

（供稿　索登峰）

承德市残疾人联合会

【概况】 2020年，市残联做到疫情防控工作和业务工作两不误、两促进，全面完成“十三五"规划任务，有效提升残疾人幸福感、获得感和安全感。5月21日，市残联召开第八届主席团二次会议。会议回顾总结主席团一次会议以来工作新进展，对2020年工作作出安排，会议选举出第八届主席团主席、副主席。

【疫情防控“春暖助残”】 为贯彻落实习近平总书记关于困难群体疫情防控重要指示，自3月1日起，在全市残联系统部署实施疫情防控“春暖助残”行动。共筹集资金306.4万元，开展各项残疾人服务工作。兜底排查。全市对56673名残疾人进行实地走访调查，对34807名残疾人进行电话询访调查。有4名残疾人按照当地要求进行居家隔离，209名残疾人因疫情造成暂时生活困难，未发现因隔离发生无人照顾残疾人情况。走访慰问。疫情期间，到各县市区行政村（社区），走访100户，投入慰问金5万元。各县、市、区自筹资金141.1万元，走访慰问4370户残疾人家庭。线上康复。为222名贫困残疾儿童进行线上业务康复指导，确保残疾儿童在疫情期间不耽误康复训练。居家培训。开展残疾人居家学技能活动，共为61名残疾人开展居家线上学习使用技能。发放补贴。向受疫情影响严重的29个盲人按摩机构发放补贴，每个机构发放2000元，共发放5.8万元。向9个残疾人辅助性就业机构发放补贴，每个发放2000元，共发放1.8万元。向市残联康复中心在训的15名聋儿每人发放1000元困难补贴，共落实资金1.5万元。为全市60名贫困听力障碍残疾人配发总价值150万元助听器，投入资金1.2万元用于助听器无线验配。药物配送。确保16名精神残疾人免费用药不间断。优化药物配送举措，统一邮递上门，保证精神残疾人疫情防控期间不断药。

【残疾人补助资金监管】 召开全市残联系统党风廉政建设工作会议，严格执行《河北省残疾人事业发展补助资金管理办法》《承德市残疾人事业项目监督管理暂行办法》和财务审批、报销操作规程等财务制度。落实预算绩效管理规定，强化绩效监控和绩效评价，加快资金支出进度，加强对重点项目、重要资金执行情况的监督检查。

【残疾人服务工程】 制定并出台《残疾人服务工程实施方案》《残疾人服务工程督导考核方案》。共为4262名残疾人提供康复服务；为4615名残疾人适配辅助器具；为1201名残疾人提供就业培训；为1312名残疾人提供托养服务；为1726户贫困残疾人家庭进行无障碍改造，资助符合条件的贫困残疾学生及贫困残疾人家庭子女学生97名。下拨中央残疾人基本康复服务补助资金76.07万元和省级家庭医生签约资金88.56万元、基本康复资金48.12万元，对有康复需求的残疾人进行信息采集和需求评估，签订服务协议，为18605名有康复需求残疾人提供服务，康复服务率为98.69%。开展第25个全国“爱眼日”活动。争取儿童经费补贴资金219.4万元，为183名残疾儿童进入机构康复服务。

【联络维权帮扶】 做好残疾人证到期换证工作。组建承德市残疾复评委员会。组织肢残人协会开展“LG 爱的滋润”公益助残捐赠活动，为约800名残疾人发放日化慰问品。组织开展为200名贫困精神病人免费上门送医送药活动。对全市137户特殊困难残疾人及其家庭进行入户访视并发放访视慰问金6.85万元。开展志愿助残及创建文明城市志愿活动、帮扶活动10批次。共接待来电、来访群众70余人次，办理案件23件，排查信访隐患案件4件，接省转办案件21件，均已办结，残疾人信访维稳工作平稳可控。

【教育培训就业】 举办农村贫困残疾人就业帮扶线上招聘会。组织承德市30家企业登录中国残疾人就业创业网络平台，并针对高校毕业生提供59个就业岗位。为4个残疾儿童学前教育机构的69名学前残疾儿童发放补贴资金20.7万元。全市适龄残疾儿童少年在各类教育机构就学的2958人，义务教育入学率达到99.21%。开展计算机、家电维修、大棚蔬菜、食用菌种植、畜禽养殖、美容美发等多项职业技能和实用技术培训，共培训残疾人1500人次。加强残疾人辅助性就业机构建设，残疾人辅助性就业机构达到6家，集中安置残疾人就业66人。承德市残疾人选手刘冬梅在全省创业创新大赛取得第三名的好成绩。举办残疾人保健按摩培训班，培训残疾人17人。

【救助困难残疾群体】 核准建档立卡贫困残疾人数据，聚焦全市995名建档立卡贫困残疾人“两不愁 三保障”突出困难和问题精准发力，落实残疾人“两项补贴”政策。紧盯存在致贫返贫风险较大的贫困残疾人，优先将贫困残疾人纳入全市脱贫防贫长效机制。落实北京、天津共269.6万帮扶资金到受援县开展项目。共开展残疾人创业就业补贴、困难残疾人救助、残疾人温馨家园建设、残疾人公益岗扶贫岗位、辅助器具和家庭无障碍改造等项目。新建残疾人扶贫基地2个，拨付扶持资金16万元。

【自强体育健身】 上报国家级残疾人自强健身示范点2个，省级示范点6个，完成340户康复体育进家庭任务。组织承德市备战全国第十一届残运会暨第八届特奥会残疾人大众比赛项目和特奥项目运动员进行试训、集训。完成国家残疾人冰橇冰球队、省残疾人冰橇冰球队训练任务。对接中国残联，将承德冰尚体育发展有限公司（承德市冰上运动中心）命名为“国家残疾人冰上训练基地”。参加全国第十届残疾人运动会，6名残疾人运动员共获得4金、2银、2铜，发放奖励资金6.6万元。

【助残主题宣传】 在第三十次全国助残日主题宣传活动中，市委、市政府分管领导走访慰问双桥区、营子区、滦平县、围场满族蒙古族自治县建档立卡贫困残疾人，给残疾人送去党和政府的关怀。在市政府LED屏滚动播放助残日宣传口号和承德市“最美残疾人”快闪视频。印制残疾人政策法规宣传材料，向城区社区发放。利用康复中心辅具车开展送辅具上门，关爱残疾人活动。坐客承德市百姓热线，以电话形式向广大残疾人宣传残疾人工作。承德市“春暖助残”行动工作情况信息被省残联公众号和中国残联主办的华夏时报网刊播。组织拍摄专题片《河北省承德市深入推进残疾人服务工程》，在中国新华新闻电视网“走进县区”栏目专题发布。参加2018—2019河北省残疾人事业好新闻评选，获广播类三等奖1个，文字类三等奖2个，优秀奖1个。参加全省第三届残疾人文化节活动，残疾人赵丽雪的《笑着坚强》获声乐组第一名。组织130名残疾人开展残疾人文化进家庭“五个一”活动。成立承德市第一届残疾人文艺汇演组委会，12月16日举办承德市首届残疾人文艺汇演，共有5大类26个节目参加演出，现场展出残疾人艺术作品四大类63件。文艺汇演通过央视e端口直播当天点击数达到163万，有关新闻在承德电视台新闻、民生直达、百姓连心桥、中国青年网、网易、中新网、新浪网、河北新闻网、承德发布等媒体播出，达到大规模向社会宣传的轰动效果。

2020年市残联领导名录

党组书记、理事长：祁春艳

党组成员、副理事长：沈庆富

李明山

（供稿　王　阔）

承德市红十字会

【概况】　2020年，市红十字会遵循国际红十字运动人道、公正、中立、独立、志愿服务、统一、普遍的七项基本原则，以保护人的生命健康，弘扬人道、博爱、奉献红十字精神，促进和平进步事业为宗旨，以救助最易损害群体为目的，依据《中华人民共和国红十字会法》和《中国红十字会章程》，指导全市各级红十字会开展应急救援、备灾救灾、应急救护培训，推动无偿献血、遗体和人体器官捐献，参与开展造血干细胞捐献，组织红十字志愿服务和红十字青少年活动，开展国际人道法传播以及国际人道主义救援、国际交流与合作等工作。与社会各界携手共同抗击新冠肺炎疫情，全力以赴服务疫情防控。

【推动改革创新】　全面贯彻落实上级有关群团改革精神，争取各级党委、政府支持，全面落实省、市红十字会各项改革工作任务，依法将红十字会换届选举工作，持续推进理顺县级红十字会管理体制工作列入市政府工作计划。组织筹备第六次全市会员代表大会，参照省红十字会换届组织架构酝酿承德市理事、监事人选。新增秘书长和专职副监事长干部职数各一名，为进一步完善全市红十字会组织架构做准备。起草《承德市红十字会第五届理事会工作报告》《承德市红十字会组织规程（草案）》《承德市红十字会监事会工作规则（试行草案）》和《承德市红十字事业发展规划（2021—2025）草案》等会议相关文件材料。推进红十字基层组织建设工作，列入市政府2020年重点工作目标任务，依据河北省红十字会《关于推进红十字基层组织建设的指导意见》，制定《承德市红十字会关于推进红十字基层组织建设的实施意见》，确定改革目标任务。红十字基层组织建设工作正在有序有力全面推进，市卫健系统、承德县、滦平县、兴隆县、丰宁满族自治县积极响应，新增基层红十字组织200余个。

【新冠肺炎疫情专项募捐】　全市红十字系统发挥党支部战斗堡垒作用和党员先锋模范作用，与社会各界携手共同抗击新冠肺炎疫情，全力以赴服务疫情防控。制定疫情防控工作预案和工作方案，

3月，湖北省军区为承德红十字会赠送锦旗

督促指导本系统落实24小时应急值班报告制度，确保组织有序。努力当好党和政府在人道领域助手，开通24小时捐赠热线。全市红十字会系统累计接受捐赠款物总价值6500余万元，定向支援湖北省款物500余万元。实现捐赠物资“零库存”，款物接收使用公开透明，主动接受社会各界监督。每日向社会公开募捐款物收发情况，全程接受审计系统跟踪审计，及时完成全系统疫情防控捐赠款物收支情况专项审计，制作了新冠肺炎疫情专项募捐白皮书，公示公开人道资源动员与人道救助信息。与承德电视台联合编写《承德逆行者——援鄂的日子》一书，宣传承德市援鄂医务人员逆行抗疫先进事迹，鼓励无私贡献精神。

【拓展人道救助领域】 坚持以人民为中心的工作导向，广泛动员社会力量，扎实做好人道救助，开展人道服务，改善最易受损害群体境况，确保有限的募捐款实现精准救助，发挥最大的救助效能。全市红十字会系统动员社会力量，全年筹集款物593.78万元。全市红十字会系统“博爱一日捐”活动募集资金累计135.19万元，使用人道救助金56.20万元，救助贫困家庭的白血病、尿毒症、儿童先心病等大病患者424人次；开展“红十字博爱送万家”活动，使用捐助资金27.78万元，采购米面粮油共2614份，通过各县、区发放到受疫情影响生活困难家庭、困难的红十字志愿者、“三献”家庭和贫困地区、受灾地区的困难群众，近万名弱势群体和困难群众得到爱心救助。争取省红十字会项目资金、物资价值133.9万元，包括新争取1个博爱家园项目资金40.4万元，全面落地实施2019年争取的6个博爱家园240万元项目，惠及围场满族蒙古族自治县、丰宁满族自治县、滦平县7个贫困村数千贫困人口；争取省红十字会便民救助项目15.4万元，救助89名困难群众；红十字博爱送万家项目博爱箱620个价值18.6万元；天使基金项目为22名白血病、先心病患儿争取救助金58万元；博爱燕赵火热青春项目1.5万元。对接京津及本地企业单位，定向募集资金、物资324.689万元，开展对口帮扶助力精准脱贫。包括争取天津市红十字会捐赠款物280.8万元。20万元助学资金发放给隆化、围场250名贫困学生；价值100万元的近视眼镜和10万元验光配镜经费为围场一中和隆化存瑞中学1000名贫困学生配制近视眼镜；50万元对口帮扶捐赠款为隆化县韩家店卫生院、韩麻营中心卫生院、心脑血管医院3所基层医疗机构购置彩超各1台，为围场妇幼保健院购置救护车1台；价值100.8万元的6000件棉服捐赠给平泉市、隆化县乡村医生和相关基层新冠疫情防控工作人员。争取滦平县百企帮百村项目22万元，其他项目1.58万元，用于定向帮扶项目；丰宁满族自治县争取北京怀柔区红十字会救助资金10万元，滦平县争取北京市密云区红十字会救助生活物资10.309万元，用于救助扶贫项目。开展义诊赠药活动3次，累计发放颈复康伤湿祛痛膏3600盒，价值1.08万元，受益群众千余人。

【应急救护培训】 始终把应急救护培训作为保护人的生命和健康、促进社会公共安全的重要抓手，持续推进承德市生命安全体验教室项目和大学生应急救护培训项目，红十字总会授予承德市应急救护培训示范基地称号。全年培训应急救护师资52名，培训河北民族师范学院大学生救护员3220名。争取省红十字会应急救护培训项目落地承德石油高等专科学校，培训应急救护师资58名，培训承德石油高等专科学校大学生救护员2504名。不断拓宽“五进”路径，为农村、城市社区、中小学校、企事业等单位培训红十字救护员218名。依法参与推动无偿献血、遗体和人体器官捐献及造血干细胞捐献，“三献”工作取得突破性进展。无偿献血与成功捐献造血干细胞志愿者享受“三免”政策得到基本落实。全年共完成42662人次无偿献血，全血采集15.1吨；

采集入库造血干细胞 300 人份；全年接受造血干细胞捐献 2 例，挽救白血病患者 1 名；人体器官和组织、遗体捐献 10 例，实现心脏 1 个、肾脏 16 个、肝脏 7 个、角膜 16 只，遗体 3 例，超过历年捐赠数量总和的 3 倍，跨入全省先进行列。

5 月 13 日，承德 90 后小伙任东伟捐献造血干细胞

【扩大人道传播】 全市各级红十字会依托医疗卫生机构，学校、社会各级各类爱心组织、博爱家园、博爱救护站在医疗机构，大中专院校、小学校、城市社区和农村建立基层红十字组织，团体会员单位，红十字志愿服务队近两万名会员、志愿者组织红十字特色活动。开展新冠肺炎疫情防控募捐和宣传，普及应急救护培训技能，关爱失能老人，宣传“人道、博爱、奉献”的红十字精神，倡导互帮互助、扶危济困的良好风尚，为民办好事、办实事。承德市红十字爱心志愿者服务队、红十字应急通讯志愿服务队和“博爱燕赵 火热青春”大学生志愿服务队在救助、救护、红十字青少年等方面做了大量卓有成效的工作，产生良好的社会影响。红十字应急通讯志愿服务队秘书长获得红总会先进个人。河北民族师范学院的“救在身边”应急救护志愿培训项目有 14 名大学生获得“博爱燕赵 火热青春”红十字志愿服务优秀志愿者称号。承德医学院“普及急救知识 助力健康中国”和“爱心融化冰雪 献血点燃希望”两个项目获得“博爱燕赵 火热青春”红十字志愿服务优秀组织奖，指导老师被推选为省红十字志愿服务先进典型。同时，抓住新冠疫情防控专项募捐、世界急救日、“5·8”世界红十字日、世界献血日、防灾减灾日、世界艾滋病日等重要节点，加强与报刊、广播、电视、互联网等媒体合作，市红十字会官网、公众号持续更新，充分展示红十字事业新成就，广泛宣传报道，让更多人了解红十字运动，让更多人参与红十字志愿者服务，电视、报纸、广播、网站报道承德红十字会工作 100 余条。官网、微信公众号共发布通讯 100 余篇，点击次数上万次，有效宣扬主流价值观。

2020 年市红十字会领导名录

会　　长：郭士刚（兼职）

专职副会长：曾　强

（供稿　韩立平）

法治

综 述

【领导干部学法用法】 落实《法治政府建设实施纲(2015—2020年)》，制定出台《承德市重大行政决策程序暂行办法》，于2021年1月1日起施行。把学习宣传贯彻习近平法治思想作为重要政治任务，组织市委常委会会议、市委理论学习中心组学习，把习近平法治思想列入党委(党组)、干部轮训和基层党组织“三会一课”必学内容。落实领导干部学法和《中华人民共和国宪法》宣誓制度，全年共组织学法23次；市人大常委会、市政府新任命的干部一律在《中华人民共和国宪法》前宣誓，共组织宣誓8次。落实党政主要负责人履行推进法治建设第一责任人职责规定，建立市、县、乡、村党组织书记负总责的“四级书记”抓法治工作机制，形成一级抓一级，层层抓法治工作格局。

【推进科学立法】 推进党委领导、人大常委会主导、政府依托、各方参与的立法制度。制定《承德市人大常委会立法论证工作规则》《承德市人大常委会立法评估工作规则》，制发《规范性文件报备登记表》《规范性文件报备登记目录》《规范性文件审查登记表》《承德市重大行政决策程序暂行办法》。有序推进地方立法，《承德市村容村貌管理条例》《承德市工业遗产保护与利用条例》《承德市快递市场管理条例》相继出台。市人大常委会共接收报备的规范性文件50余件，向省人大常委会报备规范性文件3件。对2016年以来报备的规范性文件重点审查28件，审查出存在问题的18件、52条，分别提出处理意见和建议。

【规范执法行为】 印发《关于推进严格规范公正文明执法为疫情防控工作提供有力法治保障的意见》，对严格规范公正文明执法行为提出具体要求。全面落实行政执法三项制度，制定《承德市落实行政执法三项制度巩固提升工作方案》，推动各级各部门进一步完善行政执法三项制度的落实，确保行政执法事前、事中和事后公示内容全面、方式便捷，确保行政执法行为合法有效和全过程记录留痕可追溯。开展行政执法案卷评查工作，组织律师、法律专家等法律人士集中评查，评出优秀案卷参加全省优秀案卷评选活动。推进乡镇（街道）综合执法体制改革，实现基层“一支队伍管执法”。

【促进司法公正】 深化以审判为中心的刑事诉讼制度改革，优化办案团队组建和司法职权配置，常态开展员额法官检察官遴选工作。落实司法责任制，压实独任法官和合议庭责任。强化院庭长监管工作，出台《关于进一步加强院庭长监督管理的实施细则》，细化监管事项，扩大监管范围，提升监管效果。深化案件繁简分流，加大小额诉讼、简易程序的适用力度。规范司法辅助人员管理，推进司法辅助事务集约化、社会化、信息化管理。聚焦全市政法工作“六大体系”建设，推进各项工作开展。

检察机关落实“一号检察建议”，从严惩治侵害未成年人犯罪。推进认罪认罚从宽制度实施，全市检察机关适用认罪认罚从宽制度办理2834件4053人，制度适用率为89.59%。强化侦查、审判和执行活动监督，依法监督纠正应立不立和不应立而立案件，纠正侦查违法案、审判活动违法案，纠正刑事执行活动违法案、监外执行和社区矫正监管违法案、减假暂不当案和财产刑执行不当案。聚焦改进短板弱项，做强民事检察，对生效民事裁判提出再审检察建议，对审判程序违法和执行活动监督提出检察建议。做实行政检察，受理行政诉讼监督案件，对生效行政裁判提出再审检察建议，对审判人员和执行活动违法发出检察建议。深化双赢多赢共赢理念，立案公益诉讼案件382件，发出诉前检察建议329件，立案数和发出诉前检察建议数比2019年分别增长226%和296.4%。

【服务经济发展】 下发《关于做好服务经济发展和营造良好营商环境工作的通知》，出台《关于发挥检察职能服务和保障民营经济健康发展的意见》，制定4方面18项具体服务举措。全面推行“企业开办”全程网上办，依托“河北省企业开办‘一网通办’平台”，申请人只需登录一个平台、填报一次信息，相关部门在线并行办理、即时回馈信息，实现开办企业设立登记、印章刻制、申领发票、社保登记等各环节“一网通办”。通过一窗受理、后台流转，确保8个工作小时内办结。加大社会诚信建设力度，健全多部门、跨地区、跨行业的守信联合激励和失信联合惩戒的联动机制。强化企业信用宣传，督促企业家自觉诚信守法，以信立业，依法依规生产经营。

政法委

【概况】 2020年，全市政法系统取得疫情防控和社会稳定“双胜利”，完成扫黑除恶专项斗争三年目标，获批全国第一期市域社会治理现代化试点城市，开展刑事、民事、行政和公益诉讼“四大检察”，落实检察长列席同级法院审委会制度，实现公安机关派驻检察站点全覆盖。健全警务、检务、审务督察工作机制，庭审公开直播率48.93%，裁判文书公开率111.16%，审判流程公开率100%，持续以司法公开倒逼案件质量提升。法治承德建设发挥法学会智库作用，《承德市旅游市场管理条例》《承德市武烈河流域水环境保护条例》《承德市山体生态保护条例》等8部地方性法规陆续出台，形成良法善治工作格局。针对《中华人民共和国民法典》颁布实施，组织开展“百名法学家百场报告会”，全面落实“谁执法谁普法”责任，创新线上线下模式，“两微一端”覆盖面持续扩大，完成“七五”普法验收。政法队伍建设取得突出成效，完成入额遴选政策制定、员额退出机制、审判绩效考核、法官检察官单独职务序列改革、警务技术职务序列改革、以审判为中心的诉讼制度改革等90项改革任务，案件服判息诉率在全省领先。平安建设、法治建设成效显著，人民群众安全感、满意度位居全省前列。

【牢筑首都政治安全“护城河”】 完成全国“两会”、中共十九届五中全会等重要节点安保任务，全市未发生影响政治安全的案件。精准服务保障“六稳”工作和“六保”任务，出台《承德市社会稳定评价办法》《关于有效防范化解和妥善处置群体性事件的实施意见》，37个重点项目落实稳定风险评估，未因项目落地引发群体性事件。健全安全隐患常态化预防体系，挂牌督办58件重大矛盾纠纷和32件治安问题，并全部按时整改完毕，无一激化。全市安全生产、道路交通事故同比下降29.2%和34.1%。全市共排查矛盾纠纷14276件，化解13804件，调处率96.7%。

【护航经济社会发展】 护航生态强市建设，出台《关于建立实施环境司法执法联动机制的意见》《打击大气污染犯罪专项活动实施方案》，有效遏制破坏环境资源犯罪行为。推进“河务警（队）长制”，开展河湖巡查整治专项行动，全市4大水系全流域连续3年未发生违法排污事件，全市森林草原火灾同比下降90%。开展“法治新农村”

创建，共创建无诉讼村 714 个。落实农村治安保险 123.5亿元，覆盖率100%。依法严惩阻工扰企、破坏项目建设、破坏金融管理秩序犯罪，加大产权司法保护力度，审慎采取强制措施，全市简易程序适用率、民商事案件调撤率在全省领先。全市县乡法律援助中心和公共法律服务工作站全部融入政府公共服务体系。成立覆盖全市的百人公益法律服务律师团，线上线下同步开展“12348”送法进家门工作，电话接通率和群众满意率均100%。配合全市疫情防控调度，最大限度冲抵疫情对经济社会发展的影响。

【市域社会治理】 获批全国第一批市域社会治理现代化建设试点，在中央框架下，创新特色工作9 项，出台《中共承德市委关于推进市域社会治理现代化的实施意见》及配套附件 8 个。打造“五个机制”、构建市域社会治理体系，实施“五项工程”、提高市域社会治理水平，发挥“五治作用”、提升市域社会治理能力的经验做法 6 次被《河北省市域社会治理专刊》刊发。深化推进基层社会治理，网格化防范风险隐患，全市共划分网格 3620 个，配备网格员 6982 名。创建“枫桥式”公安派出所 207 个，3 人（含）派出所全部消除。开展平安示范县（市、区）、命案“零发案”县（市、区）、“六无乡镇（街道）”“三无三百”平安村、“平安家庭、平安医院、平安校园”创建工作。加强特殊人群管理服务，无进京赴省“非访”村（社区）创建 70% 以上，行政案件、刑事案件发案实现双下降。

【扫黑除恶专项斗争】 全市共摧毁黑社会性质犯罪组织 8 个、恶势力组织 101 个，破获涉黑恶案件 2018 起。抓捕犯罪嫌疑人 3179 人；起诉92 件 843 人，宣判 85 件 506 人。全市刑事案件整体发案下降 15%，涉恶类犯罪案件发案下降60%，严重暴力案件同比下降 5.8%，破案率同比上升 2.47%，5 项指标均位居全省前列，在全省率先实现“六清”目标，“百日追逃”在全省率先清零，涉黑涉恶财产执行到位率在全省率先达到 100%。

【“智慧政法”建设】 以“雪亮工程”建设为契机，搭建社会治理指挥中心平台，在疫情防控中，系统间大数据实现集成研判，90% 以上的村（社区）可直接办理或代办政务服务事项。环京 4 县、14 个乡镇、41 个村各个进京通道实现人脸识别，全市 12 个县（市、区）、218 个乡镇（街道）、345 个行政村（社区）视联网系统实现五级互联互通。建成“智能安防小区”660 个，超额完成省下达任务；“智慧交管”公路视频接入完成率126%；“一标五实”完成“六个百分百”目标；警务云大数据平台竣工验收，市直部门大数据信息共享达到 8.12 亿条，创历史最高。

【执法司法规范化】 以政法委为主，从市、县公安、检察院、法院抽调业务骨干 36 名，选派法学专家 12 名，搭建案件评查平台。共抽选执法司法腐败易发、涉法涉诉信访问题突出的 8 类、1000 件案件，依法严格评查、逐案出具报告。市、县政法委书记召集政法、行政、律师、人民调解多元参与，建立重大涉法涉诉信访案件“1+5+N”会商平台。全市 139 起案件通过会商听证方式实现案结事了。全市公安执法问题整体督导反馈率全省第一，信访事项同比下降 47.78%；涉诉信访案件同比减少 54.37%，信访初访办结率达到100%；执法司法案件瑕疵率同比下降 21%，瑕疵率全省最低。主动摸排 395 件积案全部化解，提前办结省交办的 40 件重点案件，一批积压 20多年的重大积案得到有效化解，取得良好的社会效果和法律效果。

【建设“四型”政法队伍】 把党对政法工作的绝对领导作为最高原则，高标准开展“学习型”“实效型”“廉洁型”“满意型”四型争创活动。出台《关于进一步加强新时代政法机关党支部建设的指导意见》《关于进一步加强疫情防控期间战时思想政治工作的实施意见》，切实强化政治引领。明确全市政治轮训计划，将贯彻落实政法工作条例纳入市县党校（行政学院）培训。组织学习习近平关于颁布实施《中华人民共和国民法典》的重要讲话等专题学习 38 场次，累计培训政法干警 3000 人次，218 个乡镇（街道）政法书记普遍进行轮训。协助组织部门完成市管干部、市管领导班子推荐考察。68 名长期扎根基层，在急难险重中表现突出的一线干警得到提拔使用。2 批 94 名派出所所长异地交流任职并落实同级乡镇政府兼职兼任。落实《承德市政法机关责任追究制度》，综合剖析政法领域违法违纪典型案件，关口前移，源头预防。坚决落实年初警示教育，年中谈话提醒和年底现场警示制度，全市政法干警违法违纪数量占比在全省最低。推动政法各单位分警种制定“四量”业务指标和“四型”综合指标，开展业务绩效考评、岗位练兵比武、最美政法干警评选、“假如我是当事人、假如我家有官司”换位思考大讨论、“民有所呼、我有所应——群众信访件件有回复”等活动，涌现出“四型”单位 28 个，“四型”干警 132 人，带动两清率、服判率、调撤率、息诉罢访率、实际执行率、现行命案破案率等 18 项核心业务指标全面提升，人民群众对政法机关满意度在全省领先。

2020 年中共承德市委政法委领导名录

书　　　　记：苏铁成

常务副书记：李海健

副　书　记：王　学

曹士锋

马致文

齐建坤

政法委委员、政治部主任：张新旭

（供稿　韩文静）

公　安

【概况】 2020 年，全市公安系统以加快市域社会治理现代化为目标，统筹担当公安主业、夯实公安基础、推进智能建设、强化法治公安等多个层面，相继制定出台《承德市公安局刑事打击工作三年规划（2020—2022）》《承德市法治公安建设三年规划（2019—2021）》等一系列文件。以推动“十大工程”建设为牵总，推进服务社会民生、经济发展、旅游环境“十件实事”，重点提升顶层设计、维护国家政治安全、打击刑事犯罪、基层基础建设、公安科技建设、首都“政治护城河”建设、规范执法、区域警务协作、服务发展保障民生和从严管党治警“十大能力”，统筹推进新冠肺炎疫情防控和维护国家社会安全稳定“两件大事”，全市公安工作迈上新台阶。完成 30 项政务服务事项梳理和录入，确保各项改革任务顺利推进。电子数据取证建设工作全省第一，绝对数量和相对比例均名列全省第一。网上清理整治工作全省第一，率先在“亮剑 2020”专项行动中取得满分。连续 7 年在全省率先实现毒品原植物“零种植、零产量”，成为河北省唯一列入创建全国禁毒示范城市的候选城市，承德县公安局和兴隆县公安局分别在全省禁毒“两打两控”百县会战行动和全省清隐行动中排名全省第一。自 2015 年以来，人民群众安全感连续 5 年位列全省第一，人民群众满意度测评连续两年位列全省第二。全市公安机关 1 人获评全国先进工作者，市看守所女子大队荣获“全国三八红旗集体”称号，2 人受到省委、省政府表彰，2 人和 1 个集体受到公安部和省公安厅表彰，2 个集体和 21 人受到中共承德市委、市政府、共青团承德市委表彰奖励，9 名民警立二等功，76 名民警立三等功，树立了承德公安的良好形象。

【维护国家政治安全】 制发《处置行政中心门

前非法集访等突发事件的工作预案》，大幅度提升行政中心稳定系数、安全系数；制发《承德市疫情线索举报核查机制》，共受理核查涉疫警情773条；坚持派出所、警务站“双调警”机制，警情处置规范率、高效率、精准率同比提升10%。建设市级电子围栏平台和242个前端，采集460码数据11.74亿条，MAC地址数据1.39亿条；协同建立16部门大数据信息共享机制。全市合成作战中心共配合侦办案件1463起，抓获犯罪嫌疑人740人，为公安实战提供强有力支撑。

【疫情防控安保维稳】 牢固树立“疫情就是命令、防控就是责任”的工作理念，全面落实“坚定信心、同舟共济、科学防治、精准施策”的总要求，按照公安部和省公安厅“六个严防、三个确保”“五个不发生、六个零”的工作要求，推进疫情防控和安保维稳工作。以“六个战时”和“六个坚决”为抓手，自1月24日起全市公安机关启动一级战时响应，成立由15个市、县两级公安机关局长任组长的疫情防控工作领导小组，实行“日调度、日报告、日研判、日部署”的工作机制，全面推进大数据核查、“三道防线”查控、社会面管控、旅馆业排查等各项防控工作，先后向社会发布通告4次，刊发疫情日报、专报、指令115次，召开疫情防控调度会30余次。

成立专项督导组和暗访组各3个，不间断明察暗访，先后检查单位7662个。全市159个环京检查站连续开展查控勤务292天，较2019年增加102天，先后调集价值70余万元防护装备、慰问品增援安检一线，共出动警力11万余人次。

【扫黑除恶攻坚】 围绕“长效长治”和“一十百千万”行动目标，聚焦“六清”“六建”要求，狠抓“扫黑除恶、破案攻坚、缉捕追逃”三大攻坚战，全面掀起“百日攻坚行动”和黑恶线索大排查、大核查、大起底行动，推行领导包案、挂牌督办、线索奖励、张贴通告、开辟“第二战场”五大硬核措施。重要案件实行领导包案责任制；重要线索实行最高奖励10万元；张贴《有奖征集黑恶线索通告》20万份；向全市监管场所发放《致监所人员一封信》7000份，征集深挖黑恶线索，推动形成专项斗争压倒性态势。

在全省率先建设完成无黑城市创建管理体系，围绕重点人群、重点领域、重点场所、重点案件、重点行业“五个重点”，从信息收集、研判分析、即时预警、案件侦办、跟进处置“五个层面”升级拓展系统功能，建成准确及时发现黑恶线索、打早打小精准打击、全面及时跟进治理的“打、防、管、控、建”全链条扫黑、防黑工作管理体系，并依托该系统应用，先后打掉黑社会性质犯罪组织8个，恶势力组织101个，破获各类涉黑恶案件2018起，抓获涉黑恶人员3079人，涉恶案件发案率同比下降60%。全国扫黑办转办线索101件，查结101件，查结率100%；公安部、省公安厅转办黑恶线索160件，查结156件，查结率97.5%。

【严打整治专项行动】 推进“亮剑2020”“热河利剑2020”严打整治专项行动，采取“三个极致、三个精准，四个集中、四个攻坚”推进战法，巧用“六个聚焦”策略，紧紧锁定“十个基础”，将其贯穿、融入于全市公安“五个收官战”，实现全市刑事案件整体发案下降15%、涉恶类犯罪案件发案下降50%目标。严重暴力犯罪呈现“发案下降、破案上升”良好态势，共立严重暴力案146起，同比下降5.8%；破获143起，破案率为97.95%，同比上升2.47%。其中，22起现行命案全部告破，破案率连续5年保持100%；破获14起命案积案，创历年新高。侦破公安部督办的“5·08”网络贩枪案件，抓获犯罪嫌疑人22名，收缴各类枪支1374支；成功侦破河北省一号特大跨境网络赌博案，抓获犯罪嫌疑人29人，冻结涉案资金3亿元。电信网络诈骗犯罪共立案3192起，破案837起，抓获犯罪嫌疑493人、打掉团伙36个、端掉窝点32个，同比分别上升126.1%、25%和23.1%，止付银行卡4527张，止付资金1.1亿元，冻结银行卡1539张，冻结资金1.74亿元，启动返还程序11次，返还资金72万元，预警拦截4万余次。“盗抢骗”犯罪共立案3580起，破案1519起，刑拘551人，批捕388人，移送起诉671人。社会治安环境不断净化提升，人民群众安全感不断得到增强。

【禁种铲毒专项行动】 涉毒类犯罪共破获毒品刑事案件42起；新发现吸毒人员220名，强制隔离戒毒82名，责令社区戒毒131名。承德市连续7年持续保持“十个零发生”，连续7年在全省率先实现毒品原植物“零种植、零产量”，承德市荣获全省禁毒工作先进单位称号，成为河北省唯一列入创建全国禁毒示范城市候选城市，全省唯一无被约谈县（区）地级市。承德县公安局和兴隆公安县局分别在全省禁毒“两打两控”百县会战行动和全省清隐行动中排名全省第一。

【食药环保案件侦办】 食品、药品系统共侦办刑事案件190起，同比上升270%。涉及环境保护案件，立足承德作为首都政治“护城河”和京津冀水源涵养功能区、生态环境支撑区这“一河两区”政治定位，深入推进“河务警（队）长制”建设，建立完善《承德市公安局处置突发环境事件应急预案》等5大工作机制，全市4大水系全流域违法排污案件连续3年实现“零发案”。涉及环境保护的刑事案件侦办82起、破案78起、刑拘119人、批捕91人、移诉185人，同比分别上升61%、42%、43%、49%和61%，6起省公安厅督办案件全部告破；办理环境污染治安案件628起，处理违法人员635人，治安拘留325人，同比分别上升236%、214%和146%。

【网络案件侦查打击】 加强网上侦查打击，侦破网络案件2403起，抓获3598人，同比增长233%和307%。其中，侦办公安部、省公安厅督办案件12起。侦办网络赌博、网络传淫、网络诈骗、网络制贩售假、网络贩枪等各类网络配侦案件970起，抓获1731人，同比分别上升361%和536%；侦办其他传统配侦案件1325起，抓获1633人，同比增长160%和168%。

【智慧公安建设】 制定出台《承德市“智慧公安”建设三年规划（2020—2022）》《承德市“智慧社区”“智慧交管”三年规划（2020—2022）》规范性文件。坚持以公安信息化、科技化建设为总目标，深入推进大数据智能化建设，在全省率先完成警务云平台、大数据平台、市级大数据中心一期和新一代公安网市级接入网等基础支撑平台建设，探索构建政府部门间的大数据信息共享机制，深入推进智慧交管、智慧安防小区、智慧警务站和智慧检查站、刑事信息化等智慧公安建设。

制定《承德市公安局“一标五实”两年规划（2020—2021）》，推进“一标五实”信息采集，全力提升社会治安动态掌控感知能力，确定“三年并作两年走”工作思路，力争2年超额完成。把“一标五实”信息采集工作提升为党政工程，中共承德市委办公室、市政府办公室先后下发《关于加快推进二维码标准地址建设暨公安机关“一标五实”基础信息采集工作的实施意见》和《承德市二维码标准地址建设及“一标五实”基础信息采集工作方案》。9月27日，在隆化县召开全市二维码标准地址建设暨“一标五实”基础信息采集工作现场会，对全市二维码门牌制作安装工作整体部署。

加快新时代派出所建设，加强基层所队综合实力。严格按照《河北省公安厅关于加强新时代公安派出所工作的实施意见》要求，制定出台《承德市公安局关于加强新时代公安派出所工作的实施意见》，开展为期3年的派出所提质增效工作，全面提升基层治理水平，实现派出所“六化”工作目标（即：运行实战化、警务智能化、执法规范化、保障标准化、队伍正规化、考评系统化）。

推进无人机建设，全力打造空域防控体系。成立无人机大队，探索无人机打击、反制、侦测、救援等功能模块的自主研发和保障工作，全力推动全市警用无人机专业化队伍和实战技术高质量发展。7月16日至8月6日，无人机大队出色完成北戴河执行暑期高峰期空域无人机防控安保任务和河北省无人机防控实战对抗汇报演练。

2月20日，市公安局特警支队无人机大队开展无人机空中巡逻

【社会治安专项整治】 开展全国第七次人口普查户口清理整顿工作，排查全市总户数143.2万户，总人数382.9万人；登记人户分离11.5万人；新登记暂住人口8586人；发现重复户口220人、死亡未销户口人员3426人；变更更正户口项目17959项。深入开通公安窗口业务，开通“预约办证”“加急办证”和24小时咨询服务，优先受理审批出入境证件，共办理出国（境）证件2162件次，劝阻720余人次，解答群众咨询6230余人次。

开展清查收缴非法枪支弹药专项行动，共查处涉爆涉枪行政案件230起，行政处罚29人，侦破涉爆涉枪刑事案件24起，刑事强制措施38人，收缴枪支318支、仿真枪1374支、各类子弹15468发、手雷7枚、地雷1枚、炮弹29枚。开展烟花爆竹和禁限放工作，重新划分新的禁限放和禁止销售区域，加强重要设施、主干道、风景名胜区周边等禁限放区域的巡查力度。开展打击野外用火专项行动，共侦办野外用火行政案件243起，行政拘留219人，罚款57人，警告7人；全市森林草原火灾同比下降90%。开展监管场所排查整治，共处理苗头性、倾向性问题43起，发现整改问题416个，实现“零感染、零事故、零减员”工作目标。

【道路交通秩序整治】 开展道路交通秩序整治，提升道路交通管理水平。全年全市共发生一般程序道路交通事故193起，死亡54人，受伤230人，经济损失108.72万元，同比分别下降49.74%、30.77%、51.27%和57.5%，道路交通秩序持续向好发展。改善城区道路交通环境，全市455家重点运输企业、30474名重点驾驶人、28352辆重点车辆监管率和检查率均达到100%。全年办理机动车业务50.6万笔，驾驶证业务13.3万笔。开展非机动车交通违法集中整治、“一盔一带”、夏季国省道交通秩序整治、货车超限超载治理等专项整治行动10项，查处各类交通违法行为159.2万起，同比上升4.3%。加强农村道路交通安全，全市11个交警中队与派出所合署办公；各县（市）、乡镇、行政村均开通农村交通安全管理信息系统用户，乡镇用户注册率达到100%；建设完成461个农村劝导站及劝导点，481个交通安全劝导员，全部由村长、书记、村民组长或村党员担任。深入开展“减量控大”工作，排查公安道路隐患720处，治理689处，治理率95.83%；发生交通肇事逃逸案件33起，侦破30起，侦破率90.91%；开展各类交通安全专题宣传，在省级媒体发稿21篇，市级媒体发稿51篇，拍摄发布公益广告10余条，利用交通安全短信平台发短信100万余条，实现非机动车管理整治知识、夏季道路交通安全整治、节假日交通安全出行提醒、恶劣天气出行提醒全覆盖。

【从严治警教育整顿】 树立“严管厚爱”理念，强化政治思想建设，推进“坚持政治建警、全面从严治警”教育整顿活动。公安队伍全面实现“五新”工作目标（即：队伍建设有新面貌、业务工作有新成效、能力素质有新提升、人民群众有新获得感、机制制度有新完善）。坚持政治建警，推动党的创新理论武装走深走实。严格落实“第一议题”制度，创新“六个一”党建工作机制。深化党风廉政建设和作风建设，开展2020年深化纠正“四风”和作风纪律专项整治，聚焦“八查八看八纠正”，查摆整改5个方面的问题；开展向人民报告活动，走访党政机关和企事业单位1700余个，召开不同层次的报告会200余场次、警营开放活动15场次、征求到意见建议300余条，与57个企业、学校等单位开展共建工作，增进社会各界对公安机关的理解和支持。

开展党的建设、窗口服务、接处警、落实内务条令“四个专项整治”活动，集中督查和“五个一”“十个规范”（着装、办公、执勤、出警、会风、办案、服务、管理、队建、党建）活动。出台规范辅警“七项制度”，整改突出问题143个。推进教育整顿专题活动10个，实施窗口单位专项治理、涉访维稳专项治理、执法突出问题专项治理、刑事基础工作专项治理、规范接处警工作专项治理等活动。加强审计监督力度，对全市15个市、县（区）公安局执法活动涉及财物的收缴、保管、移交、上缴、返还、没收等情况开展专项审计，审计覆盖率达100%，进一步规范执法行为。

2020年市公安局领导名录

党委书记、局长、督察长：宁金龙
党委副书记、副局长：徐品刚（满族）
党委委员、副局长：赵兴海
党委委员、副局长、交通警察支队支队长：
张春华
党委委员、副局长：徐爽
白志强（满族）
王文阁
党委委员、派驻纪检组组长：耿云飞（满族）
党委委员：杨斌
党委委员、国内安全保卫支队支队长、市民宗局副局长：
李北（满族）
党委委员、政治部主任：张晓东（满族）

（供稿 岳超凯）

检察

【概况】 2020年，把深化主题教育、开展“四型”创建的激情，转化为忠诚履职的扎实行动，讲政治、顾大局、谋发展、重自强，推动各项工作取得新的成效。忠实履行法律监督职责，共批捕各类刑事犯罪1947人，起诉4492人。制定落实维护政治安全、推进平安建设、加强社会治理等指导性文件，把维护国家政治安全作为头等大事，依法严惩邪教组织犯罪22人；以市人大常委会考察职务犯罪检察工作为契机，深化监检衔接，对监委移送案件起诉41人。依法办理国家开发银行原党委书记、董事长胡某某受贿案等一批重大交办案件，7件案件获评全省职务犯罪检察精品案件。

【疫情防控】 把打赢疫情防控阻击战作为重大政治任务，全体干警闻令而动，下沉社区开展治安管控、入户排查6300余人次。制定落实《疫情防控期间打击违法犯罪工作方案》，建立涉疫情案件快速反应、报备、指导机制，依法从快批捕20人，从严起诉23人。强化疫情源头防控，办理医疗废物处理、野生动物保护等涉疫公益诉讼19件。制定落实《深化专项工作服务保障“六稳”“六保”实施意见》，依法严惩危害复工复产秩序犯罪 5 件。

【保护群众利益】 推动落实最高检“三号检察建议”，起诉非法吸收公众存款、集资诈骗、洗钱等金融领域犯罪 232 人，涉案金额 104 亿元，协助追赃挽损 2.88 亿元。坚决惩治扶贫领域腐败犯罪，隆化县检察院办理的方某某挪用公款、滥用职权案，入选最高检扶贫领域职务犯罪五大典型案例。开展司法救助服务脱贫攻坚活动，向 32 名因案致贫群众发放司法救助金 83.5 万元；市、县两级检察院帮扶的 15 个贫困村全部脱贫摘帽。主动融入生态强市建设，起诉破坏环境资源犯罪 277 人，办理环保公益诉讼 357 件，提出污染防治检察建议 193 件，督促治理受污染土地、林地、水域 7.1 万亩，清除固体废物 2.4 万吨。平泉市检察院审理的赵某某等 4 人污染环境案，入选最高检服务保障打好污染防治攻坚战四大典型案例。

制定落实《关于发挥刑事检察职能服务和保障民营经济健康发展的意见》，开通服务民营企业绿色通道。起诉欺行霸市、强揽工程等破坏公平竞争犯罪 52 人。起诉涉民营企业职务侵占、内部盗窃等犯罪 40 人，为企业追赃挽损 150 万元。起诉生产假冒“山庄老酒”等侵犯民营企业知识产权犯罪 9 人。起诉合同诈骗、强迫交易等扰乱市场秩序犯罪 109 人。依法审慎审理民营企业和民营企业家涉嫌犯罪案件，组织开展清理“挂案”专项活动，不捕不诉 17 人。服务民营经济做法得到省人大常委会副主任、市委书记周仲明等领导批示肯定。

【保障社会稳定】 打击刑事犯罪，批捕各类刑事犯罪 1947 人，起诉 4492 人。批捕涉枪涉爆等危害公共安全犯罪 166 人，起诉 1084 人；批捕故意杀人、抢劫、盗窃等侵犯公民人身财产权益犯罪 785 人，起诉 1391 人；提前介入重大案件 69 件。深入践行新时代“枫桥经验”，稳妥处理群众来信来访 811 件次，实现涉检进京零上访。守护舌尖安全，深入落实“四个最严”要求，依法严惩危害食品药品安全违法犯罪，批捕 30 人，起诉 90 人，公益诉讼立案 86 件。倾力护好百姓“钱袋子”，严厉打击电信网络诈骗、传销、“套路贷”等犯罪，批捕 212 人，起诉 345 人。坚决遏制涉民生犯罪从网下向网上蔓延势头，加大惩治利用网络实施的买卖公民个人信息、赌博等犯罪力度，起诉 98 人。切实保障人民群众“脚下的安全”，推动落实最高检“四号检察建议”，督促整改问题管井、消除窨井盖安全隐患 235 件。持续推动落实最高检“一号检察建议”，严惩侵害未成年人犯罪，批捕 98 人，起诉 175 人。市检察院办理的孙某某强奸案，入选河北省第五届维护妇女儿童合法权益十大典型案例。与共青团市委、县委签订未成年人检察工作社会支持体系框架协议，与民政部门建立“司法救助 + 民政救助”模式，大力推行未成年人被侵害强制报告等制度，开通全省首条 12355-4“检爱热线”。组织法治公开课 98 场，覆盖师生近 5 万人次。加强老年人合法权益司法保障，依法打击虐老、骗老等犯罪，批捕 21 人，起诉 65 人，监督纠正服刑人员违规领取基本养老金 200 人次。严惩侵害妇女、残疾人等群体权益犯罪，批捕 88 人，起诉 118 人。开展打击恶意拖欠农民工工资专项检察活动，10 人因拒不支付劳动报酬被起诉，支持农民工起诉 44 件，帮助追讨工资 30 余万元。坚决维护国防利益和军人军属合法权益，开展法治宣传进军营活动，依法办理破坏军婚等涉军犯罪 4 人。

【扫黑除恶常态化】 推进“六清”行动，对 44 件 427 人黑恶犯罪全部提起公诉，吴某某、王某某等一批民愤极大的黑恶团伙受到严惩。坚守法治底线，不拔高、不凑数、不放过，依法追加认定 37 件、不认定 11 件，追捕追诉 62 人、不捕不诉 25 人。坚持“破网打伞”，移送“保护伞”

等线索71件，提出财产处置意见17件，追缴涉案财产979万元。坚持深挖根治、长效常治，制定落实《关于扫黑除恶斗争常态化机制的意见》，制发推进源头治理的检察建议104件。

【开展“四大检察”】 把刑事、民事、行政、公益诉讼“四大检察”工作列为重点，对重点案件开展专项监督检察。组织开展毒品犯罪、危险驾驶犯罪等刑事案件专项监督活动，对涉嫌犯罪的追捕追诉243人，监督立案30件；对不构成犯罪和证据不足的不捕不诉970人，监督撤案19件。纠正侦查活动违法72件，建议变更强制措施49人。提出刑事抗诉15件，已审结改判6件。完善“巡回＋派驻”机制，纠正刑事执行重违法违规的700人次。其中，纠正减刑、假释、暂予监外执行不当的162人，纠正财产刑执行不当的233件，促进执行结案1192万元，9件案件获评全省刑事执行监督精品案件。对涉及滥用职权的4名司法工作人员实施立案侦查，实现《中华人民共和国刑事诉讼法》修订以来全市检察自侦工作零的突破。

对生效民事裁判提请抗诉16件，提出抗诉和再审检察建议27件。对民事审判人员违法行为发出检察建议67件。对消极执行、选择性执行等违法行为发出检察建议154件。坚决维护司法权威，对不符合监督条件的案件释法息诉179件，起诉拒不执行判决裁定犯罪6件。开展涉虚假诉讼专项监督，立案整治“假官司”5件，涉及资金1亿多元，丰宁满族自治县检察院办理的王某某等虚假诉讼监督案，被最高人民检察院编入指导性案例适用指引。

办理行政生效裁判监督案件41件，依法作出不支持监督决定的33件，坚决维护行政公信力。1件符合监督条件的提出再审检察建议，促进行政机关依法规范履职。对行政审判人员违法行为提出检察建议26件，对行政执行活动违法行为提出检察建议39件。开展自然资源领域非诉执行专项监督，提出检察建议76件。深化行政争议实质性化解专项活动，化解行政争议23件，鹰手营子矿区检察院办理的吕某某等54人与鹰手营子矿区医保局医保纠纷案，获评全省行政检察精品案件。

办理公益诉讼立案525件，发出诉前检察建议458件，提起诉讼49件，督促追回各类资金404万元。开展水源地保护、长城保护等专项监督活动，提出检察建议225件，监督行政机关履职359件次，“1+2”工作机制在全省推广。与市生态环境局联合制定《检察公益诉讼与生态环境损害赔偿制度衔接实施意见》，督促索赔污染赔偿金385万元。召开承德、朝阳、赤峰三市检察公益诉讼交流会，推进“祖国北部绿水青山蓝天护航联合行动”，督促坝上风电场建设管理单位投入资金1.47亿元、补植复绿22.5万亩，《检察日报》头版头条予以报道。

【建设人民满意检察队伍】 坚持把政治建设摆在首位，努力建设一支让党放心、让人民满意的检察铁军。检察队伍群众满意度提升到85.7%，同比增加4.7个百分点，连续4年位居全省检察系统前两名。坚持党对检察工作绝对领导，出台《市检察院党组工作细则》，向中共承德市委请示报告重大事项37件次。推进市、县（市）两级检察院党组织标准化规范化建设，以高质量党建引领队伍建设，“四型”创建经验被中央政法委《长安》杂志刊发。推进检察文化建设，市检察院在河北省检察系统民法典知识竞赛获一等奖；获评全省检查机关“夯实最后一公里、引领检察新发展”党支部建设“三个一”活动优秀案例。发挥先进典型示范引领作用，承德县检察院荣获2016—2020年度全国先进基层检察院称号，同时获全省2016—2020年度先进检察院称号，团支部获全国“五四”红旗团支部荣誉称号，23人受到省级以上表彰。市检察院郝泓钧荣获最高人民检察院授予的先进个人称号，何立安荣获全国检查机关检务保障工作表现突出先进个人称号，刘飞获全省优秀公诉人称号。

围绕高素质专业化要求，开展实训练兵110期、3500余人次，新增“全省十佳公诉人”等省级业务人才17名。推动入额领导干部直接办案2592件，检察长定期接待群众、主持公开听证、列席同级审委会。聚焦办案质量和效率，对237名员额检察官进行业绩考评，评查纠正不规范办案问题2120处。加强理论研究、经验总结和案例运用，完成最高检理论应用课题3个，5个案件入选最高检典型案例，30个案件入选全省检察精品案件。

制定落实《关于深化全面从严治党主体责任落实持续加强党风廉政建设的实施意见》，对3个基层检察院和市检察院1个内设机构进行系统内巡察，开展检察人员违规从事营利活动等6个专项整治，督促整改问题56个。自觉接受最高人民检察院、省人民检察院巡视，对照问题落实整改措施150项。严格执行“三个规定”，记录报告过问插手干预检察办案情况119条。自行和配合纪委监委处理违纪违法27人。组织开展“基层建设年”活动，制定落实《市院党组成员联系基层检察院工作办法》，启动18名基层检察院领导干部推荐提拔、交流调整工作，为办案任务重的基层检察院招录检察人员89名。推进统一业务应用系统2.0、公益诉讼支持体系等智慧检务建设，高标准完成远程智能提讯系统等工程，检察信息化水平进一步提升。承德县检察院、宽城满族自治县检察院分别被评为“全国先进基层检察院”“全省先进基层检察院”。

2020年市检察院领导名录

党组书记、检　察　长：白振平
党组副书记、副检察长：崔雁侯
党组成员、副　检　察长：郑　川
党组成员、副检察长，安定里地区检察院检察长：
徐树龙（8月免）
党组成员、副检察长：陈焕新
蔡金城
蒲英华
党组成员、派驻纪检组长：赵常林（6月免）
党组成员、政治部主任：侯　宇
党　组　成　员：张宏民

（供稿　闫付民　郭荣华）

法院

【概况】　2020年，全市法院工作紧扣“司法为民、公正司法”主线，抓班子、带队伍，强审判、促发展，推进各项工作开展。整合高新区人民法庭，助力承德南部新城建设。全市法院系统共受理各类案件81749件，同比下降13.61%；审执结79110件，结案率96.77%，同比上升1.43个百分点。其中，市中级人民法院受理各类案件7176件，同比下降12.36%；审执结7050件，结案率98.24%，同比上升0.45个百分点。全市法院结案率和服判息诉率在全省位居前列，市中级人民法院被省委、省政府评为“省级文明单位”，市中级人民法院未成年人案件综合审判庭、宽城满族自治县法院峪耳崖法庭荣获“全国法院先进集体”称号，市中级人民法院李胜利、承德县法院王玉杰、兴隆县法院王冰荣获“全国法院先进个人”称号。司法宣传、司法调研工作受到最高人民法院表彰。

【刑事审判】　依法维护国家政治安全，全市法院系统共受理各类刑事案件3224件，审结3112件，判处罪犯4857人。其中，市中级人民法院受理388件，审结377件，判处罪犯925人。依法审结王某某等13人利用邪教组织破坏法律实施案。依法维护社会和谐稳定，扎实开展“案件清结”和“黑财清底”等工作。全市法院系统共依法审结涉黑恶案件115件，判处罪犯903人，清理涉黑恶财产11729.28万元，对9起涉黑恶案件119人集中公开宣判。因黑财清底工作成绩突出，平泉市人民法院执行局被评为全国扫黑除恶专项斗争先进集体，市中级人民法院刑二庭得到省人民法院嘉奖。依法保障人民群众财产安全，依法审理参与人员多、集资数额大、影响范围广的“百合贷”“北极泉”等案件，最大限度挽回人民群众的实际损失。受委托依法审结国家开发银行原董事长胡某某，河北省残疾人联合会原党组成员、副理事长李某某受贿案，得到最高人民法院和省人民法院肯定。鹰手营子矿区法院依法审结一起以售卖口罩为名的网络诈骗案，维护疫情防控秩序。

【民事审判】 全市法院共受理各类民事案件25257件，审结24461件。其中，受理婚姻家庭、教育、医疗、社会保障等涉民生案件10657件，审结10409件。与市总工会、市人力资源和社会保障局、市律师协会等联合开展劳动争议纠纷诉调对接工作，推进劳动争议化解。各部门合力成功调解43起历史遗留问题复杂、涉及部门多、时间跨度大的劳动争议系列案件，收到良好效果。与市公安局、市司法局、市保险协会等联合推进“道交一体化”改革，全市“道交一体化”调解中心共接收案件614余件，调解成功率78%，达成调解总金额2679.35万元。建立涉新冠疫情案件快审快判机制。研究制定具体举措，加强企业和企业家合法权益保护，统筹推进疫情防控和复工复产。全市法院共受理各类商事案件14435件，审结14156件，结案率98.07%，调撤率53.98%，位居全省法院第一名。双滦区人民法院平稳推进、公平公正处理滨河湾项目纠纷等涉众型案件，努力维护全区全市稳定。

【助力生态环境建设】 开展打击大气污染犯罪专项活动，出台《关于充分发挥环境资源审判职能作用为新时代“生态强市、魅力承德”建设提供强有力司法服务和保障的意见》，助力打赢蓝天、碧水、净土保卫战。全市法院系统共审结一审、二审涉环境资源类案件160件。其中，审结破坏农用地、滥伐林木、非法采矿等涉环境资源类犯罪133件，判处罪犯280人。管控缓刑适用，实刑率79.29%。判处罚金和生态修复金1100余万元。审结涉环境资源类民事、行政案件49件，公益诉讼案件10件。依法指导推进省环保厅与某公司达成生态损害赔偿协议。宽城满族自治县人民法院依法审结佟某等9人在承德、秦皇岛、辽宁绥中等地非法倾倒废酸造成环境污染案件。

【护航企业发展】 加强各类市场主体平等保护，依法审慎采取查封、扣押等强制措施，为企业发展留足空间，帮助企业渡过难关。共执结党政机关、国有企业拖欠民营企业、中小企业案件28件，执行到位金额3356.79万元。对暂时经营困难，但具发展潜力和经营价值的企业，综合运用重整、和解等手段，盘活企业资产，激发企业再生动力，努力做到“审理一个案件，救活一个企业”。承德县法院依法裁定批准承德县泰森矿业有限公司重整计划，使停产3年多的企业获得新生。建立府院联动机制，大力推进“执转破”工作，加快“僵尸企业”市场出清。滦平县人民法院依法妥善化解饮马川企业系列纠纷案件，促进潮河上游滦平段生态环境整治。

【知识产权保护】 出台《关于加强知识产权审判领域改革创新若干问题的实施细则》，着力破解知识产权类案件“举证难、赔偿低、周期长”问题。推广类型化知识产权案件快审机制，实施知识产权民事、行政和刑事案件“三合一”审判模式，着力提高知识产权司法保护效能。依法审结侵犯著作权、信息网络传播权、注册商标专用权等案件71件，保护企业创新发展。成功化解以“六神”花露水为代表的系列知识产权案件，维护知识产权权利人的合法权益。

【参与社会综合治理】 强化行政争议实质化解决，建立实施行政争议案件快审快判和败诉案件通报机制，全市行政争议化解中心全部挂牌，化解行政争议案件118件。全市法院系统共受理行政案件945件，同比下降19.09%；审结851件，结案率90.05%。开展“最多访一次”活动和信访积案“清仓见底”行动，全年共接待涉诉信访案件287件，同比减少54.37%。承德法院信访工作被最高人民法院作为典型经验在全国法院交流。

推动将“万人成讼率”纳入平安建设考核指标，助力“无讼乡镇（村）”创建。全市法院特色人民法庭共调解纠纷6336件，移送3058件，司法确认670件。全市共创建无诉讼村488个，占全市行政村总数的20.76%。一审民事新收案件同比减少19.29%，诉源治理取得成效。依托智慧法院系统，首次形成《2019年承德经济社会司法指数大数据分析研究》，服务全市经济社会发展科学决策。落实“谁执法谁普法”，把社会主义核心价值观融入司法审判，采取微视频、微电影等形式宣传法治，在全国法院系统“第七届微电影微视频金法槌奖”评选中，3部作品入选，为全省入选作品最多的法院。

【办理执行案件】 综合运用网络查控、开展专项执行行动、规范执行行为等举措，全市法院系统共受理执行案件32099件，执结30831件，实际执行到位金额41.87亿元。其中，执结涉农民工工资案件872件，执行到位金额1亿余元。扎实开展长期未结执行案件清理活动，共清理长期未结案件798件，长期未结案件大幅减少。加强司法救助工作，全市法院系统共发放司法救助款500万元，减缓免诉讼费517.38万元。

2020年市中级人民法院领导名录

党组书记、院长：刘福明
党组副书记、副院长：程中平（满族）
　　　　　　　　　　潘洪泉
党组成员、副院长：曲竑图
　　　　　　　　　刘宪海
党组成员、执行局局长：李亚平（女）
党组成员、政治部主任：丁　一
党组成员、派驻纪检组组长：刘广林
党组成员：王景林

（供稿　鲜玉昆）

司法行政

【概况】 2020年，中共承德市委召开全面依法治市工作会议，审议通过《中共承德市委全面依法治市委员会2020年工作要点》《关于依法防控新冠肺炎疫情切实保障人民群众生命健康安全的实施意见》，印发关于法治政府建设、优化营商环境、学习宣传《中华人民共和国民法典》、防控疫情等11个文件，统筹安排依法治市工作。做好《法治政府建设实施纲要2015–2020年》收官工作，推进市、县、乡法治政府示范创建落地落实，承德市全面推进行政审批制度改革被确定为河北省法治政府建设示范项目，兴隆县确定为法治政府建设示范县，围场满族蒙古族自治县四合永镇被确定为法治政府建设示范乡镇，为法治政府建设开创了全新局面。

【立法与审核】 出台承德市第一部政府规章《承德市政府规章制定办法》，对市政府规章的立项、起草、审查、决定、公布、解释、备案和评估等进行指引和规范。制定《承德市重大行政决策程序暂行办法》，明确政府重大行政决策事项的主体、范围、作出程序，完善重大行政决策的执行监督和责任追究制度。突出精准立法，完成《承德市快递市场管理条例》《承德市武烈河流域水环境保护条例》的审查修改工作。印发《关于做好市政府常务会议审议文件合法性审核工作的通知》，为市政府合法性文件送审程序进一步规范。

发挥市委党内规范性文件工作联系会议制度作用，以中央、省党内法规制度和规范性文件为依据，结合实际，做好配套文件制定工作。全年共审核政府规范性文件18件，审查政府法律文书24件。先后印发《关于确保高质量如期完成全面建成小康社会“十三五”规划及脱贫攻坚目标的通知》《关于推进市域社会治理现代化的实施意见》《中共承德市委关于制定国民经济和社会发展第十四个五年规划和二〇三五年远景目标的建议》等一批规范性文件。开展《中华人民共和国民法典》涉及行政法规、规章和行政规范性文件清理工作，废止规范性文件8件。

【依法行政考核整改】 在河北省政府2019年度依法行政考核进位的基础上，针对中央依法治国办反馈河北省法治政府建设存在问题，举一反三，开展全面自查整改。对2019年度全市依法行政工作进行考核，归纳存在的共性问题和个性问题，分别提出整改要求，限期进行整改。2020年度，省对市依法行政考核，承德市政府获评考核“优秀”等次。确定2020年为行政执法3项制度整改提升年，梳理制度推行中存在的问题，建立整改台账，实行销号管理。推进基层依法治理，不断深化法治创建，开展民主法治示范村（社区）复核创建工作，全市4个村被评为全国民主法治示范村，基层治理法治化水平明显提升。

【执法资格确认】 做好行政执法资格确认工作，完成49个市直部门和单位罚没许可证件年检和新证办理工作。推行以“双随机、一公开”监管为基本手段，以重点监管为补充，以信用监管为基础的新型监管机制，实现综合监管、“智慧监管”。制定下发《2020年承德市“双随机、一公开”监管工作实施方案》，全市共开展部门内部抽查831次，检查对象合计10594个；部门联合抽查82次，参与抽查部门合计222个，抽查对象合计434个。全力推进蓝天、碧水、净土、环境安全保卫战，全市生态环境保护工作取得新进展。全市累计出动执法人员35837余人次，检查企业14683家次，发现问题1850个，下达行政处罚决定258件，罚款金额1259.19万元，适用配套办法案件共计11件。强化生态环境责任追究，共追责问责122人。加强对乡镇和街道行政执法综合改革指导，及时为乡镇和街道办理罚没许可证、执法证。

【行政复议与应诉】 全年各级行政复议机关共受理行政复议案件418件，办结407件。各级行政机关共办理行政应诉案件537件。探索多样化行政争议解决方式，在行政复议阶段，引导当事人通过和解、调解方式，和谐化解行政争议。在行政诉讼阶段，持续推进行政争议诉前化解机制，强化府院联动，合力化解争议，实现行政执法、行政复议与行政审判的良性互动。

【法治宣传教育】 印发《2020年全市普法与依法治理工作要点及责任分工》，全面部署全市普法依法治理工作推进“互联网＋普法”，维护“两微一端”宣传平台，打造“老盖普法”品牌，普法内容涵盖社会经济生活各个方面。购置普法机器人12台，投放到中小学校和青少年活动中心，增加青少年普法的趣味性。进一步提升网络普法、多媒体普法工作水平，制作的微动漫《温暖的隔离》被省法治宣传办公室推荐到司法部。市司法局荣获首届“中国法治微电影展优秀出品单位”称号。做好“七五”法治宣传教育工作总结验收工作，普法品牌创建和法治宣传进景区等工作得到省委、省政府验收组的充分肯定。

【戒毒教育和治理】 市戒毒所扎实开展“四个一百”活动（百场戒毒知识宣讲、唱响百首爱国歌曲、百场国学文化课堂、百个戒毒案例法制教育），以教育为抓手，促进戒毒康复指导从所内走向所外。抓住传统节日、“6·26”国际禁毒日等节点，以诗词朗诵、歌咏比赛、康复训练成果展示、参观禁毒教育基地等活动为载体，引导戒毒人员树立正确“三观”，提高戒治效果。进一步深化安全形势研判，全年进行安全隐患排查15次，召开研判分析会议20余次。坚持重点抽查、专项排查、综合检查、重要时间节点巡查相结合，将安全生产要求落到实处。加强“四区五中心”建设，完善规章制度9项，完成教学教案5个。在省戒毒局综合评比中，承德市戒毒所荣获“优秀所”称号，在全省10个市属所中排名第四位。

【社区矫正管理】 印发《学习宣传贯彻〈社区矫正法〉实施方案》，组织专题学习、专题培训、集中宣传、网络答题等活动，宣传《中华人民共和国社区矫正法》和社区矫正制度。出台《社区矫正对象在线学习制度》《社区矫正和安置帮教工作联席会议制度》，加强教育管理，调动社会各界力量，共同促进社区矫正对象顺利融入社会。通过承德社区矫正在线学习系统、定位管理平台、电话、微信等多种方式加强日常教育监管，确保全市社区矫正对象学习教育不断档、日常监管不放松。全市2775名在册社区矫正对象未发生脱管漏管和严重影响社会稳定事件。

【人民参与法治建设】 坚持发展新时代“枫桥经验”，集中开展矛盾纠纷排查调处活动，组织开展人民调解员培训5次，培训人数2万余人次，全面提升人民调解工作质效。全年各人民调解组织共调解纠纷案件15654件，成功调解15157件，成功率96.8%。全市共开展矛盾纠纷排查6136次，排查发现矛盾纠纷3885件，成功预防2311件。加强人民陪审员、人民监督员选任管理工作，选任（增补）人民陪审员403人，人民监督员80人。

【律师行业管理】 落实《关于全面加强新时代律师行业党建规范化建设的意见》，制定律师执业管理制度8个，促进律师行业党建工作、律师执业管理进一步规范。组织全市驻场法律服务人员培训，广大律师、公证员和法律服务工作者积极参与公共法律服务，推动基层形成办事依法、遇事找法、解决问题用法、化解矛盾靠法的法治环境。开展刑辩全覆盖试点，确保扫黑除恶案件辩护质量，广大律师积极投身扫黑除恶专项斗争。在承德石油高等专科学校设立考点，安全、顺利、平稳完成2020年度国家法律职业资格考试承德考区的组织实施工作，共1350名考生报名参加考试。

【法律援助惠民】 坚持“简化程序，提质增效”，开展“法援惠民生”活动。开通法律援助“绿色通道”，建立快速办案机制，对欠薪农民工一律简化审批手续，做到当天申请、当天受理、当天审批、当天指派律师提供援助。延伸服务触角，建立法律援助工作站，加强多部门协调衔接，为刑事案件审判阶段辩护全覆盖的当事人及时提供法律服务。2020年，全市法律援助律师共办理各类援助案件6240件。

【公证及司法鉴定】 各公证机构推行网上办证申请业务，使公证业务申办更加便捷。公证员服务中心为土地招标拍卖、双峰寺水库建设、棚户区改造、重点项目工程提供证据保全公证。成立承德市公证处知识产权服务中心，组建业务专班，知识产权公证更加专业。加强公证员培训，规范公证执业行为，公证行业持续健康发展。2020年，全市各公证机构共办理公证13139件，其中国内公证11620件、涉外公证1510件。开展司法鉴定机构和鉴定人清理整顿工作，结合“双严十二条”规范整改和司法鉴定行业警示教育活动，各司法鉴定机构管理更加严格，执业更加规范。全年全市各鉴定机构共出具鉴定意见书5182份，在维护司法公正、化解社会矛盾、解决社会纷争、促进社会和谐稳定中发挥不可替代的重要作用。

【打赢疫情防控阻击战】 印发承德市司法局《关于加强法治保障共同打赢疫情防控阻击战的实施意见》，对各级法律服务组织参与疫情防控、做好法治保障提出明确要求。编印《法律文件汇编》《法律知识50问》《复工复产法律指引》《法律进企业知识读本》等资料，面向社会发放。利用普法网络阵地，围绕新规出台、网络热点、社会焦点，开展防疫科普常识、野生动物保护、企业用工、复工复产优惠政策宣传。成立承德市疫情防控公益法律服务律师团，24小时提供涉疫法律问题精准解答。各法律服务组织积极为受疫情影响的中小企业开展无偿法治体检活动，对受疫情影响较严重企业的案件优先受理、加速办理、减免费用，助力企业尽快复工复产。各级公共法律服务中心、12348法律服务热线扎实开展线上线下服务，解决涉疫相关的就业、返岗、人身财产权益、防护用品质量等法律问题，电话接通率和服务满意率均达到100%。各公证机构针对企业复工复产面临的债务偿还、资金周转、扩大融资等实际困难，开展有针对性的公证服务。各法律服务机构深入622家顾问企业开展涉疫合同纠纷排查，帮助清除纠纷隐患，确保正常生产经营。突出重点场所疫情防控。将戒毒所作为防控重点，第一时间制定《疫情防控预案》《防疫工作方案》和《防疫工作应急预案》等切实可行的应对措施。对管教场所实施分批封闭监管，戒毒场所疫情防控实现"零输入、零感染"目标。

【强化队伍素质】 强化政治素质，开展"基层党建质量提升年活动"，各党支部组织设置、队伍建设、制度体系、投入保障整体规范达标。全体党员积极参与脱贫攻坚、社区疫情防控、创建文明城市、法律援助惠民生、文明交通引导等志愿服务活动11批次。深入开展"学习型""实效型""廉洁型""满意型"四型争创活动。提出承诺践诺"20+"创建要求，月初承诺，月底践诺，队伍工作作风进一步压实。坚持理论中心组学习、会前学习、理论学习日、"三会一课"等学习制度。开展纠正"四风"和作风纪律专项整治教育，召开政治性警示教育大会，观看党风廉政警示片，通报反面案例，党员干部纪律规距意识进一步增强。压实全面从严治党主体责任和"一岗双责"，签订《目标责任书》《承诺书》，推动全面从严治党工作落细落实。开展行政执法人员业务培训，促进基层执法严格规范。

2020年市司法局领导领录

党组书记、局长：胡光远（12月免）
马致文（12月任）
副局长：白宝君
党组成员、副局长：佟　欣
盖宗奇
党组成员、政治部主任：徐　宏
党组成员、市戒毒所所长：杨　阔（12月任党组成员）

（供稿　闫振江）

仲　裁

【概况】 2020年，全市仲裁工作共受理各类仲裁案件281件，同比增长36.4%；标的额4.46亿元，审结案件257件，审结率91.45%；调解和解55件，调解和解率21.4%。案件受理数量和案件审结数量双创历史新高。案件类型除传统的买卖、租赁、民间借贷、工程施工、居间、保险、物业等纠纷外，还涉及到土地出让金加征、股权转让、项目投资开发、侵权赔偿等新类型案件。所有办结案件，做到依法、公正、快捷审理，无群众上访案件发生。

【有效处理纠纷】 面对复杂多变的经济形势和层出不穷的争议案件类型，秉承"独立、公正、高效、和谐"的承德仲裁理念，有效处理纠纷，受到党委和政府的大力支持和高度重视。6月，中共承德市委、市政府下发《关于完善仲裁制度提高仲裁公信力的实施意见》，将推行仲裁法律制度纳入法治政府建设工作内容。

【学先进求创新】 先后赴北京、北海、常州、廊坊、唐山、沧州等市学习，广泛吸取各地仲裁管理和改革经验。对比和研究国内仲裁机构管理制度，结合承德仲裁实际和现实需求，推进制度创新，制度建设年活动取得新成果，按照合理性、合法性及科学性原则，从废止、修改、新立3方面予以完善配套，废止4项，修改7项，新制定17项。

【完善仲裁制度】 初步实现仲裁委员会管理与仲裁庭独立裁决有机结合，实现裁决核阅制度、重大疑难案件专家咨询制度常态化。实行裁决书三级审核制度，即办案秘书、业务科室、秘书长3个层级审核，层层把关、终生追责。先后对11起裁决质量有瑕疵案件及时纠正。建立专家咨询制度，根据仲裁庭要求对专业性强、疑难复杂的法律问题提交专家咨询会讨论研究，全年有4起复杂疑难案件经过专家咨询，确保案件公正顺利审结。加强信息化建设，完成2个仲裁庭录音录像庭审系统信息化、办案OA（office automation）系统、电子显示屏等硬件建设，为网上立案、一站式服务、便民工作开展及智慧仲裁建设打下基础。初步完成网络化案件管理系统，实现仲裁信息化水平大跨越。

【案件受理改革】 推进以仲裁庭为中心的运行

5月11日，市仲裁委秘书处举办与企业对接座谈会

模式改革，明确仲裁庭依法独立裁判，不受行政机关、社会团体和个人的干涉；确保仲裁庭审、仲裁庭判、仲裁庭负责的以裁决为中心的管理体系的顺利实施。发挥仲裁公平公正、居中调解的优势，根据不同类型案件和当事人的特点，关注当事人动态，采取不同措施，讲究策略，注重以调解方式处理纠纷，实现政治效果、法律效果和社会效果的有机统一；努力缩短案件处理期限，提高办案效率。推进仲裁程序优化、简化，立案、审理、合议、裁决审核有序衔接，使纠纷尽快得到解决，全年仲裁案件平均审期缩短21天。

主动与企业组织联系，开展送法上门、预防化解经营风险对接活动。通过共同主办、协办等方式召开多场报告会，150多家企业参加；与民企组织共同举办2场关于经营合同、股权争议、知识产权等法律专题座谈会，40多家民营企业负责人参与现场讨论。走访有业务联系的企业，提供法律咨询服务，帮助其解决在发展建设中遇到的难题，规避法律风险。

（供稿 姜春鹤）

军事

承德军分区

【概况】 2020年，按照“全面打基础、创新谋发展、跨越上台阶”的总体思路和“抓规范、育亮点、创一流”的具体举措，坚持强基固本，聚焦主责主业，持续正风肃纪，狠抓末端落实，年度工作任务圆满完成，军分区全面建设成效显著。全年上报要讯182篇，在《军队情况摘报》《军委国防动员部要讯》《中部战区要讯》各刊发1篇，在《河北省军区工作动态》刊发34篇，在省军区组织的“新时代完善国防动员体系重大理论和现实问题研究”中荣获三等奖。

【战备演练】 牢固树立大抓练兵备战的鲜明导向，落实每季度议战议训和战备值勤制度，修订完善作战应急行动方案，开展战备业务集训和应急分队常态化训练演练，完成全国“两会”、世界服务贸易交易会等重大活动期间承德地区安保执勤任务。中共承德市委、市政府、承德军分区主要领导直接组织指挥市属所有国防动员单位和部分民兵，开展“承动-2020”国防动员演练，为近10年来规模最大，应急应战能力水平得到有效提升。持续深化推进民兵调整改革，联合地方大力抓示范、抓试点、抓培训、抓评比、抓督导、抓研讨、抓整改，高标准完成普通民兵和基干民兵编组任务，顺利通过省军区组织的检查验收，双桥区人武部进入全省人武部前10名。狠抓按纲施训，师团两级首长机关训练内容全部落实，综合成绩良好，圆满完成基干民兵年度训练任务，参训率100%。

【疫情防控】 面对突如其来的新冠肺炎疫情，承德军分区先后召开专题会议6次，研究部署推进疫情防控工作。各级主动向地方政府请战，广大官兵、文职、职工和民兵积极参战，参与道路封控、车站学校等重点场所消毒、疫情排查和助力复工复产，有力支援保障驻地疫情防控和经济社会发展。发动广大党员向湖北疫情一线捐款送物资，特别是在支援武汉抗疫前线物资任务中，以实战标准，全程组织指挥筹措物资和兵力行动，在48小时内筹措150余万元抗疫物资并安全顺利运抵，实现物资零损失、人员零感染。

【国防动员】 始终将国防动员建设摆在重要位置，推动国防动员潜力向实战能力转化。健全完善国防动员领导机构和运行机制，完善国防动员预案体系，组织市、县两级国动委成员单位领导和工作人员进行业务集训。军地合力推进国防动员潜力调查，完成基础数据和重点潜力数据信息统计，组织开展全市退役军人信息登记和档案整理，国防动员基础得到进一步夯实。结合“一年两征两退”兵役制度改革，坚持“一把手”强势主导，“智能化”精准宣传，“末端化”分解任务，“交叉式”体检政考，“贴心化”政策激励，打好征兵工作“组合拳”，高校资源匮乏地区大学毕业生征兵难问题得到一定缓解。坚持把廉洁征兵贯穿始终，严格落实监督制度和监督责任，加强对体检、政考和定兵环节把控，圆满完成男兵、女兵及直招士官征集任务，在校大学生征集比例89.3%，大学毕业生征集比例31.1%，“五率”综合考评96.49分，无责任退兵。

【安全管理】 落实常委分片包干责任制，定期深入基层帮班子、理思路，推进基层工作有效落实。提升基层规范化建设水平，组织部分机关处长和人武部主官，专程赴湖南株洲市天元区、辛集市人武部和石家庄干休所参观见学，安排围场满族蒙古族自治县人武部试点先行，全面规范“四个秩序”。联合市委、市政府研究制定《加强新时代基层人民武装工作的措施》，指导抓好全区基层武装部建设。建立军地联合督办机制，协力推进市、县两级民兵训练基地和人武部独立营院建设，取得实质性进展。抓好专武干部队伍建设，组织全市专武部长进行集中培训考核和资格认证，高质量完成基层武装部考评试点任务。加强部队安全管理，开展“争创安全年”“百日安全活动”，严格落实“日查周讲月评”督导机制，开展“查隐患、补短板、抓落实”安全清查整治，两次深入团级单位进行兜底式“回头看”，安全稳定工作省军区排名第三。

【后勤装备建设】 坚持抓服务强保障、抓制度促规范、抓日常严管理，以重点工作落实带动综合保障能力整体提高。认真落实党委理财，定期分析财经管理形势，压减行政消耗性开支，组织人武部主官离任经济责任审计，出台《加强财务管理工作措施》，组织全区财务人员业务培训，有效提升经费管理使用水平和效益。站在维护核心、听从指挥的政治高度，下大力推进违规住房清理工作，建立领导包干责任制，先后6次派工作组赴北京、秦皇岛、唐山和天津，加强与市纪检、公安、网监部门协作力度，果断采取停水停电、封闭屋门、强行清退“三步策略”，全区22套不合理住房清理任务，除1套因住户特殊病情，上级同意延期清退外，其余全部完成。强化武器装备定期维护管理，圆满完成武器装备报废任务，作战保障能力得到进一步提升，全省整治工程、武器销毁、解决历史遗留问题和清理违规住房4项重点工作打分排序均第一名。

【思想政治建设】 加强思想政治建设，建设一支作风优良，能打胜仗的干部队伍。坚持以新时代军队党建总要求为遵循，全面从严治党管党。深入抓好《中国共产党军队党的建设条例》学习贯彻，持续强化党的集体领导。坚持军分区党委委员、纪委书记带头讲党课制度，牢固树立部队听党话、跟党走的思想政治根基。组织机关全体官兵和民兵代表集中开展“强军风采”群众性竞赛，不断强化广大官兵的初心使命和战斗精神。始终把政治纪律和政治规矩挺在前面，按照“三包干、四见底”思路，彻底肃清腐败分子流毒影响。开展参加社团组织和发表不当言论清理整治活动，进一步增强“四个意识”、坚定“四个自信”、做到“两个维护”，贯彻军委主席负责制的政治自觉，确保部队高度集中统一和纯洁巩固。组织全区党委（支部）书记集训和纪检干部培训，抓好“三会一课”、领导干部过双重组织生活和民主评议党员等制度落实，组织团级单位主官进行提醒式谈心谈话，围绕“五查五纠”召开师、团两级组织生活会，党委班子凝聚力、战斗力、向心力不断增强。持续加强党风廉政建设，每季度分析廉政建设形势，强化师团两级纪委作用发挥，对照作风建设和“微腐败”问题清单抓整改落实，紧盯“四风”问题新动向常态化开展明查暗访，全年无违规违纪问题发生。

（供稿 王剑军）

武警承德支队

【概况】 2020年，全体官兵众志成城，共克时艰，成功阻击新冠肺炎疫情。真抓实干，规划攻坚任务如期推进，克服万难的决胜能力持续增强；全体官兵上下同欲，奋力进取，部队基础元气得到培护，迈向一流的强军步伐更加坚定。

【坚持政治引领】 把维护核心、听党指挥作为政治引领。以《习近平新时代中国特色社会主义思想学习纲要》《习近平强军思想学习纲要》《习近平论强军兴军》《习近平谈治国理政》第三卷为重点，深抓党委中心组带机关理论学习。抓好三级党委扩大会议、基层建设会议、全国“两会”和中共十九届五中全会精神学习贯彻。开展“双百”微课活动，举办“承德故事会”，组织“强军杯”篮球赛，举办主题演讲比赛和“四会”比武。2人分获总队“十佳”和“优秀”政治教员称号。“新五同”做法被《武警政工》刊载。在《武警报》《中国武警》等主流媒体刊发经验做法和通讯报道18篇。

【抓实练兵备战】 提高首长机关精确指挥能力，有效应对强敌。开展备战“运筹”“庙算”比武，推进“3+1”战备体系建设，组织“922”任务准备，部队“两个不经、一个保持”战备水平稳步提升。开展执勤教育整顿和执勤方式优化改革，落实勤务加强部署，执勤秩序更加规范。“建环京畿一流哨卡，当护城河卫士尖兵”，深化京津冀一体化“六联”机制，规范环京卡点建设3个，完成警戒设卡任务4次。坚持常态抓训，组织冬季大练兵、军事体育运动会、勤训轮换和军事体育脱贫训练，开展预备特战队员集训、教练员集训和“魔鬼周”极限训练，部队核心军事能力得到显著提升。在特战侦察比武中，支队总评分全省第三。年度训练成绩总评分达到优秀，位居全省第二，是近年来最好成绩。

【突出前勤导向】 突出前勤导向，变后勤为前勤。围绕建设“打仗型”后勤，实化完善5类、11种保障方案。常态组织“一组五队”拉动演练，分批抓好后装专业兵训练，卡点执勤、疫情防控和魔鬼周集训等伴随保障任务完成圆满。坚持副食品集中配送，指导部队按新标准科学调剂伙食，官兵满意度高。推进武器装备和军需等重点行业领域清理整治，自查整改枪弹管理方面问题。组织医疗巡诊、健康体检、心理服务等工作。

【会议及活动】 1月16日，承德支队召开党委一届三次全体（扩大）会议，党委书记代表党委常委会向全会报告工作，党委副书记讲话，党委常委、纪委书记代表纪委向全会报告工作，其他党委常委分别部署了分管工作。大会讨论审议党委工作报告、纪委工作报告和军事、政治、保障工作要点，表彰先进单位和个人。支队党委委员、机关股长以上人员和基层单位主官参加会议。6月13日，与唐山市田金芳拥军艺术团联合举办庆祝中国共产党成立99周年文艺联欢会。其间，邀请承德市老领导、原承德支队老首长共同出席。整场演出内容丰富、形式多样，红色情怀、现代气息、动人故事等。6月22日，组织第二届军人运动会。在各项任务繁重交叉重叠，安全压力大的背景下，克服一切矛盾，专门集中人员、时间组织此次运动会，体现党委扛起主责主业，大抓军事训练的决心和意志。支队长、政委亲自审定方案，一线组织实施，亲力亲为，全程督导，为参赛队员鼓劲打气。

6月22日，武警承德支队举行第二届军人运动会

（供稿　孙继光）

国防教育

【概况】 2020年，市国防教育工作从维护国家主权、

安全、发展利益的大局出发，按照“突出重点对象、扭住关键抓手、拓展教育领域、创新方式方法”的工作思路，以国防教育基地、各级各类学校、文化中心广场“三大平台”为阵地，推进国防教育进机关、进学校、进社区、进农村、进企业的“五进”工程，全市广大干部群众国防意识明显增强，营造全民关心国防、热爱国防、建设国防、保卫国防的良好氛围，基本实现国防教育对象、地域、时间、内容、手段“五个全覆盖”，被省国防教育办公室评为全省国防教育先进单位。

【国防教育基地建设】 发挥国防教育基地“立体教科书”作用，挖掘国防教育资源，切实加强国防教育基地建设、使用、管理，唱响“传承红色基因，弘扬爱国精神”主旋律。全市共有市级以上国防教育基地21处，实现各县（市、区）全覆盖。1月，由承德县五道河乡建厂沟村农民李铜投资31万元创建的承平宁抗战纪念馆被评定为“市级国防教育基地”，纳入规范管理。纪念馆全方位展示承平宁（承德—平泉—宁城）抗日根据地的英勇抗战事迹和日本侵略军罪证，接待参观者15万人次。

【思想政治建设】 把学习贯彻中共十九届五中全会精神作为现阶段国防教育工作的首要任务，要求各县（市、区）国防教育办公室通过专题辅导讲座、召开民主生活会、撰写心得体会等多种形式深刻领会五中全会的灵魂、主线和核心要义，准确理解“加强国防和军队现代化，实现富国和强军相统一”的总要求，深入落实总体国家安全观，自觉地把思想和行动统一到中共中央决策部署上来，自觉地把工作放在大局大势中去研究和谋划，创新国防教育方式方法，丰富国防教育内容，拓宽国防教育渠道，开展国防教育系列活动。全年共开展各类国防教育活动185场次，参与干部群众80万人次，全民国防观念得到增强。

【国防教育内容丰富】 为实现国防教育与抗击疫情“两不误”，组织各县（市、区）利用网站、微信公众号等新媒体进行网上国防教育宣传活动。全年共发布公告、倡议书、教育视频等50000余条次，各类学校组织网络国防教育课3万课时。利用董存瑞烈士陵园、热河革命烈士纪念馆等国防教育基地网络平台，组织全市广大党员干部、青少年学生、民兵预备役人员、社会各界群众通过网络祭奠英烈，以网上为英雄献花、寄语留言、主题班会、诗歌朗诵、制作手抄报等形式，缅怀革命先烈。全市干部群众参加网上祭奠活动10余万人次。4月28日，《中华人民共和国国防教育法》颁布实施19周年纪念日，通过悬挂宣传横幅、大屏幕展示、张贴标语、线上宣传等形式，向各界群众积极宣传普及《中华人民共和国国防教育法》相关知识。平泉市、双滦区、围场满族蒙古族自治县、鹰手营子矿区等县（市、区）在城区文化广场举办多种形式的宣传活动。滦平县通过滦平国防教育、“滦平融媒”APP平台开展《中华人民共和国国防教育法》线上学习宣传活动，激发全民学习热情，提高全民履行国防义务的行动自觉。开展全民国防教育日活动，9月18日上午，在市中心广场举行以“奋进新时代，聚力强军梦”为主题的承德市第二十个全民国防教育日主题宣传活动，各县（市、区）也同步开展。隆化县存瑞小学、职业中学等中小学校开展“国防教育周”活动，通过红领巾广播站、演讲比赛、主题征文等多种形式，引导青少年学生树立忧患意识、增强国防观念，激发爱国热情。活动期间，共展出国防教育展板500余块，发放《国防法规宣传手册》1万余本、宣传折页6万余张、宣传手袋2000余个，悬挂宣传标语2000余条，组织国防法规考试11次。修改完善印刷新版《承德英雄谱》10600册。收录在抗日战争、解放战争、抗美援朝时期的承德籍或在承德战斗过的22位英雄事迹，旨在让英雄精神在全市得到传承和弘扬，让全民铭记英雄、学习英雄、崇尚英雄，特别是激发广大青少年爱国之情、报国之心、强国之志。

【开展“三进”活动】 开展国防教育进校园活动。全市已建起国防教育示范校16所、少年军校18所。在征兵期间和新生入学时，积极开展以“爱我中华·强我国防”为主题的“国防教育进校园”活动，为学生们送去国防教育“套餐”：教学生叠军被、练队列、喊口号，饭前唱《我是一个兵》《团结就是力量》等军营歌曲，白天进军营体验生活，晚上看《上甘岭》《红海行动》等红色电影。形式多样的国防教育实践活动，激发学生爱国之情、报国之心、强国之志。

借助城乡文化中心广场，开展国防教育“进社区”“进农村”宣传活动。宽城满族自治县组织“国防教育小剧团”送戏进广场，已演出《巾帼英雄》《深山红嫂》《大山魂》等剧目1000余场。根据宽城满族自治县抗日英雄事迹编排地方戏，接地气、聚人气，群众在欣赏感人故事中受到爱国主义教育。为庆祝中国共产党成立100周年，剧团又创编革命历史现代评剧《刘胡兰》。兴隆县编创的皮影戏《民族英雄孙永勤》，生动再现抗日英雄孙永勤舍生忘死与日本侵略军顽强斗争的故事，在孙永勤的家乡蘑菇峪镇各村文化广场演出100多场，深受群众喜爱。其它县（市、区）根据自身实际和优势，将慷慨激昂的革命歌曲、生动感人的革命故事，融入城乡文化活动中，收到良好的教育效果。

【师资队伍建设】 加强国防教育师资队伍建设，经考察选出国防教育研究成果丰硕、教学经验丰富、教研能力突出的27名国防教育工作人员和学校教授（有两位为国家级专家），作为市级国防教育师资库专家，组成国防教育宣讲团，围绕习近平新时代中国特色社会主义思想和强军思想、国家安全形势等内容进行宣讲，有力地增强了干部群众“强国必须强军，军强才能国安”的意识。全年国防教育宣讲团共授课86场次，受众2万余人。发挥国防教育师资库作用，紧贴时代特色，推动全民国防教育普及的做法，得到省国防教育办公室的充分肯定，经验做法在全省推广。

【开展新闻宣传】 总结国防教育工作中的经验做法和挖掘培育先进典型人物，多层次、多角度开展新闻宣传。据统计，全市在各级各类新闻媒体上发表新闻稿件110余篇。其中，《三大平台，河北省承德市国防教育全覆盖》在《中国国防报》登载，《饮水思源、不忘来路——承德一农民创建“承平宁抗日战争纪念馆”》《为中国梦强军梦汇聚力量——承德市国防教育用好“三大平台”实现“五进”》被新华社登载，《深山沟里的抗战纪念馆，擎起了火红的爱国主义教育旗帜》在“今日头条”中的“学习军团”登载。滦平县《吹响民兵集结号 共筑防疫迷彩墙》等5篇稿件在《中国民兵》刊出。鹰手营子矿区《缅怀革命烈士 汇聚国防力量》等4篇稿件在《解放军报》等中央级媒体刊发，并被中国新闻网、新华网、新浪网等全国各大媒体转发转载，进一步扩大国防教育影响力。

2020年市国防教育办公室领导名录

主　　任：梁世芳

（供稿　毛继锐）

人民防空

【概况】 2020年，全市人防系统继续开展反腐倡廉工作，先后经历“专项治理”“全面调查整顿”和“持续深入”3个阶段，坚持以“举一反三，三边同步”为工作方略，落实边查边改边建要求，坚持严审、严控、严督“三严”标准，精准运用“行政、纪律、法律、诚信”四种手段。加强人防工程的建设及管理，及时收缴人防项目建设费用，做好人防工程质量监管。加强实战训练，确保全时待战、随时能战。积极参与并投身到新冠肺炎疫情防控工作中,以能打敢拼、众志成城的“硬核”作风,展现了人防机关“准军事化”建设新风貌。

【开展实战训练】 坚持以战领训、以训促战,制定《2020年人防机关训练演练计划》《2020年警报试鸣带实兵演练方案》,常态化开展二代机动指挥平台训练和无人机训练,积极参加京津冀协同训练演练、市国防动员委员会组织的“承动-2020”演练、全省机动指挥平台动态评估考核演练和“强盾-2020”演练等多项活动。组织开展“9·18”警报试鸣带实兵演练,接受市委、市政府及承德军分区等领导视察人防工作演练等应急应战演练。9月18日,在兴隆县开展“9·18”警报试鸣带实兵演练活动。

9月18日,在兴隆县开展“9·18”警报试鸣带实兵演练

【人防工程管理】 深化“直属工程改造先行,单位工程整合挖潜,新建工程超前谋划,‘结建’工程规范使用”的工作思路,推进人防工程“规、建、管、用”各环节,结合承德市城市总体规划编制情况,及时修编人防工程专项规划和人防工程控制性详细规划。与市审批局建立人防工程项目信息推送机制,加强审监分离后对人防工程的监督管理。

加强对在建人防工程的监督管理,按照省人民防空办公室《关于做好人防工程质量监督管理工作》要求,及时召开全市人防工程质量监督工作动员部署及业务培训观摩会议,着力推进全市人防工程质量监督管理工作再上新台阶。

【提高应急保障能力】 突如其来的新冠肺炎疫情发生后,坚持“防空、防疫、防灾”一体推进,就防疫看防空,用防疫练兵。充分发挥先锋模范带头作用,克服人员少的矛盾,全体干部职工先后有32人下沉到社区、火车站疫情卡点坚持防控值守51天。制发《承德市人民防空移动指挥通信应急保障预案》,以“为党旗增辉,做人防先锋”为主题,开展人防工程防汛抢险演练,全面提升应急反应和通信保障能力。7月12日,唐山市古冶区发生地震灾害,接到备勤备援命令后,全体人员仅用时1小时15分钟全部到岗,所需支援设备全部进入战备待命状态,积极做好跨区支援备勤工作,受到全省通报表扬。

【健全完善制度机制】 将2020年确定为“人防制度规范年”,制发《承德市人民防空办公室2020制度规范年活动实施方案》。以档案整理倒逼管理,聘请专业机构整理工程档案、文书档案1500余卷。针对腐败问题易发多发的关键环节和廉政风险点,探索建立务实管用、管长远的制度机制,完善机关党政务制度35项,修订业务管理制度12项,调整行政执法制度8项,各县(市、区)新建制度11项,编印《承德市人民防空办公室制度汇编》,用制度管人管权管事。

2020年市人民防空办公室领导名录

党组书记、主任:吴景新(满族)
党组成员、副主任:王 东(5月免)
吴静平(女,满族,7月免)
任密龙
谢志南(满族,11月任)
党组成员:李耘记(满族)

(供稿 薛华东)

综合经济管理

发展改革

【概况】 2020年，发展改革系统，按照“一三四二五”工作思路（“一”贯穿生态优先、绿色发展一条主线；“三”发挥规划、参谋、协调三项职能；“四”突出四个重点，即：抓好经济运行调控、产业规划调整、重点项目建设和京津冀协同发展；“二”坚持两个强化，即：强化协调外联对接跑办能力建设、强化领导班子和干部队伍建设；“五”达到五个标准，即：稳中求进、好中求快、干在实处、走在前列、不出问题），积极对冲新冠肺炎疫情影响，勇于担当、主动作为，各项工作取得明显成效，市十四届人大五次会议批准的指标中，约束性指标全部完成，生态类、创新类、民生类指标等预期性指标完成较好，为实现脱贫攻坚、“十三五”规划和全面建成小康社会“三个圆满收官”（确保高质量完成脱贫攻坚任务，确保全面建成小康社会，确保“十三五”规划圆满收官）目标作出积极的贡献。市经济运行保持总体平稳，经济运行在合理区间。同时，受新冠肺炎疫情严重冲击和外部形势深刻变化等因素影响，全市经济转型升级困难较多，制约因素依然明显，结构不优、链条较弱、外向度低的矛盾依然突出，有效投资动力不足、营商环境还需进一步优化等问题都需下大力予以解决。

【经济运行】 2020年，全市生产总值比2019年增长4%，可达到翻番目标；第一产业增加值336.3亿元，比2019年增长5.3%；第二产业增加值497.5亿元，比2019年增长5%；第三产业增加值完成716.5亿元，比2019年增长2.7%；三次产业增加值占生产总值的比重为21.7:32.1:46.2。城镇居民人均可支配收入33918元，比2019年增长4.8%；农村居民人均可支配收入13190元，比2019年增长9%；固定资产投资（不含农户）比2019年增长4.2%。其中，城乡建设项目投资增长6.4%；全市实际利用外资完成2.2亿美元，同比增长294%，增速居全省第一位；全市引进市外到位资金232亿元。

【监测调度】 面对新冠肺炎疫情影响，针对全市经济运行特点及热点难点问题，创新建立指标“1+6”联席会商调度机制，研究提出对策建议，加强监测预警预报，以日保旬、以旬保月、以月保季、以季保年。精准靶向施策，要求各县（市）区把生产要素及重要物资保障纳入疫情防控总盘子，统筹部署、细化任务、分工把口、压实责任，强化电煤供应、电力保障、天然气调度和运输协调，确保生产要素及时保供。制定印发《关于深入贯彻习近平总书记重要讲话精神统筹做好疫情防控和经济社会发展重点工作的实施方案》《关于当前全市经济运行情况和做好后几个月经济工作若干措施的建议》等指导性文件，有效促进指标快速回升，经济增长由负转正。

【助企纾困】 研究起草《关于应对新型冠状病毒感染肺炎疫情支持企业稳定经营持续发展的政策措施》《关于全面落实支持服务各类企业复工复产政策的实施意见》《关于落实保产业链供应链稳定任务专项工作方案》等政策文件，切实保障产业链供应链稳定。对国家、省和承德市出台的支持复工复产政策进行梳理汇总，编制《支持服务企业复工复产政策清单》向社会发布。先后通过河北航空、华夏航空协调运送防控物资、为丰宁抽水蓄能电站务工人员包机返岗。

【规划引领】 围绕“三个圆满收官”目标任务，制发《扎实推进高质量发展加快全面建成小康社会的实施意见》《2020年确保实现全面建成小康社会目标工作方案》等一系列文件，全面总结“十三五”规划执行情况。聚焦国家战略，专题谋划国家钒钛产业链现代化示范基地、清洁能源产业融合发展示范基地、承克高速（承德—内蒙古克什克腾）等7个重大工程项目，争取国家和省支持。起草《关于制定承德市国民经济和社会发展第十四个五年规划和二〇三五年远景目标的建议》，聘请中咨海外公司开展“十四五”规划编制。

【推进项目建设】 年内计划实施的140个省市重点项目全部开工建设，完成投资313亿元，其中28个省重点在建项目完成投资150.5亿元；谋划推进10亿元以上项目103个；谋划储备亿元以上项目809个。在全市推行重点项目“两线四牵引”工作法（一条战线抓好省市重点项目，一条战线抓好已供地建设项目；以规划审批和土地出让保障、行政审批优化、项目会商会诊、包保考核通报为牵引），实施工程建设项目审批流程优化，取消审批环节27个、申请要件削减16个；对用地指标紧缺项目实行清单管理，60%以上年度新增土地指标优先用于省市重点项目建设，加强与金融机构对接，为55个项目（企业）解决资金59.3亿元。继续实行重大问题会诊会商机制，定期开展“重点项目清仓盘点”，对存在问题进行全面梳理，建立工作台账，逐项分析研究，及时破解难题。加强与生态环境部门沟通，先后有28个项目列入全省生态环境监管正面清单。加强与省发改委、市自然资源等部门联系，共同研究筛选申报2021年国家和省重大项目24个，为重大项目争取在国家和省级层面统筹安排用地指标奠定坚实基础。包保责任落实有力。17位包联市领导采取“看、听、督”等方式深入65个包联项目现场实地督导，市直12个帮扶工作组，对各县（市）区市重点项目进行“一对一”帮扶，有效推进重点项目建设。主题活动助力明显。扎实开展“冬季攻坚”行动，完善前期手续、落实建设条件，圆满完成招商引进、谋划储备、推进落实、协调保障的“四个一批”工作目标。

【调整产业结构】 全年“3+3”主导产业（即文化旅游产业、钒钛新材料及制品产业、清洁能源产业，大数据产业、绿色食品及生物健康产业、特色装备制造产业）增加值占GDP比重达50%；全市实施亿元以上主导产业项目136个，当年完成投资209.5亿元。主导产业全力推进。先后制发《支持县域经济发展专项工作方案》《关于加快推进重点产业高质量发展的十项财政政策措施的落实意见》《承德市主导产业及县域特色产业2020年考核办法（试行）》等文件，建立完善全市主导产业及县域特色产业专班推进机制和督考机制。强化顶层设计，启动主导产业“十四五”发展研究工作。钒钛产业加速发展。《2020年全国钒钛磁铁矿资源综合利用白皮书》正式印发，承德提出11条修改意见基本被采纳。研究制定《支持营子钒钛新材料产业基地高质量发展的意见》，加快推进兴隆营子钒钛特钢产业园建设。经过积极跑办，承德建龙100万吨／年钒钛高科无缝钢管项目列入全省钢铁行业数字化转型重点项目，将唐山产能用于承德建龙钒钛新材料升级改造项目，该项目实现当年开工当年竣工。清洁能源规模不断壮大。启动《承德市氢能产业发展规划》编制，制定出台《承德市清洁能源产业融合发展指导意见》，在全省率先完成“6+1”资源能源规范清理；争列《河北省风电光伏发电资源规划》风、光电规模3260万千瓦，位列全省第二位；滦平抽水蓄能电站正式获得国家批准建设；百万千瓦风电基地二期项目加快建设，全市风电装机总规模达到509.45万千瓦；御金二线路径调整方案获得国家和省林草局同意；丰宁抽水蓄能电站累计完成投资约93.5亿元。截至12月底，全市电力总装机达到936.1万千瓦，清洁能源电力装机达到754.25万千瓦。国家服务业综合改革试点调研评估圆满完成。多次组织召开改革试点协调会，编制完成《承德市“十三五”国家服务业综合改革试点工作总结报告（2016-2019年）》试点评估30项指标落实情况表，取得的创新做法和典型案例等系列成果，上报国家和省发展改革委。受国家发改委委托，中国国际工程咨询有限公司调研组完成实地调研评估，对承德市改革试点工作给予充分肯定。

【招商开放】 先后组织参加河北省重大项目云签约会、中国廊坊国际贸易投资洽谈会、承德国家可持续发展议程创新示范区大会等系列招商活动，签约内资项目21个，总投资88.6亿元。全年发布重点招商项目195个，总投资311亿美元，拟引进资金240亿美元。中美友谊示范农场项目顺利开工建设，金伯利农庄项目完成投资9600万元，国际原乡项目完成土地利用总体规划调整省级审批。

【经济体制改革】 组织全市44个职能部门分别就《关于新时代加快完善社会主义市场经济体制的意见》《国家2020年市场准入负面清单》等多项重大政策进行意见征询，并通过实地调研、分组讨论等方式进行深入谋划。截至2020年年底，经济组11个方面223项改革任务，已完成60项，正在推进130项，待省政策21项。全市有3家低效用地企业盘活方案通过市领导小组会议审议，年底前完成土地招拍挂，共腾退低效用地216.75亩。

【新旧动能转换】 钢铁去产能扎实推进。制定《2020年钢铁行业去产能工作方案》《2020年钢铁行业去产能计划》，将2020年钢铁压减任务计划（306万吨生铁、290万吨粗钢）调整为退出计划，宽城盛丰公司、兆丰公司整体退出，于11月30完成市、县两级的初步验收。与宽城共同谋划两家钢厂退出后的转型发展和新项目建设，通过积极争取省级支持，完成宽城2*500万吨氧化球团项目备案。承德建龙2#70吨炼钢转炉封停拆除并通过省级验收。创新能力持续增强。双滦区钒钛新材料基地、高新区大数据与智能感知基地建设进展顺利并通过中期评估；丰宁获批河北省第一批新型智慧城市建设试点；平泉市相一机械获批省级企业技术中心，承德建龙集团被评价为省级优秀企业技术中心，河北民族师范学院大数据实验室等3家省级工程实验室通过省专家验收并正式挂牌。节能削煤严控反弹。严格执行《河北省主要产品能耗限额标准和设备能效限定值》和《河北省用煤投资项目煤炭替代管理办法》，组织开展节能监察执法专项行动和节能宣传周专题活动，加快构建绿色、低碳、环保的生产生活方式。1-12月份规上工业能耗总量1082.32万吨标准煤，同比下降4.87%；单位增加值能耗同比下降8.44%；超额完成2020年单位GDP能耗下降2.7%、“十三五”期间单位GDP能耗下降19%的省定目标任务。

【洁净煤保供推广】 建立“一通告、一平台、一队伍、一机制、一张网”（“一通告”即市政府于3月30日发布关于取暖用煤治理的通告；“一队伍”即建立散煤管控联防联控队伍；“一平台”即搭建信息化管理平台；“一机制”即建立散煤治理有奖举报制度；“一张网”即推动洁净煤取暖工作网格化管理，确保实现“无死角、无盲区”）的“五个一”散煤治理体系，全面落实“四个统一”（即：统一制定计划、统一组织生产、统一设定价格上限、统一进行质量管理）型煤保供目标，深入推进“三个安”（即：工程治安、设备保安、网格员促安）取暖举措。在全市2459个行政村建立洁净煤网格员制度，每20—30户左右配备一名网格员，全市共设立村级网格员2.48万名，实现网格员全覆盖，统一制定网格员管理办法，建立网格员奖惩机制，确保洁净煤取暖管理工作实现“无死角、无盲区”。截至2020年12月底，全市洁净煤用户已完成配送54.18万户，完成率100.06%；型煤炉具已完成配送14.79万台，完成率124.72%，在全省率先实现洁净煤和炉具全覆盖。

5月9日—12日，河北省洁净煤取暖检查组对承德市散煤治理落实情况进行专项检查

【易地扶贫搬迁】 搬迁后续帮扶成效显著，顺利通过国家和省专项评估验收。166个配套产业园区(项目)带动贫困人口10070人,通过资金扶持、资产收益、主体带动等方式实现了搬迁贫困户产业全覆盖。有劳动能力和转移就业意愿的搬迁劳动力23107人，其中建档立卡贫困劳动力12133人，通过提供技能培训、岗位推荐等就业公共服务,已全部实现转移就业。截至2020年12月底，旧房拆除工作全部完成,土地复垦复绿10933亩，任务全部完成。由于实绩突出，市发改委、丰宁满族自治县政府、丰宁满族自治县人才家园安置区等5个搬迁典型案例被国家发改委通报表彰，市发改委被国家发改委评为“搬迁工作担当有为集体”。农业生态工程顺利实施。丰宁、围场坝上造林项目列入《河北省张家口市及承德坝上地区植树造林实施方案》，2019年建设任务12.9万亩已全部完成。谋划全国生态系统保护和修复重大工程项目212个，总投资452.21亿元。平泉市、兴隆县列入2020年国家农村人居环境整治专项投资计划，每县补助资金2000万元（全省10个县），投资计划已下达。

【社会事业发展】 全年社会发展领域83个项目获得各类资金支持29.94亿元。积极开展稳就业促复产金融支持专项工作，贯彻落实国家财政金融税收政策，组织符合条件的企业填写疫情防控重点保障企业名单及信贷资金需求表，争取更多企业得到国家支持。向省发改委共上报4批70家企业，资金需求22.5亿元；国家发改委审核通过38家，资金需求11.3亿元；人行系统启动享受政策14家，办理贷款9家，获贷款1.6亿元。截至12月底，完成贷款发放项目20个，发放贷款17.8亿元。“十三五”期间争取的188个社会发展领域专项资金项目已全部开工，开工率100%，累计完成投资93935万元，完成计划的84.6%，竣工141个。

【疫情防护物资保障】 完成市直重点部门和76个市直部门返岗职工防护用品分配方案，完成近10万个KF94口罩的发放工作。积极与全市13个药品零售企业沟通，委托市商务局代采N95民用口罩4.55万个,一次性医用口罩36.5万个。明确专人，建立台账，完成全市防护物资需求、全市防护物资购买需求、隔离点、发热门诊防护物资需求统计。

【物价调控】 受新冠肺炎影响居民消费价格（CPI）总体呈上涨态势，1—12月份同比上涨2.3%，虽然部分食品出现阶段性明显上涨，但未出现价格总体趋势性上涨迹象，完成预期调控目标。年初，启动社会救助和保障标准与物价上涨挂钩联动机制，向困难群体发放价格临时补贴近1.49亿元，惠及困难群众221余万人次。研究制定《承德市地方冻猪肉储备实施方案》《承德市冬春蔬菜储备的实施意见》《应对疫情期间做好粮油供应保障工作方案》等一系列政策文件，保障重要物资稳定供应。面对部分居民恐慌囤粮现象，结合轮换及时投放市场200多吨成品粮，建立政府临时调控粮食库存1000吨，确保疫情期间粮食市场不脱销、不断档。

【推进双创双服】 以“三深化三提升”（要坚持改革创新，以激发活力、增强动力为重点深化“双创双服”活动，全面提升高质量发展水平；要坚持以破除形式主义、官僚主义为重点深化纠正“四风”和作风纪律专项整治，全面提升工作效能和营商环境；要坚持以办好惠民实事、增进人民福祉为重点，深化20项民心工程，全面提升保障改善民生水平）和“双创双服”（创新创业、服务发展、服务民生）工作为主线，建立“三灯一旗”（对正常推进的项目亮“绿灯”显示，对推进缓慢的项目亮“黄灯”提示，对推进严重滞后的项目亮“红灯”警示，提前完成的事项插“红旗”表示激励）常态化工作机制，对民心工程进展情况实行按月监控。按照省市领导包联重点企业安排，省、市领导和工作专班通过各种形式同包联企业开展对接活动397次，32项省、市民心工程进展顺利。研究制定《关于开展“三包四帮六保五到位”活动的落实方案》（即：“三包”，县级领导干部包乡镇（园区）、包项目、包重点企业；“四帮”，帮助解决企业发展资金短缺问题、用工数量不足问题、要素保障不力问题、市场销售困难问题；“六保”，保居民就业、保基本民生、保市场主体、保粮食能源安全、保产业链供应链稳定、保基层运转；“五到位”，政策到位、措施到位、责任到位、服务到位、落实到位），各项重点工作扎实有序推进。

【优化营商环境】 制定《承德市2020年建设一流营商环境体系实施方案》及考核办法，全力推进各专项工作有序开展。实行月调度、月统计制度，圆满完成国务院大督查、省委大督查以及市人大对承德市优化营商环境工作的督导检查。确定2个先进县（区）、6个先进集体、8名先进工作者，参加省优化营商环境推动高质量发展先进评选表彰。在全省2019年营商环境评价结果考核中排名第6位。

【对口援疆】 选派第九批计划内援疆干部15人、援疆教师52人，无偿向尉犁县捐助大量医疗物资、设备，选派6名医疗技术人员协助开展核酸检测。加强农产品产销对接，设立6个受援地区产品专区，从巴州累计购进优质农产品2300吨，采购金额2800余万元。拨付100万元支持三十三团医院综合楼建设，力促项目尽早竣工投用。

【粮食生产安全】 马铃薯产业得到国家政策支持。圆满完成马铃薯产业发展调研报告，得到国务院副总理韩正、胡春华批示，积极对接农业农村部、国家粮食和物资储备局等相关部门，落实落地对围场、丰宁、隆化3个县马铃薯产业高质量发展政策支持，助力打赢脱贫攻坚战。起草上报《关于推进马铃薯扶贫产业高质量发展助力打赢脱贫攻坚战的报告》，得到国家粮食和物资储备局局长张务锋肯定性批示，对承德市高质量发展马铃薯产业带动扶贫的经验做法给予高度评价。粮食安全考核成绩优异。在河北省对各市考核中，承德市连续3年被评为粮食安全责任制考核“优秀”等级，2019年度考核获得全省第一名。在8月9日召开的全省粮食安全责任制考核工作动员部署电视电话会议上，市长常丽虹代表市政府作典型发言，得到省委、省政府充分肯定。粮食收储流通保障有力。截至5月底，秋粮收购工作基本结束，化解因疫情封闭产生的农民“卖粮难”忧虑。各类粮食收购主体收购本地农民余粮（玉米）约77.6万吨，玉米商品粮占比88.5%，实现农民变现收入约13.9亿元。提前3个月完成省政府下达的1500吨市级应急成品粮临时储备计划。粮食项目建设取得新进展。实施优质粮食工程、粮食安全保障调控和应急设施、粮库智能化升级改造、粮食简易建筑费项目14个，完成投资8838万元。建成产后服务中心5个，提升市级质检中心1个，新建县级粮油质检站3个，启动中国好粮油示范县、示范企业1个，建设智能化粮库12个，新建仓储物流储备库1个，维修改造仓储设施2处，新增有效仓容6万吨。

2020年市发展和改革委员会领导名录

党组书记、主任：刘海峰
党组副书记、副主任：刘建国（满族，2月免）
杨兢城（满族）
党组成员：何志涛（8月任）
党组成员、副主任：管国富
王凤祥（满族）
刘建海（11月免）
崔海涛（满族）
党组成员：李清玉
马洪武（6月免）
党组成员、副主任：刘爱民
尤文祥
党组成员：孙福来
党组成员、副主任：穆素家

（供稿　修德军）

京津冀协同发展

【概况】 紧紧围绕“三区一城”定位，以承接北京非首都功能为主线，以深化与京津对接合作为重点，以补齐承德发展短板为抓手，在“三个领域”率先突破，与京津开展精准对接，提升平台载体承载能力、提升公共服务水平、提升协同创新能力，健全工作机制以及营造营商环境等方面开展重点工作，有序推动全市协同发展工作。

【与京津对接合作】 承德市与京津两市高频互访，广泛交流。京津两市领导多次赴承德市考察指导工作。与京津市直部门、各区互动对接密切。按照省委、省政府部署，深入开展“央企河北行”活动，与中国电建集团、国家电投、中钢研集团等央企达成合作协议，推动重大项目；与北京市国资委共同举办“百家京企进承德”系列活动，18家北京市属国有企业到承德市参会对接，达成42个合作意向和项目，协议资金98.03亿元；与天津市组织的“东西部扶贫协作—津企承德行”系列活动，86家天津企业参会对接，签约项目33个，协议资金53.9亿元；会后的精准对接达成合作意向30余项。在京津组织举办农产品推介会12场，初步达成销售总额超100亿元。推动“承德山水”品牌产品进入京津机关、校园、社区，取得良好实效。截至2020年年底，全市与京津开展对接活动334场次，签署合作协议143项，洽谈合作项目60个。深入谋划一批招商项目在京津发布，主要涵盖装备制造、新能源、大数据、文化旅游、医药康养、农产品深加工等多个领域共193个项目。

【携手共建园区】 聚焦承接平台发展、提高产业集聚能力，积极推动各县区与京津共建园区。北京市怀柔区和丰宁共同打造“怀丰产业园”，成功引进北京宏亭、雁阳等19家企业，协议总投资近20亿元，已完成投资13亿元，成为京北最大的汽车配件生产基地。天津工信局与承德市共同打造“津冀六沟产业园”，引进天津科技公司6家，完成投资1.01亿元。天津西青区与平泉市合作共建的平泉西青合作园区工作也取得阶段性进展，园区部分厂房已完成承租。北京平谷区与兴隆共建园区工作正在推进之中。

【“三个领域”率先突破】 交通互联互通进一步突破，积极推动与京津规划同图、建设同步、运输一体、管理协同。承平高速已开工建设，国道G101古北口至偏桥段改建工程完成总工程量30%，承克高速承德段列入京津冀协同发展交通一体化规划；京沈高铁年底前全线贯通；围场通用机场建设完成，承德机场二期工程、丰宁通用机场、滦平通用机场、宽城通用机场、隆化通用机场等正在开展前期工作。生态共建共享取得积极进展，2020年第二轮滦河流域横向生态补偿资金及潮河流域横向生态补偿资金均已下达，生态补偿工作扎实推进；与北京市密云区、怀柔区、延庆区共同签署《密云水库上游流域“两市三区”生态环境联建联防联治合作协议》，积极配合启动实施京津冀环境执法联动，开展联动执法、联合检查、信息共享等工作，全力打赢蓝天、碧水、净土保卫战。产业转移合作扎实推进，深入与京津开展产业协作对接，北宇环境能源科技产业园、北京“不老山庄”康养项目、天津兴港钢铁集团新风风力设备生产项目（二期）等一批京津产业合作项目落户承德市。截至2020年年底，累计推进京津冀协同发展项目212个，总投资2086亿元。

【社会公共服务合作】 围绕北京非首都功能疏解，聚焦基本公共服务共建共享，深化拓展与京津合作领域，全面推动在教育、医疗、文化旅游等领域的合作。在教育方面，与京津一批大学及中学建立了一批联谊院校，涉及全市109所学校，与天津市教委、天津师范大学在围场组织实施京津冀教育协同发展教师培训基地项目。在医疗健康方面，丰宁的急救“120”已纳入北京“120”指挥系统，密云区和滦平实现远程“医疗一体化”，天津市肿瘤医院、中医药大学第二附属医院等与承德开展合作医疗，全市有31家二级以上医疗机构与京津51家医疗卫生机构开展了74项不同层次的合作。在文化旅游方面，双桥、丰宁等县区与北京工美集团、中国创投资产管理公司、北京新乐奇等企业达成了一批合作成果，与天津市开展“津承对口合作洽谈和旅游推介”活动，联合打造精品旅游路线。在人才劳务交流方面，与京津人社部门建立“351”工作模式，建立京津冀疫情防控就业联盟，举办线上线下专场招聘会40场，邀请893家企业、32566人参加招聘会，推送京津2388家企业岗位信息9.6万个。设立“点对点接送绿色通道”，集中接送劳务服务63批次，及时输送3051名在京津就业人员返岗复工。开展干部人才交流，派出62名挂职干部、117名专业技术人员到京津学习取经。

【东西部扶贫协作】 实施京津两市对口帮扶项目190个，总投资超过10亿元，其中申请京津两市支持资金4.45亿元。为确保帮扶项目质量，严格履行项目审批程序，对项目进展和资金使用情况进行督导检查，及时纠正工作中出现的偏差，确保资金使用不出问题。在产业协作、劳务协作、人才交流、社会帮扶等方面全面开展对口帮扶工作，引导46家京津企业到承德市贫困地区投资兴业，带动贫困人口6868人，吸纳就业1590人，利益联结5276人。选派45名干部赴天津市各帮扶区挂职，17名干部赴北京市密云、怀柔两区挂职。帮助961名贫困劳动力赴京津就业，帮助277名贫困学生赴京津就读。

【支持雄安新区建设】 积极服务服从大局，主动支持雄安新区规划建设，高质量、高标准、高水平建设雄安绿博园“承德林”及承德展园，树立承德良好生态形象和生态品牌。围绕雄安新区规划发展，与雄安新区5个部门、17家企业主动对接，与安新、容城、雄县3个县建立沟通机制。先后组织承德天罡建材、河北恒钏建材、宽城新通源新型环保建材等企业与雄安集团、中国电建集团（雄安区）等单位对接，推动承德市在雄安新区成立绿色建材产品会展中心，持续推动承德绿色产品进入雄安市场。

（供稿　修德军）

国有资产监督管理

【概况】 2020年，承德国资系统践行“在服务中支持，在支持中监管”的工作理念，抓改革、促发展、严监管、强党建，取得显著成效。2020年，市国资委9家监管企业资产总额4457183万元，同比增长18.29%；所有者权益1792339万元，同比增长2.18%；实现营业收入422923万元，同比增加28.07%；上交税金16983万元，同比增加17.84%；国有资产保值增值率102.18%。监管企业做强做优做大的步伐明显加快，国有经济竞争力、创新力、控制力、影响力和抗风险能力显著增强。

【国资国企改革】 启动国资国企“二次改革”。进一步完善国有资产管理体制，出台《关于整合市级国有资产壮大市国控集团发展的实施方案》，整合具有经营性质的行政事业单位资产和企业国有资产到国控集团，国控集团总资产达到300亿元、净资产达到100亿元，壮大国控集团资产规模实力，实现经营性国有资产统一监管、集中运营。组建塞罕坝生态集团、市交通集团、市国有资产运营公司，增强国有资本实力，提高国有资本配置和运营效率。完成国有企业退休人员社会化管理移交工作。9月底，全部完成国有企业退休人员社会化管理移交。全市各县（市）区共对接央省市国企单位146家、签订各项移交协议599份、完成央、省、市企退休人员社区管理服务移交27202人、人事档案移交40809份、党员党组织关系移交2600人，中央财政预拨付2020年和2021年补助资金已经到位。国有企业集团法人治理结构得到进一步健全完善。出台《企业副职领导人员任免职工作流程》，对3名达到退休年龄的企业领导人员进行了免职，为1家监管企业选配了董事长及监事会成员，为2家参股公司推荐董监高人选，热力集团等6家监管企业均配齐董事、监事、纪委书记等管理人员，全部实现党组织书记、董事长由1人担任，并将党建工作全部写入公司章程。综合运用法律、行政手段，多措并举化解矛盾隐患，多个信访积案得到有效化解，上访工人送来了“人民好干部 为民做实事”的锦旗。成立华富玻璃器皿公司、麻纺厂、华北天星制药等6个工作专班，集中人员、集中力量攻坚克难，6个群体性信访案件已全部解决或得到有效控制；华峰家属区“三供一业”（供水、供电、供热和物业管理）和平安堡煤矿家属区危房改造2个困扰企业多年的“三跨三分离”（三跨：跨地区、跨部门、跨行业；三分离：人事分离、人户分离、人事户分离）问题得到解决；孙久红、杨泽林等5起信访积案、疑难案件实现了息诉罢访。启动国有企业公司制改革工作。贯彻《河北省国有企业公司制改革工作实施方案》精神，明确市国有企业公司制改革的具体安排和时限要求，对列入省任务清单的8家企业主管部门专门进行了书面通知，提出具体要求，确保按时全面完成改革任务。

【国有资产监管】 加强国有资产基础管理。制定《国有产权转让工作流程》《国有产权无偿划转工作流程》和国有产权无偿划转工作方案，为资产整合工作建立制度规范；完成监管企业股权划转、资产评估等事项的审核备案；全口径、全级次、高质量完成2019年度承德市入统159户企业国有资产统计上报、人大预算联网监督系统2019年度企业财务数据统计上报及2020年企业财务快报统计上报工作。健全国有资产监督机制。完善风险防范机制，将资产负债率作为年度考核指标纳入到监管企业经营业绩考核体系；出台了《承德市国资委监管企业违规经营投资责任追究暂行办法》，有效防范监管企业经营投资风险；实施国资监管提示函和通报工作机制，下发整改通知6份，与国务院国资委出台的《国资监管提示函工作规则》和《国资监管通报工作规则》高度契合。加强企业投资管理。督促指导各企业集团科学合理制定2020年工作计划，各集团公司项目投资合计91项，总投资137.3亿元，对其中7项投资额度超过授权范围需要市政府予以审批的项目进行梳理并上报，对监管企业临时性增加的新上项目进行初审。全面依法监管。印制《市国资国企系统政策法规汇编》；做好规范性文件的合法性审查工作，出台的重要文件100%经合法性审核；加强普法宣传和教育，邀请知名法律专家在国资大讲堂上进行《民法典》专题讲座,顺利通过“七五”普法大检查并获得市领导肯定。

【增强企业发展活力】 加大对外开放合作力度，组织监管企业参加百家京企进承德——京承精准扶贫产业协作对接会，国控集团、交通集团、公交集团等企业均与京企进行了深入对接，2家监管企业签约100万元。认真谋划国资国企“十四五”时期和2035年中长期发展思路。整理上报《关于谋划“十四五”规划和二〇三五年远景目标、抢抓高铁机遇情况汇报》和《市国资委关于“十四五”规划和二〇三五年远景目标谋划》，围绕服务全市发展战略，以管资本为主进一步健全完善国资监管体制机制，进一步优化国有资本布局和结构,进一步形成中国特色现代企业制度，进一步提高国有企业活力和效率。

【国资国企党建】 认真落实党建责任。把党建工作与国资监管工作同谋划、同部署、同实施。建立党建工作考核与企业经营业绩考核联动机制，制定《监管企业党建工作考核评价办法》，把履行党建工作责任制情况，作为考核企业领导班子和领导人员的重要内容，开展党组织关系所属企业党组织书记抓基层党建工作述职评议，确保责任制落到实处。加强基层党组织建设。持续深化“基层党建质量提升年”活动，以党支部标准化、规范化建设为重点，以《中国共产党支部工作条例（试行）》为指导，全面落实《国有企业党组织质量提升标准》，以高质量党建推动国有企业高质量发展。“七·一”期间，《勇担社会责任力促保值增值——市属重点国有企业推动改革发展巡礼》在《承德日报》专版刊发，充分展现国有企业的良好形象，举办承德市属国有企业“我为承德发展做贡献”主题汇报活动，市四大班子领导出席活动，市委常委、组织部部长杨培苏出席活动并讲话，对系统内涌现出的先进基层党组织、优秀共产党员、优秀党务工作者进行通报表扬，激励国资国企广大党员立足岗位创先争优、建功立业，受到市领导的充分肯定和表扬。疫情期间，发挥企业基层党组织的堡垒作用和党员干部的模范作用，国资委监管企业、党组织关系所属企业、中省直驻承企业春节期间在岗值班人数达17119人。坚持以党建带团建，指导党组织关系所属企业做好共青团工作，成功举办《我与国企共成长·最美国企人》主题演讲比赛，增强国有企业凝聚力，激发国有企业职工爱岗敬业热情和战斗力。加强“三支队伍”建设。坚持把党组织书记岗位作为培养企业领导人员的重要台阶，严格选任标准，注重选拔政治素质好、熟悉经营管理、作风正派、在职工群众中有威信的党员骨干担任基层党组织书记。强化教育培训，举办党委系统企业组织员暨党务工作人员培训班等，推动企业党务工作人员每年至少参加1次集中培训。加大激励保障力度，严格落实同职级、同待遇，推动党务工作人同与其他经营管理人员双向交流，落实基层党建工作经费。

【国资国企疫情防控】 提高政治站位，切实承担疫情防控各项责任。把疫情防控作为最重要的政治任务，第一时间投入到疫情防控工作中，迅速成立疫情防控领导小组，下设综合组、机关工作组、监管企业工作组、党组织关系所属企业工作组、中省直国有企业工作组，破产企业工作组及复产复工工作组。实施日报告、调度会、数据分析等工作制度和机制，第一时间学习传达国家、省、市疫情防控部署和要求，逐条逐项研究贯彻落实，先后制发《关于在肺炎疫情防控工作中充分发挥基层党组织战斗堡垒作用和党员先锋模范作用的通知》《关于深入开展“抗击疫情党旗红”活动工作方案》《承德市国资委党委关于做好市属国有企业及中省直驻承国有企业新型冠状病毒感染肺炎疫情防控工作方案》《市国资委机关疫情防控工作方案》《承德市国资委机关新冠肺炎疫情防控第二阶段工作方案》等文件及工作提示共20余件，对省、市相关文件及时进行转发。严防死守，严格落实防控举措。全面开展大排查，采取交叉审核横纵结合的方式，分两层五类开展排查。3次调整完善排查登记表和统计表，分战线、分任务，各组“分兵把守”，确保每日12点前“日报告”6组数据渠道畅通、及时准确，做到底数清、情况明，随时督促各项防控措施到位。严格规范防控，共制定入门测体温、提倡戴口罩、来客建台帐、每日3次消毒、精简现场会等防控措施19项。坚持联防联控，确保了市属企业、中省直驻承企业、破产企业均按要求进行排查防控。疫情期间共排查227家企业4万多名职工，国资系统党员干部共捐款179455元，国资系统227家企业、43889名职工群众无一例传染发病。统筹推进疫情防控和经济社会发展。部署系统企业复工复产工作举措，同时筹划抓好国资国企改革发展稳定各项工作。建立企业主要负责人负总责的疫情防控工作机制、主要负责人的“第一责任”和内部责任机制，市国资委认真落实监管责任，督促监管企业严格落实疫情防控主体责任，进一步建立健全疫情防控工作机制，常态化实现宣传教育、人员管控、体温监测、个人防护、防疫消杀、员工承诺、值班值守“七到位”，及时报送相关信息统计报告，及时协调解决企业复工复产和连续运行中存在的困难和问题。保质保量完成应对疫情影响减免承租国有房屋企业和个体工商户租金工作。按照中共中央、国务院、省、市工作部署，9月底全面完成市属国有企业减免承租国有房屋企业和个体工商户租金工作，18家市属国有企业共减免2020年一年租金1700.58万元，此项工作顺利通过国务院第七次大督查的检查。

【助力脱贫攻坚】 积极发挥国资国企优势，持续加大资金投入，深入推进项目帮扶，完成脱贫攻坚目标任务。帮扶的9个贫困户全部脱贫出列。国资委机关和监管企业先后派出了驻村干部21人次，深入贫困户村驻村帮扶，国资系统127名党员干部认真履行帮扶职责，与557户结成责任帮扶对子，通过入户走访、政策宣传、制定“一人一策”帮扶计划，让贫困户得到实实在在的实惠。“十三五”期间，国资系统为贫困村累计投资折合人民币约110万元。积极开展消费扶贫。邀请北京市国资委主要负责人出席“承德山水进北京”活动，同时邀请11家北京国资委监管一级企业负责人参加活动，其2家企业与承德市消费平台进行签约，消费承德农副扶贫产品100万元。助力承德市扶贫产品进京企，为市扶贫脱贫做出贡献。

【加强队伍建设】 以扎实开展“三创四建”（创新、

11月13日，市国资委举办第十九期国资国企大讲堂

创业和创建全国文明城市、国家卫生城市、国家森林城市，建设现代化经济体系、建设城乡融合高质量发展体系、建设一流营商环境体系、建设现代化社会治理体系）活动为契机，秉承“在服务中支持，在支持中监管”的国资工作理念，下大力加强国资国企干部队伍建设，倡导全系统干部职工大力弘扬拼搏竞进之风，勇于奉献，担当作为，以功成不必在我，功成必定有我的精神，聚精会神抓改革，一心一意谋发展，为推进承德创新发展、绿色发展、高质量发展贡献国资国企应有的力量。以“国资国企大讲堂”为平台，以巡察、审计反馈问题整改为契机，以队伍素质提升年为抓手，加强调研，针对市国资国企现状，找准切入点，在调研过程中了解问题、发现问题、解决问题，推动全体干部职工素质能力再上新水平，为国资国企高质量发展奠定基础。积极投身文明城市创建，开展新时代文明实践志愿服务结对帮建活动，全年共组织机关志愿者 150 人次，先后 15 次到社区开展文明实践志愿服务主题活动，矿业集团、旅游集团、交通集团筹资 15 万余元对万树园社区进行帮建。做好离退休干部服务管理工作，开展“串百家门、访百家亲”活动，共走访慰问了 110 名离退休干部，得到老干部的高度赞扬。

2020 年市国有资产监督管理委员会领导名录

党委书记、主任：李桂梅（女，满族）

党委专职副书记：张学敏（女，满族，7 月免）

党委委员、副主任：陈　宏

张　岭

张　楠（女）

（供稿　陈宏燕）

财　政

【概况】 面对疫情冲击、减税降费等带来减收和民生支出刚性增长之间的尖锐矛盾，强化督导调度，深入研判形势，完善征管方式，开源节流并举，推动财政收支实现“双增长”。全年全市一般公共预算收入完成 116.13 亿元，占预算的 96.8%，增长 3.26%，增幅居全省第 8 位。其中，税收收入完成 76.96 亿元，占比 66.3%，收入质量居全省第 2 位。非税收入完成 39.17 亿元，占预算的 116.3%，增长 26.3%，拉动一般公共预算收入增幅 7.2 个百分点。全市一般公共预算支出完成 456.38 亿元，占调整预算的 97.4%，增长 9.9%，增幅居全省第 5 位；全市政府性基金收入完成 110.52 万元，增长 8.7%；政府性基金支出完成 141.40 亿万元，增长 37.3%。

【争取上级资金】 全年争取上级各类转移支付资金 265.3 亿元，较上年增加 35.3 亿元，增长 15.3%。其中，争取中央新增特别国债 16.9 亿元，中央新增赤字资金 31.13 亿元；争取到位资金 5.5 亿元（含特别国债 5 亿元），支持承德市国家可持续发展议程创新示范区建设；争取引滦入津横向生态补偿资金 3.83 亿元，占全省总量的 76.51%，为历年最高；争取省级特色农业保险专项奖补资金 4710 万元，位列全省第一位；争取省级 PPP 示范项目奖补资金 958.5 万元，居全省第三位；争列承德市为“国家财政支持深化民营和小微企业金融服务综合改革试点城市成效突出城市”，排名全国首位；争列承德市为全省首批新能源公交车推广试点城市，获奖补资金 3000 万元。在此基础上，争取新增政府债务限额 72.56 亿元、再融资债券 40.55 亿元，再创历史新高。

【保障疫情防控】 第一时间研究疫情防控保障政策、开通绿色通道、筹措拨付资金，累计制发经费保障、税费减免、援企稳岗等政策文件 20 余件，投入防疫资金 5.74 亿元，为患者救治、物资储备、核酸检测等工作开展提供了有力支撑。

不折不扣落实减税降费政策，全市新增减税降费25亿元。充分发挥财政金融政策合力，筹集资金超100亿元支持京沈高铁、钒钛新材料、大数据等200余个项目建设；筹集资金5000万元支持国投集团设立2亿元市级企业纾困基金；筹集资金5745.4万元为全市各类市场主体减免房租；筹集资金3991万元偿还民营企业欠款，市本级政府欠款实现清零；安排资金1000万元降低中小企业贷款担保费率，撬动金融机构贷款4.3亿元。

【加大民生投入】 全年全市民生支出完成372.7亿元，占一般公共预算支出比重为81.7%。围绕支持脱贫攻坚，投入资金49.4亿元，助力承德市在全省脱贫攻坚成效考核中进入"好"的行列，在财政专项扶贫资金绩效评价中获评优秀等次，获得奖励资金5360万元；积极配合完成国家脱贫攻坚普查和省脱贫攻坚调查，剩余贫困人口全部脱贫。围绕民生事业保障，筹集资金38.15亿元，全面落实城乡低保、特困补助、医保补助、养老保险等民生提标政策，农村低保年标准高于国家扶贫线。筹集就业补助资金1.35亿元，促进高校毕业生、农民工、退役军人等重点群体就业创业；累计拨付创业担保贷款贴息资金1.52亿元、撬动贷款12.32亿元，直接带动就业人员3.9万人；累计为3086家企业发放失业保险稳岗返还资金8273.83万元，惠及企业职工14.88万人。

2020年市财政局领导名录

党组书记、局长：栾志宏

党组成员、副局长：裴　越（6月免）

刘德涛

党组成员、财政干部培训中心主任：

王会利（满族，7月免财政干部培训中心主任）

党组成员、副局长：付延民（满族）

党组成员、非税收入管理局局长：

李金华（满族）

党组成员、副局长：朱凤鸣

党组成员、市纪委监委驻财政局纪检监察组组长：

许树军（7月任党组成员）

副局长：翟少春

丁福志（蒙古族，7月任）

市财政监督稽查局局长：常　艳（4月任）

市财政干部培训中心主任：

张学敏（女，满族，7月任）

市财达投资管理中心主任：赵玉新（3月任）

市财政干部培训中心副主任：

王大鹏（3月任）

杨宝光（8月任）

刘　峰（8月免）

（供稿　王　京）

税　务

【概况】 2020年，面对突如其来的新冠肺炎疫情冲击以及艰巨繁重的税收任务，全市税务系统迎难而上求突破，忠诚履职敢担当。坚持党的领导，始终把稳税收前进方向；坚持服务大局，充分彰显税收更大作为；坚持争创一流，全面提升税收工作质效；坚持打牢基础，优化完善税收组织体系。全市税务系统获得各类荣誉123项。全年累计完成各项税收收入184.2亿元（含海关代征增值税、消费税，未扣减出口退税），比2019年下降9%。其中，税务部门组织收入264.8亿元，减少38亿元，下降12.5%；海关代征完成30万元，减少58万元，下降65.9%；办理出口退税3.2亿元，增加2.2亿元，增长222.4%。

【支持疫情防控和经济发展】 立足发挥税收职能作用落实"四力"（国家税务总局"四力"要求：优惠政策落实要给力、"非接触式"办税要添力、数据服务大局要尽力、疫情防控要加力）要求，统筹推进疫情防控和经济社会发展、服务“六稳”“六保”（“六稳”是指稳就业、稳金融、稳外贸、稳外资、稳投资、稳预期工作；“六保”是指保居民就业、保基本民生、保市场主体、保粮食能源安全、保产业链供应链稳定、保基层运转）大局，制发《支持疫情防控和经济社会发展税费优惠政策指引》，出台“疫情期间10条税收举措”，选派61名干部入驻政府服务站一对一帮扶284户重点企业。出台助力企业融资方案，帮助企业获得银税合作贷款3.87亿元。推行出口退税网络化申报，平均办理时间压缩到1.8个工作日，累计退税1.16亿元。综合运用重点抽查、执法督察、督查督办等手段，把落实减税降费和坚持组织收入原则作为监督重要内容，实行跟进监督、精准监督、全程监督，确保政策红利直达市场主体。

【减税降费】 把落实减税降费作为疫情防控背景下支持企业复工复产、激发企业活力的关键一招，通过公益广告、微信小程序、系列直播课、制作培训视频广泛宣传，通过电话联络、上门走访、组建“点对点服务队”精准辅导，通过升级系统、简化手续便捷办理，通过部署自查、班子成员到各地督促指导，切实把该减的税减到位、把该降的费降到位。全市累计新增减税降费249959.94万元，其中，2020年出台的支持疫情防控和经济社会发展税费优惠政策新增减税降费153825.96万元；2019年年中出台政策在2020年翘尾新增减税降费96133.98万元。

【社会保险费和非税收入】 全年入库社会保险费78.28亿元。其中，企业基本养老保险费入库23.51亿元，同比减幅31.24%；机关事业单位基本养老保险入库22.57亿元，同比减幅11.41%；城乡居民基本养老保险入库2.14亿元，同比增幅2.6%；失业保险费入库0.88亿元，同比减幅29.04%；工伤保险入库2.11亿元，同比减幅54.68%；职工基本医疗保险（含生育保险）入库20.58亿元，同比减幅6.8%；城乡居民基本医疗保险入库6.46亿元，同比增收22.01%。全年入库非税收入4.9亿元，同比减收10%。其中，教育费附加累计入库2.64亿元，同比减收3865万元，减幅12.8%；地方教育费附加累计入库1.76亿元，同比减收2559万元，减幅12.7%；残疾人就业保障金累计入库5073万元，同比增收1208万元，增幅31.3%。其他代征工会经费6437万元，增长319万元，增幅5.2%。

【税收法治】 深入推进“三项制度”，对执法主体及人员信息、受理投诉举报途径、税务行政许可事项目录欠税信息及一般程序税务行政处罚信息在执法公示平台进行公示，发布信息594条。对税务稽查事项进行执法全过程记录，共计97户次。落实权力和责任清单推行工作，编制完成权责事项清单6套。加强法律人才培养，全系统具有法律职业资格38人，公职律师和法律顾问提供法律咨询服务260余次，处理行政复议案件3件。

【政策落实】 2020年，全市小型微利企业47027户，应享受减税降费户数9304户，减免税额32246.66万元。落实重点物资防疫生产企业设备一次性抵免4户，减免税额629.73万元；享受疫情捐赠所得税全额扣除政策惠及49户，减免税额281.23万元；小型微利企业享受延缓缴纳政策4023户，税额4086.76万元。个税起征点由3500/月提高到5000元/月，享受税收优惠人数25.6万人，减免税额1.5亿元；六项专项附加扣除享受96533人，减税金额5399万元；个体工商户延缓缴纳个人所得税2075人次，缓缴税额322.83万元；疫情期间个人所得税捐赠扣除2802人次，扣除金额64.2万元。2020年

4月14日，国家税务总局承德市政府新闻办召开“减税费优服务 助复产促发展”第29个全国税收宣传月新闻发布会

2月起，对企业职工基本医疗保险单位缴费部分实行减半征收，减征期限5个月。全市累计减免企业养老、失业、工伤3项社保费涉及30741户次共8.47亿元；减免基本医疗保险涉及单位5089户，职工181957人，减征1.49亿元；退费13230户次，计（含退滞纳金）0.71亿元。免征196户文化建设事业费168.56万元。按照国家税务总局统一部署，自2020年12月21日起在新办纳税人中实行增值税专用发票电子化。

【税种管理】 加强各个税种的日常管理及政策变化，个人所得税首次年度汇算清缴申报率111.83%，共18604户扣缴义务人、24.33万自然人顺利完成汇算申报，申报补税人数0.87万人次，申报补税金额1559.2万元，享受豁免补税政策人数5267人，豁免补税金额136.1万元，8.63万自然人享受退税3414.09万元。联合人社、医保做好社保费征收减免，运用网格化管理精细抓好城乡居民两险征缴，自2020年1月起，城镇职工基本医疗保险和生育保险合并实施，党政机关和全额拨款事业单位缴费比例为6.8%，其他用人单位为7.3%，个人缴费比例为2%。加强农产品核定扣除行业管理，对10户重点企业开展调研，完成农产品核定扣除行业数据测算。根据资源税、土地增值税、城建税等各税费特点采取针对性措施，切实提升征管质效。

【纳税服务】 始终把“让纳税人缴费人满意”作为不懈追求，围绕纳税人满意度调查、营商环境迎评和“好差评”工作持续优化纳税服务，推广“非接触式”网上办税缴费，最多跑一次清单拓展至185项，92%以上的涉税事项一次办结，发票领用实现“网上申领、邮寄到家”，“两险”缴费实现“网上＋掌上＋实体”多元渠道，企业实现“开办事项一日办”、简易注销免办、税务注销即办、“承诺制”容缺办，房产交易率先实现一窗一人全流程办和市内主城区“同城通办”。双桥区局代表全市参加全国纳税人满意度调查，在414个单位中位列全国第二十六，省内位列第三。对全市符合参评条件的46320户纳税人开展纳税信用评价，评出A级纳税人1912户，B级纳税人19543户，M级纳税人23550户，C级纳税人888户，D级纳税人427户。2020年，全市涉税专业服务机构121户，其中税务师事务所19户，组织符合条件的税务师事务所开展高新技术企业认定专项审计中介机构资格申报，5家税务师事务所审批通过。

【征收管理】 全市税务登记总户数148340户。其中，单位纳税人62054户，个体纳税人84400户；增值税一般纳税人16048户，增值税小规模纳税人119375户。审核受理税务一般注销2054户。累计办理延期缴纳税款310户，金额17.4亿元。全年纳税人领取各种普通发票总量约900余万份，景点门票月约135万份。对“放管服”改革53项指标分解细化、按季督导，保证工作有序开展。

【税务稽查和监管】 维护公平正义的税收秩序，对“假企业”虚开案源深挖细查，对“假出口”严查严处，对骗取疫情防控税收优惠“假申报”

严厉打击，立案查处涉税违法纳税人203户，稽查收入3.86亿元。查办虚开骗税案件55件，采取强制措施28人，自首2人，打掉暴力虚开犯罪团伙控制的企业7户，“双随机、一公开”辅导自查入库税款32195.68万元，9户违法纳税人纳入税收“黑名单”。落实《征管规范2.0》《河北省税收征管操作规范》，推进征管质量5C工作，完成指标验证测试。对全市注册地行政区划与税务登记地不一致的250户纳税人及时核实处理。完成市场主体差异情况摸底核查，税务未办理户61956户，占全省差异户总数3.19%。

【电子税务办理】 通过电子税务局办理各类涉税业务308.53万笔，达到同期总业务量93.33%。全年下发错误数据37514条，修改37469条，修改率99.88%；提交“运维事件单”1630条并及时处理，准期申报率达到98%以上。与邮政部门联合开展发票邮寄工作，邮寄发票1389户次，累计14.41万份。部署“互联网+监管”系统录入，7项监管事项均进行实录，覆盖率达到100%。

【大数据和风险管理】 依托总局、省局大数据平台对税收数据集中管理，科学转化应用成果，推动形成“以数治税”。选拔56名骨干组建市级专业化税收风险管理团队，从增值税、所得税等税种中整合15个风险点并建立指标，对房地产开发、机动车修理、建筑安装、水泥制造等行业建立模型库和预警值，按季开展虚开增值税发票风险等专项分析，精准识别虚开风险94户，全年完成税收风险任务5070条。利用大数据分析政策落实情况，分析研判省局派发的3.8万条疑点数据并全部完成核查。

【国际税收】 开展“走出去”服务企业活动，提供精准政策帮扶。全市享受税收协定待遇企业减免税额244.95万元，享受递延纳税政策2笔，办理延迟缴纳税款573.9万元。

2020年市税务局领导名录

党委书记、局长：周　敏（7月免）
　　赵　波（8月任）
党委委员、副局长：魏庆祥（7月免）
　　曹开明（8月免）
　　张力唯（8月免）
　　李凤军（8月免）
　　王成才（8月免）
　　刘瑞民（8月免）
　　安福臣（8月免）
　　刘宝如
党委委员、纪检组长：
　　张　凯（10月免纪检组长，任副局长）
　　王建明（10月任）
党委委员、总会计师：程连星（8月免）
党委委员、总经济师：齐宗飞（10月免总经济师，任副局长）
党委委员、总会计师：赵　群（10月免总会计师，任副局长）
党委委员、总经济师：王　辉
党委委员：郭建东（8月免）
党委委员、总会计师：刘大海（10月任）

（供稿　孟凡力）

审　计

【概况】 2020年，承德市审计机关共审计（调查）单位215个，其中审计202个、专项审计调查13个。审计查出主要问题金额226.24亿元，其中违规金额0.76亿元、管理不规范金额225.48亿元；审计发现非金额计量问题591个；损益（收支）不实金额7.69亿元，审计期间整改金额2.83亿元。出具审计报告和专项审计调查报告305篇，被批示50篇次。审计处理处罚金额2.11亿元，其中应上交财政7285万元、应归还原渠道资金

290万元、应缴纳其他资金14万元、应调账处理金额1.36亿元，移送纪检监察机关和有关部门处理事项46件，移送处理人员3人，移送处理金额8708万元。审计提出建议544条，被采纳486条；推动被审计单位制定整改措施25项；促进被审计单位建立、健全规章制度1项；被批示、采用审计信息78篇次。全年在省级以上媒体刊发稿件196篇，内宣工作位列全省第四名，被中国时代经济出版社、中国审计报社评为全国通联宣传工作先进单位，被省审计厅评为全省审计信息宣传、通联宣传工作先进单位，并在全省审计宣传工作会议上做交流发言。承德市审计局被评为“全省审计系统人民满意的公务员集体”、承德市“争创人民满意的公务员集体”先进集体，在承德市领导班子综合考核中被评为优秀等次，被省文明办、省审计厅评为“提质提效、文明执法”竞赛优胜单位。

【召开审计委员会会议】 召开市委审计委员会第三次会议，审议通过《承德市审计机关2020年度工作要点》《承德市2020年度审计项目工作计划》，会议议定市委秘书长傅海旺担任承德市委审计委员会副主任，市政府秘书长杨玉甫担任市委审计委员会委员，原市政府秘书长崔万峰不再担任市委审计委员会委员。召开市委审计委员会第四次会议，会议审议《2019年度市本级预算执行和其他财政收支情况审计结果报告》，审议通过《中共承德市委审计委员会办公室联络员制度》和《中共承德市委审计委员会重大事项督查督办制度》。市委书记周仲明在市委审计委员会三次、四次会议上对全市审计工作给予高度评价。

【跟踪审计】 开展应对新冠肺炎疫情防控资金和捐赠款物、新增财政资金直达市县基层直接惠企利民情况、2019年度冬季洁净煤取暖政策落实情况等专项审计，及时发现短板和漏洞，提出审计建议，促进资金到位、项目落地、政策生效。全市审计机关抽查项目429个，涉及资金总额647800.83万元，督促整改问题49个，推动被审计单位完善相关制度12项。

【民生审计】 围绕如期完成脱贫攻坚任务，对隆化县、平泉市等6个县市及张家口市怀安县2019年度扶贫政策落实和资金管理使用情况进行审计，共抽审扶贫资金12.81亿元、项目281个，发现九大类101个问题，移送案件线索1条，盘活或追回资金141.78万元。着眼于促进就业优先，密切关注援企稳岗、创业带动就业、重点群体援助等就业优先政策的落实情况开展专项审计；组织对全市城乡居民基本医疗保险基金收支结余开展专项审计调查，促进惠民政策落到实处。

【自然资源资产审计】 围绕“两区”建设和蓝天、净土、碧水三大保卫战完成情况，开展平泉市、双滦区党政主要领导干部自然资源资产审计，共发现问题195个，促进被审计单位出台相关制度措施11项，根据工作实践总结的《扛起生态责任、护航绿色发展，推进自然资源资产审计》经验做法得到省审计厅厅长杨晓和、副厅长赵建护批示，并在全省推广，《守护一泓清水——承德河长制政策落实情况专项审计调查工作纪实》在《中国审计》刊发。

【财政审计】 围绕“财政开源节支，真正过紧日子”要求，抓住重点内容和突出问题，沿着政策走向、资金流向开展市本级和高新区管委会、御道口管委会等19个市直部门2019年度预算执行情况审计，严肃查处违反财经纪律等行为，切实提高预算管理绩效。坚持“全面审计与重点事项核查相结合”原则，应用大数据手段推进全市财政一级预算单位审计全覆盖，实现“横向到边、纵向到底”。重点关注财政存量资金使用效益，积极推动盘活部门沉淀资金，挖掘潜在国有资源（资产）使用效益，通过与财政部门沟通协调、促进部门深度整改等有效措施增加财政收入 1.96 亿元。

【项目建设审计】 按照“量力而行、确保质量”的原则，开展 2019 年度省级预算内基本建设投资情况专项审计调查，审计调查项目 19 个、资金 11647.21 万元，发现两类共 8 个问题。开展承德民用机场竣工决算审计，审计资金 16.22 亿元，发现建设履行程序、建设资金筹集使用和管理、工程招投标等六大类 17 个问题，发现多计工程价款 1144.57 万元；开展承秦高速（承德段）建设项目审计，审计资金 95.27 亿元，发现项目资本金未按计划到位 2.8 亿元、超概算投资 1.73 亿元等 11 个问题，提出审计建议 6 条。继续开展承德民族团结清文化展览馆暨市博物馆、新建市儿童医院、迁建市妇幼保健院等项目建设情况跟踪审计，揭示项目建设中存在的管理漏洞和风险隐患，促进规范管理，推动项目建设。

【经济责任审计】 认真落实《党政主要领导干部和国有企事业单位主要领导人员经济责任审计规定》及河北省贯彻落实措施，以领导干部守法、守纪、守规、尽责情况为重点，紧盯公共资金使用和权力运行的关键环节，根据市委组织部建议名单，对市委老干部局等 15 个单位的主要领导干部和平泉市、隆化县党政主要领导干部开展经济责任审计，促进领导干部依法用权、廉洁干事。

【大数据审计】 加快审计信息化建设，树牢大数据审计新思维，提升审计全覆盖质量。坚持向信息化要资源，向大数据要效率，着力构建“横向到边、纵向到底”的“两横两纵”预算执行审计全覆盖模式，创新“12345”工作法（即“用好一个团队、推进两个融合、建立三个平台、形成四个报告、实现五个目标”），统筹推进一级预算单位审计全覆盖。探索信息系统审计，对信息系统的安全性、可靠性和经济性进行监督检查，揭示信息系统规划、建设和运行管理中存在的突出问题和重大风险隐患，推动完善相关制度，促进提高资金使用绩效。

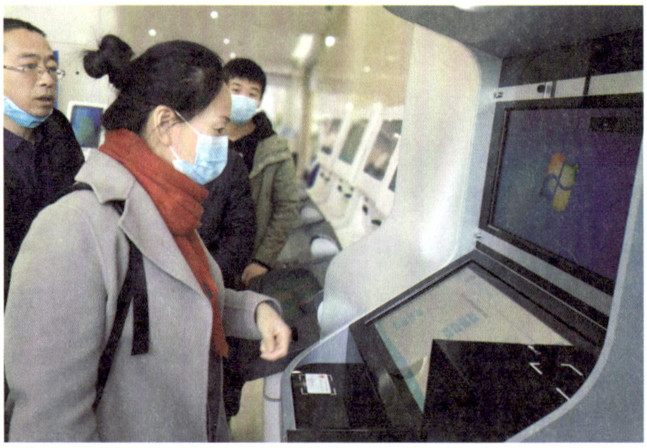

承德市审计局开展不动产登记信息管理平台建设项目审计，图为 2020 年 11 月 25 日审计人员实地了解信息系统运行情况

【内部审计】 出台《承德市内部审计工作实施办法（试行）》《结合审计项目加强内部审计工作指导和监督的办法（试行）》《承德市审计局内部审计工作评价办法（试行）》，建立健全内部审计指导监督工作制度。加强工作创新，通过“以审代培”方式加强对内部审计工作的业务指导。结合预算执行和经责审计项目，有计划地安排市公安局、交通局、热力集团等 11 个部门共 13 名内审人员参与到审计项目中，提升内审人员专业素质和能力。

【审计整改】 进一步整合人员力量，成立审计整改监督科，全面负责审计项目整改督查工作。实行审计整改对账销号机制、审计整改督导检查机制、审计整改联动机制等，将审计发现的问题建立台账、归类管理，整改结果向市委审计委员会、市人大常委会和市政府报告，促使各部门各单位全面抓好整改，确保应改尽改。

2020 年市审计局领导名录

党组书记、局长：王允昌

党组成员、副局长：柳海东
党组成员、总审计师：谷锦川（回族，6月免党组成员，7月免总审计师）
党组成员、副局长：刘国峰
副　局　长：刘　俊（4月免）
党　组　成　员：朱延丽
党组成员、副局长：魏景林
党组成员、总审计师：付德忠（10月任党组成员，11月任总审计师）

（供稿　李冬梅）

统　计

【概况】　2020年，全市统计系统统筹推进疫情防控和统计工作开展，着力加强统计基础建设，依法履行统计调查、统计报告、统计监督职责，为党政领导决策和社会各界提供真实、优质、高效的统计产品和服务。市统计局先后荣获“国务院第二次全国污染源普查表现突出集体”“承德国家可持续发展议程创新示范区创建工作先进集体”“承德市2019年度扶贫宣传工作先进单位”等荣誉称号。深化改革、“双随机、一公开监管”工作被评为市直优秀单位。

【防疫抗疫】　坚决落实疫情防控要求，一手抓防疫，一手抓统计工作，履行“外防输入、内防反弹”的责任，做到两手抓、两不误。成立疫情防控领导小组，负责全局疫情防控工作的组织实施及市委、市政府有关文件精神的上传下达，落实疫情防控值班值守制度，工作人员保持24小时通讯畅通，执行网上办公，紧急事情随时到岗，确保疫情期间办公、防控两不误。落实工作责任，抓实疫情防控和保障工作。制定了《关于疫情防控工作方案》和《工作预案》，及时发布疾病防控指示和健康提示。在统筹疫情防控与经济社会发展中，组织指导辖区内企业通过联网直报平台、电话调查和微信调查等多种形式开展生产经营情况问卷调查，收集、归纳、整理企业在疫情防控中出现的困难和问题，全面、及时、准确反馈市级领导，为下步指导各产业、各行业复工复产提供统计支撑，共开展3次问卷调查，提交专题报告3期，工作得到市长常丽虹的肯定性批示。

【统计服务】　围绕市委、市政府重大决策部署“三创四建”（三创：创新、创业、创建；四建：建设现代化经济体系、建设城乡融合高质量发展体系、建设一流营商环境体系、建设现代化社会治理体系）绿色主导产业、重点项目建设年、京津冀协同发展等重点工作，开展产业转型升级、科技创新、高新技术产业、固定资产投资、京津产业转移单位监测以及城镇化监测、“三新”（新产业、新业态、新商业模式）产业统计、全面建成小康社会、妇女儿童发展、全国污染源调查、节能降耗“双控”目标统计监测，建立工作台账，执行定期汇报、定期总结、定期通报制度。落实“1+6”工作机制，坚持依法统计、据实统计，加大监测频率，缩短时间。定期编印《承德统计公报》《承德统计年鉴》《统计提要》《主要经济指标手册》《统计月报》《统计实用手册》《领导咨询手册》《统计分析汇编》等资料，为党政领导和社会各界提供及时准确全面的统计数据。通过统计内网、外网、政府网、省统计局网站、和合承德网等平台宣传统计工作、发布统计数据，年度更新数据量达到500篇次以上，接待咨询1260余次，累计提供信息13.5万笔。接受人大的监督，全年报送经济运行报告3篇，参加市人大专题汇报3次。加强舆情监测，做好法人和个人通过政务信息公开平台、市长热线、信访等渠道的咨询服务，一年内累计办结事项5项。

【深化统计改革】　服务全市高质量发展，主动对接市直部门，完成全市和各县（市、区）数据的搜集整理和审核评估，高质量发展改革成果得到省人大常委会副主任、市委书记周仲明肯定。形成的专题报告被评为承德市社会科学发展研究课题优秀奖第一名。地区生产总值统一核算改革工作稳步推进。建立联席会议制度，定期召开全市及县（市、区）地区生产总值核算联席会议。印发《承德市地区生产总值统一核算实施方案》，完成全市及分县（市、区）数据修订工作。举办全市国民经济核算业务培训班，特邀省统计局专家授课，市、县（市、区）政府主管领导及相关部门负责同志80余人参加。绿色GDP（国内生产总值）核算改革取得积极进展。制定了承德市绿色GDP核算项目实施方案和承德市绿色GDP核算项目采购需求方案，开展2015、2018年绿色GDP的核算工作，向市政府报送《承德市绿色GDP核算有关情况的报告》，形成了《承德市经济生态生产总值核算报告》。

【法治建设】 完善法治基础，印发《2020年全市法治建设要点》，修订行政执行三项制度，制定《承德市统计局2020年“双随机、一公开”监管工作方案》《承德市统计局统计违法举报工作实施办法》《统计数据质量追溯和责任追究办法》等制度。市县两级统计部门利用局党组会议、理论中心组会议开展统计法律知识学习，市统计局党组（扩大）会议7次学习统计法律法规并研究统计法治工作。召开专业例会、年定报会议对统计干部职工和基层报表单位统计人员开展统计普法宣传和诚信承诺活动，利用多种平台进行法律知识宣传和讲解，在重要节点开展现场宣传。组织开展了“双随机”执法检查，对检查发现的问题及时进行督促改正，进一步提高基层企业如实上报和守法意识。制定《月度数据现场核查制度》《月度数据查询制度》，累计查询6500余家次单位，现场核查150余家单位（项目），有效地提升基层源头数据质量。深入开展统计造假专项整治。成立工作机构，明确工作职责，细化工作举措，对标对表，制定问题清单，推进整改措施落实。召开全市统计系统法治工作会议，对防惩统计造假专项整治工作进行再动员、再部署。

【依法入统】 建立入统审批协调机制。建立由统计、发改、工信、商务、行政审批等部门密切配合的协调联动机制，密切跟踪监测全市新建企业（审批备案项目）开工建设进度和经营情况以及营业收入接近入统标准的规下（限下）企业，做好业务指导培训，达到入统标准后，立即申报入统。国家统计局审批的新增入统一套表联网直报单位266家。其中，工业企业48家，贸易业企业15家，服务业企业8家，资质以上房地产和建筑业企业109家，投资法人单位86家。

【人口普查】 成立市第七次全国人口普查领导小组，明确了办公室组成人员、内设机构设置。市财政落实普查经费170万元，为工作开展提供财力保障。制定《承德市第七次全国人口普查领导小组办公室工作规则》《承德市第七次全国人口普查领导小组成员单位职责分工和工作方式》等一系列工作制度，规范普查各环节行为，保证依法依规开展普查。加强普查宣传动员。采取传统媒体与新媒体相结合的方式开展普查宣传，利用承德电视台、承德电台、“承德日报”、《承德晚

7月21日，承德市第七次全国人口普查综合试点仪式在滦平县滦平镇启动，市人口普查领导小组组长、常务副市长李晋宇，市人口普查领导小组副组长、市统计局党组书记、局长遇建军出席会议并讲话

报》、和合承德网、今日头条、公交车LED屏、移动公司短信推送服务等媒介进行人普知识宣传。同时，发放普查宣传包、雨伞、宣传画，实现全方位、广视角、全覆盖。召开人口普查新闻发布会，制作电视专访，向社会各界介绍和宣传第七次全国人口普查，进一步提升普查对象对人口普查的认知度。举办“大国点名，没你不行”为主题的人口普查宣传月启动仪式，提高调查对象的支持度。分期对各县（市、区）、乡（镇）、街道普查办公室人员开展业务培训，采取讲座、问答、互动、实例讲解等形式，提高培训的质量和效果，培训人员超过300人。扎实开展入户调查登记。全市2万余名普查指导员和普查员分赴15276个普查小区开展实地登记，期间，市统计局组成6个督导组，由局领导带队对12个县（市、区）开展实地检查，及时了解工作开展情况和进度，对登记过程中出现的问题进行梳理研究，做好解答反馈。

【统计信息化】 充分发挥统计“听民声、聚民智、解民意”的作用，进一步拓展服务领域，优化服务方式，建成高标准、高水平的计算机电话访问系统，该系统集电话访问功能、微信在线调查、面访等功能于一身，在调查中采取“政府＋高校”的运行模式，与河北旅游学院进行政校合作，组织开展了全市生态环境群众满意度调查，调查样本3600个，覆盖12个县（市、区），调查方式和手段更加现代化、信息化、智能化，工作效率极大提升，智慧统计持续发力推进。实施网络升级，实现500M光纤接入，做到24小时网络安全监控，提高网络安全防御能力。

2020年市统计局领导名录

党组书记、局长：遇建军
党组副书记、副局长：任树怀（3月免）
党组成员、副局长：张秀红（女）
　　　　　　　　　鲍景欣（女，满族）
副局长：宋艳芝（女，3月任）
普查中心主任：鞠建茹（女，3月免城调队队长）
城调队队长：徐维军（3月任城调队队长，5月免总统计师）
总统计师：杨旸（女，蒙古族，5月任）

（供稿　陈立永）

行政审批和政务服务

【概况】 2020年全市行政审批和政务服务工作对标国内最高标准，统筹推进新冠肺炎疫情，推动“承德办事一次成”向“承德办事不用跑”转变升级，为全市经济社会高质量发展提供有力保障。

【疫情防控】 贯彻落实国家和省、市新冠疫情防控部署，实行防疫与发展两手抓。第一时间全员取消春节休假，成立应对疫情工作领导小组，制定防控工作方案，反复研究部署。把严防输入摆在首要位置，细致开展信息排查工作，对1名瞒报出行信息的劳务派遣人员予以辞退处理。实行处级干部带班和科级干部轮流值班制度，守好大厅出入登记、检测体温、扫码验证3道关口，职工食堂实行送餐和错时用餐制，防止人员聚集，确保了大厅平稳度疫、安全运行。创新应对疫情服务模式。实行疫情期间与疫情前“无差别办公”，是全省唯一没有停止线下窗口服务的政务服务大厅。创新实施“六办”审批服务，实行紧急事项“即时办”，一般事项“网上办”，特殊事项“容缺办”，到期证照“延期办”，实地勘验“远程办”，现场受理“全代办”，确保疫情期间政务服务效率不减、标准不降，相关做法经市委、市政府主要领导批示印发全市推广。保障疫情防控与经济发展顺利推进。针对疫情初期防疫药品、医疗器械短缺问题，开通网上受理渠道24小时受理企业申请，仅春节假期结束后一周内就为11家药品连锁总部、183家连锁门店办理营业执照经营范围增项，为宽广、福满家等企业的79家门店、便利店办理了《医疗器械经营备案凭证》；针对疫情期间房地产业发展缓慢问题，起草并提请市政府印发《关于应对疫情促进房地产市场平稳健康发展的政策措施》，支持房地产业平稳健康发展，为全市应对疫情、持续高质量发展提供有力保障。

【提升审批效能】 加强组织领导和统筹协调，大力谋划实施契合上级要求、体现承德特色的改革举措。创新工作推进机制。开展乡镇（街道）机构改革，组织各县（市、区）向乡镇下放事项100项，218个乡镇（街道）设立行政综合服务中心，2636个村（社区）设立了综合服务站，平均每个乡镇（街道）有8人、每个村（社区）有2人从事行政综合服务工作。开展审批服务“百事通”改革，将涉及多层级协同、多部门审批、多事项联办的审批服务事项“一揽子”整合，推动企业群众眼中的一件事“办事一次成”。再造审批服务流程。在工程建设项目领域，制定《承德市优化政府投资建设项目审批流程若干措施》和《承德市优化民营投资建设项目审批流程若干措施》，制作政府投资、社会投资等6大类项目审批流程图，合计精简环节61个、申请要件49个，核发“施工准备函”等经验做法被作为国务院第七次大督查先进案例报国务院督查室。在企业注册登记领域，印发《承德市企业开办一日办结工作方案》，推行设立登记、印章刻制、社保登记等环节全程网办；市、县两级政务服务大厅

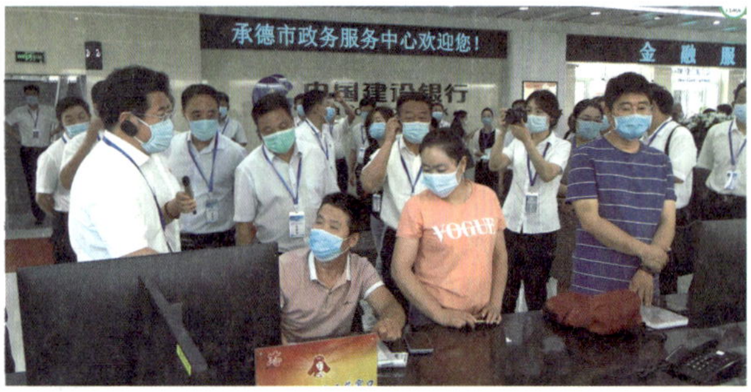

7月7日，组织召开全市承德办事一次成改革暨政务服务标准化建设现场会

全部设立企业开办专区，提供一日准营套餐服务，企业开办时间压缩至8个工作小时。在中介服务领域，制定《委托投资咨询评估管理办法》，招标选取20家中介服务机构开展行政审批辅助服务，对服务质量实行评级打分评价，促进中介服务水平实现提升。深化依法行政。加大政务公开力度，开通“承德政务服务”微信公众号，畅通信息咨询和监督渠道，推动审批权力阳光运行。加大普法宣传力度，广泛宣传宪法、民法典及政务服务领域法律法规知识。推进行政执法“三项制度”改革，实行重大执法决定法制审核制度，全年共审核9个重大执法事项。行政审批局成立以来从未发生行政复议问题，连续3年被省政府评为“依法行政先进单位”，被省政府表彰为“优化营商环境推动高质量发展工作先进集体”，被市政府推荐为“省级行政审批制度改革示范创建单位”和“省级普法工作示范单位”。

【优化政务服务】 对标国内一流标准，创新管理模式，促进服务水平提升。深化清单管理。编制完成《县级行政审批局“应划必划”事项清单》《县级政务服务大厅“应进必进”事项清单》和《服务事项内控目录》《公共服务事项内控目录》。开展“五级四同”（省、市、县、乡、村五级，事项名称、许可类型、实施编码、行使层级相同）事项认领和实施清单编制工作，全市共认领事项12994个，实现事项审批标准规范、县域间标准统一。规范业务管理。开展“政务服务大讲堂”活动，面向市、县两级行政审批干部职工开展经常性法治和业务知识培训，全系统的业务能力显著增强。对231个事项服务指南进行2轮集中梳理，进行合规性审查，审批服务法治化水平不断提高。定期开展行政许可案卷抽查，发现问题立即整改，审批服务标准化水平大幅提升。严格大厅管理。与香港现场管理学会合作，启动实施OSM现场管理系统项目。推行政务服务“不打

烊”，自4月1日起实行双休日、节假日照常办公，为企业群众提供“8×365”不间断服务。全年共办理业务13.2万件，全部在承诺时限内办结。7月份市政府组织召开全市政务服务标准化管理工作现场会，推广市政务服务大厅标准化管理工作经验。在省政府组织的营商环境测评中，市政务服务环境排名全省各地市第3位，被评为省级“政务服务标杆城市”。

【推进“互联网＋政务服务”】 加快构建一体化网上服务体系，推动跨层级、跨地域、跨部门业务协同，提高网上办事效能。着力优化网上办事环境。进一步完善市“互联网＋政务服务”平台和“满意承德”平台功能，推行政务服务“一网通办”。平台共归集政务数据5亿余条，汇聚审批、旅游等 921项应用服务，嵌入公积金、交通等100余项查询服务，在全省率先实现居民养老保险、工伤保险等70类数据跨部门应用，社保医保业务实现“两网互联”、应用电子二维码扫码购药，惠及参保人员40余万人。着力提升网上办事比例。实施“承德办事网上行4611工程”，市县政务服务事项网上可办率由2019年的90%提升至99%。其中，44%的行政审批事项可通过河北政务服务网和各系统专网实现不见面审批，61%的高频事项通过网上平台和自助终端实现全天自主申报，100%的公共服务事项实现网上查询、预约、申报，100%的公共资源交易事项实现无纸化网上评标。着力推进国家电子证照试点。参照国家和省相关证照标准，建设统一规范的电子证照库，归集电子证照21万余个，备案电子印章405个，纳入省“冀时办”平台电子卡证包，在业务办理过程中作为办理依据，推动“数据多跑路、群众少跑腿”，被国家电子政务理事会表彰为“互联网＋政务服务”先进单位。

【公共资源交易】 进一步规范公共资源交易工作运行程序，全年共完成交易项目961宗，成交金额116.95亿元，节约财政资金2亿元，增收624.18万元。完善制度建设。制定实施《进场交易项目业务受理管理办法》《评标（评审）专家抽取管理制度》等规章制度，进一步规范交易项目操作流程和服务标准，从制度上保障交易流程顺畅、标准规范、衔接有序。推进全流程电子化。升级改造电子评标室和远程异地评标室，建设与国家和省级平台互联互通、数据共享、CA认证的全流程电子化系统，各类交易项目全部实现“不见面开标”和“电子评标”，有效强化交易风险防控，降低招标成本。加强交易监督。制定《承德市公共资源交易领域基层政务公开标准目录》，组织开展招投标有关规定清理工作，及时废止与国家和省最新政策措施不一致的文件规定，维护了法律制度的统一。建立公共资源交易行政监督部门协同监管机制，依法查处违法违规交易行为，实现部门协同执法、案件限时办结、结果主动反馈。

【社会信用体系建设】 聚焦制约社会信用体系建设的关键环节，着力夯实基础。加强信用信息归集。编制完成《承德市公共信用信息资源目录》和《承德市“双公示”信用信息目录》，涵盖34个单位3000余个事项，归集“双公示”信用信息756万条、承诺信用信息1万余条，公共服务企业信用信息4万余条。实行信用信息“红黑名单”管理制度，归集“红黑名单”信息覆盖司法、人社等七大领域，累计公示信息6542条。制定《承德市企业信用联合奖惩办法》，梳理发布《承德市失信被执行人联合奖惩措施——事项清单》，激励守信企业2200家，在对企业实施信用奖惩方面迈出重要步伐。加强信用信息平台建设。实施市信用信息平台二期建设，定制信用监管、联合奖惩等15个应用系统和支持项目落地的10项服务，实现了“信用＋指尖办”。加强信用信息应用。开展信用信息修复服务，受理22家企业信用修复申请，修复完成率达100%。推广“信易贷”产品，帮助3202家企业贷款51.3万元。加强商务诚信建设，协调帮助3家企业解决总计5636万元的债务纠纷。在丰宁开展全省乡镇和街道社会信用体系建设试点，打造“爱心超市”“信用银行”等亮点工作，为加强乡镇信用体系建设提供宝贵经验。

【服务企业发展】 创新涉企服务机制，主动靠前为企业发展排忧解难，推动“六稳六保”（“六稳”是指稳就业、稳金融、稳外贸、稳外资、稳投资、稳预期工作；“六保”是指保居民就业、保基本民生、保市场主体、保粮食能源安全、保产业链供应链稳定、保基层运转）任务落实。创新政企沟通机制。市、县两级全部成立企业发展服务中心，组建专职队伍。市、县两级政务服务大厅全部设立“企业发展服务专区”，开通24小时服务热线。全市有214个乡镇行政综合服务中心增加服务企业职能。创新部门协作机制。完善《“中心吹哨、部门报到”工作机制》，配套制定清单管理、响应联动、审核督办等九大保障机制，全年共“吹哨”解决各领域企业生产经营中的问题困难200余个，得到广大企业的认可与好评。创新立体帮扶机制。按照试点先行、全面跟进的思路，在“四上企业”（规模以上工业企业、资质等级建筑业企业、限额以上批零住餐企业、规模以上服务业企业）及重点企业设立“政府工作服务站”，选派“政府服务代表”全权代表政府帮助企业协调解决各类问题。探索实施“企服中心＋服务代表＋行业”“企服中心＋服务代表＋区域”等服务模式，把服务现场搬到企业车间、项目一线，把政策送到企业的门口、窗口。已设立政府工作服务站12078家，派驻“政府服务代表”1492名，累计帮助企业解决问题2.9万个。创新常态助企机制。开展“助企服务大走访”活动，分层次组织党员干部、“政府服务代表”进企业、讲政策、搞调研、办实事，帮助企业打造“专精新特”核心竞争力。开启“线上＋线下”智慧服务新模式，组织开展“服务企业云上行”活动，促成签约企业40余家、意向引资2.3亿元，帮助15家企业与科研单位达成科技成果转化意向。于9月份作为省大督查正面典型向省委常委会做专题汇报，得到省委、省政府领导的肯定，经验做法在中央电视台和《经济日报》等媒体报道。

2020年市行政审批局领导名录

党组书记、局长：刘秉奇（满族）
党组副书记、副局长：徐立新（女，蒙古族）
邢建军（满族，3月任）
党组成员、副局长：魏占军（3月任党组副书记）
闫景会
于鹏飞（满族）
党组成员：吕新东（3月任）
刘全立（8月任）
副局长：唐建国（11月任）

（供稿　王靖斌）

脱贫攻坚

【概况】 2020年是脱贫攻坚战的收官之年，承德市把打赢脱贫攻坚战作为重大政治任务和第一民生工程，坚持精准扶贫、精准脱贫，落实“六个精准”（扶贫对象精准、措施到户精准、项目安排精准、资金使用精准、因村派人精准、脱贫成效精准）“五个一批”（发展生产脱贫一批、易地搬迁脱贫一批、生态补偿脱贫一批、发展教育脱贫一批、社会保障兜底一批），推动脱贫攻坚取得决定性胜利。全市45.6万贫困人口全部脱贫，7个贫困县全部脱贫摘帽，936个贫困村全部出列。区域性整体贫困得到解决，贫困地区生产生活条件明显改善，贫困群众收入稳步增加，幸福感和获得感显著提升，为全面建成小康社会筑牢了坚实基础。在脱贫攻坚实践中，承德市不断探索创新，打造脱贫攻坚“八措并举”（精准识贫、特色产业培育、基础设施建设、金融扶贫、光伏扶贫、健康扶贫、产权制度改革、脱贫攻坚党旗红）组合拳等一批具有承德特色的扶贫模式和经验做法，走出了一条绿色、生态、可持续的精准减贫之路。许多做法获得了中央、国家部委和省领导的批示肯定，成为典型案例在全省、全国推广。如：“非遗＋”手工业扶贫、“生态产业化、产业生态化”生态扶贫入选全国产业扶贫优秀案例；国家“一号风景大道”旅游扶贫模式入选2020年世界旅游联盟旅游减贫典型案例；以承德脱贫攻坚为背景拍摄的电视剧《最美的乡村》在央视一套播出，在全国引起热烈反响。

【全面完成脱贫任务】 经过2020年集中攻坚，剩余贫困人口于9月底已全部达到脱贫标准，于11月底全面完成退出程序。经市级核查，剩余的1938户4554人均达到既定脱贫指标要求，各项帮扶政策措施全部落实到位，实现高质量稳定脱贫。

【建全脱贫攻坚制度】 健全严密的组织领导体系。坚持四级书记（市、县、乡、村）抓扶贫、党政同责，强化党政主要负责同志“双组长”制度，建立“1+13”（指承德市扶贫开发和脱贫工作领导小组和13个专项扶贫领导小组）组织领导体系，推行常态化研究部署、领导干部包联、脱贫攻坚“擂台赛”等工作制度，切实做到攻坚力度、帮扶水平、扶贫质量、脱贫成效“四个提升”。2020年，累计召开市委常委会、市政府常务会、领导小组会议38次，四级书记遍访贫困对象工作实现全覆盖，举办乡镇党委书记脱贫攻坚“擂台赛”110余次。构建可靠的政策支撑体系。在深入落实中央和省政策措施的基础上，立足承德实际，先后制定《脱贫攻坚决战决胜工作方案》《剩余贫困人口精准脱贫方案》等综合性指导文件，研究出台复工复产、驻企服务、稳岗就业、消费扶贫、加大投入等有力措施，推动脱贫攻坚深入扎实开展。完善严格的责任落实体系。实行脱贫攻坚“月对标、季对表、年对账”制度，通过对标抓进度、对表找差距、对账保落实，防止精力分散、松劲懈怠，持续保持攻坚力度。加强日常监督指导，采取综合督查、区域督查、集中核查等方式，实施全方位、无死角督导检查，纪委监委全程参与，充分激发广大干部责任意识和担当精神，确保脱贫攻坚目标任务落地落细落实。

【促进贫困群众稳定增收】 积极应对疫情，多措并举促进贫困群众持续稳定增收。在毫不放松做好疫情防控前提下，完善分析应对机制，答好“加试题”，实现“双胜利”。突出产业扶贫引领。聚焦县域“1+2”特色产业和食用菌、中药材、时差菜、手工业、乡村游等9大特色扶贫产业，制定出台《关于应对疫情影响促进企业持续稳定健康发展的实施意见》等政策措施，深入实施“扶龙计划”，在全省创新成立市、县两级企业发展服务中心，建立政府驻企服务站和服务代表，全面帮助企业解决防疫物资、原材料、用工、资金和市场等问题，全市134家省级扶贫龙头企业、72个扶贫园区、77个扶贫车间全部复工复产、稳产达产，累计创建农业创新驿站17个，组建专家服务团队49个，发展合作社1.27万家，在实现贫困户产业帮扶全覆盖的基础上，进一步提升产业增收贡献率和带贫能力。加大就业扶贫力度。坚持把稳就业保就业放在更加突出位置，制定出台《关于应对疫情影响做好稳就业工作的若干政策措施》，落实财政奖补、生产补贴、稳岗补贴等各项政策，设置公益岗6.22万个，实现贫困劳动力就业18.48万人。推行“1+3+4”（建立“1”本贫困劳动力信息台账，分类实施“3”种培训，实现“4”个目标）扶贫培训模式，搭建县乡村三级就业服务平台，让每一个贫困家庭劳动力至少掌握一门增收致富本领，累计培训创业致富带头人2208人次。强化科技扶贫支撑。

5月19日，在天津市推介“承德山水”农产品区域公用品牌，并以视频带货、终端自助销售等多种形式

积极与高等院校、科研院所开展交流合作，组建国家和省级综合试验推广站14个、省级以上星创天地41家，引导科技人才资源成果向贫困地区转移转化。组建专家服务团队29个、乡镇科技服务站245个，选派科技特派员110人到贫困地区开展服务，开展技术服务指导2500多次。创新消费扶贫模式。立足承德实际，积极培育“承德山水”“承德好礼”两大品牌，先后举办承德山水进北京、进天津等5场大型推介活动，并以视频带货终端自助销售等多种形式全面展示78家企业米面粮油、时令果蔬、肉食蛋奶、休闲副食、营养速食、酒水饮料6大品类508种单品。推动承德扶贫产品进京津社区、企业、机关、学校、商超等，签订各类消费扶贫协议51个、总金额14.2亿元，全市认定带贫企业和经济组织899家，共认定扶贫产品599个，销售额达到43.63亿元。扩大金融扶贫规模。建立县乡村三级金融服务网络，发挥“政银企户保”金融扶贫平台作用，落实小额信贷支持政策，探索实施户贷社管合作发展等模式，提高贷款增量，严格防控风险。新增贷款1.7亿元、4039户。

【落实“两不愁三保障”】 坚持把“两不愁三保障”（“两不愁”就是稳定实现农村贫困人口不愁吃、不愁穿；“三保障”就是保障其义务教育、基本医疗和住房安全）作为脱贫攻坚的底线任务和标志性指标，严格工作标准，聚焦短板弱项，进一步巩固提升脱贫成果，确保全面小康路上一个不掉队。教育扶贫方面，深入实施乡村教育“三提两培”行动计划，全面落实“两免一补”（免杂费、免书本费、补助生活费）“三免一助”（免学费、免住宿费、免费提供教科书，国家助学金）等各项资助政策，持续推进控辍保学“七长”（县区长、乡镇长、村长、家长和县区教育局长、校长、师长）责任体制和五级包保工作机制，全市九年义务教育入学率达到100%，没有发生因贫失学辍学问题。2020年落实“两免一补”“三免一助”等各类资助资金4.9亿元，惠及建档立卡学生6.7万名。健康扶贫方面，深入推进基层医疗能力提升“雨润工程”和“智慧分级诊疗”模式，落实先诊疗后付费、“一站式”即时结算等政策，农村医疗机构和人员空白点全部消除，进一步解决农村广大群众看病贵、看病难问题。贫困人口基本医疗保险、大病保险、医疗救助“三重保障”全覆盖，为贫困人口落实个人缴费资助1.15亿元，认定门诊慢性病1.45万人，落实待遇9093.97万元。住房安全方面，对贫困户住房安全逐户排查，实现鉴定全覆盖，“四类重点对象”（建档立卡贫困户、低保户、农村分散供养特困人员和贫困残疾人家庭）危房改造任务全部完成，累计改造8.8万户。扎实推进易地扶贫搬迁，坚持“两区同建”，加强搬迁后续扶持，全市149个集中安置区全部交付使用，30461名建档立卡人口全部入住，建成166个配套产业园区，1.2万人实现转移就业。饮水安全方面，实施饮水安全巩固提升工程，新下达资金1791万元，惠及0.9万农村人口。兜底保障方面，农村低保年标准提高至4800元、特困供养年标准提高至6240元，实现建档立卡贫困人口“应保尽保”。

【防止致贫返贫】 坚持把脱贫摘帽作为奋斗新起点，进一步筑牢致贫返贫防线，持续巩固扩大脱贫成果。着力强化后续扶持。对退出贫困县、贫困村、贫困户，严格落实“四个不摘”（摘帽不摘责任，摘帽不摘政策，摘帽不摘帮扶，摘帽不摘监管）要求，持续加大工作力度，确保脱贫退出稳定可持续。省市县三级936个驻村工作队、所有驻村工作队员全部在岗在位，切实做到帮扶政策不变、帮扶力度不减、帮扶责任不摘，真正实现“扶上马、送一程”。着力健全防贫机制。出台《关于建立健全脱贫防贫长效机制的实施意见》《承德市防贫监测和帮扶工作实施细则》等文件，建立“七有”防返贫监测机制，形成事前预防、事中帮扶救助、事后跟踪监测的“闭环”防贫体系。将脱贫不稳定户和低收入边缘户1.16万户、2.9万人纳入防贫监测范围，建立“一对一”防贫联系人，实现防贫监测、帮扶救助、退出跟踪全过程跟进。着力开展帮扶救助。按照“缺什么补什么”的原则，对防贫对象制定针对性帮扶救助计划，采取产业就业帮扶、教育专项救助、购买防贫保险、社会基金救助等措施，第一时间开展精准帮扶，消除返贫致贫风险0.68万户、1.68万人，全市未发生返贫致贫等问题。着力增强内生动力。深入挖掘并大力宣传勤劳致富的好典型、好经验，讲好脱贫攻坚“承德故事”，引导广大群众用智慧和劳动实现脱贫致富。开展扶贫扶志宣讲活动1000多场次、新时代文明活动2500余场次，评选“十星级文明户”2万余户，培树道德模范1200余人。

【帮扶协作】 凝聚全社会合力攻坚动力，用足用好各方面帮扶资源，借势借力深化协作帮扶效果。深入推进东西部扶贫协作。抢抓东西部扶贫协作重大机遇，对接京津在资金项目、劳务协作、人才交流等方面持续加大帮扶力度，累计争取帮扶资金20.6亿元，谋划实施帮扶项目576个。2020年，争取帮扶资金4.45亿元，实施帮扶项目190个。切实加强中央定点扶贫。积极争取民建中央、人民日报社、生态环境部、国家邮政局等单位帮扶支持，累计为5个帮扶县投入和引进资金15.26亿元，实施帮扶项目212个。2020年，投入引进资金2.38亿元，实施帮扶项目86个。全面开展“千企帮千村”行动。全市1015家企业与贫困村实现结对全覆盖，实施帮扶项目671个，带动建档立卡贫困户4.37万户、11.59万人。凝聚社会帮扶合力。深化“脱贫攻坚党旗红”“人大代表展风采”“政协委员四引四帮”等活动，动员各类机关、团体、企事业单位和各界爱心人士积极参与扶贫事业，营造打赢脱贫攻坚战的浓厚社会氛围。

【作风建设】 确保脱贫成效经得起实践和群众检验。深入开展“抓党建、防疫情、促脱贫、保小康”活动，把扶贫领域问题整改与作风专项治理紧密结合，进一步提升脱贫攻坚工作质量水平。强化问题整改。围绕“三落实”（责任落实、政策落实、工作落实）“三精准”（精准识别、精准帮扶、精准退出）“三保障”（保障义务教育、保障基本医疗、保障安全住房），持续开展问题“大起底、大排查”活动，认真研究制定问题整改方案，对各类问题全部建立任务清单、责任清单、进度清单、效果清单“四张清单”，堵塞制度漏洞，严防问题反弹。历年中央脱贫攻坚专项巡视、国家和省脱贫攻坚成效考核、国家脱贫攻坚督查、普查、巡查等反馈问题全部完成整改。突出专项整治。深入开展扶贫领域腐败和作风问题专项治理，严肃政治纪律、工作纪律，严把退出关口，坚决杜绝数字脱贫、虚假脱贫，切实做到扶贫工作务实、脱贫过程扎实、脱贫结果真实。健全完善扶贫资金监管制度，全面推行绩效评价，通过设立举报信箱、举报电话等多种方式加强监督，确保扶贫资金规范、安全、高效使用。打造过硬队伍。明确细化县乡党委、驻村工作队、帮扶责任人、派出单位等25项帮扶工作要求，组织开展各级驻村干部培训和脱贫攻坚网络大讲堂，2020年组织培训驻村干部2813名、扶贫干部560名，打造一支素质高、作风硬、讲奉献的扶贫干部队伍。

【发展贫困地区经济】 坚持以脱贫攻坚统揽贫困地区经济社会发展全局，持续加大投入力度，增强“带贫”能力和“造血”功能。果、菜、牧、菌等9大特色扶贫产业迅速发展，“五个百万基地”等一批重点项目有力实施，各类带贫经营主体不断壮大。生态扶贫、光伏扶贫、旅游扶贫、电商扶贫等新业态扶贫项目较快发展，贫困地区生态环境明显改善，经济活力和发展后劲明显增强，贫困群众就业增收渠道明显增多。

【增强贫困治理能力】 和基层党建水平明显提升。基层干部通过开展贫困识别、精准帮扶，作风发生积极转变，本领不断得到提高，巩固了党在农村的执政基础。全市共派出936个驻村工作队，累计选派11200余名党政机关和国有企事业单位干部到贫困村担任第一书记或驻村干部，与当地干部群众同吃同住同劳动，帮扶干部做群众工作和处理复杂问题的能力快速提高。农村基层党组织凝聚力和战斗力进一步增强，基层治理能力和管理水平明显提升，党群干群关系不断改善。

【探索“五个一批”林业扶贫模式】 以构建京津“生态功能支撑区”“建设生态承德”为抓手，大力实施“五个一批”林业扶贫模式，通过造林、护林、营林、发展经济林及天然林补贴五类带贫益贫方式，每年带动贫困人口6.5万人，人均收入4000元以上，走上了生态与脱贫互促共赢、良性发展的轨道，真正实现了“绿水青山”变“金山银山”。经验做法受到国家林业和草原局党组成员、副局长李树铭批示肯定，要求林业地区学习借鉴。

【打造“承德山水”品牌】 以建设为引领推进产业扶贫。举全市之力打造“承德山水”农产品区域公用品牌，通过品牌建设，强基地、提质量、拓市场、增效益，引领产业扶贫高质量发展，促进贫困群众持续稳定增收。现有135家企业、7大品类756个单品进驻“承德山水”平台，当年销售额突破5000万元，带动40余万贫困群众稳定增收。“承德山水”品牌先后荣获“2019年中国农产品区域公用品牌—市场新锐品牌”和“我最喜爱的河北农产品品牌”称号。经验做法得到农业农村部总经济师魏百刚批示肯定。

【实行对标、对表、对账机制】 提出“防懈怠、补短板、抓巩固、保脱贫、促提升”的工作思路，在全市实行“月对标、季对表、年对账”工作机制，对全年重点工作任务，逐个部门、逐月、逐项细化分解，按月对标抓进度、按季对表找差距、全年对账保落实，“考评问用”算总账，实现攻坚力度、帮扶水平、扶贫质量、脱贫成效全面提升，为决战决胜脱贫攻坚提供有力保障。

【消费扶贫助推精准脱贫】 创新举措实施。积极抢抓国家消费扶贫的重大政策机遇，深入开展消费扶贫专项行动，通过用好东西部扶贫协作平台、打造“承德山水”区域公用品牌、拓宽销售渠道、建立带贫益贫机制，保障了贫困地区扶贫产品稳定销售，实现了促进贫困群众稳定增收与解决城市居民“菜篮子”“米袋子”“肉案子”“果盘子”问题有效结合，促进全市扶贫产业健康发展，为打赢脱贫攻坚战提供有力支撑。副省长时清霜对“承德市创新举措实施消费扶贫行动助推精准脱贫”的经验做法作出重要批示：承德市消费扶贫抓得实、有创新、效果好，经验做法具有推广借鉴价值。承德市消费扶贫典型经验在河北省政务交流印发推广。

【创新旅游扶贫模式】 依托独特的旅游资源，着力打造国家“一号风景大道”旅游扶贫示范区，将围场、丰宁两个国家级贫困县境内的坝上草原全长180千米的国家“一号风景大道”打造成为“绿水青山就是金山银山”的扶贫大道，将旅游景区景点、旅游驿站、自行车慢行系统等资源与周边贫困村乡村旅游产业发展相结合，重点打造沿线37个旅游扶贫示范村，有效带动坝上深度贫困地区16个乡镇、112个行政村、16.6万人（建档立卡人口2.1万人）走上旅游脱贫致富道路。该模式荣获2019旅游扶贫年度典型案例，2020年10月10日，成功入选《2020世界旅游联盟旅游减贫案例》，为国际旅游减贫事业贡献范例和智慧。

【“非遗”+扶贫+就业】 紧紧抓住丰宁满族自治县被确定为全国“非遗+扶贫”试点县和“第一批‘非遗+扶贫’重点支持地区”契机，充分挖掘利用本地特色非遗资源，帮助贫困群众居家就业、就近就业，实现稳定增收，走出一条以非物质文化遗产项目助力精准脱贫攻坚的新路径。全市共实施“非遗就业”项目26个，建立“非遗”扶贫就业工坊（车间）33个，帮助1.6万名贫困群众实现就业脱贫，年人均增收2800元以上。承德“非遗+扶贫+就业”模式得到各级领导的充分肯定和认可。丰宁县“振兴传统工艺助力产业扶贫”经验做法入选2020年全国产业扶贫典型案例，在全国推广。

【创新生态扶贫模式】 围场满族蒙古族自治县创新实施“生态产业化、产业生态化”扶贫模式。围场聚焦生态文明建设和脱贫攻坚，大力弘扬塞罕坝精神，积极践行“两山”理念，创新实施“生态产业化、产业生态化”扶贫模式，通过发展林业生态经济，实现生态建设与脱贫攻坚“双决胜”。经验模式入选《全国产业扶贫优秀案例》，在全国产业扶贫工作推进会上推广，得到生态环境部党组书记孙金龙批示肯定，国务院扶贫办委托山西大学对该模式作系统总结。

2020年市扶贫开发办公室领导名录

党组书记、主任：张志民（满族）
党组副书记、副主任：刘海丽（女，满族）
党组成员、副主任：王庆民（蒙古族，6月免副主任）
赵　辉
李铁玉
贾海超
白晓华（满族，6月免副主任）
魏文丽（女，6月免副主任）
刘俊杰（11月任）
王常续（11月任）
副主任：韩智军（挂职）
孙岚丽（女，11月任）

（供稿　宋云童）

市场监管

【概况】 全市市场监管系统紧紧围绕河北省工作部署，聚焦“活力、秩序、质量、安全”目标，深化“放管服”改革，强化市场监管、质量监管、安全监管，大力实施质量强市和标准化战略，坚决落实“四个最严”要求（最严谨的标准、最严格的监管、最严厉的处罚、最严肃的问责），团结一心，攻坚克难，全力落实疫情防控各项举措，各项工作均取得一定成效。

【疫情防控】 新冠肺炎疫情暴发后，全系统坚持“疫情就是命令、防控就是责任”，闻令即动，举全系统之力开展疫情防控工作。保供应。针对防疫急需药械，坚持特事特办，协助宽城六禄公司等企业办理医用口罩、消毒液等防护产品生产经营许可业务，协助承德梵纳瑞进出口商贸有限公司获得医疗器械经营备案，避暑山庄集团获得消杀许可证。保价格。启动疫情防控价格监管应急机制，依法查处一批不按规定明码标价、价格欺诈、哄抬价格等价格违法和扰乱市场秩序行为。保质量。对全市防控用药、防护用品生产企业专人驻厂严守质量安全。对全市食品、药品、医疗器械生产单位，以及医用计量器具、特种设备使用单位开展全覆盖检查。6月份，针对北京新发地市场疫情，迅速开展食品安全隐患排查整治，对农贸市场等5类重点场所及机关企事业单位食堂从业人员进行全面核酸检测，累计抽检相关产品和环境样品3993批次，相关人员核酸检测9976人次。积极开展生产集中区等重点区域冷链食品疫情防控隐患排查。保秩序。深入开展野生动物交易、口罩违法行为“联合双打”行动、广告市场整治、防疫用品领域认证活动专项整治等。保发展。制定支持复工复产措施16条，制定统筹推进市场监管常态化疫情防控和服务经济发展措施12条。检定校准计量器具、减免检验检测费用、实施融资帮扶、开展广告助企、保障中小学复学复课食品安全等，为市场主体纾困解难。市局班子成员多次带头或联合相关部门下基层实地督导疫情防控工作。广大基层市场监管干部深入城乡农（集）贸市场、商店超市、药店、餐饮等场所督促落实防控措施，做了大量卓有成效的工作，得到各级领导和社会各界的广泛好评。共报送疫情防控工作专报200余期，市领导批示16次。立案查处的销售假冒“飘安”口罩案件，市长常丽虹给予肯定性批示。

【优化市场发展环境】 市场准入便利化水平持续提升。精简企业开办环节，实现企业开办“全程网办、一日办结”，外资登记服务“不打烊”，登记注册时间压缩至4小时内。积极推进“证照分离”改革全覆盖，以政府名义印发工作方案。全市市场主体净增19217户，总量达27.48万户，同比增长10.73%。政务服务规范化水平逐步提升。编制全市外资企业登记服务指南，完善政务服务事项平台实施清单内容，积极推广政务服务“好差评”系统。开展非公党建促企专项行动，促进民营企业健康发展。

【监管机制创新】 大力推进“双随机、一公开”(即在监管过程中随机抽取检查对象，随机选派执法检查人员，抽查情况及查处结果及时向社会公开)监管常态化、全覆盖，开展随机抽查913次，检查对象11028个。开展失信企业联合惩戒，列入经营异常记录企业28069条、农专社6089条、个体工商户75267条，列入严重失信违法企业名录1231条。在全省率先以政府名义印发《进一步做好无证无照经营查处工作的实施意见》，大力开展无照生产经营查处专项行动。开展“投资类”公司排查和长期未经营企业清理，清理企业和农专社5520户。

【食品药品监管】 认真落实食品药品安全“三年行动计划”。全市47家规模以上食品生产企业全部建立HACCP等先进体系。全市384家获证企业全部实施风险分级管理。生产集中区治理提升顺利通过省考核验收。制定《承德市2020年集中交易市场食品安全整治提升方案》，“百千万”食品超市（店）创建完成任务137%。97.9%餐饮单位达到“清洁厨房”标准，99.12%学校食堂量化等级达到良好以上，校外供餐单位实现统一规范管理，完成重大活动保障16次。广泛开展厉行节约、制止餐饮浪费宣传。开展“山寨”食品、保健食品、固体饮料、压片糖果、代用茶等专项整治。完成食品抽检国抽481批次抽样，问题发

7月31日，市场监管工作人员检查植物蛋白饮料产品信息

现率4.40%，市抽完成2049批次抽样，问题发现率2.15%。积极开展药品生产企业风险隐患排查、中药饮片专项整治、药品流通环节监督检查、医疗器械“清网行动”、美容美发化妆品专项整治等行动。积极推动疫苗国家监管体系市场监管板块评估。全市单体药店入网率100%。开展药品、医疗器械、化妆品不良反应监测，超额完成省考核任务。举办承德市药品安全突发事件四级应急演练，《中国市场监管报》予以刊发报道。

【特种设备安全监管】 全面开展特种设备安全专项整治三年行动，排查问题隐患整治率91%。“双控”机制建设扎实有效，顺利通过省监督检查。积极开展危化行业安全生产集中整治、危化企业工业管道、快开门式压力容器、气瓶“清零”行动和气瓶信息化等专项整治行动，对21家危化品生产企业的564台件进行摸排，集中整治起重机械和厂内专用机动车辆138家，整治率100%。全市62家液化气充装站全部实行气瓶信息化管理，更换智能角阀液化气钢瓶40万只。全市特种设备运行平稳，未发生安全责任事故。“96365”平台共处理各类电梯接警988起。

【工业品质量监管】 开展危险化学品质量安全监管、纺织服装“穿得放心”专项监督检查、儿童及学生用品安全守护、再加工纤维质量专项监督检查等专项整治。开展“春雷”行动暨农资产品质量专项监督抽查，合格率90.6%。强化劣质散煤管控和型煤质量监管，全市查处散煤案件403件，查扣散煤3865吨，罚没收入308万元，在全省11个地级市中查扣散煤吨数和罚没收入均排名第一位。抽检汽油710批次、柴油549批次。配合省局检验棉花12万余吨（2834批），事业性棉花公检经费收入207万元。

【质量提升行动计划】 2020年，完成质量提升三年行动计划，开展政府质量奖培育活动，2家企业和3人分获2018、2019年度省政府质量奖组织奖、个人奖。开展第三届市政府质量奖评选，落实发放质量奖奖励经费。实施“一十百千万”行动，组织高质量发展专题访谈宣传，选树8个质量创新典型和34个市级质量标杆，推选32家企业导入先进质量管理模式，对320家中小微企业开展质量提升服务。举办卓越绩效管理培训班。

【标准制修订】 加大标准制修订力度，承德市企业主导或参与国际、国家、行业标准6项，发布实施省地方标准2项、市地方标准13项。收集国家标准和行业标准3336项，基本建立起承德区域农产品质量标准体系。省级农业标准化示范单位立项3家，在建1家，服务业标准化试点单位立项1家。多举措助推承德县新杖子特色小镇项目建设。培育和推荐企业标准“领跑者”。开展钒钛产业标准化调研，助力钒钛产业向更高标准持续迈进。

【提升质量基础】 新建社会公用计量标准7项，为复工复产企业检定校准计量器具11130台件，培育诚信计量企业440家，积极开展重点用能单位能源计量审查、“认证乱象”专项整治、口罩等防疫用品领域认证活动专项整治等。在全省首次编制《承德市检验检测机构规范化建设指南》，全面强化检验检测机构监督检查。选定3个重点领域3家机构为示范点，加强督导和指导，以点带面进一步推动全市检验检测机构规范化管理。在9月的全省检验检测机构发展研讨会上，承德市两家企业作为全省检验检测机构先进代表进行经验交流。积极开展有机产品认证状况调研。争取落实检验参数扩项经费1300余万元，完成食品扩项实验1039项、药品扩项实验70余项，推进检验检测能力提升。

【知识产权保护】 印发《承德市强化知识产权保护加强知识产权保护体系建设的实施方案》。组织人员赴秦皇岛、唐山观摩学习、借鉴先进经验。与河北民族师范学院合作，推进“承德市知识产权信息平台”建设。全市专利申请量2057件，授权量1622件，有效发明专利671件，万人发明专利拥有量1.87件。全市有效注册商标19055件，增长15.13%，新增地理标志证明商标3件，全市地理标志证明商标17件、地理标志产品10件。指导企业申请商标马德里国际注册2件。

【价格监管】 组织开展春耕化肥种子生产供应价格专项检查、隔离场所收费检查等6项专项检查，组织开展涉企收费专项整治，开展房地产开发企业和物业公司收费行为专项整治，受理价格投诉举报526件，有力维护市场价格稳定。

【反不正当竞争执法】 组织对2020年10月以前出台的涉及市场主体的政策措施进行清理。以汽车销售、装修装潢、保健市场等领域打击引人误解虚假宣传违法行为，以医药购销、教育、建材装饰等领域查处商业贿赂违法行为，查办不正当竞争案件5件。

【“扫黑除恶”专项斗争】 着力开展“扫黑除恶”专项整治工作，通过集体谈话、签订承诺书、完善领导包联制度，全面压实工作责任。排查涉黑、涉恶线索81条，在全省系统排名第三，在全市十大行业监管领域排名第一，全市12个县区全部突破“零线索”，宽城提供“砀山印象”非法集资的线索被公安机关立案侦查。

4月2日，市市场监管局召开扫黑除恶专项斗争会议，安排部署扫黑除恶专项工作

【广告监管】 全面加强广告监测，建立“承德市户外广告监测平台”，实现重点领域监测全覆盖。有序开展规范房地产广告宣传推介行为清查、药品虚假违法广告整治、广告助企等行动。参加全市整治虚假违法广告新闻发布会并答记者问。对各类案件线索处置率100%。

【保护消费者权益】 创建放心消费示范单位815家，放心商超等各类放心企业765家，创建省级标准消费教育示范基地（企业）15家。充分利用多种媒介及时发布消费提示、警示及疫情防控消费常识。全市各级消保委（消协组织）受理投诉处结率95.3%，为消费者挽回经济损失65.5万余元，未发生群体性上访事件。12315投诉举报中心建设得到完善。全市12315投诉举报受理咨询、投诉、举报信息23551件，其中，咨询16413人次、投诉4945件、举报2193件、上门（来信、来函）9件、市长热线转办73件。投诉、举报办结率均达100%，消费者满意度96%。

【建设品牌标准化体系】 2020年，以承德市“3+3”主导产业和“承德山水”农产品区域公用品牌标准化体系建设为核心，对产业标准体系进行研究和挖掘，打造个性化标准信息服务平台，为重点发展领域提供标准化技术支撑，现入驻“承德山水”平台企业166家，产品865个，产品执行标准167项，《经济日报》以《“承德山水”有了“千里眼”“顺风耳”》为题进行报道。立足承德实际，开展为期4个月的钒钛产业调研，撰写调研报告，助力钒钛产业向更高标准持续迈进。

【劣质散煤管控】 通过在全市发布“一张通告”、建设“两个制度”、打造“三支队伍”、落实“四项措施”（一通告：发布政府通告明确散煤管控及型煤使用标准。二制度：完善投诉举报制度，建立举报奖励机制提高社会监督力度和广度。三队伍:组建由市场监管、公安交通、乡（镇）政府、村（居委会）等部门组成的联合执法队伍、联合管控队伍和网格员队伍。四措施：一是加强巡查检，二是加强联防联控，三是加强执法办案力度，四是加强宣传引导及举报奖励）等措施，非法运输和销售散煤行为得到有效遏制。全市查处散煤案件 403 件，查扣散煤 3865 吨，罚没收入 308 万元，在全省 11 个地级市中查扣散煤吨数和罚没收入均排名第一位。丰宁由副县长兼公安局长分管劣质散煤管控工作，取得显著成效，省、市现场工作会在丰宁召开。滦平明确乡镇（街道）主要领导为农村散煤治理工作第一责任人，全面负责辖区内散煤管控工作。省市场监督管理局局长金洪钧、副局长张志杰批示:承德的做法很好，做到了管服结合，形成了工作合力，拟发全系统学习借鉴。

【综合执法改革】 4 月 27 日，成立承德市市场监督管理综合执法局，机构规格副处级，推动市场监管领域行政检查、行政处罚、行政强制等执法职责集中统一行使，增强执法统一性、权威性和有效性。共立案 69 起，结案 46 起（含 2019 年立案 13 起），其中食品类 35 件、药械类 2 件、化妆品类 2 件。全市录入河北省市场监管行政执法应用系统案件 2634 件，结案 90.32%，系统录入案件全部公示。

【查处无证无照经营】 2020 年，承德市在全省率先编制印发《承德市进一步做好无证无照经营查处工作的实施意见》，厘清相关 29 个职能部门的职责和法律依据，对查处无证无照经营工作的组织领导、宣传教育、长效机制做出具体部署，为进一步加强事中事后监管、规范市场秩序奠定了基础。组织开展查处无照生产经营专项行动，共查出无照经营 254 户，立案查处 171 户。

【完善长效监管机制】 组织开展“小饭桌”规范治理，从源头促进“小饭桌”持证亮证合法经营，保障学生在“小饭桌”疫情防控、食品、消防、治安等各方面安全。加强校外供餐单位管理，从供餐、配餐到用餐实行全链条全程管控，保证师生用餐安全，全市共 27 个供餐单位为 39 所学校供餐，供餐人数 4 万余人。隆化持续推进学校食堂食料统一配送制度化、科学化、规范化建设，全县 3 万名师生饮食安全有了可靠保证。滦平建成智慧监管总控制室，对餐饮单位真正实现“智慧监管”。双滦打造药品安全监管新模式，有效强化全程化和精细化管控。

【法治建设】 持运用法治思维和法治方式推进工作，建立会前学法制度。制定出台《承德市市场监督管理局市场监管综合行政执法制度(试行)》，进一步完善执法办案工作体制机制。重新梳理罚没依据，梳理出有罚没依据的法律法规 179 个。开展行政执法“三项制度”整改提升活动。深入开展行政处罚案卷评查。建立《食安、农安、公安“三安”联动机制》有效加强市场监管、农业农村和公安机关相关领域行政执法与刑事司法协作。顺利通过“七五”普法验收。

【荣誉称号】 疫情爆发后，市市场监管局丰宁土城分局迅速响应，严格落实各项疫情防控要求，充分发挥市场监管职能，深入基层一线，严查价格、供求、质量等关系百姓安全的重点问题；深入社区，积极投身各项社区疫情防控工作，充分展现市场监管人在抗击疫情中的使命感和责任感。荣获“国家疫情防控先进集体”称号。

2020 年市市场监督管理局领导名录

党组书记：徐佩文（满族，11 月免）
　　　　　党国欣（12 月任）
局长：张树国（蒙古族）
党组副书记、副局长：党国欣（11 月免）

党组成员、副局长：张进宇
毕治国（6月免）
石　锐（6月免）
吕少斌
赵玉梅（女，满族，6月免）
任阁兴
张学德
刘佐兵
副　　局　　长：苏立国（6月任）
吴志峰（满族）

（供稿　张太弥）

应急管理

【概况】 2020年，强化红线意识和底线思维，将安全生产、应急管理、防灾减灾救灾和疫情防控作为重大政治任务和首要民生大事，作为践行“四个意识”、坚定“四个自信”、落实“两个维护”的实际行动，切实增强防范化解重大安全风险的责任感和紧迫感，坚决防范遏制各类事故，确保全市安全生产形势总体稳定。全年共发生各类生产安全事故40起（同比减少18起、下降31%）、死亡26人（同比减少6人、下降18.6%）。全市应开展“双控”机制建设的2785家生产经营单位在10月底前全部完成建设任务，累计辨识重

6月5日，召开承德市安全生产专项整治三年行动暨2020年“安全生产月”活动新闻发布会

大风险2975项，较大风险12758项、一般风险61215项、低风险140218项，发现并整改隐患14650项。开展安全生产专项整治三年行动以来，印发了“1+2+14”（1个总体方案，2个专题方案，14个行业专项方案）方案，市政府常务会定期分析研究各行业领域整治问题，全市制定制度措施清单183项，成立督导执法组2155个，检查企事业单位12644家次，排查一般隐患16832项、重大隐患2项，行政处罚754.24万元，关停取缔3家，责令停产整顿79家，暂扣吊销证照5家，约谈警示4人。

【尾矿库监测】 高标准、高质量完成全国唯一的尾矿库安全风险监测预警系统试点建设任务。创新利用尾矿库安全风险监测预警系统进行线上隐患排查的做法受到应急管理部的通报表扬。非煤矿山4种“双控”机制建设模式，成功预警2次采空区坍塌，自动化升级改造减人提质、四、五等尾矿库安装监测预警系统等系列做法，受到《应急管理报》的报道。常态化安全生产巡查制度和设立安全生产专业委员会等创新做法，得到了省安委办主要领导的充分肯定，并在全省印发推广。

【落实安全生产责任】 以上率下高位推动。坚持市委常委会、市政府常务会、市安委会全体会等例会制度，深入学习贯彻《地方党政领导干部安全生产责任制规定》和各级领导重要指示批示精神，及时对两节、两会、暑期、汛期、中秋、国庆等重点时段的工作进行安排部署。党政班子其他成员一岗双责、示范引领，组织调研到现场、实战督导到一线、解决难题到基层。党政主要领导对安全生产工作做出批示提出要求200余次，带队深入重点区域、重点部位检查调研60余次。同时，对安全生产监管给予最大程度的支持保障，为市应急管理局增编48人，增加办公面积2168平方米，并大幅提高安全生产领域专家劳务费标

准。由此全市形成上下联动、左右协同的良好局面，有力地推动了各项安全防范措施的落实。层层压实安全责任。陆续下发《安全生产工作职责分工规定》《安全生产监管责任清单》《党政领导干部安全生产责任制实施细则》等文件，有效解决安全生产职责不清、职能交叉、监管缺位等问题，切实增强各级领导干部抓安全生产的自觉性和主动性。重新调整市安委会组成人员和领导班子工作分工，明确由市委书记周仲明任市安委会第一主任，市长常丽虹任市安委会主任，市委副书记和市政府其他副市长任市安委会副主任，同时下设矿山、危化、交通、燃气等15个安全生产专业委员会，加强对安全生产工作的督促检查和专业指导，壮大安全生产组织领导力量。完善考核督查体系。建立领导干部安全生产履职“一档三清单”（履职档案、指示批示清单、会议调度清单、督导检查清单），将安全生产纳入全市综合考核评价指标体系，市政府每年与各县（市、区）政府、市直有关部门签订安全生产目标管理责任书，坚持问题导向和目标导向，以防范遏制事故和推动责任落实为核心，实行过程考评与结果考核相结合，重点考核工作质量和落实成效，逐级压实责任、层层传导压力。在日常工作中，建立常态化的考核督办机制，把安全生产工作纳入市委市政府重要督查督办事项，不遗余力杜绝监管空档，确保各项任务按期完成。

【风险隐患排查整治】 始终坚持关口前移、源头管控、预防为主、综合治理，在防范化解重大风险、治理消除重大隐患上下功夫，努力实现把风险控制在隐患形成之前，把隐患消灭在事故发生之前。严把源头准入关。认真执行安全生产“三同时”制度，在矿权设置和重大项目实施前，组织发改、工信、生态环境、行政审批、自然资源规划、应急管理等部门严格进行审核，严禁不符合产业政策、不符合最低规模、不符合安全标准的项目建设实施。严格遵循安全红线，对开发区、工业园区、化工园区等功能区的规划、设计和建设进行严格把关。严把风险评估关。认真贯彻落实《河北省安全生产风险管控与隐患治理规定》，印发《承德市深入推进安全生产风险分级管控和隐患排查治理双重预防机制建设工作方案》，采取定期调度通报、巡查执法、观摩交流等多种形式，推动16个行业领域出台了风险分级标准，培育试点164个，矿山领域形成以宽城建龙豆子沟铁矿为代表的“金川双控体系”、以丰宁金龙大西沟金矿为代表的“招金双控体系”、以河钢黑山铁矿为代表的“河钢双控体系”、以铧尖矿业和正桥矿业为代表的“完善基础双控体系”4种模式，危化领域形成以承德燕山气体为代表的“六抓六促”模式，冶金工贸领域形成以承德建龙特殊钢有限公司和河北承大环保科技有限公司为代表的“制度建设＋档案管理＋现场警示”模式。全市应开展“双控”机制建设的2785家生产经营单位在10月底前全部完成建设任务，累计辨识重大风险2975项、较大风险12758项、一般风险61215项、低风险140218项，发现并整改隐患14650项。严把隐患排查关。按照“隐患就是事故、发现就要处理”的总要求，实施“排查、交办、督查、复查、问责”五步工作法，采取企业自查自纠、县级全面排查、市级重点督查等方式，持续开展全方位、多层次、不间断的安全生产大排查大整治活动，对发现的问题和隐患建立“一个台账、四个清单”，做到整改措施、责任、资金、时限、预案“五落实”。

【重点行业领域整治】 始终坚持以遏制事故为目标，突出高危行业领域，逐行业制定整治方案，集中力量攻坚突破，夯实遏制事故的坚实基础。煤矿，强力推进整顿关闭和瓦斯治理，年内关闭退出1家，对现有的3家煤矿检查达28次，排查治理各类隐患53项。非煤矿山，以绿色矿山建设为抓手，促进合规达标，364座矿山、369座尾矿库验收达标；以“四化”建设为抓手，提升本质安全，20座矿山机械化换人411人，19家选矿厂自动化改造减人871人；实施边坡稳定性实时监测露天矿山17家；依托“空天地”一体化多维采空区勘查方法，对滦平周台子区域进行精准勘查，填补采空区勘查技术空白，为实施采空区治理提供技术保障。危险化学品，建立企业和化工园区清单台账，委托第三方机构对21家化工企业和8家油库逐一评估。列入“提升改造”的20家化工企业，除3家长期停产外，其余全部完成改造提升，年底前全部完成验收；列入“做优做强”的承德莹科精细化工有限公司已完成车间设备、监控中心、监测设备等改造升级，年底前完成验收。冶金工贸，排查涉有限空间企业536家，辨识有限空间作业部位92135处，均建立了相关作业制度和规范；制定重大风险管控方案354个，制定安全管控措施168939项，开展专项培训28917人次，辨识风险点52546个，安全管理机制较好运行；整体推进钢铁冶金机械防护和能源隔离，选定35个试点生产线进行整改，已投入资金486.4万元，年底试点全部完成改造。道路交通，456家运输企业全部纳入源头监管，建设生命安全防护工程897千米，维修加固桥梁29座、隧道59处，注销道路运输经营许可证36个、危货运输车49辆、从业资格证13个。建筑施工，加强在建工地、市政工程、公有住房、危旧房屋等重点领域的排查整治，排查工程项目4000个。在旅游、燃气、水利、农业机械、人员密集场所等领域开展专项整治，防范事故发生。

【安全生产监察执法】 始终把“随机、暗访、重处”作为推动工作落实的重要抓手，以“铁面、铁心、铁腕、铁律”抓好监察执法，不断加大执法检查的频次和力度，努力提高执法的严肃性、权威性和杀伤力。执法机制愈加规范。印发《行政执法公示实施办法》《全过程记录实施办法》《重大行政执法决定法制审核和集体讨论实施办法》和《安全生产执法监察手册》，重新调整细化7类176项随机抽查事项清单，建立行政处罚自由裁量标准和行政执法质量考核通报机制，明确属地监管、分级执法的责任范围，定期组织开展观摩执法和执法案卷评查，实现同行业企业“一张单子”执法、同类违法行为“一把尺子”处罚，促进执法行为科学化和规范化。执法监察愈加严格。市、县两级均成立安全生产监察队伍，逐级编制了《安全生产监管执法计划》，按照“全覆盖、零容忍、严执法、重实效”的要求，开展“执法质量提升三年行动”和省政府2号令专项执法行动，采取“四不两直”（不发通知、不打招呼、不听汇报、不用陪同接待、直奔基层、直插现场）“双随机”（随机抽取检查对象，随机选派执法检查人员）等方式和集中执法、交叉执法、联合执法等措施，持续加大对各类非法违法行为的打击力度，严肃查处安全生产主体责任不落实的企业，确保安全生产法律法规得到有效贯彻实施。重点组织开展危险化学品、煤矿、非煤矿山、消防等重点行业领域专项执法行动，2020年共检查企业6654家次，查改隐患13274余项，责令停产停工674家，暂扣和吊销证照99家，撤销职业资格、岗位证书155个，经济处罚1082.3万元。事故查处愈加严肃。严格执行事故调查挂牌督办、跟踪督办和举报核查制度，对发生的每一起事故都严格按照“四不放过”（事故原因未查清不放过、责任人员未处理不放过、整改措施未落实不放过、有关人员未受到教育不放过）的原则，依法调查、查清责任、问责到位，向社会全文公开事故调查报告，用事故教训警醒和推动安全生产工作。对近五年内工矿商贸领域发生的53起一般事故、3起较大事故开展检查“回头看”，对刑事责任、党纪处分、事故整改措施等情况逐案逐项检查评估，确保依法处置到位、责任追究到位。

【注重基层基础】 始终注重标本兼治、改革创新，努力在“五个推进”方面求突破，努力构建安全生产长效机制。推进科技化信息化建设。大力推行“机械化换人、自动化减人”，持续推广尾砂胶结充填采矿、尾矿浓缩输送、在线监测监控等先进适用技术，有效降低企业运行安全风险。建立重大危险源监控系统，接入重大危险源28个、139个监测点位，220座尾矿库监测监控信息接入省监测平台，93座头顶库安装在线监测设施，2家钢铁联合企业实现一氧化碳集中监测预警；对15座国家安全风险智能监测试点尾矿库建设，坚持服务单位高标准、设计方案高标准、建设实施高标准,已经完成建设待验收。推进“放管服”改革。在100%承接省下放行政权力事项的基础上，按照“承德办事一次成”改革要求，对市级所有行政审批事项进行核查清理，根据立改废情况重新编制权力清单、责任清单，所有服务事项一律实行网上公开办理，将办结时限压缩至法定时限的一半，全力做好“放管服”各项工作，做到既严格把关又优化服务。近年来，取消行政处罚事项3项、行政审批事项1项，下放或部分行政审批事项6项。推进安全生产责任保险。在八大高危行业领域强制推行安全生产责任保险，积极引入第三方参与安全风险评估管控，发挥保险机构在安全生产中的事故预防、经济补偿和社会管理功能，减少生产安全事故的发生。全市生产运行的1205家高危企业已全部投保安责险，完成率100%，参保人数18266人，保费合计2472.97万元。推进巡查发现问题整改。针对国家、省巡查督查考核发现的问题，本着定人员、定时间、定责任、定标准、定方案的“五定”原则，坚定不移、坚决果断地抓整改落实。巡查交办的各项问题均已整改到位。全市对照各级巡查督查发现的问题，举一反三整改各类问题隐患637项。与此同时，建立举报奖励、风险提示制度，狠抓安全生产标准化和诚信体系建设，从根本上防范化解安全风险。推进安委办“实体化”运转。在安委办专门成立巡查办，对事故多发县、执法薄弱县和重点行业部门开展常态化巡查，着力发现问题、解决问题，促进安全生产责任落实。

【防灾减灾救灾】 主动适应新时代应急管理工作要求，坚持目标导向、问题导向、短板导向，建队伍、搭平台、强机制，加强应急管理体系和能力建设，确保各类灾情及时预警、及时应对、及时救助。强化应急指挥体系建设。结合承德实际，保持原有森林防灭火和防汛抗旱体制不变，在市应急管理局增设防火科和防汛抗旱科统筹协调救援工作。对市消委会、市减灾委员会、市抗震救灾指挥部、市防汛抗旱指挥部、市森林草原防灭火指挥部、市地质灾害应急救援指挥部6个指挥协调机构及其办公室的组织体制、职责职能、运行机制及各成员单位的责任进行调整和优化，将分布在各部门的应急管理职能、救援队伍、救援力量、物资器材、工作机制进行整合，做到统一领导、职责清晰、指挥高效、协作密切。特别是在森林草原防灭火方面，培养一批以各级林业和森林公安机关及防火办领导为主的兼职火场指挥员和以各级专业森林消防队中队长以上骨干为主的专职基层指挥员。强化应急处置救援准备。制定市级层面 42个专项应急预案，33个部门预案均已修订完毕并印发。摸清全市应急救援队伍、装备物资、自然灾害等方面底数，加强工作职能、管理队伍、救援力量、物资器材、工作机制整合。制定出台《深化消防执法改革工作实施意见》《关于建立健全自然灾害监测预警制度的实施意见》《关于切实做好防灾减灾救灾工作的意见》《承德市救灾物资调拨管理制度》《自然灾害风险会商制度》等规章制度，建立自然灾害防治会商研判等联合工作机制，形成防范化解自然灾害风险的合力。加大应急救援演练力度，年内组织各类应急演练1256次，参加人员73938人次，投入资金239.4万元。加强应急预警能力建设。防灭火方面，全市建有视频调度系统、北斗卫星定位系统、视频传输系统、无人机和卫星监测系统，确保一旦发生火灾，能够及时、准确把握火场动态，科学、有效指挥扑救森林火灾。建有林火视频监控点位1545个，重点林区覆盖率达到85%，确保火情早发现、早处置。2019年投入使用的河北航空护林站，承担河北全省的航空森林消防和应急救援工作，为保护承德以至河北林草资源起到了关键作用。防汛方面，全市已建成自动雨量站1181处、自动水位站120处，发放卫星电话333部，安装村级预警广播5078处，预警设施实现了行政村全覆盖，雨量监测站点密度达到33平方千米一处。市主城区内涝监控点增至39处，配备排涝抢险单元4套，为快速应对城区内涝提供了有力保障。地震方面，推进国家地震烈度速报与预警工程和省区域烈度速报台网建设，全市新建4个地震台站均已签订租地合同进入施工阶段。强化自然灾害救援救助。建立2700人的市县乡村四级灾情信息报送网络。冬春救助受灾群众15.26万人，发放生活救助资金2397万元、救灾棉衣棉被1.598万件。2个社区获得“全国综合减灾示范社区”荣誉称号。强化应急宣传教育。深入开展安全生产月、警示教育宣传周、安全生产承德行、志愿服务等活动，发布安全警示42期、动态161条、微信公众号168期、微博186期、播公益广告2190次、刊发新闻1202篇，政务信息上报380余条，被省厅采用138条。全国应急和安全知识网络竞赛位列全省第三位，全省应急安全知识网络竞赛位列全省第一位。被省厅宣教中心、河北安全生产杂志社评为“2020年度应急管理新闻宣传优秀组织单位”，被省安委办评为“安全生产月”“安全生产燕赵行”活动“优秀组织单位”。

2020年市应急管理局领导名录

党委书记：胡凤才（满族，5月免）
党委书记、局长：姜立新（5月任党委书记）
党委委员、副局长：张瑞芹（女，6月免副局长）
吕树军（满族）
葛延（满族）
闫洪涛
党委委员、监察专员：孙大光（12月免）
副局长：曲志清
监察专员：程木林（2月免）
监察专员：李西昆（满族）

（供稿　王建立）

消防安全

【概况】 2020年，消防工作共接警出动2278起，抢救和疏散被困人员1076人，挽回财产价值4436万元。处置双桥区双峰寺镇井下救人、牛圈子沟汽修厂火灾、富华新天地在建工地火灾、高新区收费站斜拉桥火灾等急难险重任务，完成春节、清明、“五一”、中秋、国庆、全国“两会”等重大消防安全保卫任务。

【健全消防安全机制】 督促全市837家重点单位签订《消防安全责任告知书》，集中约谈火灾高危单位62家和不放心单位15家，对6家重大火灾隐患单位实施政府挂牌督办。推进文物古建筑综合治理，在避暑山庄消防救援站先行先试文物单位“防消联勤”工作机制，实现消防安全治理扁平化、末端化、高效化。强化消防宣传教育，在全市建成消防全媒体中心1个、消防主题公园1个、消防科普教育基地12个、消防主题公交车试点3个。举办全市微型消防站运动会、“百场万人”疏散逃生演练系列活动。

【开展演练活动】 建立地震、水域、山岳、化工、低温雨雪冰冻5支支队级灾害事故处置专业队和60支大队级分队，开展针对性、实战化、全要素大型演练22次。举办基层指战员“提质强能”轮训班2期、水域救援培训班1期、无人机“飞手”培训班1期，1名指战员取得全国潜水教练员资格、10人取得水域救援三级教练员资格、48人取得水域救援合格证、50人取得地震救援合格证、23人取得无人机操作证。

【全员岗位练兵】 建立“消防站每周自考、支队每月抽考、全员季度普考”的考核模式，全年组织开展整建制比武考核 2 次、实地督考督训 2 轮；开展预案联审 1 次，修订支队级重点单位灭火救援预案 11 份；举办战训业务大讲堂 6 期、灭火救援楼宇广播小课堂 12 期、典型灭火救援战例复盘推演 7 次。推动装备更新换代和提档升级，购置双头消防车 1 部、大队级通讯指挥车 5 部、各类进口底盘 7 部、个人防护装备 1500 余件套。

【战勤保障体系建设】 与机场、高铁、加油站、航空护林站等单位建立联战联动和联勤保障机制；组织开展装备器材巡检、装备技师比武等活动，提高战勤保障水平。

2020 年市消防救援支队领导名录

党委书记、政治委员：赵洪明
党委副书记、支队长：柏战杰
党委常委、副支队长：李晨亮
侯佳男
左凤传
党委常委、副政治委员：辛天兵
党委常委、政治部主任：关天琦

（供稿　景　辉）

承德海关

【概况】 2020 年，承德海关工作紧紧围绕承德市外贸经济发展，充分发挥海关监管服务职能，扎实工作、攻坚克难，工作取得全新进展。全年新增注册登记企业 43 家，受理检验检疫报检货物 2996 批，金额 1.25 亿美元。出具原产地证书 935 份，金额 5273.1 万美元，实现出口国关税优惠金额 265.5 万美元。为承德企事业单位出具征免税证明 19 份，实免关税增值税总额 733.5 万元。承德市全年进出口总值 16.3 亿元，比 2019 年下降 27.6%，其中出口总值 11.9 亿元，比 2019 年下降 36.1%，进口总值 4.4 亿元，比 2019 年增长 13.7%。

【促进外贸发展】 专题研究形成“13+3”条支持企业复工复产的细化措施和帮扶机制，积极应对疫情影响，采取“组织研判＋调研摸排＋优化服务”等多种不见面形式，综合运用组织企业培训、提高业务办理效率、一对一帮扶等服务措施，推动解决企业实际问题，全力以赴促进地方外贸发展。综合运用统计分析与监测预警、技术性贸易调查等各种政策手段，指导帮助企业积极应对破解贸易限制措施对出口的影响。全年开展技术性贸易调查 5 家，形成输欧食品调查报告和 2 篇典型案例。

【推动贸易便利化】 深入领会全面深化改革要求，切实落实两步申报、两段准入改革准备工作，推广自报自缴、汇总征税和电子支付、原产地便利签证，简化企业注册变更手续，进一步优化海关作业流程，减少、简化通关环节需要企业提供或递交的随附单据，巩固压缩整体通关时效，持续放大海关改革效应。

【进出口监管】 组织开展出口食品安全风险监控、出口动物源性食品风险监控、出口禽肉微生物监控，全年送检出口食品 49 批次，抽取各类样品 232 个，监测兽药、污染物等项目 284 个，切实保障出口食品安全。组织开展供港澳活牛疫病监测，监测疫病为口蹄疫、布鲁氏菌病、牛结核病、牛副结核病，共计取样 80 头份，做皮试 40 头次，严密监控动物传染病输出。抓好外来有害生物监测，承担检疫性实蝇、苹果蠹蛾的外来有害生物监控项目，在 3 个县区布控监测点 29 个，在进境集装箱首次截获活体三角肥腹蛛，坚决维护国门生物安全。参与全市粮食安全责任制考核工作，督促进口粮食储备企

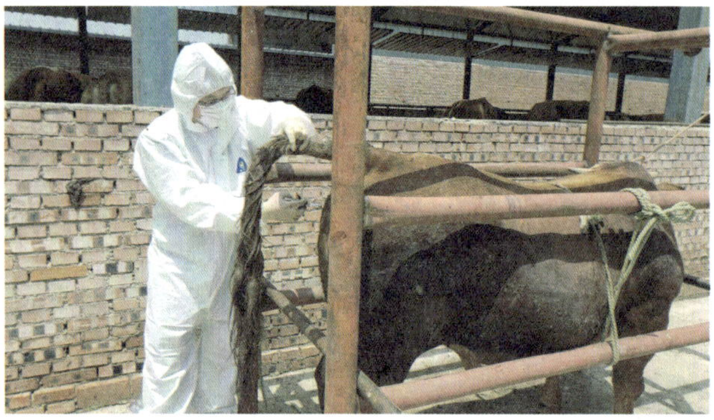

承德海关工作人员对供港澳活牛进行例行检验

业落实安全风险及疫情防控工作。通过“互联网＋核查”和“线上＋线下”相结合核查等方式对123个企业开展核查，有效推动企业完善内部质量控制体系。全面深入开展排查和评估辖区危化品安全生产，建立与地方应急部门的联系配合机制形成危化品监管合力，组织开展出口危险货物包装远程视频使用鉴定培训，切实提高进出口危化品监管水平。

2020年承德海关领导名录

党委书记、关　长：费更生

党委委员、副关长：张永庶

李玉景（7月免）

刘　军

（供稿　李明杰）

综 述

【农业农村发展态势】 2020年，贯彻落实中央和省、市关于“三农”工作决策部署，以实施乡村振兴战略为统领，以农业供给侧结构性改革为主线，不断抓重点、补短板、强弱项、促转型，农业产业化发展迅速，农业科技推广、农机化新技术在农业主导产业中推广应用，农业农村工作持续保持稳中有进、稳中向优的良好发展态势。

农业经济两项主要指标增速较快，全市农村居民人均可支配收入达到13190元、同比增长9%，增速居全省第二位；全市一产增加值336.3亿元、增长5.3%，增速居全省第一位，增加值净增38.3亿元，占2019年全市GDP增量79.3亿元的48.3%，拉动作用明显。粮食生产任务超额完成，全年粮食种植面积425.9万亩（完成省下达任务425.6万亩100.07%）、同比增长1.2%，总产量146.5万吨（完成省下达任务144.5万吨的101.38%）、同比增长1.3%。完成《承德市农业农村现代化发展“十四五”规划》编写初稿。

开展农业供给侧结构性改革工作，印发《承德市农业供给侧结构性改革2020年工作方案》，起草《大力推进农业结构调整，推动农业高质量发展实施方案》，谋划“四个一百”农业结构调整示范区建设，成功争创省级示范区38个，有力推动农业供给侧结构性改革三年行动计划圆满收官。组织滦平、平泉等相关县（市）参加省农业农村厅组织的“两区”数据库培训工作。

产业扶贫工作顺利通过考核，产业扶贫质量和覆盖率稳步提高，在2020年省级脱贫攻坚成效考核中获得“好”的档次，并顺利通过国家脱贫攻坚成效考核。全省品牌农业工作现场会、全省山区丘陵地区种植业结构调整现场会在承德市召开。承德市“承德山水”品牌打造、农业结构调整示范带建设、特色优势区培育等做法在全省推广。

畜牧业向规模效益型、产业化发展。立足水源涵养区功能定位和北方农牧交错带资源环境特点，以绿色发展理念为引领，转变畜牧业发展方式，推进畜牧业转型升级，促进畜牧业可持续发展。按照“发展草食畜牧业为主、发展食粮型畜牧业为辅”的思路，大力推进“百万头优质肉牛”“百万只优质肉羊”等产业带项目建设，不断优化养殖业布局结构。

水产养殖业结合承德市实际，落实水生野生动物保护、海河辽河禁渔制度，发展以无公害养殖、冷热水名贵鱼养殖、生态休闲渔业为优势特色产业，调结构、壮基地、创品牌、增效益，实施科教星宇和可持续发展战略。

【林业草原经营管理】 紧紧围绕“两区”定位，践行“两山”理论，弘扬塞罕坝精神，统筹做好林草各方面工作，全年完成营造林167.7万亩，草地修复治理49万亩，森林草原防灭火工作取得近10年来最好成绩。至2020年年底，全市有林地面积3556万亩（占全省的35.7%），草地面积700万亩（占全省的25%），森林覆盖率60.03%（高出全国36个百分点、全省25个百分点）；国家级、省级天然林、公益林面积2584

万亩（占全省的60.5%）；拥有各类自然保护地63处（其中，国家级18处、省级45处），总面积850万亩，占国土面积的14%；林木蓄积量1.02亿立方米（占全省的58%），资源总量占全省的半壁江山。

【水务工作】 坚持“水利工程补短板、水利行业强监管”总基调，共完成水利投资15.8亿元(其中，省级以上资金6.1亿元，市、县地方自主投资9.7亿元)。双峰寺等水利工程项目全面竣工，水利民生工程落地实施。防洪安保责任到人，水资源管理依法监督检查。涉水改革，创新建立河湖长责任等7项机制，不断推进水生态环境提升。因农村饮水安全脱贫攻坚工作实绩突出，被省水利厅、省扶贫办推荐为“全国农村饮水安全脱贫攻坚先进集体”。

农业产业化

【概况】 深入实施农业产业化扶持龙头企业行动，进一步加快推进农业产业化项目建设，大力发展农产品加工业。2020年全年6次召开增信基金领导小组会议，审批农业产业化项目贷款56笔25335万元，有效增强金融服务农业龙头企业发展的能力。争取省级资金300万元支持创新型农业企业3家；争取省级资金150万元奖补承德市获得“高新技术企业”称号的省级农业龙头企业；争取300万元中央财政转移支付资金支持承德市“承德山水”中央厨房项目。开展2020年度农业产业化市级龙头企业申报（监测）工作，市级龙头企业总数新增23家、总数达到485家，省级龙头企业86家，国家级7家。至2020年年底，全市各项农业产业化指标任务均完成续时进度，农业产业化经营率达69.5%，规上农产品加工业产值133.4亿元，农产品加工业产值比值0.25:1。

【农产品加工】 巩固提升食用菌、山楂、板栗、沙棘、杏仁、菊苣、中药材、马铃薯、草食型畜牧业、生猪及禽类10个绿色食品精深加工“龙型”产业集群。做优做强农业产业化联合体，市级示范产业化联合体总数达到50家。推荐平泉山杏、丰宁菊苣、围场沙棘及其它果蔬等5家联合体争取“省级联合体促进农村产业融合项目”。平泉食用菌集群、围场马铃薯加工集群、宽城板栗等9个农产品加工集群入选全省种植结构调整“四个一百”。为平泉市食用菌加工集群争取“省级重点集群奖补资金”200万元。平泉、承德、宽城、兴隆4县（市）入围越夏食用菌国家优势特色产业集群，获得补助资金4000万元。宽城板栗获评2020年“中国特色农产品优势区”、全市总数达4个，居全省第一位；5个特优区获评省级特色农产品优势区、全市总数达到15个。承德宇航人高山植物应用技术有限责任公司获评国家级龙头企业。截至年末全市国家级龙头企业总数达到7家，居全省第一位。

【争取政策性项目资金】 政策性项目资金争取维持高位，共争取省以上各项政策性项目80个(包括中央、省级财政资金项目主要有农业生产发展资金项目、农业资源及生态保护补助资金项目、农产品质量安全及疫病防疫专项、高标准农田建设专项、大气污染防治专项、“三员”补助专项、人居环境整治等项目)、资金14.18亿元。其中，财政转移支付项目69个、资金12.35亿元，中央预算内投资项目11个、资金1.83亿。全市累计争取到上级资金33258万元，实施高标准农田建设19.2万亩，2020年度项目完成45%，处于全省领先位置。按照“巩固提升一批、新上拓展一批、谋划储备一批”的思路，重点抓好161个投资千万元以上农业产业化项目，总投资397.5亿。其中，13个项目列入省农业产业化重点项目。至年底，完成投资85.5亿元。5月和9月，分别在隆化县，滦平县、丰宁满族自治县组织全市农业产业扶贫暨重点项目集中开工观摩会议，省农业农村厅领导和市领导给予高度评价。争取省级农业产业化奖励资金198万元，用于奖补承德市3家投资5000万元农业产业化项目。借助消费扶贫政策机遇，开展承德优质农产品进京津行动。全市谋划签约农业招商项目33个，总投资73.85亿元，落地率90%以上，完成投资35.5亿元。隆化县七家镇成功申报省级产业强镇项目，获省奖补资金1000万元。建立完善"三农"补短板项目库。共谋划入库项目410个，总投资77.52亿元。其中，拟申请中央级资金46.82亿元、省级资金18.24亿元、自筹12.46亿元。加强中央预算内投资项目管理（发改委）工作，填报农业建设项目管理平台，指导中央预算内投资项目落地实施。隆化县七家镇获批国家产业强镇项目，获得奖补资金1000万元。

【农业对外合作】　持续开展农业大招商。组织农业龙头企业参加"5·18"廊坊线上经洽会、2020线上中国国际薯业博览会、河北省农产品线上销售直播活动、第二十四届中国（廊坊）农产品交易会、百家京企进承德、百家津企承德行等系列活动，重点瞄准京企、津企合作需求，谋划筛选项目，全年累计引进签约农业招商项目33个、总投资73.85亿元，落地率90%以上，完成投资35.5亿元。扩大农产品出口，围场长宏马铃薯淀粉有限公司、承德润美食品科技有限公司、承德大金星食品有限公司3家企业成功申报为国际标准农产品生产示范基地，全市总数达到28个；长城绿源食品有限公司、承德宇航人高山植物技术应用有限责任公司等7家企业获得2020年出口认证补贴奖补，全市累计达到33家，出口农产品一次检验合格率达到99%以上。

【打造"承德山水"品牌】　持续完善品牌绿色标准化生产、产品检验检测、二维码追溯体系建设。编撰覆盖67项农业主导技术的《承德市农业标准化生产手册》。全面推进绿色标准化生产，组织针对"承德山水"品牌农产品检测121批次、合格率100%。已有166家企业、7大品类871个单品入驻电商运营平台，鲜活产品全部实现扫二维码可追溯。做大做优"承德山水"绿色食品生产基地，加大"承德山水"区域公用品牌宣传力度，先后举办"承德山水"农产品进天津、进北京等大型活动，以"承德山水"为主题先后组织参加中国（廊坊）农产品交易会、中国国际农产品交易会、中国绿化博览会、河北品牌农产品万里行（上海、广州、深圳3站）等大型展会，央视一套《新闻联播》前十分钟连续播放"承德山水"广告14天，"承德山水"美誉度和影响力显著提升。争取到"承德山水"品牌发展有关项目资金1500万元，全力保障重点工作开展。在"承德山水"品牌带动下，全市有国家级、省级、市级农产品区域公用品牌分别为5个、11个和31个，总数位居全省前列，全年新增绿色食品认证产品30个、总数达到144个，新增有机认证产品11个、总数达到162个，新增地理标志证明商标4件、地标产品（农产品）总数达到31件。全市有"中国驰名商标"13件，有5家企业正在申报。举办"承德山水"扶贫产品进北京活动、河北省农产品暨"承德山水"产销对接推介活动（广州站）、"承德山水"优质扶贫农产品进京推介活动等大型活动。

【食用菌产业经营】　全市食用菌生产面积10万亩，产量100万吨（鲜品）、产值45亿元。主要分布在8个县（市）。品种有香菇、平菇、黑木耳、滑子菇、杏鲍菇、双孢菇、栗蘑、羊肚菌，形成了草木腐菌并存、长短周期衔接、顺反季栽培互补、设施化工厂化相结合的发展新格局。全市食用菌产业河北省第一、全国领先，越夏香菇在全国享有定价权。全市已制定食用菌生产地方标准17项，部、省级食用菌标准园11个、150亩以上标准化种植园区93个、工厂化生产企业13家，从事食用菌产销龙头企业80余家。其中，省级龙头企业7家，市级龙头企业12家。先后开发保鲜、盐渍、烘干、罐头、速冻、即食软包装、超微粉碎、功能性饮料等各类食用菌产品50余种，森源公司已成功开发食用菌功能性饮料等精深加工产品，产业链条不断完善。承德双承生物科技股份有限公司和平泉市中润生物科技有限公司已在“新三板”挂牌上市。全市有食用菌生产合作社581个、各类食用菌经纪人2300余人，年供应京津食用菌30万吨以上、出口2.5万吨。60余家企业或合作社获得绿色、有机、无公害产品认证，瀑河源食品有限公司获得GAP认证，“平泉香菇”“平泉滑子菇”获农产品地理标志认证，“森源”“润隆”“乾岁”等产品获得省级优质产品称号。

平泉县香菇养殖

【打造休闲农业】 以“皇家风韵，山水田园”“京津冀首选农业休闲旅游度假中心”为定位，全力打造以人文景观与自然风景完美融合的“国家1号风景大道”为主的10个省级生态休闲农业示范区。全市休闲农业和乡村旅游经营主体包括农家乐、休闲观光农园（庄）、休闲农业专业村2371个，从业人数7.35万人。其中，农民就业人数6.98万人。年接待688.24万人次，年收入达到6.5亿元，带动间接3.77万农户就业。全市有5条“春观花”线路、6条“夏纳凉”线路、6条“秋采摘”线路、2条“冬农趣”线路在《河北日报》、河北新闻网、河北省农业农村厅官网官微上推介发布，其中丰宁马镇冬季赏冰雕线路被农业农村部推介为中国美丽乡村休闲旅游行（冬季）精品景点线路。4月29日，《承德日报》刊登《我市发展休闲农业助力乡村振兴》的文章。5月初，学习强国平台、《承德晚报》等新闻媒体对承德市休闲农业进行宣传报道。兴隆县安子岭乡诗上庄村被农业农村部评为2020年中国美丽休闲乡村，9月17日，作为河北省中国美丽休闲乡村代表出席在北京召开的全国休闲农业和乡村旅游大会。全年重点打造围场“国家一号风景大道”、兴隆燕山峡谷、隆化生态休闲农业示范区3个休闲农业示范区成为河北省生态休闲农业示范区。

【一村一品示范】 截至年底全市“一村一品”专业村镇达到926个。其中，专业村912个，专业镇14个。“一村一品”专业村累计辐射带动农村贫困人口10万余人。兴隆蓝旗营镇、宽城碾子峪镇艾峪口村获评“全国一村一品示范村镇”，至2020年年底，全市全国“一村一品”示范村镇达到17个。兴隆县蓝旗营镇、宽城满族自治县碾子峪镇艾峪口村获评全国一村一品示范镇、村，总数分别达到17个和1050个。

【培育家庭农场】 将符合条件的专业大户、种养大户等规模经营户纳入家庭农场名录系统实行动态监管，2020年纳入名录系统管理的家庭农场数量达到8653家。指导开展县级示范家庭农场创建工作，组织评定市级示范家庭农场55家，35家农场获评省级示范家庭农场荣誉称号。全年全市省、市、县级示范家庭农场数量分别达到145家、255家和417家。争取落实中央财政支持家庭农场项目资金645万元，用于支持48家农场并根据示范等级确定5—15万元补助额度。组织100家农场经营者参加线上培训，切实提高农场主的综合素质和管理水平。选取20家市级以上示范农场建立包联制度，帮助解决农产品滞销问题。遴选推荐74家受疫情影响较大的家庭农场纳入全省“菜篮子”产品范围。争取省级农业产业发展风险补偿基金190万元，解决2个家庭农场的信贷融资需求。规范提升农民合作社，大力发展农业生产托管服务组织。

【功能农业发展】 坚持深化发展功能农业，全年共完成富硒农产品试验示范面积3.5万亩。其中，围场完成富硒马铃薯、富硒富钾胡萝卜、富硒小杂粮、富硒大果沙棘、富硒番茄等功能农业基地2.89万亩；平泉建设富硒果品产业示范园区3500亩，栽植果树30余万株，富硒小米基地1500亩，地载式富硒香菇20.1万棒，富硒黄瓜1120亩；丰宁完成富硒谷子种植示范1150亩；隆化完成富硒水稻示范1300亩；承德县完成100万棒黑木耳及300亩富硒苹果试验示范；滦平开展1000亩富硒谷子和1000亩富硒水稻生产示范；宽城完成40万棒香菇、650亩富硒苹果生产示范；双滦区完成200亩富硒葡萄及400亩富硒草莓试验示范。全市重点围绕打造“一园两中心五大试验示范区”的功能农业产业模式，推动功能农业+“承德山水”品牌建设，引导和带动全市农业转型升级和绿色高值发展。

农业农村工作

【农村“双创”行动】 平泉市椁椤树镇食用菌产业孵化基地、滦平县周台子培训中心获评“全国农村创新创业孵化实训基地”。9月，组织10余家科技型龙头企业参加“第四节河北省创新创业大赛”，杏林春晓承德生物科技有限公司获得全省“成长组”二等奖，承德市农业农村局被省农业农村厅评为“大赛优秀组织奖”。滦平县张百湾镇周台子村党委书记范振喜入选第四批全国农村创业创新优秀带头人典型案例。围场沙棘入选2020年全国乡村特色种植产品，围场李想的满族民间手工刺绣入选2020年全国能工巧匠名录。围场胡萝卜、平泉香菇、隆化草莓被列为“全国乡村特色产品名单”。

【农牧民补奖政策项目实施】 争取到位2020年度农牧民补奖政策项目中央转移支付资金5200万元，除丰宁、滦平2县资金整合用于县域扶贫外，围场、兴隆及御道口牧场管理区继续用于草牧业发展项目建设，共落实实施主体153个、围场满族蒙古族自治县建档立卡贫困户551户，共完成标准化圈舍4.78万平方米、青贮窖1.875万立方米、储草棚1.26万平方米，以及一批粪污处理设施、兽医室（化验室消毒室隔离室）、育种辅助设施，补贴购置良种肉牛冻精6000支、和牛母牛200头、胚胎移植500枚，补贴收储全株青贮玉米0.5万吨、种植饲草1300亩，草牧业生产条件进一步改善。组织开展补奖政策项目回头看，完成各年度工程验收扫尾，开展第二轮补奖政策实施效果总结、农业农村部委托第三方绩效评价迎检准备等工作，实现第二轮项目全面完工。

【农村土地确权流转】 加快放活土地经营权，发展多种形式适度规模经营。农村承包地确权登记颁证成果得到巩固拓展，确权证发放率达到95.8%。全市农村土地流转面积累计达到176.6万亩，占家庭承包经营土地面积的42.5%。平泉市作为全省农村承包地确权成果应用试点，在建立土地承包经营权登记制度、有偿退出、股份合作、抵押融资等方面进行大胆探索，取得一定成效，获评全国农村承包地确权登记颁证工作典型地区荣誉称号。围场、丰宁、平泉、滦平、隆化5县（市）列为全省农村土地经营权抵押贷款试点，累计向经营主体和农户投放权证抵押贷款700余万元。健全完善工商资本等社会资本租赁农地监管和风险防范制度，加强承包地流转用途管制。推进农村土地承包经营纠纷调解仲裁工作，全市共发生土地承包经营纠纷 332 件，全部得到及时有效调处。其中，乡村调解 289 件、仲裁委受理 43 件（调解 31 件、裁决 12 件）。

【农村集体产权制度改革】 强化政策保障。起草《2020 年全市农村集体产权制度改革工作要点》等 9 项改革工作配套文件，为县（市、区）推进改革提供基本遵循。强化示范引导，采取现场观摩和经验交流相结合的方式，在双滦区组织举办全市产权制度改革现场观摩培训班，对县、乡、村业务骨干系统培训，为推广改革成果应用营造良好氛围。强化效能管理，与河北新中大数据有限公司达成合作意向，积极搭建市本级农村集体产权制度改革管理平台，将集体经济组织成员信息、资产量化信息、股权管理信息等改革要素纳入平台管理，实现阳光公开、大数据分析等功能，为加快改革成果转化奠定基础。强化规范运作，严格把握清产核资、成员确认、股权量化等程序和标准，确保各项改革任务规范组织实施。至年底，全市有 2469 个行政村在县级农业农村部门登记赋码，改革完成率 100%。因改革成效突出，平泉市、滦平县分别被确定为国家级和省级农村宅基地改革试点单位。双滦区被农业农村部确定为第二批全国农村集体产权制度改革试点典型单位（全国 60 个、全省 2 个）。

【农村洁净煤取暖】 制定《承德市 2020 年清洁取暖全覆盖确村确户工作实施方案》《承德市 2020 年采暖季洁净煤及型煤炉具推广实施方案》，市政府作为全市总体方案附件印发至各县（市、区）和市直相关部门，为全市洁净煤取暖工作提供依据。完成确村确户摸底统计及相关台账建立工作，全市 2020 年采暖季全覆盖清洁取暖总户数 79.8258 万。其中，推广洁净煤取暖户数 54.1455 万户，洁净煤需求数量 97.9831 万吨，新增型煤专用炉具 11.859 万台；冬季不取暖户数 15.4841 万户；其他方式清洁取暖户数 10.1962 万户。建立起市、县、乡、村四级到县到乡到村到户农村清洁取暖全覆盖确村确户分类基础台账，为 2020 年采暖季全市洁净煤推广工作夯实了基础。建立起市、县、乡、村四级包联台账，实现包联责任制全覆盖。为加大洁净煤推广使用宣传工作，9 月 22 日，向各县（市、区）下发《关于做好 2020 年采暖季洁净煤推广使用宣传工作的通知》，10 月 22 日，向各县（市、区）政府下发《关于迅速开展 2020 年采暖季洁净煤取暖安全隐患大排查大整治工作的紧急通知》。进入取暖期后，针对洁净煤取暖季不同阶段实际，先后 3 次下发加强冬季取暖安全工作的紧急通知。在洁净煤宣传工作中，全市各级干部进村入户 180.28 万人次，发布公共通知 27.16 万份，加挂条幅 1.59 万条，印发明白纸 213.89 万份，农村大喇叭广播 140.46 万次，出动宣传车辆 6.47 万辆，电视广播播报 1.75 万次，微信推送 109.63 万次。在安全取暖隐患排查中，累计排查户数 143.06 万户，发现隐患 6.71 万个并全部整改落实，发放一氧化碳报警器 68.19 万台。

【新能源开发利用】 2019 年底，省农业农村厅批复围场、兴隆和宽城 3 个县 2020 年度生物质能源化利用项目，项目总投资 1025 万元。其中，省级补助资金 750 万元、企业自筹 275 万元。涉及围场源达生物质燃料制造有限公司、兴隆一通新能源科技有限公司和宽城聚盛园食用菌种植有限公司 3 家生物质成型燃料生产企业。至 2020 年年底，3 个项目县均完成加工设备采购、生物质成型燃料配送及生物质加工附属设施建设任务，并通过县级验收。

种植业管理与服务

【概况】 2020 年，种植业结合承德农业的区域特点，按照“稳定面积、优化结构、发挥特色、注重科技、增加总产”的发展思路，通过政策引导、项目支持、园区建设、示范带动、产业升级等多种形式，突出主导产业发展，培育壮大粮食、蔬菜、食用菌、中药材、马铃薯等主导产业，推进承德现代农业的发展步伐，全市种植业生产取得显著成效。

全面开展禁种铲毒预防宣传教育、航测踏查、打击处理等工作，实现毒品原植物“零种植”“零产量”任务目标，被评为首批“全国禁毒示范城市”。秸秆综合利用工作稳步进行，2020年，全市玉米种植产秸秆152.5901万吨，综合利用148.2292万吨，综合利用率达到97%以上。废弃农膜实现有序回收，全市农膜使用量10886.78吨，回收量9055.81吨，回收率83.18%。

【粮食生产】 全年全市粮食作物播种面积425.91万亩，占农作物总播种面积的71.39%，同比增加5.16万亩；总产量146.53万吨，同比增加1.91万吨。其中，玉米播种面积251.83万亩，同比减少1.12万亩；产量90.51万吨，同比增加2.82万吨。水稻播种面积7.98万亩，同比增加0.11万亩；产量3.45万吨，同比增加0.35万吨。谷子播种面积22.72万亩，同比增加0.06万亩，产量5.92万吨，与2019年持平。大豆播种面积7.01万亩，同比减少0.3万亩；产量1.23万吨，同比减少0.26万吨。马铃薯播种面积79.77万亩，同比增加1.23万亩；产量（折粮）37.99万吨，同比减少1.68万吨。杂粮杂豆播种面积56.6万亩，同比增加5.17万亩；产量7.43万吨，同比增加1.76万吨。

【蔬菜产销】 全市蔬菜总播种面积达到97.05万亩，全市蔬菜总产量达到357.02万吨。其中，露地蔬菜播种面积80.95万亩，设施蔬菜播种面积完成15.29万亩（行业数据）。在蔬菜产业发展上，坚持突出特色拳头品种生产，以平泉、滦平为重点打造冬季日光温室黄瓜规模化基地，以丰宁、隆化为重点打造越夏冷棚番茄规模化基地，以承德县、隆化、丰宁为重点打造越夏冷棚西瓜规模化基地，以丰宁、围场、隆化为重点打造露地叶菜类、根菜类规模化基地。沈阳农业大学李天来院士团队加强与承德蔬菜企业的技术交流合作，针对废菌料栽培基质资源化利用、蔬菜育苗基质配制、改善生产调控技术、农业标准化等方面开展深化合作，并与承德市蔬菜技术推广站起草制定承德市地方标准《越冬型单栋节能日光温室设计建造规范》（DB 1308/T 271—2020），为承德市设施农业发展提供有力的技术支撑。11月中旬，岗位专家邸垫平、技术顾问孙茜和天津农林科学院单晓政等受邀到承德丰宁、平泉、宽城等地举办蔬菜高效栽培巡回技术培训。12月16日至18日，第五届京津冀蔬菜食用菌产销对接暨北方冬季设施蔬菜大会在衡水市饶阳县举办，承德市20余家农业生产企业100余种农产品参会，此次大会与阿里巴巴、拼多多、抖音、京东等电商平台合作，开通新发地农副产品电商物流产业园，共设置20个直播间，优良农产品在全网同步展示，会上围场县兰海成薯菜种植基地被授予“抗疫保供优秀蔬菜基地”荣誉称号，平泉市榆树林子镇擎宇合作社丛培武评为河北省蔬菜行业协会“菜王争霸赛”十大菜王的“黄瓜大王”，承德市农业农村局和平泉市农业农村局

滦平县智能化温室休闲采摘

获得优秀组织奖。为稳定新型冠状病毒流行期间蔬菜市场流通供应，全市开展“抗疫情、解农困、稳生产、保供应”保障行动，通过统计在田蔬菜生产种类、面积、产量、预期上市时间等关键数据，确保产得好、供得上、调得出，在满足本地自给的同时为全国提供应急供应。在发展蔬菜生产的同时，延伸产业链条，拓展开发“蔬菜生态采摘”“休闲观光”等多种形式的农业服务，提升蔬菜产业附加值。

【马铃薯产业经营】 全年马铃薯播种面积79.77万亩，同比增加1.23万亩；产量（折粮）37.99万吨，同比减少1.68万吨。实现产值50亿元。覆盖贫困乡镇52个、贫困村213个、农业人口30万人。其中，建档立卡贫困户3.59万户，贫困人口6.87万人。贫困户新增户均纯收入3433元。成立推进马铃薯产业高质量发展领导小组，市委书记周仲明、市长常丽虹任组长，市委常委、市政府党组副书记吴清海任副组长，市发改、市粮食和物资储备局、市农业农村局、市扶贫办公室等部门主要负责人为成员。抽调精干人员组成专班，研究出台马铃薯产业精准扶贫工作方案，指导全市马铃薯产业与精准扶贫有机结合，推动围场、丰宁、隆化3县马铃薯产业提档升级。各贫困县研究出台马铃薯产业精准扶贫具体行动方案，完善县域产业规划，精准到乡镇、村、户。全市区域化布局形成，围场、丰宁坝上及接壤内蒙古地区为脱毒种薯繁育，围场、丰宁中部地区为加工专用薯，围场、丰宁中南部、隆化为菜用型马铃薯，优势产区种植面积占全省60%以上。种薯繁育能力跃升，年微型种薯生产能力突破1亿粒，占全国产能7%，并销往广东、福建、山东、贵州等16个省，被农业农村部认定为国家区域性马铃薯良种繁育基地，成为北方重要的马铃薯种薯研发基地和繁育中心。脱毒种薯应用推广实现全覆盖，单产水平显著提高，平均单产由原来2000公斤提高至2600公斤，最高单产达3000公斤，贫困户每亩增加收入500元以上。先后改扩和新建50吨以上智能恒温马铃薯贮窖4500座。其中，储藏能力5000吨以上110座。一次性规模贮藏能力达到200万吨，科学储薯率达到90%以上，减少贮藏损失，提高商品薯质量和农户收入。

【专用型玉米种植】 按照“优化结构、发挥特色、注重科技、增加总产”的发展思路，通过园区建设、示范带动等形式，突出专用玉米主导产业的发展。通过推广高产、优质、抗病、抗倒品种，扩大专用玉米生产规模，建立重点示范区，大力推广配套综合丰产栽培技术，以简化、降耗为主攻方向，研究、开发、建立承德市春播玉米高效丰产简化集成技术体系，综合应用玉米单粒精播技术、缓释肥精准施用技术、地膜覆盖与除草一体化技术。推广3种技术模式：承德地区冷凉早中熟区域地膜全覆盖、半膜覆盖简化栽培模式及中南部简化平种模式。大力推广玉米全膜覆盖双垄沟栽培，加大机械化作业水平，提高玉米单产和效益，促进加工增值，带动农民增收。全年全市专用玉米面积138.37万亩。其中，高淀粉玉米122.31万亩，饲用玉米14.95万亩，鲜食玉米1.1万亩。建立玉米高产高效生产示范区8个、面积8万亩。专用型玉米中南部（无霜期110天以上）推广应用先玉335、承玉10、农华887、裕丰288、京科968、承玉33、裕丰310等品种。北部（无霜期110天以下），推广应用佳禾2号、元华116、承单22、豫青贮23、樱红、巡青518等品种。其中，先玉335、承玉10、裕丰288等为高淀粉玉米品种；佳禾2号、豫青贮23、樱红等为饲用型玉米品种；鲜食型玉米品种有京科糯2000、万糯2000、京紫糯219、彩糯2号等。加工型玉米（以高淀粉玉米为主，籽粒中粗淀粉含量≥72%的玉米）种植面积123.31万亩，平均亩产442公斤，比常规玉米亩增产70公斤，销售价格每公斤增加0.15元，总增产8631.7万公斤，总增收1294.76万元；青贮（青饲）型玉米种植面积

14.95 万亩，总增产 822.3 万公斤；鲜食型玉米种植面积 1.1 万亩，平均亩穗数 4000 个，总穗数 4400 万个。

【中药材产业经营】 全市中药材面积新增 1.71 万亩，总面积达到 34.65 万亩（种植面积包括非耕地、野生抚育面积，面积不包括山楂、山杏面积）。区域布局日趋合理，古御道中药花海示范带的隆化、滦平及围场坝下区域中药材面积达到 25.346 万亩；坝上高原中药花海示范区的丰宁及围场坝上区域中药材面积达到 4.943 万亩；中南部特色示范区的承德县、平泉、兴隆及宽城的中药材面积达到 3.77 万亩；城郊型示范区的双桥区、双滦区、鹰手营子矿区及高新技术产业开发区中药材面积 0.591 万亩。黄芩、黄芪、北苍术、桔梗、北柴胡、苦参、连翘、金莲花、射干 9 个品种种植面积达到万亩以上。在滦平县下营子村中药花海小镇重点改建 100 亩黄芩良种繁育基地；依托国家和省中药材产业技术体系，在滦平及宽城 3 个中药材种植基地开展黄芩、柴胡栽培技术以及肥料、病虫害防治相关试验；在滦平虎什哈镇创建 3000 亩北苍术、北柴胡、黄芩种植示范基地；在隆化步古沟镇创建 1500 亩北苍术、桔梗种植示范基地。全市已培育 5 家具备资质的生产经营主体，中药材繁种面积已发展到 5.06 万亩。在已有中药材标准化种植技术的基础上，制定印发《承德市中药材标准化生产工作手册》，主要涵盖黄芩、黄芪、苍术、柴胡、射干、桔梗、金莲花、连翘、苦参 9 个道地大宗中药材标准化生产技术，实现有标可依、按标种植的目标。成立承德市中药材产业技术创新战略联盟，成员单位有天津红日康仁堂药业、北京红惠医药、河北农业大学、承德医学院、河北省农林科学院相关研究所以及承德市经营主体等 38 家。组织全市中药材技术骨干、中药材新型经营主体代表等 100 余人参加中药材标准化生产技术培训。特邀河北省中药材产业技术体系岗位专家、河北省农林科学院经济作物研究所、河北省农林科学院植物保护研究所、河北省农业机械化研究所、河北农业大学植物与保护学院的专家教授，围绕黄芩、北柴胡、北苍术中药材，分别从高质优产栽培技术、生产机械的应用、病害发生与防治、虫害识别与防治等方面开展培训。9 月，组织全市中药材技术骨干，隆化县中药材企业、合作社、种植大户 40 余人参加中药材种植技术培训班，并深入中药材企业、种植基地、产业扶贫基地对生产中存在的实际问题作针对性指导，扎实推进中药材产业工作。组织参加第五届京津冀中药材产业发展大会。9 月 23 日，组织 14 家企业 80 余人近 100 种中药材优势产品参加 3 个展区、12 个展位的产销对接活动，展位数量居河北省首位。承德市农业农村局、隆化县农业农村局荣获“创意设计奖”，围场满族蒙古族自治县农业农村局、兴隆县农业农村局荣获“优秀组织奖”，承德亚特药业有限公司、滦平县济世种子繁育有限公司、承德塞源农业科技发展有限公司、鹤鹿春民俗文化发展有限公司、承德市万福生物科技公司 5 家企业荣获“道地药材精品奖”。12 月，围场满族蒙古族自治县被认定为中药材特色农产品优势区，是继滦平县、隆化县之后获批的第三个河北省中药材特色农产品优势区。

【水果种植加工】 全市水果种植面积 140.13 万亩，总产量 123.7 万吨。其中，苹果 72.08 万亩，总产量 70.7 万吨；梨 17.04 万亩，总产量 24.2

承德山地苹果

万吨；桃1.75万亩，总产量1.0万吨；葡萄1.01万亩，总产量0.9万吨。承德是河北省苹果主产区，所产苹果主要以鲜销生食为主，加工量仅占产量的20%左右。主要生产地是兴隆、宽城、平泉、承德县、滦平5个县（市）。

【高标准农田项目建设】 深入贯彻落实“藏粮于地、藏粮于技”总体战略，以实施乡村振兴战略为总抓手，以推进“四个农业”发展为总目标，突出以粮食生产功能区、重要农产品生产保护区，深入推进高标准农田建设，为保障国家粮食安全和重要农产品有效供给提供有力支撑。项目资金规模实现新突破。2020年省厅下达承德市高标准农田建设任务23.2万亩。其中，财政渠道转移支付资金任务14.5万亩，发改渠道中央预算内投资补助任务8.7万亩。总财政资金38433.8万元。其中，财政渠道高标准农田补助资金26208万元，中央预算内高标准农田补助资金12225.8万元。项目区涉及除双桥区、鹰手营子矿区、高新技术产业开发区、御道口牧场管理区以外的9个县（市、区）。项目建设体现“四结合”。以高效节水示范区建设为平台，与“美丽乡村”建设相结合。通过与种植结构调整、人居环境整治、河道生态治理、乡村交通道路建设、生态绿色廊道建设相结合模式，打造“环境美、生态优、高节水、效益高”的农田建设示范区；滦平县通过高标准农田建设搭建平台，与产业发展相结合。吸引涉农企业投资，在项目区建立“田园乡韵·光伏小村”扶贫产业基地，使光伏产业和高效农业融合发展。通过建设千亩有机水稻示范基地，发展“稻田画”创意农业和“稻田养蟹”功能农业，促进有机稻和乡村旅游产业的发展；围场把高标准农田建设与“一村一品”扶贫项目和乡村特色农业产业结合，项目区农民人均增收3000元以上；在滦河、潮河流域大力实施高标准农田建设，与重点流域节水相结合，加快喷灌、滴灌、水肥一体化及水电双卡控制等高效节水灌溉技术的集成应用，完善田间工程和用水计量条件，有效提高农业灌溉用水效率。项目管理实现“五统一”。在建设布局上，实行统一规划，及时补充和完善高标准农田建设项目库，因地制宜，打破行政区域限制，小块变大块，实现集中连片。在建设标准上，彻底扭转“五牛下田”的局面，项目建设变多重标准为统一标准；在施工管理上，严格执行项目法人制、招投标制、监理制，统一施工，全过程监管；在考核验收上，对工程质量验收不达标的建立问题清单，要求限期整改，实行销号管理；在上图入库上，经过验收合格的项目，聘请专业公司统一上图入库，做到高标准农田建设全市“一张图”。

【农业标准化生产】 依据农民和企业需要，按绿色食品生产要求，汇总编制《承德市农业标准化生产工作手册》，涉及承德市农业主导品种及行业要求主导技术67种农业现代化新兴技术集成，以及安全监管依据等多项内容。围绕农产品质量安全地方标准建设，开展无标建标、有标提标的标准体系建设工作。搜集整理农业相关国家标准（GB）10项，农业行业标准（NY）12项，河北省农业地方标准（DB13/T）46项。构建适合承德市农业农村标准体系，包含经济发展标准体系（农业标准子体系农业板块、农业标准子体系畜牧业板块、农业标准子体系渔业板块）、生态环境发展标准体系（自然生态系统保护子体系）、城乡发展标准体系（包含城乡基础设施建设子体系、城乡基础设施管理与运营子体系），结合农业生产实际又细化为7大标准子体系分枝，包括种植业、林草业、特色产业、畜牧业、渔业、农业机械化、农业农村管理。制定地方标准，申报并立项地方标准19项。其中，省级农业地方标准项目2项，分别为马铃薯浅埋滴灌水肥一体化栽培技术规程（NY202022）、北苍术仿野生栽培技术规程（NY202016）；市级农业地方标准17项。年申报地方标准数量创历史新高。完成农业标准化生产覆盖率2020年考核任务，承德市农业标准化生产覆盖率为70.72%，同比增长4.9%。其中，兴隆70.37%、双桥区70.6%、承德县70.07%、丰宁71.25%、高新技术产业开发区70.6%、宽城71.34%、隆化71.08%、滦平71.02%、平泉70.77%、双滦区70.01%、围场71.36%、鹰手营子矿区为70.17%。

【“二品一标”认证】 全市绿色食品工作紧紧围绕打造“承德山水”农产品区域品牌工作要求，制定《承德市2020—2025年创建全国绿色食品原料标准化生产基地工作方案》，成立绿色食品原料标准化生产基地工作小组，完成兴隆县和隆化县全国绿色食品原料标准化生产基地的续报、验收工作。至2020年年底，全市创建绿色食品原料标准化生产基地面积86.6万亩，位居全省首位。先后下发《关于做好2020年绿色食品认证工作的通知》《关于做好2020年绿色食品年检工作的通知》《关于在国家绿色食品企业内检员网上培训管理系统开展培训的通知》等文件，全年线上培训绿色食品企业内检员220余人，纳入国家农产品质量追溯平台企业130余家，通过绿色食品认证企业数量达到650余家，绿色食品产品增长率为32%，产品数量达到144个，认证产品数量及企业数量位居全省前列。按照省农安中心和国家农产品检测中心要求，积极配合国家农产品检测机构做好全市绿色食品企业产品抽检和区域环评检测工作，全年累计检测产品112批次，环境检测28次，产品检测和环评监测合格率达到100%。利用承德市打造“承德山水”品牌契机，组织全市绿色食品企业入驻“承德山水”实体店和线上平台，实现立体化宣传；积极组织全市绿色食品企业参加线上河北省“绿色食品 春风万里行”推介会和“第二十一届中国绿色食品博览会暨第十四届中国有机食品博览会”等大型农展会，全市两家企业获得绿博会“金奖”；绿色食品事业发展30周年之际承德隆泉米业有限责任公司入选全国“最美绿色食品企业”。

【农业综合执法】 全市农业综合执法围绕实现依法治农、依法护农、依法兴农的主线，为实施乡村振兴战略、推动乡村治理体系和治理能力现代化提供法治保障。全年共出动执法人员15772人次，检查生产经营场所3257个次，查处各类违法案件208起，罚款43.37万元，挽回直接经济损失322.1万元。超额完成省下达的各项案件查办任务，实现农业行政执法三大突破：移交司法机关案件实现零的突破，全市共完成移交司法机关的涉嫌农产品质量安全案件7起；农产品质量安全案件实现重大突破，全市共完成21起；市执法支队直接办案2起，实现零的突破。全年全省共向农业农村部推荐4卷农业综合执法优秀案卷，其中包括承德市2卷。重点转变两方面观念：针对新组建单位人员构成比较新，有些执法人员不会办案、不敢办案的实际问题，全面加大宣传培训力度，先后参加部省有关执法培训5次、86人次，市、县定期组织培训，使执法培训工作常态化；广泛加强对被执法对象的宣传，通过网络、电视、发放明白纸等，宣传综合执法工作的重要性和违法的严重后果，营造浓厚的执法氛围，树立执法队伍的权威。梳理编制《承德市农业综合行政执法事项指导清单》，涵盖农产品质量安全、种植业、畜牧业、渔业、农机、农村集体财务、宅基地管理等方面。明确农业执法事项责任主体，划清各级执法权力边界，推进执法权限下沉，明确执法第一责任层级，压实省、市、县、乡行政执法主体责任。印发《关于抓紧落实农业综合执法重点任务的通知》，与市公安局联合印发畜禽屠宰市场检查等多个文件，对农业综合执法的各项重点工作特别是案件查办和执法改革工作提出具体要求，并进行责任分解，明确牵头领导、责任单位、责任人员和完成时限等。围绕综合执法的各项重点任务，对县（区）进行多轮实地督导。全市共有25起案件通过市执法检查发现线索而立案。抓制度建设，建立完善执法支队党务、政务、财务、信访举报、线索登记、立案审批、执法执纪、干部作风以及有关行政诉讼、行政复议等各项规章制度，基本形成靠制度管人治事，规范管理，依法行政的工作格局。建立外联工作制度，建立与执法部门（市生态环境与自然资源局、市市场监管局、市公安局等）、防疫检疫部门、市内重点企业、农资门市、生产大户及承德市周边接壤的市（县、区）定期联席会商制度。实行清单管理，对农业综合执法领域涉及的行政处罚、行政强制等事项逐项厘清，列出清单；搜集整理全市农业重点企业名单及基本情况，了解掌握企业重点生产经营环节的情况，建立完善电子台账。抓好拓展延伸，推进执法工作向前后拓展，对查处的重点案件，进行分析研究，查找原因，做好后期的跟踪督导，从根本上解决问题。

【农产品质量监管】 始终将农产品质量安全监管工作摆在"突出"位置，坚持问题导向，落实"四个最严"要求，提高检测水平和执法能力，全市农产品质量安全水平不断提升。制定印发《2020年承德市农产品质量安全监管工作要点》，从农产品质量安全县创建、提高风险防范能力、强化全程追溯能力、推进农业高质量发展、落实目标任务等方面提出具体要求。与各县（市、区）签订农产品质量安全监管责任状，下发全市农产品质量安全监管工作任务清单，明确各县（市、区）、各单位农产品质量安全工作职责。重新完善农产品质量安全监督管理工作领导小组，组织开展农产品质量安全专项整治行动。推行合格证制度，成立领导小组，指导、协调、推进合格证工作。各县（市、区）在生产基地、农村主要路口摆放宣传展板、张贴宣传彩图，将合格证制度告知书、明白纸发放给辖区内种植养殖生产者。开展追溯建设，制定下发《承德市2020年农产品质量安全追溯体系建设工作推进方案》。推行追溯"六挂钩"机制建设，对所有国家级、省级认定认证开展核查，符合条件的农产品经营主体全部依托省农产品追溯平台实现追溯。制定关于做好2020年农产品质量安全宣传工作的通知，要求每个县区在农产品质量安全监管方面至少要抓一个典型，对典型经验进行大力宣传。建立"承德农安"微信公众号，加大科普宣传力度，宣传普及农产品质量安全政策和生产、消费知识，提升农产品生产者质量安全意识。丰宁满族自治县在电视台游走字幕播放食用农产品合格证制度。宽城满族自治县试行食用农产品合格证制度，并将举报电话在县政府网站公布。

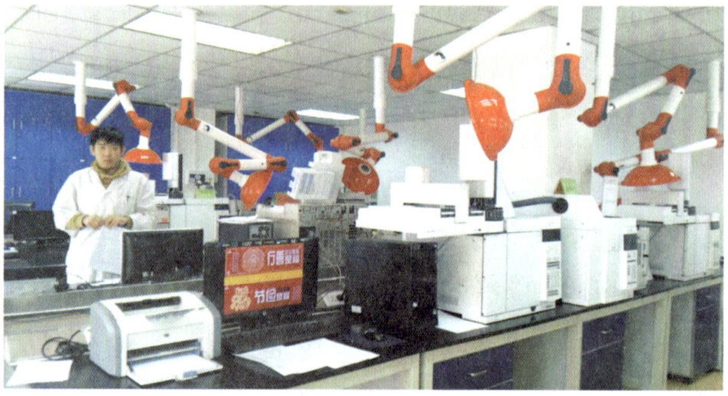

市农产品检测室

【化肥减量增效】 持续推进化肥减量增效工作，控制化肥施用总量。全市化肥施用总量（折纯量）10.41万吨，实现"三连降"，完成土壤样品采集500个，试验30个。建立4万亩化肥减量示范区，示范区主要农作物氮肥利用率达到38.07%。通过扎实开展化肥减量增效行动，在有机肥替代、精准施肥、转变施肥方式、新型经营主体带动等方面下功夫，加快化肥减量增效技术推广和服务机制创新。推广蔬菜、马铃薯、水稻、杂粮等有机肥替代化肥减量增效技术，推广果树雨季施绿肥、扩压改、覆草及增施有机肥技术，全年完成测土配方施肥技术推广面积544万亩，推广应用有机肥164万吨，推广高效新型肥料8.06万吨。优化施肥结构、改进施肥方法、提高肥料利用率，提升耕地质量，落实项目资金8010.6万元，实施耕地质量监测评价、耕地质量保护提升、补充耕地质量评价试点、化肥减量增效、耕地轮作制度试点项目、旱作农业技术推广等项目。制定印发全市《耕地质量监测与保护提升工作推进方案》《化肥减量增效工作推进方案》和《旱作节水工作推进方案》，并督导落实。全年完成省部级试验示范25项，建设水肥一体化、有机肥替代和耕保提升技术示范区6.5万亩；发布肥情信息13期，土壤墒情信息27期，制定发布指导意见37个；举办技术培训班50期；省级和国家级耕地质量长期定位监测点62个；在丰宁、围场、平泉、承德、兴隆、宽城等县（市）开展县域耕地质量等级评价工作，在丰宁和围场开展轮作制度试点监测评价，在丰宁、滦平、宽城和双滦开展补充耕地质量评价试点。推广耕地质量保护提升技术面积458万亩，主要粮食作物测土配方施肥覆盖率达95.6%，氮肥利用率40%以上，化肥使用量降低2%。全市有机质平均增加0.36克／千克，有效磷由2019年的偏高值42.69毫克／千克下降为39.36毫克／千克，下降3.33毫克／千克，耕地质量状况比2019年度总体上有所改善和提升。

【农药管理】　创建农药经营示范标准门店，做到一块牌子、一套追溯系统、一套管理制度、一份承诺书、一套服务措施，实现农药100%来源可追溯、去向可追踪、质量有保障。全年主抓丰宁、围场、隆化、滦平4个县，每个县抓10个以上示范门店。启动农药包装废弃物回收体系建设工作，要求各县（市、区）督促农药生产企业、农药经营者、使用者履行回收义务。开展春夏季节农药市场督导检查行动，围绕重要农时、重点区域、重点市场，重点检查是否违法生产经营违禁农药，是否存在生产经营假冒伪劣农药。出动农药监管人员120人次，检查农药经营户84个、生产园区38处。严格执行国家禁限用农药有关规定，从严管控禁限用农药生产销售，重点监管杀扑磷、硫丹、三氯杀螨醇等制剂产品。把所有限用农药当做禁用农药管理，妥善做好散存在农户中禁用农药的处置工作。加强对百草枯监督管理，加强检查敌草快、草铵膦、草甘膦等灭生性除草剂。加强农药市场事中事后监管，对经营人员、经营场所、经营范围等进行核查。开展农药质量和农药标签专项抽检行动，制定《承德市2020年农药市场监督抽查工作实施方案》，结合全市农业生产春、夏季节农药使用特点，抽查用于蔬菜、果树、马铃薯、玉米等主要农作物的农药产品。对涉嫌假劣问题的农药，重点抽检近两年质量和标签存在问题产品，共抽查农药样品76个，组织农药标签抽检430个，对不合格样品百分之百督办查处。开展农药使用状况调查和安全风险监测，收集农药在农业生产、农产品质量、生态环境、人畜等方面造成的事故事例，在药害、农残超标、农药人畜中毒、天敌生物及地下水的影响等方面开展跟踪调查。对高风险农药使用履行告知义务。

【植物保护】　全年全市农业有害生物偏轻至中等发生，局部地块偏重发生，发生面积1981.84万亩次，防治面积1740.89万亩次。在有效减少农作物病虫草鼠和疫情危害造成的损失的同时，主要农作物病虫害绿色防控覆盖率达到37.5%，主要农作物病虫害专业化统防统治覆盖率达到42%，农田农药使用量较上年减少2.21%。重大农作物病虫没有出现大面积暴发成灾、重大植物疫情没有出现恶性传播蔓延。专业化统防统治在提高病虫害防治效率和效益上的优势得到广泛推广，全市注册的公司、合作社、协会达70个，从业人员达1000余人，自走式喷杆喷雾机、背负式机动、背负式喷杆喷雾机1300余台，无人机50台。开展绿色防控，病虫害监测预警，指导科学防治。在全市建立蔬菜、马铃薯、食用菌、中药材、玉米、水稻、谷子、苹果等主要农作物绿色防控示范基地19个，总面积15000余亩，合作社12家。完成实施玉米统防统治200万亩次、马铃薯50万亩次，新建病虫害绿色防控示范基地20个、1.5万亩，玉米、马铃薯等主要农作物专业化统防统治覆盖率达到38%以上，主要农作物绿色防控技术覆盖率达到28%以上，主要农作物农药利用率达到38%以上。推广无人机等10余项植保新技术的应用。开展以苹果蠹蛾为重点的检疫性有害生物的监测和防控，有力控制苹果蠹蛾为害程度和扩散速度。全市受理调运检疫审批580项，调运种子532万公斤；产地检疫申报115项，11423亩、1416万公斤、种苗4895万株。

【现代种业】 2020年，全市已有办证种子企业64家。其中，玉米7家、马铃薯24家、食用菌18家、中药材5家、蔬果等其他种子企业10家。营业额过亿企业2家。玉米种子加工车间1万平方米，种子加工生产线14条，年产种子4千万公斤。科研实验室面积6834平方米，试验地1418亩。每年用于品种选育、试验示范、新品种开发等工作的投资研发经费约2000万元。全市玉米种子企业共有制种基地3.8万亩。其中，市辖区内制种面积2300亩，制种产量62.56万公斤。开展室内检测和海南田间纯度鉴定工作，在种子市场扦取种子样品101个，进行净度、水分、发芽率、转基因室内检测，从所扦取的玉米种子样品中，随机抽取32个品种在隆化县进行纯度种植鉴定，结果全部合格。

在春季抽检的基础上，按照《关于做好2020年玉米制种基地专项检查的通知》要求，把好种子生产源头关，严厉打击非法生产转基因种子行为，对辖区内玉米制种基地开展田间检查，做到所有涉及企业、品种、制种田块100%全覆盖，检查制种企业证照是否齐全，生产的品种、地点等信息是否与生产经营许可证一致，是否有品种权许可，生产经营档案是否健全；受委托生产者是否备案，生产委托书（合同）是否齐全，生产的品种、面积是否与委托书（合同）一致等信息，在此基础上完成全部玉米制种田块的检查，共涉及4个企业40个品种，制种面积2086亩。抽检大田玉米110个点进行转基因检测，未发现转基因玉米制种和大田种植。开展玉米新品种展示示范工作，展示示范的玉米品种均为近几年在生产中种植面积较大、效果较好的品种，展示面积220亩，参展品种22个，每个品种种植面积10亩，对照品种为先玉335，基本涵盖适宜承德市的最新审定的品种。

畜牧业经营管理

【概况】 全市牛存栏72.0万头、出栏68.0万头，增长1.1%和3.9%；羊存栏94.9万只、出栏156.7万只，增长5.0%和0.3%；生猪存栏89.4万头、出栏163.0万头，同比增长11.4%和下降2.6%；家禽存栏2327.7万只、出栏7853.3万只，增长1.1%和1.3%；肉、蛋、奶产量38.1万吨、11.1万吨、10.7万吨，增长2.1%、0.6%和10.7%。

【生猪产业经营】 2020年，全市生猪存栏 89.4万头。其中，能繁母猪存栏7.2万头，生猪出栏163万头。良种覆盖率达94.5%。通过实施贷款贴息、取消超出法律法规禁养规定、落实“四荒”用地等各项惠农政策，加快全市生猪产能恢复。全年新、改扩建猪场34家。其中，设计年出栏万头以上猪场11家，10万头以上猪场1家。继续优化全市生猪产业布局，以滦平、平泉、承德县、丰宁、隆化等县（市）为核心，以滦平顺鹏小店种猪繁育有限公司、平泉三元中育畜产有限责任公司、承德县盛凯农业发展有限公司、丰宁丰鑫实业有限公司、隆化壹号食品有限公司等重点企业为龙头，大力发展生猪养殖，通过不断提高标准化、规模化、生态化养殖水平，带动全市生猪产业快速发展。加快生猪良繁体系建设，在持续抓好滦平康牧养殖有限公司、平泉三元中育畜产有限公司2个供精站点建设基础上，不断强化生猪标准改良点建设，扩大人工授精技术覆盖面，全年共完成生猪标准化改良点建设158个，改良生猪28.84万头次。深入开展标准化示范场建设，发展集约化、设施化、智能化、自动化养殖模式，采用节水、节料、节能的养殖工艺，全市共有7家生猪养殖场达到省级养殖标准化示范场标准。推动清洁养猪模式，推行种养结合模式，推动养殖废弃物综合利用，全市规模猪场粪污设施配建率达100%，粪污综合利用率达93.3%。

【肉禽产业经营】 全市肉禽产业规模效益显著，是畜牧业支柱产业之一，全年肉禽饲养量10181万羽。其中，肉鸡产业围绕华都、三融建设中北部肉鸡产业带，年饲养量7322.8万羽，出栏6399.3万羽；肉鸭产业围绕三元金星鸭业等重点龙头企业，年饲养量593万羽，出栏455.9万羽；肉鹅产业围绕平泉县泉发畜禽有限公司，年饲养量63.1万羽，出栏31.5万羽。

【肉牛产业经营】 推进肉牛品种改良工作，扩大良种覆盖面，提高良种覆盖率，全年全市改良牛21.67万头次，良种覆盖率达96%。优化畜牧产业结构，加快良种繁育体系建设。稳步推进良种繁育体系建设，至年底，共建牛标准化改良站点210个，利用西门塔尔牛、夏洛莱、弗莱维赫等优良品种对本地牛进行冷配，同时还引进部分比利时蓝牛优质冻精进行改良冷配。进一步优化产业布局，全力培育壮大以隆化为核心的百万头优质肉牛产业带。调整优化畜禽品种结构，通过引进优质胚胎或冻精，对现有肉牛进行改良的同时，培育和发展安格斯、和牛、比利时蓝牛等优质肉牛。通过项目实施，加快肉牛产业建设，推进全市肉牛标准化、规模化健康养殖。

隆化县云泉牧业有限公司标准化肉牛养殖场

【奶牛产业经营】 面对新冠疫情影响，为保障生鲜乳安全生产，做好疫情期间各种文件上传下达，实行24小时值班制度，随时掌握生鲜乳生产、销售、运输等各个环节的情况。坚持每天生鲜乳日报告制度，及时监控价格动态，对养殖场出现的各种问题及时帮助其沟通解决。做好生鲜购销协调工作，督促乳品企业按照合同收购生鲜乳，避免出现乳品企业随意执行收奶标准、高价捆绑搭售饲料、兽药、养殖设备等不利于奶业生产的行为，切实保障奶农的合法权益，维护奶业生产稳定；严厉打击倒买倒卖、无购销合同收购、无证运输等违法活动，坚决制止恶意争抢奶源等扰乱生鲜乳购销秩序行为，杜绝出现拖欠奶农奶款问题。加强对奶牛养殖及生鲜乳生产、收购、销售、运输各环节的常态化管理，对重点区域、关键环节进行联合检查，增强法律意识，提高养殖场人员技术水平，发放有关打击违禁药物和非法添加物方面的宣传资料，严禁使用国家公布的违禁药物和添加剂，严禁乱用药物和饲料。

治理奶牛养殖污染，重点推广粪污干湿分离、堆积发酵、就地还田模式，加强资源利用，推广干牛粪垫卧床，污水沉淀净化冲洗牛舍工艺。坚守质量和安全底线，落实乳品企业质量安全第一责任，全面推行HACCP、IMS、GMP管理体系，实行生产、储存、运输、销售等环节的全过程标准化管理和质量追溯。积极鼓励大的规模养殖场进一步提高奶牛的饲养水平、不断提高管理水平、增加奶牛数量、发展奶牛规模化饲养、提高奶牛单产水平和乳品质量。鼓励乳品企业积极参与国家优质乳工程，采用优质奶源、一流设备、先进工艺，生产优质好乳品。

做好奶业振兴项目实施，智能奶牛场建设、性控冻精和家庭牧场升级改造项目已批复。严格制定项目实施方案，对项目单位进行资格审查和分类指导，对弄虚作假，套取资金，一经发现，坚决取消项目资格，追回项目资金，并追究相关人员责任，确保项目顺利实施，同时做好项目督导检查及抽查验收工作。加快奶源基地建设，以丰宁及围场坝上草原为基础充分发挥天然草场、原生态优势，打造坝上草原牧区，建设高端、绿色奶源基地，积极创建生态、绿色乳品品牌；完善品种改良、饲草饲料、疫病防控体系建设，建设高产奶牛核心群，稳定增加奶牛平均单产水平，加快丰宁奶业集聚区建设努力向省级现代奶业集聚区跨跃。加快乳制品加工项目建设，重点发展巴氏鲜奶、酸奶，积极开发发酵乳、奶酪、含乳饮品等新产品。支持乳品企业投资牧场，促进奶牛养殖和乳品加工融合发展，截至2020年年底，丰宁朴诚乳业主体施工建设竣工。

【肉羊产业经营】 肉羊产业生产平稳，肉羊价格仍处在高位运行，活羊每公斤30元以上。以围场为重点区域的“百万只羊”项目，带动全市肉羊产业的发展。截至年底，全市羊存栏94.9万只，出栏156.7万只，100只以上羊场864个，500只以上羊场74个，1000只以上羊场23个。在区域布局上，丰宁、围场及隆化3县接坝和坝上地区多以绵羊为主，宽城、兴隆、滦平及承德县多以山羊为主。加快与天津奥群牧业、天津食品集团合作进度，建设以围场为核心辐射带动丰宁、隆化、滦平、平泉、宽城等县的百万只肉羊产业带，产业带内肉羊存出栏年分别达到74.77万只和116.79万只，分别占全市78.75%和74.5%。到年底，天津食品集团和围场共建成投产种羊场2个，年提供优质种羊2.1万只；津悬猎苑建成肉羊育肥场2个，年出栏育肥羊6万只。在品种特色上，绵羊饲养以乌珠穆沁、河北细毛羊、小尾寒羊为母本，利用萨福克、无角道赛特、杜泊等优良的肉用品种为父本进行杂交，以提高产肉率；山羊则根据不同的生产用途，引进辽宁绒山羊和波尔山羊进行杂交，以提高产绒量和产肉率。在产品特色上，随着标准化规模养殖场不断增多和畜产品加工企业的诞生，“塞彝”“爱尚羊”“六和源”和“溯源”牌的手把肉、羊排、羊肉卷和礼品件等产品畅销国内市场。

【畜禽良种繁育】 稳步推进良种繁育体系建设，全市共有各类种畜禽场23个。其中，种猪场12个，种羊场4个，肉种牛场1个，肉种鸡场（孵化场）5个，种蜂场1家。通过引进优质胚胎或冻精，在对已有肉奶牛进行改良的同时，培育和发展安格斯、和牛等优质肉牛；以杜洛克、长白、大约克夏三元为主，积极发展热河民猪等优良地方品种，满足市场多样化的需求。引进优质种肉用公羊，对已有山绵羊品种进行改良；引进AA+、海兰、农大三号等品种，对蛋肉鸡品种进行更新，利用杂交优势，提高畜禽产品产量和质量。持续加大改良站点建设力度，全市建猪改良站点159个，改良生猪13.5万头；建牛改良站点304个，改良牛21.67万头；建羊改良站点119个，改良山（绵）羊33.7万只次；猪、牛、羊改良完成年初预定目标。

【动物疫病防控】 全力做好非洲猪瘟防控工作，在生猪屠宰企业非洲猪瘟专项调查中，对全市38家生猪屠宰企业进行全覆盖抽样，共采集动物样本和环境样本1856份，未发现阳性样本。圆满完成畜禽强制免疫、监测工作，春秋两次集中免疫共调入并发放禽流感疫苗930万毫升；猪口蹄疫O型A型二价疫苗222万头份、牛羊口蹄疫O型疫苗440万毫升、奶牛口蹄疫O型

A 型二价灭活疫苗 15 万头份、布病 S2 疫苗 430 万头份、A19 疫苗 0.7 万头份，小反刍兽疫疫苗 198 万头份，全市共强制免疫牲畜 455.46 万头只，其中猪 135.43 万头、牛 106.62 万头、羊 213.41 万只；禽类 1884.03 万只，其中鸡 1828.65 万只、鸭 36.84 万只、鹅 18.54 万只。口蹄疫、禽流感、布病和小反刍兽疫应免畜禽免疫密度达到 100%，并顺利通过省农业农村厅组织的春秋考核检查验收。开展抗体监测，全累计监测口蹄疫血清学 6228 份次，监测小反刍兽疫 3547 份次，监测禽流感 8565 份次监测布病 2028 头份，结核病 875 头份，均未发现阳性。加强执业兽医管理，对考试、注册、登记、从业人员进行严格审理。全市共有执业兽医师 232 人，助理执业兽医师 144 人。其中，注册执业兽医为 102 人，备案助理执业兽医 14 人。全市共登记乡村兽医 841 人。

【动物卫生监督】 提升官方兽医队伍整体业务水平，以《动物防疫法》《河北省动物检疫管理办法》等法律法规、产地和屠宰检疫规程、非洲猪瘟防控等内容为重点，加强岗前培训和在岗人员轮训，采取“线上、线下”多种形式，组织法律和业务知识等培训班，全年累计参加培训 1830 人次。建立承德市动物检疫公众号，及时发布动物检疫新知识，便于全市官方兽医学习。鼓励技术创新，培树典型，提升官方兽医依法履职能力，提高动物检疫工作水平。

落实官方兽医责任制，定员定岗。针对当前动物卫生监督机构改革实际，按照《动物防疫法》《河北省动物检疫管理办法》的规定及动物饲养量和检疫人员现状等实际情况，全市清退官方兽医 16 名，新增官方兽医 44 名。完善官方兽医准入、退出、轮岗、考核、奖惩和监督管理制度。严把产地检疫关，做好动物产地检疫，规范检疫行为，严格落实养殖场、户基本信息、免疫信息、运输车辆信息与电子出证系统对接要求，确保动物检疫工作顺利开展。全市共产地检疫生猪 64.97 万头，牛 11.89 万头，羊 5.86 万只，禽 7382.66 万只，产地检疫率达到了 100%。

严把屠宰检疫关，全市屠宰企业 PCR 仪器配备率达到 100%，先后配备驻场官方兽医人员、指定兽医 144 名。全市共屠宰检疫生猪产品 7847.10 万公斤，牛产品 68.67 万公斤，羊产品 188.57 万公斤，禽 10604.44 万公斤。严把检疫出证关，全市电子出证动物 A 证 3436 份，动物 B 证 45241 份，产品 A 证 27725 份，产品 B 证 225152 份。全力做好动物疫病防控工作，提高非洲猪瘟疫病防控能力，共组织非洲猪瘟“线上、线下”专题研讨会议 9 次，成立非洲猪瘟防控工作专班、专组 13 个，印发非洲猪瘟防控工作方案、监测方案、督查活动通知等文件 11 个，认真安排部署非洲猪瘟综合防控措施，组织指导做好非洲猪瘟防控工作。在生猪屠宰企业非洲猪瘟专项调查中，全市 38 家生猪屠宰企业全覆盖抽样，共采集动物样本和环境样本 1856 份，未发现非洲猪瘟核酸阳性样本；非洲猪瘟养殖场抽检 56 场次，共采集并检测病原学样本 2245 份次，未发现阳性样本。

强化调运管理，采取抓饲养场、屠宰场，稳运营者等措施，通过全程 GPS 监控和落地网上签证等方式，对生猪调运进行监管，严格做好运输车辆备案和信息化管理，已备案车辆 474 辆，实现可追溯管理。全面提升动物检疫信息化水平，积极推动县（市、区）“智慧化动监”建设，推进动物卫生应急指挥模块、病死动物无害化处理模块建设进程，积极筹建承德市动物卫生监督应急指挥系统，初步建成承德市官方兽医管理软件，信息化监管水平大幅提高。

【畜禽定点屠宰】 顺利推进全市生猪屠宰企业标准化，其中承德二商大红门肉类食品有限公司成功创建为国家级标准示范厂，完成省农业农村厅下达的标准化建设任务。以屠宰监管“提升年”

为主线，以狠抓畜禽定点厂（点）规范管理为重点，健全畜禽产品质量安全长效机制。认真做好畜禽屠宰企业新冠疫情防控工作，切实履行监管职责，做到“应急与预防并重，常态与非常态相结合”，对辖区内畜禽屠宰企业摸底排查，排查企业名称、地址、负责人、冷库库存、进口肉等信息，并登记造册。监督企业做好入场查证验物及信息录入工作，保证证物相符、畜禽标识符合要求、企业进口肉类产品，提前向农业农村部门和新冠疫情防控指挥部备案。驻场官方兽医加强管理工作，严格落实准宰杀制度和同步检疫制度。监督企业做好人员及场地的新冠疫情防控工作，要求储备足够数量的疫情防控物资，加强职工日常健康监测，加强外来人员登记管理和人员出入管理。做好防控知识宣传，待宰间、屠宰车间、分割间、冷库、化验室等重点场所的防控，会议室、餐厅、宿舍等公共区域做好防控工作。

【粮改饲试点项目实施】 争取到位粮改饲项目资金4732万元，继续在丰宁、围场、隆化3县推进粮改饲试点县建设。全市各级农业农村部门积极配合、抢抓农时，推行种养结合、全株收贮，全年实际落实粮改饲面积51.02万亩、收储量143.4万吨，分别完成省下达任务29.3万亩、81.5万吨的175%和176%，同期完成青贮窖实施主体2户、新建青贮窖3314立方米，惠及场户5400余家；其中完成玉米改种改收49.83万亩、全株玉米青贮收贮量142.5万吨，燕麦、苜蓿等优质饲草种植面积1.19万亩、收储量0.9万吨。同期辐射带动御道口牧场管理区、滦平等县部分场户自发开展全株玉米青贮收贮，完成收贮3万吨。推广全株玉米青贮、饲料作物田间有害生物综合防控等多项实用技术，推广专用、兼用新品种20余个，建设万亩示范片1个、千亩示范方10余个。在完成对各实施主体收贮量验收登记、补贴标准核算、花名表制作、公示程序和财政资金拨付申请手续后，及时将补贴资金以“一卡通”发放到位。全市任务量、资金量首次居全省首位，资金总量、粮改饲完成面积、实际收贮量、惠及农户数均创历史新高。承德市及3县粮改饲工作典型材料由《农民日报》电子版“三农号”刊载。

【秸秆饲用与饲料生产】 全市持证饲料生产企业12家。其中，饲料添加剂企业2家、添加剂预混料企业1家、植物蛋白原料企业1家、羽毛粉企业2家、肉鸡料企业2家、鸭料企业1家、猪料企业1家、精料补充料企业2家。全年饲料产量（配合、浓缩）22.4万吨、酒精全糟干饲料(DDGS)6万吨、酶制剂224.9吨。加强饲料日常监管和饲料检测，完善饲料、饲料添加剂监督管理档案，落实“痕迹化”监管，制定下发《承德市绿色食品饲料和饲料添加剂使用指导意见》。开展药物饲料添加剂退出品种专项检查活动，对饲料企业安全生产进行督导检查。加强饲料质量安全监测，全年累计完成省、市级饲料检测抽样56批次，未检出不合格样品。全市各类秸秆农副资源理论生产量（干重，下同）135万吨，主要种类为玉米秸、谷草、莜麦秸、小麦秸、稻草及花生秧、豆秸、薯类藤蔓等，以玉米秸为主，理论产量112.8万吨，占比83%。通过不带穗青贮、黄贮、微贮、压块及直接饲喂等方式，全年秸秆饲料化利用量90万吨，占比67%。

【畜禽产品质量安全监测】 按照省农业农村厅《关于印发2020年河北省农产品质量安全监测计划的通知》要求，结合承德市实际，研究制定《2020年承德市畜产品及投入品质量安全监测计划》下发至各县（市、区），安排部署市、县两级检测工作，要求以畜禽养殖场、定点屠宰场及加工企业、市场和超市为重点监测区域，以风险高、社会普遍关注的大众畜产品为监测重点，结合畜禽当季用药特点进行本辖区内重点监测。通过例行监测、专项监测，掌握全市肉、蛋、奶、水产品质量安全风险，为畜产品质量安全风险评估提供依据。全年共检测样品8168批次。其中，市中心检测样品1846批次，检出阳性样品6个，总体合格率99.9%。合理安排部署全年监测工作。市检测中心被市委、市政府授予"市级文明单位"称号，被省兽药监察所授予"兽药饲料畜产品质量安全检验检测先进集体"称号。

完成兽药与违禁添加物例行监测工作及"利剑""禽蛋"等专项整治行动。共发现牛尿、羊尿各1批次克伦特罗疑似阳性，鸡蛋13批次氟喹诺酮类疑似阳性，经送检确证后，鸡蛋3批次恩诺沙星（以恩诺沙星与环丙沙星之和计）检出，确证阳性。圆满完成市级"瘦肉精"和生鲜乳专项监测，完成省下达监督抽检及风险监测工作。积极参加省级检测技术能力验证活动，组织相关人员参加全省农产品质量安全检测技术能力验证工作。

不断提高检测人员技术水平，先后组织参加安捷伦、岛津等仪器厂商开展的仪器使用操作、维护保养等线上培训，使检测人员的技术水平进一步提升。组织内审员、技术负责人、质量负责人先后参加省市场监督管理局、农业农村部农产品质量安全中心组织的岗位管理培训，不断提升人员岗位技能。加强对县级检测中心的技术指导，通过跟班培训及现场指导等方式，帮助2个县顺利通过"双认证"考核。

【畜禽粪污处理】 成立以市长为组长、主管副市长为副组长、相关部门一把手为成员的畜禽养殖废弃物资源化利用领导小组。领导小组成立后，召开专题会议对资源化利用工作进行全面部署。落实主体责任，加大政策扶持，规范执法监督，突出科技引领，创新体制机制，加快畜禽养殖粪污处理设施建设，推进养殖废弃物资源化利用，构建种养结合、农牧循环长效机制，通过采取强有力的综合治理措施，促进生态畜牧业的可持续发展。至6月底，全市规模养殖场粪污处理设施配建率达到100%，粪污资源化综合利用率达到93.95%，超额完成省下达承德市的任务指标。

加快推进畜禽粪污资源化利用项目，滦平县畜禽粪污资源化利用项目工程和配建设施均可投入使用。围场满族蒙古族自治县畜禽粪污资源化利用项目全部完成。丰宁满族自治县畜禽粪污资源化利用整县推进项目，全部完工。隆化县畜禽粪污资源化利用整县推进项目，计划建设的中小型养殖场、大型养殖场有机肥生产等粪污处理设施设备和畜禽废弃物村级收集点建设工程已全部完工。4个有机肥集中处理中心完工2个，中央资金已支付4925.784万元，占中央投资的84%。

按照《承德市2020年畜禽养殖废弃物资源化利用工作实施方案》评估方法，5—7月，对养殖场配建水平开展评估分级并进行整改，引导粪污处理设施相对简陋、资源化利用方式粗放的规模养殖场提升整改粪污处理设施，对整改后的养殖场再进行评估。全市共提档升级养殖场40家。其中，三级升二级共18家，二级升一级共22家。圆满完成三级水平向二级以上水平转化15%，二级水平向一级水平转化10%的目标任务。按照《河北省畜禽粪污资源化利用专项大整治行动方案》要求，为实现"四个确保目标"，全面排查各县（市、区）规模养殖场，共排查规模养殖场823个，存在问题的养殖场21个，立改14个，拒不整改移交环保部门7个。排查出具有一级配建水平养殖场311家，二级配建水平养殖场117家，三级配建水平养殖场395家。

加强散养密集区治理，全市粪污综合利用率达到73%，超额完成省政府下达90%和70%的任务。完成了散养密集区的摸底工作，全市散养密集区共30个。其中，鹰手营子矿区8个、双桥区8个已完成了整治；围场9个、隆化5个列入整县推进项目建设内容，2019年年底前完成整治。完成散养密集区和主要河流两岸1千米以内规模下散户摸底工作，经过排查，全市共有沿河规模养殖场126家（承德县53家、滦平37

家、丰宁 10 家、兴隆 7 家、宽城 5 家、隆化 4 家、平泉 3 家、围场 3 家、高新区 2 家、双桥 2 家）、散养户 443 户（滦平 274 个、双滦 109 个、隆化 19 个、宽城 12 个、双桥 11 个、鹰手营子矿区 7 个、高新技术产业开发区 4 个、平泉 3 个、围场 3、兴隆 1 个）。提升规模养殖场粪污处理设施配建率，累计完成 762 个，全市 800 家规模养殖场配建率达到 95.2%。

渔业经营与管理

【概况】 2020 年，以无公害养殖、冷热水名贵鱼养殖、生态休闲渔业为优势特色产业，实施科教兴渔和可持续发展战略，实现渔业提质提效、渔民增产增收。重点发展水库渔业、休闲渔业。加强渔政管理及渔业品种资源保护与增殖放流。全市水产品总产量 3773 吨，同比减产 8.51%。其中，捕捞产量 1176 吨，同比减少 16.65%；养殖产量 2597 吨，同比减产 4.28%。养殖面积 1602 公顷，养殖面积减少 5.93%（主要原因是受潘家口水库取缔网箱养鱼的影响）。休闲渔业受新冠病毒疫情的影响产量下降。加强病害防治，全市共设 5 个渔业养殖病害测报区，14 个监测点，测报总面积 701.56 公顷，测报病害种类 8 种。

【水库渔业经营】 全市水产品总产量 3773 吨，同比减少 8.51%。其中，淡水养殖产量 2597 吨，同比减少 4.28%；淡水捕捞产量 1176 吨，同比减少 16.65%。全市水库养殖产量为 865 吨，同比减少 8.95%，占全市养殖产量的 33.3%。全市水产养殖面积 1602 公顷，同比减少 5.93%。其中，水库养殖面积 1324 公顷，占全市养殖面积的 77.84%，同期减少 5.28%。

【休闲渔业经营】 休闲渔业总产值 7237.45 万元，同比减少 11.01%。其中，休闲垂钓及采集营业额 2549.00 万元，同比减少 16.35%；旅游导向型休闲渔业营业额 3678.45 万元，同比减少 11.28%；观赏鱼产业产值 344 万元，同比增加 126.32%；钓具、钓饵、鱼药及水族设备等营业额 666 万元，同比减少 15.37%。全市休闲渔业经营主体 196 个。其中，营业额在 200 万元以上的规模经营主体 19 个，同比增加 18.75%。休闲渔业从业人员 1861 人，同比减少 6.76%。全年接待人数 418412 人次，同比减少 11.38%。

丰宁满族自治县冷水养鱼鱼塘

【渔业增殖放流】 全年省农业农村厅、省财政厅下达承德市增殖放流补助资金共计 141 万元，用于潘家口水库池沼公鱼、鲢鳙鱼、草鱼鱼种增殖放流。其中，河北省渔业资源增殖放流资金 50 万元，在潘家口水库放流池沼公鱼受精卵 10 亿粒（投资 30 万元），放流规格为 50—150 克／尾的鲢鳙鱼鱼种 4 万斤（投资 20 万元）；国家水生生物增殖放流资金 91 万元，在潘家口水库放流规格为 50—150 克／尾的鲢鳙鱼鱼种 13 万斤，放流规格为 50—150 克／尾的草鱼鱼种 2 万斤。另外，6 万元用于补助中标单位包装运输放流鱼种费用、政府采购、执法检查及管理等费用补助。

【渔政管理】 以落实水生野生动物保护、海河辽河禁渔制度、违规渔具渔法清理整治、打击毒炸电鱼违法行为、水产养殖产品质量安全执法为重点，开展系列专项执法行动。全市共出动渔政检查员3295人次，发放宣传材料35500份。特别是在禁渔期间，通过开展专项执法行动，清理非法网具154套，查处渔业违法案件9起，移交公安机关电鱼案件7起。通过对禁渔措施的稳步开展，有效地落实海河、辽河水域禁渔制度，强化案件查处，推进“行刑衔接”，严厉地打击使用违规渔具的非法行为，保护渔业资源。

农业机械与农业科技

【概况】 2020年，全市农机总动力达到271.79万千瓦。其中，大中型拖拉机1.88万台，小型拖拉机5.28万台。机耕、机播、机收面积分别达到408.12万亩、370.64万亩、166.63万亩。全市农作物耕种收机械化作业水平56.08%，主要粮食作物（玉米）耕种收机械化作业水平67.52%。

【农机深松作业补贴】 丰宁满族自治县、围场满族蒙古族自治县、平泉市及鱼儿山牧场共实施农机深松作业补贴面积43.2万亩，补贴资金1296万元。其中，丰宁满族自治县18万亩，补贴资金540万元；围场满族蒙古族自治县22.7万亩，补贴资金681万元；平泉市1.5万亩，补贴资金45万元；滦平县0.5万亩，补贴资金15万元，鱼儿山牧场0.5万亩，补贴资金15万元。

【提高农机化水平】 全市农机推广部门以服务农业结构调整、重点产业发展和现代园区建设为中心，以促进农业节本增效为目标，积极开展、新机具在农业主导产业中的示范推广和应用。9月4日，成功举办首次农机推广田间日现场观摩会，来自全省12个市的农机管理及推广机构人员、农机合作社及农民代表、马铃薯种植大户、有关企业人员等100余人，观摩液压翻转犁、深松整地机、马铃薯播种机、中耕培土机、杀秧机、无人植保飞机、自走式喷杆喷雾机、马铃薯收获机等机具作业，向参会人员展示极侠多功能无人飞行系统、极飞农业物联系统、种薯包衣机、微型薯分选机、拌种机、上土机、中耕追肥机、茎秆切碎还田机、甜菜除土机等机具设备。此次活动引入德国进口格力莫牵引式马铃薯收获机1台，“田间日”作为一种体验式、参与式的农机推广新方式，打通农机推广的“最后一公里”，效果明显。

发展智慧农业机械，充分利用物联网、大数据平台、智能控制、卫星定位等信息技术在农机装备和农机作业上的应用，借助2020年河北省农机装备智能化改造提升项目，以围场大型农机合作示范社为重点，在精细整地、精量播种、施药施肥、节水灌溉等作业的机具逐步推广安装智能监测设备200套，实现与农机管理服务平台无缝对接，开展重点农机作业环节智能监测。

全年完成玉米机械化收获面积40万亩，马铃薯耕种收综合机械化水平达到86%。根据中药材产业发展需要，引进中药材专用播种机，在平地示范推广播种、施肥一体化技术，山地推广小型半机械化播种、锄草技术。对现有谷物联合收获机的筛选机构进行技术改进，用于收获柴胡、苍术、藁本等中药材种子。针对全市谷子、高粱等小杂粮作物种植面积不断扩大，缺少适宜专用机具的实际，继续对已有谷子播种机的播种器和谷物联合收获机的拨禾轮等部件进行多次改动，实现高粱机械化种植。

【农机安全监管】 按照省委、省政府关于推进安全生产领域改革发展的决策部署，逐层落实农机安全生产责任制，认真贯彻落实“党政同责、一岗双责、齐抓共管、失职追责”“管行业必须管安全、管业务必须管安全、管生产经营必须管

围场满族蒙古族自治县马铃薯耕种综合机械化达到86%，图为收获马铃薯

安全”和“谁主管、谁负责”的安全生产责任制原则，全面落实农机安全生产责任制，依法履行牌证核发、驾证考试、安全宣传、安全检查、事故处理、应急管理等安全监管职责，推行农机安全监管权力清单和责任清单制度，逐级签订责任书，健全行业监管系统内部安全责任体系。制定《2020年承德市农机安全生产工作指南》和《2020年农机安全生产工作要点》，并将各项农机安全生产责任目标分解各县（市、区），与各县农机站签订农机安全生产目标责任书。延伸农机安全生产责任，县区和乡镇签订农机安全生产责任状，统一印制《农机安全生产责任书》，对于办理注册登记、年度检验、驾驶操作人员一律逐人驻车签订《农机安全生产责任书》，实现农机安全生产责任全覆盖。全年共签订《农机安全生产责任书》2800余份。

下发《关于做好2020年度农机牌证管理及检验工作的通知》，将检验任务目标分解到各县（市、区）。截至年底，共检验拖拉机2550余台，拖拉机注册登记2353余台，联合收割机注册登记20台，新考驾驶员216余人，安全教育驾驶员2800余人。开展“农机安全生产月”活动，围绕“防风险、除隐患、遏事故”主题，结合实际，创新形式，着力扩大安全宣传覆盖面，按照走进基层，贴近群众，面向社会的总要求，组织开展农机安全生产系列宣传教育活动、农机安全大检查和隐患排查治理活动，营造农机安全生产的良好氛围，收到了良好的社会效果。活动月期间，共悬挂标语80余条，发放宣传资料16000余份，发布短信830余条，平安农机文化衫600余件，安全生产水杯700余个，现场指导农机人员安全操作230人次，受教育驾驶员及农机操作手1000余人。

【农业科技推广】 遴选发布主推技术。围绕产业发展，组织专家筛选了155个主导品种和27项主推技术在全市予以推广，各项目县也根据省市发布的主推技术、主导品种，结合本地产业发展实际，遴选推介地方年度农业主推技术，各项目县（包含资金整合项目县）共推介发布主导品种126个，示范推广实用技术75个，解决技术难题3263个。组织科技人员开展“三下乡”服务工作，共发放科技书籍1000余本，接受种植、大田作物栽培、配方施肥、畜牧养殖、兽医防疫等方面的咨询100人次。科技活动周期间，共发放科普宣传资料1500份，接受咨询120人次，解答科学养殖、科学种植和科学防病问题90人次。选派科技特派员开展技术服务，全年共选派54名中级以上职称的专业技术人员，赴42个村（企业）开展先进适用技术推广、技术咨询等服务，共举办技术培训班55场，培训1208人次。按照“十个一”推广模式要求，指导全市16个创新驿站开展创建工作，全年有来自省内外203名专家参与其中，全市共引进示范优新品种39个，示范推广新技术72项，制定绿色生产标准和技术规程18项，破解技术难题11个，驿站内采用生态防控、节水、节肥、节药绿色关键技术达85%以上，物联网覆盖率达98%以上，60%以上农产品实现订单或网上销售。

【科技培训】 扎实推进高素质农民培育，争取省级培训资金902万元，承担培训农民任务4340

人（其中各类产业大户示范性培训200人，产业扶贫带头人1720人，贫困户、小农户2100人，新型经营主体带头人320人）。积极组织各项目县（市）、基地申报认定省级农民教育培训基地，全市12个基地被认定为省级农民教育培训基地。构建起以农广校为主体、各种社会资源广泛参与的“一主多元”高素质农民培训体系。至年底，已完成全部培训任务。采取异地研修、集中办班和现场实训等方式，对农技人员分层分类分批开展培训，全面提高服务能力。共组织474名农技人员参加在农业农村部管理干部学院、中国农业大学培训中心、河北科技工程学校等基地开展的省级基层农技人员知识更新培训。依托滦平县周台子培训中心农业部新型职业农民培训基地的优势，针对创业富民、大学生村官能力建设、乡村发展与治理等主题，承办专题培训5期，共培训各地学员500人。调动各贫困县、贫困村党支部书记及村“两委”成员，参加“乡村发展与治理”主题培训，共培训村党支部书记及村“两委”班子成员100人。首席专家团队结合产业技术扶贫活动，通过基地示范、专家指导和技术培训等形式开展各类示范展示活动164次，科技培训43次，培训科技人员149人，培训新型经营主体和农户2189人，带动126户贫困户稳定脱贫。开展线上培训。疫情期间，全市1400余名基层农技人员和超过1万名左右农民用户稳定在线，总登陆次数超过6000余次，专家和农技人员线上及时解答农技问题近7000余个，发布服务日志约3000余条，实现农技指导全天候、跨时空高效服务。

【农业科技合作】 同河北农业大学蔬菜体系首席教授申书兴及教授赵邦宏、李博文等加强技术交流与合作，在滦平、平泉、宽城3县（市）联合建立试验示范基地，开展品种筛选和优新技术试验示范。同沈阳农业大学李天来院士团队教授孙周平、副研究员余朝阁在平泉联合开展育苗及栽培基质研发，成功转化“一种番茄袋培全营养基质配方及其灌水管理方法”发明专利技术成果。同北京农林科学院植保所、蔬菜技术研究中心加强合作，在滦平和承德县开展寡雄腐霉菌微生物菌剂试验示范，及萝卜种质资源的扩繁。引进中国农业科学院蔬菜花卉研究所、天津科润黄瓜研究所、天津农科院的黄瓜、菜花等品种。联合中国中医科学院、中国中医药大学、中国中药协会中药材种植养殖专委会及中药材种子种苗专委会、国药集团、吉林农大中药材学院、甘肃中医药大学、河北省农科院等9所科研院校、药企及国家和省中药材产业技术体系专家团队，增强中药材产业的科技支撑能力。以热河黄芩、北柴胡为重点，全面开展良种选育、高产栽培、病虫害综合防控、科学施肥、适用机具5个课题联合攻关。

【基层农技推广体系】 全年省基层农技推广体系改革与建设补助项目下达承德市8个项目县，项目资金797万元。其中，丰宁满族自治县项目资金被整合使用145万元，其他7县（市）项目顺利实施。按照“五直接”对接帮扶要求，组建市级专家服务团队1个、县级专家服务团队7个、乡镇扶贫产业服务队68个，配备产业发展指导员944名。全年共引进推广新品种90余个，示范推广新技术69项，入村开展调研指导5113次、举办各类培训班709次，培训指导农民4万人，解决实际困难问题813个，发放技术资料和明白纸14.4万份。

加大农技推广特聘计划实施力度，从农业乡土专家、种养能手、新型农业经营主体技术骨干中招募特聘农技员38名，全部纳入产业扶贫技术服务体系，与贫困县、扶贫产业、扶贫项目、贫困村精准对接，开展农业技术咨询指导和政策宣传。对全市474名基层农技人员开展知识更新培训，成为农业技术示范推广的骨干力量。

按照“十个一”推广模式要求，指导全市

16个创新驿站开展创建工作，截至年底，共有省内外203名专家参与创建工作，共引进示范优新品种39个，示范推广新技术72项，制定绿色生产标准和技术规程18项,破解技术难题11个，驿站内采用生态防控、节水、节肥、节药绿色关键技术达85%以上，物联网覆盖率达98%以上，60%以上农产品实现订单或网上销售。首席专家团队结合产业技术扶贫，通过基地示范、专家指导和技术培训等形式开展各类示范展示活动164次，科技培训43次，培训科技人员149人，培训新型经营主体和农户2189人，带动126户贫困户稳定脱贫。公开遴选500个科技示范主体，创建19个高标准县级农业科技试验示范基地，全年共推广应用新品种33个、新技术26项，组织现场观摩1500余人次,组织培训2000余人次。

【农业信息化发展】 农业农村官网全年无故障运行，日均发布量不断增长，为全市提供农业信息服务。实施信息进村入户工程，全市已完成进村入户大数据平台、市级运营综合服务中心1个、县级运营综合服务中心8个和益农信息社村级站点1744个，基本形成全市信息进村入户服务体系，农户不出村、新型农业经营主体不出户就可享受到便捷、经济、高效的生产生活信息服务。依托益农信息社，结合“互联网+”农产品出村进城工程，推动农产品上行。充分利用智能终端等新型手段，创新推动线上线下结合的服务方式。推进“互联网+”现代农业发展，扩大农业物联网区域试点，加快推进物联网、人工智能等现代信息技术在农业生产领域的应用，在全市范围内遴选出10家农业物联网企业作为河北省农业物联网应用典型。推广微信公众平台，累计实现5600人政务公众号关注量。

2020年市农业农村局领导名录

党　组　书　记：刘宝龙（满族）
党组副书记、局长：孙志广
党组副书记、副局长：王德林
党组成员、副局长：侯光然（满族）
韩立军（满族）
宋文平（12月免）
纪　彪
张长青（满族）
张俊发（6月免）
刘树新
田雁飞（满族）

（供稿　赵智昊　高建忠　修丽娜　李　兵　张晓波　李　平　张　杰　邱艳捷　张宏伟　刘　波　金凤岗　吕若梦　高　远　杜新杰　才凯华　陈浩文　于宝海　和庆良　韩永生　霍宗全　南　洋　张　扬　霍妍明　朱今舜　李素霞　韩国伟　刘艳明　孙一涵　杜治广　于海宇　黄志龙　夏清华　房庆超　杨　光　郭海燕　张书辉　陈凤莉　王志超）

林业草原

【概况】 2020年，林业草原工作紧紧围绕“两区”定位，深入贯彻习近平生态文明思想，大力践行“两山”理论，弘扬塞罕坝精神，统筹做好疫情防控和林草各方面工作，全年完成营造林167.7万亩，草地修复治理49万亩，森林草原防灭火工作取得近10年来最好成绩。滦平、兴隆2县率先成功创建省级森林城市；雄安承德林和承德展园高质量完成年度任务；生态扶贫经验在全国推广；完成省、市下达的各项工作任务。至年底，全市有林地面积3556万亩（占全省的35.7%），草地面积700万亩（占全省的25%），森林覆盖率60.03%（高出全国36个百分点、全省25个百分点）；国家级、省级天然林、公益林面积2584万亩（占全省的60.5%）；拥有各类自然保护地63处(其中,国家级18处、省级45处),总面积850万亩,占国土面积的14%;林木蓄积量1.02亿立方米(占全省的58%)。

【造林绿化工程】 依托坝上造林、京津风沙源治理、规模化林场建设、小流域治理等生态建设工程,围绕两河(滦河、潮河)、六路(京承、承秦、承朝、张承、承赤、承唐高速)、四区(坝上生态脆弱区、干旱阳坡裸露区、城市建成区和美丽乡村片区)建设重点,全力做好"见缝插绿"和"身边增绿",努力补齐缺林少绿地带的生态短板。围场满族蒙古族自治县借助张家口、承德坝上林业重点工程建设,组织300多支造林队伍开展植树造林。全市全年完成造林绿化75.7万亩,建设百亩以上规模工程397处12.58万亩;完成村庄绿化1.14万亩,完成道路绿化美化99公里,面积3.14万亩;50个村被评为省级森林乡村。依托草原生态修复和京津风沙源项目,采取封、种、飞并举,草、灌、乔结合等方式,立体推进草地生态综合治理,全年完成草地修复治理49万亩。开展基本草原划定工作,完成划定面积560.6万亩。做好国家森林城市复检工作,编制呈报《承德市国家森林城市指标测评报告》《承德市国家森林城市重点工程实施情况测评报告》和《承德市创建国家森林城市指标自查报告》,待国家监测复查。按照全市"三创四建"总体部署,8个县(市)全部启动森林城市创建工作并通过省级备案,兴隆、滦平2县率先成功创建省级森林城市。

【林业产业经营】 依托承德塞罕坝生态开发集团,持续加大森林资源开发力度,推进"绿水青山"转化为"金山银山"。快速推进雄安郊野公园承德林和承德展园建设,总占地1015亩,共栽植乔灌木36种、26873株,做到应绿尽绿;露天广场、停车场等基础设施建设已完成,道路施工完成率95%,建设成果得到省、市各级领导的充分肯定。

5月13日,围场国有滦河林场造林员栽植油松

稳步推进雄安"承德展园"建设,施工进度和工程质量在全省位居前列。持续壮大塞罕坝集团规模,塞罕坝集团同承德木兰林业集团整合注册成立承德合和塞域生态开发有限公司,通过增资扩股形式,实现市、县两级的森林资源、资产的有效联系和利用,集团资产达到19.5亿元。与国家林产工业规划设计院合作,不断提升塞罕坝集团在造林绿化、林草项目规划设计等领域的行业竞争力。按照"林上要果、林中旅游、林下间作"的发展思路,深入挖掘森林经济潜力,加大对国家和省级森林公园、湿地公园基础设施建设力度,实施"扶龙"行动,引进战略投资者,持续扩大全市森林康养、林业碳汇、林下种养殖等经济规模,全力推动森林资源变成农民致富的钱袋子、菜篮子、肉盘子和药园子。

【森林防火】 做好森林防火期的各项准备工作,开展防灭火实战演练等系列工作。围绕"人防、物防、技防"一体化体系建设,充分发挥防火监控平台和航空护林站作用,推广"防火码"和网格化管理模式,建立市、县、乡、行政村、自然村五级防火监管体系。全市全年共发生森林火灾4起,过火面积19.5公顷,受害森林面积1.83公顷,森林火灾受害率0.001‰。清明节和"五一"期间首次实现零热点和零火灾,火灾起数、过火面积和受害森林面积全面下降,比2019年同期分别下降 63.6%、83% 和 62%。圆满完成省委、省政府下达的“四个确保”工作任务，创 10 年来最好水平，取得连续 28 年未发生重特大森林火灾的好成绩。省委大督查工作组将“承德防火模式”作为全省典型经验报送省委省政府。

10 月 23 日，承德县组织防火灭火专业队员进行防灭火实战演练

【林草有害生物防治】 扎实开展“林安”专项行动，参与京津冀协同防控，强化林相、草相巡视和苗木产地检疫、调运检疫及调入后复检等工作，有效遏制了美国白蛾、栎粉舟蛾等病虫害的发展。全年林业有害生物防治面积 104.7 万亩；草原有害生物防治面积 156 万亩。林业有害生物成灾率为 0，无公害防治率达到 98.5%，测报准确率为 94%，种苗产地检疫率为 100%。

【森林质量提升】 推进森林提升工程，科学编制国有林场森林经营方案，以国有林场为主开展禁自然森林经营，以中幼林抚育、低质低效林改造等项目为依托，采取除伐定株、割灌修枝、疏伐等作业措施，强化科技支撑，有效提升森林多功能效益，全年完成营林 92.03 万亩。围绕全市“一环六带”六大产业带布局，持续扩大板栗、仁用杏、沙棘等干果经济林产业基地规模，全年新发展干果经济林 6.8 万亩，改造提升 47.87 万亩；引入燕山硕丰、燕丽等板栗优新品种 7 个，建立精品示范基地 59 处，面积 4.27 万亩。

【自然保护地整合优化】 坚持应划尽划、应保尽保原则，全市自然保护地（不含风景名胜区）由 58 个整合优化为 49 个，整合优化后面积略有增加，方案已于 12 月报国家审核，为解决历史上遗留的交叉重复、矢量界限不清、划定不科学等突出问题奠定了基础。深入开展违建别墅清查整治工作，纳入国家整治台账的 9 个项目已全部完成整改。全力保障承克高速、御道口“冬季两项”等全市重大项目顺利进行，完成自然保护区功能区调整和风景名胜区项目选址等工作。

【智慧林业建设】 与铁塔公司合作，在全市范围内特别是环京周边、环塞罕坝周边以及重点林区、路口建设大型监控网络，累计布设视频监控点位 1709 个，实现林草资源集中区域防火监控综合覆盖率 85% 以上，其他森林草原防火区视频监控综合覆盖率 80% 以上，省、市、县三级防灭火指挥部互联互通，为林草资源管护装上“天眼”。

【疫情防控】 联合农业农村、市场监督等部门对全市野生动物非法交易进行拉网式排查，及时清理整顿、规范野生动物人工繁育、经营和利用行为。全年出动人员 11192 人次（其中民警 7842 人次），出动检查车 3447 台次，检查重点活动区域 1860 处、重点场所 815 处、人工繁育场所 287 家、餐饮场所 721 家，查处刑事案件 2 起、行政案件 2 起，收缴“三有”野生动物 99 只、猎网 11 套、猎套 73 个。做好野生动物后续处置工作，全年处置 23 户养殖户的狍子、鸿雁、獾等野生动物 789 只，落实补偿资金 186.4 万元。

2020 年市林业和草原局领导名录

党组书记、局长：王　江（12 月免）
　　　　　　　　李　浩（12 月任）
党组副书记：任树友
党组成员、副局长：牟广泽
　　　　　　　　孙金伟

党组成员、派驻纪检组长：靳传新
党组成员、副局长：段陟鑫
周 满
党组成员、河北承德航空护林站站长、
市森林公安局局长：马钢利
党组成员、市绿化委员会办公室副主任：
李金鹏
党组成员、副局长：甘路军

（供稿 曲笑含）

水 务

【概况】 2020年，水务工作坚持“水利工程补短板、水利行业强监管”总基调，共完成水利投资15.8亿元（其中：省级以上资金6.1亿元，市县地方自主投资9.7亿元）。多项水务工作走在全省乃至全国前列。因农村饮水安全脱贫攻坚工作实绩突出，被省水利厅、省扶贫办推荐为“全国农村饮水安全脱贫攻坚先进集体”。宽城、平泉跻身全国第三批节水型社会建设达标县（市）。承德市河湖长制工作多次得到水利部和省政府肯定与表扬，河湖长制体制机制创新入选全国典型案例，在2020年度全省河湖长制工作考核获“优秀”等次，河湖长制办公室获评全国先进集体称号，承德市和滦平县先后两次在全省总河湖长会议上作典型发言，小滦河围场段、伊逊河滦平段入选河北省十大“秀美河湖”称号。双峰寺水库竣工验收、城市水源地建设等工作分别受到中共承德市委、市政府的肯定与表扬。克服新冠肺炎疫情等不利因素，重点民生工程“主城区供水和水源地建设工程”（双峰寺地表水厂）在全市第一个复工复产，双峰寺水库工程、农村饮水安全保障等各类水利工程及时复工建设。面对市区武烈河水源地水源井水量不足，市区居民供水无法保障的情况，22名党员连续工作3昼夜，为市区武烈河紧急调水补水100万立方米，确保市区居民用水安全。

【重点水利项目建设】 启动编制《承德市中心城区水资源配置规划》和《承德市城市防洪规划》，全市7个县完成水域岸线和防洪治导线规划编制。推进14个列入国家《加快灾后水利薄弱环节建设实施方案》中小河流治理项目；列入《河北省病险水库除险治理行动方案》病险水库15座已完工13座。落实列入《国家可持续发展议程创新示范区建设实施方案》，即总投资3.7亿元的3大类22项重点水利工程，争取省级以上资金中央投资3.44亿元，完成投资2.73亿元。

2018年下达投资计划的7座小型水库除险加固项目、2019年下达投资计划的7座小型水库除险加固项目完成投资1412.37万元，至2020年全部完工，并通过验收；宽城满族自治县浑河椴树沟至山西段河道治理工程完成投资6800万元，提前完成省水利厅下达的目标任务；水利基本建设项目完成验收106个，超额完成年度任务。

作为国家172项重大水利工程之一、河北省一号水利枢纽工程的双峰寺水库工程全面竣工，承德防洪标准由20年一遇提高到100年一遇。累计向下游供水4320万立方米，水库蓄水4189万立方米，同步建成双峰寺地表水厂，实现主城区供水由地下水向地表水转换，从根本上解决城市生产、生活和生态用水需求。圆满完成水利基本建设项目年度建设目标，宽城长河大汉沟至西尖山段河道综合治理工程完成投资3870万元；孤石水库、钓鱼台水库除险加固工程全部完建，2019年以前年度沉淀项目4项全部完成；投资428.5万元的小型水库维养项目全部完成。列入国家可持续发展议程创新示范区建设的3大类20项重点水利工程顺利实施，完成投资2.21亿元。实施移民后扶项目268个，完成投资6644万元。

【省市重点任务落实】 通过卫星遥感、无人机航拍、实地暗访等手段，全方位开展河湖“四乱”清理整治，全市排查出381个河湖“四乱”问题，全部完成整改销号，河道生态环境进一步改善，行洪安全有保障。争取国家投资1791万元，解决0.9万人农村饮水安全巩固提升问题；全面完成脱贫攻坚任务，并顺利通过省考、国考抽查检查。完成农村饮水管护机构组建运营工作，全市农村供水工程专业化管护实现全覆盖。争取上级资金1.75亿元，实施坡耕地水土流失综合治理、国家水土保持重点治理、京津风沙源治理3类水保工程，累计完成治理水土流失面积648平方公里，完成年度目标任务500平方千米的129.6%。全力配合做好省、市人大常委会“6+1”联动监督地下水超采综合治理工作，全市地下水开采总量控制在4.11亿立方米以内；排查取水井44994眼，在全省率先完成工作任务；科学编制《承德市取水井关停计划》；庙宫水库向下游伊逊河补水3130万立方米，超额完成省水利厅下达的（600万立方米）任务。双峰寺地表水厂一期工程正式通水，总投资5.56亿元、日供水规模6万吨；西区供水工程基本完成，总投资7.98亿元、日供水规模8万吨，为全市民生工程之一，破解水源地保护与城市发展瓶颈制约，为城市可持续发展提供基础保障。

【防洪安保】 严格落实安全生产责任制，严守“红线”意识和“底线”思维，全面压实行业监管责任和水利生产经营单位主体责任。贯彻落实上级关于安全生产工作决策部署，抓安全防范措施责任落实，组织开展安全生产月、安全生产教育培训，营造安全生产工作氛围；推动水利行业安全生产专项整治3年行动和“双控机制”建设，对排查出的风险隐患，全部建立管控台账，及时交办并督促整改到位，水务安全生产形势持续保持稳定。

7月，双峰寺地表水厂一期工程正式通水

面对全年防汛抗旱严峻形势，统筹做好疫情防控和防灾减灾工作，创新机制，严密组织，综合施策，全力推进各项措施落实。汛前“六个强化”统筹做好备汛工作，汛期精心防控，实现“四个到位”。全市共成立各类防汛抢险队伍2736支、5.49万人，各级储备防汛抢险物资总价值1609万元；预警设施实现行政村全覆盖，建成自动雨量站1181处、自动水位站120处，安装村级预警广播4823处，发放卫星电话333部；市主城区内涝监控点增至39处，完成15项总投资1556.8万元的防汛抗旱应急项目及山洪灾害防治项目，先后召开视频调度会58次，启动防汛四级应急响应2次，转移安置群众1194人，确保强降雨过程无人员伤亡，防汛工作有力有效，得到省政府、省防指领导的充分肯定。

排查化解信访矛盾纠纷，成立工作专班，稳妥推进金牛山庄回迁房等重大信访事宜，有效化解积案4起，共处理各类信访案件112起，案件接收率、办结率和信访参评率均达到100%，河北省信访信息系统平台满意率100%，水库移民持续保持无进京赴省集体访和移民群体性事件发生，水务信访形势持续保持稳定。

【水资源管理】 贯彻落实《河北省地下水管理条例》和《河北省取水许可管理办法》，执行地下水取水许可审批权限上收省级政策，配合省厅做好取水许可审核工作，共审查、评估取水许可681件，审核水量2.2亿立方米，各县（市、区）取水进一步规范，全市用水总量和地下水开采总量均控制在省厅考核指标范围。围绕水资源、河道采砂、河道清障、水土保持监督执法等工作，深入开展河湖联合执法、水资源综合执法、水土保持专项执法等各项执法检查，共查处水事违法案件25件、非法取用地下水43起，排查侵占河道、河道采砂方面案件30余件。建立健全水利依法行政监督检查制度，把领导干部学法用法、执法守法情况纳入年度考核内容，建立实施领导干部任前法律知识考查和依法行政能力测试制度，提升全体干部职工法律意识、法律素质及依法行政能力；统筹推进水利法治建设，严格水事执法，妥善解决水事纠纷，水务工作法治化、程序化和规范化进程不断加快，依法治水管水能力进一步增强。

【推进涉水改革】 在建立健全河湖长会议、河湖巡查、提示调度、督察督办等制度的基础上，创新建立河湖长责任、联合监管执法、河务警长、巡查保洁、考核问责、监督激励、资金投入等7项机制，推进水生态环境质量提升行动。落实河务警长制、河湖管理员制。深化京承、津承生态环境联防联建联治，全面建设可视化监控系统，实施“一河（湖）一策”精细化管理，全市“河畅、水清、岸绿、景美”河湖生态环境初步形成。全市县域节水型社会创建工作完成比例达到50%。

10月，河务警长在滦平巡河

与市农业农村局按照各自职能共同有序推进，改革任务全部完成。

2020年市水务局领导名录

党组书记、局长、移民办主任：张宝生（满族）
党组成员、双峰寺建管局局长：周作军（满族）
党组成员、副局长：刘剑锋（满族）
闫锡杰（蒙古族）
王淑国
刘志远（满族）
王永良
移民办副主任：白峰
彭九敏（女,满族）
市武烈河河道与橡胶坝管理中心主任：
王权（6月任）

（供稿　滕树海　刘玉铭）

工业和信息化

综　　述

【概况】 2020年，面对疫情带来的冲击和复杂的经济形势，紧紧围绕“保运行、稳增长”这一目标任务，扎实做好“六稳”“六保”工作，深入推动各项惠企政策落实，深化企业帮扶活动，全力破解企业发展难题，推动企业复工复产、达产满产，工业经济稳步提升。全市规模以上工业实现增加值增速3.9%，增速位居全省第7位；工业投资同比增速为2.1%，居全省第3位；工业技改投资同比下降5.9%，居全省第5位；新增规上企业完成51家，超额完成省下达30家目标任务，为全面建成小康社会实现“两个翻番”提供有力支撑。

加强创新创业服务，新增市级小微企业创业创新基地2家，结合全省“百场万家”公益活动，开展“双提双促助企行”（提升服务能力，促进惠企政策落实；提升经营理念，促进产业转型升级）活动，组织专题活动14场，培训工信干部200多人次，培训对接企业1332家。围绕行业规划、产业政策、法规标准等方面，切实做好工业行业安全生产指导工作。强化民用爆炸物品生产、销售企业的监管，果断化解京沈高铁隧道下穿民爆库区安全风险，完善民爆企业“双控”机制建设，扎实开展隐患排查检查，保持民爆行业安全稳定态势。

坚持绿色发展理念，落实工业节能环保任务，做好严防“地条钢”死灰复燃、工业节能节水、挥发性有机物治理、料堆场整治等工作任务。河钢承德钒钛新材料公司获评国家级绿色工厂，承德建龙特殊钢有限公司、承大环保科技有限公司等8家企业获评省级绿色工厂。全年累计推广新能源汽车实车444辆，折合标准车2633辆，超额完成省定800辆标准车任务。

推进特色产业集群加快发展提升，平泉食用菌、兴隆果品、丰宁装备制造、承德县装备制造等产业集群协同化、集群化水平明显提升。全年实现营业收入610.75亿元，增长11.3%；实缴税金26.83亿元，增长17%；从业人员达到11.91万人，增长1.7%。

【复工复产】 认真履行物资保障职责，疫情期间坚持对重点企业开展“一人一厂”驻企、银企对接、协调紧缺原料等服务，协调支援武汉医用氧气瓶8000支，全市口罩生产企业增至8家、日产能达到138万只，先后有4家、24家企业分别纳入国家和省疫情防控重点物资生产企业名单。争取应急物资保障建设资金1717万元，用于市级应急物资储备。严格落实企业复工复产政策措施，实行台账管理和进度日报通报制度，推动全市381家规上工业企业于3月23日全部实现复工复产。

【落实企业政策】 梳理印制《支持工业企业发展政策汇编》，组织430余家企业近4000人次参加“送政策下基层”“政策面对面”活动，集中开展银企对接解决企业融资困难。全市规上工业企业失业保险稳岗返还3359.45万元；工业企业享受各类税额减免1.45亿元；银行机构通过降低利率减少规上工业企业支出1322.48万元；工业企业贷款额159.9亿元；规上工业企业减少开支

1.88亿元。

【帮扶企业】 深入开展“走千企、帮万家”“问题解决推进月”“包联大走访”等活动，落实34名市级领导包联72家重点工业企业，建立完善“事项帮扶清单”“政策落实清单”“分类问题清单”3个清单，帮扶走访企业971次，帮助企业解决问题737个。强化“专精特新”企业培育，天大钒业制造有限公司等4家企业获评国家专精特新“小巨人”企业，承德金龙输送机制造有限公司等4家企业获评省级“专精特新”示范企业，河北怡达食品集体公司等19家企业获评河北省第五批“专精特新”中小企业。提高创新服务水平，成功组建承德市工业创新中心。承德石油高等专科学校、睿索研究院2家机构获评省级“工业诊所”，全市4家争创“工业诊所”机构提交企业体检诊断报告118个，及时解决企业个性化问题。

【工业运行监测调度】 成立防控疫情推进工业经济发展协调组，加强组织保障，增强统筹协调力度，落实工作职责和各项协调机制，及时分析工业经济运行情况，协调各县（市、区）和市直有关部门推动解决企业在疫情防控和复工复产中遇到的困难和问题，全力推动工业经济发展各项任务落实、落地、落细、落准。制定《2020年确保完成规上工业增加值增速目标工作方案》《规模以上工业企业服务专项行动方案》等指导性文件，组成8个工作组，由主要领导带队深入各县（市、区）开展全面督导，分解年度目标，建立“日调度、周分析、月评价”调度机制，指导县（市、区）科学预判走势，精准查找问题，深入分析原因，提高运行监测质量。

【工业及企业管理】 坚持新发展理念，以供给侧结构性改革为主线，完成承德立飞焦化有限公司30万吨生产线设备拆除工作，通过市级验收。指导承德中滦煤化工有限公司做好去产能后续工作，完成盛丰、兆丰等钢铁企业去产能工作，压减退出炼铁产能306万吨、炼钢产能390万吨。

根据河北省淘汰落后产能工作领导小组办公室有关文件要求，要求各县（市、区）对所属各乡镇拉网排查，严防“地条钢”死灰复燃。组织各县（市、区）与市、市与省签订严防“地条钢”死灰复燃承诺书，并且保持常抓不懈。

推进“两化融合”试点示范，推动个性化定制、智能化生产、网络化协同、服务化延伸、集成化应用、互联网“双创”等新模式应用，全年培育20个项目。组织企业申报省工业控制系统信息安全试点，进一步提升企业工控安全应急处置能力。6家省级“双创双服”重点企业开展专家团入企帮扶，开展网络“总裁带货”直播和品牌宣传，7场网络直播活动观看人数超10万人，4家重点企业品牌网络宣传浏览量突破20万次。协调云服务商为企业免费提供174款云应用产品，海尔、智能云科等云服务商开展网上云精准对接。召开视频培训会议3场，培训人数1000余人次。

【提升企业创新能力】 新认定制造企业研发机构21家，累计达到167家。绿世界活性炭、莹科精细化工获评2020年河北省技术创新示范企业；承钢集团铁路货车厢用钢、避暑山庄酱香白酒酿造生产技术等9个项目列入省工业新产品新技术开发指导计划。培育省级数字化车间5家，累计达13家。奥斯力特自动激光封焊机、溅射镀膜机2种“首台套”装备获评“省重点领域首台（套）重大技术装备产品”。

【深化工业设计创新】 积极开展工业设计项目申报等各项工作，平安高科等4个项目获省专项资金56.96万元，3D打印个性定制运动鞋等产品（作品）获得中国优秀工业设计奖复评资格。建成避暑山庄集团睿度、怡达、神栗3家工业设计中心，培育承德电智尚等5家标杆企业、电机智控系统等6项明星产品。

钒钛业

【概况】 2020年，全市钒钛产业重点企业有14家，主要钒钛产品包括：钒渣、五氧化二钒、50钒铁、80钒铁、氮化钒等系列钒制品，钒氮合金、钒铝合金、钼铝合金、硬质合金、金属钒及钒电池等钒的延伸加工产品，系列含钒高强钢材、系列含钒特钢，以及钛高纯3D打印粉末、钛合金复合板等。全年全市实现铁矿石原矿24998.8万吨，生铁1100.2万吨，粗钢1098.1万吨，钢材1039.6万吨。全市规上纳税前100名企业中，钒钛产业占39家，实际上缴税金41.4949亿元，占前100名规上企业上缴税金80.1809亿元的51.75%。

【发展钒钛新材料】 研究制定出台《支持营子钒钛新材料产业基地高质量发展的意见》，破解园区建设制约条件，加快推进兴隆县及鹰手营子矿区钒钛特钢产业园建设。结合5G时代和“十四五”规划，积极争列实现承德建龙特殊钢有限公司100万吨／年钒钛高科无缝钢管智能化生产平台项目列入全省钢铁行业数字化转型重点项目。积极争取将承德市钒钛资源及综合利用十一条建议纳入全国钒钛磁铁矿综合利用标准化技术委员会编制《2020年全国钒钛磁铁矿资源综合利用白皮书》重点内容，为全市钒钛基地建设提供基础保障。

积极协调双滦钒钛新材料产业园项目，协调河钢集团承钢公司钒厂北部约220亩土地、宫后钒钛事业部西侧约120亩土地出让和河钢集团承钢公司冷轧项目建设审批事宜并提出解决意见。完成《钒钛新材料及制品产业2020年工作要点》及推进台帐。按时统计上报承德市钒钛新材料及制品产业龙头企业及重点项目推进表。

【钢铁去产能】 按照河北省对承德市钢铁行业化解过剩产能任务的安排和要求，制定《2020年钢铁行业去产能工作方案》《2020年钢铁行业去产能计划》，将全年钢铁压减任务计划（306万吨生铁、290万吨粗钢）调整为退出计划，承德盛丰钢铁有限公司、承德兆丰钢铁集团有限公司整体退出，承德建龙特殊钢有限公司退出生铁产能30万吨，于11月30完成市、县两级初步验收。与宽城满族自治县共同谋划2家钢厂退出后的转型发展和新项目建设，通过积极争取省级支持，完成宽城2条500万吨氧化球团生产线项目备案。

【钒钛重点项目建设】 围绕国家钒钛资源综合利用产业基地建设，加快推进建龙特殊钢有限公司无缝钢管、承德锦科科技股份有限公司年产2千吨高纯氧化钒、天大钒业制造有限公司铝钼钒中间合金产业化等重点项目，不断扩大承德钒钛产业影响力。围绕加快建设国家级工业资源综合利用示范基地，依托河北睿索固废工程技术研究院，以京津冀尾矿综合利用产业技术创新联盟为纽带，加快实施恒钏建材发泡陶瓷、新通源微晶玻璃、滦平平泉砂石骨料基地、爱尔新型建材研发生产基地等新型建材项目。

【河钢集团承钢公司】 河钢集团承钢公司（简称“河钢承钢”）1954年建厂，是国家“一五”期间苏联援建的156个项目之一。河钢承钢是依托承德地区丰富的钒钛磁铁矿资源、依靠自主创新建设发展起来的大型钒钛钢铁材料企业，是中国钒钛磁铁矿高炉冶炼和钒提取加工技术的发祥地，钒钛资源综合开发利用产业化技术处于世界领先水平，被誉为中国北方钒都。

2020年，面对新冠肺炎疫情，河钢承钢建立三级网格化精准防控体系，加快钒钛新材料产业园区建设，不断改善亚熔盐产线、钛合金产线、钒铝合金产线、航空片钒产线、增材制造项目、光伏钒储能示范项目主要技术指标，提升高纯钒产量质量，挺进高端催化剂与高端金属漆制造领域。全年新开发高端客户11家。

推进产销无缝衔接，接单效率提升20%。推进冷轧产品上量，拓展汽车钢、光伏支架等领域的高端客户，实现酸洗、镀锌产线满负荷生产。推进工程直供上量，最大限度提升库存周转效率。推行“金字塔”管理模式开发客户，通过EVI服务模式，与无锡法斯特共同参与红旗H9和林肯MKX、MKC车型研发，汽车传动轴用钢等产品成功用于红旗、林肯高档轿车。联合黑旋风锯业开发50Mn2V产品系列。首次供货中国中车2212吨铁路用高强耐侯钢。全年战略客户销量101.7万吨，完成销量目标的107%；A/B级客户开发7户，超额完成全年任务。

申报省级科技计划项目4项，市级重大科技成果转化专项项目1项，承德国家可持续发展议程创新示范区建设专项项目3项。完成省级项目“河北省钒钛产业技术研究院建设引导经费”和“河北省钒钛产业技术研究院”验收。研究国家科技免税政策，获政府资金支持920万元。开发生产新产品16个。其中，棒材3个，卷板11个，冷轧2个。主导研发高强高韧高精度锚杆钢筋、定制化大规格精轧钢筋、钒强化高强汽车传动轴、含钒金刚石锯片用钢等新产品，叫响河钢承钢特色品牌。全年品种钢生产408.4万吨，比例达62.88%，同比提高1.79%。高创效产品完成114万吨，比例达17.58%，同比提高1.03%。特色战略产品完成30.2万吨，比例4.98%，同比提高0.76%。完成钢筋生产许可证扩证、澳标钢筋ACRS认证、热轧带CRCC认证等4项扩证、认证工作，完成汽车钢质量体系、钢筋MC换证、韩标钢筋KS升级换证等5项审核。热轧钢筋首次获得绿色产品认证。非钢产业完成对外收入10.1亿元，超预算完成7.4%，同比增加2.5亿元，涨幅35%。

全年产铁679.47万吨、钢660万吨、材649.3万吨、钒渣21.44万吨、钒产品（折V2O5）1.81万吨、钛精矿6.78万吨。钒渣和钒产品产量分别比上年增长15.97 %、8.87 %。实现营业收入265亿元，工业总产值240.95亿元，上缴税金5.33亿元，实现利税5.96亿元。实现挖潜增效7.2亿元。

【承德建龙特殊钢有限公司】 2001年成立（以下简称承德建龙），是北京建龙重工集团有限公司旗下的钢铁子公司（以下简称建龙集团）。公司有钒钛特钢生产能力200万吨，年产五氧化二钒7000吨，其中引进的意大利达涅利圆坯连铸机，达到国内先进水平。经多年发展，已形成以高压锅炉管、气瓶钢、管线钢及石油套管用连铸圆管坯、电渣母材、圆坯锻打材、齿轮钢、轴承钢、钎具钢、钢球用钢、汽车及工程机械用钢和五氧化二钒等产品为主的钒钛特钢企业，产品广泛应用于铁路、风电、锅炉、电力、矿山、汽车、石油钻探、石油运输、工程机械、装备制造等领域。

装备制造业

【概况】 成立推进特色装备制造业工作专班，坚持抓项目、抓发展，全力推进特色装备制造产业发展。全年特色装备制造产业53家规模以上工业企业增加值增长30.9%，比全市规模以上工业企业增加值增速高27个百分点；实现营业收入97.4亿元，增长40.3%，全部特色装备制造产业实现营业收入达到100亿元以上，在困难和逆境中创造新成绩。

【打造产业发展新格局】 全力打造高新技术产业开发区微智园、承德县六沟园、平泉市装备园、丰宁怀丰园、兴隆荣盛园5大特色装备制造产业园区，已入驻企业41家。其中，丰宁怀丰园和兴隆荣盛园全力承接京津装备制造产业转移。从拉企业转移”到“引产业聚集”，丰宁怀丰科技产业园积极承接雁栖经济开发区机械制造等产业转移，共引进外迁企业16家。其中，有北京宏亭汽车零部件有限公司、北京雁阳汽车陪件有限公司、河北领锐新能源汽车科技有限公司等汽车零部件企业9家。兴隆荣盛产业新城主要承接北京地区外溢产业，共引进荣盛兴城新能源发展有限公司、北京思泰嘉业汽车零部件等外迁企业11家。

【龙头企业培育】 努力做大做强承德市装备制造业，远景能源有限公司、比亚迪公司、北汽福田、苏垦银河连杆、热河克罗尼仪表有限公司、金建检测仪器、华远自动化等一批具有综合实力的企业集团不断壮大，已成为承德市先进装备制造领域代表性企业。5家重点企业营业收入58.6亿元，占规模以上装备企业的60.1%。其中，比亚迪公司4.4亿元，苏垦银河3.7亿元，电智尚公司200万元，升华压力3.3亿元，远景能源47.2亿元。远景能源全年实现营业收入47.2亿元，占规模以上装备企业的48.4%。

【创新驱动】 依托承德石油高等技术专科学校建设的工业设计创新中心、仪器仪表中心、智能制造与汽车零部件中心等技术平台设立的“承德市工业创新中心”，已累计为承德克罗尼公司、金龙输送机制造有限公司、承德众恒科技有限公司、承德精密试验机有限公司等100余家企业提供技术支持。全力推进重大技术装备创新应用，全市已有承德华远自动化公司等3家企业产品入围河北省重点领域首台（套）重大技术装备产品目录，承德奥斯力特公司新型晶体自动化生产设备自动激光封焊机、溅射镀膜机2种“首台套”装备被评为省重点领域首台（套）重大技术装备产品，成为承德市装备制造创新发展新动力。

【智能化改造】 充分运用先进适用技术，通过改技术、改工艺、改装备、改产品、改管理等方式，以国内外智能制造先进水平为标杆，推动智能制造核心技术攻关和产品装备研发，推动企业普遍实施智能改造，全市已培育省级数字化车间13家，企业在降低运营成本、缩短产品研制周期、提高生产效率、降低不良产品率、提高能源利用率5方面取得明显成效，助力承德推动传统产业向中高端跃进。

【承德市金建检测仪器有限公司】 前身为承德市金建检测仪器制造厂，1994年成立。2000年2月28日在承德高新区注册，更名为承德市金建检测仪器有限公司，注册资本620万元。占地6000多平方米，建筑面积4000多平方米。集研发、生产和销售为一体的河北省专精特新中小企业及高新技术企业。经过20年发展，已成为全国唯一的“国家化学建材检测仪器科技示范工程产业化基地”，全国非金属试验机行业的领军企业，河北省首家主持国际标准制修订的民营企业。生产设备有标准测力计、温度计量仪表等计量器具30件，高精度加工机床10台，年可完成2000多台机器的组装调试任务。公司主要产品是非金属材料试验机，包括熔体流动速率仪、万能试验机、摆锤冲击试验机等50多个种类，100多个型号的产品。开发研制的复合式摆锤冲击试验机为国内外首创技术，获得国家发明专利权。产品遍及全国各地，并远销美国、意大利、新加坡、澳大利亚、伊朗等50多个国家和地区。

【承德华远自动化设备有限公司】 2002年1月成立，注册资本3000万元，占地79.48亩。是一汽大众等多家大型汽车制造企业优秀供应商，自主研发的汽车总装柔性立体储运装配系统，获得河北省科技进步二等奖，为国内领先，替代进口，打破国外垄断。该系统可实现年产35万辆份汽车的生产能力，最快节拍达到52sec/辆份。

承德华远自动化设备有限公司装配车间

系统还可应用于汽车涂装、焊装生产线。拥有发明专利和实用新型专利共13项，其中智能化运输和集散控制系统的自主知识产权技术填补国内空白，达到国内领先水平，被科技部等4部门委列为国家重点新产品。自主研发的汽车总装柔性立体储运装配系统获得河北省科技进步二等奖。

【承德苏垦银河连杆有限公司】 2004年3月成立，注册资金1.55亿元。建有河北省企业技术中心、河北省发动机连杆工程技术研究中心和河北省高端连杆工程实验室等研发平台。与吉林大学、河北工业大学合作，率先在国内实现裂解连杆的批量加工与销售，成为国内裂解连杆加工技术龙头企业。投资300万研发粉末冶金材料及工艺，最终取得北京现代汽车有限公司高端粉末冶金裂解连杆开发权，实现高端粉末冶金裂解连杆批量生产，填补国内空白。

有连杆产品100余种，配套厂家50家，是发动机连杆专业化生产行业领军企业，主要为北京现代、东风悦达起亚、现代威亚、上海通用、东风神龙、雷诺、沃尔沃、广汽菲亚特等合资品牌及长城汽车、吉利等国产品牌主机厂配套，并直接或间接出口德国、韩国、印度、土耳其等国家。拥有盐城、昆明、柳州、重庆连杆生产基地4个。年总产能已达2928万件，连杆生产线26条。2020年，销售收入3亿元，利润总额167万元。

【承德热河克罗尼仪表有限公司】 公司是承德林达仪表有限公司与德国KROHNE集团共同出资兴办的中外合资企业，专业生产销售流量、物位、温度、压力测量仪器仪表，成立于1991年6月。投资总额5102万元，中德双方持股比例分别为49.73%和50.27%。拥有总资产21162万元，现有员工308人。公司成立以来，致力于流量计、液位计、传感器系列产品的技术应用与开发，服务于国内石油、化工、冶金、电力、食品、医药等行业的自动化控制及测量系统，是德国KROHNE集团在中国唯一的金属管浮子流量计服务及维修中心，主导产品金属管浮子流量计，以其智能化、模块化设计、HART通讯、PROFIBUS总线功能等先进的技术特性，在国内市场中始终处于技术领先地位。以超过50%的市场占有率，连续保持同类产品的市场领导地位，KEOHNE成为行业的知名品牌，企业列入中国仪器仪表20强，成为全国自动化仪表行业排头兵，为带动行业发展、振兴地方经济做出贡献。主要产品除国内销售外，还部分销往韩国、新加坡、印尼、巴基斯坦等国家和中国台湾、中国香港等地区；零部件大批量销往KROHNE集团内的德国、英国、法国、荷兰、印度公司。

绿色食品产业

【品牌战略】 面对疫情常态化形势，全市积极推进食品工业企业加强品牌建设战略，开展提升品牌影响力，开拓国内外市场的政策指南，申报河北怡达食品集团有限公司、承德神栗食品有限公司等23家企业食品特色品牌提升项目。按照《河北省以创建食品产业强县（市、区）促进食品产业高质量发展工作方案》要求，组织推荐兴隆县、平泉市、丰宁满族自治县申报《食品产业强县（市、区）项目》，这批项目的实施建设，对推动全市食品工业转型升级，开拓国际市场，加快食品工业高质量发展起到积极地推动作用。

【打造绿色食品产业基地】 以河北露露股份有限公司、承德森源绿色食品有限公司、河北怡达食品集团公司、承德畅达生物科技有限公司等企业为龙头，重点推进怡达京郊健康食品产业园、瑞泰山楂功能性食品加工、北京金田麦速食品生产基地等项目建设。

【提升消费品质量】 积极开展消费品质量提升专项行动，承德避暑山庄酒业有限公司、河北怡达食品集团公司、承德宇航人高山植物技术应用有限公司、丰宁平安高科实业有限公司4家企业获评食品特色品牌，获得奖励资金80万元，平泉市、丰宁满族自治县被评为河北省食品产业强县（市）。

【河北承德露露有限公司】 河北承德露露股份有限公司的前身是承德市罐头食品厂，始建于1950年。在整个罐头行业低迷时期，公司基于市场需求导向，依托当地丰富的山杏仁资源，开发生产拥有自主知识产权的植物蛋白饮料——杏仁露，奠定露露发展基础。1997年11月公司在深交所上市，股票代码000848，成为国内植物蛋白饮料唯一的上市公司，通过上市募集的资金全部用于技术改造，使企业技术装备达到国内领先水平。2006年经过国企改制，万向集团（国内500强企业）持有公司40.68%股份，为公司第一大股东。主营业务是饮料的生产和销售，属饮料食品行业，全国最大杏仁露生产企业，年生产能力50余万吨，市场占有率90%。2020年，营收19.8亿元，利税1.27亿元 ，利润5.62亿元。

【河北怡达食品集团公司】 始建于1989年，是国内最大的山楂食品民营企业，国家级农业产业化重点龙头企业，先后参与制定多项国家级山楂食品生产标准。注册资金11847万元，总资产2.5亿元，产品主要有山楂休闲食品、罐头食品等，市场占有率国内排名第一，山楂食品国内同行业排名第一。“怡达”商标为“中国驰名商标”“河北省著名商标”，怡达产品也多次被评选为“中国食品市场产品过硬，消费者首选第一品牌”“河北省名牌产品”“消费者信得过产品”“河北省优质产品”。

公司占地面积500亩，有国内最大的山楂食品生产车间、中国山楂博物馆、中国山楂研发检验中心、承德特色产品仓储物流配送中心、电子商务运营中心、电子商务创业孵化基地，下属子公司6家，年综合生产能力可达20万吨，产品覆盖全国10万余家终端卖场，出口亚洲、欧洲、美洲、非洲等18个国家和地区。2020年，营业收入9.96亿元，利税9400万元。

【承德栗源食品有限公司】 1999年9月6日成立，注册资金4157.77万元，主要经营京东板栗、粮食深加工及其他农副产品，是集绿色环保型、科技型、创汇型、产业化为一身的板栗加工企业，全国板栗行业龙头企业。在遵化市西下营乡双义村、侯家寨乡刁山村和兴隆县蓝旗营镇东风村分别建立3440亩、5000亩和3900亩有机板栗种植基地。公司采用机械化、密封化，自动化设备生产，开发不使用色素香精防腐剂的果杯、果冻、果泥、山楂、酸枣、酸梨等系列健康水果、饮料等产品，首创天然微发酵果干浸提饮料，成为区域特色饮料中的品牌。2020年，营业收入4.9亿元，利税1650万元。生产板栗、山楂，产能1.5万吨。

【承德宇航人高山植物应用技术有限责任公司】 2003年成立，注册资本1881.3万元，占地面积4.75公顷（47513平方米），建筑面积3万平方米。拥有先进的全自动、全封闭加工生产线和高尖端的现代化产品研发中心和检测中心。年处理沙棘果及其它果蔬能力已达到 8 万吨。公司主要产品有：以沙棘为原料为主生产的沙棘原果浆、沙棘浓缩清汁、沙棘保健食品、沙棘功能性饮品、沙棘化妆品，另有以本区域特产的黄太平、金红苹果等为原料生产的苹果浓缩汁、干粉等 7 大类 170 多个品种。产品远销德国、美国、俄罗斯、韩国、新加坡、斯洛文尼亚、土耳其、意大利、印度、蒙古等国家，国内销售市场已覆盖全国 20 多个省、市、区。2020 年，营业收入 1.82 亿元，利税 23.49 万元。

【承德九龙醉酒业集团】 建于 1958 年，河北省知名酿酒企业，以生产健康品牌“九龙醉”酒为主，经营范围主要为白酒（饮料）生产及自产产品销售。公司占地 300 亩，员工 2000 名。其中，营销人员 500 名，研发人员 50 人，技术工人 300 名。国家级品酒师 6 名，省级品酒师 15 名。总资产约 30 亿元，固定资产 5.8 亿元，有库房 29 个，生产线 23 条，年生产白酒 3 万吨。2019 年，荣获“河北省非物质文化遗产”“燕赵老字号”等荣誉称号。截至 2020 年年底，储存原酒 5000 吨。产值 9487 万元，上交税金 2081 万元，营业收入 8149 万元，利润总额 −1919 万元，主要产品产量 1756 千升，产能 1 万千升。九龙醉牌白酒拥有产品 500 个品种，面向全国 20 多个省份销售。

九龙醉酒厂白酒系列

【承德乾隆醉酒业有限责任公司】 位于承德县境内，前身为承德县庆元亨烧酒作坊。“庆元亨烧锅”的创始人是乾隆年间时任“皇粮庄头”的段额拉吉。1956 年，在庆元亨烧锅原址上成立热河第三区联合厂。1962 年，联合厂改为承德县食品厂。1996 年 1 月，承德县酒厂更名为承德乾隆醉酒厂。2001 年 12 月，企业更名为承德乾隆醉酒业有限责任公司。2018 年 4 月，被衡水老白干酒业股份有限公司全资收购，主要生产板城烧锅、板城和顺、板城龙印 3 大系列上百个中高档白酒产品，主要涉及 3 大品系 5 大单品。年生产能力达到 3 万吨，原酒及半成品储酒能力 1.1 万吨，成品储存能力 70 万箱。2020 年，顺利通过河北省质量奖复审。

医　药

【概况】 新冠肺炎疫情出现后，按照市委、市政府的统一部署，把疫情防控工作作为最重要的政治任务，积极组织调配全市医药生产企业和物资投入到疫情防控战役中。全面协调医疗物资的供应保障，起草制定《物资保障工作方案》，摸排疫情防控物资生产企业，按时间节点向省工业和信息化厅报送疫情防控物资重点生产企业台账相关报表，全面摸查疫情防控物资储备品种数量情况。在初期医疗防护物资极为紧张的状况下，统筹各方资源，发挥主观能动性，全力扩大采购渠道，确保疫情防控应急物资不断档。对承德六禄工贸有限公司、承德避暑山庄企业集团饲料公司 2 家疫情防控重点物资生产企业实施了“一人一厂”的驻厂管理，协调企业加快生产，缓解民用口罩和酒精消杀用品的市场供应。2020 年，医药工业营业收入 12.3 亿元，同比下降 11.2%。

【疫情防控供应保障】 为贯彻落实中共中央、国务院和中共省委、省政府决策部署，根据省政府办公厅《关于打好新型冠状病毒感染的肺炎疫情防控阻击战促进经济社会平稳健康发展的若干措施》要求，支持受疫情影响企业尽快复工复产，加大金融支持力度，制发《关于印发开展 2020 年承德市“促复产稳投资补短板”融资专项工作的通知》，组织承德龙志达智能仪器仪表、承德市金建检测仪器、承德智能伙伴机器人有限公司等7家企业召开企业融资座谈会，实行一对一服务，充分发挥金融在关键时期、重点领域、薄弱环节对重点企业和重大项目的支撑引领作用，金融机构支持全市疫情防控重点物资生产企业融资3亿元。

【强化对企服务】 在省工信厅共发布6个批次的疫情防控重点物资生产企业名单中，全市纳入名单的24家，大多数是产业链的供应端和使用端。其中，宽城六禄工贸有限公司、宽城升华压力容器有限公司、宽城天海压力容器有限公司、国药集团承德药材有限公司4家企业纳入到国家名单。在推进企业安全有序复工复产工作中，对企业疫情防控和复工复产进行专题安排部署，积极组织对工业企业进行排查，实行台帐式管理，按规模分行业加强调度，帮助企业解决防护口罩、消毒液等防控物资，解决企业发展中遇到的问题。协调省工信厅调拨承德市口罩7万个，协调解决如意洲医疗器械有限公司、承德六禄工贸有限公司等4家疫情防控物资生产企业口罩生产原料熔喷布3.5吨。协调宽城升华压力容器有限公司、宽城天海压力容器有限公司等企业发往武汉医用氧气瓶8000多支，协调办理运输车辆通行证15余次。

【颈复康药业集团有限公司】 公司始建于1952年，是一家工商结合以研究、开发、生产和销售中成药、中药提取物、西药、中药原料药、保健食品为主的现代化药业集团，主要股东包括颈复康医药产业投资公司、上海复星医药集团、中国药材公司、石药集团公司、辽宁朝阳人民康泰连锁公司。除集团本部外，还有6家成员企业，即承德石药颈复康医药公司（商业）、赤峰颈复康医药公司（商业）、赤峰丹龙药业公司（工业）、颈复康药业集团保定东方中药有限公司（工业）、承德颈复康大药房连锁公司（商业）等。公司为国家火炬计划重点高新技术企业，为国家中药50强。发明专利授权9项，自主研发制定国家药品标准30多个。颈复康颗粒、腰痛宁胶囊、复方石韦片等8种产品为国家中药保护品种，其中颈复康颗粒、腰痛宁胶囊已经成为治疗脊椎类中成药物的领军品牌甚至是首选品牌。公司拥有自营进出口权，营销网络遍布全国31个省、自治区和直辖市及中国香港和澳门，远销东南亚、欧美等国家。2020年，营业收入9.97亿元，利税1.2亿元，利润3500万元。

颈复康药业集团办公大楼

【承德天原药业股份有限公司】 位于围场境内，前身是国有企业承德地区制药厂，建于1970年，是一家有着40多年历史的中成药生产企业。2000年由国企转制为民营企业，2014年进行股份制改造，2015年5月成功登陆新三板。是国家高新技术企业、河北省诚信守法示范企业、河北省知识产权优势培育单位、河北省创新型企业、河北省农业产业化经营重点龙头企业。公司注册资本5100万元，总资产3.9亿元，共有片剂、丸剂、散剂、胶囊剂、颗粒剂5个剂型、6大类（感冒类、胃肠类、清热解毒类、活血止痛类、镇静安神类、补肾强身类）64个品种中成药。主导产品金莲花片、金莲花颗粒，为国家医保品种和国家中药保护品种，其中金莲花颗粒为公司自行研制开发的国家级新药，全国独家生产。2020年营收7545万元，利税843.56万元，利润446.6万元。

【河北兴隆希力药业有限公司】 公司的前身是河北省兴隆制药厂，建于1969年，属地方国营企业。1996年10月兴隆制药厂以部分资产与山东枣庄希力药业有限公司合资成立河北兴隆希力药业有限公司。2012年9月，投资3000万元，新建符合GMP标准的生产厂区，制剂车间2940 平方米，提取车间1740 平方米，仓库2640 平方米，化验楼360 平方米，附属设施720 平方米。产品为4种剂型6个品种，其中胶囊剂1种，乳膏剂1种，片剂2种，颗粒剂2种。重点产品为丹参和山楂2个系列，丹参系列药品的4个产品中有3个是全国独家产品，2个国家中药保护品种。2020年，营收1.53亿元，利税1653万元，利润320万元。

尾矿资源开发利用

【概况】 全市尾矿开发利用工作已经形成一套比较完善的管理体制和运行机制，尾矿综和利用途径已涵盖有价元素回收、尾矿制备建筑材料、尾矿干排和胶结充填、尾矿农用等各领域。截至年底，全市累计实施尾矿制备新型建材项目130个，尾矿制备砂石骨料项目60个，累计投资120亿元，带动就业6000人，年消纳尾矿5000万吨。产品已形成涵盖路面材料、墙体材料、保温材料、装饰材料、砂石骨料等10大系列50多种产品，产品远销天津、北京、河北、辽宁及内蒙古自治区等建筑市场，成为承德市新型建材的主体和生力军。尤其是承德新通源微晶装饰板材、宽城嘉瑞德低碳板材、金隅干混砂浆等中高端产品还走出国门，出口日本、巴西、委内瑞拉等。

【绿色砂石基地建设】 积极推进落实2019年3月12日与北京市住建委签署的《绿色砂石骨料基地建设合作备忘录》，承德宝通矿业有限公司成为全省第一家挂牌的环京绿色砂石骨料基地，滦平聚源矿业有限公司、滦平伟源矿业有限责任公司、丰宁鑫源矿业有限责任公司等7家砂石骨料基地正在积极筹划建设中。

【新型建材进雄安】 以企业为主体在雄安建立“承德新型建材展示中心”，为承德建材企业和建材产品进雄安提供一站式服务。全面推广承德的绿色建材产业“走进”雄安，对全市新型建材企业摸底调查，组织承德绿标建材科技发展有限公司、承德新通源新型环保材料有限公司、平泉隆泰宝丰矿业有限公司、承德泰山石膏有限公司、平泉天罡建材制造有限公司、河北恒钏建筑材料有限公司、承德德厦新型建材有限公司、承德久长环保建材制造有限公司、承德绿建建筑节能科技有限公司、承德金隅水泥有限公司、承德北宇环能科技有限公司、承德振龙建筑材料集团有限公司、围场兴源保温材料制造有限公司等重点企业与雄安新区对接。

【项目建设】 全力推进尾矿综合开发利用项目建设，抓好已投产企业的正常生产经营，实时推进在建项目、续建项目施工进度，突出抓好河北恒钏建筑材料有限公司、承德新通源新型环保材料有限公司、承德绿标建材科技发展有限公司、承德振龙建筑材料集团有限公司、承德泰山石膏有限公司、承德德厦新型建材有限公司等附加值高、科技含量高的龙头企业生产经营和产品销售推广活动。全年各县（市、区）上报尾矿和新墙材项目共44个，计划总投资近215亿元。滦平县远通矿业有限公司总投资1500万元的砂石骨料项目已竣工投产；河北建龙丽砂宝建材有限公司年产200万吨干混砂浆、60万吨干选固废项目累计完成投资1亿元，已完工投产；承德新通源新型环保材料有限公司微晶发泡陶瓷项目2条70

米烧结生产线已安装设备，积极推进滦平县旺财矿业有限公司年产1000万吨砂石骨料项目、围场兴源保温材料制造有限公司二期项目建设。

【破解企业入京津难题】 积极与北京市住建委、北京铁路局、中国砂石协会、北京混凝土协会、砂石使用单位对接，研究商榷承德绿色砂石骨料进入北京的价格、运输等政策问题，在京津冀协同发展的框架内，协商打破地域界限，出台互惠互利政策，在运输上试行“绿色通道”。优化调整运输结构，提升铁路货运比例，发挥铁路在大宗物资中长距离运输的骨干作用，加大在承德市境内货运铁路场站项目建设和投入，推进砂石骨料公转铁运输和利用专用集装箱装载运输，经过努力，承德建筑砂石入京津已基本具备公转铁条件。加快谋划、推进砂石骨料基地与货运场站专用铁路线建设，减少公铁倒运，逐步实现砂石骨料公转铁绿色运输。

【培育龙头企业】 为提高产业集中度，实现产业集聚规模化经营，根据有关县（市、区）区位优势、资源特点和产业基础，重点培育扶持龙头企业，发挥龙头企业在带动产业化发展方面的重要引领作用。推进尾矿绿色建材项目引进工作，培育优势骨干和龙头企业，积极推动小规模低端利用企业的整合重组和技术改造，促进企业上规模、上水平，提高产业集中度和竞争优势。加大对承德德厦新型建材有限公司、承德新通源新型环保材料有限公司、平泉天罡建材制造有限公司、河北恒钏建筑材料有限公司、围场兴源保温材料制造有限公司、承德振龙建筑材料集团有限公司、承德绿标建材科技发展有限公司、隆化金富达建材有限公司、平泉隆泰宝丰矿业有限公司、承德金隅水泥有限公司10家龙头企业支持力度，带动产业发展，促使全市尾矿绿色建材产业形成规模。

【招商引资】 承德尾矿开发无论是在资源、区位、技术、市场，还是组织和政策保障方面，都具有成为大产业的优势条件，本着做强这个“大产业”的原则，抓住京津冀协同发展重大历史机遇，积极对接京津及雄安市场，加快招商引资，注重招“大”引“央”，加大与国内大型央企、行业领军企业和金融投资机构的对接、交流与合作力度，宣传承德市新型建材产业发展的资源优势、区位优势、政策优势和产业基础优势等，重点针对能够填补承德市空白、市场前景看好的新型建材产品，加大招商引资力度，力争通过招大引强、筑巢引凤、合资合作等措施实现借力发展，带动全市新型建材产业实现大发展、快发展，为产业转型升级增添新动力、注入新活力。

【平泉天罡建材制造有限公司】 2012年9月成立，位于平泉市卧龙镇二十家子村，占地100.74亩，注册资金3000万元，总投资14850万元。利用铁选尾矿渣、废弃蘑菇菌棒、农村面源污染物、工农业固体废物生产古建产品、透水砖、雕塑、装配式房屋等系列产品，是集绿色环保、新型研发设计、生产制造、施工为一体的集团化建材企业。有厂房2.3万平方米，年产5500万块古建砖生产线1条，年产200万块古建瓦生产设备11台，年产木塑2000吨生产线2条。产品有各种规格古建青瓦、勾头、滴水瓦、脊瓦、青砖、古建面砖、大小古建地砖及各种仿古建筑配件；木塑；透水砖；装配式房屋。2020年，和河北建辰新材料有限公司合作，新上集成墙板生产线2条，年可生产20万平方米；硅晶石塑地板生产线2条，年可生产10万平方米。

【承德绿建建筑节能科技有限公司】 2015年8月成立，位于承德市双桥区大石庙镇环能热电厂北侧，占地面积78亩，注册资本金5000万元。其前身为承德平安建材有限公司，经过不断转型升级，已发展为以新型建筑结构节能产品的研发、制造及混凝土预制构件制造、销售、安装为一体的综合性企业。有有搅拌站、模台、起重机、全自动布料机、全自动抹光机、蒸汽养护窑等全自动化生产线，年产量6万立方米。主要产品有：预制PC叠合楼板、预制PC内、外墙板、预制PC楼梯、预制PC叠合阳台、预制PC梁、预制PC柱、预制装配式检查井等。自主研发实用新型、外观专利、发明专利共150余项。承德市唯一一家装配式构件生产企业。2020年，引进包括搅拌站、模台、起重机、全自动布料机、全自动抹光机、蒸汽养护窑等全自动化生产线，年产量达6万立方米，主要产品有：预制PC叠合楼板、预制PC内、外墙板、预制PC楼梯、预制PC叠合阳台、预制PC梁、预制PC柱、预制装配式检查井等。

【河北恒钏建筑材料有限公司】 2018年1月成立，位于丰宁满族自治县开发区，注册资本金5000万元人民币，是一家集绿色、环保、新型建筑材料研发、生产、销售于一体的高科技企业，以生产装配式轻质墙板、保温结构一体化板、A级保温板、保温装饰一体化板为主。2020年，销售19520立方米，销售金额2230万元。新增微晶发泡板材客户12个。2020年，生产毛板整板66804块，烧成合格率97.58%，产量22180立方米。全年销售9519.25952立方米，销售额1933.82万元。

能源工业

【概况】 截至2020年底，全市电力总装机达到931.05万千瓦，发电量达到213.88亿千瓦时。其中，火电装机176.8万千瓦，发电量81.64亿千瓦时；风电装机552.2万千瓦，发电量106.01亿千瓦时；光伏发电装机190.8万千瓦，发电量24.7亿千瓦时；小水电装机4.95万千瓦，发电量0.36亿千瓦时；生物质发电装机6.3万千瓦，发电量0.67亿千瓦时。全市共有500千瓦站4座，主变8台，变电容量6900 兆瓦；220千瓦站20座，主变37台，主变容量6060兆瓦；110千瓦站67座，主变136台，容量6243.5兆瓦。220千瓦线路91条，总长度3174公里。110千瓦线路135条，总长度2928公里。真正实现以500千瓦为主供电源、220千瓦为网架支撑、110千瓦为供电延伸、中低压配电网架结构逐步完善、新能源与电网协调发展的现代化智能电网。

【火力发电】 全市火电装机总规模176.8万千瓦，其中调峰火电厂2座，国电滦河电厂3台33万千瓦机组，建投承德热电有限责任公司2台35万千瓦机组。其余为背压式机组，兴隆县鹏生热力有限公司2台机组，1台2.4万千瓦，1台1.2万千瓦；兴隆县兴隆热力有限责任公司1台机组，1.2万千瓦；承德东晟热力有限公司（营子区）1台机组，3万千瓦。

【煤炭发电】 全市原有煤矿12处，核定年生产能力281万吨。2016年至2020年共关闭核减煤矿10处，退出煤炭产能191万吨。截至2020年年底，全市煤炭企业仅剩2家，原煤产能90万吨。

【风力发电】 全市投产、在建及开展前期的风电项目总规模589.78万千瓦，已完成装机552.2万千瓦（并网537.4万千瓦），核准在建及开展前期项目52.38万千瓦。

【光伏发电】 全市投产、在建及推进前期的光伏发电项目48个，总规模232.8万千瓦，累计完成装机190.8万千瓦。在建项目4个，装机42万千瓦。

【水力发电】 全市已建成常规水电站31座，总装机规模 4.95 万千瓦。丰宁抽水蓄能电站下水库已具备蓄水条件，工程全面进入机电设备安装阶段，预计 2021 年首台机组发电（30 万千瓦）；滦平县抽水蓄能电站列入国家抽水蓄能电站选点规划推荐站址，并完成预可研专家评审。

【核电发展】 河北长河核电项目已获省发改委批准开展前期工作，正在争取获得国家发改委开展前期工作的批复。承德核小堆项目建议书已上报到省发改委，并列入京津冀协同发展规划，正在全力争取列入国家核电发展规划。

【生物质发电】 全市建成、在建及推进前期工作的生物质发电项目共 4 个，总规模 9.3 万千瓦。其中，承德环能 3 万千瓦垃圾发电项目、平泉华净生物质气化发电项目、兴隆 3 万千瓦生物质热电联产项目已并网投运，中博国能平泉 3 万千瓦生物质发电项目已完成核准，正在推进前期工作。

【地热能利用】 全市已探明的地热温泉点有 12 处，均属低温地热（25℃～90℃），丰宁洪汤寺、围场山湾子、隆化七家、茅荆坝、承德县头沟等地 8 处地热资源被开发利用，主要用于洗浴疗养、养殖及饮用水。浅层地热供暖面积达 477 万平方米，污水源热能供暖面积达 19.9 万平方米。

【天然气工程实施】 大唐煤制天然气管线工程全线贯通，年供气能力 2 亿立方米（后续可增至 5 亿立方米）。全年天然气用气量达 10679 万立方米。张家口—承德—唐山长输管道项目获得省核准，正在跑办开工前各项手续。古北口—承德—赤峰、迁安—秦皇岛—承德天然气长输管道项目正在积极开展前期工作。平泉市 5000 水立方液化天然气储气项目正在进行施工建设。

【新能源装备】 全市已经具备年产兆瓦级风机整机 500 台，风机罩 1000 台，风机塔架 120 台、垂直轴风力发电机组 6000 套的生产能力。承德万利通全钒液流储能电池项目具备批量化生产条件，并与河北建投新能源成功合作实施风储示范项目。新疆特变电工逆变器、SVG（无功功率功率补偿器）等新能源装备制造基地项目正在抓紧建设。

大数据

【概况】 2020 年，全市大数据产业深入开展产业聚集、企业培育、智慧赋能、企业上云、整合升级 5 大专项行动，扶持营业收入 500 万元以上的企业快速发展，加快国家新型工业化（大数据）产业示范基地和京津冀大数据综合试验区建设，京津冀大数据综合试验区建设名列全省前三名。成功举办 2020 承德数字经济大会，集中签约数据中心、智慧城市等项目 6 个，与中国信息通信研究院、阿里巴巴集团等知名企事业单位签署战略合作协议，成立承德数据智能研究院，推动大数据及电子信息产业提档升级，全年大数据及电子信息产业营业收入达到 42 亿元。成立由市委书记任组长、市长为第一副组长的承德市大数据产业领导小组，统筹推进全市大数据产业发展，明确一位专职大数据分管副市长，聘用大数据顾问 5 名。领导小组每月召开调度会 1 次，研究部署工作。领导小组办公室设在市工业和信息产业局，办公室主任由市工业和信息产业局局长担任，副主任由副局长担任，抽调专业工作人员 9 人组成大数据管理工作机构，负责大数据项目的协调、规划、招商引资、项目洽谈、督导等工作。

【培育大数据产业】 聘请中国电子长城网际公司编制《承德市大数据产业发展规划（2015——2020）》，按照规划制定《承德市大数据产业推进方案》，清晰界定发展项目、负责部门。将大数据产业列入承德市战略性新兴产业，市政府配套出台《承德市战略性新兴产业发展三年行动计划》，制定《大数据与物联网产业发展专项实施方案》。大数据工作列入全市“深改”工作任务后，市委书记包保，承德市党政领导多次在北京等地推介承德大数据，招商引智，推进大数据产业发展。

【加大资金支持】 全市设立5个亿的大数据发展基金，基金主要用于产业项目，通过国控集团以投资入股形式投入。政府大数据应用项目列入财政预算，采集、存储、加工、应用、交易、软件研发、电子信息产品制造等大数据产业生态已经形成。

【发展大数据存储产业】 依托承德德鸣大数据产业园，建设集数据存储、数据清洗、数据交易、数据应用于一体的大数据小镇；神狐安数云数据中心、易骋云大数据中心建设也正在推进。国家图书馆“国家文献战略储备库”项目已开工建设。

【博彦科技承德有限公司】 1995年成立，是一家注册在河北省承德市高新区的企业，注册资金人民币1500万元，主要从事信息技术开发、服务；计算机及设备软件的开发、设计、制作、测试、销售；提供技术咨询和技术服务；计算机系统集成的设计、安装、调试、维护；从事数据处理服务；企业管理咨询；信息技术培训；从事货物及技术的进出口业务。2020年营业收入4.3亿元，上交税金超千万元。

【德鸣大数据产业园】 规划占地1000亩，总投资100亿元，计划建设2万个机柜、40万台服务器的IDC数据中心、展览展示区等，为国内外各类客户提供高标准、定制化及相关增值服务。已完成投资26.3亿元，其中1号展示中心楼正在进行精装修；2号数据机房楼正在进行机房设备安装；3号数据机房楼已全部完工，具备投入使用条件。5至12号8栋数据机房楼完成三层主体结构施工。2018年2月，高新区获评“国家新型工业化（大数据）产业示范基地”。

德鸣大数据产业园图标

【承德市智慧旅游发展有限公司】 2020年1月，由全承游信息科技北京有限公司、丰宁顺达集团和承德鸿泰总公司联合成立，注册资金1000万元，拥有员工百余人，是承德地区少数专业互联网技术型公司。公司以发展承德本土互联网旅游服务产业为主，集互联网系统开发、平台运营、B2B2C交易服务、O2O服务和大数据服务于一体。主要产品为“一部手机游承德”小程序，9月25日获得“全程畅游”APP著作权。截至2020年年底，营业收入903.17万元，上交税金87.9万元，利润301.27万元。

2020年市工业和信息化局领导名录

党组书记、局长：冯国杰（满族，4月免局长）
局　　　　长：刘　俊（满族，4月任）
副　局　长：王书立（4月免）
　　　　　　张希跃（满族，4月免）
　　　　　　于清轩（满族，4月免）
　　　　　　刘志慧（4月免）
　　　　　　赵雪岗（满族，4月任）
　　　　　　郑志民（4月任）
　　　　　　吴建馨（4月任）

（供稿　王晓光　王兆品　王佳南　刘爱明
　　　　程建国　白永开　程　飞　范志刚

马　民　郑培军　王向前　华秀丽
杨　硕　刘　佳　邵剑锋　张　利
马浩翔　张海龙）

通信网络服务

【概况】　2020年，政府出资建设的信息化工程有：智慧城市云平台，信息资源共享交换平台，互联网＋政务服务平台，满意承德城市综合服务平台，智慧旅游大数据平台，雪亮工程，智慧公安，智慧教育，智慧医疗、智慧扶贫，环境监测大数据平台等。

2020年，全市承德移动、联通、电信、无线电及铁塔运营等服务工作坚持高质量发展主线，在企业安全稳定运行的同时，取得经营发展和疫情防控的双胜利。移动累计开通5G站点306个，实现市区核心区域的连续覆盖、县区热点及市场需求区域的5G覆盖，其中城区5G站点覆盖率达到98%。联通聚焦传统市场，以创新稳盘收入，简网绿网深化共建共享，截至11月，主营收入累计完成6.39亿元。电信业全年业务收入完成4.39亿元，建设移动网C网基站1717个，行政村移动网C网覆盖率87.2%，城区覆盖率98.91%；移动网LTE城区覆盖率96.88%，全区LTE覆盖率91.25%。铁塔业务积极推进智能充电桩建设，市、县城区已建成智能充电桩15000端口，覆盖近300个小区。无线电技术应用广泛，新增4G站点212个，全年为重大活动及重点工程建设提供技术保障做出贡献。

全市邮政快递行业主动适应经济发展新常态，攻坚克难、锐意进取，聚集发展目标，紧盯工作落实，不断完善发展举措，加快行业转型升级、提质增效进程，全力持续促进新时代全市邮政业安全健康发展。邮政业务强化执行，协同推进，各项工作平稳向好，完成省分公司下达的收入和利润预算目标。全市累计实现收入25225.46万元，完成省预算目标的104.16%；全省排名第一；同比增长9.37%，全省排名第七。

【移动服务】　加强5G引领，9月底实现5G商用，建成二仙居5G网络精品示范区。成功打造金山岭“5G+VR”直播、河钢承钢集团公司冷轧厂“5G+无人天车”等标杆项目，推进“5G+”融入百业、服务大众。打造“千兆宽带＋智能组网＋大视频3.0+智能家居硬件”家庭市场高端产品生态体系，到2020年年底，宽带份额、家庭生态规模均实现区域领先。积极探索县域信息化转型发展模式，《探索县域政企市场行业运营转型新模式》课题研究成果获省公司管理创新成果一等奖。

聚焦承德创新发展战略要求和行业信息化需求，累计投入信息化建设资金6000余万元，广泛拓展ICT和“云+5G+DICT”技术应用，围绕党政军、公检法、医疗、教育、金融等行业打造政务通、警务通、智慧教育平台、智慧医疗平台、智慧旅游平台等50个。推出视频彩铃、云视讯等信息化产品百余种，使信息化服务惠及千行百业、进入千家万户。集团产品收入贡献及收入份额全省位列前三。

全力做好网络保障、服务保障、防控保障。累计出动网络应急保障人员490人次、应急车辆220车次，向特殊客户群体提供免费的信息化服务600人次，发布防疫应急信息短信600万条，通过和对讲、云视讯等产品助力防控部门、企业复产复工、社区信息采集、学校远程教学，惠及9万余客户，内部全员零感染、零疑似。通过和市商务局协助，为承德琢酒集团、承德露露集团、承德怡达食品股份有限公司开展线上直播，直接帮助企业带来经济效益10万元。

坚持以客户为中心，补强2G/4G、打造精品5G，市区实现千兆覆盖能力。积极开展阳光行动、削峰行动、初心工程及攻坚工程等系列活动，“十三五”期间，4G、家宽、政企客户满意度保持较好水平，客户满意度总体保持省内领先。坚持以提升党建工作质量为主线，培育“12345+N”党建工作品牌，加强基层党组织建设和党建工作创新，开展“优质服务体验季·走进智慧移动”主题活动，各级党组织书记挂帅牵头承担生产经营重点难点问题。

11 月 12 日，承德移动公司举办“优质服务体验季·走进智慧移动”主题活动

2020 年中国移动通信集团河北有限公司承德分公司领导名录

党委书记、总经理：张　哲（7 月免）
王晓宇（7 月任）
党委委员 副总经理：李继业（蒙古族）
孙立国（12 月免）
李亚梅（女，满族）
李经伟（女）
王　贺（12 月任）

（供稿　彭文平）

【联通服务】 2020 年，承德联通经营发展态势良好，员工获得感不断提升，脱贫攻坚成效显著，面对新冠疫情的冲击，主营收入完成 6.93 亿元，移网整体 NPS 本地行业第一，宽带网络 NPS 本地行业第一。

新冠肺炎疫情爆发后，承德联通积极承担央企责任，全面做好人员健康管理和各类场所疫情防护，全市各营业网点实现“零感染”。同时完成疫情调度、“十四五”会议等通信保障；聚焦全市定点医院，为全区 142 个单位紧急开通云视频业务，通信网络畅通可靠。协助反诈骗中心查询涉案号码 80 余条，发布防诈骗短信 100 余万条。携手教育系统，为全市 158 所小学 9 万余名师生和 40 所中学 2 万多名师生免费提供钉钉空中课堂服务，帮助 12 名贫困学生实现网上学习，保障“停课不停学、离校不离教”。“5·17”直播带货农产品 32 万余元。统一为套餐 28 元以下贫困户添加五折优惠包，通过资费扶贫惠及贫困人数 58109 人，减免用户通信费 658.42 万元；建立 6 个精准扶贫项目，全年累计投入扶贫资金 95 余万元。其中，平安乡村监控项目，保证疫情期间对进出村人员实时监控；梁底村养殖柴鸡项目，捐赠鸡苗 2000 只；隆化梁底村溯源销售电商平台项目，采取互联网创新手段，依托“一部手机游承德”小程序，实现农产品线上销售，产品可溯源，拉动了村民增收。持续开展网络扶贫，加块农村区域通信网络建设，全市行政村实现光纤宽带全覆盖，110 多个行政村通达 4G 网络。2020 年 10 月 13 日，承德联通获工信部通报表扬，被评为电信普遍服务试点工作成绩突出集体。

移网出账用户达 93.95 万户，宽带网上用户到达 35.87 万户，融合网上到达 26.71 万户。新建宽带 FTTH 端口 1.94 万线，FTTH 端口总数达到 71 万线。移动网 2G 物理站址达 3724 个；3G 物理站址达 1096 个，4G 物理站址达 2868 个，5G 物理站址达 333 个。充分发挥服务便捷化优势，以手厅、网厅满足用户充值、缴费、业务办理等需求，用户足不出户就能办理业务。建立 114 宽带服务绿色通道，快速响应客户修障需求。末梢沃掌通、沃乐售合伙人、一人一码拓展业务受理触点。高质量协助政府工作，5 月 14 日，承德联通 12345 热线工单处理工作受到市长常丽虹表扬。

加大简网绿网力度，通过各项简网绿网举

应急通信车

措，有效节省电费。扎实推进共建共享，开通电信共享基站736个小区，室分网点28个；共享电信基站566个小区，室分网点22个。完成了宽城、兴隆等区域的移网基站电联共建共享；11月23日，京沈高铁河北段宏站86个、隧道室分49条已全部开通，实现京沈高铁河北段3G、4G信号连续覆盖。抽调网络技术骨干人员组建冬奥保障团队，支援张家口冬奥会网络建设。推进产品创新、技术创新，充分发挥“云＋网＋X”的优势，聚焦工业互联网、物联网、大数据、AI、区块链等，围绕市、县（市）智慧城市、数字政府、生态环保、智慧文旅等领域，全面推进互联网化转型。

积极组织开展志愿服务、“5·17”参观5G基站、文明创建、主题演讲等活动。7月17日，王志超获2019年度“承德市优秀共青团员”，杨竟获 2019年度承德市优秀共青团干部；中国联通承德市分公司团委荣获2019年度承德市五四红旗团（工）委；承德联通分公司创新业务中心团支部荣获2019年度承德市五四红旗团支部（总支）。在承德市创建青年文明号活动组委会开展的第十五届承德市“十大青年文明号标杆”和“十佳青年文明号号长”选树活动中，承德联通全客户运营中心114班组荣获第十五届承德市优秀青年文明号标杆荣誉称号，双桥南客户运营赋能中心宗鑫鑫、双桥北客户运营赋能中心周瑛瑛荣获十五届承德市优秀青年文明号号长荣誉称号。

2020年中国联合网络通信有限公司
承德分公司领导名录

党委书记、总经理：韩玉清
党委委员、纪检组长：曹喜顺
党委委员、副总经理：冯树楷
石　岩（蒙古族）
焦力仕（满族）
邓筱菈（女）

（供稿　胡　娜）

【电信服务】 2020年，承德电信工作紧紧围绕“规模发展、价值经营、生态引领、智慧赋能”四条主线开展重点工作，收入规模保持高速增长，企业综合实力不断增强，社会影响力有效彰显。全年业务收入完成4.39亿元。共建设移动网C网基站1717个。其中，室外宏站1418个，室分站址299个。行政村移动网C网覆盖率87.2%，城区覆盖率98.91%。移动网LTE网络（800M+1.8G）共有室外系统3467个，室分系统站址656个。LTE城区覆盖率96.88%，全区LTE覆盖率91.25%。拥有承德区域网核心层光缆908.47公里，主要承载市到县、县到县间的汇聚层业务。应京沈客运专线网络建设要求，布放光缆114皮长公里，建设基站室外站63个，隧道49条，共享联通室外站19个，隧道25条，高铁开通前率先实现全覆盖。

积极响应“宽带中国·光网城市·提速降费”发展战略，大力发展高速光纤网络。截至2020年年底，实现光纤覆盖过百万户，光宽用户达到35万户，全市百兆普及。推进提速降费体系建设，移动网在套餐资费不变情况下，不同程度增加套餐内使用流量。套餐外流量降低使用资费，99元以上套餐套外流量收费标准降为3元/GB,99元以下套餐套外流量收费标准降为5元/GB。宽带方面，全部免费提速到200兆，并推进500兆宽带基础网建设，打造千兆智慧家庭小区。结合5G政策，打造三千兆场景，以千兆宽带、千兆路由、5G网络为公司提速工作重点，让更多电信用户享受到极速网络。

助力承德地区信息化建设，为双桥、双滦、鹰手营子矿区、承德县建设无线城市，改善民生；为围场建设智慧环保平台，作为承德市大数据应用亮相数博会；为兴隆、双滦建设智慧旅游等平台，助力全市旅游产业发展；为附属医院、双滦第三医院等完成行业升级；建设智慧承德数据中心、共享单车管理平台，推动数字经济发展。顺利完成和合承德网新系统改版升级，召开“和合承德网新系统上线启动仪式”。积极开展5G战略合作，截至年底，累计签约客户47个，其中与承钢技术有限公司拟定攻坚5G实验室，合作通过5G实现火车图像视频回传和无人天车项目。推进智慧校园发展，双桥卉原中学数字校园项目实现教育行业DICT新突破。针对隆化二中智慧校园项目，打造全市首家光纤进班综合布线校园。与双滦区腾飞中等专业技术学校签署战略合作协议。

积极践行国企责任，疫情期间向承德电信用户累计发送疫情应急公益短信2625万余条。并通过大数据手段配合市政府开展疫情排查工作，派驻专人协助数据分析，短信漫游地累计查询137105次。高度重视网络信息安全及用户个人信息保护工作，网络安全设施配套齐全，培训出一支可在5分钟内快速信息阻断、精准溯源的网络安全队伍，多次完成高规格网络信息安全保卫工作，并在“HW2020”实战演练中取得优异成绩，未发生用户个人信息泄露事件。多次开展专项治理行动，通过严格管控受理渠道，降低非

6月23日，中国电信承德分公司到兴隆县大杖子乡乔木梁村落实扶贫工作

法份子入网风险；反诈平台精准高效，拦截规则严格，多维度大数据分析，可及时将手机关停，不给诈骗份子可乘之机。派专人入驻市公安局反诈中心，建立长效联动机制。截至年底，累计关停手机号码12000个，减低骚扰电话及诈骗电话的发生率，为用户营造良好的通信环境。严格执行省公司及上级部门实名制管控要求，未出现违规售卡情况。

2020年中国电信股份有限公司
承德分公司领导名录
党委书记、总经理：胡尽诚
党委委员、副总经理：牛青山（满族）
白浩雷（满族，9月免）
黄天浩
肖兴华
杜静轩（9月任）

（供稿　田文博）

【铁塔运营】 2014年11月25日，中国铁塔股份有限公司承德市分公司（简称承德铁塔公司）成立，承担全市电信、联通、移动三大运营商移动通信网络基础设施建设，开展行业拓展业务和能源经营业务。2017年10月，经市委组织部批复，成立党委。截至2020年年底，员工56人，

内设部室 8 个、中心 3 个。在各县（市、区）设置办事处 11 个。共拥有铁塔站址 8761 个，净资产价值近 10 亿元。2020 年，经营收入完成 2.77 亿元。积极发挥通信基础设施建设“主力军、国家队”作用，积极统筹三家电信运营 4G、5G 基站及重要场景网络规划建设工作。铁塔公司成立以来，截至 2020 年年底，新建基站 2837 个，减少运营重复建设基站 5252 个，基站共享率达到 51.92%，共享率提升 43.21%，节省投资 105,040 万元，节省土地资源 787.8 亩。

统筹 5G 规划建设工作。科学编制 5G 站址规划，整合已有基站资源，实现 5G 专项规划与城乡规划及建筑规划有效衔接，2019 年 12 月底，完成全区 2020—2023 年 5G 规划工作，全区共规划 5G 站址 2086 个。其中，利旧存量站址 1400 个，新建宏站 686 个。积极推进 5G 建设工作，截至 2020 年年底，全市已建设 5G 基站 529 座，全市基本实现 5G 网络全覆盖。

2018 年 9 月，建设秸秆禁烧视频监管系统，在一个月内将全部 376 个监控点位和市、县两级平台建设完成并交付运行。此项目通过简化平台构架、共享河道监控等创新工作为市县政府节省建设资金 4000 余万元。建设林草防火可视化监管系统，2020 年 2 月，1709 个防火视频监控点位，14 个市、县监控指挥平台建设完成并交付使用，在林草火灾的“打早、打小、打了”方面取得良好效果，防火期期间火灾数量、过火面积、受害森林面积均同比下降 60% 以上，为各级政府节约资金 3 亿元以上。

推行智慧国土建设，通过已投入使用的林草防火、秸秆禁烧、政法护路等可视化监控项目的已建监控点位，在全市“四合一”监管平台基础上，利用高点视频监控叠加 AI 智能算法建设自然资源执法综合管理平台，通过定时抓图分析，并与国土卫星遥感图像结合对比，对土地改造、违建、重点项目、耕地使用、垃圾倾倒等非法事件进行智慧监管，对异常情况进行分析告警，从而建立长效监察机制、及时发现违法占地行为，实现国土资源协同管理、“人防”+“技防”的综合信息化管理目标。宽城、丰宁 2 县已试点建设，为一线国土监管人员提供执法和取证的依据，有效打击违法行为。

快速推进智能换电柜建设工作，已在市、县城区建设智能换电柜近百个，服务外卖、快递骑手近千人。快速推进智能充电桩建设工作，已在市、县城区建设智能充电桩 15000 端口，覆盖近 300 个小区，为全市近 4 万居民提供安全、智能、便捷的充电服务。在全市 11 个县（市、区）设铁塔办事处和代维办事处，在县城和乡镇采用 44 个网格化模式开展维护工作，共有维护人员 396 人，车辆 172 辆，油机 283 台，维护人员执行 7*24 小时调度值班，确保 365 天 7*24 小时不间断电源保障，保证基站通信畅通。

保障应急通信，在汛期、雨雪等恶劣天气、重要法定节假日启动常规应急保障方案，保障通信畅通。疫情期间，第一时间为疫情定点收治医院等 13 家医院提供通信保障；配合各级政府为全市多个乡、镇、村防疫值班点免费取电；解决山区学生停课不停学问题，联合运营商，紧急架

秸秆焚烧监控设备

设4G基站保障丰宁偏远农村学生上网课需求，丰宁苏家店乡小庙子南沟通信难问题得到解决。

2020年中国铁塔股份有限公司
承德分公司领导名录
党委书记、总经理：崔培欣
党委委员、副总经理：李　华（满族）
党委委员、纪委书记、副总经理：徐志群

（供稿　王晨阳）

邮政快递

【概况】　2020年，面对严峻复杂的国内外环境和新冠肺炎疫情严重冲击，全市邮政快递业全面贯彻中共中央总书记习近平重要指示精神，认真落实河北省邮政管理局和市委、市政府安排部署，统筹疫情防控和行业发展，砥砺拼搏、务实奋进，推动全市邮政快递业各项工作取得积极成效。全年全市邮政行业业务收入（不包括邮政储蓄银行直接营业收入）完成6.75亿元，同比增长22.35%；业务总量完成5.36亿元，同比增长19.66%。其中，全市快递服务企业业务量完成1755.11万件，同比增长36.68%；业务收入完成4.27亿元，同比增长36.89%，快递投递量为1.48亿件，同比增长54.24%。

【保障安全畅通】　加强对企业防控疫情的指导，督导企业严格落实"六个一律"的安全管理服务措施，组织做好行业风险隐患排查、核酸检测和疫苗接种工作。加强常态化疫情防控，确保全市寄递渠道安全稳定。在疫情防控最关键时期，主要寄递企业开辟疫情防控物资运输服务绿色通道，向湖北武汉等抗疫一线运输配送医疗用品、食品等紧急物资，其中邮政企业寄递物资40吨，快递企业寄递物资39.7吨，驰援武汉6次。解决疫情期间行业车辆通行难、进小区投递难等痛点、堵点，积极协调解决企业派件困难以及口罩、消毒液等疫情防控物资购买困难等问题，全力帮助快递企业解决复工复产困难，邮政快递业作为最早实现复工复产的行业之一，为全市"六稳""六保"作出了重要贡献，疫情防控工作得到分管副市长批示肯定。

【完成三大攻坚战】　安全监管水平提升。全市11个县（市、区）成立寄递渠道安全管理工作领导小组。联合市委政法委等部门印发《承德市寄递渠道实行社会治安综合治理网格化管理的实施意见》，提升寄递渠道网格化管理水平。加大寄递渠道安全检查力度，确保安全畅通。服务乡村振兴，全年市邮政公司共打造5个"一市一品"项目，农产品交易额355.54万元，惠及贫困户663户，带动贫困户增收92.4万元。全市各大快递企业积极助力农特产品外销，业务量达60.68万件，总重量1561.9吨，支撑网络零售额7574.68万元。促进行业绿色发展，联合市发展改革委员会、市生态环境局等10部门出台《承德市关于协同推进邮政快递业环保治理工作的实施意见》，成立推进邮政快递业绿色发展工作领导小组。组织开展邮政快递业绿色环保专项治理行动，立案查处生态安全类违法行为5起。圆满完成快递包装治理"9891"工程。

【优化发展环境】　快递园区建设成效显著，已初具规模并投入运营，为共同分拣、共同配送、共同投递提供先决条件，"双十一"期间降低人员和物流成本25%以上。联合市公安局交警支队、快递电商联合会出台《承德市快递三轮车规范管理工作实施方案》，实现"九统一"管理，对全市快递企业1198辆快递三轮车及驾驶人员规范管理。联合市商务局等部门印发《承德市电商快递协同进村惠农三年行动计划实施方案》，大力推广"邮快""快电""快商""快快"等多种模式。服务邮政快递企业减税降费，全年为企业共减免各项税费1076.47万元。联合多部门出台《关于进一步完善邮政快递业末端投递基础设施的通知》。积极推动“快电”合作，全市113家门店已运营，末端网点累计收益159.83万元，收益提高60%以上。打造快递综合性服务站点359个。积极协调快递企业引入蜜罐品牌智能快件箱，共建设283组、9613个格口。积极宣传邮政快递行业在服务民生中的重大意义，承德市邮政管理局连续5年荣获全省邮政管理系统新闻宣传工作先进单位称号。举办由市、县两级邮政公司和快递企业信息员参加的新闻宣传培训班。组织各类媒体对战“疫”事迹进行宣传报道。

10月12日，国家邮政局局长马军胜（左三）一行到承德就新建快递园区情况调研

【行风建设】 联合市人力资源和社会保障社局印发《2020—2021年承德市快递从业人员职业技能培训方案》，开展“快递从业青年服务月”活动。积极组织企业参与各级各类评选表彰活动，承德市邮政快递业6家青年集体荣获2019—2020年度承德市青年文明号荣誉称号。承德顺丰分公司荣获2020年承德青年“五四”奖章集体标兵、承德众合速递有限公司荣获承德青年“五四”奖章集体荣誉称号。承德众合速递有限公司、顺丰公司承德分公司荣获承德市十大青年文明号标杆荣誉称号，承德众合速递有限公司褚文学获得全国交通运输系统抗击新冠肺炎疫情先进个人荣誉称号。

【提升法治水平】 《承德市快递市场管理条例》经河北省第十三届人民代表大会常务委员会第二十次会议批准，自2021年1月1日起施行，为快递市场健康有序发展提供法律保障。全面落实行政执法“三项制度”，不断提升全市邮政业行政执法工作制度化、规范化水平。全年检查邮政快递企业共计606处次，出动执法人员1321人次，发现安全隐患56个，约谈企业11家，下达责令改正23份，办理行政处罚案件23起，罚款6万元。

【党风廉政建设】 研究制定学习贯彻中共十九届五中全会精神工作方案，组织学习中央宣讲团首场报告会精神，在全行业掀起学习贯彻中共十九届五中全会精神热潮。组织召开2020年度全市邮政管理系统党建和党风廉政建设工作会议。制定印发《承德市邮政管理局党建工作领导小组2020年工作要点》和《全市邮政管理系统2020年党风廉政建设工作要点》，制定2020年党组中心组专题学习计划。开展“三创四建”活动，制定《承德市邮政管理局2020年“三创四建”活动工作方案》。全面加强机关党支部建设，开展基层党组织标准化、规范化、制度化建设行动。组织开展党建和党风廉政建设知识“大学习大练兵”测试活动，组织开展“走好新时代改革发展长征路”征文活动。研究制定2020年纪检监察工作要点，印发《中共承德市邮政管理局党组纪检组工作制度》，制定《中共承德市邮政管理局党组落实全面从严治党主体责任清单》。扎实开展深化纠正“四风”和作风纪律专项整治活动。充分发挥快递电商联合会党支部作用，深入到全市规模以上快递企业，对创建全行业党员活动阵地工作开展实地调研，提出促进非公党建的措施。

2020年市邮政管理局领导名录

党组书记、局长：付铁柱

党组成员、副局长、纪检组长：赵铁政

党组成员、办公室主任：杨　超（女）

（供稿　郭丽伟）

【邮政集团】 2020年，承德邮政全系统国内特快累计实现收入1288.28万元，完成省分公司进度的95.43%；国内快包累计实现收入560.51万元，完成省分公司预算的100.99%，全省排名第九位；同比增幅28.57个百分点，全省排名第八位。国际业务累计实现收入51.63万元，同比增幅13.6个百分点，全省排名第五位；物流业务累计实现收入1296.69万元，全省排名第七位，完成省分公司预算的144%，全省排名第二位，同比增幅116%，全省排名第三位。全年全市包裹快递处理量达到1790万件、同比增幅55.67%，投递量达到1645万件、同比增幅60.93%。全市邮政设施基础建设投入近200万元，处理能力提升70%，运营时限质量由年初的全省落后，自5月开始进入全省先进行列。

通过成立质控中心，完善考核体系，持续不断开展“一月一事、消灭最差”等专项活动，运营、服务质量指标均有大幅度提升。邮件异常发生率进入全省先进行列，一次解决率较年初提升36个百分点。邮件代投自提率由9月底不足3%的全省末位提升至38%，位于全省第二位。在运营质量结算考核上，由过去每年被扣罚100多万元，至每月都能获得奖励。市处理中心新租赁双滦1670平方米第二场地在2020年“双十一”前投产使用，滦平、围场、兴隆3个县处理中心迁入新址，承德县新处理场地基本建设完毕。同时，新租赁新能源汽车11辆，为3个县（区）配备到扫仪，为8个县（区）配备简易皮带机。通过加大能力投入，“双十一”期间，干线待卸车最长不超过6个小时，收分运投4大类13项指标中9项进入全省先进位次、4项排在全省中游位次，达到历史最好水平。在全省投递服务质量管理评分中，承德由年初20分列全省末位提升至73.73分（满分75分），列全省第四名。

通过强化政策支撑，细化过程管控，商户收单实现批量开发。全年新增商户12585户，完成省目标的246.76%，完成率全省第一位；活跃商户2432户，占比17.09%，列全省第一位；联动账号余额9658.3万元，联动余额新增1812.84万元。商户资产由2019年同期的1.1亿（占比2.28%）提升至年底的1.97亿元（占比3.87%）。以“年货大礼包”为抓手应对市场竞争，全年全市一年定期存款新增2.74亿，同比多增2.7亿，10万元以上客户增长309户，资产新增1亿元。惠农合作项目走访建档农民合作社263家，覆盖率达104.16%。共与72家合作社展开业务合作，合作率30%。新增农村金融价值客户2777户，完成全年进度的73.08%；农民合作社实现代发业务3户。易邮箱收入14.33万元，超额完成省计划目标。兴隆成功获得“社保卡发放”资格，已经开卡26张。截至2020年年底，全系统金融业务累计收入10764.28万元，完成省预算的94.76%，同比增幅1.6%。其中，代理保险累计实现收入2228.25万元，完成省预算的104.61%，同比增幅4.17%。

12月1日，邮政集团举行代理金融保险开门红启动活动

加快提升农村渠道运营能力，将渠道特色业务全面融入金融客户的维护和拓展。借助平泉大樱桃、全国基地优选农产品惠农营销活动，开辟优惠购常态化运营，全市累计开通掌柜联名信用卡248张，完成计划的118.1%，全市245个网点、邮乐购站点开办金融积分兑换业务，累计兑换金融积分289.52万分；扫码购邮特惠会员6252人，完成计划的33.79%。全市绑定代投自提系统的邮乐购站点524个，完成计划的116.44%。月均

代投自提邮件量3.24万件。助力脱贫，构筑农产品上行主渠道，实现平台造包1.07万个，实现寄递收入4万元。利用宽广超市集团渠道和产品优势回馈金融客户，将吉林大米在超市卖场设专区销售，率先在全省完成基地农产品销售50万元目标。围绕“六类网点转型”工作，在198个乡镇邮政网点叠加快递包裹代投自提服务。滦平县安纯沟邮政网点为5家民营快递公司提供代投服务，日均代投600件，每月收入约8000元。加快推进“网点+站点”模式落地，在市区南营子网点成功开办华为3C体验服务，自开业运营后月均代发60户，金额约40万。分销商品销售收入240万元。积极与政府部门沟通，打造窗口形象，避暑山庄、普宁寺主题邮局和博物馆、磬锤峰文创展厅全部试营业。分销专业累计实现收入3747.42万元，完成省预算的101.28%，全省排名第六位；同比增幅12.54%，全省排名第七位。增值业务累计实现收入301万元，完成省预算目标100.35%，全省排名第三位。

全市乡镇网点覆盖率、建制村直接通邮率、县及县以上城市党政机关《人民日报》当日见报率保持100%。条码平信丢损率1—10月平均值为0.59‰，全省排名第五位；普邮给据邮件丢损11月丢损为0，全省排名第一位。连续4个月有责申诉达标，全年未发生行政处罚案件和被市邮政管理局下发责令整改通知书情况。

中国邮政集团有限公司承德市寄递事业部网路运营中心邮运班分别获得集团公司、省分公司抗击新冠肺炎疫情先进集体称号；王志强获得集团公司抗击新冠肺炎疫情先进个人称号；王志强、李保民获得省分公司抗击新冠肺炎疫情先进个人称号；平泉市杨树岭邮政支局工会小组获得全国模范职工小家称号；王艳服获得中国邮政集团有限公司优秀共产党员称号，王艳服、陈靖、王俊辉、郑春、夏香春、王志中获得省级优秀共产党员称号；马莉、赵永军、任淑萍获得省级优秀党务工作者称号；承德市邮政分公司工会在省分公司网络健步走公开赛中获得优秀组织奖。

2020年中国邮政集团公司
承德分公司领导名录

党委书记、总经理：朱　进
纪委书记、副总经理：安德斌（8月免）
工会主席、副总经理：顾海波（9月免）
党委委员、副总经理：孔俊林（满族，9月任）
副　总　经　理：董　丽（女）
曹海峰
党委委员、副总经理：黄　河（女，9月任）

（供稿　贾雯晴）

无线电管理

【概况】 2020年，承德无线电管理工作按照“三管理、三服务、一突出”的总体要求和“一个围绕，两个推进，四个着力”的总体工作思路，扎实推进思想、组织、作风和制度建设，进一步增强队伍创造力、凝聚力和战斗力。在严格落实新冠肺炎疫情常态化防控的要求下，有力促进年度各项工作任务的有效落实，积极推进无线电管理各项工作开展，维护空中电波秩序，完成全年各项工作任务目标，为建设新时代“生态强市，魅力承德”做出贡献。

【无线电技术应用】 截至2020年年底，全市共有各类无线电台站19764部，台站数量较去年减少9.37%。其中，广播电视台站89座，4G基站9695座，5G基站636座。全市手机用户已达3647207部，全市无线电业务稳步提升。同时无线电事业已在公安、武警、通信、广电、铁路、交通、气象、林业、水利、减灾及重大活动中广泛使用，涉及政治、经济、国防、文化建设等领域。尤其在防汛、防火和反恐应急等政府中心工作中以及工业、交通运输、气象、旅游等重点项目和重要企业中发挥积极作用，无线电通信顺畅，保障经济社会快速发展需要。特别是在京沈高铁、丰宁抽水蓄能电站、承德机场、围场御道口牧场国家大型雷达站、避暑山庄和河钢承钢集团公司“一园一企”5G 应用等重点项目的建设中，提供技术支撑。

【专项行动】 扎实推进电磁环境清理整治专项行动，成立市级领导小组，组织召开工作推进会议 2 次，开展工作调研 5 次，累计出动人员 44 人次，车辆 18 辆次，动用设备 51 台（套）次，累计监测时长 600 余小时，监测频点 300 余个，检测各类发射设备 32 次。联合市公安局、市市场监督管理局、市旅游和文化广电局 4 家单位开展执法检查 15 次，检查 31 家单位、131 台设备。重点加大对风电、光伏行业的清理整治工作。共对辖区内已设台的 3 家风电和 2 家光伏发电企业开展现场专项检查，与 10 家（含正在建设中的 3 家）风电企业和 41 家光伏发电企业对接，对 5 家光伏发电企业设置使用无线电台站而未办理相关审批手续的问题提出整改意见。

整治“黑广播”“伪基站”，与公安机关协作配合，将监测、发现、定位的“黑广播”“伪基站”信息，及时通报公安机关，对不构成刑事犯罪的违法人员及时给予行政处罚。发现“黑广播”“伪基站”线索后及时与广电部门、民航部门、市场监督管理部门和三大运营商，联合开展查找、定位，消除干扰，维护电波秩序。累计出动人员 60 人次，车辆 22 辆次，启用固定站 15 座，动用监测设备 3 台（套），累计监测时长 5600 余小时，分析信号 170 个，排查干扰 1 起。

全力支持 5G 发展，全年审批建设 5G 基站 636 座。推进 5G 干扰协调，完成保护清单内 33 个单位、69 个台站的频率协调工作，签订协议 23 份，对保护清单之外的 10 座卫星地球站设备进行改装，避免 5G 网络运行隐患。推进 5G 推广应用，多次与承德移动公司开展工作调研，就推进避暑山庄和承钢 5G 应用示范区“一园一企”5G 应用建设、5G 频率干扰协调交流对接。

支持工业企业复工复产，新冠肺炎疫情爆发后，迅速建立相关工作机制，成立 2 个工作专班，设立调研员、分析员、联络员、服务员、宣传员，配合省工信厅第九督导组深入 8 家企业督导疫情常态化防控工作，走访调研企业 72 家，了解相关问题 133 个，现场解决问题 5 个，梳理相关对策建议 72 个，形成日报 33 份，为上级部门决策提供参考。

【频率台站管理】 科学配置和优化无线电频率资源，全年完成 124 起行政许可事项审批，共审批无线电台（站）1870 座（部）。其中，公众网基站 1848 座、中继台 2 座、移动台 20 部。开展频率协调工作，召开专题会研究部署相关工作，加快 5G 干扰协调进度，全年共开展频率协调 14 次，协调用频单位 34 家、79 座卫星地球站。完成 57 家单位行政许可事项的办理，频率续用 113 条，执照换发 106 张。做好业余电台管理工作，先后 2 次赴业余无线电协会调研，完成 2020 年度 A 类业余操作证考试及发放工作，指配业余电台呼号 14 个。

【行政执法】 强化依法行政，共开展执法检查 26 次，下达违法责令改正通知书 20 份，拆除违章设备 3 套，行政处罚立案 5 起，结案 5 起，收缴违章设备 11 部，全年排查干扰案件 3 起。联合公安、市场监管等部门开展无线电发射设备销售市场检查 2 次，检查全市 11 个销售单位，对 3 家无线电设备销售商户进行备案。先后配合省工信厅对《河北省无线电管理行政处罚自由裁量权基准制度》《河北省无线电管理条例（草案）》提出修改意见 17 条，为无线电管理工作提供制度保障。

建立健全应急保障工作机制。与市应急管理局联合印发《关于加强全市应急处突通信保障队伍建设的通知》。先后参加全市反恐应急处突拉动演练、全市国防动员演练、汛期联合应急通信演练，共出动人员160余人次，车辆40余辆次。特别是在中共十九届五中全会召开前夕，与华北民航空管局、05转播台在兴隆雾灵山联合开展无线电应急演练，切实筑牢首都“空中护城河”。做好北京2022冬奥会测试赛北京主会场周边及“相约北京”系列冬季体育赛事张家口赛区测试活动的无线电安全保障工作，共保障重大活动和各类考试22场次，出动人员90余人次，启动监测设备70余套次，监测600余小时。

12月30日，市无线电管理局与张家口无线电管理局在兴隆县雾灵山上联合开展北京冬奥会无线电安全保障应急演练

【技术管理】 认真开展日常监测工作，全年累计监测时间12万余小时。制定监测计划，全面掌握承德地区电磁环境状况，为台站审批和行政执法提供数据支持。加大对重点区域、重要频段、重要台网的保护力度，重大活动、防火、防汛关键时期开展多次保护性监测。按照“双随机、一公开”和量化考核工作的要求，规范台站监管，随机抽取4个系统部门,15家单位进行台站监管。做好京沈客专承德段GSM-R基站及相关配套无线电通信设施审批工作,组织京沈客专京冀公司、承德车间、承德车务段、三家电信运营商和铁塔公司召开2次推进会，推进高铁沿线公众通信网络覆盖。组织技术人员开展对京沈客专沿线无线电频率使用的联调联测工作。主动服务丰宁抽水蓄能电站项目建设，了解企业台网运行情况和频率使用需求，规范台站设置。完成15座固定监测站、4座自建铁塔、3辆监测车的巡检维护工作，确保监测设施安全运行。

2020年承德无线电管理局领导名录

局　长：赵东升

副局长：王本周

　　　　吕国栋（1月免）

（供稿　刘　月）

商 务

综 述

【商贸流通稳健发展】 2020 年，采取稳外贸纾困惠企措施，全市进出口完成 16.3 亿元，同比下降 27%。其中，外贸出口完成 11.9 亿元，同比下降 36%（剔除承钢数据，出口与 2019 年基本持平）。外贸出口与 2019 年基本持平，全市实际利用外资完成 2.2 亿美元，完成省定目标任务，同比增长 294.4%，增速全省第一。其中，外商直接投资 16531 万美元，同比增长 531.4%；对外借款 4988 万美元，同比增长 75.7%。实际利用外资总量创历史最好水平。全年完成社会消费品零售总额 474.1 亿元，增速 −2.5%，排名全省第七位；累计完成限额以上社会消费品零售额 108.6 亿元，增速 −3.2%，降幅延续收窄势头，排名全省第七位。开展争创经济开发区特色产业示范区活动，优化产业布局，组织招商活动。加强服务业监管，开展市场运行监测调控，全力保障市场繁荣，饮食安全，增加百姓幸福感、安全感。明确物流产业发展目标，为推进商贸物流建设提供保障。全市电子商务网络零售额 141 亿元，同比增速 21.7%。

【夯实基础促招商】 起草《承德市关于切实加强招商选资工作实施意见》（征求意见稿）。围绕全市六大主导产业，制定招商推介宣传片。建立并动态管理《承德市招商选资企业目录库》《承德市招商选资专家顾问库》和承德招商选资地图。至年底，《承德市招商选资企业目录库》已入库央企、国企、民企 500 强企业、世界 500 强企业近 1500 家。《承德市招商选资专家顾问库》已入库涵盖企业、院校、科研机构、行政事业单位等各行业专家顾问 246 位。制定《投资承德》招商推介手册、《承德市优惠政策汇编》。启动项目筛选评估，本着“必要性、可行性、符合性”的原则，整合市直部门政策指导把关和县（市、区）项目落地承接职能，对拟谈项目进行落地论证。全年联合市自然资源与规划局、市交通运输局、市工业和信息产业局、市自然环境局、市发改委、市科技局、市农业农村局和全市 11 个县（市、区）、10 个园区负责人，通过研讨交流、现场考察、专家论证等方式，对北京泛华集团、阿里巴巴集团、正邦集团、史丹利集团等近 120 家企业项目意向进行评估筛选，50% 的项目继续推进，40% 的项目待完善条件，约 10% 的项目暂缓落实，确保项目的时效性。

【供销体系建设】 成立金融风险化解处置领导小组，统一组织和指挥系统内重大金融风险事项和突发事件应急处置工作，抓风险防控，确保资金安全。理顺管理体制，全市农村产权交易平台全部纳入供销社管理。典型宣传，在承德电视台《今日聚焦》节目播放隆化县金融扶贫专题节目。“政银企户保”工作，引起中华全国供销合作总社领导重视，对承德市“政银企户保”金融扶贫经验作法作出肯定性批示。土地托管服务，围绕有机蔬菜、果品、杂粮、中药材等特色主导产业，不断创新农业生产服务方式和手段，构建以社有企业为骨干、基层社为基础、入社企业为支撑的服务体系，推动土地托管服务规模化，探索服务手段向全产业链拓展。扩大土地流转、农产品收购、农机农技等服务规模，着力做强农产品收储、加工、销售等“后半程”服务，提高服务科技含量，推动农业适度规模经营。推进基层网络建设工程，延伸服务“三农”基层触手，围绕“新建一批、提升一批、巩固一批、做强一批”的思路，因地制宜分类推进基层社改造提升，继续加大开放办社力度，推进基层供销社与农民专业合作社“两社融合”发展。

【烟草专卖经营管理】 烟草专卖管理工作稳中有进，低价位卷烟销售符合预期，累计销售低价位卷烟36743箱，完成全年低价位卷烟销售任务。营销基础工作扎实开展，营销队伍专业能力和综合素质获得积极提升，营销岗位练兵比武活动取得较好成绩，终端建设各项工作扎实推进。深化联合打假打私体系机制建设，大要案侦办质量持续提高。整治真烟非法流通，优化内部监管基础工作，推进卷烟经营全链条监管，卷烟经营秩序更加规范。

【石油天然气营销】 深入研判市场趋势，科学平衡销售节奏、滞销保供等关系，提高资源保障能力。推进“阿米巴”经营模式，在圆通、燕山等5座加油站及北站1座便利店试点。持续增强非油店销能力，组织主题促销，毛利实现同比“双增长”。创新“加油站+”经营模式，拓展线上销售渠道，开展“百城万站·扶贫助农”百日攻坚活动，通过直播带货、展销会等方式实现收入25万余元。

【石油化工经营管理】 紧紧围绕上级公司决策部署，面对销量下降严重的情形主动应对，推动生产经营逐渐回暖，取得预期效果。面对疫情，发挥政治优势，把疫情防控和复工复产工作落到实处。全年完成轻油总量39.33万吨，完成计划的78.64%。直分销量完成9.63万吨，完成计划的68.34%；非油品基础品类营业额完成1.26亿元，完成计划的97%；非油品毛利额完成2888万元，完成计划的116%。解决突出问题，持续抓好稳定工作，依据信访稳定考核办法，严考核硬兑现，发生严重不稳定问题实行一票否决，并对有关领导和责任人进行追责。

商务管理

【概况】 2020年，全面落实国家、省稳外贸举措，编印《新型冠状病毒感染的肺炎疫情防控期间开展对外贸易工作指南》，牵头推动印发承德市《关于推进贸易高质量发展的若干措施》《关于进一步做好稳外贸稳外资的若干措施》《承德市支持出口产品转内销的若干措施》《承德市医疗物资出口工作方案》。利用微信群组织主题线上培训和线下全省外贸免费大培训（承德站）活动19场。通过出台一系列政策措施，帮助企业精准研判国内外经济形势，提振信心。

【全覆盖包联帮扶】 按照省商务厅“暖企助企”稳外贸工作要求，建立省、市、县三级全覆盖包联制度，商务、海关联合成立“双十企业”（10家重点外贸企业、10家重点外资企业）帮扶工作组，全年帮助外贸企业化解境外客户涉疫纠纷3起，挽回经济损失8.6万美元；帮助企业申请

11月，市长常丽虹（右二）、副市长崔万峰（右一）到外贸企业迈朗商贸有限公司调研

返还失业保险金441万元、返还保费30余万元；组织承德梵纳瑞进出口商贸有限公司参加北京医疗物资专业展会；主管副市长亲自协调金融单位为承德舒适家用品有限公司解决周转资金5000万元。通过包联帮扶，切实为企业解决物流不畅、资金困难、订单履约等各类问题46个，为外贸进出口企业稳回升提供有力保障。承德舒适家用品有限公司、承德神栗食品有限公司、承德迈朗商贸有限公司等外贸企业，在利用好稳外贸政策基础上，不断开发国际新市场，稳住老客户，拓展新渠道，出口额实现同比增长。承德神栗食品股份有限公司、承德宇航人高山植物科技有限公司被评为河北省外贸品牌优势企业项目。

【稳外资工作】 贯彻落实《外商投资法》及《外商投资法实施条例》，实施准入前国民待遇加负面清单管理制度，实施"非禁即入"，负面清单之外的领域，不得设置单独针对外资的准入限制措施。主动为外商投资企业提供政策咨询和引导服务，确保外商投资工作顺利开展。外资外贸商贸流通业发展数据直报工作，全市38家企业参加省数据直报工作。全面摸清存量外资企业复工进度、员工返岗率、产能利用率、营业额等基本情况，建立情况详实的台账，为全省稳外资工作提供数据支撑。开展利用外资分析研判工作，根据全市利用外资完成情况，分析各县（市、区）利用外资工作特点、亮点、不足，以及全市外资利用工作发展预期，提出工作要求和建议，并专题向市政府领导汇报。

【参加进口博览会】 组织全市63家企业和单位共计171人组成承德交易分团，参加第三届中国国际进口博览会，完成采购额423.5万美元。非遗舞蹈《霸王鞭情》、原创满族舞蹈《宫灯庆喜》和原创满族芭蕾舞《山庄新意》3个节目代表全省登上会议中央广场舞台，为进博会增添燕赵风彩，成功宣传推介承德独具特色的历史文化和民俗风情。

【防疫物资供应】 在国内防疫物资紧缺的情况下，动员全市外贸企业发挥进出口优势，面向境外寻找医疗防护物资。引导企业开展"回报家乡"捐赠活动，累计折合人民币200余万元。跨境电商梵纳瑞进出口商贸有限公司积极响应，进口KF94口罩22.3万只，一次性乳胶手套2.5万付等物资供市政府统一调剂使用，其他外贸企业也纷纷捐款捐物、共克时艰。承德市主动扩大进口医疗物资的做法，受到省商务厅高度赞扬，为全省做出表率。

经贸合作

【概况】 2020年，全市境外投资企业22家，对外承包工程企业4家。境外投资外汇总额2434.03137万美元。对外承包工程营业额8万美元，在外人数103人。首次突破承德历史上对外承包营业额为"零"的纪录，位居全省第六。根据全市利用外资完成情况，全面分析各县（市、区）利用外资工作特点、亮点及不足，做好全市外资利用工作发展预期预测工作。进口完成4.4亿元，完成全年目标任务，同比增长13.7%，增速居全省第四位。全市新增备案企业53家。全年新设外商投资企业5个，合同外资额12012万美元，同比下降43.6%，千万美元以上项目1个。

【开拓国际市场】 组织19家企业参加线上第127届中国进出口商品交易会、第128届中国进出口商品交易会（其中10家贫困县企业），10家企业参加线上中国（廊坊）国际经济贸易"5·18"经贸洽谈会，签订出口意向订单30余万美元。受新冠肺炎疫情影响，承德神栗食品有限公司损失日本客户20个货柜订单，通过参加展会，新成交货柜订单40个。拨付全市9家出口企业2019—2020年申请境外认证补贴31万元，指导企业通过官网、短视频、直播载体开展线上展示、销售，成交金额约2000余万元。

【出口转内销活动】 充分利用新业态新模式，引导外贸企业研发适销对路产品，实现出口和内销同步发展。先后组织7家外贸企业20多种商品在宽广、百乐、福满家等大型商超举办“出口优品、嗨购到家”出口产品转内销活动。共设置8个承德市外贸出口转内销优质产品集中展示和销售专区，让更多市民和游客享受到身边的优质产品，累计销售约200多万元，实现稳外贸与促消费工作。

【企业对外投资】 2020年，承德中成金盛投资有限公司投资澳大利亚482.16万美元，进行尤加利种植，药品及精油制品提炼；承德驰悦商务信息咨询有限公司投资香港2415万美元，建立化妆品系列产品C2M电商平台，批发零售化妆品项目。先后组织企业参加省商务厅举办的“走出去”风险发布会及企业涉外法律风险防洪和争端解决培训会。引导企业以股权投资、债务融资等多种方式，拓宽融资渠道;完善信息共享机制，协调承德金融机构，实施精准融资服务。利用黄金波直播平台在中国—东盟博览会、中国—蒙古博览会、哈尔滨洽谈会等的宣传作用，积极宣传承德企业，搭建平台，引导承德市意向企业“走出去”。引导企业用好外经贸发展专项资金，扶持企业“走出去”。鼓励承德市有实力企业以项目为载体投资有资源、有市场、政局稳定、投资环境好的重点国家。

【服务外商投资企业】 为全面加强外商投资企业联系服务，全市以在承投资总额1000万美元以上的外商投资企业或者行业龙头企业为重点，对辖区内存续的外商投资企业进行拉网式梳理，实行“一对一”或“一对多”包联服务，建立工作台账和问题台账，向企业传送稳外资工作政策文件包。通过每周对接联络、每月走访调研等方式，协调解决问题、困难。全市梳理61家外商投资企业列入包联名单，其中重点外商投资企业13家，重点项目6个，分别走访调研，了解企业复产复工、经营状况、发展预期和需要协调解决的问题。

为加快承德昌瑞达房地产开发有限公司项目进度，协调市财政局、市行政审批局、双桥区政府等相关部门，破解土地出让难题，简化企业投资财务环节，降低企业投资风险，使昌瑞达房地产开发有限公司以外币形式缴纳土地出让保证金3850万美元，推动项目履约落地，开创承德市土地招拍挂增加外币账户的先例。帮助华润集团谋划垃圾发电项目、光伏发电项目，协助企业到各县（市、区）开展业务调研，帮助协调市场监管部门办理变更备案，为企业节省手续办理时间，切实做到为企业“办实事、办好事、办成事”。全年华润新能源（木兰围场）风能有限公司注册资金本到位7226万美元，为全市利用外资工作做出突出贡献。

【外商投资监管】 全面推动外商投资信息报告制度有效实施，全市76家外商投资企业参加“多报合一”年度报告检查，填报率同比增长35.7%。按照省商务厅的安排部署，制定《承德市外商投资信息报告监督检查方案》，采取“双随机一公开”和定向抽查相结合的方式，抽取全市34家外商投资企业作为检查对象，通过书面检查和实地核查相结合的方式，针对企业设立、变更、年度报告等情况进行全面检查，检查率达到100%。

经济开发区

【概况】 2020年，全市各县经济开发区全面贯彻落实国家、省、市关于开发区改革开放创新发展相关文件政策精神和一系列决策部署，采取有效措施协调解决园区企业在物资防护、材料供应、员工返岗、物流不畅、资金短缺等方面遇到的困难和问题，确保按时复工运营、达产增效，主要经济指标实现逆势增长。全年营业收入完成1273.4亿元、同比增长7.9%；税收收入完成46.44亿元、同比下降7.7%；实际利用外资12066万美元、同比增长179.6%，丰宁、隆化、平泉3县（市）开发区实际利用外资按省要求全部实现清零。

【争创特色产业示范区】 双滦经济开发区入选全省10家特色产业示范开发区之一，获省奖励资金1000万元；兴隆经济开发区、围场经济开发区获省固定资产投资先进开发区表彰，分别获省奖励200万元。

【调整优化产业布局】 抢抓承德建设国家可持续发展创新议程示范区的重大历史机遇，推动鹰手营子矿区资源枯竭型独立工矿转型发展，及时启动鹰手营子省级经济开发区申报设立工作；制定出台《关于分类施策优化开发区功能定位和产业布局的实施方案》，进一步调整优化开发区产业布局，构建空间布局合理、产业链条完整、区域协调发展的开发区现代产业体系。

【开放招商活动】 疫情期间，协调苏州新加坡新华国际教育集团，在为开发区免费开辟网上招商直播课程，参加中国（廊坊）国际经济贸易“5·18经洽会”网上云招商活动。9月，组织开发区参加“2020厦门国际投资贸易洽谈会”，期间赴漳州招商局经济技术开发区学习、交流。参加开发区外贸转型升级暨中欧班列建设发展论坛、2020上海进口博览会、京津冀开发区战略性新兴产业论坛等活动，对接一批优秀企业，达成一批合作意向，全年共新签约项目55个。

服务业

【概况】 对全市3家大型批发市场和3家大型连锁超市民生重要生活必需品的销量、价格、存储情况进行日监测日报告。组织全市82 家生活必需品、生产资料、重点流通、应急储备监测企业及时准确全面上报各类统计报表，通过商务预报、市场运行监测调控网等网站发布市场运行监测信息380余条。成立承德市商务系统防疫保供指挥部，制订防疫保供工作方案和应急预案，指导重点商超企业加强产销对接，拓展货源渠道，保障市场供应，全力保障老百姓的“菜篮子”。春节期间获得省级肉菜补贴销售资金50万元。

【制止餐饮浪费】 按照《关于深入贯彻落实习近平总书记重要指示坚持厉行节约制止餐饮浪费的通知》《河北省厉行节约制止餐饮浪费专项行动实施方案》文件要求，开展例行节约制止餐饮浪费工作。制定下发《承德市厉行节约制止餐饮浪费专项行动实施方案》，成立由16个部门组成的厉行节约制止餐饮浪费专项行动督导检查工作小组，牵头组织，加强宣传引导，取得良好效果。

【便民市场建设】 以“便民、利民、惠民”为出发点，以改善民生、促进消费为导向，10月底，

9月，改造扩建后的裕华路便民市场

完成省、市建设任务20项，并高质量通过验收。全年完成新建改造生鲜超市、菜市场、农贸市场21个，超额完成新建生鲜超市1家。总投资580余万元，新增生鲜面积5000余平方米，服务周边居民10余万人，带动就业近百人，实现便民便商双盈利，为市民提供“干净、有序、安心”的一站式采购服务，构建一刻钟便民消费圈，极大增加百姓的幸福感和满足感。

【深挖消费潜力】 开展搞活流通“五大工程”、促进消费“八大行动”。开展“避暑山庄之夜——云闪付助商惠民”消费券促销活动，联合河北银联及承德市各金融机构发放电子消费券500万元，涉及商场、超市、餐饮、家电、母婴等10多个行业415家企业参加，拉动10亿元的消费市场。组织开展第十六届“幸福河北·魅力承德欢乐购”消费促进月活动，推动消费市场客流量和销售额同步增长。

【提振汽车消费】 出台《促进汽车消费和成品油发展与消费专项措施》，提出五方面的促进汽车消费专项措施。组织开展“第二十六届车房文化节”“第一届国际车展”“第二十七届团车节”“首届冬季室内车展”“油滴惠享节”等汽车、成品油促销活动，限上汽车、成品油零售额达到40亿元，占到全部限上社会消费品零售额的36%，促进汽车、成品油等大宗消费。从7月开始，汽车类销售呈现强势增长态势。7月、8月、9月、10月、11月汽车类零售额分别增长51.2%、56.9%、52.7%、52.3%、46.7%。11月销售额17.22亿元，占限上商品零售额的比重达到18.3%。组织举办多场车展促消费活动，采用传统展会嫁接网络平台相结合，展前网络推广、订票、精准集客，展中开展现场直播。每场车展平均参展品牌达50个，平均每场车展签署订购协议500辆以上，共吸引参展群众3万人次以上，车展成交金额4.1亿余元，促进全市汽车消费增长。

【发展“夜经济”和“后备箱经济”】 制定并推动出台《关于加快推进城市夜间经济发展的实施方案》《关于加快推进“后备箱经济”发展的实施意见》，打响“避暑山庄之夜”品牌，在主城区打造“一核一带三个精品片区”，实现夜游避暑山庄，得到广大市民和游客的认可。完成武烈河两岸金丝翠带和主要建筑物的一期亮化工程，开通免费夜间观光大巴，3个精品片区的8个“夜经济”项目高点起步，取得阶段性成效。深入谋划县域“夜经济”，一县一品呈现亮点。

“承德山水”品牌进驻166家企业和基地、7大品类871个单品，产业规模超过40亿元。在市区建设直销店30家，在县（市、区）和景区建立标准化展示展销中心8个，在京津设立农产品销售专柜2700多个，线上线下销售额2.19亿元。“承德好礼”品牌入驻32个系列874款产品，在避暑山庄内设旗舰店1个、主题店3个，在高铁站、隆承大马戏游客集散中心、围场坝上君澜酒店等建立加盟店5个，达成销额180余万元。

【住宿业态发展】 全市住宿业法人企业数38个，从业人员期末人数2693人，营业额33427.8万元，客房收入15520.4万元（通过公共网络实现的客房收入725.8万元），餐费收入16031.3万元（通过公共网络实现的餐费收入26.7万元），客房数5516间，床位数9209个，餐位数12282位，年末餐饮营业面积146929平方米。按住宿行业分，旅游饭店法人企业数共计34个，从业人员期末人数2464人，营业额30436.9万元，客房收入14666.3万元（通过公共网络实现的客房收入725.3万元），餐费收入14648.9万元（通过公共网络实现的餐费收入26.7万元），客房数5147间，床位数8600个，餐位数11142位，年末餐饮营业面积138341平方米。一般旅馆法人企业数3个，从业人员期末人数160人，营业额1501.3万元，客房收入497.4万元，餐费收入1003.3万元，客房数316间，床位数517个，餐位数 1140 位，年末餐饮营业面积 4509 平方米。按星级分，五星 2 个，四星 11 个，三星 7 个，其他 18 个。

【餐饮业态发展】 餐饮业法人企业数 20 个，从业人员期末人数 1336 人，营业额 16064.4 万元，客房收入 3740.7 万元，餐费收入 10740.7 万元，客房数 1321 间，床位数 2061 个，餐位数 8580 位，年末餐饮营业面积 89153 平方米。

批发零售业

【社会消费品零售】 全市全年完成社会消费品零售总额 474.1 亿元，增速 −2.5%，排名全省第七位；累计完成限额以上社会消费品零售额 108.6 亿元，增速 −3.2%，降幅延续收窄势头，排名全省第七位。

【批发业态发展】 全市批发业法人企业数 51 人，从业人员期末人数 3649 人，商品购进额 1143572.1 万元，商品销售额 2324219.9 万元（通过公共网络实现的销售额 1472414.1 万元），批发额 2252730.1 万元，2020 年年末，零售营业面积 73787 平方米。按批发行业分，农林牧产品批发法人企业数 6 个，从业人员期末人数 511 人，商品购进额 271867.3 万元，商品销售额 199197.8 万元，批发额 185912.3 万元，年末零售营业面积 25 平方米；食品饮料及烟草制品批发法人企业数 10 个，从业人员期末人数 1721 人，商品购进额 337666.3 万元，商品销售额 509697.4 万元（通过公共网络实现的销售额 319878.2 万元），批发额 461718.1 万元，年末零售营业面积 10559 平方米；医药及医疗器材批发法人企业数 9 个，从业人员期末人数 727 人，商品购进额 173857.7 万元，商品销售额 197180.6 万元，批发额 188918.1 万元，年末零售营业面积 22282.0 平方米；矿产品建材及化工产品批发法人企业数 15 个，从业人员期末人数 416 人，商品购进额 283337.8 万元，商品销售额 1330103.9 万元（通过公共网络实现的销售额 1152535.9 万元），批发额 1328141.4 万元，年末零售营业面积 37421 平方米；机械设备五金产品及电子产品批发法人企业数 9 个，从业人员期末人数 214 人，商品购进额 65447.9 万元，商品销售额 74752.3 万元，批发额 74752.3 万元，年末零售营业面积 3500 平方米。

【零售业态发展】 全市零售业法人企业数 114 个，从业人员期末人数 11662 人，商品购进额 793703.5 万元，商品销售额 1143896.2 万元（通过公共网络实现的销售额 19524.2 万元），零售额 920287.7 万元，年末零售营业面积 580871 平方米。按零售行业分：综合零售法人企业数 27 个，从业人员期末人数 7200 人，商品购进额 276095.7 万元，商品销售额共计 395379.1 万元（通过公共网络实现的销售额 939.4 万元），零售额 345569.8 万元，年末零售营业面积 269762 平方米；食品饮料及烟草制品专门零售法人企业数 7 个，从业人员期末人数 148 人，商品购进额 8759.1 万元，商品销售额 11508.1 万元，零售额 10152.5 万元，年末零售营业面积 26551 平方米；纺织服装及家庭用品专门零售法人企业数 7 个，从业人员期末人数 635 人，商品购进额 17704.9 万元，零售额 34121.4 万元，年末零售营业面积 55310 平方米；医药及医疗器材专门零售法人企业数 12 个，从业人员期末人数 817 人，商品购进额 34596.4 万元，商品销售额 38660.2 万元，零售额 38660.2 万元，年末零售营业面积 16987 平方米；文化体育用品及器材专门零售法人企业数 2 个，从业人员期末人数 325 人，商品购进额 15153.2 万元，商品销售额 16823.4 万元，零售额 16823.4 万元，年末零售营业面积 6766 平方米；汽车摩托车燃料及零配件专门零售法人企业数40个，从业人员期末人数2177人，商品购进额415263.2万元，商品销售额617028.4万元，零售额446771.6万元，年末零售营业面积190599平方米；家用电器及电子产品专门零售法人企业数19个，从业人员期末人数360人，商品购进额26131万元，商品销售额30375.6万元，零售额28188.8万元，年末零售营业面积14896平方米。

物流业

【概况】 成立以主管市领导为组长，主管秘书长、市商务局主要领导为副组长，市发展和改革委员会、市交通运输局、市邮政管理局等18个部门主管领导为成员的领导小组。制定出台《承德市人民政府关于加快发展物流业的实施意见》《承德市推进全国现代商贸物流重要基地建设2020年工作方案》等相关文件，进一步明确物流产业发展目标、发展重点，为系统推进商贸物流建设提供保障。

【城乡高效配送】 在争列首批国家级城乡高效配送专项行动试点城市基础上，推动国家级城乡高效配送试点城市建设，加快构建高效集约、协同共享、融合开放、绿色低碳的城乡高效配送体系，全年建成物流集散中心3处，建成公共配送中心12处；完成城市配送网点4609家，农村配送网点4861家，整合供应商1325家，商品单品近万种。

【发展品牌连锁便利店】 按照商务部、省商务厅关于推动便利店品牌化连锁化发展的相关文件要求，积极推动连锁便利店建设，全年共新增品牌连锁店53个，超额完成全年任务。

【进口商品中心建设】 按照《河北省商务厅等九部门关于推动进口商品营销中心建设发展的意见》《河北省商务厅关于加大力度推进进口商品营销中心（商店）建设的通知》的文件精神，积极推动进口商品营销中心（商店）建设，共新增及改造进口商品中心2家，分别是承德梵纳瑞进出口商贸有限公司的万生活进口保税商品直营中心、承德市福德双胜商贸有限公司的进口商品营销中心，并顺利通过省商务厅验收。

【绿色商场超市创建】 为落实绿色发展理念，持续推动全市零售企业绿色发展，根据商务部、省商务厅关于《绿色商场》标准、《购物中心创建实施细则》（修订稿）等相关要求，指导相关企业开展绿色超市创建工作，截至10月，经省专家组实地评审，福满家集团围场凤凰生活广场店获评2020年度全国绿色超市。

电子商务

【概况】 继续推进商务平台建设，组织开展电商促销活动，举办欢乐购物活动、商务月活动、商务大赛。实现电子商务进农村，承德市8个县（市）电子商务进农村综合示范实现全覆盖。自2014年以来，全市8个县（市）先后10次被列为全国电子商务进农村综合示范县，累计争取资金1.7亿元。

【组织欢乐购活动】 组织“河北网购狂欢节承德欢乐购”活动。5月19日，联合河北广电网络集团承德公司、承德广播电视台，与河北省“2020河北网购狂欢节”同步启动“2020 河北网购狂欢节——承德欢乐购”活动。活动期间，组织各县（市、区）开展丰富多彩的电商促销活动，获评河北省2020网购狂欢节突出成就奖。

【举办商务月活动】 为促进全市电子商务持续发展，精准对接京、津、冀渠道资源，推动全市电商和消费扶贫工作深入实施，助力脱贫攻坚，8月6日举办“2020河北电子商务月承德站暨电商助农消费扶贫专场活动”。活动邀请商务部中国国际电子商务中心、省商务厅领导、省电商协会领导以及北京市商务局、天津市商务局代表出席。北京市商务局、天津市商务局带领每日优鲜、农人荟（天津）农业科技发展有限公司等14家采购企业到承对接，市旅游集团、承德神栗食品有限公司等43家文旅、农特产品生产销售企业在现场设置产品展示区，进行现场推介、对接洽谈。

【举办电商大赛】 为全面落实省、市加快电子商务发展行动计划（2018—2020年）及实施方案，挖掘、引导、培育产业集群发展，推进电子商务与实体经济融合，进一步增强承德市电子商务应用程度和整体发展水平。11月27日，举办2020河北电商品牌大赛承德分赛。大赛以产业集群为单元，全市来自11县（市、区）及高新技术产业开发区21家优秀企业报名参赛，共涉及80余种商品。各企业代表从参赛产品亮点、品牌故事、设计理念、营销推广等方面进行介绍，详细阐述各自在电商产品设计和电商理念以及应用电子商务创业创新等方面所做的探索。

【综合示范县实现全覆盖】 促成围场满族蒙古族自治县、兴隆县列入2020年度全国电子商务进农村综合示范县，至此，承德市8个县（市）电子商务进农村综合示范实现全覆盖。其中，滦平县、围场满族蒙古族自治县农村电商发展基础较好，已2次争列全国电子商务进农村综合示范县。围场满族蒙古族自治县、丰宁满族自治县、隆化县、承德县绩效评价成绩优异，分别获得增拨资金500万元。

8月18日，商务部、河北省商务厅领导到丰宁考察农村电商

2020年市商务局领导名录

党组书记、局长：梁世杰
党组副书记、副局长：褚瑞成
党组成员、副局长：张　健
　　刘卫东（10月免）
　　孙永阁（女）
　　从艳臣（2月免）
副局长：董　亮（11月任）

（供稿　王鹏举　邱　实　赫　静　宋治国　申　畅　刘婵婵　王　雪）

招商服务

【概况】 2020年3月18日，承德市招商服务中心、承德市投资促进局成立，为正处级市政府直属全额事业单位，内设综合科、招商一科、招商二科、涉外科（法务经济分析科）。自成立后，开展评估筛选企业项目120家；创新招商形式和机制，为日后招商打实基础；搭建招商平台，与北京、天津、上海、广州及河北省内都建立起稳定的招商平台；立足京津、放眼全国，突出精准招商、靶向招商、产业链招商、小团组招商，以政府间合作平台为切入点，推进全市招商选资工作。推动市政府与北京市投资促进服务中心签订《框架战略协议》，建立全面战略合作伙伴关系，在招商选资、项目对接、投资服务、信息交流方面加强合作。组织开展大型招商推介会6次。编写基础性资料5份。

【云上招商】 应对疫情防控常态化下项目对接洽谈方式的新变化，制定实施《2020年承德市云招商系列活动总体方案》，利用“互联网招商选资”新模式，创新网上洽谈会举办方式，变“面对面”为“线连线”“屏对屏”，坚持做到招商选资不松手、项目洽谈不断档。全年组织市级2场云招商，指导县（市、区）开展网上招商7次。联合省商务厅举办“2020云招商承德海外专场推介会”，作为全省唯一一场市政府级别的专场招商推介，以“分享承德 共享未来”为主题，以中英文同步直播的形式，面向境内外70家招商代理及境内外客商推介承德产业，发布全市6大主导产业合作项目78个。筹办参展全省2020年“5·18”廊坊经洽会，首次建设“线上虚拟承德馆”开展招商，10天内建设完成“线上虚拟承德馆”，组织全市75家重点企业及产品参展，在官网常年展示，同步对外发布产业招商项目100个，确定集中签约重点项目14个。

【平台招商】 以政府间合作平台为切入点，与北京市投资促进服务中心、天津市合作交流办、河北省政府驻上海办事处、省政府驻广州办事处建立工作合作推进机制，扎实推进全市招商选资工作。建立市直部门招商资源整合机制，进一步整合全市招商资源，实现优势叠加，形成市直部门一盘棋推进招商选资工作的局面。与北京市投资促进服务中心建立深度落实工作机制，制定《北京市投资促进服务中心对口支持承德市投资促进工作方案》，明确承德招商选资工作为北京市投资促进服务中心日常工作一部分。与北京市朝阳区投资促进服务中心、西城区商务局、通州区投资促进服务中心等建立联系，借势招商选资。与天津市合作交流办建立工作落实机制，立足于两地产业链互补、产业链延伸、产业链带动的共赢目标，进行招商选资。与河北省政府驻上海办事处、省政府驻广州办事处建立工作合作推进机制，借力招商选商。与商务部、省商务厅投资促进一处、二处建立工作联系，借力全省境外70家招商代理机构推介承德。

与北京企业家联合会、英中贸易协会、中国法国工商会、中国欧盟商会、北京广东商会、北京福建商会、北京通州区企业家联合会等建立联系，借助其平台优势，推进全市招商选资工作。

【企业招大引强】 全年对接企业近400家，达成合作意向近110个，签定协议126个，深度对接洽谈近40家，意向投资近510亿元。牵头深入对接北京联东U谷集团、腾讯集团、深圳盐田港集团、北京电子城高科、网库集团、北京航天航空集团、中广核、天士力、易华录集团、小米、万达、上海复星集团、亿利集团、英国阿斯利康、日本罗森等央企、外企、国企合计75家（包含世界500强企业12家，中国500强企业11家），项目已落地9个，已签框架协议2个，拟签框架协议3个，深入推进50个。

【举办投资洽谈活动】 首次与北京市投资促进服务中心联合举办“百家京企进承德”活动暨承德市投资促进洽谈会，邀请央企、大型民企、跨国公司、股权投资机构等119家企业、168名相关人员参加，围绕文化旅游、清洁能源、装备制造、园区平台等诸多领域达成合作意向，推动全市与京企的对接合作。签约企业40家，签约项目41个，企业意向投资419.86亿元。联合市发改委、

10月30日，举办“百家京企进承德”投资促进洽谈会

市工信局等部门举办“京承精准扶贫产业协作对接推进会”“承德数字经济发展大会”，开展“津企承德行”等活动，力促重点项目签约落地。

2020 年市招商服务中心、市投资促进局领导名录

招商服务中心党组书记、主任、投资促进局局长：
郭建平（女，满族，2 月任）
招商服务中心党组副书记、副主任、投资促进局副局长：
丛艳臣（满族，2 月任）
招商服务中心党组成员、副主任、投资促进局副局长：
石　玲（女，8 月任）

（供稿　徐福伟）

供销合作

【概况】　2020 年，全市供销系统立足“三农”工作大局，持续深化综合改革，大力推进项目建设和产销对接，在打造基层组织体系、现代流通体系与金融服务体系等方面成效显著。承德市农村产权交易工作经验做法在农业农村部和全国供销总社等部委网站刊登报道，市委常委、市政府党组副书记吴清海给予充分肯定。打造集生产、供销、信用“三位一体”的综合服务，实现由单纯流通服务向为农业生产全过程服务的转变。召开承德市供销社第三次代表大会，选举产生新一届理事会和监事会，通过《承德市供销合作社章程》，成为全省首家召开代表大会的市级供销社。8 个县（区）级供销合作社陆续召开社员代表大会，选优配齐一批年富力强的领导干部，鹰手营子矿区一次配齐理事会、监事会班子成员 6 名。

【“政银企户保”转型升级】　2020 年，是“政银企户保”平台转型升级的关键年，按照工作部署，平台工作重心逐渐由金融扶贫转向金融支农、助农，面向有发展前景的农民专业合作社、家庭农场和农业企业，做产业贷款。全年发放产业发展贷款 2.63 亿元，支持农业企业、农民专业合作社 200 余家。其中，支持额度 50 万元以上的 127 家。

【金融领域风险防控】　成立金融风险化解处置领导小组，统一组织和指挥系统内重大金融风险事项和突发事件应急处置工作。按照供销合作总社下发的《关于加强供销合作社合作金融领域风险防控的通知》，和合作金融“四个严禁”的规定（严禁与供销合作社无实质产权关系的各类组织以供销社名义开展资金融通业务，严禁无政府监管部门许可开展业务，严禁突破“社员制、封闭性”原则向不特定对象吸纳、调剂资金，严禁偏离主业违规对外高息揽储、放贷），对全市“政银企户保”平台进行全面摸底调查，并要求各县（市、区）针对各自情况，对于违反“四个严禁”规定的现象限时整改。按照谁主管谁负责和属地为主的原则，开展横到边、竖到底无死角的隐患排查，下发《承德市供销合作社 2020 年度全市供销社系统金融风险排查化解工作方案》，建章立制，形成防控金融风险长抓不懈工作格局。

【扶贫小额信贷发放】　按照全市脱贫攻坚工作总体部署要求，扩大贫困人口覆盖面，扶贫小额信贷实现对信用良好、有贷款意愿、有就业创业潜质、技能素质和一定还款能力的建档立卡贫困户应贷尽贷，明确各部门职责分工，严格规范从初审、提交、回收、清偿各个环节的行为，做到运行规范、运转高效。截至 2020 年 12 月底，共发放担保贷款 6.74 亿元，带动建档立卡贫困户 7493 户，贷款余额 9.91 亿元，帮助全市 5 万人口稳定脱贫。

【农村产权流转交易】　完善政策体系，各县（市、区）政府全部出台农村产权流转交易实施办法，明确“两必须一鼓励”政策。健全组织体系，建

立“1+9+N”农村产权交易平台体系1个市级中心，9个县（区）级平台，194个乡镇服务站，发展农村产权经纪人1000余人。理顺管理体制，全市农村产权交易平台全部纳入供销社管理，市交易中心在市政务服务大厅设立农村产权交易窗口，滦平县和承德县将农村产权交易工作纳入县委巡察范围。2020年，市、县两级平台共组织60余场宣讲、培训活动，累计培训业务人员2000人次。开展产权交易业务253宗，交易品种达到10类，交易金额5274万元。其中，农村集体资产交易和农村建设项目招标业务106宗，交易金额2834万元。

7月22日，市农村产权流转交易中心工作人员在上板城集市开展宣传活动

【消费扶贫战略合作】 以产销对接为“突破口”，打通农产品进“津”通道，与天津市供销社共同签署《消费扶贫战略合作协议》，约定天津市供销社将协调相关企业在年内通过“承德山水”平台，采购价值1000万元左右的“承德山水”品牌名优农产品。邀请天津市供销社系统组成考察团来承对接农业产业扶贫协作，考察调研“承德山水”农产品区域公用品牌建设等情况，并举办“承德山水”对接合作座谈会。发挥承德市生态优势和资源优势，按照“内联基地、外拓市场”的原则，构建品牌基地、质量标准、安全监管、产品追溯、准入退出、品牌营销等8大体系；建设300平方米的“承德山水”农产品展示展销中心和30家“承德山水”农产品直营店。设立北京双创中心承德馆，在天津市高校设置“承德山水”农产品智能售货柜。加强与北京市供销社、天津市供销社对接力度，组织消费扶贫展示展销活动，宣传推介“承德山水”农产品区域公用品牌，提高“承德山水”品牌的知名度和影响力，为“承德山水”区域公用品牌建设营造浓厚氛围，提高承德农产品在京津市场的知名度和市场认可度。至2020年年底，全市已有166家企业7大类861种产品入驻“承德山水”平台，累计销售金额1亿多元。

组织各县（市、区）供销系统和涉农企业参加中华全国供销合作总社在北京举办的“2020消费扶贫·贫困地区农副产品产销对接会”、北京市供销社举办的消费扶贫年货大集暨贫困地区农副产品展示展销会、天津宁河区供销社举办的消费扶贫月暨第二届宁河区农产品电商购物节活动、第二十四届中国（廊坊）农产品交易会、第十八届中国国际农产品交易会和中国（海南）国际热带农产品冬季交易会等农产品展示展销活动。通过参加各类农产品展示展销会，引导农业企业走出去，提高承德农产品知名度，扩大产品影响力和市场份额。支持中华全国供销合作总社的贫困地区农副产品网络销售平台（即“扶贫832”平台）运营，围场、丰宁、隆化、平泉、滦平、承德县6个国家级贫困县全部登录“扶贫832”平台。推荐全市扶贫带动能力强的涉农企业和农民专业社申报入驻“扶贫832”平台，至2020年12月底，申请入驻的企业共138家，供应农副产品830种，销售承德农产品1.33亿元，全市在“扶贫832”平台的销售额位列全省第一。其中，丰宁牛羊猪肉类农产品在“扶贫832”平台的销售额达到8862万元。

【“三位一体”综合合作】 发挥农民专业合作社等新型农业经营主体生产优势，流通服务优势，“政银企户保”金融服务优势，打造集生产、供销、信用“三位一体”的综合服务，实现由单纯流通服务向为农业生产全过程服务的转变。各县(市、区）供销社通过农资农技、土地托管为农业生产提供服务；通过“承德山水”公用品牌及线上线下销售平台为农产品销售提供服务；通过“政银企户保”担保平台提供金融服务，开展生产、供销、信用“三位一体”的综合合作，实现供销社发展、企业盈利、农民增收的三赢局面。全市共打造“三位一体”综合合作典型9家。

【土地托管服务】　围绕有机蔬菜、果品、杂粮、中药材等特色主导产业，不断创新农业生产服务方式和手段，构建以社有企业为骨干、基层社为基础、入社企业为支撑的服务体系，推动土地托管服务规模化，探索服务手段向全产业链拓展。扩大土地流转、农产品收购、农机农技等服务规模，做强农产品收储、加工、销售等“后半程”服务，提高服务科技含量，推动农业适度规模经营。全年全市供销系统土地托管半托管总面积达38.64万亩，新增14.26万亩，增幅58.49%，增幅全省第一。

【加强基层供销社建设】　推进基层社建设工程，延伸服务“三农”基层触手，围绕“新建一批、提升一批、巩固一批、做强一批”的思路，因地制宜分类推进基层社改造提升，加大开放办社力度，推进基层供销社与农民专业合作社“两社融合”发展。全年新建村级社17个，新建农业生产性为农服务中心27个，新建庄稼医院26个，新建农村综合服务社78个，改造提升薄弱基层社25个，打造标杆基层社8家，培育农民专业合作社示范社8家。平泉市供销社与社会能人合作改造提升烧锅营供销社，建设商贸综合体，坚持低利润运营，服务周边2.3万人口，年让利20余万元。宽城满族自治县供销社依托基层社建设农村综合服务社7家，开展便民超市、农资供应、农产品收购、农机农技、快递收投等服务，全年供应种子、化肥、农药等农资，县域农资市场占有率90%以上，收购板栗、山楂、中草药等特色农产品4500余吨，收投快递10万余件。

2020年市供销合作社领导名录

党组书记、主任：刘玉铁（满族）
党组副书记、监事会主任：张立军（回族）
党组成员、副主任：郑建丰（满族）
于雪梅（女）

（供稿　孟蕴思）

烟草专卖管理

【概况】　2020年，全市烟草专卖管理工作坚持疫情防控和经济运行两手抓、两手硬，凝心聚力保安全、保落实、保销售、保供给、保进度、保税利，各项经济指标取得较好发展。整体运行稳中有进，累计销售卷烟123017箱。

【销售水平提升】　一、二、三类卷烟分别同比增长6.88%、5.67%、14.08%，比重各有提高，单箱销售额实现增长。重点品牌及省产卷烟销售水平稳步提高，累计销售重点品牌114519箱，同比增长5.78%，占总销量比重93%；累计销售省产卷烟26083箱，同比增长8.05%，占总销量比重21.2%，省产卷烟单箱销售额实现增长。低价位卷烟销售符合预期，累计销售低价位卷烟36743箱，完成全年低价位卷烟销售任务。营销基础工作扎实开展，营销队伍专业能力和综合素质获得积极提升，营销岗位练兵比武活动取得较好成绩，终端建设各项工作扎实推进。

【打假打私专项治理】　继续深化联合打假打私体系机制建设，大要案侦办质量持续提高。全年办理5万元以上案件19起，同比增加11.76%，刑拘5人、逮捕6人、判刑15人。成功侦办2起重大案件。专项治理市场重点环节、关键领域，市场秩序取得向好发展。全年查获案件389起，查获违法卷烟607.04万支，案值369.93万元，守法经营率达到96%。认真开展“互联网+行政许可”工作，行政服务效率和水平明显提高。积极整治真烟非法流通，着力优化内部监管基础工作，强力推进卷烟经营全链条监管，卷烟经营秩序更加规范。

7月29日，烟草专卖局开展市场打假检查

【思想政治宣传教育】 完善三级联动考核体系建设，党建工作质量稳步提升。基层党建工作力量得到加强，基层党组织标准化规范化建设扎实推进，一部先进典型宣传微视频荣获全省系统、全国行业一等奖、二等奖。坚持党管干部原则，突出政治标准、政治素质，落实重实干重实绩鲜明导向，综合统筹干部资源，直属单位领导班子和机关干部队伍结构进一步优化。

2020年市烟草专卖局（公司）领导名录

党组书记、局长、经理：徐　立

党组成员、副局长：李兴东

党组成员、副经理：付春光（1月免）

党组成员、纪检组长：吴月江

（供稿　于腾飞）

石油天然气

【概况】 2020年，面对突如其来的新冠肺炎疫情和形势多变的市场环境，中石油天然气全体职工坚决贯彻落实省公司各项工作部署，迎难而上、打好疫情防控阻击战和提质增效攻坚战。深入研判市场趋势，科学平衡销售节奏、滞销保供等关系，提高资源保障能力。准确市场预判，完善内部价格机制，锁定目标客户，营销能力不断提升。推进“市场大调查、客户大开发”服务行动，实行微信群日跟踪通报、每周向省公司汇报、每月总结调整机制，摸清客户“底数”。细化安全环保责任指标，实现管理压力层层传导。

【经营运行】 扎实商圈“扫街”行动，实施“以客引客”营销，会员注册人数达10.4万人。深化落实“五进”发卡，以天使卡、教师卡、中油龙卡为载体，全年实现发卡增长。推进“阿米巴”经营模式，在圆通、燕山等5座加油站及北站1座便利店试点。持续增强非油店销能力，不断丰富品类结构，精心组织主题促销，实现逆势突围，非油店销收入、店销毛利实现同比“双增长”。创新“加油站+”经营模式，上架“抗疫”平价蔬菜销售、开启“地摊”营销，依托加油站点辐射周边社区，逐步扩大影响力。拓展线上销售渠道，开展“百城万站·扶贫助农”百日攻坚活动，通过直播带货、展销会等方式，实现收入25万余元。

【客户开发】 开展客户开发攻坚行动，成立4个攻坚团队，实施客户分级分类管理，落实新客户开发奖励政策，对全市重点客户全面梳理，逐一攻关。落实首席服务代表领导挂帅机制，新开发北京控股集团有限公司、中央储备粮直属库、地质四队、宽广超市等重点客户。强化重点客户攻坚开发，中标平泉冀东水泥有限责任公司、建投承德热电公司、承德金隅水泥有限公司3家招投标客户。

【安全管理】 以体系内审为抓手，机关、加油站审核覆盖率100%，问题整改完成率87%。推进油品降耗攻关，严格“损耗治理二十一条”责任落实，二次配送损耗率、零售保管损耗率。坚决打赢疫情防控阻击战，统一部署、精准施策，建立“五级督导”防控机制，严格落实疫情防控责任，实现油品不断供、商品不涨价、服务不打烊、员工零感染。

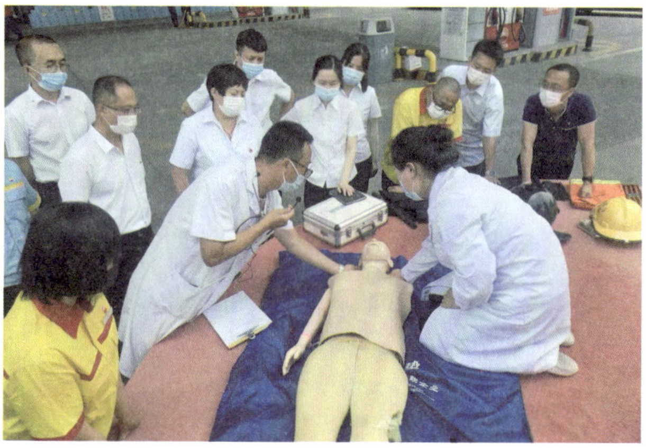

6月16日，中石油开展安全演练活动

【强化政治引领】 开展“战严冬、转观念、勇担当、上台阶”主题教育，结合“检视自我，反对惰怠”活动，找差距、定措施、抓整改、强落实，全体干部员工进一步认清形势、坚定打好提质增效攻坚战的信心和决心。建立支部“星级化”党建考核机制，推动党建责任层层落实，在达标晋级考核评定中全省排第三名。强化品牌建设，细化“1+N”课题研究，“5543N”营销工作法得到省公司的认可。深化“互联共建”，联建单位30家。党员干部带头开展项目攻关，真正做到扛着党旗拓市场，带着党徽谈项目，实现党建与经营熔炼“合金”。思想宣传守正创新，围绕中心工作和重点任务开展系列宣传报道，运用公众号、抖音等新媒体，打好宣传战，凝聚干事创业正能量。组织开展“旭航”助学公益活动，彰显社会责任。

2020年中国石油天然气承德销售分公司领导名录

党委书记、经理：杨海强
副　书　记：张银元
副　经　理：赵忠阳
总 会 计 师：王　英

（供稿　王秋平）

石油化工

【概况】 2020年，在疫情和低油价强烈冲击的市场经营形势下，紧紧围绕上级公司决策部署，所有加油站油品不断供、商品不涨价、服务不打烊，彰显责任担当，受到社会广泛好评。面对疫情，发挥政治优势，把疫情防控和复工复产工作落到实处。

【推动生产经营回暖】 面对销量下降严重的形势主动应对，调整策略，统筹经营调度，夯实基础管理，优化网络功能，持续深化改革，做好党政融合，不断汇聚企业发展动能，推动生产经营逐渐回暖，基本取得了预期效果。全年完成轻油总量39.33万吨，完成计划的78.64%。直分销量完成9.63万吨，完成计划的68.34%；非油品基础品类营业额完成1.26亿元，完成计划的97%；非油品毛利额完成2888万元，完成计划的116%。

【夯实管理基础】 优化环境，激活市场，增强客户消费体验。以“感恩客户 服务创效”和“服务提升年”活动为载体，抓好文明用语使用，开展亲情化服务，深入现场进行问候语训练。对于客户投诉，分析投诉的内容原因，找出企业管理短板，对于投诉属实的严肃处理。为提高加油站站长的业务素质和能力，启动加油站站长轮训方案，依托市公司站长站教学资源，每周开展3名现任站长的轮训工作。至2020年年底，完成线下站长轮训53人次，线上轮训458人次。以开展好“清洁革命”活动为依托，开展加油站、油库服务提升、环境美化专项行动，以季度为节点进行卫生彻底清理，提升加油站现场管理水平。加强油品质量检查。

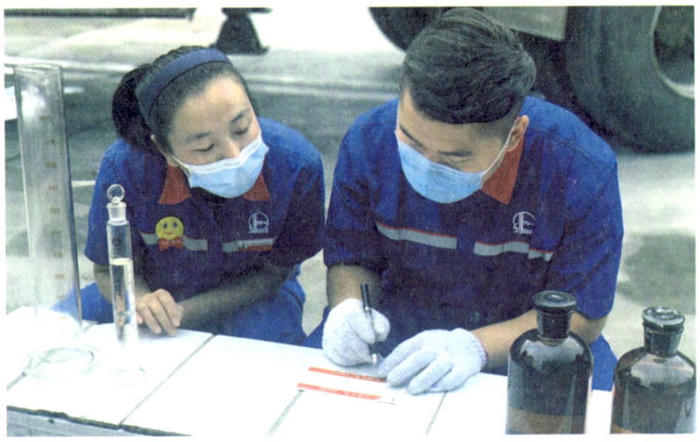

7月12日，中石化工作人员对油品质量进行质检

【加强思想政治建设】 以“亮党员身份比销售业绩”等活动为抓手，开展党建工作，对围场、双滦、平泉片区和三岔口油库党支部进行规范化建设。开展“走基层、访客户、察实情、解难题”专题党建活动，班子成员深入基层，通过走访调研，收集整理基层反映的问题和建议181项，办结175项。更换维修站内空调、热水器、加油机、计量器具、罩棚灯、闭门器等设备。对各片区重点站、帮扶站和样板站的现场营销氛围、7S打造等进行现场帮扶和整改。落实机关帮扶基层、服务基层的工作要求，根据中秋节、国庆节期间加油站车流量较多的特点，从零售、财务、人事等部门抽调人员，到加油站跟班加油，缓解基层一线员工的工作强度。确保“两特”期间稳定局面。摸准企业脉搏，大力营造“比学赶帮超”氛围。

2020年中国石油化工承德石油分公司领导名录

党委书记、经理：王卫东

副　经　理：谢立国

吴　迪（9月免）

许海波（9月任）

（供稿　许　静）

旅游 文化 广电

综　述

【概况】 2020 年，全市旅游和文化广电系统坚持以习近平新时代中国特色社会主义思想为统领，积极应对新冠肺炎疫情带来的冲击，全面落实市委、市政府“统筹疫情防控和经济社会发展，确保两不误、双胜利”的决策部署，紧紧围绕全局“1593”工作总思路，有序推进各项工作开展。全年全市接待游客 2800.99 万人次，实现旅游收入 300 亿元，恢复到 2019 年同期四成。

【园区创建】 “21 世纪避暑山庄”文化旅游产业园区获评国家级文化产业园区，全省仅承德市一家；金山岭长城获评国家 AAAAA 级旅游景区，为承德市第二家 AAAAA 景区；塞罕坝国家森林公园成功入选首批“十佳中国生态旅游示范景区”；“一部手机游承德”入选“2020 年河北省践行网上群众路线典型安全征集活动”案例；市旅游和文化广电局被省文旅厅和省广播电视局评为“人民满意的公务员集体”先进典型单位。

【公共文化服务体系建设】 顺利完成河北省首批公共文化服务体系示范区创建工作，双滦区入选全省第二批 10 个示范区创建名单。第四批全国公共文化示范项目——承德县“快乐健康大家舞”，已完成实地验收。积极开展公共文化服务体系建设调研工作，对基层公共文化设施数量和情况进行全面梳理。全市 218 个乡镇（街道）文化站已全部建设完成，覆盖率达到 100%；已建成村（社区）综合文化服务中心覆盖率 100%。建成县级文化馆分馆 61 个、图书馆分馆 40 个，超额完成任务。全市各级公共文化设施全部实行免费开放。2020 年 3 月至 6 月，完成滦平、隆化、围场、丰宁多个县区总分馆制数字化建设项目。启动“文津书房”建设项目，8 月底，第一家文津书房建设完成投入使用，继续建立 10 所文津书房，建成有规模、成体系、有书香、成品牌的馆外阅读之所。

文旅市场疫情防控

【概况】 新型冠状病毒肺炎疫情发生后，全市文化旅游系统高度重视，以维护人民群众生命财产安全和身体健康为出发点和落脚点，加强重点领域疫情防控。1 月 24 日（除夕）、25 日（正月初一），连续两次召开应对新型冠状病毒感染肺炎疫情紧急会议，成立市旅游和文化广电局疫情防控应急工作小组，实行市县包联制度，全面落实“一把手”第一责任人、主管领导“一岗双责”责任制和县区属地责任制，加强值班值守、做到守土有责。

【制定防疫方案】 制定《承德市旅游和文化广电局应对新型冠状病毒防控工作实施方案》《关于取消春节期间各类文化活动及演出的通知》《暂时关闭旅游景区的通知》《关于停止举办大型聚集性群众文化旅游活动等事宜的紧急通知》《承德市旅游和文化广电局关于切实做好当前疫情防控工作的通知》《承德市旅游和文化广电局新冠肺炎疫情防控工作制度（暂行）》《外来办事人员“五问、两查、两登记”制度》等。

【疫情防控监管】 全员除夕复岗工作，每日通过错时检查、夜间抽查、明察暗访等方式实地排查防控情况，共出动执法人员1560余人次，监督电话未接到违规经营情况举报。从1月25日（正月初一）开始，全市823家各类文化旅游场所实现应关必关；取消文化旅游活动239场次；取消旅游团队315个，涉及游客4408人，退返团费1196.6万元。全市所有室内旅游节庆活动全部关停。

【疫情防控宣传】 报送各类专报、防控信息40余篇，发布疫情防控信息210条（篇），每天循环播放防控信息5.3万余条，约1.2万余分钟；启动全市12941个应急广播和农村大喇叭，覆盖2034个行政村。《疫情防控、承德文旅人在一线》等信息被“河北旅游”公众号、《承德日报》头版、长城网、中国旅游新闻网等媒体采用发布。创作抗疫作品520篇、文艺作品700余部（个），原创歌曲《英雄》《伸出手有温度》《是你》《我想去承德看一看》等优秀作品被学习强国、人民网、新华网等央级媒体推送转发。旅游企业和导游员捐款23万元支援湖北抗疫。

【文旅企业担当】 1月25日（正月初一），丰宁马镇文旅集团公司、承德鼎盛文化产业投资有限公司、承德避暑山庄旅游集团同时发布公告，暂停第二届中国马镇冰火节、2020第七届鼎盛皇家灯会、承德皇家冰雪嘉年华、承德市冰上运动中心“雪乐园”等冬季大型旅游项目。3家企业直接投入项目和节庆活动资金3500余万元。

【强化各类培训】 疫情期间，组织“河北文旅在线培训”公益活动、“乡村旅游面对面”直播课堂、全市导游员讲解员“云课堂”“文旅云课堂——景域驴妈妈承德分享会”、承德精英导游微课堂、丰宁非遗就业工坊线上培训等网络培训课程，培训文旅从业人员近6万人次。联合中国联通公司组织开展“云游承德线上互动直播活动”，录制乡村旅游复产复工宣传片，“有没有一句乡音，每次听来都亲切动人”的宣传语开启承德乡村旅游新篇章。

3月27日，市旅游和文化广电单位为推动复工复产组织“河北文旅在线培训”活动

旅游示范区创建

【概况】 统筹推进疫情防控、文旅企业复产复工、开展国家全域旅游示范区创建工作。双桥区、滦平县成功创建省级全域旅游示范区。出台《关于扩大文旅消费的若干措施》，出台《支持文旅企业发展措施》。为108家旅行社办理质保金退款1605万元。由市政府牵头，与字节跳动公司旗下的快手、抖音APP合作，组织承德市39家A级景区联合开展线上视频推广，市级财政给与推广费用50%的补贴。与腾讯公司合作，开展承德千万元旅游消费券免费送活动，消费券面值分别为10元、20元、50元三类，预计发放40万张，可以产生5倍的直接扩大效应。

【项目建设】 4月1日，市政府在承德县万新班夫国际旅游度假区举行2020年全省旅发大会重点项目开工复工活动（承德市分会场）暨承德市文化旅游项目开工复工活动。以长城国家文化公园（承德段）建设和第四届承德市旅游产业发展大会举办为抓手，谋划实施总投资940.6亿元的市级重点文旅项目40个，完成投资70亿元；其中，长城国家文化公园（承德段）投资173.9亿元建设项目14个，第四届承德市旅游产业发展大会投资91.7亿元建设项目8个，已全部完工。

【创建示范园区】 根据《承德市人民政府关于创建国家级文化产业示范园区的意见》和《“21世纪避暑山庄”文化旅游产业园区创建国家级文化产业示范园区三年行动计划》，推进“21世纪避暑山庄”文化旅游产业园区成功创建国家级文化产业示范园区。

【景区建设】 推出夜游蟠龙湖梦幻灯光秀、全国首部沉浸式皇家园林体验剧《梦入避暑山庄》、避暑山庄历史事件数字再现等50余个新业态、新项目，金山岭长城、国家“一号风景大道”等16个精品景区列入首批冀辽蒙精品旅游环线，兴隆山景区、金山岭长城、中国马镇旅游度假区等9家景区入选“河北百大人气目的地”，鼎盛王朝文化产业园入选“夜游河北”十大人气目的地。投资5000万元实现避暑山庄及周围寺庙景区智慧化提升。有序推进其他25家A级旅游景区问题整改，实施磬锤峰森林公园景区复牌整改等。丰宁马镇旅游区、七彩森林旅游景区、平泉山庄老酒文化产业园和兴隆县兴隆山4家景区创建国家AAAA级旅游景区。丰宁满族自治县天马飞行小镇景区、滦平县热河中药花海小镇等5家景区通过国家AAA级旅游景区评定。滦平县AA级旅游景区山戎文化森林公园经整改提升达到国家AAA级旅游景区标准。丰宁满族自治县喇嘛山冰臼景区等2家景区获评国家AA级旅游景区。至2020年年末，全市累计新增A级旅游景区11家，共有A级旅游景区51家，其中AAAAA级2家，AAAA级12家，AAA级20家，AA级17家。A级旅游景区数量和质量均取得历史性突破。中国马镇成功创建省级旅游度假区。

【“云游”活动】 推出避暑山庄、金山岭长城、双塔山、兴隆溶洞等9个系列“VR游承德”活动。邀请摄影达人、网络大V、短视频达人，采用创意国风手绘H5、短视频、视频直播等形式，开展《繁花朝夕 日出金山》《国潮古韵 长城漫步》《金山夕照 诗意长城》3场网络直播，人民网、中国网、新华社、中国之声、《河北日报》、河北广播电视台等央媒和省级主流媒体竞相报道，单场直播观看量高达314.5万，话题阅读量超过7200万。开通“承德文旅”抖音官方公众平台，以避暑山庄、二仙居、小布达拉宫等热门打卡地为爆点，推出制作精良、创意独特的短视频。推选出10名优秀导游员参与“动听河北”活动，为广大游客云讲解避暑山庄等景区。

4月8日，第八届金山岭长城杏花节以“疫去春又来，云游金山岭”为主题，推出“云游金山岭”大型系列网络直播活动

文艺演出

【概况】 全年开展文化惠民“七进”活动432场，“高雅艺术进承德”文化惠民演出活动35场。印发《2020年度承德市公共文化惠民工程

实施方案》，成立工作专班，细化分解任务，建立工作台账，开展各类惠民演出2032场，完成率155%。

【高雅艺术进承德】 积极与北京艺术院团、天津交响乐团等国内一线院团对接，发挥承德市演艺集团引领作用，通过动员全市各级旅游和文化行政部门协调联动以及加大政府购买服务等方式，组织开展形式多样、丰富多彩的演出活动。开展“高雅艺术进承德”文化惠民演出活动35场。

1月，国家京剧院举办“我们的中国梦”文化进万家走进隆化慰问演出

8月11日，“高雅艺术进承德”天津交响乐团在承德大剧院演出现场

【精准扶贫专题巡演】 以“精准扶贫、精准脱贫”为主题，开展歌曲、舞蹈、好来宝、情景剧、戏曲等百姓喜闻乐见的艺术活动，充分展现全市各行各业在“精准扶贫、精准脱贫”工作中取得的辉煌成就，在全市范围演出16场，获得群众好评。

【主题文化演出】 8月20至9月10日，在承德剧场文化广场开展以“畅游避暑山庄·乐享承德文化”为主题的专场演出活动。包括紫塞文艺专场、民族风情专场、综艺歌舞专场、戏曲、曲艺专场、少儿歌舞专场、中老年舞蹈专场等20种演出板块。

8月20日，市演艺集团在承德剧场文化广场举办“畅游避暑山庄·乐享承德文化”助力“夜经济”文化演出

旅游市场开拓

【概况】 全年参加冀北、辽西、蒙东“5+4”旅游合作城市交流座谈会，与朝阳、赤峰、大连、锦州、阜新、葫芦岛6市联合推出跨区域旅游精品景区和特色旅游线路。与朝阳市签订“朝阳－承德旅游市场合作协议”，将借助高速、高铁等形成的便捷交通网，实现客源互换、资源共享，推动文旅交流合作向纵深迈进。携手北京市密云区推出“十大”跨区域旅游精品线路，承德皇家

7月31日，市文旅局联合天津市盘山风景区管理局在云山饭店举行“承德市民免费游盘山”新闻发布会

游、温泉游、长城游等“四季游”精品线路。联合天津市盘山风景区举办“承德市民免费游盘山”活动，以政策优惠促进两地客源互送、市场互动。积极参加“内蒙古—河北文化旅游区域合作宣传推广活动”；与赤峰、锡林郭勒等市盟建立互通互联合作关系；与阜新市达成游客互换协议，在品牌打造、资讯交流、客源互促等方面交流更加务实深入。

【宣传推介活动】 通过省文旅厅“夜游河北 不一样的美”活动平台，开展“夜游承德”宣传活动。举办2020承德“旅游打卡地”暨“惠游承德 High 翻一夏”优惠活动，推出50个“承德避暑旅游打卡地”。组织避暑山庄及周围寺庙景区、中国马镇、金山岭长城等文旅企业参加北京国际旅游博览会、中国旅游产业博览会、“2020港澳‘美丽中国·心睇验’”线上推广活动等高层次推介交流活动。

【媒体宣传】 与中国交通广播合作，参加“相约春天——百位文化和旅游局长访谈”活动。参加《21世纪经济报道》“云赏中国”活动，避暑山庄、金山岭长城、木兰围场等景区上榜开机页面和首页图集。组织参加“长城之约 全国新媒体自驾游长城活动”，邀请来自全国30余家中央、省级重点新媒体、知名商业网站记者和新媒体人品味长城文化。在《中国推介》节目中宣传“历史文化经典之旅”“坝上森林草原之旅”“塞外山水之旅”3条精品线路，利用北京地铁电视、灯箱、公交车身、河北周边城市直达高铁站、天津公交车身、北京周边高速公路广告牌、中央人民广播电台、北京广播电台、美团、马蜂窝等平台宣传。

文化旅游助力脱贫攻坚

【“非遗”项目扶贫】 推进碧峰门“非遗”展示中心建设，该中心总建筑面积5100平方米，汇集全市100余项“非遗”产品。争取各类资金100余万元用于支持全市“非遗”项目发展。打造丰宁满族剪纸和布糊画、围场百福刺绣、隆化王氏宫绣、兴隆郑氏砂艺、滦平山桃木雕刻等24个“非遗”扶贫就业工坊。

8月，碧峰门“非遗”展示中心正式投入使用，图为内部展示区

【“非遗”项目宣传】 开展以“非遗传承，健康生活”为主题的宣传展示活动，组织丰宁满族剪纸、滕氏布糊画、铁艺灯笼等15个“非遗”项目参加首届“非遗”购物节。参与山海关长城脚下话非遗、第六届京津冀“非遗”联展等展示活动。实施“非遗”进校园，全市已将丰宁剪纸、二贵摔跤、霸王鞭等“非遗”项目列入学生必修课程。

【打造乡村旅游精品工程】 承德市5个村落入选第二批河北省乡村旅游重点，打造文旅特色乡镇15个、培育市级乡村旅游重点村50个，重点打造国家“一号风景大道”、京承皇家御道、滦河百里画廊、武烈河文旅产业走廊、国家长城文化公园（承德段）旅游线等精品旅游线路。

【推进高端民宿建设】 9月，召开全市乡村旅游及高端民宿建设推进会，印发《关于加快推进乡村旅游发展与高端民宿建设工作方案》。针对北京、天津、唐山等旅游市场打造梨花公社、方圆居民宿、游客之家、村山秀墅、隐庐山房、山中小筑、雾灵山居等高端民宿群，推进规模化、产业化、品牌化发展。

第二批全国乡村旅游重点村丰宁满族自治县大滩镇小北沟村特色网红打卡酒店

行业监督管理

【概况】 截至2020年年末，全市共有星级饭店26家，其中五星级1家，四星级15家，三星级10家。注销3家三星级饭店。共有旅行社149家，分社43家，服务网点235家。全年新成立旅行社10家，注销6家；新成立分社1家，注销4家；注销服务网点14家。

【文化市场专项检查】 加强文化旅游市场监管，对广电、娱乐场所等线上线下文化市场专项检查，全年出动检查5840人次，检查经营场所2460家。受理举报投诉181件，全部按时办结，按时办结率达到100%。立案11件（行政警告9件，行政罚款2件），责令整改21家。

【旅游市场执法检查】 按照常态执法、综合治理的要求，从旅游、公安、文物、城管、市场监管等部门抽调人员，组建联合执法队，采取定点蹲守与巡查监督相结合、定向检查与随机抽查相结合等方式，开展旅游秩序综合执法工作，共出动执法人员3100人次，检查旅游团队12个，旅行社及分支机构28家，带团导游300余名（散客），驱离景区周边流动商贩30余人，实施行政处罚2件，较好地维护山庄景区的旅游环境。

【提升旅游行业服务质量】 印发实施《承德市旅游行业诚信建设“红黑榜”制度（试行）》《承德市文化市场诚信建设“红黑榜”制度（试行）》，建立市场红黑榜，实施对诚信经营、文明服务及文明旅游行为的表扬和对诚信缺失企业、从业人员及不文明旅游行为的游客的曝光。深入开展文明旅游创建活动，2019年度争创“工人先锋号”活动荣获佳绩。避暑山庄及周围寺庙景区、宽城京城文化旅游发展有限公司蟠龙湖景区2家景区获评“美丽河北”最美景区和“美丽河北”十佳景区；中国马镇旅游度假区、滦平县金山岭长城景区、承德天福旅游商贸有限公司御道口太阳湖景区3家景区获评“美丽河北”最具人气景区；姜楠（承德避暑山庄博物馆）、付玉（承德嘉和国际饭店）、张漪（中国马镇旅游度假区）、赵蕾（承德和平国际旅行社有限公司）、舒建华（承德旅游协会导游分会）5名从业者荣获河北省“美丽河北”最美代言人荣誉称号；承德市旅游行业争创“工人先锋号”劳动竞赛领导小组荣获优胜组织奖。

【文旅市场安全整治】 成立旅游和文化安全生产专业委员会领导小组，制定《承德市旅游突发公共事件应急预案》《承德市旅游行业安全专项整治三年行动实施方案》，切实做好文旅市场安全生产工作，强化各项防范措施和责任落实，坚决遏制各类旅游安全生产事故发生。重点对兴隆山、金山岭长城等复工复产旅游文化企业的消防安全管理制度、消防设施、疏散通道、安全出口等情况进行现场检查。认真开展第19个全国“安全生产月”和2020年“安全生产承德行”活动，充分发挥自媒体安全生产新闻宣传的作用，发布安全生产法律法规、政策规定，应急救援逃生、隐患排查治理等知识信息530条（篇），阅读量600余万次。三年行动开展以来，

10月2日，市旅游和文化广电局在承德大剧院进行执法检查

共成立633个检查组，出动执法人员1850人次，检查文旅场所875家，发现问题隐患13个，已全部整改完成。

【导游员管理】 组织全市导游员积极参加培训中心线上“云课堂”学习；规范导游讲解词，要求导游员在家手抄导游词，做到熟记、熟背、熟讲；组织导游员积极参加河北导游英才群“金牌导游云课堂”公益讲堂。组织全市30多名优秀导游员进群进行“荔枝微课”讲解和学习，讲解内容分别为《班禅万里东行》《承德之特—丹霞地貌》《清朝历史十大贡献》《浅谈中华民族的多元构成》等。创建“承德精英导游微课堂”系列公益讲堂，承德市精英导游精彩讲解，课程为《山庄皇家御制碑文、诗文解析》《木兰围场》《塔的历史渊源》《山庄书画浅析》等，为承德名导进课堂人才库培养了一批新的人才。金牌导游化身网络博主，直播销货，直播云旅游。截至2020年12月，全市持证人员7061人，生成电子导游证5092人。

群众艺术

【概况】 2020年，承德市群众文化艺术活动呈现良好的发展局面，不断完善群众文艺创作工作，积极营造良好的文艺创作环境，脚踏实地创编大量优秀的文艺作品，文艺创作硕果累累。

【艺术创作】 编导舞蹈作品：《山庄情韵》《紫塞鸿姿》《喜迎春》参加“京津冀一家亲”电视台少儿春晚；编导舞蹈作品《风筝误》《紫塞鸿姿》《唐风雅韵》赴央视星光演播厅参加“中国人 幸福年”2020春晚；疫情期间策划编导舞蹈视频《无论等多久》在抗击疫情志愿服务活动中表现突出，被评为抗击疫情志愿者楷模；编导蒙古舞蹈《盛装舞》在承德市第三届广场舞大赛“九龙醉”杯活动中获一等奖。书画创作：20幅作品参加河北省群众艺术馆举办的“众志成城 同舟共济——河北省群文系统抗击疫情美术、书法优秀作品展”；5幅作品参加由河北省群众艺术馆主办的《大美太行——河北省群文美术作品展》；10幅作品参加北京文化艺术活动中心、河北省群众艺术馆举办的2020首都市民系列文化活动“影像北京”全市美术、书法、摄影大赛成果展—诗意的爱给远方—最美北京援助地优秀风光摄影和微视频展。

【抗击疫情主题宣传】 积极引导文艺工作者在创作上把握正确导向，紧紧抓住具有鲜明特色的现实题材，围绕抗击新冠肺炎疫情，文艺工作者发挥优势，积极创作各类优秀作品，宣传防疫知识，提振民众信心，用真情为抗击疫情擂鼓助威。截止到2020年12月，承德市群文系统报送的战疫情主题文艺创作538件，其中歌曲47首、美术69件，书法268件，诗歌散文110篇，曲艺9件，摄影21件，语言类14件。歌曲《英雄》《爱与希望同在》《伸出手，有温度》在“学习强国”平台播出。承德市众多“非遗”工作者共创作“非遗”作品涵盖剪纸、砂艺、内画、面塑等形式作品70余件。传承人石俊凤剪纸作品《爱心真情 众志成城》在公众号“中国非物质文化遗产中心”登载,其他非遗作品先后在公众号“河北非物质文化遗产”登载宣传推介。

【文化惠民】 1月13日,“我的中国梦,文化进万家”2020年承德市宣传文化系统慰问演出在承德市消防救援支队成功举办。6月20日,组织参与由河北省文化和旅游厅主办,各市文化和旅游部门、雄安新区公共服务局、河北省群众艺术馆承办的“决胜全面小康 决战脱贫攻坚——河北省全面建成小康社会群众文艺云上展演“活动。由承德市旅游和文化广电局、双桥区旅游和文化局主办,由市群众艺术馆承办的“小画星”文娟书画院习作展在群众艺术馆展厅展出。7月10至9月13日在金龙皇家广场成功举办承德市第六届文化艺术展演季“文化惠民——助推夜经济”彩色周末文化广场演出30场,演出全部在主流视频平台发布,线上展演点击量超出2万人。7月13日,“百城万店拥军行活动”在承德市金龙皇家广场正式启动。由市政协办、市文明办、河北省承德话剧团等单位主办的“德育铸灵魂盛开文明花”和市委宣传部、市文明办、市旅游和文化广电局、市文联等部门联合主办的“2020年承德市戏曲进乡村专场演出”主题巡演,先后在双峰寺镇贾营村、牛圈子沟镇下河套村和市区“彩色周末”文化广场演出。10月,“决战脱贫攻坚 决战全面小康 2020年承德市书法、美术、摄影作品展”在群众艺术馆展厅举办。11月,举办“弘扬养老孝老敬老传统,共建共享老年友好社会”为主题的“敬老月”系列活动。

【创作人才培养】 重视人才队伍建设,在全市群文系统内选拔创作潜力大、有培养前途的文艺人才参加省群艺馆和文联组织的各项培训,鼓励创作者外出深造,参加文艺采风活动,以拓宽视野,激发热情。组织参加河北省群文音乐编创与声乐演唱交流研讨活动、全省群艺(文化)馆馆长暨数字文化馆平台使用推广培训班、河北省音乐作品创作班、全省群众舞蹈创作班、全省群众戏剧创作培训班、全省群众曲艺创作培训班、美术创作培训班等。邀请省、市知名艺术专家授课,提高文艺创作者艺术素养。9月24日,邀请省馆专家对承德市各县(市、区)的重点文艺作品进行分类指导和讨论,为创作者打开视野,提升能力。11月,开办快板培训班以及葫芦丝培训班,面向广大市民免费开放,进一步弘扬民族传统文化。

【“非遗”宣传与保护】 自6月起以网络平台开展为主,重点围绕传统体育、传统医药和餐饮类非遗项目,开展非遗宣传活动,普及非遗知识和健康生活理念,大力弘扬中华优秀传统文化,坚定文化自信,营造全社会共同参与、关注和保护传承优秀传统文化的浓厚氛围。8月8日至11日,承德市12项传统技艺、美术和特色美食类非遗产品参加由省文旅厅和秦皇岛市政府共同主办的主题为“多彩非遗 壮美长城”2020年“长城脚下话非遗”活动。9月24至26日,省非遗中心遴选承德市10项传统技艺、美术和特色美食类非遗产品参加由文化和旅游部非物质文化遗产司业务指导,河北省文化和旅游厅、北京市文化和旅游局、天津市文化和旅游局、沧州市人民政府主办“匠心华韵运河传承 流动的文化——大运河非遗大展暨第六届京津冀非遗联展”。9月,承德市非遗保护中心将省级“非遗”项目霸王鞭带到 南营子小学,通过阳光体育大课间的形式,让霸王鞭在学校得到较好宣传。10月,在“弘扬养老孝老敬老传统共建共享老年友好社会”为主题的“敬老月”活动中,组织丰宁满族剪纸、霸王鞭、汉字书法的传承人现场教学,活动以参观、教学、“非遗”体验等方式将优秀传统文化送到广大老年人身边，为广大老年人提供传统文化知识，丰富广大老年人的业余文化生活。11月25日至27日，市非遗小分队开展“走进非遗文化 传承家乡文明”下基层慰问演出文化活动。

艺术研究

【概况】 全市群众艺术研究工作主动积极为社会服务，为人民服务，发挥文化志愿者的标志性，彰显专业艺术工作者的表率作用，重视艺术研究与创作工作，鼓励支持年青骨干人员从事创作工作为不断提升艺术研究的知名度，发挥在文化建设领域中的文化创作和研究的领军作用，于2020年底开创微信公众号，成为文艺作品的传播平台。

【撰写理论文章】 2020年，承德艺术研究人员共撰写各类有代表性的论文11篇和理论文章1篇，分别是论文：《民族民俗之满族习惯和方言》《金山岭长城》《承德满族特色风俗文化的继承与发展》《承德民俗旅游开发研究》《浅谈满族饮食文化》《浅谈满族婚俗演变》《祭祀仪式中的承德皮影戏——以宽城都山三霄娘娘庙会为例》《来自西北高原的呼唤——无伴奏混声合唱〈夜夜的晚夕里梦见〉分析》《探索满族文化》《新时代传统文化该如何发展》《舞台设计中的美术元素及其应用》，理论文章：《民族民俗之承德满族民居》。

【艺术创作】 创作的歌曲《伸出手有温度》，在“学习强国”平台、全国优秀战疫歌曲、新华网、“学习强国”河北平台、河北文联、河北音乐等平台展播。歌曲《好日子都有了》发表在《歌曲》杂志，在省文联、省音协的网络平台展播，荣获河北音协主办“歌唱祖国·英雄礼赞”优秀作品奖、河北省脱贫攻坚优秀作品。歌曲《问》发表在《歌曲》杂志，荣获河北省脱贫攻坚优秀作品。歌曲《英雄》发表在“学习强国”河北平台，在河北优秀战疫歌曲、《人民日报》、共产党员网、《中国组织人事报》、中国文明网、承德组工、河北文联、河北音乐等平台展播。摄影作品《起点、夏游闪电湖》《美一方景·富一方人》被承德市图书馆收藏；《春耕》入选18度影像比赛，被《摄影之友》杂志刊登；《春季插秧赛事忙》入选河北省生态休闲农业摄影赛；《中国梦》入选第四届文化节“最美风景”摄影赛；《云中古刹》获“大美中国，我是践行者”摄影大赛二等奖和“大美承德，气象风云”摄影大赛三等奖；组照《铸造工人》登载于《新时代摄影》杂志专版；作品《决胜脱贫致富路》《文化进万家》《决心脱贫来种菌》入选“决战脱贫攻坚，决胜全面小康”2020承德市书法美术摄影展；作品《牧羊图》入选18度影像9月影赛；作品《致富路上你和我》入选“河北省决战决胜脱贫攻坚”摄影展；作品《最美西龙头》入选《河北画报》。

【服务社会】 参与2020年承德第八届网络春晚LED视频制作、录制；参与承德县“板城大舞台”文化惠民演出；滦平县“中国农民丰收节”文艺演出；参加由省委宣传部、省文化和旅游厅、省演艺集团、市委宣传部、市旅游和文化广电局主办，省承德话剧团演出的大型情景诗剧《铭刻在记忆中的春天》；承德市艺术研究所抗击疫情作品展播，2020年彩色周末演出、编导、撰稿、演唱、LED视频制作，避暑山庄中秋诗话会演唱歌曲《伸出手有温度》，承德市春晚舞台服务，北京“中国人幸福年”全民健康春晚 LED视频制作，为歌曲《英雄》《你是我的天使》《防空疫情三字歌》制作视频等；为承德市文艺界汇报演出“百花迎春”联欢晚会、承德市财政局合唱团、承德市税务局合唱团制作LED背景视频；为河北民族师范学院“为梦痴狂”流行音乐会提供策划、指导、演唱、LED视频背景制作；为“我们的中国梦”、平泉酒厂70周年厂庆、承德市彩色周末提供摄影服务；为承德市流行音乐会2019年跨年晚会、河北省讴歌新时代颁奖晚会、庆祝改革开放40周年晚会演唱歌曲；为河北省庆祝中华人民共和国成立70周年群众歌咏比赛提供辅导、指挥服务；为传统文化进校园、进乡村活动提供主持等等。

图书馆

【概况】 截至2020年底，市图书馆总藏图书385134册（份），其中，图书314592册，杂志41049册，报纸29493份。受新冠肺炎疫情影响，于1月24日开始闭馆，6月5日恢复开放，本年度图书借阅室、报刊阅览室、少儿借阅室、电子阅览室、视障人士阅览室、自习室6个窗口部门共接待读者2万余人，办理借阅证405个，借还图书26464册次。闭馆期间对图书馆整体环境进行改造提升，增设幼儿阅览室，阅览面积共600余平方米，坐席280个。其中，电子阅览室面积80平方米，设有终端机40台。

【线上线下联动】 努力创新思路，广泛借鉴先进经验，解决现实问题，谋求服务拓展，在全民阅读推广活动中结合自身特色，线上线下联动，举办提高市民科学文化素质和思想道德素质的活动，包括接待未成年人集体参观、举办残疾人朗读大赛、举办科学线上知识竞答、举办“弘扬社会主义核心价值观”书画展等。

【创建文津书房】 “文津书房”走进百姓生活。在拓展服务范围，构建服务体系方面着力解决现有场馆面积有限、服务触角短小与读者阅读需求愈加强烈之间的突出矛盾，最大程度地为读者提供便捷的阅读条件、满足读者阅读需求，减少读者因时间、距离而无法经常阅读的困扰，让读书读报切实融入人们的生活，成为触手可及之事，8月底，承德市图书馆首家“文津书房”在承德市嘉和写字楼瀛上嘉律师事务所举行揭牌仪式。该项目正在进一步筹建中，计划在繁华街区、居民小区、旅游景区再建立10所文津书房，使其成为一个有规模、成体系、有书香、成品牌的深受大众喜爱的馆外阅读之所。

【特色资源库建设】 为积极响应习近平总书记号召，展现塞罕坝精神内涵、发挥公共图书馆社会职能、完成公共数字文化资源建设任务，在中央补助地方专项建设资金的有力支持下，精心谋划了塞罕坝精神特色资源库建设项目。除通过服务商购买期刊、报纸、年鉴等正版资源外，部分专业技术人员还搜集有重要价值的资料，并在线上面向社会广泛收集文字、图片、视频等资料。在塞罕坝机械林场、市档案局、市林业局、市文联、市摄影家协会等多家单位和组织的大力帮助下，构建起画面唯美、内容丰富、方便快捷、资源共享的特色库展示研究平台，成功完成该项目建设。塞罕坝精神特色资源库的建设完成弥补本馆无特色资源库的空白，作为承德地域文明的一个重要象征与文化标志，为国内外相关人员深入研究“塞罕坝精神”提供重要的检索平台。

【新媒体平台建设】 8月，启动图书馆官方抖音平台建设项目，集合馆内优秀人才组成建设团队，购买社会专业技术服务，认真审核，严格把关，共同完成脚本撰写、实地拍摄、后期配音等工作，并寻求社会志愿者的参与合作，旨在通过抖音短视频的形式以更完美的影像、更动听的声音，宣传图书馆服务功能、引领阅读方向、弘扬传统文化。

广播电视

【概况】 2020年，圆满完成春节、省和全国“两会”等重要保障期广播电视安全播出工作。在重要保障期，广播电视监管中心及时接收和发布各类安全播出预警信息共计 25 条，接到各单位零报告 100 余次，向省安全播出指挥中心上报零报告 18 次，为全市人民正常、优质收听收看全国“两会”等重要时政报道提供坚强保障。

【广电项目建设】 围场满族蒙古族自治县、丰宁县满族自治县、隆化县投资 1000 万元完成应急广播改造升级工程，获中央补助地方公共文化服务体系建设专项资金 573.2 万元。数字电视 700 兆赫迁移。成立由市旅游和文化广电局和市电视台、市广电网络公司、市广通信息网络公司组成的领导小组，下设 9 个工作专班。以承德广播电视网络有限公司为实施主体，负责具体迁移工作。至年底，全市 9 个台站 18 个频道完成“关模拟、转数字”工作。

【规范秩序】 持续开展春节、暑期和“十月”专项整治行动，定期开展频率、频道核查和监听监看工作，全市播出、传输机构认真开展“广告、医疗养生类节目”“频率频道”“县级广播电视台播放影视文艺节目”等内容的自查自纠及整改。

【安全保障】 就全国“两会”前夕的广播电视安全播出和安全传输工作，对市广播电视发射台、一〇八四转播台、一〇八五转播台、〇五转播台、兴隆县广播电视台等单位电视发射、调频广播机房、广播电视安全播出和网络安全保障工作进行联合检查。

【专项整治】 对非法销售卫星设施、非法从事设施安装、居民非法安装、未经广播电视行政部门批准的非法接收和传送卫星电视节目、星级涉外宾馆酒店违规与超范围接收、传送卫星电视节目、有线电视网（含农网、乡镇小片网）、无线地面数字电视中非法传输境外电视节目等问题进行重

9 月 16 日，市旅游和文化广电局在广电路社区举办全市第一家无“小耳朵”社区挂牌仪式

点查摆整治。

2020 年市旅游和文化广电局领导名录

党组书记、局长：唐秋华
副局长：冯保中
党组成员、副局长：孟凡虎
祝好勇
韩中山
甘彦秋
胡汉波

（供稿 李 想）

广播电视台

【概况】 2020 年，承德广播电视台有广播频率 3 个（新闻综合、交通文艺、旅游音乐），电视频道 2 个（新闻综合频道、公共频道），拥有承德广播电视报、承德新闻网（国家重点网站）、承德手机台（“冀云知承德”APP）和承德融媒体中心筹建办公室。全年广播各频率总播出时间 19710 小时，人口覆盖承德市七县一市三区和北京、河北毗邻市区。主要自制节目栏目有《承德新闻》《百姓热线》《今晚新闻报道》《乐说生活》《城市律动》《东游西逛》《我听我乐》《音乐小巷》《下班路上》《相约在此时》《城市快车道》《有事

您说话》《爱车联盟》《开心驿站》《城市会客厅》《小承大德》《城市晚高峰》《音乐阳光城》《音乐正流行》《音乐红茶馆》《音乐一级棒》等。全年电视各频道自制节目总播出时间3539小时，人口覆盖承德市七县一市三区。主要自制节目栏目有《承德新闻》《民生直达》《今日聚焦》《开发区新闻》《今日视点》《法治事业》《双桥新闻》《书香承德》《人文承德》《快乐出发》《天南地北承德人》《中国承德》《天气资讯》《健康》《时尚生活》《全承关注》以及新媒体栏目《新闻早八点》等。

【外宣上宣】 2020年，承德广播电视台贯彻中央、省市委决策部署，围绕中心大局，开设《构建社会主义核心价值观》《强力推进精准扶贫、精准脱贫》《承德山水》《新春走基层》《新春走基层，脱贫攻坚一线见闻》《众志成城，坚决打赢疫情防控阻击战》《直击疫情防控一线》《夜经济》《创建全国文明城市进行时》《五中全会精神在基层》《共谋高铁时代高质量发展大讨论》等专栏专题，全方位、多角度宣传承德市深入贯彻落实党的十九届四中、五中全会精神，加快改革开放和经济建设步伐。聚焦两会，利用“中央厨房”指挥系统服务两会报道，成为全网第一时间发布全市两会会议报道的权威新媒体。聚焦脱贫攻坚，开设专栏，播发《承德探索“科技＋扶贫”模式 实现科技服务全覆盖》《吉上村的“扶贫牛”》等节目，公益广告《精准扶贫公益同行——马铃薯》获河北影视节目一等奖，微电影《承诺》讲述天津两代人在支援承德建设和精准扶贫工作中发生的感人故事。聚焦十三五成就，《航记承德》集中展示承德市在“三个收官之年”取得的新经验、新举措和新成绩。截至2020年年末，电视在中央电视台发稿 99篇，新华社发稿54篇，河北电视台发稿310篇。广播在中央电台发稿47篇，河北电台发稿381篇。连续6年完成市委宣传部下达的上宣工作任务。荣获2020年河北广播“联盟协作银奖”荣誉称号，上宣成绩继续保持在全省前列。《中国影像方志·河北卷·兴隆篇》《中国影像方志·河北卷·宽城篇》在CCTV—10频道播出。融媒体报道《奋战一线小黄人》《凯旋回来：小女孩在风中等了三小时只为看你一眼》在河北综合广播官方抖音推送，点击量56万人次。

【疫情防控报道】 疫情发生后，严格执行三级审片制度和重播重审制度。在做好自身防护工作的同时，到一线采访（超市、医院、高速路口、社区），及时报道全市疫情防控的部署和举措，发布疫情权威信息，积极回应社会关切，生动讲述防疫抗疫一线的感人事迹，传播防疫科普知识，疏导百姓心理，做到强信心、暖人心、聚民心。推出20余档从不同角度报道、关注疫情的新闻节目、特别栏目，制作一批在全省、全市具有影响力的新闻作品：1月26日（正月初二），承德市第一批医护人员临危受命驰援湖北的新闻在河北电视台《河北新闻联播》率先播出；央视《新闻直播间》播出“承德市抗击新型冠状病毒感染的肺炎疫情启动关闭景区、博物馆等防控措施”；央视《朝闻天下》播出“双滦区农村宣传大喇叭‘火力全开’”，宣传党和国家政策、普及防控知识的“硬核力量”、雪中“硬核坚守老大爷”；制作并在新华网暖新闻播出“@这位武汉大哥，你的愿望必须实现”“我市援鄂护士施燕与患者的几句闲话家常”等新闻作品。策划《一线抗疫温暖故事专栏》《援鄂医护人员归来》等一系列大型直播活动，制作《2020承德这个春天》《承德加油》等20多部公益宣传片，公益歌曲 MV《无论等多久》《英雄》微视频《承德加油》等作品，被省评为创作典型，并在承德市行政中心宣传大屏上反复播出。承德手机台开办的《抗击疫情党旗红》专栏被全市各主要媒体转发。1月28日（正月初四）在承德新闻网播发的《共同战“疫”——记者探访宽城农村 村民携手筑起安全围墙》新闻报道获得河北省新闻战线2020年“新春走基层”优秀作品。有关疫情的电视稿件在中央台播发13条、新华社5条、河北台播发53条；广播稿件在中央台播发8条、河北台播发108条。

【安全播出保障】 加强广播电视安全播出管理，年内组织开展安全工作大检查，对安全用电、设施保护、安全施工等方面存在的隐患问题进行集中整治，提高安全播出保障能力。较好完成“元旦”“春节”和全国、省、市“两会”、全国抗击新冠肺炎疫情表彰大会、国庆节等重要保障期以及疫情防控期间的广播电视安全播出工作，全年未出现任何人为责任事故。

【获得精品奖项】 2020年，有25篇作品在河北新闻奖、河北广播影视奖评选中获奖。在河北省新闻作品推优活动中，有3篇作品被选为省级优秀。记者李瑞鲜被评为河北省优秀新闻工作者，张唯玮在河北新闻界第七届“好记者讲好故事”演讲比赛中荣获二等奖，反映新闻工作者锐意进取、担当有为的精神风貌；制作的微电影《乡医乡爱》荣获第八届亚洲微电影艺术节好作品奖；旅游专题片《燕山深处 才墨之薮》荣获中国电视艺术家协会“第十三届中国旅游电视周”好专题片奖。参与制作的电视剧《最美的青春》获得第32届飞天奖优秀电视剧奖。

2020年市广播电视台领导名录

党委书记、台长：苏永民（满族）
党委副书记、总编辑：杨正义（满族）
党委委员、〇五转播台台长：伊志山
党委委员、副台长：赵德强
计卫泽
李新华
党委委员、一〇八五转播台台长：
杨润中（蒙古族）

（供稿　刘学梅）

《承德日报》

【概况】 2020年，《承德日报》深入实施“新闻立社、经营强社、人才兴社、团结旺社”发展思路，坚决打赢疫情防控宣传战、打好主题宣传总体战，打赢融媒建设、两报发行、经营创收攻坚战，持续把党的创新理论引向深入，助力决胜全面小康、决战脱贫攻坚，努力实现舆论引导能力和综合经济实力“双提升”。

【疫情防控】 切实把疫情防控宣传作为极为重要的工作抓紧抓好。在全省同行业率先复刊。1月27日（正月初三）复工，先后开设“奋力夺取常态化疫情防控和经济社会发展双胜利·记者走基层”“抗击疫情党旗红”“为爱心志愿者点赞”“复工复产进行时”等10余个专栏，刊发“党旗高高飘扬在防控疫情斗争第一线”等3000多篇稿件、1000多幅图片，为夺取常态化疫情防控和经济社会发展双胜利作出应有贡献。两报专刊副刊以单篇或组合的形式刊出《致敬新时代最可爱的人》《英雄出征有感》《赞白衣天使》等100余篇稿件，充分展现医护人员面对疫情顾全大局、英勇无畏的精神，在歌颂英雄、赞美英雄的同时，为战胜疫情鼓劲加油。新媒体主动出击，联合市卫健委、各医院、交警、高速管理局等多家单位，6次深入承德市第三医院传染病治疗区，6次全时全景记录驰援湖北医护英雄归乡盛况。先后制作《承德首例新冠肺炎治愈患者出院》《承德市首批支援武汉医疗队返承》等优秀视频，完整报道承德抗击疫情实录，全网阅读量3000万次。扛起社会责任。疫情期间，在大力宣传各地复产复工、发展经济、活跃消费等方面工作的同时，安排价值100万元的版面，免费助力文化旅游、餐饮宾馆企业复工复产，得到社会各界一致好评。联合承德银行共同举办为64名全市援鄂医护人员赠送书法作品活动，体现媒体的责任与担当。

疫情防控宣传中，报社的工作得到市委、市政府的充分肯定。全社有5名编辑记者被市委宣传部评为抗击新冠肺炎疫情新闻宣传先进工作者。

【主题宣传】 把营造决胜全面建成小康社会的浓厚氛围贯穿全年宣传工作始终，深入开展重大主题宣传，坚持纸媒融媒、内宣外宣、网上网下并重，集中精兵强将，整合采编资源，充分展现承德市优化生态环境质量、重点领域改革、京津冀协同发展、构建绿色产业体系、“三创四建”活动、扫黑除恶专项斗争和全面从严治党等重点工作的新进展新成效，形成团结、鼓劲、向上的强大宣传声势。特别在创建文明城市主题宣传中，报社各媒体平台积极参与其中，通过开设专栏专刊，及时刊发各类评论员文章、动态消息等，以图文并茂的形式，不断营造全民参与的浓厚氛围，累计刊发创城类稿件600余篇、图片200多幅。

【典型宣传】 《承德日报》深入挖掘推出《为了百姓的笑脸——记全省文旅系统争做人民满意的公务员先进典型、市政协委员张艳玲》扎根基层，将惠民政策和文化服务送到百姓心坎上，得到社会各界广泛关注；以《乘风破浪 是青春的力量》为题，推出河北民族师范学院一个宿舍6名女生全部考取研究生的报道，成为励志典型；网红农民于新伟引起中央等媒体关注，报社迅速跟进，采写《一个农民网红的小康样本》，做好热点新闻深度报道。承德晚报组成报道团，聚焦粮食安全，分赴田间地头，就承德地区农民种粮的困惑、如何破解种粮困局进行深入细致采访调查；邀请各方探讨“厉行节约、反对浪费”如何由制度约束变为公民自觉行为；号召全社会行动起来，珍惜粮食，颗粒归仓。并以“端牢中国饭碗，共筑全球粮安”“制止粮食浪费，促进节 粮减损”为主题，推出《种好自己的粮食 端牢自己的饭碗》《“厉行节约、反对浪费”应成为公民的自觉行为》《颗粒归仓 我们在行动》系列报道，在社会上引起强烈反响。

【上宣外宣】 2020年，100余条反映承德各项事业发展成就的原创新闻稿件被人民网、新华社、全国党媒传播平台、“学习强国”、“今日头条”、冀云平台、省市各媒体转发。50余篇文字稿件先后在《农民日报》《光明日报》《经济日报》上刊发；20余组、近100张反映承德市复产复工、脱贫攻坚、生态环境、教育、行业经济类的新闻照片被新华社转载。与市委宣传部共同举办全国晚报摄影记者名家看承德采风活动，用镜头聚焦城市建设、旅游业态、市井生活，在《工人日报》《北京日报》《北京晚报》《光明日报》《经济日报》以及众多微信客户端集中刊发摄影报道40余篇，有力地推介承德旅游资源，宣传承德良好形象。

【融媒体建设】 围绕“融媒综合影响力达到全市领先”目标，将2020年确定为“融媒体建设提升年”，整合日报、晚报、融媒体中心采编资源，各显所长、各取所需、互动共享，加快形成“报、网、微、屏”多媒联动、24小时滚动宣传报道的新格局。先后推出“返承医疗队员隔离解除”“避暑山庄博物馆网上游览”直播等一系列优秀节目。筹集资金100万元，对和合承德网进行改造升级，并于9月份正式上线，实现软硬件“双提升”。实施融媒发展专项绩效考核，日报、晚报、融媒体中心采编一体化进程加快，全年原创视频类作品近200件，原创文字图片类作品近1000件，文字稿件和视频制作质量均明显提升。日报、晚报微信公众号持续得到关注，全年阅读次数过万的新闻稿件有30个。开通“人民号”“新华号”，《承德日报社》抖音号粘合度逐渐增强，其中《杨志刚：“家乡是我们创作的源泉”》《作为承德人是否唤起了你的某些记忆呢？》《京哈高铁北京至承德段铺轨工程正式拉开序幕》等5个视频全网播放破200万次，16个视频全网播放破百万。《承德日报社》抖音号在全省新闻资讯类抖音号排名中跃居第28位，地市级媒体全省排名第2位。实施精品带动战略，办报质量得到不断提升。2019—2020年《承德日报》6篇作品获得河北新闻奖、7篇作品获城市党报新闻奖，其中获得河北新闻奖一等奖2篇，获得城市党报新闻奖一等奖1篇；《承德晚报》4篇作品获得河北新闻奖、6篇作品获得中国晚报赵超构新闻奖，其中获河北新闻奖一等奖1篇。全社年度获河北省新闻奖一等奖共3篇，是近些年来首次突破。无论在获奖档次还是获奖数量上，在全省同行业中仍保持领先。

【党建工作】 2020年是《承德日报》创刊75周年，市委召开《承德日报》创刊75周年座谈会，市委、市政府和中华全国新闻工作者协会、中国报业协会、河北省新闻工作者协会、河北省报业协会纷纷发来贺信。结合报社实际，组织系列活动，启动编写《承德日报》报史；举办《承德日报》创刊75周年图片展；召开《承德日报》创刊75周年座谈会暨报史编写研讨会；举办新闻摄影业务培训，实施“一对一”帮带“青蓝工程”，确定第一批28组结对带学。通过这些活动，极大鼓舞士气，凝聚全社力量，增强发展信心。健全意识形态“三清单四机制”，不断提高风险意识、危机意识，严格履职尽责，牢牢把握意识形态主阵地，没有发生因报道失实、内容低俗、虚假违法广告、侵权盗版等问题引起负面社会评价，社会美誉度连年提升。驰而不息纠“四风”，严格落实中央“八项规定”精神。

2020年承德日报社领导名录

党委书记、社长：王立功
党委副书记、总编辑：周　易（蒙古族）
党委委员、副社长：叶振杰（蒙古族）
李全江
张　强（满族）
党委委员、副总编辑：李筱玉（女，满族）
宋子健（女，满族）
苏建辉（满族）
张青龙（满族）

（供稿　李佳宁）

文物

综述

【概况】 2020年，承德市文物工作持续落实好疫情防控各项举措，逐步完成避暑山庄及周围寺庙景区复工复产，有效指导全市各文保单位疫情防控，全面推动全市各项文物保护工作顺利开展，有序推进景区安全生产、文物保护与利用、整改提升、文创销售等各项工作，不断提升景区服务水平，打造景区新形象。面对突如其来的疫情，截至12月31日，景区接待143.7万人次，经济收入1.07亿元，同比2019年游客接待量降低62%，经济收入降低64 %。

【严格疫情防控】 严格按照各项疫情防控工作要求，科学防治、精准施策，实现文物系统和管辖景区“零感染、零确诊”，保证文物系统3000多名干部职工和避暑山庄及周围寺庙全年安全，无疑似病例和确诊病例等情况。为及时安排部署落实，第一时间成立疫情防控应急工作领导小组，制定出台《承德市文物局关于新型冠状病毒疫情防控的紧急预案》，对全体干部职工进行排查，建档立卡，实行全系统疫情防控日报告、零报告制度。按照上级要求第一时间关闭系统内所有景区，疫情以来，领导始终坚守疫情一线，各基层单位领导带班值守，各景区安排人员24小时巡查值守，同时做好防控期间防控物资的储备和岗前员工防疫措施培训。开展“抗击疫情党旗红”活动，成立16支抗击疫情突击队，党员主动缴纳党费48196元，用于湖北地区和承德地区的疫情防控工作，捐款48548元用于全国疫情防控工作。全系统18名党员干部志愿者，13名基干民兵，分赴6个镇办、社区进行“两查一登记”工作。

【景区有序开放】 为有效抗击疫情，自2020年1月26日起所有景区暂停对外开放，4月6日起避暑山庄景区、磬锤峰景区室外区域正式开放，随后各景区根据上级要求陆续开放，严格按照“限量、预约、错峰入园”原则，期间对景区人流量严格管控，实行网上预约分时段入园政策。所有开放景区自4月6日至10月1日游客日接待量和瞬时流量逐步由不超过日正常营业日接待量的30%调整到75%。严格按景区开放的疫情防控指南落实各项防疫措施。在景区内外，要求游人全程佩戴口罩，设置体温检测仪、扫码、登记、安全隔离带、隔离室，对于公共区域设施定时消毒，并开展巡逻及定点服务工作，各项防疫措施落实到位，没有发生人员聚集事件，平稳渡过“五一”、端午、“十一”、中秋等假期。因“五一”假期期间疫情防控工作“措施实、有特点、成效好”，市文物局作为优秀防控单位得到省级领导的肯定。

5月1日，游人在“丽正门”前有序进入避暑山庄景区

【推行“七级责任”】 在2019年全系统推行安全生产“七级责任”管理体系实施的基础上，通过总结分层级、网格化的安全生产管理模式取得经验，为加强景区重点工作规范化管理，压实责任，使“七级责任”体系能够在景区日常工作中发挥更大的作用，2020年，又将文物保护、旅游服务、环境卫生、违法违纪行为监管以及意识形态、精神文明等工作列入“七级责任”目标管理体系当中，制定印发《承德市文物局“七级责任”体系管理规定》《承德市文物局2020年“七级责任”考核细则》。为进一步确保制度落地落实，增加两个辅助层级包保景区，进行常态化督导检查，形成“7+2”网格化管理责任体系。同时进行“线上＋线下”双渠道管理，利用互联网管理方式，组建七级责任微信工作群，发现问题第一时间反馈，实现快速整改落实，全面提升各项重点工作规范化系统化管理水平。从局主要领导到分管领导、基层单位一把手（机关相关业务科室一把手）、基层分管副职、基层单位中层、班组长直至一线职工的“七级责任”管理体系的落实，真正使景区实现横向到边、纵向到底的网格化管理，使景区处处有人管，人人肩上有责任，为全系统各项工作的逐级落实提供坚实保障。

【人才引进与培养】 不断强化人才队伍建设，提升人才管理能力，从实际出发，因地制宜，做好人才引进与培养。2020年，通过公开招聘、公务员遴选及选调生分配等形式，补充职工37人，其中事业单位专业技术人员23人，工勤技能人员11人，遴选公务员2人，选调生1人。完成往期市管优秀专家重新推荐2人，推荐第十八批市管优秀专家人选1人及文物保护工程类“三三三”人才1人，进一步提升文物系统专业技术人才整体水平。截至年末，全系统共有专业技术人员439人，其中正高级专业技术人员23人，副高级95人，中级203人，初级118人，为文物事业蓬勃发展提供坚实的人才储备和智力支持。强化选人导向，加强干部梯队建设。在选人用人工作中本着专业化、年轻化、敢担当、善作为、新老搭配等导向，严格按照《党政领导干部选拔任用工作条例》规定的选拔任用原则和标准，确保干部选拔任用工作制度化、规范化、科学化，提高选人用人质量，建设高素质专业化干部队伍。

景区建设管理

【概况】 标识系统实现规范化，投入资金360万元，对避暑山庄及周围寺庙景区的标识系统进行系统、专业的规划、设计，制作导游全景图、区域导览牌、方向指示牌、景物介绍牌、提示警示牌等标识牌1726块、制作导游全景图23块、区域导览图22块、手绘避暑山庄及周围寺庙景区导游全景图1张、避暑山庄平面区域导览图16张，对避暑山庄及周围寺庙所有开放景区全部标识系统按统一标准进行更换。

【智能化信息化建设】 投入资金900余万元，对避暑山庄及周围寺庙景区现有的售验票系统的软硬件进行全面升级改造，购买人脸识别验票闸机82台，自助购票机18台，开发实名制售验票系统、门票预约系统、年票预约系统、线上OTA分销系统。投入资金52万元，依托微信平台开发建设避暑山庄及周围寺庙景区智能导览程序，提供360度VR全景虚拟游览、智能语言导游、扫码识景介绍、在线购票、旅游公共信息查询、文创产品预订等功能为一体的在线服务，实现“一部手机畅游山庄、外庙景区”，智慧景区建设被评定为省级示范点。投入107万元，在避暑山庄及周围寺庙景区内外建设安装11块LED和LCD屏幕；投入8万元，对避暑山庄官方网站进行改版升级，开通景区官方抖音账号，自4月底开始陆续上传、播放涉及多个部门的各类通知、文件、图片、视频近 120 余件。

【建设配套项目】 为更好保护避暑山庄历史格局、整治景区周边景观环境、完善旅游服务功能、提升城市整体形象，在避暑山庄德汇门东侧建设避暑山庄及周围寺庙集中管理用房（兼游客服务接待中心），规划建筑用地面积 3993 平方米，总建筑面积 1041 平方米，主要功能包括游客中心大厅、文创展厅、书局、综合执法及投诉中心、放映室、指挥中心、办公区等。截至年末，游客中心的可行性研究报告、工程设计及勘察已完成，已进入招投标程序。

【提升服务水平】 按国家标准完善 3 个现有游客中心内部设施和服务功能，增设避暑山庄红十字医疗服务站 1 处，增设整改景区所有无障碍通道、增设环保垃圾筒 60 个、维修路椅 44 个，增补路椅 10 个，统一更换员工工服等工作，大大提升景区的服务功能和服务意识，为景区的“以人为本”的人性化服务理念打下坚实的基础，避暑山庄及周围寺庙景区服务质量、环境质量和智慧景区建设达到国内先进水平。

【磬锤峰森林公园游客中心续建】 历时三年的创建，2020 年又投资 380 万元完成游客中心建设，于 9 月底正式揭牌投入使用，解决原有景区游客中心规模小、功能缺、档次低的问题，使景区整体接待水平和服务水平有显著提升；投资 40 万元，完成标识系统改造提升工程，安装导游全景图、指示牌、景物介绍牌、导览图、温馨提示牌、安全警示牌等 170 余块，做到布局合理、数量充足、指示明确、符号规范、介绍详实、设计美观；投资 10 万元建设公园官方网站，实现网上虚拟景区游览和在线讲解。12 月 15 日，获省文旅厅批复，磬锤峰景区为国家 AAAA 级旅游景区。

【山庄亮化】 为配合承德夜间经济发展，做好“一核一带三个精品片区”，打造“避暑山庄之夜”核心品牌。以夜游避暑山庄为引爆点，让山庄外亮起来、让山庄内夜晚游起来，点亮承德夜生活。投资 600 万元，分批实施避暑山庄亮化工程，对夜游路线约 5.9 千米，夜景观节点 25 处进行灯光照明，实现平原区、湖区全覆盖，打造承德旅游新亮点。

“避暑山庄之夜”——烟雨楼

【创建文明景区】 深入开展全国文明城市创建活动，对各创城点位的 57 块公益广告牌进行增补、更换，新增卫生间“文明如厕”温馨提示 20 块，新增景区公益小品 4 个；圆满完成第六届全国文明单位复检申报和省级文明单位档案申报、实地测评工作；开展文明旅游进社区、清理小广告、施化停车线、粉刷墙面和外墙漆、园林绿化、发放调查问卷、市民文明手册等新时代文明实践志愿服务结对帮建活动 18 次。

文物保护与利用

【概况】 为进一步加强全市文物保护工作，积极组织各县（市、区）及相关单位积极谋划、申报 2020 年度文物保护项目，共上报文物保护项目 43 项，其中国保单位文保项目 22 项，省保单位文保项目 7 项，可移动文物 14 项。截至 2020 年年末，避暑山庄及周围寺庙遗产监测、避暑山庄永佑寺舍利塔壁画保护、避暑山庄文津阁假山抢险加固、须弥福寿之庙石质文物（二期）、穹览寺保护修缮4个不可移动文物保护项目，避暑山庄博物馆预防性保护项目，外八庙管理中心文物库房恒湿恒温保护项目等7个可移动文物保护项目，山庄、外庙安防消防工程，安防提升工程等8个项目，共计19个文物保护项目已获得国家、省文物局立项批复。

【争取经费支持】 积极指导相关县（市、区）、单位申请方案已批复项目的2021年度文物保护专项资金，殊像寺会乘殿保护项目、须弥福寿之庙古建筑保护修缮二期项目、承德市避暑山庄博物馆可移动文物预防性保护项目、平泉市博物馆馆藏文物预防性保护项目、平泉市石羊石虎墓群安防升级改造工程、丰宁凤山关帝庙正殿及戏楼修缮工程，金山岭长城后川楼、窑沟楼保护项目等，共计15个项目申请文物保护经费4386.6万元。

【项目储备工作】 建立全市文物保护项目库并实行动态管理，在避暑山庄及周围寺庙和各县（市、区）已储备240个项目的基础上，根据国家、省文物局文物保护新理念，不断更新文物保护项目，持续做好项目储备。同时加强与国家和省文物局的沟通联系，积极组织市本级和相关县（市、区）申报文物保护项目。

【文保项目建设】 加大文保项目的投入力度，克服资金压力，开展外八庙管理中心文物库房整体熏蒸杀虫工作。对外庙文物库房5825平方米的文物建筑及内部所有建筑木构件、饰品挂件和所有文物进行熏蒸防治，对2517平方米的外庙文物库房回形建筑内院及建筑顶面和外墙进行消杀防治，彻底消除虫害，从而提升外庙文物库房文物保护管理水平，为馆藏文物提供安全稳定的保存环境。提升景区的技防水平，不断扩大避暑山庄内平原区、湖区、山区等景区安防监控的覆盖面，全年投入资金100多万元，其中与中国铁塔集团合作，在景区原有监控系统基础上，引入高清智能监控系统，构建智能化监控体系，确保景区发生火情时能第一时间发现并及时进行处理，避免景区火警误报和迟报，极大地提升景区的监控能力；结合避暑山庄亮化工程，投入38万在亮化区域沿线设置监控系统，做到山庄景区亮化区域监控全覆盖；在避暑山庄山区宫墙沿线原有安防系统的基础上，投入19万元进一步完善宫墙沿线监控系统，景区安全保卫能力和水平得到极大提升。

【长城国家文化公园】 按照中办、国办印发的《长城、大运河、长征国家文化公园建设方案》及省、市相关工作要求，积极协调推进长城国家文化公园（承德段）的建设相关工作，多次配合国家、省、市到滦平金山岭长城，就长城国家文化公园总体规划建设情况进行专题调研。经与省文物局多次沟通，最终确定金山岭长城保护展示和涝洼段抢险加固2个项目，其中《金山岭长城保护展示工程》一期已通过国家局批复，金山岭长城管理处已按照省文物局批复意见对方案进行修改，省局正在组织专家审核；《涝洼长城五道梁抢险加固项目》设计方案已通过省文物局审核。

【文保项目监管】 加大文物保护项目的监管力度，2020年承德市共有11个文物保护项目获得国家、省文物局立项；避暑山庄石质文物保护一期项目、殊像寺会乘殿保护项目、《围场县超仙院一殿及东西石亭地基注浆加固工程设计方案》、《金山岭长城后川楼、窑沟楼保护修缮工程设计方案》等9个项目方案已通过省局审核，已到位2020年度国家、省文保经费2630万元；正在实施项目13项，其中围场半截塔保护修缮、双滦区琳霄观东配殿修缮、宽城喜峰口西潘家口长城保护修缮已通过省级技术验收，围场东庙宫保养维护已通过市级技术验收。市文物局切实加强对于以上项目的监管，按照国家、省文物局关于项目方案编制时限要求、项目实施计划及施工合同中约定的完工期限，督导项目进度，每半个月对项目进度进行统计，全面掌握项目的实施情况，并根据实际情况，有针对性地进行重点监管，确保绩效目标按计划完成工程质量和完成时限。

【开放松鹤斋景区】 为使文物更好地"活起来"，拓展山庄博物馆的承载量，深入展示避暑山庄及周围寺庙的历史文化内涵，提升避暑山庄及周围寺庙展览水平，立足游人参观内容和游览路线的需求，开放避暑山庄松鹤斋区域，推出避暑山庄七十二景文化长廊，形成一个兼具游客小憩功能的休闲文化区；推出"松鹤延禧——避暑山庄及周围寺庙吉祥图案展"，这些吉祥图符既和中国传统吉祥文化一脉相承，又兼具皇家文化的独特气韵，是清代帝后精神需求和审美意识的集中体现；与热河文化发展中心联合举办的"龙气致祥"展览，对景区内发现的恐龙足迹化石和具有代表性的热河古生物化石进行展出，从而更好地整合资源，扩大宣传。

【举行"拓片佛画文化展"】 在普陀宗乘之庙大红台展出承德避暑山庄和外八庙以及位于滦河的穹览寺等地碑刻拓片55幅、佛画10幅。充分展示承德避暑山庄建造过程，文字内容涵盖清朝鼎盛时期民族融合的重大历史事件，康熙、乾隆等帝王的诗词文章等，通过展览，增加游客的游览欲望，提升外八庙景区的吸引力，扩大传统文化影响力。

【提升景区展览水平】 对景区各展室的展品首次开展整体设计、统一规格的文物展品说明牌工作，已完成对景区殿堂内505块文物展品说明牌进行制作、安装，深层次展示景区历史文化内涵、延长游人驻留时间、提高景区文化的吸引力。实施避暑山庄清音阁和清舒山馆两处遗址保护和展示工程，设立仿古展示说明牌11处，对遗址的历史沿革、园林风格、重大历史事件和景观原貌进行展示和解说，和中央美术学院合作开展遗址原貌复原研究，绘制复原效果图，不断提高展示利用能力。

【避暑山庄历史原貌复原研究】 就避暑山庄历史原貌复原研究与中央美术学院进行合作，双方签订合作协议。在避暑山庄设立中央美术学院建筑学院教学实践基地，将避暑山庄相关领域的研究纳入中央美术学院建筑学院中国建筑史及建筑遗产保护二级学科的研究内容，每年选派相关教师及硕、博士研究生开展避暑山庄历史原貌复原研究课题（包括古建、历史、文化、艺术、园林等相关内容），采用手绘和计算机三维虚拟数字化复原技术再现避暑山庄古建筑遗址的原有风貌，通过学术研究复原避暑山庄盛期历史原貌，进一步提升避暑山庄景区的社会影响力。与天津大学合作开展避暑山庄及周围寺庙的现代化勘察测绘工作。采用三维激光扫描、倾斜摄影、航拍遥感、数字化虚拟现实等技术对古建筑和园林进行详细记录和展示，并协助查找国内外有关承德的文献档案资料。

景区文物安全

【概况】 加大对各县（市、区）文物执法监管力度，实行与县（市、区）季度工作对接联系及季度执法抽查工作机制。全年，全市开展文物执法巡查及安全督查1000余次，其中省市两级联合执法检查1次，市级开展季度执法巡查和专项督查10余次，检查文物单位2345处，妥善处理文物信访事件3起，立案处罚并移交司法部门文物破坏案件1起，协助公安破获盗挖事件2起，抓获 5 名盗挖人员。

【文保法制建设】 开启行政处罚常态管理模式。自 2003 年《承德避暑山庄及周围寺庙保护管理条例》颁布实施以来，法定授权的行政处罚，2020 年首次落地实施，避暑山庄、外八庙、普宁寺管理中心及避暑山庄博物馆对跳墙、吸烟、钓鱼摸虾、摘花折树等违反法规的行为实施行政处罚。全年避暑山庄景区管控吸烟行为 100 余次，进行行政处罚 51 起，处罚数额 3750 元，对景区违法行为起到一定的震慑作用。

【安全消防管理】 2020 年，市景区文物电气火灾智能防控工程有序推进中，该工程的建设基本实现景区电气火灾智能化防控功能；避暑山庄西部山区安全消防提升工程及避暑山庄博物馆全域安防系统升级改造工程设计方案审批正在积极推进中，同时在避暑山庄宫墙沿线增设多组视频监控设备，铁塔公司在景区内建设 2 处防火监控系统，与景区外多处监控系统相结合，实现防火监控的全覆盖和技术水平的提升。

【平安景区建设】 2020 年，以建设平安景区为目标，着力加强春节、清明、中秋、国庆等重大活动和节假日的景区安全工作，制定并印发做好安全生产工作的通知及工作方案，结合当前景区安全工作组织开展“安全生产专项整治三年行动”，并对当前的制度措施进行进一步改进完善，基本实现制度措施的与时俱进，适时更新。全年，针对重点区域、时段，增派人员、加大巡查频率，共进行日常安全检查 140 余次，其中组织综合安全检查 90 余次，全年各单位累计上报安全隐患问题 50 余条，已全部限时整改完成，开展消防安全演练 30 余次，安全岗位人员集中培训 13 次。安全消防工作水平显著提升，全年安全生产工作平稳有序，未发生安全事故。

承德博物馆

【概况】 承德博物馆（原为“承德民族团结清文化展览馆暨承德博物馆”）历时三年建成，于 2019 年 11 月 18 日正式开馆对游人开放。2020 年，承德博物馆“鹿鸣讲堂”正式投入使用，举行多场学术交流讲座；举办“须弥福寿：当扎什伦布寺遇上避暑山庄”、避暑山庄藏瓷艺术“九重釉色”等展览，大大提升承德博物馆的对外影响力，扩大承德在全国的影响力。

【荣获陈列展览精品奖】 承德博物馆参加国家文物局组织的“5•18 国际博物馆日”活动，作为河北省唯一入围展陈，承德博物馆申报的“‘和合承德’清盛世民族团结展”荣获第十七届“全国博物馆十大陈列展览精品奖”，此奖项被誉为文博界的“奥斯卡奖”，代表国内博物馆陈列展览的最高水平，代表先进的陈列技术、科学的布展方式和最深刻的文物内涵，成为河北省近 14 年来唯一获此荣誉的陈列展览，得到市委书记周仲明高度肯定。

【举办联合展览】 为庆祝紫禁城建成 600 周年，北京故宫博物院、西藏扎什伦布寺、承德避暑山庄三方在承德博物馆联合举办“须弥福寿：当扎什伦布寺遇上避暑山庄”展览。这是在故宫午门轰动业内的“须弥福寿：当扎什伦布寺遇上紫禁城”展之后的 2020 年故宫第一场对外延展，展览以详实的历史资料、精美的文物展品，重现六世班禅东行朝觐以及乾隆皇帝迎接六世班禅的盛况，为参访者奉上一场历史文化的视觉盛宴，大大提升承德博物馆的对外影响力，扩大承德在全国的影响力。

【举办“九重釉色”展】 避暑山庄藏瓷艺术“九重釉色”展利用 2020 年度省级宣传文化发展专

项资金60万元，对展室基础整修、展柜制安、展项制作、多媒体展示等内容进行展览改陈，改善展览环境，提升软硬件设施，运用新的展览展示手法深入挖掘文物内涵，以更好地发挥博物馆传承中国优秀传统文化、弘扬民族团结主旋律的重要社会职能，共展出宋、明等清宫旧藏和康雍乾三代官窑精品116件，突出清代宫廷用瓷“器则美备，工则良巧，色则精全”的艺术价值与艺术成就，已完成布展，正式对外展出。

九重釉色部分展品

【合作与交流】 承德博物馆“鹿鸣讲堂”正式投入使用，全年共举行9场学术交流讲座，系统地开展文博知识讲座，多渠道满足观众的精神文化需求。其中由河北省土木建筑协会和河北省工程勘察设计咨询协会联合主办的“当经典遇见未来”学术论坛活动，以历史文化名城的保护、城市特色风貌的塑造为题进行深入交流；邀请故宫博物院研究员罗文华教授围绕“六世班禅朝觐乾隆皇帝”这一历史事件进行讲座，对传播历史文化产生较大的社会影响。

在不可移动文物保护科技保护领域，积极与中国文化遗产研究院开展合作。中国文化遗产研究院，是国家文物局直属事业单位，也是国内最顶级的文物保护机构，具有相当丰富的文物修复经验，承担承德大部分的文物科技类保护项目，包括彩画、壁画、石雕、佛像与陈设等不同类型。截至年底，已经和遗产院签署战略合作协议，在承德市博物馆建立文物科技保护实验室（文物医院），并共同建立中国文化遗产研究院承德石质文物保护基地、中国文化遗产研究院承德科技创新基地。一方面可以培养文物修复的专业人才，另一方面通过文物修复项目的实施建立可以完善文物修复技术和硬件设施，以期使市文物局具有能够独立承担彩画和石质文物的日常保养维护能力。

与北京故宫博物院签订战略合作协议，在文物保护修复、人才培养、文化研究、文创产业发展、景区宣传推广等领域开展全方位合作。截至2020年年底，已与北京故宫博物院成立“古钟表联合修复室”并举行揭牌仪式，已对铜镀金洋人耍狮子自鸣钟等11件钟表进行修复、养护工作，使其恢复原有机能，另外馆藏古钟表学术研究成果结集出版正在筹备之中，既提高对古钟表的修复、展示、保护、宣传等方面的能力，又提升避暑山庄博物馆的馆藏文物价值。

文创产业及活动

【概况】 围绕“让文物活起来”“文物保护、合理利用”的指导方针，景区文创工作取得较大进展，全年开设避暑山庄文创园、避暑山庄博物馆文创商店、热河泉文创饮品商店等文创体验场所，共研发设计避暑山庄相关文创产品千余种，落地生产500余种，完成品牌授权知名企业一家，营业额达到500万余元。

【文创产业】 实现景区文创的“零突破”。依托承德避暑山庄文化创意有限公司、承德市博美旅游资源开发有限责任公司为景区创收，其中承德避暑山庄文化创意有限公司开发“和合福地 避暑山庄”品牌以及具有避暑山庄及周围寺庙特色文创产品10类100余种；博美公司研发设计生产自有品牌“避暑山庄博物馆”文创产品8类116种；在避暑山庄蒙古包区域利用6个蒙古包开设避暑山庄文创园，丽正门西侧、云山胜地楼东侧开设避暑山庄博物馆文创商店，热河泉区域开设热河泉文创饮品商店，多个文创体验店开始试营业，售卖上述产品，得到了游客和市民的一致好评。

【文化创意】 成立主题邮局。与中国邮政集团有限公司承德市分公司合作开设避暑山庄主题邮局与普宁寺主题邮局，这是文化景区与传统邮政服务的跨界融合，成为对外展示避暑山庄及周围寺庙文化的新渠道，对外传播优秀的中华文化的新窗口，在售邮品包括明信片、邮折、信封等共计16类82种。

【文创产品】 加大文创产品的研发力度。自主开发避暑山庄及周围寺庙景区“楹联、匾额、书画”系列产品，涉及冰箱贴、文牒册、笔记本、书签和明信片5类19种，所有品类产品已经投入试销，产品一经上市就受到消费者的欢迎与好评，并荣获承德市旅游商品铜奖。同时借助“须弥福寿：当扎什伦布寺遇上避暑山庄”联展契机，研发文创产品10大类92种。截至2020年年末，围绕联展开发的系列文创产品已同步面市。

【文创活动】 举行中国文博届首场沉浸式文化雅集活动“承德之夜”。此次活动与中国文物日报社共同举办，通过此次活动联合知名品牌荣威集团，构建品牌联合授权模式，此次演出采取文化与科技结合的形式，用科技的手段赋能文化传播，演出邀请康辉、胡轶坤、濮存昕、赵家珍等知名艺术家，通过古琴、朗诵、演奏、新民乐、京剧、昆曲、舞蹈等艺术表现形式，以全新的解读方式将山庄外庙文化和中国文化中天地人的关系予以表达。首届承德之夜得到“学习强国”“央视频”“百度”等直播平台播出，取得87万人阅读，265万人次观看，使避暑山庄文化和承德之美在短时间收到极大的关注，拓展了文创产业发展的新思路。6月22日，举办2020创意承德文创设计大赛。以“走进承德博物馆”为主题鼓励设计师用创意活化历史，用产品诠释文化。大赛共征集来自国内外158名设计师提交的400余幅作品。12月25日，大赛颁奖典礼在承德博物馆康鸣讲堂举行，经评委会严格评选，共评选出一等奖2个，二等奖6个，三等奖10个，优胜奖22个，特别奖1个，优秀组织奖4个。

营销与宣传

【概况】 根据《承德市抗击疫情扩大文旅消费的若干措施》精神，结合避暑山庄及周围寺庙景区的实际，制定出台2020年景区“抗击疫情，扩大市场营销”年票、门票若干促销政策。以及制定大团队门票政策、景区通票、布达拉行宫景区、普宁寺景区、磬锤峰景区门票延长有效期政策、特殊时间节点的门票优惠政策、夜游山庄开放门票政策等扩大游客量增加收入的相关优惠政策。

【拓宽营销渠道】 充分利用景区自媒体网络平台，积极有效地开展景区营销工作。2020年，避暑山庄及周围寺庙景区主要通过事件营销、自媒体营销、联合营销等组合营销模式。举办“云授予”承德援鄂护士施燕“避暑山庄荣誉使者”称号活动、“五一”期间着汉服免费游山庄活动、“2020‘琢酒杯’最美避暑山庄·皇家山地健身跑”“恒大杯·避暑山庄健康跑”等特色活动；开通避暑山庄官方抖音，其中“古风小姐姐互礼”的视频放送量达1436万人次、点赞量98.3万人次、评论量4.6万人次、转发量超过1万次人次。运用避暑山庄及周围寺庙景区官方微信进行自媒体营销，在“河北旅游”公众号2020年发布的28期微信影响力周、月榜中，13次排名前三，8次居榜首；召开“承德避暑山庄及周围寺庙打造5A景区新亮点”新闻发布会；在百度、淘宝、官方抖音平台开展“云游避暑山庄博物馆”、夜游山庄、马拉松赛事等云直播活动，在线观看人数超过40万人；避暑山庄与可口可乐采用“电视媒体”+“新媒体”+“线下活动”的形式开展跨界营销，带有景区形象的纯悦纯净水在河北省内销售近3000万瓶；与抖音平台联合推出话题“抖抖避暑山庄”活动，话题播放量超过1.5亿次，不断扩大景区影响力和吸引力；与美团平台开展线上景区四联票秒杀活动，活动期间广告曝光量近5万次。

2020年度避暑山庄及周围寺庙景区在权威数据平台迈点研究院发布的“5A级景区品牌100强”榜单中，承德避暑山庄及周围寺庙景区位居河北省第一，全国第十四位，获得“河北旅游百大人气目的地”人气景区称号，被香港中国旅游出版社授权官方指定旅拍基地。

【营销宣传】 充分利用电视、报纸、互联网、微博、微信、抖音等各类媒体开展宣传工作，2020年，共宣传报道景区新闻、消息、视频录制等共106次、其中市级报刊新闻8次、省级以上报刊新闻5次、网络媒体宣传69次、配合电台电视台各类传媒摄制组拍摄报道22次、为各媒介提供宣传报道素材资料2次，不断拓宽宣传途径，增加宣传数量。

2020年市文物局领导名录

党组书记、局长：高永海（满族）
党组成员、副局长：高士堂（挂职）
相　阳
单洪斌（蒙古族）
王大伟（1月免）
杨延平（4月任）
李建来
党组成员：乔治海
党组成员、纪检组长：刘金山（11月任）

（供稿　叶子烨）

交通

公 路

【概况】 2020年，全市交通运输系统立足推动交通运输高质量发展，勇担使命、攻坚克难，坚定不移践行新发展理念，较好完成各项工作任务，有力服务和保障全市经济社会发展大局。坚定信心、同舟共济、科学防控、精准施策，做好疫情防控工作。防治大气污染，市区新增200台纯电动公交车，完成新增及更换新能源公交车比重85%以上目标。国三及以下排放标准营运柴油货车淘汰9483辆，占总任务量的100.05%。加大环保执法力度，持续开展汽修行业VOCs危废排放治理、公路扬尘及路域环境治理等工作，取得明显成效。在第二次全国污染源普查工作中，被河北省评为表现突出集体；在承德市第四次全国经济普查工作中被评为先进集体；荣获全国交通运输行业文明单位、省级文明单位；在全省抗击新冠肺炎表彰中，交通运输综合行政执法支队被评为先进集体。交通职工许德录被评为全国交通运输系统劳动模范。

【高速公路建设】 承平高速公路（G95）核准总投资149.89亿元，成为承德市首条PPP高速公路项目，于12月30日全面开工建设，计划2024年建成通车。建成后承德市将实现“县县通高速”目标，同时为深度融入京津提供有力助推。承克高速是交通部及河北省“十三五”规划项目，也是《京津冀协同发展交通一体化规划（2019—2035年）》重点项目。该项目的建设对完善河北省国家高速公路网，推进京津冀协同发展交通一体化，促进沿线地区旅游资源开发、经济社会发展具有重要意义。12月21日，河北省政府批准调整御道口省级自然保护区范围及功能区，高速线位穿越保护区核心区的政策障碍得以破解，12月25日，交通运输部按“十三五”期间投资政策出具承克高速资金安排意见，补助资金33.53亿元。承秦高速太平庄互通及“有凤来仪”大桥建成，12月30日开通运营，实现高速公路与高铁快速接驳。

12月30日，承秦高速“有凤来仪”互通大桥建成通车

【普通公路建设】 全年完成基础设施建设投资35.1亿元，建成各等级公路989千米，超额完成年度计划任务。普通国省干线公路当年完成投资19.4亿元，新建续建17条段378千米，其中续建项目294.2千米/13条段，新开工项目84.22千米/4条段，建成通车105千米。农村公路共完成投资6.5亿元，新改建884千米，占年度计划140%。其中完成180个自然村道路硬化任务，全市通达硬化路的自然村比例达到88%；新改建桥梁40座，占年计划的108%；实施安防工程682.536千米，占年计划的109%。至年底，全市农村公路总里程达到20450千米，占河北省第1位。全市2456个建制村全部通硬化路，13625个自然村90%以上通达硬化路。全

市906个建档立卡贫困村及所辖5403个自然村道路全部硬化，通村入户。6月30日，省道宽城至欢喜庄公路（原承秦出海路复线）黄营子至三道河子段13公里建成通车。9月30日，省道岔沟至凤山及省道赤峰至曹妃甸公路（原省道承围公路）双峰寺至韩麻营段32千米建成通车；10月31日，国道111线黄旗镇至杨树底下段和槽子沟门至祁家营段改建工程20千米建成通车。12月25日，滦平县金山岭长城旅游路、宽城满族自治县红色旅游廉政路、平泉市契丹风情路和兴隆县雾灵旅游路4条路线获评“省级美丽农村精品示范路”。宽城满族自治县被评为“四好农村路”省级示范县，承德市“四好农村路”省级示范县达到7个。

【公路管理养护】 提升公路管养水平。小修挖补、路面病害处置等日常养护完成量创历年之最。干线公路技术状况指数MQI达到92.8，较2019年提高0.5，超过全省平均水平。一、二类桥梁比例达到99%，一、二类隧道比例达到98.9%，现有四、五类桥梁（隧道）改造加固率100%，新发现四、五类桥梁（隧道）当年处治率 100%。全年完成养护工程121项，完成投资3.49亿元。其中，实施路面养护工程9项181.89千米，项目总投资1.73亿元；完成桥梁维修加固工程和隧道提质升级工程60座26554延米，完成投资9087万元；实施公路安全生命防护工程16条路线885.59千米，完成投资6855万元；灾害防治工程6项20.08千米，完成投资419万元；水毁应急抢通工程2项0.15千米，完成投资85万元；服务区和停车区建设4处建成并投入使用，1处已开工，1处完成主体工程，完成投资425万元；22处交调站建成并投入使用，完成投资542万元；扬尘治理设备购置完成投资200万元。继续推广长寿命水泥混凝土技术、桥梁维修加固体外预应力施工工艺等一批新技术、新工艺，在国道112线水泥路面大修工程中，首次使用滑模技术。全市干线公路宜林路段绿化率达98%以上，形成“春有花、夏有荫、秋有色、冬有绿”的四季公路景观和具有承德山区特色的绿化模式。同时，作为唯一推荐承德市与省会石家庄市一同代表河北省顺利完成交通运输部组织的“十三五”干线公路养护管理治理能力“国检”评价工作，得到交通运输部、省交通运输厅的肯定。

【新冠肺炎疫情防控】 面对突发的新冠肺炎疫情，全系统坚持政治站位，迅速行动，牵头交通检疫组，统筹协调公安、卫健、公路、铁路、民航，逆行构筑起交通运输“三道防线”。1月22日，印发《全市交通运输系统新型冠状病毒感染的肺炎疫情防控应对工作方案》和《全市交通运输系统突发新型冠状病毒感染肺炎疫情应急处置方案》的紧急通知。1月25日，市交通运输局召开紧急会议，传达全市启动疫情防控一级响应机制事宜和会议精神，印发《承德市交通运输局关于启动新型冠状病毒感染的肺炎疫情Ⅰ级预警和应急响应的通知》，全面部署成立交通检疫组，牵头协调高速公路、铁路、机场、公路客运全面启动疫情防控一级响应机制。1月27日，全市道路班线客运和旅游包车以及城市公交线路暂停运营。紧急调配货运应急车辆200多辆，客运应急车辆100多辆，冷链运输车辆10多辆，以及危险货物运输车辆20多辆，根据疫情变化情况和调用指令及时保障客货运输。2月6日起，承德市区开始陆续恢复公交线路，并实施司乘体温量测措施。2月16日，承赤两地联合印发《关于在新冠肺炎疫情防控期间确保两市物资运输车辆便捷同行的通知》，对持有物资运输车辆“通行证”实行互相认可，简化防疫检查程序。同时，两地还建立稳固联系机制，对疫情防控期间物资运输车辆保畅等问题，迅速协调解决。4月26日，承德市22所驾校开始为支援湖北医疗队员提供免费学车服务，并率先通过验收。4月23日开始，全市交通运输系统组织“点对点”专车助力高三学生返校复课。5月7日起，全市交通运输系统组织开通公交专线助力初三学生返校复课。广大干部职工冲锋在前，始终保持思想不松、防控常态，经受住了节假日、周边城市疫情反弹等重重考验，累计投入人员17.4万人次，筛检来承返承车辆200余万台、人员600余万人次，为当好首都“护城河”，守好“承德门户”坚决站牢最前沿。疫情期间，动员运输企业做好防控的同时率先复工，最高效率保障应急物资通行，最大限度支持经济运行复苏，最大努力服务企业复产和农民工返岗复工。

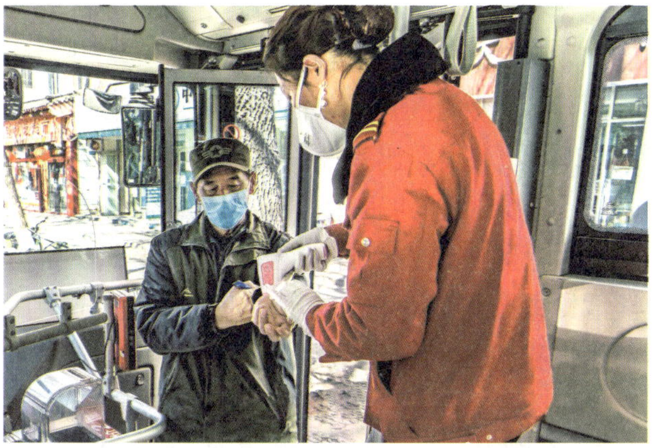

2月6日起，新冠疫情期间公交车设专人为乘客量测体温

【交通运输综合改革】 交通运输综合行政执法改革工作全面完成。市交通运输综合行政执法支队4月29日正式挂牌。完成经营性事业单位改革。11月30日，市委办公室印发《承德交通集团有限责任公司组建方案》的通知，决定重新组建交通集团。经过整合，组建了市交通运输局所属交通承德疗养院、承德路桥建设总公司、机械设备管理处及下属全资企业承德盛通混凝土建材厂、材料供应处及下属全资企业承德市物华商贸有限公司、承德市盛华大酒店及七家温泉、京承旅游公路管理处下属全资企业承德承捷公路养护工程有限责任公司，现有交通集团9个，企事业单位及相应经营性资产纳入交通集团。

4月29日，承德市交通运输综合行政执法支队正式成立

【群众投诉及来信来访处置】 全年共接待群众来访490人次，其中集体访31件310人次，未发生赴省及进京访。为处置好群众投诉及来信来访工作，局处级领导组织召开协调会16次，采取有效方式解决群众诉求。河北省信访信息系统录入案件21件，按期受理率100%，按期答复率100%，共办理国家、省、市重点案件8件。其中，已化解因独生子女奖励多年上访案件，并完成支付，信访人息诉罢访；为信访人张某解决信访事项申请国家特殊疑难信访问题资金6万元，信访人已签署息诉罢访书；解决滦平县两间房刘某涉路建设非施工原因遗留问题1件。6月10日，起草完成《“三线”铁路建设民兵生活困难问题指导意见》（试行），并联合其他专班成员单位印发各县（市、区）。

【公路路政管理】 开展“抓治超、保春运、保安全”集中整治等专项行动，强化路面管控，严厉打击违法超限超载行为。创新推出“三级路长制”管理机制，研发应用“路政智能巡查系统”，极大提升全市路政管理规范程度和工作效率。全年全市共查处路政案件203起，收缴赔偿费194.3万元、收缴罚款5.8万元，破案率、索赔率均达到98%以上；全市共检测货运车辆111,9万辆次，查处超限超载车辆3077台，卸载货物9.23万吨，查处货车非法改装车辆988起，录入“黑名单”车辆153台、从业人员180人，约谈道路运输企业 25 家，吊销道路运输企业 1 家，查处源头企业 130 家，全市普通公路检测超限率连续控制在 2% 以下。开展路政专项治理活动。全面把握“十三五”国检工作重点，集中开展公路路域环境综合整治、限高限宽整治、平交道口整治等专项活动十余次。全年共拆除违法建筑 1.69 万平方米，拆除大型广告设施 1260 块，规范、封堵平交道口 245 处。不断强化公路超限超载治理。实现治超管理的科技化运行。全市运行的 13 个联合治超站点全部完成渠化交通、站前电子警察抓拍建设并落实路警联合治超执法，特别是平泉市治超工作的规范化、标准化管理，为全市树立了标杆典范。完成公路限高限宽设施检查卡点专项清理工作。全市共拆除限行设施 7 处，保留 77 处限行设施，完全符合相关法律法规规定和相关工作要求，重点打造隆化县承赤线景观路段、围场满族蒙古族自治县克黄线样板路段、滦平县京承线特色路段、平泉市赤曹线亮点路段，产生重点突出、亮点纷呈的路政管理效应。

公共交通

【城市公交】 2020 年，公共交通主要是加强管理和建设。城市公交，进行线路调整，新开线路，新增及更换新能源公交车。出租客运，开展扰乱客运市场秩序专项治理，查扣纠正违规车辆。出台网约车管理办法。加快推进城乡客运一体化，全市二级以上汽车站全部实现联网及实名制购票。实施乡镇工交化改造，提高农村客运班线公交化运行率。

【城市公交运行】 全年完成公交线路调整 1 条、新开线路 2 条、线路延伸 1 条。滦平客运枢纽站建成投入使用；双滦客运枢纽，虎什哈三级客运站开工建设。完成年度“民生工程”任务。其中，新开牛圈子沟首末站经闫雹线至闫营子公交首末站的 38 路；京沈高铁承德南站经迎宾路、车站路、普乐路、安远路至承德普宁机场的机场 2 号线；调整经停附属医院南院区的 33 路每日增发 10 趟次；延伸 10 路终点站至汇水湾小区。新购 200 台纯电动公交车，实现新增及更换新能源公交车比重 85% 以上。市区公交全部实现车辆到站信息实时查询，提升便民服务水平。11 月 20 日，承德市移动支付便民工程公交项目全面开通并试运行，支持“云闪付”APP 扫码乘车。

【出租客运管理】 开展“打击‘黑车’、规范市场”“斩非行动”等专项行动。严厉查处扰乱客运市场秩序的违法违规行为，始终保持对非法运营行为严厉打击的高压态势。共出动执法人员 4200 余人次，出动车辆 1900 余台次，定点巡查 560 余次，纠正违规车辆 900 余台次，查扣非法营运车辆 168 台。连续 10 年组织出租车学雷锋爱心送考活动。4 月 9 日，《承德市网络预约出租汽车经营服务管理（暂行）办法》正式出台，该办法自 7 月 1 日起实施。4 月 17 日，市政府新闻办和市交通运输局联合召开《承德市网络预约出租汽车经营服务管理(暂行)办法》政策解读新闻发布会。

7 月 7 日至 8 日，高考期间，出租车爱心送考生车队

【城乡客运一体化建设】 加快推进城乡客运一体化建设。全市 208 个乡镇 2456 个行政村通班车率达到 100%。全市县城 20 公里范围内农

村客运班线公交化运行率达到85%，50%的乡镇完成农村客运班线公交化改造，较"十二五"分别增长55%和33%。滦平客运枢纽站建成投入使用，双滦客运枢纽，虎什哈三级客运站开工建设。2020年底，宽城满族自治县、承德县、滦平县实现公交全覆盖并申报全域公交示范县。完成高铁南站至机场等4条公交线路的开通和调整优化。4月9日，恢复承德市至内蒙古赤峰、锦山2条首批省际客运班线。全市10个二级以上汽车客运站全部实现联网及实名制售票，进一步便捷旅客出行。

2020年市交通运输局领导名录

党组书记：寇占武
党组副书记、局长：房国民
党组副书记、副局长：王艳刚（12月免副局长）
机关党委书记：张立新
党组成员、副局长：李月武
臧志福
杨春东
付铁柱（邮政管理局局长兼）

（供稿 杨文静）

铁路

【车务段机构及人员】 2020年，承德车务段下设50个车站，1个乘务员公寓，1个客运乘务车间，3个无人值守车站，1个乘降所。年末职工总数1680人，其中干部206人，女职工151人，高、中、初级专业技术人员分别为3人、29人、80人。工人技师173人，其中高级技师1人，首席技师1人。

【车务段新冠肺炎疫情防控】 面对突入其来的疫情，全段干部职工投入疫情防控工作，落实集团公司及属地政府防控要求，采取有力措施，做好防控工作。防疫期间，购置测温门28台，红外测温设备4部，手持测温仪100支。发放N95口罩2.6万个，一次性口罩9.5万个，防护服100套，一次性手套2900副，护目镜500副，消毒液200箱，洗手液2000瓶，酒精400桶。

【车务段设备管辖】 车务段管辖京承线自127千米至254.308千米，计15个站；锦承线自335千米至417.294千米，计8个站；承隆线自0千米至57.019千米，计4个站；京通线自115.708千米至244.565千米，计16个站；唐呼线自179.339千米至377.03千米，计7个站；京哈高速线自192.828千米至260.943千米，计3个站。管辖一等站1个、二等站3个、三等站7个、四等站39个，高铁站3个，乘务车间1个，乘务员公寓1个。

【车务段生产经营】 段管内有专用线20条、专用铁道2条。下属客运乘务车间担当承德至通州西6420/6419次，承德至兴隆县6434/6433次，承德至平泉6435/6436、6455/6456次，承德至隆化57041/57044次，计10项旅客列车客运乘务工作。非在编集体工担当承德至昌平北4473/4472、4471/4474计2项旅客列车客运乘务工作。年内，承德车务段运输收入61953.6万元，运输总支出38254.5万元，旅客发送量117.8万人，货物发送量658.2万吨，日均装310车，日均卸405车，中转时间7.5小时，停站时间28.3小时。截至12月31日，实现连续安全生产3366天。

2020年承德车务段领导名录

段长：彭兴山
党委书记：刘金硬
党委副书记兼纪委书记：刘洪涛
工会主席：李士军

副　　段　　长：叶晓虎
韩志明
秦保祝（6月免）
邢建国（6月免）
穆利国（6月任）
王冬云（6月任）
李　伟

（供稿　于长水）

【工务段机构和人员】 2020年，承德工务段有生产经营机构20个，即安全生产调度指挥中心、经营开发部、计量室、古北口线路车间、滦平线路车间、隆化线路车间、兴隆线路车间、上板城线路车间、承德线路车间、下板城线路车间、承德桥梁车间、隆化桥梁车间、承德重点维修车间、探伤车间、承德动力设备车间、综合机修车间、李家营线路车间、滦平东线路车间、丰宁线路车间、滦平东桥梁车间。班组83个。2020年年末，职工总数1186人，其中女职工45人，干部202人，具有高、中、初级专业技术人员分别为11人、47人、171人，有高级技师资格15人、工人技师资格147人，高、中级技工分别为574人、86人。全年集中做好疫情防控、生产经营等项工作，按计划完成生产指标任务。

【工务段新冠肺炎疫情防控】 新冠肺炎疫情发生后，全段各级干部职工自觉提高政治站位，强化责任担当，严防死守，与当地政府沟通协调，落实集团公司和属地政府最新政策要求，投入28.26万元，购置口罩、消毒液、洗手液、测温枪等防疫物资；开展防疫宣传教育、人员排查隔离，完成复产复工等各项工作；慎终如始落实测温、戴口罩、消毒、通风等各项常态化疫情防控措施，确保承德工务段实现了零感染目标。

【工务段设备管辖】 工务段管辖9条正线，即唐包线、京通线、京承线、锦承线、承隆线、唐包京承联线、唐包京通联线、京锦联络线、多丰线。线路总延长1173.252千米，其中正线949.770千米、站段岔特线223.482千米（到发线141.398千米）；道岔746组，其中正线356组、站段岔特线390组（到发线道岔180组）。管辖桥梁537座/57107延长米、隧道190座/227071延长米、涵渠1134座/34413延长米；管辖道口22处，其中有人看守道口10处，地方监护道口5处，无人客监道口7处；人行过道16处，站内平过道17处。担负锦承线与沈阳铁路局赤峰工务段分界335.000千米至417.770千米；承隆线里程0.183千米，终点57.756千米；京通线与北京工务段分界61.5千米至与沈阳铁路局分界244.565千米；京承线与北京工务段分界127千米至254.293千米;唐包线（上、下行）与唐山工务段分界158.800千米至与张家口工务段分界395.585千米；京锦联络线0.000千米至1.095千米；唐包京通联络线274.261千米至285.061千米；唐包京承联络线208.683千米至216.939千米；多丰线上行−1.379千米至1.399千米，下行−1.231千米至1.399千米。

【工务段安全生产与经营】 工务段以习近平新时代中国特色社会主义思想为指导，全面落实国铁集团、集团公司工作部署，聚焦交通强国、铁路先行，坚持强基达标、提质增效，着力节支降耗、改革创新，增强责任心、落实责任制、练好基本功，牢牢守住安全底线，持续实施质量变革、效率变革、动力变革，提升治理水平，扎实推进安全生产标准化规范化建设和维修体制改革，在推动首善之局高质量发展中奋勇争先，以优异成绩圆满完成各项安全生产和经营管理任务。安全生产整体保持基本稳定，未发生责任行车事故，连续实现第8个安全年。各项经营指标完成较好，职工人均收入13.535万元，较上年提高6.06%。标准化规范化建设不断推进，外部环境整治效果明显，车间组织生产全面展开，维修体制改革进

8 月 5 日，京通线轨道车收轨作业

一步深化。全段职工克服疫情、天窗、季节变化影响，保质保量完成换枕、换轨、清筛、捣固、换岔、打磨、桥梁区段修、路基大修、防洪工程、线桥路基维修、关键薄弱设备整治、旧轨回收等生产任务，设备质量进步明显。各线轨检车优良率：京通线 99.36%，京承线 99.88%，承隆线 100%，锦承线 100%，唐包线 100%，均达到工务部动态质量管理值指标；TQI 管理值：京通线 11.51，京承线 10.91，承隆线 11.84，锦承线 10.01，唐包线 5.79，各线 TQI 管理值较 2019 年平均降低 0.29。各线发生车载Ⅲ级 8 处，较 2019 年减少 46 处，全年未发生车载Ⅲ级重复。京通、京承、唐包线设备保持均衡稳定，承隆、锦承线设备质量显著提升。经营业绩方面，各项经营指标全面完成，在全段范围内开展增收节支创效活动，严抓成本控制，全面落实预算管理各项要求，成本控制在有权支出范围内年度运输成本计划 3.265 亿元，实际支出 3.259 亿元，节支 50.53 万元，其他业务收入 3086.43 万元，实现利润 1446.71 万元，超额完成 396.71 万元，创效工资完成 130 万元，完成节支创效 1483 万元。

2020 年承德工务段领导名录
段长、党委副书记：赵继华
党委书记、副段长：申　伟
党委委员、纪委书记：董海臣（满族）
党委委员、工会主席：韩永宏（10 月免）
苏志光（10 月任）
党委委员、副段长：刘　东（满族）
韩树柏
黄建国（蒙古族）
崔　冬
赵世佳

（供稿　吴海玲）

【高速铁路运营】　京沈客专承德南至沈阳段自 2018 年 12 月 29 日开通后运行安全平稳，先后实现承德与沈阳、大连、哈尔滨和吉林等城市的通达。2020 年，受新冠肺炎疫情影响整体运营情况较同期有所下降，车站按照疫情防控要求采取疫情期间旅客进出站管理秩序，最大程度保障旅客的出行安全。全年旅客到发量达到 18.1 万人次（其中到达 8.4 万余人次），实现运营收入 1633.6 万元，其中 1 月份旅客到发量达 3.9 万人次、创全年单月旅客到发量最高值。

【京沈客专工程建设】　围绕年底前实现北京朝阳至承德南段顺利开通的目标，按照疫情防控要求，京沈客专项目于 3 月 24 日实现全面复工建设。协同相关县（市、区）持续开展“四电”、通所道路和 G112 线道路改移征地工作，全力保障承德县东伍岭隧道进口延长、兴隆县西兴峪隧道救援通道、“四电”施工等重点工程建设推进。提前实现事关高铁运营安全的冯营子隧道出口道路改移及跨京沈客专桥梁工程、承秦高速安匠收费站迁改、兴隆县滨达炸药库搬迁等 3 处征拆节点工程；协同矿产评估和资产评估单位完成全部压覆矿山评估工作。按照国铁集团安排，京沈客专开通运营后，需在 3 个月内完成征地拆迁补偿费用清概工作的总体部署，地铁局迅速启动第二次概算清理工作。根据京沈客专项目既定筹资计划，督促各县（市、区）及时按照比例完成配套资金筹集工作，全年共筹集资金 1.39 亿元，累计完成筹资 12.8 亿元。

【高铁安全整治与评估】 自4月起，组织京沈京冀公司、北京高铁工务段、承德车务段及相关县（区）开展京沈客专（承德南至北京界段）外部环境安全隐患排查整治工作，至2020年12月底，870个隐患问题全部按要求完成整治。京沈客专安全评估预验收，10月21日，联调联试启动后，京沈客专承德段（河北段）提前完成全线开通运营准备工作。12月5日，京沈客专项目完成联调联试，顺利通过12月25日至27日国铁集团组织的静态验收，28日至31日，北京局集团组织的安全评估预验收，至12月底，各项工作均已按要求完成。

2020年市地方铁路建设管理局领导名录

局　　长：崔海涛（满族）

副 局 长：李贺兵（蒙古族）

　　　　　吴卫东

（供稿　冷立民）

航　空

【承德航空概况】 2020年，重点抓好疫情防控、航班恢复、设施完善、后续发展、安全生产工作；承德市民航“十四五”规划编制工作；协调机场运营资金补贴。做好工程结算工作。按照审计工作要求，提供详尽结算决算资料，协调参建单位同审计单位项目配合，核对工程量，帮助提供证据，将争议消化在审计过程中。对决算过程中提出的有关问题及时进行沟通并作出说明，市审计局已出具审计报告，现正在对审计问题进行整改。全年各项工作目标任务完成较好。

【严守防疫关口】 新冠肺炎疫情发生后，明确职责、靠前指挥，落实防控举措。建立24小时值班制度，随时解决出现的问题；严格交接班制度，保证工作的连续性。下发《关于做好新型冠状病毒感染的肺炎疫情防控工作的通知》，督导机场公司成立承德机场疫情防控工作领导小组，全面落实各项疫情防控措施。在航站楼设置体温监测点4个、隔离室2个，在综合楼设置检查点1个，对所有进出旅客及工作人员进行体温检测；发挥协调职能，解决防控工作难题。同各级防控部门建立密切联系沟通机制，主动服务机场、航空公司等一线单位，协调解决疫情防控中发生的各种实际问题。就承德机场防疫物资短缺问题，及时协调有关部门补充防控物资，并协调华夏航空公司支援机场医用防护服、防护手套等防疫物资，助力疫情防控和复工复产。通过河北航空公司为承德市六禄工贸有限公司协调运送防控物资，通过华夏航空公司为丰宁抽水蓄能电站务工人员包机返岗。

【调整优化航线布局】 及时调整航班，降低疫情风险。年初疫情爆发后，及时有序调减航班，在保障主要航线不停航、不断航的情况下，对航班做适当调整。3月起对广州、厦门、杭州航线暂停，只保留石家庄⇆承德航线每日一班和西安⇆承德⇆天津航线每周一班。随着疫情防控逐渐好转，进入复产复工阶段后，及时协调航空公司恢复航线航班，7月1日开始承德机场所有航线航班全部回复。加密石家庄航线。承德⇆石家庄航线由每日3班增加至每日5班。开通承德⇆石家庄⇆成都航线。10月27日开通承德⇆石家庄⇆成都航线，在加密石家庄航线的同时填补西南地区航线网络空白，承德机场通达性得到提高。继续降低航线补贴，缓解补贴压力。年初，经多次与河北航空公司协商沟通，对执飞的石家庄⇆承德、承德⇆石家庄⇆厦门、承德⇆石家庄⇆杭州航线实施降补，由每天12万元降至11万元，进入冬航季后进一步实施降补，由每天11万元降至10万元，全年补贴基数可降低312万元；对华夏航空执飞的西安⇆承德⇆天津航线，5月2日由每班7万元降至5.5万元，进入冬航季后，航线补贴由每班5.5万元降至5万元，全年补贴基数可降低154.5万元；对春秋航空执飞的上海⇆石家庄⇆承德航线，航线补贴由每班7.9万元降至5万元（继续执行考核机制），全年补贴基数可降低78.3万元；对海南航空执飞的广州⇆石家庄⇆承德航线，航线补贴由每班10.8万元降至10.4万元（2021年5月10日—10月30日期间执行），全年补贴基数可降低544.8万元。加大宣传力度，提升承德机场航线知名度。运用抖音平台网红号“花样空姐”、LED广告大屏、共享充电宝强植入广告、河北航空客舱行李架、座位枕头、小桌板广告等形式对承德机场航线航班及承德市旅游资源进行宣传推广，从而提高航班客座率，推动承德航空、旅游同步发展。经过及时优化调整，1—12月共安全保障起降飞机2653架次，平均客座率78%，完成旅客吞吐量326107人次。

【提升服务保障能力】 完成机场西北角边坡位移修复工程。在2019年完成土方填筑的基础上，先后完成雨水管线施工、排水明沟砌筑、恢复机场围界及垃圾站北侧沉降区域处理，12月2日通过验收，消除安全隐患。完成机场排水系统临时修复。对机场部分排水系统损毁严重的机场8号出水口、S3线排水沟、机场辅路P5线及边坡、S2线排水沟、助航灯光9号塔基及过村排水沟进行修复，保障机场安全运行。对2019年完成的承德机场周边设施完善工程进行验收。推进机场综合保障用房项目。5月21日正式开工建设，12月30日完成竣工验收，机场员工办公及住宿需求得到解决，提升机场的运营保障能力。推进机场排水系统改造工程。项目可研报告、初步设计分别于3月17日和8月24日获民航华北地区管理局批复，获得1390万元民航发展基金支持。推进旅游服务站项目。经协调，市政府同意由建变购，同市旅游集团共同在双峰寺购建游客集散服务中心。加快机场配套设施项目征地工作。对北空置换375亩土地与机场配套用地125亩土地征收工作，完成土地测量定界及地上附着物清点工作，林地手续批复，正进行土地组卷报批。机场加油站委托经营。为解决机场及社会车辆加油需要，盘活国有资产，同中石化签订委托经营协议，完成机场加油站成品油证过户，并协助中石化完成安监“三同时”等手续，6月9日正式运营。

【推进规划编制实施】 推进承德机场二期改扩建工作。在前期工作的基础上，委托中国民航机场建设集团公司开展《机场总体规划（2020 2050年）》的编制，现已初步完成总体规划文稿，经征求各有关单位意见后，报民航华北地区管理局审查。推进承德市民航“十四五”规划编制工作。提出承德市“十四五”民航发展规划方案，配合完成省民航办“十四五”规划调研、省军民融合发展工作调研、“十四五”规划民航发展重点项目筛选，为承德市民航“十四五”发展奠定基础。

【安全运行监督管理】 坚持“安全第一、预防为主、综合治理”的方针，坚持“以人为本”安全发展理念，落实各项关于安全生产的重要决策部署，抓制度落实，定期分析安全生产形势，开展安全生产检查。按要求完成安全专项整治三年行动方案，参与制定《承德市应急救援力量紧急调运与快速同行实施细则》。以市政府文件下发《承德普宁机场净空保护管理规定》《关于加强无人机等“低慢小”航空器管控的通告》《承德普宁机场净空保护工作联席会议制度》，召开承德普宁机场净空保护第一次联席会议。

【推动通用航空建设】 协调帮助围场满族蒙古族自治县通用机场通航运营，协调民航校飞中心安排校飞计划，唐山机场、承德机场给予人员支持，争取民航河北监管局派员现场验收。通过整改，取得机场使用许可，开展飞行业务；督促丰宁满族自治县、滦平县通用机场尽快启动及完成前期工作。丰宁满族自治县政府与河北广达机场建设开发有限公司签订合作协议，滦平县也委托开展前期工作。

【协调运营资金补贴】 根据《承德市财政局关于批复2020年市本级部门收视预算的通知》，年初安排运营补贴预算资金800万元，航线补贴1亿元。2019—2020年市财政安排地方政府新增债券资金1800万元。至2020年年底，申请机场运营补贴800万元、航线补贴9000万元、地方政府新增债券资金1800万元，承德机场航空油料供应服务补贴15万元，均支付到位，同时支付机场还本付息资金7199万元。基本保障航线畅通、建设支出、还本付息和机场的正常运转。

2020年承德机场建设管理局领导名录

局　　长：孙福来

副 局 长：蒋晓松

　　　　　王贺国（满族）

（供稿　夏琦宇）

自然资源和城乡规划

综　述

【明确工作思路】 自然资源管理工作紧紧围绕水源涵养功能区和生态环境支撑区的发展定位，紧扣新时代赋予自然资源和规划工作的新使命，以要素保障和资源保护为重点，以构建管理体系为支撑，谋化“1+5+6”工作思路。“1”即党的建设统揽全局；“5”即构建国土空间规划、国土空间用图管制、自然资源资产管理、国土空间生态修复、自然资源调查监测以及统一自然资源调查监测和确权登记5个体系；“6”即提升执法监管、依法行政、风险隐患防控、助理脱贫攻坚、基础保障、机关规范化6种能力。突出重点工作，强力推进落实，各项工作取得良好成效。

【编制城乡规划】 站在京津协同发展和推进承德市新型城镇化与城乡统筹的高度，深入谋划开展城乡规划工作。按照高质量发展要求，及时掌握规划领域编制管理创新动向，促进城乡规划工作“守底线”“高品质”，规划编制、历史文化名城保护、城建档案管理等各项工作取得较好成效。

【利民便民举措】 政务服务事项40%以上实施网办，60%实现全天自助网上申报，各类审批项目比原程序缩短一半时间。及时准确核发《建设项目用地预审与选址意见书》《建设工程规划许可证》。不动产登记便民力度不断提升，一般登记、抵押登记办理时间压缩至3个工作日以内，企业间房屋买卖办理时间压缩至1个工作日以内。开展国有林场自然资源统一确权登记，依法办理行政复议、应诉案件，开展土地卫片执法检查工作。

自然资源利用与管理

【概况】 全面核实完成永久基本农田划定不实问题；采取修复治理、关闭取缔的措施，加强矿山综合治理；严格控制建设用地指标，用足城乡建设用地增减挂钩政策；开展自然资源综合调查工作，取得多项成果；依法行政，建立法制机构及法律顾问对重大合同、协议等重大决策合法性审查机制。

【国土空间总体规划】 基本划定生态保护红线，城镇开发边界按照省厅预下达规模基本完成试划，全面核实完成永久基本农田划定不实问题，初步建立绿色、集约、高效的生态、农业和城镇空间格局。搭建完成市、县基础信息平台和国土空间规划“一张图”实施监督信息系统框架。市本级和丰宁、兴隆和滦平3个重点县完成两轮省级专家技术审查，其他县（市）完成市级专家技术审查，形成规划初步成果。

【矿山综合治理】 修复治理责任主体灭失矿山迹地130处，关闭取缔矿山45家，完成56家露天转地下开采论证工作，对20个整合区开展主体确认、签订协议，并按照省政府要求重新编制整合重组方案上报待批。对全市621个矿山进行排查，发现违法违规勘查开采行为44个，全部整改到位。建成7个国家级绿色矿山，全省数量最多。

【重点产业发展用地】 全年争取新增建设用地指

标9045亩。其中，国家脱贫攻坚指标3600亩。报批用地批次61个、单独选址项目9个。转用征收土地总面积5557.92亩。其中，农用地4614.7亩（耕地2520.53亩）、建设用地420.32亩、未利用地522.91亩。使用新建建设用地指标5137.61亩，对省、市重点项目、脱贫攻坚重点项目等用地应保尽保。全力推进土地整治工作，完成项目立项235个，计划新增耕地面积3.2万亩；完成项目验收87个，新增耕地面积1.3万亩，超额完成省下达补充耕地任务。土地供应工作不断加强，全市供应国有建设用地527宗、2.56万亩。其中，划拨土地170宗、1.33万亩，出让土地355宗、1.23万亩。出让总价款111.3亿元。处置批而未供土地1.58万亩、闲置土地1412亩，均超额完成省下达任务。

【自然资源基础调查】 完成统一时点更新调查任务，全市县级调查成果全部通过国家级内业核查和数据库质量检查，国家级“互联网+”在线核查和外业核查全部完成。开展“三调”数据汇总、建库和成果应用分析工作，为“十四五”规划实施提供决策依据。向市政府提交《承德市生态文明示范区自然资源综合地质调查总体方案》（2019—2025年），投入中央财政资金2848万元，开展自然资源综合调查工作，取得多项成果。围场满族蒙古族自治县被自然资源部列为全省资产负债表试填地区，按时完成试填工作。编制完成塞罕坝及周边区域自然资源资产负债表并上报省自然资源厅。

【城乡建设用地增减挂钩】 全年受理上报城乡建设用地增减挂钩项目25个批次，省政府已批准24个批次，复垦面积4769.39亩。其中，22个批次为易地扶贫搬迁项目。全市易地扶贫搬迁纳入增加挂钩报卷并获批项目共计51个批次，复垦面积9299亩，已完成复垦面积约8300亩，完成比例为89%。用好土地整治政策，推进土地整治项目向贫困村倾斜，全年安排项目218个，计划投资6.95亿元。用活城乡建设用地增减挂钩节余指标跨省域调剂政策。2020年度，省自然资源和城乡规划厅下达承德市城乡建设用地增减挂钩节余指标跨省域调剂任务1800亩，分配给丰宁800亩、围场500亩、隆化500亩。3县完成2018至2020年度指标任务，按照国家规定30万元／亩的标准，可实现资金收入共计12.045亿元。截至年底，已按70%拨付给3县调剂资金共计8.4315亿元，剩余30%需完成全部复垦验收并经自然资源部确认后方可申请。

【法制建设】 制定印发《承德市山体生态保护立法工作方案》，完成《承德市山体生态保护条例》草案初稿。深化业务部门组织起草、法制机构合法性审核的工作机制，开展行政规范性文件清理，对《中华人民共和国民法典》涉及自然资源的政府规范性文件集中清理，其中拟修改1件。建立法制机构及法律顾问对重大合同、协议等重大决策合法性审查机制。全年聘法律顾问累计出具法律意见50余件。组织开展行政执法人员网上培训和考试，全年参训人员达135人。加强行政执法监督，对全市自然资源系统行政处罚案卷进行质量评查，累计评查案卷20卷。

城乡规划

【概况】 为加强城市规划管理，协调城乡空间布局，改善人居环境，促进城乡经济社会全面协调发展，编制城乡规划。完成住房和城乡建设部建筑节能与科技司组织专家对承德市国家历史文化名城保护工作调研评估工作。全市建设档案工作坚持从实际出发，实行分类指导。

【重点地段规划编制】 与国土空间总体规划同步启动中心城区重点地段控制性详细规划编制，共计11项。其中，完成编制6项，包括《北部新城城市设计》《双峰寺地段控制性详细规划》《老西营地段控制性详细规划》《双峰寺水库上游地段控制性详细规划》《中心城区停车场专项规划》《地下管线综合规划》；正在编制5项，包括《冯营子地段控制性详细规划》《闫营子地段控制性详细规划》《双塔山周边地段控制性详细规划》《下湾地段控制性详细规划》《上二道河子地段控制性详细规划》。

【历史文化名城保护】 根据2020年承德市人民政府重点工作目标任务分解方案要求，制定二道牌楼和滦河老街历史文化街区保护工作实施方案。完成对已公布历史建筑挂牌工作和历史文化街区、历史建筑数据平台的录入工作。积极协调推进二道牌楼历史文化街区文庙片区环境整治与改造和滦河老街历史文化街区改造提升工程。组织编制《历史文化名城保护规划（2020—2035年）》《二道牌楼和滦河老街历史文化街区保护规划修编》及《承德市第二批历史建筑保护规划》。

【城建档案管理】 对全市重点工程跟踪服务，实行提前介入和有针对性的业务指导与培训。重点在开工前与建设单位签订《承德市建设工程档案报送责任书》，从工程办证开始就介入工程档案监督检查指导工作，以确保工程竣工档案的完整性、规范性。开展档案接收工作，共签订移交责任书136份、组织现场验收175余次，完成现场档案专项验收310个单位工程，接收进馆工程项目132项，进馆入库档案资料16382卷，核验纸质、电子档案16382卷。接收声像档案206个工程，工程照片6033张，录像视频77700秒，载体光盘105张，数据量约210GB，整理扫描档案资料12116卷。形成的城建档案及时整理立卷，全面实行工程档案电子化登记、著录、工作。完成纸质档案电子版6.2万卷。为方便、快捷、高效提供查阅利用奠定了基础。全年接待查阅档案资料1876人次，提供利用档案3654卷，复印1.5万多张，取得良好社会效益和经济效益。

利民举措

【概况】 制定利民、便民举措，改善营商环境，政务服务事项加快办理程序。及时准确核发建设用地意见书和规划许可证。办理不动产和林场自然资源确权登记。依法办理行政复议、应诉案件。

【营商环境改善】 40%以上政务服务事项通过“全程网办”等方式，实现服务对象与办理人员“不见面”，60%以上高频事项实现“全天自助”网上申报。推进规划用地“多审合一、多证合一”改革，统一核发《建设项目用地预审与选址意见书》，制定《关于优化土地规划审批流程提高效能的意见》，各类房地产开发项目比原程序缩短一半时间。

【及时准确核发证书】 全年共计核发“两书两证”184个。其中，《建设项目选址意见书》2个；《建设项目用地预审与选址意见书》11个；《建设用地规划许可证》50个，规划用地面积200.26公顷；《建设工程规划许可证》121个。审批建筑面积402.55万平方米。其中，居住面积261.71万平方米，公建面积64.18万平方米，商业面积41.97万平方米，工业面积34.69万平方米。审批道路桥梁总长3.8千米。

【不动产登记】 不动产登记便民力度不断提升，一般登记、抵押登记办理时间压缩至3个工作日以内，企业间房屋买卖办理时间压缩至1个工作日以内，查封登记、异议登记、注销登记即时办结。推行“互联网＋不动产登记”，部分登记事项实现网上申请、联网审核、现场核验、一次办结；中心城区实现不动产登记“同城办理”；探索实施“交房即交证”模式，进一步提升不动产登记便利度。

【确权登记】 配合省自然资源和城乡规划厅开展塞罕坝机械林场、雾灵山国家级自然保护区、木兰围场国有林场自然资源统一确权登记试点工作。“房地一体”入库登记，全省排名第二。持续解决历史遗留“办证难”问题，对列入省台账的12个“办证难”项目首次登记率达到100%。

【行政复议与执法检查】 依法办理行政复议、应诉案件，累计办理行政应诉案件20件，作为复议机关办理行政复议案件7件，作为被申请人的复议答复案件7件，参与人民法院诉前案件化解2次。开展土地卫片执法检查工作，核查认定违法图斑130个，涉及监测土地面积1705.13亩。其中，耕地面积104.53亩。立案查处47个，非立案处理83件，涉及违法占用耕地面积104.53亩，按照自然资源部计算违法占用耕地面积比例政策，全市违法占用耕地面积5.99亩，违法占用耕地面积与新增建设用地占用耕地面积1679.28亩比例为0.35%，低于全省平均水平。

2020年市自然资源和城乡规划局领导名录

党组书记：高中卫（5月免）
王鹤松（5月任）
党组副书记、局长：王鹤松（5月免）
白晓峰（5月任）
党组副书记、市地质矿产勘查开发局局长：
吴双麒（11月免）
党组副书记、副局长：戴廷耀（11月免）
于明东（7月任）
党组成员、副局长、土地收购储备供应中心主任：
朱绍强
党组成员、副局长：杜振学
范明杰
方青春
刘东达
张志远
党组成员、派驻纪检组组长：倪宝印

（供稿　魏舜煜）

城乡建设与管理

综　　述

【房地产开发与监管】　起草完成《承德市“一城一策”工作方案》，结合疫情防控，出台包括降低商品房预售资金监管标准、增加支取节点、放宽商品房预售许可条件、房地产项目销售实行专人帮扶制度等一系列惠企政策，房地产开发完成投资181.4亿元，实现与2019年持平。加强房地产市场监管，对热点房地产开发项目销售行为现场检查规范；开展市场督导调研，建立房地产销售项目包联服务制度，促成全市3家一级建筑资质企业承揽工程110万平方米。

【建筑业及管理】　不断加强建设工程质量监管和建筑市场诚信体系建设，易地扶贫搬迁集中安置项目质量排查覆盖8个（县、市）。稳步推进工程建设领域专项整治，招投标和造价监管进一步规范，建筑工人职业技能培训成效明显，在“河北省职工职业技能大赛”上，承德市建筑工人代表队获得团体总分第一名。配合开展别墅和人防建设领域全面清理整顿、扫黑除恶、农民工工资冬病夏治、违法违规治理、违建项目清理等专项行动。全年全市建筑业完成总产值163亿元，同比增长12.5%，平均从业人员5.4万人。

【民心工程】　全市新开工棚户区改造1380套，启动城中村改造项目5个，改造老旧小区259个，完成104个老旧小区物业服务质量的提升，中兴路组团小区被评为省级老旧小区改造示范小区。中心城区道路建设项目完工6项，开工3项；全市动态新增的243户4类重点对象农村危房改造全部竣工。

城市道路及市政建设

【概况】　2020年，全市城市道路及市政建设工作主要实施9项工程，包括鹿栅子沟至水泉沟断头路项目、石洞子沟小学人行过街天桥、桃李街北口人行道过街天桥、红石砬沟口平改立、承下路改造、凤凰山大桥拓宽、会龙山遂道建设、市区主干路功能提升、海绵排水区及城市地下综合管廊建设。其中，前7项工程总投资约6亿元。部分工程年底前竣工投入使用。

2020年，改造完成后的承下路

【城区道路改造】　鹿栅子沟至水泉沟断头路改造。项目西起水泉沟路，东至现状碧峰门路，道路全长160米，平均路宽16米。市财政总投资1564万元，计划2021年6月通车。承下路拓宽改造及横向支路改造。红石砬沟旱河桥至东南山大桥，全长5408米，3条支路，冀东花园北侧道路120米，汽车东站北侧道路152米，乾正家园北侧道路387米。财政总投资2.080887亿元，3条支路10月通车。主路工程红石砬沟至嘉和广场段11月通车，计划2021年11月全线通车。会龙山隧道改造。起点为小老虎沟会龙街，终点与红石砬沟路相接，全长1040米，宽15米。其中，路基段140米，隧道段900米。财政总投资1.5820亿元，已完成项目前期工作并开工建设，计划2022年6月通车。

【人行过街天桥建设】 石洞子沟小学人行过街天桥建设。项目位于石洞子沟小学北侧，跨石洞子沟路，主跨24米，宽4.3米。财政总投资544.39万元，5月投入使用。桃李街北口人行过街天桥建设。位于新华路桃李街路交叉口，设置四道主梁跨越新华路及桃李街。南北向主梁全长24.5米，东西向主梁全长20.7米，全宽3.5米，梯道全宽2.3米，主桥净空4.8米。财政总投资1349万元，11月投入使用。

11月，桃李街北口人行过街天桥投入使用

【大桥拓宽及平改立】 凤凰山大桥拓宽。拆除原有大桥两侧人行道，向东侧单幅加宽8.5米，桥梁全长700米，将凤凰山大桥改造为双向4车道。总投资9876万元，资金来源为财政投资。桥梁下部结构基本完成，计划2021年11月通车。红石砬沟口平改立。起点与既有红石砬沟路顺接，终点连接承下路。道路全长704米，道路宽20米，新建铁路框构桥和公路桥各1座。财政总投资4079.82万元，2020年11月通车。

【市区主干路功能提升】 对半壁山路、丹霞路、石洞子沟路、安远路、承围路（市区段）、狮子园路、山庄西路、广仁大街等20处无人行道路、路灯照明设施不全的地段补建人行道、增设路灯。共补建人行道路51788平方米，增设路灯222盏。财政总投资1383万元，计划2021年6月完工。

【市区地下管廊及海绵城市建设】 城市地下综合管廊建设。至年底，全市启动建设高新区综合管廊、滦平县北部新城综合管廊等项目，共建设地下综合管廊及管沟26.45千米。海绵城市建设。至年底，全市建成区20.4%面积达到海绵城市标准，其中包含大学城片区、避暑山庄片区、滨河公园片区、世纪城片区、雹神庙片区、外八庙片区6个排水分区，总面积16.32平方千米。

建筑业及管理

【概况】 2020年，全市具有资质等级建筑业企业904家。其中，一级资质企业28家，二级资质企业217家，三级资质企业414家，不分等级企业245家。全年完成建筑总产值163亿元，平均从业人员5.4万人。

【建筑工程质量管理】 强化质量监管，全面提升建筑工程品质。贯彻落实住建部、省住建厅促进建筑业持续健康发展的实施意见和完善质量保障体系提升建筑工程品质若干措施，引导参建单位树立正确的质量观念和社会责任感，强化建设、施工、监理单位等责任主体的责任落实，对基础、主体、竣工验收等关键环节严格把关，针对混凝土、通风道和墙体节能产品3个问题较突出领域开展专项检查。日常监督检查，加强对墙体开裂、渗水等质量常见问题防治措施落实，开展质量观摩示范工程活动，树立质量典型，努力打造精品工程，市区建设工程质量水平全面提升。

开展易地扶贫搬迁集中安置项目工程质量

专项督导检查，检查覆盖全部县（市、区），每个县（市、区）随机抽取项目进行巡查暗访。为确保质量问题按期整改完成，分别向2个县政府和1个县住建局发出督办函，推进易地扶贫搬迁工程质量监管工作。贯彻落实住建部工程质量安全提升行动要求，重点开展工程质量巡查暗访工作，检查范围覆盖全市所有新建、改建、扩建的房屋建筑工程。对预拌混凝土生产企业和检测机构进行检查，责令停工整改预拌混凝土生产企业和检测机构各1个。对各县（市、区）质量监督机构的业务进行指导，推进各县（市、区）质监站信息化、标准化建设，利用人才、技术优势，为各县（市、区）站解决工程质量监督过程中出现的疑难问题。制定下发《承德市关于开展住宅工程业主预验房制度试点工作的实施方案》，各县（市、区）相继开展省级试点工作，并对开展业主预验房项目巡查和回访，收集数据，梳理程序，完善流程，总结经验，推进该制度由创新制度向常规制度转变。

【建筑市场管理】 全市建设工程质量监管和建筑市场诚信体系建设不断加强，易地扶贫搬迁集中安置项目质量排查全面覆盖；工程建设领域专项整治稳步推进，建筑市场专项整治位居全省前列；全省“两制”平台应用试点建设有序开展；招投标和造价监管进一步规范；建筑工人职业技能培训成效明显；建筑施工安全生产被评为省级先进单位；全市已取得施工许可的在建工程扬尘治理全部达标，实现在线视频监控远程监管。

【工程监理管理】 加强对建立市场日常管理，设专门管理人员1名。规范建筑市场行为，指导工程监理企业提高服务质量，形成特色服务品牌，打造良好的品牌形象。加强对项目监理机构人员的管理，实行备案登记制度，形成一支初具规模的监理队伍。施工现场监理基本实现程序化、制度化，全市监理企业共19家（甲级8家、乙级9家、丙级2家），从业人员1320人，签订工程监理合同额1.7亿元。为承德市工程监理市场的管理与发展，规范建筑市场工作起到重要作用。

【协调解决欠薪】 市中心区（包括市直管项目和双桥区、高新区项目）欠薪投诉案件11起，协调解决农民工工资231万元，涉及农民工120余人，案件起数、涉及金额和涉及人数同比分别下降62.5%、54%和48%，实现“一减少、三下降”的工作目标。

住宅与房地产

【概况】 住宅与房地产工作围绕“房住不炒”的定位，落实中央确定的“稳地价、稳房价、稳预期”的工作目标，全年房地产市场总体保持健康平稳发展态势。加强市场监管，落实《承德市商品房预售资金监管办法》，对全市商品房预售项目所售资金进行重点监管，规范开发企业预售资金的收存、支取、使用等环节，约束房地产开发企业将商品房预售资金专项用于项目监管范围的工程建设。按照市政府要求，为支持房地产开发企业在做好防控新冠肺炎疫情工作的同时复工复产，缓解企业项目资金压力，出台《承德市住房和城乡建设局关于调整商品房预售资金监管额度的通知》，降低商品房预售资金监管标准，增加支取节点，简化支取手续。按计划完成保障性住房和棚户区改造任务。

【落实调控政策】 结合全市实际，起草完成《承德市“一城一策”工作方案》，确定全市房地产市场中长期发展目标。全市新批商品房预售面积599.7万平方米，同比增加19.5%；商品房成交面积307.3万平方米，同比下降0.99%；商品房成交均价7373元/平方米，同比增长6.9%。其中，市中心区新批商品房预售面积207.9万平方米，同比增长127%；商品房成交面积103.8万平方米，同比增长2.5%；商品房成交均价9225元/平方米，同比增长13.9%。

【加强市场监管】 监督指导开发企业树立良好的营销理念，保证购房人和其他当事人的合法权益，同时根据市场实际情况，优化商品房预售资金监管工作程序，调整重点监管额度，保障商品房预售资金优先用于工程建设。防范工程烂尾风险，对全市房地产开发企业、房地产经纪机构、房地产评估公司开展“双随机、一公开”检查，认真督促企业整改，对拒不整改或逾期仍未达到整改要求企业，提请审批部门降低房地产开发企业资质等级或予以注销。根据《承德市住房和城乡建设局关于规范商品房现房销售管理的通知》，进一步加强现房销售信息备案工作，全年办理8宗、10.45万平方米商品房现售备案。召开包括各县（市、区）房地产工作调度会、调控政策具体问题分析会、中心区在建项目企业负责人座谈会及销售经理政策解读会等专题会议，加强市场督导与调研。排查整顿中心城区新办预售的热点房地产开发项目销售现场，进一步规范市场行为。

【出台惠企政策】 会同市审批局对全市商品房预售节点进行调整，规定投入开发建设的资金达到工程建设总投资的25%以上，并已经确定施工进度和竣工交付日期的即可申请预售，优化房地产项目入市条件，加快企业资金回笼。加强企业帮扶力度，成立3个房地产项目销售帮扶工作小组，重点对市中心区开发企业、销售项目实行专人包联，向企业宣传解读房地产调控政策，协助企业解决销售过程中问题。多次组织企业召开座谈会，了解企业实际困难，开展促进销售、活跃市场等研讨活动，及时反馈企业提出的问题。

【保障性安居工程建设及监理】 3月，编制印发《承德市2021年保障性安居工程建设工作实施方案》，明确年度棚改项目开工、基本建成、城中村改造启动、住房租赁补贴发放、公租房智能化建设及保障性安居工程质量等主要工作目标9项。棚户区项目开工和基本建成目标，全市全年棚改开工目标任务958套，棚改安置房基本建成1044套。至10月底，棚改项目开工958套，棚户区改造基本建成住房1090套。棚改项目开工率、基本建成率分别为100%、104%。全市计划发放住房租赁补贴3680户。至2020年年底，完成住房补贴户数5051户。省政府下达承德市城中村改造任务5个项目，至6月底，5个城中村项目均已启动，启动率100%。

完善联审联查工作机制，强化对保障对象的家庭收入、财产情况的审查认定工作。各县（市、区）全部建立住房保障信息公开专栏，项目铭牌和公示牌制度得到较好落实，住房建设信息及住房分配工作信息实现全公开。继续强化目标责任制管理，加强对住房保障工作的日常监督检查，全年组织召开全市部门专项调度会议2次，现场督促检查15次。

村镇建设

【概况】 开展住房安全大排查，将全市剩余贫困人口住房安全排查作为重中之重，确保一户不漏。共排查因雪灾、火灾、疫情返乡等动态新增4类重点对象危房243户（建档拉卡贫困户39户），全部纳入2020年省级改造计划。为全面落实疫情防控要求，印发《农村生活垃圾收运和处置新型冠状病毒感染肺炎疫情防控方案》，对保洁人员防护、收运设备消杀和垃圾清理等工作安排部署。加快推进特色小城镇建设。

【农村危房改造】 加快推进改造进度，采取压差推进的办法，落实包联措施，动态新增4类重点对象危房已全部竣工，实现“动态清零”。开展建档立卡贫困户住房安全有保障全面核验工作，建立住房安全保障动态监测机制，所有信息一户不漏全部上传国家“脱贫攻坚住房安全有保障信息平台”，为配合国家脱贫攻坚普查奠定基础。根据承德市危房改造工作需要，编印《承德市传统结构C级危房常见危险点维修加固指南（试行）》，编辑下发《〈农村住房安全性鉴定技术导则〉PPT培训课件》，开展网上培训。承德市住建局和平泉市住建局被省住建厅推选参加省新闻办举办的脱贫攻坚住房安全保障新闻发布会，介绍经验，是全省唯一参加新闻发布会的设区市和县级市。

【农村生活垃圾治理】 组织工作人员，对有关县（区）疫情防控工作检查指导。开展农村积存生活垃圾清理专项行动，加快收集转运设施和长效机制建设。开展非正规垃圾堆放点整治“回头看”，开展源头减量分类试点，按照“可回收物、有毒有害物、可降解垃圾、不可回收物”4种分类，已在滦平县、双桥区、双滦区3个示范县（区）开展试点。至2020年年底，全市26座转运站建设任务已全部完成，行政村生活垃圾治理率达到94%。农村生活垃圾处理体系基本全覆盖，覆盖率达到97.9%。56处非正规垃圾堆放点整治核查完成。

农村生活垃圾处理转运站

推广分布式垃圾无害化处理技术，开展低温磁化降解技术试点工作。市住建局同市生态环境局、市市场监督管理局等部门联合出台低《温磁化降解技术地方标准》。6月29日，正式公布《有机固体废弃物磁化降解通用技术导则》，为偏远山区农村生活垃圾治理探索有效途径。全市已推广使用低温磁化设备11座，有力推动全市偏远山区生活垃圾无害化处理工作。

【特色小城镇建设】 全市列入省重点培育的8个特色小城镇市政基础设施、公共服务设施和民居建设进一步加快，人居环境和风貌特色建设水平不断提高。共实施基础设施、公共服务设施和人居环境建设项目11个，总投资3.3亿元，有力支撑小城镇特色产业发展和人口聚集。丰宁凤山镇石桥村做为全市唯一个传统村落，聘请清华大学编制保护发展规划和保护实施方案，实施传统村落保护。

2020年市住房和城乡建设局领导名录

党组书记、局长：关利军（12月免）
池大勇（满族，12月任）
党组副书记、副局长：罗士学
党组成员、副局长：李国富
常庆新
党组成员、建安总公司党委书记建总经理：
刘福东
党组成员、副局长：刘庆珍（满族）
党组成员、派驻纪检组长：张　杨
党组成员：冯国发（12月免）
张凤栋（1月免）
建安总公司副总经理：刘炳瑞（满族）
于希龙（满族）

（供稿　解　元　杨建波　高天悦　牛　杰　张悦新）

城市管理

【概况】 2020年，全市城市管理工作围绕“2725”工作目标，抓好各项重点工作和民生实事，全面落实“三创四建”工作，以文明城市创建、卫生城市创建、森林城市创建为抓手，不断提升城市管理水平，完善城市治理体系。精心打造武烈河步行系统经验做法，成功入选2020年河北城市管理十大典型案例，并向全省推广。在河北省第四届园林博览会中，承德展园获得最高奖项—造园艺术综合金奖。市城市管理局被评为突出贡献单位，园林管理中心热溪园管护组被评为承德市“青年文明号”；承德市被住建部列为新型城市基础设施建设专项试点市。

【违规违建项目清理】 成立违规违建项目清理规范工作领导小组，市委书记、市长任组长。制定印发整治工作方案，按照“五查五核”要求，对全市所有建设工程项目进行全口径、大起底地摸底排查，共认定违规违建项目912个，已全部按标准、按节点整改完成，整改完成率100%，在全省率先完成整改任务。

【房地产开发项目清理】 成立组织领导机构，市委书记、市长任领导小组组长，市委副书记、常务副市长及市委政法委书记、主管市长等市级领导负责抓房地产清理规范工作。全市2019年列入省房地产开发清理规范台账(即省“930项目”)问题项目23个（其中：“办证难”项目12个，“入住回迁难”项目10个、“烂尾楼”项目1个），2020年4月底已全部解决，比省限定解决时间提前2个月完成任务。按照全省统一要求，新排查出存在问题房地产项目16个，已全部解决完成，整改完成率达100%，在省规定时限内实现全部解决“清零”。

【利民便民工程】 市政老旧管网改造工程。全年完成供水、排水、供热老旧管网改造207千米，占省定任务的204%，占市定任务的132%。其中，改造供水老旧管网49.033千米，供热老旧管网125.066千米，排水老旧管网32.9千米。改造工程完成质量全省排名第一。排水管网雨污分流改造工程。全年完成改造32.9千米，占省市任务的124%。其中，主城区3.5千米、县（市）城区29.4千米。完成质量全省排名第三。城区厕所改造工程。全年新建、改扩建公厕53座，超出省任务11座，超出市任务3座。城乡垃圾处理设施建设工程。完成承德环能热电公司3期4号炉续建项目，11月底试运行。在全省新建垃圾焚烧项目中，率先完成建设任务。启动承德县绿源热电建设项目，正在按时序推进建设。通过推进垃圾处理设施建设，市区生活垃圾无害化处理率达到100%、县城达到98.89%。实施中心城区便民停车工程，全年新建公共停车场10个、立体停车库3处，扩容改造停车场3个，新增停车泊位1750个、占市定任务的117%，完成智能化管理路侧停车泊位1001个，超额完成年度任务。实施武烈河步行系统环境提升二期工程，全年共新建文化墙300米，扩宽旅游桥北人行道430多米，建设微花园4处，安装座椅25套，安装基础照明地灯900盏，武烈河两岸景观效果和整体环境进一步提升。分3期实施，中心城区天然气置换燃气管网改造工程，是年启动并实施一期工程，新建和改造天然气管网62千米，超额完成年度任务。

【城市基础设施建设】 2020年是“水污染防治三年百项重点工程”收官之年，全市持续推进水污染防治“三年百项重点工程”建设，新开工污水垃圾建设项目53项、完工37项，3年累计实施项目123项、完工107项，超额完成市定100项的任务目标，城市环境质量有效改善。加强城市公共供水管理，水质合格率100%。推进重点流域城市污水处理厂提标改造，城市污水处理率达97%，县城污水处理率达94.5%，城市污水处理厂再生水利用率100%。建成双峰寺地表水厂工程，实现中心城区居民用水由地下水改为地表水，为中心城区建设释放土地，拓展空间。加强市政道路桥梁养护维护，完成石洞子沟、南营子大街、二道沟路等多处公交港湾改造工程，中心城区城市道路设施完好率达到95%以上。

【城市园林绿化】 全市完成园林绿化工程共87项，新增绿地面积201公顷，植树60万株，新建提升公园游园18个。创建省级园林式单位、小区、街道10个（条），市级园林式单位、小区、街道23个（条）。特别是主城区重要交通节点、主要道路栽植摆放的80万盆鲜花和新建的3处花镜花带，形成“花园式”景观，得到市政府主要领导充分肯定。

【推进落实行政执法】 实施《承德市城市市容和环境卫生管理条例》《承德市供热管理条例》，全市城市管理执法工作更具有针对性和可操作性。全面推进落实行政执法“三项制度”，编制行政执法规范汇编，动态调整行政执法事项清单253项，修订行政处罚自由裁量权447项，为城管执法增加“软实力”。推进“互联网+监管”工作，梳理编制监管事项目录清单和检查实施清单，逐步实现监管事项的规范化、标准化管理。深入开展双随机一公开监管工作，全年共组织双随机抽查5次，共检查主体13个，并将随机抽查结果及时向社会公示，接受社会监督。全面推行“721”工作法，推行“律师驻队”制度，不断提升执法人员的法律素养和业务技能，提高依法行政和依法办事水平。

【城市标准化管理】 制定出台《2020年城市管理和综合执法工作考核办法》《承德市城镇污水处理考核标准（试行）》《承德市城市生活垃圾管理指导意见（试行）》等一系列规章制度，城市管理各项标准进一步规范。推进数字城管向智慧城管转型升级，完成智慧城管一期、供热监管信息平台、燃气安全监管平台建设，其中燃气行业信息监管平台经验在全省推广。推进全市生活垃圾分类工作，13个县（市、区）均已全面铺开，中心城区99个市直和274个区直公共机构率先试点，双滦区生活垃圾分类示范街道建设通过省级考核。扎实开展省级“精品街道”和“美丽街区”创建活动，中心城区创建精品街道和美丽街区6个。按照中共承德市委、市政府要求，完成2020年春节期间节日装点工程和武烈河沿岸、3座牌楼、山庄及外庙亮化建设，助力城市夜经济发展。

【房地产和建筑市场监督】 落实“双罚制”，加大对房地产市场违规预售行为的查处力度，共约谈重点房地产企业15家，立案查处11起，收缴罚款77.82万元。查处房地产方面移交案件5起，房地产市场秩序进一步规范。加大建筑市场稽查执法力度，市本级依法纳入正常监管事项112件，制止违法行为40余次，立案查处29件，罚款595万元。开展违建别墅问题清查整治专项行动，及时查处违法违规行为。

【在建项目及配套设施监管】 实行全覆盖式巡查、网格式管理加强市中心区在建项目的跟踪监管，处理违法违规问题24个、罚款778.61万元。加强居住小区配套设施监管和验收，督导新建小区配建停车泊位8549个、绿地26万平方米，配套建设社区、物业、卫生所等办公用房2.2万平方米。抽调专门力量，督导落实市解疑领导小组提出的落实意见500多条。

【市容市貌环境整治】 以文明城市创建为统领，持续开展城市容貌环境整治，把占道经营、违法停车作为整治重点，逐摊逐点清理占道摊位，对违法占道的进行说服教育，进一步规范合法经营行为；对违法停车进一步规范，对违反规定的予以处罚。全年累计清理占道经营等违规行为3200余次，处理违法停车400余件。

加强城市道路清扫保洁，环卫工人对市区道路进行日常清扫，特别是遇突发雨雪天气，为保障道路畅通，环卫工人全员出动，昼夜清扫，出动铲车及人工集中铲雪，冲刷道路淤泥。全面推广道路水洗机扫、以克论净，中心城区城市机械化清扫率达到87%，鹰手营子矿区及其他县（市、区）机械化清扫率达到86%。组织开展“洗城行动”，全市累计清洗面积达130平方公里，城区环境明显改善。

积极开展“洁净城市”创建工作，承德县荣获省级“洁净城市”称号。全市累计已有7个县（区）获得此项称号。

【城管队伍素质提升】 以党的创新理论武装头脑，开展“城管大讲堂、滚动课堂”，利用微信群、QQ、“学习强国”等平台，组织带动全体党员干部深入学习《中国共产党章程》等重点内容。开展志愿服务和“抗击疫情党旗红”活动，组织干部职工参加志愿服务活动500余人次，高速口、火车站执勤1062人次，捐款2.2万元。落实意识形态工作责任制，围绕全国文明城市创建等重点工作策划主题宣传，在各级新闻媒体播报、刊发各类新闻稿件200余篇次。做客《百姓热线》“优化环境、聚焦行风”专栏；利用承德新闻网、承德政府门户网站、大型电子显示屏、围挡广告、“美篇APP”、微信客户端等平台加大宣传力度，扩大城市管理工作的影响力。执行中央八项规定及其实施细则精神，深化纠正“四风”和作风纪律专项整治，开展城市管理领域扫黑除恶专项斗争，开展巡察整改“回头看”，开展权力运行制约监督机制建设，打造风清气正的政治生态。廉政教育不放松，严把重要时间节点，在春节、五一、十一等重要时间节点以正式文件、微信等多种形式下发通知80余条。

2020年市城管局领导名录

党组书记局长：颜振乾

党组副书记：（空缺）

党组成员、副局长：唐春金（7月免）

解洪峰（10月免）

万忠然（满族）

周占成

董晓霞（女，10月任）

（供稿 郭 健 韩 平）

住房公积金管理

【概况】 2020年，全市住房公积金新开户单位429家，净减单位153家；新开户职工1.96万人，净减职工0.77万人；实缴单位4195家，实缴职工22.82万人，缴存额35亿元，分别同比增长4.77%、3.58%、8.44%。年末，缴存总额294.23亿元，同比增加13.5%；缴存余额126.55亿元，同比增长9.45%。全年7.75万名缴存职工提取住房公积金；提取额24.07亿元，同比增长24.61%；提取额占当年缴存额的68.77%，同比增加8.93个百分点。至年末，提取总额167.69亿元，同比增加16.76%。全年发放个人住房贷款0.42万笔、16.3亿元，同比分别增长16.67%、18.72%。回收个人住房贷款9.32亿元。截至年末，累计发放个人住房贷款6.09万笔、149.23亿元，贷款余额84.53亿元，分别同比增加7.41%、12.26%和9.01%。受委托办理住房公积金个人住房贷款业务的银行9家。全年增值收益22246.49万元，同比增长18.87%。增值收益率1.82%，同比增加0.11个百分点。截至年末，个人住房贷款逾期额137.14万元，逾期率0.16‰。个人贷款风险准备金余额8452.55万元。无挤占挪用住房公积金等违法、违纪问题发生。落实省、市工作部署，针对2020年全省住房公积金监督管理工作要点，及时印发《2020年全省住房公积金监管工作任务分解》，对省住建厅9项通报排名内容、18项重点工作内容细化分解，明确牵头领导、牵头科室、配合科室和完成期限，做到任务落实到位、责任落实到位。

【多举措服务客户】 打造综合服务平台，公积金综合服务平台已经拥有门户网站、网上服务大厅、“满意承德”手机客户端、“冀时办”、手机APP、微信、12329短信、12329热线、微博、自助终端、支付宝城市服务等多个服务渠道。推进网上办理， 年底前完成网上办理正常退休提取、偿还公贷提取等业务，全市范围内实现住房公积金缴存提取业务“通缴通取”。个人公积金缴存贷款信息查询、出具贷款职工公积金缴存使用证明、正常退休提取和公积金单位个人缴存信息变更等事项实现“跨省通办”，有效解决企业和群众“多地跑”“往返跑”问题。推进“办事一次成”，为进一步提高服务质量和服务效率，方便广大缴存人办理业务，中心综合考虑服务半径、服务质量等多种因素，合理设置银行网点，同时鼓励银行网点集中进入管理部服务大厅办理业务。开展进社区捐书送宣传公益活动，让群众了解公积金政策。

6月12日，市住房公积金志愿服务队到会龙山社区开展公益活动

【贷款审批】 优化贷款审批流程，将个人公积金贷款业务由4级审核模式调整为3级，权利直接下放至各管理部，实现贷款业务管理权7月16日，住房公积金管理中心城区管理部为客户办理贷款业务界清晰，权责一致。贷款审批时限由原7个工作日压缩至3个工作日（国家规定时限为10个工作日），贷款放款时限由原3个工作日改为管理

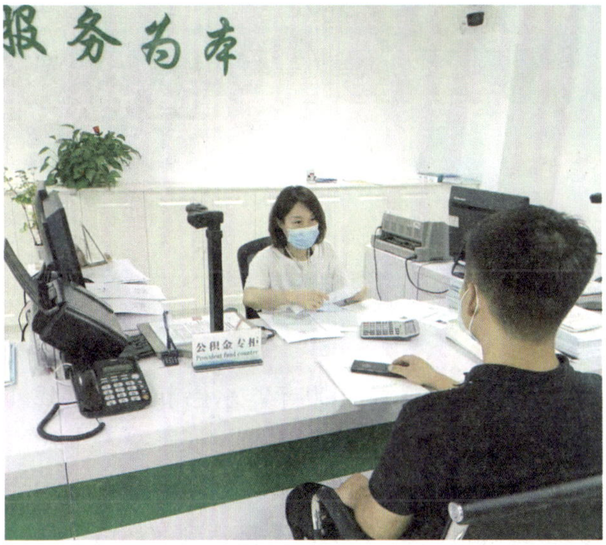

7月16日，住房公积金管理中心城区管理部在为客户办理贷款业务

部落实抵押手续后即行放款。

【助企纾困】 针对多家房地产开发企业的实际问题，因时因势调整工作着力点和应对举措，针对房地产协会提出的“住房公积金贷款节点与预售审批节点不一致”问题，深入到相关企业实地调研，详细了解企业面临的困难和问题，及时出台相关政策，帮助企业解决问题。

【风险防控】 印发《关于切实加强住房公积金廉政风险防控工作的通知》，针对12大类28个风险点，明确防控措施，落实廉政责任。制定《工作人员工作过错责任追究办法（试行）》，对有过错人员进行责任追究。加强电子稽查问题整改，严格要求各科室、管理部逐项排查公积金风险隐患，分析原因，确定整改时限，全面深入完成整改。

2020年市住房公积金管理中心领导名录

党组书记、主任：郭　伟（12月免）
　　　　　　　　牛立杰（女，12月任）
党组副书记、副主任：魏　民
党组成员、副主任：张跃里（蒙古族，12月免）

（供稿　谢　辉）

生态环境保护

环境质量

【大气环境质量】 2020年，承德市市区PM2.5年均浓度为27微克／立方米，低于全省平均浓度18微克，同比下降6.9%；6项污染物年均浓度均实现同比改善，首次全部达到《环境空气质量》二级标准；优良天数为322天，同比增加14天，高于全省平均值66天；全市11个县（市、区）优良天数全部实现大幅增加。

【水环境质量】 全市19个地表水国考、省考断面水质达到或好于Ⅲ类比例持续保持100%，二氧化硫、氮氧化物、化学需氧量、氨氮，全部完成省下达的年度减排任务。地表水国考、省考断面优良水质比例由88%提高到100%。

【声环境质量】 全市各类功能区全年声环境质量均达到国家功能区标准。与2019年相比，1类区、2类区、3类区、4类区昼间噪声等效声级均值有所下降。

【自然生态环境】 全市已建成省级以上自然保护区14处。其中国家级5个，省级9个。总面积达到314043.8公顷。自然保护区数量和面积分别占全省的31.1%和44.3%。

污染防治

【大气污染防治】 聚焦重点领域、重点区域、重点时段，先后实施全市环境空气质量改善攻坚行动13条强化举措、2月至3月大气污染综合治理攻坚、4月扬尘攻坚、5月至9月夏季污染集中攻坚、7月至12月污染集中攻坚、秋冬季污染攻坚，以及6月至9月臭氧污染防治大会战等一系列专项行动，空气质量实现持续改善，保持全省前列。

狠抓燃煤污染治理。重点围绕“压总量、压散煤、压劣煤”，大力推动清洁取暖和集中供热，完成燃气、燃油、生物质锅炉低氮燃烧和提标改造162台，全市淘汰35 蒸吨／小时及以下燃煤锅炉491台；同时，在全市全面开展散煤复燃管控排查，严打散煤非法销售使用行为。

狠抓工业企业污染治理。实行“控、压、改”综合整治，严控新增污染项目准入，加快淘汰落后产能，完成钢铁、水泥行业超低排放改造项目15个，治理挥发性有机物企业10家，改造工业炉窑27家，“散乱污”企业动态清零。

狠抓机动车污染治理。统筹“车、油、路”综合治理，全面供应国六标准车用汽柴油，积极开展成品油质量和油气回收装置监管专项行动，采取科技化管理手段，不断加大对机动车排放检验机构的日常监管工作力度，淘汰营运柴油货车7344辆，安装远程在线监控设备1551辆，实施重型运输车辆禁限行，落实禁止使用高排放非道路移动机械区域制度，完成非道路移动机械备案1378台。建立生态环境、公安交管、交通运输等部门常态化联合执法工作机制。

狠抓扬尘污染治理。集中开展洗城行动，实行道路积尘走航和激光雷达扫描监测，加强机械化洗扫和裸土地面修复，实施全域烟花爆竹禁售和中心城区、重点乡镇禁放。全面提升全市秸秆红外视频监控系统，严厉打击秸秆露天焚烧行为，处罚230起，移交公安84起，约谈36人，追责问责81人，与2019年同期相比火情数量下降37.54%。

狠抓防控调度和目标考核。创新建立“点位长”责任制，组建大气污染防治调度指挥中心和专家攻坚组，建立重点乡镇环境空气质量考核排名和奖惩机制，强化污染天气差异化预警响应，大气污染防治常态化机制日趋完善。

【水环境综合整治】 突出季节性差异化管控，枯水期，聚焦不稳定达标断面，督促双桥区、双滦区和丰宁满族自治县污水处理厂加快扩建和提标改造，最大限度降低排水污染负荷；凌汛期，全面开展河道垃圾清理，积极做好域内水量管控和域外水库放水量协调工作；汛期，实行涉水企业驻厂监管，全面排查清水入网行为，严防污水溢流，紧盯断面异常水质超标数据，实施临时替代或数据剔除；平水期，大力实施河道清理整治和水源涵养工程，加快推进沿线设施农业建设，逐步改变农业灌溉方式。突出“一断面一策”精细化治理，对19个国考、省考断面细化33项针对性治理措施。创新实施地表水“断面长”责任制，组建滦河、潮河2个保水专班，开展常态化巡查问诊。突出“两大工程”治本强基。启动实施“800里滦河水质保护工程”，结合小流域治理、生态防护林建设等，实施系统性源头治理，重点实施河道清淤、生态固坝、河岸绿化、截流固沙等综合治理，深入对滦河流域河道整治和生态恢复。深入推进“三年百项重点工程”，持续推进水污染防治。突出协同共治，与北京怀柔、密云、延庆3区及张家口市签订实施《密云水库上游“两市三区”联建联防联治合作协议》，重点深化8个方面协同合作。与内蒙古自治区锡盟多伦县建立水环境协调机制，实行错时放水、错峰放水，缓解汛期、凌汛期和上游水库放水对水质造成的持续影响。突出抓好饮用水源保护，报请省政府正式批复划定双峰寺水库水源地保护区，全力推进水源地规范化建设。按照市人大立法计划，组织起草《承德市武烈河流域水环境保护条例》，完成市人大常委会第二次审议。

【土壤污染防治】 扎实推进土地分类分用途治理，完成对全市223个建设用地安全管控地块评估，建设用地安全利用率达到100%；推动农用地分类治理，全市1.28万亩受污染耕地安全利用率100%。强化固废危废环境监管，推动危险废物协同处置能力建设，建立生态环境、公安、交通、工信等部门联合监管机制，553家涉危废企业实现“一企一档”动态管理，完成全市危险废物规范化管理考核工作，检查抽查企业70家。集中开展全市工业废料废液等危险废物大排查大整治，累计排查企业1339家，发现各类问题隐患539个，除17个正在履行法律程序外，其余问题全部完成整改。积极推进重金属减排，印发《承德市2020年重金属行业重点重金属污染物减排方案》，将23家涉重金属企业纳入全口径清单。强化医疗废弃物环境监管，积极应对新冠肺炎疫情带来的社会及环境影响，建立“防、管、服、联、通”五位一体工作机制，做到医疗废弃物日产日清、全过程分类、全流程监管。全市2家医疗废物处置单位运行稳定，2020年，共收集处置医疗废物2265.76吨，日均处置医废6.19吨，医疗废物处置平均负荷率为41.27%。因地制宜推进农村生活污水治理，建立县、乡、村、农户、第三方“五位一体”农村生活污水处理设施运行管护体系，完成60个村庄治理任务和648个村庄污水管控任务。围场、隆化2县被生态环境部列为全国农村生活污水治理综合试点。

【辐射安全监管】 强化辐射环境安全监管，提升辐射环境管理水平，夯实辐射监管工作。修订《承德市生态环境局辐射事故应急预案》，联合双滦区政府在承德钢铁集团有限公司举行承德市“核安-20”辐射事故应急演习。全面开展核技术利用、通讯基站、废旧金属回收熔炼企业监测设备辐射安全核查监管工作。

9 月 29 日，市生态环境局组织有关人员进行辐射应急处理演练

【自然生态环境保护】 扎实推进生态保护红线勘界定标工作，在丰宁、滦平 2 县按计划开展勘界定标试点工作，御道口牧场管理区已完成勘界定标工作初步成果。深入推进全市生态环境风险排查及“回头看”工作，深入开展“1+4+10”“1+5”专项整治及生态环境大排查大整治工作，采取专班推进、清单管理、双核双查、办结销号等措施，加快排查整治进度，并对进展缓慢的县（市、区）政府负责人发送督办函，确保按期整改到位。截至年底，“1+4+10”专项整治工作排查问题 452 个，已完成整改 439 个；“1+5”专项整治工作排查问题 65 个，已全部完成整改；全市生态环境大排查大整治工作排查出问题 354 个，已完成整改 340 个，其余问题整改正在有序推进。

【环境执法】 严厉打击环境违法行为，充分发挥自动监控、远程执法等科技手段和信访举报热线、网格化监管体系作用，集中开展大气环境执法、涉水工业企业排查整治、“利剑斩污”、碧水 2019 等一系列专项行动，累计出动执法人员 4.2 万人次，检查企业 1.32 万家，下达行政处罚决定 387 件，罚款金额 2733.42 万元，移送拘留 15 件，涉嫌犯罪 5 件，法治震慑效果大幅增强。

【污染源普查】 全面掌握全市各类污染源数据，建立污染源数据库和空间信息“一张图”，圆满完成承德市第二次全国污染源普查。在省级普查工作验收中以总分第一名的成绩，获得优秀等次，被国务院污普办授予“第二次全国污染源普查表现突出的集体”荣誉称号，全市 23 个集体、75 名个人获得国家级和省级表彰。

环境管理

【生态文明建设】 积极践行“两山”理论，坚决落实“两区”建设责任，统筹疫情防控和生态环境治理，全力推进蓝天、碧水、净土、环境安全保卫战。深入推进生态文明建设示范市创建工作。成立市创建国家生态文明建设示范市工作领导小组，对标考核创建指标，梳理细化 43 项指标清单，近 80% 的指标达到考核要求。在全市积极开展生态文明示范县创建工作，对照考核指标持续补短板、强弱项，积极组织自评申报。兴隆县荣获第三批“国家生态文明建设示范县”称号。

【环境项目管理】 实行“正面清单”，优化服务流程，强化环评管理“三个一批”（即豁免审批一批、告知承诺一批、优化服务一批），已按政策豁免审批项目 57 个，告知承诺 14 个。全市纳入执法“正面清单”企业 168 家，纳入生态环境监管“正面清单”企业（项目）50 家，采取非现场执法方式开展“不打扰”检查。深入推进企业帮扶，持续对 541 家包联企业开展“万名环保干部进万企，助力提升环境治理水平”主题实践活动，共出动帮扶 5850 人次，累计发放各类法律法规 4828 册，提出帮扶措施 324 条，提供意见建议 253 条，培训人员 1333 人，得到企业广泛好评。

【环保资金投入】 积极争取专项资金支持。完善充实生态环保专项资金项目库，全年争取到位省以上生态环保专项资金11.7亿元，为年度重点治污工程实施提供资金保障。

【环保督察】 7月10日至8月10日，河北省第六生态环境保护督察组对承德市开展第二轮生态环境保护督察。采用听取汇报、调阅资料、个别谈话、走访问询、设立举报、现场核查等方式，按照市级层面督察、下沉县（市、区）督察、梳理分析归档3个阶段开展工作。督察组共与中共承德市委书记、市长等18名市级领导谈话；走访市直部门18个，下沉11个县（市、区）及高新技术产业开发区、御道口牧场管理区，实现县（市、区）督察全覆盖。现场发现问题368个，受理转办有效来电、来信、短信举报1823件。11月23日，召开河北省生态环境保护督察情况反馈会议，省督察组向承德市反馈《督察意见》。针对反馈意见提出的36项问题，中共承德市委、市政府印发《承德市贯彻落实第二轮省生态环境保护督察整改方案》，确定139项整改措施，分类施策、集中攻坚，全力推进问题整改落实到位。

【环境宣传】 加强全媒体宣传，在市级新闻媒体开设专栏，编播专题节目100余期，在市级以上媒体刊发稿件350余篇，发布官方微博微信7000余条，微信公众号总阅读量突破300万次。开展以“美丽中国我是行动者”为主题的“线上+线下”互动宣传活动，4万余网友参与互动。制作播发《环保人之歌》《让中国更美丽》，网民留言突破万条，荣获2020年全国生态环境系统歌咏比赛风貌奖、河北省生态环境系统歌咏比赛一、二等奖。在全省率先开放企业端云游环保设施平台，制作《云游承德环保公众设施》宣传片，获得2020年河北省环保设施单位线上开放优秀宣传产品征集评选活动一等奖。开展学法普查活动，承德代表队荣获河北省生态环境法律法规知识竞赛二等奖。制定《承德市生态环境局政务公开事项目录》，做到应公开尽公开。

2020年市生态环境局领导名录

党组书记、局长：孙　雷
党组副书记：张自强（10月免）
党组成员、副局长：殷明慧（10月免）
　　孙宝顺
派驻纪检组组长：高利民
党组成员、副局长：张铁军
　　隋永新
　　邱晓宇（10月任）
副局长：罗爱民（10月任）
综合执法支队支队长：韩永峰（6月任）

（供稿　苑秋菊　王小生）

银行业

综　述

【概况】 2020年，全市银行业金融机构认真贯彻落实稳健货币政策，大力支持复工复产、复商复市，坚持金融服务实体经济的根本要求，不断创新金融产品和提高服务水平，合理把握信贷投放力度和节奏，实现疫情防控和金融支持统筹推进，有力地支持地方经济的恢复增长、快速提升。承德市金融运行总体平稳，存贷款增速呈现一升一降的运行态势。存款增速提升，增量规模保持稳步扩张，贷款增速持续放缓，增量规模收缩。受下半年以来货币政策宽松力度边际收紧，逐步回归正常化等因素影响，存贷款时序分布上均呈现明显的前高后低的走势。资金运用水平高位有所回落，全市金融机构人民币增量存贷比74.2%，较去年同期下滑34个百分点。存量存贷比83.9%，较去年同期回落1.1个百分点。疫情防控+金融支持，信贷调控力度明显加大。疫情初期，快速筛选重点支持企业，坚持特事特办原则，仅用一个工作日便完成对口罩生产企业400万元支农再贷款发放工作，帮助企业复工扩产。及时督导3000亿元专项再贷款政策落地，组织金融机构与疫情防控重点企业实现逐一对接，累计发放优惠贷款16笔、金额1.64亿元，惠及疫情防控全国重点名单企业6家，加权平均利率2.14%。顺利完成5000亿元再贷款再贴现专用额度投放，在较短的时间内完成再贷款限额审批和投放工作，共发放再贷款334笔、金额10.89亿元。组成金融服务团进行巡回政策解读，用好1万亿元再贷款再贴现额度和两项政策直达工具，重点支持地方法人金融机构加大对涉农、小微企业和民营企业信贷投放，引导融资成本进一步降低，相关做法得到市委、市政府主要领导肯定批示。2020年末，全市金融机构本外币各项贷款余额2696.9亿元，同比增长9.2%，较2019年同期回落2.9个百分点。比年初增加226.6亿元，同比少增27.1亿元。增量规模时序上呈现明显的前高后低的走势，上下半年之间约为3.5：1。

【优化信贷结构】 分产业看，第二产业拉动作用明显，第三产业分化加剧。新增贷款中，第二产业增量规模合计占全部行业新增贷款的71.0%。教育、卫生和社会工作、科学研究和技术服务业增长较快，同比分别增长175.3%、55.1%、28.8%。受疫情影响，金融业、文化体育娱乐业同比分别下降88.0%和27.9%。分行业看，小微企业贷款继续引领企业贷款增长。2020年末，小微型企业贷款余额同比增长4.1%，较2019年同期下降6个百分点，较年初增加53.4亿元，增量占全部企业贷款增量的78.1%。精准扶贫贷款增速明显提升。2020年末，全市精准扶贫贷款余额199.7亿元，同比增长19.1%，较去年同期上升19.9个百分点，全年增加32亿元，同比多增19.6亿元。个人住房贷款增速保持平稳。2020年末，全市个人住房贷款余额526.5亿元，同比增长10.3%，较年初增加49.2亿元。房地产开发贷款余额93.5亿元，同比下降4.2%，较年初减少4.1亿元。

【推动涉外经济发展】 联合政府5部门签署《承

德市加强外资外贸联合监管与服务促进健康发展合作备忘录》，提升联合监管与服务有效性。落实全口径跨境融资宏观审慎管理政策，针对重点主体和重点业务开展专项核查，企业合规意识普遍增强。深入重点涉外企业开展调研和帮扶工作，为企业争取各类贸易融资资金约26亿元，稳企业保就业效果明显增强。

【金融创新】 围绕重点领域和薄弱环节，推进金融产品与服务创新。深入推进金融消费权益保护工作，联合政府部门制定《承德市金融消费权益保护工作协调机制实施细则》，发挥协调机制网络宣传优势作用，制作的微电影、短视频等宣传内容得到《人民日报》、澎湃新闻等主流媒体广泛转发。创新建立《承德市反洗钱反恐怖融资工作联席会议制度》，强化反洗钱检查和处罚，反洗钱监管水平不断提升。建立银行账户台账式管理机制，加大通报力度，做好涉案账户排查工作，深入推进“断卡”行动有效开展。

（供稿　鲁　迪）

中国人民银行承德市中心支行

【概况】 2020年，人民银行承德市中心支行讲政治、把方向，谋大事、抓创新，建机制、带队伍，成功打赢疫情防控阻击战，强力推动企业复工复产，精准推进扶贫攻坚，整体工作实现稳中有进，在提升履职水平方面取得明显成效。认真贯彻落实稳健货币政策，服务实体经济的能力进一步提升。继续做好对地方法人金融机构的宏观审慎评估和信贷调控工作，多次深入辖内对相关金融政策进行宣讲，组织召开由金融运行调度会，就贯彻执行货币信贷政策，支持地方经济等方面工作加大政策传导，引导金融机构在稳健经营基础上保持信贷投放的均衡合理。

【金融管理】 强化金融管理，维护金融稳定的力度不断加大。积极做好贷款市场报价利率（LPR）的推广运用，稳妥推进存量贷款定价基准转换工作。组织地方法人金融机构开展债券回购业务自查，推动中小银行资本补充债券和小微企业专项债券的发行。认真落实农业银行三农事业部定向降准等政策，及时做好存款准备金率的调整工作，组织召开金融机构加强存款利率管理工作会议，引导地方法人金融机构合理定价，有效降低企业综合融资成本。召开金融管理工作会议，组织开展对72家金融机构的综合评价工作，金融管理力度不断加大。编制承德市金融风险监测报告，对金融机构稳健性状况进行评估，提出促进金融业健康发展的政策建议。进一步完善金融机构突发事件应急预案，配合做好天安财险、天安人寿、华夏人寿等3家保险机构接管工作，组织4家金融机构进行偿付能力敏感性和流动性压力测试，全面落实金融风险专题报告制。不断加强存款保险宣传，打造“山庄月·存保情”存款保险主题宣传精品项目。

【金融服务】 寓管理于服务中，金融服务水平得到有效提升。深入推进金融统计“三创建”活动实验区建设，以重点课题为抓手，不断开拓金融统计和调查研究新格局。着力推进移动支付便民工程建设，开通“云闪付”乘公交功能，覆盖面居全省前列。创新建立助农取款示范站，制定《银行卡助农取款示范站创建实施方案》，将服务点打造成农村支付服务阵地、防诈和普惠金融知识宣传阵地。科技服务力度显著提升，制定《协同项目流程管理建设方案》，全省第一批协同办公平台上线运行，金融标准化工作步伐走在前列。货币发行工作扎实开展，持续做好发行基金调拨和现金投放回笼工作，制定《反假货币培训工作督导方案》，假币收缴和鉴定工作水平得到提升。强化国库业务素质提升，编制国库电子培训教材，不断开创国库调研新模式，建立承德市“银校联合研究基地”，制定银校协作运行工作机制，定期开展学术交流，多篇调研成果被知名期刊采用。开展“让人民群众满意的征信服务窗口”创建工作，征信服务有效加强，全年为居民个人提供信用报告查询15万余份，群众满意度持续提升。

2020年中国人民银行承德市中心支行领导名录

党委书记、行长：夏俊峰
党委委员、副行长：宋　耐（满族）
杨风华
刘世奇
党委委员、纪委书记：付正娇（女）
党委委员、副行长：王惠民（满族）

（供稿　鲁　迪）

银行业保险业监管

【概况】 2020年，承德市银保监工作深入落实银保监会、河北银保监各项决策部署，全面加强党的领导，坚持以金融供给侧结构性改革为主线，坚决打赢防范化解金融风险攻坚战，促进银行业保险业高质量发展，大力推动金融服务实体经济质效提升，坚决守住不发生系统性风险底线，较好完成全年工作任务。

【提升监管质效】 以“四改进四提升”为抓手，进一步整合监管资源，提高监管能力。改进工作思路，提升工作质效。面对人员少、任务重的监管压力，以新思路迎接新挑战，成立了考核办、提升办、协同办、创新办、现调队5个跨部门协同工作组织，统筹开展工作考核、作风提升、协同支持地方经济发展、人身险营销员分级管理试点、现场检查与信息调研等工作，34名“四办一队”成员充分发挥协同作用，形成监管合力。改进工作流程，提升规范化水平。全面整章建制，制定部门协同工作规则，承德市银行业、保险业消费者权益保护工作联席会议制度，承德市金融机构纪检监察部门联席会议制度等47项管理制度，内部管理和监管工作规范化水平持续提升。改进监管手段，提升监管能力。着力提升非现场监管水平。印发《非现场监管工作实施细则》，加强对月度、季度非现场主要监管指标异动数据监测分析，及时进行风险预警和问题提示。组织召开季度分析例会，深挖数据变化背后的问题和原因，及时督促有关机构化解风险。着力提升现场检查质效。在现场检查中充分发挥EAST作用，根据检查项目设计EAST应用模型，为现场检查提供精准制导。

【深化风险治理】 有序化解信用风险。督导银行业机构严格执行信贷资产质量分类标准，将隐性不良及时入表，严控逾期90天以上贷款与不良贷款剪刀差。全市银行业逾期90天以上贷款与不良贷款比率降至75.69%。督导各法人机构做好不良贷款处置工作，辖内法人机构当年累计处置不良贷款114.78亿元，超出全年处置目标10.16个百分点。积极防控流动性风险和舆情风险。督促各法人机构定期组织开展流动性风险压力测试，做好流动性风险化解预案，优化流动性互助机制。承德银行、农村中小金融机构主要流动性指标符合监管要求，未发生流动性风险事件。做好舆情风险管控。督促辖内法人机构贯彻落实局长冷云竹在全省地方法人银行机构舆情工作培训会议上的讲话精神，压实法人机构主体责任，补齐短板，提升舆情事件应对和处置能力。做好案防安保工作。制定《银行保险机构案防工作必知必会手册》，进一步打牢案防工作基础。组织开展辖内银行保险业案防合规文化建设活动，推动辖内机构树立合规文化、树牢合规意识。做好河北省公安厅第六轮银行业金融机构安全评估总结验收工作，确保各项金融业务正常开展。持续强化保险监管。做好车险市场乱象整治和车险综合改革工作。加强车险综合费用率监控，通过监管会谈、下发风险提示单督促有关公司限时压降综合费用率指标。指导承德市保险行业协会制定车险行业自律方案，规范市场秩序。督促辖内各财产险公司贯彻落实《关于实施车险综合改革的指导意见》及配套文件要求，压实机构主体责任，做好宣传引导工作，及时回应、妥善处理客户退保要求。深入推进人身险营销员分级管理试点工作。通过现场调研督导、召开座谈会、推进会议等方式，及时掌握进度和问题，有序推进试点工作。7 家试点公司已完成了在岗保险销售人员初级销售资质认定及首次考核评价工作。保险销售人员考试前期工作准备就绪，待疫情防控形势好转、外部条件允许，适时启动考试工作。组织开展保险业机构合规文化建设活动，印发活动方案，通过现场督导、下发提示函等形式，督促各机构按时间进度开展各阶段工作。同时，指导保险行业协会发挥行业自律组织作用，召开辖内保险公司合规文化座谈会，交流活动经验、挖掘先进典型，促进活动取得实效。

【推进法人机构改革】 推动法人城市商行稳健发展。承德银行现有 7 家异地分行，其中，河北雄安分行已于 2020 年获批开业。开展承德银行公司治理非现场监管评估、股权和关联交易管理专项检查整改后续评估和“回头看”现场检查、承德银行信贷管理专项现场检查等专项工作，就发现问题督促其建立台账整改落实。2020 年，承德银行获河北银保监局和中国人民银行批准发行不超过 25 亿元的二级资本债券，2020 年，已完成首期 15 亿元债券发行。农村中小银行改革发展持续推进。组织开展农村中小银行股东股权排查、围场农商行股权和关联交易专项治理“回头看”现场检查，并对辖内 5 家农商银行开展公司治理评估，针对发现问题督促落实整改，提升公司治理水平。辖内 9 家农合机构中现有 4 家农信联社尚未改制，严格执行“成熟一家、组建一家”原则，逐步推进改制工作。推动召开承德市村镇银行联盟会议，加强学习交流和经验借鉴，促进村镇银行稳健运营。

【支持企业复工复产】 4 月 17 日，承德银保监分局团委组织召开疫情时政策宣传推介暨银企对接会，分局派出 5 名青年业务骨干与承德市地方金融监管局和辖内金融机构组成 3 个金融服务团，深入高新区、围场、兴隆，积极向企业宣传银保监会有关做好疫情防控金融服务支持促发展系列金融保障等复工复产保障政策。各行业务部门骨干重点推介本行支持企业复产复工和扩大生产的具体信贷支持政策、产品和金融服务。会议现场，共 16 家企业提出 5.15 亿元的融资需求。及时出台支持政策。配合市地方金融监管局出台《建立重点骨干企业金融服务保障工作银行领办机制》《金融支持餐饮企业恢复正常运营平稳发展的若干举措》等文件，督促银行业机构点对点帮助企业解决生产经营资金困难问题，辖内 11 家领办银行为 390 家骨干企业全年累计发放贷款 49.35 亿元，贷款余额 299.73 亿元。督促辖内银行机构贯彻落实中小微企业临时性延期还本付息政策。全年辖内法人银行业机构累计办理延期还本付息 66.17 亿元，涉及贷款 3699 户 112.81 亿元，有效缓解了辖内中小微企业资金周转难题。组织开展金融支持复工复产专项督查工作。第一时间

4 月 17 日，承德银保监分局团委组织召开疫情时期政策宣传推介暨银企对接会

成立了金融支持复工复产督查组，制定了专项督查工作实施方案，成立4个督查组及时跟进督查，有力推动复工复产各项政策措施落到实处。辖内银行保险机构累计发放复工复产相关贷款13915户783.94亿元，提供风险保障5902户614.80亿元，为承德市经济恢复提供了有力金融支持。

【强化重点领域金融支持】 引导辖内银行业机构围绕承德在京津冀协同发展中的战略定位，全面对接实体经济和民生保障等项目。全辖银行业支持京津冀协同发展相关贷款余额483.85亿元，本年累计发放120.45亿元；重大工程项目相关贷款余额216.43亿元，本年累计发放43.61亿元。

【服务小微企业】 9月15日，河北银保监局党委书记、局长冷云竹一行到承德调研指导工作，听取承德分局班子工作汇报；召开小微企业融资工作座谈会，听取6家小微企业代表的意见建议，深入了解小微企业经营发展现状和关于金融服务情况；全力支持小微企业发展，持续强化民营小微企业金融服务，做好百行进万企活动，制定《承德市银行业保险业支持民营小微企业发展三十条措施》，获承德市政府批转，截至2020年年末，全市银行业机构小微企业贷款余额945.72亿元，较年初增长5.3%；新发放普惠型小微企业贷款平均利率6.35%，较2019年下降1.42%。

9月15日，河北银保监局党委书记、局长冷云竹（左中）一行到承德调研指导工作

【加大“三农”支持力度】 持续加大“三农”支持力度，督促银行业机构加强农村金融服务力度，督导责任银行做好扶贫小额信贷宣传、发放和风险防控工作。全辖银行业金融机构涉农贷款余额1245.85亿元，较年初增加78.27亿元，总体上实现涉农贷款余额较年初增长；辖内银行业机构扶贫小额信贷余额2.32亿元，累计发放6.81亿元，累计帮扶贫困户17205户。

【消费者保护】 深入开展消费者保护与信访工作。制定《银行业机构消费者权益保护联席会议制度》《保险业机构消费者权益保护联席会议制度》，组织召开承德市银行业消费者权益保护工作联席会议，进一步增强消保工作能力和投诉处理能力。组织辖内银行保险机构开展“3·15”宣传周、防范非法集资宣传月、金融知识进万家等宣教活动，提升公众使用正规金融服务的意识和风险识别能力。及时处置中行原油宝“穿仓”事件，及时约谈中行有关负责人，积极沟通处置，8月18日，中国银行承德分行已与全部客户签约，成为全省首个和解签约率100%的地市级分行，未发生由此引发的信访和舆情事件。依法处理投诉及举报事项，全年共办理消保投诉事项36件，举报事项55件。

2020年承德银保监分局领导名录
党委书记、局长：高中田
党委委员、副局长：杨明东（满族）
党委委员、纪委书记：杨　海
党委委员、副局长：杨　宽

（供稿　王舒羽）

中国工商银行股份有限公司承德分行

【概况】 2020年，中国工商银行股份有限公司承德分行（简称工商银行承德分行）面对疫情防控、金融保障和经营管理三重叠加压力，认真落实总省行党委各项决策部署，围绕总行“48字”工作思路（党建引领，从严治理；客户服务，服务实体；科技驱动，价值创造；国际视野，全球经营；转型务实，改革图强；风控强基，人才兴业。）和省行“1322”（始终坚持“同业领先、系统十强”目标，更加突出党建、作风、科技“三大动力”，进一步实现市场竞争能力和安全运营能力“两提升”、不良额和不良率“双下降”，）工作方针，运用“三比三看三提高”工作方法，在常态化“两个统筹”中扎实推进工作，全行经营发展质效稳步提升。截至2020年年末，实现拨备前利润6.78亿元，同比增加5949万元，增幅9.6%；实现净利润4.34亿元，同比增加726万元；实现中间业务收入2.24亿元，同比增加2806万元，增幅14.3%。

【加强党建引领力】 以“高举旗帜 勇建强行”为战略，锻造党建“红色引擎”的力量源泉。强化政治思想学习，邀请中央、省委、市委党校专家开展专题培训；开设“每日微课堂”、“啄木鸟行动”组织党建学习；开展“党建进支部”、“合规进支部”主题宣讲，学习教育活动常态化、制度化。强化组织队伍建设，网点党员覆盖率、网点负责人党员覆盖率均为100%，全省第一。创新党建管理模式，将“党建、经营、客户、风控”四位一体管理责任纳入到5级132个格长责任田，创新格长制管理。大力弘扬先进，隆重表彰党员先锋示范岗和抗疫先进集体个人。“回眸·新征”七一战疫歌咏和优秀党员先锋的誓言，在全行掀起推先进、比先进、当先进新的高潮。该行荣获全国“敬老爱老模范单位”、总行“职工代表大会制度建设示范单位”和省行“党风廉政建设先进单位”称号。

【提升价值创造力】 面对减费让利、拨备多提、利差收窄等多重考验，迎难而上，坚持效益导向，实现拨备前利润、净利润、中间业务收入3项指标正增长且增幅均高于系统平均水平，其中，中间业务收入在7年后重夺并连续3个季度保持同业首位并持续做大剪刀差，系统内任务完成率排名第四位，同比增量增幅均排名第五位；结算类业务收入同业首位，增幅排名第二位；重点产品收入增幅全省排名第二位。新发放贷款收益率和对公存款付息率同业首位。

2020年12月31日　　　　单位：万元

分县（区）＼项目	1.结算业务收入	2.代理业务手续费收入	3.顾问和咨询费收入	4.银行卡手续费收入	5.电子银行业务收入	6.担保及承诺业务收入	7.托管及其他受托业务佣金收入	8.外汇买卖差价收入	9.手续费及佣金收入	10.其他中间业务收入	合　计
市　区	4518.50	826.31	2542.44	2008.68	855.74	402.76	292.39	74.59	1585.36	0.00	13106.77
承德县	503.50	240.61	1.01	259.24	112.73	5.46	0.00	12.29	111.86	0.00	1246.70
兴　隆	345.05	118.31	1.27	157.28	81.08	0.00	0.00	0.32	138.61	0.00	841.92
平泉市	485.01	54.72	0.91	279.17	102.16	0.00	0.00	0.39	37.16	0.00	959.52
滦　平	401.87	91.62	0.98	295.39	230.21	15.22	0.00	0.48	88.24	0.00	1124.01
隆　化	425.73	52.27	1.36	246.05	97.86	0.00	0.00	1.65	87.92	0.00	912.84
丰　宁	478.11	37.04	1.42	371.03	122.05	0.00	0.00	7.69	107.30	0.00	1124.64
宽　城	544.06	68.03	0.40	180.25	71.57	0.00	0.00	6.74	152.47	0.00	1023.52
围　场	541.24	41.57	0.60	226.41	116.16	0.00	80.13	0.85	93.08	0.00	1100.04
合　计	9173.40	1530.48	2550.39	4023.50	1789.56	423.44	372.52	105.00	2402.00	0.00	22370.29

【提高市场竞争力】 综合运用“三比三看三提升”（与市场同业比，看自己的优势和差距，提高市场战斗力；与兄弟行比，看自己在全市的位置，提高对分行的贡献度；与自己比，看自己进步率，提高经营业绩成长性）的工作方法，牢记比拼思想，持续抓日常、抓日均，抓GBC联动（G端指政务，B端指产业，C端指消费。GBC联动指工商银行依托金融科技优势，在GBC3端深化政务和产业互联网布局，推进个人线上服务升级），实现全部存款日均增量同业首位。储蓄存款时点任务完成率系统第五位；公司日均存款较年初增加7.28亿元，较同期增加700%，增量同业排名第一；机构存款时点余额30.76亿元，日均余额33.47亿元。第一个人金融银行、公司金融领军银行、机构金融首选银行三大银行战略平稳推进。月日均金融资产5万元以上客户较年初净增4601户，任务完成率272.3%，系统首位。三方存管客户新增13536户，超额完成省行下达的任务，保持同业首位；新开立机构客户485户，较去年同期增加338户，增幅229.93%。

【履行责任使命】 承德分行履行责任使命，当好“国家队”“主力军”。推动省行首家线上与地方市政府签订战略防疫抗疫和支持复工复产全面战略协议，落实领办职责，深耕信贷布局，突出支持实体、民营经济、先进制造业，开展“春融行动”、“春暖行动”、“春润行动”，全年支持地方经济建设各类融资194亿元，同比增幅30%。实现抗疫名单内企业开户率、授信率、有贷户率、贷款覆盖率“四率”全省第一。公司贷款投放42.2亿元，净增5.85亿元，个人贷款投放37.74亿元，净增16.61亿元，个人贷款和个人住房贷款余额、增量四项同业占比第一。银保监口径普惠贷款比年初增加6.5亿元，完成考核计划241%，贷款增速71%，远超大型商业银行普惠型小微企业贷款增速不低于40%的目标。人行降准口径普惠贷款余额比年初增加5.57亿元，任务完成率139%。精准扶贫贷款余额比年初增加4.3亿元，任务完成率172%。被承德市政府授予“承德市支持经济发展优秀单位”和“金融支持承德市经济发展创新单位”称号。

【发挥创新驱动力】 推动以科技创新为核心的全面创新，领跑同业。以“智慧工行 幸福承德”为战略，智慧政务、智慧三农、智慧校园、智慧景区等智慧场景建设全面突破。6家法院上线“智慧诉讼、智慧法院”系统；8家县域人社部门实现“智慧人社”建设；与丰宁共同推动“决胜脱贫攻坚 助力乡村振兴”，全国首家支行整县制上线“农村集体三资平台”；推进数字乡村建设，形成“八融”农业产业供应链金融服务新模式，“承德山水”“承德好礼”“三个一”全覆盖；通过GBC联动37个场景建设，实现县域提振，双滦、丰宁率先突破“两院两校七局一资格”；依托“智慧校园”平台，开启承德民族师范学院和河北旅游职业学院银校合作新格局。

12月23日，工行承德分行与河北旅游职业学院银校智慧校园建设合作签约仪式，标志着该行与旅院的合作步入新阶段，开启银校合作新篇章

【风险管控】 守住“三道口”，筑牢“七彩池”，顶住疫情冲击的压力，依托夯实基础管理、强化从严治贷、提升信贷经营能力三大支柱，继续保持法人贷款零不良，个人不良贷款额、率双降且严格在省行控制线内。强化管理职责定位，探索开展“党建、经营、客户、风控”四位一体、强化“基础管理、基础客户、基础产品”为目标的

格长制管理体系，通过层叠式、嵌套式、网格化、智能化管理方式力求管理精细实效。强化“双无”行动的深化巩固，守住经营发展底线，推进反洗钱专项治理，加大业务运营风险管控力度，连续18年保持“双无”目标，荣获承德市银行业金融机构2020年执行人行金融管理政策综合评价A级。

2020年中国工商银行股份有限公司
承德分行领导名录

党委书记、行长：赵洪瑕（女）
党委副书记、副行长：邹宗华（12月免）
党委委员、副行长：张小滨（满族，9月免）
党委委员、纪委书记：侯志坤
党委委员、副行长：朱习丰（9月免）
刘少宁
冯　帆（10月任）
行长助理：常玉国

（供稿　张鸿斌　赵家旺）

中国农业银行股份有限公司承德分行

【概况】 2020年，全行各项贷款余额284.45亿元，较年初增加20.84亿元，增速7.91%，其中，法人贷款164.46亿元，较年初增加17.24亿元；个人贷款119.99亿元，较年初增加3.6亿元。县域贷款187.02亿元，较年初增加21.08亿元，其中，县域法人贷款98.36亿元，较年初增加17.36亿元，县域个人贷款88.66亿元，较年初增加3.72亿元。

【支持复工复产】 充分利用总、分行疫情期间加大金融服务信贷政策，对疫情防控、民生保障领域重点支持类客户发放贷款7.1亿元，主要投向隆化县医院、滦平县医院、滦平中医院3家医院，发放贷款1.4亿元；宽广和福满家2家民生保障大型超市，发放贷款1.82亿元；天源药业、御室金丹、国药中药集团及颈复康药店4家医药制造及销售企业发放贷款1亿元；生产酒精的避暑山庄企业集团、板城酒业补充流动资金贷款2.88亿元。积极落实无还本续贷（续捷e贷）、贷款展期、延期还本付息等信贷政策，帮助企业纾困，支持更多企业尽快复工复产。全年累计办理延期还本付息24户，涉及贷款金额26.37亿元，其中办理无还本续贷业务5户，贷款金额0.38亿元；办理展期业务16户，贷款金额3.2亿元；调整还息周期3户，贷款金额22.79亿元。

5月28日，农行承德分行副行长刘峰带领业务骨干走进承德广播电台“百姓热线”直播间，以连线方式宣传介绍疫情防控常态化下农行支持企业复工复产、助力脱贫攻坚、坚定扶农惠小、优化线上线下服务、全力满足个人信贷需求等方面的优惠政策和务实举措，并解答听众关心的热点问题

【拓宽扶贫渠道】 充分利用产业引导基金、农业产业增信基金、政银企户保、科创贷、“六业”精准扶贫等模式，依据各县资源禀赋和产业、行业特点，推陈出新农家游、农家乐、菊花贷、菇农贷、马铃薯贷、胡萝卜贷、肉牛贷、“民宿温泉贷”等金融扶贫产品，围绕项目服务、产业带动，支持农业产业化、抽水蓄能、风电等一大批带贫企业，实现贫困县贷款增速不减。对有信贷需求的建档立卡贫困户，做到有效需求

全覆盖，并在贷款准入、利率优惠等方面实施最大程度倾斜。开通扶贫商城，为全市贫困县农产品走出承德搭建桥梁，吸收入住网上银行扶贫商城企业30家，上线产品184种。2020年年末，全市7个贫困县支行贷款余额165.68亿元，较年初增加20.75亿元，贷款增速14.31%；精准扶贫贷款余额49.2亿元，带动服务贫困人口37.8万人次。

【普惠金融】 建立《小微企业智慧营销推荐客户营销台账》，细化目标客户数据库，完善纳税AB级、科技型小微企业信息，按照目标客户清单逐户走访，盯户到人，跟进营销。开展“百行进万企”活动，将营销责任落实到人，通过电话、微信、走访等多种方式，全面了解小微企业实际状况和融资需求，充分利用农行专享小微信贷政策，借助纳税e贷、抵押e贷、链捷贷、微捷贷、简式贷等线上线下金融产品，满足企业融资需求，全行2389户目标客户，实现100%对接。2020年末，全行小微企业478户，贷款金额36.08亿元，其中1000万元（含）以下普惠小微企业贷款433户，贷款金额7.57亿元，较年初增加219户，贷款金额2.88亿元。

【助力乡村振兴】 以惠农e贷为主要抓手，抢挖乡村优质客户，加大惠农e贷投放力度，按照“一产业一方案”“一信用村一方案”原则，围绕乡村旅游、农产品批发市场、优势产业、优势行业、优质客户上下游，深入挖掘有效数据，扩大数据来源，因地制宜开展模式创新，推动惠农e贷客户数、覆盖面、业务量全面提升，确保农户贷款增量提质。全年，全行惠农e贷农户贷款余额8.06亿元，较年初增加4.28亿元，完成年度增量计划130%；普惠型农户个体工商户和农户小微企业主贷款余额6.41亿元，较年初增加1.32亿元，计划完成率113%。

【搭建“三资”平台】 通过与承德市农业农村局共建农村集体资产监管平台，实现乡村治理信息化、数字化，打响、做亮服务乡村治理品牌，助推“智慧乡村”建设，实时在线自动获取村集体及其成员资产、股权分红、土地流转等相关数据，夯实“三农”业务数字化转型基础，推进数字化转型。搭建与县（区）政府、乡（镇）政府和村“两委”合作平台和渠道，抢先开拓乡村金融市场，掌握农村集体“两户”资金及其他金融资源，实施县域和乡村市场固优挖潜策略，巩固提升县域竞争力。2020年年末，10个支行与当地农业农村局签订“三资平台”合作协议，开立农村集体经济组织账户1378户，开户率56%。

【推动数字转型】 与承德市旅游和文化广电局、联通公司承德分公司及承德市智慧旅游发展有限公司对接，合作建设“一部手机游承德”旅游综合服务平台，“全程畅游”APP已入驻华为、小米等应用商店，微信小程序正式上线。2020年，签约全市220多个景区、2000多个酒店、民宿，3900多家餐饮商户，为深耕B端、锁定C端、抢占G端形成强有力支撑。与承德市行政审批局对接，以“助力小微企业”为突破口，签订《承德“互联网+政务服务”工作优化升级合作协议》，搭建“满意承德”城市综合服务平台，打通县域接口，延伸服务链条，已上线运行政务民生缴费、信用卡等金融产品107个，与“纳税e贷”“抵押e贷”等产品实现对接，逐步延伸至公积金、医保、社保、纳税等各领域，为广大市民提供更多、更便捷金融服务。与承德市农业农村局对接，打造承德市“智慧农业”专属名品，开发“承德益农”APP，运用“平台+数据+金融”思维，促进农业增效，帮助农民增收。

【夯实发展根基】 全面推进“扫园区”“春天行动”“各项精准营销”等活动，突出个人、对公存款和公私联动工作，实现“增客稳存，扩户增存”总目标。充分利用线上、线下渠道加大宣传力度，实行名单制管理，落实营销维护责任人，不断提高重点客户存款贡献度。大力发展银企通平台、银企直联、单位POS及缴费产品，积极营销热力缴费、燃气缴费、智慧景区、智慧物业、智慧食堂、无感停车等智慧场景项目，全面梳理辖内商超、餐饮、酒店、景区、药店等有效客户，促进宽广超市、福满家超市等大型商超客户上线BMP综合收银系统。2020年年末，各项存款余额290.66亿元，较年初增加14.01亿元，增速5.06%。其中对公存款94.80亿元，较年初减少7.17亿元；个人存款余额195.86亿元，比年初增加21.18亿元。

2020年中国农业银行股份有限公司承德分行领导名录

党委书记、行长：马　韬
党委副书记、纪委书记：刘建宁
党委委员、副行长：侯晓东
　　刘　峰
　　曹　力
党委委员、工会主席：孙士斌（4月免）

（供稿　胡宪义）

中国银行股份有限公司承德分行

【概况】 2020年，面对严峻复杂的经济形势和新冠肺炎疫情的严重冲击，中国银行承德分行认真贯彻落实货币信贷政策，紧跟全市发展大局，落实深化改革、细化管理、强化执行的各项要求，坚持走高质量发展之路，客户拓展、结构调整、转型发展、机制建设、内控管理等工作扎实有效推进。截至2020年12月末，实现净收入6.85亿元，拨备前利润4.85亿元，净利润2.97亿元。

【业务发展】 存款业务系统内领先。深挖存量大户市场份额，并依托有效客户增长提升中小客户贡献度，成功营销阳光资产公司20亿大额存单。坚持全量金融资产理念，加大对理财、基金、保险等投资类产品的营销，做大资产规模。人民币各项存款新增44.73亿元，增幅26.95%；新增市场占比40.45%，四行排名第一位；余额市场占比提高2.41%。贷款业务份额提升。以重点项目、重点企业为依托，加强授信储备与投放。以房贷业务为主体，加快个人贷款发展步伐。人民币各项贷款较年初新增15.22亿元，增长7.78%，新增额市场占比22.69%，余额市场占比提升0.23%。基础客户规模扩大。开展“账户拓展年”活动和“双户双基”拓展专项竞赛活动，并在产品定价和绩效考核中加大对公司客户和账户类指标的激励力度。出台代发薪业务全员营销与维护，实施公私联动营销；加强场景建设，促进场景获客。全年新增公司基础客户1507户，新增个人有效客户4.84万户。

【服务实体】 贯彻落实服务“六稳”“六保”（六稳是指稳就业、稳金融、稳外贸、稳外资、稳投资、稳预期，六保是指保居民就业、保基本民生、保市场主体、保粮食能源安全、保产业链供应链稳定、保基层运转）各项政策，支持实体经济发展。在支持制造业方面，通过贷款、贴现、保函、信用证等产品，为制造业提供超过40亿元的授信支持，制造业中长期贷款较年初新增1.84亿元。在支持民营企业方面，落实“确保民营企业贷款在新发放公司类贷款中的比重进一步提高，并将融资成本保持在合理水平”的监管要求，全年民营企业贷款新增6.3亿元、信贷计划完成率423%，民营企业贷款新增占比17.8%，较年初提高6.1%。在支持重点领域方面，先后为京沈高铁、丰宁和围场的风电项目、塞罕坝国家冰上训练中心项目等投放贷款超过20亿元。紧跟承德市经济结构优化调整和产业转型升级步伐，为钒钛产业、绿色食品、酒制造业等投放贷款4.75亿元。在支持绿色金融方面，严控“两高一剩”行业贷款，大力支持节能减排和新能源产业，优化绿色信贷结构。绿色信贷余额20.46亿元，增长32.51%。在支持普惠金融方面，不断创新金融产品，降低小微企业融资门槛，以特色产业集群为带动，以核心企业为依托，拓宽授信客户准入范围。通过“接力通宝”产品实现无还本续贷，缓解企业到期偿贷压力。对普惠型小微企业实行优惠利率政策，2020年，加权平均利率较年初下降31个基点，同时免收普惠型小微企业全部费用，减费让利金额超过619万元。普惠型小微企业贷款余额7.3亿元、较年初新增2.21亿元，信贷计划完成率123%，新投放户数959户、信贷计划完成率107%。

【转型发展】 贯彻新发展理念，推进转型发展，内生动能持续提升。非息收入价值贡献系统内靠前。加大非息收入拓展力度，加快收入结构调整，提高非息收入的价值贡献，全行非息收入在净收入中占比21.85%。银行卡收入大幅增长，在“致敬白衣天使”“致敬最美教师”优客分期业务中，迅速反应，抢占先机。债券分销业务全省领先，全年分销各类债券39.5亿元，分销量全省排名第二，分销收入全省排名第一。托管业务实现重大突破。成功营销承德银行2亿元投资资金落地。个人金融业务贡献度提升。个金条线收入类指标进步明显，其中净收入3.28亿元，占全部净收入的47.96%，同比提高8.78%。个金条线非息收入8276万元，占全部非息收入的62.87%，同比提高17.56%。个人贷款在全部贷款中占比提高0.56%，个贷利息收入在全部利息收入中占比43.69%，提高6.58%。战略业务取得新进展。落实“一号工程”要求，持续抓好手机银行新增与月活。坚持厅堂拓展、批量拓展、线上拓展、外呼拓展等多渠道相结合，突出抓好四大重点客群渗透率提升。从功能、优势、特惠活动入手，开展全方位宣传，提升手机银行的影响力。手机银行月活客户较年初增长30.76%。

【风险防控】 强化风险意识，牢牢守住资产质量生命线与合规经营底线。不良、逾期贷款实现“双降”。建立风险、条线部门、机构的联动机制，分析资产质量变化趋势，强化条线不良、逾期督导力度，压实管理责任。强化风险过程管控，按季开展授信客户风险排查，并对资产质量真实性及押品有效性进行全面摸底，一户一策制定风险化解方案。持续加大不良清收化解力度，逐个项目落实清收责任制，累计完成不良清收化解9800万元。不良资产余额4366万元，较年初减少801万元；不良率0.21%，较年初下降0.05%。加强内控合规管理体系建设。开展“坚守底线、强化执行”案防合规教育排查、“一把手”讲合规讲案例等活动。以落实七大职责为核心，加强派驻业务经理履职管理。按照“规范化、标准化、精细化”要求，加强运营管理，抓好现金、重空、ATM、对账等重要风险点的管控。依托G-MAP系统，加强预警交易核查。以操作风险地图为基础，以风险为导向，全年完成检查49次。全面风险管理守住底线。全面加强声誉风险、安保、消防、信科、维稳、保密等工作，未发生重大舆情和案件事故。保卫条线在省行考核中被评为A，信科条线排名全省前列，消费者权益保护工作在人民银行消保考核中评为A级第一名。

【机制建设】 稳步推进内部改革。成立交易银行部、普惠金融事业部。宽带薪酬改革落地。做好授信体制改革政策制度传导，强化风险、业务条线及机构的三方联动，提高审批质效。实现网点劳动组合优化全覆盖，智慧运营建设取得积极进展，网点业务流程和服务模式加速转型。持续改进绩效管理。突出价值创造、战略转型、服务国家战略和实体经济、风险管理与合规经营等主要内容；实施网点月度动态评价。发挥费用的支持保障作用。将费用资源向绩效表现良好的机构倾斜，向战略核心业务发展倾斜，以全量客户金融资产、客户、收入等指标为重点，出台费用配置方案，支持业务的健康、有序发展。坚持把政治建设放在首位，基层机构中非轻型网点独立设置的党支部覆盖率达到100%、网点党员覆盖率达到100%。

【疫情防控】 分行党委第一时间学习传达习近平总书记关于疫情防控的重要指示精神，指导网点科学精准做好疫情防控工作。采取开辟绿色通道、特事特办，下调贷款利率、减费让利等措施，认真做好金融服务，支持企业复产复工。认真落实关于做好疫情防控重点保障企业、延迟复工企业授信支持政策，对因疫情遇到暂时困难的企业不盲目停贷、压贷、抽贷、断贷；对涉及疫情防控所需药品及物资的小微企业主、个体工商户，给予下调0.5%的利率优惠。发放人民银行疫情防疫再贷款1.42亿元，投放额及余额均居当地金融机构首位。组织承德市近20家进出口企业代表，参加河北中行牵头，与省商务厅、中国出口信用保险公司河北分公司联合举办的“暖企促贸”政策与产品宣讲会。

2020年中国银行股份有限公司
承德分行领导名录
党委书记、行长：张拥军
党委委员、副行长：孙瑞稳
王　刚（满族）
张瑞军（满族）
秦树安（蒙古族）

（供稿　赵玉智）

中国建设银行股份有限公司承德分行

【概况】 2020年，中国建设银行股份有限公司承德分行团结带领全体员工以新金融视角重塑金融生态、重构金融逻辑、重配金融资源，面对突如其来的新冠疫情和复杂艰难的外部环境，在危机中寻新机，于变局中开新局，取得优异的成绩。截至2020年年末，一般性存款日均余额250.86亿元，日均新增19.76亿元，时点新增34.72亿元；各项贷款余额301.22亿元，新增13.34亿元。

【深化党建引领】 实现党建与业务发展“四同”推进，完善主体责任考核评价体系，制定责任清单，建立督导检查常态化机制。扎实做好信访维稳、安防、案防等工作。抓实安全管理，全年化解出列3名重点信访人员，未发生任何上访或群体性事件。注重企业文化和精神文明建设，2020年，获评“中国建设银行河北省分行文明单位”，星级创建再上台阶，兴隆支行成功创建“千佳”网点。

【支持实体经济】 统筹推进疫情防控、复工复产和“六稳”、“六保”（“六稳”是指稳就业、稳金融、稳外贸、稳外资、稳投资、稳预期，“六保”是指保居民就业、保基本民生、保市场主体、保粮食能源安全、保产业链供应链稳定、保基层运转。）工作部署，深入落实金融助力各项举措，年内对公非贴贷款累计投放110.73亿元，同比增长22.51亿元，涨幅25.52%，同业第一，其

12月28日，承德分行举行“河北省工商联合会、建设银行河北省分行支持民营经济暨百家商会承德分会场”签约仪式

中民营企业投放贷款资金 59.33 亿元，同业第一，占比 53.58%；各项贷款月均新增额 19.35 亿元，同业第一，占比达 36.12%。市委、市政府主要领导多次作出批示，充分肯定承德分行在支持疫情防控、实体经济、乡村振兴等方面的工作成效，为进一步深化 G 端突破打下良好基础。

【重点工作亮点突出】 G 端突破成效显著。率先促成省分行与承德市政府签署《金融助力乡村振兴战略合作协议》，各支行先后与各级政府、部门达成 G 端签约 20 单；抢抓社保卡代发养老金政策机遇，承办区域内社保卡代发率达 85%，月代发额 2.2 亿元；完成省内首笔金融机构基金投资托管业务签约。重点工作扎实推进。两次资产大会战系统内综合排名分列第六位、第三位，获得“奋战 40 天资产大会战优秀分行”称号；大中型、机构项目储备计划完成率均列系统第三；国际业务 3721 金融市场专项活动系统第三；年度外汇考评进入 A 档，是历年来第二次获得 A 档评价；乡村振兴裕农通双 50、双 100 计划完成率均列系统第二，作为全省首批乡村振兴三家平台上线试点行之一，优先享受大屏布放待遇；成功落地晨阳特色存房项目，实现住房租赁业务新突破。业绩指标亮点突出。一般性存款时点新增 34.72 亿元，同业第一；个人存款时点新增 28.9 亿元，同业第一；普惠金融 8+1 口径贷款新增 9.8 亿元，同业第一，占比超 50%；信用卡业务效益贡献保持高位，核心指标同业领先；拨备前利润 7.39 亿元，跃居同业第一。

【风控管理】 不良率、逾期率均控制在省行计划之内。丰宁村镇银行受让贷款全部处置完毕，成为总行系统首家完成受让贷款处置的分行。内控案防责任深入落实。出台方案，细化措施，狠抓执行，在全省内控评价考核中获得第二名，进入 A 类。各类案件风险有效防控。强化安全保卫责任，进一步规范保密、印章、OA、档案征信等工作，落实消费者权益保护和反洗钱要求，严防声誉风险。营运管理水平稳步提升。柜面营运风险管理考核由上年末位提升到第七名，柜面营运业务内控评价由上年第十一名提升至第八名。

【作风建设】 推进“转提暖创”。细化梳理 19 大类、共 345 项减负赋能举措，制定考核方案，加强过程监督，持续将作风建设推向深入。加强精细化管理。梳理各类项目，加强费用管控，实现压降基础运营费用 170 余万元，固定资产管理的相关做法得到省行肯定，闲置资产处置经验在总行层面进行推广。

2020 年中国建设银行股份有限公司
承德分行领导名录

党委书记、行长：杨占林（11 月免党委书记，12 月免行长）
　　　　　　　　葛国锋（11 月任党委书记，12 月任行长）
党委委员、副行长：李　峰（1 月免）
　　　　　　　　池景明（满族，12 月免）
　　　　　　　　何长军（满族，3 月免）
　　　　　　　　许经涛（5 月免纪检书记，6 月任副行长）
　　　　　　　　张秋丽（女）
　　　　　　　　李海霞（女，6 月任）
党委委员、派驻纪检组组长：杨同岗（5 月任）
高级客户经理：池景明（12 月任）
高级专员：马魁卿
　　　　　李洪军（11 月免）

（供稿　王文志）

中国邮政储蓄银行承德市分行

【概况】 2020 年，中国邮政储蓄银行承德市分行妥善应对疫情冲击、经济下行和监管趋严等严峻的考验，实现稳健发展。截至2020年12月末，各项存款余额98.21亿元，各项贷款余额98.76亿元。

【重大决策部署落实】 积极抗击新冠肺炎疫情。第一时间成立疫情防控领导小组，加强防疫物资保障，强化常态化疫情防控工作，未出现确诊或疑似病例。大力推广线上业务，为客户提供安全便捷的金融服务。坚定支持复工复产，为抗疫企业发放贷款1000万元；组织“天使贷”感恩答谢活动，为医护人员发放贷款986笔，1.54亿元。有效履行社会责任。金融精准扶贫贷款净增2681万元。普惠型小微贷款净增3.46亿元。绿色信贷余额15.37亿元，绿色银行建设三年规划目标顺利完成。通过执行优惠利率，承担抵押登记费、评估费方式全年减费让利1286.77万元。

7月22日，邮储银行承德市分行举办送金融知识下乡活动

【零售金融推进结构调整】 零售金融板块深入推进结构调整，促进规模提升。个人金融紧抓活期存款“十大抓手”，开展“稳定期”活动及支行特色客户维系活动，加强VIP客户营销，紧盯代发工资和“四张卡”项目，促进规模提升。个人储蓄存款净增2.06亿元，年日均净增1亿元；新增代发单位67个，累计代发资金18.88亿元。信用卡持续推进异业联盟特惠商圈建设，开展多种形式的特色活动，不断提高业务发展质效。截至2020年12月末，全市异业联盟商圈内商户数72户，年累计参与活动4.3万余笔；信用卡结存卡量8.27万张，同比增长16.03%。网络金融开展“快捷绑卡，送三重好礼”“支付邮礼”B端C端支付等系列活动，搭建“金融+生活”线下活动场景获客平台，全面开展烟草收单商户点对点营销活动，实现快速发展。条码收单业务商户新增3820户，手机银行激活客户新增2.85万户，快捷支付绑卡账户新增4.19万张，邮储食堂会员新增7.21万户，无实体介质账户新增7364户。消费金融按照“抓车贷、稳房贷、促消贷”的总体思路，持续夯实业务基础、优化业务结构、规范业务流程、促进业务转型。消费贷款余额44.54亿元，净增6.33亿元。

【普惠金融加推线上业务】 三农金融按照“小额、分散、强抵押、强担保”的发展思路，坚持“以客户为中心，抢市场挖行业，巩固城乡市场”的发展理念，通过夯实基础管理、加快线上转型、优化产品体系、强化风险防控，实现转型发展。个人经营性贷款余额16.77亿元，净增3.01亿元。小企业金融持续推进平台搭建和精准走访活动，加大线上业务推进力度，实现稳步发展。小企业贷款余额4.88亿元，净增7506万元，同比增长767.8%。公司金融板块深入推进能力建设，促进融合发展。公司存款持续深化“固本提标”，推进非税电子化、大住建项目，公司存款余额19.86亿元，净增3.98亿元。公司贷款重点做好存量贷款支用，贷款余额29.56亿元，净增3.35亿元。交易银行突出网银业务、开放式缴费平台业务和产品叠加工作，网银签约客户1821户，网银开通率78%；开放式缴费平台84户，累计代收超过1000万元。金融同业实施“领导带队、专人营销”策略，实现同业存单业务5亿元，资金托管业务5亿元，转贴现业务0.7亿元，同业理财销售11.5亿元。

【风险管控】 通过市分行和一级支行的同步运行，充分发挥风险管理委员会的平台、决策和协调作用，宣导风险管理政策，确定全行风险政策与限额控制目标，研讨全行突出风险问题，部署重点风险管理安排，督导重点风险措施实施，确保全行风险管控要求充分落实。持续开展资产质量管控。及时制定并持续落实风险与限额政策，明确机构、行业、产品限额目标及预警目标，实行动态跟踪与管理，严守信用风险防控底线。落实资产质量管控目标责任制，加强对超限、触发预警机构督导、预警管控力度，强化逾期贷款常态化管理，加强重点领域资产质量监测、管控、督导，深化资产质量变动趋势的前瞻性研判，资产质量保持较好水平。抓内控案防关键环节。通过“非现场分析＋现场核实”的方式，对20个项目开展尽职检查，开展专项排查，提升反洗钱核心工作质量。在2019年人行消保评分中行列金融机构第一名，评价等级为A。加强授信审批管理。在质量端实行精细化管理，统筹开展信审信管工作，信管方面侧重整体风险监测、防范化解潜在风险隐患；信审方面聚焦客户主体资格审核、还款能力、经营情况、贷款用途等核心环节风险，各有侧重、互为补充，坚守风险底线。在效率端实行限时承诺，审查审批意见具体明确，业务上报无滞点；与前台及时召开业务沟通会及案例分析会，保持风险偏好一致。

【夯实基础管理】 充分发挥人力资源优化作用。有序推进“领航工程”管理人才库建设，优化全行人才储备。开展各岗位综合能力提升培训，提高专业技能水平，重点加强各级行领导持证管理，持证率达到95%。发挥财务管理支撑作用。加强资产负债管理工作，开展利率调查分析，及时出台资产负债利率定价制度并优化管控流程，推广应用限额管理系统，强化资本考核。分阶段制定发展政策并适时对政策进行调整，提高政策支撑力度，确保资源配置的高效性和合理性。发挥运营管理的集约作用。通过系列措施抓基础促提升，运营管理工作水平逐步提升。以多种方式推进客户身份信息专项治理，客户信息治理工作成效显著。

2020年中国邮政储蓄银行承德市分行领导名录

党委书记、行长：刘晓东（11月免党委书记、行长）
党　委　书　记：吕延伟（11月任）
党委委员、副行长、工会主席：
王金奎（满族，12月免）
党委委员、副行长：高永超（12月任）
党委委员、纪委书记、副行长：
李魁鹏（12月免）
党委委员、纪委书记：张会斌（12月任）
党委委员、副行长：杨艳杰（女，回族，1月免）
熊　燕（女，满族）

（供稿　梁寒雪）

中国农业发展银行股份有限公司承德分行

【概况】 2020年，中国农业发展银行承德分行统筹抓好疫情防控、信贷支农、风险防控、基础管理、党的建设各项工作。全年共获批中长期贷款项目12个、金额35.5亿元，中长期贷款项目实现投放17个、金额21.35亿元（含以前年度审批）。全年累放各类贷款27.69亿元，同比增加

0.75亿元，年末各项贷款余额122.28亿元，较年初增加13.91亿元，增幅高于系统内全省平均水平2.25个百分点；贷款平均利率水平较去年下降99.6个BP，累计向企业让利126.25万元。各项存款余额25.6亿元，贷大于存96.68亿元，有效引导社会资金回流“三农”领域，被市政府评为“金融支持承德市经济发展优秀单位”。

【支持抗疫复工】 新冠肺炎疫情暴发后，迅速开通防疫应急办贷和复工复产绿色办贷“两大通道”，推出“六项信贷优惠政策”。向11个县区政府送达《推出六项信贷政策支持地方企业复工复产的函》，促成市政府与省分行采用远程视频方式签署《打好新冠肺炎防疫阻击战，促进经济社会平稳健康发展合作协议》。组织“金融服务团”深入县区开展政策宣介和项目对接，高效响应疫情防控物资生产和复工复产稳就业资金需求，累计发放疫情期间救灾应急贷款1.59亿元，复工复产贷款14.78亿元。与此同时，组织全行干部员工捐款6.7万元，做好8个包保小区的联防联控。

【服务脱贫攻坚】 累放扶贫贷款19.26亿元，其中：投放产业扶贫贷款7.83亿元，保障围场满族蒙古族自治县供销集团和承德富龙农业开发有限公司生产经营流动资金需求；投放项目扶贫贷款11.43亿元，重点支持平泉市第一中学、承德县承实初级中学、平泉市医院、围场满族蒙古族自治县医疗功能园区、塞罕坝旅游扶贫等一批中长期项目建设。向3个深度贫困县投放扶贫贷款12.64亿元，是上年同期投放额的1.6倍；全市7个贫困县连续4年实现农发行扶贫贷款投放“全覆盖”，扶贫贷款余额达到59.45亿元。同时，组织全行员工利用“农发冀购”“农发易购”平台购买扶贫产品，通过“以购代捐”“以买代帮”的形式助力解决贫困地区农产品滞销问题，购买贫困地区农产品13.57万元，帮助销售贫困地区农产品5.13万元。

【保障粮食安全】 坚持把支持粮油收储作为立行之本、发展之基，保障中国人的饭碗装中国粮食。累放粮油储备贷款1亿元，支持各级储备企业收购储备粮食0.94亿斤，维护了全市粮食市场稳定。强化“大市场、大粮食、大流通、大产业”理念，累放贷款0.75亿元，支持承德避暑山庄企业集团饲料有限公司、北京金田麦国际食品有限公司等企业收购、仓储、加工等全产业链经营。积极支持秋粮收购，累放贷款1.06亿元，收购量0.89亿斤，同比增加0.49亿斤。

【支持生态宜居】 全面落实与水务集团签署的战略合作协议，投放水利建设贷款5.17亿元，支持承德市双峰寺地表水厂工程（一期）、承德市西区供水工程、隆化县供排水PPP项目等一批重点民生水利工程项目；围绕自然资源和生态环境建设，累放贷款8.49亿元，支持塞罕坝区域旅游扶贫项目、隆化县城市景观生态治理和乡村振兴建设项目、丰宁满族自治县150MW光伏发电和48MW风电场项目，助力打赢蓝天、碧水、净土保卫战；围绕农业农村基础设施建设，投放0.47亿元农村路网贷款，支持宽城满族自治县国道G508峪耳崖至大地段改建工程项目，促进城乡融合发展。

【助力产业兴旺】 累放1.18亿元贷款，积极支持丰鑫实业有限公司等企业发展生猪储备及全产业链业务，服务猪肉“保供稳价”。以牧原公司生态羊肉、围场满族蒙古族自治县供销集团有限公司蔬菜种植收购、富龙现代农业发展有限公司马铃薯加工为重点，累放1.92亿元贷款，服务“菜篮子”产品生产供应和产后加工，保障蛋、奶、果、蔬等重要农产品供给。累放1.7亿元贷款，积极支持嘉沃生态农业科技有限公司和昊龙房地产开发有限公司农产品仓储冷链物流等现代农业设施建设，促进农业产业结构优化、农业生产提质增效。

【探索创新发展】 在支持丰宁大元公司开发清洁能源项目中，引进优势企业，壮大项目实施主体，为国有企业做大做强探索了一条新路径；在支持滦平孵化中心项目中，探索实施第三方资产过渡性抵押，创新解决企业“担保难”问题，两项创新模式得到农发行河北省分行充分认可，被选入“十大案例”在全省农发行系统内推广。

【推进合规运营】 落实信贷支持“稳企保供”各项要求，做好利息延期支付和调整还款计划工作。扎实做好贷款收贷收息工作，及时掌握项目进度、整体风险信息，综合研判形势，细化管控措施，全力维护资金安全。全年收回到期贷款101笔、金额13.89亿元，收回利息5.64亿元，综合收回率达到99.94%，现金清收不良贷款1110万元。加强财会运营，综合运用会计凭证电子影像系统、新核心系统、远程监控系统、现场检查“四位一体”监督手段，强化基础管理；修订完善差旅费管理、财审委和集采委工作规则等管理办法，确保财务开支合法合规；大力推动全行网银业务发展，年末电子支付业务替代率达到98.28%。

2020年中国农业发展银行股份有限公司承德分行领导名录

党委书记、行长：徐泽湖
党委委员、纪委书记、副行长：马旭辉
党委委员、副行长：王俊臣
薄国梅（女）

（供稿 薄国梅 吴利国 王 爽）

河北省农村信用社联合社承德审计中心

【概况】 2020年，紧紧围绕省联社“五个导向”“四个坚持”和“20字工作总要求”，主动对接市委、市政府发展战略，扎实推进深化改革创新、服务实体经济、调整业务结构、防范化解风险、从严治党等重点工作，全面打赢疫情防控阻击战和业务发展攻坚战，各项工作取得较好成效。截至2020年年末，全辖资产总额1187.10亿元，较上年增加146.42亿元，其中各项贷款639.01亿元，较上年增加34.65亿元；负债总额1101.64亿元，较上年增加142.64亿元，其中各项存款994.10亿元，较上年增加126.87亿元；所有者权益85.45亿元，较上年增加3.77亿元。受新冠肺炎疫情、宏观经济形势以及金融让利政策的影响，利润总额、净利润、拨备前利润和考核利润均较上年同期有所下降，其中实现净利润6.59亿元，同比减少2.97亿元，下降31.09%，达到监管要求 。

【增强服务实体经济能力】 深耕主责主业，助力实体经济。积极落实银保监会“增量扩面、提质降本”要求，紧紧围绕涉农、小微企业、民营经济加大投放力度，助力实体经济发展。涉农贷款增加19.33亿元，占新增贷款总数的55.77%，余额达到464.66亿元；小微企业贷款增加19.62亿元，占新增贷款总数的56.61%，余额达到412.34亿元。落实“六保六稳”，助力复工复产。严格落实延期还本付息政策，大力支持企业复工复产。建立重点骨干企业领办机制，领办企业95户，贷款余额27.96亿元。支持重点物资生产企业7家，贷款金额9300万元。申请支农再贷款18.39亿元，支小再贷款1亿元。做实“双基”共建，推进金融扶贫。实施“双基”共建质量数量双提升工程，评定信用户24.27万户，授信18.53万户，余额254.40亿元，用信11.23万户，余额63.84亿元，授信、用信比例均位居全省第一。扎实推进金融扶贫，加强扶贫小额信贷管理，扶贫小额信贷余额2亿元，不良率为0，获贷率和政策知晓率均达100%；在脱贫攻坚省考和国考中未发现问题，交出“满分答卷”。坚持质量优先，发展移动金融。疫情期间积极推广电子银行产品，确保金融服务不断档；率先上线运行电子社保卡业务，拓展电子社保卡12.92万户，做好社保卡管理和维护工作，发卡数和激活数均排全市银行业首位，在全省农信机构中率先上线居民社保和医保结算行业务；做好业务创新工作，上线智慧公交等新业务产品27种，服务能力进一步提升。

【深化结构调整】 调整存款结构，营销成效显著。实施全员业务综合营销战略，克服新冠肺炎疫情的不利影响，以“开门红”活动为抓手，全力争夺市场份额。与4家银行签订存款利率市场公约，大力压降资金成本。调整考核办法，引导县级行社大力营销低成本存款，低成本存款余额192.12亿元。调整信贷结构，拓展中小客户。在小额信贷上，实行小贷分中心有条件放宽单户贷款最高限额上限和责任认定赔偿制度，细化小贷管理，提高管理效率，小额贷款净增16.11亿元。利用企业金融服务平台和应收账款融资平台精准营销500万元到1000万元之间的优质中型客户，通过银税互动营销B级以上小微企业647户、金额137.47亿元，通过“百行进万企”对接融资企业29户、金额5.99亿元。调整收入结构，稳定经营效益。积极应对新冠疫情和经济下行的影响，着力增加利息收入和非信贷资金收益，实现利息收入49.13亿元，同比增加0.35亿元，非信贷资金收入11.9亿元，同比增加1.7亿元，收益率2.86%，高于全省平均收益率0.12个百分点。

【防范化解风险隐患】 组织开展不良贷款清收处置“擂台赛”再冲锋活动。扎实推进“十二项”清收措施，坚决打赢不良贷款清收攻坚战，累计清收处置不良贷款100.36亿元。开展4类表外不良贷款清查清收治理。切实加强表外贷款管理，着力解决突出问题，减少责任性损失，维护资产安全，共清收表外4类贷款4.16亿元。做好高风险机构化解工作。兴隆县联社通过增资扩股搭售不良、提高盈利能力增加利润留存等方式，不良率、资本充足率、拨备覆盖率等主要监管指标均有提升，高风险机构化解工作取得实质性进展。

【加强案防合规建设】 突出案防重点，开展风险排查。分两个阶段开展业务风险大排查工作。首先针对财务、会计、信贷、员工行为、职工及家属贷款等关键领域开展重点排查，及时消除风险隐患；随后启动全面风险排查工作，将排查范围扩大到全部机构、全部业务、全部人员，全面排查整改风险隐患，为全辖稳健发展提供坚强保障。加强制度建设，完善案防体系。在会计管理上，出台《规范会计管理工作暂行办法》和《柜面相关业务风险检查通报机制》，从操作、检查、问责等多个层面加强管理，形成较为完善的柜面业务风险防控体系。在信贷业务上，把操作风险作为防范信贷风险的核心内容，出台《关于规范信贷业务操作防范贷款案件及贷款法律风险的指导意见》，推动实地见证制度、贷款用途和受托支付环节管理规定落实落地，防范信贷领域风险。在人事管理上，完善《岗位轮换交流管理办法》，全辖基层网点负责人轮岗95人，委派会计轮岗166人，柜员轮岗271人。开展员工异常行为排查，排查员工4034人，排查面100%。强化内审工作，实现全面覆盖。推动内审工作全覆盖，修订《内部审计章程》《内部审计管理办法》等审计制度30余项，完善审计工作机制。成立审计监察大队，完成公司治理、财务开支、不良贷款清收处置等9项检查工作。打造合规文化，加强合规建设。扎实开展“案防治理提升年”活动，逐级签订案防目标责任书、合规操作承诺书3331份，压实案防责任。开展案防合规文化考评工作，评定优秀县级行社2家、良好1家、合格6家，围场农商银行被河北银保监局评为“2020年度河北省银行保险机构案防合规文化建设先进单位”，成为全省农信系统唯一获评此奖的县级机构。

2020年河北省农村信用社联合社承德审计中心领导名录

党委书记、主任：刘　强
党委委员、副主任：冯　琦（满族）
党委委员、纪委书记、副主任：蔡保根

（供稿　吴上卿）

承德银行股份有限公司

【概况】 2020年，面对复杂严峻的外部环境及新冠疫情对实体经济带来的巨大冲击，承德银行股份有限公司（简称“承德银行”）坚持“高质量”发展主线不动摇，坚定实施“集约型内涵式发展、零售转型、金融科技”三大转型发展战略，不断深化“公司治理、人力资源、资产负债、创新研发、内部控制与风险管理”五大机制建设，成功抵御住了疫情冲击和风险考验，全行实现了稳健、高质量发展。截至2020年年末，全行资产总额1562.17亿元，比年初增加210.71亿元，增幅15.59%；负债总额1478.03亿元，比年初增加202.95亿元，增幅15.92%；各项存款余额1142.46亿元，较年初增加113.05亿元，增长10.98%；各项贷款余额693.47亿元，比年初增加57.16亿元，增长8.98%；实现净利润12.16亿元，资本利润率15.15%，资产利润率0.83%；实现各类税金7.19亿元；总资本净额104.21亿元，核心一级资本净额80.66亿元，资本充足率13.90%，核心一级资本充足率10.76%，流动性比例129.65%，拨备覆盖率207.15%，不良贷款率1.80%，各项监管指标全面达标。河北雄安分行正式开业，主体信用评级保持AA+，监管评级保持2C，成功发行15亿元二级资本债；蝉联全国文明单位，荣获年度十佳城市商业银行、最佳普惠金融中小银行、最佳文化建设城商行等多项全国重量级奖项，位列“全球千家大银行”榜单第717位，荣获全国同规模城商行竞争力评价第四名，全行品牌价值和综合竞争力再上新台阶。

【防疫抗疫】 面对新冠肺炎疫情的冲击和考验，承德银行股份有限公司始终站在支持防疫抗疫、助力复工复产的最前线。抓好金融服务，全面支持防疫抗疫。全行干部员工提前上岗，通过提前营业、错峰营业、开辟绿色通道、畅通线上服务渠道等方式满足客户需求，对防疫物资的生产、捐赠等相关客户优先进行办理。全力以赴支持企业复工复产。坚定不移的与政府、企业携手共渡难关，提高特殊时期的信贷资金投放力度，坚持“不断贷、不压贷、不撤贷”的授信政策，最大限度满足企业疫情期间的融资需求，2020年，累计发放授信资金1321亿元，重点支持民营、小微、商户等弱势群体，特别是防疫物资生产、环境综合治理、物流运输等特殊行业。充分利用承德银行的平台、资源、渠道等优势，通过官方微信、网站、行刊推出“代客宣传复工复业信息”服务。积极践行企业社会责任。在人员紧张的情况下，主动协调员工深入社区、街道等开展志愿服务，积极向疫情防控一线医务人员、交警、社区工作人员捐资捐物，累计开展各类慰问活动110多次，筹集和捐赠各类防疫款项400余万元。

【机构发展】 河北雄安分行正式开业，成为全国第一家在雄安新区新设分行并开业的城商行；承德元宝山、大学城、秦皇岛和平大街、廊坊燕郊、廊坊大厂、廊坊香河、石家庄翟营南大街等多家支行开门纳客，金融服务布局持续优化；全行分支机构达到98家，形成覆盖雄安新区国家级战略高地，地跨承德、唐山、秦皇岛、廊坊、石家庄、保定、张家口7座城市，有效辐射京津冀区域的金融服务网络。

11 月 24 日，承德银行股份有限公司河北雄安分行开业暨银企合作签约仪式隆重举行，标志着承德银行正式入驻河北雄安新区，跻身全国乃至世界金融舞台

【转型发展】 承德银行股份有限公司继续以“质量效益”为发展核心，深化业务转型，全行整体收益水平和综合竞争力不断提升。深化零售业务转型。调整零售业务审批权限，上线智慧零售管理系统，全面拓展住房按揭、商业房按揭、保证贷款业务，充分利用再贷款、转贷款、无还本续贷、延期还本付息等政策红利，有效提升运营效率、降低贷款成本、稳定优质客户、提高资产收益。稳步拓展线上零售业务渠道，全年累计发放互联网贷款 725 亿元，贷款余额 159.6 亿元，比年初增长 51.19 亿元，不良率 0.84%，资产质量在全国同业机构中位居前三。微贷总中心、张家口分中心正式成立，微贷余额 24.06 亿元，较年初增加 8.05 亿元，不良率 0.56%。2020 年年末，全行零售贷款余额 326.73 亿元，占全部贷款余额的 47.11%，收入占比 36.27%。加快产品功能线上化转型。升级改造手机银行、微信银行功能，构建智慧医院、智慧校园、智慧交通、智慧社区等金融服务生态圈；上线电子社保卡、享 e 融等产品；与“云闪付”、“满意承德”等线上平台联合推出优惠活动，金融科技赋能水平不断提升。资金市场运营能力稳步增强。全年资金市场实现收入 22.35 亿元，收入占比 29.12%，实现不良资产清零。连续 6 年入围银行间本币市场交易 300 强机构名单，市场业务交易能力和市场形象进一步提升。

【企业文化建设】 承德银行持续加强企业文化建设，不断提升全行员工对承德银行的企业文化认同感和归属感。承德银行企业大学正式投入运营。企业大学正式上线运营，内训师团队成功组建，为员工提供学习成长和职业生涯发展的平台，员工的幸福感和获得感不断提升；承德银行金融学会正式创立。创立金融学会，开展系列课题调研和研讨活动，在全行营造“学习金融知识、研究金融政策、开展市场分析、引导创新创效”的良好氛围，学习型银行建设初见雏形。家园文化建设更具成效。提炼出“敬人、儆己、竞学”“修身、修业、修家”的行风行训，引导员工牢固树立爱国、爱家、爱岗的家园文化情怀；组织开展“新姿态　炫风采”微视频大赛、电子竞技大赛、合规知识竞赛，展示青年员工青春风采。

【风险管理】 承德银行股份有限公司强化合规运营，不断提升风险管理和合规经营能力。加强内控合规建设。开展制度健全性专项排查，全年共新增、修订各类制度 54 个；拉列年度案防重点任务清单，对内外部检查问题、监管重点和整改情况进行“回头看”。强化科技系统保障作用。推进内控合规管理系统建设，建设信息科技研发中心、迁址同城灾备中心，开发智慧零售、股权管理、内控合规、数字化营销等系统，全年共开发、引进、升级各类科技系统 51 项；建设同城灾备中心，开展业务连续性演练，全行科技创新发展能力和业务运营保障水平显著提升。持续营造守法合规的文化氛围。出台合规汇编，举办合规知识竞赛、警示教育、法规速递等活动，员工合规意识和风险防控能力不断提升。

【管理改革】 承德银行股份有限公司加强管理改革，重塑组织架构，优化管理机制，全行专业化管理能力和执行效能进一步提升。实施“大部室制”改革。对原有总行部室职能进行整合，设立零售银行部、综合办公室，进一步提高协同运营能力和整体执行效率。启动“数字银行”建设。新设数字银行部，强化数字对管理、业务、风控、获客各环节的赋能作用。加强专业化管理。单独设立客服中心，逐步打造具备全渠道客户咨询、查询、线上操作指导及辅助操作能力等远程服务平台。单独设立纪检监察室，进一步厘清党委、纪委的职能分工。重塑授信管理机制。对授信业务的管理架构、部室职能、运营流程等进行梳理，搭建信贷人员管理的“五项机制”，总行在分支机构派驻授信风险官，强化信贷人员的选拔、交流、考核、培训，实现垂直化、流程化管理。

2020 年承德银行股份有限公司领导名录

党委书记、董事长：王振廷（满族）
党委副书记、副董事长、行长：张　磊
党委副书记：史文浩（满族）
党委委员、副行长：师文生（满族）
党委委员、监事长：姜　鹏
党委委员、纪委书记：马君慧（女）
党委委员、副行长：张建军（满族）
　　汪　泳
党委委员、董事会秘书：赵广树
党委委员、副行长：丁德民（满族）

（供稿　高　鹏）

交通银行股份有限公司承德分行

【概况】 2020 年，面对新冠肺炎疫情和激烈的市场竞争等异常严峻的复杂形势，交通银行股份有限公司承德分行（以下简称为交通银行承德分行）紧紧围绕省分行党委的战略部署和年初制定的工作目标，坚持以党建工作为引领，聚焦提高盈利能力、夯实客户基础、坚守风险底线、提高管理水平四项重点工作，全体员工戮力同心、攻坚克难，努力推动交通银行承德分行高质量发展。截至 2020 年年末，交通银行承德分行资产总额 28.63 亿元，比年初增加 3.31 亿元，增长 13.1%；各项存款余额 23.32 亿元，比年初增加 0.69 亿元；各项贷款余额 28.31 亿元，比年初增加3.47亿元。全年实现经营利润4168.36万元，增幅 13.7%，经济利润 2111.48 万元，增幅 5.3%。

【服务实体】 围绕承德市“3+3”主导产业，不断调整贷款结构，压降票据贴现业务量，增加一般贷款投放力度。截至 2020 年年末，票据贴现业务余额由 2017 年的 7.8 亿元压降到 0.89 亿元，占比由 45% 下降到 3.8%。资产业务覆盖行业不断扩大，服务区域经济能力不断提升，逐步拓展旅游、医药、城市水务、粮储等行业新客户。不断丰富资产业务种类，稳抓传统流贷、项目贷款授信业务，同时加强与交银租赁等租赁、保险公司合作促进投行业务发展。以为承钢办理保理业务为抓手，发展产业链金融业务，2020 年，累计为承钢上下游企业办理保理业务 94 笔，金额 13.48 亿元。积极落实“房住不炒”的政策导向，2020 年累计发放房贷 468 笔，发放量 2.35 亿元，其中绝大部分都是二手房贷款。切实履行社会责任。普惠两增口径贷款 1.98 亿元，比年初增加 0.6 亿元，两增贷款户数 77 户，比年初增加 25 户，均超额完成全年任务，全年未出现普惠不良贷款。涉农贷款余额 7.2 亿元，较年初增加 2.1 亿元，圆满完成“两个不低于”的任务目标。

【风险防控】 面对“新冠疫情”的不利影响，交通银行承德分行主动做到风险关口前移，严把资产质量关。截至 2020 年年末，各项贷款余额 28.31 亿元，其中，不良贷款 7.39 万元，占比 0.03‰。加强信用风险防控。认真做好客户的用途监控、定期监控和不定期监控、查访工作，运

2月18日，承德市市长常丽虹（右一）到交通银行承德分行对疫情防控工作进行指导检查

用电话、互联网、数据分析、风险监测信息、第三方信息核实等手段开展非现场或现场的贷后检查。疫情期间，在条件允许的情况下，上门核实客户经营、开工状况，做好客户的经营、担保、抵押物等状况的评估调查。2020年，交通银行承德分行未发生相关金融风险。加强操作风险防控。不断强化对员工行为的管控，注重全员风险意识提高。通过学习交流、案例分析，辅以技能培训和警示教育等手段，不断增强员工风险意识，从思想认识上提升防范操作风险的能力。案防管控持续加强，打造合规文化氛围。层层签订案防责任书，压实责任，认真组织开展“五大领域”专项治理、“行长讲合规”、“回头看”等一系列活动，从制度、流程、系统、岗位设置、人员管理等角度进行分析，确定问题成因，堵住风险漏洞，完善制度短板，健全长效机制。

【负债业务】 多措并举，实现储蓄存款和AUM的稳步发展。为全力化解新冠疫情的负面冲击，分行多措施、多渠道抢抓主体指标发展，储蓄日均提前完成省分行下达的全年任务目标，新增2.31亿，任务完成率125%，AUM季日均新增3.46亿，任务完成率115%。对公存款稳定性进一步夯实。持续挖潜重点存量客户，大力拓展新客户，建立健全“高层营销、分层管理”常态化机制，不断挖掘市住房公积金管理中心、承钢、烟草等重点存量客户的潜力，截至2020年年末，市住房公积金管理中心存款余额达5.59亿元，其中定期存款与大额存单达到5.15亿元；市烟草公司0.6亿元，其中定期0.4亿元；承钢及其关联公司1.91亿元；山庄老酒三年期定期存款0.8亿元；拓展创远矿业一年期国际结构性存款0.5亿元。

【盈利能力】 稳步发展传统投行业务，稳定收入基础，2020年，承钢办理融资租赁5亿元，三岔口国家粮食储备库办理融资租赁1000万元。托管项目稳定运行，成功续做长江养老为承钢办理的20亿元“保险债权计划”项目，运行情况稳定。紧紧抓住权益市场窗口期，通过精心组织、大力销售，丰富客户资产配置，全力推进基金、贵金属、期缴保险任务，截至2020年年末，个金条线实现中间业务收入987万元。

【内控管理】 努力提升网点效能，推进渠道升级，网点服务再上台阶。静雅山庄支行顺利撤并，万和城支行迁址升级获批，物理渠道网络进一步优化。以制度建设为基础，努力提高管理水平。针对各板块制定和下发了各项管理办法30个，进一步完善规章制度体系，明确管理职责和各方责任。消保服务争先进位。2020年，交通银行承德分行以争创千佳网点为契机，打造便捷、高效、一流的服务环境，营业部获得中银协千佳文明示范单位奖，消保服务考核位居全省第一位。

2020年交通银行股份有限公司
承德分行领导名录

党委书记、行长：韩晓娟（女，12月免）
党委委员、副行长：孙跃武（12月代履行行长职务）
　　　　　　　　　赵利军（9月免）
　　　　　　　　　薛明慧（9月任）
党委委员、行长助理：李　静（女）

（供稿　殷健凯）

河北银行承德分行

【概况】 2020年，河北银行承德分行克服疫情突发和整体经济下行影响，挂图作战、按图索引、主动作为，在扶持全市重点项目、助力企业复工复产等方面取得好的成绩。全年为小企业客户办理人民银行低利率贷款5900万元，办理复工贷等信用类贷款2839万元。承德分行《成功办理首笔保单担保无还本续贷业务》专报得到市委书记周仲明、市长常丽虹的亲自批示。

【信贷投放】 聚焦生态环保、水源涵养、清洁能源、文化旅游、乡村振兴等重点领域，争取对巴克什营污水处理PPP项目、大元新能源风电、承平高速等重点项目授信支持。为河钢承德分公司、颈复康药业集团、承德国控集团、承德热力集团等客户量身定制服务方案，科学设计产品，为客户降低成本，提高综合收益。做好疫情防控金融服务，积极践行省属法人银行社会责任。2020年，共为受疫情影响的小企业办理延期、无还本续贷等授信业务合计4935万元。

【小微企业贷款】 2020年，充分运用快速贷、年审贷、循环贷、接续贷、防疫贷等特色产品，全面解决小微企业在快速获取融资、有效降低资金成本和及时方便续贷等方面的迫切需求。累计投放各类小微企业贷款7.69亿元，年末余额8.88亿元，较上年新增1.64亿元，贷款投放规模为分行成立以来最高。提供延期还款支持政策。对暂时不能偿还本息的普惠小微企业“应延尽延”，提供展期、变更还款计划、减缓缴纳利息等政策。共办理展期710万元，调整还款计划1150万元，缓交利息贷款达到3375万元，积极助力小微企业渡过难关。提供无还本续贷业务。对资金暂时紧张并在贷款到期前提出续贷申请的小微企业，实行“以新还旧”政策。此外，主动开辟信贷绿色通道，为10余户小微企业办理无还本续贷业务2000万元，大大降低了企业倒贷成本。主动提供信用贷款支持。为进一步支持小微企业复工复产，疫情期间积极推广税易贷、复工贷等信用贷款产品，满足不同小微企业的资金需求，共投放各类小企业信用贷款128笔、2500万元。减费降利减少小微融资成本。施行小微客户分层管理，对不同层级的小微客户执行差异化优惠利率定价，实现更优惠的贷款利率。共发放优惠利率“支小、支农再贷款”5900万元，年度累计贷款投放平均利率较上年下降0.32%，降低小微客户的融资成本，惠企余额达400余万元。

【推进普惠金融】 开业以来，相继推出网银自助贷、享贷等多款个人消费贷款产品，满足居民购房、装修、汽车、大额耐用消费品等消费需求，积极支持全市居民消费升级。“工会会员之家”建设。作为“承德市工会会员卡唯一合作银行”，累计发卡近40万张，拓展特惠商户近百家。目前已实现辖内10个网点会员驿站建设，为广大工会会员谋取普惠福利。开业以来，累计为广大工会会员谋取普惠福利4000余万元。银企银政项目建设。投资百万余元的承德县医院、滦平县中医院“智慧医院”项目上线运行，融合微信公众号、网上挂号、智能缴费和移动支付等功能于一身的产品设计，有效缓解“排队难”问题，提升患者就医体验；投资近41万元的围场妇幼保健院“智慧医院”项目也将于近期上线；投资153万元助力承德县法院智慧法院建设，为优化庭审流程、提高办案效率作出贡献；便民缴费项目建设。与供热集团、水务集团和建投天然气等公司合作，实现在手机银行、网上银行、微信银行以及营业网点智能设备等端口开通暖气费、水费、燃气费、通讯费缴费功能，山庄及周围景区门票已上线，已基本实现全市范围内便民缴费全覆盖，为广大居民带来方便快捷的服务。

【金融扶贫】 践行责任，全力做好项目扶贫、社会扶贫工作。项目扶贫。为平泉、滦平、隆化、丰宁等地重点光伏扶贫项目投放专项信贷资金4亿元，带动3500余名建档立卡贫困户成功脱贫，获得“金融助力脱贫攻坚先进单位”等荣誉。社会扶贫。2017年开始，帮扶承德县三沟镇大老爷庙村，先后投入资金20余万元，该村现已成功脱贫，承德分行驻村帮扶人员被省委组织部授予优秀扶贫第一书记荣誉称号。承德分行《助推光伏扶贫发展，树立良好社会形象》专报得到市委副书记安国富的亲自批示，对承德分行为全市脱贫攻坚和经济建设做出的贡献给予高度肯定。

【疫情防控】 疫情期间提升政治站位，成立领导小组，及时传导省市政府和监管部门疫情防控信息和要求，确保各项制度政策能够坚定执行；确保防控措施落地，坚持每日排查员工健康状况，特殊情况随时报送，做到全覆盖、无死角、无盲区。做好日常防护，及时配备防疫设施，确保防疫物品配备到位，认真做好办公区和营业场所清洁、消毒等工作。严格实行外出报备制度，明确因特殊情况离承人员须由分行行长审批。践行社会责任，成立疫情防控党员干部先锋队，深入社区、街道参与开展疫情防控工作。为各县区卫生防疫部门、医疗单位捐赠防疫物资价值3万余元、捐款1.5万元。

4月18日，河北银行承德分行到锤峰社区开展志愿服务活动

【防范风险化解】 提高风险意识，不断加强风险防控力度。不良率保持较低水平。全年总计收回不良贷款71.37万元，信用卡不良16.52万元，收回各类新增风险贷款超500万元。2020年年末，不良贷款541.83万元，不良率0.10%。滦平“饮马川”项目风险持续化解。分行涉及违建拆除的按揭贷款总计6笔，2020年年末，贷款余额1650.08万元，贷款形态正常，未出现风险劣变情况。

2020年河北银行承德分行领导名录

党委书记、行长：徐晓晨（满族）

党委委员、副行长：张宏斌

党委委员、行长助理：李　波（7月免行长助理任副行长）

习鸿健（10月免行长助理任副行长）

（供稿　李长龙）

张家口银行股份有限公司承德分行

【概况】 2020年，张家口银行股份有限公司承德分行围绕总行“忠诚干净担当年”和“创新创业创造年”两大主题，紧密结合承德地区和本行实际，创新经营思路，强化工作措施，有效拓宽发展空间，持续增强竞争实力。截至2020年年末，各项存款余额57.85亿元，较年初增加4.41亿元；其中对公存款余额7.72亿元，增加0.81亿元；储蓄存款余额50.13亿元，增加3.6亿元。“云闪付”推广10660户，较年初增加7150户。手机银行存量客户80011户，较年初增加44678户；累计开卡157914张，较年初增加53382张。各项贷款余额15.13亿元，综合收息率52.1%。其中公司类贷款余额10.94亿元，公司类贷款实现利息收入4622.11万元；个人类贷款余额4.18

亿元，实现利息收入 2035.11 万元。全年实现无事故、无案件目标。

【疫情防控】 新冠疫情发生后，分行党委立即成立疫情防控工作领导小组，召开线上紧急会议，全面部署疫情防控各项工作，担起疫情防控主体责任，及时备足网点防控物资，严格执行网点测温与登记制度。党员干部主动担责、率先上岗，自愿多交党费，全体员工自愿捐款，全部用于支持疫情防控。各基层党支部积极履行社会责任，向地方政府、公安局、红十字会、社区、学校、商户捐赠物资。

【业务发展】 积极落实总行支持企业复工复产政策和阶段性延期还本付息政策，助力企业恢复生产经营。疫情发生以来，累计发放个人经营类贷款 510 笔 2.39 亿元，共办理延期还本付息 29 笔，涉及贷款金额 62721.5 万元、贷款利息 4431.60 万元。大力营销场景化项目。以渠道场景项目收单业务和代发工资户为抓手，加强与小区物业、自来水公司和学校的合作，搭建线上公众号，实现收缴物业费、收缴水费、学费等线上运行。抓住理财产品向净值型理财转型的机遇，利用净值型理财产品收益高、灵活性强的优势，着力提升净值型理财销售规模，有效转化定期老客户，吸引新客户，增加客户黏性，提高到期客户及资金的留存率，形成低成本活期存款沉淀。全年共销售理财产品 18.96 亿元，理财产品余额 4.81 亿元，其中预期收益型产品 3.09 亿元，九周赢产品 1.34 亿元，好运宝产品 0.38 亿元。

【风险防控】 制定《承德分行诉讼案件集中评审管理办法实施细则》，修订《承德分行内部控制委员会工作规程》《承德分行全面风险管理实施办法（试行）》等办法，内控体系长效机制建设进一步加强。通过开展案件风险排查、绿色信贷专项检查、资产业务合规检查、非法集资专项检查等，及时进行风险预警提示，合规风险管理水平进一步提升。

【拓展客源】 成立惠民服务终端百日大会战活动推广小组，推广惠民终端，确定以新增代发工资户为主要营销群体，结合渠道场景产品和小微易贷等信贷产品开展营销工作。下沉农村，拓宽金融服务半径。在全辖优选小站站点和站长，增设高质量小站，拓宽农村市场。截至年末，成立普惠金融服务站 6 家，新增 2 家。开渠引流，打造公维、预储金专项平台，已成功搭建 5 套系统平台。利用全国复工、复产、复业之机，提前营销各县龙头企业及特色产业，抓住宽城满族自治县和滦平县矿业回暖的时机和围场满族蒙古族自治县医药类特色产业，大力营销矿产、医药类企业，挖掘其上下游企业。

10 月 14 日，张家口银行承德分行于平泉县黄杖子村建成助农取款服务点。图为张家口银行承德分行行长姚力余（左二）为黄杖子助农服务网点揭牌

【企业文化活动】 开展重学企业文化活动。通过举办企业文化共识会、企业文化学习讲堂、企业文化集体活动、企业文化知识竞赛等方式，带动员工重学企业文化，深度领会企业文化内涵，提升员工认同感、幸福感与忠诚度。紧抓培训，着力提升员工素质。以“营销能力、规章制度、综合素质”为培训重点，开展线上线下等多种形式的教育活动，精准提升员工营销能力与专业素质。

通过新课程学习、星火计划培训内容的复习研讨等方式，着力提升分行内训师队伍综合素质，鼓励内训师创新开发一批分行精品课程，提升分行综合培训实力，为分行培训工作奠定坚实基础。提升文优服务水平，创建承德分行服务品牌。进一步细化窗口服务检查标准，明确违规惩罚尺度。统一规范服务流程、服务用语，强化服务态度、考核机制建设，努力培育员工文明服务和优质服务的意识，提高服务水平。加强文优服务督导师队伍管理，督导行部文优服务工作，随时抽查监控录像，保证各营业网点大厅美化亮丽、整齐化一，员工服务精细专业，品牌形象深入人心。

2020 年张家口银行股份有限公司
承德分行领导名录
党委副书记、行长：姚力余
党委委员、副行长：单煜峰
王　玉（满族）
李　明
乔海艳（女）

（供稿　邹丹阳）

中信银行承德分行

【概况】 2020 年，面对各种风险挑战和经济下行压力，中信银行承德分行始终以习近平新时代中国特色社会主义思想为指导，全面落实总分行党委决策部署，以“建设区域最佳股份制商业银行”为目标，坚持转型发展，总体经营呈现良好发展局面。截至 2020 年年末，承德分行一般性存款时点余额 19.02 亿元，贷款余额 20.41 亿元，实现营业收入 8850.45 万元，实现拨备前经济利润 4040.43 万元。

【党建引领】 履行全面从严治党主体责任、健全党的领导机制、严肃党内政治生活、强化党建工

8月30日，中信银行承德分行与承德国控集团开展联合党建活动

作考核、推进党委工作标准化，建设“金运模式”五好党支部，发挥党支部战斗堡垒作用，深入推动党建与业务融合。与承德市国控集团深入开展党建共建，进一步强化双方业务交流，实现了投债 4.1 亿元；通过党费通，服务党员近 1100 人；深入与双桥区老年大学、周边社区开展共建活动，在局部形成中信党建品牌。

【业务发展】 全口径日均存款和结算日均存款实现双增长；交易银行产品实现“3+4”覆盖，完成标准 MBS、团金宝、信 e 池、零钱宝、智存宝、房款宝、mini-MBS 等产品落地。机构业务厚积薄发。2020 年机构存款日均余额 5.73 亿元，较年初增加 3.35 亿元。同业业务稳扎稳打。完成 7 家农信单位年金托管账户开立，实现年金托管全覆盖；普惠国际双发展。普惠金融业务累计投放额突破 1 亿元，完成行内指标的 95%，完成监管口径指标的 190%。充分调研储备新客户。深研分行授信政策，围绕承德市重点产业，将机构客户、战略客户、支柱行业龙头企业及其上下游作为重点目标客户，为 2021 年授信业务打下坚实基础。零售业务指标全面提升。查找短板，根据上级行政策进行动态调整，各项指标全面增长。2020 年开门红，零售条线获评 A 类行。强化过程管理，提升精细化、专业化水平。进一步完善考核激励政策，先后出台绩效积分调整方案

2个，费用配置方案3个，客户活动方案7个。强化前中后台沟通，提升管理质效。通过晨夕会、专项培训对经营单位进行绩效辅导，剖析经营单位指标，制定解决方案。强化零售队伍建设。采用一对一通关、情景演练等方式培养销售能力，优化分户管户规则，引导分层经营，提升管户能力；严格零售队伍准入退出机制，优化队伍结构；全员持证，强化岗位销售能力。

【风险管控】 做好“一户一策”，早谋划、早识别、早安排、早行动，加强临期管理，压降问题贷款25700万元，压退客户4户。强化贷前、中、后管理，召开风险内控会4次、风险例会4次、预警会12次、贷款审议小组14次。通报和分析贷后管理不到位情况，提高定检质量和时效。深入推进案件风险滚动排查。组织5次全行性培训，对各单位进行一对一辅导。累计发现问题46条，已全部整改完毕。夯实内控体系基础。落实分行兼职内控合规干部、兼职合规员管理办法，明确工作职责和考核要求。组织开展专项检查7次，飞行检查9次，强化员工行为排查，开展制度治理，实现22项制度入库。

【精细化管理】 价值导向，明确费用匹配规则。根据业务发展导向，修订考核办法，利用考核杠杆，按月测算考核数据，按季度进行绩效辅导，促进业绩全面提升。实现用信职能平稳移交。制定《承德分行用信管理暨押品管理职能移交运营管理部的工作方案》，成立用信工作移交领导小组，按时间节点，完成用信移交工作。强化督导检查，累计检查38次，梳理问题台账48条，下发检查通报7期，网点业务运营平稳，未发生风险事件。增强服务意识，改善客户临柜办理业务感受。客户满意度大幅提升，收获表扬工单2例，无投诉案例发生。进行人力资源优化调整，优化组织架构。发挥工会群团作用，关心关爱全体员工。制定承德分行“金点子”管理办法，鼓励员工为分行转型发展建言献策，累计提出“金点子”78条，参与度100%。

2020年中信银行承德分行领导名录

党委书记、行长：徐　毅（女）

党委副书记、风险主管：谢　铁（满族）

党委委员、行长助理：徐凤飞

（供稿　刘　强）

农村中小金融机构

【概况】 承德市共设立6家村镇银行，分别为河北丰宁中银富登村镇银行、滦平盛阳村镇银行、围场华商村镇银行、宽城融兴村镇银行、平泉恒升村镇银行、承德县恒生村镇银行。银行网点数量36家，从业人员378人。截至2020年年末，全市村镇银行资产总额79.74亿元，负债总额72.05亿元，实现利润1.08亿元。全市银行业各项存款余额66.17亿元，比年初增加7.72亿元，增长13.22%。各项贷款余额40.52亿元，比年初增加5.98亿元，增长17.31%。

【河北丰宁中银富登村镇银行】 截至2020年年末，该行贷款余额24775.29万元，较年初增加10862.88万元。其中小微企业贷款16578.39万

2020年全年河北丰宁中银富登村镇银行与县、乡政府合作共举办6场“送贷到场”对接会活动，参与观众400多人

元，占比66.92%；涉农贷款余额为19503.29万元，占贷款总额78.72%。当年累计投放贷款878笔，26539.7万元。不良贷款余额为517.31万元，不良贷款率2.09%。年末存款余额34397.81万元,较年初减少3204.65万元。其中，对公存款余额18375.69万元，占比53.42%，个人存款余额16022.12万元，占比46.58%。由于该行定期存款利率较低以及拆迁款下降等因素，存款余额较年初略有下降。全年实现营业收入1887.59万元，净利润462.23万元。在成本管理和费用支出方面，严格落实财务制度及管理要求,坚持勤俭办行,合理配置财务资源,严控“四项”费用支出，成本收入比压缩到47.59%，各项支出控制在年度计划之内。各项监管指标全部达标。2020年末，该行资本充足率39.91%，拨备覆盖率177.44%，流动性比率75.41%，存贷比71.39%，核心负债依存度92.23% ，不良率2.09%。

2020年，坚持从严治党、从严治行的理念，加强党建工作力度，以党建促进业务发展。组织中层以上人员签订全面从严治党从严治行责任书，积极推动党员发展工作。为快速、有效解决农户资金短缺的问题，与政府合作举办多场“送贷到场”对接会活动，受到县乡政府和农户的一致好评，既解决农户的资金需求，又扩大知名度，为该行树立良好的口碑，实现政银企三方共赢。支持企业复工复产，推出抗疫贷、复工贷等产品。同时简化贷款审批与贷后流程。尽量通过贷后数据和非现场数据结合客户口述情况交叉验证，以电话、网银流水等可远程核查的方式作为交叉验证的辅助手段开展审批。为最大限度降低疫情给客户带来的影响，对因疫情原因导致贷款逾期的的客户采取延期还本政策，助力客户渡过难关。2020年有5名客户经理获得总部“抗疫营销金融先锋”称号，1人荣获总部“金牌客户经理”称号。根据监管要求，完成股权托管工作，上线关联交易管理系统和股权管理监测系统，夯实公司治理基础。上线征信系统，降低风险隐患的同时，给客户带来便利。成功举办村镇银行联盟会议，加强与监管和同业的沟通交流。为促进业务发展，打通普惠金融服务“最后一公里”，2020年向总部申请设立普惠金融服务点并获得批准。普惠金融服务点的选址等工作正在稳步推进。

【滦平盛阳村镇银行】 截至2020年12月31日，滦平盛阳村镇银行实现营业收入6243.30万元，超过任务指标1430.08万元，完成任务指标129.71%；全年实现净利润901.29万元，与任务指标相差426.21万元，完成任务指标68.11%；资产利润率（ROA）为0.72%，与任务指标相差0.39%；一般性存款（含保证金）占总负债的85.15%（含保证金)，超过任务指标0.15%，一般性存款（不含保证金）占总负债的84.89%（含保证金)，超过任务指标0.39%。2020年，新发放贷款未出现不良，未超过1%任务指标；拨备覆盖率为179.70%，超过任务指标29.70%；监管评级为3B，完成了任务指标。截至2020年年末，存款总额10.32亿元，超过任务指标0.32亿元，完成任务指标102.30%；零售存款占存款总额的84.16%，超过任务指标7.26%，完成任务指标109.44%；全年新增有效客户数2280户，超过任务指标280户，完成任务指标114%。2020年年末，存款余额102,359.64万元，其中，对公存款16211.95万元，比年初减少5555.76万元，占存款总额的15.84%；个人储蓄存款86147.69万元，比年初增加13545.02万元，占存款总额的84.16%。贷款余额89163.87万元，其中，正常类贷款余额80734.2万元，关注类贷款余额4202.65元，不良贷款金额为4227.02万元（次级类贷款余额416.4万元，可疑类贷款余额1280.99万元，损失类贷款2529.63万元)，较年初增加769万元。不良贷款率4.74%，较年初增加0.04%。积极与政府部门、监管部门开展合作，扩大该行知名度。

参加村镇银行联盟会，获得第二名；参加征信比赛，获得第二名；在疫情期间，捐资捐款；在扶贫工作中，滦平盛阳在行动，捐款、捐物等；获得滦平县实绩突出单位奖励等等。发挥金融支持实体经济，践行社会责任。积极申请再贷款，全年累计申请1.5845亿元，新增0.5845亿元，有力支持滦平涉农、微小企业发展；扶贫方面，积极发放扶贫小额信贷45笔，金额224万元，为滦平脱贫做出了贡献；疫情期间，为防疫物资生产企业主动降息，累计为企业降低利息支出4.1万元，为受疫情影响的小微企业办理无还本续贷167笔，金额26722.9万元，累计减免罚息、复利261.05万元。

3月，开展支持小微企业复工复产宣传活动

【围场华商村镇银行】 截至2020年年末，围场华商村镇银行资产总额52.39亿元，负债总额47.96亿元；各项存款余额44.68亿元，比年初增加5.88亿元，增幅15.15%；各项贷款余额22.69亿元，比年初增加2.24亿元，增幅10.94%；全行实现利润总额1.14亿元，净利润9768.03万元；全行资本充足率22.48%，核心一级资本充足率21.45%，不良率3.77%，流动性比例35.20%，拨备覆盖率200.20%，主要监管指标全面达标。在第七届全国村镇银行综合业务发展情况排名活动中荣获“全国百强村镇银行”“全国村镇银行金融产品与服务创新奖”称号。

面对疫情有效推进复工复产。主动联系受疫情影响严重的行业，以及有发展前景但暂时受困的企业，通过降低利率、增加授信、调整还款期限和展期等方式，支持企业复工复产。全行共计发放支持小微企业贷款192笔，涉及金额2.73亿元，延期贷款120笔，涉及金额1.48亿元。针对部分企业面临营业收入少、成本上升、融资困难等难题，主动提出对疫情发生前经营良好的但受疫情影响暂时遇到困难的企业不抽贷、不断贷、不压贷，做到精准施策，提前介入，并积极落实银保监会、人民银行、延期还本付息政策，对申请的客户做到应延尽延。

严格执行“三查”制度，做到贷前、贷中、贷后调查细致、详实，对核销贷款档案、押品管理、不良贷款清收管理等方面制度进一步修订；开展信贷档案、抵质押物、信贷管理工作等专项审计检查，以问题为导向，加强问责落实；调整贷款审批流程，提高贷款审批效率。建立健全贷款欠息、逾期催收机制，通过强化督导调动、加强考核问责，形成清转有效合力。持之以恒树立“100-1=0”的合规理念。扎实推进各条线全面风险排查，对制度执行、规范管理、风险防范等条线进行排查整改，充分发挥稽核部门的审计监督作用，共开展检查审计7次，剖析发现问题类别45项，提出审计建议14条，风险提示8条，修订完善内控制度69项。严格强化各项制度和责任的落实，有效杜绝各种违规违纪行为的发生。

【宽城融兴村镇银行】 截至2020年12月31日，各项存款余额46166.50万元，比年初增加10504.65万元，完成年度计划的131.31%。各项贷款余额35764.49万元，较上年增加8686.15万元，完成年度计划的144.77%。不良贷款513.22万元，不良率1.43%。资产总额53258.28万元，净利润261.85万元，历年亏损余额678万元。

积极组织存款。采取多种措施，保证各项存款的稳定增长。做好第一季度“开门红”吸收存款工作。将存款年度任务目标细化到人，奖罚分明。充分调动全体员工组织资金的工作积极性，做到存款工作早安排、目标早明确，措施早落实，成效早实现。发动全体员工走村进户下乡营销，利用休息日到周边的个体商户区和周围的居民小区进行宣传。以悬挂横幅、张贴标语、发宣传单、流动式广告、LED滚动屏幕等多种形式进行宣传。

拓展贷款，转变营销方式。受疫情影响，营销的方式主要以电话营销为主，通过发微信朋友圈等方式进行贷款宣传。大部分客户经理主要以学习信贷知识、系统升级流程和进行贷款管理为主。下半年该行充分发挥自身"灵活、方便、快捷"的优势，依托"融信贷"系列产品积极为"三农"和小微企业提供优质、便捷的服务。在贷款投放过程中该行始终将信贷管理与风险控制工作作为重中之重。加强信贷管理，规范业务操作，提高信贷资产质量，在确保新增贷款质量前提下，认真落实客户筛选制，坚持贷前调查、贷中审查和贷后检查的"三查"制度，并严格按照"两增两控"监管要求，控制各项贷款比例，很好地从源头和用途上控制住贷款风险。

加大科技支持，大力发展业务。2020年1月1日，正式对外发放银联卡，截至2020年12月31日，共发放1800余张。在全体员工的共同努力下，顺利地完成V3系统的升级工作，进一步提升服务能力。8月底，已完成授信卡的上线工作，授信卡的使用将进一步丰富该行业务种类，同时也为客户带来更大的便利，实现线上借款还款。

【平泉恒升村镇银行】 截至2020年12月31日，各项存款余额23656.32万元，比年初增加4695.71万元，增幅为24.8%；年日均22129.18万元，比上年增加7125.88万元，完成年度任务89%。各项贷款余额19136.98万元，比年初增加1462.05万元，完成年度任务的14.6%，增幅为8.3%；年日均17426.51万元，比上年增加396.51万元，完成年度任务的4.8%。贷款户数1194户，比年初增加490户，完成年度任务的48.5%。存贷比例为80.9%；五级不良贷款余额315万元，比年初增加279.36万元，占比为1.65%，比年初上升1.45%。各项监管指标基本符合要求。

多策并举，存款工作稳步增长。持续推进"开门红""夏令营""迎金秋"3次劳动竞赛，营造比学赶超的竞赛氛围；完善激励机制，提升营销积极性。利用微信公众号、员工朋友圈、折页、送春联、送金融知识进企业、进农村等多种渠道，加大业务营销宣传力度。制作宣传片，在自媒体及电视台LED显示屏循环播放宣传。实行"走出去"战略，进社区、下村居，开展"扫街式"服务及线上营销，加大营销力度，拓展有效市场。通过全体员工共同努力，至11月30日，全年存款年日均余额21972万元，比2019年增加6969万元，并荣获协会开门红存款争先奖三等奖。

6月22日，在平泉市七沟镇东庄村开展普惠金融营销宣传

持续优化信贷结构，把业务发展着眼点放在"三农"和小微，坚持做小、做散、做基础。以"走村入户、整村推进"为切入点，巩固乡村振兴、复工复产、美丽乡村建设等信贷服务活动，做实增量扩面基础工作。组织客户经理深入村居一线，落实"小额、流动、分散、本土化"放贷原则，加大对"三农"信贷投放力度。按照党中央国务院决策部署及银保监会、上级监管部门的要求，加大对三农、小微企业、个体工商户复工复产支

持。2月10日，出台《平泉恒升村镇银行配合做好新型冠状病毒感染肺炎疫情防控工作方案》（平恒村银[2020]8号），明确支持小微企业复工复产的具体措施。7月2日又进一步完善《平泉恒升村镇银行无还本续贷管理办法》（平恒村银[2020]45号），加强对优质企业的金融服务，着力从根本上解决企业“融资难、融资贵”的问题。丰富信贷产品，大力推广小额信用循环贷款、公积金消费贷款等，有效满足客户融资需求。落实阳光信贷。公开贷款条件，实行“首问负责制”“一次性告知制”、“服务承诺制”，提高办贷效率和透明度。利用贷款利率手段，对大额贷款实行差异化利率管理。通过努力，至11月30日，贷款户数达到1106户，比年初增402户，贷款户均从年初25.1万元下降到16.6万元，下降了8.5万元。

严把贷款准入关，守住风险底线。召开不良贷款听证会，对每一笔不良贷款进行综合风险分析，制订《平泉恒升村镇银行“百日清非攻坚”活动方案》，建立不良贷款精细化管理机制，有目标、有重点予以清收。不良贷款占比从7.7%下降到3.4%，完成协会下达11月末不良贷款下降2个百分点的不良清非攻坚任务。

【承德县恒生村镇银行】 截至2020年12月末，资产总额14001.35万元，比年初减少60.01万元；负债总额10121.44万元，比年初增加59.14万元；营业收入803.02万元，利润总额−125.69万元，所有者权益3879.91万元。存款情况：各项存款余额8325.42万元，比年初减少1534.83万元，年日均存款9590.89万元，较年初增加242.5万元。其中，个人存款余额5647.57万元，较年初增加408.59元，对公存款余额2677.85万元，较年初减少1943.4.3万元。贷款情况：各项贷款余额9382.68万元，比年初增加862.3万元，年日均贷款9439.79万元，较年初增加91.4万元。贷款户数631户，比年初增加299户，户均14.87万元，比年初−10.79万元。不良贷款余额251.39万元，较年初减少42.43万元。主要监管指标情况：截至2020年12月末，核心资本充足率33.54%、最大单户贷款集中度7.23%、前十户贷款集中度40.38%、存贷比112.7%、流动性比例13.51%、不良贷款率2.68%、贷款损失准备充足率127.14%、核心负债依存度64.98%。成本收入比105.85%、资本利润率−3.19%。

找准定位，深耕“三农”。让“走村居、访农户”成为常态化营销动作，通过借助乡镇组织村干部会议的机会，介绍“三农”贷款相关政策，同时根据本地农村特点，做出统一宣传方案，即通过村内传统的用来广播的大喇叭，宣传该行各种产品，提升知名度，扩大营销范围。坚持贯彻“小额、流动、分散、本土化”的经营方针，努力调整信贷结构，全年共退出大额抵押贷款56户，总计4908万。在贷款产品创新中推出“精英贷”贷款产品与村居“两委贷”贷款产品，以及小额信贷产品“家庭贷”，在县域与农村得到各界关注与好评。

运用特色存款产品吸储揽存。定制“贴心存”“恒升盈”特色存款产品，以存款周期长、高利率吸引客户，并组织存款营销活动，针对客户不同存款金额，获得不同积分。并在员工薪酬考核中嵌入各层级员工的定量薪酬考核点，运用特色存款产品吸储揽存，体现多劳多得。

试水三家助农贷款服务点。为助力全县脱贫攻坚，支持复工复产，建设美丽乡村，更好服务“三农”经济，便于乡村的种养殖农户、个体工商户、小微企业主联系沟通，在三家镇设立“承德县恒升村镇银行助农贷款服务联络点”，展示“三农”贷款的特色，公示该行阳光办贷的流程，制作农户贷款需求留言板，公示客户经理每周不少于2个半天蹲点服务。

强化内控工作，梳理工作流程，增强柜面服务。2020年，共制定、修订文件90余个，其中涉及声誉风险管理办法及应急预案、员工亲属回避管理办法、反假币培训工作管理办法、盘活贷款管理办法、不良贷款管理办法等。业务发展制度先行，做到业务操作有章可依、有据可循。根据该行工作中的实际情况，梳理信贷操作流程，梳理财务报销流程、梳理柜面服务操作流程、梳理消费者投诉管理流程等，极大的增强了工作效率。

（供稿　王舒羽）

保险业

综　述

【市场运行】　2020年，全市保险经营主体市级机构40家，其中产险20家，寿险20家。市区营业部21家；县区级四级机构130家，其中财险机构75家，寿险机构55家；乡镇级五级机构155家，其中财险机构39家，寿险机构116家。业务总计收入79.51亿元,同比增加4.44%；占全省3.87%的份额。其中，财产保险业务总收入为24.02亿元，同比增加10.31%，占全省3.69%的份额；人身保险业务总收入为55.49亿元，同比增加1.84%，占全省3.96%的份额。保险业缴纳增值税及附加7654.85万元，同比增加3.14%；缴纳个人所得税1575.56万元。产险公司代收车船税1.67亿元，同比增加5.7%。全年保险公司缴纳及代收代缴税费2.59亿元，同比增长15%，其中，保险公司、保险从业人员直接缴纳税费0.92亿元；保险公司代收代缴车船税1.67亿元。通过吸纳大学毕业生、社会失业人员、农村富余劳动力在保险业就业，以及带动汽车修理、楼宇经济等关联产业发展，为社会提供大量就业机构。全年保险业吸纳承德市就业人员1.77万人。

【助力农业发展】　全市农业保险保障金额308.78亿元，承保玉米258.45万亩，马铃薯、水稻、蔬菜瓜果、西红柿、向日葵、设施农业等86.07万亩，能繁母猪、育肥猪、奶牛、肉牛等牲畜136.6万头；实现保费收入4.05亿元，同比上升30.65%，赔付金额1.52亿元，同比上升42.06%，受益农户104.78万户，减少农业生产意外损失。林木保险承保3303.35万亩，保险金额242.04亿元，保费收入9132.02万元，同比上升2.49%；支付赔款1507.07万元，同比上升41.5%。

【风险保障】　至2020年年底，财产保险公司共承担风险保额29641.45亿元，同比增加139.82%；保险业赔款与给付支出22.89亿元，同比增长5.39%，其中财产险赔付11.78亿元，同比上升11.13%；寿险赔款及满期给付等11.11亿元，与2019年持平。

【强化行业自律】　年初组织寿险公司修订《承德市寿险公司自律规约》和《寿险公司销售人员流动管理自律规约》，本着符合实际、可操作性强的思路，在广泛征求会员公司意见的基础上，结合自律规约执行情况和平泉市保险销售人员分级管理试点工作，对自律规约进行修订，经各公司讨论通过后，以2020版印发执行，目的是规范公司经营行为，防止销售误导，防范风险，尤其是维护保险销售人员的正常流动秩序。组织产险公司讨论制定《车险自律规范标准及约束机制方案》，以累计增速或累计市场份额增加值为监控指标，每周实行数据监测警示，对数据异常，车险业务增速和市场份额超限的公司进行警示。月度评定通报，对车险保费累计增速超上限或累计市场份额超上限的公司，实行自主停止接收新车险业务（指新车业务、转保业务）7天，第二次超上限的，停止接受车险新业务30天的自律约束措施。“自律方案”

在实施的过程中得到了自觉严格的执行。先后有4家产险公司因超过增速和份额上限，执行自主停止车险新业务7天的约束机制。组织产险公司对风险较高的大货车，研究制定承保折扣底限的自律约定。保险协会从9家财险公司抽调车险工作人员组成联合检查组，现场调取各公司数据平台中10吨以上货车承保明细，通过各公司数据平台，对承保折扣进行检查核实。督导有问题的公司及时整改，落实自律的要求。召开车险综合改革工作座谈会，研讨改革后的车险自律规范工作。针对存在的主要问题进行研讨，提出有益建议，比如对车险“保单年综合成本率”实行监控，防止“低价高费”等不理性竞争现象，各公司达成共识，表示共同维护好车险市场秩序，保障车险综合改革的平稳运行。

【提升服务能力】 推进和完善平泉市营销员分级管理试点工作。按照《承德银保监分局关于在平泉市开展人身险保险销售人员分级管理试点工作指导意见》，制定《平泉市开展人身险保险销售人员分级管理试点工作实施细则》《平泉市人身险保险销售人员分级管理试点工作考核办法》和《考试管理办法》，实行销售人员晋级考核＋考试的模式。贯彻落实《中国银保监会关于印发实施车险综合改革指导意见的通知》，确保车险综合改革的平稳启动和顺利实施。组织公司参加省协会组织的车险综合改革专项培训，学懂吃透车险综合改革的有关精神和重要文件。关注督促系统切换测试。实行车险综合改革当天，协会人员到公司一线窗口了解调研车险综合改革情况，并就系统调试的过程、出单的时效、当日保费增量、商业退保情况、客户反响等问题与相关负责人进行深入了解与沟通，确保财险公司车险改革平稳过度，系统切换、测试录单等平稳顺利。利用协会网站、公众号等自媒体广泛开展车险综合改革政策宣传，督促公司在服务窗口放置车险综改资料，让社会了解、认可、理解和支持改革。密切跟踪车险综合改革的实施情况。通过召开座谈会和进行调研，了解车险改革后业务运行情况及市场情况。

8月28日，承德保险协会开展全员车险综合改革学习

【维护行业权益】 为不断提高车险理赔的时效性，切实改善客户服务体验。继续实行车险理赔服务模拟现场查勘测评制度，不定期组织全市财险公司进行车险理赔服务现场模拟查勘测试测评，对提升客户满意度等起到有效的督促作用。

【消费者权益保护】 设立专门部门和岗位受理消费者投诉，建立行业消保工作交流群，与公司建立投诉处理的密切协调沟通渠道，积极稳妥处理投诉事项，最大限度化解矛盾和纠纷，保护保险消费者和保险公司的权益。2020年度共受理保险消费者投诉案件61件，其中，产险21件、寿险40件，做到“事事有回音，件件有着落”，及时妥善处理每个投诉件，化解公司与保户之间的矛盾，维护保险消费者的合法利益。召开全市消保工作培训交流会议，学习《银行业保险业消费投诉处理管理办法》（银保监会〔2020〕3号）、《河北省银保监办公室关于认真做好消费者权益保护工作的通知》（冀银保监办发〔2020〕68号）文件。11月，组成调研组，到部分公司开展消保工作现场调研，并召开消保工作座谈会，进行经验交流和工作研讨，尤其是对利用12378维权专线的一些不合理投诉甚至恶意投诉带来压力和产生不当得利现象等难题，集中表达诉求，并探讨寻求破解之策。为解决疫情期间各会员公司诉讼难问题，进一步推进互联网诉讼工作，组织全体会员公司法务岗、理赔人员按时参加河北省保险行业协会联合石家庄市铁路运输法院举办网上诉讼流程相关培训。就如何通过河北法院网进行网上立案、网上缴费、网上送达、网上阅卷、网上质证及网上开庭等内容系统学习。

【道路交通事故处理】 推动道路交通事故损害纠纷网上数据一体化处理工作。配合市中院等相关部门做好道路交通事故损害赔偿纠纷“网上数据一体化处理”的平台完善运行工作。截至2020年10月，承德市辖区11个县共接收申请调解案件量480个，申请调解金额1792.67万元，调解成功金额1100.56万元，调解完成409件，调解成功369件，调解成功率90.2%。实现道路交通事故损害赔偿多元化解决机制，做到让信息多跑路，让当事人少跑腿，实现方便群众和节约资源的双赢。

【反保险欺诈】 发挥“寿险理赔交流”平台作用，实行信息共享，公司互查投保、理赔案件263件，避免和挽回经济损失112.11万元。通过排查既往病史多家公司投保、排查重疾险多家公司理赔情况、排查是否存在投保、理赔异常现象等问题，排除高危客户逆选择、减少保险欺骗案件发生率。组织召开产险反保险欺诈工作座谈会，传达学习河北银保监局办公室《关于运用大数据开展反保险欺诈工作的通知》的工作要求，交流反保险欺诈工作开展情况，推动反保险欺诈工作机制的不断完善，加大反保险欺诈力度；协会每月给产险公司提供反保险欺诈案件数据信息，助力行业反保险欺诈工作 。1—11月，各产险公司共查处涉嫌保险欺诈案件725 件，涉案金额 4069.26 万元，维护保险公司自身利益。

2020年市保险协会领导名录

会　　长：张立春（满族，12月任）

副 会 长：任宝林

秘 书 长：吴静云（女，满族）

（供稿　任宝林　赵　璇）

中国人寿保险股份有限公司承德分公司

【概况】 2020年，中国人寿保险股份有限公司承德分公司系统共有正式员工404人，在全市各县区设立四级机构11家。全年累计实现首年期交3.34亿元，达成比全省第八；全年累计实现保障型10年期1.91亿元，达成比全省第四；全年累计实现短期险1.23亿元，达成比全省第六。中标“城乡居民大病保险”“城镇职工长期护理保险”、“城乡居民医保意外伤害认定调查外包服务项目”。个险代理人全年月均持证人力6865人，银保保规队伍客户经理举绩率、客户经理实动人力达成省定目标。团险渠道全面达成各项队伍考核指标，综合排名全省第一。保持市场领先地位，总体市场份额37%，全市寿险行业第一。短期意外险赔付16431件，金额5713.47万元；长期寿险给付3590件，金额7993.09万元。

【提升客服工作水平】 理赔时效47天，死亡重疾率0.27，较2019年的0.59显著改善。新单犹豫期电话回访成功率100%，客户电子化回访替代率94.98，亿元保费投诉量0.42，始终控制在0.6以内，监管转办有效投诉发生量8件；投诉撤诉率63%。

【落实支农惠农政策】 通过与当地政府沟通协作，取得政府相关部门的支持和配合，大力发展惠农小额保险业务，积极服务当地民生。“农村小额保险”专门针对农村家庭设计，按户计收保费，每户100元，保险期限1年。保险金额按全家人口数平均分摊，意外伤害及伤残保额3.6万元，意外医疗保险金额9000元，另外还有定期寿险500元／人。全年仅农村小额保一项，中国人寿便提供高达33亿元的保险保障，为出险农民减轻医疗费用压力，发挥家庭“稳定器”的作用。

【风险保障】 借助金融机构平台，积极为贷款人提供风险保障。通过与金融机构建立兼业代理协作关系，由金融机构代办“国寿安心贷借款人意外伤害保险”。“国寿安心贷借款人意外伤害保险”以在国家正式金融机构借款的借款人为被保险人，按照借款金额的5‰收取保险费，以借款金额作为保险金额，保期1年，被保险人一旦遭遇意外伤害而致死亡或残疾，公司将向贷款金融机构支付保险赔偿金（死亡的按保额赔付，伤残的根据伤残评级程度赔付），既减轻借款人及家庭在借款人遭遇重大意外伤害后的还贷压力，还在一定程度上为金融机构按时回收信贷资金提供保驾护航作用，对推动实体经济特别是小微企业发展发挥积极促进作用。

【开展普惠型民生保险】 积极参与社会保障体系建设，通过参与政府招标工作，成功中标承德市政府2020年“城乡居民大病保险”“城镇职工长期护理保险”“城乡居民医保意外伤害认定调查外包服务项目”，进一步推动政保业务持续稳定发展。

【履行社会责任】 积极履行社会责任，服务承德经济发展。为贫困人群撑起“保护伞”，与扶贫办签署合作协议（省公司签署，地市落实），助力承德脱贫攻坚，为贫困人口成功承保“扶贫保险”业务，扶贫保险业务按照贫困人群分类计收保费，每人保费在100—300元之间不等，因疾病住院，依据治疗费用金额，按照不同比例予以报销。全年为17.62万人提供总保额高达46.73亿元的扶贫保险保障。

2020年中国人寿保险股份有限公司承德分公司领导名录

党委书记、总经理：张立春（满族）
党委委员、纪委书记、副总经理：李晋生
总经理助理：芦佳傲
夏景坤（3月任党委委员，9月任总经理助理）
党委委员：张春英（女，11月任）

（供稿　鞠嘉宝）

中国太平洋人寿保险股份有限公司承德中心支公司

【概况】 2020年，在疫情突发和行业下行的双重夹击下，中国太平洋人寿保险股份有限公司承德中心支公司凝聚承德太保人的智慧、激情和力量，努力加快形成发展新动能。个人业务渠道通过“生力军、新锐军、王牌军”的三军共振，坚持稳中求进，着力实施“产能突破、架构突破、收入突破”的三大突破；团体业务渠道坚持“走实走稳”，持续推进团体业务高质量发展，通过“双创、双控”，实现“双升、双降”，努力构建健康稳定发展的生态圈；共享资源平台与业务条线一道，落实“三条军令”，全员为一线服务，以解决问题为唯一标准，以赢得胜利为唯一目的。通过上下共同努力拼搏，基本实现预期目标。大个险年度标保达成104712万元，全国排名第八，同比提升3个位次。在省内保量提速，总量全省第二，年序时全省第二。规模保费188514万元，当地市场排名第二；个险期缴19378万元，市场份额占比33.9%，排名第二；10年期及以上期缴16680，市场份额占比36.1%，当地市场排名第二。团体业务条线新保业务收入1.79亿元排名第五，年度达成率113%，排名第三；短险业务收入1607万元，排名第七，年度达成率81%，排名第七；团险期缴标保年度业务收入520万元，排名第三，年度达成率83%，排名第七；金融期缴保费年度业务收入128万元，排名第六，年度达成率62%，排名第六；团个协同达成率597%，全省排名第二；医个协同达成率339%，全省排名前三。

【保险理赔】 全年个人赔案5680件，赔款1.43亿元，调查工作量3398件，同比持平，人均工作量达679.6件/人。移动应用作业进一步强化，理赔太e赔案件2376笔，赔款7154万，云调查、语音反欺诈识别系统上线，客户体验极速理赔，获得业务条线及客户赞誉，取得良好市场口碑。

【业务品质提升】 响应监管要求，开展多个专项排查工作，2020年市场乱象整治“回头看”工作、保险中介市场乱象整治工作、意外险市场清理整顿工作、承德市银行保险业机构金融放贷领域专项整治工作、银行保险领域扫黑除恶专项整治工作，开展防范非法集资及反洗钱宣传月活动，迎接人行金融稳定性自评估现场检查及银保监及行业协会合规文化活动现场调研。工作开展情况及工作结果均按要求报告当地监管部门，通过排查及迎检促进中支业务品质的提升。

【风险管理】 强化公司风险管理，提升内控管理水平，开展2020年内控自查与风险识别评估工作、全面风险排查、产品宣传、培训材料排查、非法商业保险活动风险排查、非法集资风险排查、“利剑行动”“阳光行动”专项排查；完成4家四级机构负责人履职检查；配合做好华北审计、总公司利剑现场检查工作；加强法治工作，做好案件诉讼，诉讼减损率全省名列前茅；做好合同合法合规性审核，避免经营风险。

【开展反洗钱活动】 完善反洗钱组织架构，及时调整反洗钱工作小组成员；加强内控制度，制定承德中支洗钱风险管理办法。反洗钱专题培训10次，受众人数超过7300人次；贯彻宣传《反洗钱法》，累计开展反洗钱宣传活动59场，发放宣传资料2500余份。制作反洗钱宣传视频，承德市合规文化活动中被保监局评为二等奖。加强反洗钱年度自查工作，确保不出问题；严格履行反洗钱义务工作，及时向人行报送各种报表。承德中支被中国人民银行承德中心支行评为反洗钱工作优秀单位，获行业最高评级BBB等级（承德保险行业最高级）。承德中支被中国人民银行承德市中心支行评为年度执行人民银行金融管理政策综合评价A等级。

【助力普惠金融服务发展】 承德中支助力市工会普惠金融服务发展，为完善承德市广大工会会员综合意外保障，助力工会普惠金融服务发展，加强对工会会员意外事故后家庭经济的帮扶，与承德市总工会合作为全市工会会员承保团体意外保险业务，自2017年至今已连续承保4年，每年为近20万工会会员提供意外保障，承保保费303.2万元，累计赔付272笔，赔付金额160多万，切实发挥保险保障的作用。获承德市总工会颁发的“承德市普惠金融优秀商户”奖牌。

【助推脱贫攻坚】 组建2个驻村帮扶工作队，筹措资金，在东营村修建路灯、路面硬化、村部改造、配置办公设施等基础设施建设中投入资金25万余元。结合“7·1”党员活动，现场为扶贫村累计捐款2万余元；公司中层以上党员干部对东营村村民结对帮扶，每人帮扶一户，入户走访，送慰问品，谋划脱贫项目；帮助东营村引进的资金建设了晚桃种植项目，入股所得分红作为村集体收入。

【举办宣传活动】 7月8日，为落实省、市保险行业协会及河北分公司工作部署，做好2020年“7·8”全国保险公众宣传日活动相关工作，以“同心同在，我们在一起”为活动主题举办各种活动，传播保险理念；柜面及四级机构大厅张贴海报、易拉宝，展现良好的企业风貌；结合聆听客户之声活动，认真聆听柜面客户吐槽和抱怨的痛点问题改进建议，总结业务流程优化建议。参与“全民问答 健康科普”线上答题活动，走进社区开展行业宣传，普及金融保险知识，加强互动交流；提升线上服务能力，为客户带来更加便捷高效有温度的服务体验，将保险科技真正融入到行业发展和群众实际生活中。多种形式广泛传播，扩大宣传效果和影响力，为保险行业形象持续改善和社会保险公众意识不断提高起到积极推动作用。

7月8日，中国太平洋人寿保险股份有限公司承德中心支公司在双滦经济开发区举行保险公众宣传日活动

2020年中国太平洋人寿保险股份有限公司承德中心支公司领导名录

党委书记、总经理：任翔州

党委委员、资深副总经理：张艳艳

党委委员、纪委书记、高级副总经理：王楠勋

党委委员、副总经理：刘春阳

（供稿　王　娟）

中国平安人寿保险股份有限公司承德中心支公司

【概况】 中国平安人寿保险股份有限公司承德中心支公司下辖滦平支公司、隆化支公司、滦河营销服务部、承德县营销服务部4个营业网点。2020年实现保费收入16280.6万元，较2019年同期减少1.75%。个险营销渠道业务累计保费收入11601.06万元，占总保费收入的71.26%。公司直销渠道业务累计实现保费收入3904.54万元，占总保费收入的23.98%，成为公司近年来成长迅速的保费收入渠道。银邮代理渠道业务累计实现保费收入775万元，占总保费收入的4.76%。累计退保金支出1332.74万元，同比增长17.26%；满期给付390.04万元，同比下降16.83%；赔款金额43.01万元，同比下降58.46%，实现全年纳税总额126.76万元。

【合规经营】 全年未发生司法案件、监管处罚和重大违法违规问题。公司通过建立专职、兼职合规人员及管理层合规考核机制，促进合规工作有效落地；通过不定期开展合规宣传培训，有力提升内外勤人员合规意识，树立合规经营理念；通过建立内控管理、制度管理、督察防控管理等体系机制，防范公司内外勤人员可能出现的违法违规问题。全年组织开展“扫黑除恶”“合规文化建设活动”“意外险市场清理整顿专项自查活动”等多项风险排查与宣传活动，取得较好成效。满期给付保持总体平稳，客户投诉呈下降趋势，未发生重大投诉和群诉事件。

【服务客户】 2020年，公司有效总客户数为47168人，公司以客户需求为目标，持续推动以“金管家”为核心工具的线上主拓活动，并创造丰富线下触客场景。通过线上话题与线下场景有效结合，助力队伍实现有效的客户经营。9月，

9月，在客服节上，平安人寿承德中心支公司携手樊登读书会，开展关于如何正面管教孩子的专题讲座

举办了以“平安相伴，健康守护”为主题的客服节活动。由平安人寿承德中支客服部携手樊登读书会共同开展，针对当下年轻父母最关注的教育问题，展开如何正面管教孩子的专题讲座。

【服务经济建设】 贯彻监管部门各项决策部署，积极落实总、分公司各项要求，一手抓疫情防控，一手抓日常经营，充分发挥金融服务功能，众志成城，共同抗击疫情，做好客户服务。通过开展保险捐赠服务社会，为身处一线的医护人员及其家属、社会人员提供无偿保险捐赠。针对疫情扩展保险责任、优化改进服务、开展疫情防控志愿服务积极，履行社会责任。

2020年中国平安人寿保险股份有限公司
承德中心支公司领导名录
总　经　理：郭铭洲（6月免）
副总经理：蒋海涛（6月任，主持工作）
总经理助理：吴春晖（11月任）

（供稿　胡　然）

中国人民财产保险股份有限公司承德市分公司

【概况】 中国人民财产保险股份有限公司承德市分公司（以下简称“公司”）是中国人保财险在承德地区设立的三级机构，公司在全市铺设55家营业网点，在职员工560人。公司保险服务网络实现市、县、乡、村全覆盖，保险保障服务覆盖机动车辆保险、家庭和企业财产保险、农业保险、责任信用保险、意外健康保险、船舶和货运保险等各个领域。2020年，获评人保集团“五一劳动奖状”、全省系统“新冠疫情防控先进集体”、河北省银保监分局“2020年度河北省银行保险机构案防合规文化建设先进单位”称号，承德保险行业协会“2020年度承德保险机构合规文化建设作品一等奖”。自2012年起，连续9年在承德保险行业协会组织的“保险理赔服务现场查勘测评”中拔得头筹。

【健全保险保障体系】 公司充分发挥技术、人才、服务优势，在民生保障、社会治理、灾害救助、支农惠农等领域，全方位发挥风险保障作用，护航承德经济社会发展。2020年，累计为全市提供17631.72亿元的风险保障，同比增长283.01%，累计处理各类赔案49987件，支付赔款4.77亿元，同比增长16.57%，缴纳和代缴税款9611万元，有效发挥社会“稳定器”和经济“减震器”的作用。其中，在双桥区辖内机构共收取保费3.08亿元，处理赔案1.82万件，支付赔款15770.03万元。机动车辆保险共计承担风险保障金额2288.87亿元，处理交通事故34743件，支付交通事故赔款2.86亿元。

积极对接脱贫攻坚和乡村振兴战略，贯彻国家省市扶贫政策，围绕“扩面、提标、增品”不断提高农业保险保障水平，持续做好防贫保险服务工作。截至2020年年底，共开办农业保险险种49个，覆盖了全市农、林、牧领域主要农作物和畜禽的主要品种，共为20.26万农户、96.32万亩农田、63.80万头牲畜家禽、1470.74万亩森林，提供了123.71亿元的风险保障，共计受理4.53万户农户索赔；通过模式创新、产品创新，持续加大贫困地区特色农业产业支持力度，通过“政融保”模式支持隆化肉牛产业发展，在围场开办马铃薯价格保险，公司累计为隆化肉牛产业提供风险保障8.29亿元，涉及全县25个乡镇，362个村，6290养殖户次；累计为围场13972户的22.05万亩马铃薯提供风险保障6.06亿元，其中涉及贫困户11087户，面积8.25万亩，累计提供风险保障2.27亿元；在脱贫攻坚战的过程中，公司为全市存在致贫和返贫风险的重点人群提供保险保障，探索建立一套保险兜底防贫长效机制，2020年，承办10个区县的防贫保险，覆盖人口89.27万人。

3月18日，人保承德市分公司在围场县对设施农业大棚进行承保验标

配合政府职能部门探索社会综合治理体系改革，不断健全社会风险管理和社会保障体系，大力发展环境污然责任险、食品安全责任险、校园方（教职员工）责任险、医疗责任险等业务。2020年，为配合应急管理局提升高危行业安全生产水平，公司将安全生产责任保险作为发展重点，全年为全市451家企业，7387位从业人员，提供83.91亿风险保障，覆盖煤矿、非煤矿、危险化学品、烟花爆竹、交通运输、建筑施工、民用爆炸品、金属冶炼8大行业；致力于深入推进“一盔一带”安全守护行动，与承德市公安局交通警察支队联合开展“上保险送头盔争做文明骑手”活动，共销售摩托车和电动自行车第三者责任保险近2000份，提供风险保障金额2.4亿元；为提升工程建筑领域风险补偿救助水平，公司积极发展建设工程履约类保证险业务，2020年，在建设工程完工履约保证险、农民工工资支付履约保证险上实现突破；新冠肺炎疫情下，为最大程度满足政府应急管理系统建设需求，在宽城承办突发公共卫生事件应急救助保险。

【捐资抗“疫”】 2020年初，为支持全市疫情防控工作，公司从主动承担国有央企的社会责任出发，向承德市赴鄂的59名医护人员和全市487名一线医务人员及防控人员提供保额2000万元的保障。捐赠情况被市金融办以快报的形式报市委、市政府，市委书记周仲明在快报中批示“承德人保财险第一时间为奋战在一线的医护、防控人员捐赠保险献爱心，他们的做法值得我们各单位学习”；市长常丽虹批示“做法很好”。同时，为在疫情特殊时期，进一步支持脱贫攻坚，解决驻村干部后顾之忧，公司向全市2798名驻村扶贫干部赠送“新型冠状病毒肺炎疾病保险”。

【支持复工复产】 疫情及复工复产期间，公司积极贯彻落实金融服务政策，加大产品供给，为企业员工和个人提供法定传染病（包括新型冠状病毒肺炎风险）确诊、身故和住院津贴等保险保障。全年公司累计办理该险种240余笔，承担风险保障金额36.58亿元。公司打破常规、靠前服务，针对因新型冠状病毒肺炎引起的重疾、医疗或者疾病身故的客户，推出包括“取消条款等待期限制”；取消“特定传染病”免责限制等6项专项支持举措，全面放宽保险理赔条件。立足特殊时期帮助客户纾难解困，积极为受疫情影响、有办理保险延期需求的企业和个人营运车辆进行保险延期批改处理；酌情对企财险客户进行保费优惠，帮助客户缓解短期资金压力。

【肉牛保险】 2020年，公司持续加大科技投入，在隆化率先引入“牛脸识别”和“肉牛智能监管”等新技术平台，利用数字化、AI识别等技术，对传统肉牛保险操作流程进行更新优化，实现对存栏数、出栏数、防疫数量、无害化处理数量等生产经营情况的精准掌握，简化业务流程，大大提升承保、理赔效率。同时，新技术也有效解决业务开办过程中虚假标的、重复理赔等道德风险问题，2020年隆化肉牛保险的出险率由之前的4.95%降至2.76%，下降2.19%，肉牛保险整体风控水平得到提升，有效保护财政资金的使用效益，推动肉牛产业健康良性发展。

【交通事故“快处”一体化】 2020年，公司与承德交警支队联合开发的“警保联动交通事故远程快处中心”落成，实现轻微交通事故的可视频远程处理。“警保联动交通事故远程快处中心”由公司和承德市公安交警支队联合开发，平台利用视频通讯的功能让交通事故当事人与公司及中心民警建立视频通道，实现接处警、远程查勘、远程调解、线上认定、警保联动等功能。平台将交通事故现场、交通事故当事人、事故民警、外勤民警、保险公司等节点有机联合起来，建立立体化交通事故处理体系，实现线上快速处理交通事故，在方便群众的同时，也节省大量的警力和社会资源。全年，承德数字化平台共受理案件18814件。

2020年中国人民财产保险股份有限公司承德市分公司领导名录

党委书记、总经理：王　青（7月免）

杨延波（7月免副总经理、任党委书记，9月任总经理）

党委委员、副总经理：鲁振申（满族）

党委委员、总经理助理：马存军（6月任党委委员，8月任总经理助理）

于灵江（女，满族，8月任）

（供稿　朱多多）

中国太平洋财产保险股份有限公司承德中心支公司

【概况】 2020年，承德中心支公司认真贯彻落实中支公司既定发展目标，坚持“对标对表”，确保“双优双对标”“双向双优化”，全力推动阶段性核心工作有效落地，在全辖干部员工的共同努力下，较好的达成各项工作计划，全险种保费收入42637万元，超额完成年度任务目标，保费增速同比提高14.82pt，预算达成率98.47%。市场份额17.69%，同比上升0.67pt。综合成本率87.63%，完成了分公司考核挑战值，优于全省95.01%的7.38pt，优于行业和主要同业。其中车险实现保费收入23012万元，综合成本率97.01%；非车险实现保费7213万元（不含涉农保险），综合成本率76.29%；农险实现保费12413万元，综合成本率71.21%。整体实现承保利润4406万元，完成既定经营发展目标。

【确保车险业务增量】 车险业务保持良好发展势头，条线整体布局，全盘考虑，强化业务节奏前置，强化业务追踪和监控，持续优化业务结构，改善业务品质，确保业务增量。持续提升续保率，个人客户商业险续保率74.7%，同比提升3.9pt，达成了分公司74%的考核目标值，超续保大会战74%目标值的0.7pt，高于全省平均61.1的13.6pt。

【发展非车险业务】 截至2020年12月31日，全口径入账保费7213万元（含个信保1607万元），预算达成100.88%。剔除个信保入账保费5606万元，预算达成率98.35%，低于全省平均增速。按照中支非车条线经营目标，进一步明确非车险发展方向和工作重点，强化客群经营理念，从客群角度出发，重点发展企客类、银保类和政保类业务，持续推动传统业务和创新型业务开展。个信保业务增量明显，月平台保费规模持续上升，全年完成保费收入1607万元，提前达成分公司年度考核1550万元的挑战值。为客户提供风险保额4447万元，任务目标达成107.1%，整体发展势头良好。

【农险条线经营】 2020年实现保费收入1.24亿元，完成全年任务目标的106%，市场占比29.19%，行业排名第二位。综合成本率71.21%，优于分公司平均水平11.58pt。在产品创新上，“万寿菊种植保险”“日本钢葱价格指数保险”“地方特色肉牛保险”等产品，陆续上线农险核心系统，成为农险保费新的增长点，有效支撑地方特色种养殖产业发展，实现良好的示范作用；在理赔管理上，完成大田作物的理赔定损工作，通过在重灾区平泉、围场等地利用卫星遥感、基层实地查勘相结合的方式，准确评估损失情况；在基础管理方面，按照年度试点计划，对高新技术应用、网络公示等工作进行推进，大幅降低一线人员劳动强度，同时也显著提高承保、理赔精准度；在合规管理方面，条线从档案管理、系统录入等方面开展自查与互查，对承保、理赔管理工作坚决不放松，做到依法合规经营。2020年承德中心支公司荣获总公司农险条线年度农险经营优秀中支公司、分公司年度农险发展卓越奖；隆化支公司荣获总公司年度农险经营优秀县支公司、分公司年度发展突破奖称号；平泉支公司荣获分公司年度发展突破奖称号。

【保赔联动】 车险理赔，夯实基础，加快案件处理速度。重点对大额人伤案件、大额车物损争议案件逐笔分析，加大案件跟踪力度，提高与客户沟通频次，推出线上调解、电子单证、流程简化等系列举措，全力甩掉包袱，为全年工作夯实基础。截至2020年12月末，未决件数控制在1075件，较上年末减少104件，“331、630、930、1231”各时点已决估损充足率均在97%–105%目标值以内。提升服务，通赔瓶颈寻突破。针对“太好赔5.0”推出通赔案件处理的系列举措，优先打破通赔案件瓶颈，截至2020年12月末，通赔万元以下案均报案支付周期达成8.1天，同比优化35.1pt。同时结合“金钥匙”“公路侠”等特色服务内容，持续提升公司社会形象。非车险理赔以“专享赔3.0”服务品牌为抓手，积极在保赔联动上持续发力，风险查勘有成效，业务发展理赔全程跟进，重客尊享全流程服务。非车险理赔充分发挥理赔支撑业务拓展的服务能力，从协同展业、风险走访到大型工程项目的持续助力，有效融合销售前端，创造价值。定期与业务人员对辖内企业进行风险走访，协助业务前端分析业务品质、展业重点方向、重大案件影响，努力在全司形成“风险查勘总动员”工作机制。与医责险、企财险、承运人等重要客户建立联席会议制度，定期上门沟通未决案件，加快未决清理力度，提升客户体验。

【合规经营管理】 根据监管部门以及总分公司工作部署，组织开展非法集资宣传和打击治理网络诈骗活动、“全民国家安全教育日”宣传活动，开展了市区业务档案检查、保险业务经营许可证管理自查、金融放贷领域专项整治等工作。按照承德银保监分局“合规文化建设活动”“案防合规文化建设”的工作要求，积极落实文件精神，制定实施方案，在全系统持续深入合规文化建设活动，签订合规承诺书，集体承诺宣言，进行员工行为排查访谈，在职场设置合规提示桌卡，张贴合规小贴士，组织员工拍摄以防范非法集资为主题的合规短视频等，紧盯重点领域、重点岗位、重点环节开展风险排查，通过积极开展一系列合规文化创建活动，使“合规人人有责”“合规创造价值”理念深入人心，增强全员合规操作、合规经营意识，营造浓厚的合规文化氛围，为公司高质量发展提供有力保障。经机构内评推优，监管部门考评推荐与复核，承德中心支公司被河北银保监局评为“2020年度银行保险机构案防合规文化建设先进单位”。

【反洗钱宣传】 认真落实人民银行反洗钱工作要求，加强反洗钱组织建设，建立健全反洗钱内部控制制度，认真履行反洗钱客户身份识别义务，按时上报大额和可疑交易报告，组织开展反洗钱宣传培训，组织参加总、分公司的反洗钱第一季、第二季线上线下培训；组织拍摄以反洗钱为主题的短视频。坚持依法合规经营，带头维护正常的保险秩序，承德中心支公司被承德市人民银行连续多年评为义务反洗钱工作考核A级，保险业金融机构2019年度执行人民银行金融管理政策综合评价B级。

【助力帮扶促脱贫】 不折不扣落实驻滦平县平坊乡东山村帮扶工作。在日常工作中，定期召开党委会，研究脱贫攻坚成效检查工作，研究稳定结对帮扶群众的生产生活情况，同时定期到帮扶村开展结对帮扶走访工作，更新年度帮扶公示牌信息，了解帮扶户的目前现状以及每户的家庭基础信息、收入支出、住房、饮水以及安居、教育等扶贫政策落实情况，通过多种方式进一步密切与困难群众的联系，真心实意为贫困群众送温暖，真扶贫、扶真贫，坚决打赢脱贫攻坚战。在助力贫困群众提高收入、改善生活条件等方面，多措并举、精准施策，确保全面如期完成帮扶脱贫任务目标。几年来，公司累计投入资金近40万元，引进资金100余万元，大力发展产业扶贫，实现建档立卡贫困户产业全覆盖；大力发展就业扶贫，实现有劳动能力建档立卡贫困户户均一人就业；强化政策兜底保障，切实解决“两不愁三保障”。公司驻滦平县平坊乡东山村工作队被省委组织部、河北省扶贫开发办公室评为2019年度全省扶贫脱贫“先进驻村工作队”。

2020年中国太平洋财产保险股份有限公司承德中心支公司领导名录

党委书记：李志广（10月免）
党委书记、总经理：贾　梅（女，满族，10月任党委书记）
党委委员、副总经理：黄五一
总经理助理：张　杨（女）
党委委员：夏　超

（供稿　于大鹏）

中国平安财产保险股份有限公司承德中心支公司

【概况】 中国平安财产保险股份有限公司承德中心支公司（以下简称平安产险承德中支）在全市设有中心支公司1家，支公司9家，营销服务部1家。公司拥有365天24小时的全天候专线服务电话，和电子商务平台在内的销售服务体系，拥有覆盖全省所有城市遍布城乡完善的机构网点。截至2020年，公司员工总人数88人。公司始终秉承“专业领先，诚信服务，创造价值，回馈社会”的服务宗旨，践行服务国家、服务社会、服务客户的初心使命。坚持客户导向，将客户体验作为公司经营最根本的出发点和落脚点，勇于创新，锐意变革，向客户提供全方位、个性化的保险产品和服务，在实现公司价值的同时为客户创造价值。

【支农惠农】 平安产险承德中支贯彻落实国家支农惠农政策，积极探索，协调总公司、兄弟公司对接扶贫企业和扶贫项目，利用公司综合金融优势，面向于针对个人客户、“好车主”APP平台、集团自有采购平台、推广销售承德当地特色扶贫产品，积极利用公司集团优势，对接当地扶贫项目，助力贫困地区发展。平安产险承德中支还大力发展线下服务，公开社会招聘，发展线下代理人，促进当地就业。平安产险承德中支以“金融＋科技”“金融＋生态”为路线，为承德当地经济发展作出贡献。

【助力复工复产】 平安产险承德中支在2020年勇担企业社会责任，多措并举，落实防疫工作要求，助力复工复产，积极响应承德银保监局关于金融支持小微企业发展的工作要求，为小微企业提供有效风险保障。扩展保险责任，延长部分险种保险期限，减轻企业负担，助力复工复产；灵活车险承保，线上承保、批改、理赔，减少人员接触，从源头上防止疫情传播；向297家承保雇主责任险的小微企业免费覆盖疫情责任，保障总额达1.98亿元，为小微企业复工复产提供风险保障。

【强化风险防范】 平安产险承德中支不断健全完善反洗钱、反欺诈、应收管理、资产管理、职场管理等内控制度及各种管理办法，已形成一套完整的管理制度，使整个公司工作、员工行为均在制度管控范围之内，做到有法可依。公司定期组织员工进行反保险欺诈、反洗钱培训，分公司定期也会发送反保险欺诈案例，供员工学习参考，增强了全员反保险欺诈、反洗钱意识。针对内部工作管理风险，公司组织开展合规文化，每天发送合规文化小知识，晨会播放合规小视频，供员工学习，警钟长鸣，树立合规文化理念，规避内部工作风险。

【车险综合改革】 9月19日起，车险综合改革落地实施。平安产险承德中支全力落实承德银保监局各项改革任务和工作要求，将保护消费者权益作为首要目标，在考核导向、队伍培训、内部监控等方面主动调整，积极推进车险综合改革各项任务平稳顺利实施，持续深化客户服务体验，提升行业口碑。车险综合改革以来，保费价格下降、车均保额上升让客户体验到更多、更好、更优质的服务，最大程度享受改革红利，改革惠及广大消费者，社会反响正面积极。

【服务客户】 为更好地服务客户，平安产险承德中支对内依托智慧办公平台保障公司顺畅运转，对外发挥科技优势，保障客户服务全面线上化，建立全面线上服务＋理赔绿色通道，通过旗下好车主、好生活、“企业宝”APP以及微信等线上服务平台，推出保单、理赔、用车、疫情查询与问诊等服务，在确保客户体验高效便捷的同时，全面助力疫情防控。7*24小时开通应急联络热线与值班响应机制，从首推理赔服务“快、易、免”开始，开通绿色理赔通道及线上专人理赔辅助指导。为解决客户出险后的难点、痛点，依托总公司科技实力及互联网技术，推出好车主全流程线上理赔、人伤暖心服务两大线上极致服务产品，开启互联网理赔服务体验新模式。

AI自助理赔服务：主要针对简易事故案件，利用智能风控、智能图片定损、生物识别三大核心技术，实现客户线上一站式纯自助理赔结案。AI自助理赔服务拥有现场查勘“零”等待、车辆“秒”级定损、客户刷脸拿钱等线上化功能，实现了科技与保险相融合，为客户提供更加便捷、高效、安全的理赔服务。

风险无感服务：依托强大的智能规则，实现案件风险前置提醒并在第一时间进行风险排查；虚拟号录音全程监控理赔员服务质量，通过倾听客户声音不断自我检视服务中存在的问题，不断提升客户感受。

人伤暖心服务：是根据“一客户一场景一服务一模式”，对客户进行精准定位和画像，在“小额人伤一站式快易免、住院案件院内调解、伤残案件主动上门”三大系列服务基础上升级“重案保姆式服务”，针对30万以上重案提供全流程理赔陪伴服务。

2020年中国平安财产保险股份有限公司
承德中心支公司领导名录

总 经 理：杜　玮（8月免）
　　　　　贾　音（12月任）
副总经理：袁鸿飞（12月免）

（供稿　王荣媛）

教　育

综　述

【概况】　2020年，全市教育工作统筹推进教育系统常态化疫情防控和教育改革发展，全面完成年初确定的目标任务，高考成绩取得历史性突破。连续16年被市政府评为人大代表建议、政协委员提案承办先进单位，连续17年全市未发生学校安全责任事故，高质量通过市“七五”普法规划情况交叉检查验收，被市委宣传部评为“学习强国先进学习组织”，被河北日报报业集团、河北新闻网授予“2020年度河北省网民留言办理工作先进单位”，被省政府评为“安全生产月”“安全生产燕赵行”活动先进单位和优秀组织单位，被省委、省政府评为“抗击新冠肺炎疫情先进集体”，承德市荣获“全国未成年人思想道德建设工作先进城市”称号，在全省脱贫攻坚成效考核中，承德市教育扶贫2018--2020年连续三年保持“零问题”，在2020年结束的国考中取得“零问题”的优异成绩。

【素质教育】　制发《承德市中小学生减负工作实施方案》，在全市教育系统深入广泛地开展多形式的理想信念、爱国主义、道德法治和社会责任教育，广泛开展研学行教育实践活动，建设市级研学基地24个。印发《关于全面加强新时代大中小学劳动教育的若干措施》，建设劳动实践基地18个。强化体育锻炼，增强美育熏陶，读书教育、传统文化、艺术、校园足球、冰雪运动等活动形成常态。15所学校被命名为河北省奥林匹克教育示范学校，10所学校被授予河北省校园冰雪运动特色学校，市级文明校园达到141所，承德民族中学进入第二届全国文明校园候选名单。

【招生工作】　制发《2020年承德市义务教育阶段民办学校招生报名录取实施细则》，全市义务教育阶段民办学校一律摇号招生。高中阶段全市统一录取，严防违规招生，进城务工人员随迁子女入学在公办学校就读比例一直保持在96%以上，公开公正、阳光透明的招生方式得到社会好评。

【信息化建设】　全面完成多媒体教室建设，全市所有中小学校（含教学点）全部拥有多媒体教室，实现100%全覆盖目标。全市各级各类学校（含教学点），联网达标完成99%以上。隆化县、双滦区等县区投资1500万元，建设“1+N”专递课堂，采取“互联网＋”背景下“一校带多校、一校带多点”模式，促进名师资源共享，有效解决农村小规模学校师资薄弱问题。

基础教育

【概况】　至2020年年底，全市共有幼儿园1015所，在园幼儿80877人，教职工7590人；小学452所（另有教学点861个），在校生267622人，教职工19454人；初中110所，在校生146217人，教职工12772人；高中25所，在校生66021人，教职工5940人；特教学校9所，在校生1249人，教职工270人。

【幼儿教育】 围绕"幼有所育"目标,深入开展"学前教育三年行动计划",同步推进城乡公办普惠园建设、配套园治理、无证园治理和规范办园标准四项措施,全年投入资金2950万元新建、改扩建幼儿园37所,面积2.2万平方米;认定普惠园53所,超额完成年初确定的20所目标任务;整改回收配建园56所,受到省教育厅通报表扬;治理民办幼儿园254所,全面完成无证园治理"清零"工作,全年新增公办、普惠性学位2万个,其中主城区增加8100个,乡镇公办中心幼儿园实现全覆盖,有效缓解入园难、入园贵问题,切实满足城乡适龄儿童入园需求。至2020年年底,全市公办幼儿园在园幼儿5.11万人,占比60%,普惠园覆盖率80.5%,省市级示范园达到103所,学前三年毛入园率达到91%。

【义务教育】 聚焦城乡居民对"上好学"的热切期盼,深入实施"义务教育薄弱环节改善与能力提升"专项工程,全市全年完成新建、改扩建义务教育阶段中小学校项目25个,其中主城区8个,规划资金6.29亿元,面积16.04万平方米,新增学位8620个。深入实施消除城镇学校大班额计划,制定《关于消除义务教育学校大班额专项规划》,细化量化年度目标和阶段性工作任务,倒逼责任落实,2020年超大班额全部消除,大班额基本消除,超标班控制在0.58%,九年义务教育巩固率达到98.6%,义务教育由"基本均衡"全面转向"优质均衡"。

【普通高中教育】 深入实施高中阶段教育普及攻坚计划,整体迁址新建的平泉一中、兴隆一中建成投入使用,吸引社会力量投资举办双桥卉源,丰宁晨曦、福环等3所民办普通高中,增加学位1.7万多个,隆化一中通过省级示范性高中验收,省级示范性高中达到15所、占总数的77%,为高考综合改革奠定坚实基础。

中等职业教育

【概况】 至2020年年底,全市有中职学校24所,在校生39365人,教职工3222人。严格落实职普比例大体相当要求,改善中职学校办学条件,2020年,迁建改扩建中等职业学校5所,调整招生政策导向,适度扩大中职招生规模,中职教育在校生稳定在3.8万人左右,职普招生比例稳定在4∶6左右,位居全省前列。

【专业建设】 注重中职教育特色专业和品牌建设,着力深化校企合作,推行学徒制、订单制等培养模式,毕业生就业率保持在96%以上。

【新型职业农民培育】 加速培育新型职业农民,2020年,6所培养试点校共招收学员2399人,完成培训4万人次,超额完成年度培养任务。2020年,承德市创建中职国家级示范校3所,有8所学校进入省"120所质量提升工程"项目校序列,省级以上农村职业教育与成人教育示范县达到5个。

高等教育

【概况】 至2020年年底,全市共有普通高校6所,在校生57357人,教职工4161人。全力提升高等院校办学层次和水平,在天津市委、市政府支持下,投入10.6亿元建成的东西部扶贫协作的标志性工程——承德应用技术职业学院发展迅速,至年底专业设置已达到6大类23个专业,在校生规模达到3856人,受到天津市委、河北省委、省政府主要领导的高度评价。全力支持推动承德医学院与燕山大学深度合作建设医科大学,取得重要阶段性成果。承德石油高专与河北工业大学城市学院合并转设河北石油职业技术大学,已经教育部验收通过,并列入承德国家可持续发展议程创新示范区规划。大力深化政校企合作和产教深度融合，普通本科高校转型发展第一批试点校——河北民族师范学院顺利通过省验收评估。2020 年 12 月 31 日，河北省教育厅、河北省发展和改革委员会、河北省财政厅联合发布《关于对我省普通本科高校转型发展第一批试点学校验收评估情况的通报》，河北民族师范学院被命名为“河北省本科高校转型发展示范学校”。由承德护理职业学院牵头组建的承德护理职教集团正式成立，5 所高校被市政府授予承德大数据应用创新专业智库，在服务承德绿色主导产业发展上发挥重要作用。

【承德医学院】 2020 年，学院有本科专业 18 个，其中临床医学、中医学等 6 个专业纳入一本招生；有国家级特色专业建设点 2 个、专业综合改革试点 1 个、卓越医生教育培养计划改革试点项目 2 个；现拥有省级及国家级一流本科专业建设点 7 个（临床医学专业为国家级一流本科专业），本科教育创新高地 2 个、品牌特色专业 2 个，省级专业综合改革试点 3 个，省级精品课程 9 门、精品资源共享课程 1 门、13 门省级一流课程，省级实验教学示范中心 4 个，省级优秀教学团队 3 个，省级大学生校外实践教育基地 1 个，省虚拟仿真实验教学项目 2 个。获省级教学成果一等奖 2 项，二等奖 12 项，三等奖 15 项。有硕士授权一级学科 4 个，涵盖 25 个二级学科；硕士专业学位授权点 5 个，涵盖 39 个专业领域。有省级重点（发展）学科 8 个，省级医学重点（发展）学科 4 个，国家重点中医专科 1 个，省级临床重点专科建设（培育）单位 17 个，省级中医重点专科建设单位 2 个。2006 年整体搬入新校区，开始招收留学生。现有全日制在校生 10554 人，本科在校生 8954 人，专科在校生 243 人，研究生在校生 1122 人，留学生 235 人。

2020 年，面对疫情，学校党委统筹全局、果断决策，聚焦疫情防控体系建设，在筑牢健康防线和守护师生健康上持续用力。第一时间成立疫情防控工作领导小组，全体班子成员组成疫情防控工作坚强领导核心，召开党委常委会 7 次、校长办公会 4 次、领导小组会 16 次，研究下发制度 26 项、通知 43 项，周密部署、妥善推进疫情防控工作。学校根据严峻的疫情形势，实施校园封闭管理，加强校园边界隔离改造，严格值班值守，严格执行“零报告”“日报告”，落实对湖北籍学生一对一包联，严格核酸检测，坚决把疫情挡在校门之外。学校关注留在学校的 173 名留学生、13 名留校学生的衣食住行、健康冷暖，关心居家隔离的万余名师生健康安全，实施包联责任制、信息日报告、零报告制度、外出请销假制度，不漏一人、不留死角。全校师生风雨同舟、众志成城，积极投身疫情防控的阻击战，充分发挥基层党组织战斗堡垒作用和党员先锋模范作用。附属医院党委分 3 批选派 9 名医护工作者驰援武汉疫情防控一线；选派 36 名骨干医师加入市新冠肺炎救治专家组，1 名副院长任专家组组长；抽调 3 位医护人员支援省内兄弟医院；广大医护人员勇挑重担，坚守发热门诊，1 人荣获“全国卫生健康系统新冠肺炎疫情防控工作先进个人”称号。各级党组织奋勇向前，47 个党员志愿服务队、864 名党员参加联防联控、845 名党员上交请战书。广大师生勇于担当，700 余名志愿者积极投身到家乡所在地的联防联控，全校党员师生为疫情捐款 20 余万元。开通全省首批疫情防控网络心理支持平台，编制《疫情防控心理防护手册》，13 名教师支援教育部心理咨询热线、承德市政府、市教育系统疫情心理咨询热线。用超前的谋划、科学的举措，确保春季学期如期线上开学，开设线上课程 806 门，一体贯通线上授课、检查、评价、答辩、考试、毕业、招聘，云端推送“开学第一课”、抗疫英雄系列思政课、战“疫”示范微党课，把爱国精神、承医精神、抗疫精神变成思政教育的重要实践和生动教材。为 100 多名受疫情影响经济困难学生发放补助12万元，为2783名家庭经济困难学生提前发放国家助学金584万元。按照“最大限度复学，最严标准防控”的原则保障秋季开学，开展疫情防控培训6次、应急模拟演练2次，接受省市督导检查8次，组织学生分批分次错峰返校。统筹推进疫情防控和传染病防控工作，严格执行“两案九制”，坚持开展爱国卫生运动，加强师生健康监测和疾病诊治，严格校园管理，铸就严密的疫情防线。保障防控物资储备供应，发放口罩124131只、温度计1273支、医用免洗洗手液568瓶、防护服302件、护目镜60个。加强防疫知识宣传教育和舆论引导，在国家、省、市以及学校媒体平台发布200余篇新闻报道、150余篇防疫知识。

2020年，学校在招生、学籍与新专业建设工作中，严格遵守高校招生“六不准”和“十公开”的要求，圆满完成2020年普通本科、第二学士学位教育和专接本招生计划，面向全国28个省（直辖市、自治区），共招收2333名学生（实际报到2290名），统筹全校迎新生工作；完成本年度的学籍管理、毕业审核及学位授予工作。2020年申报药学、助产学、医学信息工程和应用生物科学共4个本科专业成功获批，将于2021年开始招生。

加强教学管理与质量监控。全年下达并落实必修课任务共计1419项，专业选修课任务55项，完成223门次选修课近17000余人次的选排课；完成在校生和应届毕业生的成绩管理工作；完成两个年级学生转专业的学分及成绩认定工作。推广使用超星尔雅、智慧树网络在线通识课，购买通识课程50门，拓展学生人文社科类自主学习资源，给学生提供丰富多彩的通识课。做好教学检查工作，全学年动态抽查学生、教师出勤情况、教学运行情况；组织参加教师代表座谈会、学生代表座谈会，总结、反馈并解决师生普遍关注的共性问题。学生未返校期间组织线上课程考试和补缓考，学生返校后组织期末考试涉及考生23392人次；完成2020届毕业生2000余人次的毕业考试，组织一次中小学教师资格考试和两次大学英语四六级考试，涉考9031人次。完成两阶段综合考试。做好日常教学运行的监控和校级督导检查。组织完成两个学期的优秀授课教师评选。

加强教学实验平台建设与管理，强化校内外教学条件保障。组织校内教学实验平台资金200万和全科儿科和乡村医生培养补助经费项目的教学仪器设备采购计划200万申报工作，进行重点建设：公共教学资源项目，包括课堂教学信息化管理系统、超星尔雅通识课程40门、南方医大考易网络在线考试平台升级。这些公共资源平台建设项目将大幅度提高学校的教学管理的高效性和准确性，为全校的教学运行和考务运行创造优良环境。本科教学扩招后急需添置、更换和补充的教学实验仪器设备。中药学实验中心、心理学实验中心项目主要用于2019年两个专业本科扩容后实验室设备的添置，病原、临床技能、分子等中心项目主要进行实验室改造、实验室安全仪器设备购置、补充更新原有陈旧教学设备等，以缓解人数较少的专业实验室教学资源紧张的压力。中医专业认证后期整改项目，购置脉象模拟系统系统，弥补设备陈旧缺点。完成2020—2022年中央支持地方高校改革发展资金三年滚动规划教学实验平台的计划论证和制定工

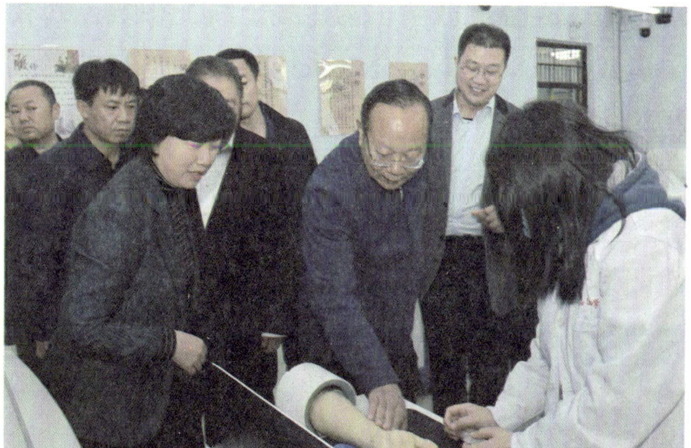

10月19日，省人大常委会副主任、市委书记周仲明（右三）到承德医学院考察中药研究所、中医药文化科普基地与校史馆情况

作。组织2020年度校内教学实验平台全科儿科和乡村医生培养补助经费项目资金700万元预算项目论证。

加强校外教学基地建设与管理。学校现有直属附属医院1所，非直属本、专科附属医院29所，教学医院28所，见习医院12所，社区卫生服务中心16个，高年级理论教学医院11所，涵盖临床医学、麻醉学、医学影像学专业。落实全年高年级理论教学及学生见习、实习任务，持续有重点地开展临床教学检查和督导工作，加强临床教学的规范化管理和培训，加快提升临床教学质量。完成40余所教学医院的兼职教师聘任工作。

加强教学培训与竞赛。组织校级第七届青年教师教学基本功比赛，强化课程思政，组织全校青年教师观摩、培训，同时选拔最佳教案奖、最受学生欢迎奖和最佳课程思政奖。开展教学思政元素案例库征集与评选工作，并集案成册下发到各教研室。组织开展临床教师课堂教学设计方案大赛；组织新增附属医院临床教师培训工作。组织“承德医学院首届大学生形态学绘图作品比赛”。

改革创新，深化教育教学改革，持续提高教学质量。引进先进教育理念，支持和保障各项教学改革，着力推进教育教学改革。推进以自主学习为中心的教学模式改革，大力推进微课、翻转课堂、混合式教学，构建线上线下相结合的教学模式。在疫情下，全校采用线上授课方式完成2020年上半年的教学任务，加强线上资源建设的同时，进一步推进线上线下相结合的混合式教学。完成并落实各专业人才培养培养方案的技术性调整工作。由教学处主办、宣传部主审的《教学动态》已连续出版至第9期，充分展示本科教学工作亮点，宣传规范科学管理，有效落实教学保障，强化师生服务理念，推动教学管理工作健康发展，得到评估和认证专家一致好评。

推进教学管理信息化进程，抓紧建设教务管理系统，构建教务综合管理平台。全面启动新教务管理系统建设工作。针对此项工作，进行数据重建、数据迁移、流程定制、模块测试及运行等一系列工作。新教务管理系统项目正式启动并制定详细的总体实施规划。在本年度已经完成培养方案、教学运行、学籍异动、成绩管理等功能的使用，针对前期工作基础，加强其他模块建设，计划在该系统中引入教材管理、教学考评、移动端和远程成绩打印模块，进一步加强信息化建设。通过自主研发、二次开发、升级优化等方式持续推进教学管理与信息化技术的深度融合。继续优化考务管理信息平台、教材征订管理系统、考易网络题库与考试系统，题库建设与国家执业医师考试对接，题库试题已经达到33万道。使用“承德医学院教师评价系统”，实现手机端评价和多维度评价。

2020年，科学研究与学科建设工作在学校党委的统一领导下，对标医科大学建设目标和学校党政工作要点，不断创新工作方式方法，完善科技管理相关制度，完成《承德医学院学术委员会章程（修订）》的修改和《承德医学院科学技术协会（章程）》的成立工作；着手完善和修改《承德医学院科技创新团队建设与管理办法》和《承德医学院医学伦理委员会工作章程》。强化创新引领，全面提升科研管理与服务水平。科技处组织基金项目申报政策解读、科技成果申报政策解读、学科评估材料填报专题辅导等活动，不断提升服务质量。在启动2020科研项目申报助力计划工作中，科技处带领学校获批国家自然基金项目的教师成立“基金项目助力专家团”，义务为学校教师指导和修改国家自然科学基金、河北省自然科学基金项目申请书；抗疫非常时期，开展项目申报视频解读服务；制作“河北省自然科学基金申报须知”讲解视频、“国家自然科学基金申请书的撰写体会”等视频。启动“承德医学院科研交流微信群在线答疑”实时在线、全过程解答申请人老师提出的相关问题。2020年，科技处推进项目库工程，扩展课题申报途径。

经过 2 个多月的精心准备，整理、收录国内 160 余个科研项目，覆盖学校教师涉及到的医学、药学、社会科学、农林学、生命科学等多个学科领域，完成学校教师国内可申报科研课题动态项目库工程。

全年共争取科研项目经费 1873.8 万元，其中纵向经费累计 1237.85 万元；横向课题经费 403.34 万元，其余为学校自设课题经费、大学生科研经费。2020 年，学校（含直属附属医院）获批各级各类纵向课题总计 151 项：包括河北省科技厅技术创新引导专项（科技工作会商）1 项，省自然科学基金 8 项，省科技厅其它专项 9 项，河北省教育厅课题 16 项，河北省卫健委项目 58 项；河北省社会科学基金 1 项，河北省社科联课题 10 项，中国计划生育协会课题 1 项，承德市社科联课题 39 项，河北省体育局科技研究项目 2 项，河北省中医药管理局项目 5 项，承德市科协调研课题 1 项。横向课题 30 项。

学校（含直属附属医院）获得科研奖励和专利实现新的突破，以第一单位获奖 101 项，获得河北省科技进步奖 1 项、中华中医药学会学术著作奖 1 项、河北省医学会医学科技奖 55 项、河北省中医药学会科学技术奖 4 项、承德市优秀社科成果奖 40 项；以合作单位获得河北省科技进步奖 2 项；获得承德市优秀社科成果奖一等奖 9 项、二等奖 17 项、三等奖 14 项，比第十四届（总数 21 项，一等奖 1 项，二等奖 9 项，三等奖 11 项）增加 19 项，其中一等奖、二等奖均增加 8 项。申请专利 38 项，授权专利 32 项。科技成果转化再创佳绩，1 项科技成果转让金额创历史新高。刘翠哲老师的“黄芩苷镁化合物和其制备和使用方法”国家专利，技术转让经费 500 万元。

学校在高水平科技创新平台建设的数量和质量方面均取得重大突破。2020 年 2 月，申报的“河北省生命科学探索与教育科普基地”获批，是河北省科技厅认定的河北省首批科普示范基地。加大科普馆建设经费投入，提升科技服务社会的能力。2020 年 3 月，“承德医学院外国院士工作站”获批。2020 年 8 月，“河北省神经损伤与修复重点实验室”获批，这是承德医学院历史上第二个获批的省级重点实验室。

加强科技创新合作，探索校地合作模式，整合扩充资源利用。2020 年 4 月份签署“承德医学院与双滦区政府创建承德国家级中医药综合改革示范区战略合作协议”。 2020 年 9 月，学校与科技厅、燕山大学共同签署厅校会商协议，即《河北省科技厅 燕山大学 承德医学院 2020—2022 年科技创新合作协议书》。科技厅提供 500 万元的专项经费用于支持学校优势领域科技创新、高端科技创新。2020 年 10 月，学校与燕山大学签署《承德医学院、燕山大学医工科技创新合作协议书》。

9 月 5 日，燕山大学、承德医学院成功签署厅校会商协议，即《河北省科技厅 燕山大学 承德医学院 2020—2022 年科技创新合作协议书》，承德医学院获得 500 万元科技经费支持

积极开展社会服务活动，促进产学研合作。充分发挥学校中药学科优势，促进地方中药材产业发展。2020 年，学校与围场满族蒙古族自治县、唐山市古冶区签订产学研合作框架协议，与多个企业或合作社（隆化县峰丰种养殖专业合作社、承德笔架山生态农业科技发展有限公司、承德滦久中药材种子种苗繁育有限公司）签订专家服务协议，为中药种植提供技术服务。为青龙县龙王庙乡北干树村、青龙县木头凳镇

牛角沟提供中药材质量检测服务。为承德御室金丹药业有限公司提升心安胶囊的质量标准。2020 年 6 月，签订道地中药材山地标准化生产技术研究与示范合作协议，2020 年 8 月，与河北省农林科学院经济作物研究所签订河北省现代农业产业技术体系合作协议，为中药种植提供技术服务。发挥生物医学工程交叉学科优势，加快推进产学研合作。学校与河北英曼卡科技有限公司签署产学研医合作协议，共建医学增材制造创新中心。创新中心的建立将整合研发、生产、应用服务系统，促进产业要素高效流动和合理配置，推进增材制造定制化医疗产品全产业链整合优化，形成医工交叉的产学研转化链。学校与上海联影医疗科技股份有限公司和承业生医企业集团三方签署产学研战略合作协议，在医学物理学科建设、放射物理师人才培养和肿瘤放射治疗技术等开展合作。生物医学工程系与衡水隆泰和科技有限责任公司签署技术开发合同，共同设计制作《中药标本虚拟仿真实验教学系统》。以蚕桑人才及技术优势为依托，加强与企业对接，促进蚕桑产品研发，促进产业发展。蚕业研究所先后与承德如意洲酒业集团探索桑葚果酒、雄蚕蛾酒合作项目；与北京美拉德中药饮片有限公司、中国医学科学院西苑医院、山东广通蚕种集团合作开发中药白僵蚕项目；与山东食品发酵工业设计研究院开展桑果酒合作项目；与唐山市古冶区就建设 1000 亩饲料桑示范基地达成合作意向；参加河北省首届桑蚕经济发展推进会并推介最新开发产品；与滦平县政府、国行融投承德农业发展有限公司共同申报承德市国家可持续发展示范区建设项目 1 项、河北省山区科技示范基地“四个一”工程项目 1 项。在承德市丰宁、宽城、隆化、兴隆 4 个县，与当地蚕桑种养专业合作社合作建立新品种培育基地，使饲料桑新品种示范实现冀北山区全覆盖。优良桑树品种示范推广到内蒙、新疆、黑龙江、吉林、辽宁、宁夏以及乌兹别克斯坦等地，促进了当地桑产业发展。服务国家、河北经济社会发展情况。依托学校中药学科人才优势，“绿山富民”工程项目得到顺利开展，助力中药材产业扶贫攻坚。学校领导组织成立技术专业团队下基层，技术服务，产业扶贫，为地方中药材产业做出突出贡献。2020 年 8 月，举办河北省中药材产业技术培训会，培训药农 50 人。围绕中药材产业发展与企业签订协议 7 份、解决技术难题 8 项，制定地方标准 3 项，技术支持秦皇岛、唐山、邯郸、张家口、沧州等各市下辖县中药材种植面积 100 万亩。扶贫贫困户 100 多人，每人每年平均增收 5000 元以上。2020 年，学校蚕桑领域团队对养蚕大户、家庭农场示范户等面对面进行技术培训，进村入户 80 人次，咨询指导达 500 人次，栽桑面积达 1.7 万亩，技术服务覆盖京津冀近 100 个县、区，累积服务时长超过 500 小时，助力产业振兴和农民增收，促进当地蚕桑产业的发展。

（供稿　姚大明）

【河北民族师范学院】　年内引进博士 8 名、硕士 8 名，选派 12 名教师分赴相关院校进修访学，选派 13 名专业教师到企事业单位挂职锻炼。

2020 年成为河北省硕士学位授予立项建设单位，获批河北省创业大学，成为河北省首批 10 家创业大学建设单位之一。产教融合大楼完成竣工验收，并作为承德高新区园区之一，享受高新区及国家产业政策支持。12 月 31 日，被命名为“河北省本科高校转型发展示范学校”。2020 年获批国家民委满族非物质文化遗产与满族古籍文献研究基地，创建“铸牢中华民族共同体意识研究院”。学校现有国家民委中国北方少数民族关系研究基地、国家民委“一带一路”国别和区域研究中心——日韩绿色发展中心、河北省非物质文化遗产研究基地、河北省非物质文化遗产传承基地、河北省少数民族古籍整理研究与人才培养基地、河北省少数民族传统体育训练基地、满族非物质文化遗产与满族古籍文献研究基地7个应用型特征鲜明的民族研究平台。

坚持立德树人根本任务，铸牢中华民族共同体意识，全面推进课程思政建设、体育强健行动、美育浸润计划、劳动淬炼行动，落实“学生中心、产出导向、持续改进”的理念，提升育人成效。加强专业内涵建设，优化专业结构布局，实施重点、特色、产教融合等专业分类、有序发展，提高学校一流专业建设水平。积极推进师范类专业认证和新工科、新文科建设，完善协同育人的实践教学体系。推进课堂教学改革创新，融入课程思政，提升课程的高阶性、创新性和挑战度，强化信息技术与课堂教学深度融合，实现课程价值。获批教育部在线教育中心“智慧教学试点校”。获批国家级一流专业建设点1个、省级一流专业建设点7个。教育部产教融合协同育人项目立项6项，省级教改项目立项17项、结项15项。省级精品在线开放课程结项1门。获省级教学名师1名、省级教学团队1个，获全省高校青年教师教学竞赛一等奖1个、二等奖1个。获教育部学校规划建设发展中心应用型课程建设联盟授予的课程改革创新奖、年度教师奖。获省本科高校教师教学发展示范中心。教师教学发展中心获批“河北省普通高校（本科）教师教学发展示范中心”，

高级别科研平台建设方面取得显著成绩。由省发改委批准立项的省级平台“互联网＋基础教育工程实验室”顺利通过验收；学校新获批4个国家民委研究基地——满族非物质文化遗产与满族古籍文献研究基地、塞罕坝高校思政研究基地、铸牢中华民族共同体意识研究基地、植物学（河北民族师范学院）国家民委重点实验室；2个承德市社科研究基地——京津冀语言服务研究基地、河北民族遗产旅游研究中心；2个承德市科学技术局研究基地——承德市文化创意产品研发中心、承德市文化创意产品研发中心。各级各类科研课题立项194项，其中国家级1项，省部级18项，重大横向课题13项。涉及民族类相关研究立项43项。各级各类科研课题结项135项，其中省部级9项，重大横向课题2项。科研成果获省部级以上奖项4项，其中国家民委社科研究优秀成果奖三等奖1项；第八届河北省创新创业大赛一等奖1项，二等奖1项，三等奖1项。

扎实推进学生思想政治建设、学风建设、学生管理、心理健康教育、资助工作、宿舍文化建设、易班建设。加强辅导员队伍专业化、职业化建设，提升学生工作理论水平，形成多项研究成果，获得多项奖励。年内聘任11名正科级专职辅导员。获第一届民族（地区）院校辅导员素质能力大赛决赛三等奖。河北省大学生创业计划竞赛 20项作品获奖，其中一等奖3项，二等奖7项，三等奖10项。旅游与航空服务学院获得全国高等学校民航服务技能大赛团体综合类赛事季军，参赛作品《塞罕情思》夺得本科综合类团体表演赛冠军，河北民族师范学院获得2020年度高等学校航空服务类专业“就业工作先进单位”称号。音乐舞蹈学院3支原创民族舞蹈受邀代表河北省参加在上海举办的第三届中国国际进口博览会开幕式。文学与传媒学院18级播音与主持艺术专业白宗丰荣获承德市“神栗杯”主播达人大赛一等奖，获得奖金1万元。受疫情影响，2020届3626名毕业生举行线上毕业典礼，学生行李、档案、毕业证、报到证等物品邮递到家。

深化产教融合，签署校企合作协议3项。2020年度省级引智项目申报工作中申报成功1项，受到省科技厅资金支持。5月，参加中国廊坊国际经济贸易洽谈会（网上），与波兰比亚威斯托克技术大学顺利召开应用技术大学建设合作对接会（视频会议）。6月，与日本二松学社大学签订合作协议和学生交流项目合作协议。与承德市政府外事办公室签订战略合作框架协议。8月，组织教师参加北京工业大学举办的2020年孔子学院公派出国教师培训。11月，与韩国全州大学签订合作协议，并签订互设语言文化交流合作中心的协议。

坚持以政治建设为统领，把牢正确办学方

向。充分发挥党委的领导核心作用，修订完善党委常委会议事规则和校长办公会议事规则。规范党内政治生活。抓好党委工作条例的贯彻落实，严格组织生活制度，完善二级学院党组织议事规则和党政联席会议事规则。抓党员干部“关键少数”，实施“头雁领航”工程。坚持以理想信念教育为引领，筑牢思想阵地。深入落实立德树人根本任务。持续推进“一体四翼”思想政治工作格局和“3421”教学模式，制定《河北民族师范学院课程思政实施办法》，组织开展第一批课程思政示范课申报工作，61门立项课程为课程思政示范课。举办“在战疫中凝聚爱国力量”的主题征文活动，筛选112篇优秀作品上报到中宣部，待审批后出版。坚持以政治功能为要领，提升基层组织力。强化基层党建顶层设计，打造“三三三”党建工作体系。聚焦主责主业，制定党建工作责任清单，持续开展二级学院党组织书记抓基层党建工作述职评议，实现基层党支部书记向上级党组织述职评议全覆盖。坚持“一切工作到支部”，校领导组织关系全部迁转到院系基层党支部，“双带头人”教师党支部书记和专职组织员配备达到100%。突出凝聚引领作用，以德立学、以德施教、以德育人，6名党员教师分获省级、市级师德标兵、优秀教师、教书育人楷模等荣誉称号。实施“党建＋教育扶贫”模式，多次听取驻村工作队汇报，专题研究驻村帮扶动作，列出专项扶贫经费30万元，支持扶贫村开展项目建设。完善学校内部治理体系，修订学校《章程》，建立健全“一章多制”的制度体系，全面提高依法办学治校的水平。优化内部治理体系建设，按期召开教代会，加强民主监督，维护职工合法权益，保障职工福利待遇，深入开展“职工之家”建设，切实提升职工群众获得感、幸福感、安全感。

新冠肺炎疫情发生后，学校党委坚决落实习近平总书记重要指示精神，坚决贯彻中共中央、国务院重大决策部署，坚决落实省委市委安排部署，不断增强“四个意识”、坚定“四个自信”、做到“两个维护”，切实把守护师生身体健康和生命安全放在第一位。按照“坚定信心、同舟共济、科学防治、精准施策”的总要求，坚持做到“思想动员到位、物资配备到位、条件准备到位、能力建设到位、应急处置到位”，坚决打赢校园疫情防控阻击战，确保校园安全稳定。领导干部带头，冲在一线，成立由党委书记任队长的党员服务队，373名党员志愿者奋战在学校和社区的抗“疫”一线；成立由党委书记任队长的疫情防控应急处置突击队，70名党员干部参加，切实做到守土有责、守土担责、守土尽责。全校师生共同参与，其中6名党员、教师主动请战参加市政府的心理专业咨询服务，累计服务3个多月；2名教师参加教育系统心理咨询服务，累计服务20天；200余名学生参加家庭所在地的防疫防控志愿服务工作；全校党员多交党费8万余元，为打赢疫情防控阻击战凝聚强大力量。

（供稿　黄连娜）

【承德石油高等专科学校】 学校面向27个省（自治区、直辖市）招生，至年底有全日制在校生12000余人，成人学历教育学生3000余人，年承担各类培训2.2万余人日。有专任教师708人，其中，高级职称教师257人（教授64人），研究生学历教师488人（博士53人）。学校有国家级教学团队3个，全国石油化工行业优秀教学团队2个，有全国优秀教师2人，全国教育系统先进工作者1人，全国高校优秀辅导员1人，河北省模范教师3人，河北省优秀教师4人，河北省教学名师3人，河北省教育系统先进工作者2人，河北省省管优秀专家1人，河北省“三三三人才工程”第三层次人选30人，承德市专业技术拔尖人才17人，入选第二轮河北省高职院校人才培养工作评估专家库4人，教育部高职高专专业教学指导委员会委员13人，荣获河北省技术能手、省突出贡献技师等称号的技能大师6人。学校被教育部确定为国家优质专科高等职业院校，并在河北省高等职业教育创新发展行动计划（2019—2021年）遴选中被再次确定为国家优质专科高等职业院校建设单位。学校努力推进特色高水平专业群建设，被列入国家“双高计划”高水平专业群建设院校（石油工程技术专业群入选）和河北省高水平专业群建设院校（石油工程技术、石油化工技术2个专业群入选）。推进“双高”建设，不断完善专业群动态调整机制，增设大数据技术与应用、商务数据分析2个专业，完成56个专业人才培养方案的修订和780门课程标准的开发。“1+X”证书试点工作取得新突破，23项“1+X”证书试点通过审核。5部教材入选“十三五”职业教育国家规划教材。2020年，全校师生在河北省职业院校技能大赛教师教学能力竞赛、全国人工智能应用技术大赛等比赛中累计获得省级以上奖励148项，20余名学生获省级以上技术能手称号。

为降低疫情对就业的影响，学校采取多种措施促进就业，提高就业率，提升就业质量，2020届毕业生就业率为98.06%。学校毕业生就业帮扶工作成效获得中央电视台《中国新闻》栏目报道。

学校抢抓机遇，与河北工业大学、河北工业大学城市学院签署全面战略合作协议，与河北工业大学城市学院合并转设成立河北石油职业技术大学工作取得突破性进展。学校对标教育部《普通本科学校设置暂行规定》，按照教育部文件要求完成申报工作。9月，通过河北省教育厅组织的省级评估，11月，经过第七届全国高等学校设置评议委员会专家考察和评议，12月，教育部向社会公示。

全年学校实际科研到校经费1454.66万元，获得专利授权115项，均创历史新高。学校和合众创空间成为国家级众创空间。流体测控仪表实验室，被正式授予河北省工程实验室。河北省工业诊所、承德市工业创新中心获批成立。学校首次获批中央财政专项转移支付项目、新型研发机构建设项目。继续帮扶丰宁选将营乡郎栅子村，以巩固脱贫成果、提升脱贫质量、建立长效机制为主线，主动克服疫情影响，实现郎栅子村脱贫攻坚工作圆满收官。在省委组织部开展的扶贫帮扶工作年度考核中，连续三年获得派出单位和驻村工作队双优秀。成立承德市首家乡村振兴学院，聚焦破解乡村振兴中遇到的人才瓶颈、信息瓶颈、智力瓶颈和政策瓶颈，打造乡村振兴的“承德模式”。

（供稿　蔡谋全）

【河北旅游职业学院】　2020年，学校有教职工747人，其中教授53人，副教授220人，享受国务院政府特殊津贴专家1人，全国优秀教师3人，河北省名师1人，全日制在校生8000余人。是河北省唯一以旅游命名，以培养旅游类、现代农业类、新商科类和设计与信息技术类高技能专门人才为主的综合性公办全日制高职院校，是河北省优质专科高等职业院校是全国唯一一家中央国家机关工作人员定点培训单位，河北省高技能人才培训基地、河北省文化和旅游人才培训基地、中国旅游教育协会常务理事单位、河北省旅游职业教育集团理事长单位、全国高职院校国际影响力50强单位。

疫情期间，学院按照“停课不停教，停课不停学”原则，依托信息化教学平台和优质教学资源全面开展线上教学工作。从2月24日起，全校140余位教师讲授的150门理论课程开展线上教学，覆盖学生近6000人。学院衡江鸿主持的《家畜生理学》被评为为省级精品在线开放课程。英语部黄玲团队获中国高教学会第六届外语微课大赛全国总决赛高职院校一等奖。学校扎实推进旅游管理高水平专业群建设和第二轮创新发展行动计划建设，本年度，安排“两个计划”10个项目共计393万元的建设项目。完成承接省教育厅“提质培优计划”项目申报工作。按照“做大做强旅游类专业群，做优做新商科专业群，做精做实现代农业专业群”的原则，加快优化整合步伐。投入专项经费 228 万元积极推进“1+X”证书改革，学校 800 余名学生申报了 13 种职业技能等级证书。全年，学校共申报各类课题 119 项，立项 75 项，结项课题 101 项，科研成果获奖 19 项，2 项科研成果获省市领导批示。学院积极开展名师讲堂等学术交流活动，举办名师讲堂 10 场。圆满完成 2020 年度校刊出版发行工作，学报影响再创新高，在全国同类学报排名第 30 位，在全国旅游类刊物中排名第 4 位。学院教材建设取得突破，4 位教师主编的教材入选教育部“十三五”职业教育国家规划教材书目。

把思想政治工作贯穿教育教学全过程，实施“双立双成”教育，坚持以“思政课程＋课程思政＋旅游思政＋思政旅游”四个思政为抓手，坚持“以工代学、以赛代学、以创代学、以证代学”，以“三进”为目标，创新“四三四三”双立双成育人模式，构建“三全育人”新格局，把旅院学子培养成为具有正确的世界观、人生观、价值观，德智体美劳全面发展的社会主义事业合格劳动者和可靠接班人。育人效果不断显现，学生的服务水平和管理水平不断提升。

2020 年，招生总规模控制在 2600—3000 人之间，从招生规模上主动回调，控制数量，提高质量，省内文科最低录取分高出省专科控制线 192 分，理科最低录取分高出省专科控制线 182 分；按照学校专业建设发展规划，以“做大旅游类专业群、做优新商科专业群、做强现代农林专业群、做精特色专业”为原则，合理确定各专业招生计划，旅游类专业群招生比例超过全校招生计划的 50%。学校持续推动就业工作“三四二四一”工程，持续完善就业教育、需求岗位开发、就业基地建设、就业推介、就业调研、就业反馈、就业考核与评价“七位一体”的就业工作体系，2020 届毕业生就业率达到 82.99%，位于全省中等偏上水平。

学校被河北省教育厅评为“2019 年度河北省学校安全工作先进集体”。被承德市教育局评为“承德市教育系统安全稳定工作先进集体”。全面修订《河北旅游职业学院安全稳定工作“一岗双责”、“党政同责”实施方案》《河北旅游职业学院安全生产三年行动实施方案》等 17 项安全管理制度方案、安全预案及操作规程。制定落实《河北旅游职业学院 2020 年社会管理综合治理和安全稳定工作目标管理责任书》三级签状工作。

学校重视和加强领导班子建设，认真贯彻落实民主集中制和党委领导下的校长负责制，牢牢掌握意识形态领域领导权。2020 年 6 月，学校胜利召开第二次党代会，选举产生中共河北旅游职业学院第二届委员会，明确“本科高职百年名校”的宏伟目标以及重点抓好的 10 项改革发展主题，全面开启学校新时代发展的新征程。制定学校《2020 年中层干部调整选任工作实施方案》，对学校中层干部进行 5 批次 89 人的调整，干部队伍的整体素质、工作作风、精神状态明显改善。学校扎实开展“基层党建质量提升年”活动，推动基层党建提质见效。强化教师党支部书记“双带头人”培育工程，实施党员“红烛先锋”工程，充分发挥党员的先锋模范作用。学校“弘扬‘塞罕坝精神’，扶贫扶志扶产业”案例，入选全国教育扶贫典型案例。学校基层党建述职评议考核制度实现全覆盖。本年度，通过组织集中学习、专题报告、专题讲座等形式，共组织党委理论中心组学习 14 次。

2020 年，再次被河北省委、省政府评为省级“文明单位”。学院初步形成“旅游类专业群＋现代农业与新商科专业群＋传统优势专业群”一体两翼的专业办学格局，导游、畜牧兽医 2 个“高等职业院校提升专业服务产业发展能力”重点建设专业顺利通过验收；旅游管理专业被遴选为全国职业院校旅游类示范专业；第一轮创新发展行动计划承接建设的 38 项任务和 8 个项目圆满完成。学院在中国高职高专院校竞争力排行榜上，最新排名为237位，进入全国前20%。持续开展特色鲜明的主题教育实践活动，先后入选或荣获中国旅游影响力院校社会实践项目TOP10、省“五四”红旗团委、省“三下乡”社会实践先进单位等荣誉称号。成功举办河北省旅游职教集团年会、河北省集团化办学推进会、全国旅游职业院校校长协作会共3场主场外交活动；出色完成APEC领导人水立方欢迎晚宴服务、第二届“一带一路”国际合作高峰论坛和世界创新经济论坛等国家级会议服务任务；参与河北省和承德市历届旅发大会的会务、接待和服务工作；获批河北省高技能人才培训基地和首批“河北省文化和旅游人才培训基地”；成功举办“西藏阿里旅游培训”“全省旅游扶贫培训”等一批培训活动，累计开展社会培训10万余人次。

（供稿　闫国兴）

【承德护理职业学院】　2020年，学院招生录取专科新生2996人，其中，普通高考1627人，联合办学专科转段1319人。2020年毕业生2885人，就业率95.04%。安排实习生3020人，其中北京安排实习499人。全年为213名特困毕业生发放求职补贴42.6万元，组织参加专接本考试，209名毕业生被河北医科大、承德医学院等学校录取。

学院以全面提升人才培养能力质量为主线，全面深化教育教学改革。上半年，按照教育部“停课不停教不停学”的要求，利用职教云、腾讯直播课、微信、QQ等多种平台，全面开展线上教学，开设线上课程115门，职教云建课113门。与承德医学院附属医院签订医校合作协议，确定附属医院为护理学院“教学基地”。推动校企合作产教融合，利用专业优势，牵头组建承德健康产业职教集团、承德医疗康养研究院，学院被市委、市政府授牌承德健康养老大数据应用创新智库。全年科研立项23项，其中省级2项，市级11项，校级10项。课题结项16项，其中省级4项、市级12项。发表论文51篇。编写教材10部，其中主编、副主编4人。承德市第十五届社会科学优秀成果奖3项、二等奖1项、三等奖2项。

学院与北京多家医疗康养机构建立合作关系，签署校企合作框架协议。探索“3+1”“3+2”国际教育合作，与菲律宾亚洲圣多米尼克学院、德国莱茵护理健康学院达成初步合作意向，签署合作备忘录。

2020年，公开选聘研究生10人，公开招聘急需专业本科6人。加强双师型教师队伍建设，落实《教师企业管理办法》，组织教师参加线上线下培训学习961人次，37名教师参加企业实践。组织师生参加国家、省市职业技能大赛，获一等奖3项、二等奖8项、三等奖15项。首次代表河北省参加全国第一届职业技能大赛“健康照护”项目比赛获得优胜奖。

助力“雨润工程”，举办承德市第三期乡村医生定向培养班，招收301名学员。承接各种社会考试10余次。继续做好平泉市小茅兰沟村和承德县桲椤台村脱贫帮扶工作，提供帮扶资金12.3万元，学院党委2019年帮扶工作考核为优秀，驻平泉市小茅兰沟村工作队被评为“全省优秀驻村工作队”。开展文明城市创建帮扶社区工作，投入资金5万元，为下二道河子9个小区购买分类垃圾桶32个，制作文明宣传栏、公益广告100余幅。2020年，学院提出10项重点工程整改措施，投入690余万元，重点对校园水电管线、通道以及教学、行政办公、学生宿舍、食堂、浴池等用房进行全面维修改造优化，建设OA自动办公系统，规划校园对外道路，改善师生工作学习生活条件，保障教育教学正常运行，安全有序。投入资金893.2万元，完成新建和改造口腔教学仿真模拟治疗系统实训室、中医中药实训室、ICU心肺复苏实训室、数码互动和药检显微镜室、助产实训室、数字校园教务管理平台建设。

（供稿　王佳颖）

【承德应用技术职业学院】　2018年5月经河北

省人民政府批准、教育部正式备案成立的一所公办全日制高等职业院校，由天津市对口支援承德市建设而成，作为天津中德应用技术大学协作校区接受其提供的办学指导。

2020 年，学院实行中高职一体化办学模式，设立南北两个校区。南校区位于承德市高新区，即新建成的高职校区，占地 446.38 亩，建筑面积 13.19 万平方米，建设实训室 148 间，信息化教室 27 间，总投资 10.9 亿元，其中，先进的配套实训设备、附属设施投资 2.3 亿元。北校区位于承德市双桥区原承德技师学院（承德工业学校、承德高级技工学校），占地 281 亩，建筑面积 12.4 万平方米。学院两校区现有教职员工人 633 人，其中研究生以上学历 253 人，正高级职称 8 人，副高级职称 117 人，享受国务院特殊津贴专家 1 名。

学院设有智能制造、电子信息、商贸服务、交通运输、学前教育、艺术设计 6 个系，2020 年，实现 12 个省的全国招生，中高职总录取 4041 人，在校生规模达到 9100 余人。2020 年，新增“3+2”贯通培养高职专业 7 个，形成高职 3 年制培养、校内 5 年制贯通培养、校外“3+2”联合培养、提升培养并存的多层次的人才培养结构。学院克服疫情影响，积极深入企业调研走访，先后与华夏建龙、苏垦银河 2 家企业签署“冠名培养”协议，与 SMC（中国）有限公司等 10 家企业签署互为基地协议。借助天津中德大学平台，与天津大众变速器有限司组建了“大众双动力”双元制班，与北京博世力士乐集团组建“博世”双元制班。

2020 年，学院数字化校园建设累计投入资金 3000 余万元，信息化建设迈上新台阶。网络与数据中心、教学管理中心等项目先后建成，利用云计算、大数据、智能控制等技术，构建全方位的智慧校园。全年投资 4500 万元完成 32 个设备采购项目，完善校区使用功能。学院贫困学生扶助政策得到全面落实，为 245 名新生缓、减、免学费住宿费 134.75 万元，资助 197 名建档立卡学生和 969 名家庭困难学生。学院注重挖掘和丰富校园精神内核和时代内涵，打造系列校园原创文化精品。通过举办体育健康节、“校园文化艺术节”“梨园雅韵”戏曲进校园等活动，营造活跃热烈的校园氛围。学院确定“三基地”“三示范”建设的特色发展目标。即经过十年努力，将学院建设成为“服务承德及京津冀经济社会发展的高质量应用技术人才培养基地，促进就业、助力技术技能人才终身发展的一流职业培训基地，服务产业转型升级、产教学研一体的创新创业孵化及实用技术研发基地。”和“全国教育扶贫的示范、京津冀教育协同发展的示范和中高职衔接一体发展的示范。”2020 年 6 月，学院召开第一次党代会，为学院发展谋划发展蓝图，即“135”发展战略：到 2021 年，即建党一百周年时，实现运行管理体系基本完善；到 2023 年，即学院办学条件和实力大幅提高，顺利通过考核评估；到 2025 年，即“十四五”收官之年，学院知名度和特色更加凸显，进入全面快速发展阶段。经过 15 年不懈奋斗，力争到 2035 年把学院建设成为河北先进、全国知名、世界水平的现代化、高质量、特色鲜明的职业院校。

（供稿　任克江）

老年教育

【概况】 高质量完成省“县以上城市至少建有一所老年大学”的目标任务，市级老年大学校舍建筑面积已达到 1 万平方米，同时将老年教育向乡镇、社区延伸，完成布设乡镇老年教育学校 137 个、行政村老年教育学习点 802 个，超额完成省“三年行动计划”2020 年重点工作任务。2020 年，省教育厅 2 次到承德市调研，认为承德老年教育在全省起到示范引领和标杆作用，承德市先后两次在全省作典型经验交流，7 所老年学校（大学）申报参评省级示范校。

【老年教育计划】 启动实施老年教育三年行动计划（2020—2022年），到2022年基本形成体系完备、覆盖广泛、开放便利、规范有序的老年教育新格局，以各种形式经常性参与教育活动的老年人占老年人口总数的比例达到20%以上，县级以上城市至少建有一所老年大学，50%以上的乡镇（街道）建有老年学校，30%以上的行政村（社区）建有老年学习点。落实教育行政部门牵头，会同老干部、民政、文旅、卫健等多部门共同推动老年教育工作。

【完善服务体系】 大力扶持老年教育事业，将老年教育经费列入同级财政预算。各级教育行政部门要明确机构和人员，贯彻落实中共中央、国务院、和省、市有关老年教育的方针、政策，指导、检查、协调本地老年教育工作。完善老年教育服务体系，县级以上城市举办老年大学，县级以下发展城乡社区老年教育，构建省、市、县（市、区）、乡镇（街道）、村（社区）五级老年教育办学网络。将老年教育工作纳入对县级人民政府履行教育职责评价内容。

教育管理

【概况】 制定《承德市中小学教育质量提升三年行动计划（2020—2022年）》，确定“一年补短板，二年有转机，三年显成效”发展目标，全面推进办学体制、教师管理机制、课堂教学、学校管理方式、供给侧结构性5大改革和基础教育质量提升、“两支队伍”建设、学前教育攻坚、中心城区教育质量崛起等4大工程。全面启动全员“岗位大练兵、教学大比武”活动，主要领导亲自盯，分管领导具体抓，带领专家教研团队深入学校督促指导，制发专刊11期，及时总结经验，提高活动整体效能，深入开展课堂教学评优，在实战中检验成果。9月28日，围场满族蒙古族自治县、平泉市代表河北省参加国家义务教育质量监测，两县（市）由于组织严密，数据详实，得到教育部表彰。

【“民心工程”】 聚焦百姓关注，发力民生问题，强力推进2020年教育“民心工程”全面落实，将扩增幼儿园、中小学资源等108个“民心工程”项目逐一倒排工期，挂图作战，压实属地和部门责任，坚持定期调度，每月向全市公开发布一次进展情况，积极协调县市区党委、政府和有关部门全力破解项目资金瓶颈难题，2020年教育“民心工程”全部如期完成。

【校园安全】 持续深化学校安全风险分级管控和隐患排查治理“双控”机制建设，严格落实属地责任，不断强化学校“1个组织、39个岗位”安全责任，全市中小学幼儿园安保人员配备率、封闭化管理、一键报警和视频监控系统配备率达到“三个100%”。积极开展安全教育，“课前五分钟，安全记心中”被省应急厅、教育厅、交通厅、总工会、共青团河北委员会，河北妇女联合会6部门授予“优秀安全生产志愿者服务项目”。会同公安、城管、市场监管、交通等部门对校园周边安全隐患进行彻底排查，对消防、校车、溺水、扫黑除恶、校园欺凌等重点领域进行综合治理，切实保障教育教学环境安全有序。

【依法行政】 认真履行推进法治建设第一责任人责任，成立依法行政工作领导小组，履行决策法定程序，进一步完善《“三重一大”事项集体决策实施细则》《重大行政执法决定法制审核实施细则》，提升依法科学民主决策水平，聘用常年法律顾问，提高专家论证质量。深入开展“三项制度”巩固提升年活动，严格行政执法人员管理，制定《行政执法投诉举报制度（试行）》，持续推进教育系统“双随机、一公开”监管，全年共完成6次检查，超额完成目标任务。

【依法治校】 充分发挥法律顾问在推进现代学校制度建设、提升依法治校水平中的重要作用，建立健全法律顾问和法治副校长制度，全市中小学校普遍推行检察官、法官担任法治副校长，公安干警担任法治辅导员制度，常态化开展法治课。坚持以创建“依法治校示范校”为载体，深入开展“七五”普法工作，建立全市未成年人法治教育保护基地，持续开展宪法法律进校园活动，不断加强大中小学生法治宣传教育，2020年，推荐5所学校申报参评省第八批依法治校示范校。

【省政府教育督查】 2020年12月21至25日，省政府教育督导委员会实地督查组第一次对承德市人民政府履行教育职责情况进行实地督查。省督查组对承德市近年来教育发展成果给予充分肯定，认为承德市坚持把提升教育质量作为主线，将促进教育公平作为教育改革发展的基本着眼点，努力办好人民满意教育。党委、政府统筹教育事业发展，坚决扛起教育优先发展、兴一方教育的重大政治责任。市教育系统主动作为、真抓实干，教师队伍建设取得新进展、回应群众关切实现新突破、教育事业发展迈向新阶段。省政府教育督导委员会对滦平县、平泉市、隆化县政府履行教育职责情况进行实地督导。三个县（市）顺利通过省政府督导评价，滦平县、平泉市被省政府评为优秀县（市）。

【教育脱贫攻坚战】 建立教育扶贫领导督查包联责任制，持续推进控辍保学“七长”责任体制和五级包保工作机制，创新建立乡、村和学校、教师“双线目标责任制”，专项开展“回头看”两次，全市义务教育巩固率达到98.6%，超出全省平均水平0.4个百分点。与扶贫部门建立双向比对机制，保证各项扶贫政策精准到人，全年落实“两免一补”“三免一助”等资助资金4.92亿元，受助学生达142万人次，20.11万中小学生享受国家营养餐改善计划，全市1.16万名建档立卡贫困家庭学生免收一切费用，没有一个孩子因家庭经济困难而失学。

教师队伍建设

【概况】 全市教育系统始终把教师队伍建设摆在优先发展的战略地位，出台《关于全面深化新时代教师队伍建设改革的工作方案》（承传〔2020〕3号），明确各级党委、政府和市委组织部、编办、人社、财政等8部门职责，形成党委绝对领导、党政齐抓共管、有关部门各负其责、全社会协同配合的教师发展工作格局。教育、编办、发改、人社、财政5部门针对教师培育培养，专门制定《承德市教师教育振兴行动计划工作方案（2020—2022年）》（承教通〔2020〕61号），全方位培养新时代“四有”好老师。

【壮大师资队伍】 在编制、人社、财政部门的支持下，积极开展“县管校聘”管理改革工作，“周转编”模式改革取得新进展，教师队伍规模不断壮大、结构不断优化。2020年，全市共补充教师1867人，其中公开招聘在编教师470人，特岗教师996人，政府购买服务285人，其它途径补充教师116人。此外，依托河北民族师范学院招收农村小学全科教师108名，进行定向培养。

【提升教师专业化水平】 依托学科基地校开展教学观摩、课例研讨、教学论坛、专家讲座、新课标培训等多种形式的学科教研活动，共开展学科基地活动45次。开展同课异构活动95个科次，“山庄大课堂”活动42个科次。扎实开展“一师一优课、一课一名师”活动，参与学校605所，晒课教师6474人，完成晒课7513节，评选优质课345节课，36节课被推荐参加省优课评选。

【“三名工程”】 大力实施基础教育“三名工程”，

计划培树100名市级名师、30名市级名校(园)长、30所市级名校（园），通过制定个性化的培养培树方案，进行全过程培养，确保成熟一个、培树一个。2020年，评选市级教学能手290名，市委办公室、市政府办公室通报表扬10名教书育人楷模、100名师德标兵、200名优秀教师、50名优秀教育工作者，崔兴珍等15名教师被省教育厅评为“河北省师德标兵”，陈依连等11名优秀教师被省政府授予“河北省特级教师”称号。

【对接京津优质教育资源】 抢抓京津冀协同发展和东西部扶贫协作的宝贵机遇，与天津师大签署围场教师教育改革实验区框架协议，与天津市南开区教育局签订战略合作协议，不断强化围场教师教育改革实验区建设，举办两期京津冀协同发展新入职特岗教师培训项目和8个辐射全市的“停课不停学线上教学模式研讨”系列讲座，同时争取天津师大40万元远程录播教室系统。大力实施“双百”计划，牵手名校名师，借势借力发展，与京津两地建立手拉手关系的中小学和幼儿园分别达到100所以上。

疫情防控

【概况】 全市教育系统始终把广大师生生命健康安全放在第一位，紧盯疫情防控和教育高质量发展两条主线，强化问题导向，严格落实责任，有力的保障教育系统安全稳定。面对突如其来的疫情，市教育主管部门以“战时担当、战时思维、战时作风、战时效率”迅速响应，立即部署，坚决服从市防控指挥部“军令”，第一时间成立教育系统疫情防控领导小组和战时指挥部，组建9个工作组，24小时全力备战，第一时间印发应急预案、联防联控工作方案，在全市教育系统迅速建立市、县、校统一指挥、三级联动，执行有力、高效运转的指挥体系和横向到边、纵向到底的防控体系。坚持每日一调度，分析研判疫情发展趋势，采取“三四四”工作法(即：突出“三个重点”，重点地区、重点人群、重点区域；坚持“四个机制”，靠前指挥机制、疫情报告机制、综合检查机制、统筹协调机制；落实“四条要求”，文件流转要快、工作承办要快、情况报告要快、办结反馈要快)，科学安排部署，确保上级精神和要求迅速高效落地落实，累计召开专题部署会130余次，下达指挥部令11个，统计上报各类排查表1000余份，承办上级相关来文350余件，制定出台或转发相关文件120余件，坚决做到工作落实“不过夜”“不隔天”。全市教育系统841个基层党组织、1万余名党员，充分发挥党组织战斗堡垒作用和党员先锋模范作用，深入街道、社区疫情防控第一线，入户发放明白纸、摸排重点人员、值守检查站、服务后勤保障，各个岗位都有教育人的身影，彰显教育人应有的使命和担当，为打赢疫情防控阻击战作出突出贡献。

【校园防控】 始终坚持“校园防控严于其他单位，师生防控严于其他人员”的原则，压实属地、部门、学校、家庭和个人各方责任，狠抓关口前移，采取“人盯人”措施，一对一确定包联责任人，在全省率先推出“健康校园管理平台”健康监测系统，精准掌握师生每日健康状况，在全省率先制定《学校开学复课疫情防控守则》《开学复课全封闭管理明白纸》《致学生和家长一封信》，各级各类学校根据实际及时制定疫情工作方案、应急预案，教职工全部提前到岗就位，深入开展开学返校、应急处置模拟演练、宣传教育培训，拉网式排查学校安全隐患，无死角进行校园环境卫生整治，同时实行委局领导包联制度，成立12个督导检查组，开展5批次大规模、全覆盖督导检查活动，有力有效地保证各项防控措施的落地落实。严防死守学校校门口，严格落实“六个一律”“六不”管理要求，严格管控人员出入校门，购置数量充足的测温门、测温枪、口罩等防控物资，70万师生全覆盖进行核酸检测。切实强化阵地意识，通过调剂教师、教室改寝室、统筹区域资源等方法克服条件制约，全力落实高三、初三和中职毕业年级全封闭管理要求，校园内实行闭环式、单元化管理，加强精准“两点一线”闭环管理，精准掌握师生行动轨迹。积极协调有关部门，采取开通公交专线、集中配餐、维护校园周边秩序等举措，努力为在校师生提供安全安心的生活学习环境。深入挖掘战“疫”中蕴含的思政教育资源，把疫情危机化为思政课教育契机，打造疫情防控思政“金课”，让党领导人民抗击疫情的鲜活案例及时进教案进课堂，着力培养学生爱国主义精神。在市委、市政府的坚强领导下，全市教育系统广大干部、教职工勇挑重担、连续奋战共抗疫情，全市70万师生无一例感染，高考、中考等12次大型考试顺利结束，秋季学期5批次各级各类学校全部实现安全有序开学。

【线上教学全覆盖】 坚持一手抓疫情防控，一手抓教育教学质量，千方百计减少疫情对教育教学的不利影响。“停课不停学”，精选8个在线教育平台、4个教育电视频道和智慧教育公共服务平台，通过网络点播教学、在线直播课堂、集中辅导答疑等多种模式开展线上教学，全市1万余名教师参与录播空中课堂1308节。建立中小学网络教研平台，开展网络教研124次，参与教师1.1万人，确保线上教学高质量。协调各大运营商免费将教师和学生家用带宽分别提速到500兆和200兆，保证在线教学网络畅通。高度关注贫困家庭学生、留守儿童、残疾学生和抗疫一线医务人员子女，严格落实包保责任，一对一开展帮扶，及时解决困难问题，为全市不能正常开展线上学习的贫困家庭学生配备平板电脑73台，保证线上教育覆盖率达到100%，贫困家庭学生线上教育实现“零缺课”。成立心理咨询服务工作专班和专家团队，从全市6所高校抽调56名专业教师，开通24小时市长热线心理咨询专线和网络咨询平台，为广大师生和社会公众筑起心理健康的防线。

【圆满完成接返任务】 坚持把“以生为本”作为出发点和落脚点，坚决做到守土有责、守土尽责，在接到接返学生通知后，充分发挥牵头和组织协调作用，第一时间开会研究部署，迅速与市委网信办、市卫健委、交通局、公安局、交警支队、财政局、护理学院沟通协商，明晰各部门职责。科学合理制定《在石家庄就读的大中小学生返承工作方案》《应急预案》和《工作手册》。两次赴石家庄执行接返任务，累计历时45个小时，共派出车辆202台，动用警力、医护人员和工作人员总计693名，总行程超过2000千米，共接回学生2101名。

党风廉政建设

【概况】 坚持把落实管党治党政治责任作为最根本的政治担当，坚决落实管党治党“四个亲自”的要求，组织班子成员认真学习贯彻中央《党委（党组）落实全面从严治党主体责任规定》，多次召开党组会、班子会进行部署推动，及时召开全市教育系统全面从严治党工作视频会议，切实将全面从严治党贯彻教育工作全过程。深入开展警示教育，做到业务工作管到哪里，党风廉政建设就深入到哪里。

【意识形态工作】 制定印发《关于推进大中小幼思政课一体化建设有关工作的通知》，全面加强新时代学校思想政治工作，建立完善高校及教育部门带头抓思政课机制，全年高校及市县教育部门班子成员共讲思政课200余场次。严格落实意识形态工作责任制，上好疫情开学“第一课”，广泛开展各类主题教育，全力打造“社会主义核心价值观进校园”系统工程。

【基层党组织建设】 坚持以党的建设引领教育发展，持续开展“基层党建质量提升年”活动，理顺中小学党组织隶属关系，全市各级各类学校党组织841个，实现全覆盖。全面推动县级教育工委建设，11个县（市、区）全部成立教育工委。承德市二中和承德县二中被授予“河北省中小学校党员培训基地”称号。

【紧盯“节点”严防“四风”不放松】 结合教育系统实际深入开展纠风整纪行动，制定出台《承德市中小学教师教育教学行为规范》和《承德市中小学教师师德考核负面清单》，对风险点提前发布廉政提醒，持续加大监管力度，将师德师风负面清单制度和开展明察暗访相结合，保持对违规参加“谢师宴”“升学宴”、违规有偿补课等问题整治的高压态势。

【监督和信访工作】 自觉接受人大及其常委会的法律监督、工作监督和政协民主监督，坚持把党内监督、民主监督、法律监督、舆论监督和群众监督等贯穿于工作全过程，认真及时办理人大代表建议21件、政协委员提案50件，办复率保持100%。认真细致做好信访工作，用心用力解决问题，市教育局全年承办的21件信访案件，做到案结事了、息诉罢访，其中化解信访积案5起。认真办理反馈人民网网民留言、国务院“互联网+督查”、市长热线事项300余件。

2020年市教育局领导名录

工委书记、党组书记、局长：王成军（满族）
党组副书记、副局长：刘科军
工委副书记、党组成员：史荣军
纪检组长：凌　龙
副局长：杨玉艳（女，满族）
党组成员、副局长：樊文广
　　雒文悦
工委副书记：赵相敏（女，12月免）
　　姜小博（女，12月任）
党组成员：刘　伟（6月免）
　　郑　冰（10月任）

（供稿　焦廷勤）

科技

综　述

2020年，全市科技系统积极克服新型冠状病毒肺炎疫情带来的不利影响，以推进承德国家可持续发展议程创新示范区（以下简称“创新示范区”）建设为统领，深化科技体制改革，积极培育创新主体，扎实推进创新载体建设，科技创新各领域工作取得良好成效，为加快建设新时代“生态强市·魅力承德”提供有力支撑。

承德市可持续发展促进服务中心成立，工作推进机制不断完善。创新示范区建设工作全面展开并取得丰硕成果。全市围绕支持重点产业领域创新发展，实施各类科技计划项目95个。科技型企业数量持续增长，规上高新技术产业增加值增速达到14.4%。新增各类科技创新载体平台44家。承德高新区和合众创空间和滦平县泰融众创空间被确定为国家备案众创空间。全市省级以上农业科技园区达到11个，国家农业高新技术产业示范区争创工作取得阶段性进展。2020年河北省县域科技创新能力监测评价结果中，承德县从C类跃升到B类，成为继平泉市之后第二个跻身全省B类的县区，双滦区和丰宁满族自治县的排位连续三年持续上升，县域科技创新能力稳步提升。“点线面”相结合的科技创新体系逐渐形成。市科技局、承德高新区科技局、平泉市科技局被省人社厅和省科技厅评为“河北省科技管理工作先进集体”。

承德国家可持续发展议程创新示范区建设

【概况】　2020年，承德市深入贯彻落实国务院批复要求，坚持以国家可持续发展议程创新示范区建设为引领，在健全体制机制、强化创新引领、营造建设氛围等方面持续用力，凝聚起全社会共同支持、参与的强大合力。创新示范区建设进入全面铺开、纵深推进的新阶段。

【机制建设】　成立专门机构。成立承德市可持续发展促进服务中心，副处级事业单位，为创新示范区建设提供服务保障。制订建设方案。承德市委、市政府印发《承德国家可持续发展议程创新示范区2020年实施方案》，引领创新示范区年度建设工作。建立专家咨询机制。聘请水源涵养、生态环保、文化旅游等领域专家30名（其中院士4名）组建创新示范区专家咨询委员会，提高科学决策水平。9月15日，第一次专家咨询委员会专家座谈会召开，承德国家可持续发展议程创新示范区专家咨询委员会正式成立。市委副书记、市长常丽虹出席会议并向专家咨询委员会专家颁发聘书。完善考核制度。修订创新示范区建设工作考核办法，组织开展对各县（市、区）和市直有关部门等48个创新示范区建设成员单位的考核工作，在全市营造比学赶超的建设氛围。

【政策支撑】　建立省、市协同的政策体系。市委、市政府制定出台《关于加快推进承德国家可持续发展议程创新示范区建设的若干政策措施》，包括加快建设高水平创新平台、积极创建“绿水青山就是金山银山”实践创新基地和国家生态文明建设示范县（市）、加速打造国家清洁能源生产应用产业基地等36条内容。河北省政府印发《关于支持承德市建设国家可持续发展议程创新示范区的若干政策措施》，紧紧围绕创新示范区建设的重点目标任务和区域经济社会发展的关键环节，出台涵盖政策机制、生态环境建设、绿色产业发展、社会事业发展及科技创新、基础设施建设等5个方面的30条政策措施，加快推进创新示范区建设。

【项目实施】 强化规划引领。全面落实《承德国家可持续发展议程创新示范区2020年实施方案》,深入开展水源涵养能力提升、精准扶贫脱贫、绿色产业培育和创新能力提升4大行动。实施造林增绿提质、文化旅游产业培育、乡村振兴建设、创新载体建设等16项工程,推进96个重点项目,年内完成投资220.91亿元。组织实施可持续发展科技专项。省财政科技资金设专项支持创新示范区建设。省科技厅和省财政厅印发《河北省可持续发展实验区（示范区）资金管理实施细则》，规范项目资金管理；市科技局会同市财政局印发《承德国家可持续发展议程创新示范区建设科技专项资金使用管理办法》，切实提高财政资金使用绩效。全年围绕水源涵养能力提升、绿色产业培育、精准扶贫脱贫、核心创新平台建设、创新品牌建设和可持续发展战略研究等主题组织实施创新示范区建设科技专项项目35项，落实支持资金6000万元。成功争取科技部社发司将“京津冀水源涵养功能区典型固废绿色协同利用技术及集成示范”列入国家重点研发计划“固废资源化”重点专项2021年度定向项目。

【大会推进】 9月15日，由河北省政府主办，承德市委、市政府和河北省科技厅共同承办的承德国家可持续发展议程创新示范区建设推进大会在承德召开。大会采用现场和网络视频相结合方式进行，设承德市主会场和13个县级分会场。科技部、国家发展改革委、生态环境部、水利部等国家各部委有关负责人，联合国开发计划署、人居署驻华机构代表，河北省委、省政府和省直各部门负责人、专家学者、国家可持续发展议程创新示范区城市代表、国内知名高校和企业集团代表等出席大会。省人大常委会副主任、市委书记周仲明，副省长徐建培，科技部社会发展科技司副司长杜涛出席会议并讲话。市委副书记、市长常丽虹主持会议。省科技厅厅长马宇骏作专题报告。17个可持续发展重点项目现场签约，总投资33.1亿元。会议得到了国家部委和省市领导的高度肯定，承德创新示范区的影响力显著提升。

9月15日，承德国家可持续发展议程创新示范区建设推进大会在承德召开。大会以视频连线方式召开，承德市设主会场、各县（市、区）设分会场

【宣传报道】 提升媒体利用水平。由市科技局、承德日报社、市电视台开展可持续发展宣传合作，制作《不忘初心、牢记使命，全面建设国家可持续发展议程创新示范区》宣传片和《新时代承德》宣传画册，综合运用各类媒体广泛宣传报道500余篇，其中，《经济日报》整版刊发《让可持续发展理念深深扎下根》《可持续发展经济导刊》刊发市长专访《当好可持续发展的“领头雁”》《承德日报》开设专栏、系列述评，刊发创新示范区建设推进大会专刊。同时，利用主要街道交通护栏、户外大屏、建筑围挡、出租车顶灯等载体推

出一批公益广告进行创新示范区建设宣传。营造共谋共建的浓厚氛围。

科技管理与科技体制改革

【概况】 深入推进科技体制改革，提升科技创新治理能力。规范科技项目管理、强化项目支撑，全年实施各级科技计划项目95项，带动重点产业领域科技创新能力提升。科技成果管理工作持续完善，两项科技成果获得省科学技术奖励。简政放权，推行“互联网＋科技服务”，优化工作流程，科技系统应急应变能力有效提升，科技创新环境持续优化。

【科技计划项目管理】 贯彻新发展理念，以科技计划支持主导产业转型升级，以重大专项引领重点领域跨越发展。全年共争取省级以上各类科技计划项目64项，获得支持资金8880万元；其中，高性能新材料和现代农业产业领域的3个项目获得省科技厅重大科技成果转化专项支持资金900万元。实施市级科学技术研究与发展计划项目29项、市级重大科技成果转化专项2项，落实财政支持资金648万元。修订并印发《承德市市级科技计划项目管理办法》、完善市级科技计划项目管理平台，规范科技项目全流程管理。严格执行项目监督和绩效评价制度，圆满完成省级重点财政科技资金监督评价和整改、市级财政资助项目监督检查、部门项目绩效监控和绩效培训工作。

【科技成果管理】 全面完善科技成果管理工作，为推动科技成果转移、转化奠定坚实基础。持续落实《科技成果登记办法》，优化登记流程、明确办理周期，提升服务质量。全年累计完成市级科技成果审核登记135项，其中，医疗卫生67项、农业30项、工业4项、其它34项；审核和上报省级科技成果103项，其中，医疗卫生45项、农业34项、工业16项、其它8项。优化科技成果登记档案管理，组成专项工作小组，全面整理加固保存在承德市科学技术情报研究所的1412套市级科技成果登记档案，使之安全、有序，便于查询。启动科技成果统计分析工作，研究2019年全市登记的科技成果，发布《2019年承德市科技成果统计分析报告》，为科研管理提供参考。

承德市两项研究成果获省科学技术奖。河钢集团承德钢铁集团有限公司的“钒化工清洁生产工艺创新及产业化应用”获得省技术发明奖二等奖。承德医学院附属医院完成的“BLCA-1/-4的表达与膀胱癌生物学特性的相关性研究”获得省科学技术进步奖三等奖。

【科技体制改革】 统筹新型冠状病毒肺炎疫情防控和改革创新重点任务，深入推进科技管理体制改革和法治政府建设。优化科技服务，营造良好科技创新环境。围绕“放管服”改革和“三创四建”活动，积极应对新型冠状病毒疫情影响，研究制定《关于疫情防控期间进一步做好科技创新工作的具体措施》，推行“互联网＋科技服务”，优化工作流程、创新支持手段、放宽科技计划项目执行和验收期限，全力服务科研人员技术攻关和企业复工复产，保证年度工作任务的有序推进。制定并印发《承德市市级科技计划项目科研诚信管理办法》，赋予科研人员更大自主权，激发创新创业热情；规范科研诚信管理，营造以信任为前提、以诚信为底线的创新发展环境。加强政策文件审查管理。制定《承德市科学技术局规范性文件管理办法》，规范文件出台前合法性审查、公平竞争审查流程和公开公示要求，明确审查重点、充实完善政策文件合法性审查工作制度。问计于民，统筹做好科技创新“十四五”规划编制。研究制定《承德市科技创新“十四五”规划编制工作方案》并邀请省社科院专家指导规划编制工作。开展“承德市科技创新‘十四五’规划建言献策”活动；组织对各县（市、区）科技管理部门、高校和科研院所以及企业的调研，广泛征集重大问题、重点需求、重大项目和意见建议，力求从经济社会发展实际情况出发科学制定《承德市科技创新“十四五”规划》。

科技创新载体建设

【概况】　实施科技型中小企业“双提升”、高新技术企业“双倍增”行动，突出精准服务，创新主体在多重制约下实现逆势增长，圆满完成年度目标任务。创新平台提质增量，技术转移服务体系不断巩固，园区建设稳步推进。关键技术攻关能力有效提升，从技术创新到产业化的全链条科技创新体系有序发展。

【创新主体培育】　科技型企业数量持续增长，科技创新活力显著增强。企业是重要的科技创新载体和创新主体，科技系统以激发企业创新活力为抓手，培育壮大创新主体。全年新增高新技术企业40家、科技型中小企业140家、农业科技小巨人企业11家，66家企业获批国家级科技型中小企业。有效期内高新技术企业达221家、科技型中小企业达2150家，农业科技小巨人企业达到85家。2020年，规上高新技术产业增加值增速达14.4%，高于全省增速7.8个百分点。全市115个企业和团队参加了河北省第八届创新创业大赛，其中，20个参赛项目入围全省行业赛，获一等奖4项、二等奖3项、三等奖10项；承德电智尚节能科技有限公司的“电智尚电机智能控制系统”获得总决赛第二名，是承德市在省创新创业大赛上获得的最好成绩。参赛项目和获奖项目数量创历史新高。

科技人才队伍不断壮大，国际化人才支撑体系逐步形成。引导驻承高校加强学科建设、鼓励科研院所和企业积极培养本地专业技术人才、加强开放合作，提升自主创新能力。全年引进以中国科学院宋延林等高端人才为核心的省级创新创业团队5个、河北省科技型中小企业创新英才17名；省级创新创业团队增量居全省前列。同时，持续开展承德市创新创业团队评审工作，大力引导企业强化科技人才支撑。推动企事业单位与外国专家开展科技合作，培养国际视野。3项外专引才引智专项项目获得省科技厅支持。两家单位在科技部举办的“2020年外籍人才（京津冀专场）招聘会”上成功招聘了外籍人才。

主动服务、深入落实科技政策。持续推进“双创双服”“三深化三提升”“走千企、帮万家”和“三包四帮六保五到位”等活动。领导带队服务企业125家次，帮助企业协调解决问题45个，落实相关政策16项。突出精准服务，帮助承德乾隆醉酒业有限责任公司和河北绿草地新能源科技股份公司建成省级技术创新中心。全面落实《关于疫情防控期间进一步做好科技创新工作的具体措施》，推动复工复产，激发创新创业积极性。网络培训、入企服务和集中培训相结合开展高新技术企业培育，集中培训企业13次、培训人员2978人次；组织科技政策宣讲、研发经费加计扣除培训5次、培训人员700余人次。完成省级科技创新券兑付33.5万元。

7月11日，河北省（承德）山楂产业技术研究院组织召开专家指导委员会会议，对2020年拟开展的重点工作进行论证

【创新平台和技术转移体系建设】　统筹推进研发平台、产业技术创新战略联盟建设，引领关键核心技术攻坚和产业发展；巩固发展创新创业与技术转移服务体系，主动适应新发展格局。研发

平台的基础研究水平和研发服务供给能力不断提高。全市新建省级重点实验室2家（分别是承德医学院“河北省神经损伤与修复重点实验室”和承德建龙特殊钢有限公司“河北省半钢水冶炼高洁净高品质特殊钢重点实验室”）、产业技术研究院2家、技术创新中心9家、新型研发机构7家；认定市级技术创新中心8家。全市累计建有重点实验室4家、产业技术研究院10家、省级技术创新中心39家、新型研发机构10家；市级技术创新中心总量达到110家。

产学研相结合的技术创新体系建设持续推进，产业技术创新战略联盟有序发展。承德市仁用杏产业技术创新战略联盟通过省级产业技术创新联盟备案；马铃薯和钒钛新材料两家省级产业技术创新联盟在年度评估工作中获得“优秀”等次。新增中药材、珍珠油杏、隆化县道地药材3家市级产业技术创新联盟。截至2020年年底，全市共建设产业技术创新联盟18家（其中省级7家，市级11家）。

“双创”平台建设迈上新台阶。承德高新区的和合众创空间和滦平县的泰融众创空间成为承德市首批国家级众创空间。新增省级众创空间1家，市级众创空间2家。全市累计建成众创空间26家、省级以上科技企业孵化器3家，实现了县域全覆盖；科技企业孵化器（含众创空间）建筑面积近已近16万平方米，拥有创业导师360余人，入驻创新团队400余家、初创企业350余家。农业科技创新与服务平台加速发展，新增4家星创天地、省级以上星创天地总量达到43家（其中国家级8家）。

技术转移服务体系不断巩固。加强对全市技术转移服务机构、技术交易市场和技术转移人才培养基地的管理和培训，提升工作人员业务水平，进一步扩大科技成果输出和承接转化的能力。打造生产力促进中心和石油高等专科学校科技成果直通车品牌，争取工作经费60万元。先后组织市、县两级科技管理系统和技术转移服务机构工作人员100余人参加“京津冀高校科技成果转化交流暨知识产权运用线上沙龙”活动。组织技术合同登记政策宣讲会三期，有效促进政策落实，全市登记技术合同交易额20.8亿元。

【园区建设】 高新技术产业开发区稳步发展。组织召开全市高新区改革发展领导小组办公室专题会议，强力推进高新区建设。全年3家省级以上高新区主营业务收入达到591.12亿元，同比增长15.58%；工业总产值364.77亿元，同比增长8.71%；高新技术产业总产值达到103.95亿元，同比增长16.82%；税收达到40.15亿元，同比增长4.48%；固定资产投资117.85亿元，同比增长4.99%。承德高新区的和合众创空间被确定为国家备案众创空间。积极推进天津市与承德县高新区共建的冀津合作产业园建设，已入驻9家企业。全市高新区内高新技术企业达95家，占全市的43%；科技型中小企业569家，占全市的26.5%。

农业科技园区建设有效引领农业高质量发展和乡村振兴。全市共建成省级农业科技园区9个、国家级农业科技园区2个。园区规模不断扩大，核心区总面积6.65万亩、示范区总面积123万亩，入驻企业240家、农民经济合作组织1230个，已辐射带动全市86个乡镇、380个行政村。产业化经营效果初显，辐射带动能力明显增强。环首都农业示范带三县（兴隆县、滦平县和丰宁满族自治县）已建成省级以上农业科技园区5个、市级园区4个。以农业科技园区为依托，建设培育了15个省级以上京津冀农业协同创新平台，备案农业科技小巨人企业35个、星创天地18个。承德国家农业高新技术产业示范区(以下简称农高区）创建工作取得积极进展。已通过第二批农高区形式审查、专家函评及现场考察，完成农高区创建工作领导小组调整，印发《承德市人民政府关于提升建设承德国家农业高新技术产业示范区的政策措施》；正在依托中国高新技术产业经济研究院专家团队进一步完善农高区建设发展规划和实施方案、编制国土空间利用规划和规划环境影响评价报告书。核心区农业高新科技创新城（双创大厦）开工建设，为下一步争创工作奠定坚实基础。

科技活动

【概况】 抢抓京津冀协同发展的重大机遇，克服疫情影响，持续开展“承德企业进院校”“专家教授承德行”等合作交流活动；组织科技活动周科普宣传活动和“科技铸梦·绿色生活”志愿服务活动。有效促进了产学研联合与创新，营造了尊重科学、崇尚创新的社会氛围。

【科技合作与交流】 主动布局，抢抓京津冀一体化和“高铁时代”重大机遇。面对疫情冲击，通过线上线下相结合方式持续开展科技交流活动，巩固发展“承德企业进院校”“专家教授承德行”等合作交流品牌。全年开展科技交流活动5次，与京津院校、企业成功达成科技合作15项。促成承德可得电子有限责任公司与天津大学高宇教授团队成功对接并进行了“电缆项目研讨”云洽谈；河北北塑管业有限公司与天津大学就科技咨询、联合技术攻关、共建省级工程技术创新中心等达成合作协议；河北绿草地新能源股份有限公司与天津工业大学围绕宽温锂电池新产品开发达成合作协议。促成天津大学许鑫华教授团队深入河北北塑管业有限公司和承德天大钒业有限公司进行考察并与两家企业分别签订技术开发合同。谋划与京津科技主管部门的合作交流。主动联系天津市科学技术局共同组织“津承科技对接洽谈暨合作成果推进活动”，促进先进适用技术推广。针对天津对口支援的5个县（市）推广使用“津科帮扶”在线咨询平台，在春耕的关键时期助力农业复工复产。

积极参与国际科技交流合作。推荐市农科院等3家单位参加中俄科技创新年的项目签约和项目发布活动。推荐27名武汉抗疫一线医护人员参加省科技厅举办的“科技卓越人才国际交流计划”培训班，强化医疗卫生人员的科研能力和国际视野。组织参加“河北国际技术直通车——数字技术成果发布暨项目路演对接会”，将《河北国际技术直通车——数字技术成果发布暨项目路演对接会项目汇编》分发给全市各级科技管理部门和高端装备制造、仪器仪表企业，安排重点对接。

【科普宣传】 深入开展科普宣传，培养科学理念，营造良好的科技创新氛围。全市在科技活动周期间以“科技战疫·创新强国”为主题组织近200家企事业单位和社会组织同步开展75项丰富多彩的群众性科普活动，包括“科技扶贫成果展”“科普讲解大赛”“农业技术培训”“垃圾分类我先行”等14项重点活动。大力弘扬科学精神、普及科学技术知识。其中，组织科普讲解大赛评选出一等奖2名、二等奖6名、三等奖10名，优秀组织奖3个，为培养优秀科普讲解人才搭建展演平台。建设“科技铸梦·绿色生活”志愿服务品牌，将科普宣传融入志愿服务实践，深入社区开展科

4月18日，市科技局“科技铸梦·绿色生活”志愿服务队在双桥区西大街社区开展志愿服务活动，为推进科普宣传、文明城市创建、助力社区打赢疫情防控阻击战贡献力量

学知识普及和环境卫生治理，积极倡导科学防疫，受到市民广泛欢迎。

【科技扶贫制度建设】 科技扶贫制度体系不断完善。持续落实《承德市农业科技精准扶贫三年行动实施方案（2018—2020年）》《关于深入推行科技特派员制度促进农村创新创业助力脱贫攻坚的实施意见》和《关于建立健全脱贫防贫长效机制巩固提升脱贫成果加强科技扶贫工作的实施方案》。制定出台《承德市2020年科技扶贫工作方案》，明确组建农业科技专家服务团、精准培育特色扶贫产业、搭建科技扶贫平台载体等7项重点工作任务。

【农业科技精准扶贫】 聚焦扶贫产业，强化科技支撑，为乡村振兴筑牢基础。建立科技扶贫长效机制，持续开展"团、站、员"建设。针对贫困县（市）特色产业，组建农业科技专家服务团和科技服务站，全市累计组建科技专家服务团29个，乡镇科技服务站245个。瞄准7个贫困县（市）特色产业的科技需求和发展短板，通过项目优先、资金优先等措施，鼓励科技人员深入农村基层服务、创业，开展技术培训。2020年，共选派科技特派员110人次。实施"互联网+科技特派员"行动，及时解决疫情期间农业关键技术问题和技术需求难题，为贫困地区春耕生产和脱贫攻坚提供技术指导、信息共享等科技服务。全市已形成覆盖72个深度贫困村的科技扶贫专家服务体系。全年累计开展各类农业科技培训344场，培训农民1.6万余人，以技术培训实现"志智双扶"。平泉食用菌张金霞专家服务团队的国家食用菌产业技术体系首席科学家张金霞荣获"2020年全国脱贫攻坚创新奖"。

8月25日至27日，省科技厅副厅长李丛民（右一）赴承德滦平县出席河北省中药材产业技术培训会，并到河北省山区"一县一业一基地一团队"科技示范工程承德县奥达特色杂粮产业科技示范基地、兴隆县山楂产业科技示范基地进行专题调研

【提供扶贫科技支撑】 省市科技计划重点向贫困县特色产业和龙头企业倾斜。围绕设施蔬菜、林果、畜牧、食用菌、中药材等9大特色扶贫产业开展关键技术开发、引进和产业化应用示范，为贫困地区经济社会发展提供科技支撑。全年共争取省级以上科研项目18项，获得支持资金795万元；市级项目20项，获得支持资金215万元；12个"一县一业一基地一团队"省级科技示范工程基地通过省科技厅备案，争取资金410万元。科技扶贫在推动全市农村贫困人口稳定脱贫中发挥了积极的促进作用，通过农业科技园区带动、资产收益分红、园区务工、技术改良等方式有效带动农户增收。

2020年市科技局领导名录

党组书记、局长：李　威

党组成员、副局长：王亚洲（满族）

钱绍福（满族）

刘承军（满族）

董凤义（6月免党组成员，7月免副局长）

李长杉（满族，10任党组成员，11月任副局长）

（供稿 刘东敏 黄 敬 刘可心 张 政
韩 蔼 丛晓颖 张 哲 陈立权
付 佳 张立璇 侯向伟 李芳晨
吴祯至）

地质勘查

【概况】 2020 年，累计在承德地区探明大庙式钒钛磁铁矿 10 余亿吨，为承德市打造国家级钒钛产业基地提供资源与技术保障；查明御道口等盆地油页岩 2 亿多吨，初步查明凤山等地油气资源 100 亿立方米、地热资源每年可开采量 490 万立方米，为实现承德地区清洁能源开发利用，助力生态文明建设提供支撑；在平泉市、滦平县，先后探明多个富锶矿泉水、山泉水水源地，为进一步开发承德市富锶矿泉水资源提供保障；先后主导参与矿山恢复治理、地质灾害防治等项目 150 多个，为承德转型升级、绿色发展，资源开发、经济发展提供了地质智慧和技术支撑，连年荣获“全国五一劳动奖状”“全国文明单位”“全国模范地勘单位”“河北省地质找矿成果特别突出单位”“中国百强地质队”等荣誉称号。地质四队现有在职职工 332 人，教授级高级工程师 12 人，高级工程师 49 人，初级以上工程师 172 人；专科以上学历技术人员 292 人，占在职职工人数的88%。具备地质勘查、地质测绘、地灾防治、水利钻井、实验测试等 11 项甲级资质，2 项乙级资质；拥有 YDX-5 型号全液压钻机，最大钻进深度 2000 米，可有效支撑矿产勘查项目和深部找矿项目；拥有 WD-680 型号固定翼无人机，最大巡航里程 100 公里，可有力支撑地质测绘、矿山环境调查等项目；拥有波长色散光谱仪、电感耦合等离子体质谱仪等先进检测设备，可对有机污染物、无机污染物进行详细检测，有力支撑土壤污染状况检测等项目；同承德市应急管理局建立深度合作关系，以人才技术支撑，形成技术设备联动机制，依托应急管理局 T685WS-C 型“雪姆”救援钻机，可快速对矿山事故、地质灾害进行紧急救援处理，打通生命通道。

【服务经济】 积极开展地质文化村申报工作，全国首批诗上庄地质文化村建设方案已经通过评审。积极跟进张家口地区矿山生态修复，承揽延崇高速赤城段两侧、宣化区矿山生态环境修复治理等多个矿山环境治理工程。积极运用遥感测绘技术服务国土空间规划，助力经济社会高质量发展，实施鹰手营子矿区第三次全国国土调查、滦平县第三次全国国土调查等工作。主动担当化解地质灾害风险，为政府开展地质灾害防治工作提供科学依据。实施隆化县双兴村双岔沟北沟等三个泥石流勘查项目，为科学开展沟谷治理提供有力依据。实施“承德市鹰手营子矿区北马圈子村地块采空区治理项目”和“承德市鹰手营子矿区北马圈子镇南马圈子村采空区治理工程”，为省重点项目“承德建龙公司钒钛高科无缝管装备”“承德建龙特殊钢有限公司钒钛新材”顺利推进提供安全保障，助力国家资源枯竭型城市营子矿区创新转型发展，助力推进河北省钢铁行业供给侧结构性改革。开展河北省重点行业企业用地土壤污染调查，全年累计完成产值 1.58 亿元。

【支撑生态文明建设】 实施围场土地储备中心 2020 年度七批次 1、2 号地土壤污染状况调查项目，为拓展此类业务积累宝贵经验。承担河北省重点区域农用地深度调查及污染溯源阻隔任务，检测样品全部按期完成检测，各项指标合格率达到 100%，分析测试数据准确可靠。在围场坝上小滦河流域开展生态环境地质调查工作，为坝上地区的水资源涵养、流域生态保护与修复提供地质保障。开展“白水台子幅水文地质钻探与物探项目”，为坝上生态脆弱区环境的科学保护，提升坝上整体水源涵养能力、服务生态文明建设做出突出贡献。围绕承德市中心城区侧向空间开发利用需求，开展侧向空间开发利用调查与评价工作，提出承德市中心城区侧向空间开发利用规划建议，对于节约承德市土地资源、缓解城市交通堵塞、提高城市综合效率有着重要作用。协助承德市自然资源与规划局开展2020年度承德市汛前地质灾害核排查工作，高质高效完成全市地质灾害隐患点排查任务，为制定承德市2020年地质灾害防治方案，部署地质灾害防治工作奠定基础。会同承德市自然资源和规划局、承德市应急管理局联合开展承德市地质灾害防治技术服务“百千万”行动，发挥专业优势，展现责任担当，筑牢承德市地质灾害应急防治救“生命工程”。

【推进地方文化建设】 组织开展庆祝建党99周年系列活动，将各项活动与业务融合开展，达到党建与业务融合、党建与人才建设相互促进，高度融合的效果。以开办“大学习”课堂为抓手，广泛开展各类主题活动，歌颂劳模事迹，讲述抗疫故事，聆听习近平总书记讲话，学习传统文化知识，进一步推进习近平新时代中国特色社会主义思想进科室，进生产一线，推动地矿文化建设。在河北省环境院统一组织下，编制承德地质环境监测分院简史，为弘扬地矿文化传承留下详实的史料。与承德市新闻频道《民生直达》栏目，共同完成“搭建创新平台，提高技术能力”节目拍摄工作，展示四队依托“创新工作室”提升职工技能水平，创新服务领域，造福一方社会的良好形象。

【奠定良好发展新局面】 以新发展理念和系统观念来更好地实现承德创新发展、绿色发展、高质量发展，积极推动协议部署的11个合作领域、8项先行推进任务落实，事业职能进一步强化。

不断规范企业运行，充分发挥市场能动性，全年承揽实施市场地质勘查项目30余项，岩土工程项目10余项，工程施工项目8项，生态环境项目2项，地质环境项目6项，及多项地理信息、水土污染防治项目。

2020年省地矿局地质四队领导名录

党委副书记、队长：张成兵
党委书记、副队长：杜维河
党委副书记、副队长：王　朝（挂职）
副　队　长：杨　勇
纪委书记：闫国红
总工程师：刘剑波
副　队　长：王　伟

（供稿　石绍君）

卫健 医保 体育

医疗卫生

【概况】　全市共有各级各类医疗机构4505所。医院85家，其中，综合医院50家（公立17家），中医院13家（公立9家），专科医院22家（公立5家）；基层医疗卫生机构4382家，其中，社区卫生服中心（站）136家，乡镇卫生院203家，村卫生室2724家，门诊部（诊所）1319家。专业公共卫生机构38家，其中，疾控中心12家，妇幼保健机构12家，卫生监督机构12家，采供血机构2家。全市各级各类医疗卫生机构编制床位25493张。医疗机构拥有万元以上设备24644台，总价值313918万元。全市医疗卫生机构在岗职工34961人。拥有专业卫生技术人员24358人，其中，执业（助理）医师11670人，注册护士11062人；在岗公共卫生人员 2555人；乡镇卫生院和社区卫生服务中心实际在岗4078人；村卫生室注册村医3858人，实际在岗3796人(其中纳入一体化管理2927人)；注册为全科医生的1121人。2020年全市各级各类医疗卫生机构总诊疗诊疗服务总诊疗1977.6万人次，住院52.1万人次。全市医疗卫生机构医疗总收入73亿元。

【新冠肺炎防控】　坚持人民利益至上，全力以赴内防扩散反弹、外防输入输出，有效推动全市疫情防控由应急性超常规转为科学精准常态化。做到全省确诊人数最少、住院病人清零最早，实现全市及来承返承人口排查“全覆盖”、患者“零死亡”、医护“零感染”三大目标。关口前移，全力排查。率先启用大数据等信息化手段，突出农村、社区两个重点，先后开展两轮地毯式“敲门见人”大排查，实现全市来承返承人员排查全覆盖。全市通过省临检中心备案核酸实验室36个，具备检测资质429人。建立市、县两级核酸检测基地9个，日最高检测量35000人份，可在5至7天完成划定区域全员核酸检测。全市23所二级以上医院全部设立发热门诊和发热患者隔离留观室，204个乡镇卫生院全部设立发热预检分诊点，4035家“四类”基层医疗机构、1506家药店全部启动发热患者监测，一旦发现不明原因发热人员，立即留观、分类处置。

针对疫情形势，及时调整响应级别，推动防控工作由应急性向常态化转变。严抓环京防线检测，严抓城乡社区排查，严抓重点人员管控，有效阻止疫情输入、传播和蔓延，成为环京五市北京新发地疫情零输入的唯一城市。统筹协调，科学救治。全市具备发热门诊、核酸检测实验室、隔离病区“三位一体”条件的二级以上医院达到13所，覆盖所有县市区。共有负压病房25间、负压病床33张、负压救护车17辆，确保救治需要。疫情发生后，立即组织腾空市第三医院作为市级定点救治医院，明确各县（市、区）定点医院10家、后备定点医院12家，对疑似病例和确诊病例集中收治，7例患者全部治愈出院。

关心关爱，保障有力。坚持人力、物力、财力全面足额保障，关心关爱一线及援鄂医务人员工作，落实国家、省、市相关政策，为1721名一线医务人员、和285名一线防疫人员全部建档立卡，建立台账，分类施策，解决后顾之忧。先后派出64名医疗队员驰援武汉，派出11名医护人员支援新疆尉犁县和省内兄弟市，为打赢疫情防控阻击战作出承德贡献。

协调配合，常态防控。认真落实“外防输入、内防反弹”的总体防控策略，进一步巩固全市良好防控成果，根据形势变化及时制发相关文件和指令，全力推进常态化防控，全面恢复正常生产生活秩序，实现疫情防控和经济社会发展双胜利。加强养老、救助、儿童福利、精神卫生医疗等机构以及监管场所和出入境承德市及外籍人员疫情防控工作，严格交通枢纽、运输工具、道路关口和各类公共场所防控措施。与教育等部门共同研究解决防护物资保障、人员配备、健康监测、体温检测、消毒消杀、封闭管理、交通保障、社会舆情、应急预案等学校复学复课各方面的具体问题，确保复学复课的安全。指导复工复产复市企业做好消毒隔离、员工健康管理、特殊情况处置等疫情防控工作。保障全市人民群众身体健康和生命安全，实现疫情防控和经济社会发展双胜利。市卫生健康委被省委、省政府命名为全省抗击新冠肺炎疫情先进集体。

【医药卫生体制改革】 改革完善疾病预防控制体系。成立重大疾病防治工作领导小组，将传染病防治、艾滋病防治、免疫规划、重点传染病监测等工作纳入对市直及驻市各相关医疗单位绩效考核内容。建立分管市长为组长的防治重大疾病工作联席会议机制，32 个部门和单位作为成员单位。

建立重大传染病疫情联防联控工作机制和重大动物疫病联防联控机制。在市卫健委成立公共卫生体系建设工作专班，各医疗机构均成立公共卫生工作委员会，建立公共卫生科，明确专人承担传染病、突发事件、培训演练等 16 项相关工作的组织协调。共建立传染病、免疫规划、卫生应急等专病监测系统 25 个。228 家基层医疗卫生机构开展公共卫生监督协管服务。

建成市、县、乡、村四级传染病疫情防控网络。全面推开现代医院管理制度。全市 23 家公立医院全部推开现代医院管理制度。在全市二级以上公立医院开展现代医院管理制度样板化管理区争创活动，建立健全医院治理体系，完善医院管理制度，加强公立医院党的建设。承德医学院附属医院、承德县医院被省医改办命名为 2020 年度省级现代医院管理制度建设样板单位。建立健全分级诊疗制度。组建完成县域医联体 8 个，各医联体建设单位按照医联体建设标准，成立医管委，制定医联体章程，对人、财、物进行统一核算，落实医保资金打包付费，建立人力资源、财务等管理中心，统一由牵头医院管理。

通过全市远程医疗服务网络建设工程，完善县、乡两级信息系统，建立影像、心电等资源共享中心，实现远程会诊。推进远程智慧医疗服务建设。由承德医学院附属医院牵头组建的市级远程医疗服务综合管理与运营平台搭建完成，并已与国家远程医疗中心、河北省远程医疗中心实现对接，与 6 家省内三级医院、5 家省外三级医院和承德市 13 家县级医院实现互联互通，可实时开展远程会诊、远程心电诊断、远程影像诊断、远程教育、培训等远程医疗服务。

全市医学影像和心电远程会诊覆盖所有乡镇卫生院和社区卫生服务中心。通过县级远程医疗中心完成远程会诊 31050 例，通过市级远程医疗服务综合管理与运营平台完成远程会诊 70 余例，远程影像、心电等诊疗 320 例，远程教育 23 次，累计培训医务人员 4600 人次。进一步改革完善综合监管制度。相继开展消毒产品专项、医养结合、首诊隔离点医疗管理、口腔诊所专项督查、精神卫生医疗机构、春季开学学校食品安全风险隐患排查工作领域 6 个专项监督检查，保持对违法行为的高压态势。由市卫健委和市生态环境局、市城管局对市中医院、承德嘉恒医疗废弃处置公司医疗废物处置和部分小区废弃口罩收集工作进行督导检查。配合交通部门对汽车站，火车站，高铁站等重要交通枢纽进行监督检查，形成防控疫情的有效合力。

完善药品供应保障机制。开展以基本药物为主导的“1+X”用药模式，促进基本药物优先配备使用。做好承德县医院、隆化县中医院基本药物综合试点工作。全市公立医院采购基本药物配备品种、数量占比为50%、基本药物配备使用金额占比为49%。全市235个监测点通过国家短缺药品平台解决短缺药品11种。建立短缺药品动态管理及常态储备机制，适时调整药品目录，保障应急药品、常用药、妇儿专科等易短缺药品2至3个月的储备量，确保临床用药需求。

【基层服务能力建设】 继续实施医疗健康雨润工程。选派市、县285名医师下基层，帮扶200个基层医疗卫生机构；培养引进基层卫生人才3205人(选派450名基层医务人员上派进修学习、培养引进本科以上卫生专业人才200人、采取线上线下相结合的形式、对2200名基层医务人员进行培训、招录乡村医生后备人才355人)；推广使用新技术新项目100项；补充更新5000元以上医疗设备410台件。建立健全城乡医疗服务网络，保障每个街道（乡镇）都有社区卫生服务中心或社区卫生服务站（卫生院），满足群众常见病和多发病的诊疗、基本公共卫生、健康管理等基本医疗服务需求。借助东西部扶贫协作，加大本级财政投入，共筹措资金1.63亿元用于乡镇卫生院、社区卫生服务中心和村卫生室的房屋新建改建及医疗设备更新补充，基层医疗机构诊疗服务环境持续改善。开展优质服务基层行和社区医院创建活动，通过乡镇卫生院和社区卫生服务中心自查自评、县级初核、市级复核、省级抽核等形式，持续整改，推动基层医疗机构可持续发展能力等方面全方位提档升级。全市72%以上基层医疗卫生机构达到标准化建设要求。建立完善“一键通村医”呼叫系统，已为26698名农村失能半失能等特殊老年人配备了紧急医疗呼叫系统,实现符合条件老年人纳入系统管理全覆盖。各政府办基层医疗机构均严格落实国家基本药物制度、实行药品（中药饮片除外）“零差率”销售。与承德护理学院、秦皇岛卫校合作，由县级财政出资，招录学员305人，毕业上岗152人，共在校培养1013人。依托国家基层卫生人才能力提升培训、国家基本公共卫生服务培训等项目，采取线上培训和线下培训相结合的方式，共计培训2万人次。

【医政医管】 推进医院章程试点工作，制定《承德市制定医院章程试点工作实施方案》，选择20%的二级、三级公立医院和10%的社会力量举办的非营利性医院作为试点，全市5所三级公立医院完成章程制定工作、27所二级公立医院和4所社会办非营利性医院完成章程制定工作。完成11所二级综合医院评审评价工作，其中10所医院符合二级综合医院标准，被确定为二级甲等综合医院。组织开展辖区内医疗机构院感防控大排查，对所有医疗机构医院管理、医疗操作技术规范和诊疗流程进行再检查，对所有医务人员防护进行再培训。继续开展改善医疗服务行动，以“创新、服务、安全、高效”为主题，围绕构建布局合理、优质高效的胸痛、卒中、创伤、危重孕产妇、危重儿童和新生儿“五大救治体系”，规范并落实预约诊疗、远程医疗、临床路径管理、检查检验结果互认、医务社工和志愿者“五项工作制度”，开展日间手术三级医院3家，二级医院2家，手术量5509台次，持续提升群众就医获得感。

【疾病防控】 重大传染病防控。法定传染病报告发病率较去年同期下降47.05%，学校传染病聚集性疫情9起，均得到有效处置。建成疫苗可追溯信息系统，以乡为单位儿童免疫规划疫苗接种率95%以上。保持无脊灰状态。麻疹发病率2.03/10万。持续推进国家结核病分级诊疗和综合防治服务模式试点工作，肺结核患者登记治疗管理率94.79%，成功治疗率94.82%。全市建成艾滋病初筛实验室39个、艾滋病快速检测点221个，艾滋病疫情继续保持低流行态势。城乡生活饮用水监测乡镇覆盖率100%，主城区饮水合格率100%，农村饮用水合格率与去年持平。继续保持碘缺乏病消除状态，有效控制饮水型氟中毒，大骨节病和克山病达到消除状态。抓实慢性病防治。国家级和省级慢性病综合防控示范区覆盖率达67%。完成农村环境卫生监测。青少年学生近视率52.68%，较2019年的48.45%上升4.23%。丰宁、滦平、平泉被评为省级慢性病综合防控示范区。抓实职业病防治。在煤矿、非煤矿山、冶金、建材、化工等领域深入开展尘毒危害专项治理工作。水泥生产企业的包装和装车环节全部进行技术改造，作业场所职业病危害浓（强）度明显减轻，基本达到国家标准。共检查企业348家，检查覆盖率为98.6%，立案31家。开展尘肺病监测、筛查和随访，尘肺病患者建立一人一档，对诊断为尘肺病的患者实施分类救治救助，共调查4331人，完成率96.2%，位全省前列。开展重点行业工伤保险扩面专项行动，将相关用人单位劳动者纳入工伤保险统筹范围，保护劳动者职业健康权益。

【综合监督执法】 加强疫情防控监督执法，检查公共场所、医疗机构、医废处置单位、血站、疾控中心等各级各类单位9000余户次。开展打击违法违规行为专项整治行动，共检查单位8378户，其中公共场所2402户、生活饮用水279户、放射卫生165户、学校卫生529户、医疗卫生2473户、消毒产品单位6户、传染病防治2449户、餐饮具集中消毒单位29户，血液安全2家，妇幼计生44户。一般程序立案330起，结案271起，罚款71.8万元，没收违法所得8.47万元，简易程序117起。在全市范围内开展医疗废物、医疗污水规范管理调研指导工作，抽查医疗卫生机构34家，县级医疗废物储运中心7家、医疗废物处置单位1家。完成2020年“双随机”抽查工作，完结率100%，案件174件，罚款12.61万元。制定《承德市卫生健康委扫黑除恶斗争“百日攻坚行动”实施方案》《承德市卫生健康行业专项整治工作方案》，建立健全源头治理制度体系，彻底铲除黑恶势力滋生土壤。集中开展救护车专项整治行动，严厉打击非法开展院前医疗急救和非法营运转运患者行为。

【卫生应急】 建立市县乡三级疫情监测网络和应急预警机制，实行新冠肺炎疫情“零报告、日报告”制度。补充完善《鼠疫控制》《血液保障》《防汛抗旱和防震》《心理救援》等卫生应急预案，市本级调整医学救援、突传、中毒、心理、核与辐射5类21支卫生应急队伍、应急专家260人。组建北戴河暑期卫生应急保障队伍、人防卫生应急队伍。参加省心理救援、新冠肺炎防控桌面推演和反恐、森林草原防火、泥石流灾害事件等应急演练。举办承德市洪涝灾害暨重大传染病防控应急演练和承德市新冠肺炎疫情和流感防控桌面推演。全市共组织开展卫生应急演练80余次，培训各类卫生人员6000余人次。围场、丰宁两县坝上地区野鼠平均密度均0.06只/公顷，完成重点县春秋季灭鼠工作任务。平泉市、隆化县等县区同步开展春秋两季灭鼠工作，有效降低鼠密度。全年共接报各类突发公卫事件及相关信息11起，均为一般事件。其中流感疫情、流行性腮腺炎疫情、诺如病毒感染致其他感染性腹泻疫情各1起，水痘疫情3起、新型冠状病毒感染肺炎疫情5起（聚集性疫情1起，首例病例疫情4起），全部得到有效处置。

【爱国卫生】 实施“健康河北 承德行动”。落实健康河北承德行动的个人、社会、政府等多方责任。强化预防，聚焦全市主要健康影响因素、重点人群和重大疾病，大力实施健康素养提升，三减三健，妇幼健康、慢病防控，推进无烟医院、无烟学校、无烟党政机关全覆盖等重点任务攻坚。

开展健康知识、疾病防控知识宣传普及，引导居民主动学习、掌握必备的健康技能，牢固树立“自己是健康第一责任人”的理念。推广勤开窗通风、正确洗手、保持社交距离、科学佩戴口罩等卫生习惯，杜绝食用野生动物，推广“公筷公勺、分餐行动”，消除随地吐痰、乱扔垃圾、公共场所吸烟等陋习。

大力开展爱国卫生运动。落实省市党委“三创四建”活动部署，加大指导、暗访、督导力度，以全域考核推进全域创建。指导隆化县年度内成功创建省级卫生县城，实现全市省级卫生县城全覆盖；指导平泉市、滦平县、承德县、兴隆县年度内通过省级卫生城市（县城）复审；指导推进市本级建成区、平泉市、丰宁满族自治县、滦平县、承德县、兴隆县争创国家卫生城市（县城）。以第32个爱国卫生月为契机，推进爱国卫生运动常态化开展，为打赢疫情防控阻击战奠定坚实的环境基础。贯彻落实《全省病媒生物防制评估办法》，提高各地病媒生物防制控制水平。配合市农业农村局，做好农村改厕的技术指导和宣传引导工作。推进医疗卫生机构厕所整洁行动，加大乡镇卫生院旱厕改造力度，做好3个深度贫困县、72个深度贫困村改厕巩固提升工作。开展无烟党政机关创建和无烟卫生健康系统建设，在全市所有健康促进试点医院普及简短戒烟干预，提升全市戒烟门诊的服务能力。

【中医药发展】 优化中医药发展环境。贯彻落实国家和省中医药大会精神、“一法一条例”及促进中医药传承创新发展的意见，召开全市中医药传承创新发展大会。出台《承德市关于促进中医药传承创新发展的若干措施》。开展中医医疗机构依法执业专项检查。新增备案制中医诊所12所。争取中央、省级财政中医药资金1705万元，注重项目和资金向贫困县倾斜，完成县中医院县域医共体建设6个、乡镇卫生院国医堂建设34个、县级中医院综合服务能力提升建设、县级中医院疫情防控建设、中医药人才培养等项目。开展2019年22个中央转移支付中医药资金项目绩效评价工作，迎接第三方对抽取的8个项目评估，绩效评价结果良好。

提升中医药服务能力。完善分级诊疗制度，持续推进承德中医医联体和3个县中医院医共体建设。继续推进中医医师参与家庭医生签约服务，各县中医院均有中医师下沉基层牵头或参加签约团队。加快推进现代医院管理制度建设，市、县中医院均制定现代医院管理章程，实行党委领导下的院长负责制。市中医院、滦平县中医院开展三级公立中医医院绩效评价考核，隆化、宽城、承德县开展二级公立中医医院绩效评价考核。丰宁满族自治县中医院迁建工程已开工建设，兴隆县中医院异地迁建工程已完成整体设计。滦平县中医院开展三级甲等中医医院创建工作，部署二级甲等中医医院等级复审工作。深入开展第二阶段全面提升4个县级中医医院综合能力工作，推进标准化县级中医医院建设和县级中医医院标准化康复科建设。继续实施基层中医药服务能力提升工程“十三五”行动计划，巩固9个县、市、区全国基层中医药工作先进单位成果。围场满族蒙古族自治县中医院与县养老中心中医医养结合试点进展良好。抓好国家中医药传承与创新“百千万”人才工程，1名国家、4名省级中医优秀人才研修已结业，15名老中医药专家学术经验继承人、2名西学中人员、2名中医护理骨干培养、2名中药高级人才培养等中医药人才项目正在实施中。实施名医入冀计划，国医大师张大宁传承工作室、全国名中医陈宝贵传承工作室、全国名中医刘启全传承工作室共带徒20人，培养工作著有成效，初步形成集临床、教学、科研于一体的专业学术平台。滦平、丰宁、承德县3个全国基层名老中医传承工作室建设项目通过省级验收。

促进中医药健康文化发展。持续实施中医药健康文化推进行动，通过现场、自媒体等多种形式开展中医药健康大讲堂等活动百余次，推动中医药文化和中医养生保健知识在机关、社区、企业、学校等广泛传播。为广大群众免费发放中医药养生保健书籍、各类宣传彩页共 37436 份，解答养生保健知识咨询共 6646 人次，提高中医药健康文化知识普及率。5 个中医院建设中医药健康文化知识角，6 个中医院微信公众号社会反响良好。

【医学科技与教育】 2020 年，免费培养农村订单定向医学生 32 人（其中临床本科 18 人，中医本科 5 人，临床专科 9 人）。通过中央资金和自筹资金支持开展全科医生转岗培训，全年共安排 80 名学员参加全科医生转岗培训。通过“5 + 3”全科住院医师规范化培训和“3 + 2”助理全科培训，培养全科医生 27 名。全市共培养合格且完成注册为全科医生有 1121 人，已达到万名人口拥有全科医生 3.13 人，处全省领先水平。对全科医学、儿科、麻醉、康复、急诊等紧缺专业，在住培招生录取上予以政策倾斜，增加紧缺专业人员在住培期间工资补助标准，截至 2020 年年底，紧缺专业在培 39 人。县级医院选派骨干医生参加紧缺专业人才培训，培养紧缺专业骨干医生 11 人（其中麻醉 2 人、康复 4 人、妇产科 1 人、呼吸重症医学 1 人、药师 3 人）。组织 10 名青年学科骨干报名参加“北大访问学者”高端人才培养项目。组织援鄂抗疫人员及市级新冠肺炎医疗救治定点医疗机构一线抗疫 22 人，参加“河北省科技卓越人才国际交流计划”，由国（境）外专家利用线上 + 线下教学模式，通过组织参训人员现场座谈交流、开展心理疏导、英语医学专业术语教学等形式学习掌握医学科技前沿技术。市中心医院住培基地被确定增补为国家级住培基地。解放军联勤保障部队第 981 医院及丰宁满族自治县医院经省卫健委评估，批准为全科转岗培训基地，至年末，2 家转岗培训基地已招生并安排学员培训。2 所住院医师规范化培训基地在读学员总数 154 人（不含专硕），新招录学员 38 人，参加住培结业考试人员 128 人，考试合格 118 人，合格率 92%。2 所助理全科培训基地在读学员 40 人。助理全科培训新招录学员学员 20 人，参加结业考核考人员 15 人，考试合格 11 人，合格率 73%。2019 年度河北省医药卫生科技成果奖评比中，承德市共获奖项 14 项，其中一等奖 2 项，二等奖 6 项，三等奖 6 项。全市中、西医卫生专业技术人员继教学习达标率分别为 99.19% 和 96.31%，在全省地市级中均排名第一。

【京津冀协同发展】 全市 31 家二级以上医疗机构（不包括军队医院）与 51 家京津医疗卫生单位签署合作协议，京津医疗机构下派 521 人次医疗专家到承德市进行技术指导、业务帮带，合作开展手术 4883 台，共建专科 16 个，建立中医传承工作室 4 个，开展新技术 32 项、新项目 19 个，组织专科技术培训 202 场次，参加培训医务人员 1230 人次，开展远程会诊 676 次，承德市 657 人次业务骨干免费到合作医院进修学习，3.9 万余人次患者接受京津专家诊治。推进与平谷区卫健委共建软硬镜微创医疗中心，打造以北京友谊医院为顶层、平谷区医院为枢纽、软硬镜微创医疗中心所在医院为成员的跨省市专科医联体，承德市有 4 家医疗机构正式建立软硬镜微创医疗中心。全市 9 所医疗机构纳入京津冀医学影像检查资料共享医疗机构，10 所医疗机构纳入京津冀临床检验结果互认医疗机构。

【信息化建设】 完善全民健康信息平台建设。全市 30 家二级以上医疗机构与市级全民健康信息平台对接，其中 28 家实现数据上传，建立电子健康档案 319 万份。全市乡镇以上医疗卫生机构专网建设基本完成，覆盖率 99%，村卫生室专网建设覆盖率 46%。加快电子健康卡码普及应用。市中心医院、市中医院 2 所市属三级公立医院实现电子健康码应用，二级以上医院及基层医疗卫生机构推进受理环境改造、扫读设备采购等工作，5 家二级医院完成接口改造。严格落实网络安全工作责任制，完善网络安全制度，开展网络安全自查检查工作 4 次，对直属单位进行网络安全检查 1 次，组织网络安全方面风险排查 3 次。

【康复医疗】 承德市 69 家中心卫生院和社区卫生服务中心按照康复病床设置要求，共建设完成 208 张康复床位。将隆化兴元医院改建为二级康复医院，编制床位 280 张，其中康复床位 210 张，康复治疗区域面积 800 平方米，符合二级康复医院基本标准。推进承德市康养医院建设，市卫健委直属公立二级专科医院，建筑面积 18433.6 平方米，床位 200 张，医院机构设置市编办已批复，主体工程完工。

人口健康

【概况】 2020 年，按照“一年试点先行，三年全面铺开，五年巩固提升”总体安排，分阶段促进婴幼儿照护服务事业发展。将滦平县世纪星幼儿园、隆化县阳光鑫城幼儿园确定为全市幼儿园托班试点，促进婴幼儿健康成长。配合做好第七次全国人口普查。2019 年 10 月 1 日至 2020 年 9 月 30 日，全市出生 24816 人，符合政策生育率 93.98%，出生率 6.53‰，死亡 16105 人，死亡率 4.24‰，自增率 2.29‰。生育一二孩实行“两证一承诺”制度，2019 年 10 月 1 日至 2020 年 12 月 29 日，全市共办理网上一孩登记 9295 人，二孩登记 11373 人、再生育审批 786 人。开展计划生育特殊家庭“三个全覆盖”专项行动。对特殊家庭 2851 人实行计生特殊家庭联系人分组包联制度，发放联系知情卡，明确联系方式和帮扶清单，保证帮扶关系无缝衔接。将计生特殊家庭成员作为签约服务重点对象，共签约 2828 人，覆盖率 99%。市中心医院、中医院为市级计生特殊家庭定点医疗服务机构，各县（市、区）将本级公立医院全部作为计生特殊家庭定点医疗机构，共 103 家医疗机构开通医疗服务绿色通道，计划生育特殊家庭本人持《扶助证》在挂号、就诊、取药、收费、综合诊疗等方面享受优先服务。设立“医疗应急保障专项资金”，共为 36 人次报销医疗费用 11404 元。为计划生育失独特困家庭发放计划生育救助公益金 500 元。为 2725 人 49 周岁以上计生特殊家庭父母进行免费常规项目健康体检一次，为 2756 人购买了护工保险。奖励扶助对象累计扶助 52523 人，特别扶助累计扶助 2860 人，其中伤残家庭 859 人、死亡家庭 2001 人。落实独生子女 10 元奖励 38537 人，落实金额 462.44 万元；落实独生子女 1000 元奖励 1443 人，落实金额 144.3 万元；落实机关、企事业单位职工独生子女父母退休时 3000 元一次性奖励 2267 人，落实金额 680.1 万元；审核办理农村独生子女高考加分 843 人。2020 年 1 月至 11 月底全市共出生 20417 人，其中男婴 10466 人，女婴 9951 人，性别比为 105.18，修正后性别比为 108.43，符合省规定控制（建议）目标范围。建立省级青春健康教育培训基地 1 个，大学生青春健康俱乐部 2 个，亲情关爱活动阵地即暖心家园 6 个，帮扶救助计生困难家庭 416 户，惠及人口 2646 人次。青春健康教育工作在全省计生协项目工作培训会上做典型发言。

【妇幼健康】 落实《母婴安全行动计划和健康儿童行动计划（2018—2020 年）》，实施项目带动战略，加强出生缺陷三级预防综合治理，强化妇幼服务体系建设。严格落实妊娠风险筛查与评估制度，将妊娠风险筛查评估系统整合于承德市孕产妇管理信息系统，系统强制首诊时进行高危风险筛查与评估，借助信息化手段筛查风险因素，主动识别高危孕产妇，从源头严防风险。实行高危孕产妇专案管理，随访率和专案管理率均 100%，结案率≥ 95%。1 至 11 月份，全市孕妇建档 22649 人，产检 80744 人次，筛查管理高危孕产妇9470人，孕产妇死亡率、婴儿死亡率控制在8.5/10万（2例）和1.51‰（半年报）以下。推广免费婚检、婚姻登记、孕前优生、叶酸发放、生育登记、首诊建册、首次产检“七位一体”的婚育一站式服务模式。1至11月，承德市婚前医学检查率62.28%；孕前优生健康检查服务11074对目标人群，覆盖率90%。全市免费产前基因筛查项目及唐氏筛查合计筛查率80%以上。依托承德医学院附属医院、市妇幼保健院、残联康复中心，建立健全新生儿先天性心脏病、耳聋基因筛查诊治网络。项目县新生儿疾病筛查率98.67%、听力筛查率96.29%，均优于目标要求。继续实施项目带动战略，目标人群叶酸服用率96.85%，艾滋病、梅毒、乙肝检测率均100%，营养包发放率69.02%，营养包有效服用率94.05%，看护人健康教育覆盖率96.75%，改善项目县婴幼儿健康状况。落实健康儿童行动计划，重点强化新生儿保健和高危儿管理，新生儿访视率90.73%，3岁以下儿童系统管理率86.80%，7岁以下儿童保健覆盖率90.03%。依法加强《出生医学证明》监管，保留签发机构38个，出生签发率97.89%，废证率0.35%。

【老龄健康】 出台《承德市积极应对人口老龄化实施方案》《承德市贯彻落实河北省建立完善老年健康服务体系实施意见重点任务分工方案》《承德市老龄工作委员会工作制度》《承德市老龄委成员单位职责分工》，建立31个成员单位的老龄工作联络机制。开展“敬老月”“敬老周”等系列活动，各县区及社会各界共发放慰问金63万余元，慰问物品3000余件。组织“我健康 我快乐”2020承德市中老年“健康之星”遴选活动。组织参加河北省中老年健康之星评选活动，丰宁剪纸非遗传承人郭凤芝、市卫健委王德厚荣获河北省“健康之星”，市卫健委荣获河北省中老年健康之星活动优秀组织奖。线上参加河北省中老年才艺风采大赛评选活动，承德赛区获金奖3名、银奖4名、铜奖7名，双桥区、宽城满族自治县获承德赛区优秀组织奖。出台《承德市积极应对人口老龄化实施方案》，全市二级以上医疗机构均为老年人开设优先挂号、优先就医等便利服务的绿色通道，医养结合覆盖率100%。打造创建安宁疗护试点，滦平县鸿福护院、承德县中医院、双滦区糖尿病医院、围场满族蒙古族自治县中医院获省级试点单位。组织开展第三届敬老文明号推荐活动，工商银行、滦平县鸿福护理院荣获国家敬老文明号，鹤鑫巢养老中心衡秀梅、围场民政局王文学、平泉市医生林玉才荣获全国敬老爱老助老模范人物。推动助老安康工程，宽城满族自治县、围场满族蒙古族自治县、承德县、兴隆县、双桥区由财政出资统一投保，提高老年人保障能力。参加助老安康工程345848人，老年人成保覆盖面45%，保险费643.48万元，风险保障金额28.47亿元，医疗和死亡共理赔1403人，理赔492.03万元。双滦区糖尿病医院（中和养老中心）获河北省医养结合优质服务单位称号。

【职业健康】 以尘肺病防治攻坚行动为主线，以重点职业病监测项目为抓手，继续深化尘毒专项治理。继续在煤矿、非煤矿山、冶金、建材、化工等领域深入开展尘毒危害专项治理工作，水泥生产企业的包装和装车环节全部进行技术改造，基本达到国家验收标准，作业场所职业病危害浓（强）度明显减轻。检查企业348家，检查覆盖率为98.6%，立案31家，其中警告26家、罚款13家，罚款19.8万元。实施尘肺病患者救治救助行动，开展尘肺病监测、筛查和随访，尘肺病患者建立一人一档，对诊断为尘肺病的患者实施分类救治救助，共调查4331人，完成率96.2%，位居全省前列。开展重点行业工伤保险扩面专项行动，将相关用人单位劳动者纳入工伤保险统筹范围，保护广大劳动者的职业健康权益。

【健康扶贫】 紧紧围绕“基本医疗有保障”的核

心指标，遵循卫生健康工作规律，坚持以问题为导向，实施健康扶贫精准保障贫困人口基本医疗，让贫困人口“看得起病、看得好病、看得上病、少得病”。农村贫困人口大病集中救治。制定全市大病集中救治方案，组建救治专家组，负责全市疑难重症病例专业技术指导和质控工作。制定具体的临床路径和诊疗管理方案，明确定点医院23家，农村贫困人口大病专项救治增加到30种。建立并完善大病集中救治工作台账，大病集中需救治21328人，重病兜底需救治546人。落实贫困人口住院“先诊疗后付费”政策。全市县域内定点医疗机构全面实施贫困人口住院“先诊疗后付费”政策和一站式报销结算，执行住院日清单和日核查制度。家庭医生签约服务。建立防贫对象家庭医生签约管理台账，通过全省家庭医生签约服务信息统计系统填报边缘户人员基本信息和家庭医生签约团队组成人员信息。发挥家庭医生签约团队健康教育、健康管理和基层首诊作用，合理确定应签范围，做到签约一人、履约一人、服务一人，全市贫困人口做到应签尽签。全面消除村卫生室村医两个“空白点”。印发《关于进一步加强乡村医生队伍建设的实施意见》，全面准确掌握全市村卫生室建设和乡村医生配备现状。除乡镇卫生院所在行政村外，全市所有行政村均有1所村卫生室，配备至少1名村医提供服务，实现了村卫生室村医全覆盖。承德市健康扶贫工作实现国考、省考零问题，得到省卫健委领导的充分肯定并多次在全省健康扶贫会议上做典型发言。

【健康教育】 主动对接媒体，通过报刊杂志、电视广播、微信公众号等媒体全方位普及防疫知识科普等内容，把握正确的舆论导向，特别是对援鄂医护人员连续进行跟踪报道，受到广大人民群众的关心和关注。承德医学院附属医院呼吸与危重症医学科护士长卢秋玲家庭荣获“全国抗疫最美家庭”；承德市中心医院医生曲宝亮家庭、滦平县中医院肿瘤科护士仇磊家庭和隆化县医院内一科医生施建民家庭荣获“河北省抗疫最美家庭”；丰宁满族自治县中医院的援鄂护士武珊珊被评为河北省“最美军嫂”；围场满族蒙古族自治县医院医生赵海洋被评为河北省“最美退役军人”；承德市第三医院初级护师康红英、承德市疾控中心副主任技师王蒋丽被评为河北省“抗疫·最美医生”；承德市人社局对承德支援湖北医疗队集体和事业单位53名承德支援湖北医疗队队员记功奖励。市卫健委、市红十字会和《承德文产》编辑部联合编印《承德逆行者——援鄂的日子》一书，记录全市64名驰援湖北医务人员的心路历程。全年组织制作“疫情防控”工作专题片3部，“健康扶贫”工作宣传片5部，市级以上各类媒体中发表宣传稿件5012 篇。“承德卫生与健康”公众号推送各类稿件293期共1600篇，总阅读量达20万余人次。

重点医院

【承德医学院附属医院】 2020年，医院有本部、南院区两个院区，总占地面积218亩，建筑面积25万平方米，总资产20亿元，开放床位2400张。共拥有价值100万元以上医疗设备91台（套），10万元以上医疗设备918台（套）。设置有层流净化手术间33间（百级7间、千级4间、万级22间）。医院设有医疗、医技科室59个，职能部门51个。现有职工3530人，其中卫生技术人员2857人，正高185人，副高356人，博士29人，硕士981人，医师中研究生学历占比为80.49%，享受国务院特殊津贴专家1名、河北省省管优秀专家2名、河北省政府特殊津贴专家4名、河北省“三三三人才工程”青年专家10名、承德市市管优秀专家28名。全年门、急诊150.6万人次，出院病人7.06万人次，出院患者完成手术2.80万例。

面对突如其来的新冠肺炎疫情，医院党委第一时间成立新冠疫情防控领导小组，组建专家组和应急救护队，及时处理各级各类疫情防控文件 580 余个，及时制定、修订医院防控救治制度、流程、应急预案 80 余个，确保全院防疫与诊疗工作有序开展。成立疫情防控小组 78 个，组建临时党支部 4 个，党员防控突击队 6 个，917 名党员请战一线，864 名党员参加联防联控，全院党员为疫情防控捐款 8.7 万余元，充分发挥出基层党组织的战斗堡垒作用和党员的先锋模范作用。积极响应省卫生健康委号召，服从省、市统一指挥调度，组建 3 批赴湖北援助医疗队。选派精锐 9 人驰援武汉：1 月 26 日，河北省向医院发出组建援湖北医疗队的通知，呼吸与危重症医学科赵志伟、卢秋玲，感染性疾病科施燕，重症医学科李国斌、张起昌 5 人第一时间报名请战，支援武汉市第七医院；2 月 9 日，援鄂医疗队集结令再次发出，医院感染性疾病科副主任张国民主动请战，担任河北省医疗队承德组队长，带领 40 名医务人员奔赴抗疫一线武汉江岸方舱医院；2 月 17 日，医院派出护理部副主任张延红、消化内科护士长王春青、泌尿外科护士长刘英支援武汉大学附属中南医院。3 人驰援省内定点医院：2 月 13 日，按照省卫生健康委部署安排，医院紧急派出内分泌科王英南、南院区心脏内科李舒承支援秦皇岛市第三医院，重症医学科主任滑立伟支援沧州市人民医院。1 人支援新疆：8 月 6 日，选派临床基因扩增检验实验室技师郭轶群支援新疆尉犁县协助其开展新冠肺炎核酸检测工作。全力以赴助力承德市疫情防控：选派 36 名骨干医师加入承德市新冠肺炎救治专家组，医院副院长张庆带领呼吸与危重症医学科郑洪飞、重症医学科于昕冉，支援承德市新冠肺炎救治定点医院承德市第三医院，实现承德市 7 例确诊病例全部治愈出院；15 名护士坚守承德市高速入口，对入承人员进行体温检测和流行病学调查，甘做疫情防控“哨兵”。院内医师、技师、护士、结算、后勤等数百人 24 小时值守发热门诊、隔离病房、核酸检测等一线岗位，筑起疫情防控的牢固防线。

2020 年 4 月，医院张国民荣获“全国卫生健康系统新冠肺炎疫情防控工作先进个人”；张延红荣获“中华护理学会杰出护理工作者”的荣誉称号；呼吸与危重症科护士长卢秋玲所在家庭荣获“全国抗疫最美家庭”荣誉称号。张国民、赵志伟被评为“全市抗疫最美家庭”。5 月 4 日，医院荣获“承德青年五四奖章集体标兵”，重症医学科主治医师李国斌荣获“承德青年五四奖章标兵”。8 月 7 日，医院重症医学科滑立伟主任获得中华医学会“抗疫英雄”荣誉称号。10 月，医院被省委授予“全省先进基层党组织”，被省委、省政府授予“河北省抗击新冠肺炎疫情先进集体”；医院南区内科党总支第一党支部（感染性疾病科）被授予“全省先进基层党组织”称号。感染性疾病科被授予“河北省抗击新冠肺炎疫情先进集体”。张国民被授予“全省优秀共产党员”“河北省抗击新冠肺炎疫情先进个人”称号。

2020 年，医院按照疫情防控形势、国家政策要求持续加强发热门诊、预检分诊、门急诊就

1 月 26 日，承德医学院附属医院第一批医疗队出征武汉

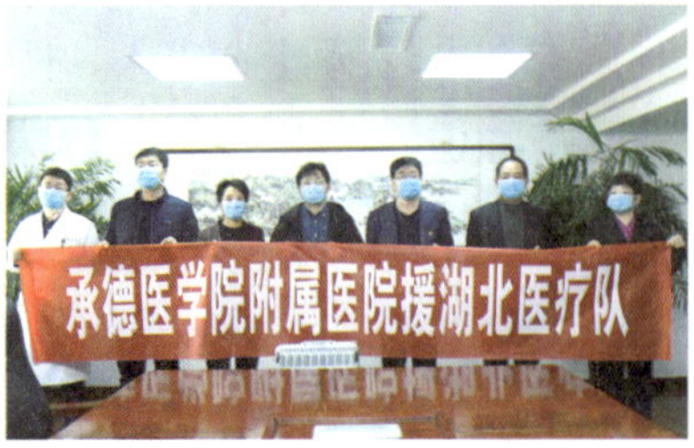

2 月 9 日，承德医学院附属医院第二批医疗队出征湖北

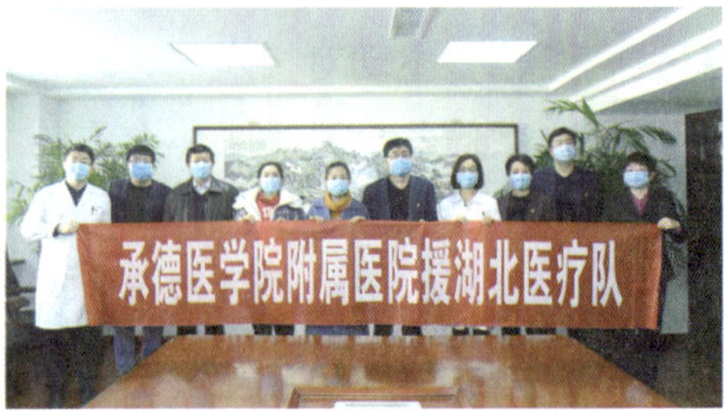

2 月 17 日，承德医学院附属医院第三批医疗队出征湖北

诊、住院治疗等重点部门、环节管理，制订出台《预检分诊制度》《发热患者就诊流程（试行）》《新型冠状病毒感染的肺炎确诊病例转运流程》等制度、流程、应急预案80余个，各病区设置过渡区和应急病房，有序收治病人，严防院内交叉感染。继续推进五大中心、心衰、房颤中心建设，积极开展肿瘤MDT多学科会诊，建立起响应迅速、运行高效的急危重症医疗救治体系。积极落实分级诊疗，强化基层首诊和双向转诊，引导一般常见病、慢性病、康复等患者下沉到基层医疗卫生机构，实现医疗资源的合理配置。大力推行临床路径，做好围手术期管理、单病种质控，大力推进日间手术，为乳腺癌、胃癌、结直肠癌、淋巴瘤、骨髓瘤患者开展日间化疗，有效缩短平均住院日；切实保障肿瘤患者的及时救治，提高床单元使用效率。大力推动技术创新，新开展踝关节镜技术在诊疗踝关节疾病中的应用、植物神经检测与震颤分析等医疗医技新技术新项目46项；引进X射线计算机体层摄影设备（双源CT）、X射线血管造影系统（DSA）、高档彩色多谱勒超声诊断仪、体外膜肺氧合仪（ECMO）、超高效液相色谱串联质谱系统等大型设备，为学科发展提供了强力支撑。

2020年5月20日，医院正式获批“河北省市级儿童听力筛查诊治中心”。6月2日，获批国家第三批高血压达标中心建设单位（牵头医院），医院作为承德地区高血压达标中心牵头医院，将通过医疗资源的整合加强与基层医院密切联系，形成良好的双向转诊制度，进一步提高本地区高血压的知晓率、治疗率和控制率，最大限度地降低心血管发病和死亡率，进一步提高承德地区慢病管理及高血压整体诊疗水平。7月27日，中联肝健康促进中心授予医院——中国消除丙肝联盟公益项目诊疗基地。8月，病理科顺利通过由中国医疗器械行业协会病理专业委员会（CCPI）组织的全国免疫组化室间质评活动，获全国免疫组织化学室间质合格证书。11月，中国心血管健康联盟、中国心衰中心联盟、心衰中心总部联合发布《中国心衰中心第三批次示范基地增选公示》，承德附属医院成为河北省首家中国心衰中心示范基地（标准版）。12月14日，河北省卫生健康委发布公示，择优推荐承德医学院附属医院为“2020年度国家级母婴安全优质服务单位”。

2020年，根据省科技厅“技术创新引导专项—科技工作会商”项目，组建起血液病与肿瘤、骨科学、内科学、外科学、心血管病学5支科研团队。其中标纵向课题159项，其中省部级课题8项，市厅局级指令性课题17项，指导性课题114项，院内课题20项。科研课题获得专项经费资助326.5万元，各级学科获得上级经费资助52万元。科研成果获省三等奖1项，市厅局级奖励62项。发表SCI收录论文68篇，中华系列论文14篇，北大中文核心论文136 篇。完成伦理会议审查22项，快速审查19项，通过河北省伦理检查评估3次。

成功引进获得中国医科大学和日本富山大学肿瘤学和病理学博士，日本振兴协会JSPS博士后，教授、博士生导师郑华川教授；引进、培养博士4名、硕士研究生61名；新入选“三三三人才工程”人选4人、省政府特殊津贴专家1人，11月13日，河北医科大学印发《河北医科大学关于聘任博士研究生指导教师的通知》（冀医学位［2020］9号），承德医学院党委常委、副校长、承德医学院附属医院党委书记郝长来被遴选为临床医学专业学位博士研究生指导教师。

圆满完成临床学院818名实习（见习）学生的带教任务，顺利通过临床教学工作检查；成为承德护理职业学院临床教学培训基地；口腔医学和医学检验技术2个本科新专业获批设置并顺利完成第一届招生工作；完成临床医学国家一流本科专业申报、康复科省级一流本科专业申报，医学影像专业及麻醉专业获评校级一流本科专业。加强研究生、住培医师管理，通过国家住培基地的全面评估，高质量完成102名硕士研究生、150名住培医师的培养工作，住培结业考核通过率99.3%；以全省第三名的成绩荣获河北省第二届住院医师规范化培训技能大赛团体二等奖。8月17日，医院荣获2020年全国“优秀全科专业住院医师规范化培训基地”称号，作为全国获此殊荣的九家单位之一，承德附属医院名列榜首，也是河北省唯一获奖医院。

医院以强烈的社会责任与使命感，积极承担政府指令的自然灾害与重大传染病等突发公共卫生事件的医疗救治与卫生保障任务，开展精准扶贫、健康对口帮扶与基层医院骨干医师培养，对中国出生缺陷与先天结构畸形救助工程、河北省白内障患者复明工程、河北省贫困青少年肢残者矫治工程等各专业疾病免费救治，积极派出援外援疆医疗队。积极落实国家医改政策，推进落实“四医联动”，取消医用耗材加成，及时完成医疗服务价格调整，落实人工晶体、心脏支架国家集中带量采购，切实减轻患者负担。推动医联体建设与分级诊疗工作，先后成立承德市急性重症创伤、卒中、胸痛、肿瘤、危重孕产妇与危重新生儿救治等专科联盟，成为河北省远程会诊分中心、承德市远程医疗中心，带动提升区域内各类急危重症、疑难罕见病的整体救治水平。同时与隆化镇医院合作成立区域第一家远程影像诊断联盟；会同承德市中医院、承德钢铁集团有限公司职工医院、承德朝聚眼科医院、承德市第三医院共同打造“病理专科联盟”。医院被国家卫生健康委医政医管局、健康报社评为“改善医疗服务示范医院”；在2019年省直公立医院医改考核中获得最高等次“优秀”。在2020年公布的全国三级公立医院绩效考核成绩中，在全国1183家三级公立医院中排名第166位，较2018年的297位上升131名，获评A等级。

【承德市中心医院】 承德市中心医院占地面积4万平方米，建筑面积8万平方米，开放床位1000张，设临床科室42个，医技科室16个。2020年，有职工1578人，其中卫生技术人员1327人，正高98人，副高190人；博士、硕士305人；硕士研究生导师65人；拥有高精尖诊疗设备200余台。

全年，承德市中心医院服务门诊患者796263人次，比2019年减少80352人次；服务出院患者26359人次，同比减少2980人次；病床使用率80.19%；病床周转次数27.17次；平均住院日9.49天；危重病人抢救成功率85.1%；全院总手术量15253例。

2020年，医院把新冠肺炎疫情防控作为最重要的政治任务和头等大事，不折不扣地贯彻落实省、市委关于疫情防控的安排部署，一手抓疫情防控不放松，一手抓医院发展不动摇。按照国家“坚定信心、同舟共济、科学防治、精准施策”的总要求，党政领导共同负责，第一时间制定《新冠肺炎防控实施方案》，成立防控工作领导小组和防控技术专家组，建立完善统一领导、统一管理、统一调配、统一协调工作机制及专家组每日例会制度，并随时根据疫情变化完善相关制度和流程，全面部署、有力推进各项防控举措。持续推进发热门诊结构扩容和流程改造；有序开展医务人员防控知识、技能培训与演练；严格落实发热患者登记、接诊、筛查、多学科联合会诊制度，不断强化重点患者、重点人群筛查及住院患者陪护、探视等环节管理，织牢织密疫情防控安全网。及时调整防控策略：紧急启动“方舱

4月14日，承德市中心医院在医院会议室举办援鄂驰援医疗队员平安凯旋欢迎仪式

CT”、核酸提取设备采购程序，加强发热患者闭环管理，提高特殊情况下核酸检测能力。强化对发热门诊、预检分诊、急诊科等重点部门，以及住院病区门禁管理、住院患者陪护及访视管理等重点环节的督导和持续改进，构建常态化疫情防控安全屏障，进一步巩固疫情防控成果。坚持“优中选优”的原则，先后遴选8名医护人员驰援武汉、25名市级专家组成员随时参与全市疫情防控巡诊和会诊、3名医务人员赴承德市医疗救治定点医院——承德市第三医院支援、1名核酸检测人员支援新疆尉犁县，均圆满完成任务。在抓实抓好疫情防控工作的前提下，紧紧围绕健康中国战略，以学科建设为主线，以公立医院绩效考核为导向，加强科学谋划、深化改革创新，最大限度降低疫情带来的不利影响，持续提高医疗质量、保障患者安全，推动医院高质量发展。

在医疗质量上，持续开展“医疗核心制度深化年”活动，强化18项医疗核心工作制度严格落实。重新修订和完善《医院2020版工作制度与岗位职责》，持续加强医务人员“三基三严”训练与考核，推进多学科团队协作诊疗模式，夯实基础质量。发挥病历质控中心职能，以病历质量持续改善为纽带，提升环节质量。通过每月召开医疗质量安全管理与持续改进专题会议、举办专题病例讨论会等多种途径，促进终末质量持续改进。强化抗菌药物和重点监控药品管理，加强临床药师队伍建设，保障患者用药安全，出院病人药占比为29.42%，为管控先进水平。高度重视医院感染控制和预防工作，倡导精准感控理念，强化医院感染控制和预防的科学性。遵循“预防为主，系统优化，全员参加，持续改进”的原则，加强医疗安全（不良）事件管理，构建患者安全文化。

年内护理工作以《十三五全国护理事业发展规划》为指导，以护理质量和安全为核心，加强护理质量控制与持续改进，修订完善护理管理制度、岗位职责、工作流程、操作规范及护理质量管理目标等。改进护理质控模式，推进优质护理服务，提高护理管理科学化水平。采取线上线下相结合的方式对护士进行分层培训和考核，并通过录制常见临床护理操作视频、关键环节操作视频等，提高护理操作规范化水平，7人在省、市级护理技能比赛中获奖。

学科建设以妇儿院区运行和主院区学科布局调整为契机，以“五大中心”建设为载体，强化医院内涵建设，促进各学科协同发展，努力打造“大综合、强专科”的学科发展战略布局。医疗美容科顺利开诊运行；生殖医学科正式取得开展试管婴儿技术资质。心血管内科、消化血液科、呼吸内科、神经内科、重症医学科、妇科、产科、CT/MRI诊断室、普外科、超声诊断科、肿瘤外科、心胸外科、内分泌科、骨科二病区、老年病科、肾内科被评为市级医学重点学科，皮肤科、口腔科、麻醉科被评为市级医学重点发展学科。

人才培养秉承“培养现有人才、引进急需人才、储备未来人才”理念，按照“培养为主、引进为辅”的原则，结合学科发展方向，择优招录以医学硕士、护理本科为主体的毕业生59人，选派科主任、技术骨干54人到国内知名医院进修学习和短期培训。修订《职工攻读在职博士学位管理规定》，选拔3名优秀中青年技术骨干攻读在职博士学位。制定《高层次人才引进管理办法》，做好急需高层次人才引进工作，为学科建设与医院发展提供强有力的人才保障和智力支持。

全年教学科研工作，扎实推进本科教学、研究生培养和住院医师规范化培训工作。认真落实承德医学院教学任务，以“加强师资培训、规范教学行为、巩固特色教学品牌”为抓手，提升本科教学质量。举办第12期“急诊危重症方向班”，增强本科医学生的核心能力。加强研究生指导教师队伍建设，注重研究生创新能力和临床思维能力的培养。秉承“质量是核心、制度是保证、学员是主体、师资是关键”的工作理念，持续改进住院医师规范化培训管理工作，实现住院医师规范化培训基地提质升级目标。加强科研创新能力提升，落实科研激励机制，促进科研项目出成果、上水平。2020年，列入河北省医学科学研究课题计划5项，承德市科学技术研究与发展计划项目38项；获中华护理学会创新发明奖1项，河北省医药卫生科技成果奖8项,其中一等奖1项、二等奖4项、三等奖3项。

【承德市中医院】 2020年，医院有职工711人，设置科室62个。全年完成门（急）诊人次254367人次，同比增长13.25%；突如其来的疫情影响出现较大幅度下降，出院人次8652人次，同比下降17.05%；病床使用率73.96%，同比下降18.78%；病床周转次数24.14次，同比下降20.17%;平均住院日15.24天，同比下降0.5天；中成西药药占比32%。全年业务收入:1.78亿元，同比下降8.86%。

2020年年初，新型冠状病毒来袭，医院提出“五强化”举措，即强化政治责任、强化组织领导、强化纪律要求、强化督导检查、强化宣传引导,研究制定《新冠肺炎疫情防控工作方案》《新冠肺炎疫情期间医疗废物管理通知》《新冠肺炎疫情医疗救治工作应急预案》《进一步加强进口冷链物品防控工作方案》等10余个文件，成立防控工作领导小组、医疗救治专家组等5个工作组。规范设置预检分诊，规范建设发热门诊，加强住院病区管理，快速建立核酸实验室，开展疫苗接种工作，完成疫情保障任务。2月3日，医院选派2名中医医疗人员分2批前往承德市第三医院参与新冠肺炎患者救治工作；组成中医专家团队参加第三医院新冠肺炎救治工作；2月19日，医院选派4名优秀护士随河北省第七批（承德市第三批）援鄂医疗队出征武汉，连续在一线奋战42天，圆满完成武汉大学中南医院和武汉雷神山医院的医疗救治任务，平安凯旋；4月8日，医院选派2名优秀护士协助双桥区对全市境外返承人员进行咽拭子采集和抽血工作，30天内完成2000余人的采集和抽血工作；8月6日，医院选派检验师李铮随市援疆医疗小组奔赴新疆尉犁县开展新冠病毒核酸检测工作并圆满完成任务；在河北省抗击新冠肺炎疫情表彰大会上，医院火车站防控组荣获“全省抗击新冠肺炎疫情先进集体”称号、于淑玲荣获“全省抗击新冠肺炎疫情先进个人”称号；在承德市第四届“魅力巾帼·最美女性”活动典礼上,医院被授予荣誉锦旗。

统筹安排，全面推进各项医改工作。严格落实分级诊疗、双向转诊任务、药品零差价销售、高值医用耗材、药品挂网采购、医疗控费、单病种付费等重点工作任务，取得良好效果。完善成本控制、规范医务人员诊疗行为、严格落实医保政策、建立医疗费用控制考核机制、制定控费各项指标等一系列措施，有效控制医疗费用不合理增长，减轻患者医药费用负担。根据市医保中心关于医保患者按单病种付费的要求，医院实际开放100种单病种，整理完成并上报62种单病种的诊疗方案和临床路径。实施贫困人口大病救治方案，作为食管癌、胃癌、结肠癌等18种病种的定点医院，完善制定18种疾病切实可行的诊疗方案、临床路径。科室建立好台账，按照要求签订自费知情同意书，并将自付比例控制在10%以内。按照《雨润工程实施方案》，认真落实医联体建设，2020年共选派27名医护人员帮扶平泉市和承德县共4家医院，严格落实下派人员管理制度，认真完成对口帮扶任务。积极跟进国家药品集中采购工作，先后完成“4+7”带量采购第一批及续约、国家集中采购第二批和第三批以及“三明模式”带量采购工作,涉及104个品种，共计采购金额219.5万元。医用耗材网采率达到100%。全年采购医用耗材2222.67万元，较上年增长6.5%。完成出库2275万元，较上年增长9.8%。进行网上集中采购和阳光采购1033.69万元。完善信息化建设，先后完成医疗质控、院内感染、合理用药等系统的培训、安装上线工作；完成异地医保门诊报销对接工作、承德市工伤保险系统的接口对接工作、血凝仪与HIS系统的对接工作；开通疫情期间公众号线上咨询功能；完成满意承德APP和河北智慧健康公众号预约挂号对接，开通院内就诊预约工作；完成非税电子发票的改造和收费员培训工作，调试成功并正式上线使用；完成移动支付系统的安装工作并正式上线使用，方便患者选用多种支付方式付款就诊。

抢抓机遇，全面推进京津冀对外合作。全年共选派3名（康复科、肛肠科、药学部）人员，到北京大学第三医院、首都医科大学北京中医医院、中国中医科学院西苑医院进修学习。8月12日，在市中医院举行“清华大学社会科学学院积极心理学在癌症临床治疗暨新生医学中的应用研究课题”开题仪式与“清华大学社会科学学院积极心理学癌症临床治疗暨新生医学应用研究基地”揭牌仪式，标志着医院与清华大学社会科学学院在肿瘤研究领域正式开展合作，通过清华大学社会科学学院的学术支持，提升了市中医院在肿瘤临床治疗方面的能力和水平。10月，医务人员在线上参加了国医大师张大宁做的《中医药学对世界贡献的现在与未来》学术报告；建立糖尿病肾病专病治疗组，骨干成员每周三轮流跟随国医大师张大宁在天津出门诊，跟师抄方，提高临证能力。11月13日—14日组织召开康复科专科联盟学术交流会；11月18日，与首都医科大学附属北京中医医院，再次成功开展远程疑难重症会诊，通过远程会诊平台使北京中医医院的优质医疗资源下沉，在短期内提高承德市中医院的诊治水平，让患者及时得到北京专家更精准的诊疗，同时节约患者的就诊时间，极大降低患者的医疗负担，也进一步加强两院间合作。定期开展学术交流会，提高专科学术水平。12月5日—6日，举行天津市中医药研究院附属医院——承德市中医院肾病专科联盟签约及揭牌仪式，开展系列学术讲座，并进行查房和义诊活动。医院作为京津冀中医药协同发展项目单位，将通过专家指导、学术讲座、会诊查房、专科人才培养、完善优化专科诊疗方案、联合开展科研项目、添置专科专业设备等方式，持续提升协同专科诊疗水平和信息化服务水平，更好满足广大群众的中医医疗服务需求。

【承德市妇幼保健院】 2020年，医院坚持抗击疫情与妇幼健康服务两手抓、两不误，以妇女儿童健康需求为导向，面对新冠肺炎疫情大考，统筹推进疫情防控、新院项目建设、公立医院改革、“三提一降”、脱贫攻坚等重点工作，医院综合服务质量、服务能力持续稳步提升，全年共收治住院患者4181人次，门诊患者127138人次，全年业务收入8831.34万元。较为圆满地完成了各项任务，荣获“优秀志愿服务组织”“2020年度全省新生儿复苏技能竞赛三等奖”等荣誉，取得良好的社会效益和经济效益。

面对突如其来的新冠肺炎疫情，医院成立疫情防控领导小组，明确责任分工，制定疫情防控方案，紧紧围绕“外防输入，内防反弹”的总体防控策略，落实和完善常态化疫情防控举措，坚持必要的人员管控和健康监测措施，抓紧抓实细化常态化疫情防控，切实防范疫情发生、输入、传播、蔓延，有效保障人民群众生命健康。加强疫情监测，做好应急值守。全面开展核酸及血清抗体检测，加强物资保障，做好后勤保障。加强住院管理，强化门诊服务。强化疫情培训，规范疫情处置。合理配置医疗资源力量，建立对口支援机制。疫情期间，外派4名行政领导监督支援外县疫情防控工作，选派60名医务人员顶着严寒，坚守在承德高铁站，为每一位乘客进行预检筛查及体温检测，为全市人民筑起疫情坚固防线。

以满足患者需求为出发点，依据保健与临床功能定位、科室设置、人员配备、业务管理、学科建设等特点，实现人员统一管理，设备统一调度的“一站式”优质服务。加强各科室间功能衔接与合作，建立起顺畅的业务转介机制，全年各部制转诊202人，最大程度释放保健服务能力优势，患者就医更加高效便捷。经过积极筹备申请，新生儿科、超声心电室、麻醉手术科、儿童保健科被评为市级重点学科，生殖医学中心被评为市级医学重点发展学科。生殖医学中心、产前诊断中心、人流后关爱（PAC）优质服务项目，顺利通过复审。在巩固现有学科基础上，整合资源不断开展新技术、新项目，使各学科得到稳步发展。孕产保健部开展臀位外倒转术，助产士咨询门诊，最大程度地降低剖宫产率，提高自然分娩率。妇女保健部以“两癌”筛查培训基地创建为抓手，全面提升全市“两癌”筛查的技术水平和服务能力；新生儿科开展的脐静脉置管，标志着医院在救治超低出生体重儿水平上取得新的突破。通过督导检查各县区危重新生儿救治工作，进一步拓宽转诊网络，全年转诊62例危重患儿，为全市危重症患儿保驾护航；儿科开设的哮喘、过敏、碳13检测等特色门诊，精准助力儿童成长；检验科根据新冠疫情防控总体要求开展新冠病毒抗体检测工作，为疫情防控工作提供有力保障；中医科全面推广中医药在孕育调养、产后康复、儿童保健等方面的应用，充分发挥中医药在临床保健中作用，实现优势互补。检验科进一步规范临床用血，实现血浆储备，以满足临床用血应急需要。医疗美容科全年完成眼周年轻化、重睑、隆鼻综合手术、肿物切除皮瓣成形、腋臭微创吸切、吸脂、纹绣、光电治疗等各类手术操作1000余例，在全市树立专业学术地位。新技术、新项目的开展，带动提升全院医疗和科研技术水平，不断提高医院的整体服务能力。

继续加强与北医三院的合作。全年共组织专家6人次来承德妇幼医院出诊、查房，诊治患者79人次，会诊10人次，病历讨论5例，授课4次。借助网络平台，开展合作新模式，全年参加北医三院等上级医院的网络学习上百次，实现专家资源共享，切实提高医疗服务能力和效率，对临床工作起到指导和促进作用。深入与北京复兴医院宫腔镜中心的合作。充分发挥“全国宫腔镜专科医联体”作用，继续聘请教授刘玉环来院指导手术、查房、授课。全年指导完成高难度宫腹腔镜手术33台，会诊病人9例。推进与河北省儿童医院儿科专业合作。加强“先天性心脏病、先天性结构畸形患儿”筛查，进一步降低承德市新生儿出生缺陷发生率和死亡率。结合学科建设方向，选派人员到省儿童医院进修学习，不断提升技术服务能力。推进妇幼专科优质医疗资源向基层延伸发展。由生殖医学中心、孕产保健部分别制定培训、转会诊等具体实施方案，完善联盟章程、制度、流程，规范各级各类医疗机构诊疗行为，不断深化专科联盟内涵建设。通过双向转诊、技术帮扶、人才培养、资源共享等方式，将优质医疗资源由市级辐射至县级妇幼保健服务机构，与围场妇幼保健院联盟正式运行，每月派驻专家定期出诊、查房、手术、讲课，全年共诊治患者6人次，会诊9例，授课2次。

【承德市第三医院】 2020年，医院门诊患者41539人次，住院患者4504人次。党总支被省委授予“全省先进基层党组织”，医院被省委、省政府授予“河北省抗击新冠肺炎疫情先进集体”，荣获市级“承德好人”称号，周虹九等5人分获省、市级个人荣誉。

新冠肺炎疫情发生后，医院把疫情防控作为重大政治任务，成立以书记、院长为组长的疫情防控领导小组。统筹全院力量，组建4支医疗救治梯队、组建区域消杀、医废转运、后勤服务等7个保障组。根据疫情形势及省、市部署，及时制定医院收治确诊病例方案，病区出现疑似病例应急预案等，充分发挥承德市新冠肺炎疫情定点医院作用，坚决当好首都政治“护城河”。强化防护培训，科学施救患者。先后通过网络视频、院感软件、讲课培训等多种形式，不断更新和学习国家新冠肺炎疫情最新诊疗、防控知识。组织线下会议培训29次，实操培训10余次，应急演练3次，临床科室腾空推演1次，应急设备、耗材使用培训7次。在市各兄弟单位大力支持下，科学救治新冠肺炎确诊患者。本着一人一案一策原则，采用中西医结合方法，给予抗病毒、抗感染治疗，加之心理疏导，营养支持，提高免疫力等，精准施救，效果显著。8例确诊患者全省率先清零、住院患者治愈率100 %,医护人员零感染。

教学培训成果显著。全年开通网上图书馆，组织中欧云课堂、线上各类学术培训200余次，线下学术讲座20余次，全院继教学分达标率100%。医护三基三严培训考核共6次。选派3名业务骨干外出进修，10人次参加国家、省级学术活动。有序开展健康促进、健康教育，以发放宣传材料、开展院前、院中、院后健康教育等多种形式，使患者健康知识知晓率达80%。成功申报市科技项目5项，国家、省、市级继续教育项目5项，“白云鹤工作室”被市工会、科技局命名为“承德市劳模和工匠人才创新工作室”。

服务能力明显提升。以互联网＋为手段，加快建设智慧医院。上线影像传输（PACS)、随访软件、银医通、院内一卡通、院感管理、随访管理、电子票据、合理用药、承德市第三医院网站等9个软件系统；开通网上预约挂号、缴费功能；建设远程会诊，全面规范诊疗行为，优化服务流程。全自动片剂单剂量摆药机正式运转；临床路径、合理用药管理系统完成招标，等保安全、财务管理、科室全成本管理、经营分析、资金支出管控、合同管理系统正在筹备中。以人文服务为媒介，构建和谐医患关系。推行一医一患一诊室，保护患者隐私，坚持真情服务、至真至善的服务理念，常规开展健康宣教。利用节日平台，开展与节日相适宜的健康教育活动，规范全院临床护理交接班及查房，对新入职医、护开展医患沟通技巧等岗前培训，不断提升服务水平。以舆论宣传为引导，弘扬医院正能量。利用医院官网、报纸、公众号等多种媒介，以各个宣传日、节假日为契机，发布简报106期，推送公众平台信息179条。在河北省人民政府网、《河北日报》、承德市人民政府网、《承德日报》《承德晚报》等10余家报纸及新媒体网站刊登稿件10余篇。承德战“疫”最美逆行者等系列抗疫先进事迹报道被多家新闻媒体转载，深入社区开展文明宣传活动稿件在精神文明建设专刊刊登。以群众需求为导向，拓展服务项目。增设耳鼻喉诊疗科目，完成体检科验收；纤支镜监视下双腔气管插管、术中BIS监测大大提升手术安全；鼻咽通气道应用于无痛胃肠镜检查中；医技科室陆续增加纤维蛋白原降解产物、HPV亚型分型、全身血管成像检查、肺小结节低剂量筛查、异常糖链糖蛋白等11项检查项目；成功开展脑膜转移鞘内注射化疗、乙肝母婴传播阻断治疗；微创介入、腔镜手术陆续开展。

【承德市口腔医院】 医院设有15个临床科室和5个医技科室，职工242人。2020年，口腔内科、口腔修复科、儿童口腔科、口腔种植科被评为承德市市级重点学科。医院定为承德市基层口腔卫生人员培训基地、承德市口腔医疗质量控制中心、承德护理职业学院教学医院、首都医科大学附属北京口腔医院技术合作医院、河北省口腔专科联盟单位。

2020年，受新冠肺炎疫情影响，医院自2月6日停诊，3月26日复诊，停诊2个月。恢复门诊以后，在全力做好疫情防控的前提下，按年初工作计划,全力做好医疗费用增幅控制工作，圆满完成年初制定的各项控费任务，百元医疗收入耗材占比控制在上级要求以下的目标。全年医疗业务收入4042.38万元，同比2019年度收入减少453.08万元，负增10.08%。全年门诊人次7.90万人次，同比2019年度减少1.04万人次，负增11.61%。

新冠肺炎疫情发生后，医院迅速成立疫情防控领导小组，严格按照习近平总书记提出“坚定信心、同舟共济、科学防治、精准施策”的总要求，明确“坚决遏制疫情蔓延势头、坚决打赢疫情防控阻击战”的总目标，明确分工，压实责任，制定并启动疫情防控工作应急预案，从预检分诊、物资储备、院感控制等多方面全面应对疫情。参照其他省、市疫情期间口腔服务规范，为了人民群众和职工的生命安全，本着公立医院承担人民身体健康的责任，向上级主管部门申请在其他常规口腔疾病科室全部停诊的同时，保留急性牙痛和牙外伤的诊疗。停诊2个月期间，共接诊1197名急性牙痛和牙外伤患者。全院职工以高度的责任感、使命感投入到疫情战斗中，为全市疫情防控工作尽应尽之责，为应有之为。先后共派出14名工作人员进驻督查组和疫情防控组参与疫情防控工作；医院党员领导干部职工48人报名志愿参加医疗救治及疫情防控工作；59名党员自愿多交党费及捐款计9584.22元支援承德市疫情防控工作，以实际行动践行共产党人和医者的初心与使命。

医院积极开展乳磨牙预成冠(30例)、肌功能矫治（2例)、隐形正畸（3例）等新技术的推广应用，充分发挥口腔专科优势及引领作用。投入资金41.2万元，新购置美容外科脱毛仪、化验室酶标仪、立式灭菌器、封口机、无线信号侦测管控系统等设备，保障临床应用发展需要。共进行核心制度考试9次，共计243人次，合格率100%；持续加强规范病例书写，全年共点评病例447份，其中甲级病例99.45%；提高处方质量，促进合理用药。本年度共开处方42676张，每季度点评一次，合格率为98%。在做好疫情常态化管理的同时，继续推进落实“雨润工程”，将10名具有较高水平的口腔专业技术人才派至滦平县医院、滦平县中医院、滦平县妇幼保健院、丰宁满族自治县医院、丰宁满族自治县中医院，旨在缩小市县口腔医疗卫生能力水平差距，稳步提升基层医疗卫生服务能力。9月，北京口腔医院选派6个专业的7位专家来承德市口腔医院出诊讲学，共诊疗患者83人，其中手术11例，授课3次。选派1名科室骨干到北京口腔医院进修学习，2名医师完成北京口腔医院的进修任务。

医院评选出口腔内科、口腔修复科、儿童口腔科、口腔种植科4个学科参加重点学科评审。按照《承德市医学重点（发展）学科建设管理办法》，通过科室自评及承德市医学重点（发展）学科建设领导小组和有关专家对申报学科的实地考察与评审，4个学科均被评为承德市市级重点学科。

全年，继续实施复诊患者凭预约复诊单挂简易门诊1元号和为65岁以上全口无牙的特困老人免费镶牙等惠民政策；继续开展“中国儿童口腔疾病综合干预项目”，为6–9周岁儿童六龄齿免费“窝沟封闭”和3–6周岁学龄前儿童局部用氟。全年为779名符合窝沟封闭适应症儿童“六龄齿”免费窝沟封闭2591颗。为市二幼、三幼、四幼的960名小朋友进行口腔健康检查和口腔健康宣教，发放局部用氟家长知情同意书，积极推动项目工作开展，完成局部用氟68人。

2020年市卫健委领导名录

党组书记、主任：朱守仓（满族）
党组副书记、副主任：刘雁翔（蒙古族）
罗东海（满族，8月免）
党组成员、副主任：孙瑞国（11月免）
祁玉莲（女，满族）
张秀玲（女，满族）
副主任：张松涛（满族）
党组成员、副主任：宋煜敏（女，满族）
孙　臣（满族）
刘　强
屈　民

（供稿　于瑞强）

医疗保障

【概况】 2020年，承德市医疗保障工作着力打造基金运行安全平稳“保民有底”、待遇落实及时到位“为民有实”、四医改革成效显著“惠民有为”、经办服务质量提升“便民有举”的医保服务“四民四有”模式。顺利完成市医保系统由组建到健全的过程，结束居民医保基金连续3年透支的不利局面，实现基金结余的重大转折，长期护理保险工作由点扩面取得突破，打击医保基金欺诈骗保工作位居全省前列。

【疫情防控保障】 做好常态化疫情防控保障工作。第一时间将抗疫药品耗材纳入医保支付范围。1月25日（正月初一），采取紧急应变措施将130万元救治资金拨到市定点救治单位。累计为8例新冠肺炎确诊患者报销医疗费用26.4万元（医保报销15万元），7例疑似患者报销医疗费用1.04万元，确保患者不因费用问题影响就医，确保收治医疗机构不因支付政策影响救治。疫情防控常态化后，适时建立全市各级定点救治医疗机构划拨预付金制度，主动适应防疫阻击战转化为常态化防控的新形势，做好医疗保障政策科学调整和有序衔接等工作，组织开展专项调研，全力帮助因疫情影响收入下降的医药机构，及时化解运转困难，全市先后拨付各定点救治单位抗疫资金445万元。落实医疗保险减免政策，涉及企业5103家，共减免金额1.5亿元，切实减轻疫情影响下企业的负担。

【医保脱贫攻坚战】 扎实做好医疗保障脱贫问题整改和防贫机制建设等重点工作，细化责任分工，分解目标任务，按计划时序推进工作落实。针对“一站式”结算、慢性病管理等共性问题开展“回头看”，持续排查问题短板，及时发现解决问题，提升工作成效。加强督导检查，通过定期上报情况、发送提示函、专项检查等方式，对各县（市、区）重点工作任务完成情况进行督导，确保重点任务目标按时完成。适应疫情带来的新变化，持续关注贫困人口和边缘户2类人群，实施重点防贫监测，确保贫困户稳定脱贫，边缘户不因病返贫。全市经扶贫部门认定的46.14万建档立卡贫困人口全部纳入基本医疗、大病保险、医疗救助三重保障范围，落实贫困人口个人缴费资助1.15亿元，参保率和个人缴费资助率均达到100%。全年为284万人次落实医疗保障扶贫政策待遇15.5亿元，其中医保基金支付9亿元，大病保险基金支付0.8亿元，提高医疗保障救助水平资金支付5.7亿元。顺利通过国家、省精准扶贫成效普查及考核。

【城乡居民医保】 认真抓好市级统筹。按照国家、省工作部署，先后出台《承德市进一步完善城乡居民基本医疗保险市级统筹工作实施方案》《承德市进一步完善城乡居民基本医疗保险市级统筹管理办法》及系列配套文件，明确建立“六统一”的城乡居民医保市级统筹管理体制。对统筹实施前过渡期工作做系统安排，开展基金欠费清缴、应支付基金拨付及市级统筹工作政策业务培训等，配合市审计局对市、县两级居民医保基金进行审计，并于2020年底前全部完成。

【医保服务体系建设】 依据中央和省关于深化医疗保障制度改革文件精神，结合全市医保事业发展实际，印发实施《关于深化医疗保障制度改革的实施意见》。《实施意见》作为当前和今后很长一段时间指导全市医疗保障改革的纲领性文件，将为全市医疗保障事业健康发展提供行动指南和实施路径。启动全市医疗保障“十四五”规划纲要编制工作，谋划“十四五”到2035年远景目标任务。

【医保基金平稳运行】 深入贯彻实施基本医疗保险全民参保计划，做到应保尽保。2020年，全市医疗保险参保337.49万人，参保覆盖率95%。基金征缴收入37.85亿元，其中职工医保收入10.98亿元，居民医保及医疗救助收入26.87亿元。基金支出34.04亿元，其中职工医保支出9.67亿元，居民医保支出18.63亿元，医疗救助资金支出5.74亿元，3年来首次实现居民医保基金收支平衡、略有结余的管控目标。压实县（市、区）政府和各相关单位责任，协调联动扎实做好2021年参保扩面工作，11月开始到12月25日，全市参保缴费290万人。建立医保基金安全风险预警与应急处理机制，实行定期分析研判基金运行情况，建立对出现风险隐患的县（市、区）和单位进行提示制度，全年编制基金分析报告16份，向县（市、区）和定点医药机构发出风险提示12次，及时排查问题隐患，化解运行风险，确保基金安全。全面加强对定点医疗机构的协议管理，严厉打击欺诈骗保行为，以“不获全胜绝不轻言成功、不获全胜绝不鸣金收兵”的精神，始终保持打击欺诈骗保的高压态势。全年共组织督导检查2轮，组织飞行检查2次，实现全市3761家医保定点医药机构全覆盖。处理违规医药机构409家，其中解除服务协议2家，暂停医保服务45家，通报批评83家，限期整改296家；告之药品采购异常医疗机构408家；追回和拒付医保基金共计10597.68万元。

【抓实待遇保障】 将城乡居民医保基层医疗机构报销比例由85%提高到90%，提升参保人待遇水平，优化医保基金支出结构。2020年，共为参保人687.5万人次落实报销待遇，医保结算除个别急诊等特殊情况外，全部实现出院即时结算，方便参保人。连续2年将抗癌新药纳入医保门诊报销范围作为民生实事集中推进，2020年，支出22种抗癌药补助1557.4万元。调整慢性病申报评审服务方式，优化评审流程，职工慢性病由两年一评改为一年一评，居民慢性病由一年两评改为随时申报评定。全面推开长期护理保险国家试点，实现全市城镇职工医保参保人员全覆盖，全年共有1931人享受长期护理保险待遇2521.77万元，有效解决失能老人的后顾之忧。对二级及以上重度残疾人参加城乡居民基本医疗保险的个人缴费部分，按照60%的标准给予参保资助。将肺动脉高压、心脏移植和肺移植患者术后服用抗排异反应等多种药物纳入特殊门诊用药管理，将戈谢病、庞贝氏病纳入城乡居民医保大病管理，进一步方便参保人，减轻患者负担。

【医保精准施策】 落实国家第一、二、三批药品集中采购、省城乡居民“两病”门诊用药集中采购，组织开展三明联盟非一致性药品集中采购，不断将更多质优价廉的药品纳入集中采购范围，全市患者药费负担显著降低。2020年，全市390

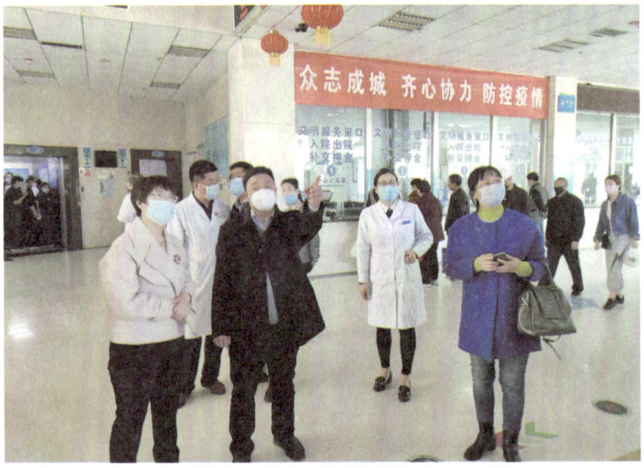

4月1日，承德市医疗保障局领导带队赴承德附属医院督导检查第二批国家药品集中采购和使用落实工作

12月16日，承德市政府在市行政中心会议厅召开“药品集中采购和使用工作”新闻发布会，发布承德市跟进落实和组织实施药品集中带量采购和使用有关政策及相关工作开展情况

个采购用户（公立医疗机构296家、社会办医疗机构43家，零售药店51家）参加药品集中采购，共采购132个品规药品，累计采购金额0.75亿元，平均降价幅度69.24%，按各医疗机构采购量和降价比计算，全年共节约资金3.06亿元，有效降低患者药费负担。持续扩大全市异地就医直接结算定点医疗机构范围和京津承定点医疗机构互认，2020年，全市共开通跨省异地就医住院定点56家，累计开通159家跨省异地就医定点医疗机构，为2.2万人次报销3.8亿元；京津第一批特色医院（北京、天津各15家）已经纳入承德市医保定点医疗机构范围，实现同城化管理，全市参保人享受到京津优质医疗服务。加大医药服务价格监管力度，先后2次对全市医药价费管理进行督导检查，检查整改170项，收缴违规资金518.6万元。建立随机抽查机制，每周对市、区各医院至少随机抽查2家市、区医院，对价格公示和费用一日清单等制度和价费政策执行情况进行检查，不定期抽查各县（市、区）价费政策执行情况，对存在的问题及时纠正，较好的维护价格管理秩序和参保患者的合法权益。

【提高医保服务质量】 市级医保服务中心于2020年11月16日投入使用，市职工医保中心、市居民医保中心、市药品集采中心、双桥区医

12月24日，市人社医保服务中心在承德市行政审批中心正式揭牌，市长常丽虹（左二）出席揭牌仪式并发表讲话

保和关联的商业保险业务全部迁入，有效解决市本级和双桥区办公分散、参保人多次跑腿的问题。大厅设立12个标准化对外服务窗口，实行“前台综合受理、后台分类审批”的工作模式，医保服务基本实现“一门、一窗、一次”的政务服务目标。落实国家、省医保政务服务工作要求，本着应减尽减、能优尽优的原则，明确27项医保政务服务事项的申报材料和办理流程，有效提升医保服务标准化、规范化水平。充分运用医保大厅宣传屏幕和服务告知平台，编制印发医保问答手册和服务指南，以图文并茂的形式，增强医保政策的可读性，不间断宣传医保政策和办事流程，不断扩大医保政策的公众知晓度和覆盖面。

【医保制度建设】 着力打造懂规矩、守底线的医保队伍。坚持学法、普法、用法“三合一”。建立领导班子和领导干部学法制度，以宪法学习为统领，学习法律法规和党规党纪，做到“人员落实、计划落实、内容落实”的三落实。开展“打击欺诈骗保集中宣传月”“宪法宣传周”等法规政策宣传活动，把定点医药机构延展为医保宣传阵地。全年累计印制发放宣传册2万余份、宣传折页3万余张，张贴宣传海报2千余张，悬挂宣传条幅800余条，展板展架300余个，手机短信推送336万余条，打击欺诈骗保定制信息。制作医保情景短视频推广到全国，“抖音”、“快手”和“今日头条”三个媒体播放量24万次。情景短视频制作宣传受到国家、省医疗保障局好评。召开全市打击欺诈骗保暨警示性教育大会和新闻发布会，向社会公开欺诈骗取医疗保险典型案例，以案示警，以案代训，以案促改。捋顺行政执法职能并开展执法工作，市医疗保障局首批11人申办行政执法证件并完成年检。建立健全医疗保障行政执法公示制度、执法过程全记录制度、重大执法决定法制审核制度三项制度、医疗保障权责清单制度，以及

4月，市医疗保障局开展以“打击欺诈骗保维护基金安全”为主题的集中宣传月活动，图为百姓大药房张贴“打击欺诈骗保”宣传广告

医疗保障监管“双随机、一公开”制度，严格、规范履行依法行政要求和执法工作流程。积极推动依法行政工作的落实和实施，2020年12月，对兴隆县2家违规医院进行立案执法，开出第一张医疗保障行政处罚决定书。

2020年市医疗保障局领导名录

党组书记、局　长：曹金岗（满族）
党组副书记、副局长：司景成（蒙古族）
党组成员、副局长：王大伟（蒙古族）
副　局　长：丁　辉（1月任）

（供稿　刘　畅）

体　育

【概况】　2020年，全市坚持以人民为中心的体育发展思想，加快转变体育发展方式，加大政策支持和资金投入力度，主动认领省、市体育重点工作，明确目标任务，积极推动冰雪运动普及，广泛开展群众体育活动，加快构建竞技体育人才和梯队建设，全面加强体育基础设施、体育社团组织、健身服务网络、民族传统体育建设，促进全民健身与全民健康深度融合，各县（市、区）体育工作有特色、有亮点、有生机、有活力，焕发新气象。特别是在落实室内滑冰场馆全覆盖、冰雪运动协会全覆盖、冰雪运动会和滑冰比赛全覆盖、备战参赛省冰雪运动会、社会足球场地建设以及加大体育宣传等省定工作任务中，积极担当作为，克服疫情影响，强化工作力度，紧盯指标任务和时间节点，精准施策，查找问题短板，突出特色亮点，全力以赴抓落实，圆满完成省定各项目标任务。

【雪上项目训练基地建设】　河北承德国家雪上项目训练基地建设和服务保障工作稳步推进。河北承德国家雪上项目基地自落户承德后，国家体育总局、省体育局对项目建设给予高度关怀和大力支持，国家体育总局局长苟仲文11次到基地调研。省体育局局长张泽峰16次到基地指导工作。市委、市政府多次组织相关部门召开专题会议，解决项目建设中遇到的问题。仅2020年，市委、市政府领导召开专题调度会议10次。通过各方努力，2020年，基地各项目建设取得可喜成绩。河北承德塞罕坝国家冰上项目训练中心、体能训练馆、游泳馆、7.5千米冬季两项赛道、气膜训练馆、7.5千米冬季两项赛道保温工程6个项目圆满完成建设任务，总投资5.6亿元，创造1个国际第一，2个国内第一记录。其中，气膜训练馆中的圆盘滑雪滑冰机为中国自主研发，世界首创。7.5千米冬季两项赛道中的2.5千米四季“陆地雪洞”保温工程为全国首例。河北承德塞罕坝国家冰上项目训练中心是全国第一个集大道速滑、短道速滑、花样滑冰和冰壶项目训练及比赛功能于一体的“四合一”亚高原冰上运动综合体。该项目同时荣获“中国钢结构金奖”和“北京市结构长城杯”金质奖。随着基地各项基础设施建设和服务保障不断发展，国家体育总局经过多次评估，认为基地在满足冬奥项目国家队训练的同时，完全具备承担夏奥项目训练的能力。6

月12日，经国家体育总局批准，基地新增命名“国家河北承德体育训练基地”，期限为2020年6月12日至2022年4月30日。9月10日，国家体育总局又命名基地为“国家训练营基地”，这是国家体育总局在全国命名的第一个国家训练营基地。11月26日，中国田径协会与基地签署协议共建“田径项目承德国际训练基地”，这是中国田径协会在全国命名的第一个国际田径项目训练基地。国家体育总局和省体育局领导在多次调研中均对基地为在训运动员提供的优质服务给予充分肯定。全年，基地共接待国家等驻训队伍65支，运动员、教练员及辅助人员近4000人，为国家运动队备战2022北京冬奥会、2020东京夏奥会作出有力保障，贡献承德力量。12月，河北承德国家雪上项目训练基地被国家体育总局授予“2020年全国体育事业突出贡献奖（集体）”荣誉。

【参加冰雪运动会】 积极选拔优秀运动员参加河北省第二届冰雪运动会预选赛及决赛。在12月21日—12月23日张家口市举行的河北省第二届冰雪运动会决赛中，承德市代表队参加轮滑、陆地冰壶、滑轮、单板滑雪、速度滑冰和冰球全部6个大项的比赛，首次做到全项参赛，共获2金、4银、3铜，被组委会授予突出贡献奖和体育道德风尚奖。

【冰雪运动进校园】 圆满完成市、县两级第二届冰雪运动会和冰雪运动进校园工作。为深入贯彻落实省关于促进冰雪运动发展的指示精神，持续推动群众性冰雪运动向纵深发展，为2022年北京冬奥会成功举办营造浓厚氛围，助推“2020—2021雪季全省参与冰雪运动群众达到2200万人”目标，承德市通过层层办赛、逐级推进，市本级和各县（市、区）均成功举办本级第二届冰雪运动会，实现市、县两级冰雪运动会和滑冰比赛全覆盖。全市各级学校积极举办各类冰雪赛事活动，全市学生参与冰雪运动达到100%，实现冰雪运动进校园全覆盖。11月28日，承德市第二届冰雪运动会开幕式在承德冰上运动中心举行。本届冰雪运动会分为青少年组和社会组，共设置滑雪（高山滑雪）、滑冰（速度滑冰）、冰球、陆地冰壶、轮滑五个大项，70个小项比赛，共1200余名选手参赛。在总体规模、项目设置、覆盖范围等方面均超过首届。

【培育群众冬季品牌赛事活动】 承德市紧抓京津冀协同发展和2022北京冬奥会带来的重大历史机遇，发展冰雪运动促进冬季旅游，深挖本市冰雪资源，通过大力举办冰雪赛事和各类冰雪文化活动，努力实现冰雪运动跨越式发展。全面启动2020承德冰雪嘉年华活动，包括冰雪竞技赛事、大众冰雪体验、传统冰雪特色活动、青少年冰雪普及、冰雪文化旅游等不同类型的60余项群众性冰雪赛事活动。成功承办举办第五届承德市冰上龙舟争霸赛、2020中国承德“塞罕坝杯”雪地摩托车越野锦标赛（御道口站）、第六届全市职工冰上趣味运动会、第六届全市小学生滑冰车比赛、2020承德冬季城市定向穿越赛等冰雪赛事活动。整体活动呈现出覆盖面更为广泛、更加贴近群众的特点，全年吸引直接、间接参与冰雪运动人群147.85万人，超额完成省定104.2万人的目标任务。承德市在推动冰雪运动发展方面作出的努力得到省体育局的高度肯定，在河北省第二届冰雪运动会重点工作“擂台赛”中，承德市作为全省推动冰雪运动发展两个优秀地级市之一做典型发言。

【室内滑冰场馆建设】 截至2020年11月底，全市共完成15个室内滑冰场馆建设，超额完成省定10个的目标任务，实现市、县、区室内滑冰场馆全覆盖。其中市本级、围场满族蒙古族自治县、丰宁满族自治县、双滦区、双桥区、承德县建成6块真冰冰场，真冰面积占建成冰场总面积比例位居全省第二。大力培养各类冰雪人才。通过与社会组织合作，在大中专院校开设冰雪运动相关专业、开设冰雪运动培训班等方式，培养冬季项目后备人才、教练员、裁判员近500人。培训体育教师200人。

【冰雪运动宣传】 坚持“办赛成功在安全，精彩在宣传”的原则，加大冰雪运动宣传力度，全力提升城市知名度。以河北承德国家雪上项目训练基地建设、冰雪赛事活动、群众冰雪运动普及和冰雪产业发展为宣传点，构建多形式、全方位、立体化、密集式的宣传体系。2020年，承德市冰雪运动被央视报道6次，《人民日报》客户端、新华网、“学习强国平台”等国家级媒体发布40余条，《河北日报》、河北广播电视台等省级媒体发布300余条，《承德日报》、承德电视台等市级媒体发布300余条，阅读量超过1500万人次。

【全民健身】 积极举办各类群众体育赛事活动，在严格执行疫情防控各项措施基础上，采取“线上+线下”、空场比赛等新方式，全年开展游泳、足球、篮球、健身气功、广场舞、太极拳、健步走、象棋等28项大型群众体育赛事和活动，超额完成省定17项的目标任务。组织实施各类体育健身工程。利用省级转移支付专项资金，分别组织实施健身路径建设、维护工程和少数民族健身设施工程。为127个行政村配发健身器材，实现全市所有行政村健身器材全覆盖。完成全国第五次国民体质监测采集工作。承德市作为河北省三个试点地市之一，共监测城镇和农村老年人、成人、幼儿不同人群共2730个样本量，为制定新周期《承德市全民健身实施计划》提供科学依据。

【竞技体育】 参加国家、省级赛事成绩喜人。2020年，承德市田径运动员乔雨濛获得全国田径锦标赛女子3000m障碍赛铜牌；王晗、夏尚、李文佳等6名女子冰球运动员代表省队获得全国女子冰球锦标赛季军。赛艇运动员陈诚、速度滑冰运动员黄余琳、董谢天在全国赛艇、速度滑冰青年锦标赛中收获4金、1银、2铜。在2020年河北省短道速滑、速度滑冰、田径、武术散打、举重、射击、射箭等项目锦标赛中，承德市代表队共获37金、27银、26铜。

选拔培养各类竞技运动人才。在市体校选材工作中，全市各县（市、区）共选拔适龄运动人才约130人。选拔短道速滑、冰壶、冰球、赛艇、摔跤、举重、艺术体操项目运动员输送到省队进行集训35人。完成体操和举重两个项目的布点工作，选拔、集训两项目运动员100人。成功争取到河北省体育发展基金会“冠军摇篮”项目，为全市两个训练单位配备2套体能训练器材。依托河北民族师范学院开设冰雪运动相关专业，完成对田径、游泳、羽毛球、健美操、滑冰、滑雪6个项目的681名二、三级裁判员的审批。组织13名篮球、乒乓球、短道速滑、田径等项目教练员参加河北省教练员培训。做好运动员注册及等级运动员审批、授予工作。全年注册运动员1816人，其中冬季项目注册运动员206人。认真开展等级运动员审批、审核工作，授予二级运动员67人，审核申报一级运动员14人。

【体育产业】 积极争取资金支持。全年共争取上级转移支付专项资金支持1255万元，为体育产业发展提供资金保障。积极申报省级产业示范项目、示范单位，做好市级评定工作。围场满族蒙古族自治县冰上龙舟争霸赛、宽城童年体育发展有限公司冰雪乐园项目被省体育局评为河北省体育产业示范项目，承德汇天旅游开发有限公司被评定为河北省体育产业示范单位。锦绣滦阳体育文化产业园等11个体育产业基地（项目、单位）评定为市级体育产业示范基地（项目、单位）。对相关县区给予体育产业引导资金扶持。举办2020年承德市“体育消费季”暨“向抗疫英雄捐赠”活动启动仪式。全市近20家体育企业自愿向援鄂医护人员及全市医护工作者捐赠价值约1500万元的“健身大礼包”。全力推进全市社会足球场地建设。“十三五”期间，省定承德市社会足球场地建设任务为52块。截至6月，已建成54块，超额完成省定任务。高质量完成体育产业调查工作。共调查全市各县（市、区）体育产业法人单位、产业活动单位和个体工商户1524家，摸清全市体育产业单位基本情况，调查质量和速度受到省体育局表扬。积极推动体育消费券发行工作。组织全市符合条件的8家体育场馆纳入河北省体育消费补贴平台，有力增强体育市场主体信心，推动体育企业复工复产，提升人民群众获得感、幸福感。冬季旅游线路“金山岭长城—承德避暑山庄及周围寺庙—河北塞罕坝国家森林公园—国家一号风景大道—中国马镇旅游度假区”线路成功获评河北省冰雪体育旅游十佳精品线路。

【体育协会】 做好体育协会脱钩和年检工作。根据承德市行业协会商会与行政机关脱钩联合工作组工作安排，完成28个体育单项协会脱钩工作，对未脱钩的5个协会和4家民办非企业单位开展年检工作。成立单项体育协会和体育类民办非企业单位审核小组，规范体育协会、民办非企业单位成立工作。实现冰雪运动协会全覆盖。按照省工作部署，2020年各县（市、区）全部成立冰雪运动协会，实现冰雪运动协会全覆盖。制定下发《承德市体育局冰雪运动协会优化提升实施方案》，有利于进一步发挥冰雪运动协会在推进承德市冰雪运动发展中的积极作用。发挥体育协会引领作用积极举办和组队参加各类赛事活动。2020年，各县（市、区）均成立体育总会、老年人体协、社会体育指导员协会等5个协会。举办全市职工足球联赛、健身气功指导员培训等赛事活动。组队参加省第三届业余三人制篮球赛、健身气功比赛等省级赛事。

【体育设施利用】 奥体中心投入100余万元，全力打造“奥体活力运动城”，通过全时段免费开放室外场地，低收费开放天然草坪足球场、室内羽毛球场和篮球场，增设室外篮球、乒乓球、羽毛球设施，提升北广场亲子乐园设施和加大宣传力度等方式为广大健身爱好者提供优质服务。6月至10月，共接待健身群众28.6万人次，较好满足市民健身需求，助推承德市夜经济发展。奥体中心还积极为民族师范学院、市体校做好教学服务保障工作。体育场在疫情防控进入常态化后，规划出两个时间段，分别向体校训练和市民健身开放场地。

2020年市体育局领导名录

党组书记、局长：李战争
党组成员、副局长：王启宏（满族）
党组成员：刘惠芬（女）
党组成员、副局长：张　延（满族）
池景生
裴福斌

（供稿　杨　凯）

社会生活

收入与消费

【概况】 2020年是打赢脱贫攻坚战、全面建成小康社会和“十三五”规划收官之年。承德市全面落实中共中央国务院、省委省政府重大决策部署，统筹疫情防控和经济社会发展，围绕打赢三大攻坚战，全面做好“六稳”工作、落实“六保”任务，推动城乡协调发展，民生保障不断增强，居民收入、消费实现稳步增长。

【城乡居民收入】 2020年，承德地区生产总值为1550.3亿元，比2015年增长34.8%，年均增长6.2%；2020年承德居民人均可支配收入23223元，比2015年增长58.8%，年均增长9.7%（见图表1），剔除价格因素，实际增长7.1%，比经济增长高0.9个百分点，城乡居民分享更多经济发展成果。2020年，受新冠肺炎疫情冲击，居民收入受到一定影响，全市全力做好“六稳”工作，全面落实“六保”任务，强化民生保障，实现居民收入增长高于经济增长、高于全省平均增长。2020年承德居民收入增长高于全省平均水平0.6%。

城镇居民人均可支配收入33918元，增长4.8%。其中，工资性收入21085元，转移净收入7329元，经营净收入2358元，财产净收入3146元。收入稳步提高主要得益于：坚持稳中求进总基调，立足发展经济，不断拓宽就业渠道，增加就业率，保障居民收入增加；机关事业单位工资改革不断推进，绩效奖励标准提升，提高企业最低工资标准；增加城镇居民养老金，2020年城镇居民养老金上调5%。城镇居民低保标准每人每年不低于7800元，平均补差水平每人每月不低于350元标准，城镇特困供养标准每人每年10140元；落实减税降费政策，切实为企业减负，进一步激发市场主体活力。

农村居民人均可支配收入13190元，增长9%。其中，工资性收入7667元，转移净收入2344元，经营净收入2980元，财产净收入200元。农村居民保障待遇稳步提高：农村低保标准提高。2020年农村低保标准提升为每人每年4800元，农村特困人员基本生活标准为每人每年6240元；农村居民基础养老金上调。2020年1月起，全市城乡居民基础养老金标准每月提高到111元。着力推进精准扶贫、精准脱贫，各项惠农补贴加快落实，农业农村各领域改革不断深化，从而带动农民收入较快增长，城乡居民收入差距逐步缩小。

【城乡生活环境】 2020年，城乡人均住房面积32平方米，比2015年增加4.6平方米。住房安全，达到A级（安全）的占85%，达到B级（比较安全）的占15%。94%的居民饮用经过净化处理的自来水和受保护的井水和泉水。至2020年年底，全市实现村村通公路，户户有板路，88%的居民门前有水泥或柏油路面，12%的居民门前有石板等硬质路面。使用水冲式卫生厕所占91.4%、普通旱厕占8.6%。随着城乡一体化的不断深入，电信网、广播电视网、互联网三网融合覆盖全域。水、电、暖等生活条件正在逐步改进升级，城乡面貌发生可喜变化。随着美丽乡村建设深入和乡村振兴战略实施，城乡居民的生活环境将会发生更大变化。

【恩格尔系数】 2020年，承德城乡居民人均消费支出16635元，人均食品消费支出4780元，占居民消费支出的28.7%，比2015年下降2.8%。其中，城镇居民生活消费支出23569元，居民人均食品消费支出6319元，占居民消费支出的26.8%；农村居民生活消费支出10169元，居民人均食品消费支出3336元，占居民消费支出的32.8%。五年间，居民消费价格指数一直保持在102—104之间，在物价基本稳定的情况下，恩格尔系数逐年下降，说明全市居民生活不断改善，整体生活质量不断提升。

【耐用消费品普及】 2020年，百户居民耐用品拥有量增加的有：家用汽车、助力车、微波炉、空调、热水器、移动电话、中高档乐器和健身器材；百户居民耐用品拥有量下降的有：摩托车、固定电话、照相机。

2020年城乡百户居民耐用品拥有量

表1

指标名称	单位	城镇		农村	
		2015	2020	2015	2020
家用汽车	辆	16.5	43.5	10.5	24.2
摩托车	辆	23.9	19.2	73.5	63.4
助力车	台	22.9	33.3	14.7	42.5
洗衣机	台	97.9	100.5	85.8	96.3
电冰箱（柜）	台	95.0	101.5	80.7	99.6
微波炉	台	56.7	66.0	10.4	18.0
彩色电视机	台	106.3	104.4	105.5	107.6
空调	台	23.1	49.1	1.6	10.3
热水器	台	72.2	94.2	22.2	48.4
固定电话	线	33.5	5.8	27.7	2.6
移动电话	部	218.8	236.0	205.3	244.6
计算机	台	60.9	69.7	18.5	30.0
照相机	台	24.1	13.5	4.6	1.0
中高档乐器	架	2.5	4.8	0.0	0.7
健身器材	台	0.7	4.9	0.3	1.0

从百户居民耐用品拥有量升降变化中可以看出城乡居民生活水平不断提升，耐用品的品质升级给人们生活带来的便捷与享受。2020年城镇百户居民拥有家用汽车43.5辆，农村百户居民拥有家用汽车24.2辆，分别比2015年增加27辆、13.8辆，实现快速增长。摩托车拥有量城镇、农村比2015年分别下降4.7辆和10.6辆，取而代之的是助力车拥有量城镇、农村比2015年分别增长10.4辆和27.5辆。移动电话基本取代固定电话，2020年城镇、农村居民家庭固定电话百户拥有量仅为5.8部和2.6部，比2015年出现整位数下降。

【消费结构】 2020年，承德居民以满足生理需求为目的的吃、穿、住等生存型消费在消费支出中占比重为61%，比2015年下降3个百分点。而交通通信、教育文化娱乐、医疗保健、生活用品和服务、其他用品及服务支出等发展型、享受型消费支出比重提高3个百分点，达到39%。

2020年、2015年人均生活消费八项支出情况对比表

表2

项目	2020年	2015年	累计增长(%)
消费支出	16635	10607	57
食品	4780	3338	43
衣着	1231	939	31
居住	4204	2543	65
生活用品及服务	947	583	62
交通通信	1923	1041	85
教育文化娱乐	1242	949	31
医疗保健	1997	931	114
其他用品和服务	311	283	10

2020年，城镇职工基本医疗保险参保人数达到48.2万人，比2015年增加2.9万人；城乡居民基本医疗保险参保人数289.9万人，比2015年增加35.6万人。从图表2中可以看出，

2020 年用于医疗保健消费比 2015 年累计增长 114%。2020 年，居民用于教育文化娱乐的支出比 2015 年累计增长了 31%。从图表 1 看出，2020 年城镇居民每百户拥有中高档乐器 4.5 架比 2015 年增长 2.3 架，农村居民每百户拥有中高档乐器从 2015 年的 0 架增长到 0.7 架。城镇居民每百户拥有健身器材 4.9 台，比 2015 年增长 4.2 台，增长了 572%；农村居民每百户拥有健身器材 1.0 台比 2015 年增长了 0.7 台，累计增长 233%。

2020 年国家统计局承德调查队领导名录

党组书记、队长：刘长龙

党组成员、纪检组长：郝立芬

（供稿　迟宪辉）

人力资源和社会保障

【概况】 2020 年，全市城镇新增就业 4.62 万人，城镇失业人员再就业 1.5 万人，就业困难人员就业 7032 人，城镇登记失业率 3.95%，高校毕业生就业率达到 95% 以上。全市城镇职工基本养老保险、失业保险、工伤保险、城乡居民基本养老保险参保人数分别达到 83.12 万人、33.7 万人、70.64 万人、179.15 万人，各类保险待遇发放率全部达到 100%。

【就业创业】 用非常之策举非常之力，全力服务抗疫大局，千方百计稳就业。全面加大政策落实力度。落实中央、省市“六稳”“六保”决策部署，密集出台《关于应对疫情影响做好稳就业工作的若干政策措施》《承德市健全促进就业体制机制和操作平台的实施方案》《关于支持多渠道灵活就业的若干措施》等配套文件 50 余个，建立企业复工复产、大众创业、去产能职工安置、高校毕业生就业等工作协调机制，全市就业工作合力进一步增强。加强资金管理使用，就业补助资金支出 2.33 亿元，惠及 3.4 万人，失业保险全市稳岗返还支出资金 8277.38 万元，惠及企业职工 14.89 万人。全力抓好重点群体就业。制定出台促进 2020 届高校毕业生就业创业政策措施 36 条，全面落实高校毕业生“五扩三增三帮一延”政策举措。全市贫困劳动力务工就业 18.48 万人，贫困劳动力省外就业 4.39 万人，贫困劳动力到京津地区就业 8303 人，超额完成“一个超过两个不少于”年度目标任务。承德市农民工刘百丽、律秀梅、闫志远 3 人获得省“最美农民工”称号。全力推进大众创业。创建承德创业服务之家，助力大众创业。指导全市 218 个乡镇（街道）设立创业服务窗口（或指导室），初步建立市、县、乡三级创业服务体系。实施“3+4+N”创业孵化基地提升行动，提升创业孵化能力，全市创业孵化基地达到 26 家，累计扶持创业项目（企业）1159 个。举办第四届承德市创业创新大赛，选拔的参赛项目夺取省创业创新大赛三个类别中的 2 个第一名、1 个优秀奖、2 个“创翼之星”“中国创翼”创业创新全国大赛创业组一等奖、扶贫专项组优秀奖，取得历史最好成绩。指导河北民族师范学院成功创建河北创业大学。发放创业担保贷款 1.6 亿元，扶持自主创业 903 人，带动 2421 人实现就业。全面提升就业服务水平。

7 月 18 日，第四届“中国创翼”创业创新大赛承德选拔赛暨第三届承德市青年创业创新大赛决赛在承德大剧院圆满落幕，全市 228 个项目共有 26 个项目进入决赛

集中开展“春风行动”、就业援助月等系列公共就业服务专项活动，组织招聘会412场，帮助1.2万劳动者实现就业。建立农民工返岗复工“点对点对接服务”平台，“点对点”输送农民工复工63批1712人，《人民日报》等媒体进行专题报道。

【社会保险】 深化改革提实效。研究制定促进可持续发展总体方案及若干措施，全面落实职工养老保险基金中央调剂制度，可持续能力显著提升。深化机关事业单位养老保险改革，完成6566名“中人”新待遇计发工作，核心业务全部启动。创新建立城乡居民养老保险待遇确定和基础养老金正常调整机制，养老金最低标准由每人每月111元提高到每人每月 116 元，每年为近55万人增发待遇3000多万元。创立工伤认定调查核实与商业保险机构合作“承德模式”，重点案件实地调查率达到100%，总调查率达到70%，通过调查发现疑似骗取工伤基金案件年平均100余件。推进合作银行社保卡服务网点建设，实现社保卡立等可取，发放电子社保卡109.2万张，在全省率先实现社保卡补换卡全免费。推行“人脸识别”认证系统，强化CA证书等信息化手段应用，成为全国首个工伤认定决定、鉴定结论电子送达的地市，率先实现“工伤认定办事一次成”。全年共受理工伤认定申请5036件，做出决定4139件，为3068名工伤职工进行劳动能力鉴定，完成2020年度全市机关事业和企业职工病退鉴定工作，鉴定人数200人。落实政策惠民生。全面贯彻落实中央、省、市对延缓缴费和阶段性减免社会保险费政策，大力开展社保助企“免减缓”行动，为全市2万家企业减免养老保险、工伤保险、失业保险三项社保费11.08亿元，有力减轻企业负担、支持企业复工复产稳步提高社保待遇标准，企业退休人员养老金实现“十六连涨”，为全市17.46万名离退休人员增发养老金2.9亿元，失业保险金人均标准提高380元。工伤保险伤残津贴和供养亲属抚恤金分别提高280元、120元。稳妥推进被征地农民参加社会保险工作。各项社保待遇全部按时足额发放。完善体系防风险。深入开展“社保基金风险防控巩固年”活动，进一步完善风险防控体系，在所有县区设立基金监督机构或基金监督专岗，大力开展风险防控专项检查、问题整改、社保信息核查、打击欺诈骗保、基金风险专项检查等活动，跨部门社保数据实现信息共享，社保基金疑点数据同比下降70%，有效防范基金管理运行风险。

【人事人才】 推动技能人才队伍建设。推荐申报河北省高技能人才培训基地2个，申报技能大师工作室3个，申报原有技能大师工作室提升2个，成功申报技能大师工作室1个，技能大师工作室升级项目1个。全年开展就业创业培训3.36万人，组织职业技能鉴定29748人，发放证书26506人。扎实开展职业技能提升行动，全年完成各类培训10万人次。在全国人力资源服务大赛河北省选拔赛中获得三等奖。在全国职业技能大赛和扶贫职业技能大赛中获得优异成绩。高层次人才引进力度不断加大。全面落实“燕赵英才服务卡”和“3+3”主导产业高端人才优惠政策，全市引进急需紧缺人才5329人，其中高层次人才534人，为43名高层次创新创业人才和“名校英才入冀”人员发放奖补资金116.5万元。开展国务院特殊津贴专家等各类高层次人才选拔培养53人。加快推进职称制度改革，打通高技能人才与工程技术人才职业发展通道，全市共推荐高职2143人，评审通过中职3050人、初职865人，评审通过农民专业技术人才519人。积极做好专家选拔推荐，河北省政府特殊津贴专家3人，省“三三三人才工程”二层次人选5人。评选承德市“第十五批学术技术带头人”38人，发放各类专家津贴60余万元。进一步规范事业单位人事制度管理。按照统一时间、统一规范、统一命题、统一标准的“四统一”考试新模式，会同县（市、区）同步组织完成全市事业单位综合类岗位招聘，共

8月7日，由河北省人力资源和社会保障厅主办、承德市人力资源和社会保障局承办的"全省人社窗口单位业务技能练兵比武决赛"在承德大剧院成功举办

为各级事业单位公开招聘3924人，选聘硕士研究生以上高学历人才676名。建立疫情防控单位招聘绿色通道，全面落实援鄂人员专项招聘政策，为市疾控部门29名拟聘人员优先办理聘用手续，为28名援鄂医疗队编外人员直接办理招聘手续。精心做好表彰奖励工作，颁发"中国人民志愿军抗美援朝出国作战70周年"纪念章680枚，组织并推荐承德市双桥区西大街街道碧园社区的支润芳评为"全国抗击新冠肺炎疫情先进个人"。进一步健全完善工资制度。落实疫情防控关心关爱医务人员相关待遇，发放临时性工作补助206.6万元，发放卫生防疫津贴24.9万元。搭建"承德市工资福利信息管理共享系统"，在全省率先实现事业单位待遇审批到拨付一体化办理。完成事业单位正常增资工作，年人均增资900元。义务教育教师平均工资收入全部实现不低于当地公务员工资收入水平。圆满完成公立医院薪酬制度改革试点工作。大力开展事业单位绩效工资改革，改革经验获省肯定，被中国人事科学院《中国事业单位发展报告2020蓝皮书》收录。

【根治欠薪】 在全省率先打造"农民工工资支付监管平台"，推动根治欠薪从被动"清欠"向主动"防欠"转变。大力组织开展根治欠薪夏季行动、冬季专项行动，严厉打击恶意欠薪违法行为，共为3802名农民工追讨工资待遇5122万元。狠抓欠薪违法行为联合惩戒，4家严重欠薪企业列入"黑名单"，评定8家省级劳动保障守法诚信优秀企业，拖欠农民工工资问题得到有效遏制，人社部、国家市场监督管理总局"2020年全国清理整顿人力资源市场秩序专项执法行动取得突出成绩单位称号"。

【完善劳动关系制度建设】 扎实做好企业工资宏观调控，大力推进国企负责人薪酬制度改革，建立最低工资和工资指导线发布制度，引导企业合理确定工资水平。加强对企业劳动用工指导服务，完成3289家企业3.5万劳动者劳动用工备案工作，组织开展"稳就业、促发展、构和谐"集体协商共同约定行动，共签订协议书 2636份，覆盖职工 74998 人。扎实做好调解仲裁工作。大力推广"互联网+调解仲裁"模式，通过"不见面"服务及时妥善处理劳动争议，全市共受理仲裁案件2773件，涉案总经济标的达8000余万元，结案率达到98%。坚持依法分类开展信访工作。调处化解群众来信来访162件，案件调处化解率达到100%。深入开展人社领域信访矛盾隐患大排查、大起底、大化解专项行动，提高争议调解仲裁案件办理质量。

【人社扶贫】 推进就业扶贫。把贫困劳动力实现就业作为脱贫最直接有效的途径，大力推进就业扶贫"5+5"模式和劳务协作"351"工作机制，全市贫困劳动力累计实现就业27.69万人，务工就业 18.5 万人，新增就业4.89万人，省外务工就业新增1.08万人，顺利通过省考、国考。深入推进技能扶贫。全面实施"1+3+4"技能扶贫培训模式，"扶智+扶志"同步推进，全年培训贫困劳动力2.46万人，实现就业6573人，对有需求劳动力培训率达到100%。全面落实社保扶贫政策。对符合城乡居民养老保险扶贫政策的50.53万贫困人员全部参保，实现建档立卡贫困户参保率、政府代缴率和待遇发放率“3个100%”，顺利通过上半年脱困攻坚普查、11月份省考和12月份国考。持续加强人事人才扶贫。大力开展东西部扶贫协作专业技术人才交流，派出和接收专业技术人才117人和186人，圆满完成目标任务。

【深化改革】 实施“一网一窗一次”改革。着力构建“内部融通、外部联通、上下贯通”“一网通办、全市通办”的人社公共服务体系，探索组建人社公共服务中心，建设人社综合服务大厅，全部297项人社公共服务事项网上办理，130项业务实现“秒办”，承德市“一网一窗一次”改革作为唯一的地级市在全国人社系统座谈会上作典型经验介绍，改革做法得到人社部部长张纪南的肯定。启动承德市“一码通”改革工作。建设全国领先的社会保障卡“一卡通”创新应用示范城市，推进社会保障卡在人社领域实现信息查询、费用结算、补贴待遇等方面的全面应用。同时，推进社会保障卡的赋能提质，扩展社会保障卡在就医购药、政务服务、旅游服务、智慧扶贫、城市生活、金融科技等领域的应用。全年发放社保卡373万张，补换卡12.3万张。2020年，承德市人力和社会保障局被省人社厅授予“河北省人力资源和社会保障先进集体”荣誉称号。

12月24日，承德市人力资源和社会保障公共服务中心正式揭牌运营，市长常丽虹（中）出席揭牌仪式

2020年市人力资源和社会保障局领导名录

党组书记、局长：房宝占（满族）
党组副书记、副局长：张铁军（女，满族）
党组成员、副局长：郭晓辉（12月免）
党组成员：裘长安
党组成员、副局长：高秋波（12月任）
董晓东（满族，12月任）
武卫东（12月任）
任永志（12月免）

（供稿　刘　美）

社会福利

【概况】 2020年，全面推进养老工作向纵深发展。疫情防控为先，有序恢复秩序。转发河北省民政厅《做好养老机构疫情防控的紧急通知》，要求各地做好养老机构疫情防控；转发《养老机构新型冠状病毒感染的肺炎防控指南(第一版)》，对养老机构疫情防控工作提供方向和参考；转发省厅《关于进一步加强养老机构和儿童福利机构等民政服务机构封闭管理的通知》，从1月28日18时起，养老服务机构实施封闭式管理。转发《养老机构新型冠状病毒感染的肺炎疫情防控指南（第二版）》的通知，针对疫情防控发生的新情况新问题，对养老机构疫情防控工作提出新的指南。4月30日，制发《关于及时调整完善疫情防控策略有序恢复养老机构服务秩序的通知》，全市养老机构从4月30日起解除封闭式管理，有序恢复服务，并提出具体要求。6月13日，北京突发聚集性感染病例，承德市及时出台《关于进一步做好养老机构疫情防控的通知》，要求各县（市、区）养老机构坚持常态化疫情防控，参照北京市民政局《关于调整优化养老服务机构常态化疫情防控措施的通知》有关要求，做好疫情防控工作。积极争取物资。2月25日，省民政厅从河北省慈善联合基金会协调，承德市争取

到120箱二氧化氯泡腾片并及时发放。3月18日，天宏阳光新能源有限公司向市民政局捐赠一次性医用外科口罩4.8万只，分配至各县（市、区）民政局统筹分配，用于养老机构疫情防控。

【推进社区和居家养老工程】 制定印发《承德市民政局社区和居家养老工程专项工作实施方案》，明确工作思路、任务目标、进度安排和保障措施，确保社区和居家养老工作任务全面落实到位；召开全市社区和居家养老工程专项工作会议，安排部署工作任务。开展走访活动，详细掌握各县（市、区）工作进展情况，对于项目的选址、内部空间布局、规划设计、功能分区等提出指导性意见，对于工作进展缓慢的县（市、区）重点督促。开展民心工程大走访、民心工程督导月活动，邀请市人大代表、政协委员5人对民心工程进行走访，实地查看围场满族蒙古族自治县民心工程项目进展情况。代表和委员对养老工作给予充分肯定，详细梳理委员、代表们提出的指导性意见建议。在全市范围内开展民心工程检查，采取县区交叉互查的方式，各县（市、区）自行成立检查小组，通过互查取长补短。截至9月底，社区和居家养老工程任务全部完成，共新改建居家养老服务中心3所，新改建居家养老服务站7所，培育星级示范养老院29家，改造提升农村互助幸福院30家。

【提升养老院服务质量】 解决存量养老机构消防审验遗留问题。由人社局、行政审批局、住建局、自然资源和规划局、应急管理局共同转发省厅四部门《关于处置养老机构消防审验遗留问题的指导意见的通知》，组织各县（市、区）制定工作实施方案，摸清具体情况，逐个分析分类处置。截至年底，全市养老机构消防审验遗留问题机构12家全部处置完毕。全面加强养老机构综合监管。转发河北省民政厅转发《民政部关于印发〈养老服务市场失信联合惩戒对象名单管理办法（试行）〉的通知》，落实好养老服务市场失信联合惩戒制度，做好养老机构日常活动监测，开展养老机构非法集资宣传月活动，组织民政部门、养老机构开展非法集资宣传，做到早发现、早预防、早处置、早化解，坚决遏制养老服务领域非法集资高发势头，确保养老服务领域金融安全和社会和谐稳定。开展养老服务人才队伍培养。12月7日，市民政局组织全市各县（市、区）民政部门相关人员和养老机构负责人召开全市2020年度养老院院长培训，围绕养老机构星级等级评定与划分和养老机构消防安全隐患等内容进行详细的解读。开展特困供养人员照护提升行动。按照《关于进一步做好有集中供养需求生活不能自理特困人员集中供养工作的通知》要求，将名单中120名有集中供养意愿的特困人员全部纳入机构供养，截至8月底，全部安置到位。

【推进养老改革试点工作】 承德市于2020年2月12日确定入选第五批中央财政支持开展居家和社区养老服务改革试点城市，成为河北省唯一一个第五批试点城市。按照民政部办公厅、财政部办公厅《关于开展第五批居家和社区养老服务改革试点申报工作的通知》要求，结合承德实际，制定《承德市居家和社区养老服务改革试点实施方案》，经市政府第十四届第61次常务会议、市委深改委第12次会议审议通过，于2020年9月27日正式印发，《方案》明确试点工作的指导思想，目标任务、实施步骤、保障举措等内容，并对重点任务进行分解。各项工作稳步推进，在完善政策支持、建立综合服务信息平台、开展居家上门服务、资金使用管理等方面取得一定进展。

【关爱留守儿童】 组织2020年度全市儿童督导员培训会，参加培训的人员覆盖全部县（市、区），共计220余人参加培训，围绕儿童督导员法规政策、儿童督导员工作要求等相关内容展开培训，培训活动为进一步加强全市儿童关爱服务体系建设，夯实儿童服务工作基础，为后续儿童关爱保障工作开展提供有力的支持。开展心理关爱活动，为保障农村留守儿童合法权益，维护家庭幸福与社会和谐，确保农村留守儿童得到妥善监护照料和更好的关爱保护，在双桥区、双滦区、营子区、高新区开展“守护花蕾　幸福童年”农村留守儿童心理关爱活动，进入社区、村委、学校、儿童之家、儿保中心、留守儿童家庭进行入户走访，座谈交流、培训授课。开展冬（夏）令营，带孩子走出家门，开阔视野。与妇联共同开展“周末妈妈”活动，组织有爱心的妈妈周末与留守儿童对接，弥补母爱。开展“红色之旅”，服刑人员子女回访、希望之星、圆梦书桌等活动，让孩子们充分感受社会关爱。进一步激发孩子们的生活热情和学习信心，让孩子们健康快乐成长。针对留守儿童监护人为隔代家长的现象，举办“爷爷奶奶”培训班，提高隔代家长的监护能力和家教水平。市民政局、市检察院、市社区心理援助中心联合开展未成年人“阳光成长”心理健康教育大讲堂进校园活动，培树中小学生法治观念，同时送去书包文具等生活学习物资，让孩子们感受到政府和社会的关爱。组织各县(市、区)开展“寒冬送温暖·关爱留守困境儿童”活动，集中4个月时间，全面排查了解农村留守儿童和困境儿童家庭监护、社会关爱、政府兜底等方面工作落实情况，有针对性的开展帮扶活动。

【孤弃儿童生活保障】　推行孤弃儿童集中代养。出台集中代养方案，采用“原地出资、异地代养”方式，对全市各县（市、区）民政部门儿童福利机构养育儿童向市社会福利院进行移交。进一步明确帮扶对象、集中代养机构、帮扶内容和方式以及程序要求，明确责任划分，办理步骤，进一步做好市级孤弃儿童代养工作。提高标准。根据《河北省财政厅　河北省民政厅关于下达2019年中央财政困难群众救助补助资金的通知》要求，全省孤儿基本生活费中央财政补助标准每人每月增加150元；印发《关于调整孤儿基本生活最低养育标准和制定事实无人抚养儿童基本生活补贴标准的通知》，从2019年新提高的标准基础上再提高150元，社会福利机构养育孤儿每人每月1450元；社会散居孤儿每人每月1000元；事实无人抚养儿童每人每月1000元。全市共有孤儿和事实无人抚养儿童900人，全年发放基本生活费954万元。医疗帮扶。加强孤儿医疗救助，将孤儿纳入医疗救助范围，孤儿参保及医疗费按救助政策报销，落实《河北省“孤儿医疗康复明天计划”项目实施暂行办法》，自此孤儿医疗费用从参保到医药费的报销，从社会统筹到个人支付实现全方位衔接。确定定点机构。确定并公布“孤儿医疗康复明天计划”项目市级定点医疗机构，其中市级定点医院7家，县级22家，市级定点假肢矫形器装配企业2家。

社会事务

【概况】　健全完善困难残疾人生活补贴和重度残疾人护理补贴制度，2020年，共为64956人发放困难残疾人生活补贴4995.47万元，为50262人发放重度残疾人护理补贴3588.62万元。

【婚姻登记】　深入开展行风教育，全面推进依法行政，严禁乱收费或变相收费，打造优质服务窗口。为方便婚姻登记当事人办理登记手续，推进“互联网+婚姻服务”，4月1日各婚姻登记机关全面开通网上预约服务工作。2020年，共办理结婚登记20339对，离婚登记11958对。

【殡葬工作】　做好清明节祭扫管理服务工作，引导广大群众自觉遵守疫情防控要求，选择非实地祭扫方式，绿色文明祭祀。开展安葬（放）设施违规建设经营专项摸排工作，会同相关部门对现存所有安葬（放）设施进行全覆盖摸排，为下一步整治工作奠定基础。积极推进节地生态安葬，加强农村公益性公墓建设。2020年，为520余名困难群众免除基本丧葬费用约105万元。

社区建设

【概况】 2020年，全市共有195个社区居委会，其中市辖区115个。全市社区建设注重多渠道提高社区工作人员素质。在双滦区开展《河北省社区工作者管理办法（试行）》试点工作。对获得国家社工师资格的社区干部，每月享受津贴200元至300元。城市社区、城镇社区工作服务经费已分别达到30万元、15万元，市级财政设立100万专项以奖代补资金，引导、鼓励和支持社区综合建设或重点项目。

【社区治理体系建设】 印发《关于理顺物业管理体制机制加强新时代城市社区治理的实施方案》。在宽城满族自治县、双桥区开展试点工作。积极推动双滦区开展全国农村社区治理实验区实验。推进乡镇服务能力建设，双滦区《实施“四有”举措、提升乡镇政府能力，助力打赢精准脱贫攻坚战》工作做法被民政部评为“第二批全国乡镇政府服务能力建设典型经验”，在全国推广。

【社区减负增效】 以法律、法规为依据，梳理规范社区依法履行职责和协助政府工作事项，制定社区事项清单。落实省民政厅等6部门《不应由基层群众性自治组织出具证明事项清单（第一批）》。印发《关于进一步减轻社区负担的工作措施》。进一步明确社区居民委员会工作职责，减轻社区负担，增强社区自治服务功能，提升服务效能。此项工作被河北省城乡社区建设领导小组办公室以简报形式刊发。

【群众自治】 印发《关于加强村（居）民自治机制建设的实施方案》，建立健全村民会议和村民代表会议制度，规范村级民主决策的程序，全面推行“四议两公开”工作法。进一步做好村规民约和居民公约制定修订工作，各县（市、区）制定或修订完成率100%，实现全市所有行政村（居）村规民约和居民公约全覆盖。组织各县（市、区）筛选上报一批优秀村规民约、居民公约，其中8篇入选《河北省优秀村规民约居民公约100篇》。开展村级议事协商示范点创建活动，每个县（市、区）确定2个示范点，建立起规范完善的议事协商制度。

【社区基础建设】 加强易地扶贫搬迁安置社区组织建设，建立《承德市易地扶贫搬迁安置社区自治组织建设台账》。丰宁满族自治县搬迁安置区成立人才家园社区，滦平县成立3个易地搬迁社区。省民政厅在滦平县举办2020年度易地扶贫搬迁安置社区干部培训班。持续推进民政系统扫黑除恶专项斗争工作，加大问题线索排查力度，坚持系统治理，严防黑恶势力侵蚀基层自治组织。5月份，市民政局被省扫黑除恶专项斗争领导小组评为先进单位，全省通报表扬。争取2020年度省级社区建设补助项目17个，资金423万元。

社会救助

【概况】 2020年，社会救助工作扎实做好常态化疫情防控条件下的基本民生兜底保障工作，对生活困难人员进行摸底，实施动态监测，确保符合低保条件的城乡困难家庭应保尽保，对受疫情影响遭遇困难人员做好临时救助，扩大阶段性价格临时补贴发放范围，提高发放标准。全市共争取上级困难群众补助资金9.82元，主要用于城乡低保、特困人员救助供养、临时救助等支出。

【困难群众救助】 全面提高农村低保标准。印发《关于提高2020年全市农村最低生活保障和特困供养标准的通知》，从2020年1月起，将农村低保年标准提高到4800元，人均月补差提高至245元以上，高于国家扶贫线，做到低保线与扶贫线“两线合一”。将农村特困供养基本生活年标准提高到6240元以上。全年累计发放农村低保金5.64亿元、城镇低保金0.88亿元，有力地兜住了基本民生底线。深入开展精准核查。全面开展核查活动，对现有低保对象和建档立卡贫困户进行排查和定期信息比对，将符合条件的及时纳入低保，不符合条件的及时清退。2020年，全市共新增低保对象2万人、退出低保1.4万人，做到应保尽保、应退尽退。截至12月底，全市共有农村低保对象17.96万人（与扶贫交叉9.4万人）、城镇低保对象 1.82万人。

【兜底保障脱贫】 加大脱贫防贫政策落实。制定《社会救助兜底脱贫实施方案》，对未脱贫贫困人口进行全面排查，及时把未脱贫建档立卡贫困人口、脱贫后返贫人口、新增贫困人口中符合低保政策的人员全部纳入农村低保范围。全市未脱贫的4554名贫困户中有3228人纳入低保、117人纳入特困供养范围，兜底保障率提高到74%。做好防贫对象监测帮扶。密切关注收入不稳定、持续增收能力较弱、返贫风险较高的已脱贫人口，以及建档立卡边缘人口。定期进行大数据比对，强化入户核查，及时将符合条件的纳入低保、特困救助范围。全市脱贫监测户中纳入低保5024人、特困供养人员194人，边缘户中纳入低保3690人、特困供养84人。

【提高救助范围】 简化救助审批程序。及时下发《关于做好新型冠状病毒感染肺炎疫情防控期间有关社会救助工作的通知》，加大疫情防控期间的社会救助力度，简化救助审核审批程序，确保困难群众在疫情防控期间的基本生活得到有效保障。加强低收入家庭救助。适度扩大低保覆盖范围，将低收入家庭中的重残人员、重病患者等特殊困难人员，参照“单人户”纳入低保，共有2493人因新政策纳入低保救助范围。及时发放价格临时补贴。从1月起，连续启动物价上涨与社会救助保障标准联动机制；落实2020年3—6月阶段性提高每月价格临时补贴标准1倍的要求，将城乡低保对象、特困人员以及孤儿、事实无人抚养儿童纳入价格临时补贴发放范围，确保按时足额发放到位。2020年，发放价格临时补贴1.4亿元，惠及困难群众22.4万人。

【落实特困救助供养政策】 开展特困人员精准认定。对全市城乡特困人员和其他困难群众的家庭经济状况进行全面核查，将符合特困条件的人员全部纳入救助范围，共保障2.7万特困供养人员，其中农村特困2.68万人、城镇特困226人。深入开展特困对象自理评估。完善特困供养对象自理能力评估，依照全护理、半护理、自理3个标准，按照最低工资的20%、15%、10%发放照料护理费。经评估，享受全护理补贴1593人、半护理补贴2415人、自理补贴23188人。全年发放特困供养资金2.28亿元。加强特困人员集中供养。不断加强特困供养机构建设，提高集中供养服务能力和水平。对全部特困供养对象进行集中供养需求调查，共有3508人入住供养机构，其中收住失能半失能对象1982人。

【成立市县社会救助基金会】 按照省政府《关于设立社会救助基金的指导意见》要求，市、县克服资金紧张的困难，积极筹措初创引导资金6200万元（高新区200万元）。承德市各县（市、区）和市本级均已登记成立社会救助基金会，实现市、县（市、区）社会救助基金会全覆盖。

社会组织

【概况】 截至2020年年底，市本级依法登记社会组织323个，其中，社会团体251个、社会服务机构71个、基金会1个，遍布城乡，涉及社会生活各个领域，形成门类齐全、层次不同、覆盖广泛的社会组织体系，在政治、经济、文化、社会和文明建设中发挥着越来越重要的作用。

【社会组织评估工作】 开展评估工作是社会组织规范化建设的重要手段之一，是促进社会组织健康有序发展的重要保证。制定并下发《承德市民政局关于开展2020年度社会组织评估工作的通知》。要求市属社会组织积极参加评估工作，2015年前参加评估的社会组织今年要重新参加评估。成立满两年一直没有参加评估的社会组织2020年必须参加评估。截至2020年12月，共有5家社会组织提交自评报告，评估等级为3A级。

【社会组织党建工作】 坚持把“两个覆盖”作为社会组织党建工作的前提基础。针对社会组织党建基础差、底子弱、缺人员、无经费、少抓手等诸多困难和问题，精准研判，综合施策，主动作为，积极开展工作。2020年，党组织覆盖率超过90%，党的工作覆盖100%. 积极探索发挥“两新”组织党组织政治核心和政治引领作用的有效途径和方法，充分发挥先进基层党组织的标杆、导向和示范作用，树立“红色旗帜”，扩大“红色影响”，唤醒党员入党初心，增强党员政治意识、大局意识、核心意识和看齐意识，让党员有归属感、责任感、荣誉感；设立“党员先锋岗”“党员服务岗”活动，成立“党员志愿服务队”等活动载体，树立党员服务品牌，激发党员的模范先锋作用。

2020年市民政局领导名录

党组书记、局长：常金超（12月免）
刘树华（12月任）

党组成员、副局长：丁朝东（满族）
窦立新
巴　江（蒙古族）
贾国军

（供稿　秦　颖　王丽莉　陈建民　姚瑞军　王明军）

优抚安置

【概况】 2020年，深入推进流动党员管理工作。由乡镇（街道）村（社区）服务站负责退役军人党员组织关系信息统计工作，并建立基础工作台账，确保“一对一”跟踪联系。持续规范组织关系转接流程。根据中共中央组织部关于党员组织关系转接相关规定，依托“两站两中心”基层服务机构，及时设立专项工作窗口，确定“先转组织关系，再领退役补助”的工作程序，确保退役军人党员组织关系转接“一站式”办理，避免出现退役军人“口袋党员”等情况。强化正向激励，注重典型培树。7月31日，围场退役军人赵海洋荣获2020年度河北省最美退役军人。王斌等15名同志获得承德市“最美退役军人”称号。

【提高抚恤和生活补助标准】 根据省退役军人事务厅、省委组织部、省财政厅《关于调整部分优抚对象等人员抚恤和生活补助标准的通知》，自2020年8月1日起，提高部分优抚对象抚恤和生活补助标准。调整后，残疾军人最高的一级因战、因公、因病抚恤金标准每人每年分别为98170元、95110元、92030元，最低的十级因战、因公抚恤金标准每人每年分别为11500元、10300元。烈士遗属、因公牺牲军人遗属、病故军人遗属定期抚恤金标准每人每年分别为31500元、27160元、

25590元。抗日战争时期的在乡复员军人生活补助标准每人每月提高到1695元，解放战争时期的在乡复员军人生活补助标准每人每月提高到1650元，1949年后在乡复员军人生活补助标准每人每月提高到1645元。带病回乡退伍军人生活补助标准每人每月提高到810元。居住在农村和城镇的无工作单位、年满60周岁的烈士子女的定期生活补助标准每人每月提高到680元。60周岁以上农村籍退役士兵每服一年义务兵役，每人每月补助标准提高到45元。及时足额发放义务兵家庭优待金。全年优待义务兵家庭优待金1870户，共计发放优待金5098万元，其中，争取省财政支持2936万元，市本级配套201万元。

【开展“致敬·2020清明祭英烈”活动】 清明期间正值新冠肺炎疫情防控的关键时期，承德市创新工作形式，开展“致敬·2020清明祭英烈”活动。实行预约祭扫。清明期间，全市各级烈士纪念设施实行临时性闭园管理，不接待聚集性祭扫纪念月活动。采用“预约祭扫”的方式，共接待现场祭扫197人，其中烈属6人，退役军人19人。开展代祭扫服务。全市有11个烈士纪念设施保护单位开展代祭扫服务，共祭扫烈士墓1895座，代为祭扫烈士2107位。通过擦拭墓碑、鞠躬、献花的方式，替广大群众完成对逝者的追思，弥补家属不能现场祭扫的遗憾。倡议网上祭英烈。在《承德日报》、“承德市退役军人事务局”公众号上发布开通网上祭扫的通知，倡议到“中华英烈网”开展网上祭奠活动，足不出户瞻仰烈士。运用VR全景技术。国家级烈士纪念设施、爱国主义教育基地热河革命烈士纪念馆、董存瑞烈士陵园紧跟时代脚步，运用VR技术，以720°全景，多场景、多角度，图音并茂、图文并茂等方式还原了纪念设施的真实场景，通过扫描二维码或者点击链接即可参观。开通新媒体账号。承德市充分利用微博、微信、抖音等新媒体宣传英雄烈士，组织和引导人民群众网上祭扫。清明期间共发布稿件44篇，制作视频短片4部，网上直播5条，观看群众5.4万人。

【举办向抗战烈士、人民英雄敬献花篮仪式】 在9月3日中国人民抗日战争暨世界反法西斯战争胜利75周年纪念日、9月30日烈士纪念日分别举办向抗战烈士、人民英雄敬献花篮仪式。市四大班子领导、军分区主要负责人员，市委秘书长、市法院院长、市检察院检察长，市直各单位、各人民团体主要负责人员，双桥区委常委和区人大、区政协主要负责人员，在承参加过抗日战争的老战士及抗战将领亲属代表、抗战烈士遗属代表，

9月3日，承德市在热河革命烈士陵园纪念馆举办“中国人民抗日战争暨世界反法西斯战争胜利75周年纪念日”向抗战烈士敬献花篮仪式

9月30日，承德市在热河革命烈士纪念馆举办“烈士纪念日”向人民英雄敬献花篮仪式

各民主党派市委、市工商联负责人和无党派人士代表、驻承解放军部队、武警官兵代表、各界群众代表一道在纪念碑向抗战烈士、人民英雄敬献花篮，缅怀革命先烈。

【双拥工作】 退役军人事务局于5月27日召开承德市爱国拥军联合会和承德市拥军优属联合会成立大会。7月13日，承德市举行“百城万店拥军行”活动启动仪式。市委常委、承德军分区政委刘卫平，市政府副秘书长张志远，市双拥办主任、市退役军人事务局局长李树德，市双拥办副主任、承德军分区政治工作处主任李德坤，市双拥办副主任、市退役军人事务局副处级调研员魏立军出席启动仪式。市有关部门主要负责人员、爱国拥军企业代表、退役军人和优抚对象代表以及商业单位的职工代表参加启动仪式。7月29日，承德市爱国拥军联合会组织“不忘初心兴家园 牢记使命筑长城”承德市庆祝“八一建军节”暨纪念抗美援朝七十周年主题活动，邀请4名抗美援朝老战士出席活动并上台讲述抗美援朝事迹。

7月29日，承德市爱国拥军联合会在承德剧场举办“不忘初心兴家园 牢记使命筑长城”承德市庆祝“八一建军节”暨纪念抗美援朝七十周年主题活动

10月20日，承德市荣获全国双拥模范城“九连冠”殊荣，曲纪双荣获全国爱国拥军模范，市长常丽虹、承德军分区政委刘卫平，赴石家庄市参加全国双拥模范城表彰大会。

组织引导全市人民和社会各界主动参与到“志愿拥军、社区拥军、企业拥军”等活动，热心支持国防、齐心建设国防，进一步巩固和发展“同呼吸、共命运、心连心”的新型军政军民关系，广泛开展为部队基层官兵送温暖、送医疗、送文化、送政策、送服务“五送”活动。

10月20日，承德市爱国拥军联合会主席、承德全航商贸有限公司董事长、承德市第十四届政协委员曲纪双荣获全国爱国拥军模范荣誉称号

2020年市退役军人事务局领导名录

党组书记、局长：李树德

党组成员、副局长：高志祥

王　海

（供稿　朱佳丽）

民族宗教

【概况】 2020年，全市民族宗教工作深入贯彻落实党和国家民族宗教方针政策，持续深化民族团结进步宣传教育，扎实推进贫困民族地区脱贫攻坚，着力解决宗教领域突出问题，积极探索民族宗教治理体系和治理能力现代化新思路，不断加强机关党的建设，严格落实新冠肺炎疫情防控各项措施，努力开创新时代民族宗教工作新局面，圆满完成承担的省政府重点工作和全年各项目标任务。

【民族团结】 围绕铸牢中华民族共同体意识这一新时代民族工作主线，深入开展民族团结进步教育。紧扣“中华民族一家亲、同心共筑中国梦”主题，以社会主义核心价值观为引领，深入开展民族团结进步教育，推动民族团结进步创建“七进”活动。组织开展第十一个民族团结进步宣传月活动。与双桥区委统战部联合启动全市第十一个民族团结进步宣传月仪式，制作展板发放宣传资料，动员社会方方面面的力量，集中开展创建民族团结进步活动。积极培树民族团结进步创建典型。宽城满族自治县化皮溜子镇等4个单位被省民委命名为全省民族团结进步示范区示范单位；承德市滦平县中兴路街道办事处等7个集体和黄国辉等9名个人被省政府授予全省民族团结进步模范集体和模范个人称号；河北蒙古族高级中学被确定为全省铸牢中华民族共同体意识主题教育实践活动试点单位，承德博物馆被省民委确定为全省民族团结进步教育基地。协助市委统战部召开全市民族团结进步创建工作现场会。围绕民族工作和民族领域存在问题，开展调查研究。完成承德市开展民族团结进步创建活动、承德市依法治理民族事务、承德市少数民族流动人口服务管理工作、承德市民族关系状况、承德市民族工作开展情况和民族领域存在问题的调研。

【民族经济工作】 把贫困民族地区脱贫攻坚作为一项重大政治责任和重大政治任务，高度重视、精心组织、实化举措，先后7次立会研究部署脱贫攻坚工作，全年争取资金6208万元，占全省资金总数一半以上，超出年度计划的55%。同时履行监管责任，先后2次对各县（市、区）少数民族发展资金使用情况进行专项检查，确保资金使用不出问题。跟踪落实省政府赴围场、宽城现场办公成果。共涉及两县现场办支持项目376个，资金66.2亿元，现已落实项目362个、资金53.68亿元，分别占比96.3%和81.1%。争取民贸民品企业贷款贴息政策力度进一步加大。经过积极争取，全市新增补民贸企业14家，总数达到58家，居全省第一位。全年为民贸民品企业争取贷款贴息1558.09万元，超出年度计划的56%。少数民族特色村镇创建工作成效显著。经过积极争取，年内新增少数民族特色村镇试点7个，全市试点村镇总数达到48个，其中被国家民委命名挂牌的村镇21个，试点村镇总数和命名挂牌村镇数量均居全省首位。11月份，组织全市28名少数民族特色村镇建设负责人到贵州省举办为期7天的专题培训，进一步提升全市少数民族特色村镇创建水平。民族乡村振兴工作稳步推进。认真贯彻落实中共中央、国务院和省、市党委政府关于实施乡村振兴战略的重大决策部署，深入研究探索民族乡村振兴的有效途径和方法，多次深入民族乡进行实地考察调研，积极向国家和省推荐民族乡村振兴试点乡镇18个。10月份，组织全市160名民族乡村负责人参加为期7天的专题培训。驻村帮扶工作如期圆满完成。累计为帮扶村协调资金2000余万元，实施扶贫项目30余个。

【社会事业】 开展向民族地区送文化、送科技、送健康活动。组织为宽城、丰宁、围场、兴隆“送文化、送科技、送健康”活动，累计资金20余万元，宣传党的民族政策，积极引导各县（市、区）抗击疫情，有效推动民族地区经济文化事业发展。少数民族文化教育体育事业取得成效。组织3个队参加全省“民族团结杯”民族民间体育表演项目，取得1个二等奖、2个三等奖；参加“民族团结杯”全省业余乒乓球比赛，获得混双第三名成绩；参加全省“民族团结杯”陀螺单项比赛，获得组织奖、道德风尚奖；为15个民族村配备总价值30万元的健身体育路径。做好2021年全省第五届少数民族文艺调演节目筛选工作；完成《河北省满族蒙古族古籍总目概要》出版和“河北少数民族丛书”初稿编写工作。

【法治化建设】 清真食品监督检查全面开展。加强日常监管，按照属地管理，全面排查清真食品管理工作中存在的薄弱环节，强化基础建设，做到底数清，情况明。落实省民委《关于抓好行政许可事项落实加强清真食品管理工作的通知》要求，检查督导各县市区清真食品行政许可项的落实情况。开展清真食品企业专项执法检查，对8家清真食品企业开展“双随机、一公开”工作，实现抽查检查、结果录入、公示公开等环节的制度化、标准化。少数民族流动人口服务管理工作得到提升。主动把少数民族流动人口服务管理工作纳入日常工作范围，政治责任感不断增强。认真贯彻落实《关于建立基层宗教工作三级网络管理责任制的实施意见》，大力推进县乡村三级宗教工作网络建设，将有关内容列入市委深化改革事项举措和宗教领域督查整改工作“回头看”，与省督导组共同对有关县区任务落实情况进行督导检查，督促县区落实。认真做好宗教行政许可和行政审批工作，切实推进依法行政和依法管理宗教事务，规范宗教事项审批权，提高行政效能。继续抓好宗教基础信息数据库建设有关工作，加强相关数据的更新维护，为掌握底数、正确决策提供参考。

【和谐稳定】 坚持把维护民族宗教领域和谐稳定作为必须守住的工作底线，民族方面健全矛盾纠纷隐患快速反应机制，制发《涉民族因素矛盾纠纷排查化解和风险防控工作方案》《涉民族因素突发事件应急预案》《涉民族因素网络舆情处置工作方案》，建立多部门参与的协调联动机制和县（市、区）民族宗教工作系统矛盾纠纷排查月报告制度。宗教方面严厉打击非法宗教活动，宗教领域和谐稳定得到有效保障。

2020年市民族宗教事务局领导名录

党组书记、局长：张　忠（12月免）
苗立田（12月任）
党组副书记、副局长：苏玉友
党组成员、副局长：高士堂
官向前
高海滨
郭玉琢

（供稿　胡宝发）

县(市、区)发展概况

围场满族蒙古族自治县

【概况】 围场满族蒙古族自治县总面积 9219 平方公里，2020 年末户籍总人口 535835 人。全年地区生产总值实现 164.24 亿元，增长 4.2%。规模以上工业增加值增长 7.7%；固定资产投资增长 2.2%；社会消费品零售总额完成 44.46 亿元，下降 1.5%；一般公共预算收入完成 6.3 亿元，增长 3.9%；城乡居民人均可支配收入分别完成 28216 元和 11059 元，增长 4.5% 和 9.3%。

【基层组织建设】 深入开展“基层党建质量提升年”活动，严格落实党组织书记党建述职评议、基层党建责任清单管理等制度，加大基层党建考核权重和督导力度，整顿转化软弱涣散党组织 21 个。加强非公党组织建设，党组织覆盖面不断扩大。强化基层党建工作保障，加大政策、资源、力量统筹，健全党内激励、关怀、帮扶机制，形成加强基层党建的强大合力。严把“选、育、管、用”四道关，扎实做好党员培养和发展工作，基层党组织带头人和党员队伍结构持续优化，基层党组织的战斗力、凝聚力显著增强。

【干部队伍建设】 坚决贯彻新时代党的组织路线，牢固树立正确的选人用人导向，严把考察、程序和任免关，注重在脱贫攻坚、项目建设、安保维稳等重大专项工作一线选任干部，认真落实公务员职务与职级并行相关规定，全县领导班子和干部队伍结构日益优化。健全完善干部教育培训、考核评价和监督管理体系，完善干部激励保护机制，强化“为官必为”意识，提高“为官会为”能力，追究“为官不为”责任，不断巩固担当作为、干事创业的良好环境。

【机构改革】 乡镇机构改革全面完成，明确乡镇各工作机构职责事项 89 项，赋权、委托下放服务事项 98 项、行政处罚事项 87 项。坚持以建设一流营商环境体系为引领，深化“办事一次成”改革，93 个“最多跑一次”的高频事项录入河北政务服务网，政务服务事项网上可办率实现 100%，加大对民营企业帮扶支持力度，营商环境不断优化，新增各类市场主体 2510 家。供给侧结构性改革、金融财税体制改革、农业农村体制改革等重点领域改革稳步推进，取得扎实成效。

【对外开放】 深化京津“五合一”对接合作，推行精准招商、“一对一”招商，累计引进市外资金 30 亿元。坚持把开发区和各类园区作为培育发展实体经济的主战场，加快推动总部经济大厦建设，注重集约、集聚、集群发展，全年开发区实现营业收入 80 亿元以上。实施重点项目“三年攻坚行动”，推行“五个一”包联机制，加快推进 127 个重点项目建设，完成投资 68.8 亿元。深入实施创新驱动发展战略、创新型企业培育工程和创新人才引进计划，建立以企业为主体的技术创新体系，深化产学研合作，不断推动人才、政策、资源、要素向创新型企业集聚。全县科技型中小企业达到 128 家，高新技术企业、科技小巨人企业达到 13 家，市级以上各类研发平台达到 23 家，转化各类科技成果 15 项。大力支持自主创业，搭建创业平台，加强创业培训，累计落实创业资金778万元，累计培训180人次，实现创业就业146人次。

【脱贫攻坚】 聚焦保脱贫、奔小康，抢抓各级各类帮扶机遇，以实施“六个百万”工程为统揽，坚决打好抗疫情、促增收“组合拳”，全面落实“3+1”保障，设立精准防贫保险，有效落实产业就业科技、医疗教育救助、兜底保障等防贫举措，全县剩余557户1143名贫困人口全部脱贫退出，脱贫成果持续巩固，退出贫困县序列，通过国家脱贫攻坚普查，通过省脱贫攻坚实地考核验收、第三方评估检查和财政专项扶贫资金绩效评价。“生态产业化、产业生态化”和“春雨工程＋智慧分级诊疗”、旅游扶贫等经验模式，得到中央省市各级领导的肯定性批示，先后在国内外推广推行。

【疫情防控】 认真贯彻落实中央、省、市统筹推进常态化疫情防控和经济社会发展总体部署，早谋划、快行动、重落实，推动形成经济高质量发展、社会和谐稳定的良好局面。压实防控责任。强化战时状态抗击疫情，第一时间成立疫情防控工作领导小组，同步建立联防联控指挥部及综合办公室和12个专项工作组，组建防控排查、市场管控、复产复工等工作专班20个，建立常规工作日调度、突发情况随时调度等机制，及时研究解决工作中存在的重难点问题。强化防控举措。加强联防联控和群防群控，在防控一线成立临时党支部280个，发动660个基层党组织、1.3万名党员干部投身参战，坚决筑牢环京“三道防线”。集中优势医疗资源，组建43支医疗应急队伍全力开展疾控救治，先后选派两2次9名医疗队员驰援武汉，积极动员社会各界捐款捐物，为打赢全县抗疫突击战、援鄂保卫战赢得主动。推动复工复产。坚持疫情防控和复工复产两手抓、两不误、两促进，分区分级精准复工复产。疫情期间，累计发放企业贷款16.8亿元，解决企业用工4100人，减免租金247万元，复工率达到95%以上。

【绿色发展】 坚持生态优先、绿色发展，大力弘扬塞罕坝精神，推动生态优势转化为产业优势、发展优势、富民增收优势，努力走出一条生产发展、生活富裕、生态良好的可持续发展之路。坚决打好蓝天保卫战，全覆盖推广洁净煤取暖，大力实施“减煤、治企、控车、抑尘、多污染物治理”五项行动，全天候、无间断、巡回式监管，坚决扭转大气主要污染物“不降反升”的被动局面。坚决打好碧水保卫战，严格落实河湖长责任制、河道管理员制度，大力实施保水、水生态修复、农村生活污水治理等工程，累计完成小流域治理18平方公里，全县所有行政村实现生活污水有效管控，主要水系出境断面水质稳定达到地表水Ⅲ类标准。坚决打好净土保卫战，大力实施全域国土绿化行动，加强土壤污染治理与修复，加快矿山整治修复，累计治理恢复矿山435亩。筑牢生态屏障。坚持山水林田湖草系统治理，深入实施京津风沙源治理、张承坝上地区植树造林等生态建设工程，完成生态造林15万亩、湿地保护2000余亩。聚力打通绿水青山与金山银山之间的通道，做好“生态＋”大文章，大力推动生态与工业、农业和服务业有机融合，加快发展经济林、林下经济等生态产业，做大做强清洁能源、生态农业、全域旅游等绿色经济，积极争取区域间横向生态补偿，真正让生态成为“聚宝盆”。

【主导产业发展】 认真贯彻新发展理念，深化供给侧结构性改革，坚持生态产业化、产业生态化，优化存量、扩充增量、壮大总量，努力实现更高质量、更有效率、更加公平、更可持续的发展。做强文化旅游产业。以创建国家全域旅游示范区为引领，聚焦后疫情时代旅游人群、旅游观念等趋势变化，实施“全域、全季、全业态”旅游发展战略，深入推进旅游开发“百千万”工程，加快推动旅游业全面复苏和高质量发展，高标准打造国家雪上项目训练基地、国家冰上项目训练中心等高端涉旅项目，国家“一号风景大道”旅游扶贫模式入选世界旅游联盟减贫案例，全年接待游客 395 万人次，实现旅游收入 22 亿元。以打造京津冀绿色农产品特供基地为目标，坚持强龙头、建基地、延链条、树品牌，以“绿色、有机、功能”为方向，持续壮强“2+3”产业体系，进一步增强农业工业化、科技化、机械化、品牌化竞争力，先后与京东、唯品会等知名电商平台达成合作，特色农产品网上销售突破 1 亿元，市级以上龙头企业达到 53 家，实施产业化项目 20 个，产业化经营率达到 67%。以建设千万千瓦清洁能源基地为方向，统筹推进风光水电和生物质能综合开发，华润元宝山、华能吉上等 8 个百万千瓦风电基地落地投产，133 座村级光伏电站全部并网发电，全年新增风电装机 61.7 万千瓦，总装机突破 400 万千瓦。坚持政府主导、市场参与、高效有序的发展路径，有序推进硅砂、沸石、伊利石等非金属矿产资源整合开发、综合利用，强力推进环保新材料产业园、森禧木业生态板材等项目建设，加快实现资源规范化管理、集约化利用、高效化产出。

【城乡统筹发展】 加快推进基础设施建设“四网重构”战略，棋塞复线、国道 111 线改造等重大交通项目建成通车，新建县乡村级公路 400 千米；高标准实施农村电网改造及城市充电桩接引等电力工程、人饮安全工程，加快推进景区、开发区、县城建成区无线 WIFI 网络项目建设，实现智能导游、产品在线预订、信息推送全覆盖。推动城乡统筹发展。坚持以文明、卫生、森林城市创建为统领，加快县城扩容提质，突出拉骨架、增内涵、提品位，以城南新区建设为引领，全面加快医疗功能园区、科教园区及供水供热管网等基础配套设施建设，统筹抓好旧城升级改造、雨污管网建设、老旧小区改造提升等城建工程，创新城市管理体制，持续巩固省级文明县城创建成果，城镇化率达到 41.5%。加快推动城乡融合高质量发展体系建设，以农村人居环境整治三年攻坚行动为契机，先后投入资金 2.3 亿元，大力实施美化、绿化、亮化工程，持续推进“厕所革命”，累计完成农村无害化厕所改造 6210 座，拆除清理残垣断壁 3233 处，清理各类垃圾 30 万立方米，打造美丽庭院 20902 个，农村生产生活生态条件显著改善。

【宣传引导】 精心策划成就宣传、典型宣传、亮点宣传、主题宣传，大力宣传全县在脱贫攻坚、“三创四建”、生态建设等方面的经验亮点和工作成效，在中央级媒体刊发稿件 90 余篇，专题片《人物·故事——弘扬塞罕坝精神·张利民》《生财有道——围场篇》在中央电视台播出。进一步完善和优化“中央厨房”运行机制，“冀云围场”APP 上线运行，实现县融媒体中心投入运营；开展“夺取双胜利记者走基层”活动，在县级主流媒体开设“决战决胜脱贫攻坚”“扎实开展三创四建”等专栏，充分展示全县各行各业的生动实践，引导全县广大群众凝聚建设家乡的力量；全方位、多角度、深层次挖“刘艳珍：携夫回娘家行孝又脱贫”“永丰村第一书记尹福：小书记大温度”“李春梅：用爱守望成长 用坚韧战胜贫困”等一批典型做法和先进人物，营造学先进、追先进、争先进的浓厚社会氛围。

【社会生活】 持续加大民生投入力度，落实就业优先政策，统筹做好高校毕业生、退役军人、农民工、城镇困难人员等重点群体就业工作，城镇新增就业 4051 人，城镇登记失业率控制在 3.89% 以内。加快推进 13 项民生实事，老旧小区改造、市政老旧管网改造等重点工作成效显著。全面提升教育教学质量，教育改革、教育布局、软硬件提升等重点工作成效明显，中高考成绩再创历史新高。持续加大医疗卫生领域改革力度，探索创新县医院运行模式，加强医联体、医共体建设，建立健全疾病预防控制体系，建成核酸检测实验室4个。全力健全社会保障体系，养老、医保等5大社会保险应保尽保，社会救助、优抚安置等民生工作加快推进，形成了可持续、多层次的社会保障体系。文化体育、民族团结事业持续健康发展，精神文明建设取得丰硕成果。

2020年围场满族蒙古族自治县领导名录

县委书记：	刘众民（满族）
副书记：	甄毓敏（女，满族）
	于景国
县人大常委会主任：	杨国华（满族，1月免）
	曹旭永（满族，1月任）
副主任：	韩国忠（蒙古族，8月免）
	白雅琴（女，满族，8月免）
	段云峰（蒙古族）
	张　开（满族）
县政府县长：	甄毓敏（女，满族）
常务副县长：	池大勇（满族，12月免）
	吕宝俭（满族，12月任）
副县长：	张卫华（挂职）
	安宝亮（挂职，7月免）
	刘继群（挂职）
	陆　媛（女，满族）
	秦二利（满族）
	李伟光
	王　宇（12月任）
	宋砚林（蒙古族）
县政协主席：	马玉文（满族）
副主席：	曲景友（满族）
	李秀荣（女，蒙古族）
	延禹龙（满族）
	韩淑杰（女，蒙古族）
县纪检委书记：	宋汉生（满族）

（供稿　孙兆岭）

丰宁满族自治县

【概况】　丰宁满族自治县隶属于河北省承德市。位于河北省北部、承德市西部，地处燕山北麓和内蒙古高原南缘。地理位置界于北纬40°53′～42°00′，东经115°54′～117°20′之间。县域总面积8765平方千米。年平均气温0.9～6.2℃，全年无霜期110～145天，日照2903.6小时/年，昼夜温差大。年降水量350－550毫米。丰宁海拔在600～2213米之间，适合开发风电、光电。初步列入可利用能源储量约1400万千瓦，其中，水能500万千瓦，风能500万千瓦，太阳能400万千瓦，生物质能转换为能源的潜力约为60万吨标准煤。全县已开发水电装机370万千瓦（已建成10万千瓦，在建360万千瓦）、风力发电装机165万千瓦（已建成140万千瓦，在建25万千瓦）、太阳能发电装机27万千瓦。由国家电网新源公司开发建设，至2020年年底，总装机360万千瓦的丰宁抽水蓄能电站项目正在加快建设。全县有耕地106万亩，主要农产品有玉米、水稻、小麦、谷子、莜麦、胡麻、马铃薯、各种豆类等，是全国玉米商品粮基地县，杂粮杂豆基地县。全县林草资源丰富，有林面积达到572万亩，草原面积736万亩。

2020年，全县共辖10个镇（大阁、凤山、大滩、土城、黄旗、黑山嘴、天桥、胡麻营、鱼儿山、波罗诺）、16个乡（万胜永、草原、苏家店、外沟门、四岔口、汤河、杨木栅子、五道营、小坝子、窟窿山、石人沟、王营、西官营、选将营、南关、北头营），1个新丰路街道办事处，1个经济开发区，309个行政村，11个居民委员会（社区），2748个村民小组。全县年末户籍总人口404213人；其中少数民族总人口293387人。少数民族所占比例72.58%。2020年总计34个少数民族，比2019年减少1个少数民族独龙族，少数民族比2019年减少2197人。满族266425人、回族2415人、蒙古族23443人、壮族274人、朝鲜族35人、苗族404人、土家族49人、布依族34人、彝族50人、侗族8人、傈僳族23人、瑶族41人、藏族12人、达斡尔族4人、白族11人、黎族17人、锡伯族4人、哈尼族8人、纳西族4人、傣族6人、仫佬族1人、仡佬族5人、畲族94人、佤族6人、俄罗斯族1人、拉祜族1人、鄂伦春族2人、毛南族1人、哈萨克族1人、东乡族1人、景颇族2人、布朗族2人、柯尔克孜族2人、裕固族1人。

2020年，全县地区生产总值实现125.49亿元，增长4%。城镇居民人均可支配收入28500元，农村居民人均可支配收入10600元。规模以上工业增加值增长20%，完成年度目标任务。固定资产投资累计完成88.7亿元，增长6.8%，完成年度目标。进出口总额累计完成267万美元，同比增长8.5%。其中出口完成144万美元，完成市下达任务的342%，提前完成市定任务。全部财政收入完成14.95亿元，公共财政预算收入完成8.5亿元。全县开工县级以上重点建设项目77个，总投资591.53亿元，完成投资48.61亿元。全年完成主营业收入97.06亿元，完成税收5.1亿元。累计实现19家企业落户“怀丰产业园”，已完成投资13亿元；其中生产汽车零部件企业9家，已完成投资7.5亿元。全年争取中央省市各项资金48.59亿元。积极组织企业参加2020年中国·廊坊国际经济贸易洽谈会、承德国家可持续发展议程创新示范区建设推进会、“百家京企进承德”等招商和对接活动，主动承接全国民建非公经济前沿圆桌会议，共签约项目18个，总投资金额达到20.52亿元。全年350项改革任务已全部完成。全面完成乡镇街道改革。加大科技创新力度，累计培育高新技术企业8家、科技型中小企业129家、科技小巨人企业19家、星创天地7家（国家级1家）、技术创新中心2个。与省工行合作建设“农村集体三资平台”，为农村经济健康发展奠定坚实基础。构建具有丰宁特色的现代产业体系。累计实施重点产业项目227个，固定资产投资累计完成545亿元，县域“1+2+1”特色主导产业规模、层级不断壮大提升。

【脱贫攻坚】 2020年是全县脱贫攻坚决战决胜之年，全县上下克服疫情影响，迎难而上，坚持精准扶贫、精准脱贫方略，开展“巩固提升年”行动，脱贫攻坚战取得全面性胜利。脱贫攻坚以来，全县174个贫困村全部出列、13.3万名贫困人口稳定脱贫，贫困发生率由39.44%到清零，实现“脱贫路上一个都不掉队”。贫困人口人均纯收入由2785元提高到10782元，翻了近两番。2月29日，省政府正式批准丰宁退出贫困县序列，整县脱贫摘帽。2020年，通过产业扶贫、光伏扶贫、旅游扶贫、生态扶贫、科技扶贫、金融扶贫多措并举，群众收入明显提升。教育扶贫、健康扶贫、住房饮水进一步完善，保障能力有效增强。路、电、污等基础设施日益完善。构建有效防贫机制，设立防贫保险和救助基金，防贫水平不断强化。“五位一体”精准防贫模式、易地扶贫搬迁“五区同建”模式、“非遗＋扶贫”、生态扶贫、产业扶贫、电商扶贫、消费扶贫、东西部扶贫协作等多项工作成为典型、亮点，走在省市乃至全国前列。坚持以脱贫攻坚统领发展全局，全县174个贫困村、13.3万名贫困人口全部稳定脱贫。对2020年脱贫的450户982人，年初按照“一户一策、一人一策、综合施策”的方式开展精准帮扶，双重覆盖带动达到100%。落实机关干部“一对一”帮扶机制，组织爱心捐赠、慈善帮扶等活动，形成稳定兜底。全县所有未脱贫人口已全部高质量脱贫。

【疫情防控】 成立县委书记、县长为组长的疫情防控工作领导小组，统筹做好综合协调、疫情排查、医疗救治、交通检疫等工作。严格落实县、乡、村三级包保责任，全体领导干部深入疫情防控一线督促指导疫情防控工作，确保各项举措真正落地见效。按照“外防输入、内防反弹”要求，增强物资保障能力，加强联防联控和群防群控，实现来丰返丰人口排查“全覆盖”、患者“零死亡”、医护“零感染”3大目标，最大限度保护了人民生命安全和身体健康。选派4名医务人员驰援湖北疫情防控，坚持物力财力全面足额保障，为打赢湖北保卫战、武汉保卫战作出丰宁贡献。

全力推动企业复工复产。深入开展“三包四帮六保五到位”活动，制发《关于疫情防控期间支持企业稳定经营持续发展的政策措施》，选派51名干部进驻县内企业，有针对性地进行精准帮扶，真正解决企业实际困难。认真落实中央和省市减税降费系列政策，出台支持企业发展28条政策措施，全面落实包联机制，落实减税降费1.7亿元，全县企业复工率达90%以上。强化劳务输出，做好农民工“点对点”返岗服务。

【现代农业】 持续优化产业布局，推动种植结构调整，打造万亩中药材示范区、万亩时差蔬菜示范区、万亩葵花示范区等。实施千万元以上农业产业化重点项目18个，完成投资5.03亿元。丰宁农副产品交易中心、丰鑫实业标准化生猪养殖场、金田麦食品加工基地、朴诚乳业低温乳制品加工等项目上马、投产。坚持以“有机农业”发展打品牌、拓市场，新增有机证书认证和转换3家，全县33家企业获得有机证书50张，有机认证面积达到12.5万亩，“有机丰宁”县域公共品牌知名度明显提高，产品销售额持续刷新历史纪录。农业新型经营主体持续壮大，产业化经营率达到62.75%，全年新增产业化龙头企业12家，县级以上龙头企业达到67家；新增示范农民专业合作社15家，全县达到649家；评定示范家庭农场20家，县级以上家庭农场达到201家。国家农业科技园区通过验收，与中国农科院作科所、河北农大植保学院签订产业合作协议和框架合作协议，为全县农业发展提供更加强有力的科技服务和支撑。农村集体产权制度改革各项工作稳步推进，进度居全市领先。农民承包地确权登记颁证发放证书8.67万册，发证率97%。坚持做好动物疫病防控工作，全县应免疫家禽禽流感、牲畜口蹄疫、布病等免疫率100%，阻断非洲猪瘟疫情传播和蔓延途径，确保全县生猪产业安全、市场供应和社会稳定。

【新型工业体系】 三次产业结构比例调整到26∶39.7∶34.3，由资源开采型工业转型到高科技含量、高附加值的智能制造业和清洁能源业。清洁能源产业迅速壮大，并网和在建项目发电机组装机规模达到700万千瓦，总装机360万千瓦的丰宁抽水蓄能电站建设顺利。大唐国际、河北建投等16个风电项目建成并网，总并网容量达到138.15万千瓦。集中式、村级、户用光伏发电总并网容量达到27万千瓦。远景能源智能风机装备制造基地实现年产智能风机整机1000台，年产值近30亿元。特色制造产业加快扩张，河北丰宁经济开发区入驻各类加工制造企业达到70余家，实现主营业务收入140亿元。

【生态环境】 深入实施“生态立县”战略，全年完成造林绿化任务64.9万亩，森林覆盖率达到57.5%，水源涵养能力得到大幅提升。推动生态建设和保护取得丰硕成果。截至年末，空气质量综合指数3.36，同比下降10.6%；PM2.5浓度均值为26微克／立方米，同比下降3.7%；达标天数为295天，同比增加7天。全县环境质量走在了省市前列。全县生活垃圾集中处理行政村比例、饮用水卫生合格率、河流考核断面水质优良比例、地下水水位监测点全年水质达标率均达到100%，县城污水集中处理率达到93.3%。全县规模化养殖场粪污处理设施装备配套率达到100%，畜禽粪污综合利用率达到90%。打赢大气污染综合治理攻坚战，淘汰35蒸吨以下燃煤锅炉53台；累计推广型煤取暖8.45万户，配送洁净煤12.4万吨、炉具4.6万台，置换型煤

1488吨，安装一氧化碳报警器9.65万台，全部覆盖洁净煤取暖户。严抓烟花爆竹禁燃禁放，全县环境空气质量持续改善。严格落实河长制，扎实推进地下水超采治理，省考核断面水质全部达标，城市饮用水水质达标率100%。

【旅游文化】 抓好抽水蓄能电站、化石小镇、平顶山、鸳鸯湖、燕山大峡谷等项目落地。全县AAAA级以上景区达到4家，聚原城、滦河沿等民俗生态旅游村和小北沟、喇嘛波罗等乡村旅游示范村不断完善，极大提升丰宁旅游品质和竞争力。举办第三届中国马镇冬季冰火节，继续致力改变丰宁坝上旅游结构单一、受季节局限的局面。

完善县、乡、村公共文化服务网络。公共文化展馆达到8处，民办文化展馆达到5处，乡镇综合文化站27个、村级综合性文化服务中心294个，农家书屋实现全覆盖。“丰宁文化遗产系列丛书”、《丰宁文化艺术志》正式出版，属全市首例。全县挖掘整理非物质文化遗产项目61项，“非遗”项目代表性传承人59人，处于全市前列。“非遗＋扶贫”获联合国教科文组织和国家部委高度肯定。广泛开展文化下乡、非遗展演等活动，扶持农村、社区文艺表演（民间花会）、广场舞队210余支，进一步丰富广大群众的精神文化生活。

【民生实事】 强力推动总投资3.8亿元的20项民心工程建设，全部按年初确定目标完成。此外，省定20项、市定12项民心工程涉及丰宁满族自治县承办事项，已全部完成。持续巩固农村电网改造升级成果，投资7800万元，新建和改造线路252.18千米。县妇幼保健院、大阁镇、行政审批中心等单位部门全部建设完成并投入使用，为群众提供更加优质高效的服务。下大力改善农村办学条件，全年投入资金5430万元，完成28所中小学建设、改造提升、教学条件改善工作，通过劳务派遣、特岗教师、高校招聘补充各阶段教师172人，为全县教育发展提供强大的人才支撑；定期开展教师培训，全年培训教师4216人，有力推动全县教育质量的整体提高。县级远程医疗服务数据平台搭建完成，与国家远程医疗中心、河北省远程医疗中心实现对接，26所乡镇卫生院全部与远程医疗中心实现远程会诊。

【发展规划】 基本完成国土空间规划。按照国家、省、市安排，落实《京津冀协同发展规划纲要》，对接《北京城市总体规划（2016—2035年）》，结合省建设“三区一基地”有关要求、“两区一城”发展定位。多规合一开展编制工作，至年底全县总体空间规划方案已编制完成。24个乡镇以及260个村（共分为138个编制单元）国土空间规划基本完成。完成“十四五”规划纲要编制。4月份启动“十四五”规划编制工作，确定编制县“十四五”规划纲要和26个专项规划。编制过程中，突出首都水源涵养功能区、京津冀生态环境支撑区、京北文旅康养示范区、民族融合绿色发展新城的“三区一城”发展定位和“七个坚持、七个高质量”发展思路，为全面建设社会主义现代化美丽丰宁开好局、起好步。

2020年丰宁满族自治县领导名录

县委书记：方志勇（满族）
副书记：杨宪军（满族）
王荣昌（满族）
县人大常委会主任：刘海平（满族）
副主任：应翠平（女，满族，11月免）
李兆春
孙明臣（满族）
孙瑞芳（女，满族）
县政府县长：杨宪军（满族）
常务副县长：桑爱民（满族）
副县长：孙海丰（满族）
薛宏霞（女）

张立民（1 月免）
王青山
袁卫国（满族）
张煦玺（挂职，8 月免）
林树刚（挂职，蒙古族）
高　苹（挂职）
万　军（挂职）
寇占英（挂职）
孟德辉（挂职，8 月任）
县政协主席：郭　锐（满族）
副　主　席：张建兴（蒙古族，9 月免）
丛雁飞（满族 12 月免）
韩世君（满族）
王　和
孙仕林（满族，12 月任）
县纪检委书记：李文江

（供稿　薛有岭）

隆化县

【概况】 隆化位于河北省北部，距北京 260 公里，是京津水源涵养和生态屏障核心区，更是远近闻名的大米之乡、温泉之乡和养生福地。公元 1910 年，清宣统皇帝赐名“隆盛开化”，建立隆化县。全县总面积 5497 平方千米，辖 25 个乡镇、1 个街道办事处，357 个行政村，总人口 45 万人，是国家扶贫开发工作重点县、省级深度贫困县。区位优势相对明显，位于环首都、环渤海、京津冀 3 个国家发展战略经济圈的交汇地带，境内国省干线公路里程达到 352 公里，县级公路 358 公里，乡级公路 558 公里，村级公路 1592 公里，形成北接辽蒙、南通京津的交通网络。特别是随着承赤、张承两条高速建成通车，高速里程已达到 52 公里，有效改善全县的路网结构，进一步提升内外通达能力和投资吸引力。自然资源较为丰富，全县耕地 85.5 万亩，林地 48 万亩，森林覆盖率 59%。水资源丰富，境内分布滦河、伊逊河、伊玛图河等 5 条主要河流，常年地表水流量 3.62 亿立方米，人均水资源、耕地亩均水资源均居全省前列，是京津重要的水源涵养地。地质矿藏储量较大，已探明矿产资源 40 余种，其中铁、钛、磷储量分别为 10.6 亿吨、3432 万吨和 1923 万吨。文化积淀比较丰厚，早在 2000 年前的西汉，就开始筑城施治，北魏、辽、金均有建制。到了清代，隆化是“木兰秋狝”的必经之地，康熙、乾隆、嘉庆三帝往返围场在此驻跸 137 次，留下清代行宫遗址 7 处。隆化还是“中国书法之乡”和“中国乡土诗歌之乡”，民间道具舞蹈“二贵摔跤”被评为国家级非物质文化遗产。产业体系逐渐清晰，围绕“1+2”特色产业发展方向集中发力，文旅康养产业快速发展，钒钛新材料及制品、食品医药产业稳步推进。同时，通过多年努力，逐步形成肉牛为主、设施农业和林果产业为辅的“一主两辅”现代农业产业发展格局，为脱贫攻坚提供强有力的产业支撑。

2020 年，完成地区生产总值 153.3 亿元，增长 4.4%；全部财政收入 11.6 亿元，增长 2.6%；公共预算收入 6 亿元，增长 18.3%；固定资产投资 45.4 亿元，增长 1.9%；社会消费品零售总额 32.4 亿元；城乡居民人均可支配收入达 29926 元、11191 元，分别增长 4.6% 和 9.3%。

【重要会议】 中国共产党隆化县第十四届委员会第八次全体会议于 2020 年 11 月 27 日召开。会议肯定 2020 年工作成绩，提出隆化县“十四五”时期经济社会发展指导思想。全会指出，隆化县“十四五”时期经济社会发展主要目标是：生态文明建设显著进步，经济质量效益显著提升，结构动力转换显著加快，改革开放创新水平显著提升，社会文明程度显著提高，人民生活品质显著改善，安全保障能力显著增强。全会明确隆化县“十四五”时期经济社会发展原则是：坚持党的全面领导，坚持以人民为中心，坚持生态立县，坚持创新驱动，坚持高质量发展，坚持系统观念。全会强调，“十四五”时期，是隆化抢抓机遇，加快发展，奋力开启“新时代美丽幸福新隆化”建设新征程的五年。要深入研判“十四五”时期的机遇和挑战，准确把握“十四五”时期发展方向；要紧紧盯住“十四五”时期的战略重点，全面开启“新时代美丽幸福新隆化”建设新征程；要坚定不移加强党的全面领导，为实现“十四五”各项目标提供有力保障。

1月7日—1月10日，隆化县第十六届人民代表大会第四次会议在隆化县青少年活动中心举行。

1月8日，召开全县经济工作会议，县委、县人大、县政府、县政协四大班子领导出席会议。各乡镇、安州街道，县直部门党政主要领导，驻县各单位主要负责同志，经济主管部门股级以上干部，以及重点企业负责人参加会议。会上分析全县经济发展面临的形式，提出2021年全县经济工作目标和总体要求。

【疫情防控】 面对疫情挑战，第一时间启动重大突发公共卫生事件Ⅰ级应急响应，迅速成立防控指挥部，联防联控、群防群控，坚决守牢县乡村三级防线。实行封闭式网格管理，来隆返隆人员排查实现全覆盖。派遣4名医护人员驰援遭受疫情突袭的武汉，建成县医院、中医院、疾控中心核酸检测标准化实验室，全力支持医疗物资企业扩大生产，为战“疫”提供强有力保障。坚持“外防输入、内防反弹”，推动疫情防控常态化，取得“零确诊、零疫情”的重大成果。积极应对疫情冲击，大力帮扶实体经济，制定出台《关于应对疫情支持企业发展20条政策措施》，建立包联服务机制，搭建政府服务工作站1185家，在全市率先实现中小微企业政府服务全覆盖，帮助701家中小微企业融资7.2亿元，减税降费1.7亿元，中小型企业复工率达90%以上，成功举办全市政府服务企业现场观摩会。

【脱贫攻坚】 全年投入各类扶贫资金7.6亿元，剩余530户、1419人稳定脱贫，高质量完成国家脱贫攻坚普查，成功摘帽出列。持续壮大扶贫产业，建成集中光伏电站80兆瓦村级电站150个，全县肉牛饲养量达48.3万头，蔬菜、中药材、草莓、特色林果种植面积分别达21万亩、17万亩、7500亩、5万亩，贫困人口全部实现产业就业全覆盖，两重以上覆盖率达88.9%。完善“政银企户保”“险资直投”金融扶贫模式，累计发放贷款19.3亿元，撬动社会资本90亿元。强化易地扶贫搬迁后续帮扶，54个配套产业园区带动人均增收9500元。全年实施饮水项目264个，硬化农村街道138万平方米，发放教育资助资金3227.7万元、医疗救助资金6359万元、兜底补助资金1.6亿元，实现因贫辍学全清零、医疗保障全覆盖、饮水安全百分百、硬化道路组组通、民政兜底无遗漏。大力开展消费扶贫，认定扶贫市场主体23家，118个扶贫产品入驻网络平台，销售收入突破4.5亿元。深化省“五包一”、中直帮扶和东西部协作，落实帮扶资金3.5亿元，35个东西部协作项目全部完工，代表全省顺利通过国家东西部扶贫协作成效考核。

【特色产业发展】 瞄准“1+2+N”特色产业逆行招商，苏州硕亚集团、史丹利复合肥、中建泰石岩棉等10家企业成功签约，环保科技设备产业园、挪宝地源热泵清洁能源等10个亿元以上产业项目落地实施，争取政策性资金45.5亿元，引进市外资金11亿元。热河皇家温泉康养度假区总投资105亿元的17个文旅康养项目进展明显，温泉资源管控、民宿规范管理有力推进，全年累计接待游客82万人次，实现综合收入6.5亿元；围绕“一主两辅”产业发展，实施千万元以上农业产业化项目22个，市级以上龙头企业发展至58家，产业化经营率达72%，高标准承办全市农业产业重点项目观摩活动、全省品牌农业工作现场会，中国草莓谷“农旅融合”模式得到生态环境部书记孙金龙、省委书记王东峰等省部级领导充分肯定，七家镇被评为全市唯一国家级农业产业强镇创建镇;矿山资源整合强力推进，磷精粉深加工产业链逐步形成，以尾矿砂综合利用为主的建材产业初具规模，钛产品向3D打印、钛合金新材料等高端制品延伸，钒钛新材料及制品产业产值达4.8亿元。园区平台支撑作用明显，经济开发区入园企业达116家,规上企业达26家，占全部规上企业的63%，营业收入、固定资产投资、税收收入分别增长10%、12%和38%。

【城乡面貌变化】 全面启动国土空间规划编制，县乡村三级规划体系加快构建，各类专项规划逐步实现“多规合一”，茅荆坝成功撤乡设镇，白虎沟—步古沟完成合乡并镇，苔山镇正式设立。集中开展市容环境卫生整治攻坚行动，以土城子公园、荣顺街、石灰窑沟区域为突破口，依法强拆“双违”3.5万平方米，土城子区域历史形成的112处违建彻底消除,违法行为得到有效震慑。筹资3.6亿元,实施城市建设项目14个,苔山路、利民路等4条主干道路及雨污分流配套管网改造完毕，阿拉营、石灰窑沟、下洼子等通村道路提质升级，强弱电入地20千米，亮化15千米，全年改造老旧小区59个、小街小巷32条，新改建公厕57座，成功创建省级卫生县城。强化城市管理综合执法，早市、集贸市场实现改造提升，土城子农贸市场全面关闭，城南综合市场建成投用，南迁商户90家，县城环境“脏乱差”问题有效解决。环卫市场化扩面运行，县城园林绿化养护市场化运营，新增绿地13公顷。阳光新城、尚城国际、龙骧御府等11个住宅小区加快建设，县城住宅品质不断提升。新改建农村道路76.7公里，姚中线、宁石线竣工通车，交通瓶颈制约加速破解。深入开展农村人居环境综合整治，全年改建户厕8000座，完成村庄绿化1822亩，规模养殖场粪污处理设施装备率达100%，资源综合利用率达85%。常态化公益岗保洁、农村第三方环卫高效运转，历史沉积垃圾彻底清除，农村环境面貌显著改观。

【生态环境改善】 深入开展蓝天、碧水、净土保卫行动，省环保督察交办案件全部整改完成。严控烟花爆竹燃放，秸秆禁烧监控系统建成运行，全年改造锅炉61台，推广洁净煤9.2万吨，淘汰国三标准营运柴油货车782辆，PM2.5浓度下降到27微克／立方米，空气质量好于二级以上天数326天，是近年最好水平。严格落实河长制，实施水环境综合整治项目9个，清理河道垃圾10万立方米，治理水土流失76平方千米，整改“四乱”问题16个。污水处理厂改造提标、中水回用工程建成投用，21个行政村生活污水治理项目主体完工，357个村庄生活污水得到有效管控，地表水监控断面水质达标率、集中式饮用水源地水质达标率保持100%，成功争列生态环境部农村污水治理试点示范县。大力推进造林绿化，全年造林2.5万亩，伊逊河国家湿地公园试点顺利通过国家验收。全力开展“6+1”重点领域清理规范，修复治理责任主体灭失矿山18处，生态修复固体矿山87公顷，关闭取缔矿山3个，排查问题全部整改到位，生态管护水平全面提升。

【办好民生实事】 全年投入民生领域资金36.6亿元,占财政支出的80%。深化“放管服”改革，780个事项实现“办事一次成”，333项行政审批事项实现“不见面审批”,新增市场主体3814户。积极落实多渠道灵活就业措施，新增城镇就业4977人，城镇登记失业率控制在3.9%以内。持续加强社会保障，农村低保提标至4800元／年，各类保险新增扩面18891人，参保率保持在95%以上。新职教中心开工建设，第五小学、第三幼儿园建成投用，义务教育“大班额”问题有效缓解。教学质量逐年攀升，全市高考文科状元花落隆化一中，98人考入“985”“211”和双一流大学，全县本科上线1364人，上线率67.9%。代表市政府通过省政府履行教育职责督导评价，第一中学获评省级示范高中。深化医药卫生体制改革，大力实施“雨润”工程，全民健康信息化项目有序推进，“网核型”医共体全面建成，29家公立医疗机构实行“一站式”结算，卫生室实现乡村一体化管理，新培养村医193人，医疗卫生服务能力全面增强。积极推进供热、供气、供电扩面提质，新建燃气管网2.3千米、供热管网8.7千米、换热站13座，完成10千伏新改建线路48.6千米，基础配套能力持续加强。智慧隆化基础平台、政务办公、社会管理、公共服务、便民利民5大板块、78个分子系统上线运行，城市大脑指挥系统高速运转，资源利用效率和行政管理水平全面提升。纵深推进扫黑除恶专项斗争，群众安全感、满意度进一步增强。

【“6+1”联动监督】 按照“党委领导、人大监督、政府主责、部门履职、分级负责、上下联动”的总要求，聚焦清理规范违法违规占用土地、违规违建项目、资源能源项目、房地产开发项目、矿山综合治理、地下水超采综合治理6个重点领域和加强公共卫生管理7个方面，在全县范围内积极开展“6+1”联动监督工作。县人大常委会成立7个工作专班，组织动员全县省、市、县、乡四级人大代表1262名，分成135个联动监督小组，开展视察、调研和执法检查活动50余次，组织召开座谈会14次，发放《征求意见书》1000余份，开展专题询问1次，发放评议表430份，经梳理征求意见建议48条，发现问题20条。按照边查边改的原则，将审议和发现的问题及时转交县政府和相关部门进行整改，专题听取县政府整改落实情况报告，并跟踪监督检查确保整改落实到位，有效促进7个领域工作规范提升。充分发挥人大代表问题摸排调查员、政策法规协查员、意见建议反馈员、整改落实监督员、工作质量评议员的“五员”作用，取得良好效果。全县“6+1”联动监督工作得到省市领导充分肯定。

2020年隆化县领导名录

县委书记：陆文龙
副书记：李　东
　　　　高春林（满族）
县人大常委会主任：王胜军（满族）
副主任：李　华（满族）
　　　　赵桂华（女，满族）
　　　　李大东（蒙古族）
　　　　徐奉军
县政府县长：李　东（满族）
常务副县长：王东利（蒙古族）
副县长：赵青林（满族，5月任）
　　　　刘士杰（挂职）
　　　　张松明（满族）
　　　　苗立国（满族）
　　　　王　慧（女，满族）
　　　　黄智冬（满族）
　　　　范宝中
　　　　刘明杰（挂职）
　　　　聂忆黄（挂职）
　　　　段雪峰（挂职）
　　　　俞虹霞（女，挂职）
政协主席：刘殿民
副主席：刘海明
　　　　李　兵
　　　　代海宏（女）
县纪检委书记：杨桂珍（女，满族）

（供稿　李明桓）

承德县

【概况】 承德县地处河北省东北部，全县辖23个乡镇，378个行政村，总面积3648平方公里，人口42.76万。先后获评国家级园林县城、国家绿色能源示范县、国家电子商务示范县、全国现代果品产业示范县、中国国光苹果之乡、国家级休闲农业和乡村旅游示范县、全国绿化模范县、全国科技进步县、河北省金融生态县、河北省卫生县城、河北省数字乡村试点县河北省首批公共文化服务体系示范区、河北省第二批创新型县试点、河北省第二批新型城镇化试点县。

2020年，全县地区生产总值131.1亿元，同比增长4.5%。其中，第一产业增加值46.3亿元，增长6.6%；第二产业增加值28.5亿元，减少10.7%；第三产业增加值56.3亿元，增长1.4%。三次产业增加值占全县生产总值的比重由上年的32.6∶23.3∶44.1调整为35.3∶21.8∶42.9。全部财政收入14.2亿元，同比减少4.9%。其中，一般公共预算收入7.9亿元，同比增长6%。公共财政预算支出33亿元，同比增长10%，全县城镇居民人均可支配收入31794元，同比增长4.8%，农村居民人均可支配收入13512元，同比增长9.1%。金融机构人民币各项存款余额233.8亿元，同比增长9.5%。各项贷款余额160.5亿元，同比增长2.6%。

坚定不移贯彻落实国家和省、市疫情防控部署要求，慎终如始抓好常态化疫情防控，实现疫情“零传播、零感染”。全力推进企业复工复产，深入开展“三包四帮六保五到位”活动，建立“三包联一派驻”帮扶机制，制定应对疫情支持企业发展18条政策措施，深入开展走访调研、银企对接等活动，积极帮助企业纾困解难、减少损失。全年共为企业解决生产要素、贷款融资、手续办理等方面问题383个，累计为县内716家企业融资42亿元，实现减税降费1.3亿元，全县1649家企业顺利实现复工复产。积极争取上级政策支持，争取资金34.5亿元，其中新增政府债券和抗疫特别国债资金11.57亿元，位列全市前列。加强投资和项目建设，深入实施“32851”项目攻坚行动，全面落实项目建设“两线四牵引”和会商会诊等机制，全年实施重点项目90个，签约落地项目31个，20个省、市重点项目全部开工。

【经济发展转型升级】 围绕“三园支撑、三业主导、三城共建”经济发展格局，建园区、引项目、育龙头、强产业。持续用力加强高新区基础设施建设，争取债券项目资金近9亿元集中投放到园区建设，实施道路、管网、电力等基础设施项目11个，园区吸引力和承载力不断提升。谋划实施“1+2”特色产业项目36个，完成投资11.5亿元。服务外包产业园3座职场楼投入运营，双创大厦主体工程封顶，入驻服务外包、电子信息和电商企业6家，运营坐席达到2500个以上。新引进落地装备制造企业5家，产业集群规模进一步扩大。万新班夫国际旅游度假区展示中心投入使用，博爱颐园养老中心加快建设，银宸皇家文化创意产业园项目正式签约，国家文献战略储备库项目列入中共中央“十四五”规划建议。临空经济区被市委市政府确定为承德北部康养新城，288套安置房基本完成，市中心医院和承德护理学院新院（校）区选址基本确定，后续项目加紧谋划。

【脱贫攻坚】 紧盯“两不愁，三保障”目标，坚持“四个不摘”要求，剩余311名贫困人口全部脱贫出列。深入推进产业、就业和消费扶贫，4个“万亩农业特色产业基地”持续做大做强，90万亩果园、60个食用菌园区、70个蔬菜基地稳定达产。整合资金2.26亿元，实施各类扶贫项目87个，培训贫困劳动力4300余名，1149名贫困劳动力实现稳定就业。深入开展消费、电商扶贫，教育扶贫、健康扶贫、住房安全和兜底保障等政策全面落实。持续巩固提升脱贫攻坚成果，创新完善防贫监测机制，设立400万元的防贫基金，将822户脱贫不稳定户和低收入边缘户纳入防贫监测范围，对因突发事件和重大疾病遇到困难的弱势群体，做到早发现、早帮扶、早解困。

【生态环境】 深入推进“1+4+10”生态环境大排查大整治，各项环保指标持续向好，全面达标。争取专项资金1610万元，淘汰燃煤锅炉114台，PM2.5平均浓度达到33微克／立方米，同比下降8.3%；空气质量达标天数311天，同比增加21天。严格落实“河长制”，大力推进河湖“清四乱”，深入开展水环境整治“三项行动”，18千米白河“山水林田湖草”生态修复工程全面完工，334个行政村生活污水排放得到有效管控，国、省考核断面水质达标率保持100%。持续巩固绿色矿山创建成果，大力开展露天矿山深度整治、灭失矿山复绿、高速沿线损毁山体修复“三大工程”，投入资金1.2亿元，修复面积2.7平方千米。完成省环保督查反馈问题整改165件，县人大、县政府各专项组密切协作，持续开展“6+1”专项整治，整改各类问题341个，一批生态环境“老大难”问题得到有效解决。

【城乡面貌变化】 深入开展县城建设三年攻坚行动，启动实施污水处理厂迁建以及北环公园、中心城区道路绿化等一批美化、绿化、亮化工程，成功创建省级洁净城市。县城西区总投资6.6亿元的4条规划道路及配套管网、供水、供电等工程加快推进。改造老旧小区19 万平方米，110套保障性住房主体完成。实施下板城、东窑、杨树林等6处城中村改造工程，大杖子村、胡杖子村区域拆迁工作稳步推进，一期18万平方米回迁楼完成主体工程。投资4.2亿元，实施10.6千米县道改造、205.3千米农村公路建设，交通出行环境全面改善。省道赤曹线路基工程基本完成。大力整治农村人居环境，建设美丽乡村片区和示范村80个。每年投资4500万元购买服务，对农村街巷道路实行统一保洁、统一清运、统一处理，农村环境得到极大改善。

【改革开放】 纵深推进“办事一次成”改革向“办事不用跑”升级，全面推行“网上办、掌上办”，政务服务实现线上线下“一窗一网一次”办理，企业开办压缩到1天以内，全年办理审批事项19663件，办结率100%。深入推进县高新区及国有企业改革，实行聘任制和绩效考核制，发展活力显著增强。坚持开放带动，疫情期间，创新采取“云招商、云洽谈、云签约”等形式，签约引进项目29个，总投资达150亿元。先后与“阿里巴巴”“数字扁担”等企业签订合作协议，引进云栖大数据、5G及数字应用等项目4个，成功入选“河北省数字乡村试点县”。大力实施高新技术企业培育工程，科技创新能力由C类县跃升为B类县，成为全市2个科技创新能力跃升到B类的县区之一，创新能力进一步增强。

【民生实事】 32项民心工程和10件民生实事全面完成，民生领域投入占财政支出比例达到60%以上。突出抓好稳岗就业工作，城镇失业登记率稳控在4.04%。社保、医保、低保等政策保障力度不断加强，城乡养老、基本医疗保险参保分别达到22.55万人和36.73万人。产教城园区建设加快推进，民办承实初中投入使用，县一中初中部、职业中心主体工程大部分完工；投资1984万元，实施薄弱学校改造提升项目6个；整合资金1050万元用于改善小学及幼儿园办学条件，教育资源更加优质均衡。中、高考成绩连续位列全市前茅，教育强县建设迈出坚实步伐。深化“四医联动”改革，稳步推进2个“医疗服务共同体”建设，成功创建全市首个国家级慢性病综合防控示范区，乡村卫生机构一体化改革经验在全省推广，基层医疗卫生服务能力显著提升。安全生产形势持续稳定向好，防汛抗灾、森林草原防灭火硬仗全面胜利，扫黑除恶专项斗争成效显著，法治政府建设扎实推进，人民群众安全感和幸福指数稳步提升。

2020年承德县领导名录

县委书记：齐建文（满族）
副书记：刘志琦
县人大常委会主任：许志忠
副主任：赵金瑞（6月免）
马江宏（6月免）
计德辉（满族）
黄福林（蒙古族）
孟令钧（12月任）
刘秀丽（女，满族，12月任）
县政府县长：刘志琦
常务副县长：王亚君（满族）
副县长：李淑金（女）
苏艳华（女，满族，1月免）
李　银
赵宝树（满族）
白永义（满族）
曹义荣
刘凤喜（挂职）
罗凤涛（挂职，4月任）
县政协主席：李文水（满族）
副主席：孙德功
张淑珍（女）
孟令钧（12月免）
王占民（12月任）
县纪检委书记：李立全（满族）

（供稿　武　滨）

平泉市

【概况】 平泉市位于河北省东北部，冀、辽、内蒙古三省交界处，总面积3294.1平方千米，耕地面积56367公顷，辖15镇4乡、18个城市社区241个行政村，总人口47.37万人。2020年，平泉市以乡村振兴为统领，以生态保护、脱贫攻坚和疫情防控为重点、以绿色发展为目标，统筹推进稳增长、促改革、调结构、惠民生、防风险等工作，全市经济社会平稳健康发展。实现地区生产总值143.9亿元，其中，第一、二、三产业增加值分别为47.3亿元、24.5亿元、72.1亿元；规模以上工业企业49家，规上工业增加值16.5亿元，民营经济增加值99.9亿元；粮食总产量23万吨；财政收入12.7亿元，公共财政预算支出38.98亿元；社会消费品零售额44.0亿元；城镇居民人均可支配收入32987元，农村居民人均可支配收入15394元；年末城乡居民储蓄存款余额310.7亿元。

【疫情防控】 全年投入资金4455万元，其中上级资金1793万元，本级自筹2662万元，有效保障全市疫情防控各项措施落实和防控体系建设投入。坚持把疫情防控作为头等政治任务，第一时间严格管控、第一时间全面排查、第一时间集中隔离重点人群、第一时间推动重点人群核酸检测全覆盖。建成核酸检测基地1个、实验室2个，日检测能力1.5万人份。制定出台《秋冬季疫情防控工作方案》等系列文件，强化冷链物流管控措施，严防境外输入和零星散发疫情风险。

坚持关口前移，第一时间从交通、公安、交警、医院等单位抽调536人，设立9个联勤检查站，实施“三查一登记一报告”，守好疫情输入首道关口。联勤检查站撤销后，第一时间在出入市境道口设立8个电子围栏，全面排查人员和车辆，加大农村、社区、企业、商铺、旅店、日租房管控力度，实行“扫码登记”制度，看住大门、管好小门，确保所有人员轨迹信息“全覆盖”。第一时间停运公交车、出租车，关停群众聚集性场所，暂停群众聚集性活动，对火车站、汽车站、商超等重点场所严格落实体温筛检、佩带口罩措施，倡导电子商务消费方式，从源头阻断传染源。全市162个小区严格执行登记检查制度，只留一个出入口，所有门禁全部启动，1255名工作队员和志愿者在每个小区入口全天候值守管控，小区内居民凭“业主出入证”经体温检测后出人。实施乡村、城市社区“四禁三治一报告”管理制度，形成内防扩散的坚固堡垒。对药店、诊所等基层医疗机构实施“两查六问四留两报告”管理机制，确保发热人员及时发现、及时检测。开展无死角、无盲区的“全城消毒”，有效减少细菌、病毒的滋生，降低疫情传播风险。印发《平泉市新冠肺炎疫情常态化监测预警工作实施方案》，加强智慧化监测预警多点触发机制建设，在医疗机构、商场、超市、药店、农贸市场、学校、社区、交通场站等各类场所设置监测哨点，开展重点人群和重点环境监测，及时收集异常健康信息和检测信息。加强部门间的信息共享和协调联动，实现预警的多点触发、多措并举。完善信息报送、分析利用、预警响应等工作，加强数据分析研判和风险评估，切实增强早期监测预警和应急处置能力。年内全市无疑似、确诊病例，保障了人民群众生命健康安全。

【脱贫攻坚】 2020年年内，建档立卡系统内剩余的57户142名贫困群众全部脱贫。深入落实“四个不摘”（不摘责任、不摘政策、不摘帮扶、不滴监管）总要求，产业、就业等系列扶贫举措精准实施，发放“雨露计划”等助学补助资金2547万元；实施老旧房屋品质提升948户，易地扶贫搬迁安置2249人；贫困群众饮水安全问题得到全面解决。以天津市西青区帮扶资金为杠杆，累计撬动社会资本25.5亿元，实施帮扶项目117个，惠及贫困人口2.7万。

建立健全监测预警机制，每季度发布防贫预警信息，根据信息筛查与个人申请相结合的方式确定帮扶对象，累计筛查出监测脱贫不稳定户26户63人、边缘易致贫户161户438人。及时给予监测户救助和帮扶，扶持46户发展到户产业，兑付帮扶资金23万元，救助金10.35万元。设立“防贫保险”，市政府投入200万元与保险公司签订“防贫保险”协议，累计救助52户133人。

构建“1357”科技特派员服务体系，依托河北平泉食用菌产业技术研究院建成集食用菌菌种研发、菌种生产、食用菌栽培、蘑菇文化普及于一体的食用菌科普示范基地1个，由国家食用菌产业体系首席专家张金霞、沈阳农大院士李天来、辽宁果研所教授伊凯分别牵头的食用菌、蔬菜、林果三个产业专家服务团3个，涵盖5个产业的市级科技特派员工作站5个，以省级以上星创天地运营的科技特派团7家。引进全国食用菌院士、原吉林农业大学校长李玉，建立平泉食用菌产业院士工作站；与中国农科院合作，市政府投资1亿元建立河北省食用菌产业研究院；引进全国食用菌产业体系首席科学家研究员张金霞团队，投资8000万元建立国家食用菌良种繁育中心。张金霞为首的食用菌产业技术专家服务团队，对平泉市食用菌菌种进行搜集、检测、筛选，转化新技术成果5个，指导制定地方标准1个。

撰写《防疫生产两不误，科技助农保春耕》在“学习强国”发表，《科技特派员为乡村振兴点燃人才引擎》分别在中国农科新闻网、“今日头条”和“学习强国”发表。平泉市尚泽果业有限公司探索总结出“一地生四金”和“五化”精细管理的“四金五化”产业扶贫模式，使当地贫困户靠抗寒苹果产业人均增收3000元，辐射带动承德、张家口、内蒙古、辽宁、新疆、吉林等地发展苹果6666.7公顷，丰产期产值6—10亿元。

选派市本级科技特派员96人，获批国家级“三区”科技人才15名。建立乡镇省级科技特派员工作站4个，备案省级科技特派员11名。结合扶贫帮扶村黄土梁子镇龙潭社区产业发展，邀请国家级科技特派员、食用菌栽培专家梁希才到社区开展香菇栽培技术培训和指导，免费发放培训资料。全年组织国家科技特派员开展培训20期，培训农民1800人。开展科技特派员企业服务需求调查，围绕菌种保藏、动物学与饲料科学的开发等技术和成果转化方面问题，征集希才、燕塞等19家企业服务需求19个。全市食用菌生产规模6.8亿袋、4666.67公顷、产量60万吨、产值62亿元、产业链产值80亿元，综合竞争实力为全国县级第一位次。带动全市3.5万农户12万余人脱贫和就业创业。

通过实施种植业结构调整，菌菜果等“一主两辅”特色扶贫产业较脱贫前新增食用菌1200公顷、设施蔬菜2400公顷、其它高效经济作物3000公顷；发展产业扶贫基地264个，打造“一村一品”专业镇14个、专业村107个。重点围绕菌菇人工合成肉、杏仁苷萃取、果蔬脆片等农产品精深加工，支持龙头企业提升加工和辐射带动能力，形成一批从事农业种植、农产品加工、农产品电商等新型经营主体。

培育市级以上农业产业化重点龙头企业63家，其中国家级2家、省级15家，打造产值50亿元产业化联合体2家；规范提升农民专业合作社300家，成立农民合作社联合社12家，农民合作社达到1865家。龙头企业等新型经营主体带动贫困户8000余户。围绕特优农产品，推行标准化生产，农业标准化覆盖率74.14%，其中平泉食用菌标准化生产覆盖率92%以上，认证“平泉香菇”“平泉滑子菇”“平泉黄瓜”国家地理标志农产品。“平泉香菇”入选中国农业品牌目录2019农产品区域公用品牌，“平泉八珍”获省级区域公用品牌。培育“山庄、菇芳源、亚欧、瀑河源”中国驰名商标4个、省级以上著名商标44个，认证绿色有机农产品40多个。山庄、森源、亚欧、瀑河源等16家重点龙头企业品牌顺利入驻“承德山水”区域公用品牌平台。平泉羊汤、平泉黄瓜、平泉杏仁、承德白鹅获承德市级区域公用品牌，“平泉苹果”产业已成为后续产业支撑。

干鲜果品基地2.67万公顷，2018—2019年栽植“扶贫百株果”近200万株，覆盖贫困户11187户，为贫困群众后续巩固脱贫和持续增收提供保障。成功申报“平泉寒地苹果”河北省特色农产品优势区。组织31家龙头企业分别参加上海、天津、天津西青区、廊坊、北京等地的产销对接活动，展示展销“平泉八珍”旗下8大类农产品。与知名电商平台对接，打造“互联网+扶贫”模式，开设邮乐购平泉市扶贫地方馆、京东平泉特产馆、淘宝平泉特色产品馆，将食用菌、活性炭、杏仁等150余种特色产品推介到电商平台进行展销。

针对发展产业融资难、贫困户脱贫致富缺资金的瓶颈制约，依托“政银企户保”扶贫融资平台，有效解决贫困户和企业（合作社）发展产业“钱从哪儿来”的问题，累计发放担保贷款94182万元，带动贫困户9848户。对信用良好、有贷款意愿、有就业创业潜质、技能素质和一定还款能力、年龄不超过65周岁的建档立卡贫困户做到应贷尽贷，发放扶贫小额贷款440笔，为贫困户发放贷款2160.9万元。截至2020年年末，全市建档立卡系统内11936户、27186名贫困人口全部脱贫，高标准通过国家脱贫攻坚普查，省级脱贫攻坚成效考核以及东西部扶贫协作考核均达到“好”的标准。

【乡村振兴】 现代农业持续壮大，建成农业示范基地333.3公顷，食用菌总量6.8亿袋，设施菜种植面积扩大到1万公顷，林果面积达到2.67万公顷。国家现代农业产业园产品可追溯平台等项目加快建设，完成投资5.7亿元。森源公司、山庄集团等16家企业入驻“承德山水”区域公用品牌，累计实施京美食用菌精深加工、瀑河源香菇脆生产等产业化项目9个。“平泉黄瓜”“平泉杏仁”获评地理标志证明商标。乡村建设扎实推进，桲椤树社区乡村振兴示范作用有效发挥，联村共建，10个乡村振兴示范村加快建设。农村人居环境整治全面推进，改造无害化厕所4.7万座。乡村民风更加文明，建成村级文化广场24个，打造出契丹风情路、民法典一条街等文化典范。城市辐射带动能力持续增强，累计实施高铁路网等城建项目144个，完成投资28亿元；

城区绿地率提高到47.4%，城市建成区面积扩大到19平方公里，城镇化率56%；城乡公交一体化服务体系更加完善，以城带乡、城乡互动的发展格局初步形成。平泉市被评为省优先发展公共交通示范城市。

制定《2020年平泉市桲椤树省级乡村振兴示范区建设实施方案》，对示范区内的主导产业发展、中心村建设和红色文化基地建设等进行重点培育。示范区内菌棒厂、壮大集体经济、农产品交易市场、产业培训中心和革命老区建设等项目完工。重点推进小寺沟—南五十家子—黄土梁子3个乡镇联村共建乡村振兴示范片区和10个乡村振兴示范村建设。结合新冠肺炎疫情防控工作，印发《关于做好新型冠状肺炎疫情期间农村人居环境整治工作的通知》，成立12个督导组，全面推进厕所革命、农村生活垃圾治理、农村生活污水治理和村容村貌提升行动，全市农村面貌得到持续提升。累计清理农村生活垃圾11.22万立方米、村内塘沟210处、畜禽养殖粪污等农业生产废弃物2.96万立方米、残垣断壁和杂物394处；建设无害化卫生厕所4850座；36个村完成通组道路硬化，5个村完成入户道路硬化；村庄绿化64.33公顷；完成国土村庄空间布局规划编制，对清理出的空地同步建设小花园、小果园、小菜园280个。以省级乡村治理体系综合试点县创建为抓手，成立以主管市领导为组长，相关部门主要负责人为成员的省级乡村治理体系建设试点县创建工作领导小组，制定《平泉市省级乡村治理体系建设试点方案》，明确目标任务，强化职责分工，确定工作重点。

【食用菌产业】 按照“科技引领、品质优先、效益倍增”的总体思路进行谋划，以国家现代农业产业园区项目为支撑，推动全市食用菌产业平稳健康发展。年内新增食用菌园区40个，新增食用菌数量4000万袋，食用菌总量6.8亿袋，产值62亿元。围绕构建高效香菇周年生产模式，开展冬季香菇生产实验，在品种选育和储备上进行3个香菇、3个滑子菇新品种示范和滑子菇工厂化生产模式实验，围绕产业可持续发展进行香菇创新栽培料模式试验。通过实验的开展为食用菌产业周年化生产、多品种栽培奠定坚实的实践基础。开展“平泉香菇”区域公用品牌注册保护工作，完成平泉香菇区域品牌Logo、品牌口号、品牌形象等著作权保护；申请平泉香菇Logo商标注册，共申请注册项8项，已获批7项。开展“平泉香菇”区域公用品牌使用集中授权，设计印制带有平泉香菇区域品牌Logo及地理标志产品标识图样的胶带、干品、鲜品礼盒和鲜品包装箱各500余个样品，组织相关企业、合作社、家庭农场统一包装标识。加强品牌宣传，在北京西客站开展“平泉香菇”品牌宣传工作，完成福州菌博会、厦门蘑菇节参展宣传工作，提升品牌影响力。进一步激发市场主体活力，有效助力疫情下食用菌产品销售渠道恢复；启动平泉市食用菌特色产业创业孵化基地，支持鼓励54家企业食用菌生产大户和收购企业入驻交易市场，通过市场搭建服务平台，有力推动交易市场的聚集效应；拓展电商销售渠道，通过“市长直播”等专场活动，销售各类食用菌产品52735单，销售额100余万元。

【京津冀协同发展】 贯彻落实省、承德市京津冀协同发展定位，主动承接京津冀绿色产业，高质量实施东西部扶贫协作项目，京津冀协同发展工作取得扎实成效。加大京津合作对接，天津市西青区对口帮扶项目全部完工，资金拔付率100%。成功与天津爱尔公司签订合作协议，与北京曙光云计算集团有限公司、北京中科创享科技发展有限公司成功签订共建智慧平泉“城市云脑+N类智慧应用”项目框架协议，年内完成3个智慧应用设计。对接雄安新区取得进展，负氧离子产品得到雄安建设集团、二十二冶拌合站认可；加大产业合作扶贫推进力度，银湖生物科技有限公司、逸江南红木家具、德佑商贸3家天津合作企业落户平泉。消费扶贫高质量推进，依托天津、平泉双方资源优势与合作基础，出台《平泉市关于开展消费扶贫助力打赢脱贫攻坚战的工作方案》。

【项目投资建设】 3月30日，承德市春季重点项目集中开工仪式平泉分会场在河北省华素素食品公司菌菇合成肉项目现场举行，维特智能电子终端制造、河北天然气利用一期工程、中润食用菌综合生产加工等10个项目参加集中开工，总投资40.25亿元。年内，金鹏新能源智能电力电容器、京美食用菌精深加工及创新产业融合等4个项目列入河北省重点项目，总投资73.3亿元，完成投资6亿元；市一中迁址新建、润达科技产业园等23个项目列入承德市重点项目，总投资150.6亿元，完成投资35.35亿元。

【服务企业】 10月29日，河北省中小企业“百场万家”公益服务活动暨承德市“双提双促助企行”服务活动（平泉市专场）在亮达国际酒店举行，市域特色产业集群龙头企业、市级小微企业创业创新示范基地、省级重点民营企业集团、电商企业等负责人及150余家企业负责人参加。活动以中小企业和电商企业为主要服务对象，汇集整合各类优质服务机构和服务专家，深入浅出讲解电商运营之道，与40家企业就如何做好电商进行对接交流互动，助力平泉中小企业和电商更新营销观念，扩大产品销售渠道和规模，为企业发展提质增效助力赋能。年内，为承德森源绿色食品有限公司成功申报2020年河北省县域特色产业集群振兴发展龙头企业创新发展项目，为河北燕塞生物科技有限公司成功申报2020年河北省县域特色产业集群振兴发展产业集群链条延伸项目，为承德莹科精细化工股份有限公司成功申报工业转型升级（技改）重点项目，为河北山庄老酒股份有限公司成功申报河北省食品特色品牌提升项目等。全年争取项目6个，项目资金735.9万元。全面加大清理拖欠民营企业、中小企业账款，全年清理拖欠民营企业账款1731.04万元。

【商贸旅游服务】 9月27日，第二届美食节在山庄集团会议厅开幕，历时9天。依托平泉得天独厚的生态资源和农产品资源优势，发力线上购物，提倡消费模式转型升级，线上线下融合发展。美食节期间，促成山庄集团与亮达酒店、华晨购物中心与杏之源饮品公司、极兔快递与吾行农业、华喜汇通与泉丰农业和奕霖食品分别签订购销协议；组织67家特色餐饮企业约1200余道菜品和44个农特产品企业的90余类产品，在美食节期间参加京东平泉馆、“美团外卖”和“饿了么”线上售卖活动；印发《品在平泉》宣传图册1000册；电视台同期开设《寻味平泉》专栏，拍摄播出平泉羊汤、改刀肉、茶糖、牛头宴、蘑菇宴、山庄老酒、阳光玫瑰葡萄、蘑菇酱、敖牛沟苹果等美食、农特产品专题视频14个，扩大餐饮、农特产品流量宣传；以各乡镇、企业为分会场，同步开展美食节、丰收节、采摘节、产品推介会，引导商超、餐饮企业同期推出特价、满减、满送、让利等活动，营造商意浓、人气旺、销售火的美食节线上线下购销氛围。活动期间，参展企业实现总销售额158.755万元。通过农特产品展示展销，销售嘎海沟村滞销葡萄1750公斤、平泉镇鲜无花果350公斤，进一步打响“游在承德、品在平泉”品牌。

制发《平泉市关于加快推进城市夜间经济发展的实施方案》《平泉市关于加快推进“后备箱经济”发展的实施意见》，明确各部门分工，责任到人，统筹指挥调度推动城市“夜经济”“后备箱经济发展”。“夜经济”重点打造以“滨河游园”景观带、“平地涌泉”商圈和“契丹印记夜市”商圈为核心的主城区“一带两商圈”试点。6月25日，以平泉市乐翻天欢乐谷为主体的“欢乐谷不夜城”建成投用，通过亮化工程、水幕光影、夜场灯光造型秀、搭建大型表演舞台、打造园内广场夜市等项目建设打造“不夜城”整体效果。“后备箱经济”重点做大做强做优“承德山水”平泉系列、“承德好礼”平泉系列和“平泉八珍”三大品牌，充分发挥品牌对产业发展的拉动作用，推动旅游购物环境和市场服务质量明显提升，实现旅游产业链、供应链、服务链高度融合。截至年底，“承德山水”平泉系列入驻23家农业产业化重点龙头企业；“承德好礼”平泉系列入驻6家企业；“平泉八珍”品牌入驻18家企业。在山庄博物馆、蘑菇博物馆、亮达酒店、福满家广场店和双桥店等设立土特产品专柜、专区17个，在森源、润美、三源兴设“承德山水”企业专馆3个。

【特色产业发展】 “1+2”特色产业体系日益壮大，产业转型升级迈出新步伐。坚持以“1+2”特色产业引领转型升级，文化旅游、医疗康养产业蓄势发力，实施康翔医疗器械生产、契丹始祖文化产业园等亿元以上项目11个，山庄老酒文化产业园被评为承德市首个国家AAAA级工业旅游景区，柳溪镇薛杖子村被评为省级乡村旅游重点村。全年实现旅游综合收入10.8亿元。食品医药产业突破升级，谋划实施杏林春晓苦杏仁苷提取、振邦果蔬汁加工等精深加工项目18个，完成投资11.8亿元。华素菌菇合成肉、金稻田菇精生产、中润食用菌加工等项目，实现全市食用菌深加工领域历史性突破，平泉市被评为省食品产业强市。特色装备制造产业日益壮大，依托省级绿色环保制造业示范区优势，谋划实施军山数控高精密非标件加工等项目50个，完成投资13.5亿元，达纯智能空气净化设备制造等5个项目达产达效，产业集群实力进一步增强。在“1+2”特色产业支撑带动下，工业经济发展逆势而上，实施捷尔科技型中小企业示范园等亿元以上新兴产业项目14个，完成投资4.4亿元，北方维尼纶载体炭等5个项目建成投产。传统产业效益提升，实施莹科年产2万吨氟化钾等千万元以上技改项目9个，已全部建成投用。省中小企业“百场万家”服务活动在平泉市举行；新认定省级“专精特新”企业4家，新增入统企业5家，规上工业增加值增速8.7%，助推经济平稳发展的良好势头。现代服务业拓展提升，美食街建成投用，第二届美食节圆满举办，“契丹印记夜市”等商圈正式运营；累计实施百步兴物流园等项目24个，完成投资14.8亿元；直播带货、网络平台等新业态健康发展，本地产品网上零售额突破1.1亿元，物流吞吐量达2225万吨，有效促进消费回升。

【科技创新】 搭建“2347”科技创新研发平台，建成省级以上“星创天地”8家。新认定科技型中小企业41家，奥斯力特等6家企业被评为高新技术企业。山庄集团成立承德市级工业设计中心，杏林春晓“苦杏仁萃取与多用途应用开发”项目，荣获省第八届创新创业大赛一等奖。申报创新示范区科技专项5个，“1+3”可持续发展“平泉模式”纳入省科技创新典型案例。全市科技进步贡献率60%。

【示范区建设】 围绕“建设生态功能涵养区、实现产业发展生态化”的建设主题，成功走出一条“生态与经济互促双赢”的可持续发展新路径。总结提炼出“强化领导推动、强化政策驱动、强化平台促动、强化人才带动”的“四强四动”一系列管理创新和科技扶贫、循环经济、融合发展的三大科技创新的“1+3”可持续发展“平泉模式”。征集、上报2020年度创新示范区重点工程项目38个，列入承德创新示范区重点工程项目20个、新增6个。制定印发《平泉市推进承德国家可持续发展议程创新示范区2020年实施方案》，重点实施13大工程，20个重点工程项目。创新提出由承德市科技局与平泉市政府联合开展“局市会商”机制，重点谋划科技扶贫、产业融合、循环经济3类新成果、新品种、新技术等研究、中试及产业化科技创新项目23个。组织尚泽果业、奥斯力特、亚欧果仁等6家企业申报示范区科技专项，被承德市科技局立项5个，争取创新示范区科技专项资金950万元，其中平泉绿色高效循环可持续发展示范县（市）项目450万元。形成“1+3”可持续发展模式、“1357”科技服务体系、“三零+”产业扶贫模式3个典型。“1+3”可持续发展平泉模式分别在《承德日报》《河北日报》、湖南金鹰纪实频道、《科技河北》《学习强国》《中国农村科技》等媒体刊播，被省科技厅选为科技创新辅导团典型案例进行录制，通过省科技厅网站、“冀时”客户端等途径向全省公开。

【城乡规划】 按照“高起点发展、高标准规划”的原则，开展空间规划思路对接和编制，构建“一心四极八十个中心村”的国土空间规划格局，高标准完成“三区一城”发展格局，即京津冀水源涵养功能区、国家可持续发展示范区、全国城乡融合发展先行区和京津冀世界城市群生态城市。2020年平泉市国土空间总体规划初步方案已完成；“双评价”“双评估”等11个专题编制取得初步成果；生态红线调整优化数据库完成省厅对接质检。按时启动乡镇国土空间规划编制和村庄规划编制工作，完成村庄布局专项规划和试点村规划编制，国土空间规划编制工作取得重要阶段性成果。积极推进信息平台和一张图建设，同步开展《平泉市国土空间开发保护现状评估》编制工作。国土空间规划编制各项工作符合国家、省、承德市要求的序时进度。落实规划用地“多审合一、多证合一”改革，将建设项目选址意见书、建设项目用地预审意见合并，将建设用地规划许可证、建设用地批准书合并，自5月1日起统一核发新的建设项目用地预审与选址意见书、新的建设用地规划许可证。

【建设用地管理】 对高新技术产业、战略性新兴产业、主导产业、特色产业用地优先纳入国土空间规划，在承德市政府下达的县级新增建设用地计划指标中予以优先保障，全年报批建设用地9个批次46.27公顷，为一中、市医院、垃圾处理站、中博国能生物质发电、鑫德新能源等项目落地提供保障。出让土地建设用地23宗40.6公顷，实现政府出让总收益5.09亿元；划拨建设用地20宗69.07公顷；超额完成上级下达的批而未供土地处置任务，2009—2017年土地供地率91.85%，2018—2019年土地供地率42.31%。

【耕地保护】 按照加强耕地数量、质量、生态、效益“四位一体”保护要求，深入开展耕地保护专项行动，确保耕地不减少、质量有提升。围绕工作重心，努力克服全市耕地后备资源不断减少、开发难度大等困难，创新工作思路，严控时间节点，加强分工协作，通过实施占补平衡项目、推进高标准农田建设、进行自主开发耕地认定等工作举措，全市占补平衡指标节存总数达到2775.6公顷，按平均每年133.33公顷耕地报批需求计算，能够满足全市20年建设用地报批需求。补充耕地、落实占补平衡指标数量在承德市名列前茅。

【生态环境】 坚持“两山”理念，深入推进治气、治水、治山、治土4个行动，53家“散乱污”企业全部验收销号，完成洁净型煤推广7.9万户；污水处理厂二期建成投用；人工造林、封山育林6666.67公顷，森林覆盖率60%；完成矿山修复治理357.33公顷、耕地质量保护提升666.67公顷。全年空气质量综合指数4.06，同比下降6.7%；城区环境空气质量达标天数307天，同比增加7天，达标比率83.9%。细颗粒物PM2.5浓度30微克／立方米，同比下降3.2%。完成35蒸吨／小时及以下燃煤锅炉淘汰26台、燃气锅炉低氮燃烧改造10台、燃油锅炉改造3

台、燃煤锅炉超低排放改造3台，完成平泉冀东水泥有限责任公司超低排放改造项目。洁净煤推广7.9万户，实现全覆盖，配送洁净型煤10万吨。在建的4家工地全部安装PM10在线监控设备。7家工业企业的料堆料场进行规范化整治，1家工业企业进行VOCs深度，通过环保验收；9家责任主体灭失矿山修复绿化。淘汰老旧机动车158辆、国三及以下排放标准营运型和重型柴油车931辆。

严格落实河长制，加大流域巡查力度，及时清理河道内浮游生物，严禁垃圾污水及杂物入河，确保河道畅通、河面清洁。开展全流域入河排污口的排查工作，正式审批的合法排污口3个，完成排污口规范化建设。定期开展集中式饮用水源地保护区专项排查整治工作，防止出现环境风险隐患，开展水源地风险评估，出具保护区环境分析报告。瀑河党坝监测断面和老哈河甸子监测断面年度考核达到《地表水环境质量标准》（GB3838－2002）Ⅱ类水体标准限值，高于水体考核标准一个类别。城市集中式饮用水水源水质达到Ⅲ类水体，达标比例100%。

年内列入矿山综合治理的企业53家，其中露天矿山企业34家、地下开采企业19家。完成矿山综合治理的企业26家，正在整治的矿山企业17家（原生态新建企业3家、转洞采企业2家），位于自然保护区内的矿山企业5家，未整治的矿山企业5家。完成4个村庄生活污水治理任务，农村生活污水排放管控村庄累计完成210个。将卧龙镇水厂地块、高铁周边3块地、中学一块地、平－2018-15号地纳入疑似污染地块详查监管平台，通知土地使用权人开展疑似土壤污染地块调查工作，通过市专家评审。对34家危险废物产生单位和18家重点固废监管单位作为排查整治对象，产危废企业按月登录“河北省固体废物动态信息管理平台”，每月将危废产生、转移、处置利用等信息通过平台进行上报，产固废企业每季度更新平台信息，对排查过程发现的问题集中梳理，确保不折不扣排查整治到位。对涉危废企业开展排查整治工作，累计排查产废企业54家，发现问题企业21家，全部完成整改。

【政务服务】 大力推进“平泉办事网上行”，启动“4611”工程，拓展政府热线平台服务功能，开展网上办事流程重组再造，建设“网上中介超市”，加快一体化数字政务建设。政务服务平台累计接件53961件，办结53703件；12345政府服务热线受理工单4578件，8890家政服务热线4721件，办结率100%、满意率98%以上。依托“冀时办”“满意承德”等APP，不断丰富各改革领域个性化内容，推行注册登记、不动产交易、水、电、供暖、燃气、通信等事项网上预约、在线预审，实现社保查询、医保查询、公积金提取、预约挂号、公交车扫码乘车以及欢乐谷、辽河源景点网上购票和就日馆扫码入馆等功能。为实现与群众生产生活密切相关的网办事项“零疏漏”，梳理“不见面”网上审批事项清单304项、“全天自助”网上申报事项110项、“动动手指”网上办482项，网上可办率95%以上，实现一批政务服务事项“材料零提交、表单零填写、证明零提供、部门零跑腿”的“一键通办”，加快“办事一次成”向“办事不用跑”的转变升级。作为河北省电子证照应用首批试点县，按照省市电子证照试点要求，及时组织相关单位和业务人员对有关事项的办理材料、受理条件、设定依据、办理流程等进行重新梳理，积极配合省、市有关部门制定试点证照标准规范、推进县级试点证照实现电子化及电子印章在省级一体化平台备案登记。按照河北省试点方案要求，完成21项电子证照试点任务，对原有证照库的数据进行梳理，根据对接标准梳理电子证照28110个，向省证照库推送电子证照26894个，实现电子证照数据与省、市一体化平台的实时汇聚。颁发承德市首张电子证照，自9月1日起，第1批14个事项全面实行电子证照，不再颁发纸质证照。

【就业创业】 全年争取上级就业专项补助金2412.47万元，实现城镇新增就业5789人、下岗失业人员再就业2390人、就业困难人员就业1370人，城镇登记失业率在4.5%以内。充分发挥创业担保贷款贴息资金引导创业的作用，积极发放创业担保贷款13笔225万元；抓好现有创业创新示范基地载体平台建设，为小微企业创业创新发展提供有效支撑。依托尚源科技公司创建创业创新基地1家，入驻创业个体32户；对食用菌返乡创业就业孵化基地进行提升改造，入驻创业个体41户，带动就业135人。以农村转移劳动力和城镇登记失业人员为主培对象，采用“岗位＋技能＋劳动力”模式，开展各类职业技能提升培训5964人次。大力开发就业扶贫专岗、疫情防控员、护林员等就业扶贫公益性岗位2126个。引导创建就业扶贫车间等就业载体7家，提升扶贫“造血”功能。举办高校毕业生暨东西部劳务协作专场招聘会，75家企业提供3000余个岗位。与天津市西青人社部门同频共振，通过开通“点对点接送绿色通道”输送赴天津市就业10批次，实现农民工就业159人，被河北日报社记者宋平连续多次跟踪报道。

【劳动管理】 在全面加强“两网化”建设的基础上，实行农民工工资发放月报制度，建立台账、成立劳动合同专项执法检查组，对劳动合同订立、社会保险费缴纳、待遇发放等情况进行联合执法大检查4次，完成劳动合同鉴定、备案32320人次，规模以上企业劳动合同签订率100%，辖区内AA级劳动和谐企业18家，AAA级企业11家。以宣传落实《保障农民工工资支付条例》为抓手，人社、公安、住建、水务等多部门联动，对全市30家矿山企业、20家加工制造企业进行日常巡查，及时向社会公布举报投诉电话，确保群众诉求进得来、专人管、有结果。为788名劳动者追讨工资1362万余元。受理各类劳动人事争议案件397件，按期结案率100%，为劳动者追回工伤待遇款、劳动报酬、赔偿金800余万元。为保障市场秩序稳定，分别对生产制造业、建筑业、餐饮业开展本部门的“双随机一公开”抽查工作，人社、市场、住建、卫健等部门开展联查3次，抽查市场主体38家，抽查结果全部在平泉门户网站及双随机监管平台公示。年内受理信访案件31件次，及时受理率、按期办结率、群众满意率100%。

【社会保障】 全市社会保障和就业支出48212万元，困难群众基本生活保障、再就业、城乡医保、城乡养老保险、优抚对象安置等政策及时兑现。根据《河北省人力资源和社会保障厅、河北省财政厅、国家税务总局河北省税务局关于阶段性减免企业社会保险费的通知》《关于三项社会保险费和职工基本医疗保险费退费工作有关事宜的通知》要求，为2月以后符合条件的1476家企业退还减免保费7457.2万元，158家企业享受失业保险援企稳岗资金1057.11万元，有效缓解疫情影响。以工伤保险缴费情况作为基数，按行业发展的特点确定适当的人员参保比例，规范参保企业缴纳各类保险费，扩大社会保险覆盖面，保障劳动者合法权益，努力提高社会保障水平。全年企业职工养老保险扩面2318人，发放待遇18820人45422万元；工伤保险扩面8900人，发放待遇479人2865万元；失业保险扩面9757人，发放待遇454人1397万元；城乡居民养老保险领取97157人，发放待遇10171.3万元。为避免各项待遇的冒领、重复领取，与公安、法院、住建等部门实现数据共享，以大数据平台疑点信息及预警信息筛查为根本，督导相关经办机构对重复领取和死亡冒领情况进行追缴。全年稽核103家用人单位，涉及职工人10715人，追回违规基金11.32万元。

【社会慈善事业】 全市教育支出88957万元，统一城乡义务教育公用经费标准、中小学校舍安全工程、学生营养改善计划等投入全面落实；教育基础设施更加完善，平泉一中新校区、四幼高标准建成，平泉一中附属实验学校、英才苑小学等3个项目扩容提质，普惠性幼儿园覆盖率提高到89%，师德师风更加优良，为建设教育强市奠定坚实基础。医疗卫生支出49764万元，基本公共卫生服务财政补助提标、乡镇卫生院和村卫生所药品零差率改革等全面落实，医疗卫生服务质量稳步提升，市医院迁建项目完成投资8.7亿元，市妇幼保健院、市精神病院医共体建成运行；建立居民电子健康档案43万份，平泉市被评为省级慢病防控示范区。文化体育事业繁荣发展，省非遗扶贫工坊正式挂牌，《平泉满蒙史》编制完成。高水平举办首届平泉马拉松等体育赛事，全民健身运动水平不断提高。

年内筹集慈善资金1129万元，包括物资折款418万元。其中，组织全市干部群众捐款82万元，参与腾讯“99公益日”网上及线下募捐60万元，争取天津市慈善协会帮扶资金568万元，医疗器械、冬季防寒服、口罩等捐款230万元，北京新越公益基金会捐赠春秋服装折款80万元，中华慈善总会大众慈善基金会捐赠图书110万元，承德恒信房地产开发有限公司定向捐赠5万元。全年支出善款1090万元，为11所中小学捐赠图书110万元，受益师生2万人；资助贫困大学生330人，发放助学金40万元；天津市慈善协会捐赠250万元，实施柳溪镇卫生院改扩建项目，建筑面积2200平方米，捐赠100万元定向支持平泉市3所医院购置医疗设备；天津西青区桂生堂医院为黄土梁子镇卫生院捐赠100.5万元医疗设备；市第二医院开展血液透析患者救助项目，拨付救助金10万元，对符合条件的低保户、因病返贫的困难职工患者实施救助，惠及40人；与爱心企业联合开展重大疾病患者定向救助项目，发放救助金 5万元，救助6 人。

2020年平泉市领导名录

市委书记：董正国（满族）
副书记：曹佐金
崔东鑫（5月免）
曹晋阳（7月任）
市人大常委会主任：王　忱
副主任：王景海
张永志（满族）
孙树田
市政府市长：曹佐金
常务副市长：尚晓辉（蒙古族，7月免）
宋宇宁（8月任）
副市长：胡维民（满族，11月免）
黄冠毓（12任）
张靖楠（满族）
曹　静（女）
王占军（满族）
孙长君（满族）
黄有勇（挂职）
张惠荣（女，挂职）
市政协主席：李　勇（蒙古族）
副主席：吴景寅（满族）
李永星
蒋宝维
杨兆永（满族）
市纪检委书记：王　明（满族）

（供稿　路光文）

滦平县

【概况】 滦平县位于河北省东北部，承德市中西部。地处北纬40°39′～41°16′，东经116°40′～117°47′之间。东西直距84.8公里，南北67.3公里，总面积2993平方公里。年末耕地22193公顷。滦平县下辖10个镇，10个乡（其中满族乡8个），1个街道办事处。2020年末，全县有121156户，329496人，其中城镇人口96538人，乡村人口232958人。

2020年全县地区生产总值为158.9亿元，同比增长6.1%。其中，第一产业增加值36.3亿元，同比增长5.8%；第二产业增加值55.9亿元，同比增长9.5%，第三产业增加值66.7亿元，同比增长3.2%。三次产业结构占比为22.8∶35.2∶42。农林牧渔业总产值58.6亿元，同比增长5.9%，其中，农业产值27.3亿元，同比增长9.2%，林业产值6.2亿元，同比增长23.8%，畜牧业产值24亿元，同比下降1.9%，渔业产值621万元，同比增长2.1%，农林牧渔服务业产值9485万元，同比增长4.8%。全年农作物总播种面积50万亩，其中粮食种植面积为25.2万亩，粮食总产量为8266万公斤，亩产为328公斤；油料种植面积达到5411亩，产量70万公斤；全年蔬菜播种面积12.1万亩，总产量达到59334万公斤。中草药种植面积12.1万亩，产量达到3497万公斤。规模以上工业利润总额17亿元，比2019年增长11.6%。城镇居民人均可支配收入34769元，比2019年增长5.1%。农村居民人均可支配收入12484元，比2019年增长9.4%。

【生态环境改善】 全面推进潮河违建项目整改，累计投入生态环境治理资金42.5亿元；建成河北滦平潮河国家湿地公园、京津冀生态文明建设示范区；境内河流国省考核断面水质均值、饮用水源地水质达标率始终保持或超过考核标准；PM2.5平均浓度由2016年的55微克／立方米下降至2020年的29微克／立方米，二级及以上优良天数相比2015年增加79天，首次超过300天，达到315天，环境空气质量综合指数由2015年的5.28下降至2020年的3.76；全县43.9%的国土面积纳入受保护地区，33.29万亩耕地纳入农用地土壤环境质量类别管理，化肥施用量、农药使用量逐年降低；实施绿色矿山建设840万平方米，极大改善矿区环境；全县森林覆盖率达到62.18%，草地资源覆盖率达到78%。

【扶贫脱贫】 投入4.6亿元，资助学生近17万人次，实现义务教育阶段学生零辍学；健康扶贫救助47.6万人次，切实解决“因病致贫”问题；投入1.4亿元，完成危房改造8506户，所有贫困户实现住房安全；建成“一城两带”15个易地扶贫搬迁安置点和18个配套产业园区，1.5万群众搬迁新居；投入资金1.3亿元，彻底解决12.7万农村人口“饮水难”问题；发放兜底保障资金近3亿元，兜牢了贫困人口生活底线；整合涉农资金14亿元支持产业发展，2.4万名贫困劳动力实现高质量就业；消费扶贫销售总额达到10.9亿元；实施73个东西部扶贫协作项目和150个少数民族发展项目，惠及3.9万贫困人口。到2020年年末，“两不愁三保障”及饮水安全等扶贫政策全面落实，所有贫困人口全部脱贫，累计减贫5.4万人。

【产业结构】 农业产业向链条化发展，中美友谊示范农场项目开工建设；建成省、市级现代农业园区8个；市级以上农业产业化龙头企业达到65家；形成畜禽、果品、绿色食品3条“产加销”链条，总产值达到41.2亿元，农业产业化经营率达到67%。矿业经济向生态化转型，国家绿色矿业发展示范区建设稳步推进，关闭小型矿山25家，压减矿山企业总数至70家，铁精粉年产量首次超过1000万吨。高新技术产业向集聚化迈进，科技型中小企业达到220家、高新技术企业达到16家；创建省级研发中心4家、众创空间2家、孵化器1家；总投资10亿元的创新创业产业园完成主体建设;高新区经济实力迈入全省“第二方阵”。文化旅游业向全域化铺开，金山岭长城国家AAAAA级景区创建成功，《金山岭晨光》画卷成为国家重大外事活动的新名片；成功创建省级全域旅游示范区；金山岭国际滑雪度假区试运行；长城国家文化公园（金山岭段）成功争列全省重点建设区、文旅融合示范区；新增白草洼、中药花海小镇、南山公园、山戎文化森林公园4个国家AAA级景区；旅游综合收入达到65.8亿元。

【城乡面貌变化】 着力推进城市建设，投资15.5亿元实施棚户区改造项目5个；滦阳府、优山美地等18个高品质住宅小区相继建成；投资3.9亿元完成11条市政道路升级改造，“一环五纵八横十桥”路网体系更加通达；大力开展城市美化绿化亮化工程；北部新城初具规模，建成综合管廊2.4公里，新一中、庄普酒店投入使用；继续评为省级文明县城。攻坚推动乡村建设，获评河北省农村人居环境整治全域完成示范县、省级村庄清洁示范县；精心打造平坊乡于营村、巴克什营镇古城川村等6大乡村振兴示范精品工程；推进美丽乡村建设，农村人居环境整治效果显著，在全市率先实现城乡环卫一体化。扎实做强基础设施，累计改造普通干线公路83公里、农村公路591公里；全面增强电力供应保障，供电可靠率、电压合格率稳步提高。

【改革创新】 提效政务服务，县政务新服务大厅投入使用，在全市率先完成行政审批制度改革，338项办理事项划转入驻，102项行政审批和公共服务事项下放至乡镇；深化“放管服”改革，完善“一次不用跑”服务，“不见面”办理服务事项累计达到53.7万件次，行政事项一次成比例达90.3%，公共服务事项一次成比例达100%，“双随机、一公开”监管实现全覆盖、常态化。强化企业帮扶，成立县企业发展服务中心，在93家重点企业设立“政府工作服务站”，派驻32名“政府服务代表”，为全县2199家中小微企业配备“联办员”，累计帮助企业办理事项405件次，办结率100%；帮助企业争取贷款53亿元、办理税款缓缴21亿元、减税13.5亿元；全县新增市场主体19615个、企业5340家。深化财税改革，完成营改增、国地税合并等重大改革；争取上级专项资金78亿元、地方政府债券54.6亿元，综合债务率降至29.55%。强化用地保障，新增占补平衡耕地5188亩，转用征收9214亩，盘活闲置土地14050亩。推进农村改革，集体经济空白村全部清零；完成付营子、大屯、火斗山撤乡设镇工作，小营、两间房、涝洼撤并乡镇获省政府批准。

【民生福祉】 倾心解决群众最急最盼的事，累计为328万人次支付医疗费用13.9亿元；实施老旧小区改造工程91个；完成惠及1.66万人的供水管网改造工程；建成县城第二热源厂，县城集中供热普及率达到94.9%。着力解决群众最关心的事，在全省县级城市率先推行城区公交免费政策；新一中、公交客运枢纽、规划展览馆、山戎博物馆、万泽农贸市场等公建项目建成投入使用，新县医院完成主体工程；高标准通过省政府对县政府履行教育职责评价验收，引进优质教育资源，文茂高级中学落户滦平，滦平一中入选2019年首届中国县城百强中学，职教中心被教育部评为国防教育特色学校。扎实解决群众安居乐业的事，着力做好重点信访群体维稳工作，圆满完成系列重大安保任务；深入开展“扫黑除恶”专项斗争，社会治安得到进一步改善；严格推进安全生产、食药安全、网络安全等工作，安全稳定形势持续向好。

【规范政府运行】 主动自觉接受人大法律监督、工作监督和政协民主监督，办理人大代表建议399件、政协委员提案423件，按时办结率连年保持100%。主动配合人大电视问政和政协季度协商，及时回应生态环境、物业管理、公共卫生、学前教育等群众关切问题。

2020年滦平县领导名录

县 委 书 记：赵振清（满族）

副　书　记：于　山（满族）
李　浩（满族，12 月免）
孙立良（满族，12 月任）
县人大常委会主任：赵继成（满族）
副　主　任：陈伟峰（满族）
赵振芳（满族）
郎贵福（满族）
赵喜树
县政府县长：于　山（满族）
常务副县长：曾庆鹏（满族）
副　县　长：王连福（满族，12 月免）
张云龙
石树俭
王江平
孙立侠（女，满族）
王江波（挂职，2 月免）
杨一枫（蒙古族，挂职）
刘小平（3 月任）
李连祥（满族，5 月任）
县政协主席：王海隆（满族）
副　主　席：王国平（满族）
刘云利（满族）
左春兰（女，满族）
霍　光（满族，1 月任）
县纪检委书记：郭德启（满族，11 月免）
郭耀东（满族，11 月任）

（供稿　赵春燕）

宽城满族自治县

【概况】 宽城满族自治县位于承德市南部。县域总面积 1952 平方千米，耕地面积 12.3 万亩。县辖宽城镇、汤道河镇、板城镇、龙须门镇、亮甲台镇、松岭镇、峪耳崖镇、碾子峪镇、桲罗台镇、化皮溜子镇、大石柱子乡、塌山乡、苇子沟乡、大字沟乡、铧尖乡、东黄花川乡、孟子岭乡、独石沟乡 18 个乡镇（10 镇 8 乡，顺序按中、东、南、西、北地理方位排列）、1 个街道办事处（城区街道办事处），1 个经济开发区（河北宽城经济开发区）；205 个行政村、5 个社区（居民委员会）。到 2020 年末，全县总人口 259927 人，比上年下降 1.8%。其中，城镇人口 97892 人，乡村人口 162035 人；全县总户数 78991 户。全县 27 个民族，总人口 259927 人，其中满族人口最多，195744 人，占总数 75%。汉族人口 61454 人，占 23.6%。回族、蒙古族、壮族、朝鲜族、苗族、土家族、布依族、彝族、侗族、瑶族、白族、傈僳族、藏族、达斡尔族、黎族、水族、畲族、仡佬族、鄂温克族、怒族、独龙族、佤族、仫佬族、哈尼族、布朗族 25 个少数民族人口共 2729 人。2020 年，全县生产总值实现 157.1 亿元，比上年增长 0.6%。其中，第一产业实现增加值 21.7 亿元，增长 4%；第二产业实现增加值 69.8 亿元，增长 −2.5%；第三产业实现增加值 65.5 亿元，增长 3.6%。三次产业的比重为 13.9∶44.4∶41.7。一产比上年提高 0.9 个百分点，二产、三产分别下降 0.7 和 0.2 个百分点。全部财政收入 27.59 亿元，比上年增长 2%。其中地方一般预算收入 11.62 亿元，同比增长 6.4%。地方一般预算支出 264214 万元，同比增长 17.3%。民营经济实现增加值 115.9 亿元，比上年增长 1.6%，占全县生产总值的比重为 73.76%。民营经济实缴税金 25.8 亿元，比上年增长 0.5%，占全部财政收入的比重为 93.44%；就业人员 6.29 万人，同比下降 9.6%。民营经济从业人员占全社会二三产业从业人员比重为 76.57%。年内规模以上工业增加值 62.9 亿元，同比增长 1.5%。固定资产投资 38.59 亿元，同比增长 2%。城镇居民人均可支配收入 36506 元，同比增长 4.9%；农村居民人均可支配收入 15452 元，同比增长 8.7%。

【意识形态建设】 严格落实意识形态工作责任制，牢牢把握意识形态工作领导权、主动权和话语权，与全县59个党委（党组）签订目标责任书。严格落实“三清单四办法”，加大意识形态专项巡查、督查力度，压紧压实意识形态工作责任。全方位开展意识形态领域风险排查。建立县乡村三级网信工作体系，加强预警和分析研判，意识形态防控能力进一步提升。精心宣传改革发展新做法、新成效，在中央及省市主要新闻媒体刊发稿件236篇，切实弘扬主旋律、展示新成绩、传播正能量。扎实推进精神文明建设，组织“践行社会主义价值观”集中宣讲，开展新时代文明实践活动410余次。建成全国文明镇1个、文明村2个，以全市最高分获评第二届省级文明县城。

【防控新冠肺炎疫情】 面对突如其来的新冠肺炎疫情，县委、县政府果断采取防控措施，统筹推进疫情防控和经济社会发展。突出统一领导、协调调度。坚持“坚定信心、同舟共济、科学防治、精准施策”总要求，立即成立疫情防控工作领导小组，通过召开县委常委会、县政府常务会、防控领导小组会等方式安排部署疫情防控工作。宽城发现1例确诊病例和1例武汉输入病例，得到及时救治，未发生新增确诊病例和疑似病例，做到变被动为主动，实现“内防扩散、外防输出”目标。突出联防联控、群防群控，筑牢疫情防控坚固防线。严格落实“四早”“四不四到位”原则，建立包保乡镇、联系企业“五包一”和“县乡村（居）网格化管理”机制，组建269支“党员志愿先锋队”，4945名党员干部冲锋在第一线，全面开展地毯式“大排查”、联动式“大管控”、超前式“大防范”，筑牢常态化群防群控防线。完成县医院、中医院、疾控中心核酸检测实验室建设，实现应检尽检。选派4名医务骨干驰援湖北，宽城县医院荣获河北省抗击新冠肺炎疫情先进集体称号。认真落实纾困惠企政策，减税降费2亿元，惠及纳税人3035户；开展政银企对接活动13次，帮助企业无还本续贷、展期16.9亿元、新增贷款9.32亿元，有效保障企业正常生产经营。紧盯国家精准投资、拉动消费政策机遇，争取上级转移支付资金16.4亿元，为全县重点工作提供坚实的财力保障。

【复工复产】 成立企业复工复产疫情防控工作领导小组，制定下发《应对新冠肺炎疫情支持企业稳定经营持续发展的政策措施》，对41家规上企业实行精准包保，积极解决困难问题，实现企业安全有序复工复产达产。面对新冠肺炎疫情和钢铁产能转移的双重冲击，深入落实“六稳”“六保”要求，积极稳妥推进企业复工复产。认真落实国家省市纾困惠企政策，为企业减税降费，增添活力。深入推行企业发展服务中心、驻企政府工作服务站和政府服务代表“三位一体”帮扶企业模式，实现“四上”、重点企业和中小微企业全覆盖，协调解决困难问题，主要经济指标均实现正增长，特别是一般公共预算收入同比增长6.4%，总量位居全市第二。

【深化改革】 坚持深化改革增活力，始终坚持问题导向、破题指向、为民取向，谋划推进各项改革工作，年内召开深改会3次，出台改革文件62件，重点领域和关键环节改革步伐不断加快，市域社会治理现代化、生态园林城市、城乡公交一体化等获批省级试点。圆满完成乡镇改革任务，下放审批服务事项111项，便民惠企成效明显。事业单位改革、综合行政执法改革等纵深推进，深化改革工作呈现出聚焦重点、持续发力的良好态势。坚持全面开放引外力，把优化营商环境作为开放引资的“生命线”，积极推进“承德办事一次成”“放管服”改革，全面推行“一窗通办”，实施“宽城办事网上行”“四六一一”工程，92%的行政权力事项和全部公共服务事项实现“一次办成”。网上可办率、公共资源交易网上评标率均达100%，一流营商环境体系逐步形成。研究制定《全面扩大开放工作考核奖励办法》，借力北京、天津、石家庄宽城商会等平台，推行产业链招商、以商招商、推介会招商，共签约亿元以上项目6个，计划总投资19.6亿元。坚持创新驱动添动力，启动实施科技创新三年行动计划，主动融入承德国家可持续发展议程创新示范区建设，创新发展借势突破。帮助12家企业争取国家、省市科技项目和资金1070万元，资金总额位居全市第一。全面扩大开放，出台开放引资、重大项目引导资金等优惠政策，2020年落地项目14个。大力培育企业创新主体，传统企业向创新型企业加快迈进，国家高新技术企业28家、省科技型中小企业162家。引进实用型人才46人次，实用技术9项，新品种、新产品16个，为转型创新发展提供有力支撑。

【项目建设】 以新发展理念引领高质量发展，着力推动经济运行稳中向好。面对钢铁去产能、经济下行等巨大压力和复杂形势，县委、县政府始终保持创新转型的定力和恒心，鼓足干劲、提振信心，认真研判、加强调度，经济运行呈现稳中有进态势。把牢经济工作“主动权”。不断加强党对经济工作的领导，注重处理好稳增长和调结构、重当前与利长远的关系，定期召开形势分析会、项目调度会，精准施策，有效缓解疫情对经济的冲击。狠抓项目建设“牛鼻子”。25名县处级领导包保联系101个亿元以上项目，扎实开展“重点项目建设落实年”活动，深入推行“两线四牵引”工作法,严格执行“五个一”推进机制，积极落实“会诊会商”“定期调度＋实地调研”工作机制，主动帮助企业破除瓶颈制约，项目建设步伐不断加快。年内11个重点项目全部开工，实现投资11.2亿元，完成年度计划的115.5%。科学谋划“十四五”发展蓝图，完整、全面、准确贯彻新发展理念，结合县域资源禀赋，确定“十四五”时期“三区一城”发展定位和“一三六九”发展战略。瞄准国家政策导向、产业发展方向、投资意向，争列国家和省、市“十四五”规划盘子项目29个，拟争取资金597亿元。

【产业转型升级】 文化旅游产业实现壮大升级，清河源漂流、花溪城水上乐园、天门山生态开发等项目运行维护水平不断提升，二次开业场面异常火爆。全县各景区共接待游客126.6万人次，实现旅游综合收入9.2亿元。蟠龙湖山水视觉秀、皇家淘金小镇、京城梅花小镇等在建项目稳步推进，旅游基础设施加快建设，旅游新业态逐步形成。钒钛新材料及制品产业提质增速，瞄准产业中高端，积极延伸链条、提升层级，发展壮大昊天硬质合金、升华和天海压力容器、荣茂铸钢等钒钛新材料及制品企业，双节能非晶材料及制品、超纯超细金属粉末等项目正式投产，兆丰年产1000万吨高品质球团项目已完成省发改委备案。新型建材产业加速发展，紧盯尾矿综合利用发展方向，加快推进绿色建材产业集群建设，京城砂石骨料基地、简美管材、新通源、绿标二期工程等项目稳步推进，新型建材集群内企业达到15家。

【特色主导产业】 采取专班推进、县处级领导包保重点企业、亿元以上重点项目等机制和举措，聚焦县域“1+2”特色主导产业，持续用力上项目、调结构、促转型，推进县域经济高质量发展。新通源新型建材产品直供雄安新区建设，环京津绿色砂石骨料供应基地和重要新型建材产业基地建设迈出坚实步伐。绿色农产品品牌效益凸显，入列国家农业产业融合发展示范园；宽城板栗入围中国特色农产品优势区；“传统板栗栽培系统”获批全国重要农业文化遗产；神栗集团获评国家级农业产业化龙头企业。

【农业品牌培育】 农业产业向“精”转变，完成种植结构调整1.69万亩，建设千亩调整示范区4个，林果产业已成为农民增收的主要支柱产业。依托神栗集团，推行“党支部＋合作社＋公司＋基地＋农户”发展模式，打造种植结构调整示范园，实现“一地生四金”良好效益。狠抓农业品牌培育，成功争列国家农村产业融合发展示范园、宽城板栗中国特色农产品优势区，10家企业入驻“承德山水”平台，农产品品牌价值不断提升。建成市级以上龙头企业52家，农业产业化经营率达到72%，初步形成龙头带动、产业集聚、规模经营的产业发展体系，农业产业化发展势头强劲。

【脱贫攻坚】 打赢脱贫攻坚收官战，确保全面小康路上不落一户一人。把脱贫攻坚工作作为重大政治任务，牢牢把握精准扶贫、精准脱贫、巩固成果、防止返贫的基本方略，不断加大帮扶力度，完善脱贫防贫举措，巩固脱贫成果，顺利通过国考、省考验收。加大投入保脱贫。在财政资金十分紧张的情况下，对标贫困县自我加压，投入各类扶贫资金4792万元，有效保障了扶贫政策和扶贫项目的资金需求。以贫困县标准加大财政投入力度，发展各类扶贫项目1330个，实现一重产业全覆盖，两重及以上覆盖率达到80%，贫困人口人均年纯收入达到9443元，贫困村全部退出、贫困人口稳定脱贫。突出增收促脱贫。持续完善“5+1+N”扶贫模式，搭建就业服务平台，设置扶贫公益岗3059个，7747名贫困劳动力实现就业增收，就业率达到60%。通过发展“五大扶贫产业”，贫困群众内生动力和自我发展能力不断增强。完善机制防返贫。健全防返贫、帮扶救助和动态监测管理等工作机制，强化监测预警和分类扶持，精准确定防贫户97户317人。严格落实“四个不摘”要求，全面推行防贫保险，设立500万元社会救助基金，对1329人落实各类帮扶资金207.26万元，消除266户801人致贫返贫风险，有效防止返贫问题发生。强化力量固脱贫，在保障45个驻村工作队方向不变、力量不减、精力不散的同时，选派205名正科级干部包保帮扶205个行政村，扎实推进全面脱贫与乡村振兴战略有效衔接、顺承实施。

【生态建设】 把生态环境作为发展根基，深入践行“两山”理论，扛起“水源涵养、生态支撑”建设的政治责任。打赢“三大保卫战”，持续开展“减煤、治企、控车、抑尘、增绿”五大行动，PM2.5平均浓度下降到35微克／立方米，优良天数达到299天，改善率排名全市第一。全面落实河长制，完善河湖生态管护机制，强化河湖“清四乱”排查整治，加快推进“一河一策”工作落实，河湖生态环境进一步改善。举全县之力完成依法取缔潘家口水库网箱养鱼艰巨任务，5个水质监测断面及清河口集中饮用水源地水质稳定达市标、省标和国标。制发《受污染耕地科学分类治理方案》，完成铧尖耕地土壤修复与治理项目验收，得到国家生态环境部的肯定。持续推进国土绿化，大力实施生态建设工程，启动省级森林城市创建。持续推进国土绿化，年内全县造林7.9万亩、义务植树55万株，村庄绿化率达到35%，森林覆盖率达到65.89%。6个村被认定为国家森林乡村。改善生产生活环境，召开两次“拆违治乱”现场观摩会，深入实施农村生活垃圾、污水治理行动，完成13366座农村无害化卫生厕所改造任务，实现全域“环卫一体化”。

【人居环境整治】 扎实推进化皮溜子镇“花果满乡”省级乡村振兴示范区、孟子岭乡市级乡村振兴示范区、孤山子村县级乡村振兴示范村建设，投入1700万元提升东部四乡镇村庄面貌，134个村达到县级示范村标准，农村人居环境整治三年行动圆满收官。

【绿色矿山建设】 实施总投资11.2亿元的京联、恒生、恒运等矿业技改升级项目15个，关闭取缔矿山4家，完成130个矿山点位和7处矿权灭失迹地治理任务，安全生产、环境保护、生态修复“三达标”稳步推进。入选国家级绿色矿山名录的企业达到8家，获评全国绿色矿山建设突出贡献单位。

【民生事业】 提高城乡基础设施水平，年内实施交通建设项目 17 个,公路总里程达到 1711 千米。投资 3813 万元改造老旧小区 32 个，群众居住环境进一步改善。实施民族街改造、下河西保障性安居工程、南山公园建设等基础设施项目 17 个，城市服务水平不断提升。统筹推进城乡人饮供水、道桥及管网改造、污水处理和电网、通讯、宽带等基础设施建设。到 2020 年年末，“十三五”期间实施城市基础设施及配套项目 30 余个，改造老旧小区 60 余个，获评省级“四好农村路”示范县，城乡服务水平不断提升。扎实推进 8 项民心工程、20 件民生实事，在财政状况极度紧张的情况下足额保障了重点民生支出。创新优化农村人居环境整治推进方式，全域村庄清洁行动深入实施，农村人居环境整治三年行动圆满收官，工作成效位居省市前列。科学编制老城区改造规划，稳步实施民族街改造、“一街一区”改造、老旧小区改造等项目，居民小区物业管理水平有效提升，县城功能品味不断升级。

【卫生保障事业】 持续提升医疗卫生服务水平，顺利通过国家卫生县城复审。推进县医院新冠肺炎防控“三位一体”建设。巩固提升县级公立医院综合改革示范县创建成果，稳步推进“四医联动”改革、医共体建设和“互联网 +”技术，6 所乡镇卫生院、10 个村卫生室实现远程诊断，分级诊疗格局初步建立。实现县内定点医疗机构“先诊疗后付费”“一站式”报销结算全覆盖,中医院成为省级现代医院管理制度试点医院，医疗保障能力不断增强。完善社会保障体系，拨付 8462 万元民生救助补助资金，实现低保对象应保尽保，特困供养人员和残疾人等特殊困难群体应救尽救。健全养老服务体系，扎实开展慈善工作，全面落实优抚安置政策，有效保障了基本民生。落实就业优先政策。统筹做好贫困户、高校毕业生、退役军人、钢厂下岗职工等特殊群体就业工作，年内实现城镇新增就业、再就业人数 4464 人，农村劳动力转移就业 2896 人，享受就业创业服务政策 2 万余人，零就业家庭保持动态清零。

【教育事业发展】 扎实开展“教育管理规范提升年”活动，全面提高教育教学质量，中高考、对口升学综合成绩实现新突破。持续加强教育基础设施建设，实施中小学幼儿园新建、改扩建项目 8 个，农村薄弱学校教学环境得到改善，小学大班额问题正在逐步解决。民办教育进展迅速。“唯杰中学”成绩突出，“众望学校”启动建设，“一体两翼”教育发展新格局初步形成。

【社会治理】 把维护稳定作为经济社会发展重要保障，创新治理方式，优化治理格局，加快推进治理体系和治理能力现代化。扎实推进平安宽城建设。深化“六无”“三无三百”创建活动，实现基层平安创建全覆盖，连续 10 年被评为全市“平安建设”先进县。建设规范化村级综治中心 10 个，宽城镇综治中心被确定为省级示范点。探索实施乡村“五治”体系建设，打造孤山子村社会治理现代化试点，化皮溜子镇获评全国乡村治理示范镇，县域社会治理现代化试点工作取得实质进展。扎实推进信访稳定工作。坚持和发展新时代“枫桥经验”，完善接访下访机制，创新积案化解“五步工作法”，市县领导包保的 167 件信访积案妥善化解，一批“骨头案”“钉子案”息诉罢访。圆满完成重大活动和敏感时期安保重任，实现“三个零发生”和“六个确保”目标。扎实推进扫黑除恶专项斗争。全力开展“百日攻坚”“五大攻坚战”“六清”“十大行业领域专项整治”等行动，共破获涉恶类刑事案件 42 件，摧毁恶势力犯罪集团 2 个，抓获犯罪嫌疑人 77 人，刑拘 46 人，批捕 41 人，起诉 50 人。

【钢铁去产能攻坚战】 稳步推进钢铁去产能工作，用非常之策化解去产能之困，坚决贯彻落实中央省市关于钢铁去产能的决策部署，立足于风险早研判、工作早部署。盛丰、兆丰2家钢厂退出钢铁产能566万吨，已通过省、市验收组验收。成立化解钢铁去产能遗留问题工作领导小组、十个专班及七个专项工作组，依法合规做好去产能后遗留问题化解工作，确保去产能工作有序推进。将职工安置作为去产能工作重中之重，依法依规保障企业和职工合法权益，指导企业修改完善《安置方案》，并督促两家企业召开职代会顺利通过《安置方案》。向两家企业职工发布用工岗位6000余个，组织专场招聘会2场，职工群体保持稳定。

2020年宽城满族自治县领导名录

县委书记：谷宏健
副书记：张　成（满族）
孙成伟（满族）
张希跃（挂职）
县人大常委会主任：张品川（满族，1月免）
唐学成（满族，1月任）
副主任：葛月龙（满族）
张志敏（满族）
张宝山（满族，1月任）
李　丛（满族）
姚乃兴（满族，3月免）
魏金魁（满族，3月免）
县政府县长：张　成（满族）
常务副县长：王　猛（满族）
副县长：刘长清（满族）
赵　刚（满族）
苏艳华（女，满族）
白景军（满族）
刘景田（满族，8月任）
李满顺
县政协主席：王玉荣
副主席：张宝山（1月免）
王子文（满族，5月免）
高翠芝（女，满族，5月免）
刘瑞学（满族）
刘瑞奇（满族）
县纪检委书记：关利强（满族）

（供稿　谷盛林　李雪晨）

兴隆县

【概况】　兴隆县地处京津唐承四城市结合部，形成“一县连三省”的独特区位，并已加入北京半小时交通圈。全年平均气温6.5−10.3℃，夏季平均气温22℃，比北京、天津、唐山等地区低8−10℃，空气负氧离子含量每立方厘米高达8000−10000个，是京津“凉岛”和“天然氧吧”。全县总面积3116.4569平方千米，耕地总面积9620.84公顷。2020年，辖15个镇、5个乡，总人口32.37万人，人口自然增长率−9.82‰。全年地区生产总值114.3亿元，同比增长7.2%；第一产业增加值27.1亿元，同比增长6.0%；第二产业增加值34.1亿元，同比增长9.1%；第三产业增加值53.1亿元，同比增长6.0%；民营经济增加值75.0亿元，同比增长7.36 %；粮食产量22426吨，同比增长0.41%；全部财政收入11.6亿元，同比下降5.7%；一般公共财政预算收入7.3亿元，同比增长1.6%；财政支出31.94亿元，同比下降1.5%；社会商品零售总额24.9亿元，同比下降0.7%；固定资产投资同比增长2.3%；农村居民人均可支配收入15095元，同比增长9.0%；城镇居民人均可支配收入30389元，同比增长5.2%；年末城乡居民存款余额184.8亿元，同比增长11.0%。

【疫情防控】　按照“内防扩散、外防输入、科学防控”原则，全面落实各项防控措施和常态化防控要求，加强全面排查，有力切断传播途径，有序抓好复工复产，全县始终保持“零输入”“零感染”“零病例”。全力狠抓疫情防控。成立疫情防控工作领导小组，组建10个专项组和6个工作专班，县级领导带头包联指导，726名突击队员长期一线奋战，3752名党员干部定期社区联防，全县累计排查95.2万人次，均无确诊及疑似病例。稳步提升救治能力。县医院和中医院及时启用发热门诊，妇幼保健院和20个乡镇均设置预检分诊点，新建PCR实验室2个，3支医疗专家组长期备战，确保随时检测、及时救治。全力保障物资供应。县财政累计拨付应急处置经费9412万元，多渠道筹措储备消杀防疫物资106类20多万件、“米袋子”“菜篮子”等生活必需品200余吨，组织农企对接、农超对接20余次，市场供应平稳有序。全面抓实复工复产。深化“三包四帮六保五到位”活动〔即“三包”，县级领导干部包乡镇（园区）、包项目、包重点企业;“四帮”，帮助解决企业发展资金短缺问题、用工数量不足问题、要素保障不力问题、市场销售困难问题;“六保”，保居民就业、保基本民生、保市场主体、保粮食能源安全、保产业链供应链稳定、保基层运转；“五到位”，政策到位、措施到位、责任到位、服务到位、落实到位〕，出台应对疫情支持企业稳定经营持续发展的14条政策措施，累计减免税费1.1亿元，组织召开银企对接会16场次，协调到位贷款16.1亿元，力保经济持续健康发展。加强防疫捐赠管理。县慈善会接收疫情防控捐赠资金28.76万元，全部用于乡镇疫情防控；接收物资价值0.36万元，全部用于医护人员和养老机构老人。兴隆县七彩发展中心接收各界爱心人士、企业捐赠款物共计价值9.67万元，全部用于各乡镇疫情防控一线人员和医护工作者、志愿者。

【生态示范创建】 持续紧盯“山林水气”四项重点，稳步实施生态保护和治理系统工程。扎实推进人大“6+1”（即违法违规圈占土地、违规违建项目、资源能源项目、房地产开发项目、矿山综合治理、地下水超采综合治理6个重点领域清理规范和加强公共卫生管理）联动监督，清理规范违法违规占地405处、批而未供土地980亩、闲置土地186亩、违规违建项目32个，集中解决存在多年的历史遗留问题；全面落实矿山综合治理措施，坚持“三个只减不增”（矿业开采扩界面积只减不增、与矿业相关的固废加工利用企业只减不增、矿权到期延续数量只减不增）原则，将铁矿“三同时”设计审批等权限上调至县政府，所有铁矿矿权设置、用地、排污、安全许可等手续办理，全部由县政府常务会议定，严肃整治矿山秩序；整合重组压减采矿权稳步推进，累计关闭取缔矿山企业6家，修复治理责任主体灭失矿山迹地21处，规范管控露天转地下矿山8家。深入实施京津风沙源治理、天然林电子围栏和公益林天然林管护工程，完成封山育林2万亩、义务植树70万株，整合优化后自然保护地达到5类7处，总面积31.2万亩。全面落实河长制，大力实施密云水库上游潮白河流域河道综合治理、洵河及支流环境综合治理、地下水超采治理等工程,深入开展河道非法采砂“飓风行动”，累计治理小流域28平方公里，4个国省考断面稳定达标，水源地水质达标率100%。严格落实减煤、治企、控车、抑尘、增绿等防治措施，淘汰燃煤锅炉16台、燃油汽车47台，完成3家建材企业、8家食品企业超低排治理，全县PM2.5年均浓度32微克/立方米，同比下降4.1%，二级以上优良天数274天，优良率78.7%。连续七年入选“中国深呼吸小城100佳”。

【产业优化升级】 全县绿色产业财政贡献率近90%，三次产业比重调整到21.4∶36.3∶42.3。增强财力保障。坚持开源挖潜与争取支持相结合，紧盯国家精准投资、拉动消费的政策机遇，累计争取到位上级资金24.5亿元（其中转移支付资金16.6亿元、新增债券限额7.9亿元），有力保障“六稳”“六保”（即:稳就业、稳金融、稳外贸、稳外资、稳投资、稳预期；保居民就业、保基本民生、保市场主体、保粮食能源安全、保产业链供应链稳定、保基层运转）。面对承平高速建设运营的资金缺口，成功争取到“管理公司和投资人成立的PPP项目公司均在兴隆注册，建设运营所有税费均在兴隆缴纳”的政策倾斜，进一步夯实了长远发展的财源支撑。创建国家全域旅游示范区，大力发展“1+2”（文化旅游医疗康养产业+食品医药产业、科技创新产业）特色主导产业。全年实施亿元以上重点建设项目62项，完成投资43.5亿元。其中，文化旅游医疗康养产业，兴隆山景区二期、阿那亚雾灵养生谷、长城十里春风镇等15个业态项目加快推进，总投资310亿元，完成投资17亿元；兴隆山景区正式获批国家AAAA级景区，诗上庄诗歌小镇、塞罕坝生态酒庄完成国家AAA级景区创建，全年累计接待游客190万人次，旅游综合收入19亿元；安子岭乡诗上庄村获评中国美丽休闲乡村、全国文明村，青松岭镇花市村、南天门乡郭家庄村和雾灵山镇大安峪村入选第二批河北乡村旅游重点村，全市乡村旅游和民宿发展现场会在兴隆县召开。食品医药产业，发挥兴隆山楂、板栗省级“果品加工产业集群”优势，新引进德祥食品、澳天食品等果品精深加工项目3个，总投资6.4亿元，瑞泰食品扩能项目实现试生产，桦维食品二期项目主体完工。科技创新产业，坚持电子竞技、精密装备制造、人工智能等高新技术主攻方向，安旭新能源汽车项目正式投产，荣盛总部基地实现4家企业注册。同时，全力推进天文科普“省台”合作项目，前期手续加快办理。

【强化林果富民】 发挥“兴隆山楂”国家级特色农产品优势，推广“雾灵红”“秋金星”“雾灵紫肉”等本地优良品种，新引进山楂品种5个，区域栽培试验板栗品种4个，新增林果栽培面积10012亩。充分发挥县“果研中心—乡镇农技服务站—农村土专家”三级扁平化农技服务体系作用，组织果树技术培训175场次、6000余人次，改造低质低效经济林15万亩；支持瑞泰、鑫澳等龙头企业和东西部协作帮扶企业向农民收购果品、输出技术，全县新增果品储藏能力2万吨，农民人均林果收入超2000元，山楂和板栗加工产业集群年产值分别达7.6亿元和4.8亿元。依托山楂产业技术研究院和院士工作站，山楂黄烷醇、活性成分分离提取等技术加速转化，全市最大的“承德山水”农产品展销中心正式营业，入驻企业14家，全县新增市级农业产业重点企业14家，有机绿色食品企业达17家。“两品一标（绿色食品、有机农产品，农产品地理标志）”农产品达到10件，全县289个行政村布局设立顺丰速运营业站，在全省率先实现农村快递物流“村村通”，大力发展“微商”“电商”“直播带货”等新型销售模式，涌现了半壁山镇车道峪村、蓝旗营镇大山村等一批农村电商示范点，进一步拓宽兴隆山楂线上外销渠道。

【环境面貌变化】 “多规合一”加快推进。全面启动全县国土空间规划编制工作，“三条控制线”（即生态保护红线、永久基本农田、城镇开发边界）初步划定，总体规划通过省级专家技术评审，总体城市设计、中心城区控规和乡镇总体控规、村庄规划同步推进。县城建设稳步提升。深入实施“提质扩容”系统工程，振兴路、北环路、南山路一期等工程顺利完工，兴隆大街、迎宾路等地下管线及路面恢复工程加快推进，县医院至三义村地下综合管廊项目正式启动；新改建公厕12座，改造供热管网7千米，延伸覆盖11个行政村4009户，基本实现县城建成区集中供热全覆盖；中冶洲际假日酒店和商业综合体完成主体工程，融创五星级酒店全面招商运营。“智慧城市”管理日益完善，县城环卫市场化管理稳步实施，新建便民临时市场5处、摊位800余个，拆除“双违”建筑1800平方米。乡村振兴成效显著。进一步深化“宣清拆建管”举措，垃圾处理、城乡垃圾市场化正式运营，累计处置生活垃圾4.3万吨，六道河粪便处理厂、大河南建筑垃圾消纳场建成投用；污水治理按照“三个一批”原则，全域村庄实现分类管控；全年改厕完成10310座，改厕服务站后期管护作用有效发挥；村容村貌整治累计清理垃圾20万立方米、残垣断壁及杂物3282处、沟塘567处，村庄绿化530亩，建设小游园、小菜园、小果园50个，美丽庭院7500个，其中精品庭院1100个，农村人居环境持续改善，兴隆县代表承德市接受省级“三年行动”验收。

【“三创四建”活动】 深入开展“三创四建”（即创新、创业和创建全国文明城市、国家卫生城市、国家森林城市，建设国家现代化经济体系、建设城乡融合高质量发展体系、建设一流营商环境体系、建设现代化社会治理体系）活动，构建“1+12+1”政策体系（1个实施意见、12个专项方案、一套考核办法），完成创建指标314项，持续打造高质量发展软环境。加快创新创业步伐。大力推进科技创新和创业服务，创建国家可持续议程发展示范区，申报省级科技计划项目8个、省级重点实验室1个、省级企业技术创新中心1个，累计培育高新技术企业6家，科技“小巨人”5家，争取到位资金580万元；优化升级创业就业孵化基地1家，创业服务企业达67家。加速推进“六城同创”〔即国家生态文明建设示范区、国家卫生城、国家园林城、国家文明城、国家双拥模范城、中国旅游名城（国家全域休闲旅游示范区）〕。制定《2020年“六城同创”作战图》，圆满完成省级文明城市第三方实地测评、省级卫生城市三年复检、省级全域旅游示范县创建资料上报工作；国家园林县城、国家双拥模范县城创建分别完成总指标的73.3%、88.5%，省级森林城市创建指标全面完成。6月23日，省委书记王东峰到兴隆调研检查工作，明确提出“兴隆要统筹推进生态文明建设和经济社会发展，走出一条新时代生态县创新发展之路，给全省做示范和样板”的殷切希望。

【深化改革】 机构改革稳步实施。按时完成机构职责优化调整和班子配备、人员转隶等工作；组建国控集团和融媒体中心，县文联列入党群序列，剥离经营职能的公益类事业单位5个。行政审批改革持续深化。组建企业发展服务中心，选派驻企服务代表16人、兼职代表49人，进驻企业812家，帮助解决问题78个；设立企业开办专区，成立全程服务专班，全面推行限时办结、超时默许和服务“好差评”制度，政务服务事项网上可办率超过95%，“办事一次成”实现率达96.6%以上。农村综合改革巩固提升。制发《农村产权流转交易管理实施办法》，累计流转农村土地2.38万亩，确权登记颁证工作发证率达92%，雾灵山镇大安峪村、挂兰峪镇二甸子村宅基地盘活利用试点工作得到部省一致好评。兴隆县成功列入全省越夏食用菌产业集群，高质量承办全市农村人居环境整治观摩现场会和全市农民丰收节。改革试点重点用力。成功争取国家电子商务进农村综合改革试点，县级电商公共服务中心加速选址建设，农村电商服务站全面布局升级。

【京津冀协同发展】 加快产业合作，进一步拓展天津和北京怀柔、顺义的招商渠道，签约落地天门峡、巨源友佳商贸等项目5个，签约面积400亩，总投资20亿元，完成投资5364.5万元。交通互联初见成效，承平（承唐高速李家营互通，经营子区、兴隆县，至兴隆县青松岭镇水厂村京冀界）高速年底全面开工；（北）京沈（阳）高铁年内正式通车，兴隆已融入首都半小时“交通圈”“经济圈”“生活圈”。注重生态共建，借力“国家生态文明建设示范县”金字招牌，先后获得“2020中国最美县城”“2020中国县域全生态百优榜”等多项荣誉。

【脱贫攻坚】 举全县之力狠抓后续帮扶和巩固提升，先后2次代表河北省接受国务院扶贫办专项督导检查，圆满完成全省脱贫攻坚调查、成效考核及第三方评估。剩余人口帮保脱贫。坚持分类管理，全面推行领导包保、企业帮扶、希望工程救助、保险救助“四帮一”机制，做到应扶尽扶、应保尽保，剩余贫困人口144户、369人全部如期稳定脱贫。产业扶贫整合资金8696万元，新建扶贫车间、果品冷藏库等产业项目31个；稳岗就业新开发临时性扶贫专岗192人，发放就业创业补贴635.8万元，实现贫困劳动力就业15873人；消费扶贫统筹机关单位帮销、专柜专区承销、对口帮扶助销等路径，总额突破4.3亿元，有效带动全县贫困群众实现人均收入10352元。精准防贫保障长效。综合实施产业、就业、教育、医疗、住房等多层次、复合型的保障性防贫措施，全面深化监测预警、帮扶救助、退出跟踪等精准防贫手段，对纳入监测范围的255户、674人进行重点帮扶，“近贫预警、骤贫处置、脱贫保稳”一体化精准防贫措施稳步见效。

【社会事业发展】 投资8293万元，滚动实施教学条件改善项目80个，完工建筑面积5.7万平方米，满足6000余名师生教育教学需求的新一中正式建成投用，第三幼儿园完成秋季招生，第二幼儿园主体工程完工，全县中、高考成绩持续稳定提升。启动实施传染病感染综合楼建设，全面推进医联体和远程智慧医疗服务工程，县医院与北辰区医院和挂兰峪、大杖子卫生院实现远程视讯、远程会诊，基层卫生院国医堂项目稳步实施，累计定向培养村医125人，家庭医生签约服务74785人。全面推行民生实事人大代表票决制，民生支出占比稳定保持在80%以上，国道112线新改建工程加速推进，完成国省干线大修和生命防护工程共60千米，改造老旧小区35栋1138户，解决拖欠农民工工资1200余万元，城镇新增就业5521人，失业人员再就业1529人，城镇登记失业率控制在3.39%。科技、体育、文化、广电等各项社会事业持续发展，改革发展成果更多更好地惠及全县人民。

【社会和谐稳定】 大力开展“六清”行动、涉黑涉恶腐败和“保护伞”专项治理，侦破涉恶类案件93起，打掉涉恶共同犯罪团伙6个、恶势力犯罪集团3个、团伙1个，抓获犯罪嫌疑人115人，批准逮捕45人，移送起诉80人，党纪政务处分2人；进一步建立健全源头综合治理、全方位监督等长效机制，扫黑除恶专项斗争进入常态化。圆满完成人民警察职务序列改革、乡镇和街道综合行政执法改革，21个乡镇（街道）和287个村建立了公共法律服务体系，基本实现县乡村全覆盖，打造省级民主法治示范村6个，“七五普法”圆满收官。全面加强“三道防线”建设，到非接待场所有关人员、进京集体访、赴省集体访实现“零发生”，进京个体访、到市集体访同比大幅下降76%、96%。坚持“隐患就是事故、事故就要处理”，深入开展复工复产安全生产大检查，全力推进专项整治三年行动，统筹做好网络、防汛、防火和食品药品等各类安全工作，圆满完成全国“两会”、十九届五中全会等重大活动期间安保任务。

【选优配强人才力量】 坚持“五重”（即重用政治坚定、忠诚可靠的干部；重用开拓进取、狠抓落实的干部；重用公道正派、坚持原则的干部；重用顾全大局、维护团结的干部；重用遵纪守法、清正廉洁的干部）选人用人原则和“基层为重、乡镇为主”工作导向，大力推行“考推比选用”五项举措，制定出台《科级干部（后备干部）实绩考核办法》《乡科级干部人选署名推荐办法》，召开青年干部座谈会，全年累计调整干部7批次、405人，储备后备干部209人。完成落实引才计划。重点面向“双一流”院校，选聘急需紧缺专业全日制研究生50人，三年累计引进高层次人才158人，其中全日制研究生155人、占比

98.1%；柔性引进钒钛等领域高端人才182人，获评省级创新团队4个、创新英才7名，为兴隆长远发展提供了坚强智力支撑。

【党风廉政建设】 全面完成深化派驻机构改革工作，开展疫情防控、社会稳定等监督检查20余次，推动政治监督具体化、常态化。深化公车管理、办公用房、违规发放津贴补等专项治理，查处违反中央八项规定精神和“四风”问题线索26件，立案18件，党纪政务处分23人，组织处理7人。兴隆被列入全省12个巡察指导督导试点县，深入开展营商环境专项巡察、4个乡镇、4个县直部门常规巡察和13个村延伸巡察，修订基础性制度6项、新建31项，组建256人巡察人才库，县委巡察规范化水平稳步提升。高压态势惩治腐败，一体推进不敢腐、不能腐、不想腐。

2020年兴隆县领导名录

县委书记：薛青松（满族）
副书记：焦　军
　　　　裴鹏飞（7月免）
　　　　尚晓辉（蒙古族，7月任）
县人大常委会主任：马德军
副主任：贾海超
　　　　王立群
　　　　冯秀玲（女）
　　　　李桂霞（女，6月免）
县政府县长：焦　军
常务副县长：迟运鹏（3月免）
　　　　李　剑（满族，3月任）
副县长：马广春
　　　　高春青
　　　　强占坡
　　　　杨文利
　　　　季树军
　　　　周庆耕（挂职）
　　　　王鹏飞（挂职，满族，4月任）
县政协主席：马建权
副主席：郭宝君
　　　　杨青山
　　　　徐冬梅（女）
　　　　刘素华（女，1月任）
县纪检委书记：那　红（女）

（供稿　白海霞）

双桥区

【概况】 双桥区位于承德市中心区，行政区域总面积651.7平方千米，其中双桥区管辖372.07平方千米，承德高新技术产业开发区托管279.63平方千米。双桥区管辖区内下辖5个镇、7个街道，53个行政村、65个社区。2020年底，户籍人口390603人，加上流动人口，人口总数约50万。区内有满族、回族、蒙古族、壮族、朝鲜族等25个少数民族，少数民族人口117874人，占全区总人口的37.5%。截至2020年底，全区常住人39.1万人。全年实现生产总值227.44亿元，比上年增长4.1%。其中，第一产业增加值1.23亿元，第二产业增加值72.71亿元，第三产业增加值153.5亿元。全社会固定资产投资34.52亿元，地方一般公共预算收入12.82亿元，地方一般公共预算支出16.57亿元，社会消费品零售总额133.74亿元。城镇居民人均可支配收入38788元，农村居民人均可支配收入15515元。2020年1月，双桥区入选2020中国礼仪百佳县市。2月，入选2020中国县域潮品消费百强榜。预计全区地区生产总值增长2%，固定资产投资增长2.3%，规模以上工业增加值增长8.6%，一般公共预算收入与2019年持平，社会消费品零售总额增长1.4%，城乡居民人均可支配收入分别增长5%和8%，经济社会平稳健康发展，全面建成小康社会“两个翻番”目标有望圆满实现。

【疫情防控】 坚决服从中共中央和省委、市委统一指挥，坚持“疫情就是命令、防控就是责任”，第一时间启动重大突发公共卫生事件一级响应，及时成立“一办十六组”，迅速建立横向到边、纵向到底的疫情防控体系。先后召开 19 次区委常委会议、5 次全区会议和多次领导小组及办公室会议进行安排部署，研究制定领导小组文件 32 件，领导小组办公室文件 142 件，指挥部指令 11 次，指挥部通告 4 次，做到上下联动、高位推进。广泛开展工作动员，区领导第一时间下沉镇街参与防控，先后有 6168 名党员干部群众奋战防控一线，“万众一心抗疫情”在双桥干部群众中得到生动体现。扎实开展常态化疫情防控，妥善化解国内局部聚集性疫情和国外输入病例带来的风险隐患，排查人员总量居全市首位。2 月份，实现确诊病例“清零”，后续未再出现新增病例。西大街街道碧园社区党支部书记支润芳、桥东街道世纪城社区党支部书记李悦分别被评为全国、全省抗击新冠肺炎疫情先进个人，中华路街道山庄社区居委会被评为全省抗击新冠肺炎疫情先进集体。

【经济发展】 全力推动复产复工，深入开展“三包四帮六保五到位”活动，184 家“四上”企业全部建立政府工作服务站，包联帮扶中小微企业 5700 余户，城镇登记失业率控制在 3.49%，全面落实国家和省市各项惠企政策，减轻企业负担 4.03 亿元，在全国纳税人满意度调查中排名全省第三。积极争取国家政策支持，累计争取抗疫特别国债 8272 万元。不断加快项目建设，27 个区级重点产业项目稳步推进，4 个省、市重点项目建设完成投资 8.2 亿元，完成年度投资计划的 102.8%。稳步提振市场消费，净增市场主体 2781 户，打造二仙居美食街、碧峰门文化夜市等 4 个“夜经济”精品片区，日均客流量增长 30% 左右。

【实施“三大攻坚战”】 牢牢扛起“水源涵养、生态支撑”“脱贫攻坚、全面小康”责任使命，坚决筑牢首都政治“护城河”。脱贫攻坚取得决定性胜利。贫困人口人均年纯收入增加到 1.34 万元、同比增长 15.1%。生态环境质量明显改善。深入开展水环境治理、大气污染防治、净土绿化行动，全区新营造林 1.96 万亩、治理水土流失面积 5 平方公里。双峰寺地表水厂投入使用，国考断面和 4 个集中式饮用水水源地水质达标率保持 100%。化肥使用量、农药使用量分别减少 1.2% 和 2%，完成污染土壤调查 31 个地块，洁净煤取暖 11225 户。全域禁售禁燃烟花爆竹，全年 PM2.5 平均浓度每立方米 28 微克，同比下降 6.7%，大气环境质量明显提升，水环境质量继续保持全市领先。社会大局安全稳定。深入开展重点领域风险隐患排查整治，全面落实《政府债务化解规划》，非法集资、互联网金融等风险隐患得到及时有效化解和处置，“6+1”重点领域清理规范取得明显成效。深入开展扫黑除恶专项斗争，安全生产、消防安全、森林防火、防汛抗旱、食品药品安全、动物疫情防控形势总体平稳，群众安全感继续保持全市前列。

【推进乡村振兴】 强力推进农村人居环境整治，积极开展村庄清洁行动，清理农村生活垃圾 17.08 万立方米，村庄绿化面积 211 亩，改造提升农村公路 16 千米，清理河道沟渠 517 处，新增污水管网 1100 延长米，改造农村厕所 431 座，“五清、三建、一改”工作取得明显成效，顺利通过省级考核验收。持续深化农村供给侧结构性改革，完成种植业结构调整 1510 亩，有效控制和治理农业面源污染，绿色农业加快发展；深入实施农业产业“扶龙工程”，对 8 家市级以上龙头企业运行情况进行实时监测，助力双凤养鸡农民专业合作社成功申报省级示范社。

【改革开放】 坚持以改革破解制约、以创新激发动能，以开放增强活力，发展动力进一步增强。“放管服”改革成效显著。行业许可“一件事一次成”改革成果在《人民日报》、央视财经频道、学习强国平台等多家媒体播发。32件事项比较法定时限共计压减审批1807个工作日，减少勘验37次，精简审批要件69个。创新税费数字宣传服务方式，税收宣传工作排名全省第六，经验做法在全市推广。科技支撑更加坚实。新增高新技术企业1家、科技型中小企业41家，完成技术合同交易额1.7亿元，获批市级科技支撑计划项目4个，河北绿天生物科技有限公司通过河北省科技型中小企业创新英才认定。积极克服疫情影响，不断创新招商模式，充分发挥商会、行业协会、企业家协会的纽带作用，积极进行沟通联系，成功与绿城、万顺置业、中青旅金等企业达成合作意向。不断夯实精准招商措施，完善招商引资机制，积极参加“5·18经洽会”“9·8厦门经洽会”“百家央企京企进承德”“百家津企承德行”活动，成功签约瑞风国际文化创意产业中心项目和新温州商贸城项目，并与北京工美集团签订战略合作协议，与北京首农、首开等集团达成合作意向。加强涉外企业的支持和对接力度，完成外资指标任务152.5%。

【城乡融合发展】 老城区更新提质。居民居住条件不断改善，改造老旧小区30个，36万平方米，惠及群众5296户，中兴路小区被评为河北省老旧小区改造示范小区。基础设施提档升级，维修改造次干道支路12条，新建改建旅游公厕10座，改造雨、污管网7700余延长米，新建生鲜超市3个，完成裕华路综合市场改造提升；磬锤峰景区完成游客服务中心和生态智能停车场建设，并通过国家AAAA级景区复牌验收；“五路一广场”及23个小区新增绿地8.3公顷，创建市级园林式小区2个，全区绿地率达到40.7%，人均公园绿地面积近22平方米。围绕“双城”创建，开展乱停乱放、卫生死角、违法建设、流动商贩、店外经营、不文明养犬等专项整治行动，市容市貌明显改善。北部新城加速建设。总投资22亿元的10个重点项目正在加快推进，双峰寺水库移民安置通过省级验收、双桥卉原中学开学招生、隆承国际大马戏度假区获评国家AAA级景区、金坤文化创意印刷产业园、承德市第十八中学、双峰寺镇第三小学、双桥区法院审判法庭、恒大悦府等一批“产、城、教”支撑项目正在加快建设，一个功能完善、产业发达、人居和谐的新城正在逐步形成。

【维护社会和谐稳定】 深化基层平安建设，持续开展命案“零发案”区、“三无三百”等活动，投入130万元加强区、镇街两级综治中心硬件建设，镇街综治视联网覆盖率达到100%，大平安工作格局加快建立、持续见效。坚决做好各类信访案件化解工作，充分发挥信访听证、律师评案、涉法涉诉案件会商作用，先后开展2批区级领导信访包联化解工作，取得良好工作成效；上级交办的38件重复访案件，全部办结化解，并圆满完成“两会”“暑期安保”、国庆等重要时间节点安全稳定任务。深入开展扫黑除恶专项斗争，以开展“六清”和“十大行业领域专项整治”活动为抓手，深挖根治涉黑涉恶问题。

【狠抓意识形态】 严格执行“三清单四办法”，区委常委会专题研究意识形态工作3次，分析研判意识形态领域情况6次，牢牢把握意识形态领导权、主动权。结合实际制定重要时间节点和重大事件宣传方案，卓有成效地完成了全国和省市“两会”精神等重大宣传任务，正面宣传引导强劲有力。扎实开展精神文明建设，以创建全国文明城市为统领，广泛开展文明村镇、文明家庭等群众性精神文明创建和志愿服务活动。深入实施文化惠民工程，成功将“双桥文化节”打造成特色文艺品牌，举办各类演出活动96场，全面推进文化产业发展，不断提升文化软实力，《在承德避暑山庄发现一位帝王的雄心》《大美中国·世界文化遗产承德避暑山庄》等纪录片在中央电视台播出。

【办好民生实事】 区十届人大四次会议票决通过的20项民生实事和省市民心工程全面完成。城镇新增就业4607人，城乡居民养老保险和医疗保险参保率分别达到98%和95%以上，农村低保标准提高到每年4800元，发放困难群众生活救助资金2904万元，为各类优抚对象发放优抚金及退役安置补助3172万元。新建扩建学校3所，招聘补充教师90人，义务教育巩固率达到100%。5个城中村改造项目除2栋高层外，其他全部完成主体封顶。孕妇免费DNA产前筛查服务1247人，家庭医生签约13万人，6家基层医疗卫生机构远程医疗服务网搭建完成，新建核酸检测实验室，建成农村标准化卫生室10所。完成2家街道居家养老服务中心改造，世纪城社区获评全国文明单位，高质量完成第七次全国人口普查。

2020年双桥区领导名录

区委书记：杨海龙（满族）

副书记：杨玉甫（满族，5月免）
杨磊（5月任）
马学敏

区人大常委会主任：张新

副主任：刘斌
方国忠（满族）
蒋志民
寧向红（女）

区政府区长：杨玉甫（满族，5月免）
杨磊（5月任）

常务副区长：何元武（7月免）
张友余（7月任）

副区长：关越（满族）
王文龙（满族）
赵瑛楠（女、满族）
邢建军（3月免）
任运阳
吕伟
王鹿云
刘焕海（5月任，挂职）

区政协主席：刘敏儒（1月免）
刘延民（1月任）

副主席：康莲枝
韩智军
闫亚丽（女，满族）
赵卫刚

区纪检委书记：张友余（7月免）
赵海峰（7月任）

（供稿　郭　朋）

双滦区

【概况】 双滦区为承德市中心区，区政府坐落在双塔山镇滨河大街58号，距市区11.5公里，距北京210公里、天津320公里。区域位于河北省东北部的燕山山脉的东段，系内蒙古东南部丘陵与华北地区衔接交汇地带。境域介于东经117°47′37.25″，北纬40°57′26.71″之间，海拔在360—1300之间，平均海拔700余米。政区北接承德市隆化县，西连滦平县，东与承德市双桥区相交，南与承德县接壤。总体地势，北高南低。地形南北狭长。滦河自区内分布有丰富的铁、金、钒、钛、长石等资源。最大河流为滦河，境内流长33.07千米，流域面积451平方公里。京承、京沈、承赤、承唐、京张5条高速干线穿区而过，是承德市“两环十射”交通网的重要枢纽。市内公共汽车5路、12路、15路、2路、3路、25路通达区内各地，有51路、52路、53路、54路、55路、56路、57路7条公交线路，在双滦区域内运行。

2020年，双滦区土地面积451.74平方千米。区政府辖5个镇、1个乡、3个街道办事处，即双塔山镇、滦河镇、偏桥子镇、大庙镇、西地镇、陈栅子乡、秀水街道、钢城街道、元宝山街道。全区有村民委员会63个，居民社区25个。区域总面积451.74平方千米，辖5个镇、1个乡、63个行政村、3个街道和18个社区居委会，25个社区。2020年末，全区总户数56485户，户籍总人口148511人，其中女性73608人，人口自然增长率3.77‰；出生人口1396人，人口出生率7.87‰，死亡人口1358人，人口死亡率4.1‰。2020年，全年城镇居民人均可支配收入39507元，比上年增长4.8%；农村居民人均可支配收入15699元，比上年增长8.7%。社会消费品零售总额38.6亿元。2020年，初步核算全区地区生产总值完成136亿元，比上年增长0.1%。全年完成农林牧副渔总产值52759万元，比去年增长6.7%；规上工业总产值完成354.7亿元，同比下降3.5%；全年建筑业增加值7.8亿元，比上年增长20.2%。全社会固定资产投资额（不含农户）比上年上升3.3%；本年度无第一产业投资，第二产业投资上升149.8%，第三产业投资下降24.4%。全区实现社会消费品零售总额38.6亿元，公共财政预算收入完成10.2亿元，比上年下降19.8%；公共财政预算支出10.1亿元，比上年增长3.8%。2020年，第一产业增加值完成3亿元，增长6%；第二产业增加值85.1亿元，增长1.4%；第三产业增加值47.9亿元，下降2.3%。三次产业增加值占地区生产总值的比重为2.2∶62.6∶35.2。

【疫情防控】 面对突如其来的新冠肺炎疫情，坚持人民至上、生命至上，准确判断形势，精准谋划部署，建立疫情联防联控工作机制和应急指挥体系，成立区新冠肺炎疫情防控领导小组，下设办公室、疫情监测、防疫处置、交通检疫等12个专项工作组，抽调17名业务骨干，成立疫情防控专班开展工作。建立9个区级指挥部，由处级干部任指挥长、副指挥长，分别包联指挥五镇一乡三街道的疫情防控工作，明确了基层各级防控工作责任人及职责，联系电话保持24小时畅通，通过构建区、乡镇（街道）、社区（村）三级协调联动的指挥体系。连续召开新型冠状病毒感染的肺炎疫情联防联控领导小组会议16次，在全区印发《承德市双滦区新型冠状病毒感染的肺炎疫情防控工作领导小组通告（第1号）》文件，就如何防控疫情进行具体安排和部署。设置医院发热门诊和集中医学观察隔离点，落实“四早”防控措施，有力阻止新冠肺炎疫情在双滦传播。涌现出赵彦东、王亚秋等援鄂医务人员及以“爱心车队”为代表的一批抗疫模范人物和先进单位。

【产业项目建设】 建成运营一批文旅产业项目：莲花山景区一期、元宝山假日酒店、晨阳福地医养健康城建成运营；鼎盛·梅园、女企业家创业活动中心等一批项目加快建设，鼎盛——莲花路项目群初具规模，文旅产业进一步提质增效。钒钛制品及制造产业提档升级：年产2000吨高纯氧化钒项目完成部分主体工程建设，北汽福田智能化改造、九联圣牧机械制造、鼎力诚汽车零部件等项目顺利推进。生产性服务业扩容提升：物恋云仓小镇项目一期建成运营，皓盛集团总部、永宁矿山物资交易中心等项目顺利推进。农产品品牌建设：神洲药业、伊逊山泉等7家企业成功入驻“承德山水”品牌运营平台，实现销售收入2.6亿元。

【改革开放】 持续深化“放管服”改革，400余项便民事项纳入“新双滦”APP等服务终端，实现群众指尖审批、不见面领证、不出门办事。举办重点项目网上签约活动。“一图导航、精准招商”模式得到市主要领导批示并在全市推广。培育“广益物恋”等4个电商平台，多方位提升消费活跃度，全年网络零售额突破2.5亿元。

在全市率先实行深改委组织重构和制度创新，5年来先后获得国家、省市改革试点示范80多个，改革工作连续三年保持全市序列第一名；科技创新亮点频现，累计成立省级以上研发机构6家，高新技术企业、科技型中小企业实现数量和质量“双倍增”。开放招商成效显著，累计引进市外到位资金146亿元，外贸进出口总额突破12亿美元。

【脱贫攻坚】 围绕“两不愁三保障”目标，投入资金2300万元，全面落实教育、健康、住房、饮水和政策兜底等保障政策，实现全区农村人口全覆盖。实施产业、就业、金融等扶贫防贫项目9个，带动贫困户户均增收3300元，贫困人口年人均纯收入1.15万元，同比增长20.75%，全区无新增致贫、返贫人口。实施“四有”举措，提升乡镇政府能力，助力打赢精准脱贫攻坚战的经验做法被民政部作为典型经验在全国推广。

【城乡面貌变化】 现代化主城区扩容提质，建成区面积增加到27平方公里，城镇化率超过75%。新建改建各类道路205千米，拓展完善市政综合管网397千米，获评“全省‘四好农村路’示范区”。全区13条公交线路运营，通达各乡镇街道。西地、陈栅子撤乡设镇，农村人居环境整治三年行动圆满收官，获评“国家农产品质量安全示范区”，城乡融合度加速提升。就业、教育、医疗、文体、住房、社保等公共服务日臻完善，获评“国家级健康促进区”“全省教育工作先进县区”“全省体育工作先进县区”等荣誉。

【生态环境改善】 紧盯年度大气环境治理持续改善目标，实施全域禁烧散煤、禁售禁放烟花爆竹；承钢、中滦煤等4家企业完成超低排放改造；积极推进国三及以下营运柴油货车淘汰工作和餐饮业油烟治理。严格落实“双河长”要求，常态化举办“环保夜校”，提升基层人员环境保护意识和能力水平。全面完成河湖“四乱”清理整治，高标准完成双塔山滦河国家湿地公园建设并顺利通过国家验收，修复破损湿地26.9公顷。开展尾矿库风险隐患排查治理、疑似污染地块调查，全面强化土壤环境风险管控。治理水土流失面积5平方公里，完成营林造林1万亩，森林覆盖率达40%。国省考断面水质稳定达标，获评“全省洁净城区”称号。2020年PM2.5年平均浓度24微克／立方米，空气质量综合指数3.89，空气质量优良天数331天。

【社会保障体系建设】 全区参加基本养老保险职工人数31527人（其中机关事业单位参保5308人，企业职工参保26219人），城镇职工参加医疗保险人数22614人，其中在职21021人，退休1593人。城乡居民参加社会养老保险人数29968人。年末农村低保户1102户，低保人口1460人，城镇低保户533户，城镇低保人口693人。

【服务经济】 制定出台《双滦区政法系统服务经济发展的十项举措》。10项措施包括企业复工复产、提供专业法律保障、严厉打击破坏经济环境的违法行为、深入开展打击非法集资专项行动、依法高效处理涉企案件、依法审慎办理涉企案件、加大产权保护力度、规范涉企行政执法行为、促进行政机关依法行政、为企业提供优质高效服务等方面。

2020年双滦区领导名录

区委书记：王贺民（满族）
副书记：刘　洋
　　　　厉　辉
区人大常委会主任：傅云林（蒙古族）
副主任：徐小平
　　　　周建军（满族）

王青春
赵素娟（女，满族）
区政府区长：刘　洋
常务副区长：孙喜明（满族）
副　区　长：张宝东
刘啸林
黄新民
左文娟（女）
刘　旭（4 月任）
区政协主席：刘凤宇
副　主　席：田　睿（蒙古族）
冯瑞树（1 月任）
马玉兵（满族）
谢汉杰（满族）
区纪检委书记：李立军

（供稿　王乃民）

鹰手营子矿区

【概况】 鹰手营子矿区位于承德市西南部，辖鹰手营子、寿王坟、北马圈子和汪家庄 4 个镇，总面积 149.31 平方千米。总人口 60868 人。15 个行政村，87 个村民小组，1 个街道办事处，10 个社区，区政府驻地鹰手营子镇。

全区实现地区生产总值 328367 万元，比上年同期增长 3.1%。其中：第一产业增加值 9179 万元，同比增长 5.8%；第二产业增加值 186630 万元，同比增长 8.0%；第三产业增加值 132558 万元，同比下降 1.1%。三次产业增加值占地区生产总值比重由 2019 年的 2.8∶50.4∶46.8，调整为 2.8∶56.8∶40.4. 全年公共财政预算收入完成 32162 万元，比上年下降 13.4%，公共财政预算支出 67850 万元，比上年下降 3.6%。全年城镇新增就业 2872 人，下岗失业人员再就业 817 人，城镇登记失业率 4.5%。实现农林牧渔业总产值 13957 万元，比上年增长 18.2%，全年粮食作物播种面积 444.84 公顷，比上年增长 1.3%；粮食总产量 2399.74 吨，比上年增长 3.4%；干鲜果品总产量 1205.8 吨，比上年增长 16%；肉类总产量 994.7 吨，比上年增长 1.1%。全区规模以上工业企业增速为 8.5%，实现产值 708071 万元，比上年增长 13.5%，其中，大中型工业企业实现产值 691628 万元，比上年增长 13.7%，占规模以上工业企业比重的 97.7%，大中型企业仍是全区经济发展的主要支撑。全年建筑业完成增加值 5131 万元，比上年增长 45.8%。固定资产投资比上年增长 151.0%，居全市第一位。全区实现社会消费品零售总额 41599 万元，比上年下降 0.7%。全区公路通车里程 165 公里，铁路客运发送量 4.9 万人，比上年下降 51%。全区邮政业务总收入 731 万元，比上年增长 18.1%。全区金融机构各项存款余额 503874 万元，比年初增长 18.0%，其中城乡居民储蓄存款余额 445500 万元，比年初增长 20.6%；各项贷款余额 163028 万元，比年初增长 13.0%。

全区高中在校学生 1034 人，比上年下降 0.5%；初中在校学生 1534 人，比上年下降 7.0%；小学在校学生 2954 人，比上年增长 1.6%；学龄前儿童入学率达 100%。2020 年末全区有卫生机构 75 个，床位 638 张，卫生从业人员 609 人，比上年减少 2 人。2020 年全区城镇居民人均可支配收入 30394 元，比上年增长 5.0%；农村居民人均可支配收入 12677 元，比上年增长 8.8%。全区城镇居民最低生活保障人数 2924 人，农村居民最低生活保障人数 905 人。有 5200 名职工参加失业保险，有 2112 人参加机关事业单位养老保险，有 20904 人参加基本医疗保险。

【疫情防控】 疫情发生后，区委、区政府始终坚持人民至上、生命至上，站在对党、对人民、对事业高度负责的高度，临危不惧，积极应对，第一时间成立疫情防控领导小组，在全区率先抽调最精干力量组成指挥部集中办公。全年先后组织召开9次区委常委会、7次区政府常务会、15次疫情防控领导小组会议、32次专项调度会议，因时因势做出周密细致的安排部署。全区各级组织靠前指挥，闻令而动，3500余名党员干部各司其职，入户排查，3000余名机关干部、社区（村）工作者和志愿人员顶风冒雪，日夜坚守，共设立卡口和巡逻点109个，累计排查人员7.6万人次，核酸检测7362人，集中隔离419人。各大民营企业和社会人士积极捐款合计460余万元，560余名医务人员争分夺秒，连续作战，2位医务人员逆行出征，驰援武汉，展现鹰城儿女的家国情怀和责任担当，其中，郭金琢被评为河北省优秀共产党员和先进个人。通过严格落实"外防输入，内防反弹"要求，健全及时发现、快速处置、精准管控的常态化防疫机制，全区无疑似或确诊病例，构筑了保护人民群众生命安全和身体健康的坚固防线。疫情期间，区委区政府严格按照"六稳六保"要求，认真落实减税降费、援企稳岗系列政策，加快推进复工复产和复商复市，新增减税降费9465万元，惠及1000多户纳税人，累计为企业争取无偿资金3485万元、各类基金1.36亿元，协调金融机构贷款8.4亿元，用实际行动帮助企业渡难关，保证全区年度主要经济指标逐月回升，部分经济指标逆势上扬，尤其是固定资产投资同比增长259.3%，增速位居全省第一，拉动全市固定资产投资增长3.2个百分点，为全市该项指标由负转正提供有力支撑。

【特色产业发展】 建龙钒钛高科产业基地加快建设，总投资23.5亿元的215平方米烧结、1200立方米高炉、100吨炼钢提钒转炉、20000立方米制氧等钒钛新材料改造升级项目建成投产。总投资43亿元的年产150万吨钒钛高科无缝管装备项目一期工程快速建设；投资5.3亿元的新建4号1.2米大圆坯连铸机项目于2021年8月底前建成投产，将成为世界最大直径的圆坯用材；总投资8亿元的建龙高端人才公寓项目基本完成前期手续。500余名博士生、研究生、"985""211"本科人才云集鹰城创业。全市项目集中开工主会场在营子矿区启动。怡达承接非首都功能疏解项目不断延伸，持续引进京津冀地区知名食品企业入驻园区，科技研发及成果转化取得重大突破，康尔润低聚木糖荣获国家科技进步二等奖，山楂黄酮、山楂牡荆素、山楂核馏油、山楂核酸、山楂低聚木糖等35个科研项目正在抓紧研发，山楂口服液、山楂含片两项产品具备生产条件，山楂产业的辐射带动作用更加凸显。金隅水泥全系列智能控制得以实现，年产值突破10亿元，税收突破亿元大关。杭氧高科技智能化制氧突破4亿立方米，空气精密分离技术达到世界领先水平，实现年产值1.5亿元。税收1500万元。铜兴公司改制迈出新步伐，实现年产值1亿元，税收1858万元。配套承接主导产业的三产服务业带动中小微企业加速成长，全区高新技术产业达到3家，科技型中小企业达到50家，年产值过亿元的企业达到6家。

【争取上级支持】 在国家有关资源枯竭城市转移支付政策即将到期，享受独立工矿区政策地区全国削减一半的形势下，区委、区政府到国家、省、市跑办对接，多次邀请国家和省市相关部门领导来矿区实地调研，赢得理解和支持。资源枯竭城市转移支付政策两轮周期结束后又成功延续一个周期，独立工矿区支持政策成功保留，省政府明确支持营子矿区建设省级经济技术政策开发区，市委、市政府专门出台《关于支持营子区钒钛产业基地高质量发展的意见》，为营子矿区进一步转型发展打开通道，赢得时间，搭建了平台。通过不懈努力，全区共谋划争取上级支持项目66个，累计争取到各类资金债券9.43亿元。

【改善发展环境】 立足推进政府治理体系和治理能力现代化，持续深化重点领域和关键环节改革，深化"放管服"改革，扎实开展"三创四建"

活动，高标准组建企业发展服务中心，健全完善重大事项领导包联、专班推进机制。搭建政企直通车，推行一线工作法，加强现场调查研究、企业政策扶持和跟踪服务，加快鹰城国控集团建设速度，力争把各类国有资产注入国控，把区属国有企业划到国控，把项目建设交给国控。国家级现代农业园区和省级经济开发区创建工作正在有序推进，投资5200万元的铁路框构桥和园区路工程全面完工，投资1.1亿元的钒钛高科产业园配套基础设施项目、投资1亿元的110千瓦时变电站建设项目、投资3450万元的怡达省级农业产业园配套基础设施一期项目正在建设，境内营商环境全面改善，发展潜力不断释放。

【脱贫攻坚】 紧盯“两不愁三保障”（不愁吃、不愁穿，义务教育、基本医疗、住房安全保障）目标，继续实施六项产业就业帮扶举措，继续落实教育、危房改造、医疗健康、饮水安全等扶贫政策，实现产业就业扶贫全覆盖。财政预算705万元专项扶贫资金全部到位，每户贫困户至少可享受2项以上扶贫政策，贫困群众年人均收入已达到9000元以上，226户571人建档立卡贫困群众全部高质量脱贫。同时，区政府建立健全防返贫长效机制，开展脱贫攻坚“回头看”，及时查漏补缺，严格落实“四不摘”，扩大防返贫保险范围，加强农业技术服务队帮扶工作。

【生态环境改善】 坚持守底线，高标准，铁腕治污，标本兼治。全面落实河长制，加快推进柳河南马圈子至火道沟段河道治理工程，推进农村污水处理设施建设，集中开展饮用水水源环境及入河排污环境及入河排污口专项整治，柳河26号桥国考断面水质达到Ⅲ类标准，小跳沟集中式饮用水水源地水质达标率继续保持100%，整体水环境质量达到全省最优行列。继续狠抓控煤、治污、管车、降尘措施落实，实施承德建龙、东晟热力扬尘和烟气深度综合治理改造工程，35蒸吨以下燃煤锅炉全部拆除改造，清洁取暖实现全覆盖。开展扬尘污染、挥发性有机物、工业炉窑及餐饮业油烟等专项治理活动，实现“散乱污”企业动态清零，全区空气优良天数比例同比提高20%，PM2.5平均浓度同比下降39%，空气环境综合指数同比下降26%。高标准开展矿山环境综合治理，实施承德金隅水泥、铜兴矿业所属矿山环境恢复治理项目，持续开展联合执法行动，对私挖乱采等行为坚持“零容忍”，露天矿山全部通过环保验收，3家达到省级绿色矿山建设标准，完成人工造林1000亩，封山育林4000亩，治理水土流失4平方公里，完成灭失矿山恢复治理4个，修复治理面积100.11亩，全区森林覆盖率达到70%，位居全市前列。

【基础设施建设】 坚持以路网为纽带、产业为支撑，构建“东接南拓”城市发展新格局。累计投入近2亿元用于完善基础设施、改善城乡环境、营涝公路大修、南环路维修和滨河西路畅通工程。在南部浅山区沿路规划新型建材和健康食品产业园，促进汪家庄镇与主城区一体化发展，投资400万元实施北山市政天桥工程，推进金隅府、建龙家园等住宅小区建设，强化新鹰城一中城市节点功能。投资2800万元实施河道清理整治工程，对城市生态景观进行综合改造提升，维修沥青路面1.7万平方米，新建停车场2处，配建车棚1600平方米，城市面貌不断改善、承载能力不断提升。

【社会事业发展】 秉持以人民为中心的发展理念，始终将人民对美好生活的向往作为奋斗目标，聚焦群众最关心最直接最现实的利益问题，坚持就业优先战略，重点保障高校毕业生、农民工、退役军人、困难群体的就业，搭建公共就业服务平台31个，召开线上招聘会20场，提供创业就业服务2051人次，发放各项补贴763万元，开展职业技能提升培训19期731人次，城镇登记失业率控制在4.5%。持续推进教育体制改革，继续提高教师待遇水平，建立处级领导联系师生制度，累计完成教育投入1.2亿元，与天卉教育集团签订为期9年的合作办学协议，新建鹰城一中主体完工。加快健康鹰城提标步伐，铜城人民医院整体迁建项目主体工程完工，疾控中心改建、第六医院传染病区改造提升等项目有序推进，核酸检测实验室建成投入使用，全年卫生事业投入1亿元，医疗卫生条件不断改善。统筹用好各级各类专项资金，加大住房保障、养老保险、失业保险、医疗教育等惠民政策落实力度，医疗、养老保险参保率分别达到96%和98%以上。扎实开展环境卫生大整治行动，累计清理建筑、生活垃圾1400余吨，清理卫生死角762个，清理僵尸车708辆，拆除乱搭乱建193处。组建联合执法大队，集中整治占道经营、店外经营、流动摊贩、非法广告、违规停车等行为，城市管理逐步向精细、精美、精致迈进。随着建龙不断扩大投资，北马圈子村整体搬迁的村民生产生活条件得到改善。

2020年鹰手营子矿区领导名录

区委书记：高浚力
副书记：杨志勇
牛立杰（女，12月免）
秦涛（12月任）
区人大常委会主任：王军
副主任：李瑞民
邓会民
孙树军
周辅民
区政府区长：杨志勇
常务副区长：孙立良（满族）
副区长：韩淑珍（女，满族，8月免）
胡连成（12月免）
王宇
李晓静
谷晓辉（1月任）
武文娟（女，满族，8月任）
区政协主席：蒋国成（3月免）
张杰（3月任）
副主席：杨永水
朱克玉
赵妍（女）
董喜军
区纪检委书记：王耀霆（满族）

（供稿　张淑琴）

承德高新技术产业开发区

【概况】 全区地区生产总值五年年均增长5.3%；规模以上工业总产值比“十二五”末增加30亿元；一般公共预算收入年均增长25.6%；累计完成固定资产投资191亿元，比“十二五”时期增加65.7亿元；社会消费品零售总额年均增长28%；全区服务业增加值年均增长11.6%，服务业劳动生产率年均增长9%。在国家级高新区排名中，由2016年的104位上升到2019年的102位，在全省31个高新区中，由2018年的19位提升到2019年的13位，主要经济指标实现“晋位升级”。加强监测调度，积极帮助企业复工复产、达产达效。制定42家重点企业领导包联制度，与10家包联单位建立常态化联系，组织区内企业学习惠企“政策面对面”活动14次，组织银企对接会6场次，及时帮助企业解决各类问题。为克服新冠疫情对经济不利影响，有针对性制定出台“鼓励企业发展十条措施”，有效降低企业经营风险和运营成本，帮助企业渡过难关。2020年，地区生产总值完成73.1亿元，同比增长4.1%；规上工业增加值完成38.7亿元，同比增长4.5%；固定资产投资完成35.9亿元，同比增长1.6%；全部财政收入20亿元，同比下降4.6%，一般公共预算收入 8.75 亿元，增长 0.3%；社会消费品零售总额完成 18.7 亿元。

【重点项目建设】 围绕涉及区域性发展、培植财源和改善民生 3 个方面，谋划实施重点项目，通过专项指挥部、领导包保和部门负责的方式，扎实推进实施。实行“专题会 + 主任办公会 + 工管委会议”会商会诊和“全程跟进 + 季度考评 + 年终考核”项目督导，及时解决项目推进中的难点问题。特变电工承德新能源装备制造续建项目列入省重点项目，总投资 15 亿元，已复工建设；列入市重点项目 13 个（含 1 个省重点项目），总投资 155 亿元，年计划投资 18.12 亿元。其中新开工项目 2 个，续建项目 5 个，保投产项目 5 个，前期项目 1 个。至年底，除挪宝项目（前期）外，其余项目均开工建设。谋划推进 26 个重点项目列入全市“十四五”规划盘子。

【科技创新】 全面落实“1+9+N”系列科技创新政策，充分用好科技政策性引导奖励资金、科技贷款贴息、科技成果转化创业投资基金作用，突出“专精特新”人才引进培育，全方位激发创新创业活力。总投资近 20 亿元，建设“创业创新苗圃—孵化器—加速器”的全程式创新创业平台，加快培育创新市场主体。至 2020 年年底，全区共有“科技小巨人”企业 13 家；高新技术企业 70 家；科技型中小企业 405 家。力海企业港一期 10 万平方米，具备 100 家企业入驻能力，入驻率达到 30%；承德微型智慧创业创新科技园实行订单式标准厂房及配套建设，总建筑面积 25 万平方米，一期出租出售率达 43%。

【基础设施建设】 持续用力强化基础设施建设，不断提升园区承载能力，为新兴产业落地和创新成果转化提供支撑。重点推进总投资近 30 亿元的“四桥七路”及其附属工程建设，年底前除西营大桥、闫营子大桥外的 9 个项目将全部实现通车，区内主要路网架构基本贯通。积极推进综合管廊工程建设，闫营子干线综合管廊完成 1.3 公里；上板城缆线管廊进场施工。新建新城、冠山、闫营子 3 座 110 千伏输变电工程，为智能装备制造及大数据等产业发展提供可靠的“双回路”供电保障。2 条北京至承德光纤直连项目，润通京承高速光缆已敷设完成；沿京承高铁光缆正随着高铁施工同步敷设。2 条光纤投用后，京承之间数据传输往返延迟可缩减至 5 毫秒左右。

【生态环境改善】 坚持精准治污、科学治污、依法治污，坚定不移补短板、强弱项，加强生态环境风险防控，狠抓生态环境保护工作。完成洁净型煤推广 1.1 万户。截至 11 月，辖区 PM2.5 平均浓度为 28 微克 / 立方米，同比减少 3.4%，达标天数为 290 天，同比增加 9 天。全面落实河长制，制定《承德高新区河长制及河湖管理员管理办法》，对各级河长职责和相关成员单位的责任分工进一步实化细化。城市集中式饮用水水源地水质达标率保持 100%，国控上板城大桥断面水质达到Ⅲ类标准。对辖区 18 个地块开展土壤污染状况调查工作，近一步规范梳理联动监管流程，确保土地开发利用土壤调查工作程序化推进。

【改革开放】 以“承德办事一次成”改革为抓手，不断提高审批服务效率，“办事一次成”实现率达到 90% 以上。各类型市场主体设立、变更、备案、注销等环节网上办理比例达到 80% 以上，企业开办时间可压缩至 1 个工作日内。积极探索工业企业投资项目“拿地即开工”模式，通过实施预受理审批制、告知承诺制等手段将工业项目开工前审批阶段压缩至 6 个工作日内。重点围绕产业发展、基础设施、财源项目，多途径多渠道开展招商。全年完成签约项目 20 个，协议总投资额达 44 亿元；其中，20 亿元以上投资项目 1 个，亿元以上投资项目 7 个。谋划储备招商项目 51 个。

【城乡建设】 圆满完成全区 82 户 191 人建档立卡贫困户脱贫攻坚任务。开展农村人居环境整治，投资 2422.09 万元重点在 13 个村实施农村生活垃圾治理、村庄污水治理、农村厕所改造及村庄基础设施建设。开展砖瓦窑、鸳窝、三道湾、上栅子、下栅子、东营、西营、闫营子 8 个村城中村改造，第一批鸳窝、砖瓦窑、三道湾 3 个村落位上图细化到户。大力实施区域环境综合整治，完成冯营子村王瑞连房屋拆除、雹神庙村拆迁剩余 8 户、101 国道改线地表清理，市容市貌明显改善。

【民生保障】 统筹推进就业、医疗、教育、养老方面工作，重点推进 10 项“民心工程”。以改善就学就医条件、提升城市环境和完善城市文化设施配套为抓手，提升区域民生承载力，打造宜居宜业的南部新城。重点加快学校和卫生院的建设，其中上板城小学、闫营子小学和和润新城小学 3 所学校开学投用，迁建冯营子初中已经完成验收；御龙瀚府幼儿园、未来城 5 号地幼儿园和铂锐山幼儿园等 9 所幼儿园实现普惠制，学前教育普惠率达 85%，超过国家标准；冯营子卫生院开工建设，上板城卫生院项目正在开展前期工作。城镇新增就业 850 人，农村劳动力 360 人，城镇失业登记率控制在 4.5% 以内。落实援企稳岗等促进就业政策 228 家，发放稳岗资金 118 万。

2020 年高新技术产业开发区工委领导名录

工　委　书　记：王国辉
工委副书记、管委会主任：孙　潇（满族）
工委专职副书记：郭建平（满族，2 月免）
工　委　副　书　记：杨玉兴（满族，3 月任）
工委委员、管委会副主任：杨文东（挂职）
王志一
杨玉兴（满族，3 月免）
工委委员、纪工委书记：王双清
工委委员、管委会副主任：徐树星（3 月任）
郭德启（满族，11 月任）
工　委　委　员：景联华（女）
王天一
薛文忠（蒙古族）
白春龙
王中明
李秀香（满族）
姜小博（3 月任，12 月免）
王　钧（3 月免）

（供稿　安　冉）

御道口牧场管理区

【概况】 2020 年，为加快建设新时代“生态大公园、魅力御道口”奠定坚实基础，在统筹做好疫情防控、巩固社会稳定、推动社会事业突飞猛进和保持经济平稳发展的情况下，较好地完成年初确定的各项目标任务。其中，市下达的一般公共预算收入完成 5091 万元（其中税收 3268 万元、非税收入 1823 万元），同比增长 63.6%。农垦集团实现营业收入 6954.05 万元，占任务 6950 万元的 100.05%，同比增长 12.6%；净利润 1111.42 万元，占任务 950 万元的 116.99%，同比增长 29.41%；职工人均年收入 5 万多元（调整前）。

【生态文明建设】 不断完善生态机制，科学布局，优化生产、生活、生态空间。御道口省级自然保护区调整方案已经省政府批复 48.93 万亩，积极争取生态红线划定 97 万亩，为严格保护、合理利用、永续发展奠定基础；完成 200 平方公里以上及 50–200 平方千米河湖管理范围划界工作，确定 9 条河流划界 3.8 万亩。不断加强生态建设。投资 3692.9 万元，实施京津风沙源治理、再造三个塞罕坝、张承坝上地区造林等生态项目6个，完成人工造林0.7万亩，围栏封育3万亩，草原生态修复7.5万亩，修复湿地1.2万亩，中幼林抚育4万亩。不断强化生态保护。持续开展“保生态、优服务、塑形象”活动，突出生态环境建设和保护的政治责任。按照精准治污、科学治污、依法治污的要求，组织开展排查污染源1585个，发现并及时处理销号污染源1个（集中供热燃煤锅炉现已改为燃气锅炉）。深入开展“6+1”专项整治活动，完成排查整改违规建设9处、违法用地项目22个，清理河湖“四乱”5处。省环保督查交办2个问题全部完成整改。持续推进清洁取暖全覆盖，为781户农户配送洁净型煤1977.6吨。重新修订《封山禁牧管理办法》，开展全年禁牧活动，打击揽畜超载放牧行为3起、清理牲畜616头。

【项目建设】 把项目作为中心之中心、要务之要务，全员发动，全体参与，全力推进。认真谋项目。围绕产业发展、民生改善、基础提升和环境治理等重点领域，持续开展项目谋划集中攻坚行动，通过“部门提、汇总商、班子定”，全年共实施重点项目13个，总投资20.3亿元，全部按计划开工建设，年内完成投资15.3亿元。积极引项目。紧盯大项目、好项目不松劲，投资10亿元的林洋200MW光伏项目，5月初开工，于12月19日并网发电，年可增加产值1亿元、税收2000万元。主动争取项目。全年共争取中央财政资金5.5亿元，是管理区自御道口牧场建场70年争取中央财政资金支持力度最大的一年。原计划投资4000万元的国家雪上项目训练基地项目，自2019年11月启动后，追加投资达到5.7亿元、由原来的1个项目增加到8个（河北承德塞罕坝国家冰上项目训练中心、圆盘滑雪滑冰气膜训练馆、越野滑雪赛道、越野滑雪赛道封闭赛道、运动表现中心、气膜游泳馆、轮滑赛道、田径场），当年已有（河北承德塞罕坝国家冰上项目训练中心、越野滑雪赛道、运动表现中心、轮滑赛道、气膜游泳馆）5个项目投入使用，已被正式命名为河北承德国家体育训练基地、田径项目国际训练基地。其中，河北承德塞罕坝国家冰上项目训练中心是国家第一个在深度贫困地区建设的专业化大型体育场馆、是全国第一个集速度滑冰、花样滑冰、短道速滑、冰壶“四合一”于一体的亚高原冰上运动综合体（获得“北京市结构长城杯”和“中国建筑钢结构金奖”）；圆盘滑雪滑冰气膜训练馆是国家第一个自主研发、中国首创、世界首例，可以全年模仿自然条件实现室内训练的滑雪滑冰模拟设备；越野滑雪封闭赛道是全国最长的“陆地雪洞”；其他项目也均按照国际标准建设。这些体育项目建设，使得管理区在全市、全省乃至全国率先实现“全年能滑雪、全年能滑冰、全年能游泳”的先进体育建设目标。全力保项目。坚决贯彻落实各项纾困惠企政策，加强调度、跟踪服务、优化环境、解决问题，保障项目稳步推进。共解决供水、供电、供气、土地指标等问题39个，破解用地需求355.8亩，帮助企业解决资金700万元，减轻企业负担905万元，缓缴土地出让金1500万元。

【产业提升】 加快培育生态旅游＋清洁能源＋食品医药“1+2”主导产业。生态旅游方面。面对疫情影响，积极调整思路，抓住入园人数较少机会，投资7000万元，积极开展月亮湖、桃山湖等核心景点升级改造。抓住河北承德国家体育训练基地建设机遇，编制完成《运动休闲小镇规划》。扎实开展旅游秩序“八整治八规范”活动，重点打击散租马、机动车碾压草场等行为，旅游环境得到进一步改善。全年购票入园8.6万人次，实现旅游门票收入344万元，综合收入7000万元。食品医药方面。以“国家一号风景大道”沿线为重点，投资116.6万元，调整特色种植1000亩；投资250万元，新建高标准农田2000亩。承德三元和承德赛优牧业奶牛存栏2983头，年产有机奶1.5万吨。完成8个标准化规模养殖小区建设，肉牛、肉羊存栏分别保持在1.5万头、1.3万只。投资5500万元，引进的国内最先进的好氧发酵罐流水线有机肥厂项目，完成调试并投入试运营。清洁能源方面。科学编制清洁能源发展规划，限制风电规模，合理布局光电。年内新上围口光伏发电20万千瓦，全区风光电企业累计装机达到95.55万千瓦，发电9.3亿千瓦时，实现税收6138万元。

【办好民生实事】 将改善民生作为全部工作的出发点和落脚点，聚焦居民饮水难、如厕难、出行难等实际问题，投资1.8亿元，重点实施了能源、污水、饮水、容貌、厕所、垃圾“六大革命”和民生工程，得到居民广泛赞誉。能源革命方面。投资2000万元，实施天然气综合利用项目，保障民商天然气供应；投资2400万元，实施清洁供热替代改造项目，结束传统烧煤供热历史；投资1700万元，实施电力增容项目，缓解区域用电紧张问题。投资415万元，全面开展洁净型煤及炉具推广工作，实现区域全覆盖。污水革命方面。投资6441万元，建设日处理能力2000立方米生活污水处理厂1座，保障主城区生活污水安全排放；投资145.7万元，实施雨水管网工程，有效缓解雨水内积内涝。饮水革命方面。投资1000万元，解决14个农村社区居民饮水问题，实现户户通自来水。村容村貌方面。投资3764万元，完成12个农村社区绿化、美化4万平方米，安装路灯763盏，硬化道路72公里，实现村村通路灯、户户通硬化路；修通牧场—围场距离最短的等级公路，区域安全通达性得到进一步提升。厕所革命方面。投资318万元，建设无害化卫生厕所1058座，实现农村社区农户全覆盖。垃圾革命方面。投资300万元，建立“农户分类、社区收集、市政转运”的垃圾处理新模式。教育医疗方面。投资130万元，对医院进行硬件设施改造及设备购置，聘用专业人员管理，改变停业状态，确保正常运转，医疗水平有效提升；投资60万元，对幼儿园的教学场地和设施进行改造提升，解决孩子室外运动冬天冷、夏天晒的问题。就业服务方面。积极申请培训资金39万元，开展防火技能提升和致富带头人培训110人次，新增就业岗位149个，带动本地居民增加收入近600万元。道路安全方面。投资100万元，建设总场部智慧交通系统，交通安全得到有效保障。

【深化改革】 坚持深化改革增活力，不断激发经济社会发展内生动力。突出主责主业。创新内部职能设置，打破原有行政事业编制限制，对13个内设行政事业单位职能进行重新调配，基本解决力量不均、运转不畅、效率不高的问题。助推企业发展。建立办社会职能改革后与农垦集团的管理、协调、沟通机制，制定印发两个监管清单，保障企业聚焦主业、轻装上阵、有序运营。将原牧场承担的教育、医疗、供水、供暖、物业、城管、治安、防火、畜牧等办社会职能单位243人整体移交管理区，每年为企业减轻负担2000万元。强化资产监管。按照中央、省市农垦改革精神，将原牧场土地和经营性国有资产（总值3.3亿元）全部划转至御道口农垦实业集团，市国资委委托管理区进行监管，公益性资产（1亿元）由管理区直接管理，农垦改革任务历时4年全部完成。健全治理体系。围绕行政决策、社会管理、公共服务等事项，建立完善创新规章制度43项，促进工作制度化、规范化、程序化。加快推进农村社区建设，组建农村社区23个，招聘社区工作人员23名，基本构建了管理区—综合服务中心—农村社区三级服务管理体系，打通服务群众最后一公里。

【平安建设】 全力推进“双控”机制建设，扎实开展安全生产集中整治三年行动，安全生产形势保持总体稳定。全力抓好信访稳定工作，制定出台信访制度13项，区领导约访接访下访145批次、281人次，处理市长热线54次，区级领导包保的8个信访积案全部化解，圆满完成“两会”、十九届五中全会等重要敏感时期维稳安保任务，社会大局和谐稳定，达到信访“三无县区”标准。建立健全农民工讨薪制度，处理农民工工资纠纷13起，共为468名农民工解决拖欠工资330.6万元。新组建工会、妇联、文联等群团组织，累计组织活动17批次、慰问312人次，发放慰问金5.9万元，群团作用有效彰显。

【疫情防控】 围绕“防输入、防扩散”目标，按照“依法防控、科学防控、精准防控”要求，推动疫情防控常态化。对辖区进行全面彻底“敲门见人”大排查，共排查1243户、3840人，全部建档立卡，动态管理。设立检查点34个，累计检查5612车次、7314人次，劝返164车次、237人次，隔离观察543人，核酸检测1523人次，全区无确诊病例、无疑似病例。强化入境人员管理，严格落实各项管控措施，先后共承接185名国家运动员回国赴基地开展训练，保障国家运动员的安全和备战2022北京冬奥会训练。积极稳妥推动复工复产和经济发展，46家企业、2所学校顺利复产复工复学。

2020年御道口牧场管理区领导名录

工委书记：刘众民（满族，兼）
工委副书记、管委会主任：刘　杰（满族）
工委副书记：冯志春（满族）
工委委员、管委会副主任：张宝儒（满族）
王海岩（满族）
工委委员：徐晓斌

（供稿　延国龙）

全国劳动模范获得者

岳丽华

岳丽华，女，38岁，中共党员，现任承德宇航人高山植物应用技术有限责任公司质量技术部经理、中级工程师。曾先后获得河北省“三三三人才第三层次人选”、河北省“五一劳动奖章”、“承德市劳动模范”、“承德市金牌工人”等荣誉称号。该同志在新产品、新技术研发方面，取得了多项自主知识产权技术成果，其中，起草并通过备案的企业标准15项，研究开发出沙棘系列新产品6种，新技术5项，申请国家发明专利4项。包括国家知识产权局授权的发明专利3项、进入实审阶段的专利1项；其中“沙棘果油、沙棘果酸”2项发明专利技术分别申请国家成果转化项目和国家创新基金项目。2018年荣获“全国五一劳动奖章”称号，2020年荣获“全国劳动模范”称号。

庞　博

庞博，男，46岁，中共党员，原国网承德供电公司副总经理、高级工程师，现冀北电力公司设备部副主任。作为省、市两级公司优秀专家人才，多次主持电网规划设计，参与多项国家、省级重点项目建设，主持建成冀北地区首个配电网标准化建设示范区。所带领的团队多次获国家电网公司先进集体，个人多次获各级优秀共产党员、先进工作者、优秀技术人才等荣誉称号。2017年荣获“全国五一劳动奖章”称号，2020年荣获“全国劳动模范”称号。

张　春

张春，男，满族，57岁，中共党员，现任承德九龙醉酒业股份有限公司健康白酒研究院院长、国家一级品酒师。积极参与公司新产品开发工作，其调制的九龙醉系列产品连续多年获河北名牌产品，多次被评为消费者信得过产品。参与了与第三军医大学健康白酒的研发工作，在保持传统白酒风格不变的基础上，利用纳米技术对传统健康白酒进行提升，由此获得国家食品药品监督管理局批准证书。成立“张春创新工作室”，大力传承工匠精神，为企业培养多名品酒师和酿酒师，其科技团队研发的健康白酒九龙醉近5年累计上交利税近16500万元。2014年获河北省劳动模范，2016年荣获“全国五一劳动奖章”称号，2020年荣获“全国劳动模范”称号。

全国先进工作者获得者

付钰椋

付钰椋，男，56岁，中共党员，承德市公安局交通警察支队副支队长、高级工程师。勤勤恳恳，任劳任怨，始终战斗在交管工作第一线，因工作出色多次立功受奖。交管工作中，结合道路通行实际，不断摸索符合承德特色的交通管理工作方法，提出“无过错赔偿”原则，被《中华人民共和国道路交通事故处理办法》采纳。2014年被评为“河北省先进工作者”，2020年获“全国先进工作者”称号。

全国文明家庭

范振喜

范振喜，男，满族，58岁，现任河北省滦平县张百湾镇周台子村党委书记。身患白血病，30多年来带领村民，将过去“穷、乱、散”的特困村建成现在的产业多元化、村庄城镇化、福利制度化、集体养老一体化、生态、文明建设常态化的富裕村。范振喜一家是妻贤子孝代代传的文明之家。妻子孝敬双亲，操持家务，照顾丈夫，支持工作。儿子、儿媳勤恳敬业，明理孝顺。疫情期间，全家为武汉捐款一万多元。多年来，先后被授予“全国劳动模范”“全国优秀共产党员”等荣誉称号。2020年，范振喜家庭被授予“全国文明家庭”称号。

全国三八红旗手

支润芳

支润芳，女，汉族，49岁，双桥区西大街街道碧园社区党支部书记。担任社区书记13年来，始终坚持以“服务社区群众，构建和谐社区”为核心，解决社区热点难点问题，开展义诊、知识讲座等志愿服务。2020年，面对突如其来的疫情，她提出“4+1”工作思路，建立起横到边，纵到底的疫情防控网络，确保小区居民无一感染。2020年，荣获“全国抗击新冠肺炎疫情先进个人”“全国三八红旗手”称号。

孟庆华

孟庆华，女，汉族，47岁，兴隆县蘑菇峪镇党委书记。带领镇、村干部团结奋进，扎实工作，使危房改造和老旧房改造、异地扶贫搬迁、产业扶持等扶贫举措得到落实，扶贫车间、旅游服务中心、花椒合作社等产业项目为巩固扶贫成果和乡村振兴夯实了基础，9个贫困村和1387户贫困户3426人全部实现脱贫退出。探索信访工作新机制，构建维稳大格局。探索实行利用二维码开展党务、村务公开工作，创新做法被新闻媒体报道和上级领导批示，在全县推广。2020年被授予“全国三八红旗手”。

全国拥军模范

曲纪双

曲纪双，女，承德金航商贸有限公司董事长。她30年来先后走访慰问军人、退役军人和军烈属等重点优抚对象780多人次，救助贫困家庭39户，协调有关部门和企业出资近3000万元，用于县敬老院建设和慰问老军人。从捐拥军物资到送文化进军营，从个人拥军到牵头成立承德爱国拥军联合会，带动更多人参与，用实际行动支持部队建设，用真情爱心温暖广大官兵。2020年10月获得“全国爱国拥军模范”称号。

全国优秀共青团员和少先队员

王莹莹

王莹莹，女，28岁，汉族，现任兴隆县第一税务分局副分局长。积极履行团员义务，爱岗敬业，针对不同纳税人的特点和需求，提供周到细致的个性化服务。在新冠疫情严峻形势下，推行预约办、错峰办、容缺办，每天接受纳税人咨询、现场辅导百余户次。连续几年被评为优秀公务员，获得两个“岗位能手”称号。2020年，被授予“全国优秀共青团员”称号。

李一拧

李一拧，女，营子区滨河路小学六年级三班学生。一至六年级一直担任班长，担任六（3）

中队的中队长。她品学兼优，诚实善良，充满爱心，乐观向上，自尊自信，班级工作尽职尽责，同学们都亲切地称她为“小老师”。参加“防控疫情与法同行”主题征文活动，获得河北省小学组一等奖。2020 年被授予“全国优秀少先队员”。

中国好人

金秋芳　马国儒

金秋芳、马国儒夫妇是双滦区钢城街道凤凰社区居民。2020 年新冠疫情发生后，夫妻二人主动请战，双双奋战在社区抗击疫情第一线，义务参加值班值守、入户排查、巡逻消毒，共同投身疫情防控工作中，成为疫情防控中的“最美党员夫妻”。2020 年 7 月被评为“中国好人”。

逝世人物

王　信

王信（1925—2020），男，1925 年 10 月出生于河北承德市，当代著名水彩画家、中国画画家、年画画家。中国美术家协会会员，河北美术家协会顾问，河北水彩画研究会名誉会长，曾任承德市文联副主席、承德市群艺馆研究馆员、国家一级美术师。王信早年毕业于热河师范，1948 年参加工作，50 年代初曾在热河省文联从事美术工作，参与原热河省美术活动的开拓性工作，主持《热河画报》的出版并任主编，在挖掘、整理民间美术的基础上编辑出版了《热河窗花集》。同时期创作的新年画《翻身乐》《爱和平》《未婚媳妇到婆家》，宣传画《我们就是需要和平》由人民美术出版社、东北人民出版社向全国出版发行。1953 年创作的水彩画《你们都好》《雨后》入选第二届全国美展，并选入民族出版社出版的《全国少数民族美术作品选集》。

50 年代中期以后在辽宁美术出版社任专职画家，创作和出版大量的年画、中国画和水彩画。1959 年创作的中国画《春风吹又生》参加东北三省美展并在北京展出，并由对外文委收藏后做为国礼赠与朝鲜民主主义共和国。60 年代初创作的年画《红灯高照》《革命红旗代代传》入选全国年画展，并由《美术》《人民日报》《光明日报》《中国青年报》发表。水彩画《早雾》《丛林初日》《延边秀色》分别选入上海人民美术出版社出版的《全国水彩画选集》和《水彩画新辑》。为探求水彩画的表现新技法和民族风格，他曾先后到东北大兴安岭林区、内蒙古草原、江南水乡写生。在水彩画创作上崇尚师法自然，注重深入生活，反映生活。表现技法力求发挥“水”“彩”妙韵并吸收中华民族传统绘画技法，画面用笔用色淋漓酣畅，明快清新。80 年代初开始创作大幅水彩画，《应试》《夏营地的傍晚》入选河北省少数民族美展并获优秀作品奖。1984 年创作的水彩画《深山情》入选第六届全国美展，获河北省美术创作一等奖，又被选入中国对外文献编委会、中央美院编辑出版的外文版《中国当代美术》。1989 年创作《山泉》入选第七届全国美展，获河北美术创作一等奖，选入《第七届全国水彩、粉画选集》并由深圳美术馆收藏。水彩画《山中小店》《高粱熟了》《离离原上草》分别入选第一、二、三届全国水彩、粉画展，《北方文学》入选中国首届水彩艺术展、《最北的村落》《小街》参加全国水彩艺术展并选入《中国当代水彩画艺术》大型画册。1997 年水彩画《古老的村道》《林中小溪》入选河北教育出版社出版的大型水彩画册《中国水彩艺术》。1998 年水彩画《套羊》入选中国美术分类全集《中国现代美术全集》（水彩卷）并入写《中国水彩画史》一书。此外，尚有多幅作品在日本、韩国、美国、新加坡等地展出。辽宁省美协、河北省美协分别为他举办了个人水彩画展。展出作品 300 余幅。

1985 年参加全国第四次美代会，获中国文化部、中国美协颁发的全国优秀年画作者奖。1985年因创作中堂年画《婆媳和睦》获河北省“四化建设新人新貌文艺评奖”优秀作品奖。1997年获承德市委、市政府颁发的首届文艺繁荣奖。出版了《王信水彩画选集》《王信水彩画选辑》《王信水彩画专辑》等个人作品专集。个人小传与艺术成就收入《中国美术家人名辞典》《中国当代国画家辞典》《世界美术家辞典》等大型辞书中。在《可爱的河北》一书“文苑群芳”章节现代名家及名作中列专目评价。

曲德昌

曲德昌(1929—2020)，男，1929年12月出生于辽宁省建平县，1947年8月参加革命工作，1949年9月加入中国共产党。1947年9月在辽宁省建平县参加第四区革命工作，先后任青年委员、组宣委员、区委书记；1954年6月任中共建平县委组织部副部长；1955年3月任热河省检察院监督科科长；1959年3月任隆化县检察院检察长；1965年6月任滦平县四清工作分团党委书记；1968年1月任隆化县人民法院院长；1978年5月任隆化县县委常委、革委会副主任、县委副书记、政协主席；1983年9月任承德地区中级人民法院院长；1989年7月任承德地区中级人民法院党组成员（副专员级）；1990年2月离休。

曲德昌热爱党、热爱祖国，在检察院、法院等政法部门工作期间，坚决执行党和国家依法治国的方针路线，始终在政治上、思想上、行动上与党中央保持高度一致。他光明磊落，襟怀坦荡，工作勤奋，尽职尽责，廉洁奉公，艰苦朴素，诚恳待人，作风正派，在同事亲友中享有较高威望。他对子女从严教导，以身作则，为党，为人民培养出了栋梁之才。离休后，曲德昌同志仍然十分关心法治事业，衷心拥护以习近平同志为总书记的中共中央的领导，对党、对祖国、对人民、对法治事业的未来充满信心。曲德昌同志的一生，是革命的一生，战斗的一生，他把毕生精力全部贡献给了为之奋斗的共产主义事业。

承德市2020年国民经济和社会发展统计公报

承德市统计局 国家统计局承德调查队

（2021年3月2日）

2020年，面对严峻复杂形势和新冠肺炎疫情严重冲击，在市委、市政府正确领导下，全市上下坚持以习近平新时代中国特色社会主义思想为指导，认真贯彻中央和省各项决策部署，坚持稳中求进工作总基调，统筹疫情防控和经济社会发展，全力做好"六稳"工作、全面落实"六保"任务，经济逐步恢复，民生保障有力，为全面开启新时代生态强市、魅力承德现代化建设新征程奠定了坚实基础。

一、综　合

初步核算，全年实现全市生产总值1550.3亿元，比上年增长4.0%。其中，第一产业增加值336.3亿元，增长5.3%；第二产业增加值497.5亿元，增长5.0%；第三产业增加值716.5亿元，增长2.7%。三次产业增加值占生产总值的比重由上年的20.2∶32.8∶47.0调整为21.7∶32.1∶46.2。

全年公共财政预算收入116.1亿元，比上年增长3.3%。公共财政预算支出456.4亿元，增长9.9%。其中，一般公共服务支出45.9亿元，增长12.9%；教育支出83.2亿元，增长3.6%；社会保障和就业支出55.8亿元，增长9.4%；卫生健康支出50.4亿元，增长17.3%；节能环保支出23.7亿元，增长2.7%；交通运输支出36.1亿元，增长40.3%；文化旅游体育与传媒支出8.8亿元，增长3.9%。

全年实现民营经济增加值958.5亿元，比上年增长4.3%，比生产总值增速快0.3个百分点，民营经济增加值占生产总值的比重为61.8%，比上年提高0.02个百分点。民营经济中，第一产业增加值42.9亿元，下降0.9%；第二产业增加值465.6亿元，增长6.2%；第三产业增加值450.0亿元，增长2.5%。

据抽样调查，居民消费价格比上年上涨2.3%。其中，食品烟酒类上涨5.8%，衣着类上涨0.1%，居住类下降0.1%，生活用品及服务类上涨0.2%，交通和通信类下降3.3%，教育文化和娱乐类上涨3.1%，医疗保健类上涨1.2%，其他用品和服务类上涨7.0%。（居民消费价格指数见附表三）

二、农　业

全年粮食种植面积425.9万亩，比上年增长1.2%。其中，谷物334.2万亩，增长0.8%，豆类9.5万亩，增长1.1%；薯类82.2万亩，增长3.0%。在谷物播种面积中，玉米251.8万亩，下降0.5%；稻谷8.0万亩，增长1.4%。蔬菜播种面积（播种并收获）97.1万亩，增长4.0%；中草药材播种面积34.1万亩，增长3.7%；瓜果播种面积2.7万亩，增长0.9%。

全年粮食总产量146.5万吨，比上年增加1.9

万吨，增长1.3%，粮食平均亩产344公斤，与上年基本持平。在粮食总产量中，谷物106.0万吨，增长3.2%；豆类1.6万吨，下降11.8%；薯类（折粮）39.0万吨，下降2.9%。在谷物中，玉米90.5万吨，增长3.2%；稻谷3.4万吨，增长11.4%。蔬菜及食用菌总产量431.6万吨，增长7.2%。其中，食用菌（干鲜混合）达到75.7万吨，增长12.5%。中草药材总产量16.6万吨，增长3.3%。瓜果总产量7.0万吨，增长3.8%。（主要农产品产量见附表一）

全年园林水果、食用坚果产量分别为109.2万吨、20.7万吨。其中，苹果产量67.9万吨，增长13.2%；梨产量12.2万吨，增长2.8%；红果产量22.4万吨，增长8.8%；板栗产量17.8万吨，增长20.6%；核桃产量1.2万吨，增长7.3%。

全年猪牛羊禽肉产量38.1万吨，增长2.1%。其中，猪肉产量12.9万吨，增长0.2%；牛肉产量11.4万吨，增长5.1%；羊肉产量2.2万吨，增长1.8%；禽肉产量11.6万吨，增长1.7%。禽蛋产量11.1万吨，增长0.6%；奶类总产量10.7万吨，增长10.7%。生猪存栏89.4万头，增长11.4%；牛存栏72.0万头，增长1.1%；羊存栏94.9万只，增长5.0%；家禽存栏2327.7万只，增长1.1%。生猪出栏163.0万头，下降2.6%；牛出栏68.0万头，增长3.9%；羊出栏156.7万只，增长0.3%；家禽出栏7853.3万只，增长1.3%。

水产品养殖面积2.4万亩，比上年下降5.9%。其中，水库养殖 1.9万亩，增长28.6%。水产品总产量0.4万吨，下降8.5%。

三、工业和建筑业

381家规模以上工业企业实现工业增加值比上年增长3.9%。从控股情况和登记注册类型看，国有控股企业增加值增长3.3%，股份制企业增加值增长3.9%。从门类看，采矿业增加值增长9.9%，制造业增加值增长0.2%，电力、热力、燃气及水生产和供应业增加值增长6.1%。从轻重工业看，轻工业增加值下降10.8%，重工业增加值增长5.3%。

在规模以上工业企业中，黑色金属矿采选业84家，实现增加值增长10.5%；黑色金属冶炼及压延业6家，实现增加值下降1.1%，两行业占规模以上工业的比重为53.8 %，拉动规模以上工业增长2.2个百分点。食品制造业增加值下降44.4%，农副食品加工业增加值增长18.9%，酒和饮料制造业增加值下降17.1%，电力、热力生产和供应业增加值增长6.1%，装备制造业增加值增长30.9%，医药工业增加值增长1.1%，煤炭开采和洗选业、石油加工炼焦和核燃料加工业、化学原料和化学制品制造业、非金属矿物制品业、黑色金属冶炼和压延加工业、电力热力生产和供应业6大高耗能行业增加值增长1.6%。97家高新技术产业企业实现增加值增长14.4%，其中新能源增加值占比高达53.4%。

规模以上工业企业实现营业收入1488.4亿元，比上年增长2.7%；实现利润总额106.1亿元，增长18.3%。每百元营业收入中的成本为80.7元，减少1.5元；工业企业资产负债率为72.2%，下降1.1个百分点。年末亏损企业83家，累计亏损额为7.4亿元，比上年下降26.6%。

规模以上工业企业产品销售率为98.1%，比上年下降1.8个百分点。规模以上工业企业产品产量中，铁矿石原矿24998.8万吨，增长10.8%；生铁1100.2万吨，下降10.1%；粗钢1098.1万吨，下降10.5%；钢材1039.6万吨，下降2.8%；水泥1144万吨，下降5.6%；发电量216.6亿千瓦小时，增长2.7%，其中风力发电量99.4亿千瓦小时，增长14.1%，光伏发电量12.5亿千瓦小时，增长1.8%；中成药2859.3吨，下降2.5%；白酒1920.4万升，下降34.7%。（规模以上工业企业主要产品产量见附表二）

初步核算，全年建筑业增加值110.0亿元，比上年增长 9.6%。资质等级以上总承包及专业承包建筑企业 237 家，有施工活动的企业 221 家。签订合同总额 286.7 亿元，增长 25.8%。其中，本年新签合同额 180.6 亿元，增长 44.9%。房屋建筑施工面积 750.5 万平方米，下降 3.6%。房屋建筑竣工产值 93.9 亿元，增长 27.6%。

四、固定资产投资

全年固定资产投资额（不含农户）比上年增长 4.2%。其中，城乡建设项目投资增长 6.4%。从产业看，第一产业投资下降 18.5%。第二产业投资增长 2.1%，其中工业投资增长 2.1%。工业投资中，黑色金属矿采选业下降 12.2%；黑色金属冶炼及压延业增长 169.7%；医药制造业下降 83.7%；农副食品加工业增长 2.6%；汽车制造业下降 47.8%；电力热力生产及供应业下降 29.1%；工业技术改造下降 5.9%。第三产业投资增长 6.6%。其中，交通运输、仓储和邮政业增长 41.8%；水利、环境和公共设施管理业增长 14.3%。国有投资增长 31.9%，民间投资下降 7.9%。

全年房地产开发投资 181.4 亿元，比上年下降 0.1%。其中，商品住宅投资 131.7 亿元，下降 3.5%。房屋施工面积 1968.7 万平方米，增长 11.1%；房屋竣工面积 227.2 万平方米，下降 22.3%。商品房屋销售面积 314.1 万平方米，增长 32.3%。

五、国内贸易与对外经济

全年实现社会消费品零售总额 474.1 亿元，比上年下降 2.5%。其中，城镇消费品零售额 363.6 亿元，下降 0.1%；乡村消费品零售额 110.5 亿元，下降 9.6%。

215 家限额以上企业（单位）全年实现消费品零售额 108.6 亿元，比上年下降 3.2%。限额以上批发零售企业零售额中，粮油、食品类 22.3 亿元，下降 0.2%；烟酒类 9.0 亿元，下降 9.7%；服装、鞋帽、针织品类 7.6 亿元，下降 24.6%；日用品类 3.5 亿元，下降 10.9%；金银珠宝类 1.3 亿元，下降 9.4%；家用电器和音像器材类 3.4 亿元，下降 11.7%；中西药品类 4.1 亿元，增长 20.1%；文化办公用品类 2.2 亿元，增长 20.6%；石油及制品类 21.4 亿元，下降 6.4%；汽车类 20.3 亿元，增长 19.8%。

全市实际利用外资完成 2.2 亿美元，比上年增长 294.4%，增速居全省第一位。全年新批外商投资企业 5 家，下降 61.5%；新批合同外资额 1.2 亿美元，下降 43.6%。

据海关统计，全市进出口总值 2.4 亿美元，比上年下降 27.9%，其中出口 1.7 亿美元，下降 36.6%。

六、文化和旅游

2020 年年末，全市拥有广播电台 9 座，广播节目 20 套，中、短波发射台和转播台 5 座，广播覆盖率为 97.6%；电视台节目 19 套，电视发射台和转播台 10 座，电视覆盖率为 99.1%；有线电视用户数达 43.1 万户，入户率达 31.0%；拥有文化馆 11 个，文化站 218 个，艺术表演场所 19 个，公共图书馆图书总藏量达 95.6 万册。

全市新增市区游 1 路旅游公交专线、北京东直门至丰宁大滩中国马镇景区直通车 2 条旅游客运服务线路，正式开通京津冀首趟旅游班列“乐享河北号”。推出了夜游蟠龙湖梦幻灯光秀、全国首部沉浸式皇家园林体验剧《梦入避暑山庄》、《避暑山庄历史事件数字再现》等 50 余个新业态、新项目，金山岭长城、国家“一号风景大道”等 16 个精品景区列入首批冀辽蒙精品旅游环线，兴隆山景区、金山岭长城、中国马镇旅游度假区等 9 家景区入选“河北百大人气目的地”。疫情期间，全市开展文化惠民“云演出”活动 432 场，创作抗疫主题文艺作品 700 余部（个），开展“高雅艺术进承德”大型文艺演出 35 场，举行各类惠民演出2218场，观众近90万人次。

据市旅游部门提供，全年接待境内外游客2800.1万人次，比上年下降64.8%；实现旅游收入300亿元，下降71.0%。

七、交通、邮电

全年公路客运量320.2万人，客运周转量32465.7万人公里；公路货运量4390.9万吨，货运周转量1151905.8万吨公里。全年建成各等级公路989公里，投资32.8亿元。其中，普通干线公路新建续建17条段378公里，建成通车105公里；农村公路新改建884公里，完成180个自然村组道路硬化，建成美丽农村路191公里。干线公路技术状况指数MQI达到92.3，超过全省平均水平。全年完成隧道提质升级等大中修工程121项。城乡客运一体化加快推进，全市县城20公里范围内的农村客运线路公交化运行率达到80%，40%的乡镇基本完成农村客运班线公交化改造。交通运输污染防治有力有序，市区新增及更换200台纯电动公交车，完成省市新增及更换新能源公交车比重85%以上目标。承德普宁机场2020年新开通航线1条，累计开通航线14条，通达15个城市，全年旅客吞吐量达32.6万人次。京沈高铁承德段实现全线通车。

全年实现快递业务总量1755.1万件，比上年增长36.7%；邮政业务总收入6.75亿元，增长22.3%；快递业务总收入4.27亿元，增长36.9%；订销报刊杂志累计份数4874.3万份，下降2.6%；年末全市有邮政局（所）226处，邮路总长度（单程）4615公里，增长7.5%。电信业务总收入（移动、联通、电信公司）23.3亿元，比上年增长4.5%。移动电话年末用户411.0万户，增长1.4%；互联网宽带接入用户111.1万户，增长22.5%。

八、金融和保险业

年末，金融机构人民币各项存款余额3212.8亿元，比年初增长10.5%。其中，住户存款2367.8亿元，增长13.6%；非金融企业存款410.9亿元，增长8.8%。年末金融机构人民币各项贷款余额2696.8亿元，比年初增长9.2%。住户贷款余额1137.5亿元，增长13.0%。其中，短期贷款407.7亿元，增长16.9%；中长期贷款729.8亿元，增长10.9%。非金融企业及机关团体贷款1559.3亿元，增长6.6%。

据保险行业协会提供，全市人身险保费收入55.5亿元，比上年增长1.8%；赔款、给付金额11.1亿元，与上年持平。财产险保费收入24.0亿元，增长10.3%；财产险赔付金额11.8亿元，增长11.1%。交强险保费收入4.8亿元，增长11.8%；交强险赔付金额2.4亿元，增长1.4%。

九、科学技术和教育

全市新增高新技术企业40家，科技型中小企业140家。围绕“3+3”主导产业和优势特色产业发展，组织实施市级以上科技计划项目131项，投入资金1.05亿元。引进省级创新团队5个，新增河北省科技型中小企业创新英才17人。科技创新服务载体建设取得显著进步，全年新增省级科技创新服务平台23个，新建市级技术创新平台8个，和合众创空间和滦平县泰融众创空间跃升为国家级众创空间。成功举办了由省政府主办的承德国家可持续发展议程创新示范区建设推进大会，成立了承德市国家可持续发展促进服务中心，组建了创新示范区建设专家咨询委员会。

2020学年，全市拥有幼儿园1015所，学前三年毛入学率达91%，在公办和普惠园就读幼儿占比达80.1%，省级城市示范性幼儿园27所，70%的农村幼儿园达到农村二类园以上标准。义务教育阶段入学率达到100%，巩固率达到98.6%。高中阶段毛入学率达92.3%，省级示范性高中15所，在省级示范性高中就读学生数占高中学生数的比例达77%。适龄残疾儿童入学率达到97%。

全市拥有普通高等学校6所，专任教师3176人，在校学生5.74万人；中等职业教育学校24所，专任教师2429人，在校学生3.94万人；普通中学135所，专任教师15967人，在校学生21.22万人；小学452所，专任教师18419人，在校学生26.76万人。

十、体育、卫生和健康

完成河北承德塞罕坝国家冰上项目训练中心、7.5千米冬季两项赛道等6个项目建设，河北承德塞罕坝国家冰上项目训练中心荣获“中国钢结构金奖”和“北京市结构长城杯”金质奖。启动了涵盖60余项冰雪赛事活动的“2020承德冰雪嘉年华”，共直接、间接吸引150万人参与冰雪运动。成功举办了2020承德“体育消费季”暨“向抗疫英雄捐赠”活动，近20家体育企业自愿向援鄂医护人员及全市医护工作者捐赠了价值约1500万元的“健身大礼包”。扎实开展全民健身普及工程，为127个行政村配发健身器材，实现了全市所有行政村健身器材全覆盖。

全市拥有体育场馆35个，体校及业余体校4个，重点体校及业余体校1个，体育俱乐部25个，体育社团组织52个。2020年新增二级运动员67人，社会体育指导员（二级）182人。全年开展群众体育活动100次，约150万人参与其中。在省及以上级比赛中共获得金牌39枚、银牌31枚、铜牌31枚。

初步统计，年末全市拥有公立卫生健康机构2897个，其中医院36个；公立卫生健康机构医生（执业医师和执业助理医师）8839人，注册护士9012人；公立卫生健康机构实有床位2.19万张，其中医院拥有1.5万张；公立卫生健康机构在岗职工2.81万人，其中卫生技术人员2.15万人。

十一、居民生活和社会保障

据抽样调查，全市居民人均可支配收入23223元，比上年增长6.4%。按常住地分，城镇居民人均可支配收入33918元，增长4.8%；农村居民人均可支配收入13190元，增长9.0%。

年末全市城镇职工基本养老保险参保人数83.1万人，城乡居民社会养老保险参保人数179.2万人；城镇职工基本医疗保险参保人数48.2万人，城乡居民基本医疗保险参保人数289.9万人。工伤保险参保人数70.6万人；生育保险参保人数32.4万人；失业保险参保人数33.7万人。全年城镇新增就业人员46274人，年末城镇登记失业人员21579人，城镇登记失业率为3.82%。

全年城市居民最低生活保障人数1.8万人，农村居民最低生活保障人数18.0万人；年末养老机构103个，床位1.3万张；社会福利院1个，福利院床位220张；城市社区服务站195个，城市社区综合服务设施覆盖率达100%。

十二、生态保护

市区空气质量达标天数为322天，占全年总天数的88.0%，比上年提高3.6个百分点；市区PM2.5浓度年均值为27微克每立方米，减少2微克；全市5个国家考核点位城市集中式饮用水源地水质达标率保持100%。全年完成营造林167.7万亩，村庄绿化1.1万亩，草地修复治理49万亩。

2020年承德市主要农产品产量一览表

附表 1

产品名称	计量单位	绝对数	比上年增长%
粮食	万吨	146.5	1.3
#玉米	万吨	90.5	3.2
稻谷	万吨	3.4	11.4
豆类	万吨	1.6	−11.8
薯类（折粮）	万吨	39.0	−2.9
油料	万吨	2.4	−5.9
食用菌（干鲜混合）	万吨	75.7	12.5
食用坚果	万吨	20.7	19.4
园林水果	万吨	109.2	10.8
猪牛羊禽肉产量	万吨	38.1	2.1
#猪肉	万吨	12.9	0.2
牛肉	万吨	11.4	5.1
羊肉	万吨	2.2	1.8
禽肉	万吨	11.6	1.7
禽蛋	万吨	11.1	0.6
奶类总产量	万吨	10.7	10.7
生猪出栏	万吨	163.0	−2.6
牛出栏	万头	68.0	3.9
羊出栏	万只	156.7	0.3
生猪存栏	万头	89.4	11.4
牛存栏	万只	72.0	1.1
羊存栏	万只	94.9	5.0

2020年承德市规模以上工业企业主要产品产量一览表

附表 2

产品名称	计量单位	绝对数	比上年增长（%）
粗钢	万吨	1098.1	-10.5
钢材	万吨	1039.6	-2.8
生铁	万吨	1100.2	-10.1
水泥	万吨	1144	-5.6
白酒	万升	1920.4	-37.4
饮料	万吨	43	10.9
中成药	吨	2859.3	-2.5
发电量	亿千瓦时	216.6	2.7
风电	亿千瓦时	99.4	14.1
光伏	亿千瓦时	12.5	1.8

2020年承德市居民消费价格指数一览表

附表 3

类 别	累计同比指数（上年=100）
居民消费价格总指数	102.3
食品烟酒	105.8
粮食	102.3
鲜菜	106.1
畜肉	127.6
水产品	104.0
蛋	85.7
鲜果	81.0
衣着	100.1
居住	99.9
生活用品及服务	100.2
交通和通信	96.7
教育文化和娱乐	103.1
医疗保健	101.2
其他用品和服务	107.0

说明：1.公报中部分数据为快报数。

2.生产总值、各产业增加值绝对值按现行价格计算，增长速度按可比价格计算。

3.公报中一、五、六、七、八、九、十、十一、十二中部分数据由相关部门提供。

承德市与全省、全国主要指标对比

（2020年）

主要指标	绝对量(亿元)			比上年增长%			绝对量占全省比重%	绝对量占全国比重%
	承德市	河北省	全国	承德市	河北省	全国		
国内(地区)生产总值	1550.3	36206.9	1015986	4.0	3.9	2.3	4.3	0.15
#一产增加值	336.3	3880.1	77754	5.3	3.2	3.0	8.7	0.43
二产增加值	497.5	13597.2	384255	5.0	4.8	2.6	3.7	0.13
三产增加值	716.5	18729.6	553977	2.7	3.3	2.1	3.8	0.13
规模以上工业增加值	–	–	–	3.9	4.7	2.8	–	–
规模以上工业利润总额	106.1	2038.1	64516	18.3	−1.4	4.1	5.2	0.16
固定资产投资	–	–	518907	4.2	3.2	2.9	–	–
社会消费品零售总额	474.1	12705.0	391981	−2.5	−2.2	−3.9	3.7	0.12
全体居民人均可支配收入（元）	23223	27136	32189	6.4	5.7	2.1	85.6	72.15
#城镇居民人均可支配收入(元)	33918	37286	43834	4.8	4.3	1.2	91.0	77.38
农村居民人均可支配收入(元)	13190	16467	17131	9.0	7.1	3.8	80.1	76.99
出口总值	12.0	2521.9	179326	−36.1	6.4	4.0	0.5	0.01
公共财政预算收入	116.1	3826.4	182895	3.3	2.3	−3.9	3.0	0.06

各市主要经济指标

（2020年）

	地区生产总值（亿元）				#第一产业（亿元）				第二产业（亿元）				第三产业（亿元）			
	绝对值	位次	增长%	位次	绝对值	位次	增长%	位次	绝对值	位次	增长%	位次	绝对值	位次	增长%	位次
全　省	36206.9	–	3.9	–	3880.1	–	3.2	–	13597.2	–	4.8	–	18729.6	–	3.3	–
石家庄市	5508.7	2	3.9	7	440.8	2	3.5	4	1479.0	3	2.8	9	3588.9	1	4.3	1
承德市	1550.3	11	4.0	5	336.3	5	5.3	1	497.5	9	5.0	4	716.5	11	2.7	10
张家口市	1600.1	9	3.6	10	267.7	8	3.6	3	430.9	11	2.2	11	901.4	8	4.3	1
秦皇岛市	1685.8	8	4.2	3	233.1	10	3.4	8	551.3	8	8.5	1	901.4	9	1.5	11
唐山市	7210.9	1	4.4	1	593.4	1	2.9	10	3836.7	1	5.2	3	2780.7	2	3.5	7
廊坊市	3301.1	6	3.5	11	221.5	11	0	11	1022.0	6	2.6	10	2057.6	3	4.3	1
保定市	3353.3	5	3.9	7	391.6	3	3.5	4	1109.7	5	4.6	5	1852.0	5	3.4	8
沧州市	3699.9	3	4.1	4	315.0	6	3.5	4	1433.8	4	4.6	5	1951.2	4	3.7	5
衡水市	1560.2	10	4.0	5	235.1	9	3.5	4	489.6	10	4.6	5	835.6	10	3.7	5
邢台市	2200.4	7	3.7	9	311.6	7	4.5	2	823.2	7	2.9	8	1065.5	7	4.1	4
邯郸市	3636.6	4	4.3	2	376.6	4	3.4	8	1571.3	2	5.5	2	1688.6	6	3.1	9

各市主要经济指标（续一）

（2020年）

	规模以上工业增加值		规模以上工业利润总额（亿元）				固定资产投资	
	增长%	位次	绝对值	位次	增长%	位次	增长%	位次
全　省	4.7	–	2038.1	–	-1.4	–	3.2	–
石家庄市	1.7	9	292.6	2	-6.5	8	-19.9	11
承 德 市	3.9	7	106.1	7	18.3	4	4.2	5
张家口市	1.3	11	75.0	10	26.1	3	2.6	9
秦皇岛市	8.5	1	173.2	4	33.2	2	4.5	3
唐 山 市	8.5	1	477.6	1	-13.8	10	4.7	1
廊 坊 市	3.5	8	103.8	8	15.5	5	4.7	1
保 定 市	6.1	4	152.8	5	35.8	1	3.8	7
沧 州 市	4.1	6	76.2	9	-49.3	11	4.2	5
衡 水 市	4.5	5	66.5	11	-12.7	9	3.8	7
邢 台 市	1.7	9	114.1	6	-1.4	7	-14.5	10
邯 郸 市	6.3	3	251.0	3	7.2	6	4.3	4

各市主要经济指标（续二）

（2020年）

	社会消费品零售总额（亿元）				限额以上企业（单位）消费品零售额（亿元）				实际利用外资（万美元）			
	绝对值	位次	增长%	位次	绝对值	位次	增长%	位次	绝对值	位次	增长%	位次
全　省	12705	–	-2.2	–	3537	–	-1.3	–	1103116	–	7.3	–
石家庄市	2279.6	1	-3.4	10	757.6	1	-9.7	10	183038	2	13.1	2
承 德 市	474.1	11	-2.5	7	108.6	11	-3.2	7	21519	11	294.4	1
张家口市	562.3	10	0.5	1	242.8	7	50.4	1	48940	9	5.1	9
秦皇岛市	564.4	9	-3.6	11	153.2	10	-11.0	11	132328	4	10.2	6
唐 山 市	2027.6	2	-3.2	9	338.6	4	-6.6	9	194548	1	7.9	7
廊 坊 市	1330.1	4	0.2	2	449.2	2	8.1	2	87399	6	-20.9	11
保 定 市	1361.7	3	-1.5	4	408.4	3	-0.2	4	103112	5	5.8	8
沧 州 市	1052.0	6	-3.0	8	307.1	5	-4.8	8	80191	7	11.8	5
衡 水 市	578.6	8	-2.2	5	173.3	9	-3.0	5	28305	10	4.2	10
邢 台 市	979.1	7	-0.7	3	237.4	8	0.5	3	77054	8	12.4	4
邯 郸 市	1200.9	5	-2.2	5	291.8	6	-3.1	6	134462	3	12.8	3

各市主要经济指标（续三）

（2020年）

	#直接利用外资（万美元）				进出口总值（亿元）(1—12月)				#出口总值（亿元）（1—12月）			
	绝对值	位次	增长%	位次	绝对值	位次	增长%	位次	绝对值	位次	增长%	位次
全　省	1085077	—	10.2	—	4410.4	—	10.2	—	2521.9	—	6.4	—
石家庄市	181233	2	12.7	6	1341.1	1	14.0	3	785.6	1	19.9	3
承德市	16531	11	531.4	1	16.3	11	−27.6	11	12.0	11	−36.1	11
张家口市	48647	9	13.0	5	39.1	10	22.1	2	30.6	10	46.9	1
秦皇岛市	132328	3	10.3	7	359.1	4	0.1	8	206.7	5	−9.2	9
唐山市	194361	1	8.3	9	1021.1	2	39.0	1	350.2	2	19.1	4
廊坊市	87399	6	−20.7	11	392.4	3	11.4	5	170.4	7	−7.1	8
保定市	96621	5	16.4	3	293.7	6	−21.9	10	255.7	3	−22.3	10
沧州市	80191	7	15.7	4	318.3	5	−14.8	9	171.7	6	−6.4	7
衡水市	27894	10	5.8	10	235.4	7	0.6	7	219.8	4	2.4	6
邢台市	76862	8	45.5	2	169.8	9	9.7	6	150.9	9	17.9	5
邯郸市	130792	4	10.0	8	211.7	8	12.8	4	158.1	8	30.2	2

注：利用外资数据由市商务局提供。
进出口数据由石家庄海关提供，石家庄市、保定市进出口总值为含辛集、定州数。

各市主要经济指标（续四）

（2020年）

	#公共财政预算收入（亿元）			
	绝对值	位次	增长%	位次
全　省	3826.4	—	2.3	—
石家庄市	605.0	1	11.0	1
承德市	116.1	11	3.3	8
张家口市	175.5	8	4.1	7
秦皇岛市	158.5	9	10.0	2
唐山市	507.1	2	9.0	5
廊坊市	360.1	3	−7.3	11
保定市	280.7	5	3.0	9
沧州市	275.4	6	−2.9	10
衡水市	127.3	10	4.3	6
邢台市	175.9	7	10.0	2
邯郸市	287.8	4	9.8	4

各市主要经济指标（续五）

（2020年）

	全体居民人均可支配收入（元）				城镇居民人均可支配收入(元)				农村居民人均可支配收入（元）			
	绝对值	位次	增长%	位次	绝对值	位次	增长%	位次	绝对值	位次	增长%	位次
全　省	27136	–	5.7	–	37286	–	4.3	–	16467	–	7.1	–
石家庄市	30955	3	5.5	9	40247	3	4.4	6	16947	3	6.9	10
承 德 市	23223	11	6.4	2	33918	9	4.8	3	13190	11	9.0	2
张家口市	25674	7	6.3	4	35595	6	4.5	5	14166	10	9.2	1
秦皇岛市	28417	4	5.6	8	39931	4	4.1	9	16088	6	7.0	9
唐 山 市	34871	1	5.4	10	44337	2	4.0	11	20687	1	7.1	7
廊 坊 市	34358	2	5.4	10	45712	1	4.1	9	19723	2	6.8	11
保 定 市	25204	8	6.0	6	34112	8	4.3	8	16883	5	8.1	5
沧 州 市	26888	6	5.8	7	37838	5	4.4	6	15909	7	7.1	7
衡 水 市	23527	10	6.6	1	33223	10	5.2	1	15100	8	8.5	3
邢 台 市	23772	9	6.4	2	33109	11	5.0	2	14943	9	8.3	4
邯 郸 市	26919	5	6.1	5	35498	7	4.7	4	16888	4	7.6	6

分县（市、区）主要经济指标

（2020年）

县　区	地区生产总值（亿元）				其中：第一产业（亿元）				其中：第二产业（亿元）			
	绝对值	位次	增长%	位次	绝对值	位次	增长%	位次	绝对值	位次	增长%	位次
全　市	1550.3	_	4.0	_	336.3	_	5.3	_	497.5	_	5.0	_
双桥区	154.3	4	4.1	8	0.6	11	2.1	11	27.6	10	11.7	2
双滦区	136.0	7	0.1	12	3.1	9	6.0	3	85.1	1	1.4	11
营子区	32.8	12	3.1	10	0.9	10	5.8	6	18.7	12	8.0	6
承德县	131.1	9	4.5	5	46.3	4	6.6	2	28.5	9	10.7	3
兴隆县	114.3	10	7.2	1	27.1	7	6.0	3	34.1	7	9.1	5
滦平县	158.9	2	6.1	2	36.3	5	5.8	6	55.9	3	9.5	4
隆化县	153.3	5	4.4	6	56.4	2	4.7	8	28.6	8	2.8	9
丰宁县	131.3	8	5.3	3	33.6	6	5.9	5	40.4	5	12.5	1
宽城县	157.1	3	0.6	11	21.8	8	4.0	9	69.8	2	−2.5	12
围场县	164.2	1	4.2	7	62.4	1	3.3	10	39.2	6	4.4	7
承德高新区	73.1	11	4.1	8	0.6	11	0.9	12	45.1	4	2.7	10
平泉市	143.9	6	5.1	4	47.3	3	7.1	1	24.5	11	4.0	8

分县（市、区）主要经济指标（续一）

（2020年）

县　区	第三产业（亿元）				规模以上工业增加值		规模以上工业利润（亿元）			
	绝对值	位次	增长%	位次	增长%	位次	绝对值	位次	增长%	位次
全　市	716.5	_	2.7	_	3.9	−	106.1	−	18.3	−
双桥区	126.0	1	2.3	8	8.6	5	0.4	12	−39.0	11
双滦区	47.9	10	−2.3	12	−1.0	12	6.4	6	160.5	1
营子区	13.3	12	−1.1	10	8.3	7	3.4	10	−6.0	10
承德县	56.3	8	−1.4	11	12.7	3	5.1	9	14.5	6
兴隆县	53.1	9	6.0	2	11.3	4	5.3	8	−59.2	12
滦平县	66.7	4	3.2	7	12.8	2	17.0	2	11.6	7
隆化县	68.3	3	4.9	3	8.5	6	5.9	7	26.0	4
丰宁县	57.2	7	0.2	9	25.0	1	14.5	3	23.0	5
宽城县	65.5	5	3.6	6	1.5	11	22.4	1	81.7	2
围场县	62.6	6	4.9	3	7.7	9	11.9	4	3.9	8
承德高新区	27.5	11	6.5	1	4.5	10	11.1	5	49.7	3
平泉市	72.1	2	4.3	5	8.2	8	2.7	11	2.6	9

注：标“▲”为上年同期数

分县（市、区）主要经济指标（续二）

（2020年）

县 区	固定资产投资		社会消费品零售总额（亿元）				限额以上企业（单位）消费品零售额（亿元）			
	增长%	位次	绝对值	位次	增长%	位次	绝对值	位次	增长%	位次
全 市	4.2	–	474.1	–	−2.5	–	108.6	–	−3.2	–
双桥区	2.3	3	133.7	1	−4.5	11	52.6	1	−11.2	11
双滦区	3.3	2	38.6	5	−0.1	1	13.0	2	13.2	2
营子区	151.0	1	4.2	12	−0.7	3	0.08	12	7.0	4
承德县	1.8	8	30.6	8	−4.5	11	1.9	10	−19.5	12
兴隆县	2.3	3	24.9	10	−0.7	3	0.7	11	7.5	3
滦平县	1.6	11	26.8	9	−1.6	8	3.7	8	−0.7	8
隆化县	1.9	7	32.4	7	−1.2	5	4.1	6	4.9	5
丰宁县	1.8	8	32.7	6	−2.4	9	3.9	7	−5.3	9
宽城县	2.0	6	43.0	4	−2.7	10	3.5	9	−9.9	10
围场县	2.2	5	44.5	2	−1.5	7	8.7	4	0.1	7
承德高新区	1.6	11	18.7	11	−0.6	2	5.9	5	50.4	1
平泉市	1.7	10	44.0	3	−1.4	6	10.5	3	3.6	6

分县（市、区）主要经济指标（续三）

（2020年）

县 区	外商直接投资（万美元）	
	绝对值	增长%
全 市	16531	531.4
双桥区	4575	472.6
双滦区		
营子区		
承德县		
兴隆县	13	
滦平县	4140	
隆化县	20	
丰宁县	223	
宽城县		
围场县	7226	202.0
承德高新区	1.0	
平泉市	333	

注：外资数据由市商务局提供。

分县（市、区）主要经济指标（续四）

（2020年）

县　区	全部财政收入（万元）				#公共财政预算收入（万元）				公共财政预算支出（万元）			
	绝对值	位次	增长%	位次	绝对值	位次	增长%	位次	绝对值	位次	增长%	位次
全　市	2195172	–	−4.6	–	1161366	–	3.3	–	4563828	–	9.9	–
双桥区	274609	2	−7.9	9	143368	1	−0.2	9	165673	9	−8.1	11
双滦区	188510	5	−27.0	11	101969	4	−19.8	12	100666	10	3.8	6
营子区	69202	12	−32.6	12	32162	12	−13.4	10	67850	12	−3.6	10
承德县	141527	7	−4.9	7	78954	6	6.0	4	329871	6	10.0	3
兴隆县	116169	11	−5.7	8	73239	8	1.6	7	319429	7	−0.3	9
滦平县	222428	3	1.7	4	115212	3	4.8	5	354991	5	4.2	5
隆化县	116746	10	2.8	2	60412	11	18.3	1	457385	3	3.2	7
丰宁县	147440	6	−10.5	10	77886	7	−13.6	11	548153	2	3.2	7
宽城县	275959	1	2.0	3	116194	2	6.4	3	264214	8	6.4	4
围场县	117861	9	−2.1	5	62962	10	3.9	6	618175	1	24.9	2
承德高新区	199830	4	−4.6	6	87533	5	0.3	8	85639	11	−8.1	11
平泉市	126648	8	6.1	1	68535	9	8.1	2	389840	4	25.6	1

分县（市、区）主要经济指标（续五）

（2020年）

县　区	城镇居民人均可支配收入(元)				农村居民人均可支配收入(元)			
	绝对值	位次	增长%	位次	绝对值	位次	增长%	位次
全　市	33918	–	4.8	–	13190	–	9.0	–
双桥区	38788	2	4.4	10	15515	2	8.9	8
双滦区	39507	1	4.8	6	15699	1	8.7	10
营子区	30394	7	5.0	4	12677	7	8.8	9
承德县	31794	6	4.8	6	13512	6	9.1	6
兴隆县	30389	8	5.2	2	15095	5	9.0	7
平泉市	32987	5	5.3	1	15394	4	9.2	5
滦平县	34769	4	5.1	3	12484	8	9.4	2
隆化县	29926	9	4.6	8	11191	9	9.3	3
丰宁县	26899	11	4.4	10	10497	11	9.5	1
宽城县	36506	3	4.9	5	15452	3	8.7	10
围场县	28216	10	4.5	9	11059	10	9.3	3

索引

使用说明：

一、本索引包含分目、主要条目，按照首字汉语拼音字母顺序排列。

二、索引文字采用宋体字，数字表示内容所在的页码。

A

B

C

D

E

F

G

H

J

K

L

M

N

P

Q

R

S

T

W

X

Y

Z